PSICOLOGIA DA SAÚDE

Uma introdução ao comportamento e à saúde

Dados Internacionais de Catalogação na Publicação (CIP)
(Câmara Brasileira do Livro, SP, Brasil)

Brannon, Linda

　　Psicologia da saúde : uma introdução ao comportamento e à saúde / Linda Brannon, John A. Updegraff, Jess Feist ; tradução Docware Assessoria Editorial. -- 1. ed. -- São Paulo : Cengage Learning, 2023.

　　Tradução da 10ª edição norte-americana.
　　Título original: Health psychology: an introduction to behavior and health 10th edition.
　　ISBN 978-65-5558-447-9

　　1. Comportamento de saúde 2. Doentes - Psicologia 3. Medicina e psicologia I. Updegraff, John A. II. Feist, Jess. III. Título.

23-146060　　　　　　　　　　　　　　　　　　　　　　　CDD-155.916

Índice para catálogo sistemático:
1. Psicologia da saúde 155.916

Aline Graziele Benitez - Bibliotecária - CRB-1/3129

PSICOLOGIA DA SAÚDE

Uma introdução ao comportamento e à saúde

Tradução da 10ª edição norte-americana

Linda Brannon
McNeese State University

John A. Updegraff
Kent State University

Jess Feist

Tradução:
Docware Assessoria Editorial
Revisão técnica:
Sebastião de Sousa Almeida
Professor Titular das disciplinas Processos Psicológicos Básicos,
Psicobiologia e Estágio Básico em Investigação Científica na
Faculdade de Filosofia, Ciências e Letras de Ribeirão Preto – USP

❖ Cengage

Austrália · Brasil · Canadá · México · Cingapura · Reino Unido · Estados Unidos

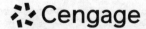

Psicologia da saúde – uma Introdução ao comportamento e à saúde
Tradução da 10ª edição norte-americana
1ª edição brasileira
Linda Brannon, John A. Updegraff e Jess Feist

Gerente editorial: Noelma Brocanelli

Editora de desenvolvimento: Gisela Carnicelli

Supervisora de produção gráfica:
Fabiana Alencar Albuquerque

Título original: Health psychology. An introduction to behavior and health
10th edition
(ISBN 13: 978-0-357-34800-6)

Tradução: Docware Assessoria Editorial

Revisão técnica: Sebastião de Sousa Almeida

Revisão: Fábio Gonçalves, Luicy Caetano de Oliveira e Mônica de Aguiar Rocha

Indexação: Fábio Gonçalves

Diagramação: PC Editorial Ltda.

Capa: Alberto Mateus/Crayon Editorial

Imagem da capa: KieferPix/Shutterstock

© 2022, 2018, 2014 Cengage, Inc.
© 2024 Cengage Learning. Todos os direitos reservados.

Todos os direitos reservados. Nenhuma parte deste livro poderá ser reproduzida, sejam quais forem os meios empregados, sem a permissão, por escrito, da Editora. Aos infratores aplicam-se as sanções previstas nos artigos 102, 104, 106 e 107 da Lei nº 9.610, de 19 de fevereiro de 1998.

Esta editora empenhou-se em contatar os responsáveis pelos direitos autorais de todas as imagens e de outros materiais utilizados neste livro. Se porventura for constatada a omissão involuntária na identificação de algum deles, dispomo-nos a efetuar, futuramente, os possíveis acertos.

A Editora não se responsabiliza pelo funcionamento dos sites contidos neste livro que possam estar suspensos.

Para informações sobre nossos produtos, entre em contato pelo telefone **+55 11 3665-9900**
Para permissão de uso de material desta obra, envie seu pedido para
direitosautorais@cengage.com

ISBN-13: 978-65-5558-447-9

ISBN-10: 65-5558-447-5

Cengage
WeWork
Rua Cerro Corá, 2175 – Alto da Lapa
São Paulo – SP – CEP 05061-450
Tel.: (11) +55 11 3665-9900
Para suas soluções de curso e aprendizado, visite

www.cengage.com.br

Impresso no Brasil.
Printed in Brazil.
1ª impressão – 2023

SUMÁRIO

Prefácio   XII

Sobre os autores   XVI

Com a palavra, o revisor técnico   1

PARTE 1 Fundamentos da psicologia da saúde

1 Introdução à psicologia da saúde   3

1-1 O dinâmico campo da saúde   3

Perfil do mundo real da pandemia de Covid   4

Padrões de doença e morte   6

Aumento dos custos com saúde   8

DÁ PARA ACREDITAR? A faculdade é boa para sua saúde   8

O que é saúde?   10

DÁ PARA ACREDITAR? É preciso mais que um vírus para pegar um resfriado   10

RESUMO   11

1-2 Relevância da psicologia para a saúde   12

A contribuição da medicina psicossomática   12

O surgimento da medicina comportamental   13

O surgimento da psicologia da saúde   13

RESUMO   14

1-3 A profissão de psicologia da saúde   14

Formação de psicólogos da saúde   15

Perfil do mundo real de Angela Bryan   15

O trabalho dos psicólogos da saúde   16

RESUMO   16

Perguntas   17

Sugestões de leitura   17

2 Conduzindo pesquisas em saúde   19

VERIFIQUE SUAS CRENÇAS SOBRE PESQUISA EM SAÚDE   20

2-1 O placebo no tratamento e nas pesquisas   20

Tratamento e placebo   20

Perfil do mundo real de SYLVESTER COLLIGAN   21

DÁ PARA ACREDITAR? A prescrição de placebos pode ser considerada ética   22

Pesquisa e placebo   23

RESUMO   23

2-2 Métodos de pesquisa em psicologia   23

Estudos correlacionais   24

Estudos transversais e longitudinais   24

Desenhos experimentais   25

Projetos *ex post fato*   25

RESUMO   26

2-3 Métodos de pesquisa em epidemiologia   26

Métodos observacionais   27

Ensaios controlados randomizados   27

Metanálise   28

Um exemplo de pesquisa epidemiológica: o Estudo do Condado de Alameda   28

Tornando-se um leitor informado sobre as pesquisas relacionadas à saúde na Internet   29

RESUMO   30

2-4 Determinando a causa   30

A abordagem do fator de risco   30

Cigarros e doenças: existe uma relação causal?   31

RESUMO   32

2-5 Ferramentas de pesquisa   32

O papel da teoria na pesquisa   33

O papel da psicometria na pesquisa   33

RESUMO   34

Perguntas   34

Sugestões de leitura   35

3 Buscando e recebendo cuidados de saúde   37

3-1 Buscando atendimento médico   37

VERIFIQUE SUAS CRENÇAS SOBRE PROCURAR E RECEBER CUIDADOS DE SAÚDE   38

Perfil do mundo real de Lance Armstrong   39

Comportamento de doente 39
O papel de doente 44

RESUMO 45

3-2 Buscando informações médicas de fontes não médicas 45

A Internet 45

DÁ PARA ACREDITAR? Há controvérsia sobre as vacinas infantis 46

Rede de referência leiga 47

3-3 Recebendo cuidados médicos 47

Acesso limitado a cuidados médicos 47
Escolhendo um profissional 48
Utilizando um hospital 50

DÁ PARA ACREDITAR? Hospitais podem ser a principal causa de morte 51

RESUMO 52

Perguntas 53

Sugestões de leitura 53

4 Aderindo ao comportamento saudável 55

4-1 Problemas de adesão 55

VERIFIQUE SUAS CRENÇAS SOBRE A ADESÃO AO COMPORTAMENTO SAUDÁVEL 56

O que é adesão 56
Como é medida a adesão? 56

Perfil do mundo real de RAJIV KUMAR 57

Qual a frequência da não adesão? 58
Quais são as barreiras à adesão? 58

RESUMO 59

4-2 Quais fatores predizem a adesão? 59

Gravidade da doença 60
Características do tratamento 60
Fatores pessoais 61
Fatores ambientais 62
Interação de fatores 63

RESUMO 64

4-3 Por que e como as pessoas aderem a comportamentos saudáveis? 64

Teorias do *continuum* do comportamento de saúde 64

RESUMO 69

Teorias dos estágios do comportamento de saúde 69

RESUMO 72

4-4 A lacuna intenção-comportamento 72

Disposição comportamental 72

DÁ PARA ACREDITAR? As redes sociais reais e on-line podem influenciar a saúde 73

Intenções de implementação 74

RESUMO 74

4-5 Melhorando a adesão 74

RESUMO 77

Perguntas 77

Sugestões de leitura 78

PARTE 2 Estresse, dor e enfrentamento

5 Definição, medição e gestão do estresse 81

5-1 O sistema nervoso e a fisiologia do estresse 81

VERIFIQUE SEUS RISCOS À SAÚDE ESCALA DE EVENTOS DA VIDA PARA ESTUDANTES 82

O sistema nervoso periférico 82

Perfil do mundo real da PANDEMIA DE COVID-19 83

O sistema neuroendócrino 83
Fisiologia da resposta ao estresse 85

RESUMO 88

5-2 Teorias do estresse 88

Visão de Selye 88
Visão de Lazarus 89

RESUMO 91

5-3 Fontes de estresse 91

Eventos cataclísmicos 91
Eventos da vida 92
Aborrecimentos diários 93

DÁ PARA ACREDITAR? Férias aliviam o estresse no trabalho... Mas não por muito tempo 95

RESUMO 96

5-4 Medição de estresse 96

Métodos de medição 96

RESUMO 98

5-5 Enfrentando o estresse 98

Recursos pessoais que influenciam o enfrentamento 98

DÁ PARA ACREDITAR? Animais de estimação podem ser melhores provedores de apoio que pessoas 100

Estratégias de enfrentamento pessoais 101

RESUMO 102

5-6 Intervenções comportamentais para gerenciar o estresse 103
  Treino de relaxamento 103
  Terapia cognitiva comportamental 104
  Revelação emocional 105
  Atenção plena 107
RESUMO 108
Perguntas 108
Sugestões de leitura 109

6 Entendendo estresse, imunidade e doença 111

6-1 Fisiologia do sistema imunológico 111
  Perfil do mundo real de TAXISTAS DA CIDADE 112
  Órgãos do sistema imunológico 112
  Função do sistema imunológico 113
  Distúrbios do sistema imunológico 116
RESUMO 117

6-2 Psiconeuroimunologia 117
  História da psiconeuroimunologia 117
  Pesquisa em psiconeuroimunologia 118
  DÁ PARA ACREDITAR? Imagens de doenças são suficientes para ativar o sistema imunológico 118
  Mecanismos físicos de influência 120
RESUMO 120

6-3 O estresse causa doença? 121
  O modelo de diátese-estresse 121
  Estresse e doença 121
  DÁ PARA ACREDITAR? Ser um fã de esportes pode ser um perigo à saúde 125
  Estresse e transtornos psicológicos 128
RESUMO 130
Perguntas 131
Sugestões de leitura 131

7 Entendendo e controlando a dor 133

7-1 Dor e o sistema nervoso 133
  VERIFIQUE SUAS EXPERIÊNCIAS EM RELAÇÃO AO EPISÓDIO DE DOR MAIS RECENTE 134
  O sistema somatossensorial 134
  Perfil do mundo real da DOR 135
  A medula espinhal 136
  O cérebro 136
  DÁ PARA ACREDITAR? A dor emocional e física são basicamente as mesmas do cérebro 137
  Neurotransmissores e dor 138
  A modulação da dor 138
RESUMO 139

7-2 O significado da dor 139
  A definição de dor 140
  A experiência da dor 140

7-3 Teorias da dor 143
RESUMO 145

7-4 Síndromes de dor 146
  Dor de cabeça 146
  Dor provocada pela artrite 147
  Dor provocada pelo câncer 148
  Dor no membro fantasma 148
RESUMO 149

7-5 A medição da dor 149
  Autorrelatos 150
  Avaliações comportamentais 151
  Medidas fisiológicas 151
RESUMO 152

7-6 Gerenciando a dor 152
  Abordagens médicas para controlar a dor 152
  Técnicas comportamentais para controlar a dor 154
RESUMO 158
Perguntas 158
Sugestões de leitura 159

8 Considerando abordagens alternativas 161

VERIFIQUE SUAS PREFERÊNCIAS DE SAÚDE SOBRE PESQUISA EM SAÚDE 162

8-1 Sistemas médicos alternativos 162
  Medicina tradicional chinesa 162
  Perfil do mundo real de T. R. REID 163
  Medicina aiurvédica 164
RESUMO 164

8-2 Produtos e dietas alternativas 165
RESUMO 166

8-3 Práticas manipulativas 167
  Tratamento quiroprático 167
  Massagem 167
RESUMO 168

8-4 Medicina mente-corpo 169
  Meditação e ioga 169
  Qi gong e tai chi 171
  Biofeedback 172
  Tratamento hipnótico 172
  Fisiologia e medicina mente-corpo 173

RESUMO 173

8-5 Quem usa medicina complementar e alternativa? 173
Cultura, etnia e gênero 174
Motivações para buscar tratamento alternativo 175

RESUMO 175

8-6 Quão eficazes são os tratamentos alternativos? 175
Tratamentos alternativos para ansiedade, estresse e depressão 176
Tratamentos alternativos para dor 177

DÁ PARA ACREDITAR? Os seres humanos não são os únicos que se beneficiam da acupuntura 179
Tratamentos alternativos para outras condições 182
Limitações das terapias alternativas 184
Medicina integrativa 185

RESUMO 186

Perguntas 188

Sugestões de leitura 189

PARTE 3 Comportamento e doença crônica

9 Fatores comportamentais em doenças cardiovasculares 191

9-1 O sistema cardiovascular 191

VERIFIQUE SEUS RISCOS À SAÚDE COM RELAÇÃO A DOENÇAS CARDIOVASCULARES 192

Perfil do mundo real de EMILIA CLARKE 193
As artérias coronárias 193
Doença arterial coronariana 194
Acidente vascular encefálico 194
Pressão arterial 196

RESUMO 199

9-2 As taxas de mudança de doenças cardiovasculares 199
Razões para o declínio nas taxas de mortalidade 200
Doenças cardíacas em todo o mundo 200

RESUMO 200

9-3 Fatores de risco em doenças cardiovasculares 201
Fatores de risco inerentes 201
Condições fisiológicas 203

DÁ PARA ACREDITAR? Chocolate pode ajudar a prevenir doenças cardíacas 205
Fatores comportamentais 205

DÁ PARA ACREDITAR? Quase todo risco de acidente vascular encefálico é causado por fatores modificáveis 206
Fatores psicossociais 207

RESUMO 210

9-4 Reduzindo riscos cardiovasculares 211
Antes do diagnóstico: prevenção dos primeiros ataques cardíacos 211
Após o diagnóstico: reabilitação de pacientes cardíacos 214

RESUMO 216

Perguntas 216

Sugestões de leitura 217

10 Fatores comportamentais no câncer 219

10-1 O que é câncer? 219

VERIFIQUE SEUS RISCOS À SAÚDE EM RELAÇÃO AO CÂNCER 220

10-2 Variações nas taxas de mortalidade por câncer 220

Perfil do mundo real de STEVE JOBS 221
Cânceres com taxas de mortalidade decrescentes 221
Cânceres com taxas de incidência e mortalidade crescentes 223

RESUMO 223

10-3 Fatores de risco de câncer além do controle pessoal 224
Fatores de risco inerentes ao câncer 224
Fatores de risco ambientais para câncer 226

RESUMO 226

10-4 Fatores de risco comportamentais para câncer 226
Tabagismo 227
Dieta 228
Álcool 230
Estilo de vida sedentário 232
Exposição à luz ultravioleta 232
Comportamento sexual 232

DÁ PARA ACREDITAR? A prevenção do câncer previne mais que o câncer 233
Fatores de risco psicossociais no câncer 233

RESUMO 234

10-5 Convivendo com o câncer 234
Problemas com tratamentos médicos para câncer 234
Ajustando-se a um diagnóstico de câncer 235
Apoio social para pacientes com câncer 236

Intervenções psicológicas para pacientes com câncer 237

Resumo 237

Perguntas 238

Sugestões de leitura 238

11 Convivendo com a doença crônica 241

11-1 O impacto da doença crônica 241

Perfil do mundo real de NICK JONAS 242

Impacto no paciente 242

Impacto na família 243

RESUMO 244

11-2 Convivendo com a doença de Alzheimer 244

Ajudando o paciente 246

DÁ PARA ACREDITAR? Usar a mente pode ajudar a evitar perder a cabeça 247

Ajudando a família 247

RESUMO 248

11-3 Ajustando-se ao diabetes 249

A fisiologia do diabetes 249

O impacto do diabetes 250

Envolvimento da psicologia da saúde com o diabetes 251

RESUMO 252

11-4 O impacto da asma 253

A doença asma 253

Gerenciando a asma 254

RESUMO 255

11-5 Lidando com HIV e Aids 255

Taxas de incidência e mortalidade por HIV/Aids 256

Sintomas de HIV e Aids 257

A transmissão do HIV 258

O papel dos psicólogos na epidemia de HIV 259

RESUMO 262

11-6 Enfrentando a morte 262

Ajustando-se à doença terminal 262

Luto 263

RESUMO 264

Perguntas 265

Sugestões de leitura 265

PARTE 4 Saúde comportamental

12 Tabagismo 267

12-1 Tabagismo e sistema respiratório 267

VERIFIQUE SEUS RISCOS À SAÚDE COM RELAÇÃO AO USO DE TABACO 268

Perfil do mundo real de ex-fumantes famosos 268

Funcionamento do sistema respiratório 268

Quais componentes da fumaça são perigosos? 270

RESUMO 271

12-2 Uma breve história do uso do tabaco 271

12-3 Escolhendo fumar 272

Quem fuma e quem não fuma? 272

Por que as pessoas fumam? 274

RESUMO 278

12-4 Consequências do uso do tabaco para a saúde 278

Fumar cigarros 279

DÁ PARA ACREDITAR? Tabagismo está relacionado a doenças mentais 280

Fumar charuto e cachimbo 281

Cigarros eletrônicos 281

Fumante passivo 282

Tabaco sem fumaça 282

RESUMO 283

12-5 Intervenções para reduzir as taxas de tabagismo 283

Dissuasão do fumo 283

Parando de fumar 284

Quem desiste e quem não? 285

Prevenção de recaídas 286

RESUMO 286

12-6 Efeitos de parar de fumar 287

Parar de fumar e ganhar peso 287

Benefícios para a saúde ao parar de fumar 287

RESUMO 290

Perguntas 290

Sugestões de leitura 291

13 Uso de álcool e outras drogas 293

Consumo de álcool – ontem e hoje 293

13-1 Uma breve história do consumo de álcool 293

VERIFIQUE SEUS RISCOS À SAÚDE EM RELAÇÃO AO USO DE ÁLCOOL E DROGAS 294

Perfil do mundo real de DANIEL RADCLIFFE 294

13-2 A prevalência do consumo de álcool hoje 296

RESUMO 298

13-3 Os efeitos do álcool 298

13-4 Os perigos do álcool 299

13-5 Os benefícios do álcool 301

RESUMO 303

13-6 Por que as pessoas bebem? 303
- Modelos de doenças 304
- Teorias cognitivo-fisiológicas 306
- O modelo de aprendizagem social 307

RESUMO 308

13-7 Mudando o problema do beber 308
- Mudança sem terapia 308
- Tratamentos orientados para a abstinência 309
- Bebendo com controle 310
- O problema da recaída 310

RESUMO 311

13-8 Outras drogas 311

DÁ PARA ACREDITAR? Danos cerebrais não são um risco comum do uso de drogas 312
- Efeitos na saúde 312
- Uso indevido e abuso de drogas 315
- Tratamento para abuso de drogas 317
- Prevenção e controle do uso de drogas 317

RESUMO 318

Perguntas 318

Sugestões de leitura 319

14 Alimentação e peso 321

14-1 O sistema digestório 321

VERIFIQUE SEUS RISCOS À SAÚDE EM RELAÇÃO À ALIMENTAÇÃO E CONTROLE DE PESO 322

Perfil do mundo real de DANNY CAHILL 322

14-2 Fatores na manutenção do peso 323
- Fome experimental 324
- Excessos experimentais 325

RESUMO 325

14-3 Comer em excesso e obesidade 326
- O que é obesidade? 326
- Por que algumas pessoas são obesas? 328

DÁ PARA ACREDITAR? Você pode precisar tirar uma soneca em vez de fazer dieta 330
- Quão prejudicial é a obesidade? 332

RESUMO 333

14-4 Dieta 334
- Abordagens para perder peso 334
- Fazer dieta é uma boa escolha? 338

RESUMO 338

14-5 Transtornos alimentares 339
- Anorexia nervosa 339
- Bulimia 342
- Transtorno de compulsão alimentar 344

RESUMO 347

Perguntas 348

Sugestões de leitura 348

15 Exercício 351

15-1 Tipos de atividade física 351

VERIFIQUE SEUS RISCOS À SAÚDE EM RELAÇÃO A EXERCÍCIO E ATIVIDADE FÍSICA 352

Perfil do mundo real de RICKY GERVAIS 352

15-2 Razões para se exercitar 353
- Condicionamento físico 353
- Controle de peso 354

RESUMO 355

15-3 Atividade física e saúde cardiovascular 355
- Estudos iniciais 355
- Estudos posteriores 357
- Mulheres e homens se beneficiam igualmente? 357
- Atividade física e níveis de colesterol 358

RESUMO 358

15-4 Outros benefícios da atividade física para a saúde 358
- Proteção contra o câncer 358
- Prevenção da perda de densidade óssea 359
- Melhora do sono 359
- Controle do diabetes 359
- Benefícios psicológicos da atividade física 359

DÁ PARA ACREDITAR? Nunca é tarde demais – ou cedo demais 360

DÁ PARA ACREDITAR? Exercício pode ajudá-lo a aprender 363

RESUMO 364

15-5 Perigos da atividade física 366
- Dependência de exercício 366
- Lesões por atividade física 367
- Morte durante o exercício 367
- Reduzindo lesões por exercício 368

RESUMO 368

15-6 Quanto é suficiente, mas não demais? 368

15-7 Melhorar a adesão à atividade física 369

RESUMO 372

Perguntas 373

Sugestões de leitura 373

PARTE 5 Olhando para o futuro

16 Desafios futuros 375

16-1 Desafios para pessoas mais saudáveis 375

Perfil do mundo real de DWAYNE E ROBYN 376

Aumentando o tempo de vida saudável 377

Reduzindo as desigualdades em saúde 378

DÁ PARA ACREDITAR? A educação em saúde pode ser aprimorada com ideias criativas 380

RESUMO 382

16-2 Perspectivas para a psicologia da saúde 383

Progresso em psicologia da saúde 383

Desafios futuros para cuidados em saúde 383

A psicologia da saúde continuará a crescer? 387

RESUMO 388

16-3 Personalizando a psicologia da saúde 388

Entendendo seus riscos 388

O que você pode fazer para cultivar um estilo de vida saudável? 391

RESUMO 392

Perguntas 393

Sugestões de leitura 393

Glossário 394

Referências bibliográficas 399

Índice onomástico 455

Índice remissivo 479

PREFÁCIO

Saúde é hoje um fenômeno muito diferente que era há apenas um século. As doenças e transtornos mais graves agora resultam do comportamento das pessoas. As pessoas fumam, comem de forma pouco saudável, não se exercitam ou enfrentam de forma ineficaz o estresse da vida moderna. Como você aprenderá neste livro, a psicologia – a ciência do comportamento – é cada vez mais relevante para a compreensão da saúde física. Psicologia da saúde é o estudo científico de comportamentos relacionados à melhoria da saúde, prevenção de doenças, segurança e reabilitação.

A primeira edição deste livro, publicada na década de 1980, nos Estados Unidos foi um dos primeiros textos de graduação a cobrir o então emergente campo da psicologia da saúde. Agora, nesta décima edição, *Psicologia da saúde: uma introdução ao comportamento e à saúde* continua a ser um livro de graduação proeminente em psicologia da saúde.

Décima edição

Esta décima edição mantém os principais aspectos que mantiveram este livro como líder ao longo das décadas: (1) um equilíbrio entre a ciência e as aplicações do campo da psicologia da saúde e (2) uma revisão clara e envolvente da pesquisa clássica e de ponta sobre comportamento e saúde.

Psicologia da saúde: uma introdução ao comportamento e à saúde tem cinco partes. A Parte 1, que inclui os primeiros quatro capítulos, estabelece uma base sólida em pesquisa e teoria para a compreensão dos capítulos subsequentes e aborda o campo, considerando as questões abrangentes envolvidas na busca de cuidados médicos e adesão aos regimes de cuidados de saúde. A Parte 2 trata do estresse, da dor e da gestão dessas condições por meio da medicina convencional e alternativa. A Parte 3 discute doenças cardíacas, câncer e outras doenças crônicas. A Parte 4 inclui capítulos sobre uso de tabaco, álcool, alimentação e peso e atividade física. Finalmente, a Parte 5 examina os desafios futuros na psicologia da saúde e aborda como aplicar o conhecimento de saúde à vida de uma pessoa para que ela se torne mais saudável.

O que há de novo?

A décima edição reorganiza vários capítulos para melhor enfatizar os fundamentos teóricos do comportamento de saúde. Por exemplo, o Capítulo 4 se concentra na adesão ao comportamento saudável e apresenta teorias clássicas e contemporâneas de comportamento de saúde, incluindo pesquisas recentes sobre a "lacuna intenção-comportamento". Os leitores desta edição se beneficiarão da revisão mais atualizada das teorias de comportamento de saúde – e suas aplicações – no mercado. Eles também poderão aprimorar os principais conceitos e tópicos destacados nos "Objetivos de aprendizagem" no início de cada capítulo.

Esta edição também traz novos quadros sobre temas importantes e oportunos, como:

- A pandemia da Covid-19.
- Por que há uma controvérsia sobre as vacinas infantis?
- As redes sociais on-line influenciam a sua saúde?
- Quanto do seu risco de acidente vascular encefálico é devido ao comportamento? (Resposta: quase *tudo*).
- O uso de drogas causa danos cerebrais?
- A privação do sono pode levar à obesidade?
- O exercício pode ajudá-lo a aprender?

Outros tópicos novos ou reorganizados dentro dos capítulos incluem:

- Vários perfis do mundo real, incluindo a pandemia de Covid-19, pacientes com dor, T. R. Reid, Emilia Clarke e Nick Jonas.
- Explanação da natureza evolutiva da pesquisa em saúde no Capítulo 2, por meio de exemplos de estudos sobre a ligação entre dieta e câncer de cólon.
- Novas pesquisas sobre o papel do **estigma** em influenciar a decisão das pessoas de procurar cuidados médicos, no Capítulo 3.
- O papel do **otimismo** e **humor positivo** ao enfrentar o estresse, no Capítulo 5.
- A **atenção plena** (*mindfulness*) como uma técnica útil para controlar o estresse (Capítulo 5), controlar a dor (Capítulo 7) e como uma terapia promissora para o transtorno da compulsão alimentar periódica (Capítulo 14).
- Estresse e sua influência no comprimento dos **telômeros**, no Capítulo 6.
- O **casamento** como um fator-chave na previsão de sobrevida após o diagnóstico de câncer, no Capítulo 10.
- O uso de **terapia da dignidade** para abordar questões psicossociais enfrentadas por pacientes terminais, no Capítulo 11.
- O uso de **aplicativos para smartphones e monitores de condicionamento físico** na promoção da atividade física, no Capítulo 15.

O que foi mantido?

Nesta revisão, mantivemos os recursos mais populares que tornaram este texto um líder nas últimas duas décadas. Esses recursos incluem (1) "Perfis do mundo real" para cada capítulo, (2) perguntas de abertura de capítulo; (3) um quadro "Verifique seus riscos à saúde" na maioria dos capítulos; (4) um ou mais quadros "Dá para acreditar?" em cada capítulo; e (5) um quadro "Tornando-se mais saudável" em muitos capítulos. Esses recursos estimulam o pensamento crítico, envolvem os leitores no tópico e fornecem dicas valiosas para melhorar o bem-estar pessoal.

Perfis do mundo real Milhões de pessoas – incluindo celebridades – lidam com as questões que descrevemos neste livro. Para destacar o lado humano da psicologia da saúde, abrimos cada capítulo com um perfil de uma pessoa no mundo real. Muitos desses perfis são de pessoas famosas, cujos problemas de saúde nem sempre são bem conhecidos. Seus casos fornecem exemplos intrigantes, como a tentativa de Barack Obama de parar de fumar, a demora de Lance Armstrong em procurar tratamento para o câncer, a luta de Steve Jobs contra o câncer, o diabetes de Halle Berry, o abuso de álcool de Daniel Radcliffe, e os esforços de Ricky Gervais para aumentar a atividade física. Também incluímos um perfil de "celebridades" no mundo da psicologia da saúde, incluindo a Dra. Angela Bryan, o Dr. Norman Cousins e o Dr. Rajiv Kumar, para dar aos leitores uma melhor noção da motivação pessoal e das atividades dos profissionais de saúde, psicologia e áreas médicas.

Perguntas e respostas Neste texto, adotamos um método de *ver*, *ler e revisar* para facilitar o aprendizado e a memorização do aluno. Cada capítulo começa com uma série de *Perguntas* que organizam o capítulo, visualizam o material e aprimoram o aprendizado ativo. À medida que cada capítulo se desenrola, revelamos as respostas por meio de uma discussão de resultados de pesquisas relevantes. Ao final de cada tópico principal, uma seção *Resumo* recapitula o tópico. Então, no final do capítulo, aparece um quadro de *Respostas* às perguntas de abertura. Dessa maneira, os alunos se beneficiam de muitas oportunidades para se envolver com o material ao longo de cada capítulo.

Verifique seus riscos à saúde No início da maioria dos capítulos, um quadro "Verifique seus riscos à saúde" personaliza o material de cada capítulo. Cada quadro consiste em vários comportamentos ou atitudes relacionados à saúde que os leitores devem verificar antes de examinar o restante do capítulo. Depois de verificar os itens que se aplicam a eles e se familiarizar com o material estudado, os leitores desenvolverão uma compreensão mais baseada em pesquisas sobre seus riscos à saúde.

Quadros "Dá para acreditar?" Mantivemos os populares quadros "Dá para acreditar?", adicionando muitos novos e atualizando aqueles que mantivemos. Cada um deles destaca uma descoberta particularmente intrigante na pesquisa em saúde. Esses quadros destroem noções preconcebidas, apresentam descobertas incomuns e desafiam os alunos a olhar objetivamente sobre questões que eles podem não ter avaliado cuidadosamente.

Tornando-se mais saudável Integrado à maioria dos capítulos consta um quadro "Tornando-se mais saudável" com conselhos sobre como usar as informações do capítulo para adotar um estilo de vida mais saudável. Embora algumas pessoas possam não concordar com todas essas recomendações, cada uma delas é baseada nas descobertas de pesquisas mais atuais. Acreditamos que, se você seguir essas orientações, aumentará suas chances de uma vida longa e saudável.

Outras alterações e acréscimos

Fizemos várias mudanças sutis nesta edição que acreditamos torná-lo um livro ainda mais forte que seus antecessores. Mais especificamente:

- Substituição de referências antigas por outras mais recentes.
- Reorganização de muitas seções de capítulos para melhorar o fluxo de informações.
- Acréscimo de várias novas tabelas e figuras para ajudar os alunos a entender conceitos difíceis.
- Destaque para a abordagem biopsicossocial da psicologia da saúde, examinando questões e dados do ponto de vista biológico, psicológico e social.
- Crescente corpo de pesquisas em todo o mundo sobre saúde para dar ao livro uma perspectiva mais internacional.
- Questões de gênero reconhecidas e enfatizadas sempre que apropriado.
- Manutenção da ênfase em teorias e modelos que se esforçam para explicar e prever comportamentos relacionados à saúde.

Estilo de redação

A cada edição, trabalhamos para melhorar nossa conexão com os leitores. Embora este livro explore questões complexas e tópicos difíceis, usamos uma linguagem clara, concisa e compreensível e um estilo de escrita informal e animado. Escrevemos este livro para um público de graduação de nível superior e deve ser facilmente compreendido por alunos com formação mínima em psicologia e biologia. Os cursos de psicologia da saúde geralmente atraem alunos de diversas áreas de especialização, portanto, alguns materiais elementares em nosso livro podem ser repetitivos para alguns alunos. Para outros alunos, este material preencherá os antecedentes necessários para compreender as informações no campo da psicologia da saúde.

Os termos técnicos aparecem em **negrito**, e uma definição geralmente aparece nesse ponto do texto, assim como constam do glossário no final do livro.

Recursos didáticos

Além do glossário no final do livro, fornecemos vários outros recursos para ajudar alunos e professores. Isso inclui histórias de pessoas cujo comportamento tipifica o tópico, resumos frequentes em cada capítulo e leituras sugeridas comentadas.

Resumos dentro dos capítulos

Em vez de esperar até o final de cada capítulo para apresentar um longo resumo do capítulo, colocamos resumos mais curtos em pontos-chave dentro de cada capítulo. Em geral, esses resumos correspondem a cada tópico principal em um capítulo. Acreditamos que por serem mais curtos e frequentes mantêm os leitores no caminho certo e promovem uma melhor compreensão do conteúdo do capítulo.

Sugestões de leitura comentadas

No final de cada capítulo há três ou quatro sugestões de leituras comentadas que os alunos podem querer examinar. Escolhemos essas leituras por sua capacidade de lançar mais luz sobre os principais tópicos de um capítulo. A maioria dessas sugestões é bastante recente, mas também selecionamos várias que têm interesse duradouro. Incluímos apenas aquelas que são inteligíveis para o estudante universitário médio e que estão acessíveis na maioria das bibliotecas de faculdades e universidades.

Material de apoio para professores e alunos

Manual do professor: Fornecemos um manual do professor, completo, com atividades adicionais, questões para discussão, pesquisas adicionais, ferramentas de mídia e recomendações de vídeo. Em inglês, apenas para professores.

Slides de PowerPoint: apresentações em Microsoft PowerPoint® são fornecidas para ajudar os professores a tornar suas aulas mais envolventes e, ao mesmo tempo, alcançar seus alunos com orientação visual. As apresentações em PowerPoint® são atualizadas para refletir o conteúdo e a organização da nova edição do texto. Em português, para professores e alunos.

Test Bank: conteúdo do banco de testes. O professor pode criar várias versões de testes em um instante e enviá-los de seu LMS em sala de aula. Em inglês, apenas para professores.

Agradecimentos

Gostaríamos de agradecer às pessoas da Cengage por sua assistência: Laura Ross, diretora de produto; Cazzie Reyes, gerente de equipe de produto; Jessica Witzcak, assistente de produto; e Deanna Ettinger, gerente de propriedade intelectual. Agradecimentos especiais vão para Jacqueline Czel, nossa gerente de conteúdo, e para Sangeetha Vijayanand, que nos liderou durante a produção na Lumina.

Também somos gratos a vários revisores que leram todo ou parte do manuscrito nesta e nas edições anteriores. Agradecemos os valiosos comentários dos seguintes revisores: Sangeeta Singg, Angelo State University; Edward Fernandes, Barton College; Ryan May, Marietta College; e Erin Wood, Catawba College.

Linda observa que os autores normalmente agradecem a seus cônjuges por serem compreensivos, solidários e se sacrificarem, e seu esposo, Barry Humphus, não é exceção. Ele fez contribuições que ajudaram a moldar o livro e forneceu uma formidável consultoria em informática, sempre generosa, paciente, contínua e altamente especializada, que se mostrou essencial na preparação do manuscrito.

Linda também reconhece a enorme dívida para com Jess Feist e suas contribuições para este livro. Jess conseguiu trabalhar pela última vez na sexta edição e morreu em fevereiro de 2015. Seu trabalho e suas palavras permanecem como guia e inspiração para ela e para John; este livro não existiria sem ele.

John agradece a todos os seus ex-alunos de graduação por tornarem a psicologia da saúde uma emoção tão grande para ensinar. Este livro é dedicado a eles e à futura geração de estudantes de psicologia da saúde.

Este livro contém atividades para estudo disponíveis na plataforma online *Mindtap*.

Mindtap é uma plataforma online totalmente em inglês indicada para os cursos de negócios, economia, ciências biológicas e ciências sociais.

Personalizável, a plataforma permite que sejam criadas experiências de aprendizado envolventes que aumentam o desempenho e fornecem acesso a ebook (em inglês), ferramentas de estudo, avaliações e análises de desempenho do aluno.

Com *Mindtap*, o professor poderá organizar previamente um calendário de atividades para que os alunos realizem as tarefas de acordo com a programação de suas aulas.

A plataforma pode ser contratada por meio de uma assinatura institucional ou por licença individual/aluno.

O professor pode solicitar um projeto-piloto gratuito, de uma turma por instituição, para conhecer a plataforma. Entre em contato com nossa equipe de consultores em sac@cengage.com.

MindTap® Psychology: nesta edição o *MindTap®* está disponível. *MindTap for Health Psychology 10th Edition* é a solução de aprendizado digital que ajuda os professores a envolver e transformar os alunos de hoje em pensadores críticos. Por meio de caminhos de tarefas dinâmicas e aplicativos que você pode personalizar, análises de curso em tempo real e um leitor acessível, o MindTap o ajuda a transformar um cortador de biscoitos em tecnologia de ponta, apatia em engajamento e memorizadores em pensadores de alto nível. Como professor usando o MindTap, você tem ao seu alcance o conteúdo certo e um conjunto exclusivo de ferramentas selecionadas especificamente para o seu curso, tudo em uma interface projetada para melhorar o fluxo de trabalho e economizar tempo ao planejar aulas e estruturas do curso. O controle para construir e personalizar seu curso é todo seu, focando no material mais relevante e reduzindo custos para os alunos. Mantenha-se conectado e informado em seu curso por meio do monitoramento do desempenho dos alunos em tempo real que oferece a oportunidade de ajustar o curso conforme necessário com base em sua análise de interatividade.

SOBRE OS AUTORES

Linda Brannon é professora do Departamento de Psicologia da McNeese State University em Lake Charles, Louisiana. Ela ingressou no corpo docente da McNeese após concluir seu doutorado em psicologia experimental humana pela Universidade do Texas em Austin.

Jess Feist foi professor emérito da McNeese State University. Ele se juntou ao corpo docente depois de concluir seu doutorado em aconselhamento pela Universidade do Kansas e permaneceu na McNeese até se aposentar em 2005. Ele faleceu em 2015.

No início da década de 1980, Linda e Jess se interessaram pelo campo em desenvolvimento da psicologia da saúde, o que levou à coautoria da primeira edição deste livro. Eles viram o campo da psicologia da saúde emergir e crescer, e as edições subsequentes refletem esse crescimento e desenvolvimento.

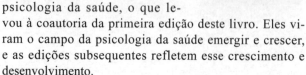

Seus interesses convergem na psicologia da saúde, mas divergem em outras áreas da psicologia. Jess levou seu interesse pela teoria da personalidade ao *Theories of Personality*, tendo como coautor seu filho Greg Feist. O interesse de Linda por questões de gênero a levou a publicar *Gender: Psychological Perspectives*, que está em sua sétima edição.

John A. Updegraff é professor de psicologia social e da saúde no Departamento de Ciências Psicológicas da Kent State University em Kent, Ohio. John concluiu seu doutorado em psicologia social na Universidade da Califórnia, em Los Angeles, sob a orientação da psicóloga pioneira da saúde Shelley Taylor. Então completou uma bolsa de

pós-doutorado na University of California em Irvine, antes de ingressar no corpo docente da Kent State.

John é especialista nas áreas de comportamento em saúde, comunicação em saúde, estresse e enfrentamento, e beneficiário de várias bolsas de pesquisa do National Institutes of Health. Sua pesquisa aparece nos principais periódicos da área.

Ele se mantém saudável percorrendo as estradas e trilhas perto de sua casa. Também é conhecido por submeter alunos e colegas ao seu canto e violão (vá em frente, procure-o no YouTube).

COM A PALAVRA, O REVISOR TÉCNICO

O estudo da saúde, nos dias atuais, mostra cada vez mais o avanço mundial de doenças crônicas não transmissíveis (DCNT). Muitas dessas sérias doenças resultam de profundas mudanças ambientais recentes, mas, principalmente, do comportamento das pessoas. O enfoque para tratamentos e, em especial, para a prevenção das DCNTs envolve cada vez mais uma abordagem interdisciplinar.

Nesse sentido, a área de Psicologia da Saúde tem um importante papel a desempenhar, uma vez que ela, além de estudar cientificamente o comportamento, tem igualmente um significativo papel no decurso das DCNTs, incluindo prevenção, tratamento e reabilitação dos pacientes. Sendo assim, a presente edição de *Psicologia da Saúde: uma Introdução ao Comportamento e à Saúde* vem preencher uma lacuna sobre o assunto em língua portuguesa, assim como prover professores e alunos, seja de graduação ou de pós-graduação, com informações relevantes e atuais sobre papel da Psicologia na Saúde. Vale ressaltar que a obra é de grande importância não somente para alunos e profissionais da psicologia, mas também para todos aqueles interessados em uma visão interdisciplinar da saúde, sejam médicos, enfermeiros, nutricionistas e educadores físicos.

Meu papel como revisor técnico deste livro foi muito prazeroso pois me permitiu, além do trabalho técnico de revisão, entrar em contato com uma obra excelente que, com certeza, trará aos leitores informações que estão na fronteira do conhecimento a respeito da Psicologia da Saúde. Além de possibilitar uma série dados de pesquisa e de atuação em minha área de estudo, propiciará, como cientista e docente do ensino superior, utilizar esses conhecimentos em minha prática profissional.

Além de informação qualificada, os leitores encontrarão uma linguagem acessível sem a perda das informações precisas dos conceitos. Outro ponto interessante é a apresentação de recursos didáticos e de aprendizagem, como quadros, boxes e seções, que incluem: "Perfil do mundo real"; perguntas sobre os tópicos que serão estudados na abertura de todos os capítulos; "Verifique suas crenças sobre..."; "Verifique seus riscos à saúde"; "Dá para acreditar?" e "Tornando-se mais saudável". Esses tópicos, além de auxiliar na aprendizagem dos conceitos trabalhados em cada capítulo, estimulam a análise crítica, envolvem os leitores nos temas estudados e fornece dicas valiosas para melhorar a saúde e o bem-estar pessoal. Finalmente, é um grande diferencial em relação a outros títulos em português sobre o assunto, pois apresenta equilíbrio entre a ciência e as aplicações do campo da psicologia da saúde, além de uma revisão clara e envolvente da pesquisa clássica e de ponta sobre comportamento e saúde.

Sobre o revisor técnico

Sebastião de Souza Almeida é graduado em Psicologia, especialista em Nutrição, mestre e doutor em Farmacologia pela Universidade de São Paulo e pós-doutorado em Nutrição e Comportamento pela Boston University, nos Estados Unidos. Atualmente é professor titular do Departamento de Psicologia da Faculdade de Filosofia, Ciências e Letras de Ribeirão Preto da Universidade de São Paulo.

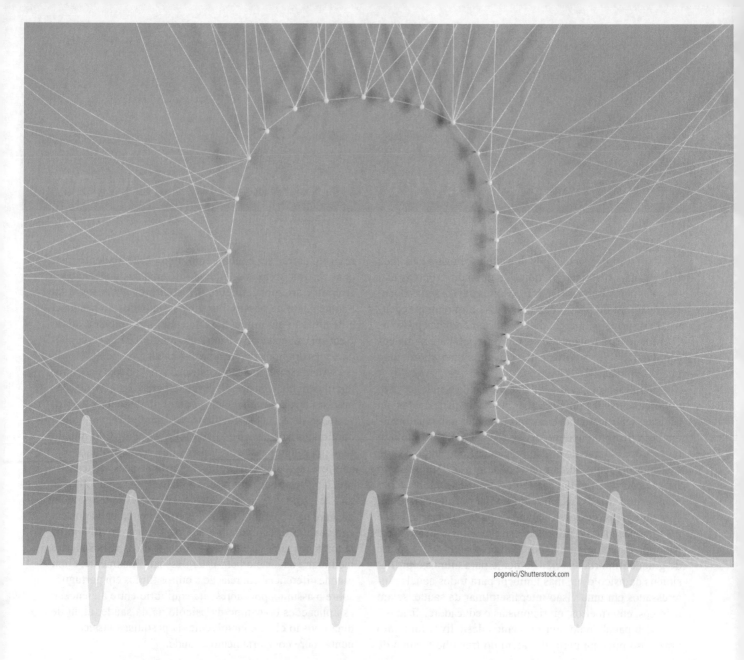

OBJETIVOS DE APRENDIZAGEM
Depois de estudar este capítulo, você será capaz de...

1-1 Reconhecer como as principais causas de morte mudaram ao longo do último século

1-2 Entender como fatores como idade, etnia e renda se relacionam agora com o risco de doença e morte

1-3 Comparar o modelo biomédico com o modelo biopsicossocial de saúde

1-4 Traçar o papel crescente da psicologia na compreensão da saúde física, desde as raízes na medicina psicossomática e na medicina comportamental até o papel atual no campo da psicologia da saúde

1-5 Familiarizar-se com a profissão de psicologia da saúde, incluindo como os psicólogos da saúde são treinados e os vários tipos de trabalho que realizam

SUMÁRIO DO CAPÍTULO

Perfil do mundo real da pandemia de Covid-19

Perfil do mundo real de Angela Bryan

- O dinâmico campo da saúde
- Relevância da psicologia para a saúde
- A profissão de psicologia da saúde

PERGUNTAS

Este capítulo concentra-se em três questões básicas:

1. Como as visões de saúde mudaram?
2. Como a psicologia se envolveu nos cuidados de saúde?
3. Que tipo de treinamento os psicólogos da saúde recebem e que tipo de trabalho realizam?

CAPÍTULO 1

Introdução à psicologia da saúde

1-1 O dinâmico campo da saúde

OBJETIVOS DE APRENDIZAGEM

1-1 Reconhecer como as principais causas de morte mudaram ao longo do último século

1-2 Entender como fatores como idade, etnia e renda se relacionam agora com o risco de doença e morte

1-3 Comparar o modelo biomédico com o modelo biopsicossocial de saúde

"Agora estamos vivendo bem o suficiente e por tempo suficiente para desmoronar lentamente" (Sapolsky, 1998, p. 2).

O campo da psicologia da saúde desenvolveu-se de forma relativamente recente – na década de 1970, para ser exato – para enfrentar os desafios apresentados pelo campo em constante mudança da saúde e dos cuidados de saúde. Há um século, a **expectativa de vida** média nos Estados Unidos era de aproximadamente 50 anos de idade, muito menor que atualmente. Quando as pessoas morriam, morriam principalmente de doenças infecciosas como pneumonia, tuberculose, diarreia e enterite (ver **Figura 1.1**). Essas condições resultaram do contato com água potável impura, alimentos contaminados ou com doentes. As pessoas podiam procurar cuidados médicos apenas depois de ficarem doentes, mas a medicina tinha poucas curas para oferecer. A duração da maioria das doenças – como febre tifoide, pneumonia e difteria – era curta; uma pessoa morria ou ficava boa em questão de semanas. As pessoas sentiam responsabilidade limitada por contrair uma doença contagiosa e não controlável.

A vida e a morte agora são dramaticamente diferentes que eram há um século. A expectativa de vida nos Estados Unidos é de quase 80 anos, com mais norte-americanos agora que nunca vivendo além do 100º aniversário. Mais de 30 países possuem expectativas de vida ainda maiores que os Estados Unidos, com o Japão ostentando a mais longa, 84 anos de idade. O saneamento

Perfil do mundo real da PANDEMIA DE COVID

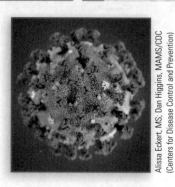

Alissa Eckert, MS; Dan Higgins, MAMS/CDC (Centers for Disease Control and Prevention)

Esta é uma imagem de um vírus SARS-CoV-2. É minúsculo, com apenas 100 nanômetros de diâmetro. Seriam necessários 1.000 desses, alinhados lado a lado, para fazer uma mancha que pudesse ser vista pelo mais afiado dos olhos humanos.

Mas esse vírus foi a causa da pandemia global de Covid-19, uma crise de saúde pública sem precedentes. No primeiro ano de seu surgimento, esta resultou em quase 2 milhões de mortes, colapsos econômicos, fechamento de escolas e empresas, desemprego e uma mudança fundamental na forma como os humanos interagem uns com os outros. Como um vírus tão pequeno pode ter um impacto tão devastador?

O vírus SARS-CoV-2 não pode se reproduzir sozinho; requer um hospedeiro, como um humano, para se espalhar. Como tal, o vírus SARS-CoV-2 é um agente biológico causador de doenças, mas sua disseminação se deve ao comportamento humano. É transmitido de pessoa para pessoa principalmente por meio do contato próximo e interpessoal com uma pessoa infectada. O comportamento das pessoas, por sua vez, é moldado por fatores psicológicos, sociais e culturais, incluindo as crenças sobre o risco e a gravidade da infecção, adesão a medidas preventivas, suas percepções sobre o que os outros ao seu redor fazem e o ambiente cultural em que vivem. Por exemplo, alguns países como Cingapura, Taiwan e Coreia do Sul endossaram políticas sociais imediatas e rigorosas para conter a possível disseminação do vírus. Outros países, como a Suécia, não fizeram isso, pelo menos imediatamente. Mesmo em países como os Estados Unidos, o comportamento das pessoas variava muito de Estado para Estado, assim como as taxas de infecção entre as comunidades.

Entre os infectados pelo SARS-CoV-2, o potencial de doença grave ou morte também depende de fatores influenciados pelo comportamento. Os adultos mais velhos estão em maior risco, assim como as pessoas com condições crônicas subjacentes, tais como diabetes, câncer, doença pulmonar obstrutiva crônica e obesidade. Como você aprenderá neste livro, o desenvolvimento e o gerenciamento dessas condições médicas são influenciados, até certo ponto, pelo comportamento passado e atual das pessoas. A capacidade do sistema imunológico de combater uma infecção também pode ser diminuída devido ao estresse, perda de sono, depressão e solidão; as taxas de tais experiências e condições aumentaram durante a pandemia de Covid-19. Alguns grupos étnicos estavam em maior risco de doença que outros, sendo essas disparidades provavelmente devido a uma combinação de fatores ambientais, econômicos, comportamentais e sociais.

Quando vacinas e curas estão disponíveis para a Covid-19, o comportamento continua importante. As pessoas precisarão optar por obter vacinas ou aderir a tratamentos. Esses comportamentos, novamente, são moldados por fatores psicológicos, sociais e culturais, incluindo crenças sobre a eficácia ou o apoio de profissionais de saúde e familiares.

A pandemia de Covid-19, como muitos outros problemas de saúde que analisaremos neste livro, é mais que simplesmente uma questão de biologia, mas também de comportamento. Por essa razão, o campo da psicologia da saúde surgiu e adotou um **modelo biopsicossocial de saúde**, que apresentamos neste capítulo. O modelo biopsicossocial explica as formas complexas pelas quais a biologia, o comportamento, as crenças, as emoções, o ambiente social e a cultura interagem para aumentar o risco de ser acometido por doença ou nos ajudar a permanecer saudáveis. O restante deste livro abordará muitas questões relevantes para a pandemia, incluindo como a pesquisa contribui para o conhecimento de fatores comportamentais em saúde (Capítulo 2), quando e por que as pessoas procuram atendimento médico (Capítulo 3), por que as pessoas nem sempre se envolvem em comportamentos saudáveis (Capítulo 4), o estresse na doença (Capítulos 5 e 6) e como o comportamento se relaciona com a saúde e a doença crônica (Capítulos 9 a 15). Ao ler as páginas a seguir, você verá muitos exemplos da premissa central da psicologia da saúde: embora a doença seja baseada na biologia, nosso comportamento é importante.

---

básico para a maioria dos cidadãos das nações industrializadas é muito melhor que há um século. Existem vacinas e tratamentos para muitas doenças infecciosas. Mas as melhorias na prevenção e tratamento de doenças infecciosas permitiram que uma classe diferente de doenças surgisse como as assassinas de hoje: **doenças crônicas**. Doenças cardíacas, câncer e acidente vascular encefálico (AVE) – todas crônicas – são agora as principais causas de mortalidade nos Estados Unidos e são responsáveis por uma proporção maior de mortes que as doenças infecciosas. As doenças crônicas se desenvolvem e depois persistem ou se repetem, afetando as pessoas por longos períodos de tempo. Todos os anos, mais de 2 milhões de

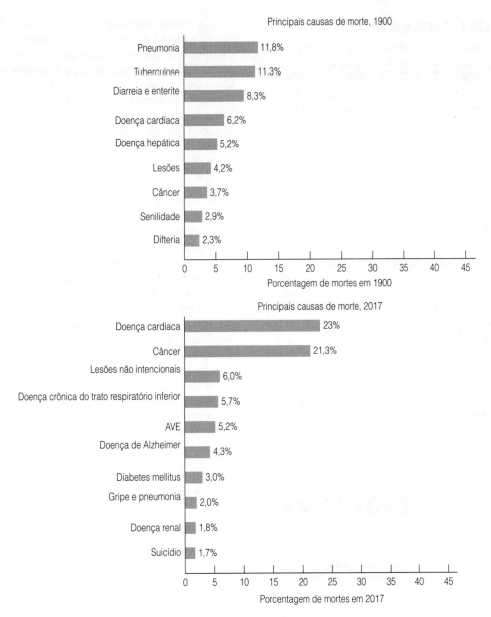

FIGURA 1.1 Principais causas de morte, Estados Unidos, 1900 e 2013.

Fonte: Health People, 2010, 2000, pelo U.S. Department of Health and Human Services, Washington, DC: Printing Office; "Deaths: Final Data for 2017", 2019, por Heron, M., *National Vital Statistics Reports*, 68(6), Tabela C.

pessoas neste país morrem de doenças crônicas, no entanto mais de 130 milhões de pessoas – quase um em cada dois adultos – vivem com pelo menos uma doença crônica.

Além disso, a maioria das mortes hoje são atribuíveis a doenças associadas ao estilo de vida e ao comportamento. Doenças cardíacas, câncer, AVE, doenças crônicas do trato respiratório inferior (incluindo enfisema e bronquite crônica), lesões não intencionais e diabetes são todos devidos em parte ao tabagismo, abuso de álcool, alimentação não saudável, estresse e estilo de vida sedentário. Como as principais assassinas de hoje surgem em parte devido ao estilo de vida e ao comportamento, as pessoas têm muito mais controle sobre sua saúde que no passado. Entretanto, muitas não exercem esse controle, de modo que o comportamento não saudável é um importante problema de saúde pública. De fato, esse tipo de comportamento contribui para os custos crescentes dos cuidados de saúde.

Neste capítulo, descreveremos as mudanças nos padrões de doenças e incapacidades e os custos crescentes dos cuidados de saúde. Além de como essas tendências mudam a própria definição de saúde e exigem uma visão mais ampla de saúde que no passado. Essa visão ampla de saúde é o modelo biopsicossocial, visão adotada pelos psicólogos da saúde.

Padrões de doença e morte

O século XX trouxe grandes mudanças nos padrões de doença e morte nos Estados Unidos, incluindo uma mudança nas principais causas de morte. As doenças infecciosas foram as principais em 1900, mas, nas décadas seguintes, as doenças crônicas – tais como doenças cardíacas, câncer e acidente vascular encefálico (AVE) – tornaram-se as principais causas de morte. Somente com o início da pandemia de Covid-19, em 2020, uma doença infecciosa foi uma das principais causas de morte neste século. Em 2020, ela foi a terceira causa mais comum de morte nos Estados Unidos, depois de doenças cardíacas e câncer. Quando a pandemia de Covid-19 diminuir, as doenças crônicas permanecerão como as principais causas de mortalidade nos Estados Unidos.

Durante os primeiros anos do século XXI, as mortes por algumas doenças crônicas – aquelas relacionadas a estilos de vida e comportamentos não saudáveis – começaram a diminuir. Estas, já foi dito algumas vezes, foram responsáveis por uma proporção menor de mortes em 2010 que em 1990. Por que as mortes por essas doenças diminuíram nas últimas décadas? Discutiremos isso com mais detalhes no Capítulo 9, mas uma das principais razões é que menos pessoas fumam cigarros que no passado. Essa mudança de comportamento contribuiu para parte do declínio das mortes por doenças cardíacas; as melhorias nos cuidados de saúde também contribuíram para esse declínio.

As taxas de mortalidade por lesões não intencionais, suicídio e homicídio aumentaram nos últimos anos. Aumentos significativos também ocorreram na doença de Alzheimer, doença renal, septicemia (infecção do sangue), doença hepática, hipertensão e doença de Parkinson. Para muitas dessas causas recentemente crescentes, o comportamento é um componente menos importante que para as causas que diminuíram. Entretanto, as crescentes taxas de mortalidade por Alzheimer e Parkinson refletem outra tendência importante na saúde e nos cuidados de saúde: uma população cada vez mais idosa.

Idade Obviamente, as pessoas mais velhas são mais propensas a morrer que as mais jovens, mas as causas de morte variam entre as faixas etárias. Assim, o ranking de causas de morte para toda a população pode não refletir nenhuma faixa etária específica e pode levar as pessoas a não perceber o risco para algumas idades. Por exemplo, doenças cardiovasculares (que incluem doenças cardíacas e AVE) e câncer são responsáveis por mais de 50% de todas as mortes nos Estados Unidos, mas não são a principal causa de morte entre os jovens. Para indivíduos entre 1 e 24 anos de idade, lesões não intencionais são a principal causa de morte, e as mortes violentas por suicídio e homicídio também estão no topo da lista (National Center for Health Statistics [NCHS], 2018). Juntos, ferimentos, suicídios e homicídios são responsáveis por mais da metade das mortes durante esses anos mais jovens. Como a **Figura 1.2** revela, outras causas de morte respondem por porcentagens

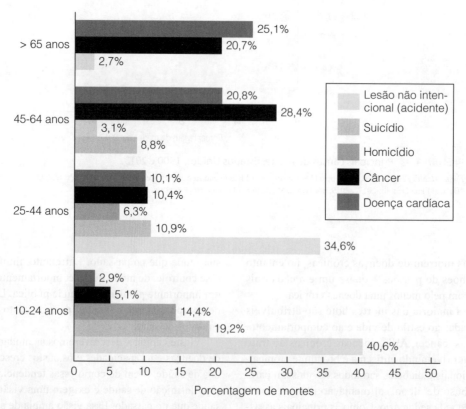

FIGURA 1.2 Principais causas de morte em idosos 10–24, 25–44, 45–64 e 65+, Estados Unidos, 2017.

Fonte: "Deaths: Final Data for 2017", 2019, por Heron, M., *National Vital Statistics Reports, 68(6)*, Figura 2.

muito menores de mortes entre adolescentes e adultos jovens que lesões não intencionais, homicídio e suicídio.

Para adultos com 45 anos ou mais, o quadro é bem diferente. As doenças cardiovasculares e o câncer tornam-se as principais causas de morte, sendo responsáveis por quase metade das mortes. À medida que as pessoas envelhecem, elas se tornam mais propensas a morrer, de modo que as causas para pessoas mais velhas dominam os números gerais. Contudo, os mais jovens apresentam padrões de mortalidade muito diferentes.

Etnia, renda e doença Os Estados Unidos estão entre as 10 principais nações do mundo quanto à expectativa de vida? Não estão nem perto. Ocupam o 34º lugar entre todas as nações (World Health Organization [WHO], 2018c). Nesse país, a etnia também é um fator na expectativa de vida e as principais causas também variam entre os grupos étnicos. A **Tabela 1.1** mostra o ranking das principais causas de morte para quatro grupos étnicos nos Estados Unidos. Não há dois grupos com perfis idênticos de causas e algumas causas não aparecem na lista para cada grupo, destacando a influência da etnia na mortalidade.

Se os afro-americanos e os euro-americanos fossem considerados nações diferentes, os euro-americanos teriam uma classificação mais alta em expectativa de vida que os afro-americanos – 38º lugar e 80º lugar, respectivamente (NCHS, 2021; WHO, 2018c). Assim, os euro-americanos têm uma expectativa de vida mais longa que os afro-americanos, mas nenhum deles deve esperar viver tanto quanto as pessoas de países como Japão, Canadá, Islândia, Austrália, Reino Unido, Itália, França, Hong Kong, Israel e muitos outros países.

Os hispânicos têm desvantagens socioeconômicas como as dos afro-americanos (US Census Bureau [USCB], 2011), incluindo pobreza e baixo nível educacional. Cerca de 10% dos euro-americanos vivem abaixo do nível de pobreza, assim como 32% dos afro-americanos e 26% dos hispano-americanos (USCB, 2011). Os euro-americanos também têm vantagens educacionais: 86% recebem diplomas do ensino médio, em comparação com apenas 81% dos afro-americanos e 59% dos hispano-americanos. Essas desvantagens socioeconômicas se traduzem em desvantagens de saúde (Crimmins et al., 2007; Smith & Bradshaw, 2006). Ou seja, pobreza e baixo nível educacional relacionam-se a problemas de saúde e menor expectativa de vida. Assim, algumas das diferenças étnicas na saúde se devem a diferenças socioeconômicas.

O acesso ao seguro de saúde e aos cuidados médicos não é o único fator que torna a pobreza um risco para a saúde. De fato, os riscos de saúde associados à pobreza começam antes do nascimento. Mesmo com a expansão do atendimento pré-natal pelo Medicaid, mães pobres, especialmente mães adolescentes, são mais propensas a dar à luz recém-nascidos com baixo peso ao nascer, que têm mais probabilidade de morrer que aqueles com peso normal ao nascer (NCHS, 2021). Além disso, as mulheres grávidas que vivem abaixo da linha da pobreza são mais propensas que outras mulheres grávidas a sofrer abuso físico e a dar à luz recém-nascidos que sofrem as consequências do abuso infantil pré-natal (Zelenko et al., 2000).

A associação entre nível de renda e saúde é tão forte que aparece não apenas no nível de pobreza, mas também em níveis de renda mais elevados. Ou seja, pessoas muito ricas têm melhor saúde que pessoas que são apenas, ricas. Por que pessoas muito ricas deveriam ser mais saudáveis que outras pessoas ricas? Uma possibilidade vem da relação da renda com a escolaridade, que, por sua vez, está relacionada à ocupação, classe social e etnia. Quanto maior o nível educacional, menor a probabilidade de as pessoas se envolverem em comportamentos não saudáveis, como fumar, comer alimentos com alto teor de gordura e manter um estilo de vida sedentário (consulte o boxe "Dá para acreditar?"). Outra possibilidade é a percepção do *status* social. A percepção das pessoas de sua

TABELA 1.1 Principais causas de morte para quatro grupos étnicos nos Estados Unidos, 2017

	Euro- -americanos	Hispano- -americanos	Afro- -americanos	Ásio- -americanos
Doença cardíaca	1	2	1	2
Câncer	2	1	2	1
Doença crônica do trato respiratório inferior	3	8	6	8
Lesões não intencionais	4	3	3	4
Acidente vascular encefálico	5	4	4	3
Doença de Alzheimer	6	6	9	6
Diabetes	7	5	5	5
Pneumonia e gripe	8	11	12	7
Suicídio	9	9	16	11
Doença renal	10	10	8	9
Doença hepática crônica	11	7	14	14
Septicemia	12	13	10	12
Hipertensão	14	14	11	10
Homicídio	20	12	7	18

Fonte: "Deaths: Leading Causes for 2017", 2019, por M. Heron, *National Vital Statistics Reports*, *68*(6), Tabela D.

posição social pode diferir de seu *status* indexado por nível educacional, ocupacional e de renda; notavelmente, essa percepção se relaciona mais fortemente com o estado de saúde que com medidas objetivas (Operario, Adler & Williams, 2004). Assim, as relações entre saúde e etnia se entrelaçam com as relações entre saúde, renda, educação e classe social.

Mudanças na expectativa de vida Durante o século XX, a expectativa de vida aumentou drasticamente nos Estados Unidos e em outras nações industrializadas. Em 1900, a expectativa de vida era de 47,3 anos, enquanto hoje é de quase 78 anos (NCHS, 2021). Em outras palavras, os recém-nascidos atualmente podem esperar viver, em média, mais de uma geração a mais que seus tataravós nascidos no início do século XX.

O que explica o aumento de 30 anos na expectativa de vida durante o século XX? Os avanços na assistência médica foram responsáveis por esse aumento? A resposta é "Falso"; outros fatores têm sido mais importantes que os cuidados médicos de pessoas doentes. O contribuinte mais importante para o aumento da expectativa de vida é a redução da mortalidade infantil. Quando as crianças morrem antes do seu primeiro aniversário, essas mortes diminuem a expectativa de vida média da população muito mais que as mortes de pessoas de meia-idade ou mais velhas. Como a **Figura 1.3** mostra, as taxas de mortalidade infantil diminuíram drasticamente entre 1900 e 1990, mas ocorreu pouca diminuição desde aquela época.

A prevenção de doenças também contribui para o recente aumento da expectativa de vida. Vacinação generalizada e suprimentos mais seguros de água potável e leite reduzem as doenças infecciosas, o que aumenta a expectativa de vida. Um estilo de vida mais saudável também contribui para o aumento da expectativa de vida, assim como o descarte mais eficiente do esgoto e melhor nutrição. Por outro lado, os avanços na assistência médica – tais como antibióticos e novas tecnologias cirúrgicas, equipes paramédicas eficientes e pessoal de terapia intensiva mais qualificado – desempenham um papel surpreendentemente menor no aumento da expectativa de vida dos adultos.

Aumento dos custos com saúde

A segunda grande mudança no campo da saúde é o custo crescente dos cuidados médicos. Nos Estados Unidos, os custos médicos aumentaram a uma taxa muito mais rápida que a inflação, e atualmente gastam a maior parte, entre todos os países, em cuidados de saúde. Entre 1960 e 2008, os custos médicos nos Estados Unidos representavam uma

Dá para ACREDITAR? A faculdade é boa para sua saúde

Você acredita que frequentar a faculdade pode ser bom para sua saúde? Você pode achar isso difícil de acreditar, pois a faculdade parece adicionar estresse, exposição ao álcool ou drogas, e exigências que dificultam a manutenção de uma dieta saudável, exercícios e sono. Como ir para a faculdade poderia ser saudável?

Os benefícios de saúde da faculdade aparecem após a formatura. As pessoas que frequentaram faculdade têm taxas de mortalidade mais baixas que aquelas que não o fizeram. Essa vantagem se aplica tanto a mulheres quanto a homens e a doenças infecciosas, doenças crônicas e lesões não intencionais (NCHS, 2015). Pessoas mais instruídas relatam menos sintomas diários e menos estresse que pessoas menos instruídas (Grzywacz et al., 2004).

Até mesmo o ensino médio oferece benefícios para a saúde; mas ir para a faculdade oferece muito mais proteção. Por exemplo, pessoas com educação abaixo do ensino médio morrem a uma taxa de 575 por 100.000; aqueles com ensino médio morrem a uma taxa de 509 por 100.000; mas as pessoas que frequentam a faculdade têm uma taxa de mortalidade de apenas 214 por 100.000 (Miniño et al., 2011). Os benefícios da educação para a saúde e a longevidade se aplicam a pessoas em todo o mundo. Por exemplo, um estudo com idosos no Japão (Fujino et al., 2005) descobriu que o baixo nível educacional aumentava o risco de morrer. Um estudo em larga escala da população holandesa (Hoeymans, van Lindert & Westert, 2005) também descobriu que a educação estava relacionada a uma ampla gama de medidas de saúde e comportamentos relacionados à saúde.

Que fatores contribuem para essa vantagem de saúde para pessoas com mais educação? Parte dessa vantagem pode ser a inteligência, que prevê tanto a saúde quanto a longevidade (Gottfredson & Deary, 2004). Além disso, pessoas bem instruídas tendem a viver com e ao redor de pessoas com nível de instrução similar, proporcionando um ambiente com bons conhecimentos e atitudes relacionadas à saúde (Øystein, 2008). A renda e a ocupação também podem contribuir (Batty et al., 2008); as pessoas que frequentam a faculdade, especialmente as que se formam, têm melhores empregos e renda média mais alta que aquelas que não frequentam e, portanto, têm maior probabilidade de ter melhor acesso aos cuidados de saúde. Além disso, as pessoas educadas são mais propensas a serem consumidores informados dos cuidados de saúde, reunindo informações sobre suas doenças e tratamentos potenciais. A educação também está associada a uma variedade de hábitos que contribuem para uma boa saúde e uma vida longa. Por exemplo, pessoas com educação universitária são menos propensas que outras a fumar ou usar drogas ilícitas (Johnston et al., 2007), e são mais propensas a consumir uma dieta com baixo teor de gordura e a se exercitar.

Assim, as pessoas que frequentam a faculdade adquirem muitos recursos que se refletem em sua menor taxa de mortalidade – potencial de renda, conhecimento sobre saúde, cônjuges e amigos mais preocupados com a saúde, atitudes sobre a importância da saúde e hábitos positivos de saúde. Essa forte ligação entre educação e saúde é um exemplo claro de como a boa saúde é mais que simplesmente uma questão de biologia.

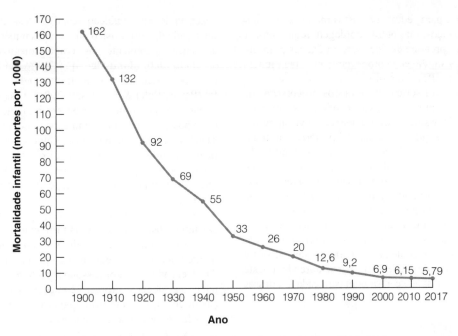

FIGURA 1.3 Declínio da mortalidade infantil nos Estados Unidos, 1900-2013.

Fonte: Dados de *Historical statistics of the United States*: *Colonial times to 1970*, 1975 do U.S. Bureau of the Census, Washington, DC: U.S. Government Printing Office, p. 60; "Deaths: Final Data for 2013", 2016, por Xu, J., Murphy, S. L., Kochanek, K. D. & Bastian, B. A., *National Vital Statistics Reports*, *64*(2), Tabela B; "Recent Declines in Infant Mortality in the United States, 2005-2011", National Center for Health Statistics, Número 120, 2013.

proporção cada vez maior do produto interno bruto (PIB). Desde 1995, os aumentos diminuíram, mas os custos de assistência médica como porcentagem do PIB são superiores a 16% (Organização para Cooperação e Desenvolvimento Econômico [OCDE], 2019). Considerado por pessoa, o custo anual total dos cuidados de saúde nesse país aumentou de $ 1.067 por pessoa em 1970 para $ 9.105 em 2017 (NCHS, 2019), o que representa um salto de mais de 850%!

Esses custos, é claro, têm alguma relação com o aumento da expectativa de vida: à medida que as pessoas vivem até a meia-idade e a velhice, elas tendem a desenvolver doenças crônicas que requerem tratamento médico prolongado (e muitas vezes caro). Quase metade das pessoas nos Estados Unidos tem uma condição crônica e responde por 86% dos dólares gastos em cuidados de saúde (Gerteis et al., 2014). Pessoas com condições crônicas respondem por 88% das prescrições escritas, 72% das consultas médicas e 76% das internações hospitalares. Embora a população idosa de hoje tenha uma saúde melhor que a das gerações passadas, seu número crescente continuará a aumentar os custos médicos.

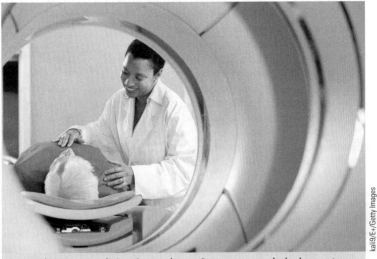

A tecnologia na medicina é uma das razões para a escalada dos custos médicos.

Uma estratégia para reduzir os custos médicos crescentes é limitar os serviços, mas outra abordagem requer ênfase maior na detecção precoce de doenças, mudanças para um estilo de vida mais saudável e comportamentos que ajudem a prevenir doenças. Por exemplo, a detecção precoce de pressão alta, colesterol sérico alto e outros precursores de doenças cardíacas permitem que essas condições sejam controladas, diminuindo assim o risco de doença grave ou morte. A triagem das pessoas quanto aos riscos é preferível ao tratamento corretivo, porque as doenças crônicas são muito difíceis de curar e viver com elas diminui a qualidade de vida. Evitar doenças adotando um estilo de vida saudável é ainda mais preferível ao tratamento de doenças ou triagem de riscos. Manter-se saudável geralmente é menos caro que ficar doente e depois ficar bom. Assim, prevenir doenças por meio de um estilo de vida saudável, detectar sintomas precocemente e reduzir riscos à saúde fazem parte de uma filosofia de mudança no campo da saúde. Como você aprenderá neste livro, os psicólogos da saúde contribuem para cada um desses objetivos.

O que é saúde?

"Mais uma vez, o paciente como ser humano com preocupações, medos, esperanças e desesperos, como um todo indivisível e não apenas o portador de órgãos – de um fígado ou estômago doente – está se tornando o objeto legítimo de interesse médico", diz Franz Alexander (1950, p. 17), um dos fundadores do campo da medicina psicossomática.

O que significa ser "saudável"? A saúde é meramente a ausência de doença? Mas a saúde é mais complexa? A saúde é a presença de alguma condição positiva e não apenas a ausência de uma condição negativa? A saúde é simplesmente um estado do corpo físico ou a saúde também deve considerar as crenças, o ambiente e os comportamentos de uma pessoa?

O **modelo biomédico**, que define saúde como ausência de doença, tem sido a visão tradicional da medicina ocidental (Papas, Belar & Rozensky, 2004). Essa visão conceitua a doença apenas como um processo biológico que é resultado da exposição a um **patógeno** específico, um organismo causador de doenças. Essa visão estimulou o desenvolvimento de medicamentos e tecnologia médica orientados para a remoção de patógenos e a cura de doenças. O foco está na doença, que é rastreável a um agente específico. A remoção do patógeno restaura a saúde.

O modelo biomédico de doença é compatível com doenças infecciosas que foram as principais causas de morte há 100 anos. Ao longo do século XX, a adesão ao modelo biomédico permitiu à medicina conquistar ou controlar muitas das doenças que outrora assolavam a humanidade. Entretanto, quando as doenças crônicas começaram a substituir as doenças infecciosas como principais causas de morte, o modelo biomédico tornou-se insuficiente (Stone, 1987).

Existe agora um modelo alternativo de saúde, que defende uma abordagem mais abrangente da medicina. Esse modelo alternativo é o **modelo biopsicossocial**, que inclui influências biológicas, psicológicas e sociais. Esse modelo sustenta que muitas doenças resultam de uma combinação de fatores, tais como genética, fisiologia, apoio social, controle pessoal, estresse, obediência, personalidade, pobreza, origem étnica e crenças culturais. Discutiremos cada um desses fatores nos capítulos subsequentes. Por ora, é importante reconhecer que o modelo biopsicossocial tem pelo menos duas

---

Dá para ACREDITAR? É preciso mais que um vírus para pegar um resfriado

Um dos trabalhos mais sujos que um aspirante a psicólogo da saúde poderia ter é como assistente de pesquisa no laboratório de Sheldon Cohen, na Carnegie Mellon University. Os assistentes de Cohen vasculham o lixo dos participantes do estudo em busca de lenços usados com muco. Quando esses lenços são encontrados, os assistentes os desdobram, localizam os tesouros pegajosos e pesam cuidadosamente suas descobertas. Esses assistentes têm boas razões para procurar muco – eles querem uma medida objetiva da gravidade com que seus participantes pegaram o resfriado comum.

Sheldon Cohen e sua equipe de pesquisa investigam os fatores psicológicos e sociais que preveem a probabilidade de uma pessoa sucumbir à infecção. Os participantes saudáveis dos estudos de Cohen recebem um vírus por meio de um esguicho nasal e são colocados em quarentena em um "laboratório de pesquisa frio" – na verdade, um quarto de hotel – por uma semana. Os participantes também respondem a vários questionários sobre fatores psicológicos e sociais, como estresse recente, emoções positivas e negativas típicas e o tamanho e a qualidade de suas redes sociais. Cohen e sua equipe usam esses questionários para prever quem ficará resfriado e quem permanecerá saudável.

As descobertas de Cohen expõem a inadequação da abordagem biomédica para entender a infecção. Mesmo que todos em seus estudos sejam expostos ao mesmo patógeno exatamente da mesma maneira, apenas alguns participantes adoecem. É importante ressaltar que as pessoas que resistem à infecção compartilham características psicológicas e sociais semelhantes. Em comparação com as pessoas que adoecem, aquelas que permanecem saudáveis são menos propensas a lidar com experiências estressantes recentes (Cohen, Tyrrell & Smith, 1991), têm melhores hábitos de sono (Cohen et al., 2009), normalmente experimentam mais emoções positivas (Cohen et al., 2006), são mais sociáveis (Cohen et al., 2003) e possuem redes sociais mais diversificadas (Cohen et al., 1997).

Assim, é preciso mais que apenas a exposição a um vírus para sucumbir a um resfriado ou gripe; a exposição ao patógeno interage com fatores psicológicos e sociais para produzir a doença. Somente o modelo biopsicossocial pode dar conta dessas influências.

TABELA 1.2 Definições de saúde mantidas por várias culturas

Cultura	Período de tempo	Saúde é...
Pré-histórico	10.000 a.C.	Ameaçada por espíritos que entram no corpo
Babilônios e assírios	1800-700 a.C.	Ameaçada pelos deuses, que enviam doenças como punição
Hebreus antigos	1000-300 a.C.	Um presente de Deus; a doença é uma punição de Deus
Gregos antigos	500 a.C.	Uma unidade holística de corpo e espírito
China antiga	Entre 800 e 200 d.C.	Um estado de harmonia física e espiritual com a natureza
Nativos norte-americanos	1000 a.C.-presente	Total harmonia com a natureza e a capacidade de sobreviver em condições difíceis
Galeno na Roma Antiga	130-200 d.C.	A ausência de patógenos, como ar ruim ou fluidos corporais, que causam doenças
Cristãos primitivos	300-600 d.C.	Não tão importante quanto a doença, que é um sinal de que alguém é escolhido por Deus
Descartes na França	1596-1650	Uma condição do corpo mecânico, que é separada da mente
Africanos ocidentais	1600-1800	Harmonia alcançada por meio de interações com outras pessoas e objetos no mundo
Virchow na Alemanha	Final de 1800	Ameaçada por organismos microscópicos que invadem as células, produzindo doenças
Freud na Áustria	Final de 1800	Influenciada pelas emoções e pela mente
Organização Mundial da Saúde	1946	"Um estado de completo bem-estar físico, mental e social"

vantagens sobre o modelo biomédico mais antigo. Primeiro, incorpora não apenas condições biológicas, mas também fatores psicológicos e sociais. Em segundo lugar, vê a saúde como uma condição positiva. O modelo biopsicossocial também pode explicar algumas descobertas surpreendentes sobre quem fica doente e quem permanece saudável (consulte o boxe "Dá para acreditar?"). Assim, o modelo biopsicossocial tem não apenas todo o poder do modelo biomédico mais antigo, mas também a capacidade de abordar problemas que ele não conseguiu resolver.

De acordo com a visão biopsicossocial, a saúde é muito mais que a ausência de doença. Uma pessoa que não tem doença não está doente; mas essa pessoa também pode não ser saudável. Uma pessoa pode ter hábitos de vida não saudáveis ou pouco apoio social, lidar mal com grandes quantidades de estresse ou evitar cuidados médicos quando necessário; todos esses fatores aumentam o risco de doenças futuras. Como a saúde é multidimensional, todos os aspectos da vida – biológicos, psicológicos e sociais – devem ser considerados. Essa visão diverge da conceituação tradicional ocidental, mas, como a **Tabela 1.2** mostra, outras culturas têm visões diferentes.

Consistente com essa visão mais ampla, a Organização Mundial da Saúde (WHO) escreveu no preâmbulo de sua constituição uma definição moderna e ocidental: "Saúde é um estado de completo bem-estar físico, mental e social, e não apenas a ausência de doença ou enfermidade". Essa definição afirma claramente que a saúde é um estado positivo e não apenas a ausência de patógenos. Sentir-se bem é diferente de não se sentir mal e pesquisas em neurociência confirmaram a diferença (Zautra, 2003). O cérebro humano responde em padrões distintamente diferentes a sentimentos positivos e negativos. Além disso, essa definição mais ampla de saúde pode explicar a importância do comportamento preventivo na saúde física. Por exemplo, uma pessoa saudável não é apenas alguém sem doença ou deficiência, mas também alguém que se comporta de maneira que provavelmente manterá esse estado no futuro.

RESUMO

No século passado, quatro grandes tendências mudaram o campo dos cuidados de saúde. Uma tendência é a mudança no padrão de doenças e mortes em nações industrializadas, incluindo os Estados Unidos. As doenças crônicas agora substituem as doenças infecciosas como as principais causas de morte e incapacidade. Essas doenças crônicas incluem doenças cardíacas, acidente vascular encefálico, câncer, enfisema e diabetes do adulto, todas com causas que incluem o comportamento individual.

O aumento das doenças crônicas contribuiu para uma segunda tendência: o custo crescente dos cuidados médicos. Estes aumentaram constantemente de 1970 a 2013. Grande parte desse aumento de custos se deve ao crescimento da população idosa, à tecnologia médica inovadora, mas cara, e à inflação.

Uma terceira tendência é a mudança na definição de saúde. Muitas pessoas continuam a ver a saúde como a ausência de doença, mas um número crescente de profissionais de saúde vê a saúde como um estado de bem-estar positivo. Para aceitar essa definição de saúde, é preciso reconsiderar o modelo biomédico que tem dominado o campo da saúde.

A quarta tendência, a emergência do modelo biopsicossocial de saúde, relaciona-se à mudança na definição de saúde. Em vez de definir "doença" como simplesmente a presença de patógenos, o modelo biopsicossocial enfatiza a saúde positiva e vê a doença, particularmente a doença crônica, como resultado da interação de condições biológicas, psicológicas e sociais.

APLIQUE O QUE VOCÊ APRENDEU

1. Considere uma doença sobre a qual você aprendeu na mídia ou em suas próprias experiências pessoais. Qual é a base biológica da doença? Quais são alguns dos comportamentos, crenças e aspectos do ambiente social e cultural de uma pessoa que você acredita que contribuem para o risco da doença? O modelo biopsicossocial ajuda a ampliar sua compreensão da condição, em comparação com o modelo biomédico?

1-2 Relevância da psicologia para a saúde

OBJETIVOS DE APRENDIZAGEM

1-4 Traçar o papel crescente da psicologia na compreensão da saúde física, desde suas raízes na medicina psicossomática e na medicina comportamental até seu papel atual no campo da psicologia da saúde

Embora as doenças crônicas tenham causas biológicas, os comportamentos individuais e o estilo de vida também contribuem para seu desenvolvimento. Como o comportamento é tão importante para doenças crônicas, a psicologia – a ciência do comportamento – agora é mais relevante que nunca para os cuidados de saúde.

Demorou muitos anos, porém, para a psicologia ganhar aceitação pelo campo médico. Em 1911, a American Psychological Association (APA) recomendou que a psicologia fizesse parte do currículo das faculdades de medicina, mas a maioria delas não seguiu essa recomendação. Durante a década de 1940, a especialidade médica de psiquiatria incorporou em sua formação o estudo dos fatores psicológicos relacionados à doença, mas poucos psicólogos estavam envolvidos na pesquisa em saúde (Matarazzo, 1994). Durante a década de 1960, o papel da psicologia na medicina começou a expandir com a criação de novas escolas médicas; o número de psicólogos que ocupavam cargos acadêmicos nas faculdades de medicina quase triplicou de 1969 a 1993 (Matarazzo, 1994).

Nas últimas décadas, os psicólogos ganharam maior aceitação pela profissão médica (Pingitore et al., 2001). Em 2002, a American Medical Association (AMA) aceitou várias novas categorias para saúde e comportamento que permitem aos psicólogos cobrar por serviços a pacientes com doenças físicas. Além disso, o programa de graduação em Educação Médica do Medicare agora aceita estágios de psicologia, e a APA trabalhou com a WHO para formular um sistema de diagnóstico para transtornos biopsicossociais, a Classificação Internacional da Funcionalidade, Incapacidade e Saúde (Reed & Scheldeman, 2004). Assim, o papel dos psicólogos em ambientes médicos expandiu além dos problemas tradicionais de saúde mental para incluir programas para ajudar as pessoas a parar de fumar, ter uma dieta saudável, praticar exercícios, aderir a conselhos médicos, reduzir o estresse, controlar a dor, conviver com doenças crônicas e evitar lesões não intencionais.

A contribuição da medicina psicossomática

O modelo biopsicossocial reconhece que fatores psicológicos e emocionais contribuem para problemas de saúde física. Essa noção não é nova, pois Sócrates e Hipócrates propuseram ideias semelhantes séculos atrás. Além disso, Sigmund Freud também propôs que fatores psicológicos inconscientes poderiam contribuir para os sintomas físicos, mas a abordagem de Freud não foi baseada em pesquisas científicas sistemáticas.

Em 1932, Walter Cannon observou que as emoções são acompanhadas por mudanças fisiológicas, uma descoberta que deu início a uma busca para vincular as causas emocionais à doença (Kimball, 1981). A pesquisa de Cannon demonstrou que as emoções podem causar alterações fisiológicas capazes de causar doenças. A partir dessa descoberta, Helen Flanders Dunbar (1943) desenvolveu a noção de que as respostas habituais, que as pessoas exibem como parte de suas personalidades, podem estar relacionadas a doenças específicas. Em outras palavras, Dunbar levantou a hipótese de uma relação entre o tipo de personalidade e a doença. Um pouco mais tarde, Franz Alexander (1950), um antigo seguidor de Freud, começou a ver os conflitos emocionais como precursores de determinadas doenças.

Essas visões levaram outros a ver uma série de doenças específicas como "psicossomáticas". Essas doenças incluíam transtornos como úlcera péptica, artrite reumatoide, hipertensão, asma, hipertireoidismo e colite ulcerativa. Contudo, a crença generalizada na época na separação entre mente e corpo – uma crença que se originou com Descartes (Papas et al., 2004) – levou muitos leigos a considerar esses transtornos psicossomáticos como não sendo "reais", mas sim "todos da cabeça". Assim, a medicina psicossomática exerceu um impacto misto na aceitação da psicologia dentro da medicina; ela se beneficiou ao conectar condições emocionais e físicas, mas pode ter prejudicado ao menosprezar os componentes psicológicos da doença. A medicina psicossomática, contudo, lançou as bases para a transição para o modelo biopsicossocial de saúde e doença (Novack et al., 2007).

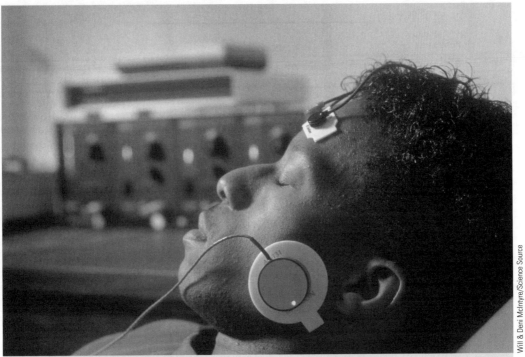

O papel do psicólogo em ambientes de saúde se expandiu além dos problemas tradicionais de saúde mental para incluir procedimentos como o biofeedback.

O surgimento da medicina comportamental

A partir do movimento da medicina psicossomática, surgiram duas disciplinas inter-relacionadas: *medicina comportamental* e *psicologia da saúde*.

Medicina comportamental é "o campo interdisciplinar preocupado com o desenvolvimento e integração do conhecimento e das técnicas das ciências comportamentais e biomédicas relevantes para a saúde e a doença e a aplicação desse conhecimento e dessas técnicas para prevenção, diagnóstico, tratamento e reabilitação" (Schwartz & Weiss, 1978, p. 250). Um componente-chave dessa definição é a integração da ciência biomédica com as ciências comportamentais, especialmente a psicologia. Os objetivos da medicina comportamental são como os de outras áreas da saúde: melhor prevenção, diagnóstico, tratamento e reabilitação. A medicina comportamental, porém, tenta usar a psicologia e as ciências comportamentais em conjunto com a medicina para atingir esses objetivos. Os capítulos 3 a 11 abrangem tópicos de medicina comportamental.

O surgimento da psicologia da saúde

Mais ou menos na mesma época em que a medicina comportamental apareceu, uma força-tarefa da American Psychological Association revelou que poucos psicólogos realizavam pesquisas em saúde (APA Task Force, 1976). O relatório previu um futuro em que os psicólogos contribuiriam para a melhoria da saúde e prevenção de doenças.

Em 1978, com o estabelecimento da Divisão 38 da American Psychological Association, o campo da psicologia da saúde começou oficialmente. **Psicologia da saúde** é o ramo da psicologia que considera como os comportamentos e estilos de vida individuais afetam a saúde física de uma pessoa. A psicologia da saúde também inclui as contribuições da psicologia para a melhoria da saúde, a prevenção e o tratamento de doenças, a identificação de fatores de risco à saúde, a melhoria do sistema de saúde e a formação da opinião pública em relação à saúde. Mais especificamente, envolve a aplicação de princípios psicológicos a áreas da saúde física, como controlar o colesterol, controlar o estresse, aliviar a dor, parar de fumar e moderar outros comportamentos de risco, além de incentivar exercícios regulares, exames médicos e odontológicos e comportamentos mais seguros. Além disso, a psicologia da saúde ajuda a identificar condições que afetam a saúde, diagnosticar e tratar certas doenças crônicas e modificar os fatores comportamentais envolvidos na reabilitação fisiológica e psicológica. Como tal, a psicologia da saúde interage com a biologia e a sociologia para produzir resultados relacionados à saúde e à doença (ver **Figura 1.4**). Observe que nem a psicologia nem a sociologia contribuem diretamente para os resultados; apenas os fatores biológicos contribuem diretamente para a saúde física e a doença. Assim, os fatores psicológicos e sociológicos que afetam a saúde devem "entrar na pele" de alguma forma para afetar os processos biológicos. Um dos objetivos da psicologia da saúde é identificar esses caminhos.

Com a promoção do modelo biopsicossocial, o campo da psicologia da saúde continua a crescer. Um ramo deste campo – isto é, a psicologia clínica da saúde – continua a ganhar reconhecimento na prestação de cuidados de saúde como parte de

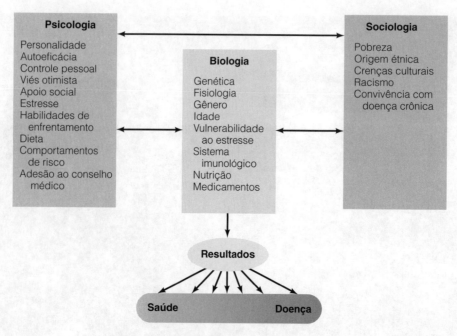

FIGURA 1.4 O modelo biopsicossocial: fatores biológicos, psicológicos e sociológicos interagem para produzir saúde ou doença.

equipes multidisciplinares. Os pesquisadores da psicologia da saúde continuam a construir uma base de conhecimento que fornecerá informações sobre as interconexões entre os fatores psicológicos, sociais e biológicos relacionados à saúde.

RESUMO

O envolvimento da psicologia na saúde data do início do século XX, mas naquela época poucos psicólogos estavam envolvidos na medicina. O movimento da medicina psicossomática trouxe fatores psicológicos para a compreensão da doença e essa visão deu lugar à abordagem biopsicossocial da saúde e da doença. Na década de 1970, os psicólogos começaram a desenvolver pesquisas e tratamentos voltados para doenças crônicas e promoção da saúde; essa pesquisa e tratamento levaram à fundação de dois campos: medicina comportamental e psicologia da saúde.

A medicina comportamental aplica o conhecimento e as técnicas de pesquisa comportamental à saúde física, incluindo prevenção, diagnóstico, tratamento e reabilitação. A psicologia da saúde se sobrepõe à medicina comportamental e as duas profissões têm muitos objetivos comuns. Mas a medicina comportamental é um campo interdisciplinar, enquanto a psicologia da saúde é uma especialidade dentro da disciplina da psicologia. A psicologia da saúde se esforça para melhorar a saúde, prevenir e tratar doenças, identificar fatores de risco, melhorar o sistema de saúde e moldar a opinião pública sobre questões de saúde.

> **APLIQUE O QUE VOCÊ APRENDEU**
>
> 1. Selecione uma condição de saúde que seja pessoalmente relevante e faça uma busca na Internet de pesquisas recentes ou notícias sobre a condição. A pesquisa atual examina o papel dos fatores psicológicos na prevenção ou no desenvolvimento da doença? Se sim, como?

1-3 A profissão de psicologia da saúde

OBJETIVOS DE APRENDIZAGEM

1-5 Familiarizar-se com a profissão de psicologia da saúde, incluindo como os psicólogos da saúde são treinados e os vários tipos de trabalho que realizam

A psicologia da saúde agora se destaca como um campo e uma profissão únicos. Os psicólogos da saúde têm suas próprias associações, publicam suas pesquisas em revistas dedicadas à psicologia da saúde (*Health Psychology* e *Annals of Behavioral Medicine*, entre outras) e adquirem formação em programas de doutoramento e pós-doutoramento únicos. Além disso, a psicologia da saúde é reconhecida nas escolas de medicina, escolas de saúde pública, universidades e hospitais; psicólogos da saúde trabalham em todos esses ambientes. Entretanto, sua formação ocorre dentro da psicologia.

Formação de psicólogos da saúde

Os psicólogos da saúde são psicólogos em primeiro lugar e especialistas em saúde em segundo lugar, mas o treinamento em saúde é extenso. As pessoas que buscam pesquisas em psicologia da saúde devem aprender os tópicos, teorias e métodos de pesquisa em psicologia da saúde. Psicólogos da saúde que prestam atendimento clínico, conhecidos como **psicólogos clínicos da saúde**, devem aprender habilidades clínicas e a praticar como parte de uma equipe de saúde.

Alguns psicólogos da saúde também buscam formação em subespecialidades médicas, como neurologia, endocrinologia, imunologia e epidemiologia. Essa formação pode ocorrer em um programa de doutoramento (Baum, Perry & Tarbell, 2004), mas muitos psicólogos da saúde também obtêm formação pós-doutoral, com pelo menos dois anos de formação especializada em psicologia da saúde para seguir um doutoramento ou PsyD em psicologia (Belar, 1997; Matarazzo, 1987). Práticas e estágios em ambientes de cuidados de saúde

Perfil do mundo real de ANGELA BRYAN

Cortesia de Angela Bryan

A psicologia da saúde é um campo relativamente novo e fascinante da psicologia. Os profissionais dessa área examinam como o estilo de vida das pessoas influencia a saúde física. Neste livro, você aprenderá sobre os diversos tópicos, descobertas e pessoas que compõem esse campo.

Primeiro, vamos apresentá-lo a Angela Bryan, psicóloga da saúde da Universidade do Colorado em Boulder. Angela desenvolve intervenções que promovem comportamentos saudáveis, como sexo seguro e atividade física. Angela ganhou vários prêmios por seu trabalho, incluindo o reconhecimento de que uma de suas intervenções está entre as poucas que trabalham na redução de comportamentos sexuais de risco entre adolescentes ("Safe on the Outs"; Centers for Disease Control and Prevention [CDC], 2011b).

Quando adolescente, Angela se considerava uma "rebelde" (Aiken, 2006), talvez um começo improvável para alguém que agora desenvolve maneiras de ajudar as pessoas a manter um estilo de vida saudável. Foi só na faculdade que Angela descobriu a paixão pela psicologia da saúde. Ela fez um curso de psicologia social que averiguava como as pessoas julgam as outras. Angela rapidamente percebeu a relevância para entender o comportamento sexual seguro. Naquela época, a epidemia de HIV/Aids estava no auge nos Estados Unidos e o uso de preservativos era uma atitude que as pessoas podiam tomar para evitar a propagação do HIV. Contudo, muitas vezes há resistência em propor preservativos a um parceiro devido a preocupações como: "O que um parceiro pensará de mim se eu disser que um preservativo é necessário?". Angela procurou um professor para supervisionar um projeto de pesquisa sobre a percepção do uso de preservativo em um encontro sexual inicial.

Angela continuou esse trabalho como estudante de doutorado e desenvolveu um programa para promover o uso de preservativo entre as universitárias. Nesse programa, ela ensinou às mulheres habilidades para propor e usar preservativos. Esse trabalho nem sempre foi fácil. Ela lembra: "Eu andava pelas residências em meu caminho para fazer minha intervenção, com uma cesta de preservativos em um braço e uma de abobrinhas no outro. Não consigo imaginar o que os outros pensassem que eu estivesse fazendo."

Depois, ela expandiu o trabalho para populações com maior risco de HIV, incluindo adolescentes encarcerados, usuários de drogas intravenosas, indivíduos HIV+ e motoristas de caminhão na Índia. Ela também desenvolveu o interesse em promover a atividade física.

Em todo o seu trabalho, Angela usa o modelo biopsicossocial, sobre o qual você aprenderá neste capítulo. Especificamente, ela identifica os fatores biológicos, psicológicos e sociais que influenciam os comportamentos de saúde, como o uso de preservativo. As intervenções de Angela abordam cada um desses fatores.

Seu trabalho é desafiador e recompensador; ela trabalha diariamente com agências comunitárias, psicólogos clínicos, neurocientistas e fisiologistas do exercício. Usa métodos de pesquisa sólidos para avaliar o sucesso de suas intervenções. Mais recentemente, começou a examinar os fatores genéticos que determinam se a pessoa responderá a uma intervenção de atividade física.

Embora ela veja muitos aspectos de seu trabalho como gratificantes, um aspecto vale especialmente a pena: "Quando as intervenções funcionam!", diz. "Se conseguirmos que um adolescente use camisinha ou uma pessoa com doença crônica se exercite, isso é significativo."

Neste livro, você aprenderá sobre teorias, métodos e descobertas de psicólogos da saúde como Angela Bryan. Enquanto você lê, lembre-se deste conselho dela: "Pense de forma ampla e otimista sobre a saúde. O trabalho de um psicólogo da saúde é difícil, mas pode fazer a diferença".

em hospitais e clínicas são componentes comuns da formação em psicologia clínica da saúde (Nicassio, Meyerowitz & Kerns, 2004).

O trabalho dos psicólogos da saúde

Os psicólogos da saúde trabalham em uma variedade de ambientes e o ambiente de trabalho varia de acordo com a especialidade. Angela Bryan é uma dessas psicólogas da saúde e seu trabalho é descrito no "Perfil do mundo real". Alguns psicólogos da saúde, como Angela Bryan, são principalmente pesquisadores que trabalham em universidades ou agências governamentais, como os National Institutes of Health e o CDC, que realizam pesquisas. A pesquisa em psicologia da saúde abrange muitos tópicos; pode se concentrar em comportamentos relacionados ao desenvolvimento da doença ou na avaliação da eficácia de novas intervenções e tratamentos. Os psicólogos clínicos da saúde são frequentemente empregados em hospitais, clínicas de dor ou clínicas comunitárias. Outros ambientes onde esses profissionais trabalham são organizações de manutenção da saúde (Health Maintenence Organizations – HMOs) e consultórios particulares.

Como mostra o trabalho de Angela Bryan, os psicólogos da saúde se envolvem em uma variedade de atividades. Grande parte do seu trabalho é de natureza colaborativa; aqueles envolvidos em pesquisa ou prática podem trabalhar com uma equipe de profissionais de saúde, incluindo médicos, enfermeiros, fisioterapeutas e conselheiros.

Os serviços prestados por psicólogos da saúde que atuam em clínicas e hospitais se enquadram em várias categorias. Um tipo de serviço oferece alternativas ao tratamento farmacológico; por exemplo, o biofeedback pode ser uma alternativa aos analgésicos para pacientes com dor de cabeça. Outro tipo de serviço é fornecer intervenções comportamentais para tratar transtornos físicos como dores crônicas e alguns problemas gastrointestinais ou para melhorar a taxa de adesão do paciente aos regimes médicos. Outros psicólogos clínicos da saúde podem fornecer avaliações usando testes psicológicos e neuropsicológicos ou fornecer tratamento psicológico para pacientes que enfrentam doenças. Aqueles que se concentram em prevenção e mudanças de comportamento são mais propensos a serem empregados em HMOs, programas de prevenção baseados em escolas ou programas de bem-estar no local de trabalho.

Como Angela Bryan, muitos psicólogos da saúde se dedicam tanto ao ensino quanto à pesquisa. Aqueles que trabalham exclusivamente em ambientes de prestação de serviços são muito menos propensos a ensinar e fazer pesquisas e são mais propensos a gastar tempo fornecendo diagnósticos e intervenções para pessoas com problemas de saúde. Alguns estudantes de psicologia da saúde vão para áreas afins da profissão de saúde, como serviço social, terapia ocupacional, dietética ou saúde pública. Aqueles que vão para a saúde pública geralmente trabalham em ambientes acadêmicos ou agências governamentais e podem monitorar tendências em questões de saúde ou desenvolver e avaliar intervenções educacionais e campanhas de conscientização sobre saúde. Os psicólogos da saúde também contribuem para o desenvolvimento e avaliação de decisões de saúde pública em larga escala, incluindo impostos e advertências colocadas em produtos saudáveis, tais como cigarros, e a inclusão de informações nutricionais em produtos alimentícios e cardápios. Assim, os psicólogos da saúde contribuem para a promoção da saúde de diversas maneiras.

RESUMO

Para maximizar suas contribuições para os cuidados de saúde, os psicólogos da saúde devem ser amplamente formados na ciência da psicologia e especificamente formados no conhecimento e nas habilidades de áreas como neurologia, endocrinologia, imunologia, epidemiologia e outras subespecialidades médicas. Os psicólogos da saúde trabalham em uma variedade de ambientes, incluindo universidades, hospitais, clínicas, consultórios particulares e HMOs. Eles normalmente colaboram com outros profissionais de saúde na prestação de serviços para transtornos físicos, em vez de áreas tradicionais de cuidados de saúde mental. A pesquisa em psicologia da saúde também provavelmente será um esforço colaborativo que pode incluir as profissões de medicina, epidemiologia, enfermagem, farmacologia, nutrição e fisiologia do exercício.

APLIQUE O QUE VOCÊ APRENDEU

1. A Society for Health Psychology é a divisão da American Psychological Association (APA) que representa o campo da psicologia da saúde. Seu site (societyforhealthpsychology.org) é um excelente recurso e inclui perfis curtos de psicólogos da saúde que fizeram contribuições notáveis para o campo. Leia alguns desses perfis e responda a estas perguntas:
(1) Onde eles se formaram e trabalham em uma universidade ou hospital? (2) Em que questões de saúde se concentram e quais são algumas de suas principais descobertas? (3) Como você vê o trabalho deles utilizando o modelo biopsicossocial de saúde?

Perguntas

Este capítulo abordou três questões básicas:

1. **Como as visões de saúde mudaram?**

   As visões de saúde estão mudando, tanto entre os profissionais de saúde quanto entre o público em geral. Várias tendências levaram a essas mudanças, incluindo (1) a mudança no padrão de doenças e mortes nos Estados Unidos, de doenças infecciosas para doenças crônicas, (2) o aumento dos custos médicos, (3) a crescente aceitação de uma visão de saúde que inclui não apenas a ausência de doença, mas também a presença de bem-estar positivo, e (4) o modelo biopsicossocial de saúde que se afasta dos modelos biomédicos e psicossomáticos tradicionais, incluindo não apenas anormalidades bioquímicas, mas também condições psicológicas e sociais.

2. **Como a psicologia se envolveu nos cuidados de saúde?**

   A psicologia está envolvida na saúde quase desde o início do século XX. Durante esses primeiros anos, porém, apenas alguns psicólogos trabalhavam em ambientes médicos e a maioria não era considerada parceira plena dos médicos. A medicina psicossomática destacou explicações psicológicas de certas doenças somáticas, enfatizando o papel das emoções no desenvolvimento da doença. No início da década de 1970, a psicologia e outras ciências comportamentais começaram a desempenhar um papel na prevenção e tratamento de doenças crônicas e na promoção da saúde positiva, dando origem a dois novos campos: a medicina comportamental e a psicologia da saúde.

   A medicina comportamental é um campo interdisciplinar preocupado com a aplicação do conhecimento e das técnicas da ciência comportamental para a manutenção da saúde física e para prevenção, diagnóstico, tratamento e reabilitação. A medicina comportamental, que não é um ramo da psicologia, se sobrepõe à psicologia da saúde, uma divisão no campo da psicologia. A psicologia da saúde usa a ciência da psicologia para melhorar a saúde, prevenir e tratar doenças, identificar fatores de risco, melhorar o sistema de saúde e moldar a opinião pública em relação à saúde.

3. **Que tipo de treinamento os psicólogos da saúde recebem e que tipo de trabalho realizam?**

   Os psicólogos da saúde recebem formação em nível de doutorado em psicologia e geralmente recebem pelo menos dois anos de trabalho de pós-doutorado em uma área especializada de psicologia da saúde.

   Os psicólogos da saúde são empregados em uma variedade de ambientes, incluindo universidades, hospitais, clínicas, consultórios particulares e organizações de manutenção da saúde. Os psicólogos clínicos da saúde prestam serviços, muitas vezes como parte de uma equipe de saúde. Os psicólogos da saúde que são pesquisadores geralmente colaboram com outros, às vezes como parte de uma equipe multidisciplinar, para realizar pesquisas sobre comportamentos relacionados ao desenvolvimento de doenças ou para avaliar a eficácia de novos tratamentos.

Sugestões de leitura

Baum, A., Perry, N. W., Jr. & Tarbell, S. (2004). The development of psychology as a health science. In R. G. Frank, A. Baum & J. L. Wallander (Eds.) *Handbook of clinical health psychology* (Vol. 3, pp. 9-28). Washington, DC: American Psychological Association. Essa revisão recente do desenvolvimento da psicologia da saúde descreve os antecedentes e o *status* atual do campo da psicologia da saúde.

Belar, C. D. (2008). Clinical health psychology: A health care specialty in professional psychology. *Professional Psychology: Research and Practice, 39*, 229-233. A psicologia clínica da saúde é o ramo aplicado da psicologia da saúde. Cynthia Belar traça o desenvolvimento desse campo desde o início, apontando a ampla influência da psicologia da saúde na pesquisa e na prática da psicologia clínica.

Leventhal, H., Weinman, J., Leventhal, E. A. & Phillips, L. A. (2008). Health psychology: The search for pathways between behavior and health. *Annual Review of Psychology, 59*, 477-505. Este artigo detalha como a teoria e a pesquisa psicológica podem melhorar a eficácia das intervenções para o gerenciamento de doenças crônicas.

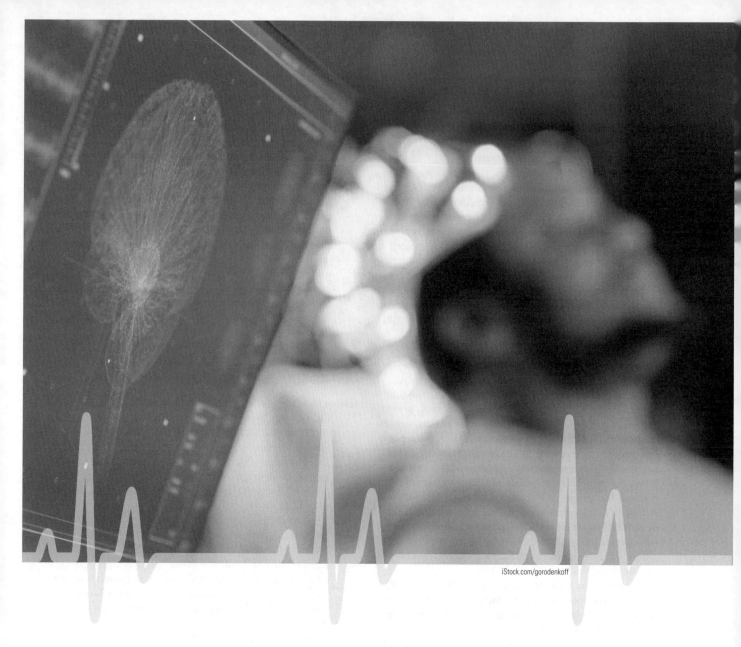

OBJETIVOS DE APRENDIZAGEM
Depois de estudar este capítulo, você será capaz de...

2-1 Compreender o efeito placebo e como ele demonstra o papel das crenças psicológicas na saúde

2-2 Comparar os desenhos de pesquisa simples-cego e duplo-cego em sua capacidade de controlar os efeitos do placebo

2-3 Identificar os pontos fortes e as limitações dos desenhos de pesquisa correlacionais, transversais, longitudinais, experimentais e *ex post facto*

2-4 Entender a diferença entre prevalência de doenças e incidência de doenças

2-5 Identificar os pontos fortes e as limitações dos métodos observacionais, ensaios clínicos randomizados e metanálises

2-6 Entender a diferença entre risco absoluto e risco relativo

2-7 Identificar os sete critérios que podem ajudar os pesquisadores a inferir uma relação causal a partir de estudos não experimentais

2-8 Reconhecer o importante papel da teoria na orientação da pesquisa em saúde

2-9 Entender como a confiabilidade e a validade melhoram a medição na pesquisa em saúde

CAPÍTULO 2
Conduzindo pesquisas em saúde

SUMÁRIO DO CAPÍTULO

Perfil do mundo real de Sylvester Colligan
O placebo no tratamento e nas pesquisas
- Tratamento e placebo
- Pesquisa e placebo

Métodos de pesquisa em psicologia
- Estudos correlacionais
- Estudos transversais e longitudinais
- Desenhos experimentais
- Projetos *ex post facto*

Métodos de pesquisa em epidemiologia
- Métodos observacionais
- Ensaios controlados randomizados
- Metanálise
- Um exemplo de pesquisa epidemiológica: o Estudo do Condado de Alameda

Determinando a causa
- A abordagem do fator de risco
- Cigarros e doenças: existe uma relação causal?

Ferramentas de pesquisa
- O papel da teoria na pesquisa
- O papel da psicometria na pesquisa

PERGUNTAS

Este capítulo concentra-se em cinco questões básicas:

1. O que são placebos e como eles afetam a pesquisa e o tratamento?
2. Como a pesquisa em psicologia contribui para o conhecimento em saúde?
3. Como a epidemiologia tem contribuído para o conhecimento em saúde?
4. Como os cientistas podem determinar se um comportamento causa uma doença?
5. Como a teoria e a medição contribuem para a psicologia da saúde?

Por que Sylvester Colligan melhorou? Moseley foi negligente ao realizar uma cirurgia falsa em Colligan? Surpreendentemente, muitas pessoas não veem o tratamento de Moseley como negligente. Moseley e colegas (2002) estavam realizando um estudo sobre a eficácia da cirurgia artroscópica do joelho. Esse tipo de procedimento é amplamente realizado, mas é muito caro, e Moseley tinha dúvidas sobre a eficácia (Talbot, 2000). Então, ele decidiu realizar um estudo experimental que incluía um placebo e uma cirurgia artroscópica real. Um placebo é uma substância ou condição inativa que tem a aparência de um tratamento ativo e que pode fazer que os participantes melhorem ou mudem por causa da crença na eficácia do placebo.

Moseley suspeitava de que esse tipo de crença, e não a cirurgia, estivesse produzindo melhorias, então ele projetou um estudo no qual metade dos participantes recebeu simulações – isto é, uma *falsa* cirurgia no joelho. Os participantes nesta condição receberam anestesia e foram feitas lesões cirúrgicas no joelho, mas nenhum tratamento adicional. A outra metade dos participantes recebeu cirurgia artroscópica padrão do joelho. Os participantes concordaram em estar em qualquer um dos grupos, sabendo que poderiam receber uma cirurgia simulada. Eles, incluindo Colligan, não souberam por vários anos se estiveram no grupo de placebo ou no grupo de cirurgia artroscópica. Moseley descobriu, ao contrário da crença generalizada, que a cirurgia artroscópica do joelho não oferecia benefícios reais além do efeito placebo. Aqueles que passaram por cirurgia simulada relataram o mesmo nível de dor e funcionamento do joelho que aqueles que receberam o tratamento cirúrgico real.

Os resultados de Moseley sugeriram que eram as crenças dos pacientes na cirurgia, e não a cirurgia em si, que proporcionavam tais benefícios. O efeito placebo é uma demonstração fascinante do efeito das crenças de um indivíduo em sua saúde física. Entretanto, o efeito placebo apresenta um problema para pesquisadores, como Moseley, que querem determinar quais efeitos são devidos ao tratamento e quais são devidos a crenças no tratamento.

Este capítulo analisa como os psicólogos da saúde conduzem pesquisas, enfatizando a psicologia a partir das ciências comportamentais e a epidemiologia, das ciências biomédicas. Essas duas disciplinas compartilham alguns métodos para investigar comportamentos relacionados à saúde, mas também têm as próprias contribuições únicas para a metodologia científica. Antes de começarmos a examinar os métodos que psicólogos e epidemiologistas usam em pesquisas, vamos considerar a situação que Colligan experimentou – melhora devido ao efeito placebo.

> ### Verifique SUAS CRENÇAS
> #### Sobre pesquisa em saúde
>
> Verifique os itens que são consistentes com suas crenças.
>
> ☐ 1. Os efeitos placebo podem influenciar problemas físicos e psicológicos.
> ☐ 2. Os pacientes que esperam que um medicamento alivie a dor geralmente experimentam uma redução dela, mesmo depois de tomar uma "pílula de açúcar".
> ☐ 3. Depoimentos pessoais são uma boa maneira de determinar a eficácia do tratamento.
> ☐ 4. Reportagens de jornais e televisão sobre pesquisas científicas dão um quadro preciso sobre a importância das pesquisas.
> ☐ 5. As informações de estudos longitudinais são geralmente mais informativas que as informações do estudo de uma pessoa.
> ☐ 6. Todos os métodos científicos produzem resultados igualmente valiosos, de modo que o método de pesquisa não é importante para determinar a validade dos resultados.
> ☐ 7. Ao determinarem informações importantes sobre saúde, estudos com sujeitos não humanos podem ser tão importantes quanto aqueles com participantes humanos.
> ☐ 8. Os resultados da pesquisa experimental são mais prováveis que os resultados da pesquisa observacional para sugerir a causa subjacente de uma doença.
> ☐ 9. Pessoas de fora da comunidade científica realizam pesquisas valiosas, mas os cientistas tentam desconsiderar a importância delas.
> ☐ 10. Avanços científicos acontecem todos os dias.
> ☐ 11. Novos relatórios de pesquisas em saúde geralmente contradizem descobertas anteriores, portanto, não há como usar essas informações para tomar boas decisões pessoais sobre saúde.
>
> Os itens 1, 2, 5 e 8 são consistentes com informações científicas sólidas, mas cada um dos itens restantes representa uma visão ingênua ou irreal da pesquisa que pode torná-lo um consumidor de pesquisa em saúde desinformado. As informações contidas neste capítulo o ajudarão a se tornar mais aprimorado em sua avaliação e expectativas em relação à pesquisa em saúde.

2-1 O placebo no tratamento e nas pesquisas

OBJETIVOS DE APRENDIZAGEM

2-1 Compreender o efeito placebo e como ele demonstra o papel das crenças psicológicas na saúde

2-2 Comparar os desenhos de pesquisa simples-cego e duplo-cego na capacidade de controlar os efeitos do placebo

Conforme descrevemos no Capítulo 1, a psicologia da saúde envolve a aplicação de princípios psicológicos para a compreensão e melhoria da saúde física. O efeito placebo representa um dos exemplos mais claros do vínculo entre as crenças das pessoas e sua saúde física. Como muitas pessoas em tratamento, Colligan se beneficiou de suas expectativas positivas; ele melhorou, embora tenha recebido um tratamento que tecnicamente não deveria ter levado à melhora.

A maioria dos médicos está ciente do efeito placebo e muitos podem até prescrever placebos quando não há outros tratamentos eficazes disponíveis (Linde et al., 2018; Tilburt et al., 2008). Contudo, efeitos placebo fortes podem representar um problema para os cientistas que tentam avaliar se um novo tratamento é eficaz. Assim, o efeito placebo pode ajudar os indivíduos que recebem tratamento, mas complica o trabalho dos pesquisadores – ou seja, pode ter benefícios de tratamento, mas desvantagens de pesquisa.

Tratamento e placebo

O poder dos efeitos placebo não era novidade para Moseley, pois a potência das "pílulas de açúcar" era reconhecida há anos. Henry Beecher (1955) observou os efeitos dos placebos em uma variedade de condições, desde dor de cabeça até resfriado comum. Beecher concluiu que o efeito terapêutico do placebo foi substancial – cerca de 35% dos pacientes apresentaram melhora! Desde então, centenas de estudos examinaram os efeitos do placebo. Uma revisão recente dessa pesquisa confirma que os placebos podem levar a melhorias notáveis nos resultados de saúde, especialmente no contexto de dor e náusea (Hróbjartsson & Gøtzsche, 2010). Por exemplo, uma metanálise de prevenção de enxaqueca (Macedo, Baños & Farré, 2008) mostra um efeito placebo de 21%. Uma revisão mais recente (Cepeda et al., 2012) revela que de 7% a 43% dos pacientes com dor melhoram após receber um placebo, com a probabilidade de melhora em grande parte atribuível ao tipo de dor experimentada.

Os efeitos do placebo ocorrem em muitas outras condições de saúde. Por exemplo, alguns pesquisadores (Fournier et al., 2010) argumentam que o efeito placebo é responsável por grande parte da eficácia dos medicamentos antidepressivos, especialmente entre pessoas com sintomas leves a moderados. Além disso, a força do efeito placebo associado aos medicamentos antipsicóticos aumentou constantemente nos últimos 50 anos, sugerindo que a eficácia desses medicamentos pode ser em parte devido ao aumento das crenças das pessoas em relação à sua eficácia (Agid et al., 2013; Rutherford et al., 2014). Mas algumas condições, como ossos quebrados, não respondem a placebos (Kaptchuk, Eisenberg & Komaroff, 2002).

Perfil do mundo real de **SYLVESTER COLLIGAN**

Sylvester Colligan era um homem de 76 anos que sofria de problemas no joelho direito há cinco anos (Talbot, 2000). Seu médico diagnosticou artrite, mas não tinha tratamento que ajudasse. Entretanto, este médico contou a Colligan sobre um estudo experimental conduzido pelo Dr. J. Bruce Moseley. Colligan conversou com o Dr. Moseley e relatou: "Fiquei muito impressionado com ele, especialmente quando soube que ele era o médico da equipe do [Houston] Rockets. ... Então, claro, fui em frente e me inscrevi para essa coisa nova que ele estava fazendo" (Talbot, 2000, p. 36).

O tratamento funcionou. Dois anos após a cirurgia, Colligan relatou que o joelho não o incomodava desde a cirurgia: "É como meu outro joelho agora. Dou muito crédito ao Dr. Moseley. Sempre que o vejo na TV durante um jogo de basquete, chamo a esposa e digo: "Ei, lá está o médico que consertou meu joelho!" (Talbot, 2000, p. 36).

A melhora de Colligan não seria tão surpreendente, exceto por uma coisa: o Dr. Moseley não realizou cirurgia em Colligan. Em vez disso, o Dr. Moseley deu anestesia a Colligan, fez alguns cortes ao redor do joelho de Colligan que *pareciam* incisões cirúrgicas e, então, mandou Colligan para casa.

Quanto mais um placebo se assemelhar a um tratamento eficaz, mais forte será o efeito. As pílulas grandes são mais eficazes que as pequenas e as coloridas funcionam melhor que as brancas. As cápsulas funcionam melhor que os comprimidos e os placebos rotulados com nomes de marca funcionam melhor que os genéricos. Duas doses provocam uma resposta placebo maior que uma dose. Uma injeção é mais poderosa que uma pílula e a cirurgia tende a provocar uma resposta placebo ainda maior que uma injeção. Até o custo importa; pílulas de placebo mais caras funcionam melhor que mais baratas (Waber et al., 2008)!

As expectativas do médico e do paciente também fortalecem os efeitos do placebo. Médicos que parecem positivos e esperançosos em relação ao tratamento provocam respostas mais fortes em seus pacientes (Moerman, 2003). As respostas ao placebo também se relacionam com outras características do profissional, como reputação, atenção, interesse, preocupação e confiança que projetam que um tratamento será eficaz (Moerman & Jonas, 2002).

Os placebos também podem produzir efeitos adversos, chamados de **efeito nocebo** (Scott et al., 2008; Turner et al., 1994). Quase 20% dos voluntários saudáveis que receberam placebo em um estudo duplo-cego experimentaram algum efeito negativo por causa do efeito nocebo. Às vezes, esses efeitos negativos aparecem como efeitos colaterais, que apresentam os mesmos sintomas de outros efeitos colaterais de medicamentos, como dores de cabeça, náuseas e outros problemas digestivos, boca seca e transtornos do sono (Amanzio et al., 2009). Quando os participantes são levados a acreditar que um tratamento pode piorar os sintomas, o efeito nocebo pode ser tão forte quanto o placebo (Petersen et al., 2014). A presença de efeitos negativos demonstra que o efeito placebo não é meramente melhora; inclui também qualquer alteração resultante de um tratamento inerte.

Como e por que ocorrem os efeitos placebo e nocebo? Embora muitas pessoas assumam que as melhorias devido aos placebos são psicológicas – "Está na cabeça das pessoas" –, a pesquisa sugere que elas têm uma base física e psicológica (Benedetti, 2006; Scott et al., 2008). Por exemplo, um analgésico placebo altera os níveis de atividade cerebral de forma consistente com a atividade que ocorre durante o alívio da dor por drogas analgésicas (Wager et al., 2004). A resposta nocebo também ativa áreas específicas do cérebro e atua nos neurotransmissores, dando suporte adicional à sua realidade física (Scott et al., 2008). Entretanto, é provável que os placebos tenham efeitos fisiológicos únicos que diferem daqueles atribuíveis a um tratamento médico padrão. Por exemplo, em um ensaio clínico antidepressivo (Zilcha-Mano et al., 2019), os participantes que acreditavam ter recebido um antidepressivo mostraram menos atividade na amígdala – uma região do cérebro associada ao processamento de emoções relacionadas a ameaças de medo, ansiedade e agressão – em comparação com aqueles que não tinham certeza se receberam um antidepressivo ou placebo, mostrando que as expectativas das pessoas podem ter efeitos únicos na atividade cerebral.

A expectativa é um componente importante do efeito placebo (Price, Finniss & Benedetti, 2008; Stewart-Williams, 2004). As pessoas agem da maneira que *acham* que deviam. Assim, as que recebem tratamento sem conhecimento não se beneficiam tanto quanto aquelas que sabem o que esperar (Colloca et al., 2004). Além disso, a cultura influencia a resposta ao placebo. Por exemplo, culturas que depositam maior

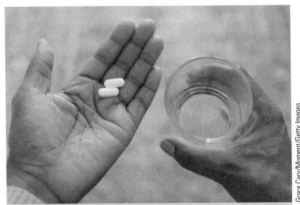

Quanto mais um placebo se assemelha a um tratamento eficaz, mais forte é o efeito placebo. Essas pílulas de açúcar, que parecem pílulas reais, provavelmente terão fortes efeitos placebo.

fé em intervenções médicas mostram respostas mais fortes a placebos que se assemelham a uma intervenção médica (Moerman, 2011). A aprendizagem e o condicionamento também influenciam na resposta ao placebo. Por meio do condicionamento clássico e operante, as pessoas associam um tratamento à melhora, criando situações em que receber tratamento leva à melhora. Assim, tanto a expectativa quanto a aprendizagem contribuem para o efeito placebo.

Na maioria das situações envolvendo tratamento médico, a melhora dos pacientes pode resultar de uma combinação de tratamento mais o efeito placebo (Finniss & Benedetti, 2005). Os efeitos do placebo são um tributo à capacidade dos humanos de se curar, e os profissionais podem recorrer a essa capacidade para ajudar os pacientes a se tornar mais saudáveis (Ezekiel & Miller, 2001; Walach & Jonas, 2004). Portanto, o efeito placebo pode ser um fator positivo nas terapias médicas e comportamentais, como foi para Colligan, cujo joelho melhorou por causa da cirurgia simulada. Contudo, o efeito placebo torna difícil separar o efeito de um tratamento das *crenças* das pessoas sobre o tratamento, por isso

Dá para ACREDITAR?
A prescrição de placebos pode ser considerada ética

Cebocap, uma cápsula disponível apenas com receita médica, pode ser uma droga maravilhosa. Seus ingredientes podem ser notavelmente eficazes no alívio de muitos problemas de saúde com poucos efeitos colaterais graves. Contudo, muitas pessoas ficariam chateadas ao saber que seu médico a receitou.

Cebocap é uma pílula placebo feita pela Forest Pharmaceuticals. Por que um médico prescreveria Cebocap e seria ético ao fazer isso?

Embora não esteja claro com que frequência os médicos prescrevem placebos como Cebocap, muitos já relatam prescrever tratamentos que consideram placebos, como vitaminas ou antibióticos para uma infecção viral (Tilburt et al., 2008). Mas quase três quartos deles que admitem prescrever um placebo o descrevem simplesmente como "medicamento normalmente não usado para sua condição, mas que pode beneficiá-lo" (Tilburt et al., 2008, p. 3). Isso é verdadeiro e preserva o ingrediente ativo dos placebos: expectativas positivas. Entretanto, os críticos dessa prática argumentam que o médico está enganando o paciente ao negar o fato de que o tratamento não tem nenhum benefício médico inerente.

Um placebo ainda poderia ser eficaz se o provedor informasse claramente o paciente que o tratamento era apenas um placebo? Uma equipe de pesquisadores se propôs a responder a essa pergunta, prescrevendo pílulas de placebo para pacientes com síndrome do intestino irritável (SII) (Kaptchuk et al., 2010). A SII é um transtorno gastrointestinal crônico, caracterizado por dor abdominal recorrente. Com poucos outros tratamentos eficazes disponíveis para a SII, muitos consideram eticamente permissível estudar os efeitos de placebos nos sintomas da SII.

Em uma condição experimental desse estudo, os pesquisadores pediram para os pacientes tomar pílulas de placebo duas vezes ao dia, descrevendo-as como "feitas de uma substância inerte, como pílulas de açúcar, que demonstraram em estudos clínicos produzir melhora significativa nos sintomas da SII através de processos de autocura da mente-corpo" (Kaptchuk et al., 2010, p. e15591). Os pacientes na condição de controle não receberam nenhum tratamento. De fato, o tratamento com placebo – mesmo quando prescrito de maneira completamente transparente – levou a menos sintomas, maior melhora e melhor qualidade de vida em comparação com nenhum tratamento. Assim, os placebos podem ser prescritos eticamente *e* eficazmente no tratamento.

Os placebos podem ser usados eticamente em pesquisas? Normalmente, os pesquisadores clínicos não procuram mostrar que os placebos podem funcionar. Em vez disso, eles procuram mostrar que outro tratamento funciona melhor que usar um placebo. Assim, os pesquisadores clínicos podem ter que designar pacientes a uma condição experimental que eles sabem que constitui um tratamento eficaz. Como os pesquisadores conciliam essa dificuldade ética?

Parte da resposta a essa pergunta está nas regras que regem a pesquisa com participantes humanos (American Psychological Association [APA], 2002; World Medical Association, 2004). Fornecer um tratamento ineficaz – ou qualquer outro tratamento – pode ser considerado ético se os participantes compreenderem totalmente os riscos e ainda concordarem em participar do estudo. Esse elemento do procedimento de pesquisa, conhecido como *consentimento informado*, estipula que os participantes devem ser informados sobre os fatores da pesquisa que podem influenciar na vontade de participar antes de consentir em participar.

Quando os participantes de um ensaio clínico concordam em participar do estudo, eles recebem informações sobre a possibilidade de receber um placebo em vez de um tratamento. Aqueles participantes que consideram as chances de receber um placebo inaceitáveis podem se recusar a participar do estudo. Colligan, que participou do estudo com cirurgia artroscópica do joelho, sabia que poderia ser incluído em um grupo de cirurgia simulada e consentiu (Talbot, 2000). Contudo, 44% dos entrevistados sobre esse estudo se recusaram a participar (Moseley et al., 2002).

Apesar do valor dos controles de placebo na pesquisa clínica, alguns médicos e especialistas em ética médica consideram o uso de tratamento ineficaz eticamente inaceitável, porque o bem-estar dos pacientes não é a principal preocupação. Essa é uma preocupação válida se o paciente-participante receber um placebo em vez do padrão de atendimento aceito (Kottow, 2007). Esses críticos afirmam que os grupos de controle devem receber o tratamento padrão em vez de um placebo e que o tratamento com placebo é aceitável apenas se não houver tratamento para a doença. Assim, a opinião sobre a aceitabilidade ética do tratamento com placebo é dividida, com alguns achando aceitável e necessário para pesquisa e outros criticando a falta de um padrão adequado de tratamento.

os pesquisadores costumam desenhar estudos para tentar destrinchar esses efeitos, como iremos descrever.

Pesquisa e placebo

Para que os pesquisadores concluam que um tratamento é eficaz, este deve apresentar uma taxa de eficácia maior que um placebo. Esse padrão exige que os pesquisadores usem pelo menos dois grupos em um estudo: um que recebe o tratamento e outro que recebe um placebo. Ambos os grupos devem ter expectativas iguais em relação à eficácia do tratamento. Para criar uma expectativa igual, os participantes não devem apenas não saber se estão recebendo um placebo ou um tratamento; os médicos que administram o tratamento também devem ser "cegos" quanto a qual grupo é qual. O arranjo em que nem os pacientes nem os médicos sabem sobre as condições do tratamento é chamado de **projeto duplo-cego**. Como o quadro "Dá para acreditar?" aponta, essa estratégia de desenhos experimentais cria dilemas éticos.

Tratamentos psicológicos como aconselhamento, hipnose, biofeedback, treino de relaxamento, massagem e uma variedade de técnicas de controle do estresse e da dor também produzem efeitos de expectativa. Ou seja, o efeito placebo também se aplica à pesquisa em psicologia, mas os desenhos experimentais duplos-cegos não são fáceis de realizar com esses tratamentos. As pílulas de placebo podem ter a mesma aparência de pílulas que contêm um ingrediente ativo, mas os fornecedores de tratamentos psicológicos ou comportamentais sempre sabem quando estão fornecendo um tratamento simulado. Nesses estudos, os pesquisadores usam um **desenho experimental simples-cego** em que os participantes não sabem se estão recebendo o tratamento ativo ou inativo, mas os provedores não estão cegos para as condições do tratamento. Em projetos simples-cegos, o controle da expectativa não é tão completo quanto nos projetos duplos-cegos; criar expectativas iguais para os participantes, contudo, geralmente é o recurso de controle mais importante. Embora os pesquisadores de saúde geralmente desejem saber se um tratamento específico oferece benefícios além dos efeitos placebo, os pesquisadores de saúde também investigam uma variedade de outras questões com muitos outros desenhos de pesquisa, que descreveremos na próxima seção.

RESUMO

Um placebo é uma substância ou condição inativa que tem a aparência de um tratamento ativo. Pode fazer que os participantes de um experimento melhorem ou mudem o comportamento por causa da crença na eficácia do placebo e suas experiências anteriores com o recebimento de tratamento eficaz. Embora os placebos possam ter um efeito positivo do ponto de vista do paciente, eles são um problema para o pesquisador. Em geral, os efeitos de um placebo são cerca de 35%. Seus efeitos na redução da dor podem ser maiores, enquanto seus efeitos em outras condições podem ser menores. Os placebos podem influenciar uma ampla variedade de transtornos e doenças.

Desenhos experimentais que medem a eficácia de uma intervenção, como um medicamento, normalmente usam um placebo para que as pessoas do grupo de controle (que recebem o placebo) tenham as mesmas expectativas de sucesso que as do grupo experimental (que recebem o tratamento ativo). Os estudos de medicamentos geralmente são projetos duplos-cegos, o que significa que nem os participantes nem as pessoas que administram o medicamento sabem quem recebe o placebo e quem recebe o medicamento ativo. Pesquisadores em estudos de tratamento psicológico muitas vezes não são "cegos" em relação ao tratamento, mas os participantes são, criando assim um projeto simples-cego para esses estudos.

APLIQUE O QUE VOCÊ APRENDEU

1. Pense em uma ocasião em que você recebeu tratamento para um problema de saúde. Como a interação com o provedor do tratamento influenciou suas crenças sobre se o tratamento funcionaria?

2-2 Métodos de pesquisa em psicologia

OBJETIVOS DE APRENDIZAGEM

2-3 Identificar os pontos fortes e as limitações dos desenhos de pesquisa correlacionais, transversais, longitudinais, experimentais e *ex post facto*

Quando você anda pelo corredor de alimentos para o café da manhã do supermercado, percebe quantos cereais possuem alto teor de fibras? Alguns cereais são intencionalmente nomeados para destacar a fibra: All Bran, Multi-Bran, Fiber One, Fiber 7. Esse fascínio pela fibra pode ter atingido seu auge em 1989, quando o programa de televisão norte-americano *Saturday Night Live* exibiu um anúncio simulado de "Colon Blow", um cereal com 30.000 vezes o teor de fibra se comparado com cereais de farelo de aveia comuns!

Por que os norte-americanos pareciam tão obcecados com a fibra na década de 1980? Uma razão para essa obsessão era a crença de que uma dieta rica em fibras poderia reduzir o risco de câncer, particularmente câncer de cólon. Esse elo entre fibra e câncer foi sugerido pela primeira vez no início da década de 1970 por Denis Burkitt, um cirurgião britânico que trabalhou na África subsaariana. Dr. Burkitt observou uma incidência muito baixa de câncer de cólon entre os nativos de Uganda. Na época, a dieta ugandense diferia muito da dieta ocidental típica. Os ugandenses comiam muitas frutas, legumes, grãos crus e nozes, mas pouca carne vermelha. Os ocidentais, por outro lado, comiam mais carne vermelha e menos vegetais e castanhas, e os grãos que consumiam eram normalmente processados em vez de crus. Em suma, os ugandenses tinham uma dieta rica em fibras e uma baixa incidência de câncer de cólon. Dr. Burkitt propôs uma explicação aparentemente intuitiva para esse elo: a fibra da dieta acelera certos processos digestórios, deixando menos tempo para o cólon ser exposto a possíveis agentes cancerígenos.

A crença do Dr. Burkitt nos benefícios da fibra dietética foi amplamente divulgada e levou à comercialização da fibra nos alimentos e a décadas de pesquisa sobre a possível conexão entre dieta e câncer. Nesta seção, revisaremos algumas dessas pesquisas para ilustrar vários aspectos importantes da pesquisa em saúde. Mais importante ainda, descreveremos os diferentes tipos de desenhos experimentais de estudo que os pesquisadores de saúde podem usar para investigar uma questão. Assim como os pontos fortes e fracos desses desenhos, bem como o quanto nossa confiança nos resultados do estudo pode depender da força de um desenho de pesquisa. Além disso, mostraremos como a pesquisa em saúde é uma busca em constante evolução, onde velhas crenças são frequentemente substituídas por novas descobertas à medida que os pesquisadores adquirem e sintetizam novas evidências.

Estudos correlacionais

Quando os pesquisadores buscam identificar possíveis fatores que preveem ou estão relacionados a uma condição de saúde, eles utilizam estudos correlacionais. Os **estudos correlacionais** são muitas vezes o primeiro passo no processo de pesquisa, pois dão informações sobre o grau de relacionamento entre duas variáveis. Os estudos correlacionais *descrevem* essa relação e são, portanto, um tipo de desenho de *pesquisa descritiva*. Embora os cientistas não possam usar um único estudo descritivo para determinar uma relação causal – como se a dieta *causa* câncer –, o grau de relação entre dois fatores pode ser exatamente o que um pesquisador deseja saber.

Para avaliar o grau de relação entre duas variáveis (como dieta e câncer), o pesquisador mede cada uma dessas variáveis em um grupo de participantes e, em seguida, calcula o **coeficiente de correlação** entre essas medidas. O cálculo produz um número variando entre −1,00 e +1,00. Correlações positivas ocorrem quando as duas variáveis aumentam ou diminuem juntas. Por exemplo, atividade física e longevidade estão positivamente correlacionadas. Correlações negativas ocorrem quando uma das variáveis aumenta à medida que a outra diminui, como é o caso da relação entre tabagismo e longevidade. As correlações mais próximas de 1,00 (positivas ou negativas) indicam relações mais fortes que as correlações mais próximas de 0,00. Pequenas correlações – aquelas menores que 0,10 – podem ser *estatisticamente significativas* se forem baseadas em um grande número de observações, como em um estudo com muitos participantes. Contudo, essas pequenas correlações, embora não sejam aleatórias, oferecem ao pesquisador muito pouca capacidade de prever escores em uma variável a partir do conhecimento dos escores na outra variável.

Em um dos primeiros exames sobre a ligação entre dieta e câncer, Armstrong e Doll (1975) utilizaram um desenho correlacional. Esses pesquisadores examinaram a correlação entre o consumo médio de carne em mais de vinte países e a incidência de câncer colorretal. De fato, o estudo observou uma correlação grande e positiva de mais de 0,80, mostrando que países com alto consumo de carne tinham taxas significativamente mais altas de câncer de cólon que países com baixo consumo. Contudo, o simples conhecimento dessa correlação não permitiu que os pesquisadores soubessem se a carne vermelha ou algum outro aspecto da dieta *causavam* câncer. O alto consumo de carne vermelha geralmente está relacionado a outras práticas, como baixo consumo de fibras, frutas e vegetais, e pode estar relacionado também a fatores ambientais. Assim, esse estudo correlacional sugeriu uma ligação entre dieta e risco de câncer, mas não pôde responder diretamente a questões de causalidade. Mas apontou para uma forte associação entre dieta e câncer de cólon, o que alimentou o interesse do público em consumir alimentos que possam prevenir o câncer. Essa descoberta, junto ao foco muito bem divulgado do Dr. Burkitt na fibra dietética, levou a uma percepção pública generalizada de uma relação causal entre a ingestão de fibras e o câncer de cólon.

Estudos transversais e longitudinais

Quando os pesquisadores da saúde procuram entender como os problemas de saúde se desenvolvem ao longo do tempo, eles usam estudos transversais ou longitudinais. **Estudos transversais** são aqueles realizados em apenas um ponto no tempo, enquanto os **estudos longitudinais** acompanham os participantes por um período prolongado. Em um desenho transversal, o investigador estuda um grupo de pessoas de pelo menos duas faixas etárias diferentes para determinar, em alguma medida, as possíveis diferenças entre os grupos.

Os estudos longitudinais podem trazer informações que os estudos transversais não podem, porque avaliam as mesmas pessoas ao longo do tempo, o que permite aos pesquisadores identificar tendências e padrões de desenvolvimento. Contudo, estudos longitudinais têm uma desvantagem óbvia: eles levam tempo. Assim, estudos longitudinais são mais caros que transversais e frequentemente requerem uma grande equipe de pesquisadores.

Os estudos transversais têm a vantagem da velocidade, mas também apresentam uma desvantagem; uma vez que comparam dois ou mais grupos separados de indivíduos, o que os torna incapazes de revelar informações sobre mudanças nos indivíduos ao longo do tempo. A incidência de câncer

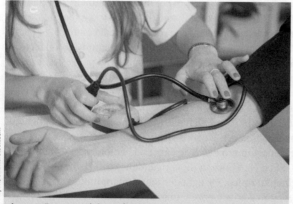

A pressão arterial é um fator de risco para doenças cardiovasculares, o que significa que as pessoas com pressão alta correm um risco maior, mas não que a pressão alta cause doenças cardiovasculares.

aumenta com a idade, portanto, um estudo transversal comparando as taxas de câncer de adultos jovens com as de adultos mais velhos, sem dúvida, mostraria que estes têm taxas mais altas de câncer. Entretanto, apenas um estudo longitudinal observando as mesmas pessoas por um longo período poderia confirmar que a idade aumenta a incidência de câncer. (Em um desenho transversal, é sempre possível que os adultos mais velhos se diferenciem dos adultos jovens de alguma forma importante além da idade, como a exposição a agentes cancerígenos.)

Devido ao tempo e aos recursos necessários para realizar pesquisas longitudinais, tais estudos sobre a ligação entre dieta e câncer não apareceram até o final da década de 1990. Por exemplo, um estudo com mais de 27.000 homens finlandeses perguntou sobre o consumo de gordura, carne, frutas, vegetais, cálcio e fibras e acompanhou os participantes por oito anos para rastrear a incidência de câncer colorretal (Pietinen et al., 1999). Neste estudo, o câncer de cólon foi associado a alguns aspectos da dieta (como o cálcio), mas não estava relacionado ao consumo de fibras. Muitos outros estudos longitudinais confirmaram essa falta de relação. Assim, os resultados desses estudos longitudinais – que fornecem evidências mais fortes que os estudos correlacionais anteriores – desafiaram a noção de que a fibra dietética reduz o risco de câncer de cólon.

Desenhos experimentais

Estudos correlacionais, desenhos transversais e estudos longitudinais têm usos importantes na psicologia, mas nenhum deles pode determinar causalidade. Às vezes, os psicólogos querem informações sobre a capacidade de uma variável causar ou influenciar diretamente outra. Essas informações requerem um experimento bem desenhado.

Um experimento consiste em uma comparação entre pelo menos dois grupos, muitas vezes referidos como um **grupo experimental** e um **grupo de controle**. Os participantes de um grupo experimental devem receber tratamento idêntico ao dos participantes do grupo de controle, exceto que aqueles do grupo experimental recebem um nível da **variável independente**, enquanto as pessoas do grupo de controle recebem um nível diferente. A variável independente é a condição de interesse que o experimentador manipula sistematicamente para observar sua influência em um comportamento ou resposta – isto é, sobre a **variável dependente**. A manipulação da variável independente é um elemento crítico do desenho experimental, porque essa manipulação permite aos pesquisadores controlar a situação escolhendo e criando os níveis apropriados. Além disso, um bom desenho experimental requer que os experimentadores designem os participantes do grupo experimental ou de controle *aleatoriamente* para garantir que os grupos sejam equivalentes no início do estudo.

Muitas vezes, a condição experimental consiste em administrar um tratamento, enquanto a condição de controle consiste em suspender esse tratamento e talvez apresentar algum tipo de placebo. Se o grupo experimental posteriormente apresentar uma pontuação na variável dependente diferente do grupo de controle, então esta tem uma relação de causa e efeito com a variável dependente.

Muitos grandes estudos usaram um desenho experimental para estudar a ligação entre dieta e câncer (Beresford et al., 2006; Schatzkin et al., 2000). Um estudo designou aleatoriamente cerca de 20.000 mulheres para uma intervenção destinada a reduzir a ingestão de gordura e aumentar o consumo de frutas, vegetais e fibras (Beresford et al., 2006). As mulheres aleatoriamente designadas para o grupo de controle foram convidadas a continuar comendo como de costume. De fato, as mulheres do grupo experimental mudaram a dieta conforme as instruções, mas não mostraram nenhum risco reduzido de câncer em um acompanhamento de oito anos em comparação com as mulheres do grupo de controle. Devido ao seu desenho experimental, esse estudo forneceu fortes evidências da falta de uma relação causal entre a fibra dietética e o risco de câncer de cólon.

A **Figura 2.1** mostra um desenho experimental típico comparando um grupo experimental com um grupo de controle, com aconselhamento como variável independente e índice de massa corporal (IMC) como variável dependente.

Projetos *ex post facto*

Restrições éticas ou limitações práticas impedem os pesquisadores de manipular muitas variáveis, como gênero, *status* socioeconômico, morte de um ente querido, tabagismo ou comportamentos sexuais. Isso significa que experimentos não são possíveis com muitas dessas variáveis, mas essas limitações não impedem os pesquisadores de estudar essas variáveis. Quando os pesquisadores não podem manipular certas variáveis de maneira sistemática, às vezes eles confiam em projetos *ex post facto*.

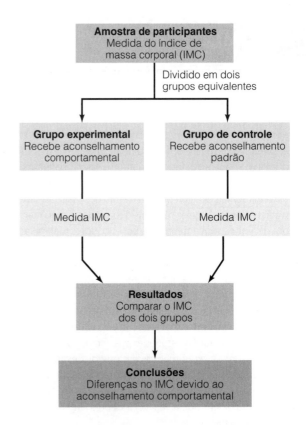

FIGURA 2.1 Exemplo de um método experimental.

Um **projeto *ex post facto***, um dos vários tipos de estudos quase experimentais, assemelha-se a um experimento sob alguns aspectos, mas difere em outros. Ambos os tipos de estudos envolvem grupos contrastantes para determinar diferenças, mas projetos *ex post facto* não envolvem a manipulação de variáveis independentes. Em vez disso, os pesquisadores escolhem uma variável de interesse e selecionam participantes que já diferem nessa variável, chamada de **variável indivíduo** (ou *variável participante*). Tanto os experimentos quanto os estudos *ex post facto* envolvem a medição de variáveis dependentes. Por exemplo, os pesquisadores podem estudar a relação entre o consumo de carne (variável indivíduo) e o risco de câncer (variável dependente) recrutando participantes de dois grupos comunitários: um grupo sendo um clube de culinária vegetariana/vegana e o outro a filial local do Steak Lovers Anonymous. Não há atribuição aleatória nesse projeto *ex post facto*, mas os dois grupos certamente se diferenciariam no consumo de carne vermelha.

O grupo de comparação em um projeto *ex post facto* não é um grupo de controle equivalente, porque os participantes foram distribuídos nos grupos com base em suas preferências alimentares e não por atribuição aleatória. Sem atribuição aleatória, os grupos podem se diferenciar em outras variáveis além das preferências alimentares, como exercícios, consumo de álcool ou tabagismo. A existência dessas outras diferenças significa que os pesquisadores não podem identificar a variável indivíduo como a causa das diferenças no risco de câncer entre os grupos. Contudo, os achados sobre diferenças de risco entre os dois grupos podem trazer informações úteis, tornando esse tipo de estudo uma escolha para muitas investigações, principalmente quando a atribuição aleatória é difícil ou impossível.

RESUMO

Os psicólogos da saúde usam vários métodos de pesquisa, incluindo estudos correlacionais, estudos transversais e longitudinais, desenhos experimentais e estudos *ex post facto*. Estudos correlacionais indicam o grau de associação entre duas variáveis, mas nunca podem mostrar a causa. Estudos transversais investigam um grupo de pessoas em um ponto no tempo, enquanto estudos longitudinais acompanham os participantes por um longo período de tempo. Embora estudos longitudinais possam produzir resultados mais úteis que estudos transversais, eles são mais demorados e mais caros. Com desenhos experimentais, os pesquisadores manipulam a variável independente para que quaisquer diferenças resultantes entre os grupos experimental e de controle possam ser atribuídas à sua exposição diferencial à variável independente. Os estudos experimentais geralmente incluem um placebo administrado a pessoas em um grupo de controle para que tenham as mesmas expectativas que as pessoas do grupo experimental. Os estudos *ex post facto* são semelhantes aos desenhos experimentais em que os pesquisadores comparam dois ou mais grupos e, em seguida, registram as diferenças entre os grupos na variável dependente, mas diferem na medida em que a variável independente é preexistente e não manipulada.

APLIQUE O QUE VOCÊ APRENDEU

1. Classifique os desenhos de pesquisa descritos nesta seção de acordo com a capacidade de demonstrar uma relação causal entre duas variáveis.

2-3 Métodos de pesquisa em epidemiologia

OBJETIVOS DE APRENDIZAGEM

2-4 Entender a diferença entre a prevalência da doença e a incidência da doença

2-5 Identificar os pontos fortes e as limitações dos métodos observacionais, ensaios controlados randomizados e metanálises

O campo da psicologia da saúde se beneficia não apenas dos métodos de pesquisa da psicologia, mas também da pesquisa médica – em particular, a pesquisa de epidemiologistas. **Epidemiologia** é um ramo da medicina que investiga os fatores que contribuem para a saúde ou doença em uma determinada população (Porta et al., 2014; Tucker et al., 2004).

Com o aumento das doenças crônicas durante o século XX, os epidemiologistas fazem contribuições fundamentais para a saúde, identificando os fatores de risco para elas. Um **fator de risco** é qualquer característica ou condição que ocorre com maior frequência em uma população com uma doença que em uma população livre dessa doença. Ou seja, os epidemiologistas estudam os fatores demográficos e comportamentais que se relacionam com doenças cardíacas, câncer e outras doenças crônicas (Tucker et al., 2004). Por exemplo, estudos de epidemiologia foram os primeiros a detectar uma relação entre tabagismo e doenças cardíacas.

Dois conceitos importantes em epidemiologia são prevalência e incidência. **Prevalência** refere-se à proporção da população que tem uma determinada doença ou condição em um momento específico. **Incidência** mede a frequência de *novos casos* durante um período especificado, geralmente um ano (Tucker et al., 2004). Com prevalência e incidência, o número de pessoas na população em risco é dividido entre o número de pessoas com o transtorno (prevalência) ou o número de novos casos em um determinado período de tempo (incidência). A prevalência de um transtorno pode ser bem diferente da incidência desse transtorno. Por exemplo, a prevalência de hipertensão é muito maior que a incidência porque as pessoas podem viver por anos após o diagnóstico. Em uma determinada comunidade, a *incidência* de hipertensão pode ser de 0,025, o que significa que para cada 1.000 pessoas de uma determinada faixa etária, etnia e sexo, 25 pessoas por ano receberão diagnóstico de pressão alta. Mas, como a hipertensão é uma doença crônica, a prevalência se acumulará, produzindo um número muito superior a 25 por 1.000. Em contraposição, para uma doença como a gripe com duração relativamente curta (devido à rápida recuperação do paciente ou à morte rápida), a incidência por ano excederá a prevalência em qualquer momento específico durante esse ano.

A pesquisa em epidemiologia usa dois métodos amplos: (1) estudos observacionais e (2) estudos randomizados e controlados. Cada método tem seus próprios requisitos e produz informações específicas. Embora os epidemiologistas usem alguns dos mesmos métodos e procedimentos empregados pelos psicólogos, sua terminologia nem sempre é a mesma. A **Figura 2.2** lista as grandes áreas do estudo epidemiológico e mostra suas contrapartes aproximadas no campo da psicologia.

Métodos observacionais

Os epidemiologistas usam métodos observacionais para estimar a ocorrência de uma doença específica em uma determinada população. Esses métodos não mostram as causas da doença, mas os pesquisadores podem fazer inferências sobre possíveis fatores que se relacionam com a doença. Os métodos observacionais são como estudos correlacionais em psicologia; ambos mostram uma associação entre duas ou mais condições, mas nenhum deles pode ser usado para demonstrar a causa.

Dois tipos importantes de métodos observacionais são os estudos retrospectivos e os estudos prospectivos. Os **estudos retrospectivos** começam com um grupo de pessoas que já esteja enfrentando uma determinada doença ou transtorno e, em seguida, volta-se para buscar características ou condições que as marcaram como diferentes das pessoas que não têm esse problema. Essa abordagem é frequentemente usada nos estágios iniciais da pesquisa porque é relativamente rápida e barata, mas ainda pode fornecer informações potencialmente úteis. De fato, muitos dos primeiros estudos sobre dieta e câncer foram estudos retrospectivos nos quais pacientes com câncer e indivíduos saudáveis forneceram informações gerais sobre seus padrões anteriores de consumo alimentar. Estudos retrospectivos como esses também são chamados de **estudos de caso-controle,** porque casos (pessoas que têm um problema de saúde) são comparados com controles (pessoas que não têm o problema). Curiosamente, muitos desses primeiros estudos retrospectivos da década de 1980 *realmente* encontraram uma associação entre ingestão de alto teor de fibras e menor incidência de câncer de cólon (Trock, Lanza e Greenwald, 1990), sem dúvida alimentando a crença do público nos benefícios da fibra na dieta. Mas uma das principais desvantagens dos estudos retrospectivos é que estes se baseiam nas lembranças das pessoas de comportamentos passados que muitas vezes são imprecisas.

Em contraposição, os **estudos prospectivos** começam com uma população de participantes sem doenças e a acompanham durante um período para estabelecer se um determinado fator – como tabagismo atual, pressão alta ou obesidade – está relacionado a uma condição de saúde posterior, como doença cardíaca ou morte. Os estudos prospectivos são longitudinais, o que os torna equivalentes aos estudos longitudinais em psicologia: ambos trazem informações sobre um grupo de participantes ao longo do tempo e ambos levam muito tempo para serem concluídos. Em geral, estudos prospectivos fornecem evidências mais fortes que estudos retrospectivos. Estudos prospectivos sobre dieta e câncer de cólon também levaram a uma conclusão diferente dos estudos retrospectivos. Na maioria dos estudos prospectivos, que surgiram na década de 1990, a ingestão de fibras *não* foi associada à diminuição do risco de câncer de cólon (Pietinen et al., 1999).

Ensaios controlados randomizados

Um segundo tipo de pesquisa epidemiológica é o ensaio controlado randomizado, que equivale à pesquisa experimental em psicologia. Com um estudo controlado randomizado, os pesquisadores atribuem aleatoriamente os participantes a um grupo de estudo ou a um grupo de controle, tornando os dois grupos iguais em todos os fatores pertinentes, exceto na variável que está sendo estudada. (Na psicologia, isso seria chamado de variável independente.) Os pesquisadores também devem controlar outras variáveis além daquelas de interesse primário para evitar que afetem o resultado.

Um estudo controlado randomizado, como o método experimental em psicologia, deve evitar o problema de **autosseleção**; ou seja, não deve permitir que os participantes escolham se ficarão no grupo experimental ou no de controle, mas deve atribuí-los aos grupos aleatoriamente. A possibilidade de que os participantes se autosselecionem em um grupo de estudo ou de controle pode alterar drasticamente os resultados de um trabalho, ressaltando a importância da atribuição aleatória. Por exemplo, um estudo sobre a eficácia de um programa de bem-estar no local de trabalho descobriu que

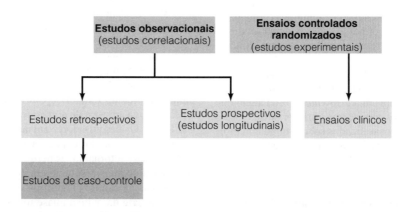

FIGURA 2.2 Métodos de pesquisa em epidemiologia, com suas contrapartes em psicologia entre parênteses.

os funcionários que se autosselecionaram para um programa de bem-estar tiveram resultados muito melhores que aqueles que optaram por não participar do programa (Jones, Molitor & Reif, 2019). Entretanto, quando os pesquisadores compararam os participantes que foram aleatoriamente designados para participar do programa com aqueles que foram aleatoriamente designados para uma condição de controle, os resultados foram muito diferentes; o programa não surtiu efeito. Os pesquisadores concluíram que a autosseleção foi responsável pelos resultados promissores porque os trabalhadores mais saudáveis escolheram participar do programa, mas os trabalhadores menos saudáveis não.

Um **ensaio clínico** é um desenho de pesquisa que testa os efeitos de um novo medicamento ou tratamento médico. Muitos ensaios clínicos são ensaios controlados randomizados que apresentam atribuição aleatória e controle de outras variáveis, o que permite aos pesquisadores determinar a eficácia do novo tratamento. Os epidemiologistas geralmente consideram os estudos randomizados, controlados por placebo e duplos-cegos como o "padrão ouro" dos desenhos de pesquisa (Kertesz, 2003). Esse desenho é comumente utilizado para medir a eficácia de novos medicamentos, bem como intervenções psicológicas e educacionais. Por exemplo, todos os medicamentos aprovados pela Food and Drug Administration (FDA) dos EUA devem, em primeiro lugar, passar por extensos ensaios clínicos dessa natureza, demonstrando que o medicamento é eficaz e tem níveis aceitáveis de efeitos colaterais ou outros riscos.

Quando um ensaio clínico controlado demonstra a eficácia de um novo medicamento ou intervenção, os pesquisadores geralmente publicam e divulgam os resultados para que outros possam adotar o tratamento. Em alguns casos, um estudo controlado pode não demonstrar a eficácia de uma nova intervenção. Quando os ensaios não mostram a eficácia de um tratamento, os pesquisadores podem ter menos probabilidade de publicar os resultados. De acordo com algumas estimativas, os estudos que não conseguem encontrar uma intervenção tão eficaz têm três vezes menos probabilidade de serem publicados (Dwan et al., 2008). Assim, os pesquisadores, os profissionais de saúde e o público são mais propensos a conhecer pesquisas que mostram que um determinado tratamento é eficaz, mas menos propensos no caso de pesquisas que mostram que o mesmo tratamento é ineficaz.

Várias salvaguardas estão agora em vigor para ajudar a garantir que pesquisadores e profissionais de saúde possam acessar todas as evidências disponíveis, e não apenas as evidências que apoiam um tratamento. Por exemplo, as principais revistas médicas exigem que os pesquisadores cumpram diretrizes claras ao relatarem os resultados de um ensaio clínico. Essas diretrizes – conhecidas como Consolidated Standards of Reporting Trials (CONSORT) (Schulz, Altman, Moher & CONSORT Group, 2010) – exigem que os pesquisadores registrem o ensaio clínico em um registro *anterior* ao início do estudo. Esse banco de dados permite que qualquer pessoa localize todos os ensaios clínicos realizados sobre um tratamento, não apenas os ensaios que consideraram um tratamento eficaz.

Metanálise

Como vimos, os pesquisadores usam uma variedade de abordagens para estudar o comportamento e os resultados relacionados à saúde. Infelizmente, a pesquisa sobre o mesmo tópico pode não produzir descobertas consistentes, colocando os pesquisadores (e todos os outros) na posição de se perguntar quais descobertas são as mais válidas. Alguns estudos são maiores que outros e, quando se trata de aceitar um resultado, o tamanho importa. Mas, às vezes, mesmo grandes estudos fornecem resultados que parecem contraditórios. Contudo, a técnica estatística de **metanálise** permite que os pesquisadores avaliem muitos estudos de pesquisa sobre o mesmo tópico, mesmo que os métodos de pesquisa sejam diferentes. Os resultados de uma metanálise incluem uma medida do tamanho geral do efeito da variável em estudo. A capacidade de oferecer uma estimativa do tamanho de um efeito é uma vantagem. Se este é estatisticamente significativo, mas pequeno, então as pessoas não devem ser encorajadas a mudar seu comportamento com base em tais achados; fazê-lo traria muito poucos benefícios. Por outro lado, se um efeito for grande, então trabalhar para a mudança seria benéfico, mesmo que seja difícil.

Recentemente, várias metanálises sintetizaram décadas de pesquisa sobre dieta e câncer de cólon. Em geral, a fibra dietética mostra uma associação fraca, se houver, com o risco de câncer de cólon (Vargas & Thompson, 2012; Yao et al., 2017). Contudo, isso não significa que a dieta não é importante. Uma metanálise de 19 estudos de caso-controle e 6 estudos prospectivos mostra que uma dieta rica em carne vermelha está fortemente associada a um maior risco de câncer de cólon (Aune et al., 2013).

Assim, o Dr. Burkitt podia estar certo o tempo todo ao especular que a dieta dos africanos subsaarianos os protegia contra o câncer de cólon. Mas não era a fibra que importava; era a ausência de carne vermelha. À medida que os pesquisadores usaram desenhos mais robustos e amostras maiores para investigar a ligação entre dieta e câncer de cólon, as evidências começaram a mostrar que as antigas crenças sobre o papel das fibras no câncer de cólon eram imprecisas, mas destacavam o papel da carne vermelha.

Um exemplo de pesquisa epidemiológica: o Estudo do Condado de Alameda

Os estudos epidemiológicos têm sido de importância crucial na identificação do papel do comportamento na saúde. Um exemplo famoso de estudo epidemiológico é o Estudo do Condado de Alameda (Alameda County Study), na Califórnia, um estudo prospectivo em andamento de uma única comunidade para identificar práticas de saúde que podem proteger contra morte e doenças. O Estudo do Condado de Alameda foi um dos primeiros estudos a mostrar como vários comportamentos diminuíram o risco de mortalidade das pessoas.

Em 1965, o epidemiologista Lester Breslow e colegas do Laboratório de População Humana do Departamento de Saúde Pública do Estado da Califórnia iniciaram uma pesquisa em uma amostra de domicílios no condado de Alameda, Califórnia. Os pesquisadores enviaram questionários detalhados para cada morador com 20 anos de idade ou mais; quase 7.000 pessoas retornaram as pesquisas. Entre outras questões, esses participantes responderam perguntas sobre sete práticas básicas de saúde: (1) dormir sete ou oito horas por dia, (2) tomar café da manhã quase todos os dias, (3) raramente comer entre as refeições, (4) consumir álcool com moderação ou não consumir, (5) não fumar, (6) praticar exercícios regularmente e (7) manter o peso próximo ao ideal prescrito.

Na época da pesquisa original, em 1965, apenas o tabagismo havia sido implicado como um risco à saúde. Eram bastante fracas as evidências de que qualquer uma das outras seis práticas induzia saúde ou mortalidade. Como várias dessas práticas exigem alguma boa saúde, foi necessário investigar a possibilidade de que o estado de saúde original pudesse confundir as taxas de mortalidade subsequentes. Para controlar esses possíveis efeitos confundidores, os investigadores do Condado de Alameda perguntaram aos moradores sobre suas deficiências físicas, doenças agudas e crônicas, sintomas físicos e níveis atuais de energia.

Um acompanhamento cinco anos e meio depois (Belloc, 1973) revelou que os participantes que praticavam seis ou sete dos comportamentos básicos relacionados à saúde eram muito menos propensos a morrer que aqueles que praticavam de zero a três. Um acompanhamento de nove anos determinou a relação entre a mortalidade e as sete práticas de saúde, consideradas individualmente e também em combinação (Berkman & Breslow, 1983; Wingard, Berkman & Brand, 1982). O tabagismo, a falta de atividade física e o consumo de álcool foram fortemente relacionados à mortalidade, enquanto a obesidade e muito ou pouco sono foram apenas fracamente associados ao aumento das taxas de mortalidade. Pular o café da manhã e lanchar entre as refeições não indicava maior mortalidade.

Mas o número de relações sociais próximas sugeriu maior mortalidade: pessoas com poucos contatos sociais tinham quase três vezes mais chances de morrer que aquelas com muitos desses contatos (Berkman & Syme, 1979). O Estudo do Condado de Alameda foi o primeiro a descobrir um elo entre as relações sociais e a mortalidade. Como você aprenderá no restante deste livro, as relações sociais e o apoio

TORNANDO-SE UM LEITOR INFORMADO SOBRE AS PESQUISAS RELACIONADAS À SAÚDE NA INTERNET

Há não muito tempo, relatórios de pesquisa em saúde apareciam principalmente em revistas científicas que eram lidas basicamente por médicos. As pessoas normalmente ouviam seus médicos falarem dessas pesquisas. Hoje, diversos meios de comunicação – incluindo televisão, jornais e Internet – divulgam as "mais recentes e melhores" pesquisas em saúde. No entanto, com o aumento dessa publicidade vem um problema crescente: algumas dessas informações podem não ser confiáveis. O negócio dos meios de comunicação é chamar a atenção das pessoas, de modo que a cobertura de informações sobre saúde pode induzir ao erro, concentrando-se nas descobertas mais sensacionais. E, é claro, alguns anúncios comerciais – promovendo, por exemplo, um programa revolucionário de perda de peso ou uma maneira simples de parar de fumar – podem ignorar ou distorcer evidências científicas para aumentar as vendas.

Mais de 80% dos usuários da Internet recorrem a esse meio para obter informações sobre saúde (Pew Internet, 2012). Mais de 70% dos norte-americanos usaram a Internet durante os primeiros meses da pandemia de Covid-19 para procurar informações sobre o coronavírus (Anderson M. & Vogels, E. A., 2020). A Internet, em particular, apresenta não apenas uma riqueza de informações úteis sobre saúde, mas também algumas informações enganosas. Como você pode julgar o valor das informações relacionadas à saúde que você lê ou ouve? Eis várias perguntas que você deve se fazer ao avaliar as informações sobre saúde na Internet.

1. Quem administra o site? Qualquer site respeitável deve indicar claramente quem é responsável pelas informações. Muitas vezes você pode encontrar essas informações na seção "Sobre nós" de um site. Muitas vezes, o endereço do site também pode fornecer informações importantes. Os sites que terminam em ".gov", ".edu" ou ".org" são administrados por grupos governamentais, educacionais ou sem fins lucrativos. Esses sites provavelmente apresentarão informações imparciais. Por outro lado, os sites que terminam em ".com" são administrados por empresas comerciais e podem existir principalmente para vender produtos.

2. Qual é o objetivo do site? Sites que existem principalmente para vender produtos podem não apresentar informações imparciais. Você deve ser especialmente cauteloso com sites que prometem "descobertas" ou tentam vender curas rápidas, fáceis e milagrosas. Avanços drásticos são raros na ciência.

3. Quais são as evidências que sustentam uma afirmação? Idealmente, um site deve relatar informações apoiadas em estudos conduzidos por cientistas formados e afiliados a universidades, hospitais de pesquisas ou agências governamentais. Além disso, os sites devem incluir as referências desses estudos científicos publicados. Em contraposição, afirmações apoiadas por depoimentos de consumidores "satisfeitos" ou de empresas comerciais são menos prováveis que venham de pesquisas científicas.

4. Existem informações adequadas disponíveis para avaliar o projeto de pesquisa de um estudo científico? Os resultados são mais confiáveis se o estudo usar um grande número de participantes. Se um estudo sugere que um fator *causa* um determinado resultado de saúde, ele usa um desenho experimental com atribuição aleatória? Ele controla os efeitos placebo? Se o desenho for prospectivo ou retrospectivo, os pesquisadores controlaram adequadamente o tabagismo, a dieta, os exercícios e outras possíveis variáveis confundidoras? Por fim, está claro quem participou do estudo? Se o estudo usa uma população única, os resultados podem ser aplicáveis apenas a indivíduos semelhantes.

5. Como as informações são analisadas antes de serem publicadas? As informações de saúde mais respeitáveis terão alguém com credenciais médicas ou de pesquisa – como um MD ou PhD – escrevendo ou revisando o material.

6. As informações são atuais? A data da postagem ou última revisão deve ser clara.

O conhecimento científico evolui continuamente, por isso a melhor informação está atualizada. Você pode encontrar muitas dessas dicas e outras no site do National Institutes of Health (www.nih.gov). Esse site, assim como os Centers for Disease Control and Prevention (www.cdc.gov), é uma excelente fonte de informações científicas mais recentes sobre uma ampla variedade de tópicos sobre saúde.

social são fatores importantes para a saúde física. De fato, as pessoas com poucos ou maus relacionamentos sociais têm o mesmo aumento de risco de mortalidade que as pessoas que fumam mais de 15 cigarros por dia (Holt-Lunstad, Smith & Layton, 2010).

Se algumas práticas de saúde preveem maior risco de *mortalidade*, então, uma segunda questão diz respeito a como esses mesmos fatores se relacionam à *morbidade* ou doença. Uma condição que prevê morte não precisa necessariamente prever doença. Muitas deficiências, doenças crônicas e sintomas de doenças não levam inevitavelmente à morte. Portanto, é importante saber se as práticas básicas de saúde e os contatos sociais preveem saúde física posterior. As práticas de saúde contribuem apenas para o tempo de sobrevivência ou também aumentam o nível geral de saúde do indivíduo?

RESUMO

Os epidemiologistas realizam pesquisas usando desenhos e terminologia que diferem daqueles usados por pesquisadores de psicologia. Por exemplo, os epidemiologistas fazem uso de conceitos de fator de risco, prevalência e incidência. Um fator de risco é qualquer condição que ocorre com maior frequência em pessoas com uma doença que em pessoas livres dela. A prevalência refere-se à proporção da população que tem certa doença em determinado momento, enquanto a incidência mede a frequência de novos casos da doença durante um período de tempo.

Para investigar fatores que contribuem para a saúde ou para a frequência e distribuição de uma doença, os epidemiologistas usam métodos de pesquisa semelhantes aos usados pelos psicólogos, mas a terminologia varia. Os estudos observacionais, que são como estudos correlacionais, podem ser retrospectivos ou prospectivos. Estes começam com um grupo de pessoas que já sofre de uma doença e, em seguida, buscam características dessas pessoas que diferem daquelas que não têm a doença; estudos prospectivos são desenhos longitudinais que seguem o desenvolvimento futuro de um grupo de pessoas. Ensaios controlados randomizados são como desenhos experimentais em psicologia. Os ensaios clínicos, um tipo comum de ensaio clínico randomizado, são normalmente usados para determinar a eficácia de novos medicamentos, mas podem ser aplicados em outros estudos controlados. A técnica estatística de metanálise permite aos pesquisadores examinar um grupo de estudos que pesquisaram a variável de interesse e fornecer uma estimativa geral do tamanho do efeito.

APLIQUE O QUE VOCÊ APRENDEU

1. Classifique os desenhos de pesquisa descritos nesta seção de acordo com sua capacidade de demonstrar uma relação causal entre duas variáveis.

2-4 Determinando a causa

OBJETIVOS DE APRENDIZAGEM

2-6 Entender a diferença entre risco absoluto e risco relativo

2-7 Identificar os sete critérios que podem ajudar os pesquisadores a inferir uma relação causal de estudos não experimentais

Conforme observado anteriormente, estudos prospectivos e retrospectivos podem identificar fatores de risco para uma doença, mas não demonstram a causa. Esta seção analisa a abordagem do fator de risco como um meio de sugerir a causa e, em seguida, examina evidências de que o tabagismo *causa* doença.

A abordagem do fator de risco

A abordagem do fator de risco foi popularizada pelo Framingham Heart Study (Levy & Brink, 2005), uma investigação epidemiológica em larga escala que começou em 1948 e incluiu mais de 5.000 homens e mulheres em Framingham, Massachusetts. Desde os primeiros anos e continuando até o presente, este estudo permitiu aos pesquisadores identificar fatores de risco para doenças cardiovasculares (DCV), como colesterol sérico, sexo, pressão alta, tabagismo e obesidade. Esses fatores de risco não necessariamente causam DCV, mas estão relacionados de alguma forma. A obesidade, por exemplo, pode não ser uma causa direta de doença cardíaca, mas geralmente está associada à hipertensão, que é fortemente associada à DCV. Assim, a obesidade é um fator de risco para DCV.

Existem dois métodos comuns para abordar risco: risco absoluto e risco relativo. **Risco absoluto** refere-se às chances de a pessoa desenvolver uma doença ou transtorno independente de qualquer risco que outras pessoas possam ter para essa doença ou transtorno. Essas chances tendem a ser pequenas. Por exemplo, o risco de um fumante morrer de câncer de pulmão durante um ano é de cerca de 1 em 1.000. Quando os fumantes se inteiram sobre o risco expresso nesses termos, eles podem não reconhecer os perigos de seu comportamento (Kertesz, 2003). Outras formas de apresentar a mesma informação podem parecer mais ameaçadoras. Por exemplo, o risco de um fumante masculino contrair câncer de pulmão no seu *ciclo de vida* é muito maior (cerca de 15 em 100) (Crispo et al., 2004).

Risco relativo refere-se à razão da incidência (ou prevalência) de uma doença em um grupo exposto para a incidência (ou prevalência) dessa doença no grupo não exposto. O risco relativo do grupo não exposto é sempre 1,00. Assim, um risco relativo de 1,50 indica que o grupo exposto tem 50% mais chance de desenvolver a doença em questão que o grupo não exposto; um risco relativo de 0,70 significa que a taxa de doença no grupo exposto é apenas 70% da taxa no grupo não exposto. Expresso em termos de risco relativo, fumar parece muito mais perigoso. Por exemplo, fumantes de cigarro do sexo masculino têm um risco relativo de cerca de 23,3 de morrer de câncer de pulmão e um risco relativo de 14,6 de morrer de câncer de laringe (Anderson, M. & Vogels, E. A., 2020). Isso significa que, em comparação com os não fumantes, os homens que fumam têm mais de 23 vezes mais chances de morrer de câncer de pulmão e mais de 14 vezes mais chances de morrer de câncer de laringe.

O alto risco relativo de câncer de pulmão entre pessoas que têm um longo histórico de tabagismo pode sugerir que a maioria dos fumantes morrerá de câncer de pulmão. Mas este não é o caso: a maioria dos fumantes *não* morrerá de câncer de pulmão. Cerca de 40% dos fumantes que morrem de câncer desenvolverão a doença em outros locais além do pulmão (Armour et al., 2005). Além disso, a frequência absoluta de morte por doença cardíaca torna um fumante quase tão propenso a morrer de doença cardíaca (20% das mortes entre fumantes) quanto câncer de pulmão (28% das mortes entre fumantes). Os fumantes têm um risco relativo muito maior de morrer de câncer de pulmão que de doenças cardiovasculares em comparação com os não fumantes, mas o *risco absoluto* de morrer de DCV é muito mais semelhante.

Cigarros e doenças: existe uma relação causal?

Em 1994, representantes de todas as grandes empresas de tabaco compareceram ao Subcomitê de Saúde do Congresso para argumentar que os cigarros não causam problemas de saúde, como doenças cardíacas e câncer de pulmão. O cerne do argumento era que nenhum estudo científico havia prova que fumar cigarros causa doenças cardíacas ou câncer de pulmão em humanos. Tecnicamente, a afirmação estava correta; apenas estudos experimentais podem demonstrar absolutamente a causa e nenhum estudo experimental desse tipo jamais foi (ou jamais será) conduzido em humanos.

Durante os últimos 50 anos, porém, os pesquisadores usaram estudos não experimentais para estabelecer um vínculo entre o tabagismo e várias doenças, especialmente DCV e câncer de pulmão. Os resultados acumulados desses estudos apresentam um exemplo de como os pesquisadores podem usar estudos não experimentais para fazer deduções sobre uma relação causal. Em outras palavras, estudos experimentais, randomizados, controlados por placebo e duplos-cegos não são necessários antes que os cientistas possam inferir uma relação causal entre a variável independente (tabagismo) e as variáveis dependentes (doença cardíaca e câncer de pulmão). Os epidemiologistas concluem que existe uma relação causal se certas condições forem atendidas (Susser, 1991; USDHHS, 2004).

O primeiro critério é que uma *relação dose-resposta* deve existir entre uma possível causa e as mudanças na prevalência ou incidência de uma doença. Uma **relação dose-resposta** é uma associação direta e consistente entre uma variável independente, como um comportamento, e uma variável dependente, como uma doença. Em outras palavras, quanto maior a dose, maior a taxa de mortalidade. Um conjunto de evidências

Os chefes das maiores empresas de tabaco dos Estados Unidos testemunham perante o Congresso, argumentando que nenhuma evidência experimental mostra que o tabaco causa câncer.

de pesquisa (Bhat et al., 2008; Papadopoulos et al., 2011; USDHHS, 1990, 2004) demonstrou uma relação dose-resposta entre o número de cigarros fumados por dia, o número de anos que uma pessoa fuma e a subsequente incidência de doenças cardíacas, câncer de pulmão e acidente vascular encefálico.

Segundo, a prevalência ou incidência de uma *doença deve diminuir com a remoção da possível causa*. Pesquisas (USDHHS, 1990, 2004) demonstraram de forma consistente que parar de fumar reduz o risco de DCV e diminui o risco de câncer de pulmão. As pessoas que continuam a fumar continuam a ter maiores riscos dessas doenças. Mesmo as leis que proíbem o fumo no local de trabalho resultaram na diminuição do número de ataques cardíacos atribuíveis à exposição passiva à fumaça do cigarro (Hurt et al., 2012).

Terceiro, a *causa deve preceder a doença*. O tabagismo quase sempre precede a incidência da doença. (Temos poucas evidências de que as pessoas tendem a começar a fumar como forma de enfrentar doenças cardíacas ou câncer de pulmão.)

Quarto, *uma relação de causa e efeito entre a condição e a doença deve ser plausível*; isto é, deve ser consistente com outros dados e explicável do ponto de vista biológico. Embora os cientistas estejam apenas começando a entender os mecanismos exatos responsáveis pelo efeito do tabagismo no sistema cardiovascular e nos pulmões (USDHHS, 2004), essa conexão fisiológica é plausível.

Quinto, *os resultados da pesquisa devem ser consistentes*. Por mais de 50 anos, evidências de estudos *ex post facto* e correlacionais, bem como de vários estudos epidemiológicos, demonstraram uma relação forte e consistente entre tabagismo e doença.

Sexto, a *força da associação entre a condição e a doença deve ser relativamente alta*. Mais uma vez, a pesquisa revelou que os fumantes de cigarro têm pelo menos um risco duas vezes maior de DCV e são cerca de 18 vezes mais propensos que os não fumantes a morrer de câncer de pulmão (USDHHS, 2004). Como outros estudos encontraram números de risco relativo comparáveis, os epidemiologistas

TABELA 2.1 Critérios para determinar a causa entre uma condição e uma doença

1. Existe uma relação dose-resposta entre a condição e a doença.
2. A remoção da condição reduz a prevalência ou incidência da doença.
3. A condição precede a doença.
4. Uma relação de causa e efeito entre a condição e a doença é fisiologicamente plausível.
5. Dados de pesquisas relevantes revelam de forma consistente uma relação entre a condição e a doença.
6. A força da relação entre a condição e a doença é relativamente alta.
7. Estudos que revelam uma relação entre a condição e a doença são bem desenhados.

aceitam o tabagismo como agente causal tanto para DCV quanto para câncer de pulmão.

O critério final para inferir causalidade é a existência de *estudos adequadamente desenhados*. Embora não tenha sido relatado nenhum desenho experimental com participantes humanos sobre a relação entre cigarros e doenças, estudos observacionais bem desenhados podem produzir resultados equivalentes a estudos experimentais (USDHHS, 2004), e muitos desses estudos observacionais revelam de forma consistente uma estreita associação entre o tabagismo, a DCV e o câncer de pulmão.

Como cada um desses sete critérios é claramente atendido pelas evidências contra o tabagismo, os epidemiologistas podem descartar o argumento dos representantes das empresas de tabaco de que não foi provado que o tabagismo cause doenças. Quando as evidências são tão contundentes como neste caso, os cientistas inferem uma relação causal entre o tabagismo e uma variedade de doenças, incluindo doenças cardíacas e câncer de pulmão. A **Tabela 2.1** resume os critérios para determinar a causa.

RESUMO

Um fator de risco é qualquer característica ou condição que ocorre com maior frequência em pessoas com uma doença que em pessoas livres dela. O risco pode ser expresso em termos de risco absoluto, o risco de uma pessoa desenvolver uma doença independentemente de outros fatores, ou o risco relativo, a taxa de risco daqueles expostos a um fator de risco em comparação com aqueles não expostos.

Embora a abordagem do fator de risco por si só não possa determinar a causa, os epidemiologistas usam vários critérios para determinar uma relação de causa e efeito entre uma condição e uma doença: (1) Deve existir uma relação dose-resposta entre a condição e a doença; (2) a remoção da condição deve reduzir a prevalência ou a incidência da doença; (3) a condição deve preceder a doença; (4) a relação causal entre a condição e a doença deve ser fisiologicamente plausível; (5) os dados da pesquisa devem revelar consistentemente uma relação entre a condição e a doença; (6) a

força da relação entre a condição e a doença deve ser relativamente alta; e (7) a relação entre a condição e a doença deve ser baseada em estudos bem delineados. Quando as descobertas atendem a todos esses sete critérios, os cientistas podem inferir uma relação de causa e efeito entre uma variável independente (como tabagismo) e uma variável dependente (como doença cardíaca ou câncer de pulmão).

APLIQUE O QUE VOCÊ APRENDEU

1. Como cada um dos sete critérios descritos nesta seção ajuda os epidemiologistas a afirmar que um fator de risco identificado é uma provável *causa* de doença?

2-5 Ferramentas de pesquisa

OBJETIVOS DE APRENDIZAGEM

2-8 Reconhecer o importante papel da teoria na orientação da pesquisa em saúde

2-9 Entender como a confiabilidade e a validade melhoram a medição na pesquisa em saúde

Os psicólogos frequentemente contam com duas ferramentas importantes para realizar pesquisas: modelos teóricos e instrumentos psicométricos. Muitos, mas não todos, os estudos de psicologia usam um modelo teórico e tentam testar as hipóteses sugeridas por esse modelo. Além disso, vários estudos de psicologia contam com dispositivos de medição para avaliar comportamentos, funções fisiológicas, atitudes, habilidades, traços de personalidade e outras variáveis. Esta seção fornece uma breve discussão sobre essas duas ferramentas.

O papel da teoria na pesquisa

Como o estudo científico do comportamento humano, a psicologia compartilha o uso de métodos científicos para investigar fenômenos naturais com outras disciplinas. O trabalho da ciência não se restringe à metodologia de pesquisa; envolve também a construção de modelos teóricos para servir como veículos para entender os resultados da pesquisa. Os psicólogos da saúde desenvolveram vários modelos e teorias para explicar comportamentos e condições relacionadas à saúde, como estresse, dor, tabagismo, abuso de álcool e hábitos alimentares pouco saudáveis. Para os não iniciados, as teorias podem parecer impraticáveis e sem importância, mas os cientistas as consideram ferramentas práticas que dão direção e significado às suas pesquisas.

Teoria científica é "um conjunto de suposições relacionadas que permitem aos cientistas usar o raciocínio lógico dedutivo para formular hipóteses testáveis" (Feist & Feist, 2006, p. 4). Teorias e observações científicas têm uma relação interativa. Uma teoria explica as observações, e estas, por sua vez, se ajustam e alteram a teoria para explicar essas observações. As teorias, então, são dinâmicas e se tornam mais poderosas à medida que se expandem para explicar observações cada vez mais relevantes.

O papel da teoria na psicologia da saúde é basicamente o mesmo que em qualquer outra disciplina científica. Em primeiro lugar, uma teoria útil deve gerar pesquisa – tanto pesquisa descritiva quanto teste de hipóteses. A pesquisa descritiva lida com a medição, rotulagem e categorização de observações. O teste de hipóteses identifica as condições que se relacionam e causam o desenvolvimento de uma condição de saúde.

Em segundo, uma teoria útil deve organizar e explicar as observações derivadas da pesquisa e torná-las inteligíveis. A menos que os resultados da pesquisa sejam organizados em alguma estrutura significativa, os cientistas não têm uma direção clara a seguir na busca por mais conhecimento. Uma teoria útil dos fatores psicossociais na obesidade, por exemplo, deve integrar o que os pesquisadores sabem sobre esses fatores e permitir que os pesquisadores formulem perguntas perspicazes que estimulem mais pesquisas.

Em terceiro lugar, uma teoria útil deve servir como um guia para a ação, permitindo ao profissional prever o comportamento e implementar estratégias para mudar o comportamento. Um profissional preocupado em ajudar os outros a mudar comportamentos relacionados à saúde é muito auxiliado pela teoria de mudança de comportamento. Por exemplo, um terapeuta cognitivo seguirá uma teoria cognitiva de aprendizagem para tomar decisões sobre como ajudar os clientes e, portanto, se concentrará em mudar os processos de pensamento que afetam os comportamentos dos clientes. Da mesma forma, psicólogos com outras orientações teóricas confiam em suas teorias para fornecer soluções para as muitas questões que enfrentam em sua prática.

As teorias, então, são ferramentas úteis e necessárias para o desenvolvimento de qualquer disciplina científica; elas geram pesquisas que levam a mais conhecimento, organizam e explicam observações e ajudam o profissional (tanto o pesquisador quanto o clínico) a lidar com uma variedade de problemas diários, como prever o comportamento e ajudar as pessoas a mudar práticas não saudáveis.

O papel da psicometria na pesquisa

Os psicólogos da saúde estudam vários fenômenos que não podem ser descritos em termos de medidas físicas simples, como peso ou comprimento. Esses fenômenos incluem comportamentos e condições como estresse, enfrentamento, dor, hostilidade, hábitos alimentares e personalidade. Para estudar cada um desses fenômenos, os psicólogos da saúde devem desenvolver novas medidas que possam medir de forma confiável e válida as diferenças entre as pessoas. De fato, uma das contribuições mais importantes da psicologia para a medicina comportamental e a saúde comportamental são seus métodos sofisticados de medir fatores psicológicos importantes na saúde.

Para que qualquer instrumento de medição seja útil, ele deve ser *confiável* (consistente) e *válido* (preciso). Os problemas para estabelecer confiabilidade e validade são críticos para o desenvolvimento de qualquer escala de medida.

Estabelecendo confiabilidade A **confiabilidade** de um instrumento de medição é até que medida ele produz resultados consistentes. Uma régua confiável, por exemplo, produzirá a mesma medida em diferentes situações. Na psicologia da saúde, a confiabilidade é mais frequentemente determinada pela comparação de pontuações em duas ou mais administrações do mesmo instrumento (*confiabilidade do teste-reteste*) ou pela comparação das classificações obtidas de dois ou mais juízes observando o mesmo fenômeno (*confiabilidade do observador*).

Medir fenômenos psicológicos é menos preciso que medir dimensões físicas (como comprimento). Assim, a confiabilidade perfeita é quase impossível de obter, e os pesquisadores mais frequentemente descrevem a confiabilidade em termos de coeficientes de correlação ou porcentagens. O coeficiente de correlação, que expressa o grau de correspondência entre dois conjuntos de pontuações, é a mesma estatística utilizada em estudos correlacionais. Coeficientes de confiabilidade altos (como 0,80 a 0,90) indicam que os participantes obtiveram quase as mesmas pontuações em duas administrações de um teste. As porcentagens podem expressar o grau de concordância entre as avaliações independentes dos observadores. Se a concordância entre dois ou mais avaliadores for alta (como 85% a 95%), então o instrumento deve obter quase as mesmas avaliações de dois ou mais entrevistadores.

Estabelecer confiabilidade para os vários instrumentos de avaliação usados em psicologia da saúde é obviamente uma tarefa formidável, mas é um primeiro passo essencial no desenvolvimento de dispositivos de medição úteis.

Estabelecimento da validade Um segundo passo na construção de escalas de avaliação é estabelecer a validade. **Validade** é a extensão em que um instrumento mede o que foi desenhado para medir. Uma régua válida, por exemplo, indicará que um objeto mede 2 centímetros, mas somente quando esse objeto realmente medir 2 centímetros. No contexto de uma medida psicológica, como uma avaliação de estresse válida, por exemplo, deve dizer que uma pessoa está sob alto estresse, mas apenas quando ela experimenta alto estresse.

Os psicólogos determinam a validade de um instrumento de medição comparando as pontuações desse instrumento com algum critério independente ou externo – ou seja, um padrão que existe independentemente do instrumento que está sendo validado. Na psicologia da saúde, esse critério pode ser uma medida fisiológica, como uma resposta fisiológica ao estresse, tal como pressão arterial elevada. Um critério também pode ser algum evento futuro, como um diagnóstico de doença cardíaca ou o desenvolvimento de diabetes. Um instrumento capaz de prever quem receberá tal diagnóstico e quem permanecerá livre da doença tem *validade preditiva*. Por exemplo, escalas que medem atitudes em relação ao corpo preveem o desenvolvimento de transtornos alimentares. Para que tal escala demonstre validade preditiva, ela deve ser administrada a participantes que estão atualmente livres de doença. Se as pessoas com pontuação alta na escala por fim tiverem taxas mais altas de doença que os participantes com pontuação baixa, pode-se dizer que a escala tem validade preditiva; ou seja, diferencia os participantes que permanecerão livres da doença e aqueles que ficarão doentes.

geram pesquisa, (2) preveem e explicam dados de pesquisa e (3) ajudam o profissional a resolver vários problemas. Instrumentos psicométricos precisos são confiáveis e válidos. *Confiabilidade* é a extensão em que um dispositivo de avaliação mede de forma consistente. *Validade* é a extensão em que um instrumento de avaliação mede o que supostamente deve medir.

APLIQUE O QUE VOCÊ APRENDEU

1. Holt-Lunstad et al. (2010) mostraram que pessoas com relacionamentos sociais ruins morrem mais cedo que aquelas com relacionamentos sociais mais favoráveis. Você pode desenvolver uma teoria para explicar essa relação? Como sua teoria pode gerar pesquisas adicionais?
2. Descreva a diferença entre confiabilidade e validade e por que ambas são elementos necessários para uma boa medição.

RESUMO

Duas ferramentas importantes auxiliam o trabalho dos cientistas: teorias úteis e medições precisas. Teorias úteis (1)

Perguntas

Este capítulo abordou cinco questões básicas:

1. **O que são placebos e como eles afetam a pesquisa e o tratamento?**

   Um placebo é uma substância ou condição inativa que tem a aparência de um tratamento ativo e que pode fazer que os participantes melhorem ou mudem devido à crença na eficácia do placebo. Em outras palavras, um placebo é qualquer tratamento que seja eficaz porque as expectativas dos pacientes apoiadas em experiências anteriores com o tratamento os levam a acreditar que este será eficaz.

   O efeito terapêutico de um placebo é cerca de 35%, mas essa taxa varia de acordo com muitas condições, incluindo ambiente de tratamento e cultura. Os placebos, incluindo a cirurgia simulada, podem ser eficazes em uma ampla variedade de situações, como diminuir a dor, reduzir os ataques de asma, diminuir a ansiedade e diminuir os sintomas da doença de Parkinson. Nocebos são placebos que produzem efeitos adversos.

   Os efeitos positivos dos placebos geralmente são benéficos para os pacientes, mas criam problemas para os pesquisadores que tentam determinar a eficácia de um tratamento. Desenhos experimentais que medem a eficácia de uma intervenção de tratamento equilibram-na contra um placebo, de modo que as pessoas no grupo de controle (placebo) tenham as mesmas expectativas que as pessoas no grupo experimental (intervenção de tratamento). Os estudos experimentais frequentemente usam desenhos nos quais os participantes não sabem em qual condição de tratamento se encontram (projeto *simples-cego*) ou que nem os participantes nem os médicos que administram o tratamento sabem quem recebe o placebo ou a intervenção do tratamento (projeto *duplo-cego*).

2. **Como a pesquisa em psicologia contribui para o conhecimento em saúde?**

   A psicologia tem contribuído para o conhecimento em saúde de pelo menos cinco maneiras importantes. A primeira é a longa tradição de técnicas para mudar o comportamento. A segunda é uma ênfase na saúde em vez de na doença. A terceira é o desenvolvimento de instrumentos de medição confiáveis e válidos. A quarta é a construção de modelos teóricos úteis para explicar a pesquisa relacionada à saúde. A quinta são os vários métodos de pesquisa usados em psicologia. Este capítulo trata principalmente da quinta contribuição.

   A variedade de métodos de pesquisa usados em psicologia inclui (1) estudos correlacionais, (2) estudos transversais e estudos longitudinais, (3) desenhos experimentais e (4) projetos *ex post facto*. Os estudos correlacionais indicam o grau de associação ou correlação entre duas variáveis, mas por si só não podem determinar uma relação de causa e efeito. Estudos transversais investigam um grupo de pessoas em um ponto no tempo, enquanto estudos longitudinais acompanham os participantes por um período prolongado. Em geral, estudos longitudinais são mais propensos a produzir resultados úteis e específicos, mas são mais demorados e caros que estudos transversais. Com desenhos experimentais, os pesquisadores manipulam a variável independente para que quaisquer diferenças resultantes na variável dependente entre os grupos experimental e de controle possam ser atribuídas à sua exposição diferencial à variável independente. Projetos *ex post facto* são como desenhos experimentais em que os pesquisadores comparam dois ou mais grupos e então registram as diferenças dos grupos na variável dependente. Contudo, no estudo *ex post facto*, o experimentador simplesmente seleciona uma variável indivíduo na qual dois ou mais grupos se dividiram naturalmente, em vez de criar diferenças por meio de manipulação.

3. **Como a epidemiologia tem contribuído para o conhecimento em saúde?**

A epidemiologia contribuiu com os conceitos de fator de risco, prevalência e incidência. Um fator de risco é qualquer característica ou condição que ocorre com maior frequência em pessoas com uma doença que em pessoas livres dela. A prevalência é a proporção da população que tem uma determinada doença em um momento específico; a incidência mede a frequência de novos casos da doença durante um período de tempo especificado.

Muitos dos métodos de pesquisa usados em epidemiologia são bastante semelhantes aos aplicados em psicologia. A epidemiologia usa pelo menos três tipos básicos de metodologia de pesquisa: (1) estudos observacionais, (2) ensaios controlados randomizados e (3) experimentos naturais. Os estudos observacionais, que são paralelos aos estudos de correlação usados em psicologia, são de dois tipos: retrospectivos e prospectivos. Os estudos retrospectivos são geralmente *estudos de caso-controle* que começam com um grupo de pessoas que já sofrem de uma doença (os casos) e depois procuram características dessas pessoas que são diferentes daquelas que não têm essa doença (os controles). Estudos prospectivos são desenhos longitudinais que seguem o desenvolvimento futuro de uma população ou amostra. Ensaios controlados randomizados são como desenhos experimentais em psicologia. Nesses estudos, os pesquisadores manipulam a variável independente para determinar seu efeito sobre a variável dependente. Ensaios controlados randomizados podem demonstrar relações de causa e efeito. O tipo mais comum de ensaio controlado randomizado é o ensaio clínico, frequentemente utilizado para medir a eficácia de medicamentos. A técnica estatística de metanálise permite que psicólogos e epidemiologistas combinem os resultados de muitos estudos para desenvolver um quadro do tamanho de um efeito.

4. **Como os cientistas podem determinar se um comportamento causa uma doença?**

Sete critérios são usados para determinar uma relação de causa e efeito entre uma condição e uma doença: (1) Deve existir uma relação dose-resposta entre a condição e a doença; (2) a remoção da condição deve reduzir a prevalência ou incidência da doença; (3) a condição deve preceder a doença; (4) a relação causal entre a condição e a doença deve ser fisiologicamente plausível; (5) os dados da pesquisa devem revelar de forma consistente uma relação entre a condição e a doença; (6) a força da relação entre a condição e a doença deve ser relativamente alta; e (7) a relação entre a condição e a doença deve ser baseada em estudos bem desenhados.

5. **Como a teoria e a medição contribuem para a psicologia da saúde?**

As teorias são ferramentas importantes usadas pelos cientistas para (1) gerar pesquisa, (2) prever e explicar dados de pesquisa e (3) ajudar o profissional a resolver uma variedade de problemas. Os psicólogos da saúde usam uma variedade de instrumentos de medição para avaliar comportamentos e conceitos teóricos. Para serem úteis, esses instrumentos psicométricos devem ser confiáveis e válidos. Confiabilidade é até que medida um instrumento de avaliação mede de forma consistente, e validade é até que medida que um instrumento de avaliação mede o que deveria medir.

Sugestões de leitura

Kertesz, L. (2003). The numbers behind the news. *Healthplan*, 44(5), 10-14, 16, 18. Louise Kertesz oferece uma análise cuidadosa dos problemas ao relatar os resultados da pesquisa em saúde e dá algumas dicas para entender os resultados dos estudos de pesquisa, incluindo uma definição de algumas das terminologias usadas na pesquisa em epidemiologia.

Price, D. D., Finniss, D. G. & Benedetti, F. (2008). A comprehensive review of the placebo effect: Recent advances and current thought. *Annual Review of Psychology*, 59, 565-590. Este artigo de um dos principais pesquisadores sobre o tema dos efeitos placebo descreve pesquisas sobre como os placebos podem funcionar para efetuar curas.

Russo, E. (2 ago. 2004). New views on mind–body connection. *The Scientist*, 18(15), 28. Este pequeno artigo descreve a pesquisa atual sobre o placebo e como os métodos de alta tecnologia permitem a investigação das respostas cerebrais aos placebos.

OBJETIVOS DE APRENDIZAGEM

Depois de estudar este capítulo, você será capaz de…

- 3-1 Compreender a diferença entre o comportamento da doença e o comportamento de papel de doente
- 3-2 Reconhecer os muitos fatores que determinam se as pessoas procuram atendimento médico para seus sintomas
- 3-3 Entender os direitos e deveres que acompanham o papel de doente
- 3-4 Reconhecer as fontes não médicas às quais as pessoas costumam recorrer para obter informações médicas
- 3-5 Reconhecer o papel do emprego e da cobertura de seguro no recebimento de cuidados médicos nos Estados Unidos, bem como as razões pelas quais algumas pessoas procuram assistência de fontes não médicas ou alternativas
- 3-6 Identificar as características de profissionais e pacientes que podem dificultar as interações e aqueles que podem ajudar nas interações médicas
- 3-7 Reconhecer os desafios que os pacientes de hospital podem enfrentar
- 3-8 Identificar várias técnicas que ajudam as crianças a enfrentar o tratamento médico

SUMÁRIO DO CAPÍTULO

Perfil do mundo real de Lance Armstrong
- Buscando atendimento médico
- Buscando informações médicas de fontes não médicas
- Recebendo cuidados médicos

PERGUNTAS

Este capítulo concentra-se em três questões básicas:

1. Quais fatores estão relacionados à procura de atendimento médico?
2. Onde as pessoas procuram informações médicas?
3. Quais problemas as pessoas encontram ao receber cuidados médicos?

CAPÍTULO 3
Buscando e recebendo cuidados de saúde

De 1996 a 1998, Lance Armstrong passou por quimioterapia e cirurgia nos testículos e no cérebro; finalmente, seu câncer entrou em remissão. Armstrong é um dos poucos sortudos sobreviventes de câncer em estágio avançado. Suas chances de sobrevivência certamente teriam sido melhores se ele tivesse procurado atendimento médico mais cedo.

Por que algumas pessoas, como Armstrong, parecem se comportar de forma imprudente em questões de saúde pessoal? Por que outras pessoas procuram tratamento médico quando não estão doentes? Os psicólogos formularam vários modelos na tentativa de prever e interpretar os comportamentos relacionados à saúde. Este capítulo examina brevemente alguns desses modelos relacionados ao comportamento de busca de saúde; o Capítulo 4 examina pesquisas baseadas em teorias sobre a adesão das pessoas ao aconselhamento médico.

3-1 Buscando atendimento médico

OBJETIVOS DE APRENDIZAGEM

3-1 Compreender a diferença entre o comportamento da doença e o comportamento de papel de doente

3-2 Reconhecer os muitos fatores que determinam se as pessoas procuram atendimento médico para seus sintomas

3-3 Entender os direitos e deveres que acompanham o papel de doente

Como as pessoas sabem quando procurar atendimento médico? Como elas sabem se estão doentes ou não? Quando Armstrong experimentou sintomas que provavelmente foram causados pelo câncer avançado, ele tentou ignorá-los, atribuindo-os a qualquer coisa, menos câncer, e consultou amigos antes de marcar uma consulta com um médico. Armstrong estava extraordinariamente relutante em procurar atendimento médico ou seu comportamento era típico? Decidir quando a assistência médica formal é

> ### Verifique SUAS CRENÇAS
> #### Sobre procurar e receber cuidados de saúde
>
> ☐ 1. Se me sinto bem, acredito que estou saudável.
>
> ☐ 2. Eu vejo meu dentista duas vezes por ano para exames regulares.
>
> ☐ 3. A última vez que procurei atendimento médico foi no pronto-socorro de um hospital.
>
> ☐ 4. Se tivesse uma doença que seria muito difícil de lidar, eu preferiria não saber até que estivesse realmente doente.
>
> ☐ 5. Eu tento não permitir que estar doente me desacelere.
>
> ☐ 6. Se não entendo as recomendações do meu médico, faço perguntas até entender o que devo fazer.
>
> ☐ 7. Acho melhor seguir o conselho médico que fazer perguntas e causar problemas, principalmente no hospital.
>
> ☐ 8. Ao enfrentar uma experiência médica estressante, acho que a melhor estratégia é tentar não pensar sobre isso e esperar que passe logo.
>
> ☐ 9. Quando tenho sintomas graves, tento descobrir o máximo de informações possíveis sobre minha condição médica.
>
> ☐ 10. Acredito que, se as pessoas adoecem, é porque estavam para adoecer e não havia nada que pudessem fazer para evitar a doença.
>
> ☐ 11. Para não assustar os pacientes diante de um procedimento médico difícil, é melhor dizer-lhes que não se machucarão, mesmo que se machuquem.
>
> Os itens 2, 6 e 9 representam atitudes ou comportamentos saudáveis, mas cada um dos outros itens refere-se a condições que podem apresentar risco ou levar você a cuidados de saúde menos eficazes. Ao ler este capítulo, você verá as vantagens de adotar atitudes ou comportamentos saudáveis para fazer um uso mais eficaz do sistema de saúde.

necessária é um problema complexo e composto por fatores pessoais, sociais e econômicos.

Antes de considerarmos esses fatores, devemos definir três termos: *saúde, doença* e *mal-estar (health, disease, illness)*. Embora o significado desses conceitos possa parecer óbvio, suas definições são evasivas. A saúde é a ausência de doença ou é a obtenção de algum estado positivo? No primeiro capítulo, vimos que a Organização Mundial da Saúde (OMS) define *saúde* como um bem-estar físico, mental e social positivo e não apenas como a ausência de doença ou mal-estar. Infelizmente, essa definição tem pouco valor prático para pessoas que tentam tomar decisões sobre seu estado de saúde ou doença, como a decisão de Armstrong sobre procurar atendimento médico para seus sintomas relacionados ao câncer.

Outra dificuldade para muitas pessoas é entender a diferença entre doença e mal-estar. As pessoas costumam usar esses termos de forma intercambiável, mas a maioria dos cientistas da saúde diferencia os dois. Doença refere-se ao processo de dano físico interno, que pode haver mesmo na ausência de um sinal ou diagnóstico. O mal-estar, por outro lado, refere-se à experiência de estar doente e ter um diagnóstico de doença. As pessoas podem ter uma doença e não se sentir mal. Por exemplo, pessoas com hipertensão não diagnosticada, infecção por HIV ou câncer têm uma doença, mas podem parecer bastante saudáveis e desconhecer completamente sua doença. Embora a doença e o mal-estar sejam condições separadas, muitas vezes elas se sobrepõem – por exemplo, quando uma pessoa se sente mal e também recebeu o diagnóstico de uma doença específica.

As pessoas frequentemente experimentam sintomas físicos, mas esses sintomas podem ou não indicar uma doença. Sintomas como dor de cabeça, dor no ombro, fungar ou espirrar provavelmente não levariam uma pessoa a procurar atendimento médico, mas uma dor de estômago intensa e persistente provavelmente sim. Em que momento alguém deve decidir procurar atendimento médico? Erros em ambas direções são possíveis. As pessoas que decidem ir ao médico quando não estão doentes sentem-se tolas, devem pagar a consulta e perdem credibilidade com aquelas que sabem do erro, inclusive o médico. Se optarem por não procurar atendimento médico, podem melhorar, mas também podem piorar; tentar ignorar seus sintomas pode tornar o tratamento mais difícil e colocar seriamente em risco sua saúde ou aumentar o risco de morte. Uma ação prudente poderia ser arriscar a visita desnecessária, mas as pessoas (por várias razões) são muitas vezes incapazes ou simplesmente relutam em ir ao médico.

Nos Estados Unidos e em outros países ocidentais, as pessoas não estão "oficialmente" doentes até que recebam o diagnóstico de um médico, tornando-os os guardiões dos cuidados de saúde adicionais. Os médicos não somente *determinam* a doença por meio de diagnósticos, mas também a *sancionam* dando um diagnóstico. Assim, a pessoa com sintomas não é quem determina oficialmente o seu estado de saúde.

Lidar com os sintomas ocorre em dois estágios, que Stanislav Kasl e Sidney Cobb (1966a, 1966b) chamaram de comportamento da doença e comportamento de papel de doente. **Comportamento de doente** consiste nos sintomas que as pessoas apresentam, sem ainda ter recebido um diagnóstico. Ou seja, o comportamento de doente ocorre *antes* de um diagnóstico. As pessoas relacionam esses comportamentos de doente com uma determinada doença e procuram descobrir remédios adequados. Armstrong estava apresentando comportamentos de doente quando pediu a opinião do amigo e finalmente marcou uma consulta com um médico. Em contraposição, o **comportamento de papel de doente** é o termo aplicado ao comportamento das pessoas após um diagnóstico, seja de um profissional de saúde ou por meio de um autodiagnóstico. As pessoas se envolvem em um comportamento de papel de doente para ficarem boas. Por exemplo, Armstrong exibiu esse comportamento quando passou por cirurgia e

Perfil do mundo real de LANCE ARMSTRONG

Até 2012, Lance Armstrong foi uma fonte de inspiração para milhões de pessoas em todo o mundo. Ele superou uma batalha bem divulgada contra o câncer testicular e partiu para "ganhar" cinco vitórias de ciclismo no Tour de France. Armstrong mais tarde confessou usar drogas para melhorar o desempenho; suas vitórias foram apagadas e sua reputação foi instantaneamente manchada. Mas sua experiência com o câncer foi o que inspirou muitas pessoas e é o que faz que sua história valha a pena ser contada aqui.

Durante a maior parte de sua vida, Armstrong não costumava ficar doente ou fora de forma. Contudo, em 1996, sua vitória no Tour DuPont preocupou alguns de seus fãs. Em vez de bater os punhos em vitória ao cruzar a linha de chegada, ele parecia extraordinariamente exausto. Seus olhos estavam injetados de sangue e seu rosto estava corado. Mais tarde naquele ano, ele desistiu do Tour de France depois de apenas cinco dias.

Armstrong mais tarde confessou que não se sentiu bem durante aquele ano. Ele perdeu energia e sofria de tosse e dor lombar. Quando esses sintomas apareceram, ele os atribuiu à gripe ou a uma dura temporada de treinamento. Ele disse a si mesmo na época: "Aguente firme... você não pode se dar ao luxo de ficar cansado" (Jenkins & Armstrong, 2001, "Before and After", parágrafo 27).

Entretanto, seus sintomas não melhoraram, mesmo após o repouso. Uma noite, quando teve uma forte dor de cabeça, Armstrong a atribuiu a muitas margaritas. Sua visão começou a ficar embaçada, mas ele atribuiu isso ao envelhecimento.

Finalmente, surgiu um sintoma que ele não podia ignorar: ele começou a expelir massas de sangue com gosto metálico ao tossir. Após a primeira ocorrência desse sintoma, Armstrong ligou para um bom amigo que era médico. Este sugeriu que ele poderia estar sofrendo apenas de uma fissura em um seio nasal. "Ótimo, então não é grande coisa", respondeu Armstrong, aparentemente aliviado (Jenkins & Armstrong, 2001, "Before and After", parágrafo 42).

No dia seguinte, Armstrong acordou e notou seu testículo inchado, do tamanho de uma laranja. Em vez de entrar em contato com seu médico imediatamente, ele pegou a bicicleta para outro treino matinal. Desta vez, não conseguiu nem sentar no banco. Por fim – depois que seus sintomas o impediram de fazer o que mais amava – marcou uma consulta com um médico.

Naquele dia, no início de outubro de 1996, Armstrong soube que tinha câncer testicular estágio 3. Devido ao atraso em procurar atendimento médico, o câncer já havia se espalhado para seus pulmões, abdômen e cérebro. Os médicos lhe deram apenas 40% de chance de sobrevivência e ele finalmente procurou tratamento para o câncer. Mais tarde, Armstrong confessou: "Meu lado estúpido simplesmente ignorou os sintomas, sintomas óbvios, por um longo tempo e continuou até o final" (Gibney, 2013).

Por que Armstrong demorou tanto para procurar atendimento para seus sintomas? Sua saúde foi fundamental para seu sucesso profissional. Ele era rico, podia pagar cuidados médicos e tinha acesso a médicos pessoais e da equipe. Ainda assim, resistiu a procurar atendimento médico. Mais tarde, escreveu: "É claro que eu deveria saber que algo estava errado comigo. Mas os atletas, especialmente os ciclistas, estão no negócio da negação. Você nega todas as dores e incômodos porque precisa terminar a corrida... Você não cede à dor" (Jenkins & Armstrong, 2001, "Before and After", parágrafo 21).

quimioterapia, manteve consultas médicas, fez uma pausa no ciclismo e se recuperou com tratamentos. Um *diagnóstico*, então, é o evento que separa o comportamento de doente do comportamento de papel de doente.

Comportamento de doente

O objetivo do comportamento de doente, que ocorre antes de um diagnóstico oficial, é determinar o estado de saúde na presença de sintomas. As pessoas rotineiramente apresentam sintomas que podem sinalizar doenças, como dor no peito, machucado ou dores de cabeça. Os sintomas são um elemento crítico na procura de cuidados médicos, mas a presença de sintomas não é suficiente para levar a uma visita ao médico. Dados sintomas semelhantes, algumas pessoas procuram ajuda prontamente, outras o fazem com relutância e outras ainda não procuram nenhuma ajuda. O que determina a decisão das pessoas em buscar atendimento profissional?

Pelo menos seis condições moldam a resposta das pessoas aos sintomas (ver **Tabela 3.1**): (1) fatores pessoais; (2) gênero; (3) idade; (4) fatores socioeconômicos, étnicos e culturais; (5) estigma; (6) as características dos sintomas; e (7) a conceituação da doença.

Fatores pessoais Os fatores pessoais incluem a maneira de uma pessoa ver seu próprio corpo, seu nível de estresse e

O comportamento de doente é direcionado para determinar o estado de saúde.

TABELA 3.1 Fatores que se relacionam com a procura de cuidados de saúde

Fator	Descobertas	Estudos
1. Fatores pessoais	Estresse, ansiedade e neuroticismo prognosticam maior procura por cuidados de saúde.	Martin & Brantley, 2004; Friedman et al., 2013.
2. Gênero	As mulheres tendem a procurar mais cuidados de saúde que os homens.	Galdas et al., 2005; Svendsen et al., 2013.
3. Idade	Os adultos jovens demoram a procurar cuidados de saúde e os idosos demoram quando os sintomas parecem ser devidos ao envelhecimento.	Ryan & Zerwic, 2003.
4. Fatores socioeconômicos, étnicos e culturais	Pessoas de baixo nível socioeconômico e minorias étnicas são menos propensas a procurar cuidados de saúde.	Martins et al., 2013.
5. Estigma	Pessoas com condições embaraçosas ou estigmatizadas são menos propensas a procurar atendimento.	Alberga et al., 2019; Barth et al., 2002; Carter-Harris et al., 2014; Lerner et al., 2017; Wang et al., 2014; Whitehead et al., 2016
6. Características dos sintomas	Sintomas visíveis, percebidos como graves, que interferem na vida e são contínuos, são mais propensos a provocar a busca por atendimento.	Irwin et al., 2008; Quinn, 2005; Unger-Saldaña & Infante-Castañeda, 2011; Urbane et al., 2019.

seus traços de personalidade. Um exemplo vem de pessoas que sofrem de síndrome do intestino irritável, uma condição intestinal caracterizada por dor, cólicas, constipação e diarreia. O estresse piora essa condição. Algumas procuram serviços médicos, enquanto muitas outras não. Curiosamente, o nível de sintomas *não* é a razão mais importante pela qual alguém procura atendimento médico (Ringström et al., 2007). Em vez disso, uma pessoa normalmente procura atendimento médico por causa da ansiedade em relação à condição, recursos para enfrentá-la isso e seu nível de funcionamento físico. Aquelas que possuem recursos adequados para enfrentar os sintomas e sentem que sua qualidade de vida não está muito prejudicada não procuram atendimento médico. Esses fatores psicológicos são mais importantes que a proeminência dos sintomas na determinação de quem procura atendimento médico.

O estresse é outro fator pessoal na prontidão das pessoas para procurar atendimento. As que sofrem muito estresse são mais propensas a procurar atendimento de saúde que aquelas sob menos estresse, mesmo com sintomas iguais. As que experimentam estresse atual ou contínuo são mais propensas a procurar atendimento quando os sintomas são ambíguos (Cameron, Leventhal & Leventhal, 1995; Martin & Brantley, 2004). Ironicamente, outras pessoas são *menos* propensas a ver alguém como tendo uma doença se este também se queixa de estresse, pois os outros tendem a perceber os sintomas que coincidem com o estresse como não reais. Essa percepção errônea pode afetar mais as mulheres que os homens; mulheres sob alto estresse são julgadas como menos propensas a ter uma doença física que homens nas mesmas circunstâncias (Chiaramonte & Friend, 2006). Isso pode ser particularmente verdadeiro para os médicos que são menos propensos que as médicas a recomendar exames cardíacos para mulheres que se queixam de dor no peito (Napoli, Choo & McGregor, 2014). Essa tendência de descontar os sintomas pode ser um fator importante no tratamento de mulheres que apresentam sintomas e para os profissionais de saúde que ouvem seus relatos.

Traços de personalidade também contribuem para o comportamento de doente. Em um estudo único e interessante liderado por Sheldon Cohen (Feldman et al., 1999), pesquisadores administraram um vírus de resfriado comum a um grupo de voluntários saudáveis para ver se participantes com diferentes traços de personalidade relatariam os sintomas de forma diferente. Os participantes que pontuaram alto em **neuroticismo** – ou seja, aqueles com reações emocionais fortes e muitas vezes negativas – geralmente tinham muitos autorrelatos de doença, independentemente de evidências objetivas confirmarem seus relatos. Essas pessoas também relataram mais sintomas que outros participantes, sugerindo que aquelas com alto traço de personalidade de neuroticismo são mais propensas a reclamar de uma doença. Não é de surpreender, portanto, que pessoas com nível alto de neuroticismo sejam mais propensas a procurar atendimento médico que aquelas com nível baixo de neuroticismo (Friedman et al., 2013).

Diferenças de gênero Além dos fatores pessoais, o gênero desempenha um papel na decisão de procurar tratamento, com as mulheres mais propensas que os homens a usar a assistência médica (Galdas, Cheater & Marshall, 2005). As razões para essa diferença são um tanto complexas. As mulheres tendem a relatar mais sintomas corporais e angústia que os homens (Koopmans & Lamers, 2007). Quando questionados sobre seus sintomas, os homens tendem a relatar apenas situações de risco de morte, como doenças cardíacas (Benyamini, Leventhal & Leventhal, 2000). Em contraposição, as mulheres relatam esses sintomas, bem como sintomas que não ameaçam a vida, como os de doenças articulares. Dado o mesmo nível de sintomas, o papel do gênero feminino pode tornar mais fácil para as mulheres buscarem muitos tipos de assistência, enquanto o papel do gênero masculino ensina os homens a agir com força e negar a dor e o desconforto (como Armstrong fez). De fato, os homens são mais propensos que as mulheres a adiar a procura de atendimento médico por sintomas que possam indicar câncer (Svendsen et al., 2013).

Idade Os jovens adultos sentem-se saudáveis e indestrutíveis e, como tal, mostram maior relutância em consultar um profissional de saúde. Contudo, à medida que os adultos jovens envelhecem, eles são mais propensos a procurar atendimento por queixas de saúde. Por quê? Como você pode imaginar, a idade está inextricavelmente ligada tanto ao desenvolvimento de sintomas físicos quanto às interpretações das pessoas sobre esses sintomas.

À medida que as pessoas envelhecem, elas devem decidir se seus sintomas são devidos ao envelhecimento ou o resultado de uma doença. Essa distinção nem sempre é fácil, tanto que Armstrong atribuiu incorretamente sua visão turva ao envelhecimento e não ao câncer que invadiu seu cérebro. Em geral, as pessoas tendem a interpretar problemas com início gradual e sintomas leves como resultantes da idade, enquanto estão mais dispostas a ver problemas com início súbito e sintomas graves como mais sérios. Por exemplo, quando pacientes mais velhos com sintomas de infarto agudo do miocárdio podem atribuir esses sintomas à idade, eles tendem a demorar a procurar atendimento médico. Um estudo (Ryan & Zerwic, 2003) analisou pacientes que não perceberam que um atraso na procura de atendimento poderia trazer sintomas mais graves, bem como maior chance de mortalidade. Em comparação com pacientes mais jovens e de meia-idade, esses idosos eram mais propensos a (1) atribuir seus sintomas à idade, (2) experimentar sintomas mais graves e prolongados, (3) atribuir seus sintomas a algum outro transtorno e (4) ter tido experiência anterior com problemas cardíacos. Assim, as pessoas podem estar menos dispostas a procurar ajuda para sintomas que consideram simplesmente uma parte natural do envelhecimento.

Fatores socioeconômicos, étnicos e culturais Pessoas de diferentes culturas e origens étnicas têm formas díspares de ver a doença e diferentes padrões de procura de cuidados médicos. Nos Estados Unidos, pessoas em grupos socioeconômicos mais altos apresentam menos sintomas e relatam um nível de saúde melhor que aquelas em níveis socioeconômicos mais baixos (Matthews & Gallo, 2011; Stone et al., 2010). Porém, quando as pessoas de alta renda estão doentes, elas são mais propensas a procurar atendimento médico. Contudo, as pessoas pobres estão super-representadas entre os hospitalizados, uma indicação de que elas são muito mais propensas que as pessoas de renda média e alta a ficarem gravemente doentes. Além disso, pessoas de grupos socioeconômicos mais baixos tendem a esperar mais tempo antes de procurar atendimento médico, tornando o tratamento mais difícil e a hospitalização mais provável. Os pobres têm menos acesso a cuidados médicos, devem viajar mais para chegar aos estabelecimentos de saúde que lhes ofereçam tratamento e devem esperar mais tempo quando chegam a esses estabelecimentos. Assim, as pessoas pobres utilizam menos o atendimento médico que as pessoas mais ricas; quando as pessoas pobres utilizam os serviços médicos, suas doenças são tipicamente mais graves.

A origem étnica é outro fator na procura de serviços de saúde, com os euro-americanos sendo mais propensos que outros grupos a relatar uma visita a um médico. Parte do National Health and Nutrition Examination Survey (Harris, 2001) examinou algumas das razões por trás dessas diferenças étnicas, comparando euro-americanos, afro-americanos e mexicano-americanos com diabetes tipo 2 no acesso e uso de instalações de saúde. Diferenças étnicas apareceram na cobertura do seguro de saúde, bem como em fatores de risco comuns para diabetes e doenças cardíacas. Da mesma forma, as diferenças étnicas na cobertura de seguro explicam as diferenças étnicas no uso do atendimento de saúde bucal (Doty & Weech-Maldonado, 2003). Mas, mesmo em países onde o acesso aos serviços de saúde não depende do seguro de saúde privado, as minorias étnicas tendem a apresentar atrasos mais longos até o diagnóstico de sintomas relacionados ao câncer (Martins, Hamilton & Ukoumunne, 2013).

Um estudo do Reino Unido confirmou a noção de que a cultura e a origem étnica – e não a falta de conhecimento – são os principais responsáveis pelas diferenças na procura de cuidados médicos. Neste estudo (Adamson et al., 2003), os pesquisadores enviaram questionários a um grupo grande e diversificado de participantes. Cada questionário incluiu duas vinhetas clínicas mostrando (1) pessoas com sinais de dor no peito e (2) pessoas descobrindo um nódulo na axila. Os experimentadores pediram a cada participante que respondesse à dor no peito e ao nódulo em relação à necessidade de cuidados imediatos. Os resultados indicaram que os entrevistados que eram negros, do sexo feminino e de grupos socioeconômicos mais baixos eram pelo menos tão propensos quanto aqueles que eram brancos, homens e de grupos de classe média e alta para dar respostas precisas a possíveis problemas médicos. Ou seja, as mulheres negras pobres não carecem de informações sobre os potenciais riscos à saúde da dor no peito ou um nódulo na axila, mas é mais provável que não tenham recursos para responder rapidamente a esses sintomas. As minorias étnicas também são mais propensas a sofrer discriminação na vida cotidiana; aqueles que percebem a discriminação são menos propensos a utilizar o sistema de saúde (Burgess et al., 2008).

Estigma Algumas pessoas podem negligenciar a procura de ajuda para problemas médicos por causa do estigma. O estigma pode ocorrer porque uma pessoa está envergonhada com a condição em si ou porque a pessoa está envergonhada pela maneira como pode ter contraído a condição. De fato, o estigma tende a retardar a procura de atendimento médico para condições que podem ser uma fonte de constrangimento, como incontinência (Wang et al., 2014), doenças sexualmente transmissíveis (Barth et al., 2002) ou obesidade (Alberga et al., 2019). Mesmo o estigma associado à identidade da pessoa pode fazer que algumas evitem procurar atendimento, como foi observado entre indivíduos de minorias sexuais que vivem em áreas rurais e transgêneros (Lerner & Robles, 2017; Whitehead, Shaver & Stephenson, 2016). O estigma também pode impedir algumas pessoas, principalmente fumantes, de procurar atendimento para sintomas relacionados ao câncer de pulmão. Em um estudo, as pessoas que perceberam maior estigma associado ao câncer de pulmão esperaram mais tempo para procurar atendimento para os sintomas iniciais do câncer de pulmão (Carter-Harris et al., 2014). O estigma associado ao câncer de pulmão pode ser um problema particular para os fumantes, pois estes são menos propensos que os não fumantes a procurar ajuda para sintomas que podem indicar câncer de pulmão (Smith, Whitaker, Winstanley & Wardle, 2016), possivelmente devido ao medo de avaliações negativas dos médicos ou ser responsabilizado pela doença.

Características dos sintomas As características dos sintomas também influenciam quando e como as pessoas procuram ajuda. Os sintomas não levam inevitavelmente os indivíduos a procurar atendimento, mas certas características são importantes na resposta aos sintomas. David Mechanic (1978) listou quatro características dos sintomas que determinam a resposta deles à doença.

A primeira é a *visibilidade do sintoma* – isto é, quão facilmente aparente o sintoma é para a pessoa e para os outros. Muitos dos sintomas de Armstrong não eram visíveis para os outros, incluindo seus testículos aumentados. Em um estudo com mulheres mexicanas que apresentavam sintomas de possível câncer de mama, aquelas cujos sintomas eram mais visíveis eram mais propensas a procurar ajuda médica (Unger-Saldaña & Infante-Castañeda, 2011). Infelizmente, com muitas doenças, como câncer de mama ou câncer de testículos, a condição pode ser pior e as opções de tratamento podem ser mais limitadas quando os sintomas se tornam visíveis.

O segundo sintoma característico de Mechanic é a *percepção da gravidade do sintoma*. De acordo com este autor, os sintomas vistos como graves seriam mais propensos a uma ação imediata que os sintomas menos graves. Armstrong não procurou atendimento médico imediato em parte porque não via alguns de seus sintomas como graves – ele os via como resultado da gripe ou do exaustivo regime de treinamento. A percepção da gravidade do sintoma destaca a importância da percepção pessoal e distingue entre a gravidade percebida de um sintoma e o julgamento da gravidade pelas autoridades médicas. De fato, pacientes e médicos diferem em suas percepções da gravidade de uma ampla variedade de sintomas (Peay & Peay, 1998). Os sintomas que os pacientes percebem como mais graves produzem maior preocupação e uma crença mais forte de que o tratamento é urgentemente necessário. O surgimento da Covid-19, por exemplo, levou as pessoas a interpretar sintomas como febre, tosse e dor de garganta como mais graves que teriam sido interpretados antes da conscientização da pandemia. Os pais procuram atendimento médico para a febre de uma criança quando percebem que a febre tem consequências potencialmente graves (Urbane et al., 2019). Da mesma forma, as mulheres

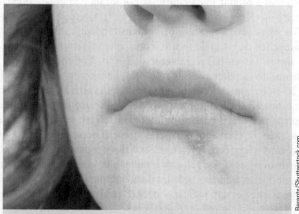

As pessoas são mais propensas a procurar atendimento para sintomas visíveis a outras pessoas.

que interpretaram os sintomas como indicativos de problemas cardíacos procuraram atendimento mais rapidamente que as que interpretaram seus sintomas como alguma outra condição (Quinn, 2005). Assim, a percepção da gravidade dos sintomas, e não a presença real dos sintomas, é fundamental na decisão de procurar atendimento.

A terceira característica do sintoma mencionado por Mechanic é até que ponto o sintoma interfere na vida da pessoa. Quanto mais incapacitada, maior a probabilidade de procurar atendimento médico. Estudos sobre síndrome do intestino irritável (Ringström et al., 2007) e bexiga hiperativa (Irwin et al., 2008) ilustram esse princípio; aqueles que procuram atendimento médico relatam uma pior qualidade de vida em saúde que aqueles que não procuram atendimento médico. Armstrong procurou atendimento para seus sintomas relacionados ao câncer apenas quando estes interferiram em sua capacidade de andar de bicicleta.

O quarto determinante hipotético do comportamento de doente de Mechanic é a *frequência e persistência dos sintomas*. As condições que as pessoas veem como exigindo cuidados tendem a ser graves e contínuas, enquanto os sintomas intermitentes são menos propensos a gerar o comportamento de doente. Sintomas graves – como tossir sangue, tal como Armstrong experimentou – levam as pessoas a procurar ajuda. Contudo, mesmo sintomas leves podem motivá-las a buscar ajuda se esses sintomas persistirem.

Na descrição de Mechanic e nas pesquisas subsequentes, as características dos sintomas por si só não são suficientes para desencadear o comportamento de doente. Entretanto, se eles persistirem ou forem percebidos como graves, as pessoas são mais propensas a avaliá-los como indicação da necessidade de cuidados. Assim, os indivíduos procuram atendimento apoiados não em seus sintomas objetivos, mas sim em sua *interpretação* dos sintomas, destacando o papel fundamental que as crenças e percepções desempenham no processo de busca por cuidados de saúde.

Conceituação de doença A maioria das pessoas não é especialista em fisiologia ou medicina e desconhece como seu corpo funciona e como a doença se desenvolve. As pessoas pensam sobre as doenças de maneiras que variam substancialmente das explicações médicas. Por exemplo, tanto as crianças (Veldtman et al., 2001) quanto os estudantes universitários (Nemeroff, 1995) apresentam compreensões imprecisas e incompletas das doenças quando descrevem as que têm e como adoeceram. Por exemplo, em um estudo, estudantes universitários pensavam que os sintomas da gripe seriam menos graves se contraíssem o vírus de um amante, e não de alguém que desprezassem (Nemeroff, 1995)! (Um vírus é um vírus, independentemente de como você o pega.) Assim, muitos podem procurar (ou não) cuidados médicos com base em suas informações incompletas e às vezes em crenças imprecisas sobre saúde e doença.

Quais são as maneiras importantes pelas quais as pessoas conceituam ou pensam sobre as doenças? Howard Leventhal e colegas (Leventhal et al., 2010; Leventhal, Leventhal & Cameron, 2001; Martin & Leventhal, 2004) analisaram cinco componentes no processo de conceituação: (1) a identidade da doença, (2) a linha do tempo (o curso do tempo da doença e do tratamento), (3) a causa da doença, (4) as consequências da doença e (5) a controlabilidade da doença. Como a maioria das pessoas não é especialista em medicina, suas crenças sobre esses componentes podem nem sempre ser precisas. Mas essas crenças têm implicações importantes sobre como elas procuram atendimento e administram uma doença.

A *identidade da doença,* o primeiro componente identificado por Leventhal e colegas, é muito importante para o comportamento de doente. As pessoas que identificaram seus sintomas como um "ataque cardíaco" deveriam (Martin & Leventhal, 2004) e de fato reagem (Quinn, 2005) de maneira bem diferente daquelas que rotulam os mesmos sintomas como "azia". Como vimos, a presença de sintomas não é suficiente para iniciar a busca de ajuda, mas a rotulagem que ocorre em conjunto com os sintomas pode ser crítica para alguém procurar ajuda ou ignorar os sintomas.

Os rótulos fornecem uma estrutura dentro da qual as pessoas podem reconhecer e interpretar os sintomas. Em um estudo, Leventhal e sua equipe fizeram com adultos jovens um teste de pressão arterial e os designaram aleatoriamente para receber um entre dois resultados: pressão alta ou pressão arterial normal (Baumann et al., 1989). Em comparação com os que receberam resultados indicando pressão arterial normal, aqueles que receberam resultados indicando pressão alta foram mais propensos a relatar posteriormente outros sintomas relacionados à hipertensão. Em outras palavras, o rótulo os fez relatar outros sintomas consistentes com seu diagnóstico.

As pessoas experimentam menos excitação emocional quando encontram um rótulo que indica um problema menor (azia em vez de ataque cardíaco). Inicialmente, eles provavelmente adotarão o rótulo menos sério que se ajusta aos seus sintomas. Por exemplo, Armstrong interpretou dores de cabeça como ressacas e visão turva como uma parte normal do envelhecimento. Ele – assim como seu amigo médico – também preferiu interpretar sua tosse com expulsão de sangue como um problema de sinusite em vez de algo mais grave. Em grande medida, um rótulo traz consigo alguma previsão sobre os sintomas e a evolução temporal da doença. Portanto, se os sintomas e o curso do tempo não corresponderem à expectativa implícita no rótulo, a pessoa deverá rotular novamente os sintomas. Quando um testículo inchado se tornou outro sintoma proeminente, Armstrong rapidamente percebeu que tinha mais que apenas um problema de sinusite. Assim, a tendência de interpretar os sintomas como indicadores de problemas menores, e não maiores, é a fonte de muitos autodiagnósticos otimistas, dos quais Armstrong é um exemplo.

O segundo componente na conceituação de uma doença é a *linha do tempo*. Embora um diagnóstico geralmente implique o curso do tempo de uma doença, a compreensão das pessoas sobre o tempo envolvido não é necessariamente precisa. Pessoas com um transtorno crônico geralmente veem sua doença como aguda e de curta duração. Por exemplo, pacientes com doença cardíaca (um transtorno crônico) podem ver sua doença como "azia", um transtorno agudo (Martin & Leventhal, 2004). Na maioria das doenças agudas, os pacientes podem esperar um transtorno temporário com início rápido dos sintomas, seguido de tratamento, remissão dos sintomas e, em seguida, cura. De fato, aqueles que conceituam sua doença como um transtorno agudo tendem a gerenciar melhor seus sintomas (Horne et al., 2004). Infelizmente, esse cenário não se enquadra em muitas doenças, como cardiopatias e diabetes, que são crônicas e persistem ao longo da vida. Em um estudo com adultos com diabetes, aqueles que conceituaram sua doença como aguda, em vez de crônica, administraram-na pior, provavelmente porque tomaram medicamentos apenas quando os sintomas agudos estavam presentes (Mann et al., 2009). Contudo, conceituar uma doença crônica como limitada no tempo pode proporcionar algum conforto psicológico aos pacientes; os que conceituam seu câncer como crônico relatam maior angústia que aqueles que veem a doença como uma doença aguda (Rabin, Leventhal & Goodin, 2004).

O terceiro componente na conceituação de uma doença é a *determinação da causa*. Na maioria das vezes, determinar a causalidade é uma parte a mais de papel de doente que do comportamento de doente, porque em geral ocorre após o diagnóstico ter sido feito. Mas a atribuição de causalidade aos sintomas é um fator importante no comportamento de doente. Por exemplo, se uma pessoa pode atribuir a dor na mão a um golpe recebido no dia anterior, não terá que considerar a possibilidade de câncer ósseo como causa da dor.

A atribuição de causalidade, porém, muitas vezes é falha. As pessoas podem atribuir um resfriado a "germes" ou ao clima e podem ver o câncer como causado por fornos de micro-ondas ou pela vontade de Deus. Essas conceituações têm implicações importantes para o comportamento de doente. Elas são menos propensas a procurar tratamento profissional para condições que consideram ter causas emocionais ou espirituais. A cultura também pode desempenhar um papel na atribuição de causas para doenças. As diferenças culturais apareceram em um estudo que comparou as crenças dos britânicos e taiwaneses sobre doenças cardíacas: os britânicos eram mais propensos a ver as doenças cardíacas como causadas por escolhas de estilo de vida, enquanto os participantes taiwaneses eram mais propensos a vê-las como causadas por preocupação e estresse (Lin et al., 2009). É razoável esperar que alguém que percebe as doenças cardíacas relacionadas ao estilo de vida a administre de maneira diferente de alguém que a vê em relação ao estresse. Portanto, as conceituações das pessoas sobre a causalidade da doença podem influenciar seu comportamento.

As *consequências de uma doença* são o quarto componente na descrição de doença de Leventhal. Mesmo que as consequências de uma doença estejam implícitas no diagnóstico, uma compreensão incorreta das consequências pode ter um efeito profundo no comportamento de doente. Muitos veem o diagnóstico de câncer como uma sentença de morte. Alguns negligenciam os cuidados de saúde porque acreditam estar em uma situação desesperadora. As mulheres que encontram um caroço na mama às vezes demoram a marcar consulta com um médico, não porque não reconhecem esse sintoma de câncer, mas porque temem as possíveis consequências – cirurgia e possivelmente a perda de uma mama, quimioterapia, radioterapia ou alguma combinação delas. Da mesma forma, a reação de uma pessoa a um teste positivo para Covid-19 provavelmente será diferente com base em suas crenças sobre possíveis consequências; uma pessoa idosa com vários fatores de risco preexistentes que podem aumentar a chance de sua hospitalização ou morte reagirá de maneira muito diferente de uma mais jovem sem outros fatores de risco.

A controlabilidade de uma doença refere-se à crença das pessoas de que podem controlar o curso de sua doença controlando o tratamento ou a doença. As que acreditam que seus comportamentos não mudarão o curso de uma doença ficam mais angustiadas e menos propensas a procurar tratamento que aquelas que acreditam que o tratamento será eficaz (Evans & Norman, 2009; Hagger & Orbell, 2003). Mas aquelas que podem controlar os sintomas de sua doença sem consulta médica terão menos probabilidade de procurar atendimento médico profissional (Ringström et al., 2007).

Em suma, as cinco crenças do modelo de Leventhal predizem vários resultados importantes, incluindo angústia, procura de cuidados de saúde e gestão da doença. A mudança dessas crenças pode melhorar os resultados de saúde? Um estudo com asmáticos sugere que esses componentes podem ser alvos úteis para intervenção (Petrie et al., 2012). Nesse estudo, os pesquisadores enviaram a alguns pacientes com asma mensagens de texto periódicas que os informavam com precisão sobre identidade, linha do tempo, causa, consequências e controlabilidade da asma. Em comparação com um grupo de controle, os pacientes que receberam a intervenção por mensagem de texto relataram crenças mais precisas a respeito da asma, bem como um gerenciamento muito melhor de sua condição. Assim, as cinco crenças do modelo de Leventhal são úteis para entender por que algumas pessoas se comportam não apenas de maneira insalubre, mas também como alvos de intervenção para melhorar o autogerenciamento.

O papel de doente

Kasl e Cobb (1966b) definiram o comportamento de papel de doente como as atividades realizadas por pessoas que acreditam estar doentes com o objetivo de ficarem boas. Em outras palavras, o comportamento de papel de doente ocorre depois que a pessoa recebe um diagnóstico. Alexander Segall (1997) ampliou esse conceito, propondo que o conceito de papel de doente inclui três direitos (ou *privilégios*) e três deveres (ou *responsabilidades*). Os privilégios são (1) o direito de tomar decisões sobre questões relacionadas à saúde, (2) o direito de estar isento dos deveres normais e (3) o direito de se tornar dependente de outros para assistência. As três responsabilidades são (1) o dever de manter a saúde juntamente com a responsabilidade de ficar bem, (2) o dever de realizar a gestão dos cuidados de saúde rotineiros e (3) o dever de usar uma série de recursos de saúde.

A formulação de direitos e deveres de Segall é uma concepção ideal – não realista – do comportamento de papel de doente nos Estados Unidos. O primeiro direito – tomar decisões sobre questões relacionadas à saúde – não se estende às crianças a muitos que vivem na pobreza (Bailis et al., 2001). A segunda característica de papel de doente é a isenção da pessoa doente dos deveres normais. Geralmente, não se espera dos doentes ir trabalhar, ir à escola, ir a reuniões, cozinhar, limpar a casa, cuidar de crianças, fazer lição de casa ou cortar a grama. Entretanto, nem sempre é possível atender a essas expectativas. Muitos doentes não ficam em casa nem vão ao hospital, mas continuam a trabalhar. As pessoas que se sentem em perigo de perder o emprego são mais propensas a ir trabalhar quando estão doentes (Bloor, 2005), e o mesmo acontece com aquelas que têm boas relações de trabalho com os seus colegas e são dedicadas (Biron et al., 2006).

Da mesma forma, o terceiro privilégio – ser dependente dos outros – é mais um ideal que um reflexo da realidade. Por exemplo, mães doentes muitas vezes devem continuar sendo responsáveis pelos filhos.

Os três deveres de Segall para com as pessoas doentes estão todos sob a única obrigação de fazer o que for necessário para ficar bem. Contudo, o objetivo de ficar bem se aplica mais às doenças agudas que às crônicas. Pessoas com doenças crônicas nunca estarão completamente bem. Essa situação representa um conflito para muitas pessoas com doença crônica que têm dificuldade em aceitar sua condição de incapacidade continuada; em vez disso, acreditam erroneamente que doença é um estado temporário.

RESUMO

Não existe uma distinção fácil entre saúde e doença. A OMS vê a saúde como mais que a ausência de doença; em vez disso, a saúde é a obtenção de bem-estar físico, mental e social positivo. Curiosamente, a distinção entre doença e mal-estar é mais clara. Doença refere-se ao processo de dano físico interno, se a pessoa está ciente desse dano. O mal-estar, por outro lado, refere-se à experiência de estar doente; as pessoas podem sentir-se mal, mas não ter nenhuma doença identificável.

Pelo menos seis fatores determinam como os indivíduos respondem aos sintomas da doença: (1) fatores pessoais, por exemplo, como as pessoas veem seu próprio corpo, seu estresse e sua personalidade; (2) gênero – as mulheres são mais propensas que os homens a procurar cuidados profissionais; (3) idade – os idosos atribuem muitas doenças à idade; (4) fatores étnicos e culturais – aqueles que não podem pagar por assistência médica são mais propensos que os ricos a adoecer, mas menos propensos a procurar assistência médica; (5) estigma – as pessoas muitas vezes demoram a procurar atendimento por condições que são vergonhosas ou embaraçosas; (6) características dos sintomas – os que interferem nas atividades diárias, bem como sintomas visíveis, graves e frequentes, são mais propensos a exigir atenção médica; e (7) a conceituação da doença pelas pessoas.

Os indivíduos tendem a incorporar cinco componentes no conceito de doença: (1) a identidade da doença, (2) a linha de tempo da doença, (3) a causa da doença, (4) as consequências da doença e (5) sua controlabilidade da doença. Se um paciente recebe o diagnóstico de uma doença, o diagnóstico implica o curso de tempo e suas consequências. Contudo, aqueles que conhecem o nome de sua doença nem sempre têm um conceito preciso de seu curso de tempo e consequência e podem erroneamente ver uma doença crônica como tendo um curso de tempo curto. As pessoas querem saber a causa de sua doença e entender como podem controlá-la, mas a crença de que uma doença é incontrolável pode levá-las a negligenciar o tratamento.

Depois de receber um diagnóstico, as pessoas se envolvem em um comportamento de papel de doente para ficarem boas. As que estão doentes devem ser dispensadas das responsabilidades normais e devem ter a obrigação de tentar melhorar. Contudo, esses direitos e deveres são difíceis e muitas vezes impossíveis de cumprir.

APLIQUE O QUE VOCÊ APRENDEU

1. Desenvolva o perfil de uma pessoa que provavelmente procurará atendimento médico e um de alguém que provavelmente evitará ou atrasará a busca por atendimento.

3-2 Buscando informações médicas de fontes não médicas

OBJETIVOS DE APRENDIZAGEM

3-4 Reconhecer as fontes não médicas às quais as pessoas costumam recorrer para obter informações médicas

Depois que as pessoas observam sintomas percebidos como um problema em potencial, elas devem decidir se e como procurar ajuda. Mas o primeiro passo para procurar atendimento de saúde é muitas vezes não buscar ajuda de um médico. Em vez disso, elas geralmente recorrem a duas fontes mais facilmente acessíveis – a Internet e sua rede de referência leiga.

A Internet

Nos últimos anos, a Internet tornou-se uma fonte adicional de informação para aqueles que buscam informações e ajuda a respeito dos sintomas. Durante as semanas iniciais da pandemia de Covid-19, por exemplo, as primeiras notícias da mídia sobre uma infecção por coronavírus em determinado Estado dos EUA levaram a um aumento imediato nas pesquisas na Internet sobre coronavírus nesse estado (Bento et al., 2020). Em algumas semanas, porém, as pesquisas na Internet diminuíram, sugerindo que esta foi um dos primeiros lugares para onde as pessoas se voltaram para aprender sobre essa nova ameaça à saúde. De fato, a maioria dos usuários nos Estados Unidos relata usar a Internet para pesquisar informações de saúde para si (Atkinson, Saperstein & Pleis, 2009) ou para outras pessoas (Sadasivam et al., 2013), muitas vezes como a primeira fonte (Jacobs, Amuta & Jeon, 2017). As mulheres e aqueles com ensino superior são mais propensos que outros a usar a Internet para esse fim (McCully, Don & Updegraff, 2013; Powell et al., 2011). De fato, pesquisadores de saúde pública podem usar aumentos repentinos no número de pesquisas na Internet sobre sintomas específicos de doenças para identificar de forma confiável surtos de doenças infecciosas quase em tempo real (Ginsberg et al., 2009)!

A Internet é uma fonte comum de informação em saúde porque satisfaz várias motivações, como buscar maior compreensão de um problema, obter uma segunda opinião, buscar

Dá para ACREDITAR? Há controvérsia sobre as vacinas infantis

Em 1980, antes da vacinação generalizada contra o sarampo, o vírus contagioso matava aproximadamente 2,6 milhões de pessoas por ano. Após a vacinação generalizada, as mortes relacionadas ao sarampo diminuíram a tal ponto que poucos nos países desenvolvidos estão cientes do sarampo. Contudo, as mortes relacionadas ao sarampo ainda ocorrem em regiões onde as taxas de vacinação são baixas. De fato, o sarampo continua sendo a principal causa de morte evitável por vacina entre crianças em todo o mundo.

Por que, então, a vacinação contra o sarampo é uma questão tão carregada de emoção e controversa para muitas pessoas? Por que muitos pais acham que é mais seguro *não* imunizar seus filhos? Como surgiu essa controvérsia e por que ela pode continuar?

A controvérsia começou em 1998, quando Andrew Wakefield publicou um estudo sobre 12 crianças que experimentaram o início súbito de problemas gastrointestinais e sintomas relacionados ao autismo (Wakefield et al., 1998, posteriormente retratado). Pais ou médicos de 8 dessas 12 crianças afirmaram que os sintomas começaram logo após a criança ter recebido a vacina contra sarampo, caxumba e rubéola (MMR, na sigla em inglês).

As crianças geralmente recebem a primeira dose de uma vacina MMR nos primeiros dois anos de vida. Este também é o momento em que os pais ou médicos geralmente começam a perceber sintomas de autismo em crianças. Assim, espera-se que alguns pais observem os sintomas do autismo se desenvolverem ao mesmo tempo que uma vacinação MMR. Se alguns pais observarem essa *correlação*, pode ser fácil para eles concluir que a vacinação *causou* autismo.

A vacina MMR causou autismo em 8 das 12 crianças do estudo de Wakefield? O estudo de Wakefield levantou essa questão, mas foi um pequeno estudo de uma dúzia de crianças e, após investigação, sérias questões sobre a validade dos dados de Wakefield foram levantadas e o estudo foi recolhido. Estimulados pela controvérsia do artigo de Wakefield, quase uma dúzia de grandes estudos epidemiológicos abordaram essa questão, incluindo um que examinou mais de 500.000 crianças (Madsen et al., 2002). Nenhum desses estudos posteriores encontrou *qualquer* evidência de que as crianças que recebem a vacina MMR apresentam maior risco de autismo que aquelas que não recebem. Se o estudo de Wakefield com 12 crianças detectou uma associação válida entre vacinação e autismo, então certamente o outro com meio milhão de crianças também deveria encontrar a mesma associação. Mas esse, e muitos outros estudos, não encontraram.

Por que, então, persistem dúvidas sobre a segurança das vacinas? Existem várias explicações. Em primeiro lugar, alguns dos críticos antivacinação mais francos são celebridades com alto grau de exposição na mídia, como Jim Carrey e Jenny McCarthy (cujo filho foi diagnosticado com autismo). Em segundo lugar, a causa exata do autismo é desconhecida e não existe cura atualmente. Quando a pesquisa médica oferece poucas respostas, as pessoas geralmente procuram fontes não médicas, a Internet e as mídias sociais em busca de respostas.

A Internet e as redes sociais podem ser fontes tanto de informação quanto de desinformação. Um estudo descobriu que *menos da metade* dos sites resultantes de uma pesquisa no Google de "Existe uma relação entre MMR e autismo?" forneceram respostas cientificamente precisas para a pergunta (Scullard, Peacock & Davies, 2010). Sites de mídia social – como Facebook ou blogs – oferecem relatos emocionais de experiências pessoais com vacinas ou autismo, que na maioria das vezes se concentram nos danos percebidos das vacinas (Betsch et al., 2012). Décadas de pesquisa no campo da persuasão mostram que histórias e narrativas pessoais são mais envolventes e poderosas – independentemente da precisão – que informações mais monótonas e com base científica. Assim, para um pai que procura informações sobre a vacinação MMR, a Internet e outros meios de comunicação podem ser fontes poderosas de desinformação. Além disso, as pessoas tendem a buscar informações que confirmem – em vez de refutar – suas crenças, tornando-as resistentes a novas informações que contradizem seus pontos de vista.

Essa desinformação pode levar muitos pais a renunciar à vacinação de seus filhos. Quando as taxas de vacinação diminuem, o público está em maior risco de contrair sarampo. De fato, para um vírus altamente contagioso como este, 90% a 95% de uma população precisa ser vacinada para evitar a exposição à doença. Mesmo pequenas reduções nas taxas de vacinação podem levar a surtos de uma doença, como ocorreu em 2015, durante o qual quase 150 visitantes de um parque de diversões na Califórnia contraíram sarampo. Esse surto foi provavelmente devido a uma única pessoa contrair sarampo no exterior e, sem saber, transmiti-lo a outras pessoas que não foram vacinadas.

Assim, a controvérsia sobre as vacinas infantis destaca muitas questões-chave na busca de informações médicas, incluindo o poder de persuasão das informações anedóticas sobre os resultados de estudos em larga escala, a necessidade das pessoas de encontrar respostas quando poucas estão disponíveis, bem como a dificuldade que elas muitas vezes têm em mudar pontos de vista firmemente arraigados em face de novas informações.

---

tranquilidade e superar dificuldades em obter informações de saúde por meio de outras fontes (Amante et al., 2015; Powell et al., 2011). Contudo, nem todos têm acesso fácil à Internet, idosos, pessoas de baixa renda e baixa escolaridade e algumas minorias étnicas podem não ter acesso a informações de saúde on-line (Jacobs et al., 2017). Além disso, o aumento do acesso à Internet abre uma vasta fonte de informações médicas e informações erradas para o público (Wald, Dube & Anthony, 2007) (ver o quadro "Dá para acreditar?"). Por exemplo, nos primeiros meses da pandemia de Covid-19, quando muito sobre o coronavírus era desconhecido, a grande maioria dos sites que informavam sobre o vírus não atendia a critérios claros de precisão e confiabilidade (Cuan-Baltazar et al., 2020). Assim, um dos desafios que os internautas enfrentam é como distinguir sites confiáveis daqueles que estão simplesmente tentando vender produtos de saúde ou fornecendo deliberadamente informações equivocadas. Muitas pessoas usam a Wikipédia como fonte primária de informação sobre saúde (Laurent & Vickers, 2009), mesmo que as informações na Wikipédia possam não ser tão precisas quanto outras fontes. Fontes excelentes e confiáveis de informações sobre saúde incluem o site do Center for Advancing Health (www.cfah.org) e o site do National Institutes of Health (health.nih.gov). O Capítulo 2 também inclui dicas úteis sobre como identificar informações de saúde válidas na Internet.

Pacientes que acessam a Web para obter informações tornam-se mais ativos em seus cuidados de saúde, mas esse conhecimento pode diminuir a autoridade dos médicos e mudar a natureza da relação médico-paciente. Quando os pacientes trazem informações ao médico que este considera precisas e relevantes, o relacionamento pode se beneficiar (Murray et al., 2003). Entretanto, quando o paciente traz informações imprecisas ou irrelevantes, pode deteriorar o relacionamento e desafiar a autoridade do médico. Muitos pacientes relutam em apresentar informações sobre saúde na Internet com seus provedores por receio de desafiá-los (Imes et al., 2008). Assim, a Internet é uma importante fonte de informação em saúde e os pacientes que não têm acesso a informações precisas e relevantes podem não estar em condições de serem usuários efetivos do sistema médico (Hall & Schneider, 2008).

Rede de referência leiga

Quando Armstrong finalmente decidiu procurar aconselhamento sobre seus sintomas, ele não foi imediatamente a um especialista. Em vez disso, consultou os amigos, um dos quais era médico. Os amigos de Armstrong faziam parte de sua **rede de referência leiga**, uma rede de familiares e amigos que oferece informações e conselhos antes de qualquer tratamento médico oficial ser procurado (Friedson, 1961; Suls, Martin & Leventhal, 1997). Como Armstrong, a maioria das pessoas que procuram cuidados de saúde o fazem por causa de conversas anteriores com amigos e familiares sobre os sintomas (Cornford & Cornford, 1999). Quando as pessoas têm acesso à Internet, geralmente esta é a primeira fonte de informações sobre saúde; para quem não tem esse acesso, a rede de referência leiga é uma fonte mais comum (Jacobs et al., 2017). No estudo da síndrome do intestino irritável (Ringström et al., 2007), cerca de metade dos que não procuraram atendimento médico procuraram atendimento alternativo ou o conselho de alguém com a mesma condição. Assim, a maioria das pessoas procurou ajuda, mas não necessariamente de um médico.

A rede de referência leiga pode ajudar as pessoas a entender o significado dos sintomas, como seu rótulo, causa e cura; assim como leiga pode estimular a percepção de sintomas de uma pessoa. Uma mulher com dor no peito, por exemplo, reagiria de maneira bem diferente caso sua família tivesse um histórico de ataques cardíacos em comparação a um de azia. Em alguns casos, pessoas da rede de referência leiga podem aconselhar *contra* procurar cuidados médicos, especialmente se puderem recomendar remédios caseiros simples ou tratamentos complementares e alternativos (consulte o Capítulo 8 para uma revisão de terapias complementares e alternativas). Desse modo, as redes sociais das pessoas são muitas vezes a principal fonte de informação e aconselhamento sobre questões de saúde, mas nem sempre as encorajam a procurar cuidados médicos tradicionais (Dimsdale et al., 1979).

APLIQUE O QUE VOCÊ APRENDEU

1. Considere as razões pelas quais as pessoas muitas vezes recorrem a fontes não médicas para obter informações sobre saúde e quais são os potenciais benefícios e desvantagens disso.

3-3 Recebendo cuidados médicos

OBJETIVOS DE APRENDIZAGEM

3-5 Reconhecer o papel do emprego e da cobertura de seguro no recebimento de cuidados médicos nos Estados Unidos, bem como as razões pelas quais algumas pessoas procuram assistência de fontes não médicas ou alternativas

3-6 Identificar as características de profissionais e pacientes que podem dificultar as interações e aqueles que podem ajudar nas interações médicas

3-7 Reconhecer os desafios que os pacientes de hospital podem enfrentar

3-8 Identificar várias técnicas que ajudam as crianças a lidar com o tratamento médico

A maioria das pessoas tem experiência em receber atendimento médico. Em algumas situações, essa experiência pode ser satisfatória. Em outras situações, elas podem enfrentar desafios para receber atendimento; esses problemas incluem ter acesso limitado aos serviços médicos, escolher o profissional certo e estar no hospital.

Acesso limitado a cuidados médicos

O custo dos serviços médicos impede que muitas pessoas recebam tratamento e cuidados adequados. Esse acesso limitado aos serviços médicos é mais restrito nos Estados Unidos que em outras nações industrializadas (Weitz, 2010). Muitos países desenvolveram seguros nacionais de saúde ou outros planos de cobertura universal, mas os Estados Unidos normalmente resistem a essa estratégia. Hospitalização e tratamentos médicos complexos são tão caros que a maioria das pessoas não pode pagar por esses serviços. Essa situação levou ao surgimento e desenvolvimento de seguros de saúde, que pode ser adquirido individualmente, mas mais frequentemente é obtido como parte de grupos de trabalho que oferecem cobertura a seus membros.

O seguro individual tende a ser caro e oferecer menos cobertura, principalmente para aqueles com problemas de saúde. Contudo, esses indivíduos podem obter algum seguro como parte de um grupo de trabalho. Assim, o emprego é um fator importante no acesso à assistência médica nos Estados Unidos. Os que estão desempregados ou cujos empregos não oferecem o benefício do seguro de saúde geralmente não o têm, situação que descreve cerca de 11% dos cidadãos norte-americanos (NCHS, 2019). Aqueles que são solteiros, nativos americanos, hispânicos ou latinos são ainda mais propensos a não ter seguro. Mas mesmo os segurados podem enfrentar barreiras para receber assistência; suas apólices muitas vezes não cobrem serviços como atendimento odontológico, serviços de saúde mental e óculos, forçando as pessoas a pagar essas despesas do próprio bolso ou renunciar a esses serviços. Para segurados que sofrem de uma doença severa, a cobertura pode ser inadequada para muitas despesas, criando custos médicos enormes. De fato, esses custos são a causa subjacente de quase 60% de todas as falências pessoais nos Estados Unidos (Himmelstein et al., 2019).

O problema em fornecer assistência médica para aqueles que não podem pagar por esses serviços foi uma preocupação ao longo do século XX no país (Weitz, 2010). Em resposta a essas preocupações, o Congresso dos Estados Unidos criou dois programas em 1965 – Medicare e Medicaid. O Medicare paga despesas hospitalares para a maioria dos norte-americanos com mais de 65 anos e, portanto, poucas pessoas nessa faixa etária não têm seguro de hospitalização. Também oferece seguro de saúde que os participantes podem adquirir por uma taxa mensal, mas muitas despesas, como atendimento odontológico de rotina, não são cobertas. O Medicaid fornece cuidados de saúde àqueles com baixa renda e problemas físicos, como deficiência ou gravidez. Essas restrições tornam muitas pessoas pobres inelegíveis para receber cobertura; apenas cerca de metade das pessoas que vivem na pobreza tem cobertura por meio do Medicaid (NCHS, 2021). As crianças podem se qualificar para o seguro de saúde, mesmo que seus pais não, por meio do Programa Estadual de Seguro de Saúde para Crianças.

Pessoas de baixa renda lutam para obter cobertura de seguro, mas mesmo aquelas com seguro podem enfrentar barreiras, como encontrar um provedor que aceite seu plano e o custo dos serviços (Carrillo et al., 2011; DeVoe et al., 2007). Os não segurados enfrentam mais restrições. Essas pessoas são menos propensas a ter médicos regulares, mais propensas a ter problemas crônicos de saúde e menos a procurar atendimento médico por causa dos custos (Finkelstein et al., 2011; Pauly & Pagán, 2007). Essa relutância tem consequências para a administração de suas doenças. Aqueles com doenças crônicas e sem seguro de saúde têm condições mal controladas, dificuldade em obter medicamentos, mais crises de saúde e maior risco de mortalidade que os com seguro (McWilliams, 2009). Além disso, uma alta proporção de pessoas sem seguro pode criar um efeito de transbordamento, pois aqueles com seguro sofrem custos mais altos e menor qualidade no atendimento. Assim, o seguro de saúde é uma questão importante no acesso à assistência médica e desempenha um papel na escolha de um profissional.

Escolhendo um profissional

Como parte de suas tentativas para melhorar, os doentes geralmente consultam um profissional de saúde. Os médicos, a partir do século XIX, tornaram-se os provedores dominantes (Weitz, 2010). A maioria das pessoas de classe média e alta nos países industrializados procura os serviços de um médico. No final do século XX, porém, o domínio médico começou a declinar e a popularidade de outros tipos de profissionais de saúde aumentou. Por exemplo, parteiras, enfermeiras, farmacêuticos, fisioterapeutas, psicólogos, osteopatas, quiropráticos, dentistas, nutricionistas e curandeiros de ervas fornecem vários tipos de cuidados de saúde.

Algumas dessas fontes de assistência são consideradas "alternativas" porque oferecem outras possibilidades ao atendimento médico convencional. Quase um terço dos residentes nos EUA que procuram a assistência de saúde convencional também usa alguns serviços alternativos e quase todos (96%)

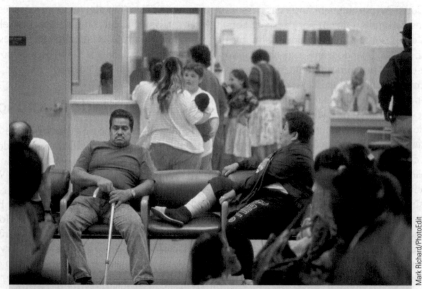

O custo e a acessibilidade dos serviços representam barreiras para a obtenção de cuidados de saúde.

que os utilizam também fazem uso da assistência convencional (Weitz, 2010). Algumas pessoas que consultam profissionais, como curandeiros de ervas, fazem isso porque estes são parte de uma tradição cultural, como os *curandeiros* na cultura latino-americana. No entanto, o crescimento recente da medicina alternativa veio principalmente de pessoas bem educadas insatisfeitas com o atendimento médico padrão e que mantêm atitudes compatíveis com o atendimento alternativo que procuram (Weitz, 2010). Pessoas bem educadas são mais propensas a recorrer à medicina alternativa porque são mais capazes de pagar por esses cuidados, que são menos propensos a serem cobertos pelo seguro que os cuidados convencionais.

As pessoas sem seguro de saúde são menos propensas a ter um prestador de serviços de saúde regular que aquelas com seguro (Pauly & Pagán, 2007). As que não possuem seguro podem receber atendimento em clínicas conveniadas ou prontos-socorros de hospitais, mesmo para condições crônicas. As clínicas conveniadas oferecem cuidados básicos de saúde, principalmente por médicos assistentes e enfermeiros (Hanson-Turton et al., 2007). A busca por atendimento em pronto-socorro pode resultar em atendimento somente depois que a condição do paciente atender à definição de emergência. Assim, esses pacientes estão mais doentes que estariam se tivessem acesso mais fácil ao atendimento. Além disso, procurar atendimento em salas de emergência é mais caro e sobrecarrega essas instalações, diminuindo sua capacidade de atender pessoas com condições agudas.

Interação médico-paciente A interação entre o paciente e o profissional é uma consideração importante no recebimento de cuidados médicos. Os profissionais que são bem-sucedidos em formar uma aliança de trabalho com seus pacientes são mais propensos a ter pacientes satisfeitos (Fuertes et al., 2007). Uma relação paciente-profissional satisfatória oferece importantes benefícios práticos: pacientes satisfeitos são mais propensos a seguir o conselho médico (Fuertes et al., 2007), a continuar a usar os serviços médicos e obter check-ups, e menos propensos a apresentar queixas contra seus médicos (Stelfox et al., 2005). Fatores importantes na construção de alianças bem-sucedidas entre médico e paciente incluem a comunicação verbal e as características pessoais do profissional.

Comunicação verbal A má comunicação verbal é talvez o fator mais crucial na interação entre médico e paciente (Cutting Edge Information, 2004). De fato, os pacientes são significativamente menos propensos a seguir o conselho médico de um profissional quando este se comunica mal (Ratanawongsa et al., 2013; Zolnierek & DiMatteo, 2009). Problemas de comunicação podem surgir quando os médicos pedem aos pacientes que relatem seus sintomas, mas não ouvem as preocupações dos pacientes, interrompendo suas histórias subitamente (Galland, 2006). O que constitui uma preocupação para o paciente pode não ser essencial para o processo de diagnóstico e o profissional pode simplesmente estar tentando obter informações relevantes para fazê-lo. Contudo, os pacientes podem interpretar erroneamente o comportamento do médico como falta de preocupação pessoal ou negligência ao que eles consideram sintomas importantes. Depois que os médicos fazem um diagnóstico, eles normalmente informam os pacientes a respeito. Se o diagnóstico não for grave, os pacientes podem ficar aliviados e não muito motivados a aderir (ou mesmo ouvir) a quaisquer instruções que devam seguir. Se o veredicto for grave, podem ficar ansiosos ou amedrontados, e esses sentimentos podem interferir em sua concentração no aconselhamento médico subsequente. A interação médico-paciente é especialmente importante nesse momento; quando os pacientes não recebem as informações solicitadas, eles se sentem menos satisfeitos com seu médico e são menos propensos a cumprir o conselho recebido (Bell et al., 2002). Entretanto, quando os pacientes acreditam que os médicos entendem seus motivos para procurar tratamento e que ambos concordam com o tratamento,

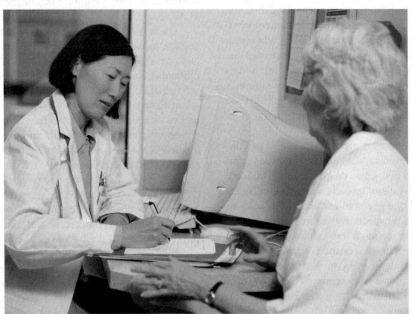

A comunicação é importante para a adesão, e as médicas tendem a encorajar a interação e a comunicação.

eles são mais propensos a cumprir o conselho médico (Kerse et al., 2004).

Por várias razões, médicos e pacientes frequentemente não falam a mesma língua. Primeiro, os médicos atuam em território familiar: conhecem o assunto, sentem-se à vontade com o ambiente físico e normalmente são calmos e relaxados com procedimentos que se tornaram rotina para eles. Os pacientes, ao contrário, muitas vezes não estão familiarizados com a terminologia médica (Castro et al., 2007), são distraídos pelo ambiente estranho e ficam angustiados, com ansiedade, medo ou dor (Charlee et al., 1996). Em alguns casos, profissionais e pacientes não falam a mesma língua – literalmente. As diferenças na língua nativa apresentam uma grande barreira à comunicação (Blanchard & Lurie, 2004; Flores, 2006). Mesmo com intérpretes, podem ocorrer falhas de comunicação substanciais (Rosenberg, Leanza & Seller, 2007). Como resultado, os pacientes não entendem ou não se lembram de partes significativas das informações que seus médicos lhes dão.

Características pessoais do profissional Um segundo aspecto da interação médico-paciente são as características pessoais percebidas pelo médico. Quando as pessoas têm a liberdade de escolher seus profissionais, elas valorizam a competência técnica (Bendapudi et al., 2006). Contudo, como a maioria dos pacientes não possui treinamento médico próprio, eles têm dificuldade em julgar a competência técnica dos profissionais. Em vez disso, geralmente baseiam seus julgamentos de qualidade técnica nas características pessoais de um profissional. Comportamentos que diferenciam os profissionais que os pacientes avaliam como um excelente tratamento incluem ser confiante, completo, gentil, humano, direto, respeitoso e empático. As médicas são mais propensas a mostrar esses comportamentos que os médicos. Duas metanálises cobrindo quase 35 anos de pesquisa (Hall, Blanch-Hartigan & Roter, 2011; Roter & Hall, 2004) mostraram que as médicas eram mais centradas no paciente, passavam 10% mais tempo com eles, empregavam mais comportamentos de parceria, eram mais positivas em sua comunicação, engajadas em mais aconselhamento psicossocial, faziam mais perguntas, falavam mais focadas emocionalmente e eram mais bem avaliadas pelos pacientes que os médicos. Além disso, os pacientes de médicas eram mais propensos a divulgar mais informações sobre seus sintomas clínicos, bem como suas preocupações psicológicas. Essa pesquisa sugere que uma pessoa, ao escolher um médico, pode querer considerar o gênero do médico.

De fato, as pessoas são mais propensas a seguir os conselhos de médicos que consideram calorosos, atenciosos, amigáveis e interessados no bem-estar dos pacientes (DiNicola & DiMatteo, 1984). Além disso, há cada vez mais evidências de que um profissional que age com carinho em relação ao paciente pode ampliar suas expectativas sobre o tratamento e aumentar sua resposta até mesmo a tratamentos com placebo (Howe et al., 2019). Inversamente, quando os pacientes acreditam que os médicos os desprezam ou os tratam com desrespeito, eles são menos propensos a seguir os conselhos ou a manter consultas médicas (Blanchard & Lurie, 2004). De fato, a má comunicação entre ambos pode ter um efeito particularmente prejudicial na adesão quando o médico e o paciente vêm de diferentes origens étnicas (Schoenthaler et al., 2012).

Utilizando um hospital

Em casos graves, a procura de cuidados de saúde pode resultar em hospitalização. Nos últimos 30 anos, os hospitais e a experiência de estar no hospital mudaram. Em primeiro lugar, muitos tipos de cirurgias e exames que antes eram realizados por meio de hospitalização agora são realizados em regime ambulatorial. Em segundo, as internações hospitalares tornaram-se mais curtas. Em terceiro, uma gama cada vez maior de tecnologia está disponível para diagnóstico e tratamento. Em quarto lugar, os pacientes se sentem cada vez mais livres para expressar suas preocupações ao médico (Bell et al., 2001). Como resultado dessas mudanças, as pessoas que não estão gravemente doentes provavelmente não serão hospitalizadas e as que são internadas em hospital estão mais gravemente doentes que aquelas admitidas há 30 anos.

Ironicamente, embora o cuidado gerenciado tenha ajudado a controlar os custos por meio de internações hospitalares mais curtas, nem sempre isso foi de interesse do paciente. A medicina tecnológica tornou-se mais proeminente no atendimento ao paciente e o tratamento pessoal pela equipe do hospital diminuiu. Esses fatores podem se combinar para tornar a hospitalização uma experiência estressante (Weitz, 2010). Além disso, a falta de pessoal e os desafios de monitorar a tecnologia complexa e os regimes de medicação criaram um número alarmante de erros médicos (veja o quadro "Dá para acreditar?").

O papel do paciente hospitalar Parte de papel de doente é ser paciente e isso significa estar em conformidade com as regras do hospital e cumprir os conselhos médicos. Quando uma pessoa entra no hospital como paciente, essa pessoa se torna parte de uma instituição complexa e assume um papel dentro dela. Esse papel inclui alguns aspectos difíceis: ser tratado como uma "não pessoa", tolerar a falta de informação e perder o controle das atividades diárias. Os pacientes acham angustiantes incidentes como esperas, atrasos e problemas de comunicação com a equipe e tais incidentes diminuem a satisfação dos pacientes (Weingart et al., 2006).

Quando as pessoas são hospitalizadas, todas, exceto sua doença, tornam-se invisíveis e seu *status* é reduzido ao de uma "não pessoa". Não apenas as identidades dos pacientes são ignoradas, mas seus comentários e perguntas também podem ser negligenciados. O procedimento hospitalar concentra-se nos aspectos técnicos da assistência médica; geralmente ignora as necessidades emocionais dos pacientes e os deixa menos satisfeitos com o tratamento que os pacientes que são tratados como pessoas, ouvidos e informados sobre sua condição (Boudreaux & O'Hea, 2004; Clever et al., 2008).

A falta de informação que os pacientes vivenciam vem da rotina hospitalar e não de uma tentativa de guardar as informações dos pacientes. A maioria dos médicos acredita que os pacientes devam receber informações completas sobre suas condições. Contudo, a troca aberta de informações entre paciente e médico é difícil de alcançar no hospital, onde os médicos gastam apenas pouco tempo conversando com os pacientes. Além disso, as informações podem não estar disponíveis porque os pacientes estão sendo submetidos a testes diagnósticos. A equipe do hospital pode não explicar o objetivo ou os resultados dos testes diagnósticos, deixando o paciente sem informações e cheio de ansiedade.

Dá para ACREDITAR? Hospitais podem ser a principal causa de morte

Você pode acreditar que receber atendimento médico, especialmente em um hospital norte-americano, pode ser fatal? As manchetes dos jornais pintaram um quadro alarmante dos perigos de receber cuidados de saúde, apoiadas em uma série de estudos. Em 1999, um estudo do Institute of Medicine ganhou as manchetes com suas descobertas de que pelo menos 44.000 – e talvez até 98.000 – pessoas morrem em hospitais norte-americanos todos os anos por causa de erros médicos (Kohn, Corrigan & Donaldson, 1999). Relatórios posteriores encontraram números ainda maiores de erros médicos (HealthGrades, 2011; Zhan & Miller, 2003). Embora os Estados Unidos não reconheçam o erro médico como causa de morte, uma estimativa recente classificou o erro médico como a terceira principal causa de morte nos Estados Unidos (Makary & Daniel, 2016).

Infelizmente, os erros médicos não são a única causa de mortes desnecessárias de pacientes nos hospitais dos EUA. A medicação também pode ser fatal. Um estudo do Institute of Medicine (Aspden, Wolcott, Bootman & Cronenwett, 2007) estimou que os pacientes hospitalizados apresentam uma média de um erro de medicação por paciente por dia de hospitalização, resultando em morbidade, mortalidade e aumento do custo de hospitalização. Uma metanálise de estudos sobre reações adversas a medicamentos (Lazarou, Pomeranz & Corey, 1998) descobriu que, mesmo quando prescritos e tomados adequadamente, os medicamentos prescritos são responsáveis por entre 76.000 e 137.000 mortes a cada ano. Essa análise incluiu pacientes internados em um hospital por uma reação adversa ao medicamento, bem como aqueles que já estavam no hospital que sofreram uma reação fatal a ele. Essa metanálise também estimou o número total de reações a drogas tóxicas entre pacientes hospitalizados em mais de 2 milhões. Apesar da ampla publicidade e da crescente preocupação, poucas melhorias parecem ter ocorrido durante os últimos 15 anos. A profissão médica alcançou apenas um progresso limitado para resolver o problema dos erros médicos (Leape & Berwick, 2005), e um estudo recente (HealthGrades, 2011) indicou que os erros médicos em hospitais não diminuíram.

Uma barreira para corrigir a situação vem do clima de silêncio e culpa que cerca os erros – os profissionais de saúde não querem admitir erros ou denunciar colegas que cometeram erros por causa da culpa envolvida. Em vez de silenciar e culpar, Lucian Leape (Leape & Berwick, 2005) sugeriu que os hospitais deveriam estar ansiosos para buscar informações sobre erros e que a análise deve se concentrar nos sistemas que permitem os erros e não nas pessoas que os cometem.

As intervenções podem ser capazes de reduzir a incidência de erros médicos (Woodward et al., 2010). Isso inclui intervenções focadas no paciente, como incentivá-los a dizer seu nome aos médicos e perguntar aos médicos se lavaram as mãos. Além disso, as intervenções institucionais também podem reduzir os erros médicos, reduzindo o número de horas no turno de um médico ou enfermeiro típico e implementando sistemas de computador para melhor detectar possíveis erros de medicação. A prática da medicina nunca estará livre de erros, mas criar sistemas que tornem os erros mais difíceis de serem cometidos melhorará a segurança do paciente e reduzirá os custos de hospitalização.

Espera-se que os pacientes internados se conformem submissamente às regras do hospital e às ordens de seu médico, abrindo mão de muito do controle de suas vidas. As pessoas tendem a manifestar respostas fisiológicas aumentadas e a reagir em um nível físico a estímulos incontroláveis com mais força que quando podem exercer algum controle sobre sua condição. A falta de controle pode diminuir a capacidade de concentração das pessoas e aumentar sua tendência a relatar sintomas físicos.

Para a eficiência da organização, o tratamento uniforme e a conformidade com a rotina hospitalar são desejáveis, ainda que privem os pacientes de informação e controle. Os hospitais não têm uma trama insidiosa para privar os pacientes de liberdade, mas isso ocorre quando impõem sua rotina aos pacientes. Restaurar o controle aos pacientes de forma significativa complicaria ainda mais uma organização já complexa, mas a restauração de pequenos tipos de controle pode ser eficaz. Por exemplo, a maioria dos hospitais agora permite aos pacientes escolher alguns alimentos e fornece controles remotos de TV para dar a eles o poder de selecionar um programa para assistir (ou não assistir). Esses aspectos de controle são pequenos, mas possivelmente importantes, como discutiremos no Capítulo 5 (Langer & Rodin, 1976; Rodin & Langer, 1977).

Crianças e hospitalização Poucas crianças passam pela infância sem alguma lesão, doença ou condição que exija hospitalização. A experiência de hospitalização pode ser uma fonte de estresse e ansiedade – separação dos pais, ambiente desconhecido, testes diagnósticos, administração de anestesia, "injeções" de imunização, cirurgia e dor pós-operatória. Os hospitais pediátricos geralmente oferecem algum tipo de programa de preparação para crianças. Treinar as crianças para lidar com o medo do tratamento apresenta problemas especiais para os psicólogos da saúde. Fornecer às crianças e pais informações sobre procedimentos e equipamentos hospitalares pode ser uma forma eficaz de diminuir a ansiedade.

Ao contrário que muitos pais podem pensar, tranquilizar uma criança não é uma maneira eficaz de reduzir seu medo ou dos pais. Em um estudo com crianças de 4 a 6 anos que estavam prestes a receber vacinas pré-escolares, pesquisadores (Manimala, Blount & Cohen, 2000) parearam cada criança com seus pais e, em seguida, designaram aleatoriamente cada díade para um grupo de distração ou grupo de tranquilização. Os pesquisadores pediram aos pais das crianças do grupo de distração que desviassem a atenção de seus filhos do procedimento de imunização, mas pediram aos de crianças do grupo de tranquilização que reduzissem a ansiedade dos filhos, assegurando-lhes que não tinham nada

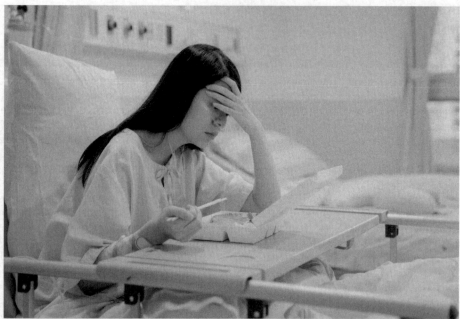
O aumento do uso de tecnologia, a falta de informação e a falta de controle contribuem para o estresse da hospitalização.

a temer. Os resultados favoreceram fortemente o grupo de distração, com três vezes mais crianças no grupo de tranquilização exigindo contenção física. Além disso, as crianças do grupo de tranquilização mostraram muito mais medo verbal que as outras. Um complemento interessante a esses achados envolveu o treinamento recebido pelos pais antes do processo de imunização. Aqueles que receberam treinamento sobre como tranquilizar seus filhos expressaram um alto nível de confiança de que poderiam acalmá-los. Então, após a imunização, os pais tranquilizadores não apenas tiveram problemas para ajudar seus filhos, mas também se consideraram muito mais angustiados que os outros pais. Por sua vez, a angústia dos pais aumenta a ansiedade da criança (Wolff et al., 2009). A tranquilização, ao que parece, não reduz o estresse nem para os pais nem para a criança.

Outra estratégia para ajudar as crianças é a modelagem – isto é, ver outra criança lidar com sucesso com um procedimento estressante semelhante. Uma combinação de modelagem com uma intervenção cognitivo-comportamental e reflexão reduziu o sofrimento de crianças que estavam recebendo tratamentos dolorosos para leucemia (Jay et al., 1991). De fato, essa intervenção foi mais bem-sucedida que um tratamento medicamentoso que incluiu o tranquilizante Valium. Uma revisão de intervenções para crianças (Mitchell, Johnston & Keppel, 2004) indicou que os programas multicomponentes eram geralmente mais eficazes que os de componente único; fornecer informações e ensinar habilidades de enfrentamento são importantes para as crianças e seus pais quando confrontados com a hospitalização.

O custo, e não a eficácia, é o principal problema das estratégias de intervenção para reduzir o sofrimento infantil resultante da hospitalização para procedimentos médicos específicos. A tendência é de corte de gastos e todas as intervenções aumentam os custos dos cuidados médicos.

Algumas dessas intervenções podem ser rentáveis se reduzirem a necessidade de cuidados adicionais ou diminuírem outras despesas.

RESUMO

A despesa com cuidados médicos restringiu o acesso para a maioria dos residentes dos EUA. As pessoas que têm seguro recebem melhores cuidados e têm mais opções sobre cuidados que as que não têm. Preocupações com custos médicos levaram à criação de dois programas do governo: Medicare, que paga a hospitalização para maiores de 65 anos; e Medicaid, que paga cuidados para pessoas pobres idosas, cegas, deficientes, grávidas ou pais de uma criança dependente.

Os profissionais de medicina são as principais fontes de cuidados médicos, mas as fontes alternativas tornaram-se mais populares nas últimas duas décadas. Pessoas sem seguro muitas vezes têm limitações para garantir um médico regular. A satisfação dos pacientes com seus provedores é um fator importante na busca por atendimento, bem como na adesão ao aconselhamento médico. Os médicos que ouvem seus pacientes e são percebidos como gentis, confiantes e empáticos são aqueles com maior probabilidade de serem classificados como excelentes médicos. As médicas tendem a demonstrar essas características mais que os médicos.

Pacientes hospitalizados muitas vezes experimentam estresse adicional de estar no hospital. Eles são normalmente considerados "não pessoas", recebem informações inadequadas sobre sua doença e experimentam alguma perda de controle sobre suas vidas. Espera-se que eles se adaptem à rotina hospitalar e atendam às solicitações frequentes da equipe do hospital.

Crianças hospitalizadas e seus pais enfrentam problemas atípicos e podem receber treinamento especial para ajudá-los a lidar com a hospitalização. Vários tipos de intervenções, incluindo programas de modelagem e cognitivo-comportamentais, são eficazes para ajudar as crianças e seus pais a enfrentar essa situação difícil.

> **APLIQUE O QUE VOCÊ APRENDEU**
>
> 1. Imagine que um membro da família estará procurando um médico para uma condição de saúde potencialmente grave. O que você sugere que o familiar faça para se preparar para a visita de modo que a interação seja satisfatória? O que você sugeriria no caso de uma criança se preparando para receber um tratamento médico potencialmente doloroso ou estressante?

Perguntas

Este capítulo abordou três questões básicas:

1. **Que fatores estão relacionados à procura de atendimento médico?**

    A maneira como as pessoas determinam seu estado de saúde quando não se sentem bem depende não apenas de fatores sociais, étnicos e demográficos, mas também das características de seus sintomas e de seu conceito de doença. Ao descobrirem que estão doentes, as pessoas consideram pelo menos quatro características de seus sintomas: (1) a visibilidade óbvia dos sintomas; (2) a percepção da gravidade da doença; (3) o grau em que os sintomas interferem em suas vidas; e (4) a frequência e persistência dos sintomas. Uma vez que as pessoas são diagnosticadas como doentes, elas adotam o papel de doente, que envolve o alívio das responsabilidades sociais e ocupacionais normais e o dever de tentar melhorar.

2. **Onde as pessoas procuram informações médicas?**

    Antes de procurar atendimento médico e informações no sistema de saúde, as pessoas geralmente recorrem a outras pessoas e à Internet. A rede de referência leiga são os familiares e amigos, que muitas vezes ajudam a interpretar o significado dos sintomas, bem como a sugerir possíveis causas e curas. Nos últimos anos, a Internet é uma fonte comum de informações sobre saúde, embora a qualidade destas varie muito. Quando os pacientes encontram informações de saúde precisas e relevantes, isso pode beneficiar a relação médico-paciente. Mas nem todos têm acesso a elas pela Internet ou são cautelosos em apresentar essas informações a seus provedores.

3. **Quais problemas as pessoas encontram ao receber cuidados médicos?**

    As pessoas encontram problemas para pagar pelo atendimento médico e aqueles sem seguro geralmente têm acesso limitado aos cuidados de saúde. A criação do Medicare e do Medicaid pelo governo dos EUA ajudou pessoas com mais de 65 anos e algumas pobres com o acesso a esses cuidados de saúde, mas muitos têm problemas para encontrar um médico regular e receber cuidados ideais.

    Os médicos podem não ter muito tempo para dedicar a um paciente, o que pode criar problemas de comunicação que reduzem a satisfação do paciente.

    Os problemas de comunicação incluem o uso de linguagem médica desconhecida pelo paciente, bem como o foco em determinar e descrever um diagnóstico, em vez de permitir que os pacientes descrevam completamente suas preocupações.

    Embora as internações sejam mais curtas que há 30 anos, estar no hospital é uma experiência difícil para adultos e crianças. Como paciente de um hospital, a pessoa deve estar em conformidade com os procedimentos e políticas do hospital, que incluem ser tratada como uma "não pessoa", tolerar a falta de informação e perder o controle das atividades diárias. As crianças hospitalizadas são colocadas em um ambiente desconhecido, podem ser separadas dos pais e submetidas a cirurgias ou outros procedimentos médicos dolorosos. Intervenções que ajudam crianças e pais a lidar com essa experiência estressante podem aliviar o sofrimento, mas o custo desses serviços é um fator que limita sua disponibilidade.

Sugestões de leitura

Leventhal, H., Breland, J. Y., Mora, P. A. & Leventhal, E. A. (2010). Lay representations of illness and treatment: A framework for action. In A. Steptoe (Ed.). *Handbook of behavioral medicine: Methods and applications* (pp. 137-154). New York: Springer. Este capítulo não apenas discute a importância das conceituações de doença das pessoas quanto à busca de saúde e gestão da doença, mas também delineia maneiras pelas quais as conceituações de doença podem ser usadas como alvos de intervenção.

Martin, R. & Leventhal, H. (2004). Symptom perception and health care-seeking behavior. In J. M. Raczynski & L. C. Leviton (Eds.). *Handbook of clinical health psychology* (vol. 2, pp. 299-328). Washington, DC: American Psychological Association. Este capítulo explora as situações e percepções subjacentes à procura de cuidados de saúde, incluindo a dificuldade de interpretar os sintomas e as teorias que tentam explicar esse comportamento.

Weitz, R. (2010). *The sociology of health, illness, and health care: A critical approach* (5. ed.). Belmont, CA: Cengage. Weitz revisa criticamente a situação dos cuidados de saúde nos Estados Unidos neste livro de sociologia médica. Os Capítulos 10, 11 e 12 fornecem uma descrição dos ambientes e das profissões de cuidados de saúde, incluindo muitas alternativas aos cuidados tradicionais.

OBJETIVOS DE APRENDIZAGEM
Depois de estudar este capítulo, você será capaz de...

4-1 Definir adesão; compreender os pontos fortes e as limitações de diferentes formas de medir a adesão

4-2 Compreender como a frequência de não adesão se relaciona com o tipo de condição de saúde, bem como as barreiras comuns à adesão

4-3 Compreender como fatores médicos, como a gravidade de uma doença e as características de um tratamento médico, afetam a adesão

4-4 Compreender como fatores pessoais, como idade, gênero e personalidade, se relacionam com a adesão

4-5 Compreender como os fatores ambientais, como *status* socioeconômico, apoio social e contexto cultural, se relacionam com a adesão

4-6 Compreender a diferença entre as teorias do *continuum* e as teorias dos estágios do comportamento de saúde e o que elas supõem sobre como as pessoas mudam na adesão aos comportamentos de saúde

4-7 Identificar os fatores-chave nas teorias do *continuum*, como o modelo de crença em saúde, as teorias da autoeficácia, do comportamento planejado e a comportamental

4-8 Identificar os principais fatores e as etapas das teorias dos estágios, como o modelo transteórico e a abordagem do processo de ação em saúde

4-9 Reconhecer como dois fatores – disposição comportamental e intenções de implementação – podem ajudar a explicar por que algumas intenções se traduzem em ação, enquanto outras intenções não

4-10 Compreender a diferença entre estratégias educacionais e comportamentais para melhorar a adesão

4-11 Identificar várias estratégias comportamentais que têm sido usadas para melhorar a adesão

CAPÍTULO 4

Aderindo ao comportamento saudável

SUMÁRIO DO CAPÍTULO

Perfil do mundo real de Rajiv Kumar
- Problemas de adesão
- Quais fatores predizem a adesão?
- Por que e como as pessoas aderem a comportamentos saudáveis?
- A lacuna intenção--comportamento
- Melhorar a adesão

PERGUNTAS

Este capítulo concentra-se em seis questões básicas:

1. O que é adesão, como é medida e com que frequência ocorre?
2. Quais fatores predizem a adesão?
3. O que são as teorias do *continuum* do comportamento de saúde e como elas explicam a adesão?
4. O que são as teorias dos estágios de comportamento em saúde e como elas explicam a adesão?
5. O que é a lacuna intenção-comportamento e quais fatores predizem se as intenções serão traduzidas em comportamento?
6. Como a adesão pode ser melhorada?

4-1 Problemas de adesão

OBJETIVOS DE APRENDIZAGEM

4-1 Definir adesão; compreender os pontos fortes e as limitações de diferentes formas de medir a adesão

4-2 Compreender como a frequência de não adesão se relaciona com o tipo de condição de saúde, bem como as barreiras comuns à adesão

Por que o programa ShapeUp de Rajiv Kumar foi eficaz em incentivar as pessoas a melhorar sua dieta e a atividade física? O que o programa ShapeUp forneceu aos participantes que um breve conselho de um médico normalmente não oferece?

Para que o aconselhamento médico beneficie a saúde de um paciente, dois requisitos devem ser atendidos. Em primeiro lugar, o conselho deve ser válido. Em segundo, o paciente deve seguir esse conselho. Ambas as condições são essenciais. Conselhos infundados que os pacientes seguem rigorosamente podem produzir novos problemas de saúde, como o caso de pais que seguem conselhos imprecisos para não vacinar os filhos contra problemas de saúde comuns (ver quadro do Capítulo 3 em "Há controvérsia sobre as vacinas infantis"). Por outro lado, um conselho excelente é inútil se os pacientes têm dificuldade em segui-lo. Até 125.000 pessoas nos Estados Unidos podem morrer a cada ano porque não seguem os conselhos médicos, especialmente por não tomarem os medicamentos prescritos (Cutting Edge Information, 2004). Como mostram duas metanálises, aderir a um regime médico faz uma grande diferença na melhora (DiMatteo et al., 2002; Simpson et al., 2006).

Kumar desenvolveu seu programa para aumentar o apoio social das pessoas e, como você aprenderá neste capítulo, o apoio é um fator que ajuda as pessoas a seguirem os conselhos médicos. Existem outros elementos do programa ShapeUp que também contribuíram para o seu sucesso; esses fatores também serão descritos aqui. Além disso, apresentaremos algumas das principais teorias que tentam explicar por que algumas pessoas aderem às recomendações de comportamento saudável, enquanto outras frequentemente têm dificuldade.

> **Verifique SUAS CRENÇAS**
> Sobre a adesão ao comportamento saudável
>
> ☐ 1. Acredito que a atividade física é importante, mas toda vez que tento me exercitar, nunca consigo fazê-lo por muito tempo.
> ☐ 2. Se o medicamento da minha receita parece não estar funcionando, continuarei a tomá-lo.
> ☐ 3. Não preciso me envolver em nenhum planejamento para mudar meus hábitos de saúde, pois minhas boas intenções sempre me levam adiante.
> ☐ 4. Eu não vou conseguir finalizar uma receita se for muito cara.
> ☐ 5. Eu vejo meu dentista duas vezes por ano, mesmo que eu não tenha nenhum problema.
> ☐ 6. Sou um fumante que sabe que fumar pode causar doenças cardíacas e câncer de pulmão, mas acredito que outros fumantes são muito mais propensos a contrair essas doenças que eu.
> ☐ 7. Sou uma mulher que não se preocupa com câncer de mama porque não tenho nenhum sintoma.
> ☐ 8. Sou um homem que não se preocupa com câncer testicular porque não tenho nenhum sintoma.
> ☐ 9. As pessoas me aconselharam a parar de fumar, mas nunca consegui parar.
> ☐ 10. Frequentemente esqueço de tomar a minha medicação.
> ☐ 11. Quando estabeleço uma meta para melhorar minha saúde, planejo as formas e as situações específicas em que posso agir para atingir a meta.
> ☐ 12. A última vez que fiquei doente, o médico me deu um conselho que não entendi completamente, mas fiquei com vergonha de dizer.
>
> Os itens 2, 5 e 11 representam crenças e hábitos de boa adesão. Cada um dos outros itens, porém, representa um fator de risco para adesão ao aconselhamento médico. Embora possa ser quase impossível aderir a todas as boas recomendações de saúde (como não fumar, ter uma dieta saudável, praticar exercícios e fazer exames médicos e odontológicos regulares), você pode melhorar sua saúde aderindo a bons conselhos médicos. Ao ler este capítulo, você aprenderá mais sobre os benefícios da adesão à saúde, bem como as crenças e técnicas que podem melhorar a adesão.

O que é adesão

O que significa ser aderente? Definimos **adesão** como a capacidade e a vontade de uma pessoa seguir as práticas de saúde recomendadas. R. Brian Haynes (1979) sugeriu uma definição mais ampla do termo, definindo adesão como "o limite dentro do qual o comportamento de uma pessoa (quanto a tomar medicamentos, seguir dietas ou executar mudanças no estilo de vida) coincide com o conselho médico ou de saúde" (p. 1-2). Essa definição expande o conceito de adesão para além de apenas tomar medicamentos, incluindo a manutenção de práticas de estilo de vida saudáveis, como alimentar-se adequadamente, fazer exercícios o suficiente, evitar estresse indevido, abster-se de fumar e não abusar do álcool. Além disso, a adesão inclui fazer e manter consultas médicas e odontológicas periódicas, usar o cinto de segurança e adotar outros comportamentos condizentes com os melhores conselhos de saúde disponíveis. A adesão é um conceito complexo, com pessoas sendo aderentes em uma situação e não em outra (Ogedegbe, Schoenthaler & Fernandez, 2007).

Como é medida a adesão?

Como os pesquisadores sabem a porcentagem de pacientes que não seguem as recomendações dos profissionais? Que métodos eles usam para identificar aqueles que não aderem? A resposta à primeira pergunta é que as taxas de adesão não são conhecidas com certeza, mas os pesquisadores utilizam técnicas que fornecem muitas informações sobre a não adesão. Estão disponíveis pelo menos seis métodos básicos para medir a adesão do paciente: (1) perguntar ao profissional, (2) perguntar ao paciente, (3) perguntar a outras pessoas, (4) monitorar o uso de medicamentos, (5) examinar evidências bioquímicas e (6) usar uma combinação desses procedimentos.

O primeiro desses métodos, perguntar ao profissional, geralmente é a pior escolha. Os médicos geralmente superestimam as taxas de adesão de seus pacientes e, mesmo quando seus palpites não são excessivamente otimistas, geralmente estão errados (Miller et al., 2002). Em geral, a precisão dos profissionais é apenas um pouco melhor que o acaso, pois eles podem confiar em pistas como idade, etnia e peso para fazer inferências sobre a adesão (Huizinga et al., 2010; Lutfey & Ketcham, 2005; Parker et al., 2007).

Perguntar aos próprios pacientes é um procedimento um pouco mais válido, mas está repleto de problemas. Os autorrelatos são imprecisos ao menos por duas razões. Em primeiro lugar, os pacientes tendem a relatar comportamentos que os fazem parecer mais aderentes que são. Em segundo, eles podem simplesmente não conhecer sua própria taxa de adesão, já que as pessoas normalmente não prestam muita atenção aos seus comportamentos relacionados à saúde. As entrevistas são mais propensas a esses tipos de erros que pedir aos pacientes que mantenham registros ou diários de seu comportamento (Garber, 2004). Como as medidas de autorrelato têm validade questionável, os pesquisadores geralmente as complementam com outros métodos (Parker et al., 2007).

Outro método é pedir ao pessoal do hospital e familiares para monitorar o paciente, mas esse procedimento tem pelo menos dois problemas. Em primeiro lugar, a observação constante pode ser fisicamente impossível, especialmente em relação a comportamentos como dieta, tabagismo e consumo de álcool (observar o comportamento sexual de risco também levanta questões éticas claras!). Em segundo lugar, o monitoramento persistente cria uma situação artificial e frequentemente resulta em taxas de adesão mais altas que ocorreriam de outra forma. Esse resultado é desejável, é claro, mas, como meio de avaliar a adesão, ele contém um erro embutido que torna a observação de outras pessoas imprecisa.

Perfil do mundo real de RAJIV KUMAR

Em 2005, Rajiv Kumar era estudante de medicina na Brown University em Rhode Island. De imediato no treinamento médico, ele notou que os pacientes no geral com quem trabalhava pareciam lutar para fazer mudanças saudáveis de comportamento, como se alimentar de forma mais saudável ou aumentar a atividade física. A única ajuda que os médicos pareciam fornecer era simplesmente dizer aos pacientes que se matriculassem em uma academia ou fizessem dieta. Esse conselho bem-intencionado raramente parecia suficiente para levar os pacientes a fazer mudanças duradouras em seu comportamento.

Com base nessas experiências, Kumar decidiu abandonar a faculdade de medicina. Mas, em vez de desistir de seu objetivo de tornar as pessoas mais saudáveis, ele usou uma de suas observações como fonte de inspiração: "Percebi que todos os pacientes que tiveram sucesso nos disseram que tinham apoio social da família e dos amigos".

Kumar juntou-se a um de seus colegas estudantes de medicina para desenvolver um programa abrangente que aproveitava o poder do apoio social para levar as pessoas a ter sucesso em suas metas de dieta e atividade física. Kumar garantiu uma pequena quantia de dinheiro para iniciar seu empreendimento e enviou um e-mail para todas as pessoas que conhecia em Rhode Island para se inscreverem em seu programa, que ficou conhecido como ShapeUp Rhode Island.

O ShapeUp inicial era um programa de 16 semanas que ajudava as pessoas a formar "equipes" de amigos e colegas de trabalho que compartilhavam o mesmo objetivo de melhorar seu estilo de vida. Uma plataforma on-line permitia que elas estabelecessem metas, acompanhassem seu progresso, recebessem lembretes e, o mais importante, compartilhassem e comparassem resultados com outros membros da equipe. Além disso, as equipes podiam competir entre si. Kumar a chamou de "um Facebook para a saúde".

O programa parecia funcionar notavelmente. Mais de 2.000 pessoas se inscreveram no programa; 80% o completaram e perderam cerca de 8 quilos em média. Esses resultados despertaram o interesse de muitas empresas locais interessadas em incluir o programa como parte de suas iniciativas de bem-estar no local de trabalho. Isso permitiu que o programa se expandisse.

Um estudo demonstrou o que Kumar suspeitava o tempo todo; o aspecto social do programa ShapeUp foi um componente importante do seu sucesso. Quanto mais os participantes do ShapeUp sentiam que havia apoio social – e pressões sociais – para ter sucesso em seus planos, melhor eles se saíram (Leahey et al., 2012).

Pouco depois, mais de 800 empresas disponibilizaram o programa ShapeUp aos seus empregados, com mais de 2 milhões de participantes. Agora, o ShapeUp junta-se a muitos outros programas de *fitness* que aproveitam o poder do apoio social e da influência social para ajudar as pessoas a atingir os seus objetivos de saúde.

Um quarto método para avaliar a adesão é monitorar objetivamente o comportamento de uma pessoa. Isso pode ocorrer por meio do monitoramento do uso de medicamentos pelo paciente, como a contagem de comprimidos ou a avaliação se os pacientes obtêm as receitas ou recargas (Balkrishnan & Jayawant, 2007). Esses procedimentos parecem ser mais objetivos, uma vez que muitos poucos erros são cometidos na contagem do número de comprimidos que faltam no frasco ou no número de pacientes que têm suas receitas finalizadas. Mesmo que o número necessário de comprimidos tenha desaparecido ou as receitas tenham sido completadas, contudo, o paciente pode não ter tomado o medicamento ou pode tê-lo tomado de outra forma que não a prescrita.

O desenvolvimento da tecnologia eletrônica possibilita métodos mais sofisticados para monitorar a adesão. Os pesquisadores podem avaliar a atividade física usando dispositivos que registram o movimento físico ou enviando pesquisas para os telefones celulares das pessoas que perguntam sobre atividade física nos últimos 30 minutos (Dunton et al., 2011). Os pesquisadores podem solicitar aos pacientes que enviem fotos de cápsulas de pílulas por telefone celular para verificar o horário em que tomam seus medicamentos (Galloway et al., 2011). Outros métodos, como o Medication Event Monitoring System (MEMS), incluem um microprocessador na cápsula de uma pílula que registra a data e hora de cada abertura e fechamento do frasco, gerando assim um registro de uso (se abrir o frasco equivale a usar o medicamento). Além disso, esse sistema inclui um link de Internet que carrega os dados armazenados no dispositivo para que os pesquisadores possam monitorar a adesão diária ou semanalmente. Não é pois surpreendente que a avaliação por MEMS não mostra alta consistência com autorrelatos de uso de medicamentos (Balkrishnan & Jayawant, 2007; Shi et al., 2010), mas a avaliação por MEMS tende a ser mais válida. Em um estudo de crianças HIV-positivas em Uganda que receberam medicamentos antirretrovirais para controlar sua condição, a adesão medida por MEMS previu medidas bioquímicas de carga viral durante o período de um ano, mas não para a adesão medida por autorrelato (Haberer et al., 2012).

O exame de evidências bioquímicas é um quinto método para medir a adesão. Esse procedimento analisa evidências bioquímicas, como amostras de sangue ou urina que refletem a adesão, para determinar se um paciente se comportou de maneira aderente. Por exemplo, os pesquisadores podem medir a progressão da infecção pelo HIV com avaliações da carga viral, uma medida bioquímica da quantidade de HIV no sangue; a adesão à medicação para o HIV relaciona-se a alterações na carga viral. Os pesquisadores podem avaliar o gerenciamento adequado do diabetes por meio de um exame de sangue que mede a quantidade de glicose no sangue durante um período de meses. Mas podem surgir problemas com o uso de evidências bioquímicas para avaliar a adesão, porque os indivíduos variam em sua resposta bioquímica aos medicamentos. Além disso, essa abordagem requer monitoramento médico frequente que pode ser invasivo e caro.

Por fim, os médicos podem usar uma combinação desses métodos para avaliar a adesão. Vários estudos (Haberer et al., 2012; Velligan et al., 2007) usaram uma variedade de métodos para avaliar a adesão, incluindo entrevistar pacientes, contar comprimidos, monitoramento eletrônico e medir evidências bioquímicas, bem como uma combinação de todos esses métodos. Os resultados indicam boa concordância entre a contagem de pílulas, o monitoramento eletrônico e a mensuração de evidências bioquímicas, mas pouca concordância entre essas medidas objetivas e os relatos de pacientes ou médicos. Um ponto fraco do uso de vários métodos para medição da adesão é o custo, mas é uma estratégia importante quando os pesquisadores precisam das evidências mais precisas para medir a adesão.

Qual a frequência da não adesão?

Quão comum é a não adesão? A experiência de Kumar como estudante de medicina sugeria que a não adesão entre seus pacientes era comum. Entretanto, a resposta a esta pergunta depende em parte de como a adesão é definida, da natureza da doença em consideração, das características demográficas da população e dos métodos usados para avaliar a adesão. Quando o interesse por essas questões se desenvolveu no final da década de 1970, David Sackett e John C. Snow (1979) revisaram mais de 500 estudos que tratavam da frequência de adesão. Sackett e Snow encontraram taxas mais altas de consultas mantidas pelos pacientes quando eles iniciaram as consultas (75%) que quando as consultas foram agendadas para eles (50%). Como esperado, as taxas de adesão foram maiores quando o tratamento era feito para curar e não para prevenir uma doença. Contudo, a adesão foi menor para medicamentos tomados para uma condição crônica por um longo período; a adesão foi em torno de 50% para prevenção ou cura.

Revisões mais recentes confirmam o problema da não adesão, estimando a não adesão aos regimes de medicação em quase 25% (DiMatteo, 2004b). As taxas de adesão tendem a ser maiores em estudos mais recentes que em estudos mais antigos, mas muitos dos fatores identificados na revisão de Sackett e Snow (1979) continuaram sendo preditores significativos de adesão. Os tratamentos medicamentosos geraram taxas de adesão mais altas que as recomendações de exercícios, dieta ou outros tipos de mudança de comportamento relacionada à saúde. Contudo, a análise de DiMatteo revelou que nem todas as condições crônicas apresentaram taxas de adesão igualmente baixas. Algumas condições crônicas, como HIV, artrite, transtornos gastrointestinais e câncer, apresentaram altas taxas de adesão, enquanto diabetes e doença pulmonar apresentaram menor adesão. Contudo, a falha em seguir o conselho médico é um problema generalizado, com uma revisão de destaque afirmando que encontrar "maneiras eficazes de ajudar as pessoas a *seguir* os tratamentos médicos podem ter efeitos muito maiores na saúde que qualquer tratamento em si" (Haynes et al., 2008, p. 20).

Quais são as barreiras à adesão?

Uma categoria de razões para a não adesão inclui todos os problemas inerentes a ouvir e seguir os conselhos dos médicos. Os pacientes podem ter problemas financeiros ou práticos para marcar e manter consultas e para preencher, receber e reabastecer receitas. Eles podem rejeitar o regime prescrito por ser muito difícil, demorado, caro ou insuficientemente eficaz; ou podem simplesmente esquecer. Os pacientes tendem a escolher entre os elementos do regime que seus profissionais oferecem, tratando essas informações como conselhos e não como ordens (Vermeire et al., 2001). Esses pacientes podem deixar de tomar sua medicação porque a adesão é muito problemática ou não se encaixa na rotina cotidiana.

Os pacientes podem parar de tomar a medicação ou mudar outros comportamentos quando os sintomas desaparecem. Paradoxalmente, outros param porque não se sentem melhor ou começam a se sentir pior, levando-os a acreditar que a medicação é inútil. Outros ainda, como os esquilos, guardam alguns comprimidos para a próxima vez que ficarem doentes.

Algumas pessoas podem não aderir devido a um **viés otimista** – a crença de que serão poupados das consequências negativas da não adesão que afligem outras pessoas (Weinstein, 1980, 2001). Os vieses otimistas são generalizados. Pessoas jovens e saudáveis, em particular, muitas vezes acreditam que seus riscos pessoais para as condições de saúde são menores que a média das pessoas de sua idade (Masiero et al., 2018; Rothman, Klein & Weinstein, 1996). Tanto os fumantes adolescentes quanto os adultos muitas vezes acreditam que seu risco de doença é menor para eles que para outros fumantes (Arnett, 2000). Nas primeiras semanas da pandemia de Covid-19, a maioria dos norte-americanos considerava seu risco pessoal de infecção menor que o do norte-americano médio, e esse viés otimista estava associado a tomar menos medidas de precaução contra a infecção por Covid (Wise et al., 2020). Assim, superar vieses otimistas é um desafio para melhorar a adesão em uma ampla variedade de comportamentos de saúde.

Outro conjunto de razões para as altas taxas de não adesão é que a definição atual de adesão exige escolhas de estilo de vida difíceis de alcançar. No início do século XX, quando as principais causas de morte e doença eram as doenças infecciosas, a adesão era mais simples. Os pacientes eram aderentes quando seguiam as orientações do médico em relação à medicação, repouso e assim por diante. A adesão não é mais uma questão de tomar os comprimidos adequados e seguir conselhos de curto prazo. As três principais causas de morte nos Estados Unidos – doenças cardiovasculares, câncer e doença pulmonar obstrutiva crônica – são todas afetadas por escolhas de estilo de vida pouco saudáveis, como fumar, abusar do álcool, não comer de maneira adequada e não se exercitar regularmente. Além disso, é claro, as pessoas agora também devem marcar e manter consultas médicas e odontológicas, ouvir com atenção os conselhos dos profissionais de saúde e, finalmente, seguir esses conselhos. Essas condições apresentam um conjunto complexo de requisitos que são difíceis para qualquer pessoa cumprir completamente. A **Tabela 4.1** resume algumas das razões dadas pelos pacientes para não aderir ao conselho médico.

RESUMO

A adesão é o limite no qual alguém é capaz e está disposto a seguir os conselhos médicos e de saúde. Para que as pessoas lucrem com a adesão, primeiro, o conselho deve ser válido; e segundo, os pacientes devem seguir esse conselho. A incapacidade ou a falta de vontade de aderir a comportamentos relacionados à saúde aumenta as chances de as pessoas terem problemas graves de saúde ou até mesmo de morte.

Os pesquisadores podem avaliar a adesão com pelo menos seis maneiras: (1) perguntar ao médico, (2) perguntar ao paciente, (3) perguntar a outras pessoas, (4) monitorar o uso médico, (5) examinar evidências bioquímicas e (6) usar uma combinação desses procedimentos. Nenhum desses procedimentos é confiável e válido. Mas, além do julgamento clínico, a maioria tem alguma validade e utilidade. Quando a precisão é crucial, usar dois ou mais desses métodos produz maior precisão que confiar em uma única técnica.

A frequência da não adesão depende da natureza da doença. As pessoas são mais propensas a aderir a um regime de medicação que a um plano de dieta ou programa de exercícios. A taxa média de não adesão é ligeiramente inferior a 25%. Para entender e melhorar a adesão, os psicólogos da saúde procuram entender as barreiras que impedem as pessoas de aderirem, incluindo a dificuldade de alterar estilos de vida de longa duração, comunicações inadequadas entre profissional e paciente e crenças errôneas sobre quais conselhos os pacientes devem seguir.

TABELA 4.1 Razões pelas quais os pacientes podem não aderir aos conselhos médicos

"É muito problema."

"A medicação era muito cara, então tomei menos comprimidos para que durassem."

"A medicação não funcionou muito bem. Eu ainda estava doente, então parei de tomá-la."

"A medicação funcionou apenas depois de uma semana, então parei de tomá-la."

"Eu não vou ficar doente. Deus vai me salvar."

"Vou começar a dieta amanhã."

"Eu nunca serei capaz de manter esse plano de dieta."

"Tenho vergonha de ir à academia."

"Não tenho tempo na minha agenda para me exercitar."

"Um exame para câncer será muito doloroso e desconfortável."

"A medicação me deixa doente."

"Eu me sinto bem. Não vejo nenhuma razão para tomar algo para prevenir doenças."

"Alimentos saudáveis demoram muito para serem preparados."

"Eu não gosto do meu médico. Ele despreza as pessoas sem seguro."

"Eu não entendi as instruções da minha médica e fiquei com vergonha de pedir para ela repeti-las."

"Eu não gosto do sabor da goma de mascar de nicotina."

"Eu não entendi as instruções da bula."

APLIQUE O QUE VOCÊ APRENDEU

1. Identifique uma condição de saúde para a qual a adesão pode ajudar tanto na prevenção *quanto* no tratamento. O que você vê como as principais barreiras para aderir aos comportamentos que previnem a doença? Quais são as barreiras para aderir aos comportamentos que podem ajudar a tratar a condição?

4-2 Quais fatores predizem a adesão?

OBJETIVOS DE APRENDIZAGEM

4-3 Compreender como fatores médicos, como a gravidade da doença e as características de um tratamento médico, afetam a adesão

4-4 Entender como fatores pessoais, como idade, gênero e personalidade, se relacionam com a adesão

4-5 Saber como os fatores ambientais, como *status* socioeconômico, apoio social e contexto cultural, se relacionam com a adesão

Quem adere e quem não adere? Os fatores que predizem a adesão incluem características pessoais e fatores ambientais que são difíceis ou impossíveis de mudar, como idade ou fatores socioeconômicos. Os fatores também incluem crenças específicas de saúde que são mais facilmente modificáveis.

TABELA 4.2 Fatores que predizem a adesão

Fator	Descobertas	Estudos
1. Percepção da gravidade da doença	As pessoas aderem mais quando percebem uma doença como grave.	DiMatteo et al., 2007.
2. Características do tratamento	As pessoas aderem menos a tratamentos complexos e com efeitos colaterais desagradáveis.	Applebaum et al., 2009; Ingersoll & Cohen, 2008; Pollack et al., 2010.
3. Idade	Existe uma relação complexa entre idade e adesão, com adultos mais jovens e mais velhos aderindo menos que adultos de meia-idade.	Thomas et al., 1995.
4. Fatores pessoais	Estresse e depressão predizem menor adesão; consciência prediz uma melhor adesão.	Stults-Kolehmainen & Sinha, 2014; DiMatteo et al., 2000; Bogg & Roberts, 2013.
5. Fatores econômicos	Pessoas com menor renda geralmente apresentam menor adesão.	DiMatteo, 2004a; Falagas et al., 2008.
6. Apoio social	As pessoas aderem melhor quando têm forte apoio social.	DiMatteo, 2004b.
7. Cultura	As pessoas aderem mais à medicina moderna quando suas crenças culturais apoiam a confiança nesta medicina.	Zyazema, 1984; Kaholokula et al., 2008; Chia et al., 2006.

Nesta seção, consideramos o primeiro conjunto de fatores, que inclui a gravidade da doença; características do tratamento, incluindo efeitos colaterais e complexidade deste; características pessoais, como idade, gênero e personalidade; e fatores ambientais, como apoio social, renda e normas culturais (ver **Tabela 4.2**). Mais adiante neste capítulo, apresentaremos as principais teorias de adesão que identificam crenças específicas e estratégias comportamentais que são mais facilmente modificáveis por meio de intervenção.

Gravidade da doença

No início deste capítulo, Kumar ficou desanimado com suas observações de que muitos pacientes tinham dificuldades em seguir as recomendações do médico. Mesmo quando as pessoas deveriam estar altamente motivadas a aderir – como quando têm uma doença grave, potencialmente incapacitante ou com risco de vida –, elas geralmente não aderem. Em geral, aquelas com uma doença grave não são mais propensas que outras com um problema menos grave a aderir ao aconselhamento médico (DiMatteo, 2004b). O que importa para predizer a adesão não é a gravidade objetiva da doença do paciente, mas sim a *percepção* da sua gravidade (DiMatteo, Haskard & Williams, 2007). Ou seja, as pessoas aderem mais quando acreditam que existe uma ameaça, mesmo que sua crença não corresponda aos fatos médicos.

Características do tratamento

As características do tratamento, como os efeitos colaterais de uma medicação prescrita e a complexidade do tratamento, também apresentam problemas potenciais para a adesão.

Efeitos colaterais da medicação Pesquisas com medicações para diabetes (Mann et al., 2009) e o complexo regime de medicamentos para HIV (Applebaum et al., 2009; Herrmann et al., 2008) mostram que aqueles que experimentam ou têm preocupações com efeitos colaterais graves são menos propensos a tomar seus medicamentos que aqueles que não têm tais preocupações.

Complexidade do tratamento As pessoas são menos propensas a aderir à medida que os procedimentos do tratamento se tornam cada vez mais complexos? Em geral, quanto maior o número de doses ou a variedade de medicações que devem tomar, maior a probabilidade de não tomar os comprimidos conforme prescrito (Piette et al., 2006). Os pesquisadores observam essa relação entre o número de doses e a adesão em uma variedade de condições médicas crônicas, incluindo diabetes, hipertensão e HIV (Ingersoll & Cohen, 2008; Pollack et al. 2010). Por exemplo, as pessoas que precisam tomar um comprimido por dia aderem razoavelmente bem (até 90%); aumentar a dosagem para dois por dia produz uma pequena diminuição (Claxton, Cramer & Pierce, 2001). Quando precisam tomar quatro doses por dia, porém, a adesão cai para menos de 40%; isso pode ocorrer pelo fato de as pessoas terem dificuldade em encaixar medicações em rotinas diárias. Por exemplo, comprimidos prescritos uma vez ao dia podem ser indicados para atividades rotineiras, como acordar; aqueles prescritos duas vezes ao dia podem ser indicados para de manhã cedo e tarde da noite; e aqueles prescritos para três vezes ao dia podem ser indicados para as refeições. Os horários que recomendam aos pacientes tomar a medicação quatro ou mais vezes ao dia, ou tomar duas ou mais medicações, criam dificuldades e diminuem as taxas de adesão.

Outros aspectos de um regime médico podem contribuir para a complexidade, como a necessidade de cortar os comprimidos pela metade antes de tomá-los. Em um estudo com quase 100.000 pacientes com diabetes tipo 2, os que receberam o regime mais complexo – tanto em termos da necessidade de dividir os comprimidos quanto do número de doses por dia – apresentaram as menores taxas de adesão (Pollack et al., 2010).

Fatores pessoais

Quem é mais aderente, mulheres ou homens? O jovem ou o velho? Existem certos padrões de personalidade que predizem a adesão? Em geral, fatores demográficos como idade e gênero mostram alguma relação com a adesão, mas cada um desses fatores por si só é muito pequeno para ser um bom preditor de quem vai aderir e quem não vai (DiMatteo, 2004b). A personalidade foi um dos primeiros fatores considerados em relação à adesão, mas outros fatores pessoais, como emocionais e crenças pessoais, parecem mais importantes na compreensão da adesão.

Tratamentos mais complexos tendem a diminuir as taxas de adesão.

Idade A relação entre idade e adesão não é simples. Avaliar a adesão entre crianças, cuja adesão é importante, é difícil, porque, na verdade, os pais é que são responsáveis por ela (De Civita & Dobkin, 2005). À medida que as crianças se tornam adolescentes, tornam-se mais responsáveis pela adesão aos regimes médicos e essa situação continua ao longo da vida adulta. Contudo, os idosos podem enfrentar situações que dificultam a adesão, como problemas de memória, saúde ruim e regimes que incluem muitos medicamentos (Gans & McPhillips, 2003). Essas questões de desenvolvimento contribuem para uma relação complexa entre idade e adesão. Um estudo (Thomas et al., 1995) encontrou uma relação curvilínea entre idade e adesão ao rastreamento do câncer colorretal. Ou seja, aqueles que aderiram melhor tinham em torno de 70 anos, sendo os participantes mais velhos e mais novos os que menos aderiram. Aqueles com 70 anos podem não ser os melhores em aderir a todas as orientações médicas, mas esse resultado sugere que adultos mais velhos e mais jovens, além de crianças e adolescentes, apresentam mais problemas com a adesão. Outras pesquisas confirmam os problemas com essas faixas etárias.

Mesmo com cuidadores para auxiliá-los, crianças com asma (Penza-Clyve, Mansell & McQuaid, 2004), diabetes (Cramer, 2004) e HIV (Farley et al., 2004) muitas vezes não aderem aos seus regimes médicos. À medida que crescem na adolescência e exercem mais controle sobre seus próprios cuidados de saúde, os problemas de adesão tornam-se ainda mais proeminentes (DiMatteo, 2004b). Vários estudos (Miller & Drotar, 2003; Olsen & Sutton, 1998) mostram que, à medida que as crianças diabéticas se tornam adolescentes, sua adesão aos regimes de exercícios e insulina recomendados diminui e aumentam os conflitos com os pais sobre o manejo do diabetes. Adultos jovens com essas doenças também apresentam problemas de adesão (Ellis et al., 2007; Herrmann et al., 2008). Assim, a idade apresenta uma relação pequena, mas complexa, com a adesão.

Gênero No geral, os pesquisadores encontram poucas diferenças nas taxas de adesão de mulheres e homens, mas existem algumas em seguir recomendações específicas. Em geral, homens e mulheres são praticamente iguais na adesão a tomar medicamentos (Andersson et al., 2005; Chapman et al., 2008), controlar o diabetes (Hartz et al., 2006) ou marcar um exame médico (Sola-Vera et al., 2008). Entretanto, as mulheres são menos aderentes que os homens em tomar medicamentos para baixar o colesterol, mas isso pode ser devido a maior prevalência de doenças cardíacas entre os homens (Mann et al., 2010). As mulheres podem ser melhores em aderir a dietas saudáveis, como as com restrição de sódio (Chung et al., 2006) e com muitas frutas e vegetais (Emanuel et al., 2012; Thompson et al., 2011). Além dessas diferenças, homens e mulheres têm níveis semelhantes de adesão (DiMatteo, 2004b).

Padrões de personalidade Quando o problema da não adesão se tornou óbvio, os pesquisadores inicialmente consideraram o conceito de uma personalidade não aderente. De acordo com esse conceito, pessoas com determinados padrões de personalidade teriam baixas taxas de adesão. Se esse conceito for preciso, as mesmas pessoas não devem ser aderentes em várias situações. Contudo, a maioria das evidências não apoia essa noção. A não adesão geralmente é específica da situação (Lutz, Silbret & Olshan, 1983) e a adesão a um programa de tratamento geralmente não está relacionada à adesão a outros (Ogedegbe, Schoenthaler & Fernandez, 2007). Mas pode haver alguns "grupos" de comportamentos não aderentes que ocorrem juntos. Por exemplo, aqueles que fumam tabaco tendem a abusar do álcool e ser fisicamente inativos (De Ruiter et al., 2014; Morris et al., 2016). Assim, as evidências sugerem que a não adesão não é um traço de personalidade global, mas é específico de uma determinada situação (Haynes, 2001).

Fatores emocionais Pessoas que vivenciam estresse e problemas emocionais também apresentam dificuldades de adesão. Eventos de vida estressantes muitas vezes interferem nos esforços para ser fisicamente ativo (Stults-Kolehmainen & Sinha, 2014). Da mesma forma, indivíduos HIV positivos que relatam altos níveis de estresse são frequentemente menos aderentes à medicação antirretroviral (Bottonari et al., 2005; Leserman et al., 2008).

A ansiedade e a depressão reduzem as taxas de adesão? Enquanto a ansiedade tem apenas uma pequena relação com a adesão, a depressão tem uma grande influência (DiMatteo, Lepper & Croghan, 2000). O risco de não adesão é três vezes maior em pacientes deprimidos que naqueles não deprimidos. Estudos mais recentes mostram que a depressão está relacionada à menor adesão entre pessoas que lidam com doenças crônicas, como diabetes e HIV (Gonzalez et al., 2008; Katon et al., 2010; Sin & DiMatteo, 2014). Dado que enfrentar uma doença crônica pode aumentar o risco de depressão (Nouwen et al., 2010), o vínculo entre depressão, doença crônica e adesão é uma importante preocupação de saúde pública (Moussavi et al., 2007).

Fatores emocionais claramente apresentam riscos, mas algumas características de personalidade estão relacionadas a uma melhor adesão e melhoria da saúde? Pacientes que expressam otimismo e estados de espírito positivos têm melhor saúde física (Chida & Steptoe, 2008; Pressman & Cohen, 2005; Rasmussen, Scheier & Greenhouse, 2009) e são mais propensos a aderir aos seus regimes médicos (Gonzalez et al., 2004). Além disso, o traço da **conscienciosidadade**, um dos fatores do modelo de personalidade de cinco fatores (McCrae & Costa, 2003), mostra uma relação confiável com a adesão e a melhoria da saúde (Bogg & Roberts, 2013). Pessoas com alta consciência tendem a ser responsáveis, organizadas e autodisciplinadas. Não é de surpreender que a consciência prediz a adesão a um estilo de vida saudável em geral (Takahashi et al., 2013). A consciência também está relacionada à progressão mais lenta da infecção pelo HIV (O'Cleirigh et al., 2007) e maior adesão à medicação (Hill & Roberts, 2011; Molloy, O'Carroll & Ferguson, 2014). Assim, fatores emocionais e traços de personalidade podem representar um risco ou uma vantagem para a adesão.

Fatores ambientais

Embora alguns fatores pessoais sejam importantes para a adesão, os ambientais exercem uma influência ainda maior. Incluídos nesse grupo estão os fatores econômicos, o apoio social e as normas culturais.

Fatores econômicos De todos os fatores demográficos examinados por Robin DiMatteo (2004b), os fatores socioeconômicos como escolaridade e renda foram os mais fortemente relacionados à adesão. Pessoas com maior renda e escolaridade tendem a ser mais aderentes. Duas metanálises mostram que é a renda, e não a educação, que se relaciona mais fortemente com a adesão (DiMatteo, 2004b; Falagas, Zarkadoulia, Pliatsika & Panos, 2008). A diferença de renda também pode explicar algumas diferenças étnicas na adesão. Por exemplo, crianças e adolescentes hispano-americanos têm menor taxa de adesão a um regime de diabetes, mas essa diferença desaparece após o controle das diferenças de renda (Gallegos-Macias et al., 2003). Assim, os fatores econômicos mostram uma relação com a saúde; uma via é por meio do acesso aos cuidados de saúde e a outra é por meio da capacidade de pagar pelos tratamentos.

Nos Estados Unidos, as pessoas sem seguro enfrentam dificuldades no acesso aos cuidados de saúde e em seu acompanhamento, como o preenchimento de receitas (Gans & McPhillips, 2003). Grande parte daqueles que enfrentam preocupações com custos têm doenças crônicas, que muitas vezes requerem medicamentos diários por longos períodos (Piette et al., 2006). Em um estudo com beneficiários do Medicare com mais de 65 anos (Gellad, Haas & Safran, 2007), as preocupações com custos previram a não adesão e essas foram mais comuns para afro-americanos e hispano-americanos que para euro-americanos. Em outro estudo, aqueles que foram internados no hospital por doença cardíaca eram mais propensos a aderir à medicação para reduzir o nível de colesterol durante o ano seguinte se o plano de seguro cobrisse um valor maior da receita (Ye et al., 2007). Portanto, quanto as pessoas devem pagar por seu tratamento afeta não apenas o acesso aos cuidados médicos, mas também a probabilidade de aderir ao regime de tratamento. Infelizmente, essas limitações e preocupações com os custos afetam os idosos e as minorias étnicas com mais frequência que outros.

Apoio social **Apoio social** é um conceito amplo que se refere tanto à ajuda tangível quanto à ajuda intangível que alguém recebe de familiares e amigos. Uma rede de apoio social é importante para lidar com uma doença crônica e para aderir ao regime médico exigido (Kyngäs, 2004). As redes de apoio social para adolescentes incluem pais, colegas (com e sem condições semelhantes), pessoas na escola ou no trabalho, profissionais de saúde e até animais de estimação. Além disso, os adolescentes utilizam tecnologias como celulares e computadores para contatar outras pessoas e obter apoio.

O nível de apoio social que se recebe de amigos e familiares é um forte preditor de adesão. Em geral, aqueles que estão isolados dos outros tendem a não aderir; os que desfrutam de muitas relações interpessoais próximas são mais propensos a seguir o conselho médico. Uma revisão de 50 anos de pesquisa (DiMatteo, 2004a) confirmou a importância do apoio social para a adesão.

Os pesquisadores podem analisar o apoio social em relação a variedade e função dos relacionamentos que as pessoas têm, bem como os tipos de apoio que recebem desses relacionamentos (DiMatteo, 2004a). Por exemplo, morar com alguém contribui significativamente para a adesão; as pessoas casadas e as que vivem com famílias são mais aderentes que as que vivem sozinhas. Entretanto, simplesmente viver com alguém não é suficiente – o conflito familiar e o estresse do parceiro podem levar a reduções na adesão (Molloy et al., 2008). Assim, a situação de vida em si não é o fator importante; em vez disso, o apoio que alguém recebe é a questão crítica (DiMatteo, 2004a).

No programa ShapeUp descrito no início deste capítulo, os colegas de equipe de um participante podem fornecer apoio social de várias maneiras, oferecendo dicas úteis ou incentivando o sucesso. O apoio social pode consistir em apoio prático ou emocional. O prático inclui lembretes, conselhos úteis e assistência física na adesão. O emocional inclui nutrição, empatia e encorajamento. Em estudos de pacientes em recuperação de problemas cardíacos (Molloy et al., 2008) e adolescentes com diabetes (Ellis et al., 2007), o apoio prático foi um determinante mais importante da adesão que o apoio emocional. Assim, o apoio social é um fator importante na adesão e aqueles que não possuem rede de apoio têm mais dificuldade em aderir às orientações médicas.

Normas culturais Crenças e normas culturais têm um efeito poderoso não apenas nas taxas de adesão, mas também no que constitui a adesão. Por exemplo, se as tradições familiares ou tribais incluem fortes crenças na eficácia dos curandeiros tribais, então a adesão do indivíduo às recomendações médicas modernas pode ser baixa. Um estudo de pacientes diabéticos e hipertensos no Zimbábue (Zyazema, 1984) encontrou muitas pessoas que não estavam aderindo às terapias recomendadas. Como era de esperar, muitos desses pacientes acreditavam em curandeiros tradicionais e tinham pouca fé nos procedimentos médicos ocidentais. Assim, o limite dentro do qual as pessoas aceitam uma prática médica tem grande impacto na adesão a ela, resultando em menor adesão para aqueles menos aculturados à medicina ocidental, como imigrantes ou pessoas que mantêm fortes laços com outra cultura (Barron et al. al., 2004).

Falhas em aderir à medicina tecnológica ocidental não indicam necessariamente uma falha em aderir a alguma outra tradição médica. As pessoas que mantêm uma tradição cultural também podem manter seus curandeiros. Por exemplo, um estudo com nativos norte-americanos (Novins et al., 2004) revelou que muitos doentes procuraram os serviços de curandeiros tradicionais, às vezes em combinação com serviços biomédicos. Essa estratégia de combinar tratamentos pode ser considerada não aderente por ambos os tipos de curandeiros.

As pessoas que aceitam diferentes tradições de cura não devem necessariamente ser consideradas não aderentes quando sua doença exige um regime biomédico complexo. Os havaianos nativos, por exemplo, apresentam taxas mais baixas de adesão aos regimes médicos (Ka'opua & Mueller, 2004), em parte pelo fato de suas crenças culturais serem mais holísticas e espirituais, e suas tradições enfatizarem o apoio e a coesão da família. Esses valores culturais não são compatíveis com aqueles que formam a base da medicina ocidental. Assim, os havaianos nativos têm mais problemas que outros grupos étnicos no Havaí em aderir a regimes médicos para controlar o diabetes e os riscos de doenças cardíacas. As crenças relacionadas à saúde dos nativos havaianos com insuficiência cardíaca os levam a preferir curandeiros nativos aos médicos (Kaholokula et al., 2008). Contudo, não aparecem diferenças em suas taxas de adesão ao complexo regime de terapia antirretroviral que ajuda a controlar a infecção pelo HIV, e seu valor cultural de apoio familiar pode ser um fator positivo (Ka'opua & Mueller, 2004).

Crenças culturais também podem aumentar a adesão. Por exemplo, pacientes japoneses mais velhos são tipicamente mais aderentes que pacientes semelhantes dos Estados Unidos ou da Europa (Chia, Schlenk & Dunbar-Jacob, 2006).

O sistema de saúde japonês oferece atendimento a todos os cidadãos por meio de uma variedade de serviços, o que cria confiança nele. Essa confiança se estende aos médicos; os pacientes japoneses aceitam a autoridade de seus médicos, preferindo permitir que eles tomem decisões sobre cuidados de saúde em vez de tomar essas decisões por conta própria. Coerente com essa atitude, os pacientes tendem a respeitar os conselhos que recebem dos médicos e a seguir suas ordens cuidadosamente.

A cultura e a etnia também influenciam a adesão por meio do tratamento que pessoas de diferentes culturas e etnias recebem ao procurar atendimento médico. Médicos e outros profissionais de saúde podem ser influenciados pela origem étnica e *status* socioeconômico de seus pacientes, e essa influência pode afetar a adesão do paciente. Os médicos podem ter atitudes estereotipadas e negativas em relação a pacientes afro-americanos e de baixa e média renda (Dovidio et al., 2008; van Ryn & Burke, 2000), incluindo crenças pessimistas em relação às taxas de adesão. A discriminação percebida e o desrespeito podem contribuir para as diferenças étnicas em seguir as recomendações dos médicos e manter as consultas (Blanchard & Lurie, 2004). Afro-americanos (14,1%), ásio-americanos (20,2%) e hispano-americanos (19,4%) relataram que se sentiram discriminados ou tratados com falta de respeito por um médico de quem receberam atendimento nos últimos dois anos. Em contraposição, apenas cerca de 9% dos pacientes euro-americanos sentiram que foram tratados com desrespeito por seu médico. Nesse estudo, a percepção de desrespeito dos pacientes predisse menor adesão e mais faltas às consultas médicas.

Essas descobertas têm implicações importantes para médicos e outros profissionais de saúde cuja clientela consiste em grande parte de pessoas de diferentes origens culturais. Além disso, esses achados destacam a importância das interações entre paciente e profissional na adesão ao aconselhamento médico.

Interação de fatores

Os pesquisadores identificaram dezenas de fatores, cada um dos quais mostra alguma relação com a adesão. Contudo, muitos desses fatores são responsáveis por uma quantidade muito pequena da variação na adesão ao conselho médico. Para obter uma compreensão mais completa da adesão, os pesquisadores devem estudar a influência mútua dos fatores que afetam a adesão. Por exemplo, as crenças dos pacientes sobre a doença estão relacionadas à adesão, mas essas crenças são afetadas pelas interações com os médicos, outro fator identificado como influente para a adesão. Assim, muitos dos fatores descritos anteriormente não são independentes uns dos outros. Vários deles identificados como relacionados à adesão se sobrepõem e influenciam outros fatores de maneira complexa. Portanto, pesquisadores e profissionais devem entender a complexa interação de fatores que afetam a adesão. Além disso, muitos dos fatores discutidos até agora não são modificáveis. Os psicólogos da saúde não estão apenas interessados em compreender a adesão, mas também em *melhorá-la*. Na próxima seção, focaremos nas teorias de adesão que identificam esses fatores potencialmente modificáveis e como eles podem interagir uns com os outros. Também vamos sugerir formas específicas para melhorar a adesão.

RESUMO

Várias condições predizem baixa adesão: (1) os efeitos colaterais de vários medicamentos, (2) regimes de tratamento longos e complicados, (3) fatores pessoais como idade avançada ou jovem, (4) fatores emocionais como consciência e problemas emocionais como estresse e depressão, (5) barreiras econômicas para obter tratamento ou pagar pelas prescrições, (6) falta de apoio social e (7) crenças culturais dos pacientes de que o regime médico é ineficaz. Pesquisadores e profissionais precisam entender que os fatores identificados como influenciadores da adesão interagem de maneiras complexas. No entanto, pode ser difícil mudar muitos desses fatores; assim, os pesquisadores desenvolvem teorias de comportamento de saúde que identificam aqueles que podem ser mais fáceis de serem modificados.

APLIQUE O QUE VOCÊ APRENDEU

1. Considere os fatores médicos, pessoais e ambientais que predizem a adesão. Você consegue pensar em uma maneira de usar esse conhecimento para ajudar uma pessoa que está tendo problemas com a adesão?

4-3 Por que e como as pessoas aderem a comportamentos saudáveis?

OBJETIVOS DE APRENDIZAGEM

4-6 Entender a diferença entre as teorias do *continuum* e as teorias dos estágios do comportamento de saúde e o que elas supõem sobre como as pessoas mudam na adesão aos comportamentos de saúde

4-7 Identificar os fatores-chave nas teorias do *continuum*, como o modelo de crença em saúde, as teorias da autoeficácia, a do comportamento planejado e a comportamental

4-8 Identificar os principais fatores e as etapas das teorias dos estágios, como o modelo transteórico e a abordagem do processo de ação em saúde

A fim de intervir para melhorar a adesão das pessoas, é fundamental identificar os fatores potencialmente modificáveis que predizem a adesão. Para isso, psicólogos da saúde desenvolvem teorias para entender *por que* as pessoas tomam as decisões de saúde que tomam e *como* elas aderem com sucesso ao conselho médico. No Capítulo 2, dissemos que teorias úteis (1) geram pesquisas, (2) organizam e explicam observações e (3) orientam o profissional na previsão do comportamento. As teorias que identificam com sucesso por que os indivíduos aderem ou não também são úteis para os profissionais na elaboração de intervenções para melhorar a adesão. Como você verá nesta seção, as teorias de adesão se desenvolvem ao longo do tempo, à medida que os pesquisadores percebem as fraquezas das teorias existentes e propõem modelos mais novos que as explicam. Além disso, as teorias do comportamento de saúde podem ser classificadas em dois tipos gerais – teorias do *continuum* e dos estágios – cada uma com diferentes suposições.

Teorias do *continuum* do comportamento de saúde

As teorias do *continuum* foram a primeira classe de teorias desenvolvidas para entender o comportamento de saúde e incluem o modelo de crenças em saúde (Becker & Rosenstock, 1984), a teoria da autoeficácia (Bandura, 1986, 1997, 2001), a teoria do comportamento planejado (Ajzen, 1985, 1991) e a comportamental. **Teorias do *continuum*** é um nome dado às que procuram explicar a adesão com um único conjunto de fatores que devem ser aplicados igualmente a todas as pessoas, independentemente de seus níveis existentes ou motivações para aderir. Em outras palavras, as teorias do *continuum* adotam uma abordagem do tipo "um tamanho serve para todos". As teorias dos estágios, que descreveremos mais adiante, adotam uma abordagem diferente para explicar a adesão, primeiro classificando as pessoas em diferentes estágios de mudança de comportamento e, em seguida, identificando as variáveis únicas que predizem a adesão entre pessoas em diferentes estágios.

O modelo de crenças em saúde Na década de 1950, a tuberculose era um grande problema de saúde. O Serviço de Saúde Pública dos EUA iniciou um programa gratuito de saúde para exame da tuberculose. Unidades móveis foram para locais de bairro e forneceram radiografias de triagem sem custo. Mas muito poucas pessoas aproveitaram o programa de exames conveniente e gratuito. Por quê?

Geoffrey Hochbaum (1958) e colegas desenvolveram o modelo de crenças em saúde para responder a essa pergunta. Existem várias versões desse modelo; o que mais chamou a atenção é o de Marshall Becker & Irwin Rosenstock (Becker & Rosenstock, 1984).

O modelo desenvolvido por esses autores assume que as crenças são importantes contribuintes para o comportamento de saúde. Esse modelo inclui quatro crenças que se combinam para prever comportamentos relacionados à saúde: (1) percepção da *suscetibilidade* à doença ou deficiência, (2) percepção da *gravidade* da doença ou deficiência, (3) percepção dos *benefícios* de comportamentos que melhoram a saúde e (4) percepção das *barreiras* a comportamentos que melhoram a saúde, incluindo custos financeiros.

Considere como esses fatores podem motivar um fumante a parar de fumar. Em primeiro lugar, um fumante deve acreditar que fumar aumenta a probabilidade de algumas doenças, como câncer de pulmão ou doenças cardíacas. Em segundo lugar, a pessoa deve acreditar que tais doenças são, de fato, graves. Se alguém não acredita que fumar leva a doenças ou que as doenças não são fatais, então haverá pouca motivação para parar. Em terceiro lugar, uma pessoa precisa acreditar que há benefícios óbvios em parar de fumar, como reduzir a probabilidade de doenças futuras. Por último, precisa acreditar que existem poucas barreiras para parar. Em outras palavras, parar de fumar seria um processo relativamente indolor. Contudo, os fumantes geralmente percebem muitas barreiras para parar, incluindo poucas outras opções para gerenciar o estresse ou a falta de apoio de outras pessoas (Twyman et al., 2014). Assim, uma intervenção para interrupção do tabagismo apoiada no modelo de crenças em saúde buscaria educar as pessoas sobre a suscetibilidade às doenças relacionadas ao tabagismo, a gravidade dessas doenças, os benefícios de parar e as formas de lidar com as barreiras percebidas.

Embora o modelo de crenças em saúde corresponda ao senso comum de várias maneiras, este nem sempre prediz a adesão a comportamentos relacionados à saúde. Embora algumas intervenções baseadas no modelo de crenças em saúde tenham sido bem-sucedidas na promoção da adesão a comportamentos relativamente simples e pouco frequentes, como o exame de mamografia (Aiken et al., 1994), o modelo de crenças em saúde não prevê muito bem a adesão, especialmente para comportamentos do estilo de vida atual, como parar de fumar. Dos quatro fatores desse modelo, os benefícios e barreiras percebidos são os melhores preditores de comportamento, enquanto a suscetibilidade e gravidade percebidas são geralmente preditores fracos de comportamento (Carpenter, 2010). Da mesma maneira, os fatores no modelo de crenças em saúde podem ser mais preditivos para alguns grupos que para outros. Por exemplo, a suscetibilidade e a gravidade predizem mais fortemente a vacinação para afro-americanos e euro-americanos que para hispano-americanos. Para os hispano-americanos, as barreiras predizem mais fortemente a vacinação que os outros fatores (Chen et al., 2007). Essas diferenças étnicas apontam para a importância de fatores omitidos pelo modelo de crenças em saúde.

Alguns críticos (Armitage & Conner, 2000) argumentam que o modelo de crenças em saúde enfatiza demais os fatores motivacionais e muito pouco os comportamentais, portanto, nunca pode ser um modelo completamente adequado de comportamento em saúde. Uma das maiores limitações desse modelo, porém, é a omissão das crenças quanto ao controle de uma pessoa sobre um comportamento de saúde.

Teoria da autoeficácia Albert Bandura (1986, 1997, 2001) propôs uma teoria social cognitiva que assume que os humanos têm alguma capacidade de exercer controle limitado sobre suas vidas. Em outras palavras, eles usam seus processos cognitivos para perseguir objetivos que consideram importantes e alcançáveis. Esse autor sugere que a ação humana resulta de uma interação de comportamento, ambiente e fatores pessoais, especialmente as crenças das pessoas. Bandura (1986, 2001) se referiu a esse modelo triádico interativo como **determinismo recíproco**. O conceito de determinismo recíproco pode ser ilustrado por um triângulo, com os fatores de comportamento, ambiente e pessoa ocupando os três vértices do triângulo e cada um exercendo alguma influência sobre os outros dois (ver **Figura 4.1**).

Um componente importante do fator pessoa é a **autoeficácia**, definido por Bandura (2001) como "as crenças das pessoas em sua capacidade de exercer alguma medida de controle sobre seu próprio funcionamento e sobre eventos ambientais" (p. 10). A autoeficácia é um conceito específico da situação e não global; isto é, refere-se à confiança das pessoas de que podem realizar os comportamentos necessários para produzir os resultados desejados em uma situação *específica*, como lutar contra a tentação de fumar. Bandura (1986) sugeriu

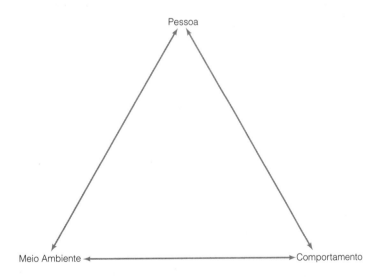

FIGURA 4.1 O conceito de determinismo recíproco de Bandura. O funcionamento humano é um produto da interação de variáveis de comportamento, ambiente e pessoa, especialmente a autoeficácia e outros processos cognitivos.

Fonte: Adaptado de "The self system in reciprocal determinism", por A. Bandura, 1979, *American Psychologist*, 33, p. 345.

que a autoeficácia pode ser adquirida, aumentada ou diminuída de quatro maneiras: (1) desempenho, ou encenar um comportamento tal como resistir com sucesso aos desejos de cigarro; (2) experiência vicária, ou ver outra pessoa com habilidades semelhantes realizar um comportamento; (3) persuasão verbal, ou ouvir as palavras encorajadoras de alguém de confiança; e (4) estados de excitação fisiológica, como sentimentos de ansiedade ou estresse, que normalmente *diminuem* a autoeficácia.

De acordo com a teoria da autoeficácia, as crenças das pessoas sobre sua capacidade de iniciar comportamentos difíceis (por exemplo, parar de fumar) predizem sua probabilidade de realizar esses comportamentos. Aqueles que pensam que podem fazer alguma coisa vão tentar e persistir nisso; os que não acreditam que podem fazer algo não tentarão ou desistirão rapidamente. Também são importantes na teoria da autoeficácia as **expectativas de resultado**, que são as crenças de que esses comportamentos produzirão resultados valiosos, como diminuir o risco de problemas cardíacos. De acordo com a teoria de Bandura, a combinação de autoeficácia e expectativas de resultados desempenha um papel importante na previsão do comportamento. Para aderir com sucesso a um comportamento de saúde, as pessoas devem acreditar que ele trará um resultado valioso e que elas podem realizá-lo com sucesso.

De fato, a teoria da autoeficácia prevê a adesão a uma variedade de recomendações de saúde, incluindo recaída em um programa de interrupção do tabagismo, gerenciamento da rotina de exercícios, adesão ao controle do diabetes e adesão a regimes de medicação para HIV. Por exemplo, um estudo sobre autoeficácia e recaída no tabagismo (Shiffman et al., 2000) descobriu que, após um lapso inicial, os fumantes com alta autoeficácia tendiam a permanecer abstinentes, enquanto aqueles com menor autoeficácia tendiam a recair. A autoeficácia foi o melhor preditor de conclusão *versus* abandono de um programa de reabilitação com exercícios (Guillot et al., 2004) e adesão a um programa de exercícios para reabilitação cardíaca (Schwarzer et al., 2008). Uma equipe de pesquisadores (Iannotti et al., 2006) estudou o controle do diabetes entre adolescentes e descobriu que a autoeficácia prevê melhor autocontrole e níveis ideais de açúcar no sangue. Pesquisa com um grupo de mulheres com Aids (Ironson et al., 2005) e mulheres e homens com HIV/Aids (Simoni, Frick & Huang, 2006) constatou que a autoeficácia estava relacionada à adesão aos medicamentos prescritos e aos indicadores físicos de diminuição da gravidade da doença. Assim, a autoeficácia prediz boa adesão e bons resultados médicos. Por essa razão, a autoeficácia está agora incorporada em quase todos os modelos de comportamento em saúde. Entretanto, uma limitação da teoria da autoeficácia é que esta se concentra principalmente na autoeficácia como um preditor de comportamento, mas omite outros fatores que também fornecem motivação para a adesão, como as pressões sociais.

A teoria do comportamento planejado Assim como a teoria da autoeficácia, a do comportamento planejado pressupõe que as pessoas agem de maneira a ajudá-las a alcançar objetivos importantes. A *teoria do comportamento planejado* (Ajzen, 1985, 1991), uma das teorias de comportamento em saúde mais comumente usadas, pressupõe que as pessoas são geralmente razoáveis e fazem uso sistemático das informações ao decidirem como se comportar; elas pensam sobre o resultado de suas ações antes de tomar a decisão de se envolver em um determinado comportamento. Assim como podem optar por não agir se acreditarem que uma ação os afastaria de seu objetivo.

De acordo com a teoria do comportamento planejado, o determinante imediato do comportamento é a *intenção* de agir ou não agir. As intenções, por sua vez, são moldadas por três fatores. O primeiro é uma avaliação pessoal do comportamento – isto é, a *atitude da pessoa em relação ao comportamento*. Essa atitude em relação a um comportamento surge de crenças de que o comportamento levará a resultados positivos ou negativos. O segundo fator é a própria *percepção de quanto controle* existe sobre o seu comportamento (Ajzen, 1985, 1991). A percepção do controle comportamental é a facilidade ou dificuldade que se tem em alcançar os resultados comportamentais desejados, o que reflete tanto os comportamentos passados quanto a percepção da capacidade de superar obstáculos. Essa crença na percepção do controle comportamental é muito semelhante ao conceito de autoeficácia de Bandura. Quanto mais recursos e oportunidades as pessoas acreditam ter, mais fortes são suas crenças de que podem controlar seu comportamento.

O terceiro fator é a percepção das pressões sociais para realizar ou não a ação – isto é, uma *norma subjetiva*. O foco nas normas subjetivas é um aspecto original da teoria do comportamento planejado. A norma subjetiva de alguém é moldada tanto por sua crença de que outras pessoas encorajam o comportamento quanto por sua motivação para aderir aos desejos dos outros. O programa ShapeUp descrito no início deste capítulo procurou aumentar a norma subjetiva dos participantes para atividade física e alimentação saudável, garantindo que amigos e colegas de trabalho acreditassem que os participantes deveriam se exercitar e comer melhor. Além disso, ao incentivar a competição amigável entre os participantes, o programa ShapeUp tornou os participantes mais motivados a corresponder às expectativas dos colegas de equipe! De fato, dois dos melhores preditores de perda de peso no programa ShapeUp foram se outras pessoas na

A percepção dos adultos jovens sobre as normas sociais pode influenciar seu comportamento.

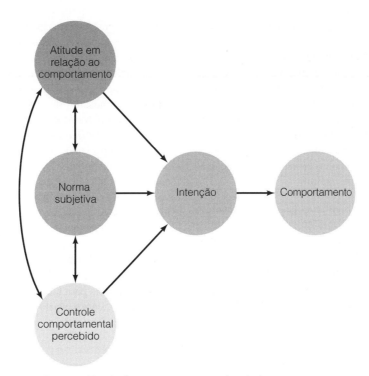

FIGURA 4.2 Teoria do comportamento planejado.

Fonte: Reimpresso de *Organizational Behavior and Human Decision Processes*, 50, I. Ajzen, "The Theory of Planned Behavior", p. 182.

própria equipe perderam peso com sucesso e a própria percepção da forte influência social para perder peso (Leahey et al., 2012) (veja também o quadro "Dá para acreditar?").

A **Figura 4.2** mostra que podemos prever o comportamento de uma pessoa a partir do conhecimento da (1) atitude de um indivíduo em relação ao comportamento, (2) da norma subjetiva e (3) da percepção do controle comportamental. Todos os três componentes interagem para moldar a intenção deste de se comportar.

Um ponto forte da teoria do comportamento planejado é que esta identifica as crenças que moldam o comportamento. Por exemplo, os homens norte-americanos consomem menos frutas e vegetais que as mulheres. Essa diferença de gênero relaciona-se diretamente às diferenças de gênero nos componentes da teoria do comportamento planejado; os homens têm atitudes menos favoráveis e percebem menos controle sobre sua capacidade de comer frutas e vegetais que as mulheres (Emanuel et al., 2012). Um estudo sobre o sexo pré-marital entre estudantes universitários coreanos (Cha et al., 2007) também destaca os pontos fortes e fracos dessa teoria. Nesse estudo, as normas subjetivas foram preditores significativos para estudantes do sexo masculino e feminino. Contudo, a percepção do controle comportamental foi um fator apenas para os estudantes do sexo masculino. Isso ocorre porque a virgindade pode ser uma escolha mais deliberada para os homens coreanos, mas não para as mulheres (Cha et al., 2007). Para elas, as atitudes foram mais fortemente preditivas. Assim, a teoria do comportamento planejado foi um bom modelo para explicar esse comportamento, contudo, mais ainda para os estudantes do sexo masculino. Da mesma maneira, um estudo sobre o consumo de frutas e vegetais descobriu que as normas eram preditores significativos de intenções para participantes afro-americanos, mas não para participantes euro-americanos (Blanchard et al., 2009), sugerindo que existem diferenças culturais sobre o quanto as pessoas são motivadas pelas expectativas de amigos próximos e familiares. Além disso, atitudes e intenções tendem a ser preditores mais fortes de comportamento entre pessoas com maiores recursos socioeconômicos, pois esses indivíduos podem ser mais capazes de agir de maneira consistente com suas crenças (Schuz et al., 2020).

Apesar dessas limitações, a teoria do comportamento planejado tem sido útil para orientar o desenvolvimento de intervenções baseadas na Internet para uma variedade de comportamentos em saúde (Webb et al., 2010). Uma metanálise recente de mais de 200 estudos descobriu que a teoria do comportamento planejado foi mais bem-sucedida em prever atividades físicas e comportamentos alimentares (McEachan et al., 2011), mas menos bem-sucedida em prever comportamentos de risco, como excesso de velocidade, tabagismo e uso de álcool e drogas, bem como comportamentos de triagem, sexo seguro e abstinência. O que poderia explicar essas diferenças entre os tipos de comportamento? Na maioria das vezes, a atividade física e a dieta representam escolhas individuais contínuas e planejadas, que a teoria do comportamento planejado foi projetada para prever. Por outro lado, as intenções e o controle comportamental percebido foram menos propensos a prever comportamentos sexuais e de risco, porque provavelmente são reações a situações específicas e não escolhas planejadas.

Em quase todos os comportamentos, as normas subjetivas foram o preditor mais fraco do comportamento, com duas exceções. As normas subjetivas previram mais fortemente o comportamento de adolescentes em comparação com os de adultos e também previram mais fortemente os comportamentos de risco que outros. Assim, as normas subjetivas podem ser especialmente importantes para compreender o comportamento de risco entre adolescentes, um ponto ao qual retornaremos mais adiante neste capítulo.

Teoria comportamental Quando as pessoas começam a se envolver em um comportamento de saúde, os princípios comportamentais podem fortalecer ou extinguir esses comportamentos. O *modelo comportamental* de adesão emprega os princípios do condicionamento operante propostos por B. F. Skinner (1953). A chave para o condicionamento operante é o imediato *reforço* de qualquer resposta que mova o organismo (pessoa) em direção ao comportamento-alvo – neste caso, seguir as recomendações médicas. Skinner descobriu que o reforço, positivo ou negativo, fortalece o comportamento seguido. Com o **reforço positivo**, um estímulo de valor positivo é adicionado à situação, aumentando assim a probabilidade de que o comportamento se repita. Um exemplo de reforço positivo do comportamento aderente seria um pagamento monetário contingente ao paciente que mantém uma consulta médica. Com o **reforço negativo**, o comportamento é fortalecido pela remoção de um estímulo desagradável ou valorizado negativamente. Um exemplo de reforço negativo seria tomar medicação para impedir que o cônjuge o importune para tomar a medicação.

A **punição** também muda o comportamento diminuindo as chances de que um comportamento se repita, mas os psicólogos raramente o usam para modificar comportamentos não aderentes. Os efeitos dos reforçadores positivos e negativos são bastante previsíveis: ambos fortalecem o comportamento. Mas os efeitos da punição são limitados e às vezes difíceis de prever. Na melhor das hipóteses, a punição inibirá ou suprimirá um comportamento e pode condicionar fortes sentimentos negativos em relação a quaisquer pessoas ou condições ambientais associadas a ele. A punição, incluindo ameaças de dano, raramente é útil para melhorar a adesão de uma pessoa ao aconselhamento médico.

O modelo comportamental também prevê que a adesão será difícil, porque os comportamentos aprendidos formam padrões ou hábitos que muitas vezes resistem à mudança. Quando uma pessoa precisa fazer mudanças nos padrões de comportamento habitual para tomar medicamentos, mudar a dieta ou a atividade física, ou fazer leituras de glicemia várias vezes ao dia, o indivíduo muitas vezes tem dificuldade em se adaptar a uma nova rotina. As pessoas precisam de ajuda para estabelecer tais mudanças; os defensores do modelo comportamental também usam pistas, recompensas e contratos de contingência para reforçar comportamentos aderentes. As dicas incluem lembretes escritos de compromissos, telefonemas do consultório do profissional e uma variedade de autolembretes; o programa on-line ShapeUp lembrava periodicamente os participantes dos seus objetivos de saúde. As recompensas pela adesão podem ser extrínsecas (dinheiro e elogios) ou intrínsecas (sentir-se mais saudável); esse programa incluiu inúmeras recompensas, até mesmo a oportunidade de elogios ou encorajamento por parte dos membros da equipe ou a possibilidade de vencer uma outra numa competição. Os contratos de contingência podem ser verbais, no entanto são mais frequentemente acordos escritos entre o profissional e o paciente. Em outros casos, as pessoas podem firmar contratos por meio de serviços on-line como o DietBet, onde fazem uma aposta com amigos e ganham dinheiro de volta apenas se atingirem seu objetivo. A maioria dos modelos de adesão reconhece a importância de tais incentivos e contratos para melhorar a adesão. A pesquisa também mostra, porém, que ela geralmente cai depois que os incentivos são retirados (DeFulio & Silverman, 2012; Mantzari et al., 2015; Mitchell et al., 2013). Assim, as técnicas comportamentais podem ser úteis para ajudar as pessoas a iniciar novos comportamentos, com a esperança de que por fim se traduzam em hábitos.

Crítica das teorias do continuum   No Capítulo 2, sugerimos que uma teoria útil deveria (1) gerar pesquisas significativas, (2) organizar e explicar observações e (3) ajudar o profissional a prever e mudar comportamentos. Quão bem as teorias do *continuum* atendem a esses três critérios?

Em primeiro lugar, quantidades substanciais de pesquisa aplicam teorias do *continuum* para entender a adesão. O modelo de crenças em saúde tem motivado a maioria das pesquisas, mas existe um conjunto de evidências para todos esses modelos.

Em segundo lugar, esses modelos organizam e explicam comportamentos relacionados à saúde? Em geral, todos eles são melhores que o acaso para explicar e prever o comportamento. Entretanto, o modelo de crenças em saúde e a teoria do comportamento planejado abordam motivação, atitudes e intenções, mas não o comportamento real ou a mudança de comportamento (Schwarzer, 2008). Assim, eles são apenas moderadamente bem-sucedidos em prever a adesão. A teoria do comportamento planejado, porém, faz um trabalho melhor que o modelo de crenças em saúde e a teoria da autoeficácia em reconhecer as pressões sociais e ambientais que influenciam o comportamento em decorrência de normas subjetivas.

Outro tipo de desafio advém da necessidade de contar com instrumentos para avaliar os diversos componentes dos modelos, pois tais medidas ainda não são consistentes e precisas. O modelo de crenças em saúde, por exemplo, poderia prever o comportamento de busca de saúde com mais precisão se existissem medidas válidas para cada um de seus componentes. Se uma pessoa se sente suscetível a uma doença, percebe que seus sintomas são graves, acredita que o tratamento seja eficaz e vê poucas barreiras ao tratamento, então, logicamente, essa pessoa deve procurar atendimento médico. Mas cada um desses quatro fatores é difícil de avaliar de modo confiável e válido.

Por fim, as teorias do *continuum* permitem que os profissionais prevejam e mudem o comportamento? Um ponto forte é que elas identificam várias crenças que devem motivar *alguém* a mudar seus comportamentos. Assim, as teorias do *continuum* guiaram o desenvolvimento de intervenções completas e únicas que visam essas crenças. Apesar desses pontos fortes, elas também deixam de fora importantes fatores psicológicos que predizem o comportamento, como autoidentidade e emoções antecipadas (Rise, Sheeran & Hukkelberg, 2010; Rivis, Sheeran & Armitage, 2009). Por exemplo, as pessoas que simplesmente pensam no arrependimento que podem sentir se não se inscreverem em um programa de doação de órgãos são mais propensas a se inscrever que as pessoas que pensam em todas as crenças da teoria do comportamento planejado combinadas (O'Carroll et al., 2011).

Por fim, os hábitos de saúde são frequentemente comportamentos muito arraigados e difíceis de mudar. De fato, o comportamento passado das pessoas é muitas vezes um melhor preditor de seu comportamento futuro que qualquer uma das crenças identificadas em muitas teorias do *continuum* (Ogden, 2003; Sutton, McVey & Glanz, 1999). Mudar as crenças das pessoas sobre um comportamento de saúde pode fornecer motivação, mas as pessoas geralmente precisam de etapas e habilidades mais concretas para traduzir a intenção em mudança de comportamento (Bryan, Fisher & Fisher, 2002).

RESUMO

O modelo de crenças em saúde inclui os conceitos de percepção da gravidade da doença, suscetibilidade pessoal e percepção dos benefícios e das barreiras para comportamentos que melhoram a saúde. O modelo de crenças em saúde tem sucesso limitado na previsão de comportamentos relacionados à saúde.

A teoria da autoeficácia enfatiza as crenças das pessoas sobre sua capacidade de controlar seus próprios comportamentos de saúde. A autoeficácia é um dos preditores mais importantes do comportamento em saúde, particularmente para aqueles que são relativamente difíceis de aderir.

A teoria do comportamento planejado de Ajzen se concentra no comportamento intencional, com os preditores de intenções sendo atitudes, percepção do controle comportamental e normas subjetivas. A percepção do controle comportamental e as intenções tendem a ser os preditores mais fortes de adesão. As normas subjetivas também predizem o comportamento e têm a maior influência entre os adolescentes e para comportamentos de risco.

A teoria comportamental se concentra no reforço e nos hábitos que devem ser mudados. Quando as tentativas de uma pessoa de mudar o comportamento são recompensadas, é mais provável que essas mudanças persistam. As recompensas podem ser extrínsecas (dinheiro e elogios) ou intrínsecas (sentir-se mais saudável). Do mesmo modo também reconhece a importância de dicas e contratos para melhorar a adesão.

Teorias dos estágios do comportamento de saúde

As **teorias dos estágios** incluem o modelo transteórico (Prochaska, DiClemente & Norcross, 1992; Prochaska, Norcross & DiClemente, 1994) e a abordagem do processo de ação em saúde (Schwarzer, 2008). Esses modelos de comportamento em saúde diferem de várias maneiras importantes dos modelos de *continuum*. Mais importante ainda, os modelos de estágios propõem que as pessoas passem por estágios distintos enquanto tentam mudar seu comportamento. Desta forma, os modelos de estágios parecem descrever melhor os *processos* pelos quais as pessoas mudam seu comportamento que os modelos de *continuum*. Os modelos de estágios também sugerem que diferentes variáveis serão importantes dependendo do estágio em que a pessoa se encontra. Assim, os modelos de estágios diferem dos de *continuum*, pois pessoas em diferentes estágios devem se beneficiar de diferentes tipos de intervenções. Como você aprenderá nesta seção, as intervenções apoiadas nas teorias dos estágios geralmente adaptam as informações ao estágio específico em que uma pessoa se encontra, em vez de empregar uma abordagem completa e única.

O modelo transteórico O modelo de estágios mais conhecido é o *modelo transteórico*; ele abrange e faz empréstimos de outros modelos teóricos. (O *modelo de estágios de mudança* é outro nome para essa teoria.) Desenvolvido por James Prochaska, Carlo DiClemente e John Norcross (1992, 1994), assume que as pessoas progridem e regridem por meio de cinco estágios em espiral ao fazerem mudanças no comportamento: pré-contemplação, contemplação, preparação, ação e manutenção. A progressão de um fumante por meio desses cinco estágios de mudança para parar de fumar é ilustrada na **Figura 4.3**.

Durante o *estágio de pré-contemplação*, a pessoa não tem intenção de parar de fumar. No *estágio de contemplação*, ela está ciente do problema e pensa em desistir, mas ainda não fez esforço para mudar. O *estágio de preparação* inclui tanto pensamentos (como a intenção de parar no próximo mês) quanto ações (como aprender sobre técnicas eficazes de parar ou contar aos outros sobre as intenções). Durante o *estágio da ação*, faz mudanças evidentes no comportamento, como parar de fumar ou usar terapia de reposição de nicotina. No *estágio de manutenção*, a pessoa tenta sustentar as mudanças feitas anteriormente e tenta resistir à tentação de voltar aos velhos hábitos.

Prochaska e colaboradores sustentam que uma pessoa se move de um estágio para outro em uma espiral, e não de uma forma linear, e argumentam que esse modelo captura o processo de mudança comportamental melhor que outros modelos (Velicer & Prochaska, 2008). As recaídas impulsionam as pessoas de volta a um estágio anterior, ou talvez de volta aos estágios de contemplação ou pré-contemplação. A partir desse ponto, a pessoa pode progredir várias vezes pelos estágios até completar a mudança comportamental com sucesso. Assim, as recaídas são esperadas e podem servir como experiências de aprendizagem que ajudam a pessoa a se reciclar ao longo dos vários estágios.

FIGURA 4.3 O modelo transteórico e os estágios da mudança do tabagismo para sua interrupção.

Prochaska e colegas (1992, 1994) sugeriram que pessoas em diferentes estágios requerem diferentes tipos de assistência para fazer mudanças com sucesso. Por exemplo, nos estágios de contemplação e preparação elas devem se beneficiar de técnicas que as conscientizem sobre um problema de saúde. Em contraposição, aquelas nos estágios de ação e manutenção devem se beneficiar de estratégias que abordem diretamente os comportamentos. Simplificando, as pessoas no estágio de pré-contemplação precisam aprender *por que* elas devem mudar, enquanto as que estão nos estágios de contemplação e ação precisam aprender *como* mudar. As pessoas na fase de manutenção precisam de ajuda ou informações orientadas para a preservação de suas mudanças.

A pesquisa tende a apoiar essas alegações. Por exemplo, um estudo longitudinal de adoção de uma dieta com baixo teor de gordura (Armitage et al., 2004) revelou que as atitudes e o comportamento das pessoas se enquadram nos vários estágios do modelo transteórico e que os indivíduos progridem por meio dos estágios e regridem para estágios anteriores, tanto quanto o modelo prevê. Além disso, as intervenções que as moveram de um estágio para outro variaram de acordo com o estágio. Infelizmente, esses pesquisadores descobriram que mover as pessoas do estágio de preparação para o estágio de ação era mais difícil que outras transições. Assim, as transições de um estágio para outro podem não ser igualmente fáceis de influenciar.

O modelo transteórico se aplica igualmente a diferentes comportamentos problemáticos? Uma metanálise de 47 estudos (Rosen, 2000) tentou responder a essa pergunta analisando o modelo em várias questões relacionadas à saúde, incluindo tabagismo, abuso de substâncias, exercícios, dieta e psicoterapia. Os resultados mostraram que o modelo transteórico funcionou melhor para entender a interrupção do tabagismo quando comparado com muitos outros comportamentos de saúde. Por exemplo, neste caso do tabagismo, os processos cognitivos foram usados com mais frequência na decisão de parar, enquanto as técnicas comportamentais foram mais eficazes quando a pessoa estava em processo de parar. Contudo, outras revisões de intervenções correspondentes ao estágio para parar de fumar mostraram que estas intervenções são tão eficazes quanto as intervenções que fornecem as mesmas informações a todas as pessoas, independentemente do estágio (Cahill, Lancaster & Green, 2010). Comparado com seu sucesso na compreensão da interrupção do tabagismo, o modelo transteórico não foi tão bem-sucedido em prever a adesão a outros comportamentos, como dietas especiais, exercícios ou uso de preservativos (Bogart & Delahanty, 2004).

A falta de sucesso de intervenções correspondentes ao estágio apoiadas no modelo transteórico pode ser devido a problemas com a forma como os pesquisadores classificam as pessoas em estágios. Por exemplo, os cinco estágios do modelo transteórico podem não representar estágios distintamente diferentes (Herzog, 2008). Por essa razão, alguns sugeriram que modelos de estágios com menos estágios podem ser mais precisos e úteis (Armitage, 2009). A abordagem do processo de ação em saúde é um modelo de estágios simplificado.

A abordagem do processo de ação em saúde Esta abordagem, de Schwarzer (2008), é um modelo mais recente que incorpora alguns dos aspectos mais importantes tanto das teorias do *continuum* quanto das teorias dos estágios. A abordagem do processo de ação em saúde pode ser vista como um modelo de estágios simplificado, com dois estágios gerais. No primeiro estágio, denominado **fase motivacional**, uma

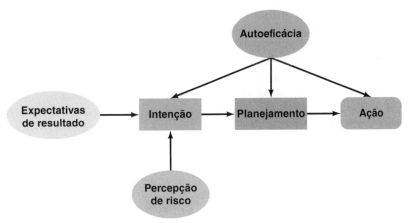

FIGURA 4.4 A abordagem do processo de ação em saúde.

Fonte: Adaptado com permissão de Ralf Schwarzer.

pessoa elabora a intenção de adotar uma medida preventiva ou mudar um comportamento de risco. Durante a fase motivacional, três crenças são necessárias para que uma intenção se forme. Primeira, as pessoas devem perceber um risco pessoal. Segunda, devem ter expectativas de resultados favoráveis. Terceira, elas devem ter senso de autoeficácia. Na fase motivacional, Schwarzer refere-se à *autoeficácia da ação* – ou a confiança na capacidade de fazer a mudança – como sendo a crença importante. Assim, em muitos aspectos, a fase motivacional da abordagem do processo de ação em saúde se assemelha a muitos dos modelos de *continuum* (como mostrado na **Figura 4.4**).

Contudo, a simples intenção de mudar um comportamento raramente é suficiente para produzir uma mudança duradoura, como sabe qualquer pessoa que tenha falhado em uma resolução de Ano-Novo. No segundo estágio, denominado **fase volitiva**, ela tenta fazer a mudança em seu comportamento, bem como persistir nessas mudanças ao longo do tempo. Durante a fase volitiva, um conjunto diferente de crenças e estratégias torna-se importante. Por exemplo, o planejamento é crucial durante a fase volitiva. Para perder peso, uma pessoa deve fazer planos detalhados sobre quais alimentos comer, quais comprar e onde e quando se exercitar. Contudo, muitas que desejam mudar seu comportamento podem não perceber a importância do planejamento até que já tenham falhado em seus objetivos.

Um grande estudo feito com base na Web com adultos alemães (Parschau et al., 2012) revela a importância do planejamento na promoção da atividade física. Entre os adultos que pretendiam se exercitar, mas ainda não haviam começado, aqueles que se envolveram em mais planejamento eram mais propensos a serem fisicamente ativos três semanas depois. Mas entre os adultos que não tinham intenção de se exercitar, o planejamento teve pouca influência; essa descoberta ilustra o papel específico do estágio que o planejamento desempenha na adesão. O planejamento não inclui apenas detalhar "o quê, onde e quando" da adesão, mas também planejar como enfrentar os contratempos antecipadamente. Por exemplo, o que a pessoa fará se perder uma sessão de exercícios ou sentir dor ao se exercitar? Aquelas que antecipam e planejam esses contratempos tendem a ser mais bem-sucedidas na busca de seus objetivos de saúde (Craciun et al., 2012; Evers et al., 2011; Reuter et al., 2010).

Embora a abordagem do processo de ação em saúde ainda não seja tão amplamente estudada quanto outros modelos, muitos estudos corroboram suas proposições. Em comparação com o modelo de crenças em saúde e a teoria do comportamento planejado, a abordagem do processo de ação em saúde faz um trabalho melhor em prever as intenções de adultos jovens de resistir a dietas não saudáveis e realizar autoexames de mamas (Garcia & Mann, 2003).

Crítica das teorias dos estágios Em que medida as teorias dos estágios organizam e explicam bem as observações? Das teorias dos estágios, o modelo transteórico é o mais complexo. Ele propõe cinco estágios, bem como 10 processos diferentes que podem potencialmente mover as pessoas de um estágio para outro. Como alguns observaram (Armitage, 2009; Herzog, 2008), esse grau de complexidade pode ser desnecessário, pois modelos de estágios mais complexos podem não explicar melhor o comportamento que aqueles mais simples, como a abordagem do processo de ação em saúde.

As teorias dos estágios ajudam um profissional a prever e mudar o comportamento? Um dos pontos fortes dos modelos de estágios é que reconhecem o benefício de adaptar as intervenções ao estágio de mudança de comportamento de uma pessoa. Por exemplo, as pessoas que optam por participar do programa ShapeUp são aquelas na fase de ação ou manutenção (modelo transteórico) ou na fase volitiva (abordagem do processo de ação em saúde), pois estão agindo nas intenções de mudar seu comportamento. Muitas das técnicas comportamentais usadas pelo programa ShapeUp, como dicas de lembrete e automonitoramento, são úteis para os que estão nesses estágios do processo de mudança de comportamento.

Em relação ao modelo transteórico, as evidências são mistas se as intervenções correspondentes ao estágio forem mais eficazes que as intervenções não correspondentes. Em relação à abordagem do processo de ação em saúde, há mais evidências para a eficácia das intervenções pareadas por estágios com base na abordagem do processo de ação em saúde para promoção da atividade física (Lippke et al., 2010; Lippke, Ziegelmann & Schwarzer, 2004) e saúde bucal (Schüz, Sniehotta & Schwarzer, 2007). Mas a maioria dos estudos de modelos de estágios usa projetos transversais, o que dificulta observar como um indivíduo muda ao longo do tempo. Com todos os modelos de estágios, mais pesquisas longitudinais são necessárias para avaliar sua validade (Ogden, 2003).

Os psicólogos da saúde que buscam construir modelos válidos para comportamentos relacionados à saúde enfrentam desafios. Um desafio é que o comportamento de saúde é muitas vezes determinado por outros fatores que não as crenças ou percepções de um indivíduo. Entre esses fatores estão as relações interpessoais precárias que afastam as pessoas do sistema de saúde e as políticas públicas (incluindo leis) que afetam os comportamentos de saúde. Além disso, certos comportamentos relacionados à saúde, como tabagismo e atendimento odontológico, podem se transformar em hábitos que se tornam tão automáticos que ficam em grande parte fora do processo de tomada de decisão pessoal. Todos esses fatores apresentam desafios para os pesquisadores criarem teorias de comportamento em saúde que deem conta de toda essa variabilidade, mantendo os modelos o mais simples e parcimoniosos possível.

A maioria dos modelos postula algum tipo de barreira ou obstáculo para a procura de cuidados de saúde, sendo possível um número quase ilimitado de barreiras. Muitas vezes essas barreiras estão além da experiência de vida dos pesquisadores. Por exemplo, as barreiras para os euro-americanos ricos podem ser bem diferentes daquelas enfrentadas pelos hispano-americanos pobres, pelos africanos que vivem na África subsaariana ou pelos imigrantes hmong no Canadá; assim, o modelo de crenças em saúde e a teoria do comportamento planejado podem não se aplicar igualmente a todos os grupos étnicos e socioeconômicos (Poss, 2000). As teorias do comportamento de saúde tendem a enfatizar a importância do controle direto e pessoal das escolhas comportamentais. Poucas são feitas para barreiras como o racismo e a pobreza.

RESUMO

Os modelos de estágios de comportamento em saúde classificam as pessoas em diferentes estágios de adesão e sugerem que a progressão em cada estágio é prevista por diferentes conjuntos de variáveis. O modelo transteórico de Prochaska pressupõe que elas se movem em espiral por meio de cinco estágios à medida que fazem mudanças no comportamento: pré-contemplação, contemplação, preparação, ação e manutenção. A recaída deve ser esperada, mas após a recaída, as pessoas podem avançar novamente por meio dos vários estágios.

A abordagem do processo de ação em saúde de Schwarzer propõe apenas duas etapas gerais: a fase motivacional e a fase volitiva. Pensa-se que o planejamento e as formas específicas de autoeficácia são fatores importantes para ajudar as pessoas a traduzir intenções em mudanças de comportamento duradouras.

Os modelos de estágios sugerem que as intervenções devem usar uma abordagem adaptada e combinada ao estágio, abordando apenas as variáveis relevantes no estágio atual da pessoa. Assim, a eficácia das intervenções correspondentes ao estágio depende em parte de quão bem os profissionais podem classificar as pessoas em estágios distintos. Uma crítica ao modelo transteórico é que os cinco estágios não representam estágios distintos e aquelas em diferentes estágios podem ser mais parecidas entre si que a teoria sugere. Isso pode explicar por que há apenas um apoio variável para intervenções combinadas ao estágio com base no modelo transteórico.

APLIQUE O QUE VOCÊ APRENDEU

1. Considere um comportamento de saúde que gostaria de melhorar. Usando cada uma das teorias descritas nesta seção, desenvolva um plano abordando os fatores em cada uma das teorias. Qual teoria você acredita que seria mais bem-sucedida para ajudá-lo a melhorar sua adesão?

4-4 A lacuna intenção-comportamento

OBJETIVOS DE APRENDIZAGEM

4-9 Reconhecer como dois fatores – disposição comportamental e intenções de implementação – podem ajudar a explicar por que algumas intenções se traduzem em ação, enquanto outras não

Os modelos de estágios reconhecem o que muitos de nós já sabemos pelas próprias experiências – que mesmo nossas melhores intenções nem sempre se traduzem em comportamento. Essa "lacuna intenção-comportamento" (Sheeran, 2002) é exemplificada por pessoas que pretendem se comportar de forma saudável, mas não o fazem. Nesta seção, descrevemos modelos e estratégias que ajudam a entender as razões dessa lacuna intenção-comportamento, bem como maneiras de ajudar a preenchê-la.

Disposição comportamental

Em algumas situações, fortes pressões sociais são capazes de inviabilizar as melhores intenções. Uma pessoa pode ter um encontro sexual com toda a intenção de usar um preservativo ou embarcar em uma noite na cidade com a intenção de resistir à bebedeira. Em algum momento da noite, contudo, ela pode esquecer completamente essas intenções. **Disposição comportamental** refere-se à motivação de alguém *em um dado momento* para se engajar em um comportamento

CAPÍTULO 4 ▪ ADERINDO AO COMPORTAMENTO SAUDÁVEL

As pessoas podem ter a intenção de evitar comportamentos de risco, mas fortes pressões sociais muitas vezes as tornam dispostas a se envolver neles.

Dá para ACREDITAR? As redes sociais reais e on-line podem influenciar a saúde

Quanto nossas redes sociais influenciam nossos comportamentos de saúde? Embora seja tentador pensar na saúde de alguém principalmente como reflexo de suas preferências pessoais, o comportamento também está fortemente relacionado à rede social de alguém: tanto real quanto on-line. Quais tipos de pessoas tendem a influenciar mais nossos comportamentos e em quais buscamos inspiração e influência?

Usando um rico conjunto de dados longitudinais do Framingham Heart Study, Nicholas Christakis examinou a influência de nossas redes sociais reais sobre comportamentos de saúde, rastreando como comportamentos de saúde, como tabagismo e obesidade, se espalharam pelas redes sociais por um período de três décadas. O estudo coletou informações de saúde de mais de 5.000 adultos, bem como de 8 a 10 de seus familiares, amigos e colegas de trabalho mais próximos. Christakis descobriu que as chances de alguém se tornar obeso ou parar de fumar eram significativamente previstas pelo que ocorria em sua rede social imediata. Por exemplo, se o cônjuge de uma pessoa se tornou obeso ou parou de fumar, as chances de ela também se tornar obesa ou parar de fumar aumentaram em quase 60% (Christakis & Fowler, 2007, 2008)! Claramente, os cônjuges tinham uma forte influência na saúde um do outro, mas irmãos, amigos e até mesmo colegas de trabalho também tinham influência notável na saúde uns dos outros. Assim, a saúde de uma pessoa estava intimamente ligada à dos que a cercavam, seja para melhor (interrupção do tabagismo) ou para pior (obesidade).

Nossas redes sociais on-line também podem influenciar a saúde? Em uma série de estudos inteligentes, Damon Centola examinou como os comportamentos de saúde podem se espalhar por meio de uma rede social on-line. Centola associou-se a um site de promoção de *fitness*, onde, após o registro, os usuários receberiam um número de "vizinhos" que também eram usuários do site. Estes também podiam optar por "fazer amizade" com novos vizinhos ou "desfazer amizade" com aqueles de sua rede. Como as pessoas selecionaram quem adicionar ou remover de sua rede? Curiosamente, Centola descobriu que os usuários optaram predominantemente por adicionar vizinhos que eram *semelhantes* a eles – especialmente em relação a idade, gênero e índice de massa corporal (IMC) – e abandonar vizinhos que eram diferentes (Centola & van de Rijt, 2015). Em suma, as pessoas não escolheram se associar com aquelas que poderiam ser mais aptas ou mais "aspiracionais". Em vez disso, escolheram se associar com pessoas como elas.

Será que essa tendência para a *homofilia* (associar-se a pessoas semelhantes) tem uma influência prejudicial sobre aqueles que não se enquadram? Para testar essa ideia, Centola (2011) montou um site de rede social de *fitness* no qual os vizinhos de um usuário eram designados aleatoriamente ou de modo que fossem semelhantes em idade, gênero e IMC ao usuário. Centola então fez com que um vizinho na rede de todos mencionasse um novo plano de dieta, e rastreou como o interesse na dieta se espalhou pelas redes. Não é de surpreender que o interesse pela dieta se espalhou mais rapidamente nas redes homofílicas que nas aleatórias. Em outras palavras, uma rede tinha maior influência se as pessoas fossem parecidas umas com as outras. Mais importante, não importava se um usuário estava menos apto e, portanto, cercado por amigos que também eram menos aptos. O interesse pelo plano de dieta se espalhou tão rapidamente entre as redes "fit" quanto entre as "menos fit". Assim, esses resultados sugerem que as redes sociais on-line podem ter influências positivas na saúde, mesmo entre aqueles que podem apresentar maiores riscos à saúde.

de risco (Gibbons et al., 1998). A disposição comportamental reflete mais uma *reação* a uma situação que uma escolha deliberada e planejada. Esse conceito de disposição comportamental é útil para entender vários comportamentos de risco dos adolescentes, como tabagismo, uso de álcool e falta de práticas sexuais seguras (Andrews et al., 2008; Gibbons et al., 1998). Nesses estudos, intenção e disposição se relacionam, mostrando que aqueles com intenções mais fortes tendem a relatar menos disposição de se envolver em comportamentos de risco "no momento". Contudo, a disposição comportamental é um preditor único do comportamento real. Em outras palavras, se você pegar duas pessoas com intenções igualmente fortes para evitar comportamentos de risco, a pessoa com maior disposição será aquela cujas intenções acabarão não sendo alcançadas.

O que impulsiona a disposição das pessoas de se envolver em comportamentos de risco? Muitas vezes, a preocupação delas com sua imagem social é o que leva à disposição de se envolver nesses comportamentos. Quando as que têm imagens positivas de outras que se envolvem em comportamentos de risco, elas são mais propensas a relatar uma vontade de se envolver nesses comportamentos (Gibbons et al., 1998). Por sua vez, essa disposição pode quebrar a melhor das intenções.

Intenções de implementação

Conforme enfatizado na abordagem do processo de ação em saúde, o planejamento é um fator importante na tradução da intenção em ação. Um número crescente de pesquisas mostra que exercícios de planejamento curtos e simples podem ajudar as pessoas a seguir os conselhos médicos. **Intenções de implementação** são planos específicos que as pessoas podem fazer que identificam não apenas *o que* pretendem fazer, mas também *onde*, *quando* e *como*. Em essência, as intenções de implementação conectam uma situação com o objetivo que a pessoa deseja alcançar. Por exemplo, alguém que deseja se exercitar mais pode formar uma intenção de implementação de "vou correr 30 minutos imediatamente após o trabalho na terça-feira à noite". Desta forma, as intenções de implementação vão além da intenção de "eu pretendo me exercitar mais". Ao longo do tempo, acredita-se que formar intenções de implementação pode ajudar a tornar a busca por objetivos mais automática.

De fato, exercícios simples de intenções de implementação são eficazes para ajudar as pessoas a aderir a uma ampla variedade de comportamentos de saúde, que incluem comportamentos únicos, como exame de câncer do colo do útero (Sheeran & Orbell, 2000) e autoexame das mamas (Orbell, Hodgkins & Sheeran, 1997). As intenções de implementação também tornam mais provável que se envolvam em comportamentos que exigem ação ao longo do tempo, como tomar suplementos vitamínicos e medicamentos (Brown, Sheeran & Rueber, 2009; Sheeran & Orbell, 1999), aumentar a atividade física (Robinson et al., 2018; Silva et al., 2018), alimentar-se saudavelmente (Armitage, 2004; Verplanken & Faes, 1999), parar de fumar (Armitage, 2016) e resistir ao uso de substâncias e consumo excessivo de álcool (Malaguti et al., 2020; Norman et al. al., 2019).

Por que as intenções de implementação funcionam? Uma razão é que elas tornam as pessoas menos propensas a esquecer suas intenções. Por exemplo, em um estudo sobre a triagem de câncer do colo de útero, 74% dos participantes agendaram sua consulta na data especificada em seu exercício de intenção de implementação (Sheeran & Orbell, 2000). Assim, as intenções de implementação podem ajudar a transformar "pretendentes" em "agentes".

RESUMO

Muitos não aderem porque suas intenções não se traduzem em comportamento. Para algumas pessoas, isso pode ocorrer devido a uma *disposição comportamental*, que representa a disposição de alguém para se envolver em comportamentos de risco em um determinado momento. A disposição comportamental pode colocar as pessoas em risco de não adesão quando existem fortes pressões sociais. Também podem não aderir porque não planejam adequadamente. *Intenções de implementação* representam planos específicos que vinculam uma situação à execução de um comportamento e podem aumentar a adesão a uma variedade de comportamentos de saúde.

APLIQUE O QUE VOCÊ APRENDEU

1. Selecione um comportamento de saúde ao qual você teve problemas para aderir. Dedique cerca de 10 minutos para criar algumas intenções de implementação que conectem situações específicas com ações que possam ajudar em sua adesão. Após uma semana, considere os efeitos dessas intenções de implementação. Elas ajudaram? Sim ou não, por quê?

4-5 Melhorando a adesão

OBJETIVOS DE APRENDIZAGEM

4-10 Compreender a diferença entre estratégias educacionais e comportamentais para melhorar a adesão

4-11 Identificar várias estratégias comportamentais que têm sido usadas para melhorar a adesão

Neste capítulo, examinamos várias questões relacionadas à adesão, incluindo modelos teóricos que podem explicar ou prever a adesão, técnicas para medi-la, a frequência e fatores relacionados à adesão. Essas informações, além do conhecimento das razões pelas quais algumas pessoas falham em aderir, podem ajudar a responder a uma pergunta importante: como a adesão pode ser melhorada?

Os métodos para melhorar a adesão geralmente podem ser divididos em (1) estratégias educacionais e (2) estratégias comportamentais. Os procedimentos educativos são aqueles que transmitem informações, às vezes de maneira emocionalmente excitante, destinada a assustar o paciente que não adere para que se torne aderente. Incluídos nas estratégias educacionais estão procedimentos como mensagens de educação em saúde, aconselhamento individual do paciente com vários profissionais de saúde, instrução programada, palestras, demonstrações e aconselhamento individual acompanhado de instruções escritas. Haynes (1976) relatou que as estratégias que dependiam da educação e ameaças de consequências desastrosas para a não adesão eram apenas marginalmente eficazes em provocar uma mudança significativa no comportamento dos pacientes; revisões mais recentes (Harrington, Noble & Newman, 2004; Schroeder, Fahey & Ebrahim, 2007) chegam a conclusões semelhantes. Os métodos educacionais podem aumentar o conhecimento dos pacientes, mas as abordagens comportamentais oferecem uma maneira mais eficaz de aumentar a adesão. As pessoas, ao que parece, não aderem não por que não conhecem melhor, mas por que o comportamento aderente é menos atraente ou difícil de implementar.

As estratégias comportamentais focam mais diretamente na mudança dos comportamentos envolvidos na conformidade. Eles incluem uma ampla variedade de técnicas, como notificar os pacientes sobre as próximas consultas, simplificar as agendas médicas, fornecer dicas para tomar a medicação, monitorar e recompensar os comportamentos de conformidade e moldar as pessoas para o automonitoramento e o autocuidado. As técnicas comportamentais são tipicamente mais eficazes que as estratégias educacionais para melhorar a adesão do paciente, principalmente para pessoas que sabem *por que* elas devem mudar seu comportamento, mas podem não saber *como*. De fato, uma razão pela qual o programa ShapeUp pode ter sido tão bem-sucedido é que incluiu várias estratégias comportamentais, como lembretes e automonitoramento da atividade física. O automonitoramento é conhecido por ser uma das técnicas mais poderosas para melhorar a dieta e a atividade física (Michie et al., 2009).

Os pesquisadores de adesão Robin DiMatteo e Dante DiNicola (1982) recomendaram quatro categorias de estratégias comportamentais para melhorar a adesão e suas categorias ainda são uma forma válida de abordar o tema. Primeira, vários *avisos* podem ser usados para lembrar os pacientes de iniciar comportamentos que melhoram a saúde. Esses avisos podem ser acionados por eventos regulares na vida do paciente, como tomar medicação antes de cada refeição, ou a clínica através de avisos pelo telefone pode lembrar a pessoa de marcar uma consulta ou de repor uma receita. Outro tipo de aviso vem na forma de embalagem lembrete, que apresenta informações sobre a data ou hora em que a medicação deve ser tomada na embalagem do medicamento (Heneghan, Glasziou & Perera, 2007). Além disso, a tecnologia eletrônica, como mensagens de texto ou aplicativos de smartphone, pode ser útil para fornecer avisos.

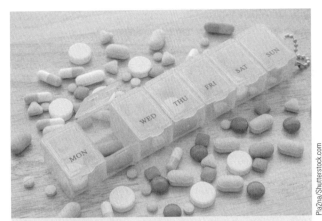

Encontrar avisos eficazes ajuda os pacientes a encaixar a medicação em suas agendas.

Uma segunda estratégia comportamental proposta por DiMatteo e DiNicola é *ajustar o regime*, o que envolve adequar o tratamento aos hábitos e rotinas diárias do paciente. Por exemplo, os organizadores de comprimidos funcionam para esse objetivo tornando a medicação mais compatível com a vida da pessoa; algumas empresas farmacêuticas estão criando embalagens de medicamentos, chamadas *embalagem de conformidade*, que é semelhante aos organizadores de comprimidos ao fornecer um regime personalizado (Gans & McPhillips, 2003). Outra abordagem que se enquadra nessa categoria é a simplificação do esquema de medicação; uma revisão de estudos de adesão (Schroeder et al., 2007) indicou que essa abordagem estava entre as mais bem-sucedidas em aumentar a adesão.

Outra maneira de adaptar o regime envolve avaliar características importantes do paciente – como personalidade ou estágios de mudança – e orientar as mensagens relacionadas à mudança para essas características (Gans & McPhillips, 2003; Sherman, Updegraff & Mann, 2008). Por exemplo, uma pessoa no estágio de contemplação está ciente do problema, mas ainda não decidiu adotar um comportamento (ver Figura 4.2). Ela pode se beneficiar de uma intervenção que inclua informação ou aconselhamento, enquanto outra no estágio de manutenção não. Em vez disso, as pessoas no estágio de manutenção podem se beneficiar de dispositivos de monitoramento ou avisos que os lembrem de tomar seus medicamentos ou se exercitar. Aplicando essa abordagem ao problema da prevenção das complicações que acompanham as doenças cardíacas, um grupo de pesquisadores (Turpin et al., 2004) concluiu que é fundamental adaptar os programas de adesão aos níveis anteriores de adesão dos pacientes; os que são mais aderentes diferem daqueles que são parcialmente aderentes ou não aderentes. Esses sucessos sugerem que diferentes estágios de prontidão para mudar requerem diferentes tipos de assistência para alcançar a adesão.

Uma maneira semelhante de adaptar o regime envolve ajudar os clientes a resolver os problemas que os impedem de mudar seu comportamento. **Entrevista motivacional** é uma abordagem terapêutica originária de programas de tratamento de abuso de substâncias (Miller & Rollnick, 2002), mas tem sido aplicada a muitos outros comportamentos relacionados à saúde, incluindo adesão à medicação, atividade física, dieta e controle do diabetes (Martins & McNeil, 2009). Essa técnica tenta mudar a motivação do cliente e o prepara para realizar mudanças de comportamento. O procedimento inclui uma entrevista em que o profissional tenta demonstrar empatia com a situação dele; discute e esclarece seus objetivos e os contrasta com o comportamento atual e inaceitável; e o ajuda a formular maneiras de mudar o comportamento. Revisões indicam que a técnica é eficaz, principalmente para motivar as pessoas a parar de fumar (Lai, Cahill, Qin & Tang, 2010; Lundahl & Burke, 2009; Martins & McNeil, 2009).

Terceira, DiMatteo e DiNicola sugeriram a *implementação de um regime graduado que* reforça aproximações sucessivas ao comportamento desejado. Esses procedimentos de modelagem seriam apropriados para exercícios, dieta e possivelmente programas de interrupção do tabagismo, mas não para tomar medicamentos.

A estratégia comportamental final listada por DiMatteo e DiNicola é um *contrato de contingência* (ou contrato comportamental) – um acordo, geralmente escrito, entre pacientes e profissionais de saúde que prevê algum tipo de recompensa para aqueles a depender de sua adesão. Esses contratos também podem envolver penalidades por descumprimento (Gans & McPhillips, 2003). Os contratos de contingência são mais eficazes quando são decretados no início da terapia e quando as disposições são negociadas e acordadas pelos pacientes e provedores. Mesmo com essas disposições, os contratos não demonstraram aumentar muito a adesão (Bosch-Capblanch et al., 2007), e quaisquer efeitos benéficos sobre a adesão provavelmente se dissiparão após a conclusão do contrato (Mantzari et al., 2015).

Tornando-se mais saudável

Você pode melhorar sua saúde seguindo bons conselhos relacionados a ela. Eis algumas coisas que pode fazer para compensar a adesão.

1. Adote um estilo de vida saudável em geral – que inclua não fumar, consumir álcool com moderação ou não beber, fazer uma dieta rica em fibras e pobre em gorduras saturadas, praticar uma quantidade ideal de atividade física regular e incorporar segurança à vida. Os procedimentos para a adoção de cada um desses hábitos de saúde são discutidos nos quadros **Tornando-se mais saudável** dos Capítulos 12 a 15.

   Plano de ação: desenvolva e anote um plano de como você pode melhorar sua adesão a cada um dos comportamentos indicados. Lembre-se de que algumas recomendações, como iniciar um programa regular de exercícios, devem ser adotadas gradualmente. Se você fizer muito no primeiro dia, não sentirá vontade de se exercitar novamente no dia seguinte. Faça planos específicos para quando e como você agirá para atingir seus objetivos. Pesquisas sobre intenções de implementação mostram que exercícios simples são eficazes para ajudar as pessoas a aderirem.

2. Estabeleça uma aliança de trabalho com seu médico com base na cooperação, não na obediência. Você e ele são as duas pessoas mais importantes envolvidas em sua saúde, e devem cooperar na elaboração de suas práticas de saúde.

   Plano de ação: faça check-ups e exames regulares como parte de seus planos. Antes de qualquer consulta, prepare uma lista de preocupações e perguntas que você gostaria de discutir com seu médico. Se receber uma receita, pergunte ao médico sobre possíveis efeitos colaterais – você não quer que um efeito colateral desagradável imprevisto seja uma desculpa para parar de tomar o medicamento. Além disso, certifique-se de saber por quanto tempo você deve tomar a medicação – algumas doenças crônicas requerem uma vida inteira de tratamento.

3. Esclareça quaisquer recomendações dadas por um médico.

   Plano de ação: se ele fornecer informações médicas complexas que você ou alguém que conheça não compreende, peça esclarecimentos de maneira que possa entender. Conte com a cooperação de um farmacêutico, que pode ser outro provedor de cuidados de saúde valioso.

4. Outra pessoa importante interessada em sua saúde é seu cônjuge, pai, amigo ou irmão. Conte com o apoio de uma pessoa ou pessoas importantes em sua vida. Altos níveis de apoio social melhoram a taxa de adesão.

   Plano de ação: se você tem uma meta de saúde que acredita ser difícil de alcançar, peça a uma pessoa de confiança para ajudá-lo no processo, seja fornecendo apoio e incentivo ou fornecendo alguma responsabilidade.

5. Encontre um profissional que entenda e respeite suas crenças culturais, origem étnica, idioma e crenças religiosas.

   Plano de ação: peça às pessoas que conhece recomendações de médicos que trabalham bem com pessoas semelhantes a você.

6. Use reforço positivo. Recompense-se por seguir as boas práticas de saúde.

   Plano de ação: se seguiu fielmente sua dieta ou plano de exercícios por um dia ou uma semana, faça algo de bom por si mesmo!

Apesar dessas sugestões, muitos profissionais de saúde fazem pouco esforço para melhorar a adesão. Além disso, as taxas de adesão melhoraram pouco nos últimos 50 anos (DiMatteo, 2004a). Evidências indicam que instruções claras sobre como tomar medicamentos são a melhor estratégia para aumentar a adesão a regimes de curto prazo (Haynes, McDonald & Garg, 2002); as instruções funcionam melhor se forem verbais e escritas (Johnson, Sandford & Tyndall, 2007). Para regimes de longo prazo, muitas estratégias mostram alguma eficácia, mas nenhuma oferece melhora drástica (Haynes et al., 2008). Além disso, as intervenções que demonstram maior eficácia tendem a ser complexas e caras. Portanto, a adesão continua sendo um problema oneroso, tanto quanto ao custo em vidas e problemas de saúde não tratados quanto em relação aos custos adicionais de intervenções até mesmo marginalmente eficazes. Apesar desses desafios, abordar a questão da não adesão é uma tarefa contínua no campo da psicologia da saúde.

RESUMO

Programas eficazes para melhorar as taxas de adesão frequentemente incluem dicas para sinalizar a hora de tomar a medicação, instruções claramente escritas, regimes de medicação simplificados, receitas adaptadas à programação diária do paciente e recompensas por comportamento de adesão. Apesar dessas estratégias eficazes, o problema da não adesão continua sendo um grande desafio para o psicólogo da saúde.

APLIQUE O QUE VOCÊ APRENDEU

1. Considere as estratégias para melhorar a adesão descritas nesta seção. Que fatores nas teorias de mudança de comportamento, descritas neste capítulo, essas estratégias parecem abordar melhor?

Perguntas

Este capítulo abordou seis questões básicas:

1. **O que é adesão, como é medida e com que frequência ocorre?**

   A adesão é o limite no qual o comportamento de uma pessoa coincide com aconselhamento médico e de saúde apropriado. Para que as pessoas lucrem com eles, médicos, primeiro, os conselhos devem ser precisos; e, segundo, os pacientes devem seguir o conselho. Quando não aderem a bons comportamentos de saúde, podem correr risco de sérios problemas de saúde ou até mesmo a morte. Até 125.000 pessoas nos Estados Unidos morrem a cada ano por causa de falhas de adesão.

   Os pesquisadores podem medir a adesão de ao menos seis maneiras: (1) perguntar ao profissional, (2) perguntar ao paciente, (3) perguntar a outras pessoas, (4) monitorar o uso de medicamentos, (5) examinar evidências bioquímicas e (6) usar qualquer combinação desses procedimentos. Destes, o julgamento médico é o menos válido, mas cada um dos outros também tem falhas graves; uma combinação de procedimentos fornece a melhor avaliação.

   Esses diferentes métodos de avaliação complicam a determinação da frequência de não adesão. Entretanto, uma análise de mais de 500 estudos revelou que a taxa média de não adesão está em torno de 25%, com pessoas em regimes de medicação mais aderentes que aquelas que devem mudar comportamentos relacionados à saúde.

2. **Quais fatores predizem a adesão?**

   A gravidade de uma doença não prediz a adesão, mas os efeitos colaterais desagradáveis ou dolorosos da medicação diminuem a adesão. Alguns fatores pessoais estão relacionados a ela, mas não existe uma personalidade não aderente. A idade mostra uma relação curvilínea, com adultos mais velhos, crianças e adolescentes tendo problemas para aderir aos regimes medicamentosos, mas o gênero mostra pouco efeito geral. Fatores emocionais como estresse, ansiedade e depressão diminuem a adesão, mas a consciência a melhora. As crenças pessoais são um fator significativo, com as crenças na ineficácia de um regime diminuindo a adesão e as de autoeficácia aumentando a adesão.

   A situação de vida de alguém também afeta a adesão. Menor renda o põe em risco; pois não podem pagar pelo tratamento ou medicamentos. Níveis mais altos de renda e maior apoio social geralmente aumentam a adesão. Indivíduos com uma formação cultural que não aceita a medicina ocidental são menos propensos a aderir. A etnia também pode afetar o tratamento que os pacientes recebem dos profissionais e as pessoas que se sentem discriminadas aderem a taxas mais baixas. Nenhum fator é responsável pela adesão, portanto, os pesquisadores devem considerar uma combinação de fatores.

3. **O que são as teorias do *continuum* do comportamento em saúde e como elas explicam a adesão?**

   As teorias do *continuum* do comportamento em saúde identificam variáveis que devem prever a probabilidade de uma pessoa aderir a um comportamento saudável. Essas teorias do *continuum* propõem que as variáveis devem prever a adesão da mesma maneira para todos os indivíduos.

O modelo de crenças em saúde concentra-se nas crenças das pessoas na percepção da suscetibilidade a um problema de saúde, da gravidade do problema, nos benefícios de aderir a um comportamento e nas barreiras à adesão. A teoria da autoeficácia concentra-se em crenças sobre a confiança daquelas que podem controlar a adesão, bem como em suas crenças de que a adesão trará bons resultados. A teoria do comportamento planejado se concentra nas atitudes das pessoas em relação a um comportamento, suas crenças sobre normas subjetivas e sua percepção do controle comportamental como preditores de intenções. A teoria comportamental explica a adesão em termos de reforço e hábitos que devem ser mudados. Recompensas e reforços podem ajudar alguém a iniciar um comportamento, bem como mantê-lo ao longo do tempo. A teoria comportamental também reconhece a importância de dicas e contratos para melhorar a adesão.

As teorias do *continuum* geram uma grande quantidade de pesquisas em uma ampla variedade de comportamentos e geralmente são bem-sucedidas em prever as motivações das pessoas para aderir a comportamentos de saúde. Contudo, eles negligenciam os fatores comportamentais, de modo que geralmente são melhores em prever as motivações e intenções das pessoas que em prever o comportamento.

4. O que são as teorias dos estágios do comportamento em saúde e como elas explicam a adesão?

As teorias dos estágios propõem que as pessoas progridem por meio de estágios discretos no processo de mudança de comportamento e que diferentes variáveis serão importantes dependendo do estágio em que o indivíduo se encontrar. O modelo transteórico propõe que as pessoas progridem em espiral por meio de cinco estágios de mudanças de comportamento – pré-contemplação, contemplação, preparação, ação e manutenção. Pensa-se que as pessoas nos estágios iniciais de contemplação e preparação se beneficiam mais de técnicas que aumentam sua consciência sobre um problema de saúde, como educação ou entrevista motivacional. Em contraposição, as que estão nos estágios posteriores de ação e manutenção devem se beneficiar mais das estratégias que abordam diretamente os comportamentos.

A abordagem do processo de ação em saúde propõe dois estágios: uma fase motivacional e uma volitiva. A suscetibilidade percebida, a autoeficácia e as expectativas de resultados são fatores importantes na fase motivacional. Planejamento e autoeficácia são importantes na fase volitiva.

O sucesso das teorias dos estágios na previsão e mudança de comportamento depende de métodos precisos e válidos para avaliar o estágio de mudança de comportamento de uma pessoa. Todas as teorias – do *continuum* e dos estágios – são úteis para entender a adesão, mas limitadas pela omissão de vários fatores sociais, econômicos, étnicos e outros fatores demográficos que também afetam o comportamento de saúde das pessoas.

5. O que é a lacuna intenção-comportamento e quais fatores predizem se as intenções serão traduzidas em comportamento?

A lacuna intenção-comportamento refere-se ao fato de que as intenções são preditores imperfeitos de adesão. A disposição comportamental refere-se à motivação da pessoa em um determinado momento para se envolver em um comportamento de risco e é impulsionada em grande parte por pressões sociais em uma situação específica. O mau planejamento também pode explicar por que as intenções nem sempre se traduzem em comportamento. As intenções de implementação são exercícios de planejamento eficazes que ajudam as pessoas a identificar as situações específicas nas quais elas irão realizar um comportamento específico.

6. Como a adesão pode ser melhorada?

Os métodos para melhorar a adesão geralmente podem ser divididos em estratégias educacionais e comportamentais. Os educacionais podem aumentar o conhecimento dos pacientes, mas as abordagens comportamentais são melhores para o aumento da adesão. As estratégias para aumentar a adesão se dividem em quatro abordagens: (1) fornecer avisos, (2) adaptar o regime, (3) implementar o regime gradualmente e (4) fazer um contrato de contingência. Programas eficazes frequentemente incluem instruções claramente escritas e também verbais claras, horários simples de medicação, chamadas de acompanhamento para consultas perdidas, receitas adaptadas à agenda diária do paciente, recompensas por comportamento compatível e dicas para sinalizar a hora de tomar a medicação.

Sugestões de leitura

Bogart, L. M. & Delahanty, D. L. (2004). Psychosocial models. In T. J. Boll, R. G. Frank, A. Baum & J. L. Wallander (Eds.). *Handbook of clinical health psychology*: Vol. 3: *Models and perspectives in health psychology* (pp. 201-248). Washington, DC: American Psychological Association. Essa revisão de modelos de comportamentos relacionados à saúde examina criticamente o modelo de crenças em saúde e as teorias de ação racional e comportamento planejado. A revisão procura avaliar em que medida esses modelos predizem importantes comportamentos de saúde, incluindo uso de preservativos, exercícios, tabagismo e dieta.

DiMatteo, M. R. (2004). Variations in patients' adherence to medical recommendations: A quantitative review of 50 years of research. *Medical Care*, 42, 200-209. DiMatteo analisa mais de 500 estudos publicados ao longo de 50 anos para determinar os fatores que se relacionam com falhas na adesão. Seu resumo desses resultados revela a contribuição relativa dos fatores demográficos, bem como das características da doença.

Schwarzer, R. (2008). Modeling health behavior change: How to predict and modify the adoption and maintenance of health behaviors. *Applied Psychology: An International Review, 57*, 1-29. Essa revisão descreve a abordagem do processo de ação em saúde e sua aplicação para compreender a adoção e a manutenção de vários comportamentos de saúde, como atividade física, autoexame das mamas, uso do cinto de segurança, mudança na dieta e uso do fio dental.

OBJETIVOS DE APRENDIZAGEM
Depois de estudar este capítulo, você será capaz de...

5-1 Identificar as partes do sistema nervoso responsáveis pela resposta fisiológica ao estresse, bem como os principais neurotransmissores envolvidos

5-2 Identificar as partes do sistema endócrino responsáveis pela resposta fisiológica ao estresse, bem como os principais hormônios envolvidos

5-3 Compreender a perspectiva de Selye sobre o estresse e os estágios da síndrome geral de adaptação

5-4 Entender a visão transacional do estresse de Lazarus e sua ênfase no papel das avaliações do indivíduo no processo de estresse

5-5 Reconhecer os vários tipos de experiências que causam estresse na vida das pessoas, desde eventos cataclísmicos até aborrecimentos diários

5-6 Compreender os três principais métodos de medição de estresse, bem como os pontos fortes e limitações de cada abordagem

5-7 Entender por que os recursos pessoais de apoio social, controle pessoal e otimismo são benéficos ao lidar com o estresse

5-8 Distinguir as estratégias focadas no problema, focadas nas emoções e de enfrentamento social

5-9 Entender os objetivos de quatro tipos principais de intervenções comportamentais para lidar com o estresse

5-10 Avaliar a eficácia de cada tipo de intervenção comportamental

CAPÍTULO 5
Definição, medição e gestão do estresse

SUMÁRIO DO CAPÍTULO

Perfil do mundo real da pandemia de Covid-19

O sistema nervoso e a fisiologia do estresse
- O sistema nervoso periférico
- O sistema neuroendócrino
- Fisiologia da resposta ao estresse

Teorias do estresse
- Visão de Selye
- Visão de Lazarus

Fontes de estresse
- Eventos cataclísmicos
- Eventos da vida
- Aborrecimentos diários

Medição do estresse
- Métodos de medição

Enfrentando o estresse
- Recursos pessoais que influenciam o enfrentamento
- Estratégias de enfrentamento pessoais

Intervenções comportamentais para gerenciar o estresse
- Treino de relaxamento
- Terapia cognitiva comportamental
- Divulgação emocional
- Atenção plena

PERGUNTAS

Este capítulo concentra-se em seis questões básicas:

1. Qual é a fisiologia do estresse?
2. Quais teorias explicam o estresse?
3. Quais fontes produzem estresse?
4. Como o estresse é medido?
5. Quais fatores influenciam o enfrentamento e quais estratégias são eficazes?
6. Quais técnicas comportamentais são eficazes para lidar com o estresse?

O estresse é uma realidade da vida. Suas causas são generalizadas e incluem grandes eventos de mudança de vida, como a morte de um ente querido, desemprego e catástrofes como os ataques terroristas de 11 de Setembro de 2001, o furacão Katrina e a pandemia de Covid-19. Aborrecimentos aparentemente menores, como rompimentos de relacionamentos e problemas de transporte, podem ser fontes contínuas de estresse. Até pessoas que são especialistas em lidar com alguns tipos de estresse, como médicos de emergência, podem achar outras formas de estresse difíceis. Este capítulo analisa o que é o estresse, como ele pode ser medido, algumas das estratégias eficazes e ineficazes usadas para enfrentá-lo e algumas técnicas de gestão comportamental que podem ajudar as pessoas a enfrentá-lo com mais eficácia. O Capítulo 6 examina a questão para saber se o estresse pode causar doenças e até mesmo morte. Neste capítulo, veremos primeiro as bases fisiológicas do estresse.

5-1 O sistema nervoso e a fisiologia do estresse

OBJETIVOS DE APRENDIZAGEM

5-1 Identificar as partes do sistema nervoso responsáveis pela resposta fisiológica ao estresse, bem como os principais neurotransmissores envolvidos

5-2 Identificar as partes do sistema endócrino responsáveis pela resposta fisiológica ao estresse, bem como os principais hormônios envolvidos

O estresse é uma experiência psicológica que facilmente fica "sob a pele" para influenciar o funcionamento do nosso corpo. Para entender os efeitos fisiológicos do estresse, devemos primeiro entender vários aspectos dos sistemas nervoso e endócrino.

Os efeitos do estresse no corpo resultam das respostas do sistema nervoso ao ambiente. O sistema nervoso humano contém bilhões de células individuais chamadas **neurônios**, que funcionam eletroquimicamente. Dentro de cada neurônio, íons eletricamente carregados mantêm o potencial de uma descarga elétrica.

Verifique OS RISCOS À SAÚDE
Escala de Eventos da Vida para Estudantes

Este evento estressante aconteceu com você em algum momento durante os últimos quatro meses? Se tiver, marque a caixa ao lado. Se não tiver, deixe em branco.

☐ Morte de um dos pais (100)
☐ Morte do seu melhor ou mais próximo amigo (91)
☐ Tempo na prisão (80)
☐ Gravidez, seja você mesma ou o pai (78)
☐ Grave acidente automobilístico (carro destruído, pessoas feridas) (77)
☐ Lesão pessoal grave ou doença (75)
☐ Rompimento do casamento/divórcio dos pais (70)
☐ Ser expulso da faculdade (68)
☐ Grande mudança de saúde em familiar próximo (68)
☐ Romper com namorado/namorada (65)
☐ Problemas financeiros maiores e/ou crônicos (63)
☐ Pai que perde um emprego (57)
☐ Perder um bom amigo (57)
☐ Reprovação em vários cursos (56)
☐ Buscar consulta psicológica ou psiquiátrica (56)
☐ Pensar seriamente em abandonar a faculdade (55)
☐ Falhar em um curso (53)
☐ Grande discussão com namorado/namorada (53)
☐ Grande discussão com os pais (48)
☐ Dificuldades sexuais com namorado/namorada (48)
☐ Iniciar um programa de doutorado na universidade (47)
☐ Sair de casa (46)
☐ Sair da cidade com os pais (44)
☐ Mudança de emprego (43)
☐ Pequeno acidente de carro (42)
☐ Mudar de programa dentro da mesma faculdade ou universidade (37)
☐ Obter nota baixa injustificada em uma prova (36)
☐ Estabelecer novo relacionamento estável com o parceiro (35)
☐ Pequenos problemas financeiros (32)
☐ Perder um emprego de meio período (31)
☐ Férias com os pais (27)
☐ Encontrar um emprego de meio período (25)
☐ Encontros em família (25)
☐ Pequena violação da lei (por exemplo, multa por excesso de velocidade) (24)
☐ Obter o próprio carro (21)
☐ Férias sozinho/com amigos (16)

Para todos os itens verificados, some os números entre parênteses ao lado dos itens. Estudantes de doutorado saudáveis, em média, têm notas totais em torno de 190. Com certeza, os universitários experimentam estresse em suas vidas. No entanto, à medida que as pontuações aumentam, também aumenta o risco de problemas de saúde das pessoas. Por exemplo, pessoas com pontuação igual ou superior a 300 têm um risco muito alto de uma mudança séria de saúde no espaço de dois anos. Este capítulo explora por que eventos estressantes da vida, como os listados nesta lista de verificação, podem piorar a saúde física.

Fonte: Reimpresso de *Personality and Individual Differences*, 20 (6). Clements, K. & Turpin, G., The life events scale for students: Validation for use with British Samples, 747-751, 1996.

A descarga desse potencial produz uma pequena corrente elétrica, que percorre todo o comprimento do neurônio. A carga elétrica leva à liberação de substâncias químicas chamadas **neurotransmissores**, que são fabricados dentro de cada neurônio e armazenados em vesículas nas extremidades dos neurônios. Os neurotransmissores liberados se difundem por meio da **fenda sináptica**, o espaço entre os neurônios. Assim, os neurotransmissores são as principais formas de comunicação entre os neurônios.

Bilhões de neurônios compõem o sistema nervoso, que é organizado em uma hierarquia com divisões e subdivisões principais. As duas principais divisões do sistema nervoso são o **sistema nervoso central (SNC)** e o **sistema nervoso periférico (SNP)**. O SNC é constituído pelo cérebro e pela medula espinhal. O SNP consiste em todos os outros neurônios, que se estendem da medula espinhal para todas as outras partes do corpo. A **Figura 5.1** ilustra essas divisões e subdivisões do sistema nervoso.

O sistema nervoso periférico

O SNP, a parte do sistema nervoso que fica fora do cérebro e da medula espinhal, é dividido em duas partes: o **sistema nervoso somático** e o **sistema nervoso autônomo (SNA)**. O sistema nervoso somático serve principalmente à pele e aos músculos voluntários. O SNA serve principalmente aos órgãos internos e, portanto, é importante na compreensão das respostas ao estresse.

O SNA permite uma variedade de respostas por meio de duas divisões: o **sistema nervoso simpático** e o **sistema nervoso parassimpático**. Essas duas subdivisões diferem anatomicamente e funcionalmente. Elas, juntamente com seus órgãos-alvo, aparecem na **Figura 5.2**.

A divisão simpática do SNA mobiliza os recursos do corpo em situações de emergência, estressantes e emocionais. As reações incluem um aumento na taxa e força das contrações cardíacas, aumento na taxa de respiração, constrição dos vasos sanguíneos da pele, diminuição da atividade gastrointestinal, estimulação das glândulas sudoríparas e dilatação das pupilas dos olhos. Muitas dessas mudanças fisiológicas servem para direcionar o fluxo de sangue e oxigênio para os músculos esqueléticos, permitindo que o organismo monte uma resposta motora rápida a um evento potencialmente ameaçador.

A divisão parassimpática do SNA, por outro lado, promove relaxamento, digestão e funções normais de

Perfil do mundo real da PANDEMIA DE COVID-19

Muitas vezes, o estresse é uma experiência exclusivamente individual, na qual sentimos que poucos podem entender ou se relacionar com a turbulência em nossas vidas. Mas, no início de 2020, o mundo inteiro começou a compartilhar a experiência do mesmo estressor, a pandemia de Covid-19.

Em questão de semanas, o novo coronavírus se espalhou pelo mundo e matou centenas de milhares de pessoas. Familiares que perderam entes queridos e profissionais de saúde na linha de frente experimentaram os aspectos mais trágicos da pandemia. Aqueles que não pegaram o vírus se preocuparam em pegá-lo ou transmiti-lo aos entes queridos. As escolas mandaram os alunos para casa. As empresas fecharam as portas. Os hospitais nas áreas mais atingidas não conseguiram acompanhar o número de pessoas que precisavam de tratamento urgente. Os governos emitiram ordens de permanência em casa e os mercados de ações entraram em colapso. Milhões de pessoas perderam seus empregos.

Os níveis de estresse dos norte-americanos atingiram níveis máximos durante esse período (APA, 2020), como provavelmente também ocorreu em todo o mundo. A segurança econômica foi uma das fontes mais significativas de estresse para os norte-americanos como um todo. Mas algumas pessoas sentiram o estresse mais que outras. Os pais com filhos em idade escolar sentiram níveis especialmente altos de estresse, pois faziam malabarismos com os múltiplos papéis de pai, empregado (se tiveram a sorte de manter o emprego) e professor domiciliar. As minorias raciais e étnicas, muito mais que os brancos, ficaram estressadas por vários aspectos da pandemia, incluindo o risco de se infectar com o coronavírus, ter as necessidades básicas atendidas e acessar os serviços de saúde. O pedágio da Covid-19 sobre as minorias e aqueles de menor *status* socioeconômico foi maior. Nos Estados Unidos e no Reino Unido, negros e outros grupos étnicos minoritários pareciam estar em maior risco de mortalidade por Covid-19 (Aldridge et al., 2020; Hooper et al., 2020).

As ordens de ficar em casa impostas por muitos governos também impediram as pessoas de fazer muitas das coisas que normalmente ajudam em momentos de estresse, como recreação ou passar tempo com familiares e amigos. Devido ao estresse da pandemia e à perda de muitos meios típicos de enfrentá-lo, as taxas de ansiedade e depressão aumentaram, assim como o uso de medicamentos prescritos para gerenciar essas condições de saúde mental (Express Scripts, 2020). Por exemplo, no final de abril e início de maio de 2020, aproximadamente um em cada três norte-americanos relatou sintomas de ansiedade ou depressão, o triplo do número de pessoas que relataram esses sintomas antes da pandemia de Covid-19 (CDC, 2020b). As taxas de ansiedade e depressão foram mais altas entre adultos mais jovens, mulheres e pobres.

A pandemia de Covid-19 é o exemplo de um estressor cataclísmico generalizado, no qual comunidades inteiras, países ou o mundo experimentam o mesmo evento estressante. Contudo, as experiências individuais de estresse das pessoas dependerão de como a pandemia as afetou pessoalmente. Este capítulo apresenta o conceito de estresse, as variedades de estresse que existem em nossas vidas e o impacto que pode ter em nossa saúde física.

---

crescimento. O sistema nervoso parassimpático está ativo em condições normais e não estressantes. Os sistemas nervosos parassimpático e simpático atendem aos mesmos órgãos-alvo, mas tendem a funcionar reciprocamente, com a ativação de um aumentando à medida que o outro diminui. Por exemplo, a ativação da divisão simpática reduz a secreção de saliva, produzindo a sensação de boca seca. A ativação da divisão parassimpática promove a secreção de saliva.

Os neurônios do SNA são ativados por neurotransmissores, principalmente **acetilcolina** e **noradrenalina**. Esses neurotransmissores têm efeitos complexos; cada um tem efeitos diferentes em diferentes sistemas orgânicos porque os órgãos contêm diferentes receptores neuroquímicos. Além disso, o equilíbrio entre esses dois principais neurotransmissores, bem como a quantidade absoluta, é importante. Portanto, esses dois principais neurotransmissores do SNA podem produzir uma ampla variedade de respostas. A noradrenalina, como descreveremos em breve, desempenha vários papéis importantes na resposta ao estresse.

O sistema neuroendócrino

O **sistema endócrino** consiste em glândulas endócrinas distribuídas por todo o corpo (ver **Figura 5.3**). O **sistema neuroendócrino** consiste nas glândulas endócrinas que são controladas e interagem com o sistema nervoso. As glândulas dos sistemas endócrino e neuroendócrino secretam substâncias químicas conhecidas como **hormônios**, que se movem para a corrente sanguínea para serem transportados para diferentes partes do corpo. Receptores especializados em tecidos ou órgãos-alvo permitem que os hormônios tenham efeitos específicos, mesmo que circulem por todo o corpo. No alvo, os hormônios podem ter um efeito direto ou podem causar a secreção de outro hormônio.

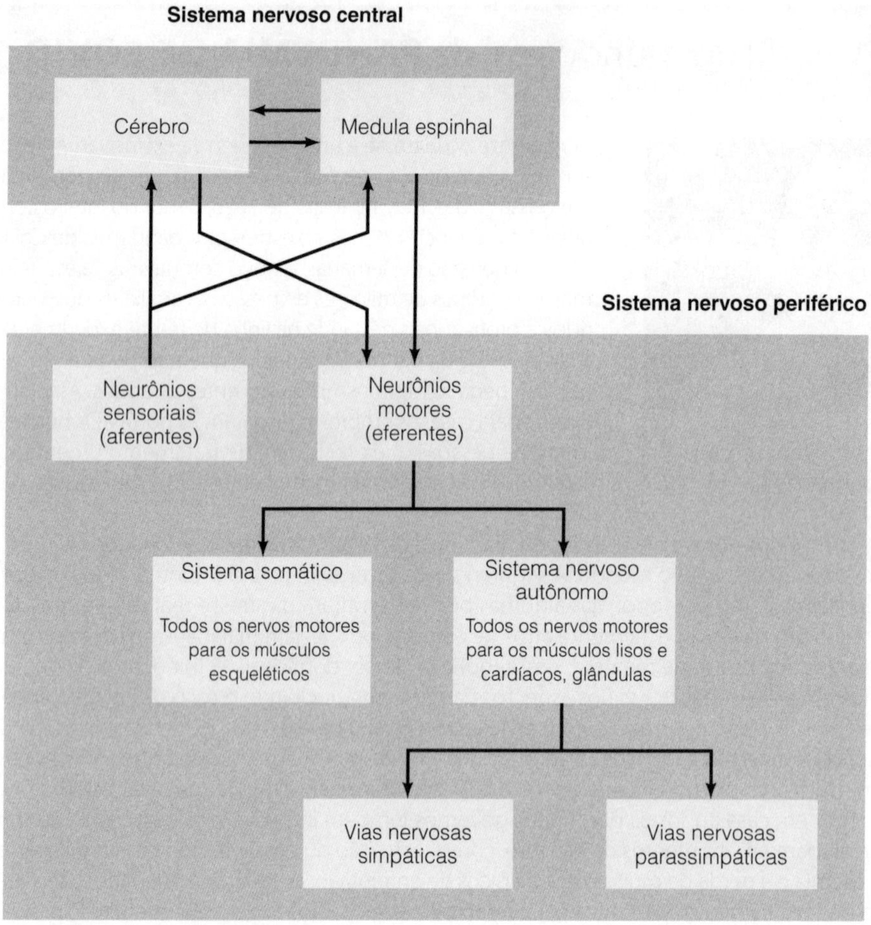

FIGURA 5.1 Divisões do sistema nervoso humano.

Os sistemas endócrino e nervoso trabalham juntos porque têm várias semelhanças, mas também diferem em aspectos importantes. Ambos compartilham, sintetizam e liberam substâncias químicas. No sistema nervoso, essas substâncias químicas são chamadas de neurotransmissores; no endócrino, são chamados de hormônios. A ativação dos neurônios costuma ser rápida e o efeito é de curto prazo; o sistema endócrino responde mais lentamente e sua ação persiste por mais tempo. No sistema nervoso, os neurotransmissores são liberados pela estimulação de impulsos neurais, fluem por meio da fenda sináptica e são imediatamente reabsorvidos ou inativados. No sistema endócrino, os hormônios são sintetizados pelas células endócrinas, são liberados no sangue, atingem seus alvos em minutos – ou mesmo horas – e exercem efeitos prolongados. Os sistemas endócrino e nervoso têm funções de comunicação e controle, e ambos trabalham para comportamentos integrados e adaptativos. Os dois sistemas estão relacionados em função e interagem nas respostas neuroendócrinas.

A hipófise A **hipófise** (também conhecida como glândula pituitária) está localizada no cérebro e é um excelente exemplo da intrincada relação entre os sistemas nervoso e endócrino. A hipófise está conectada ao hipotálamo, uma estrutura do prosencéfalo, e às vezes é chamada de "glândula mestra" porque produz vários hormônios que afetam outras glândulas e estimulam a produção de outros hormônios.

Dos sete hormônios produzidos pela porção anterior da hipófise, o **hormônio adrenocorticotrófico (ACTH**, do inglês *adrenocorticotropic hormone*) desempenha um papel essencial na resposta ao estresse. Quando estimulada pelo hipotálamo, a hipófise libera ACTH, que por sua vez atua nas **glândulas suprarrenais**.

As glândulas suprarrenais As glândulas suprarrenais são glândulas endócrinas localizadas na parte superior de cada rim. Cada glândula é composta por uma cobertura externa, o **córtex adrenal**, e uma parte interna, a **medula adrenal**. Ambos secretam hormônios que são importantes na resposta ao estresse. A **resposta adrenocortical** ocorre quando o ACTH da hipófise estimula o córtex adrenal a liberar glicocorticoides, um tipo de hormônio. **Cortisol**, o mais importante desses hormônios, exerce vários efeitos nos principais órgãos do corpo (Kemeny, 2003). Esse hormônio está tão fortemente associado ao estresse que o nível de cortisol circulante no sangue pode ser usado como índice de estresse. Seus níveis de pico aparecem 20 a 40 minutos após um estressor, dando tempo para a medição desse hormônio do estresse. O cortisol também pode ser avaliado na saliva e na urina.

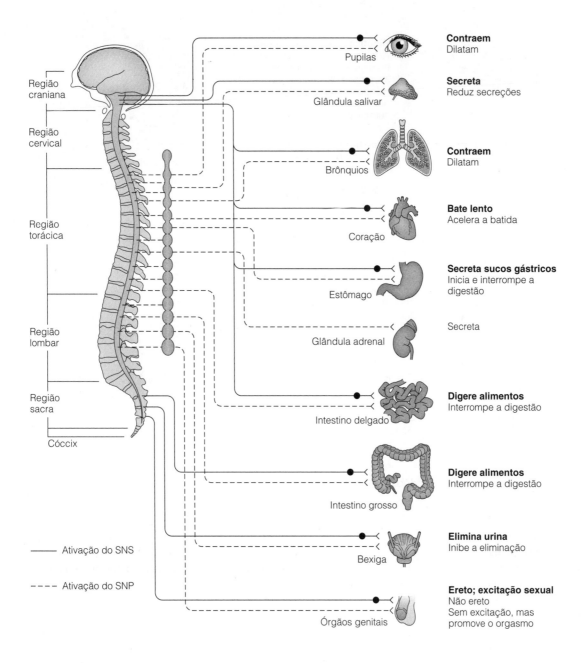

FIGURA 5.2 Sistema nervoso autônomo e órgãos-alvo. As linhas contínuas e o tipo negrito representam o sistema parassimpático, enquanto as linhas tracejadas e o tipo mais claro representam o sistema simpático.

A **resposta adrenomedular** ocorre quando o sistema nervoso simpático ativa a medula adrenal. Essa ação estimula a secreção de **catecolaminas**, uma classe de substâncias químicas contendo noradrenalina e **adrenalina**. A noradrenalina é um hormônio e um neurotransmissor e é produzida em muitos lugares do corpo além da medula adrenal. A **Figura 5.4** mostra essa resposta adrenomedular.

Por outro lado, a adrenalina (às vezes chamada de epinefrina) é produzida exclusivamente na medula adrenal. Está tão estreita e exclusivamente associada à resposta ao estresse adrenomedular que às vezes é usada como índice de estresse.

A quantidade de adrenalina secretada pode ser determinada analisando a urina de uma pessoa, medindo assim o estresse ao explorar a fisiologia da resposta ao estresse. Como outros hormônios, a adrenalina e a noradrenalina circulam pela corrente sanguínea, de modo que sua ação é mais lenta e mais prolongada que a ação dos neurotransmissores.

Fisiologia da resposta ao estresse

Cada uma dessas reações fisiológicas ao estresse começa com a percepção de algum tipo de estresse ou ameaça, seja uma

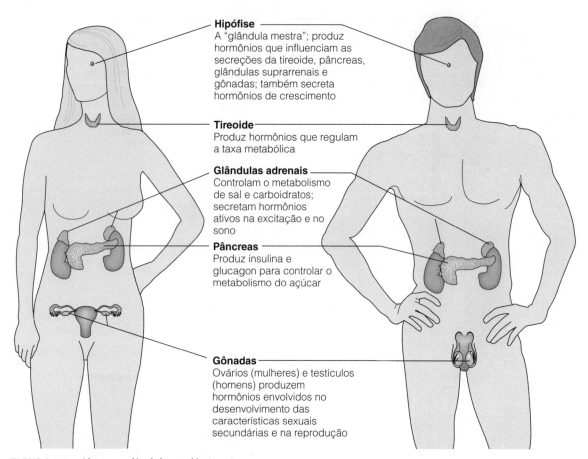

FIGURA 5.3 Algumas glândulas endócrinas importantes.

acusação injusta ou insulto, uma demanda de trabalho ou medo de infecção ou perda de emprego devido a uma pandemia de doença. Essa *percepção* resulta na ativação da divisão simpática do SNA, que mobiliza os recursos do organismo para reagir em situações emocionais, estressantes e de emergência. Walter Cannon (1932) denominou essa configuração de respostas de reação de "luta ou fuga" porque essa série de respostas prepara o corpo para qualquer uma das opções. A ativação simpática prepara o corpo para atividade motora intensa, do tipo necessário para ataque, defesa ou fuga. Essa mobilização ocorre por duas vias e afeta todas as partes do corpo.

Uma via é por meio da ativação direta da divisão simpática do SNA (chamado sistema adrenomedular), que ativa a medula adrenal para secretar adrenalina e noradrenalina (Kemeny, 2003). Os efeitos ocorrem em todo o corpo, afetando os sistemas cardiovascular, digestório e respiratório. O outro caminho é por meio do eixo **hipotalâmico-hipofisário-adrenal (HPA)**, que envolve todas essas estruturas. A ação começa com a percepção de uma situação ameaçadora, que leva à ação no hipotálamo. A resposta hipotalâmica é a liberação do hormônio liberador de corticotropina, que estimula a hipófise anterior (a parte da hipófise na base do cérebro) a secretar ACTH. Esse hormônio estimula o córtex adrenal a secretar glicocorticoides, incluindo o cortisol. A secreção de cortisol mobiliza os recursos energéticos do corpo, elevando o nível de açúcar no sangue para fornecer energia às células. O cortisol também tem um efeito anti-inflamatório, dando ao corpo uma defesa natural contra o inchaço de lesões que podem ser sofridas durante uma luta ou um voo. A Figura 5.4 mostra essas duas rotas de ativação.

Juntas, essas reações fisiológicas ao estresse preparam o corpo para uma variedade de respostas que permitem a adaptação a uma situação ameaçadora. **Alostase** é um termo que se refere à manutenção do corpo de um nível adequado de ativação sob circunstâncias de mudança (McEwen, 2005). A ativação do sistema nervoso simpático é a tentativa do corpo de atender às necessidades da situação durante as emergências. No seu ponto ótimo para manter a alostase, o SNA adapta-se suavemente, ajustando-se às demandas normais pela ativação parassimpática e mobilizando rapidamente recursos para situações ameaçadoras ou estressantes pela ativação simpática. Nem toda ativação simpática leva a problemas de saúde, no entanto: a ativação de curto prazo do sistema nervoso simpático pela atividade física, por exemplo, confere vários benefícios à saúde. A ativação simpática prolongada, porém, cria *carga alostática*, que pode superar a capacidade de adaptação do corpo. **Carga alostática** representa o "desgaste" que o corpo experimenta por causa da ativação prolongada das respostas fisiológicas ao estresse. A carga alostática pode ser

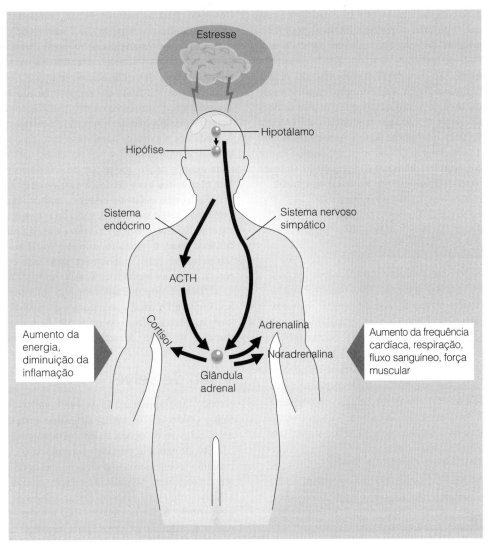

FIGURA 5.4 Efeitos fisiológicos do estresse.

a fonte de vários problemas de saúde, incluindo produção de cortisol fraca ou desregulada em resposta ao estresse, pressão alta, resistência à insulina, depósitos de gordura e até declínio das habilidades cognitivas ao longo do tempo (Juster, McEwen & Lupien, 2010; McEwen & Gianaros, 2010). Esses problemas de saúde serão descritos com mais detalhes no Capítulo 6.

Shelley Taylor e colegas (Taylor, 2002, 2006; Taylor et al., 2000) levantaram objeções à conceituação tradicional da resposta ao estresse, questionando a noção básica de que as respostas comportamentais das pessoas ao estresse são necessariamente de luta ou fuga. Esses teóricos argumentaram que se concentrar nos homens tem enviesado a pesquisa e a teoria sobre as respostas ao estresse, já que lutar ou fugir é uma descrição mais válida de respostas comportamentais para homens que para mulheres. Embora reconheçam que as respostas do sistema nervoso de homens e mulheres ao estresse são virtualmente idênticas, eles argumentam que as mulheres apresentam respostas neuroendócrinas ao estresse que diferem das reações dos homens. Eles propõem que essas diferenças podem surgir por causa do hormônio oxitocina, que é liberado em resposta a alguns estressores e ligado a atividades sociais como vínculo e afiliação. Os efeitos da ocitocina são especialmente influenciados pelo estrogênio, uma interação que pode estabelecer a base biológica para diferenças de gênero nas respostas comportamentais ao estresse. Taylor e colegas propõem que as respostas comportamentais das mulheres ao estresse são mais bem caracterizadas como "cuidar e fazer amizade" que "lutar ou fugir" – ou seja, as mulheres tendem a responder a situações estressantes com respostas estimulantes, buscando e dando apoio social, em vez de lutar ou fugir. De fato, uma das maiores diferenças de gênero no enfrentamento do estresse está relacionada à busca de apoio social: as mulheres procuram a companhia e o conforto dos outros quando estressadas mais que os homens (Taylor et al., 2000) e tendem a fornecer melhor apoio quando estressadas que os homens (Bodenmann et al., 2015).

Taylor e colegas argumentaram que esse padrão de respostas surgiu nas mulheres durante a história evolutiva humana. Embora alguns pesquisadores tenham criticado essa explicação evolucionária (Geary & Flinn, 2002), pesquisas recentes em humanos são consistentes com a visão de cuidar e fazer amizade (Taylor, 2006). Por exemplo, os padrões de secreção hormonal durante a competição diferem para mulheres e homens (Kivlinghan, Granger & Booth, 2005). Além disso, entre as mulheres, problemas de relacionamento se correlacionam com maiores níveis de oxitocina no sangue (Taylor et al., 2006; Taylor, Saphire-Bernstein & Seeman, 2010), confirmando uma diferença de gênero nas respostas ao estresse.

RESUMO

A fisiologia da resposta ao estresse é complexa. Quando uma pessoa percebe o estresse, a divisão simpática do SNA desperta a pessoa de um estado de repouso de duas maneiras: estimulando o sistema nervoso simpático e produzindo hormônios. A ativação do SNA é rápida, como toda transmissão neural, enquanto a ação do sistema neuroendócrino é mais lenta, porém mais duradoura. A hipófise libera ACTH, que por sua vez afeta o córtex adrenal. A liberação de glicocorticoides prepara o corpo para resistir ao estresse e até mesmo para enfrentar lesões pela liberação de cortisol. Juntos, os dois sistemas formam a base fisiológica para a alostase, respostas adaptativas sob condições de mudança.

Uma compreensão da fisiologia do estresse não esclarece completamente o significado do estresse. Vários modelos, descritos a seguir, tentam definir e explicar melhor o estresse.

APLIQUE O QUE VOCÊ APRENDEU

1. Faça um diagrama das partes do corpo envolvidas na resposta fisiológica ao estresse, bem como os neurotransmissores e hormônios envolvidos.

5-2 Teorias do estresse

OBJETIVOS DE APRENDIZAGEM

5-3 Compreender a perspectiva de Selye sobre o estresse e os estágios da síndrome geral de adaptação

5-4 Entender a visão transacional do estresse de Lazarus e sua ênfase no papel das avaliações de um indivíduo no processo de estresse

Se você perguntar a pessoas conhecidas se elas estão estressadas, é improvável que alguém pergunte o que você quis dizer. Elas parecem saber o que é o estresse sem precisar defini-lo. Para os pesquisadores, entretanto, o *estresse* não tem uma definição simples (McEwen, 2005). De fato, ele foi definido de três maneiras diferentes: como estímulo, como resposta e como interação. Quando algumas pessoas falam sobre estresse, elas estão se referindo a um *estímulo* ambiental, como em "eu tenho um trabalho de alto estresse". Outros consideram o estresse uma resposta física, como em "meu coração dispara quando sinto muito estresse". Outros ainda consideram o estresse como resultado da *interação* entre os estímulos ambientais e a pessoa, como em "sinto-me estressado quando tenho que tomar decisões financeiras no trabalho, mas outros tipos de decisões não me estressam".

Essas três visões do estresse também aparecem em diferentes teorias do estresse. A visão do estresse como um evento externo foi a primeira abordagem adotada pelos pesquisadores, dos quais o mais proeminente foi Hans Selye. Durante sua pesquisa, Selye mudou para uma visão com mais base na resposta física do estresse. A visão mais influente do estresse entre os psicólogos é a abordagem interacionista, proposta por Richard Lazarus, que enfoca o estresse como um produto tanto da pessoa quanto do ambiente. As próximas duas seções discutem os pontos de vista de Selye e Lazarus.

Visão de Selye

Desde o início, na década de 1930, até sua morte em 1982, Selye (1956, 1976, 1982) defendeu fortemente a relação entre estresse e doença física e trouxe essa questão à atenção do público. Ele primeiro conceituou o estresse como um estímulo e concentrou sua atenção nas condições ambientais que o produzem. Na década de 1950, mudou seu foco para o estresse como uma resposta que o organismo dá. Para distinguir os dois, Selye começou a usar o termo *estressor* para se referir ao estímulo e *estresse* para significar a resposta.

As contribuições de Selye para a pesquisa do estresse incluíram um modelo de como o corpo se defende em situações estressantes. De acordo com o modelo de Selye, o estresse era uma resposta inespecífica, ou seja, uma grande variedade de estressores poderia desencadear a resposta ao estresse, mas a resposta seria sempre a mesma.

A síndrome de adaptação geral Selye cunhou o termo *síndrome de adaptação geral* (SAG) para se referir à tentativa generalizada do corpo de se defender contra um estressor. Essa síndrome é dividida em três fases, sendo a primeira a **reação de alarme**. Durante o alarme, as defesas do organismo contra um estressor são mobilizadas por meio da ativação do sistema nervoso simpático. A adrenalina (epinefrina) é liberada, a frequência cardíaca e a pressão arterial aumentam, a respiração se torna mais rápida, o sangue é desviado dos órgãos internos para os músculos esqueléticos, as glândulas sudoríparas são ativadas e o sistema gastrointestinal diminui sua atividade.

Selye chamou a segunda fase da SAG de **estágio de resistência**. Aqui, o organismo se adapta ao estressor. A duração desse estágio depende da gravidade do estressor e da capacidade adaptativa do organismo. Se o organismo puder se adaptar, o estágio de resistência continuará por muito tempo.

Durante esse estágio, a pessoa dá a aparência externa de normalidade, mas fisiologicamente o funcionamento interno do corpo não é normal. O estresse contínuo causará alterações neurológicas e hormonais contínuas. Selye acreditava que essas demandas cobram seu preço, preparando o terreno para o que ele descreveu como *doenças de adaptação* – doenças relacionadas ao estresse contínuo e persistente. A **Figura 5.5** ilustra esses estágios e o ponto no processo em que as doenças se desenvolvem.

Entre as doenças consideradas por Selye como resultado da resistência prolongada ao estresse estão úlceras pépticas e colite ulcerativa, hipertensão e doenças cardiovasculares, hipertireoidismo e asma brônquica. Além disso, Selye levantou a hipótese de que a resistência ao estresse causaria mudanças no sistema imunológico, tornando a infecção mais provável.

A capacidade de um organismo de resistir ao estresse tem limites, e a fase final da SAG é o **estágio de exaustão**. No final, a capacidade de resistência do organismo é esgotada, resultando em um colapso. Esse estágio é caracterizado pela ativação da divisão parassimpática do SNA. Em circunstâncias normais, a ativação parassimpática mantém o corpo funcionando em um estado equilibrado. Nesse estágio, contudo, o sistema parassimpático funciona de forma anormal, fazendo que a pessoa fique exausta. Selye acreditava que a exaustão frequentemente resulta em depressão e às vezes até em morte.

Avaliação da visão de Selye O conceito inicial de estresse de Selye como um estímulo e sua concentração posterior nos aspectos físicos do estresse influenciaram a pesquisa sobre estresse. A visão do estresse como um estímulo motivou os pesquisadores a investigar as várias condições ambientais que levam as pessoas a experimentá-lo e levou à construção de inventários de estresse, como a Escala de Eventos da Vida para Estudantes que é apresentada neste capítulo.

Entretanto, a visão de Selye sobre a fisiologia do estresse é provavelmente muito simplista (McEwen, 2005). Ele considerou a resposta ao estresse a todos os eventos como semelhante, uma visão que não é apoiada pela pesquisa. Ele também acreditava que as respostas fisiológicas ao estresse eram orientadas para manter o funcionamento dentro de uma faixa estreita do nível ideal. Os conceitos de *alostase* e *carga alostática*, que enfatizam os processos de adaptação e mudança em vez de regulação restrita, agora substituem a visão de Selye. A carga alostática ocorre quando muitas mudanças são exigidas pela presença de estressores crônicos. Assim, a carga alostática pode se tornar uma sobrecarga, resultando em danos e doenças. Essa visão do estresse é semelhante à de Selye, mas mostra diferenças sutis que são mais compatíveis com a pesquisa moderna.

A principal crítica à visão de Selye é que ela ignora os fatores situacionais e psicológicos que contribuem para o estresse. Esses fatores incluem o componente emocional e a interpretação de uma pessoa de eventos estressantes (Mason, 1971, 1975), o que torna a visão de Selye do estresse incompleta na visão da maioria dos psicólogos. Embora a visão de Selye tenha tido grande influência na concepção popular de estresse, um modelo alternativo formulado pelo psicólogo Richard Lazarus é mais amplamente aceito entre os psicólogos da atualidade.

Visão de Lazarus

Na visão de Lazarus, a interpretação de eventos estressantes é mais importante que os próprios eventos. Nem o evento ambiental nem a resposta da pessoa definem o estresse; em

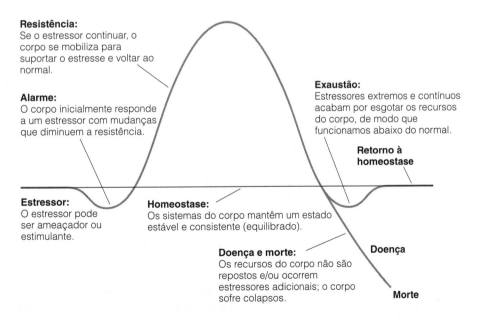

FIGURA 5.5 Os três estágios da síndrome de adaptação geral de Selye – alarme, resistência, exaustão – e suas consequências.

Fonte: *An invitation to health* (7th ed., p. 40) por D. Hales, 1997, Pacific Grove, CA: Brooks/Cole. De HALES, *Invitation to Health*, 7E. © 1997 Cengage Learning.

vez disso, a *percepção* do indivíduo sobre a situação psicológica é o fator crítico. Por exemplo, uma promoção no emprego pode representar uma oportunidade e um desafio para uma pessoa, mas uma fonte significativa de estresse para outra. As ordens de permanência em casa durante a pandemia de Covid-19 podem ter sido uma fonte de estresse e solidão para algumas pessoas, mas também uma chance de redirecionar a atenção e as prioridades para outras.

Fatores psicológicos A ênfase de Lazarus na interpretação e percepção difere daquela de Selye. Essa ênfase surgiu de outra diferença: Lazarus trabalhou principalmente com humanos e não com animais não humanos. A capacidade das pessoas de pensar e avaliar eventos futuros as torna vulneráveis a estressores psicológicos de uma maneira que outros animais não são. As pessoas se sentem estressadas com situações que provavelmente não dizem respeito a um animal, como emprego, finanças, falar em público, dias de cabelo ruim, prazos e exames. Os seres humanos enfrentam estresse por que possuem habilidades cognitivas de alto nível que outros animais não possuem.

De acordo com Lazarus (1984, 1993), o efeito que o estresse tem sobre uma pessoa é baseado mais nos sentimentos de ameaça, vulnerabilidade e capacidade de enfrentamento dela que no próprio evento estressante. Por exemplo, perder o emprego pode ser extremamente estressante para alguém que não tenha dinheiro guardado ou que acredite que encontrar outro emprego seja difícil. Mas, para alguém que odiasse o trabalho, tivesse dinheiro guardado e acreditasse que encontrar um novo emprego fosse fácil, a experiência pudesse causar pouco estresse. Esses exemplos destacam a visão de Lazarus de que um evento da vida não é o que produz estresse; em vez disso, é a visão da situação que faz que um evento se torne estressante.

Lazarus e Susan Folkman definiram o estresse psicológico como uma "relação particular entre a pessoa e o ambiente ao ser avaliada por ela como sobrecarregando ou excedendo seus recursos e colocando em risco seu bem-estar" (1984, p. 19). Essa definição produz vários pontos importantes. Primeiro, enfatiza a visão interacional, ou *transacional*, do estresse de Lazarus e Folkman, sustentando que o estresse refere-se a uma relação entre a pessoa e o ambiente. Segundo, essa definição enfatiza o papel fundamental da avaliação sobre a situação psicológica de alguém. Terceiro, a definição sustenta que o estresse surge quando um indivíduo avalia uma situação como ameaçadora, desafiadora ou prejudicial.

Avaliação De acordo com Lazarus e Folkman (1984), as pessoas fazem três tipos de avaliações das situações: avaliação primária, secundária e reavaliação. **Avaliação primária** não é necessariamente a primeira em importância, mas é a primeira no tempo. Quando as pessoas encontram um evento pela primeira vez, como uma oferta de promoção no emprego, elas o avaliam quanto ao efeito em seu bem-estar. Elas podem ver o evento como irrelevante, benigno-positivo ou estressante. Eventos irrelevantes são aqueles que não têm implicações para o bem-estar da pessoa, como uma tempestade de neve em outro Estado. Eventos positivos benignos são aqueles que são avaliados como tendo boas implicações. Um evento estressante significa que é avaliado como prejudicial, ameaçador ou desafiador. Lazarus (1993) definiu *prejuízo* como dano que já foi feito, como uma doença ou lesão; *ameaça* como a antecipação do dano; e *desafio* como a confiança de alguém em superar demandas difíceis. Pesquisas indicam que a percepção de ameaça ou desafio faz diferença para o desempenho; a percepção de desafio leva a um melhor desempenho que a de ameaça (Moore, Vine, Wilson & Friedman, 2012).

Após a avaliação inicial de um evento, as pessoas formam uma impressão sobre sua capacidade de controlar ou enfrentar os danos, ameaças ou desafios, uma impressão chamada **avaliação secundária**. Elas normalmente fazem três perguntas ao criarem avaliações secundárias. A primeira é "Quais opções estão disponíveis para mim?". A segunda é "Qual é a probabilidade de eu conseguir aplicar com sucesso as estratégias necessárias para reduzir esse estresse?". A terceira é "Essas estratégias funcionarão – ou seja, elas aliviarão meu estresse?". Cada uma dessas avaliações secundárias também pode influenciar o grau de estresse experimentado. Naturalmente, ter várias opções disponíveis que você sente que pode usar para reduzir danos ou ameaças tornará o evento menos estressante.

O terceiro tipo de avaliação é a **reavaliação**. As avaliações mudam constantemente à medida que novas informações se tornam disponíveis. A reavaliação nem sempre resulta em mais estresse; às vezes o diminui. Por exemplo, uma pessoa pode reavaliar o estresse de um rompimento com o namorado ou namorada como uma oportunidade de passar o tempo com outros amigos, o que pode tornar a experiência menos estressante.

Enfrentamento Um ingrediente importante na teoria do estresse de Lazarus é a capacidade ou incapacidade de enfrentar uma situação estressante. Lazarus e Folkman definiram enfrentamento como "esforços cognitivos e comportamentais em constante mudança para lidar com demandas externas e/ou internas específicas que são avaliadas como sobrecarregando ou excedendo os recursos da pessoa" (1984, p. 141). Essa definição explicita várias características importantes do enfrentamento. Primeiro, o enfrentamento é um processo que muda constantemente à medida que os esforços são avaliados como mais ou menos bem-sucedidos. Segundo, o enfrentamento não é automático; é um padrão aprendido de responder a situações estressantes. Terceiro, enfrentar requer esforço. As pessoas não precisam estar completamente cientes de sua resposta de enfrentamento e o resultado pode ou não ser bem-sucedido, mas o esforço deve ter sido despendido. Quarto, o enfrentamento é um esforço para *lidar* com a situação; controle e maestria não são necessários. Por exemplo, a maioria de nós tenta dominar nosso ambiente físico buscando uma temperatura confortável do ar. Assim, enfrentamos o nosso ambiente, embora o domínio completo do clima seja impossível. Em que medida as pessoas lidam bem com a situação depende dos recursos que têm disponíveis e das estratégias que usam. Discutiremos estratégias de enfrentamento eficazes mais adiante neste capítulo.

RESUMO

Duas das principais teorias do estresse são as de Selye e Lazarus. Selye, o primeiro pesquisador a examinar de perto o estresse, primeiro o viu como um estímulo, mas depois como uma resposta. Sempre que animais (incluindo humanos) encontram um estímulo ameaçador, eles se mobilizam em uma tentativa generalizada de se adaptar a esse estímulo. Essa mobilização, chamada síndrome de adaptação geral, tem três estágios – alarme, resistência e exaustão – e o potencial de trauma ou doença existe em todos os três estágios.

Em contraposição, Lazarus mantinha uma visão transacional e cognitivamente orientada sobre estresse e enfrentamento. Os encontros estressantes são dinâmicos e complexos, constantemente mudando e se desdobrando, de modo que os resultados de um evento estressante alteram as avaliações subsequentes de novos eventos. As diferenças individuais nas estratégias de enfrentamento e na avaliação de eventos estressantes são cruciais para a experiência de estresse de uma pessoa; portanto, a probabilidade de desenvolver qualquer transtorno relacionado ao estresse varia de acordo com o indivíduo.

APLIQUE O QUE VOCÊ APRENDEU

1. Considere sua experiência mais recente de estresse e anote todos os aspectos da situação que a tornaram estressante. Quais são alguns dos aspectos dessa experiência que a tornaram estressante para você pessoalmente? A maioria das outras pessoas acharia essa experiência estressante da mesma maneira que você? Qual visão de estresse – de Selye ou de Lazarus – melhor explica sua resposta nessa situação?

5-3 Fontes de estresse

OBJETIVOS DE APRENDIZAGEM

5-5 Reconhecer os vários tipos de experiências que causam estresse na vida das pessoas, desde eventos cataclísmicos até aborrecimentos diários

O estresse pode surgir de várias fontes: eventos cataclísmicos com causas naturais ou humanas, mudanças na história de vida de um indivíduo e aborrecimentos contínuos da vida cotidiana. Na organização das fontes de estresse, seguimos o modelo estabelecido por Lazarus e Cohen (1977), mas, como esses dois pesquisadores enfatizaram, a percepção do indivíduo de um evento estressante é mais crucial que o evento em si.

Eventos cataclísmicos

Lazarus e Cohen definiram eventos cataclísmicos como "eventos de vida repentinos, únicos e poderosos que requerem grandes respostas adaptativas de grupos populacionais que compartilham a experiência" (1977, p. 91). Vários eventos cataclísmicos, intencionais e não intencionais, ocorrem de forma imprevisível em áreas ao redor do mundo. Grandes eventos não intencionais incluem catástrofes como furacões, tufões, incêndios, tornados, inundações, terremotos, pandemias e outros eventos cataclísmicos que matam um grande número de pessoas e criam estresse, tristeza e medo entre os sobreviventes. Tiroteios em massa e atos de terrorismo são exemplos de eventos cataclísmicos intencionais.

Ocasionalmente, eventos estressantes são tão poderosos que afetam quase todo o globo. Por exemplo, a pandemia de Covid-19 causou milhões de infecções, centenas de milhares de mortes e instabilidade econômica em todo o mundo, mas os principais epicentros de infecção, como a cidade de Nova York, sofreram alguns dos maiores impactos iniciais. Outros eventos estressantes generalizados recentes incluíram o grande terremoto e tsunami que devastou grande parte do Japão em março de 2011, o tsunami no Oceano Índico em dezembro de 2004 e o furacão Katrina e suas consequências, que destruiu Nova Orleans e outras cidades no Golfo do México, em agosto de 2005. O dano físico desses eventos naturais foi astronômico. Mais de 200.000 pessoas morreram ou desapareceram e inúmeras outras ficaram feridas, doentes e desabrigadas. Sobreviventes do tsunami no Oceano Índico (Dewaraja & Kawamura, 2006) e moradores na área de Nova Orleans (Weems et al., 2007) experimentaram sintomas de depressão e **transtorno de estresse pós-traumático (TEPT)**. Contudo, vários fatores moderaram ou exacerbaram esses sintomas, como o sentimento de apoio dos outros, a discriminação e a proximidade com a destruição.

Os desastres naturais podem ser devastadores para um grande número de pessoas, mas não podem ser atribuídos a uma única pessoa ou grupo de pessoas. Em contraposição, o atentado de 1995 ao Murrah Federal Building, em Oklahoma City, e o ataque ao World Trade Center e ao Pentágono em 11 de Setembro de 2001 foram todos *atos* intencionais. Cada um foi repentino, único e poderoso; cada um exigiu respostas adaptativas de um grande número de pessoas. A televisão e a mídia trouxeram as consequências desses eventos cataclísmicos para milhões de lares, resultando em multidões de pessoas tendo experiências semelhantes relacionadas ao estresse.

Vários fatores contribuem para a quantidade de estresse criada por um evento, incluindo a proximidade física do evento, o tempo decorrido desde o evento e a intenção dos perpetradores. O ataque de 11 de Setembro ao World Trade Center incluiu todos os três fatores para aqueles que vivem

Eventos cataclísmicos exigem grandes respostas adaptativas de grandes grupos de pessoas.

na cidade de Nova York, criando um trauma persistente para as pessoas próximas ao local (Hasin, Keyes, Hat-zenbuehler, Aharonovich e Alderson, 2007). Para aqueles que não estão em Nova York, o estresse associado aos ataques começou a se dissipar em semanas (Schlenger et al., 2002), mas outras evidências sugerem que algumas pessoas continuaram a experimentar efeitos negativos na saúde física e psicológica vários anos depois (Holman et al., 2008; Richman, Cloninger & Rospenda, 2008; Updegraff, Silver & Holman, 2008). A natureza intencional dos ataques aumentou o estresse, tornando esses eventos violentos mais traumáticos que os desastres naturais.

Em resumo, os eventos cataclísmicos podem ser intencionais ou não, com diferentes efeitos sobre o estresse. Tais eventos ocorrem de repente, sem aviso prévio, e as pessoas que sobrevivem a eles, bem como aqueles que ajudam com as consequências, muitas vezes veem a experiência como uma mudança de vida. Apesar do poder dos eventos cataclísmicos de afetar as pessoas, os pesquisadores têm focado mais atenção nos eventos da vida como fontes de estresse (Richman et al., 2008).

Eventos da vida

Eventos importantes da vida – como a morte de um cônjuge ou pai, divórcio, ser demitido do emprego ou mudar para um país diferente – são as principais fontes de estresse, mas eventos menores também podem ser estressantes. Alguns dos itens da Escala de Eventos da Vida para Estudantes no início deste capítulo são eventos de vida, e a popular Escala de Avaliação de Reajuste Social de Holmes e Rahe (1967), descrita mais adiante, também consiste em eventos de vida. Uma razão pela qual a pandemia de Covid-19 levou a um estresse tão generalizado é por que, para muitas pessoas, a pandemia produziu vários eventos estressantes na vida: perda de emprego, mudanças nas condições de trabalho, mudança nos padrões de sono, mudanças nas relações sociais, doença pessoal ou doença de um membro da família.

Embora um evento cataclísmico como a pandemia de Covid-19 possa produzir eventos de vida estressantes, estes diferem dos eventos cataclísmicos de três maneiras importantes. Eventos da vida e escalas de eventos da vida enfatizam a importância da *mudança*. Quando exigem que as pessoas façam algum tipo de mudança ou reajuste, elas se sentem estressadas. Acontecimentos positivos como casar-se, tornar-se pai e começar um novo emprego exigem algum ajuste, mas eventos negativos como perder o emprego, a morte de um membro da família ou ser vítima de um crime violento também exigem adaptação. Ao contrário dos eventos cataclísmicos que afetam um grande número de pessoas, os eventos estressantes da vida afetam algumas ou talvez apenas uma. O evento de um divórcio pode ser mais profundo na mudança de vida que um terremoto em um local distante que afeta milhares.

Os eventos da vida geralmente evoluem mais lentamente que os cataclísmicos. O divórcio não acontece em um único dia e a demissão de um emprego geralmente é precedida por um período de conflito. A vitimização do crime, porém, é muitas vezes repentina e inesperada. Todos esses eventos produzem estresse, e problemas subsequentes são comuns. Por exemplo, o divórcio pode diminuir o estresse entre os parceiros divorciados (Amato & Hohmann-Marriott, 2007), porém, mais frequentemente cria problemas de curto prazo e às vezes de longo prazo tanto para os adultos quanto para seus filhos (Michael, Torres & Seemann, 2007). Quando perder um emprego resulta em desemprego de longa duração, essa situação cria uma cascata de estressores, incluindo problemas financeiros e conflitos familiares (Howe, Levy & Caplan, 2004; Song, Foo, Uy & Sun, 2011). Ser vítima de um crime violento "transforma as pessoas em vítimas e muda suas vidas para sempre" (Koss, 1990, p. 374). As vítimas de crimes tendem a perder o senso de invulnerabilidade e o risco de TEPT aumenta (Koss, Bailey, Yuan, Herrera & Lichter, 2003). Esse risco se aplica a uma variedade de tipos de vitimização, e estudos estabeleceram o risco de TEPT tanto para crianças (Sebre et al., 2004) como para adultos. Mesmo a exposição à violência comunitária aumenta os riscos para as crianças (Rosario, Salzinger, Feldman & Ng-Mak, 2008).

Aborrecimentos diários

Ao contrário dos eventos da vida que exigem que as pessoas ajustem suas vidas, os aborrecimentos diários fazem parte da vida cotidiana. Viver na pobreza, temer a criminalidade, discutir com o cônjuge, equilibrar o trabalho com a vida familiar, viver em condições de superlotação e poluição e lutar contra uma longa jornada diária para o trabalho são exemplos de aborrecimentos diários. O estresse causado pelos aborrecimentos diários pode ter origem tanto no ambiente físico quanto no psicossocial.

Aborrecimentos diários e o ambiente físico Barulho, poluição, aglomeração, medo de criminalidade e alienação pessoal são muitas vezes parte da vida urbana. Embora essas fontes ambientais de estresse possam estar mais concentradas em ambientes urbanos, a vida rural também pode ser barulhenta, poluída, quente, fria, úmida ou até mesmo lotada, com muitas pessoas morando juntas em uma residência de um ou dois cômodos. Contudo, a aglomeração, o ruído, a poluição, o medo do crime e a alienação pessoal mais típicos da vida urbana se combinam para produzir o que Eric Graig (1993) denominou **pressão urbana**. Os resultados de um estudo (Christenfeld, Glynn, Phillips & Shrira, 1999) sugeriram que as fontes combinadas de estresse que afetam os moradores da cidade de Nova York são fatores da maior taxa de mortalidade por ataque cardíaco naquela cidade. Viver em um ambiente poluído, barulhento e lotado cria aborrecimentos diários crônicos que não apenas tornam a vida desagradável, mas também podem afetar o comportamento e o desempenho (Evans & Stecker, 2004) e representam um risco à saúde (Schell & Denham, 2003). O acesso a um jardim ou parque pode diminuir esse estresse; indivíduos cujas situações de vida incluem acesso a tais "espaços verdes" relatam menor estresse (Nielsen & Hansen, 2007) e melhor autorrelato de saúde (van Dillen, de Vries, Groenewegen & Spreeuwenberg, 2011).

Ruído é um tipo de poluição porque pode ser um estímulo nocivo e indesejado que se intromete no ambiente de alguém, mas é bastante difícil de definir de forma objetiva. O que é melodia para alguém pode ser ruído para outra. A importância da atitude subjetiva em relação ao ruído é ilustrada por um estudo (Nivison & Endresen, 1993) que indagou aos moradores que vivem ao lado de uma rua movimentada sobre sua saúde, o seu sono, o seu nível de ansiedade e a sua atitude em relação ao ruído. O nível de ruído não foi um fator, mas a visão subjetiva dos moradores sobre o ruído mostrou forte relação com o número de suas queixas quanto à saúde. Da mesma forma, os trabalhadores que são mais sensíveis ao ruído (Waye et al., 2002) apresentam um nível de cortisol mais alto e classificam os ruídos de baixa frequência como mais irritantes que os menos sensíveis.

Outra fonte de aborrecimentos é a *aglomeração*. Uma série de experimentos clássicos com ratos vivendo em condições de aglomeração (Calhoun, 1956, 1962) mostrou que ela produzia mudanças no comportamento social e sexual que incluíam aumentos na territorialidade, agressividade e mortalidade infantil e diminuição nos níveis de integração social. Trabalhos mais recentes confirmam que também em primatas a aglomeração está associada a aumentos nas respostas fisiológicas ao estresse (Dettmer, Novak, Meyer & Suomi, 2014; Pearson, Reeder & Judge, 2015). Esses resultados sugerem que a aglomeração é uma fonte de estresse que afeta o comportamento, mas estudos com humanos são complicados por vários fatores, incluindo uma definição de aglomeração.

Uma distinção entre os conceitos de densidade populacional e aglomeração ajuda a entender os efeitos da aglomeração nos seres humanos. Em 1972, Daniel Stokols definiu

A aglomeração, o barulho e a poluição aumentam o estresse da vida urbana.

densidade populacional como uma condição *física* em que uma grande população ocupa um espaço limitado. **Aglomeração**, porém, é uma condição *psicológica* que surge da percepção de uma pessoa sobre o ambiente de alta densidade em que está confinada. Assim, a densidade é necessária para a aglomeração, mas não produz automaticamente a sensação de estar lotada. Estar em um trem de metrô lotado pode não fazer você se sentir aglomerado se tiver um assento vazio ao seu lado, mas ficar sentado preso entre dois estranhos aumentaria seus sentimentos de aglomeração e sua resposta fisiológica ao estresse. De fato, foi isso que os pesquisadores descobriram em um estudo sobre passageiros de trens (Evans & Wener, 2007). A distinção entre densidade e aglomeração significa que as percepções pessoais, como um sentimento de controle, são críticas na definição de aglomeração. A aglomeração em bairros e residências desempenha um papel no quão estressada uma pessoa ficará (Regoeczi, 2003).

Poluição, ruído e aglomeração muitas vezes ocorrem no "ambiente de pobreza" (Ulrich, 2002, p. 16). O ambiente de pobreza também pode incluir violência ou ameaça de violência e discriminação. Diariamente, as pessoas mais ricas experimentam menos estressores que as mais pobres (Grzywacz et al., 2004), mas mesmo as ricas não estão isentas. A ameaça da violência e o medo do crime fazem parte do estresse da vida moderna. Algumas evidências sugerem que a violência comunitária é especialmente estressante para crianças e adolescentes (Ozer, 2005; Rosario et al., 2008). As crianças que crescem em um ambiente de pobreza experimentam maior estresse crônico e carga alostática, o que pode contribuir para problemas de saúde mais tarde na vida (Matthews, Gallo & Taylor, 2010). Por exemplo, crianças que crescem em lares de nível socioeconômico mais baixo percebem maior ameaça e caos familiar, que estão ligados à maior produção de cortisol à medida que envelhecem (Chen, Cohen & Miller, 2010).

Infelizmente, nos Estados Unidos, a pobreza é mais comum entre as minorias étnicas que entre os euro-americanos (US Census Bureau [USCB], 2015), e a discriminação é outro tipo de aborrecimento diário frequentemente associado ao ambiente de pobreza. Contudo, a discriminação faz parte do ambiente psicossocial.

Aborrecimentos diários e o ambiente psicossocial   O ambiente psicossocial das pessoas pode ser um terreno fértil para criar aborrecimentos diários. Esses estressores se originam no ambiente social cotidiano de fontes como a comunidade, o local de trabalho e as interações familiares.

A discriminação é um estressor que ocorre com alarmante regularidade em uma variedade de situações sociais na comunidade e no local de trabalho para afro-americanos nos Estados Unidos (Landrine & Klonoff, 1996), mas outros grupos étnicos (Edwards & Romero, 2008), mulheres e indivíduos gays e bissexuais (Huebner & Davis, 2007) também enfrentam discriminação. O tratamento injusto cria tanto uma desvantagem para os discriminados quanto um estigma que é estressante (Major & O'Brien, 2005). A discriminação é uma fonte de estresse que pode aumentar o risco de doença cardiovascular (Troxel, Matthews, Bromberger & Sutton-Tyrrell, 2003). Uma metanálise de mais de cem estudos confirmou esta ligação entre discriminação percebida e problemas de saúde mental e física (Pascoe & Richman, 2009). A discriminação está associada ao aumento das respostas fisiológicas ao estresse, bem como a comportamentos de saúde inadequados que as pessoas usam para enfrentar a discriminação.

A discriminação não é o único estressor que ocorre no local de trabalho – alguns ofícios são mais estressantes que outros. Ao contrário da suposição de algumas pessoas, os executivos de negócios que precisam tomar muitas decisões todos os dias têm *menos* estresse relacionado ao trabalho que

Altas demandas de trabalho podem produzir estresse, especialmente quando combinadas com baixos níveis de controle.

Dá para ACREDITAR?

Férias aliviam o estresse no trabalho... Mas não por muito tempo

Férias de verão. Folga na primavera. Feriado de inverno. Todos os anos, os norte-americanos gastam milhões de dólares em férias do trabalho e da escola. As férias afastam as pessoas do trabalho e oferecem oportunidades de diversão, viagens e relaxamento. Mas as férias servem como uma "intervenção" eficaz de longo prazo para aliviar o estresse relacionado ao trabalho?

Vários estudos tentaram responder a essa questão e uma revisão dessa pesquisa produziu alguns resultados surpreendentes (de Bloom et al., 2009). As pessoas experimentam menos estresse durante as férias que antes das férias, o que é esperado. Além disso, nos dias seguintes às férias, as pessoas relatam substancialmente menos estresse que antes delas. Em alguns casos, elas podem até oferecer alívio dos sintomas de saúde física.

Entretanto, esse "efeito das férias" tende a desaparecer rapidamente. Normalmente, quaisquer efeitos de redução do estresse nas férias desaparecem em três a quatro semanas (de Bloom et al., 2009; Kuhnel & Sonnentag, 2011). Um estudo mostrou que o efeito desaparece em uma única semana (de Bloom et al., 2010). Essa diminuição pode ocorrer por que o retorno de uma pessoa ao trabalho faz que ela precise fazer horas extras para "acompanhar" o trabalho ou não, o que aumenta o estresse.

Certamente, essas descobertas não sugerem que as pessoas devam evitar totalmente as férias. Em vez disso, sugerem que as férias não devem ser a única maneira de lidar com o estresse relacionado ao trabalho ou à escola. Elas podem administrar o estresse com mais eficácia usando técnicas comprovadas, como as descritas no final deste capítulo.

---

seus funcionários que simplesmente executam essas decisões. A maioria dos executivos tem empregos em que as demandas são altas, mas também seu nível de controle, e a falta de controle é mais estressante que o fardo de tomar decisões. Ocupações de nível inferior são realmente mais estressantes que cargos executivos (Wamala, Mittleman, Horsten, Schenck-Gustafsson & Orth-Gomér, 2000). Utilizando como critério as doenças relacionadas ao estresse, os trabalhos de pedreiro, secretária, técnico de laboratório, garçom ou garçonete, operador de máquina, lavrador e pintor estão entre os mais estressantes. Todos esses trabalhos compartilham um alto nível de demanda combinado com um baixo nível de controle, *status* e remuneração. O estresse pode até ser influenciado pelo fato de as pessoas acharem seu trabalho envolvente ou não. Indivíduos engajados e comprometidos com seu ambiente de trabalho apresentam menor produção de cortisol durante a semana de trabalho em comparação com aqueles com pouco engajamento (Harter & Stone, 2012). Breves férias podem ajudar a aliviar o estresse relacionado ao trabalho, mas esse alívio não dura tanto quanto as pessoas esperam (ver o quadro "Dá para acreditar?". O estresse não se limita apenas ao trabalho, pois muitas pessoas também lutam para equilibrar os papéis de trabalhador e membro de família. Metade de todos os trabalhadores é casada com alguém que também está empregado, criando múltiplos papéis para mulheres e homens (Moen & Yu, 2000). Os problemas podem surgir do estresse no trabalho que se espalha para a família ou de conflitos familiares que se intrometem no local de trabalho (Ilies et al., 2007; Schieman, Milkie & Glavin, 2009). As diferenças nos papéis e expectativas masculinas e femininas na família significam que os conflitos familiares e de trabalho influenciam mulheres e homens de maneiras diferentes. Aquelas muitas vezes encontram estresse devido ao aumento da carga de trabalho associado a seus múltiplos papéis como funcionária, esposa e mãe, mas, em geral, esses múltiplos papéis oferecem benefícios à saúde (Barnett & Hyde, 2001; Schnittker, 2007).

Os efeitos positivos ou negativos do trabalho e dos papéis familiares dependem dos recursos que as pessoas têm à disposição. O apoio do parceiro e da família afeta tanto homens quanto mulheres, mas sua ausência afeta mais fortemente a saúde da mulher (Walen & Lachman, 2000). Mulheres com filhos e sem companheiro são especialmente sobrecarregadas e, portanto, estressadas (Livermore & Powers, 2006). Assim, cumprir múltiplas obrigações não é necessariamente estressante para as

Múltiplos papéis podem ser uma fonte de estresse.

mulheres, mas o baixo controle e pouco apoio para múltiplos papéis podem produzir estresse para ambos os sexos. Apesar das possibilidades de conflito e estresse, as famílias são uma das principais fontes de apoio social, recurso importante para o enfrentamento do estresse.

RESUMO

O estresse tem várias fontes que podem ser classificadas de acordo com a magnitude do evento: eventos cataclísmicos, da vida e aborrecimentos diários. Os cataclísmicos incluem desastres naturais, como inundações e terremotos, e violência intencional, como ataques terroristas.

Eventos de vida são os que produzem mudanças na vida das pessoas que exigem adaptação. Estes podem ser negativos ou positivos. Os negativos, como divórcio, morte de um membro da família ou vitimização por crime, podem produzir estresse grave e duradouro.

Os aborrecimentos diários são eventos cotidianos que criam sofrimento repetitivo e crônico. Alguns aborrecimentos surgem a partir do ambiente físico; outros vêm do ambiente psicossocial. O estresse da poluição, barulho, aglomeração e violência combinam-se em ambientes urbanos com aborrecimentos de deslocamento para criar uma situação descrita como *pressão urbana*. Cada uma dessas fontes de estresse também pode ser considerada individualmente. Barulho e aglomeração são incômodos, mas há algumas evidências de que mesmo níveis baixos desses estressores podem desencadear respostas de estresse, o que sugere que a exposição a longo prazo pode ter consequências negativas para a saúde. A combinação de estressores comunitários como aglomeração, barulho e ameaça de violência é comum em bairros pobres, criando um ambiente de pobreza.

Os aborrecimentos diários no ambiente psicossocial ocorrem nas situações do ambiente social cotidiano, incluindo a comunidade, o local de trabalho e a família. Dentro da comunidade, o racismo e o sexismo produzem estresse para os alvos desses tipos de discriminação. No local de trabalho, empregos com altas demandas e pouco controle criam estresse, e o apoio deficiente aumenta o estresse. Na família, relacionamentos como cônjuge e pais apresentam possibilidades de conflito e estresse, bem como de apoio. Além disso, o conflito entre as demandas da família e do trabalho é fonte de estresse para muitas pessoas.

APLIQUE O QUE VOCÊ APRENDEU

1. O estresse pode fazer parte tanto de grandes eventos da vida quanto de aborrecimentos diários contínuos. Como esses tipos de experiências diferem? Como a visão transacional do estresse de Lazarus (descrita anteriormente neste capítulo) ajuda a explicar por que tanto os eventos da vida quanto os aborrecimentos diários têm o potencial de criar estresse?

5-4 Medição de estresse

OBJETIVOS DE APRENDIZAGEM

5-6 Compreender os três principais métodos de medição do estresse, bem como os pontos fortes e as limitações de cada abordagem

Dadas as fontes quase infinitas de estresse que existem na vida moderna, como os pesquisadores o medem? A medição é uma parte importante do trabalho de um psicólogo da saúde, pois os pesquisadores precisam primeiro medi-lo para entender seu efeito na saúde. Esta seção discute alguns dos métodos mais amplamente utilizados e aborda os problemas envolvidos na determinação de sua confiabilidade e validade.

Métodos de medição

Os pesquisadores usaram uma variedade de abordagens para medir o estresse, mas a maioria se enquadra em duas grandes categorias: medidas fisiológicas e autorrelatos (Monroe, 2008). As medidas fisiológicas avaliam diretamente aspectos da resposta do corpo ao estresse físico. Os autorrelatos medem tanto os **eventos da vida** quanto os **aborrecimentos diários** que as pessoas experimentam. Ambas as abordagens têm algum potencial para investigar os efeitos do estresse na doença e na saúde.

Medidas fisiológicas As medidas fisiológicas do estresse incluem pressão arterial, frequência cardíaca, resposta galvânica da pele, frequência respiratória e aumento da secreção de hormônios do estresse, como cortisol e adrenalina. Essas medidas fisiológicas fornecem aos pesquisadores uma janela para a ativação do sistema nervoso simpático do corpo e do eixo HPA.

Outra abordagem comum para a medição fisiológica do estresse é por meio de sua associação com a liberação de hormônios. A adrenalina e a noradrenalina, por exemplo, podem ser medidas em amostras de sangue ou urina e fornecer um índice de estresse (Eller, Netterstrøm & Hansen, 2006; Krantz, Forsman & Lundberg, 2004). Os níveis desses hormônios que circulam no sangue diminuem em poucos minutos após a experiência estressante, portanto, a medição deve ser rápida para capturar as mudanças. Os níveis de hormônios persistem por mais tempo na urina, mas outros fatores além do estresse contribuem para os níveis urinários desses hormônios. O hormônio do estresse cortisol persiste por pelo menos 20 minutos e a medição do cortisol salivar fornece um índice das alterações desse hormônio. Um método mais recente avalia o cortisol no cabelo humano, que representa a produção de cortisol do corpo nos seis meses anteriores (Kirschbaum, Tietze, Skoluda & Dettenborn, 2009).

A vantagem dessas medidas fisiológicas do estresse é que elas são diretas, altamente confiáveis e facilmente quantificadas. Uma desvantagem é que o equipamento mecânico e elétrico e as instalações clínicas que são usadas com frequência podem produzir estresse. Assim, essa abordagem para medir o estresse é útil, mas não é o método mais amplamente utilizado. As medidas de autorrelato são muito mais comuns.

Escalas de eventos da vida Desde o final dos anos de 1950 e início da década de 1960, os pesquisadores desenvolveram vários instrumentos de autorrelato para medir os níveis de estresse. O mais antigo e conhecido desses procedimentos de autorrelato é a Escala de Reajuste Social (*Social Readjusting Rating Scale* - SRRS), desenvolvida por Thomas H. Holmes e Richard Rahe em 1967. A escala é simplesmente uma lista de 43 eventos da vida organizados em ordem de classificação, do mais ao menos estressante. Cada evento carrega um valor atribuído, variando de 100 pontos por morte de um cônjuge a 11 pontos por pequenas violações da lei. Os entrevistados verificam os itens que experimentaram durante um período recente, geralmente nos últimos 6 a 24 meses. Adicionar o valor dos pontos de cada item e totalizar as pontuações produz uma pontuação de estresse para cada pessoa. Estas podem então ser correlacionadas com eventos futuros, como a incidência de doenças, para determinar a relação entre essa medida de estresse e a ocorrência de doenças físicas.

Existem outros inventários de estresse, incluindo a Escala de Eventos da Vida para Estudantes (Clements & Turpin, 1996), a avaliação que aparece como "Verifique seus riscos à saúde" no início deste capítulo. Estudantes universitários que verificam mais situações de estresse tendem a utilizar mais os serviços de saúde que estudantes que constatam menos eventos.

A Escala de Estresse Percebido (PSS na sigla em inglês) (Cohen, Kamarck & Mermelstein, 1983) enfatiza a *percepção* dos eventos e não dos eventos em si. O PSS é uma escala de 14 itens que tenta medir o grau em que as pessoas avaliam os eventos do mês anterior como "imprevisíveis, incontroláveis e sobrecarregantes" (Cohen et al., 1983, p. 387). A escala avalia três componentes do estresse: (1) aborrecimentos diários, (2) grandes eventos e (3) mudanças nos recursos de enfrentamento. Os pesquisadores usam o PSS em uma variedade de situações, como medir o estresse pré-natal em gestantes (Nast et al., 2013), determinar a eficácia de um programa de relaxamento para professores do ensino fundamental (Nassiri, 2005) e prever o esgotamento entre treinadores de atletismo universitários (Tashman, Tenenbaum & Eklund, 2010). Sua brevidade combinada com boa confiabilidade e validade levou ao uso dessa escala em uma variedade de projetos de pesquisa.

Escalas de aborrecimentos diários Lazarus e associados foram pioneiros em uma abordagem de medição do estresse que analisa aborrecimentos diários em vez de eventos da vida. Aborrecimentos diários são "experiências e condições da vida diária que foram avaliadas como salientes e prejudiciais ou ameaçadoras ao bem-estar do endossante" (Lazarus, 1984, p. 376). Lembre-se de que, na discussão das teorias

As escalas de eventos da vida também incluem eventos positivos porque tais eventos também exigem ajustes.

do estresse, Lazarus o vê como um complexo transacional e dinâmico moldado pela *avaliação* das pessoas sobre a situação ambiental e a percepção *de suas capacidades para enfrentar* essa situação. Consistente com essa visão, Lazarus e associados insistiram que as escalas de autorrelato devem ser capazes de avaliar elementos subjetivos como avaliação pessoal, crenças, objetivos e compromissos (Lazarus, 2000; Lazarus, DeLongis, Folkman & Gruen, 1985).

A Escala de Aborrecimentos original (Kanner, Coyne, Schaefer & Lazarus, 1981) consiste em 117 itens sobre situações tediosas, irritantes ou frustrantes nas quais as pessoas podem se *sentir* incomodadas. Isso inclui preocupações com peso, manutenção da casa, crime e muitas coisas para fazer. As pessoas também avaliam o grau em que cada item produz estresse. Essa escala se correlaciona apenas modestamente com eventos da vida, o que sugere que esses dois tipos de estresse não são a mesma coisa. Além disso, pode ser um preditor mais preciso da saúde psicológica que as escalas de eventos da vida (Lazarus, 1984). Uma Escala de Aborrecimentos mais curta, desenvolvida pela mesma equipe de pesquisa (DeLongis, Folkman & Lazarus, 1988), é um melhor preditor que a Escala de Reajuste Social tanto da frequência quanto da intensidade das dores de cabeça (Fernandez & Sheffield, 1996) e episódios de doença inflamatória intestinal (Searle & Bennett, 2001). Assim, os aborrecimentos cotidianos podem ter mais influência na saúde que os eventos da vida mais graves medidos pela Escala de Reajuste Social.

A medição dos aborrecimentos do dia a dia também se estende a situações específicas. Por exemplo, o Índice de Aborrecimentos Urbanos (Miller & Townsend, 2005) mede estressores que comumente afetam adolescentes em ambientes urbanos, e o Inventário de Aborrecimentos Familiares Diários (Rollins & Garrison, 2002) tem como alvo os estressores diários comumente vivenciados pelos pais. Assim, os pesquisadores têm uma variedade de medidas de autorrelato de estresse para escolher, dependendo dos propósitos e das populações específicas de estudo.

RESUMO

Pesquisadores e médicos medem o estresse por vários métodos, incluindo medidas fisiológicas e bioquímicas e autorrelatos de eventos estressantes. A escala de eventos da vida mais popular é a Escala de Reajuste Social, que enfatiza a mudança nos eventos da vida. Apesar de sua popularidade, o SRRS é um preditor modesto de doença subsequente. Lazarus e associados foram pioneiros na medição do estresse como aborrecimentos e alegrias diárias. Esses inventários enfatizam a gravidade percebida e a importância dos eventos diários. Em geral, a Escala de Aborrecimentos revisada é mais precisa que a SRRS na previsão de doenças futuras.

APLIQUE O QUE VOCÊ APRENDEU

1. Compare e contraste medidas fisiológicas, escalas de eventos da vida e escalas de aborrecimentos cotidianos quanto à facilidade de uso, confiabilidade e validade.

5-5 Enfrentando o estresse

OBJETIVOS DE APRENDIZAGEM

5-7 Entender por que os recursos pessoais de apoio social, controle pessoal e otimismo são benéficos ao lidar com o estresse

5-8 Distinguir estratégias de enfrentamento focadas no problema, na emoção e nas estratégias sociais

As pessoas tentam constantemente lidar com os problemas e estresses de suas vidas e a maioria dessas tentativas se encaixa na categoria de enfrentamento. Mas o termo **enfrentamento** é geralmente aplicado às estratégias que os indivíduos usam para lidar com problemas e emoções angustiantes em suas vidas. O enfrentamento é um tema ativo de pesquisa: milhares de estudos exploraram as características pessoais e situacionais que afetam os esforços de enfrentamento, bem como a eficácia de várias estratégias de enfrentamento.

Recursos pessoais que influenciam o enfrentamento

Lazarus e Folkman (1984) sugeriram vários recursos pessoais que podem ajudar as pessoas a lidar com as demandas de uma situação estressante, incluindo boa saúde, crenças otimistas, recursos socioeconômicos, habilidades sociais e apoio social. Embora a pesquisa apoie a importância de cada um desses recursos, os recursos pessoais mais importantes para enfrentar o estresse são o apoio social, um senso de controle pessoal e crenças otimistas.

Apoio social **Apoio social** refere-se a uma variedade de apoios materiais e emocionais que uma pessoa recebe de outras. Os conceitos relacionados de **contatos sociais** e **rede social** às vezes são usados de forma intercambiável; ambos se referem ao número e tipos de pessoas com quem alguém se associa. O oposto dos contatos sociais é o **isolamento social**, que se refere a uma ausência de relações interpessoais específicas e significativas. Aqueles com um alto nível de apoio social normalmente têm uma ampla rede social e muitos contatos sociais; os socialmente isolados não têm nenhum dos dois.

O Estudo do Condado de Alameda (Berkman & Syme, 1979) foi o primeiro a estabelecer uma forte ligação entre apoio social e longevidade. Esse estudo indicou que a falta de apoio social estava tão fortemente ligada à mortalidade quanto o tabagismo e o sedentarismo. Pesquisas posteriores confirmam a importância do apoio social. Uma metanálise recente de quase 150 estudos mostra que pessoas com fortes laços sociais têm taxas de mortalidade substancialmente mais baixas que aquelas com laços sociais fracos (Holt-Lunstad, Smith & Layton, 2010). Além disso, como mostra a **Figura 5.6**, a associação entre apoio social e longevidade é quase tão forte quanto os benefícios de não fumar e mais forte que os benefícios de consumir pouco ou nenhum álcool, manter um peso saudável, praticar exercícios e tomar medicamentos para hipertensão. Assim, os benefícios do apoio social são fortes e robustos. (Mas com que frequência o médico recomendou que você melhorasse as relações sociais para se manter saudável?)

O apoio social pode influenciar o estresse de várias maneiras. Por exemplo, indivíduos estressados podem se beneficiar de uma rede de apoio com membros que os incentivam a adotar hábitos mais saudáveis, como parar de fumar, iniciar um programa de exercícios ou manter as consultas médicas. Também pode ajudar as pessoas a ganhar confiança em sua capacidade de lidar com situações estressantes; assim, quando experimentam estresse, podem avaliar o estressor como menos ameaçador que as pessoas que têm menos recursos de enfrentamento (Wills, 1998). Outra possibilidade é que o apoio social possa alterar as respostas fisiológicas ao estresse (DeVries, Glasper & Detillion, 2003; Kiecolt-Glaser & Newton, 2001). Essa visão, conhecida como *hipótese de amortecimento do estresse*, sugere que o apoio social diminui ou elimina os efeitos nocivos do estresse e, portanto, protege contra doenças e morte. Uma grande pesquisa epidemiológica com mais de 30.000 norte-americanos apoia essa visão (Moak & Agrawal, 2010). Para adultos que experimentaram pouco estresse na vida, o apoio social não estava fortemente relacionado aos seus sentimentos de angústia ou saúde física geral. Para aqueles que experimentaram mais estresse na vida, níveis mais altos de apoio social relacionaram-se a menos depressão e ansiedade e melhor saúde física autorrelatada.

Os efeitos positivos do apoio social para a saúde estão bem estabelecidos (Martin & Brantley, 2004), mas alguns indivíduos se beneficiam mais que outros. Por exemplo, o casamento (ou pelo menos o casamento feliz) parece fornecer excelente apoio social para ambos os parceiros, mas

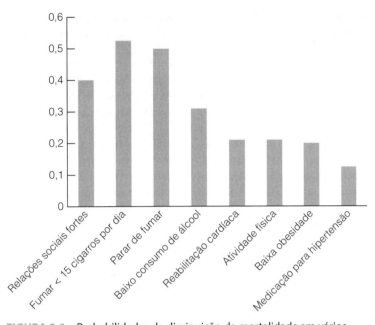

FIGURA 5.6 Probabilidades de diminuição da mortalidade em vários fatores associados à mortalidade, incluindo apoio social.

Fonte: De "Social relationships and mortality risk: A meta-analytic review", por J. Holt-Lunstad, T. B. Smith & J. B. Layton, 2010, *PLoS Med*, 7(7), e1000316.

os benefícios do casamento não são iguais para mulheres e homens – a dos homens se beneficia mais do casamento que a saúde das mulheres (Kiecolt-Glaser & Newton, 2001). A razão para a vantagem dos homens não é clara, mas uma possibilidade é que o papel das mulheres como cuidadoras as coloca na posição de fornecer mais cuidados que recebem. Fornecer companhia é um fator positivo tanto para o cuidador quanto para o receptor, mas fornecer ajuda tem um custo para o ajudante (Strazdins & Broom, 2007). Essa situação pode descrever o papel de cuidadora mais das mulheres que dos homens e, portanto, a diferença de gênero.

O apoio social é um fator significativo na previsão tanto do desenvolvimento da doença quanto do curso da doença crônica (Martin & Brantley, 2004). Surpreendentemente, os benefícios de amortecimento do estresse do apoio social não se limitam ao apoio fornecido por humanos (ver o quadro "Dá para acreditar?"). Além disso, os benefícios do apoio social estão entrelaçados com outro fator que influencia o enfrentamento: a percepção do controle pessoal.

Controle pessoal Um segundo fator que afeta a capacidade das pessoas de enfrentar eventos estressantes da vida é um sentimento de **controle pessoal** – isto é, a confiança de que elas têm algum controle sobre os eventos que moldam suas vidas. Tanto a pesquisa clássica quanto a atual confirmam os benefícios do senso de controle. Uma abordagem clássica é o conceito de *locus* de controle de Julian Rotter (1966), um *continuum* que capta até que ponto as pessoas acreditam que estão no controle dos eventos importantes de suas vidas. De acordo com Rotter, as que acreditam que controlam suas próprias vidas têm um *locus de controle interno*, enquanto aquelas que acreditam que a sorte, o destino ou os atos dos outros determinam suas vidas, *um* locus *de controle externo*. O valor de um *locus* de controle interno apareceu em um estudo de pessoas com doenças crônicas (Livneh, Lott & Antonak, 2004); aqueles que se adaptaram bem mostraram um maior senso de controle que aqueles que se adaptaram mal.

Ellen Langer e Judith Rodin (1976), que estudaram idosos residentes em asilos, relataram outro exemplo clássico dos efeitos do controle pessoal. Esse projeto de pesquisa encorajou alguns moradores a assumirem mais responsabilidade e controle sobre suas vidas diárias, enquanto outros tiveram as decisões tomadas por eles. As áreas de controle eram bem menores, como reorganizar os móveis, escolher quando e com quem visitar em casa e decidir quais atividades de lazer realizar. Além disso, oferecia-se aos moradores uma pequena planta em crescimento, que eles podiam aceitar ou rejeitar e cuidar como quisessem. Um grupo de comparação de residentes recebeu informações que enfatizavam a responsabilidade da equipe de enfermagem e cada um deles também recebeu uma planta viva. Embora igual na maioria dos outros aspectos, a quantidade de controle fez uma diferença substancial na saúde. Os residentes do grupo induzido pela responsabilidade eram mais felizes, mais ativos e mais alertas, com maior nível de bem-estar geral. Em apenas três semanas, a maior parte do grupo de comparação (71%) ficou mais debilitada, enquanto quase todo o grupo induzido pela responsabilidade (93%) mostrou alguma melhora geral mental e física. Em um acompanhamento de 18 meses (Rodin & Langer, 1977), os residentes do grupo induzido pela responsabilidade original mantiveram sua vantagem e sua taxa de mortalidade foi menor que a do grupo de comparação.

Como as percepções de controle influenciam a saúde? Embora possa haver muitas maneiras pelas quais o controle amortece o estresse, uma via pode ser por meio de reduções nas respostas fisiológicas potencialmente prejudiciais. Uma metanálise de mais de 200 estudos examinou as características das tarefas estressantes de laboratório que levaram à maior produção do hormônio do estresse cortisol (Dickerson & Kemeny, 2004). Tarefas estressantes que ofereciam aos participantes pouco controle – como completar tarefas impossíveis, realizá-las sob pressões extremas de tempo ou ser exposto a ruídos altos incontroláveis – levaram aos maiores aumentos na produção de cortisol e aos maiores tempos de recuperação. Esses resultados sugerem que as pessoas que frequentemente enfrentam situações que oferecem pouco controle podem ser mais propensas a sofrer as consequências de longo prazo para a saúde da ativação prolongada do HPA.

Esses estudos sugerem que a falta de controle pode prejudicar a saúde e que mesmo uma quantidade mínima de controle pode ser benéfica para a saúde. Contudo, os benefícios do controle podem estar vinculados às culturas ocidentais que enfatizam a autonomia e o esforço individual. Em uma comparação de estresse e enfrentamento entre pessoas do Japão e da Grã-Bretanha (O'Connor & Shimizu, 2002), os participantes japoneses relataram menor senso de controle pessoal, e apenas os britânicos relataram que a perda de controle produzia estresse. Assim, os benefícios do controle pessoal podem ser restritos às pessoas nas sociedades ocidentais. Entretanto, a ocorrência universal de estresse significa que as estratégias de enfrentamento ocorrem em todas as sociedades.

Otimismo Em tempos de incerteza, você costuma esperar o melhor? Você espera que mais coisas boas aconteçam com você que coisas ruins? Se respondeu sim a essas duas perguntas, provavelmente está no alto do traço de otimismo.

Os psicólogos definem o otimismo de uma maneira simples: **otimistas** são pessoas que esperam que coisas boas aconteçam com elas, enquanto pessimistas geralmente esperam coisas ruins. É claro que as conceituações leigas desses traços veem os otimistas como alegres e os pessimistas como "tristes e melancólicos". Mas, para os psicólogos, a característica definidora do otimismo não é o humor positivo, mas sim a *crença* geral de uma pessoa de que coisas boas vão acontecer. Essa crença influencia substancialmente a saúde mental e física, bem como a forma como elas enfrentam o estresse.

Os otimistas experimentam menos sofrimento emocional que os pessimistas, como mostrado em estudos com estudantes iniciando a faculdade (Aspinwall & Taylor, 1992), pacientes com câncer (Carver et al., 1993), pacientes que passaram por cirurgia de revascularização do miocárdio (Fitzgerald et al., 1993) e cuidadores de pessoas com Alzheimer (Shifren & Hooker, 1995). Ainda mais impressionantes são as descobertas que mostram que as crenças otimistas predizem a saúde física e a mortalidade. Por exemplo, um estudo com quase

---

Dá para ACREDITAR?
Animais de estimação podem ser melhores provedores de apoio que pessoas

Às vezes, o melhor apoio social pode não vir de um amigo, mas sim do "melhor amigo do homem". Mas os animais de estimação – como cães e gatos – podem realmente ajudar as pessoas a enfrentar o estresse e melhorar a saúde?

Quase 60% das famílias nos Estados Unidos possuem um cachorro ou um gato (AVMA, 2018). Animais de estimação proporcionam companheirismo e carinho e, em alguns casos, forçam seus donos a serem mais ativos fisicamente. Pode não ser uma surpresa que, entre os sobreviventes de ataques cardíacos, os donos de cães tenham *oito vezes* mais probabilidade de estarem vivos um ano após o ataque cardíaco que aqueles que não possuem um cão (Friedmann & Thomas, 1995), e os donos de cães têm uma redução de 24% sobre todas as causas de mortalidade em um período de 10 anos em comparação com aqueles que não possuem um cão (Kramer et al., 2019).

Os animais de estimação também podem atenuar as respostas fisiológicas das pessoas ao estresse? Em um estudo, os pesquisadores pediram que adultos realizassem uma série de tarefas de laboratório estressantes, difíceis e dolorosas – incluindo aritmética mental – enquanto mediam suas respostas ao estresse cardiovascular (Allen, Blascovich & Mendes, 2002). Alguns participantes realizaram as tarefas sozinhos; uns fizeram as tarefas na frente de um amigo próximo ou cônjuge; outros fizeram as tarefas na frente de um cão ou gato de estimação.

Os resultados são impressionantes. A presença de um animal de estimação levou à menor resposta ao estresse de todas as tarefas. Surpreendentemente, a presença de um cônjuge ou amigo levou à maior resposta ao estresse! Animais de estimação, ao que parece, proporcionam conforto e apoio, sem possibilidade de crítica ou avaliação. Amigos e cônjuges também fornecem apoio, mas também são mais propensos a notar as fracas habilidades matemáticas de alguém. Nesta situação, o apoio de um animal de estimação de confiança proporciona todos os benefícios do apoio social sem custos aparentes.

O apoio de animais de estimação pode ser especialmente útil para pessoas sensíveis a críticas. Por exemplo, um estudo recente de crianças com estilos de apego inseguros mostra que aquelas que realizaram uma tarefa estressante de laboratório na presença de um cão produziram cortisol salivar significativamente menor que as crianças que completaram a tarefa diante de uma pessoa cordial (Beetz et al., 2011). A presença de cães também tem sido associada à redução da pressão arterial e da frequência cardíaca entre os idosos residentes em asilos (Handlin et al., 2018) e menor depressão entre as pessoas que vivem com HIV (Muldoon et al., 2017).

Assim, os animais de estimação são uma excelente fonte de apoio social incondicional. O humorista Dave Barry poderia ter dito melhor: "Você pode dizer qualquer tolice para um cachorro e ele vai encará-lo de tal modo que diz: 'Meu Deus, você está certo! Eu nunca teria pensado nisso'!".

100.000 mulheres descobriu que as otimistas tinham 30% menos probabilidade de morrer de problemas cardiovasculares em um acompanhamento de 8 anos, em comparação com seus pares pessimistas (Tindle et al., 2009). Os benefícios do otimismo para a saúde física não se limitam à saúde cardiovascular, pois uma metanálise de mais de 80 estudos de uma variedade de condições de saúde mostrou que os otimistas têm melhor saúde física que os pessimistas (Rasmussen, Scheier e Greenhouse, 2009).

Existem várias razões pelas quais o otimismo pode conferir benefícios à saúde. Em primeiro lugar, é provável que os otimistas tenham redes de apoio social mais fortes que os pessimistas (MacLeod & Conway, 2005). Devido às suas expectativas positivas, os otimistas podem ser mais propensos que os pessimistas a investir tempo e energia na construção de relacionamentos sociais (Brissette et al., 2002). Além disso, pessoas otimistas geralmente são mais simpáticas que pessoas pessimistas, então elas podem achar mais fácil desenvolver uma rede social.

Em segundo lugar, os humores positivos associados ao otimismo podem acelerar a recuperação das respostas cardiovasculares ao estresse (Fredrickson & Levenson, 1998). Os otimistas e outros que experimentam humores positivos frequentes podem, então, experimentar menos desgaste cumulativo em seus corpos e, possivelmente, melhor funcionamento imunológico (Marsland, Pressman & Cohen, 2007).

Por fim, quando as pessoas se sentem confiantes de que coisas boas provavelmente acontecerão, é mais previsível que persistam na busca de objetivos importantes diante do estresse e dos contratempos. Os pessimistas, quando confrontados com problemas, tendem a se refugiar em suas aflições. Em outras palavras, os otimistas lidam com o estresse de maneira diferente dos pessimistas. Na verdade, uma das principais diferenças entre ambos está nas estratégias de enfrentamento que usam.

Estratégias de enfrentamento pessoais

Os psicólogos categorizaram as estratégias de enfrentamento de várias maneiras, mas a conceituação de Folkman e Lazarus (1980) das estratégias de enfrentamento como focadas na emoção ou no problema é a mais influente. O **enfrentamento focado no problema** visa alterar a fonte de estresse, enquanto o **enfrentamento focado na emoção** é orientado para o gerenciamento das emoções que acompanham a percepção do estresse. Ambas as abordagens podem ser eficazes para fazer o indivíduo estressado se sentir melhor, mas as duas abordagens podem não ser igualmente eficazes no gerenciamento da situação estressante.

Como mostrado na **Tabela 5.1**, várias estratégias diferentes se enquadram nas categorias focadas na emoção e no problema. Por exemplo, agir para tentar se livrar do problema é uma estratégia focada no problema, mas buscar a companhia de amigos ou familiares para conforto e segurança é uma estratégia focada na emoção. Se um próximo exame é fonte de estresse, fazer (e seguir) um cronograma de estudos é uma estratégia focada no problema. Ligar para um amigo e reclamar da prova ou ir ao cinema pode ajudar a controlar a angústia, mas essas estratégias quase certamente não são eficazes na preparação para a prova. A estratégia focada no problema parece ser a melhor escolha nesse caso, mas o enfrentamento focado na emoção pode ser eficaz em algumas situações (Folkman & Moskowitz, 2004). Quando o estresse é inevitável, encontrar uma maneira de se sentir melhor pode ser a opção mais acertada. Por exemplo, se você foi abandonado por alguém que não tenha a intenção de ficar novamente com você, pode ser melhor dominar seus sentimentos em vez de tentar reconquistar a pessoa.

Contudo, certas estratégias de enfrentamento específicas podem não ser saudáveis. Uma metanálise dos efeitos das estratégias de enfrentamento na saúde psicológica e física (Penley, Tomaka & Wiebe, 2002) mostrou que o enfrentamento focado no problema geralmente contribui para uma boa saúde, enquanto as estratégias de enfrentamento focadas na emoção contribuem para uma saúde pior. Em particular, aqueles que usaram as estratégias focadas na emoção de comer mais, beber, dormir ou usar drogas relataram pior saúde. Várias metanálises recentes confirmaram esse padrão geral de descobertas – o enfrentamento focado no problema é melhor que o focado na emoção ao lidar com o estresse crônico, como discriminação (Pascoe & Richman, 2009), infecção pelo HIV (Moskowitz, Hult, Bussolari & Acree, 2009) e diabetes (Duangdao & Roesch, 2008).

TABELA 5.1 Exemplos de estratégias de enfrentamento focadas no problema e na emoção

Enfrentamento focado no problema	Enfrentamento focado na emoção
Estudar para o próximo exame	Escrever em um diário
Desenvolver um orçamento para economizar dinheiro	Exercício
Conversar com um amigo para resolver um conflito	Assistir a uma comédia
Pedir ao chefe tempo extra para concluir um projeto	Orar, meditar
Tentar voltar com um parceiro que te deixou	Consumir álcool ou drogas
	Negação

As pessoas são mais propensas a usar o enfrentamento focado no problema quando avaliam uma situação como controlável. Entre as pessoas que enfrentam o câncer, aquelas que avaliam sua situação como um desafio são mais propensas a usar o enfrentamento focado no problema; as que avaliam sua situação como danosa ou perdida são mais propensas a usar o enfrentamento da negação (Franks & Roesch, 2006). Os otimistas são mais propensos que os pessimistas a empregar estratégias focadas no problema, menos propensos a usar estratégias de anulação e mais propensos a ajustar suas estratégias de enfrentamento para atender às demandas específicas da situação (Nes & Segerstrom, 2006). Assim, o uso "sábio" das estratégias de enfrentamento explica por que os otimistas se ajustam melhor ao estresse que os pessimistas.

Existem categorias adicionais de estratégias de enfrentamento (Folkman & Moskowitz, 2004). Estas incluem o *enfrentamento social*, tal como buscar apoio dos outros, e o *enfrentamento focado no significado*, em que a pessoa se concentra em entender o significado da experiência estressante. Por exemplo, as pessoas que sofrem um trauma, como a perda de um ente querido ou o diagnóstico de uma doença grave, muitas vezes tentam entender o significado pessoal (e muitas vezes espiritual) da situação. As que adotam essa abordagem geralmente são bem-sucedidas (Folkman & Moskowitz, 2000) e, ao fazê-lo, muitas vezes experimentam um melhor ajuste psicológico (Helgeson, Reynolds e Tomich, 2006; Updegraff, Silver & Holman, 2008).

A cultura exerce uma poderosa influência no enfrentamento e o gênero também apresenta alguns efeitos. Pode-se imaginar que as pessoas que vivem em culturas que enfatizam a harmonia social seriam mais propensas a usar estratégias de enfrentamento social, mas este não é o caso (Kim, Sherman & Taylor, 2008). De fato, os ásio-americanos são *menos* propensos que os euro-americanos a buscar apoio social ao enfrentarem o estresse, em grande parte devido à motivação para manter a harmonia com os demais (Wang, Shih, Hu, Louie & Lau, 2010). Mas outro estudo (Lincoln, Chatters e Taylor, 2003) descobriu que os afro-americanos eram mais propensos que os euro-americanos a buscar apoio social de suas famílias. Alguns estudos encontram semelhanças transculturais nas estratégias de enfrentamento e tendem a estudar pessoas em situações semelhantes. Por exemplo, um estudo com adolescentes em sete nações europeias (Gelhaar et al., 2007) encontrou semelhanças entre as estratégias de enfrentamento para adolescentes em todas as nações, especialmente em situações relacionadas ao trabalho.

As mulheres tendem a usar estratégias de enfrentamento social mais que os homens (Tamres, Janicki & Helgeson, 2002). Além dessa diferença, pesquisas sobre diferenças de gênero no enfrentamento tendem a encontrar pequenas diferenças entre as estratégias de enfrentamento de mulheres e homens ao estudarem indivíduos em situações semelhantes (Adams, Aranda, Kemp & Takagi, 2002; Ronan, Dreer, Dollard & Ronan, 2004; Sigmon, Stanton & Snyder, 1995). Entretanto, os estressores que homens e mulheres enfrentam podem diferir devido aos papéis de gênero, resultando em diferenças de gênero nas estratégias de enfrentamento. Por exemplo, em um estudo que encontrou diferenças de gênero no enfrentamento, as mulheres experimentaram mais estressores relacionados à família, e os homens, mais estressores financeiros e relacionados ao trabalho (Matud, 2004). Como os papéis de gênero variam entre as culturas, gênero e cultura podem interagir para criar diferentes demandas situacionais de enfrentamento por homens e mulheres em várias culturas.

RESUMO

Recursos pessoais e uma variedade de estratégias de enfrentamento permitem que as pessoas enfrentem o estresse para evitar ou minimizar o sofrimento. O apoio social, definido como a qualidade emocional dos contatos sociais, está inversamente relacionado à doença e à morte. Em geral, pessoas com altos níveis de apoio social experimentam vantagens de saúde e menor mortalidade. As com apoio social adequado provavelmente recebem mais incentivo e conselhos sobre boas práticas de saúde e podem reagir menos fortemente ao estresse, o que pode protegê-las contra os efeitos nocivos do estresse mais que aquelas socialmente isoladas.

Sentimentos adequados de controle pessoal também parecem permitir que as pessoas enfrentem melhor o estresse e a doença. As que acreditam que suas vidas sejam controladas pelo destino ou por forças externas têm maior dificuldade em mudar comportamentos relacionados à saúde que aquelas que acreditam que o *locus* de controle resida nelas mesmas. Os estudos clássicos de residentes em asilos demonstraram que, quando as pessoas podem assumir mesmo que pequenas quantidades de controle e responsabilidade pessoais, elas parecem viver vidas mais longas e saudáveis.

As estratégias de enfrentamento são classificadas de várias maneiras, mas a distinção entre o enfrentamento focado no problema, que é orientado para a solução, e o enfrentamento focado na emoção, orientado para o gerenciamento do sofrimento associado ao estresse, é útil. Além disso, o enfrentamento focado no significado ajuda as pessoas a encontrar o significado subjacente em experiências negativas. Em geral, o enfrentamento focado no problema é mais eficaz que outros tipos, mas todos os tipos de estratégias de enfrentamento podem ser eficazes em algumas situações. A chave para o enfrentamento bem-sucedido é a flexibilidade, levando ao uso de uma estratégia adequada para a situação.

APLIQUE O QUE VOCÊ APRENDEU

1. Crie dois perfis de pessoas que enfrentam a situação: (1) uma pessoa que possua recursos pessoais e estratégias de enfrentamento que são benéficas ao lidar com o estresse e (2) e outra cujos recursos pessoais e estratégias de enfrentamento provavelmente levarão a problemas.

5-6 Intervenções comportamentais para gerenciar o estresse

OBJETIVOS DE APRENDIZAGEM

5-9 Entender os objetivos de quatro tipos principais de intervenções comportamentais para lidar com o estresse

5-10 Avaliar a eficácia de cada tipo de intervenção comportamental

Além de estudarem o estresse, os psicólogos desenvolvem técnicas que ensinam as pessoas a lidar com o estresse. Isso inclui treino de relaxamento, terapia cognitivo-comportamental, revelação emocional e atenção plena.

Treino de relaxamento

O treino de relaxamento é talvez o mais simples e fácil de ser aplicado entre as intervenções psicológicas, e o relaxamento pode ser o ingrediente-chave em outros tipos de intervenções terapêuticas para controlar o estresse.

O que é o treino de relaxamento? Durante a década de 1930, Edmond Jacobson (1938) discutiu um tipo de relaxamento que chamou de *relaxamento muscular progressivo*. Com esse procedimento, os pacientes primeiro recebem a explicação de que sua tensão atual é principalmente um estado físico resultante de músculos tensos. Enquanto estão reclinados sobre uma cadeira confortável, muitas vezes com os olhos fechados e sem iluminação ou sons que distraíam, eles primeiro respiram profundamente e expiram lentamente. Depois disso, começa a série de exercícios de relaxamento muscular profundo, processo descrito no quadro "Tornando-se mais saudável". Uma vez que os pacientes aprendam a técnica de relaxamento, eles podem praticar de forma independente ou com fitas de áudio pré-gravadas em casa. A duração dos programas de treino de relaxamento é variável, mas seis a oito semanas e cerca de dez sessões com um professor geralmente são suficientes para permitir que entrem de forma fácil e independente em um estado de relaxamento profundo (Blanchard & Andrasik, 1985).

Treinamento autogênico é outra abordagem para o relaxamento. Explorada pela primeira vez por Johannes Schultz durante as décadas de 1920 e 1930, na Alemanha, a técnica foi refinada por Wolfgang Luthe (Naylor & Marshall, 2007). Esse treinamento consiste em uma série de exercícios projetados para reduzir a tensão muscular, mudar como as pessoas pensam e o conteúdo dos pensamentos delas. O processo começa com verificação mental do corpo e prossegue com sugestões de relaxamento e calor por todo o corpo. Os defensores afirmam que a prática autogênica por 10 minutos pelo menos duas vezes ao dia reduz o estresse e, portanto, melhora a saúde.

Quão eficaz é o treino de relaxamento? Como outras intervenções psicológicas, o relaxamento só é eficaz se for mais poderoso que uma situação de controle ou placebo. As técnicas de relaxamento geralmente atendem a esse critério (Jacobs, 2001). De fato, o relaxamento pode ser uma parte essencial de outras intervenções, como biofeedback e tratamento hipnótico (ver Capítulo 8).

O treino de relaxamento foi o componente de um bem-sucedido programa de gerenciamento do estresse para estudantes universitários (Iglesias et al., 2005), e as crianças puderam aprender e se beneficiar do treino (Lohaus & Klein-Hessling, 2003). Tanto o relaxamento muscular progressivo quanto o treinamento autógeno são componentes de programas de tratamento eficazes para transtornos relacionados ao

---

Tornando-se mais saudável

O relaxamento muscular progressivo é uma técnica que você pode usar para enfrentar o estresse e a dor. Embora algumas pessoas possam precisar da ajuda de um terapeuta treinado para dominar essa abordagem, outras são capazes de treinar sozinhas. Para aprender o relaxamento muscular progressivo, recoste-se em uma cadeira confortável em uma sala sem distrações. Você pode tirar os sapatos e diminuir as luzes ou fechar os olhos para aumentar o relaxamento. Em seguida, respire profundamente e expire lentamente. Repita esse exercício de respiração profunda várias vezes até começar a sentir seu corpo ficando cada vez mais relaxado.

O próximo passo é selecionar um grupo muscular (por exemplo, a mão esquerda) e tensionar deliberadamente esse grupo de músculos. Se começar com a mão, feche o punho e aperte os dedos na mão o mais forte que puder. Segure essa tensão por cerca de 10 segundos e, em seguida, solte lentamente a tensão, concentrando-se nas sensações relaxantes e calmantes em sua mão, à medida que a tensão se dissipa gradualmente. Quando a mão esquerda estiver relaxada, passe para a direita e repita o procedimento, mantendo a mão esquerda o mais relaxada possível. Depois que as duas mãos estiverem relaxadas, faça a mesma sequência de tensão e relaxamento progressivamente com outros grupos musculares, incluindo braços, ombros, pescoço, boca, língua, testa, olhos, dedos dos pés, pés, panturrilhas, coxas, costas e estômago. Em seguida, repita os exercícios de respiração profunda até obter uma sensação completa de relaxamento. Concentre-se na sensação agradável de relaxamento, restringindo sua atenção aos eventos internos agradáveis e afastando fontes externas irritantes de dor ou estresse. Você provavelmente precisará praticar esse procedimento várias vezes para aprender a colocar rapidamente o corpo em um estado de relaxamento profundo.

estresse, como depressão, ansiedade, hipertensão e insônia (Stetter & Kupper, 2002; McCallie, Blum & Hood, 2006). As técnicas também ajudam a reduzir as respostas de estresse hormonal após a cirurgia de câncer de mama (Phillips et al., 2011) e promovem uma cicatrização mais rápida após a cirurgia da vesícula biliar (Broadbent et al., 2012). A **Tabela 5.2** resume a eficácia das técnicas de relaxamento para problemas relacionados ao estresse.

Terapia cognitiva comportamental

Os psicólogos da saúde fazem uso dos mesmos tipos de intervenções para gerenciamento do estresse que usam para outros problemas de comportamento, incluindo a *terapia cognitiva comportamental*. Essa abordagem é uma combinação de *mudança comportamental*, que surgiu da pesquisa laboratorial sobre condicionamento operante, e *terapia cognitiva*, que pode ser atribuída à pesquisa sobre processos mentais. A terapia cognitivo-comportamental é mais eficaz que qualquer outra abordagem para o gerenciamento do estresse.

O que é terapia cognitivo-comportamental? **Terapia cognitivo-comportamental (TCC)** é um tipo de terapia que visa desenvolver crenças, atitudes, pensamentos e habilidades para efetuar mudanças positivas no comportamento. Como a terapia cognitiva, a TCC assume que os pensamentos e os sentimentos são a base do comportamento, então a TCC começa com a mudança de atitudes. Assim como a modificação do comportamento, a TCC se concentra na modificação das contingências ambientais e na construção de habilidades para mudar o comportamento observável.

Um exemplo de TCC para gerenciamento de estresse é o programa de inoculação de estresse desenvolvido por Donald Meichenbaum e Roy Cameron (1983) (Meichenbaum, 2007). O procedimento funciona de maneira análoga à vacinação. Ao introduzir uma dose enfraquecida de um patógeno (neste caso, o patógeno é o estresse), o terapeuta tenta construir alguma imunidade contra altos níveis de estresse. A inoculação de estresse inclui três estágios: conceitualização, aquisição e ensaio de habilidades e acompanhamento ou aplicação.

O estágio de *conceitualização* é uma intervenção cognitiva na qual o terapeuta trabalha com os clientes para identificar e esclarecer seus problemas. Durante esse estágio abertamente educacional, os pacientes aprendem sobre a inoculação de estresse e como essa técnica pode reduzi-lo. O estágio de *aquisição e ensaio de habilidades* envolve componentes educacionais e comportamentais para aprimorar o repertório de habilidades de enfrentamento dos pacientes. Nesse momento, eles aprendem e praticam novas formas de enfrentar o estresse. Um dos objetivos desse estágio é melhorar a autoinstrução mudando as cognições, um processo que inclui o monitoramento do monólogo interno da pessoa – isto é, a conversa interna. Durante a fase *de aplicação e acompanhamento*, os pacientes colocam em prática as mudanças cognitivas que alcançaram nos dois estágios anteriores.

Outra abordagem da TCC para o estresse é o gerenciamento do estresse cognitivo-comportamental (CBSM) (Antoni, Ironson & Schneiderman, 2007), uma intervenção em grupo de dez semanas que compartilha muitos recursos com o treinamento de inoculação de estresse. O CBSM também trabalha para mudar as cognições relacionadas ao estresse, ampliando o repertório de habilidades de enfrentamento dos clientes e orientando-os a aplicar essas habilidades de maneira eficaz. Outros pesquisadores usam variações da TCC para investigar a eficácia dessa abordagem no gerenciamento do estresse.

Quão eficaz é a terapia cognitivo-comportamental? Pesquisas sobre a eficácia da TCC indicam que ela é eficaz tanto para a prevenção quanto para o gerenciamento do estresse e dos transtornos relacionados a ele. Além disso, a TCC é eficaz com uma ampla variedade de clientes e é uma das técnicas mais eficazes para reduzir o estresse entre os estudantes universitários (Regehr, Glance & Pitts, 2013).

Uma metanálise inicial (Saunders, Driskell, Johnston & Sales, 1996) de quase quarenta estudos descobriu que o treinamento de inoculação de estresse diminuiu a ansiedade e melhorou o desempenho sob estresse. O treinamento de inoculação de estresse é eficaz para uma variedade de estressores. Por exemplo, um programa (Sheehy & Horan, 2004)

TABELA 5.2 Eficácia das técnicas de relaxamento

Problemas	Descobertas	Estudos
1. Gerenciamento de estresse para estudantes universitários	O relaxamento é um componente no gerenciamento bem-sucedido do estresse.	Iglesias et al., 2005
2. Depressão, ansiedade, hipertensão e insônia	Relaxamento muscular autogênico e progressivo são componentes efetivos em programas para o manejo desses transtornos.	McCallie et al., 2006; Stetter & Kupper, 2002
3. Estresse laboratorial	O relaxamento muscular progressivo produz alterações na frequência cardíaca, na condutância da pele e na temperatura da pele em crianças.	Lohaus & Klein-Hessling, 2003
4. Estresse após cirurgia de câncer de mama	O treino de relaxamento é um componente importante de um programa de gerenciamento do estresse que reduziu os níveis de cortisol das mulheres durante um período de 12 meses.	Phillips et al., 2011
5. Recuperação após cirurgia da vesícula biliar	O treino de relaxamento leva a menor estresse percebido e cicatrização mais rápida de feridas.	Broadbent et al., 2012

testou os benefícios desse treinamento com estudantes do primeiro ano de Direito para determinar se ele ajudou esses alunos a aliviar um pouco a ansiedade e o estresse. O programa conseguiu atingir esses objetivos e também elevou as notas.

A inoculação de estresse também pode ser eficaz para ajudar as vítimas de trauma a gerenciar seu sofrimento grave (Cahill & Foa, 2007). Por exemplo, a inoculação de estresse é útil para vítimas de crimes que sofrem de TEPT (Hembree & Foa, 2003). Os pesquisadores adaptaram essa para uso na Internet (Litz, Williams, Wang, Bryant & Engel, 2004), tornando-a disponível para um número maior de pessoas.

Outras variedades de terapia cognitivo-comportamental são eficazes para o gerenciamento do estresse, incluindo o CBSM. Essa intervenção pode até ajudar a neutralizar seus efeitos negativos, moderando o aumento da produção de cortisol que acompanha a resposta ao estresse (Antoni et al., 2009; Gaab, Sonderegger, Scherrer & Ehlert, 2007), uma conquista que poucas técnicas alcançaram (ver Capítulo 6). Um estudo recente mostrou que uma intervenção pré-natal de CBSM reduziu a produção de cortisol tanto das mães *quanto de* seus recém-nascidos (Urizar & Muñoz, 2011). Contudo, esses efeitos podem não incluir uma melhora drástica no funcionamento imunológico. Uma metanálise de intervenções cognitivo-comportamentais para pessoas HIV positivas (Crepaz et al., 2008) revelou efeitos positivos significativos para reduções de estresse, depressão, ansiedade e raiva, mas o funcionamento imunológico melhorou menos. Assim como os programas de inoculação de estresse, as intervenções cognitivo-comportamentais também são adaptadas para uso na Internet (Benight, Ruzek & Waldrep, 2008).

O CBSM também ajuda aqueles com problemas de abuso de substâncias a gerenciar os desejos induzidos pelo estresse, o que poderia impulsionar o tratamento desse tipo de abuso (Back, Gentilin & Brady, 2007). A terapia cognitivo-comportamental também é uma intervenção eficaz para TEPT (Bisson & Andrew, 2007), dor crônica nas costas (Hoffman, Papas, Chatkoff & Kerns, 2007) e síndrome da fadiga crônica (Lopez et al., 2011). Técnicas cognitivo-comportamentais são usadas no gerenciamento do estresse no local de trabalho e essa abordagem demonstrou efeitos consistentemente maiores que outros programas (Richardson & Rothstein, 2008). Além disso, essas técnicas podem ajudar os alunos a melhorar seu desempenho; uma intervenção de estresse cognitivo-comportamental melhorou as motivações e pontuações dos alunos em exames padronizados (Keogh, Bond & Flaxman, 2006).

Em resumo, muitos estudos mostram que as intervenções de terapia cognitivo-comportamental são eficazes para o gerenciamento do estresse em pessoas com uma variedade de problemas relacionados a ele. A **Tabela 5.3** resume a eficácia da terapia cognitivo-comportamental para problemas relacionados ao estresse.

Revelação emocional

A saúde pode ser melhorada colocando experiências estressantes em palavras? A pesquisa de James Pennebaker e colegas (Pennebaker, Barger & Tiebout, 1989) mostra que a autorrevelação emocional melhora tanto a saúde psicológica quanto a física. Pesquisas subsequentes estenderam os efeitos positivos da revelação emocional a uma variedade de pessoas e ambientes.

O que é revelação emocional? **Revelação emocional** é uma técnica terapêutica na qual as pessoas expressam suas emoções fortes falando ou escrevendo sobre eventos negativos que precipitaram essas emoções. Durante séculos, a

TABELA 5.3 Eficácia da terapia cognitivo-comportamental

Problemas	Descobertas	Estudos
1. Ansiedade de desempenho	O treinamento de inoculação reduz a ansiedade de desempenho e aumenta o desempenho sob estresse.	Saunders et al., 1996
2. Estresse da faculdade de Direito	O treinamento de inoculação de estresse diminui o estresse e aumenta as notas.	Sheehy & Horan, 2004
3. Transtorno de estresse pós-traumático	Os procedimentos de inoculação diminuem os efeitos negativos do transtorno de estresse pós-traumático.	Cahill & Foa, 2007; Hembree & Foa, 2003; Litz et al., 2004
4. Respostas hormonais ao estresse	O gerenciamento do estresse cognitivo-comportamental modera a produção de cortisol durante a resposta ao estresse.	Antoni et al., 2009; Gaab et al., 2007; Urizar & Muñoz, 2011
5. Estresse, ansiedade, depressão em pessoas com HIV	A terapia cognitivo-comportamental melhora esses sintomas do HIV.	Crepaz et al., 2008
6. Desejos relacionados ao estresse	O gerenciamento do estresse cognitivo-comportamental diminuiu os desejos.	Back et al., 2007
7. Sintomas psicológicos e de saúde física	A terapia cognitivo-comportamental é um tratamento eficaz.	Bisson & Andrew, 2007; Hoffman et al., 2007; Lopez et al., 2011
8. Estresse no local de trabalho	A terapia cognitivo-comportamental é eficaz.	Richardson & Rothstein, 2008
9. Estresse relacionado à escola	A terapia cognitivo-comportamental aumenta a motivação e o desempenho nas provas.	Keogh et al., 2006

confissão de atos pecaminosos tem sido parte da cura pessoal em muitos rituais religiosos. Durante o final do século XIX, Joseph Breuer e Sigmund Freud (1895-1955) reconheceram o valor da "cura pela fala" e da **catarse** – a expressão verbal das emoções – que se tornou parte importante da psicoterapia. Pennebaker levou a noção de catarse para além de Breuer e Freud, demonstrando os benefícios para a saúde de falar ou escrever sobre eventos traumáticos da vida.

O padrão geral da pesquisa de Pennebaker é pedir que as pessoas escrevam ou falem sobre eventos traumáticos por 15 a 20 minutos, três ou quatro vezes por semana. A revelação emocional deve ser diferenciada da expressão emocional, que se refere a explosões ou desabafos emocionais, como chorar, rir, gritar ou atirar objetos. A revelação emocional, em contraste, envolve a transferência de emoções para a linguagem e, portanto, requer uma medida de autorreflexão. Explosões emocionais geralmente não são saudáveis e podem adicionar mais estresse a uma situação já desagradável.

Em um de seus primeiros estudos sobre revelação emocional, Pennebaker e colegas (Pennebaker et al., 1989) pediram que sobreviventes do Holocausto falassem por uma a duas horas sobre suas experiências de guerra. Os que revelaram as experiências mais pessoalmente traumáticas tiveram melhor saúde subsequente que aqueles que expressaram experiências menos dolorosas. Desde então, Pennebaker e colegas investigaram outras formas de revelação emocional, como pedir que as pessoas falem em um gravador, escrevam seus pensamentos em particular ou conversem com um terapeuta sobre eventos altamente estressantes. Com cada uma dessas técnicas, o ingrediente-chave é a linguagem – as emoções devem ser expressas por meio da linguagem. De fato, a simples tarefa de atribuir palavras a estímulos emocionais negativos diminui seu impacto emocional, amortecendo a atividade da amígdala, uma estrutura cerebral envolvida na resposta ao medo (Lieberman et al., 2007; Lieberman et al., 2011).

As mudanças físicas e psicológicas em pessoas que usam a revelação emocional são tipicamente comparadas com as de um grupo de controle, que é solicitado a escrever ou falar sobre eventos superficiais. Esse procedimento relativamente simples é responsável por mudanças fisiológicas, como menos visitas ao médico, melhor funcionamento imunológico e menores taxas de asma, artrite, câncer e doenças cardíacas. Além disso, a revelação produziu mudanças psicológicas e comportamentais, como menos sintomas depressivos antes de prestar vestibular e melhor desempenho nesses exames (Frattaroli, Thomas & Lyubomirsky, 2011).

Quão eficaz é a revelação emocional? Um número substancial de estudos da equipe de Pennebaker e outros pesquisadores demonstra a eficácia da revelação na redução de uma variedade de doenças. Uma revisão de 146 estudos de revelação emocional encontrou um efeito positivo na maioria dos resultados psicológicos e alguns deles na saúde física (Frattaroli, 2006). Essa revisão também identificou vários fatores que tornam a revelação emocional mais eficaz. Um desses é a quantidade de estresse na vida de uma pessoa: aquelas que experimentam mais estresse se beneficiam mais da revelação emocional que as que experimentam menos estresse. Outros fatores que tornam a revelação emocional mais eficaz incluem escrever em particular, por mais de 15 minutos e sobre um evento estressante não compartilhado anteriormente com outras pessoas. É importante ressaltar que a eficácia da revelação emocional não difere com base no gênero, idade ou etnia (Frattaroli, 2006).

Um exemplo notável do efeito da revelação emocional na saúde física inclui um estudo inicial que mostrou que os alunos que revelaram sentimentos sobre entrar na faculdade tinham menos doenças que aqueles que escreveram sobre tópicos superficiais (Pennebaker, Colder & Sharp, 1990). Apesar da base emocional, uma metanálise de estudos sobre revelação emocional (Frisina, Borod & Lepore, 2004) concluiu que essa abordagem é mais eficaz para ajudar pessoas com problemas físicos que psicológicos. A revelação emocional pode reduzir os sintomas em pacientes com asma e artrite (Smyth, Stone, Hurewitz & Kaell, 1999) e atenuar alguns dos problemas associados ao câncer de mama entre mulheres que percebem baixos níveis de apoio social (Low, Stanton, Bower & Gyllenhammer, 2010).

A revelação emocional deve se concentrar no trauma? Algumas evidências indicam que, quando as pessoas se concentram em encontrar algum aspecto positivo de uma experiência traumática, podem acumular ainda mais benefícios

Escrever sobre eventos traumáticos ou altamente estressantes produz benefícios físicos e emocionais.

TABELA 5.4 Eficácia da revelação emocional

Problemas	Descobertas	Estudos
1. Problemas gerais de saúde	Os sobreviventes do Holocausto que mais falaram sobre sua experiência tiveram menos problemas de saúde 14 meses depois.	Pennebaker et al., 1989
2. Desempenho em exames de admissão na pós-graduação (GRE, LSAT, MCAT)	A revelação por escrito sobre o próximo exame melhorou o desempenho.	Frattaroli et al., 2011
3. Sintomas emocionais e físicos	Revelação associada a melhores resultados de saúde psicológica e física.	Frisina et al., 2004; Frattaroli, 2006
4. Ansiedade com a entrada na faculdade	Os alunos que a revelaram tiveram menos doenças.	Pennebaker et al., 1990
5. Asma, artrite reumatoide e viver com câncer	Manter um diário de eventos estressantes reduz os sintomas e melhora o funcionamento.	Smyth et al., 1999
6. Sintomas emocionais e físicos do câncer de mama	Revelação associada a menos sofrimento entre mulheres com baixo apoio social.	Low et al., 2010
7. Sintomas emocionais e físicos	Concentrar-se em aspectos positivos da situação produziu maiores benefícios.	Lepore et al., 2004; Lu & Stanton, 2010
8. Sintomas emocionais e físicos	Concentrar-se no desenvolvimento de um plano produziu maiores benefícios que focar apenas nas emoções.	Lestideau & Lavallee, 2007
9. Problemas de saúde mental e física	A intervenção por e-mail e pela internet sobre eventos traumáticos mostrou benefícios.	Sheese et al., 2004; Possemato et al., 2010

que quando se concentram nos aspectos negativos da experiência. Em um estudo, quando os participantes foram levados a uma interpretação menos negativa de um evento traumático, eles experimentaram maiores benefícios que aqueles cujas interpretações negativas foram validadas (Lepore, Fernandez-Berrocal, Ragan & Ramos, 2004). Outras pesquisas sugerem que escrever sobre uma situação estressante, desenvolver um plano para lidar com a situação (Lestideau & Lavallee, 2007) ou focar em aspectos positivos do estressor (Lu & Stanton, 2010) potencializa os benefícios da escrita expressiva. Esses achados estendem a pesquisa de Pennebaker sobre revelação, sugerindo que pessoas que se concentram nos aspectos positivos de uma experiência traumática ou desenvolvem um plano para lidar com a situação estressante podem receber benefícios de saúde iguais ou superiores àqueles que simplesmente escrevem sobre um evento traumático da vida.

A pesquisa de Pennebaker adiciona uma ferramenta eficaz e de fácil acesso ao arsenal de estratégias para gerenciar o estresse. De fato, os benefícios podem ocorrer por meio de um programa de escrita por e-mail (Sheese, Brown & Graziano, 2004) ou por meio de uma intervenção feita pela Internet (Possemato, Ouimette & Geller, 2010). Ver **Tabela 5.4** para um resumo da eficácia da autorrevelação por meio da escrita ou da fala.

Atenção plena

Enquanto estudante de pós-graduação em biologia molecular no Instituto de Tecnologia de Massachusetts, Jon Kabat-Zinn deparou-se com uma breve conversa de um missionário zen sobre o tema da meditação. O missionário descreveu sua experiência em um mosteiro zen: primitivo, sem calor e um frio congelante no inverno. Contudo, após vários meses no mosteiro, ele observou que suas úlceras crônicas começaram a diminuir e nunca mais voltaram.

O que a meditação pode oferecer para fazer que doenças relacionadas ao estresse, como úlceras crônicas, diminuam, especialmente sob condições de vida aparentemente desagradáveis? O Dr. Kabat-Zinn dedicou sua carreira a investigar essa questão e, nas três décadas seguintes, liderou um movimento para examinar os possíveis benefícios à saúde mental e física da meditação da atenção plena (em inglês, *mindfulness*).

O que é atenção plena? Embora existam muitas definições de atenção plena, a maioria das perspectivas ocidentais a definem como uma qualidade de consciência ou percepção que surge por meio da focalização intencional da atenção de alguém no momento presente sem julgamento e aceitação (Kabat-Zinn, 1993). Kabat-Zinn desenvolveu um programa de redução do estresse com base na atenção plena de oito semanas que ensinou às pessoas habilidades de atenção plena por meio de exercícios como focar a atenção na respiração imediata, pensamentos, sensações corporais, sons e atividades cotidianas. Para a maioria delas, atender ao ambiente e às sensações atuais não é uma resposta típica ao estresse; elas têm tendência natural a responder ao estresse com preocupação sobre seus problemas passados ou atuais e os efeitos no futuro. A meditação da atenção plena visa adaptar essa preocupação com o passado e o futuro e redirecioná-la para o momento presente.

Quão eficaz é a atenção plena? As revisões dessa literatura realmente sugerem que as intervenções de redução do estresse com base na atenção plena possam diminuir o estresse, a depressão e a ansiedade em pacientes com câncer de mama (Cramer, Lauche, Paul & Dobos, 2012; Zainal, Booth & Huppert, 2013), aumentar a aceitação da dor em pacientes com dor lombar (Cramer, Haller, Lauche & Dobos, 2012), diminuir o sofrimento e possivelmente melhorar a progressão da doença entre pessoas que vivem com HIV (Riley & Kalichman, 2015). Embora os benefícios da atenção plena sejam mais pronunciados ao analisarem-se resultados como estresse, depressão e ansiedade autorrelatados, os efeitos da atenção plena também podem se estender aos resultados da saúde física. Por exemplo, uma intervenção de redução do estresse com base na atenção plena foi associada a melhores resultados em relação a medidas imunológicas, hormônios do estresse e pressão arterial em pacientes com câncer (Carlson, Speca, Faris & Patel, 2007), bem como redução da pressão arterial entre adultos em risco de hipertensão (Hughes et al., 2013). Além disso, os efeitos das intervenções de redução do estresse com base na atenção plena sob a saúde mental parecem ser devidos à capacidade de melhorar a atenção plena, a reduzir a preocupação e a tendência das pessoas de debruçar sobre experiências estressantes (Gu, Strauss, Bond & Cavanagh, 2015). Embora a maioria das intervenções de redução do estresse com base na atenção plena durem oito semanas, algumas pesquisas mostram que mesmo participar de menos sessões também pode levar a benefícios semelhantes (Carmody & Baer, 2009; Hofmann, Sawyer, Witt & Oh, 2010).

RESUMO

Os psicólogos da saúde ajudam as pessoas a lidar com o estresse usando treino de relaxamento, terapia cognitivo-comportamental, revelação emocional e atenção plena. As técnicas de relaxamento incluem relaxamento muscular progressivo e treinamento autógeno. As abordagens de relaxamento têm algum sucesso em ajudar os pacientes a controlar o estresse e a ansiedade e geralmente são mais eficazes que um placebo.

A terapia cognitivo-comportamental baseia-se no condicionamento operante e na modificação do comportamento, bem como na terapia cognitiva, que se esforça para mudar o comportamento por meio da mudança de atitudes e crenças. Os terapeutas cognitivo-comportamentais tentam fazer que os pacientes pensem de maneira diferente sobre suas experiências de estresse e ensinam estratégias que levam a um autogerenciamento mais eficaz.

A inoculação de estresse e CBSM são tipos de intervenções de terapia cognitivo-comportamental. A inoculação de estresse introduz baixos níveis de estresse e, em seguida, ensina habilidades sobre como lidar e aplicá-la. A inoculação de estresse e CBSM são intervenções bem-sucedidas para prevenir o estresse e tratar uma ampla variedade de problemas a ele relacionados, incluindo ansiedade e depressão em pessoas com HIV, anseio por estresse em pessoas com transtornos por uso de substâncias, TEPT, estresse no local de trabalho e estresse relacionado à escola.

A revelação emocional exige que os pacientes revelem fortes emoções negativas, na maioria das vezes por meio da escrita. As pessoas que usam essa técnica escrevem sobre eventos traumáticos da vida por 15 a 20 minutos, três ou quatro vezes por semana. A revelação emocional geralmente melhora a saúde, alivia a ansiedade e reduz as visitas aos profissionais de saúde e pode diminuir os sintomas de asma, artrite reumatoide e câncer.

As intervenções de redução do estresse com base na atenção plena promovem um foco e atenção sem julgamento no momento presente. As intervenções de atenção plena podem diminuir o estresse, a depressão, a ansiedade e também podem melhorar as medidas fisiológicas, como a pressão arterial.

APLIQUE O QUE VOCÊ APRENDEU

1. Considere cada um dos quatro tipos de intervenções comportamentais descritos nesta seção e identifique se cada tipo visa abordar os (1) pensamentos, (2) as emoções e (3) os comportamentos que tendem a piorar o estresse.

Perguntas

Este capítulo abordou seis questões básicas:

1. **Qual é a fisiologia do estresse?**
O sistema nervoso desempenha um papel central na fisiologia do estresse. Quando uma pessoa percebe o estresse, a divisão simpática do sistema nervoso autônomo estimula a medula adrenal, produzindo catecolaminas e despertando-a de um estado de repouso. A percepção do estresse também desencadeia uma segunda via de resposta por meio da hipófise, que libera o hormônio adrenocorticotrófico. Esse hormônio, por sua vez, afeta o córtex adrenal, que produz glicocorticoides. Esses hormônios preparam o corpo para resistir ao estresse.

2. **Quais teorias explicam o estresse?**
Hans Selye e Richard Lazarus propuseram teorias do estresse. Durante sua carreira, Selye definiu o estresse primeiro como um estímulo e depois como uma resposta. Sempre que o corpo encontra um estímulo disruptivo, ele se mobiliza em uma tentativa generalizada de se adaptar a esse estímulo. Selye chamou essa mobilização de síndrome de adaptação geral (SAG). A SAG tem três estágios – alarme, resistência e exaustão – e o potencial de trauma ou doença existe em todos os três estágios. Lazarus insistiu que a percepção da pessoa de uma situação é o componente mais significativo do estresse. Para Lazarus, o estresse depende da avaliação de um evento, e não do evento em si. Se o estresse produz ou não doença está intimamente ligado à

vulnerabilidade da pessoa, bem como à percepção de sua capacidade de enfrentar a situação.

3. **Quais fontes produzem estresse?**

As fontes de estresse podem ser categorizadas como eventos cataclísmicos, eventos da vida e aborrecimentos diários. Os cataclísmicos incluem eventos súbitos e inesperados que produzem grandes demandas de adaptação. Incluem desastres naturais, como terremotos e furacões, e eventos intencionais, como ataques terroristas. O transtorno de estresse pós-traumático é uma possibilidade após esses eventos.

Eventos da vida, como divórcio, vitimização criminal ou morte de um membro da família, também produzem grandes mudanças na vida e requerem adaptação, mas estes geralmente não são tão repentinos e dramáticos quanto os eventos cataclísmicos. Os aborrecimentos diários são ainda menores e mais comuns, mas produzem angústia. Tais eventos diários podem surgir da comunidade, como barulho, aglomeração e poluição; das condições do local de trabalho, como trabalho com alta demanda e pouco controle; ou de conflitos nos relacionamentos.

4. **Como o estresse é medido?**

Existem vários métodos para avaliar o estresse, incluindo medidas fisiológicas e bioquímicas e autorrelatos de eventos estressantes. A maioria das escalas de eventos da vida são padronizadas após a Escala de Reajuste Social de Holmes e Rahe. Alguns desses instrumentos incluem apenas eventos indesejáveis, mas o SRRS e outros inventários de autorrelato se baseiam na premissa de que qualquer mudança importante é estressante. Lazarus e associados foram pioneiros em escalas que medem os aborrecimentos e alegrias diárias. Essas escalas, que geralmente têm melhor validade que a SRRS, enfatizam a gravidade do evento percebida pela pessoa.

As medidas fisiológicas e bioquímicas têm a vantagem de boa confiabilidade, enquanto os inventários de autorrelato apresentam mais problemas para demonstrar confiabilidade e validade. Embora a maioria dos inventários de autorrelato tenham confiabilidade aceitável, sua capacidade de prever doenças ainda não foi estabelecida. Para que esses inventários de estresse prevejam doenças, duas condições devem ser atendidas: primeiro, elas devem ser medidas válidas de estresse; segundo, o estresse deve estar relacionado à doença. O Capítulo 6 aborda a questão sobre saber se o estresse causa doenças.

5. **Quais fatores influenciam o enfrentamento e quais estratégias são eficazes?**

Os fatores que influenciam o enfrentamento incluem apoio social, controle pessoal e resistência pessoal. O primeiro, definido como a qualidade emocional dos contatos sociais, é importante para a capacidade de enfrentamento e para a saúde de uma pessoa. Aqueles com apoio social recebem mais incentivo e aconselhamento para procurar cuidados médicos; o apoio social pode fornecer uma proteção contra os efeitos físicos do estresse. Em segundo lugar, as crenças das pessoas de que têm controle sobre os eventos de sua vida parecem ter um impacto positivo na saúde. Mesmo um senso de controle sobre pequenas questões pode melhorar a saúde e prolongar a vida. O fator de resistência pessoal inclui componentes de comprometimento, controle e interpretação de eventos como desafios e não como estressores.

As pessoas usam uma variedade de estratégias para enfrentar o estresse, todas podem ser bem-sucedidas. O enfrentamento focado no problema costuma ser melhor escolha que os esforços focados na emoção, porque o enfrentamento focado no problema pode mudar sua fonte, eliminando a situação geradora de estresse. O enfrentamento focado na emoção é orientado para o gerenciamento do sofrimento que acompanha o estresse. Pesquisas indicam que a maioria das pessoas usa uma diversidade de estratégias de enfrentamento, muitas vezes combinadas, e essa flexibilidade é importante para um enfrentamento eficaz.

6. **Quais técnicas comportamentais são eficazes para lidar com o estresse?**

Quatro tipos de intervenções estão disponíveis para psicólogos da saúde para ajudar as pessoas a lidar com o estresse. Primeiro, o treino de relaxamento pode ajudar as pessoas a lidar com uma variedade de problemas de estresse. Segundo, a terapia cognitivo-comportamental – incluindo inoculação de estresse e gerenciamento de estresse cognitivo-comportamental – é eficaz na redução do estresse e de transtornos relacionados, como o transtorno de estresse pós-traumático. Terceiro, a revelação emocional – incluindo escrever sobre eventos traumáticos – pode ajudar as pessoas a se recuperarem de experiências traumáticas e a terem melhor saúde psicológica e física. Quarto, as intervenções de redução do estresse que se baseiam na atenção plena podem ajudar a reduzir o estresse, a depressão e a ansiedade.

Sugestões de leitura

Kemeny, M. E. (2003). The psychobiology of stress. *Current Directions in Psychological Science, 12,* 124-129. Esta revisão concisa fornece um resumo da fisiologia do estresse, como ele pode "entrar na pele" para influenciar a doença e alguns fatores psicossociais que moderam esse processo.

Lazarus, R. S. & Folkman, S. (1984). *Stress, appraisal, and coping.* New York: Springer. Neste livro clássico, Richard Lazarus e Susan Folkman apresentam um tratamento abrangente a partir das visões de Lazarus sobre estresse, avaliação cognitiva e enfrentamento. Este livro também discute a literatura relevante até aquele momento.

McEwen, B. S. (2005). Stressed or stressed out: What is the difference? *Journal of Psychiatry and Neuroscience, 30,* 315-318. Este artigo breve e de fácil leitura resume a evolução do conceito de estresse, incluindo o trabalho de Selye e as mudanças nessa estrutura.

Monroe, S. M. (2008). Modern approaches to conceptualizing and measuring human life stress. *Annual Review of Clinical Psychology, 4,* 33-52. Esta revisão de fácil leitura descreve muitas das questões na definição e medição do estresse em humanos, bem como a compreensão dos caminhos pelos quais o estresse da vida pode influenciar a saúde física.

PeopleImages/E+/Getty Images

OBJETIVOS DE APRENDIZAGEM
Depois de estudar este capítulo, você será capaz de...

6-1 Identificar os principais órgãos e células do sistema imunológico

6-2 Entender a diferença entre imunidade inespecífica e específica, bem como os órgãos, tecidos e células envolvidos em cada forma de imunidade

6-3 Familiarizar-se com as características dos distúrbios do sistema imunológico

6-4 Compreender os objetivos do campo da psiconeuroimunologia, bem como alguns dos métodos comuns utilizados na pesquisa em psiconeuroimunologia

6-5 Reconhecer as três principais vias pelas quais o estresse pode influenciar o funcionamento do sistema imunológico

6-6 Compreender o modelo diátese-estresse e como ele ajuda a explicar por que o estresse pode ser especialmente prejudicial para algumas pessoas

6-7 Reconhecer as condições de saúde física vinculadas ao estresse e os mecanismos que o associam a essas condições

6-8 Entender como o estresse pode aumentar o risco das pessoas para transtornos psicológicos, como depressão, ansiedade e transtorno de estresse pós-traumático

CAPÍTULO 6

Entendendo estresse, imunidade e doença

SUMÁRIO DO CAPÍTULO

Perfil do mundo real de taxistas da cidade
- Fisiologia do sistema imunológico
- Psiconeuroimunologia
- O estresse causa doenças?

PERGUNTAS

Este capítulo concentra-se em três questões básicas:

1. Como funciona o sistema imunológico?
2. Como o campo da psiconeuroimunologia relaciona o comportamento a doenças?
3. O estresse causa doenças?

Este capítulo revisa as evidências relacionadas ao estresse como uma possível causa de doença. No Capítulo 5, você aprendeu que o estresse pode influenciar comportamentos relacionados à saúde, o que pode aumentar o risco de doença ou morte. Se o estresse também pode influenciar a doença física diretamente, algum mecanismo deve existir para permitir essa interação. Neste capítulo, examinaremos como o estresse pode aumentar o risco de problemas de saúde por meio de processos biológicos. Começamos com uma discussão sobre o sistema imunológico, que protege o corpo contra doenças relacionadas ao estresse e fornece um mecanismo para que cause doenças.

6-1 Fisiologia do sistema imunológico

OBJETIVOS DE APRENDIZAGEM

6-1 Identificar os principais órgãos e células do sistema imunológico

6-2 Compreender a diferença entre imunidade inespecífica e específica, bem como os órgãos, tecidos e células envolvidos em cada forma de imunidade

6-3 Familiarizar-se com as características dos distúrbios do sistema imunológico

A qualquer momento, você está cercado por microrganismos, como bactérias, vírus e fungos. Alguns desses microrganismos são inofensivos, mas outros podem colocar sua saúde em risco. O sistema imunológico consiste em tecidos, órgãos e processos que protegem o corpo da invasão de tais microrganismos estranhos. Além disso, o sistema imunológico desempenha funções de limpeza removendo células desgastadas ou danificadas e patrulhando as células mutantes. Uma vez que o sistema imunológico localiza esses invasores e renegados, ele ativa processos para eliminá-los. Assim, um sistema imunológico que funciona bem desempenha papel crucial na manutenção da saúde.

Perfil do mundo real de TAXISTAS DA CIDADE

Uma das ocupações mais estressantes é dirigir um táxi, principalmente em uma metrópole movimentada como a cidade de Nova York. Os motoristas de táxi geralmente ganham pouco dinheiro, trabalham de 60 a 70 horas por semana e enfrentam forte concorrência de outros motoristas e crescente insegurança no emprego. Além de navegar no trânsito agitado sob intensa pressão de tempo, os taxistas lidam com clientes impacientes, condições meteorológicas e rodoviárias ruins, pedestres e ciclistas desavisados e a necessidade de apanhar o maior número possível de clientes a cada dia. Os motoristas que são minorias étnicas também podem sofrer discriminação por causa da etnia e ocupação. Eles também enfrentam riscos de homicídio muito maiores que na maioria das outras ocupações.

"Você nunca sabe quem está entrando no seu táxi, então precisa estar constantemente vigilante e esperar problemas a qualquer momento", diz Kathy Pavlofsky, motorista de táxi em Berkeley, Califórnia (Kloberdanz, 2016).

Os riscos para a saúde de ser motorista de táxi vão além do assalto e homicídio. Eles correm mais risco de vir a sofrer de obesidade e diabetes, devido a uma ocupação em grande parte sedentária e à dependência frequente de uma dieta de *fast-food*. O pequeno compartimento de um táxi e a exposição contínua a estranhos também colocam os motoristas em alto risco de exposição a vírus que estão no ar. Durante a pandemia de Covid-19, aqueles da cidade de Nova York enfrentaram estresses adicionais: perda de renda em razão dos pedidos para a cidade permanecer em casa e a ameaça de infecção por Covid-19 pelos poucos clientes que tiveram a sorte de encontrar (Chan, 2020).

Esse estresse constante aumenta o risco de problemas de saúde a longo prazo. Uma pesquisa da New York Taxi Worker's Alliance descobriu que mais de 20% dos motoristas têm doenças cardiovasculares ou câncer. Por outras estimativas, mais de 60% deles têm pressão alta.

Por exemplo, Rafael Arias, motorista de táxi em Nova York há 17 anos, desenvolveu um acúmulo de sangue no cérebro que, sem tratamento, poderia ter evoluído para um acidente vascular encefálico. Seu médico observou o estresse como uma causa provável do problema.

Problemas emocionais também podem ser comuns entre pessoas em ocupações altamente estressantes, como essa. "Muitos deles precisam consultar um psiquiatra", diz Maria Ramos, ativista que reconheceu os problemas relacionados ao estresse dos motoristas de táxi de Nova York e criou um programa municipal chamado Taxi/Limousine Drivers Health Initiative para ajudar a aliviar os problemas de saúde que o grupo enfrenta (Camhi, 2012). Ramos recebeu o Prêmio Líderes de Saúde Comunitária da Fundação Robert Wood Johnson por reconhecer e atender às necessidades de saúde de motoristas como Arias.

Neste capítulo, você aprenderá como o estresse – como o enfrentado pelos motoristas e outros em ocupações altamente estressantes – pode aumentar o risco de uma variedade de problemas de saúde, bem como os caminhos biológicos pelos quais ele pode influenciar a doença.

Órgãos do sistema imunológico

O sistema imunológico está espalhado por todo o corpo na forma de **sistema linfático**. O tecido do sistema linfático é a **linfa**; ela consiste nos componentes teciduais do sangue, exceto eritrócitos (glóbulos vermelhos) e plaquetas. No processo de circulação vascular, fluidos e *leucócitos* (glóbulos brancos) vazam dos capilares e escapam do sistema circulatório. As células do corpo também secretam leucócitos. Esse fluido tecidual é conhecido como *linfa* quando ele entra nos vasos linfáticos, que fazem a linfa circular e, por fim, a devolvem à corrente sanguínea.

A linfa circula entrando no sistema linfático e depois reentrando na corrente sanguínea, em vez de permanecer exclusivamente nesse sistema. A estrutura do sistema linfático (ver **Figura 6.1**) é aproximadamente paralela ao sistema circulatório do sangue. Em sua circulação, toda linfa percorre pelo menos um **linfonodo**. Os linfonodos são cápsulas redondas ou ovais espaçadas por todo o sistema linfático que ajudam a limpar a linfa de células mortas, bactérias e até mesmo poeira que entrou no corpo.

Linfócitos são um tipo de leucócito encontrado na linfa. Existem vários tipos de linfócitos, sendo os mais bem compreendidos os linfócitos T, ou **células T**; linfócitos B, ou **células B**; e **células *natural killer* (NK)**. Os linfócitos se originam na medula óssea, mas amadurecem e se diferenciam em outras estruturas do sistema imunológico. Além dos linfócitos, há dois outros tipos de leucócitos, os granulócitos e os monócitos/macrófagos. Esses leucócitos têm papéis nas respostas inespecíficas e específicas do sistema imunológico (discutidas em detalhes posteriormente).

O **timo**, que tem funções endócrinas, secreta um hormônio chamado **timosina**, que está envolvido na maturação e diferenciação das células T. Curiosamente, o timo é maior

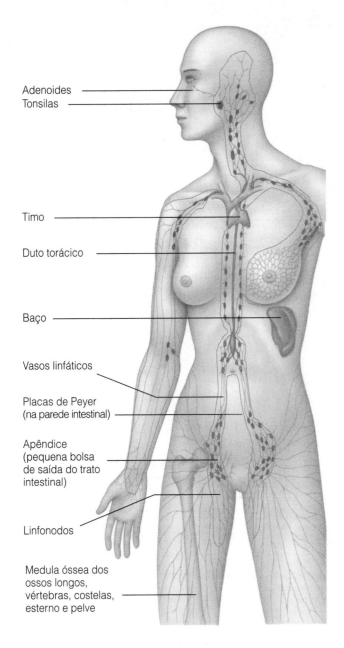

FIGURA 6.1 Sistema linfático.

Fonte: Introduction to microbiology (p. 407), por J. L. Ingraham & C. A. Ingraham. De INGRAHAM/INGRAHAM, *Introduction to Microbiology*, 1E. © 1995 Cengage Learning.

durante a infância e depois, durante a idade adulta, atrofia. Sua função não é totalmente compreendida, mas o timo é claramente importante no sistema imunológico porque sua remoção prejudica a função imunológica. Sua atrofia também sugere que a produção de células T do sistema imunológico é mais eficiente durante a infância e que o envelhecimento está relacionado à menor eficiência imunológica (Briones, 2007). As **tonsilas** são massas de tecido linfático localizadas na garganta. A sua função é semelhante à dos gânglios linfáticos: prender e matar células e partículas invasoras. O **baço**, um órgão próximo ao estômago na cavidade abdominal, é o local em que os linfócitos amadurecem. Além disso, serve como uma estação de retenção para linfócitos, bem como um local de descarte para células sanguíneas desgastadas.

Assim, os órgãos do sistema imunológico produzem, armazenam e circulam linfa pelo restante do corpo. A vigilância e proteção que o sistema imunológico oferece não se limita aos linfonodos. Em vez disso, ocorre em outros tecidos do corpo contendo linfócitos. Para proteger todo o corpo, a função imunológica deve ocorrer em todas as partes do corpo.

Função do sistema imunológico

A função do sistema imunológico é se defender contra substâncias estranhas que o corpo encontra. Esse sistema deve ser extraordinariamente eficaz para evitar que 100% das bactérias, vírus e fungos invasores danifiquem nossos corpos. Poucas outras funções devem operar com 100% de eficiência, mas quando esse sistema funciona com capacidade menor, a pessoa (ou animal) se torna vulnerável.

Organismos invasores podem entrar no corpo de várias maneiras, e o sistema imunológico possui métodos para combater cada modo de entrada. Em geral, existem duas maneiras pelas quais o sistema imunológico combate as substâncias estranhas invasoras: resposta geral (inespecífica) e resposta específica. Ambas podem estar envolvidas no combate a substâncias estranhas.

Respostas inespecíficas do sistema imunológico Para entrar no corpo, as substâncias estranhas devem primeiro passar pela pele e pelas membranas mucosas. Assim, esses órgãos e tecidos são a primeira linha de defesa contra o mundo exterior. Substâncias estranhas capazes de passar por essas barreiras enfrentam dois mecanismos gerais (inespecíficos). Um é a **fagocitose**, que é o ataque de partículas estranhas por células do sistema imunológico. Dois tipos de leucócitos realizam essa função. Os **granulócitos** contêm grânulos cheios de substâncias químicas. Quando essas células encontram substâncias invasoras, elas liberam as substâncias químicas, que atacam os invasores. **Macrófagos** executam uma variedade de funções imunológicas, incluindo a eliminação de células desgastadas e detritos, iniciando respostas imunológicas específicas e secretando uma variedade de substâncias químicas que quebram as membranas celulares dos invasores. Assim, a fagocitose envolve vários mecanismos que podem resultar rapidamente na destruição de bactérias, vírus e fungos invasores. Contudo, alguns escapam dessa ação inespecífica.

Um segundo tipo de resposta inespecífica do sistema imunológico é a **inflamação**, que trabalha para restaurar tecidos danificados por invasores. Quando ocorre uma lesão, os vasos sanguíneos na área lesionada se dilatam, aumentando o fluxo sanguíneo para os tecidos causando calor e vermelhidão que acompanham a inflamação. As células danificadas liberam enzimas que ajudam a destruir microrganismos invasores; essas enzimas também podem ajudar na própria digestão, caso as células morram. Tanto os granulócitos quanto os macrófagos migram para o local da lesão para combater os invasores. Por fim, começa o reparo tecidual. A **Figura 6.2** ilustra o processo de inflamação.

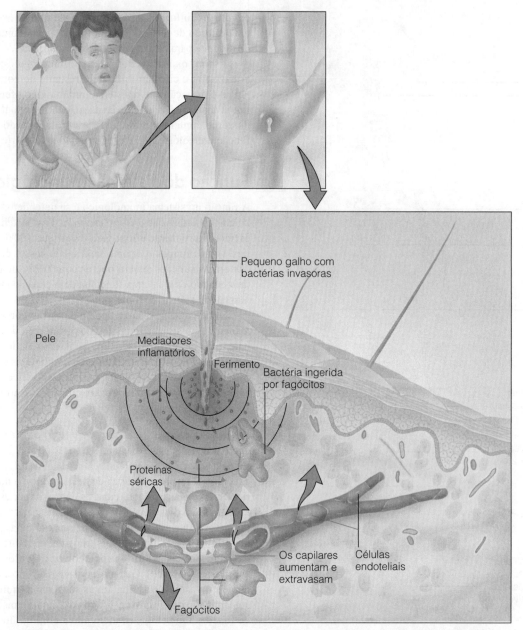

FIGURA 6.2 A inflamação aguda é iniciada por um estímulo como lesão ou infecção. Mediadores inflamatórios, produzidos no local do estímulo, fazem que os vasos sanguíneos se dilatem e aumentem sua permeabilidade; eles também atraem fagócitos para o local da inflamação e os ativam.

Fonte: Introduction to microbiology (p. 386), por J. L. Ingraham & C. A. Ingraham. De INGRAHAM/INGRAHAM, *Introduction to Microbiology*, 1E. © 1995 Cengage Learning.

Respostas específicas dos sistemas imunológicos. As respostas imunes específicas são direcionadas para um invasor, como um determinado vírus ou bactéria. Dois tipos de linfócitos – células T e células B – realizam respostas imunológicas específicas. Quando um linfócito encontra uma substância estranha pela primeira vez, ocorrem tanto a resposta geral quanto a resposta específica. Os microrganismos invasores são mortos e comidos pelos macrófagos, que apresentam fragmentos desses invasores às células T que se deslocaram para a área de inflamação. Esse contato sensibiliza as células T, que adquirem receptores específicos em suas superfícies que lhes permitem reconhecer o invasor. Um exército de *células T citotóxicas* se forma por meio desse processo e logo mobiliza um ataque direto aos invasores. Esse processo é conhecido como *imunidade mediada por células*, porque ocorre no nível das células do corpo e não na corrente sanguínea. A imunidade mediada por células é especialmente eficaz contra fungos, vírus que já entraram nas células, parasitas e mutações das células do corpo.

A outra variedade de linfócitos, as células B, mobiliza um ataque indireto aos microrganismos invasores. Com a ajuda de uma variedade de células T (a *célula T auxiliar*), as

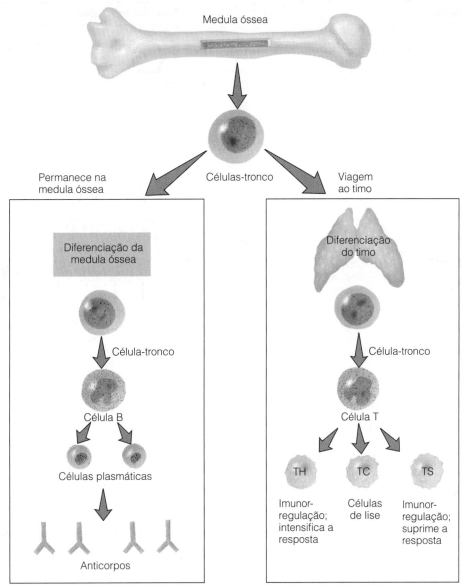

FIGURA 6.3 Origens das células B e células T.

Fonte: Introduction to microbiology (p. 406), por J. L. Ingraham & C. A. Ingraham. De INGRAHAM/INGRAHAM, *Introduction to Microbiology*, 1E. © 1995 Cengage Learning.

células B se diferenciam em **células plasmáticas** e secretam **anticorpos**. Cada anticorpo é fabricado em resposta a um invasor específico. Substâncias estranhas que provocam a fabricação de anticorpos são chamadas **antígenos** (*gerador de anticorpos*). Os anticorpos circulam, encontram seus antígenos, ligam-se a eles e os marcam para destruição futura. A **Figura 6.3** mostra a diferenciação das células T e células B.

As reações específicas do sistema imunológico constituem a *resposta imune primária*. A **Figura 6.4** mostra o desenvolvimento da resposta imune primária e descreve como a exposição subsequente ativa a *resposta imune secundária*. Durante a exposição inicial a um invasor, algumas das células T e B sensibilizadas se replicam e, em vez de entrar em ação, são mantidas em reserva. Esses *linfócitos de memória* formam a base para uma resposta imune rápida na segunda exposição ao mesmo invasor. Os linfócitos de memória podem persistir por anos, mas não serão ativados a menos que o invasor do antígeno reapareça. Se isso acontecer, então os linfócitos de memória iniciam o mesmo tipo de ataques diretos e indiretos que ocorreram na primeira exposição, mas muito mais rapidamente. Essa resposta rápida especificamente adaptada a microrganismos estranhos que ocorre com a exposição repetida é o que a maioria das pessoas considera **imunidade**.

Esse sistema de resposta imune por meio do reconhecimento de antígenos por células B e sua fabricação de anticorpos é chamado de **imunidade humoral** porque acontece na corrente sanguínea. O processo é especialmente eficaz no combate a vírus que já entraram nas células, parasitas e mutações das células do corpo.

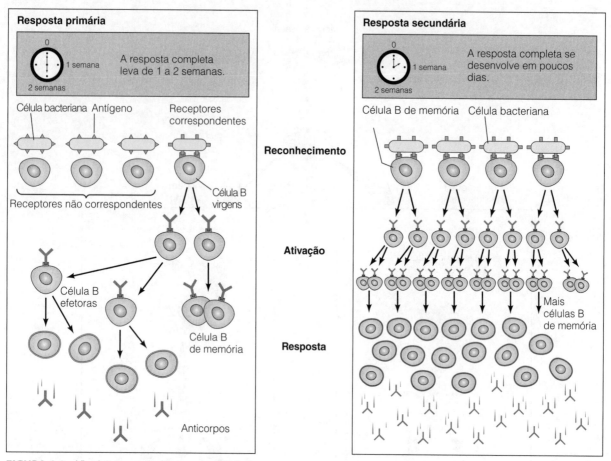

FIGURA 6.4 Vias imunes primárias e secundárias.

Fonte: Introduction to microbiology (p. 414), por J. L. Ingraham & C. A. Ingraham. De INGRAHAM/INGRAHAM, *Introduction to Microbiology*, 1E. © 1995 Cengage Learning.

Criando imunidade. Um método amplamente utilizado para induzir a imunidade é a **vacinação**. Na vacinação, uma forma enfraquecida de um vírus ou bactéria é introduzida no corpo, estimulando a produção de anticorpos. Esses anticorpos conferem imunidade por um período prolongado. A varíola, que antes matava milhares de pessoas a cada ano, foi erradicada com a vacinação. Como resultado, as pessoas não são mais vacinadas contra essa doença.

Existem outras vacinas para uma grande variedade de doenças. Elas são especialmente úteis na prevenção de infecções virais. Mas a imunidade deve ser criada para cada vírus específico e existem milhares de vírus. Mesmo doenças virais que produzem sintomas semelhantes, como o resfriado comum, podem ser causadas por muitos vírus diferentes. Portanto, a imunidade para resfriados exigiria muitas vacinas e esse processo ainda não se mostrou prático.

Distúrbios do sistema imunológico

Deficiência imunológica, uma resposta imunológica inadequada, pode ocorrer por várias razões. Por exemplo, é um efeito colateral da maioria dos medicamentos quimioterápicos usados para tratar o câncer. A deficiência imunológica também ocorre naturalmente. Embora o sistema imunológico não esteja funcionando plenamente ao nascimento, os recém-nascidos são protegidos por anticorpos que recebem de suas mães por meio da placenta; lactentes recebem anticorpos do leite materno. Estes oferecem proteção até que o próprio sistema imunológico do lactente se desenvolva durante os primeiros meses de vida.

Em casos raros, o sistema imunológico não se desenvolve, deixando a criança sem proteção. Os médicos podem tentar aumentar a função imunológica, mas as conhecidas "crianças em bolhas de plástico" ainda possuem deficiência imunológica. A exposição a qualquer vírus ou bactéria pode ser fatal para essas crianças que ficam fechadas em quartos estéreis para isolá-las dos microrganismos que fazem parte do mundo normal.

Um tipo muito mais comum de deficiência imunológica é a **síndrome da imunodeficiência adquirida (Aids)**. Essa doença é causada pelo vírus da imunodeficiência humana (HIV), que destrói as células T e macrófagos do sistema imunológico. As pessoas infectadas com o HIV podem progredir para a Aids e tornar-se vulneráveis a uma ampla gama de doenças bacterianas, virais e malignas. O HIV é contagioso, mas não é facilmente transmitido de pessoa para pessoa. As maiores concentrações do vírus são encontradas no sangue e no sêmen. Transfusões de sangue de uma pessoa infectada, injeção com agulha contaminada, relação sexual e transmissão durante o processo de parto são as vias mais comuns de infecção. O tratamento consiste no controle da proliferação do vírus por meio de medicamentos antivirais e no manejo das doenças que se desenvolvem por deficiência imunológica. Desde 2016, uma combinação de medicamentos antivirais pode retardar o progresso da infecção pelo HIV, mas nenhum tratamento ainda é capaz de eliminar o HIV de uma pessoa infectada.

Alergias são outro distúrbio do sistema imunológico. Uma resposta alérgica é a reação anormal a uma substância estranha que normalmente provoca pouca ou nenhuma reação imunológica. Uma ampla gama de substâncias pode causar reações alérgicas, e a gravidade das reações também varia muito. Algumas reações alérgicas podem ser fatais, enquanto outras podem causar incômodos, como coriza. Determinadas alergias são tratadas com a introdução de pequenas doses regulares do alérgeno para dessensibilizar a pessoa e diminuir ou aliviar a resposta alérgica. Às vezes, por razões não bem compreendidas, o sistema imunológico pode atacar seu próprio corpo. Essa situação ocorre com **doenças autoimunes**. Lembre-se de que uma função do sistema imunológico é reconhecer invasores estrangeiros e marcá-los para destruição. Nas doenças autoimunes, o sistema imunológico perde a capacidade de distinguir o corpo de um invasor e arma contra si mesmo o ataque violento que faria contra um intruso. Lúpus eritematoso, artrite reumatoide e esclerose múltipla são doenças autoimunes.

RESUMO

Se o estresse pode causar doenças diretamente, isso só pode ocorrer por que ele afeta os processos biológicos (ver Figura 1.4). Um provável candidato para essa interação é o sistema imunológico, que é composto por tecidos, órgãos e processos que protegem o corpo da invasão de materiais estranhos, como bactérias, vírus e fungos. O sistema imunológico também protege o corpo, eliminando as células danificadas. As respostas do sistema imunológico podem ser inespecíficas ou específicas. A resposta inespecífica pode atacar qualquer invasor, enquanto as respostas específicas atacam um invasor específico. Os problemas do sistema imunológico podem ter várias origens, incluindo transplantes de órgãos, alergias, medicamentos usados para quimioterapia contra o câncer e deficiência imunológica. O HIV danifica o sistema imunológico, criando uma deficiência que deixa a pessoa vulnerável a uma variedade de doenças infecciosas e malignas.

APLIQUE O QUE VOCÊ APRENDEU

1. Rastreie as defesas do sistema imunológico que um invasor estranho, como um vírus, bactéria ou fungo, precisaria contornar para infectar com sucesso um hospedeiro.

6-2 Psiconeuroimunologia

OBJETIVOS DE APRENDIZAGEM

6-4 Compreender os objetivos do campo da psiconeuroimunologia, bem como alguns dos métodos comuns utilizados na pesquisa em psiconeuroimunologia

6-5 Reconhecer as três principais vias pelas quais o estresse pode influenciar o funcionamento do sistema imunológico

A seção anterior descreveu a função do sistema imunológico e seus tecidos, estrutura e distúrbios. Os fisiologistas tradicionalmente adotam uma abordagem semelhante, estudando o sistema imunológico como separado e independente de outros sistemas do corpo. Há cerca de trinta anos, contudo, evidências acumuladas sugeriam que o sistema imunológico interage com o sistema nervoso central (SNC) e o sistema endócrino. Essa evidência mostra que fatores psicológicos e sociais podem afetar o SNC, o sistema endócrino e o imunológico. Além disso, o sistema imunológico pode, por sua vez, afetar o nervoso, fornecendo o potencial para o sistema imunológico alterar o comportamento e o pensamento (Maier, 2003). Esse reconhecimento levou à fundação e ao rápido crescimento do campo da **psiconeuroimunologia (PNI)**, um campo multidisciplinar que se concentra nas interações entre o comportamento, o sistema nervoso, o sistema endócrino e o sistema imunológico.

História da psiconeuroimunologia

No início de 1900, Ivan Pavlov descobriu que os cães podiam ser treinados para salivar ao som de um sino. Pavlov mostrou que, por meio do processo de condicionamento clássico, eventos ambientais podem se tornar gatilhos automáticos de processos fisiológicos básicos. Poderia o condicionamento clássico também influenciar o funcionamento de processos fisiológicos aparentemente tão "invisíveis" quanto o sistema imunológico?

Em 1975, Robert Ader e Nicholas Cohen publicaram um estudo que investigou essa simples questão. Ao fazerem isso, Ader e Cohen mostraram como o sistema nervoso, o sistema imunológico e o comportamento podem interagir – uma descoberta que essencialmente criou o campo da PNI. A abordagem de Ader e Cohen foi direta e muito parecida com a abordagem de Pavlov: eles associaram um estímulo condicionado (EC) com um estímulo incondicionado (EI) para ver se o estímulo condicionado sozinho produziria posteriormente uma resposta condicionada (RC). Entretanto, a diferença era que o estímulo condicionado de Ader e Cohen era uma solução de sacarina e água que os ratos bebiam; o estímulo incondicionado era a administração de uma droga que suprime o sistema imunológico. Durante o processo de condicionamento, os ratos foram autorizados a beber a solução de sacarina e, em seguida, foram injetados com a droga imunossupressora. De forma muito parecida com os cães de Pavlov, os ratos rapidamente associaram os dois estímulos, de modo que mais tarde mostraram supressão imunológica quando receberam *somente* a solução de sacarina. Nesse estudo inovador, os autores demonstraram que o sistema imunológico estava sujeito ao mesmo tipo de aprendizagem associativa que outros sistemas do corpo.

Até a publicação do estudo de Ader e Cohen de 1975, a maioria dos fisiologistas acreditava que os sistemas imunológico e o nervoso não interagiam e, assim, seus resultados não foram aceitos imediatamente (Fleshner & Laudenslager, 2004). Depois de muitas repetições de suas descobertas, os fisiologistas agora aceitam que o sistema imunológico e outros sistemas do corpo trocam informações de várias maneiras. Um mecanismo ocorre via **citocinas**, mensageiros químicos secretados pelas células do sistema imunológico (Blalock & Smith, 2007; Maier & Watkins, 2003). Um tipo de citocina é conhecido como **citocina pró-inflamatória** porque promove a inflamação. Essas citocinas, que incluem vários tipos de *interleucinas*, podem estar subjacentes a uma série de estados, incluindo sentimentos associados à doença, depressão e isolamento social (Eisenberger et al., 2010; Irwin, 2008; Kelley et al., 2003). Esse é um exemplo de como o funcionamento do sistema imunológico pode influenciar os estados psicológicos.

O desenvolvimento do conhecimento das conexões entre os sistemas imunológico e nervoso estimulou os pesquisadores a explorar os mecanismos físicos pelos quais ocorrem as interações. Os psicólogos começaram a usar medidas de função imunológica para testar os efeitos do comportamento no sistema imunológico. Durante a década de 1980, a epidemia de Aids concentrou a atenção pública e o financiamento de pesquisas sobre como o comportamento influencia o sistema imunológico e, portanto, a saúde. Como resultado dessa atenção, algumas das evidências mais claras do papel dos fatores psicológicos no funcionamento imunológico vêm de estudos de pessoas que enfrentam a infecção pelo HIV (Chida & Vedhara, 2009). Contudo, pesquisadores no campo da psiconeuroimunologia usam uma variedade de populações e métodos para examinar as ligações entre fatores psicológicos e o funcionamento do sistema imunológico (ver quadro "Dá para acreditar?").

Pesquisa em psiconeuroimunologia

A pesquisa em psiconeuroimunologia visa desenvolver uma compreensão do papel do comportamento nas mudanças do sistema imunológico e no desenvolvimento de doenças. Para atingir esse objetivo, os pesquisadores devem estabelecer uma conexão entre os fatores psicológicos e as alterações na função imunológica e demonstrar uma relação entre essa função imunológica prejudicada e as alterações no estado de saúde. Idealmente, a pesquisa deve incluir todos os três componentes – fatores psicológicos, como estresse, mau funcionamento do sistema imunológico e desenvolvimento de doenças – para estabelecer a conexão entre estresse e doença (Forlenza & Baum, 2004). Essa tarefa é difícil por várias razões.

Uma razão para a dificuldade é a relação nada perfeita entre mau funcionamento do sistema imunológico e doença. Nem todas as pessoas com sistema imunológico comprometido ficam doentes (Segerstrom & Miller, 2004). A doença é uma função tanto da competência do sistema imunológico quanto da exposição da pessoa aos patógenos, os agentes que produzem a doença. A melhor abordagem na PNI vem de estudos longitudinais que acompanham as pessoas por um período após elas (1) experimentarem estresse que (2) leva a

---

Dá para ACREDITAR? Imagens de doenças são suficientes para ativar o sistema imunológico

A capacidade do sistema imunológico de montar um ataque eficaz contra um invasor biológico é incrível em sua complexidade e eficácia. Contudo, ele pode ter evoluído para responder a mais que simplesmente patógenos que já entraram no corpo. O sistema imunológico pode montar defesas contra patógenos que o cérebro *antecipa que podem entrar em breve no corpo*.

Pesquisadores canadenses (Schaller et al., 2010) apresentaram uma série de fotografias aos participantes estudantes universitários. Alguns participantes viram fotos de doenças infecciosas – como varíola, lesões de pele e espirros. Essas imagens eram estímulos que deveriam ativar uma resposta imunológica. Os participantes de um grupo de controle viram fotos de armas, que eram estímulos ameaçadores, mas não se esperava que ativassem uma resposta imune. De fato, os participantes que viram as fotos de doenças infecciosas produziram significativamente mais citocinas pró-inflamatórias que os que viram as fotos de armas.

Uma equipe de pesquisa australiana (Stevenson et al., 2011) encontrou resultados semelhantes quando os participantes viram imagens destinadas a induzir uma sensação de nojo, como um animal morto, banheiro sujo e uma barata em uma pizza. Em comparação com aqueles que viram imagens neutras ou ameaçadoras (mas não repugnantes), os que viram as imagens repugnantes produziram maiores quantidades da citocina pró-inflamatória TNF-a.

Por que essas imagens repugnantes podem estimular o sistema imunológico? Embora a razão exata seja desconhecida, alguns pesquisadores sugerem que as respostas podem estar enraizadas na evolução. Organismos que montam uma resposta imunológica quando expostos a estímulos associados a patógenos podem ter menos probabilidade de sucumbir à infecção quando esses patógenos por fim entram no corpo (Schaller et al., 2010). Entretanto, essas respostas podem ser ineficazes – ou mesmo caras – em contextos em que os estímulos repugnantes não são normalmente seguidos por exposição a patógenos, por exemplo, ao assistir a um filme de terror particularmente sangrento. Em conjunto, essas descobertas destacam as ligações fascinantes entre o cérebro e o sistema imunológico.

um declínio na imunocompetência e, em seguida, (3) avaliar as mudanças em seu estado de saúde. Poucos estudos incluíram os três componentes, e a maioria deles é restrita a animais não humanos. Contudo, um desses estudos acompanhou idosos responsáveis por cuidar do cônjuge com demência (Kiecolt-Glaser et al., 1991). Comparados aos controles de não cuidadores, os cuidadores apresentaram pior funcionamento em várias medidas do estado imunológico. Além disso, os cuidadores relataram mais dias de doença infecciosa. O pior funcionamento imunológico foi particularmente aparente nos cuidadores, que tinham baixos níveis de apoio social.

A maioria das pesquisas em PNI se concentra na relação entre os vários estressores e a função alterada do sistema imunológico. A maioria dos estudos mede a função do sistema imunológico testando amostras de sangue em vez de testar a função imune no corpo das pessoas (Coe & Laudenslager, 2007; Segerstrom & Miller, 2004). Algumas pesquisas se concentram na relação entre a função alterada do sistema imunológico e o desenvolvimento de doenças ou a disseminação do câncer (Cohen, 2005; Reiche, Nunes & Morimoto, 2004), mas esses estudos são minoritários. Além disso, os tipos de estressores, as espécies de animais e a faceta da função do sistema imunológico estudada variam, resultando em uma variedade de achados (Forlenza & Baum, 2004).

Alguns pesquisadores manipulam estressores de curto prazo, como choque elétrico, ruídos altos ou tarefas cognitivas complexas em uma situação de laboratório; outros usam o estresse natural na vida das pessoas para testar o efeito do estresse na função do sistema imunológico. Estudos laboratoriais permitem aos pesquisadores investigar as mudanças físicas que acompanham o estresse e tais estudos mostram correlações entre a ativação do sistema nervoso simpático e as respostas imunes (Glaser, 2005; Irwin, 2008). Essa pesquisa sugere que a ativação simpática pode ser um caminho por meio do qual o estresse pode afetar o sistema imunológico. O efeito é inicialmente positivo, mobilizando recursos, mas o estresse contínuo ativa processos fisiológicos prejudiciais.

O estresse que ocorre naturalmente nos exames da faculdade de medicina oferece outra oportunidade para estudar a relação entre estresse e função imunológica em estudantes (Kiecolt-Glaser et al., 1994). Uma série de estudos mostrou diferenças na imunocompetência, medida pelo número de células *natural killer*, porcentagens de células T e porcentagens de linfócitos totais. De fato, os alunos de medicina apresentam mais sintomas de doenças infecciosas imediatamente antes e depois dos exames. Pesquisas mais recentes (Chandrashekara et al., 2007) confirmam que alunos ansiosos que fazem exames experimentam uma diminuição da função imunológica, o que demonstra que o efeito sobre ela é específico da situação e do estado psicológico dos estudantes.

O estresse do exame geralmente é de curto prazo; o crônico tem efeitos ainda mais graves na competência imunológica. O conflito de relacionamento prevê a supressão do sistema imunológico para casais que experimentam conflito conjugal (Kiecolt-Glaser & Newton, 2001). De fato, o casamento é importante para a função imunológica e para uma ampla gama de resultados de saúde (Graham, Christian & Kiecolt-Glaser, 2006). Por exemplo, os efeitos do conflito conjugal podem incluir respostas piores à imunização e tempos mais lentos de cicatrização de feridas (Ebrecht et al., 2004), e a falta de apoio do parceiro pode desempenhar um papel no aumento do estresse durante a gravidez, o que acentua os riscos à saúde (Coussons-Read, Okun & Nettles, 2007). Contudo, o conflito conjugal nem sempre pode levar a uma resposta imune pior. Parceiros que lidam com conflitos com padrões produtivos de comunicação têm respostas imunes menos desreguladas por episódios de conflito conjugal (Graham et al., 2009).

Outros estressores crônicos também suprimem a função imunológica. Por exemplo, as pessoas que cuidam de alguém com doença de Alzheimer sofrem de estresse crônico (consulte o Capítulo 11 para saber mais sobre a doença e o estresse de ser cuidador). Esses cuidadores apresentam pior saúde psicológica e física, tempos de cicatrização mais longos para ferimentos e diminuição da função imunológica (Damjanovic et al., 2007; Kiecolt-Glaser, 1999; Kiecolt-Glaser et al., 1995). Além disso, a morte de um paciente com Alzheimer não melhora a saúde psicológica dos cuidadores estressados ou o funcionamento do sistema imunológico (Robinson-Whelen et al., 2001). Tanto os cuidadores quanto ex-cuidadores estavam mais deprimidos e apresentavam funcionamento do sistema imunológico diminuído, sugerindo que esse estresse continua mesmo após o término do cuidado.

Os resultados de metanálises de trinta anos de estudos sobre estresse e imunidade (Segerstrom & Miller, 2004) mostram uma relação clara entre estresse e diminuição da função imunológica, especialmente para fontes crônicas de estresse. Os estressores que exercem os efeitos mais crônicos têm a maior influência global no sistema imunológico. Refugiados, desempregados, motoristas de táxi e aqueles que vivem em bairros de alta criminalidade experimentam o tipo de estresse crônico e incontrolável que tem o efeito negativo mais generalizado sobre o sistema imunológico. O estresse de curto prazo pode produzir mudanças adaptativas, como mobilizar a produção de hormônios; mas o estresse crônico exerce efeitos em muitos tipos de resposta do sistema imunológico que enfraquecem a sua eficiência.

Algumas das pesquisas de PNI que demonstram mais claramente a ligação de três vias entre estresse, função imunológica e doença utilizam ratos estressados como sujeitos, injetando material que provoca uma resposta do sistema imunológico e observando as mudanças resultantes na função imunológica e na doença (Bowers et al., 2008). Algumas pesquisas com participantes humanos também demonstram a ligação entre estresse, função imunológica e doença (Cohen, 2005; Kiecolt-Glaser et al., 2002). Por exemplo, o tempo de cicatrização varia após receber uma ferida padronizada, dependendo se ela ocorre durante as férias ou durante os exames. Alunos sob estresse de exames mostram um declínio em uma função imunológica específica relacionada à cicatrização de feridas; os mesmos alunos levaram 40% mais tempo para se curar durante os exames que durante as férias. Assim, pesquisas em humanos e animais demonstram que o estresse pode afetar a função imunológica e os processos de doenças.

Se fatores comportamentais e sociais podem diminuir a função do sistema imunológico, é possível *impulsionar* a imunocompetência por meio de mudanças de comportamento? Esse impulso melhoraria a saúde? Os pesquisadores projetaram intervenções destinadas a aumentar a eficácia do sistema imunológico – como hipnose, relaxamento, manejo do estresse e atenção plena –, mas as revisões desses estudos (Miller & Cohen, 2001; Black & Slavich, 2016) indicam apenas efeitos modestos. Do mesmo modo, uma metanálise de intervenções cognitivo-comportamentais para homens HIV-positivos (Crepaz et al., 2008) mostrou efeitos significativos para melhorias na ansiedade, estresse e depressão, mas alterações limitadas na função do sistema imunológico. Porém uma intervenção de manejo do estresse cognitivo-comportamental de dez semanas para mulheres em tratamento de câncer de mama levou a algumas melhorias nas medidas imunológicas ao longo de um período de seis meses (Antoni et al., 2009). O tratamento do câncer enfraquece o sistema imunológico, portanto, mesmo pequenas melhorias podem ser uma vantagem para esses indivíduos.

Mecanismos físicos de influência

Como o estresse influencia o funcionamento do sistema imunológico? Seus efeitos podem ocorrer por pelo menos três vias – via sistema nervoso periférico, via secreção de hormônios e via comportamentos que afetam negativamente o sistema imunológico, como falta de sono, consumo de álcool ou tabagismo (Segerstrom & Miller, 2004).

O sistema nervoso periférico fornece conexões com órgãos do sistema imunológico, como o timo, o baço e os linfonodos. O cérebro também pode se comunicar com o sistema imunológico por meio da produção de *fatores de liberação*, hormônios que estimulam as glândulas endócrinas a secretar hormônios. Esses hormônios viajam pela corrente sanguínea e afetam órgãos-alvo, como as glândulas suprarrenais. (O Capítulo 5 incluiu uma descrição desses sistemas e do componente endócrino da resposta ao estresse.) As células T e as células B têm receptores para os hormônios glicocorticoides do estresse.

Quando o sistema nervoso simpático é ativado, as glândulas adrenais liberam vários hormônios. A medula adrenal libera adrenalina e noradrenalina, e o córtex adrenal libera cortisol. A modulação da imunidade pela adrenalina e noradrenalina parece ocorrer por meio do sistema nervoso autônomo (Dougall & Baum, 2001).

A liberação de cortisol do córtex adrenal resulta na liberação do hormônio adrenocorticotrófico (ACTH) pela hipófise no cérebro. Outra estrutura cerebral, o hipotálamo, estimula a hipófise a liberar ACTH. O cortisol elevado está associado a várias condições de sofrimento físico e emocional (Dickerson & Kemeny, 2004) e exerce um efeito anti-inflamatório. O cortisol e os glicocorticoides tendem a deprimir as respostas imunes, a fagocitose e a ativação de macrófagos. De fato, os níveis de cortisol em pacientes internados em hospital durante os primeiros meses da pandemia de Covid-19 previram sua probabilidade de sobreviver à infecção (Tan et al., 2020). Depois de controlar a idade e a presença de doenças crônicas, esses pesquisadores descobriram que níveis mais altos de cortisol estavam relacionados a maior probabilidade de morrer de Covid-19. Embora ainda não esteja claro se esses achados foram devidos à supressão do sistema imunológico, eles mostram que as respostas neuroendócrinas ao estresse têm implicações para doenças infecciosas. Assim, o sistema nervoso pode influenciar o sistema imunológico tanto por meio do sistema nervoso simpático quanto por meio da resposta neuroendócrina ao estresse.

A comunicação também ocorre na outra direção; o sistema imunológico pode sinalizar o sistema nervoso por meio de citocinas, substâncias químicas secretadas pelas células do sistema imunológico (Irwin, 2008; Maier, 2003). As citocinas podem chegar ao cérebro por várias vias (Capuron & Miller, 2011). Essa interconexão possibilita interações bidirecionais dos sistemas imunológico e nervoso e pode até mesmo permitir efeitos sobre o comportamento, como depressão, fadiga e comprometimento do sono, que são sintomas comuns de doença. A inter-relação entre o sistema nervoso e o sistema imunológico torna possível que um influencie o outro para produzir os sintomas associados ao estresse e à doença.

O estresse também pode "dominar a pessoa" alterando comportamentos relacionados à saúde (Segerstrom & Miller, 2004). Por exemplo, pessoas sob estresse podem fumar mais cigarros, consumir mais álcool, usar drogas ilícitas e dormir menos. Conforme descrito no início deste capítulo, a vida altamente estressante dos motoristas de táxi pode deixar poucas oportunidades para atividade física ou dieta adequada. Cada um desses comportamentos aumenta o risco de muitas doenças e pode influenciar o sistema imunológico de forma negativa.

RESUMO

A pesquisa em psiconeuroimunologia demonstra que várias funções do sistema imunológico respondem ao estresse psicológico de curto e longo prazos. Os pesquisadores estão progredindo no sentido de vincular fatores psicológicos, função do sistema imunológico e doenças, mas poucos estudos incluíram todos os três elementos.

Algumas pesquisas são bem-sucedidas em vincular as alterações do sistema imunológico às mudanças no estado de saúde; essa associação é necessária para completar a cadeia entre os fatores psicológicos e a doença. Além de estabelecer ligações entre fatores psicológicos e mudanças no sistema imunológico, os pesquisadores tentam especificar os mecanismos físicos pelos quais essas mudanças ocorrem. Possíveis mecanismos incluem conexões diretas entre os sistemas nervoso e imunológico e uma conexão indireta por meio do sistema neuroendócrino. Mensageiros químicos chamados *citocinas* também permitem a comunicação entre o sistema imunológico e o nervoso e possíveis efeitos sobre o comportamento. Além disso, o estresse pode levar as pessoas a mudar seus comportamentos, adotando hábitos menos saudáveis que são fatores de risco para doenças.

> **APLIQUE O QUE VOCÊ APRENDEU**
>
> 1. Crie o perfil de uma pessoa cujo estilo de vida pode levar a um sistema imunológico enfraquecido e a um aumento do risco de infecção. Que aspectos de suas experiências e comportamentos criam esse aumento de risco?

6-3 O estresse causa doença?

OBJETIVOS DE APRENDIZAGEM

6-6 Compreender o modelo diátese-estresse e como ele ajuda a explicar por que o estresse pode ser especialmente prejudicial para algumas pessoas

6-7 Reconhecer as condições de saúde física vinculadas ao estresse e os mecanismos que o associam a essas condições

6-8 Entender como o estresse pode aumentar o risco das pessoas para transtornos psicológicos, como depressão, ansiedade e transtorno de estresse pós-traumático

Muitos fatores causam doenças, e o estresse pode ser um desses fatores. Ao considerar a associação entre estresse e doença, lembre-se de que a maioria das pessoas que experimentam estresse substancial *não* desenvolve uma doença. Além disso, em contraste com outros fatores de risco – como ter níveis elevados de colesterol, fumar ou consumir álcool –, os riscos conferidos por eventos da vida são geralmente temporários. Mas mesmo o estresse temporário afeta algumas pessoas mais que outras.

Por que o estresse afeta algumas pessoas, aparentemente levando-as a adoecer e deixando outras inalteradas? O modelo diátese-estresse oferece uma possível resposta a essa pergunta.

O modelo diátese-estresse

O **modelo diátese-estresse** sugere que alguns indivíduos são vulneráveis a doenças relacionadas ao estresse porque uma fraqueza genética ou desequilíbrio bioquímico inerentemente os predispõe a essas doenças. O modelo diátese-estresse tem uma longa história na psicologia, particularmente na explicação do desenvolvimento de transtornos psicológicos. Durante as décadas de 1960 e 1970, o conceito foi usado como explicação para o desenvolvimento de transtornos psicofisiológicos (Levi, 1974) e também para episódios esquizofrênicos, depressão e transtornos de ansiedade (Zubin & Spring, 1977).

Aplicado a transtornos psicológicos ou fisiológicos, o modelo diátese-estresse sustenta que algumas pessoas estão predispostas a reagir de forma inadequada aos estressores ambientais. Essa predisposição (diátese) geralmente é considerada herdada por meio de fraqueza bioquímica ou de sistemas orgânicos, mas alguns teóricos (Zubin & Spring, 1977) também consideram padrões aprendidos de pensamento e comportamento como componentes da vulnerabilidade. Seja herdada ou aprendida, a vulnerabilidade é relativamente permanente. O que varia ao longo do tempo é a presença de estressores ambientais, que podem ser responsáveis pelo aumento e diminuição das doenças.

Assim, o modelo diátese-estresse assume que dois fatores são necessários para produzir a doença. Primeiro, a pessoa deve ter uma predisposição relativamente permanente à doença e, segundo, deve experimentar algum tipo de estresse. Indivíduos diatéticos respondem patologicamente às mesmas condições estressantes que a maioria das pessoas pode enfrentar. Para aqueles com forte predisposição a uma doença, mesmo um leve estressor ambiental pode ser suficiente para produzir um episódio de doença. Por exemplo, um estudo de sintomas de estresse e depressão (Schroeder, 2004) revelou que pacientes cirúrgicos com baixa competência de enfrentamento eram vulneráveis ao desenvolvimento de depressão nos meses seguintes à cirurgia, enquanto pacientes com melhores habilidades de enfrentamento eram menos vulneráveis à depressão. Abuso ou maus-tratos durante a infância podem criar outra fonte de vulnerabilidade a transtornos físicos e psicológicos. Quando adultos, esses indivíduos mostram maior vulnerabilidade à esquizofrenia (Rosenberg et al., 2007), ansiedade e depressão (Stein, Schork & Gelernter, 2008), transtorno de estresse pós-traumático (Storr et al., 2007) e doenças infecciosas (Cohen, 2005). O ambiente social de uma pessoa também pode criar uma diátese; eventos estressantes da vida podem aumentar o risco de suicídio entre adultos, mas especialmente para aqueles que também relatam altos níveis de solidão (Chang et al., 2010). Portanto, os fatores pessoais e psicossociais têm o poder de criar vulnerabilidades aos transtornos.

O modelo diátese-estresse pode explicar por que as escalas de eventos da vida (ver Capítulo 5) são tão inconsistentes na previsão de doenças. O número de pontos acumulados na Escala de Avaliação de Reajuste Social de Holmes e Rahe ou o número de itens verificados na Escala de Eventos da Vida para Estudantes é apenas um fraco preditor de doença. O modelo diátese-estresse sustenta que a diátese (vulnerabilidade) de uma pessoa deve ser considerada juntamente a eventos estressantes da vida para prever quem ficará doente e quem ficará bem; ela permite uma grande variabilidade individual em quem fica doente e quem fica bem em condições de estresse (Marsland et al., 2001).

Nesta seção, revisamos as evidências sobre a ligação entre estresse e várias doenças, incluindo dor de cabeça, doenças infecciosas, doenças cardiovasculares, diabetes mellitus, parto prematuro, asma e artrite reumatoide. Além disso, o estresse mostra alguma relação com transtornos psicológicos, como depressão e transtornos de ansiedade.

Estresse e doença

Quais são as evidências que ligam o estresse à doença? Quais doenças foram implicadas? Que mecanismo fisiológico pode mediar a conexão entre estresse e doença?

O conceito de estresse de Hans Selye (ver Capítulo 5) incluía a supressão da resposta imune, e um crescente corpo de evidências agora apoia essa hipótese por meio de interações entre os sistemas nervoso, endócrino e imunológico (Kemeny & Schedlowski, 2007). Essas interações são semelhantes às respostas levantadas como hipótese por Selye e fornecem fortes evidências de que o estresse pode estar envolvido em uma variedade de doenças físicas. A **Figura 6.5** mostra alguns dos possíveis efeitos.

Existem várias possibilidades de caminhos pelos quais o estresse pode produzir doenças (Segerstrom & Miller, 2004). A influência direta pode ocorrer por meio dos efeitos do estresse nos sistemas nervoso, endócrino e imunológico. Como qualquer um ou todos esses sistemas podem criar doenças, existem fundamentos fisiológicos suficientes para fornecer uma ligação entre estresse e doença. Além disso, efeitos indiretos podem ocorrer por meio de mudanças nas práticas de saúde que aumentam os riscos; ou seja, o estresse tende a estar relacionado ao aumento do consumo de álcool, fumo, uso de drogas e problemas de sono, todos os quais podem aumentar o risco de doenças.

O estresse também pode acelerar o processo normal de envelhecimento, encurtando o comprimento dos telômeros. Um **telômero** é uma região de sequências de nucleotídeos repetitivas que aparecem em cada extremidade de um cromossomo. Os telômeros servem como uma capa protetora que impede a deterioração de um cromossomo, da mesma maneira que a ponta de um cadarço impede que ele desfie. Cada vez que uma célula se divide e um cromossomo se replica, porém, o comprimento do telômero diminui. Quando os telômeros encurtam até certo ponto, as células afetadas sofrem senescência; ou seja, perdem a capacidade de replicar normalmente. A senescência é parte normal do processo de envelhecimento; por essa razão, o comprimento dos telômeros pode ser uma medida útil do envelhecimento celular.

É importante ressaltar que pesquisas recentes mostram que a experiência de estresse na vida – tanto no início da vida quanto no estresse crônico recente – está associada ao encurtamento acelerado dos telômeros (Mathur et al., 2016; Verhoeven, van Oppen et al., 2015). Longas jornadas de trabalho, *status* socioeconômico mais baixo e traumas na infância têm sido associados ao menor comprimento dos telômeros. Em um estudo com mães saudáveis, aquelas que relataram os maiores níveis de estresse tinham telômeros mais curtos que aquelas com os menores níveis de estresse, uma diferença correspondente ao que seria esperado de dez anos de envelhecimento normal (Epel et al., 2004)! Pesquisas longitudinais mostram que outros estados psicológicos, como ansiedade, depressão e TEPT, predizem o encurtamento do comprimento dos telômeros ao longo do tempo (Shalev et al., 2014). Mesmo ter relações sociais ambivalentes – ou seja, ter muitas relações sociais em que a pessoa sente que não são particularmente positivas nem negativas – está associado a telômeros mais curtos, principalmente entre as mulheres (Uchino et al., 2012).

Embora os mecanismos exatos pelos quais o estresse ou outros estados psicossociais contribuem para o encurtamento dos telômeros permaneçam obscuros, a liberação de glicocorticoides pelo eixo HPA durante o estresse pode resultar em dano oxidativo ao DNA e encurtamento dos telômeros (Epel et al., 2004; von Zglinicki, 2002). Não se sabe até o

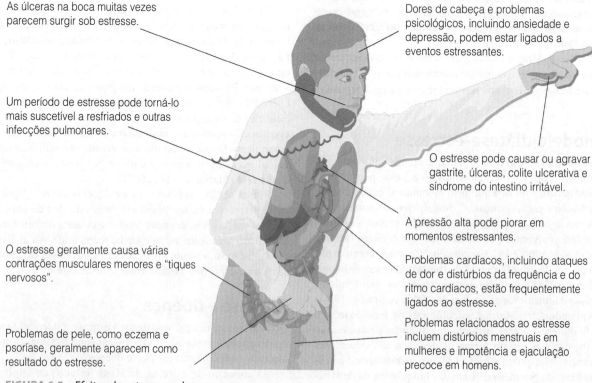

FIGURA 6.5 Efeitos do estresse no longo prazo.

Fonte: An invitation to health (7th ed., p. 58), por D. Hales, 1997, Pacific Grove, CA: Brooks/Cole. De HALES, *Invitation to Health*, 7E. © 1997 Cengage Learning.

momento, porém, se o efeito do estresse no comprimento dos telômeros aumenta as chances de uma pessoa sucumbir a doenças específicas. Telômeros encurtados podem contribuir para a suscetibilidade à infecção (Cohen et al., 2013a); em um estudo, por exemplo, o comprimento encurtado dos telômeros explicou parcialmente a associação entre o baixo nível socioeconômico da infância e o risco adulto de infecção (Cohen et al., 2013b). O encurtamento do comprimento dos telômeros também foi associado ao desenvolvimento de câncer (Günes & Rudolph, 2013), mas o estresse da vida parece ter uma relação pequena, se alguma, com o risco de desenvolver câncer (Chida et al., 2008; Heikkilä et al., 2013). Investigações sobre o papel potencial do estresse na aceleração do envelhecimento celular continuam sendo uma área ativa de pesquisa e destacam as múltiplas maneiras pelas quais o estresse pode influenciar as doenças.

Cefaleias. A **Tabela 6.1** resume a influência do estresse em uma série de condições específicas de saúde, incluindo dores de cabeça. Cefaleia é um problema comum; mais de 99% das pessoas experimentarão dores de cabeça em algum momento da vida (Smetana, 2000). Para a maioria delas, as cefaleias são uma ocorrência desconfortável, mas outras experimentam dores graves e crônicas. A cefaleia pode sinalizar condições médicas graves, mas grande parte das vezes a dor associada à cefaleia é o problema. Essa fonte de dor é uma das principais causas de incapacidade (D'Amico et al., 2011). A maioria das pessoas que procuram assistência médica para dores de cabeça experimentam os mesmos tipos de cefaleia que aquelas que não procuram; a diferença decorre da frequência e gravidade das dores de cabeça ou de fatores pessoais envolvidos na busca de assistência.

Embora possam existir mais de cem tipos de cefaleias, a distinção entre elas é controversa; as causas subjacentes para os tipos mais comuns permanecem obscuras (Andrasik, 2001). Contudo, foram criados critérios diagnósticos para vários tipos. O tipo mais frequente é a *cefaleia tensional*, geralmente associada ao aumento da tensão muscular na região da cabeça e pescoço. A tensão também é um fator nas dores da enxaqueca, que se acredita serem originárias dos neurônios do tronco cerebral (Silberstein, 2004). As enxaquecas estão associadas à dor latejante localizada em um lado da cabeça.

O estresse é um fator de dores de cabeça; pessoas com cefaleias tensionais ou vasculares nomeiam o estresse como um dos principais fatores precipitantes (Deniz et al., 2004; Spierings, Ranke & Honkoop, 2001). Entretanto, uma comparação de pessoas com dores de cabeça diárias e aquelas com cefaleias pouco frequentes não encontrou diferença no estresse medido por eventos da vida ou por aborrecimentos (Barton-Donovan & Blanchard, 2005), e um estudo comparando eventos de vida traumáticos para pacientes com dor de cabeça não encontrou diferença em um grupo de comparação (de Leeuw, Schmidt & Carlson, 2005). O tipo de estresse que as pessoas costumam associar a dores de cabeça tende a não ser eventos traumáticos da vida, mas sim aborrecimentos diários. Estudantes com cefaleias crônicas ou frequentes relataram mais aborrecimentos que estudantes com dores de cabeça pouco frequentes (Bottos & Dewey, 2004).

Nash e Thebarge (2006) discutiram as maneiras pelas quais o estresse pode influenciar as cefaleias. Primeiro, o estresse pode ser um fator predisponente que influencia o desenvolvimento de dores de cabeça. Segundo, o estresse pode agir para transformar uma pessoa que sofre de cefaleias ocasionais em uma que tem cefaleias crônicas. Terceiro, o estresse pode piorar os episódios de dor de cabeça, aumentando a dor. Essas vias permitem várias possibilidades pelas quais o estresse pode contribuir para o desenvolvimento de uma dor de cabeça e para cefaleias crônicas. Além disso, o estresse pode diminuir a qualidade de vida das pessoas com dores de cabeça.

Doença infecciosa. Seriam pessoas sob estresse mais propensas que indivíduos não estressados a desenvolver doenças

TABELA 6.1 A influência do estresse em condições de saúde selecionadas

Doença	Influência do estresse
Cefaleias	O estresse, em particular os aborrecimentos diários, pode resultar em dores de cabeça ocasionais, cefaleias crônicas e enxaquecas.
Doença infecciosa	O estresse crônico pode aumentar a suscetibilidade a infecções pelo resfriado, enfraquecer os efeitos das vacinas, piorar a progressão do HIV e levar a surtos do vírus herpes simplex.
Doença cardiovascular	O estresse pode desencadear ataques cardíacos e piorar a progressão da doença cardíaca, aumentando a inflamação e aumentando os danos nas artérias.
Reatividade ao estresse	A reatividade ao estresse, incluindo estresse de baixo nível socioeconômico e racismo, aumenta o risco de problemas cardiovasculares.
Úlceras	Junto com a *H. pylori*, o estresse – incluindo comportamentos de saúde associados ao estresse – pode precipitar o desenvolvimento de úlceras.
Diabetes	O estresse pode aumentar a inflamação, o que pode levar à resistência à insulina. O estresse também pode piorar o manejo do diabetes existente.
Asma	O estresse pode aumentar a inflamação, o que pode levar ao desenvolvimento de asma e ataques de asma.
Artrite reumatoide	O estresse aumenta a inflamação e a sensibilidade à dor.
Desfechos ao nascimento	O estresse crônico durante a gravidez pode levar a um menor peso ao nascer.

infecciosas, como o resfriado comum? Pesquisas sugerem que a resposta é sim. Um estudo inicial (Stone, Reed & Neale, 1987) acompanhou casais que mantinham diários por conta própria e as experiências de vida cotidianas desejáveis e indesejáveis dos cônjuges. Os resultados indicaram que os participantes que experimentaram um declínio nos eventos desejáveis ou um aumento nos eventos indesejáveis desenvolveram um pouco mais de doenças infecciosas (resfriados ou gripes) três e quatro dias depois. A associação não foi forte, mas esse estudo foi o primeiro projeto prospectivo a mostrar uma relação entre as experiências da vida diária e a doença subsequente.

Estudos posteriores usaram uma abordagem mais direta, expondo intencionalmente voluntários saudáveis com vírus do resfriado para ver quem desenvolveria resfriado e quem não (Cohen, 2005; Cohen et al., 1998; Cohen, Tyrrell & Smith, 1991, 1993). Os resultados indicaram que, quanto maior o estresse da pessoa, maior a probabilidade de que fique doente.

Cohen e colegas (1998) também usaram o mesmo procedimento de inoculação para ver quais tipos de estressores aumentam a suscetibilidade ao vírus de um resfriado. Eles descobriram que a duração de um evento estressante na vida era mais importante que a gravidade. Estresse severo agudo de menos de um mês não levou ao desenvolvimento de resfriados, mas estresse crônico severo (mais de um mês) levou a um aumento substancial de resfriados. Pesquisas posteriores mostraram que a suscetibilidade varia de indivíduo para indivíduo (Marsland et al., 2002); pessoas sociáveis e agradáveis desenvolvem menos resfriados que outras após a exposição ao vírus do resfriado (Cohen et al., 2003). Um estudo naturalista de estresse e resfriados (Takkouche, Regueira & Gestal-Otero, 2001) mostrou que altos níveis de estresse estavam relacionados ao aumento da infecção. As pessoas com estresse percebido acima de 25% eram cerca de duas vezes mais propensas que aquelas abaixo de 25% a pegar resfriado, o que sugere que o estresse pode ser um preditor significativo do desenvolvimento de doenças infecciosas.

O estresse também pode influenciar o alcance em que as vacinas fornecem proteção contra doenças infecciosas. As vacinas, como você se lembra, estimulam o sistema imunológico a produzir anticorpos contra vírus específicos. Pessoas estressadas – como cuidadores – mostram produção de anticorpos enfraquecida após a vacinação contra a gripe em comparação com pessoas sob menos estresse na vida (Pedersen, Zachariae & Bovbjerg, 2009). Essa relação entre estresse e resposta enfraquecida à vacinação é tão aparente entre os adultos mais jovens quanto entre os adultos mais velhos. Assim, as vacinas podem ser menos eficazes na proteção contra doenças infecciosas entre pessoas que sofrem de estresse.

O estresse também pode afetar a progressão de doenças infecciosas. Revisões de fatores psicossociais na infecção pelo HIV (Cole et al., 2001; Kopnisky, Stoff & Rausch, 2004) exploraram o efeito do estresse na infecção pelo HIV; eles concluíram que o estresse afeta tanto a progressão da infecção pelo HIV quanto a resposta imune da pessoa infectada ao tratamento com drogas antivirais. O HIV não é a única doença infecciosa que enfatiza as influências. O vírus herpes simplex (HSV) é transmitido pelo contato com a pele de uma pessoa infectada e pode causar bolhas na boca, lábios ou genitais. Muitas vezes, esses sintomas físicos não estão presentes na pessoa infectada, mas aparecem apenas durante surtos ativos periódicos do HSV. O estresse prediz esses surtos sintomáticos de sintomas de HSV (Chida & Mao, 2009; Strachan et al., 2011). Por exemplo, em um estudo com mulheres com uma forma sexualmente transmissível de HSV, os pesquisadores descobriram que experiências de sofrimento psicossocial prediziam o aparecimento de lesões genitais cinco dias depois (Strachan et al., 2011). O estresse também desempenha um papel em outras infecções bacterianas, virais e

Pesquisas mostram que o estresse pode influenciar o desenvolvimento de doenças infecciosas.

Dá para ACREDITAR?   Ser um fã de esportes pode ser um perigo à saúde

Dá para acreditar que ser fã de esportes pode colocar a saúde em risco? Cerca de uma semana antes do Super Bowl de 2015, surgiram na mídia histórias sugerindo que assistir a esse evento esportivo poderia representar um risco de ataque cardíaco. Esse risco não vinha da pizza, batatas fritas e cervejas das festas do Super Bowl, mas do estresse emocional e da empolgação do jogo.

As advertências não foram baseadas em pesquisas sobre os perigos do futebol americano, mas sim no aumento de eventos cardiovasculares durante a Copa do Mundo de Futebol realizada na Alemanha em 2006 (Wilbert-Lampen et al., 2008). Os pesquisadores compararam a frequência de eventos cardíacos como ataque cardíaco e arritmia cardíaca durante o mês da Copa do Mundo com o mês anterior e o posterior dos jogos decisivos e encontraram uma taxa elevada durante esses jogos. A incidência de tais eventos cardíacos foi três vezes maior para homens e quase duas vezes maior para mulheres nos dias de jogos da seleção alemã em comparação com aqueles durante o período de comparação. O risco foi maior durante as duas horas após o início de uma partida, sugerindo que os torcedores realmente estavam com o "coração no jogo".

Naturalmente, ganhar ou perder é importante. Os torcedores de times perdedores têm maiores chances de serem internados em um hospital por problemas cardiovasculares, comparados aos torcedores de times vencedores. Mas assistir a seu time vencer um jogo não o livra do problema; a emoção de torcer por uma vitória também aumenta as chances de problemas cardiovasculares (Olsen et al., 2015). Algumas evidências sugerem que esse risco aumentado é atribuível a respostas inflamatórias induzidas pelo estresse (Wilbert-Lampen et al., 2010) e que o risco é maior para pessoas que já têm problemas cardiovasculares. Portanto, antes de sentar para assistir ao próximo grande jogo do campeonato, talvez você tenha que primeiro consultar o médico.

---

fúngicas, incluindo pneumonia, hepatite e infecções recorrentes do trato urinário (Levenson & Schneider, 2007). Assim, o estresse é um fator significativo na suscetibilidade, gravidade e progressão das infecções.

Doença cardiovascular. A doença cardiovascular (DCV) tem uma série de fatores de risco comportamentais, alguns dos quais estão relacionados ao estresse. O Capítulo 9 examina esses fatores com mais detalhes; nesta seção, analisamos apenas o estresse como um contribuidor para a DCV. As pessoas que tiveram ataques cardíacos nomearam o estresse como a causa de seu transtorno (Cameron et al., 2005), mas a relação é menos direta que imaginam. Duas linhas de pesquisa relacionam o estresse à DCV: estudos que avaliam o estresse como fator precipitante de infarto ou acidente vascular encefálico e estudos que investigam o estresse como causa no desenvolvimento de DCV.

A evidência do papel do estresse como fator precipitante de infarto ou acidente vascular encefálico em pessoas com DCV é clara; o estresse aumenta os riscos. Pode servir como gatilho para ataques cardíacos em pessoas com doença coronariana (Kop, 2003; Sheps, 2007). Um grande estudo intercultural chamado INTERHEART Study comparou mais de 15.000 pessoas que tiveram infarto com quase o mesmo número daquelas que não tiveram, tentando identificar fatores de risco significativos que ocorreram em todas as culturas e continentes (Yusuf et al., 2004). Esse estudo identificou um conjunto de estressores psicológicos mostrando uma relação significativa com o ataque cardíaco, incluindo estresse no local de trabalho e em casa, problemas financeiros, grandes eventos da vida no ano anterior, depressão e *locus* de controle externo (Rosengren et al., 2004). Esses fatores de estresse relacionados ao ataque cardíaco contribuíram substancialmente para o risco em cada população. Os indivíduos que sofreram infartos podiam ter DCV de longa data, mas o estresse também pode contribuir para o desenvolvimento dessa doença. Contudo, mesmo o estresse positivo pode criar um risco de problemas cardiovasculares (ver quadro "Dá para acreditar?").

O papel do estresse no desenvolvimento de doenças cardíacas é indireto, mas pode ocorrer por várias vias, incluindo os sistemas imunológico e endócrino (Matthews, 2005). Por exemplo, o estresse relacionado ao trabalho (Smith et al., 2005) e outras situações com alta demanda e baixo controle (Kamarck et al., 2007) estão implicados em doenças cardíacas. Uma possível via para esse efeito é pela ação do sistema imunológico, que reage liberando citocinas que promovem a inflamação. Esse é um fator no desenvolvimento da doença arterial coronariana (Steptoe, Hamer & Chida, 2007). A ação dos hormônios do estresse, como os corticoides, também afeta o desenvolvimento de artérias doentes, exacerbando nelas os danos e tornando mais provável o desenvolvimento de placas arteriais. Essas respostas relacionadas ao estresse se aplicam a qualquer fonte de estresse, formando uma via indireta para doenças cardíacas.

Hipertensão. Embora a pressão arterial elevada pareça ser o resultado do estresse, não existe uma relação simples entre estresse e pressão arterial. Fatores situacionais como o ruído podem elevar a pressão arterial, mas a maioria dos estudos mostra que a pressão arterial volta ao normal quando o estímulo situacional é removido. Mas um estudo longitudinal de pressão arterial (Stewart, Janicki & Kamarck, 2006) mostrou que o tempo para retornar à pressão arterial normal após um estressor psicológico previa hipertensão em três anos. Essa resposta é semelhante à reatividade.

Desde a infância, os afro-americanos mostram maior reatividade cardíaca que outros grupos étnicos, o que pode estar relacionado a seus níveis mais altos de doença cardiovascular.

Reatividade. A ideia de que algumas pessoas reagem mais fortemente ao estresse que outras é mais uma possibilidade de ligação entre estresse e DCV. Essa resposta, chamada *reatividade*, pode desempenhar um papel no desenvolvimento de DCV se a resposta for relativamente estável em um indivíduo e motivada por eventos que ocorrem com frequência em sua vida. Muitos eventos da vida podem provocar respostas de estresse que incluem reações cardíacas.

Um estudo mostrou que a reatividade está relacionada à incidência de acidente vascular encefálico (Everson et al., 2001). Homens com maior reatividade da pressão arterial sistólica estavam em maior risco de acidente vascular encefálico que os com menor reatividade. A taxa mais alta de DCV para afro-americanos que para os euro-americanos leva os pesquisadores a examinar as diferenças na reatividade entre esses dois grupos étnicos, bem como os estressores que levam a essa reação. Muitos afro-americanos experimentam uma luta contínua para enfrentar uma variedade de estressores relacionados à etnia, e essa luta constitui o tipo de estressor de longo prazo que representa ameaças à saúde (Bennett et al., 2004). Desde o início da infância e depois na adolescência, os afro-americanos mostram maior reatividade que os euro-americanos (Murphy et al., 1995); essas diferenças apareceram entre crianças a partir dos seis anos (Treiber et al., 1993). Além disso, crianças afro-americanas com histórico familiar de DCV mostraram reatividade significativamente maior que qualquer outro grupo de crianças no estudo. Pesquisas mais recentes mostram que parte do aumento da reatividade ao estresse entre os adolescentes afro-americanos pode ser devido ao estresse crônico do nível socioeconômico mais baixo; alguns podem ser devidos a este relacionado à etnia (Tackett et al., 2017).

A pesquisa sobre a experiência da discriminação mostra que as interações racistas produzem reatividade. Um estudo comparando as reações de mulheres afro-americanas e euro-americanas (Lepore et al., 2006) mostrou que mulheres afro-americanas que avaliaram uma situação estressante como racista apresentaram reações cardíacas mais fortes que mulheres que não identificaram o estresse como racista. Além disso, uma revisão mais recente concluiu que as interações racistas também levam à ativação do HPA e à produção de cortisol, com efeitos semelhantes para participantes afro-americanos e latinos/hispânicos (Korous, Causadias & Casper, 2017). Assim, experiências de discriminação racial contribuem para a reatividade ao estresse e podem explicar parcialmente a maior prevalência de DCV entre os afro-americanos.

Úlceras. Ao mesmo tempo, o estresse foi amplamente aceito como a causa de úlceras. Durante a década de 1980, contudo, dois pesquisadores australianos, Barry Marshall e J. Robin Warren, propuseram que as úlceras eram o resultado de uma infecção bacteriana e não de estresse (Okuda & Nakazawa, 2004). Na época, essa hipótese parecia improvável porque a maioria dos fisiologistas e médicos acreditava que as bactérias não podiam viver no ambiente do estômago por causa da extrema acidez. Marshall teve problemas em obter financiamento para pesquisar a possibilidade de uma base bacteriana para úlceras.

Sem financiamento para a pesquisa e acreditando que estivesse certo, Marshall tomou o assunto nas próprias mãos: ele se infectou com a bactéria para demonstrar os efeitos gástricos. Desenvolveu gastrite grave e tomou antibióticos para se curar, fornecendo mais evidências de que essa bactéria tem efeitos gástricos. Um ensaio clínico posteriormente apoiou a hipótese de Marshall de que as úlceras estomacais eram menos propensas a retornar em pacientes que receberam antibióticos em comparação com pacientes que receberam um supressor de ácido (Alper, 1993). Esses achados demonstraram o papel que a infecção bacteriana desempenha no desenvolvimento da úlcera. Entretanto, o componente psicológico não desapareceu das explicações para o desenvolvimento e recorrência de úlceras porque a infecção por *H. pylori* não parece ser responsável por todas as úlceras (Levenstein, 2000; Watanabe et al., 2002). Essa infecção é muito comum e está relacionada a uma variedade de problemas gástricos, mas a maioria das pessoas infectadas não desenvolve úlceras (Weiner & Shapiro, 2001). Desta maneira, a infecção por *H. pylori* pode criar uma vulnerabilidade a úlceras, que então são precipitadas pelo estresse ou outras condições psicossociais. Por exemplo, fumar, beber muito, consumir cafeína e usar anti-inflamatórios não esteroides estão relacionados à formação de úlceras. O estresse pode ser um fator em qualquer um desses comportamentos, fornecendo uma ligação indireta entre o estresse e a formação de úlcera em indivíduos infectados. Além disso, os hormônios e a função imunológica alterada associada à experiência de estresse crônico podem ser uma ligação mais direta. Portanto, fatores comportamentais desempenham um papel no desenvolvimento de úlceras, mas também *H. pylori*, criando uma complexa interação de fatores na formação de úlceras.

Diabetes mellitus. O diabetes é uma doença crônica com dois tipos: tipo 1, ou insulino-dependente, e tipo 2, ou não insulino-dependente. O diabetes tipo 1 geralmente começa na infância e requer injeções de insulina para seu controle. O diabetes tipo 2 geralmente aparece na idade adulta e pode ser controlado com mais frequência por meio de mudanças na dieta. (Os ajustes no estilo de vida e o gerenciamento comportamental exigidos pelo diabetes mellitus serão discutidos no Capítulo 11.)

O estresse pode contribuir para o *desenvolvimento* de ambos os tipos de diabetes. Em primeiro lugar, pode contribuir diretamente para o desenvolvimento do diabetes tipo 1 insulino-dependente por meio de um distúrbio do sistema imunológico, possivelmente durante a infância (Sepa et al., 2005). As medidas do sistema imunológico com um ano de idade indicaram que os recém-nascidos que experimentaram maior estresse familiar apresentaram mais indicações de anticorpos consistentes com diabetes. Em segundo lugar, um estudo epidemiológico recente com mais de 55.000 adultos japoneses mostrou que a percepção de maior estresse aumentou o risco de desenvolver diabetes tipo 2 em um acompanhamento de dez anos (Kato et al., 2009). O estresse pode contribuir para o desenvolvimento do diabetes tipo 2 por meio de seu efeito sobre as citocinas, que iniciam um processo inflamatório que afeta o metabolismo da insulina e produz resistência à insulina (Black, 2003; Tsiotra & Tsigos, 2006). Em terceiro lugar, pode contribuir para o tipo 2 por meio de seus possíveis efeitos sobre a obesidade. Pesquisas sobre estresse e diabéticos tipo 2 mostram que o estresse pode ser um fator desencadeante e, portanto, desempenhar um papel na idade em que as pessoas desenvolvem diabetes tipo 2.

Além disso, o estresse pode afetar o *gerenciamento* do diabetes mellitus por seus efeitos diretos sobre a glicemia (Riazi, Pickup & Bradley, 2004) e, por via indireta, dificultar a adesão das pessoas ao controle dos níveis de glicose (Farrell et al., 2004). De fato, a adesão, discutida no Capítulo 4, é um grande problema para esse transtorno.

Asma. A asma é um transtorno respiratório caracterizado por dificuldade respiratória devido à obstrução reversível das vias aéreas, sua inflamação e aumento da capacidade de resposta das vias aéreas a uma variedade de estímulos (Cohn, Elias & Chupp, 2004). A prevalência e a taxa de mortalidade da asma estão aumentando para mulheres, homens e crianças tanto euro-americanos quanto afro-americanos, mas a asma afeta de maneira desproporcional os afro-americanos pobres que vivem em ambientes urbanos (Gold & Wright, 2005).

Como a inflamação é parte essencial da asma, os pesquisadores levantam a hipótese de que as citocinas pró-inflamatórias desempenham um papel fundamental (possivelmente causal) no desenvolvimento dessa doença (Wills-Karp, 2004). A ligação entre o estresse e o sistema imunológico apresenta a possibilidade de que este desempenhe um papel no desenvolvimento desse transtorno, mas o estresse também está envolvido nos ataques de asma (Chen & Miller, 2007).

Estímulos físicos, como fumaça, podem desencadear um ataque, mas estressores, como eventos emocionais e dor, também podem estimular um ataque de asma (Gustafson et al., 2008). Tanto o estresse agudo quanto o crônico aumentam o risco de ataques de asma em crianças asmáticas; um estudo feito com a população da Coreia do Sul (Oh et al., 2004) descobriu que as pessoas que relataram mais estresse eram mais propensas a ter problemas mais graves com a asma. Crianças que vivem em bairros no centro da cidade com pais que têm problemas mentais correm um risco muito maior (Weil et al., 1999). Mesmo em ambiente laboratorial, a influência do estresse crônico na asma é evidente: crianças de baixo nível socioeconômico apresentam maiores sintomas de asma após uma tarefa de estresse agudo que crianças de alto nível socioeconômico (Chen et al., 2010). Assim, o estresse é um fator significativo no desencadeamento de ataques de asma.

Artrite reumatoide. A artrite reumatoide é uma doença inflamatória crônica das articulações e acredita-se que seja um transtorno autoimune no qual o sistema imunológico da própria pessoa ataca a si mesmo (Ligier & Sternberg, 2001). O ataque produz inflamação e danos ao tecido que reveste as articulações, resultando em dor e perda de flexibilidade e mobilidade. Supõe-se que o estresse seja um fator no desenvolvimento de doenças autoimunes por meio da produção de hormônios do estresse e citocinas (Stojanovich & Marisavljevich, 2008).

O estresse pode piorar a artrite aumentando a sensibilidade à dor, reduzindo os esforços de enfrentamento e possivelmente afetando o próprio processo de inflamação. Embora não esteja claro se as pessoas com artrite reumatoide têm diferentes respostas de cortisol ao estresse que pessoas saudáveis, há evidências de maior desregulação imunológica entre pacientes com artrite (Davis et al., 2008; de Brouwer et al., 2010). Essas descobertas sugerem um papel do estresse nessa doença. Por exemplo, aqueles com artrite reumatoide relataram mais dor em dias de trabalho estressantes (Fifield et al., 2004). Outros fatores são importantes para o desenvolvimento da artrite reumatoide, mas o estresse que resulta dessa doença traz mudanças negativas na vida das pessoas e exige grandes esforços de enfrentamento.

Desfechos ao nascimento. O estresse que uma mãe experimenta durante a gravidez é o tema de pesquisa tanto para sujeitos humanos quanto não humanos (Kofman, 2002). Pesquisas com sujeitos não humanos demonstram conclusivamente que ambientes estressantes se relacionam com menor peso ao nascer e atrasos no desenvolvimento e que recém-nascidos de mães estressadas apresentam maior reatividade ao estresse. Pesquisas com participantes humanos não podem manipular experimentalmente tais estressores, então os resultados não são tão conclusivos. Contudo, estudos sobre o estresse durante a gravidez revelam uma tendência do estresse para tornar os partos prematuros mais prováveis e resultar em recém-nascidos com peso menor ao nascer (Dunkel-Schetter, 2011). Ambos os fatores contribuem para vários problemas para os recém-nascidos. A importância do tipo e do momento do estresse permanece incerta, mas há algumas indicações de que o estresse crônico pode ser mais prejudicial que o agudo e que o estresse no final da gravidez é mais arriscado que no início.

Estresse e transtornos psicológicos

O estresse pode deixar as pessoas de mau humor. Para algumas, essas respostas emocionais do estresse são de curta duração. Para outras, o estresse pode levar a dificuldades emocionais persistentes que podem ser qualificadas como transtornos psicológicos. Portanto, o estudo do estresse como fator em transtornos psicológicos é paralelo a outras pesquisas sobre estresse e doença, adotando o modelo diátese-estresse. Essa pesquisa concentra-se não apenas nas fontes de estresse relacionadas aos transtornos psicológicos, mas também nos fatores que criam vulnerabilidade.

Mudanças de humor também podem levar a alterações na função imunológica. Alterações no funcionamento imunológico podem estar subjacentes a vários transtornos psicológicos (Dantzer et al., 2008; Harrison et al., 2002). Como você aprenderá, a relação entre estresse e transtornos psicológicos pode ser mediada por processos semelhantes aos envolvidos em outras doenças – por meio do sistema imunológico.

Depressão. Há evidências claras de que o estresse contribui para o desenvolvimento de sintomas depressivos. Grande parte da pesquisa com foco nessa relação tenta responder a duas perguntas. Primeira, que fatores tornam algumas pessoas mais vulneráveis à depressão? Segunda, que mecanismos físicos traduzem o estresse em depressão?

O enfrentamento ineficaz pode ser uma fonte de vulnerabilidade à depressão. As pessoas que podem lidar de forma eficaz são capazes de evitá-la, mesmo com muitos eventos estressantes em suas vidas. Como você deve se lembrar, no Capítulo 5, Richard Lazarus e colegas (Kanner et al., 1981; Lazarus & DeLongis, 1983; Lazarus & Folkman, 1984) consideraram o estresse como a combinação de um estímulo ambiental com a avaliação, vulnerabilidade e percepção da força de enfrentamento. De acordo com essa teoria, as pessoas adoecem não apenas por que tiveram muitas experiências estressantes, mas também por que avaliam essas experiências como ameaçadoras ou prejudiciais, porque estão física ou socialmente vulneráveis no momento ou por que não são capazes de enfrentar o evento estressante.

Outra teoria sobre a vulnerabilidade à depressão é a hipótese do "kindling" (Monroe & Harkness, 2005). Essa visão sustenta que um grande estresse na vida fornece uma experiência "ignitiva" (*kindling*) que pode levar ao desenvolvimento da depressão. Essa experiência, então, sensibiliza as pessoas à depressão de tal modo que experiências futuras de estresse não precisam ser importantes para provocar recorrências (Stroud et al., 2011). Uma metanálise de estudos sobre esse tema (Stroud, Davila & Moyer, 2008) mostrou algum

O estresse pode tornar as pessoas mais vulneráveis à depressão.

apoio, especialmente para a hipótese de que o estresse pode predizer os primeiros episódios de depressão.

Uma perspectiva negativa ou a tendência a insistir nos problemas pode exacerbar o estresse, tornando as pessoas mais propensas a maneiras de pensar que podem aumentar a depressão (Ciesla & Roberts, 2007; Gonzalez, Nolen-Hoeksema & Treynor, 2003). A ruminação – a tendência a revolver pensamentos negativos – é um fator implicado na depressão. Por exemplo, um estudo longitudinal com estudantes universitários japoneses (Ito et al., 2006) demonstrou que a ruminação prediz a depressão. Assim, a tendência a perder-se em pensamentos negativos é um tipo de vulnerabilidade para a depressão. Consistente com a visão diátese-estresse, maneiras mais positivas de pensar ou menos estresse resultariam em menor risco de depressão.

A vulnerabilidade genética é outro tipo de fator de risco para a depressão. Em um estudo longitudinal de gêmeos suecos (Kendler et al., 2007), o estresse foi um fator significativo na depressão, mas apenas em algumas circunstâncias. O estresse foi mais provável de ser previsto mais cedo em comparação com episódios posteriores de depressão, consistente com a hipótese da ignição. É importante ressaltar que o estresse também foi mais propenso a predizer depressão não para pessoas com alto risco genético, mas com baixo. Parte desse risco genético para a depressão pode ser devido ao traço de personalidade do neuroticismo, que também é hereditário. Os pesquisadores estão procurando identificar os genes específicos que conferem risco de depressão. Enquanto alguns estudos descobriram que pessoas que herdam uma versão particular de um par de genes que está envolvido com o neurotransmissor serotonina desenvolvem depressão com mais frequência que indivíduos com uma versão diferente do par de genes, particularmente quando expostos ao estresse (Caspi et al., 2003); revisões mais recentes não confirmaram essa descoberta (Border et al., 2019).

Alguns tipos de situações estressantes produzem maiores riscos de depressão que outros eventos. Por exemplo, o estresse crônico no local de trabalho está ligado ao desenvolvimento de depressão, especialmente em pessoas com pouca autoridade para tomar decisões (Blackmore et al., 2007), assim como morar em um bairro onde a criminalidade e o uso de drogas sejam comuns (Cutrona et al., 2005). A doença é outro tipo de estresse que mostra relação com a depressão. Vivenciar problemas de saúde produz estresse tanto para a pessoa doente quanto para os cuidadores. Doenças cardíacas (Guck et al., 2001), câncer (Spiegel & Giese-Davis, 2003), Aids (Cruess et al., 2003) e doença de Alzheimer (Dorenlot et al., 2005) estão ligadas ao aumento da incidência de depressão. A relação entre o estresse e essa variedade de doenças ocorre por meio do sistema imunológico.

A depressão que atende aos critérios diagnósticos para depressão clínica (American Psychiatric Association, 2013) também está associada à função imunológica, com relações mais fortes encontradas entre pacientes mais velhos e hospitalizados. Além disso, quanto mais grave a depressão, maior a alteração da função imunológica. Uma metanálise de depressão e função imunológica (Zorrilla et al., 2001) indicou que a depressão está relacionada a muitas facetas da função do sistema imunológico, incluindo redução de células T e diminuição da atividade de células *natural killer*. Essa ligação entre depressão e redução do funcionamento imunológico é aparente entre as mulheres que recebem tratamento para câncer de mama, para às quais um sistema imunológico saudável é fundamental na defesa contra infecções (Sephton et al., 2009).

Essa ligação entre a depressão e o funcionamento imunológico reduzido pode se desenvolver quando o estresse prolongado interrompe a regulação do sistema imunológico por meio da ação de citocinas pró-inflamatórias (Robles, Glaser & Kiecolt-Glaser, 2005). A liberação de citocinas pró-inflamatórias pelo sistema imunológico (Anisman et al., 2005; Dantzer et al., 2008) envia um sinal ao sistema nervoso, que pode gerar fadiga, sensação de apatia e perda da sensação de prazer. A produção de citocinas aumenta quando as pessoas estão deprimidas e aquelas submetidas a tratamentos que aumentam a produção de certas citocinas também apresentam sintomas de depressão. Assim, várias linhas de evidências apoiam o papel das citocinas na depressão. De fato, o cérebro pode até interpretar citocinas como estressores (Anisman et al., 2005), que interagem com estressores ambientais para aumentar o risco de depressão.

Transtornos de ansiedade. Os transtornos de ansiedade incluem uma variedade de medos e fobias, muitas vezes levando a comportamentos de negação. Incluídas nesta categoria estão condições como ataques de pânico, **agorafobia**, ansiedade generalizada, transtornos obsessivo-compulsivos e transtorno de estresse pós-traumático (American Psychiatric Association, 2013). Esta seção analisa o estresse como um possível contribuidor para os estados de ansiedade.

Um transtorno de ansiedade que, por definição, está relacionado ao estresse é o **transtorno de estresse pós-traumático (TEPT)**. O *Diagnostic and Statistical Manual of Mental Disorders* (5. ed.; American Psychiatric Association, 2013) define TEPT como "o desenvolvimento de sintomas característicos após a exposição a um ou mais eventos traumáticos" (p. 274). O TEPT também pode resultar de ameaças à integridade física; testemunhar lesão grave, morte ou ameaça à integridade física de outra pessoa; e ser informado sobre a morte ou lesão de familiares ou amigos. Os eventos traumáticos geralmente incluem combate militar, mas agressão sexual, ataque físico, roubo, assalto e outros ataques violentos pessoais também podem desencadear TEPT.

Os sintomas de TEPT incluem memórias recorrentes e intrusivas do evento traumático, sonhos angustiantes recorrentes que repetem o evento, e sofrimento psicológico e fisiológico extremo. Eventos que se assemelham ou simbolizam o evento traumático original, bem como aniversários desse evento, também podem desencadear sintomas. Pessoas com TEPT tentam evitar pensamentos, sentimentos ou conversas sobre o evento e evitar qualquer pessoa ou lugar que possa desencadear sofrimento agudo. A prevalência de TEPT ao longo da vida na população geral dos Estados Unidos é cerca de 10% (Kessler et al., 2012).

Contudo, a maioria daqueles que vivenciam eventos traumáticos não desenvolve TEPT (McNally, 2003) e pesquisadores têm procurado identificar os fatores de risco para TEPT. Inicialmente, esse transtorno era visto principalmente como uma resposta ao estresse de combate. Agora, muitos tipos de experiências são considerados riscos potenciais para TEPT. Pessoas são vítimas de crimes (Scarpa, Haden & Hurley, 2006), ataques terroristas (Gabriel et al., 2007), violência doméstica ou abuso sexual (Pimlott-Kubiak & Cortina, 2003) e desastres naturais (Dewaraja & Kawamura, 2006; Norris et al., 2001) são vulneráveis. Fatores pessoais e circunstâncias de vida também mostram uma relação com o desenvolvimento de TEPT (McNally, 2003), como problemas emocionais anteriores, mas o apoio social precário e as reações ao evento traumático são mais importantes na previsão de quem desenvolverá TEPT (Ozer et al., 2003).

A lista de experiências que tornam as pessoas vulneráveis ao TEPT inclui mais eventos vivenciados por mulheres que por homens; aquelas são mais propensas a apresentar sintomas de TEPT (Pimlott-Kubiak & Cortina, 2003). Os hispano-americanos também parecem mais vulneráveis ao TEPT que outros grupos étnicos (Pole et al., 2005), o que pode ser devido tanto à maior exposição destes a eventos traumáticos quanto a convicções culturalmente moldadas sobre o estresse (Perilla et al., 2002). O transtorno não se limita a adultos; crianças e adolescentes que são vítimas de violência ou que observam a violência correm maior risco (Griffing et al., 2006). O TEPT aumenta o risco de transtornos médicos; seus efeitos sobre o sistema imunológico podem ser a razão subjacente; produz uma supressão duradoura do sistema imunológico e o aumento das citocinas pró-inflamatórias (Pace & Heim, 2011).

A relação entre estresse e outros transtornos de ansiedade é menos clara, talvez devido à sobreposição entre ansiedade e depressão (Suls & Bunde, 2005). Desembaraçar os sintomas do efeito negativo apresenta problemas para os pesquisadores. Contudo, um estudo realizado na China (Shen et al., 2003) descobriu que pessoas com transtorno de ansiedade generalizada relataram eventos de vida mais estressantes que pessoas sem transtorno psicológico. Além disso, aqueles com transtorno de ansiedade apresentaram níveis mais baixos de alguma função do sistema imunológico. Assim, o estresse pode desempenhar um papel nos transtornos de ansiedade e, novamente, o caminho pode ser por meio de um efeito no sistema imunológico.

RESUMO

Muitas evidências apontam para uma relação entre estresse e doença, mas a relação entre eventos estressantes da vida ou aborrecimentos diários e doença é indireta e complexa. O modelo diátese-estresse é a principal estrutura para entender a relação entre estresse e desenvolvimento de doenças. O modelo diátese-estresse supõe que, sem alguma vulnerabilidade, o estresse não produz doença; grande parte da pesquisa sobre estresse e várias doenças é consistente com esse modelo. O estresse desempenha um papel no desenvolvimento de vários transtornos físicos, incluindo dor de cabeça e doenças infecciosas. A evidência de uma relação entre estresse e doença cardíaca é complexa. O estresse não é diretamente responsável pela hipertensão, mas alguns indivíduos apresentam maior reatividade cardíaca ao estresse,

Tornando-se mais saudável

O estresse pode corroer as boas intenções das pessoas de manter um estilo de vida saudável. Ele pode estar subjacente às decisões dos indivíduos de adotar uma dieta pouco saudável, fumar, beber, usar drogas, perder o sono ou evitar exercícios. De acordo com Dianne Tice e colegas (Tice, Bratslavsky & Baumeister, 2001), as pessoas angustiadas tendem a se comportar de maneira mais impulsiva. Esses pesquisadores mostraram que, quando angustiadas, elas fazem coisas orientadas a se sentirem melhor e algumas dessas coisas são ameaçadoras à saúde, como comer lanches com alto teor de gordura e açúcar. Muitos acreditam, por exemplo, que "alimentos de conforto" podem ajudar a melhorar o humor quando estressados, mas estudos mostram que não é o caso: alimentos de conforto não são melhores que outros alimentos para melhorar o humor (Wagner et al., 2014). O estresse também permite que algumas pessoas racionalizem o hábito de fumar (ou não parar), consumir algumas bebidas ou usar drogas.

Algumas dessas indulgências podem fazer as pessoas se sentirem melhor temporariamente, mas outras são escolhas ruins. Manter um estilo de vida saudável é a melhor escolha. As pessoas se sentem melhor quando fazem uma dieta saudável, praticam exercícios físicos, têm interações positivas com amigos ou familiares e dormem o suficiente. Na verdade, esses passos podem ser bons para o seu sistema imunológico. O isolamento social diminui a função imunológica (Hawkley & Cacioppo, 2003), mas o apoio social melhora sua função (Miyazaki et al., 2003), assim como dormir o suficiente (Lange, Dimitrov & Born, 2011). Portanto, quando estiver sentindo muito estresse, tente resistir à tentação de se entregar a comportamentos não saudáveis. Em vez disso, prepare-se para se tratar com indulgências saudáveis, como tempo com amigos ou familiares, mais (e não menos) sono, ou participação em esportes ou outras atividades físicas.

o que pode contribuir para o desenvolvimento de DCV. As experiências de discriminação também são um fator de reatividade. O estresse também desempenha um papel indireto e menor no desenvolvimento de úlceras. Outras doenças têm relação mais direta com o estresse, como diabetes, asma e artrite reumatoide, além de alguns partos prematuros; a influência do estresse no sistema imunológico e o envolvimento de citocinas podem estar subjacentes a todas essas relações.

A depressão está relacionada à experiência de eventos de vida estressantes em pessoas vulneráveis, mas não em outras. A fonte dessa vulnerabilidade pode ser genética, mas experiências e atitudes também podem contribuir para o aumento da vulnerabilidade, especialmente a experiência de abuso ou maus-tratos durante a infância. O TEPT, por definição, está relacionado ao estresse, mas a maioria das pessoas que sofrem trauma não desenvolve esse transtorno. Assim, a vulnerabilidade também é um fator para o efeito do estresse no desenvolvimento de transtornos de ansiedade.

APLIQUE O QUE VOCÊ APRENDEU

1. Muitas vezes, as pessoas que apresentam problemas de saúde física também apresentam sintomas de transtornos psicológicos. Como o conhecimento dos efeitos do estresse ajuda a explicar essa associação?

Perguntas

Este capítulo abordou três questões básicas:

1. **Como funciona o sistema imunológico?**

   O sistema imunológico consiste em tecidos, órgãos e processos que protegem o corpo da invasão de materiais estranhos, como bactérias, vírus e fungos. Organiza tanto uma resposta inespecífica capaz de atacar qualquer invasor quanto respostas específicas adaptadas a invasores específicos. Também pode ser uma fonte de problemas quando está deficiente (como na infecção pelo HIV) ou quando está muito ativo (como nas alergias e doenças autoimunes).

2. **Como o campo da psiconeuroimunologia relaciona o comportamento à doença?**

   O campo da psiconeuroimunologia relaciona o comportamento à doença encontrando relações entre o comportamento, o sistema nervoso central, o sistema imunológico e o sistema endócrino. Fatores psicológicos podem deprimir a função imunológica e algumas pesquisas associaram esses fatores à depressão do sistema imunológico e à gravidade dos sintomas fisiológicos.

3. **O estresse causa doenças?**

   Pesquisas indicam que estresse e doença estão relacionados. Mas como sustenta o modelo de diátese-estresse, os indivíduos devem ter alguma vulnerabilidade para que o estresse cause doenças. O estresse é um fator de risco moderado para cefaleias e doenças infecciosas. O papel do estresse na doença cardíaca é complexo; a reatividade a ele pode estar envolvida na hipertensão e no desenvolvimento de doenças cardiovasculares. A maioria das úlceras pode ser atribuída a uma infecção bacteriana, e não ao estresse. A experiência de estresse é um dos muitos fatores que contribuem para os transtornos psicológicos e de humor, mas a via pela qual ele influencia o desenvolvimento desses transtornos também pode ser por meio do sistema imunológico.

Sugestões de leitura

Cohen, S. (2005). Keynote presentation at the eighth International Congress of Behavioral Medicine. *International Journal of Behavioral Medicine*, *12*(3), 123-131. Shelton Cohen resume sua fascinante pesquisa sobre estresse e vulnerabilidade a doenças infecciosas.

Irwin, M. R. (2008). Human psychoneuroimmunology: 20 years of discovery. *Brain, Behavior and Immunity*, *22*, 129-139. Esta recente revisão da área de psiconeuroimunologia apresenta uma visão geral do sistema imunológico e a pesquisa sobre as ligações entre fatores psicossociais, resposta do sistema imunológico e desenvolvimento de doenças em humanos.

Robles, T. F., Glaser, R. & Kiecolt-Glaser, J. K. (2005). Out of balance: A new look at chronic stress, depression, and immunity. *Current Directions in Psychological Science*, *14*, 111-115. Este pequeno artigo analisa o estresse crônico e levanta a hipótese de sua relação com a depressão por meio do sistema imunológico.

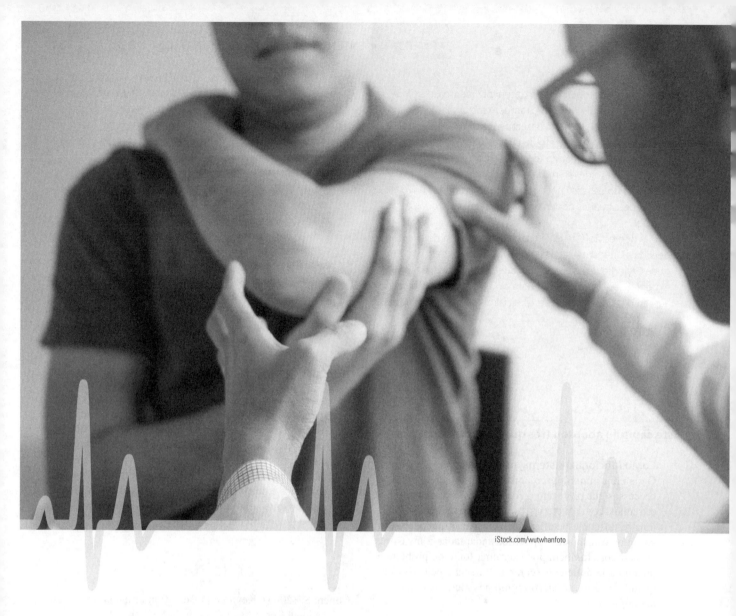

OBJETIVOS DE APRENDIZAGEM
Depois de estudar este capítulo, você será capaz de...

7-1 Traçar a rota de um sinal de dor de receptores no sistema nervoso periférico para o cérebro

7-2 Compreender o papel dos neuroquímicos na percepção da dor

7-3 Compreender a definição atual de dor como um fenômeno biopsicossocial

7-4 Identificar as diferenças entre dor aguda, crônica e pré-crônica

7-5 Identificar os fatores psicológicos que podem influenciar a percepção da dor

7-6 Compreender e comparar três teorias da dor e como elas diferem na capacidade de explicar vários "mistérios" da dor

7-7 Entender alguns dos principais tipos de síndromes dolorosas

7-8 Identificar os pontos fortes e as limitações de três métodos de medição da dor: autorrelato, avaliação comportamental e medição fisiológica

7-9 Identificar as principais abordagens médicas para controlar a dor, bem como os riscos potenciais

7-10 Identificar as principais técnicas comportamentais para controlar a dor e os fatores psicológicos que cada técnica aborda

CAPÍTULO 7
Entendendo e controlando a dor

SUMÁRIO DO CAPÍTULO

Perfis do mundo real da dor
Dor e sistema nervoso
- O sistema somatossensorial
- A medula espinhal
- O cérebro
- Neurotransmissores e dor
- A modulação da dor

O significado da dor
- A definição de dor
- A experiência da dor

Síndromes de dor
- Dor de cabeça
- Dor provocada pela artrite
- Dor provocada pelo câncer
- Dor no membro fantasma

A medição da dor
- Autorrelatos
- Avaliações comportamentais
- Medidas fisiológicas

Controlando a dor
- Abordagens médicas para controlar a dor
- Técnicas comportamentais para controlar a dor

PERGUNTAS

Este capítulo concentra-se em cinco questões básicas:

1. Como o sistema nervoso registra a dor?
2. Qual é o significado da dor?
3. Que tipos de dor apresentam os maiores problemas?
4. Como a dor pode ser medida?
5. Quais técnicas são eficazes para o tratamento da dor?

A complexa interação entre o cérebro e o corpo não é mais aparente que no estudo da dor. Você pode pensar que uma vida sem dor seria maravilhosa. Contudo, a dor desempenha um papel necessário e básico na sobrevivência; ela é a maneira do corpo de chamar a atenção para a lesão.

Pessoas como Ashlyn Blocker, com o raro transtorno genético chamado *insensibilidade congênita à dor*, não são capazes de sentir dor. Devido a essa condição, devem ser cuidadosamente monitoradas. Elas geralmente sofrem lesões graves sem qualquer consciência, como ossos quebrados, línguas mordidas, cortes, queimaduras, lesões oculares e infecções. Muitos com esse transtorno morrem em uma idade relativamente jovem devido a problemas de saúde que poderiam ter sido tratados se fossem capazes de prestar atenção aos sinais de alerta que a dor fornece.

Em outros casos, como os de pessoas que sofrem de dor crônica, esta pode existir sem motivo claro. Nos casos mais extremos de dor no membro fantasma, como o de Christian Bagge, os indivíduos sentem dor em partes inexistentes do corpo! Mas, para a maioria das pessoas, a dor é uma experiência desagradável e desconfortável a ser evitada sempre que possível. As crenças sobre a dor – como a crença do trabalhador da construção civil de que ele se machucou ou a crença de Byron Leftwich de que poderia jogar futebol com dor em uma perna quebrada – influenciam a experiência de dor? Neste capítulo, exploramos esses muitos mistérios da dor. Para entendê-los, devemos primeiro examinar como o sistema nervoso a registra.

7-1 Dor e o sistema nervoso

OBJETIVOS DE APRENDIZAGEM

7-1 Traçar a rota de um sinal de dor de receptores no sistema nervoso periférico para o cérebro

7-2 Compreender o papel dos neuroquímicos na percepção da dor

As informações sensoriais, incluindo a dor, começam com os receptores sensoriais na superfície do corpo ou perto dela. Esses receptores transformam a energia física – como luz, som, calor e

Verifique SUAS EXPERIÊNCIAS
Em relação ao seu episódio de dor mais recente

Quase todo mundo sente dor, mas as pessoas sentem dor de muitas maneiras diferentes. As perguntas a seguir permitem que você entenda o papel que a dor desempenha em sua vida. Para completar o exercício, pense na dor mais significativa que você experimentou no último mês ou, se tiver dor crônica, faça suas classificações com esse problema de dor em mente.

1. Por quanto tempo a dor persistiu? _____ horas e _____ minutos
2. Se essa dor for crônica, com que frequência ela ocorre?
   ☐ Menos de uma vez por mês
   ☐ Uma vez por mês
   ☐ Duas ou três vezes por mês
   ☐ Cerca de uma vez por semana
   ☐ Duas ou três vezes por semana
   ☐ Diário
   ☐ Durante a maior parte de cada dia
3. O que você fez para aliviar a dor? (Marque todas as que se aplicam.)
   ☐ Tomou um medicamento prescrito
   ☐ Tentei relaxar
   ☐ Fiz algo para me distrair da dor
   ☐ Tomou um medicamento de venda livre
   ☐ Tentei ignorar a dor
4. Marque na linha abaixo a intensidade da dor.

   Nenhuma dor   Insuportável
   ☐ 0 ☐ 10 ☐ 20 ☐ 30 ☐ 40 ☐ 50 ☐ 60 ☐ 70 ☐ 80 ☐ 90 ☐ 100

5. Marque na linha abaixo o quanto essa dor interferiu em sua rotina diária.

   Nada mudou   Mudou tudo
   ☐ 0 ☐ 10 ☐ 20 ☐ 30 ☐ 40 ☐ 50 ☐ 60 ☐ 70 ☐ 80 ☐ 90 ☐ 100

6. Durante o período de dor, o que as pessoas ao seu redor fizeram? (Marque todas as que se aplicam.)
   ☐ Foram atenciosos
   ☐ Fizeram meu trabalho para mim
   ☐ Reclamaram quando não pude cumprir minhas responsabilidades normais
   ☐ Ignoram-me
   ☐ Livraram-me das minhas responsabilidades normais

Completar essa avaliação mostrará algo sobre sua própria experiência com a dor. Alguns dos itens desta avaliação são como aqueles em algumas das escalas de dor padronizadas descritas em "A medição da dor" mais adiante neste capítulo.

---

pressão – em impulsos neurais. Podemos sentir dor por meio de qualquer um de nossos sentidos, mas a maior parte que pensamos como dor se origina como estimulação da pele e dos músculos.

Os impulsos neurais que se originam na pele e nos músculos fazem parte do sistema nervoso periférico (SNP). Você deve se lembrar, a partir do Capítulo 5, de que todos os neurônios fora do cérebro e da medula espinhal (o sistema nervoso central ou SNC) fazem parte do SNP. Os impulsos neurais originados no SNP viajam em direção à medula espinhal e ao cérebro. Portanto, é possível traçar o caminho dos impulsos neurais dos receptores até o cérebro. Traçar esse caminho é uma forma de entender a fisiologia da dor. Como você aprenderá, o sistema nervoso possui sistemas complexos que permitem não apenas a percepção da dor, mas também sua modulação.

O sistema somatossensorial

O **sistema somatossensorial** transmite informações sensoriais do corpo para o cérebro. Os neurônios do SNP da superfície e dos músculos da pele fazem parte do sistema nervoso somático. Por exemplo, um impulso neural originado no dedo indicador direito viaja por meio do sistema nervoso somático até a medula espinhal. A interpretação dessa informação no cérebro resulta na percepção de uma pessoa de sensações sobre seu corpo e seus movimentos. O sistema somatossensorial consiste em vários sentidos, incluindo toque, pressão leve/profunda, frio, calor, cócegas, movimento e posição do corpo.

Neurônios aferentes. Neurônios aferentes são um dos três tipos de neurônios – *aferente*, *eferente* e *interneurônios*. Os **aferentes** (sensoriais) transmitem informações dos órgãos

Perfil do mundo real da DOR

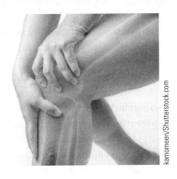

Em 1995, um trabalhador da construção civil de 29 anos pisou acidentalmente sobre um prego de 15 cm. Ele foi para uma sala de emergência, onde os médicos puderam ver que seu pé estava gravemente ferido. O prego perfurou a bota de trabalho, atravessou a sola e saiu por cima dela. O homem estava com dor. Os médicos tiveram que sedá-lo com o poderoso analgésico opiáceo fentanil antes que pudessem remover sua bota para investigar a extensão da lesão.

Em 2000, os pais de Ashlyn Blocker, de oito meses de idade, a levaram a um especialista para tratar um olho severamente irritado e injetado de sangue. Até aquele ponto, Ashlyn era descrita como uma "recém-nascida tranquila", nunca reagia ao estar com fome ou acometida por assaduras dolorosas. Quando o especialista pingou gotas nos olhos de Ashlyn, que causariam desconforto a qualquer outro recém-nascido, ainda assim ela não mostrava nenhum sinal de dor.

Em 2002, Byron Leftwich – o *quarterback* do time de futebol da Marshall University – sofreu uma lesão na perna que o forçou a sair de campo e ser levado a um hospital para fazer uma radiografia. Quando ele voltou ao estádio, seu time estava perdendo por 27-10 no terceiro quarto. Em vez de ficar na reserva, ele insistiu em voltar ao jogo.

Em 2005, Christian Bagge era um soldado norte-americano de 23 anos que servia no Iraque. Um dia, a unidade a que pertencia foi atingida por duas bombas e suas pernas ficaram gravemente feridas. Apesar de receber tratamento médico para seus ferimentos, ele sente dores nas pernas até hoje, como se "alguém estivesse esmagando meus dedos com um martelo".

Esses quatro casos mostram a diversidade nas experiências de dor das pessoas. Lesões que podem parecer dolorosas para alguns podem passar despercebidas para outras, ou lesões que parecem pequenas para uns são debilitantes para outros. Determinadas formas de dor podem persistir por anos após a cicatrização de uma lesão. Entretanto, essas quatro pessoas também ilustram vários mistérios da dor.

No primeiro exemplo, quando os médicos finalmente conseguiram remover a bota do trabalhador da construção civil, ficaram chocados ao ver que o prego não perfurara o pé do homem, mas que havia perpassado por um espaço entre os dedos. Quando o homem viu que seu pé estava ileso, sua dor desapareceu. Por que ele sentiu dor apesar de não haver lesão?

Depois da visita de Ashlyn Blocker ao oftalmologista, os médicos notaram que algo estava realmente errado. Não só ela tinha uma abrasão intensa na superfície do olho, como também tinha insensibilidade congênita à dor com anidrose (síndrome de Riley-Day – ICDA), um transtorno genético raro que a tornava incapaz de sentir dor. Por causa dessa condição, ela sofreu vários ferimentos ao longo de sua infância, como extensas queimaduras ao colocar as mãos em tubos de escape quentes ou em panelas de água fervente. Esses acidentes ocorriam simplesmente por que ela não conseguia sentir a dor que faria qualquer outra pessoa se afastar de tais perigos.

A radiografia de Byron Leftwich mostrou a tíbia esquerda quebrada e ele estava com dor quando pediu para voltar ao jogo. A dor era tão forte que ele mal conseguia andar; os companheiros de equipe tiveram que carregá-lo de um lado para outro no campo entre as jogadas. Contudo, ele terminou o jogo com um desempenho extraordinário, passando a bola mais de 300 jardas. Como ele foi capaz de jogar com tanta dor?

Para o soldado Christian Bagge, os ferimentos sararam, mas as dores nas pernas continuam, apesar de já não tê-las. Suas pernas foram amputadas, e a dor que ele sente é uma das formas mais misteriosas de dor, a no membro fantasma.

---

dos sentidos para o cérebro. Os **eferentes** (motores) resultam no movimento dos músculos ou na estimulação de órgãos ou glândulas; os **interneurônios** conectam os neurônios sensoriais aos motores. Os órgãos dos sentidos contêm neurônios aferentes, chamados **aferentes primários**, com receptores especializados que convertem energia física em impulsos neurais, que viajam para a medula espinhal e depois para o cérebro, onde essa informação é processada e interpretada.

Envolvimento na dor. **Nocicepção** refere-se à estimulação das células nervosas sensoriais que podem levar à percepção da dor. A pele é o maior dos órgãos dos sentidos e os receptores na pele e nos órgãos – chamados **nociceptores** – podem responder a vários tipos de estimulação que podem causar danos aos tecidos, como calor, frio, esmagamento, corte e queimação.

Alguns neurônios que transmitem informações sensoriais (incluindo nocicepção) são cobertos por **mielina**, uma substância gordurosa isolante. Neurônios aferentes mielinizados, chamados *fibras A*, conduzem impulsos neurais mais rapidamente que as **fibras C** não mielinizadas. Além disso, os neurônios diferem em tamanho; os maiores conduzem impulsos mais rapidamente que os menores. Dois tipos de fibras A são importantes na percepção da dor: as **fibras A-beta** grandes e as **fibras A-delta** menores. As fibras A-beta mielinizadas grandes conduzem impulsos mais de 100 vezes mais rapidamente que as fibras C não mielinizadas pequenas (Melzack, 1973). As fibras C são muito mais comuns; mais de 60% de todos os aferentes sensoriais são fibras C (Melzack & Wall, 1982). As fibras A-beta disparam com pouca estimulação, enquanto as fibras C requerem mais estimulação para disparar. Assim, esses diferentes tipos de fibras respondem a diferentes estímulos (Slugg, Meyer & Campbell, 2000). Desse modo, essas diferentes fibras resultam em diferentes sensações de dor. Por exemplo, a estimulação das fibras A-delta produz uma dor "rápida" que é aguda ou pungente, enquanto a estimulação das fibras C geralmente resulta em uma sensação de queimação ou dor monótona que se desenvolve mais lentamente (Chapman, Nakamura & Flores, 1999).

A medula espinhal

A medula espinhal, que é protegida pelas vértebras, é a via pela qual a informação sensorial viaja em direção ao cérebro; a informação motora vem do cérebro. A medula espinhal também produz os reflexos espinhais. Qualquer dano à medula espinhal pode interromper o fluxo de informações sensoriais, mensagens motoras ou ambos, criando comprometimento permanente, mas deixando os reflexos espinhais intactos. Entretanto, o papel mais importante da medula espinhal é fornecer um caminho para informações sensoriais ascendentes e mensagens motoras descendentes.

As fibras aferentes se agrupam após deixar a pele; esse agrupamento forma um *nervo*. Os nervos podem ser totalmente aferentes, totalmente eferentes ou uma mistura de ambos. Do lado de fora da medula espinhal, cada feixe nervoso se divide em dois ramos (ver **Figura 7.1**). Os tratos sensoriais, que canalizam informações para o cérebro, entram no lado dorsal (em direção à parte de trás) da medula espinhal. Os tratos motores, que vêm do cérebro, saem do lado ventral (em direção ao estômago) da medula. Em cada lado da medula espinhal, a raiz dorsal incha em um gânglio da raiz dorsal, que contém os corpos celulares dos neurônios aferentes primários. As fibras dos neurônios se estendem até os **cornos dorsais**.

Os cornos dorsais contêm várias camadas ou **lâminas**. Em geral, as fibras maiores penetram mais profundamente nas lâminas que as fibras menores (Melzack & Wall, 1982). As células da lâmina 1 e especialmente as da lâmina 2 recebem informações das fibras A-delta e C pequenas; essas duas lâminas formam a **substância gelatinosa**. Na teoria do controle do portão da dor, descrita mais adiante neste capítulo, Ronald Melzack e Peter Wall (1965) levantaram a hipótese de que a substância gelatinosa modula a informação sensorial de entrada, e pesquisas subsequentes mostram que eles estavam corretos (Chapman et al., 1999). Outras lâminas também recebem projeções de fibras A e C, assim como fibras descendentes do encéfalo e fibras de outras lâminas. Essas conexões permitem interações elaboradas entre a entrada sensorial do corpo e o processamento central da informação neural no cérebro.

O cérebro

O **tálamo** recebe informações de neurônios aferentes na medula espinhal. Depois de fazer conexões no tálamo, a informação viaja para outras partes do cérebro, incluindo o **córtex somatossensorial**, localizado no córtex cerebral. O córtex somatossensorial primário recebe informações do tálamo que permitem que toda a superfície da pele seja mapeada no córtex somatossensorial. Contudo, nem todas as áreas da pele são representadas igualmente. A **Figura 7.2** mostra a área do córtex somatossensorial primário distribuída

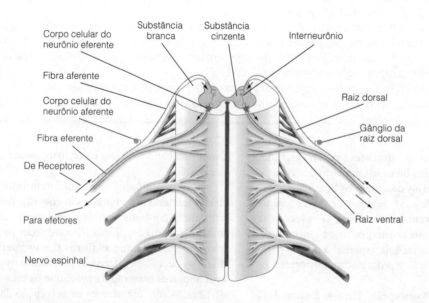

FIGURA 7.1 Corte transversal da medula espinhal.

Fonte: Human physiology: De cells to systems (4th ed.), por L. Sherwood, 2001, p. 164. De SHERWOOD, *Human Physiology*, 4E. © 2001 Cengage Learning.

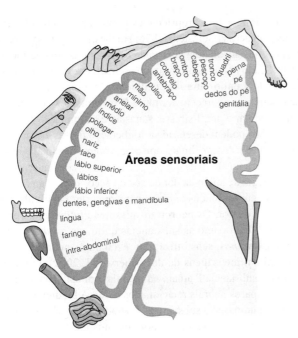

FIGURA 7.2 Áreas somatossensoriais do córtex.

para várias regiões do corpo. As áreas que são particularmente ricas em receptores ocupam mais do córtex somatossensorial que as áreas que são mais pobres em receptores. Por exemplo, embora as costas tenham mais pele, as mãos têm mais receptores e, portanto, mais área do cérebro é dedicada a interpretar as informações dos receptores da mão. Essa abundância de receptores também significa que as mãos são mais sensíveis; elas são capazes de sentir estímulos que as costas não sentem.

A capacidade de uma pessoa de localizar a dor na superfície da pele é mais precisa que para os órgãos internos. A estimulação interna também pode dar origem a sensações, incluindo dor, mas o cérebro não mapeia as vísceras da mesma forma que mapeia a pele, portanto, localizar a sensação interna é algo muito menos preciso. A estimulação intensa dos órgãos internos pode resultar na disseminação da estimulação neural para as vias que servem aos sentidos da pele, criando a percepção da dor visceral como originária da superfície da pele. Esse tipo de dor, quando experimentada em outra parte do corpo que não o local de origem do estímulo doloroso, é denominada **dor referida**. Por exemplo, uma pessoa que sente dor na parte superior do braço pode não associar essa sensação ao coração, mesmo que um ataque cardíaco possa causar esse tipo de dor.

Dá para ACREDITAR? A dor emocional e física são basicamente as mesmas do cérebro

A rejeição social é dolorosa. As pessoas usam frases como "com cicatrizes emocionais", "tapa na cara", "profundamente magoada" ou "esmagada" para descrever experiências de rejeição social (MacDonald & Leary, 2005). Isso é tão verdadeiro para falantes de inglês quanto para falantes nativos de alemão, hebraico, armênio, cantonês e inuktitut.

Pode não ser coincidência que as pessoas pensem na dor social de maneira semelhante à dor física. Usando imagens de ressonância magnética funcional, Naomi Eisenberger e colegas (Eisenberger & Lieberman, 2004; Eisenberger, Lieberman & Williams, 2003) examinaram a atividade cerebral de pessoas cujos sentimentos foram "feridos" e descobriram que o cérebro humano reage de maneira semelhante a dores emocionais e físicas. Os participantes desse estudo experimentaram um jogo de arremesso de bola de realidade virtual chamado "Cyberball" enquanto um scanner de fMRI visualizava seus cérebros. Durante o jogo, os pesquisadores excluíram os participantes de continuar o jogo pelo que eles acreditavam ser decisões de outros dois jogadores. Essa exclusão representava a rejeição social, o tipo de situação em que os sentimentos das pessoas são feridos.

Eisenberger e colegas (2003) descobriram que tanto o córtex cingulado anterior quanto o córtex pré-frontal ventral direito tornaram-se mais ativos durante a experiência de exclusão social. É importante ressaltar que essas duas regiões do cérebro também se tornam mais ativas quando as pessoas experimentam *dor* física. Além disso, o nível de ativação no córtex cingulado anterior se correlacionou com as classificações de angústia dos participantes. Um estudo subsequente mostrou que a rejeição social desencadeia a liberação de analgésicos opioides endógenos no cérebro, assim como as experiências de dor física (Hsu et al., 2013). Assim, a experiência de exclusão social afeta a atividade cerebral de maneira bastante semelhante à experiência da dor física, sugerindo que os dois tipos de dor são semelhantes no cérebro.

Se a dor social e física levam a padrões semelhantes de ativação cerebral, uma pílula que alivia a dor física também pode aliviar a dor social? O acetaminofeno – conhecido pela marca Tylenol – é um analgésico que atua no sistema nervoso central. Nathan DeWall e colegas (DeWall et al., 2010) examinaram se o paracetamol reduziria os relatos de dor social das pessoas. Esses pesquisadores designaram aleatoriamente jovens adultos para tomar acetaminofeno ou uma pílula placebo diariamente por três semanas. Os participantes que tomaram a pílula de acetaminofeno relataram menos dor social durante essas três semanas – como se sentirem magoados por serem provocados – que os participantes que tomaram a pílula placebo! Em um estudo de fMRI de acompanhamento, esses pesquisadores também mostraram que os participantes que tomaram acetaminofeno antes de serem socialmente excluídos durante um jogo de "Cyberball" mostraram menos atividade no córtex cingulado anterior que os participantes que tomaram uma pílula placebo.

Assim, pode haver muitas semelhanças entre a dor social e a dor física. Seu médico em breve prescreverá dois Tylenol como remédio tanto para dor de cabeça *quanto* para mágoa?

O desenvolvimento da tomografia por emissão de pósitrons (PET) e da ressonância magnética funcional (fMRI) permite que os pesquisadores estudem o que acontece no cérebro quando as pessoas sentem dor. Essas técnicas confirmam que a atividade cerebral ocorre quando os nociceptores são ativados, mas pintam um quadro complexo de como a dor ativa o cérebro (Apkarian et al., 2005). Estudos de respostas cerebrais a estímulos de dor específicos mostram ativação não apenas em muitas áreas do cérebro, incluindo os córtices somatossensoriais primário e secundário, mas também no córtex cingulado anterior, no tálamo e até mesmo no cerebelo na parte inferior do cérebro (Buffington, Hanlon & McKeown, 2005; Davis, 2000). Além da complexidade, uma reação emocional geralmente acompanha a experiência de dor, e estudos de imagens cerebrais indicam ativação em áreas do cérebro associadas à emoção quando as pessoas experimentam dor (Eisenberger, Gable & Lieberman, 2007 ver o quadro "Dá para acreditar?"). Assim, estudos de imagens do cérebro usando PET e fMRI não revelam um "centro de dor" no cérebro. Em vez disso, esses estudos mostram que a experiência da dor produz uma variedade de ativação no cérebro, desde a parte inferior até vários centros no prosencéfalo.

Neurotransmissores e dor

Os neurotransmissores são substâncias químicas sintetizadas e armazenadas nos neurônios. O potencial de ação elétrica causa a liberação de neurotransmissores dos neurônios, que transportam impulsos neurais por meio da *fenda sináptica*, que é o espaço entre os neurônios. Depois de fluir por meio da fenda sináptica, os neurotransmissores agem em outros neurônios ocupando locais receptores especializados. Cada um se ajusta em um local receptor especializado da mesma forma que uma chave se ajusta a uma fechadura; sem o ajuste apropriado, o neurotransmissor não afetará o neurônio. Quantidades suficientes de neurotransmissores estimulam a formação de um potencial de ação no neurônio estimulado. Existem muitos neurotransmissores diferentes e cada um pode causar uma ação.

Na década de 1970, pesquisadores (Pert & Snyder, 1973; Snyder, 1977) demonstraram que a neuroquímica do cérebro desempenha um papel na percepção da dor. Essa percepção surgiu por meio de um exame de como as drogas afetam o cérebro para alterar a percepção da dor. Os receptores no cérebro são sensíveis aos opiáceos, analgésicos como a morfina e a codeína, derivados do ópio extraído da papoula. Essa descoberta explicou como os opiáceos reduzem a dor – essas drogas se ajustam aos receptores cerebrais, modulam a atividade dos neurônios e alteram a percepção da dor.

A descoberta de receptores opiáceos no cérebro levantou outra questão: por que o cérebro responde à resina da papoula do ópio? Em geral, o cérebro é seletivo quanto aos tipos de moléculas que permitem a entrada; apenas substâncias como neuroquímicos naturais podem entrar no cérebro. Esse raciocínio levou à busca e identificação de substâncias químicas naturais no cérebro que afetam a percepção da dor. Esses neuroquímicos têm propriedades muito semelhantes às das drogas opiáceas (Goldstein, 1976; Hughes, 1975). Essa descoberta desencadeou uma enxurrada de pesquisas em que foram identificados mais neuroquímicos semelhantes aos opiáceos, incluindo a **endorfina**, as *encefalinas*, e a *dinorfina*. Esses neuroquímicos parecem ser um dos mecanismos do cérebro para modular a dor. Estresse, sugestão e estimulação elétrica do cérebro podem desencadear a liberação dessas endorfinas (Turk, 2001). Assim, drogas opiáceas, como a morfina, podem ser eficazes no alívio da dor porque o cérebro contém seu próprio sistema de alívio da dor que os opiáceos estimulam.

Os neuroquímicos também parecem estar envolvidos na produção de dor. Os neurotransmissores *glutamato* e *substância P*, bem como as substâncias químicas *bradicinina* e *prostaglandinas*, sensibilizam ou excitam os neurônios que transmitem mensagens de dor (Sherwood, 2001). O glutamato e a substância P atuam na medula espinhal para aumentar os disparos neurais relacionados à dor. A bradicinina e as prostaglandinas são substâncias liberadas por lesão tecidual; prolongam a experiência da dor continuando a estimular os nociceptores.

Além disso, proteínas produzidas pelo sistema imunológico, as *citocinas pró-inflamatórias*, também influenciam a dor (Watkins et al., 2007; Watkins & Maier, 2003, 2005). A infecção e a inflamação levam o sistema imunológico a liberar essas citocinas, que sinalizam o sistema nervoso e produzem uma série de respostas associadas à doença, incluindo diminuição da atividade, aumento da fadiga e aumento da sensibilidade à dor. De fato, essas citocinas podem intensificar a dor crônica, sensibilizando as estruturas no corno dorsal da medula espinhal que modulam a mensagem sensorial dos aferentes primários (Watkins et al., 2007). Desse modo, a ação dos neurotransmissores e outras substâncias químicas produzidas pelo organismo é complexa, com potencial tanto para aumentar quanto para diminuir a experiência da dor.

A modulação da dor

A **substância cinzenta periaquedutal**, uma estrutura próxima ao centro do mesencéfalo, está envolvida na modulação da dor. Quando estimulada, a atividade neural se espalha para baixo na medula espinhal e ocorre o alívio da dor (Goffaux et al., 2007; Sherwood, 2001). Neurônios da substância cinzenta periaquedutal descem para a formação reticular e a **medula**, uma estrutura na parte inferior do cérebro que também está envolvida na percepção da dor (Fairhurst et al., 2007). Esses neurônios descem para a medula espinhal e fazem conexões com neurônios na substância gelatinosa. Isso resulta na incapacidade dos neurônios do corno dorsal de transportar informações de dor para o tálamo.

A inibição da transmissão também envolve alguns neurotransmissores familiares. As endorfinas na substância cinzenta periaquedutal iniciam a atividade nesse sistema inibitório descendente. A **Figura 7.3** ilustra esse tipo de modulação. A substância gelatinosa contém sinapses que usam a encefalina como transmissor. De fato, os neurônios que contêm encefalina

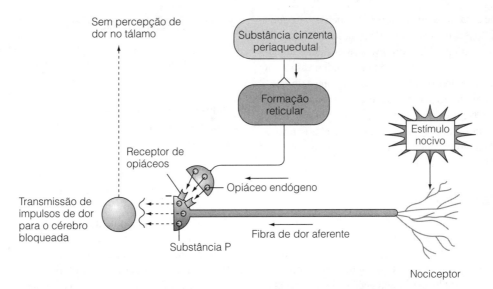

FIGURA 7.3 As vias descendentes da substância cinzenta periaquedutal estimulam a liberação de opiáceos endógenos (endorfinas) que bloqueiam a transmissão de impulsos de dor para o cérebro.

Fonte: *Human physiology*: *De cells to systems* (4th ed.), por L. Sherwood, 2001, p. 181. De SHERWOOD, *Human Physiology*, 4E. © 2001 Cengage Learning.

parecem estar concentrados nas mesmas partes do cérebro que contêm a substância P, o transmissor que ativa as mensagens de dor (McLean, Skirboll & Pert, 1985).

Esses elaborados sistemas físicos e químicos são a maneira do corpo de modular os impulsos neurais da dor. A importância da dor é óbvia. A dor após a lesão é adaptativa, fornecendo um lembrete da lesão e desencorajando a atividade que aumenta o dano. Em algumas situações, porém, a modulação da dor também é adaptativa. Quando pessoas ou outros animais estão lutando ou fugindo, a capacidade de ignorar a dor pode ser uma vantagem. Assim, o sistema nervoso possui sistemas complexos que permitem não apenas a percepção, mas também a modulação da dor. Esses sistemas criam o potencial para que fatores psicológicos influenciem a experiência da dor, como descreveremos na próxima seção.

RESUMO

A ativação de receptores na pele resulta em impulsos neurais que se movem ao longo de vias aferentes para a medula espinhal por meio da raiz dorsal. Na medula espinhal, os impulsos aferentes continuam para o tálamo no cérebro. O córtex somatossensorial primário inclui um mapa da pele, com mais córtex dedicado a áreas do corpo mais ricas em receptores cutâneos. As fibras A-delta e C estão envolvidas na dor, com as fibras A-delta transmitindo mensagens de dor rapidamente e as fibras C enviando mensagens de dor mais lentamente.

O cérebro e a medula espinhal também contêm mecanismos para modular a entrada sensorial e, assim, afetar a percepção da dor. Um mecanismo se dá por meio dos neuroquímicos naturais que aliviam a dor e imitam a ação dos opiáceos, que existem em muitos lugares no sistema nervoso central e periférico. O segundo mecanismo é um sistema de controle descendente através da substância cinzenta periaquedutal e da medula. Esse sistema afeta a atividade da medula espinhal e fornece uma modulação descendente da atividade na medula espinhal.

APLIQUE O QUE VOCÊ APRENDEU

1. Classifique os caminhos biológicos, estruturas e neuroquímicos, descritos nesta seção, naqueles envolvidos na criação da experiência da dor e naqueles envolvidos na inibição da experiência da dor.

7-2 O significado da dor

OBJETIVOS DE APRENDIZAGEM

7-3 Compreender a definição atual de dor como um fenômeno biopsicossocial

7-4 Identificar as diferenças entre dor aguda, crônica e pré-crônica

7-5 Identificar os fatores psicológicos que podem influenciar a percepção da dor

Até cerca de cem anos atrás, as pessoas pensavam que a dor fosse uma consequência direta de uma lesão física, e a extensão do dano tecidual determinava a intensidade da dor. Perto do final do século XIX, C. A. Strong mudou essa visão muito simplista. Strong (1895) levantou a hipótese de que a dor se devia a dois fatores: a sensação e a reação da pessoa a essa sensação. Nessa visão, fatores psicológicos e causas físicas eram de igual importância. Essa atenção aos fatores psicológicos sinalizou o início de uma nova definição, uma visão alterada da experiência e novas teorias da dor.

A definição de dor

A dor é uma experiência quase universal. Apenas aquelas raras pessoas com insensibilidade congênita à dor escapam da experiência da dor. Contudo, a dor é notavelmente difícil de definir. Alguns especialistas (Covington, 2000) concentram-se na fisiologia subjacente à percepção da dor, enquanto outros (Wall, 2000) enfatizam a natureza subjetiva da dor. Essas diferentes visões refletem sua natureza multidimensional da dor, que a International Association for the Study of Pain (IASP) incorporou na definição. O Subcomitê de Taxonomia da IASP (1979, p. 250) define *dor* como "uma experiência sensorial e emocional desagradável associada a dano tecidual real ou potencial, ou descrita em relação a tal dano". Ao descrever a dor como uma experiência sensorial e emocional, essa definição a destaca como uma experiência subjetiva. Além disso, ao descrever a dor como *associada* com – mas não necessariamente *causada* por – dano tecidual real ou potencial, esta definição reconhece que a dor pode ser causada por múltiplos fatores, uma visão consistente com a abordagem biopsicossocial (Williams & Craig, 2016).

Outra maneira de entender o significado da dor é vê-la em três estágios: aguda, crônica e pré-crônica (Keefe, 1982). **Dor aguda** é o tipo de dor que a maioria das pessoas sente quando se lesiona; inclui dores de cortes, queimaduras, parto, cirurgia, trabalho dentário e outras lesões. Sua duração é normalmente breve. Esse tipo de dor é normalmente adaptativo; sinaliza à pessoa para evitar mais ferimentos. Em contraposição, **dor crônica** dura meses ou até anos. Esse tipo de dor pode ser devido a uma condição crônica, como a artrite reumatoide, ou pode ser o resultado de uma lesão que persiste além do tempo de cicatrização (Turk & Melzack, 2001). A dor crônica frequentemente existe na ausência de qualquer dano tecidual identificável. Não é adaptável, mas pode ser debilitante e desmoralizante e muitas vezes leva a sentimentos de desamparo e desesperança. A dor crônica nunca tem um benefício biológico.

Talvez o estágio mais crucial da dor seja o da **dor pré-crônica**, que se situa entre os estágios agudo e crônico. Esse período é crítico porque a pessoa supera a dor nesse momento ou desenvolve os sentimentos de medo e desamparo que podem levar à dor crônica. Esses três estágios não esgotam todas as possibilidades de dor. Existem vários outros tipos, sendo o mais comum a **dor crônica recorrente**, ou dor marcada por episódios alternados de dor intensa e sem dor. Um exemplo comum de dor crônica recorrente é a dor de cabeça.

A experiência da dor

A experiência da dor é individual e subjetiva, mas fatores situacionais e culturais influenciam-na. Henry Beecher, anestesista, foi um dos primeiros pesquisadores a identificar as influências situacionais na experiência da dor. Ele (1946) observou soldados feridos na praia de Anzio durante a Segunda Guerra Mundial. Beecher observou que, apesar dos graves ferimentos de batalha, muitos relataram pouca dor. O que tornou a experiência da dor diferente nessa situação? Esses homens foram removidos da frente de batalha e, portanto, da ameaça de morte ou ferimentos adicionais. Sob essas condições, os soldados feridos estavam em um estado de espírito alegre e otimista. Em contraposição, os pacientes civis com lesões comparáveis sentiram muito mais dor e solicitaram mais drogas analgésicas que os soldados (Beecher, 1956). Essas descobertas levaram Beecher (1956) a concluir que "a intensidade do sofrimento é amplamente determinada pelo que a dor significa para o paciente" (p. 1609) e que "a extensão da ferida tem apenas uma pequena relação, se houver (muitas vezes nenhuma), à dor experimentada" (p. 1612). Finalmente, Beecher (1957) descreveu a dor como uma experiência bidimensional que consiste em um estímulo sensorial e um componente emocional. Outros pesquisadores passaram a aceitar a visão da dor de Beecher como *um* fenômeno tanto psicológico quanto físico.

Ferimentos de batalha são um exemplo extremo de lesão súbita, mas as pessoas que sofrem lesões mais corporais também relatam quantidades variáveis de dor. Por exemplo, a maioria – mas não todas – das pessoas admitidas em uma sala de emergência para tratamento de lesões relata dor (Wall, 2000). Ela é mais comum entre aquelas com lesões, como ossos quebrados, entorses e facadas, que entre as com lesões na pele. De fato, 53% dos indivíduos com cortes, queimaduras ou arranhões relatam que não sentem dor por pelo menos algum tempo após a lesão, enquanto apenas 28% dos com lesão tecidual profunda não sentem dor imediata. Essas variações individuais de dor contrastam com as pessoas que foram torturadas, todas as quais sentem dor, mesmo que seus ferimentos possam não ser tão graves quanto os das que se dirigem a um pronto-socorro. Aquelas que acreditam que um estímulo será prejudicial experimentam mais dor que as que têm crenças diferentes sobre a situação (Arntz & Claassens, 2004; Harvie et al., 2015). A ameaça, a intenção de infligir dor e a falta de controle dão à tortura um significado muito diferente da lesão não intencional e, portanto, produzem uma experiência de dor diferente. Essas variações na percepção sugerem diferenças individuais, um componente cultural para variações nos comportamentos relacionados à dor ou alguma combinação desses fatores.

Diferenças individuais na experiência da dor. Fatores individuais e experiência pessoal fazem a diferença na experiência da dor. As pessoas aprendem a associar estímulos relacionados a uma experiência dolorosa com a dor e, assim, desenvolvem respostas classicamente condicionadas aos estímulos associados (Sanders, 2006). Por exemplo, muitos não

A experiência da dor varia de acordo com a situação. Soldados feridos removidos das linhas de frente podem sentir pouca dor, apesar dos ferimentos extremos.

gostam do cheiro dos hospitais ou ficam ansiosas quando ouvem a broca do dentista porque tiveram experiências associando esses estímulos à dor.

O condicionamento operante também pode desempenhar um papel importante na dor, fornecendo um meio para que a dor aguda se transforme em dor crônica. O pesquisador pioneiro da dor John J. Bonica (1990) acreditava que ser recompensado por comportamentos de dor é um fator-chave que transforma a dor aguda em crônica. De acordo com Bonica, as pessoas que recebem atenção, simpatia, alívio de responsabilidades normais e compensação por incapacidade por seus ferimentos e comportamentos de dor são mais propensas a desenvolver dor crônica que aquelas que têm lesões semelhantes, mas recebem menos recompensas. Consistente com as hipóteses de Bonica, pacientes com cefaleia relatam mais comportamentos de dor e maior intensidade dela quando seus cônjuges ou pessoas próximas respondem a queixas de dor com respostas aparentemente úteis, como assumir tarefas, ligar a televisão ou encorajar o paciente a descansar (Pence et al., 2008).

A aprendizagem social também pode desempenhar um papel na experiência da dor. De acordo com a teoria da aprendizagem social, os indivíduos aprendem comportamentos por meio da observação dos comportamentos dos outros. No contexto da dor, se alguém frequentemente observa a dor dos outros, bem como as recompensas que ganha, a pessoa também pode aprender que a dor resulta em recompensas. Por exemplo, entre adolescentes com queixas de dor abdominal recorrente, os pesquisadores descobriram que a gravidade de seus relatos diários de dor estava relacionada às suas observações de comportamentos de dor crônica em seus pais na semana anterior (Stone et al., 2018).

Apesar da crença das pessoas em uma personalidade "resistente à dor", tal coisa não existe. Alguns, como Byron Leftwich, suportam a dor para perseguir um objetivo, mas não sem desconforto. Outros podem não demonstrar nenhum sinal de dor por causa de fatores situacionais, sanções culturais contra a demonstração de emoção ou alguma combinação desses dois fatores. Por exemplo, algumas culturas nativas americanas, africanas e das ilhas do Pacífico Sul têm rituais de iniciação que envolvem a resistência silenciosa da dor. Esses rituais podem incluir *piercing*, corte, tatuagem, queimadura ou espancamento. Mostrar sinais de dor resultaria em fracasso, então os indivíduos são motivados a esconder sua dor. Eles podem resistir a essas lesões sem nenhum sinal visível de angústia, mas reagem com uma exibição óbvia de comportamento de dor a uma lesão não intencional em uma situação fora do ritual (Wall, 2000). Essas variações nas expressões de dor sugerem variações culturais nos comportamentos de dor, em vez da existência de uma personalidade resistente a ela.

Se uma personalidade resistente à dor não existe, poderia haver evidência de uma personalidade *propensa à dor*? A pesquisa também não sustenta o conceito de uma personalidade propensa à dor (Turk, 2001). No entanto, as pessoas que estão ansiosas, preocupadas, têm uma visão negativa ou acreditam que não possam lidar bem com a dor tendendo a experimentar maior sensibilidade a ela (Peerdeman et al., 2016). O medo pode fazer parte dessa perspectiva negativa; indivíduos que experimentam um medo elevado da dor também experimentam mais dor (Leeuw et al., 2007). Além disso, pessoas com dor crônica severa são muito mais propensas que outras a sofrer de transtornos de ansiedade ou depressão (McWilliams, Goodwin & Cox, 2004; Williams et al., 2006). Mas a direção de causa e efeito nem sempre é clara (Gatchel & Epker, 1999).

Pacientes que sofrem de dor crônica são mais propensos a serem deprimidos, abusarem de álcool e outras drogas e sofrerem de transtornos de personalidade. Alguns pacientes com dor crônica desenvolvem esses transtornos por causa dela, mas outros apresentam alguma forma de psicopatologia anterior ao início da dor. Por exemplo, em um estudo prospectivo com crianças e adolescentes, a depressão preexistente foi um dos melhores preditores de uma transição de dor aguda para dor crônica (Holley, Wilson & Palermo, 2017). Assim, existem diferenças individuais na experiência da dor, mas os fatores culturais e situacionais são mais importantes.

Variações culturais na percepção da dor. Existem grandes diferenças culturais na sensibilidade à dor e na expressão de comportamentos de dor. Além disso, a origem cultural e o contexto social afetam a experiência (Cleland, Palmer & Venzke, 2005) e o tratamento (Cintron & Morrison, 2006). Essas diferenças vêm de vários significados que diferentes culturas atribuem à dor e de estereótipos associados a vários grupos culturais.

As expectativas culturais para a dor são aparentes naquela que as mulheres experimentam durante o parto (Callister, 2003; Streltzer, 1997). Algumas culturas consideram o parto como um processo perigoso e doloroso, e as mulheres nessas culturas refletem essas expectativas experimentando grande dor. Outras culturas esperam uma aceitação tranquila durante a experiência de dar à luz, e as mulheres nessas culturas tendem a não mostrar muita evidência de dor. Quando questionadas sobre sua aparente ausência de dor, contudo, elas relataram que, apesar de sentirem dor, a cultura a qual pertenciam não esperava que apresentassem dor nessas circunstâncias, então não reagiram assim (Wall, 2000).

Desde a década de 1950, estudos comparam a expressão da dor em pessoas de várias origens étnicas (Ondeck, 2003; Streltzer, 1997). Alguns estudos mostraram diferenças e outros não, mas os estudos tendem a sofrer com as críticas aos estereótipos. Por exemplo, há um estereótipo da personalidade dos italianos que demonstra que são muito sentimentais. Consistente com esse estereótipo, estudos descobriram que os ítalo-americanos expressam mais angústia e exigem mais medicação para a dor que os "Yankees" (norte-americanos de ascendência anglo-saxônica que vivem nos Estados Unidos há gerações), que têm a reputação de ignorar estoicamente a dor (Rollman, 1998). Essas variações nos comportamentos de dor entre diferentes culturas podem refletir diferenças comportamentais na aprendizagem e modelagem, diferenças na sensibilidade à dor ou alguma combinação desses fatores.

Estudos laboratoriais confirmam diferenças entre afro-americanos e euro-americanos na sensibilidade a estímulos dolorosos. Afro-americanos e hispano-americanos apresentam maior sensibilidade à dor que os euro-americanos (Rahim-Williams et al., 2012). Essas sensibilidades podem não se traduzir diretamente em diferenças na prevalência de condições de dor crônica entre esses grupos, pois as diferenças étnicas na prevalência de dor crônica são geralmente pequenas e inconsistentes entre os estudos (Fillingim, 2017). Há evidências claras, porém, de que existem diferenças raciais e étnicas na gravidade e no impacto das condições de dor crônica. Afro-americanos e euro-americanos podem diferir em como lidam com a dor (Meints, Miller & Hirsch, 2016), mas também são tratados de forma diferente pelo sistema de saúde. Os médicos são mais propensos a subestimar a dor relatada pelos afro-americanos (Staton et al., 2007) e prescrever menos analgesia que para os euro-americanos como pacientes ambulatoriais, em hospitais e em casas de repouso, apesar de queixas semelhantes sobre dor (Cintron & Morrison, 2006). Os hispânicos recebem tratamento semelhante – menos analgesia em muitos tipos de ambientes médicos. Essa discriminação no tratamento é uma fonte de dor desnecessária para os pacientes desses grupos étnicos (Lavin & Park, 2012).

Diferenças de gênero na percepção da dor. Outro estereótipo comum sobre a percepção da dor é que as mulheres são mais sensíveis à dor que os homens (Robinson et al., 2003), e essa crença tem algum suporte de pesquisa. As mulheres relatam dor mais facilmente que os homens (Fillingim, King, Ribeiro-Dasilva, Rahim-Williams & Riley, 2009). Elas também experimentam deficiências e condições relacionadas à dor crônica com mais frequência que os homens (Croft, Blyth & van der Windt, 2010; Nahin, 2015), contudo, entre aqueles que sofrem de dor aguda ou crônica, as diferenças de gênero são pequenas (Fillingim et al., 2009). Em estudos laboratoriais em que homens e mulheres são expostos ao mesmo estímulo doloroso, as mulheres tendem a apresentar maior sensibilidade e limiares mais baixos para a dor (Fillingim, 2017), embora isso possa depender do tipo de dor. Elas podem ter limiares mais baixos para dor relacionada à pressão, mas semelhantes para frio e dor causados por fluxo sanguíneo restrito. Além disso, elas podem tolerar menos dor devido ao calor ou frio que os homens, mas mostram a mesma tolerância que os homens à dor devido ao fluxo sanguíneo restrito (Racine et al., 2012). Assim, embora existam diferenças de gênero na dor crônica, a base para essa diferença permanece incerta.

Uma explicação para essas diferenças de gênero envolve papéis de gênero e socialização. Um estudo com jovens suecos de 9, 12 e 15 anos (Sundblad, Saartok & Engström, 2007) mostrou relatos mais frequentes de dor em meninas que em meninos, e uma diminuição nos relatos de dor para meninos mais velhos, porém aumento entre meninas mais velhas. Essas mudanças são consistentes com a adoção do papel de gênero masculino e feminino; aqueles podem aprender a negar a dor, enquanto estas aprendem que relatá-la é consistente com seu papel de gênero. Consistente com essa visão, os homens que se identificam mais com o papel do gênero masculino são menos propensos que outros homens e menos propensos que as mulheres a relatar dor em um experimento de laboratório (Pool et al., 2007).

Outra explicação para as diferenças de gênero postula que as mulheres podem ser mais vulneráveis que os homens ao desenvolvimento de certas condições de dor. Algumas síndromes de dor crônica, como síndrome da fadiga crônica, endometriose e fibromialgia, ocorrem apenas ou principalmente em mulheres (Fillingim et al., 2009). Hormônios sexuais e diferenças de gênero nas estratégias de enfrentamento também podem contribuir para diferenças de gênero na sensibilidade à dor (Institute of Medicine, 2011; Picavet, 2010). Por exemplo, uma metanálise de estudos experimentais mostrou que as diferenças de gênero no limiar de dor podem diferir de acordo com a fase do ciclo menstrual da mulher, com as mulheres apresentando maior sensibilidade à dor durante a fase folicular que em outras fases (Riley et al., 1999). A fase folicular também é quando as mulheres com condições de dor crônica relatam dor mais intensa (Martin, 2009).

Entretanto, outras pesquisas não conseguem encontrar diferenças drásticas entre homens e mulheres. Um estudo sobre pessoas de ambos os sexos que fizeram cirurgia dentária (Averbuch & Katzper, 2000) relatou que mais mulheres que homens descreveram sua dor como intensa, mas encontraram diferenças muito pequenas entre os relatos de dor para homens e mulheres e nenhuma diferença em suas respostas aos medicamentos analgésicos. Um estudo semelhante com adolescentes (Logan & Rose, 2004) mostrou resultados semelhantes: as meninas relataram mais dor, mas não usaram mais analgésicos que os meninos. Outro estudo (Kim et al., 2004) descobriu que as mulheres relataram dor mais prontamente que os homens em uma situação de laboratório, mas mostraram respostas semelhantes à dor associada à cirurgia oral. Uma razão pela qual as mulheres podem relatar mais dor que os homens pode ser devido à maior ansiedade e ameaça relacionadas às experiências de dor delas, o que pode ser um fator importante nas diferenças de gênero na percepção da dor (Racine et al., 2012).

> **APLIQUE O QUE VOCÊ APRENDEU**
>
> 1. Crie um perfil de duas pessoas, uma cujos fatores psicossociais estejam associados à maior probabilidade de sentir dor e outra cujos fatores psicossociais estejam associados à menor probabilidade de sentir dor.

7-3 Teorias da dor

OBJETIVOS DE APRENDIZAGEM

7-6 Compreender e comparar três teorias da dor e como elas diferem na capacidade de explicar vários "mistérios" da dor

Como as pessoas experimentam a dor é assunto de uma série de teorias. Dos vários modelos de dor, três capturam as formas divergentes de conceituá-la: as teorias da especificidade, a teoria do controle do portão e a teoria da neuromatriz.

Teoria da especificidade. Essa teoria explica a dor com a hipótese de que existem fibras e vias de dor específicas, tornando esta experiência virtualmente igual à quantidade de dano ou lesão tecidual (Craig, 2003). A visão de que a dor é o resultado da transmissão de sinais de dor do corpo para um "centro de dor" no cérebro originou-se com Descartes, que em 1600 propôs que o corpo funcionasse mecanicamente (DeLeo, 2006). Descartes levantou a hipótese de que a mente funciona por um conjunto diferente de princípios, e corpo e mente interagem apenas de maneira limitada. A visão de Descartes influenciou não apenas o desenvolvimento de uma ciência da fisiologia e da medicina, mas também a concepção de que a dor é uma experiência física em grande parte não influenciada por fatores psicológicos (Melzack, 1993).

Trabalhando sob a suposição de que a dor era a transmissão de um tipo de informação sensorial, pesquisadores tentaram determinar que tipo de receptor transmitia tipo de informação sensorial (Melzack, 1973). Por exemplo, eles tentaram determinar que tipo de receptor transmitia informações sobre calor, frio e outros tipos de dor. A tentativa falhou, pois os pesquisadores descobriram que algumas partes do corpo (como a córnea do olho) contêm apenas um tipo de receptor, mas essas áreas sentem uma gama completa de sensações. Há especificidade nos diferentes tipos de receptores sensoriais e fibras nervosas, como toque leve, pressão, coceira, picada, calor e frio (Craig, 2003). Contudo, cada uma dessas sensações pode se tornar dolorosa quando intensa, portanto, qualquer versão simples da teoria da especificidade não é válida.

A teoria do controle do portão. Em 1965, Melzack e Wall formularam uma nova teoria da dor, que sugere que a dor é *não* o resultado de um processo linear que começa com a estimulação sensorial das vias da dor e termina com a experiência da dor. Em vez disso, a percepção da dor está sujeita a uma série de modulações que podem influenciar essa experiência. Essas modulações começam na medula espinhal.

Melzack e Wall levantaram a hipótese de que as estruturas localizadas na medula espinhal atuam como um portão para a entrada sensorial que o cérebro interpreta como dor. A teoria de Melzack e Wall é assim conhecida como a **teoria do controle do portão** (ver **Figura 7.4**). Tem uma base na fisiologia, mas explica os aspectos sensoriais e psicológicos da percepção da dor.

Melzack e Wall (1965, 1982, 1988) apontaram que o sistema nervoso nunca está em repouso; os padrões de ativação neural mudam constantemente. Quando as informações sensoriais do corpo atingem os cornos dorsais da medula espinhal, esse impulso neural entra em um sistema que já está ativo, como um carro entrando em uma estrada a partir de uma rampa de acesso. A atividade existente na medula espinhal e no cérebro – como níveis variados de tráfego em uma rodovia – influencia o destino das informações sensoriais recebidas, às vezes amplificando e às vezes diminuindo os sinais neurais recebidos. A teoria do controle do portão levanta a hipótese de que essas modulações complexas na medula espinhal e no cérebro são fatores críticos na percepção da dor.

De acordo com a teoria do controle do portão, os mecanismos neurais na medula espinhal agem como um portão que

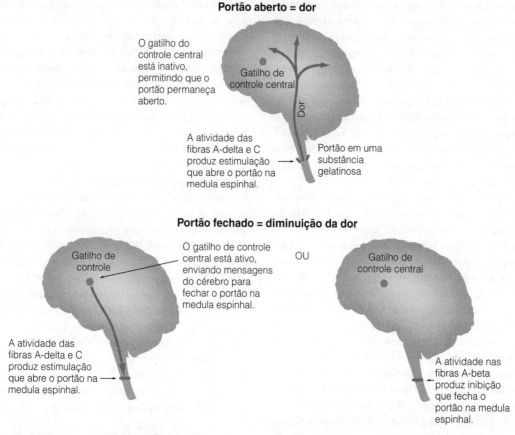

FIGURA 7.4 Teoria do controle do portão da dor.

pode aumentar (abrir o portão) ou diminuir (fechar o portão) o fluxo de impulsos neurais. Se já houver muita atividade no cérebro e na medula espinhal, o portão pode fechar para evitar mais tráfego. Mas, se houver pouca atividade no cérebro e na medula espinhal, o portão poderá se abrir para permitir mais tráfego. A Figura 7.4 mostra os resultados da abertura e fechamento do portão. Quando ele se abre, os impulsos fluem pela medula espinhal em direção ao cérebro, as mensagens neurais chegam ao cérebro e a pessoa sente dor. Quando se fecha, os impulsos não sobem pela medula espinhal, as mensagens não chegam ao cérebro e a pessoa não sente dor. Além disso, a entrada sensorial está sujeita a modulação, dependendo da atividade das grandes fibras A-beta, pequenas fibras A-delta e pequenas fibras C que entram na medula espinhal e fazem sinapse nos cornos dorsais.

Os cornos dorsais da medula espinhal são compostos de várias camadas (lâminas). Como descrito anteriormente, duas dessas lâminas compõem a substância gelatinosa, que é a localização hipotética da comporta (Melzack & Wall, 1965). Tanto as pequenas fibras A-delta e C quanto as grandes fibras A-beta viajam por meio da substância gelatinosa, que também recebe projeções de outras lâminas (Melzack & Wall, 1982, 1988). Esse arranjo de neurônios fornece a base fisiológica para a modulação dos impulsos sensoriais recebidos.

Melzack e Wall (1982) propuseram que a atividade nas pequenas fibras A-delta e C causa atividade prolongada na medula espinhal. Esse tipo de atividade promoveria a sensibilidade, o que a aumenta em relação à dor; tal atividade abriria assim o portão. Por outro lado, a atividade das grandes fibras A-beta produz uma explosão inicial de atividade na medula espinhal, seguida de inibição; tal atividade fecha o portão. Entretanto, pesquisas subsequentes não confirmam essa característica da teoria do controle de portões de maneira clara (Turk, 2001). A atividade das fibras A-delta e C parece estar relacionada à experiência da dor, mas, sob condições de inflamação, o aumento da atividade das fibras A-beta pode aumentar em vez de diminuir a dor.

O portão pode ser fechado por atividade na medula espinhal, bem como por mensagens que descem do cérebro. Melzack e Wall (1965, 1982, 1988) propuseram o conceito de **gatilho de controle central** consistindo de impulsos nervosos que descem do cérebro e influenciam o mecanismo de *gating*. Eles levantaram a hipótese de que esse sistema consiste em grandes neurônios que conduzem impulsos rapidamente. Esses impulsos do cérebro, que podem influenciar os processos cognitivos, afetam a abertura e o fechamento do portão na medula espinhal. Ou seja, Melzack e Wall propuseram que a experiência da dor é influenciada por crenças e experiências anteriores, e também levantaram a hipótese de um mecanismo fisiológico que pode explicar tais fatores na percepção da dor. Como discutimos, a substância cinzenta periaquedutal fornece controles descendentes (Mason, 2005), o que é consistente com este aspecto da teoria de controle de comportas.

De acordo com a teoria do controle do portão, a dor não tem apenas componentes sensoriais, mas também motivacionais e emocionais. Esse aspecto da teoria revolucionou as conceituações da dor (Melzack, 2008). Esta teoria explica a influência dos aspectos cognitivos da dor e permite que a aprendizagem e a experiência afetem a experiência da dor. Ansiedade, preocupação, depressão e foco em uma lesão podem aumentar a dor, afetando o gatilho de controle central, abrindo assim o portão. Distração, relaxamento e emoções positivas podem fechá-lo, diminuindo assim a dor. Esta teoria não é específica sobre como essas experiências afetam a dor, mas pesquisas experimentais recentes confirmam que fatores como o humor de fato influenciam a extensão da atividade relacionada à dor no SNC. Uma equipe de pesquisadores japoneses induziu experimentalmente os participantes a experimentar um humor triste, neutro ou positivo. Após a indução de humor, todos os participantes experimentaram choques elétricos moderadamente dolorosos. Os participantes com humor triste mostraram maior atividade nas regiões do cérebro associadas à dor que os participantes com humor neutro ou positivo (Yoshino et al., 2010). Assim, o estado emocional de uma pessoa modulava a quantidade de atividade relacionada à dor no cérebro.

Muitas experiências pessoais com a dor são consistentes com a teoria do controle do portão. Quando você acidentalmente bate o martelo no dedo, muitas das pequenas fibras são ativadas, abrindo assim o portão. Uma reação emocional acompanha sua percepção da dor aguda. Você pode então agarrar o dedo ferido e esfregá-lo. De acordo com esta teoria, a fricção estimula as fibras grandes que fecham o portão, bloqueando assim a estimulação das fibras pequenas e diminuindo a dor.

A teoria do controle do portão também explica como as lesões podem passar praticamente despercebidas. Se a entrada sensorial entrar em um sistema nervoso altamente ativado, a estimulação pode não ser percebida como dor. Lembre-se de Byron Leftwich, o *quarterback* de futebol que jogou com uma perna quebrada, mas teve que ser carregado pelos companheiros de equipe durante os intervalos do jogo. Durante a excitação do jogo, o sistema nervoso ativado de Byron pode ter bloqueado parte da percepção da dor. Contudo, quando o jogo foi pausado, a percepção da dor aumentou.

Embora não seja universalmente aceita, a teoria do controle do portão é a teoria da dor mais influente (Sufka & Price, 2002). Essa teoria permite as complexidades das experiências de dor. Melzack e Wall propuseram a teoria do controle do portão antes da descoberta dos próprios opiáceos do corpo ou dos mecanismos de controle descendentes por meio da substância cinzenta periaquedutal e da medula, ambos os quais oferecem evidências de apoio. A teoria do controle do portão foi e continua sendo bem-sucedida em estimular pesquisas e gerar interesse nos fatores psicológicos e perceptivos envolvidos na dor.

Mais recentemente, Melzack (1993, 2005) propôs uma extensão para a teoria do controle do portão chamada de *teoria da neuromatriz*, que coloca uma ênfase mais forte no papel do cérebro na percepção da dor. Ele levantou a hipótese de uma rede de neurônios cerebrais que chamou de neuromatriz, "uma grande e ampla rede de neurônios que consiste em laços entre o tálamo e o córtex, bem como entre o córtex e o sistema límbico" (Melzack, 2005, p. 86). Normalmente, a neuromatriz processa informações sensoriais recebidas, incluindo dor, mas a neuromatriz pode agir mesmo na ausência de entrada sensorial, produzindo sensações de membro fantasma (as sensações no membro fantasma são uma forma incomum de dor que descreveremos na próxima seção). A teoria da neuromatriz de Melzack estende a teoria do controle do portão, mas sustenta que a percepção da dor é parte de um processo complexo afetado não apenas pela entrada sensorial, mas também pela atividade do sistema nervoso e pela experiência e expectativa.

RESUMO

Embora a extensão do dano seja importante na experiência da dor, a percepção pessoal também o é. A dor pode ser aguda, pré-crônica ou crônica, dependendo do tempo que a dor persistiu. A dor aguda é geralmente adaptativa e dura menos de seis meses. A dor crônica continua além do tempo de cicatrização, muitas vezes na ausência de dano tecidual detectável. A dor pré-crônica ocorre entre a dor aguda e a crônica. Todos esses estágios de dor aparecem em síndromes de dor, como dor de cabeça, dor lombar, dor artrítica, dor oncológica e dor no membro fantasma.

Vários modelos procuram explicar a dor, mas a teoria da especificidade não capta a complexidade da experiência dolorosa. A teoria do controle do portão é o modelo de dor mais influente. Essa teoria sustenta que os mecanismos na medula espinhal e no cérebro podem aumentar ou diminuir a dor. Desde a sua formulação, o aumento do conhecimento da fisiologia do cérebro e da medula espinhal apoiou essa teoria. A teoria da neuromatriz estende a teoria do controle do portão, hipotetizando a existência de um conjunto de neurônios no cérebro que mantém um padrão de atividade que define o self e ainda responde às expectativas e aos sinais recebidos, como a dor.

APLIQUE O QUE VOCÊ APRENDEU

1. Identifique as teorias que melhor explicariam as seguintes situações envolvendo dor: (1) por que uma pessoa que sofre mais dano tecidual relataria mais dor que alguém que sofre menos; (2) por que a quantidade de dor que alguém experimenta é moldada por fatores psicológicos; (3) por que uma pessoa pode sentir dor mesmo quando não existe lesão corporal óbvia.

7-4 Síndromes de dor

OBJETIVOS DE APRENDIZAGEM

7-7 Entender alguns dos principais tipos de síndromes dolorosas

A dor aguda é uma bênção e um fardo. A bênção vem dos sinais que envia sobre lesões e dos lembretes que transmite para evitar mais lesões e permitir a cura. O fardo é que dói.

A dor crônica, ao contrário, não serve a um propósito claro; não sinaliza nenhum dano e faz que as pessoas vivam num tormento. Mais de 30% da população dos Estados Unidos (Institute of Medicine, 2011) e quase 20% da população da Europa (Corasaniti et al., 2006) apresentam dor crônica ou intermitente persistente. Quase 10% dos norte-americanos relatam não apenas alguma dor crônica, mas *muito* dela (Nahin, 2015). De fato, a dor crônica é responsável por mais de 80% das consultas médicas (Gatchel et al., 2007). A dor crônica geralmente resulta em sono ruim, o que intensifica a dor, criando um ciclo que pode prolongar o sofrimento (Babiloni et al., 2019). Infelizmente, a prevalência de dor crônica nos Estados Unidos provavelmente aumentará nas próximas décadas em razão do envelhecimento da população e ao aumento da prevalência de obesidade (Croft et al., 2010). De fato, um dos objetivos da Lei de Proteção ao Paciente e Cuidados Acessíveis, 2010, era "aumentar o reconhecimento da dor como um problema significativo de saúde pública nos Estados Unidos".

A dor crônica é classificada de acordo com **síndrome**, ou sintomas que ocorrem juntos e caracterizam uma condição. Dor de cabeça e dor lombar são as duas síndromes dolorosas mais frequentemente tratadas, mas as pessoas também procuram tratamento para várias outras síndromes dolorosas comuns.

Dor de cabeça

A dor de cabeça é a mais comum entre os tipos de dor, com mais de 99% das pessoas experimentando dor de cabeça em algum momento da vida (Smetana, 2000) e 16% das pessoas relatando dores de cabeça severas nos últimos três meses (CDC e NCHS, 2010d). Até a década de 1980, nenhuma classificação confiável da dor de cabeça estava disponível para pesquisadores e terapeutas. Então, em 1988, o Headache Classification Committee of the International Headache Society (IHS) publicou um sistema de classificação padronizando as definições de várias dores de cabeça (Olesen, 1988). Embora o IHS identifique muitos tipos diferentes de cefaleia, as três síndromes de dor primárias são enxaqueca, tensão e cefaleia em salvas.

Enxaquecas representam ataques recorrentes de dor que variam amplamente em intensidade, frequência e duração. Originalmente conceituadas como originárias dos vasos sanguíneos da cabeça, acredita-se agora que as enxaquecas envolvam não apenas os vasos sanguíneos, mas também uma

A dor de cabeça é a mais comum entre os tipos de dor – mais de 99% das pessoas já sentiram dor de cabeça.

complexa cascata de reações que incluem neurônios no tronco cerebral (Corasaniti et al., 2006) e têm um componente (Bigal & Lipton, 2008a). A causa subjacente e o mecanismo exato para produzir dor permanecem controversos. As crises de enxaqueca geralmente ocorrem com perda de apetite, náuseas, vômitos e sensibilidade exagerada à luz e ao som. As enxaquecas geralmente envolvem transtornos sensoriais, motores ou de humor. As enxaquecas também existem em duas variedades: aquelas com aura e aquelas sem aura. Enxaquecas com aura provocam transtornos sensoriais identificáveis que precedem a dor de cabeça. As sem aura têm início súbito e latejamento intenso, geralmente (mas nem sempre) restrito a um lado da cabeça. Estudos de imagens cerebrais indicam que essas duas variedades de enxaqueca afetam o cérebro de maneiras um pouco diferentes (Sánchez del Rio & Alvarez Linera, 2004).

A epidemiologia das enxaquecas inclui diferenças de gênero e variações na prevalência em todo o mundo. As mulheres são duas a três vezes mais propensas que os homens a ter enxaquecas, com taxas nos Estados Unidos de 6% a 9% para homens e 17% a 18% para mulheres (Lipton et al., 2007; Victor et al., 2010). As taxas para países não ocidentais são mais baixas. Por exemplo, entre 3% e 7% das pessoas na África relatam enxaquecas (Haimanot, 2002). Contudo, a experiência é semelhante; homens e mulheres que sofrem de enxaqueca crônica têm experiências semelhantes de sintomas, frequência e gravidade (Marcus, 2001). A maioria dos pacientes com enxaqueca experimenta a primeira dor de cabeça antes dos 30 anos e alguns antes dos 10 anos. Contudo, o período de maior frequência de enxaquecas é entre 30 e 50 anos (Morillo et al., 2005). Poucos pacientes têm a primeira enxaqueca após os 40 anos, mas as pessoas que têm enxaqueca continuam a tê-la, muitas vezes por toda a vida.

Dores de cabeça tensionais são de origem muscular, acompanhadas por contrações sustentadas dos músculos do pescoço, ombros, couro cabeludo e face, mas as explicações atuais (Fumal & Schoenen, 2008) também incluem mecanismos dentro do SNC. As dores de cabeça tensionais têm um início gradual; sensações de aperto; constrição ou pressão; intensidade, frequência e duração altamente variáveis; e uma dor surda e constante em ambos os lados da cabeça. Quase 40% da população norte-americana apresenta dores de cabeça tensionais (Schwartz et al., 1998), e as pessoas com essa síndrome de dor relataram dias de trabalho perdidos e diminuição da eficácia no trabalho, em casa e na escola por causa da dor.

Um terceiro tipo de dor de cabeça é a **cefaleia em salvas**, uma forte dor de cabeça que ocorre diariamente ou quase diariamente (Favier, Haan & Ferrari, 2005). Alguns sintomas são como os da enxaqueca, incluindo dor intensa e vômitos, mas as cefaleias em salvas são muito mais breves, raramente durando mais de duas horas (Smetana, 2000). A dor de cabeça ocorre em um lado da cabeça, e muitas vezes o olho do outro lado fica injetado e lacrimejando. Além disso, as cefaleias em salvas são mais comuns em homens que em mulheres, numa proporção de 2 para 1 (Bigal & Lipton, 2008b). A maioria das pessoas que tem cefaleia em salvas apresenta episódios de cefaleia, com semanas, meses ou anos sem ela (Favier et al., 2005). As dores de cabeça em salvas são ainda mais misteriosas que outros tipos de dores de cabeça, sem uma compreensão clara dos fatores de risco.

A **dor lombar** é experimentada por até 80% das pessoas nos Estados Unidos em algum momento, tornando o problema extenso, mas não necessariamente sério. A maioria das lesões não é permanente e grande parte dos indivíduos se recupera (Leeuw et al., 2007). Aqueles que não se recuperam rapidamente têm um prognóstico ruim e são propensos a desenvolver problemas de dor crônica. Os gastos com saúde para essas pessoas totalizam mais de $ 90 bilhões por ano nesse país (Luo, 2004). A incidência de lombalgia apresenta alguma variação entre os países (European Vertebral Osteoporosis Study Group, 2004), mas essa condição produz despesas diretas, como assistência médica, e custos indiretos, como dias de trabalho perdidos e incapacidade, afetando pessoas em várias partes do mundo (Dagenais, Caro & Haldeman, 2008).

Infecções, doenças degenerativas e malignidades podem causar dor lombar. Mas a causa mais comum é provavelmente lesão ou estresse, resultando em problemas musculoesqueléticos, ligamentares e neurológicos na parte inferior das costas (Chou et al., 2007). A gravidez também é uma causa de dor lombar, com quase 90% das mulheres grávidas sofrendo da síndrome (Hayes et al., 2000). O envelhecimento é outro fator de dor nas costas; o conteúdo de fluido e a elasticidade dos discos intervertebrais diminuem à medida que a pessoa envelhece, e a artrite e a osteoporose tornam-se mais prováveis. Contudo, menos de 20% dos pacientes com dor nas costas têm uma identificação definitiva da causa física da dor (Chou et al., 2007).

O estresse e os fatores psicológicos provavelmente desempenham um papel não apenas na dor nas costas, mas também em todos os tipos de dor crônica. Fazer a transição do estágio pré-crônico para a dor crônica é um processo complexo, e processos fisiológicos e psicológicos acompanham essa progressão. Alguns pesquisadores (Baliki et al., 2008; Corasaniti et al., 2006) focam nas mudanças físicas no sistema nervoso que ocorrem quando a dor se torna crônica. Outros pesquisadores (Leeuw et al., 2007; Sanders, 2006) enfatizam fatores psicológicos como medo, ansiedade, depressão, histórico de trauma e abuso e experiências de reforço, todos mais comuns entre pacientes com dor crônica. Entretanto, a maioria dos pesquisadores da dor crônica reconhece o papel que os fatores físicos e psicológicos desempenham na causa e manutenção da dor crônica.

Dor provocada pela artrite

Artrite reumatoide é uma doença autoimune caracterizada por inchaço e inflamação das articulações, bem como destruição de cartilagem, ossos e tendões. Essas alterações modificam a articulação, produzindo dor direta, e aquelas na estrutura articular levam a alterações no movimento, o que pode resultar em dor adicional por essa via indireta (Dillard, 2002). A artrite reumatoide pode ocorrer em qualquer idade, mesmo durante a adolescência e a idade adulta jovem, mas é mais prevalente entre pessoas de 40 a 70 anos. As mulheres são duas vezes mais propensas que os homens a desenvolvê-la (Theis, Helmick & Hootman, 2007). Os sintomas da artrite reumatoide são extremamente variáveis. Algumas pessoas experimentam um agravamento constante dos sintomas, mas a maioria delas enfrenta remissão alternada e intensificação dos sintomas. A artrite reumatoide interfere no trabalho, na vida familiar, nas atividades recreativas e na sexualidade (Pouchot et al., 2007).

Osteoartrite é uma inflamação progressiva das articulações que produz degeneração da cartilagem e do osso (Goldring & Goldring, 2007); afeta principalmente pessoas mais velhas. Causa uma dor incômoda na área das articulações, que piora com o movimento; a resultante falta de movimento aumenta os problemas articulares e a dor. A osteoartrite é a forma mais comum de artrite, que é uma das principais causas de incapacidade em idosos, afetando cerca de 50% daqueles com mais de 70 anos (Keefe et al., 2002). As mulheres mais velhas constituem um número desproporcional das pessoas afetadas. À medida que as articulações enrijecem e a dor aumenta, as pessoas com artrite começam a ter dificuldades em se envolver em atividades agradáveis e até mesmo no autocuidado básico; e muitas vezes experimentam sentimentos de desamparo, depressão e ansiedade, que exacerbam sua dor.

Fibromialgia é uma condição de dor crônica caracterizada por pontos sensíveis em todo o corpo. Esse transtorno também apresenta sintomas de fadiga, dor de cabeça, dificuldades cognitivas, ansiedade e transtornos do sono (Chakrabarty & Zoorob, 2007). Embora a fibromialgia não seja artrite (Endresen, 2007), alguns sintomas são comuns a ambas, assim como a diminuição da qualidade de vida (Birtan et al., 2007).

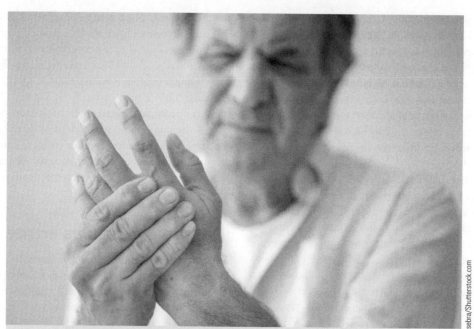

A artrite é uma fonte de dor e incapacidade para mais de 20 milhões de norte-americanos.

Dor provocada pelo câncer

Mais de 13 milhões de pessoas nos Estados Unidos têm diagnóstico de câncer (Mariotto et al., 2011). Esse pode produzir dor de duas maneiras: por meio de seu crescimento e progressão e através de vários tratamentos para controlar seu crescimento. A dor está presente em 44% de todos os casos de câncer e em 64% ou mais dos casos avançados (Institute of Medicine, 2011). Alguns cânceres são muito mais propensos que outros a produzir dor. Pacientes com câncer de cabeça, pescoço e colo do útero sentem mais dor que pacientes com leucemia (Anderson, Syrjala & Cleeland, 2001). Além disso, os tratamentos para o câncer também podem produzir dor; cirurgia, quimioterapia e radioterapia produzem efeitos dolorosos. Assim, tanto a doença quanto seu tratamento criam dor para a maioria dos pacientes com câncer. Contudo, muitos deles não obtêm alívio adequado da dor. Uma revisão de 26 estudos internacionais mostrou que, nos países em geral, quase metade da dor dos pacientes com câncer não foi tratada (Deandrea et al., 2008).

Dor no membro fantasma

Assim como a lesão pode ocorrer sem produzir dor, a dor pode ocorrer na ausência de lesão. Um desses tipos de dor é a **dor no membro fantasma**, a experiência por vezes relatada por amputados de dor crônica em uma parte do corpo que não existe mais. A amputação remove os nervos que produzem os impulsos que levam à experiência da dor, mas não as sensações. A maioria dos amputados experimenta algumas delas no membro amputado, e muitas dessas sensações são dolorosas (Czerniecki & Ehde, 2003).

Até a década de 1970, acreditava-se que a dor fantasma era rara, com menos de 1% dos amputados experimentando um membro fantasma doloroso, mas pesquisas mais recentes indicaram que a porcentagem pode chegar a 80% (Ephraim et al., 2005). As sensações geralmente começam logo após a cirurgia como um formigamento e depois se desenvolvem em outras sensações que se assemelham a sentimentos reais no membro ausente, incluindo dor. As sensações de dor fantasma também não se limitam aos membros. As mulheres que se submeteram à remoção da mama também sentem essas sensações da mama amputada, e as pessoas que tiveram os dentes arrancados às vezes continuam a experimentar sensibilidade nesses dentes.

Os amputados às vezes sentem que um membro fantasma é de tamanho anormal ou está em uma posição desconfortável (Melzack & Wall, 1982). Membros fantasmas também podem produzir sensações dolorosas de cãibras, pontadas, queimação ou esmagamento. Essas dores variam de leves e infrequentes a graves e contínuas. Pesquisas iniciais sugeriram que a gravidade e a frequência da dor diminuem com o tempo (Melzack & Wall, 1988); mas pesquisas posteriores sugerem que a dor fantasma pode permanecer ao longo do tempo (Ephraim et al., 2005). De fato, quase 75% dos amputados que perderam um membro há mais de 10 anos ainda relatam dores fantasmas (Ephraim et al., 2005). A dor é mais provável de ocorrer no membro ausente quando a pessoa sentiu muita dor antes da amputação (Hanley et al., 2007).

A causa subjacente da dor no membro fantasma é objeto de acalorada controvérsia (Melzack, 1992; Woodhouse, 2005). Como a cirurgia raramente alivia a dor, algumas autoridades sugerem que esse tipo de dor tem uma base emocional. Melzack (1992) argumentou que as sensações de membros fantasmas surgem devido à ativação de um padrão característico de atividade neural no cérebro, que ele chamou de *neuromatriz*. A neuromatriz pode ser comparada a um programa de software no cérebro; quando esse programa é ativado, ele cria a experiência subjetiva de dor. Em circunstâncias normais, os receptores de dor no SNP fornecem a entrada para "ligar" a neuromatriz. Entretanto, na dor no membro fantasma, a entrada vem de outro lugar, e o padrão da neuromatriz continua a operar, mesmo que os neurônios no SNP não forneçam entrada ao cérebro.

Melzack acreditava que esse padrão de atividade cerebral é a base para sensações nos membros fantasmas, que podem incluir dor, e pesquisas recentes são consistentes com sua teoria (Woodhouse, 2005). A tecnologia de imagem cerebral permite aos pesquisadores investigar padrões de ativação cerebral, e tais estudos mostram que o cérebro é capaz de se reorganizar após uma lesão, produzindo alterações no sistema nervoso. Tais alterações são observadas no córtex somatossensorial e motor de amputados (Flor, Nikolajsen & Staehelin Jensen, 2006; Karl et al., 2004), o que é consistente com o conceito de neuromatriz de Melzack e seu papel da dor no membro fantasma. Portanto, essa pode surgir de alterações que ocorrem nos sistemas nervosos periférico e central após a remoção do membro. Em vez de compensar a perda, o sistema nervoso faz mudanças mal-adaptativas, criando a percepção de dor em uma parte do corpo que não existe mais.

RESUMO

A dor aguda pode resultar de centenas de diferentes tipos de lesões e doenças, mas a dor crônica existe como um número limitado de síndromes. Algumas delas são responsáveis pela maioria das pessoas que sofrem de dor crônica. A dor de cabeça é o tipo mais comum de dor, mas apenas algumas pessoas apresentam problemas crônicos de enxaqueca, tensão ou cefaleia em salvas. A experiência de dor lombar da maioria das pessoas é aguda, mas para algumas ela se torna crônica e debilitante. A artrite é uma doença degenerativa que afeta as articulações, produzindo dor crônica. A artrite reumatoide é uma doença autoimune que pode afetar pessoas de qualquer idade; a osteoartrite é o resultado da inflamação progressiva das articulações que afeta principalmente pessoas idosas. A fibromialgia é uma condição de dor crônica caracterizada por dor em todo o corpo, transtornos do sono, fadiga e ansiedade. A dor não é uma consequência inevitável do câncer, mas a maioria das pessoas com câncer a sente por causa da progressão da doença ou dos vários tratamentos para o câncer. Uma das síndromes de dor mais intrigantes é a dor no membro fantasma, que representa aquela que ocorre em uma parte do corpo ausente. A maioria das pessoas com amputações experimenta essa síndrome de dor.

APLIQUE O QUE VOCÊ APRENDEU

Classifique as principais síndromes dolorosas quanto a:

1. Prevalência: quais síndromes são mais comuns e quais parecem ser menos comuns?
2. Idade: quais síndromes são mais propensas a aparecer à medida que as pessoas envelhecem?
3. Localização: por que as síndromes estão associadas à dor localizada e quais estão associadas à dor em todo o corpo?

7-5 A medição da dor

OBJETIVOS DE APRENDIZAGEM

7-8 Identificar os pontos fortes e as limitações de três métodos de medição da dor: autorrelato, avaliação comportamental e medição fisiológica

"Disseram-me para 'aguentar'. Já me perguntaram se eu estava tendo problemas em casa. Fui acusado de ser um 'drogado'. Também encontrei alguns praticantes que podem 'ler as folhas de chá', por assim dizer, e ME DIZER quanta dor devo estar sentindo, com base no meu exame físico." – Uma pessoa com dor crônica (Institute of Medicine, 2011, p. 59).

A dor, em sua essência, é uma experiência subjetiva. Nenhum médico ou outro observador externo pode saber quanta dor um paciente sente. A natureza subjetiva da dor apresenta um grande desafio para pesquisadores e clínicos que buscam compreender e tratar a dor. Como os médicos e pesquisadores podem avaliar a dor com mais precisão? Existem maneiras confiáveis e válidas de avaliar a dor, além de pedir a uma pessoa que lhe diga?

Pedir que médicos (Marquié et al., 2003; Staton et al., 2007) ou enfermeiros (Wilson & McSherry, 2006) avaliem a dor em de seus pacientes não é uma abordagem válida, pois esses profissionais tendem a subestimar a dor dos pacientes. Além disso, vieses raciais podem existir ao confiar nas estimativas dos profissionais sobre a dor dos pacientes, pois os profissionais podem ter falsas crenças sobre diferenças étnicas na dor. Por exemplo, um número substancial de estudantes de medicina euro-americanos acredita que os afro-americanos sintam menos dor que outros grupos e, consequentemente, eles classificaram a dor dos afro-americanos como inferiores e fizeram recomendações de tratamento menos precisas para eles (Hoffman et al., 2016).

Pedir que pessoas que classifiquem suas próprias experiências anteriores de dor em uma escala parece confiável e válido. Quem sabe melhor que os próprios pacientes quanta dor eles sentem? Contudo, alguns especialistas em dor (Turk & Melzack, 2001) questionaram tanto a confiabilidade quanto a validade desse procedimento, afirmando que as pessoas não se lembram com segurança de como classificaram uma dor anterior. Por essa razão, os pesquisadores da dor desenvolveram várias técnicas para medi-la, incluindo (1) classificações de autorrelato, (2) avaliações comportamentais e (3) medidas fisiológicas.

Autorrelatos

As avaliações de dor de autorrelato pedem que as pessoas avaliem e façam classificações de sua dor em escalas de classificação simples, inventários de dor padronizados ou testes de personalidade padronizados.

Escalas de classificação. Escalas de classificação simples são parte importante da caixa de ferramentas de medição da dor. Por exemplo, os pacientes podem avaliar a intensidade de sua dor em uma escala de 0 a 10 (ou 0 a 100), sendo 10 a dor mais excruciante possível e 0 a ausência completa dela. Tais classificações numéricas mostraram vantagens sobre outros tipos de autorrelato na comparação de várias abordagens para avaliação da dor (Gagliese et al., 2005).

Uma técnica semelhante é a Escala Visual Analógica (EVA), que é simplesmente uma linha iniciada à esquerda por uma frase como "sem dor" e à direita outra como "pior dor possível". As escalas de classificação EVA e numéricas são fáceis de usar. Para alguns pacientes com dor, a EVA é superior aos descritores de palavras de dor (Rosier, Iadarola & Coghill, 2002) e classificações numéricas (Bigatti & Cronan, 2002). As escalas analógicas visuais têm sido criticadas por às vezes serem confusas para pacientes não acostumados a quantificar sua experiência (Burckhardt & Jones, 2003b) e difíceis para aqueles que não conseguem compreender as instruções, como idosos com demência ou crianças pequenas (Feldt, 2007). Outra escala de classificação é a de rostos, composta por oito a dez desenhos de rostos expressando emoções de alegria intensa a dor intensa; os pacientes apenas indicam qual ilustração melhor se adapta ao seu nível de dor (Jensen & Karoly, 2001). Esse tipo de classificação é eficaz tanto com crianças como com adultos mais velhos (Benaim et al., 2007). Uma limitação de cada uma dessas escalas de avaliação é que elas medem apenas a intensidade da dor; elas não exploram a descrição verbal dos pacientes de sua dor, como se ela é aguda ou incômoda. Apesar dessa limitação, essa abordagem para avaliação da dor pode ser a mais simples e eficaz para muitos pacientes.

Questionários de dor. Melzack (1975, p. 278) sustentou que descrever a dor em uma única dimensão era "como especificar o mundo visual apenas em termos de fluxo de luz, sem levar em conta padrão, cor, textura e muitas outras dimensões da experiência visual". As escalas de avaliação não fazem distinção, por exemplo, entre dores de pancada, tiro, facada ou queimadura.

Para corrigir algumas dessas fragilidades, Melzack (1975) desenvolveu o Questionário de Dor McGill (QDM), um inventário que fornece um relato subjetivo da dor e a categoriza em três dimensões: sensorial, afetiva e avaliativa. *Sensoriais* da dor são suas propriedades temporais, espaciais, de pressão e térmicas. *Afetivas* são o medo, a tensão e as propriedades autonômicas que fazem parte da experiência da dor. As qualidades *avaliativas* são as palavras que descrevem a intensidade geral subjetiva da experiência da dor.

O QDM possui quatro partes que avaliam essas três dimensões da dor. A parte 1 consiste em desenhos frontais e dorsais do corpo humano. Os pacientes marcam nesses desenhos indicando as áreas onde sentem dor. A parte 2 consiste em vinte conjuntos de palavras que descrevem a dor, e os pacientes desenham um círculo em torno da palavra em cada conjunto que descreve com mais precisão sua dor. Esses adjetivos aparecem do menos ao mais doloroso – por exemplo, *irritante, nauseante, agonizante, terrível* e *torturante*. A parte 3 pergunta como a dor do paciente mudou com o tempo. A parte 4 mede a intensidade da dor em uma escala de 5 pontos de *suave* para *excruciante*. Esta quarta parte produz uma pontuação de intensidade da dor presente (PPI).

O QDM é o questionário de dor mais utilizado (Piotrowski, 1998, 2007), e uma forma abreviada do McGill Pain Questionnaire (Melzack, 1987) preserva a avaliação multidimensional e correlaciona-se altamente com os escores do QDM padrão (Burckhardt & Jones, 2003a). Os médicos o utilizam para avaliar o alívio da dor em uma variedade de programas de tratamento e em síndromes de dor múltipla (Melzack & Katz, 2001). Ele está disponível em 26 idiomas diferentes (Costa et al., 2009). A forma abreviada está crescendo em uso e demonstra alto grau de confiabilidade (Grafton, Foster & Wright, 2005). Além disso, existe uma administração computadorizada e *touch-screen* desse teste, que mostra um alto grau de consistência com a versão em papel e lápis (Cook et al., 2004).

O West Haven-Yale Multidimensional Pain Inventory (WHYMPI) é outra ferramenta de avaliação projetada especificamente para pacientes com dor (Kerns, Turk & Rudy, 1985). O IMD de 52 itens é dividido em três seções. A primeira seção classifica características da dor, interferência na vida e funcionamento e humor dos pacientes. A segunda avalia suas percepções sobre as respostas dos outros significativos, e a terceira mede a frequência que os pacientes se envolvem em cada uma das trinta atividades diárias diferentes. Esse inventário permitiu aos pesquisadores (Kerns et al., 1985) desenvolver 12 escalas diferentes que capturam várias dimensões importantes da vida daqueles com dor.

Testes psicológicos padronizados. Além dos inventários especializados de dor, médicos e pesquisadores também usam uma variedade de testes psicológicos padronizados para avaliar a dor. O mais utilizado desses testes é o MMPI-2 (Arbisi & Seime, 2006). O MMPI mede diagnósticos clínicos como depressão, paranoia, esquizofrenia e outras psicopatologias. Pesquisas do início da década de 1950 (Hanvik, 1951) descobriram que diferentes tipos de pacientes com dor podiam ser diferenciados em várias escalas do MMPI, e pesquisas mais recentes (Arbisi & Seime, 2006) confirmam o uso do MMPI para tal avaliação. Uma das principais vantagens do uso do MMPI-2 para avaliação da dor é sua capacidade de detectar pacientes que estão sendo desonestos sobre sua experiência com a dor (Bianchini et al., 2008).

Os pesquisadores também usam o Inventário de Depressão de Beck (Beck et al., 1961) e o Symptom Checklist-90 (Derogatis, 1977) para medir a dor. O primeiro é um questionário curto de autorrelato que avalia a depressão; o segundo mede os sintomas relacionados a vários tipos de problemas comportamentais. Pessoas com dor crônica geralmente experimentam humores negativos, então a relação entre as pontuações nos testes psicológicos e a dor não é surpreendente. Contudo, análises fatoriais do Inventário de Depressão de Beck com pacientes com dor (Morley, de C. Williams & Black, 2002; Poole, Branwell & Murphy, 2006) indicam que estes apresentam um perfil diferente dos deprimidos sem dor crônica. Especificamente, pacientes com dor crônica são menos propensos a endossar crenças negativas sobre o self que pessoas deprimidas, são mais propensos a relatar sintomas comportamentais e emocionais de depressão. Assim como o MMPI-2, o Symptom Checklist-90 (McGuire & Shores, 2001) também é capaz de diferenciar pacientes com dor daqueles instruídos a fingir sintomas de dor. Assim, esses testes psicológicos padronizados podem ter algo a oferecer na avaliação da dor, incluindo a capacidade de identificar pessoas que podem estar exagerando os sintomas da dor.

Avaliações comportamentais

Uma segunda abordagem importante para a medição da dor é observar o comportamento dos pacientes. O influente pesquisador Wilbert Fordyce (1974) verificou que as pessoas com dor geralmente gemem, fazem caretas, esfregam-se, suspiram, mancam, faltam ao trabalho, permanecem na cama ou se envolvem em outros comportamentos que significam para os observadores que podem estar sofrendo de dor, incluindo níveis reduzidos de atividade, uso de analgésicos, postura corporal e expressões faciais. A observação comportamental começou como um modo informal de avaliar a dor; Fordyce (1976) treinou cônjuges para registrar comportamentos de dor, trabalhando para obter uma lista de cinco a dez comportamentos que indicam dor para cada indivíduo.

Os profissionais de saúde tendem a subestimar a dor dos pacientes (Staton et al., 2007; Wilson & McSherry, 2006) e requerem treinamento extensivo para superar seu preconceito (Keefe & Smith, 2002; Rapoff, 2003). Outra forma de os profissionais de saúde avaliarem a dor é por meio do desenvolvimento da observação comportamental em uma estratégia de avaliação padronizada (Keefe & Smith, 2002). Durante um protocolo observacional, os pacientes com dor realizam uma série de tarefas enquanto um observador treinado registra seus movimentos corporais e expressões faciais, observando sinais de dor. Por exemplo, pacientes com dor lombar podem ser solicitados a sentar, ficar de pé, andar e reclinar durante uma observação de um a dois minutos. A sessão pode ser gravada em vídeo para permitir que outros observadores avaliem comportamentos relacionados à dor, como mancar e fazer caretas. Essa estratégia de coleta de informações gera

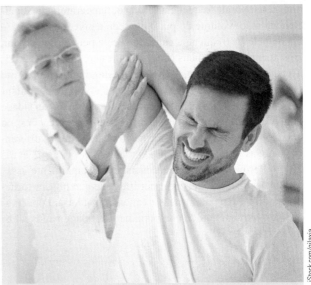

As expressões faciais fornecem uma medida comportamental da dor.

dados sobre comportamentos de dor e as análises confirmam que esses dados são indicadores confiáveis e válidos (Keefe & Smith, 2002).

A observação comportamental é especialmente útil para avaliar a dor de pessoas que têm dificuldade em fornecer autorrelatos – crianças, deficientes cognitivos e alguns pacientes idosos. Essa abordagem inclui avaliações da dor infantil (von Baeyer & Spagrud, 2007) e um sistema de codificação que permite aos observadores avaliar a dor dos recém-nascidos observando cinco movimentos faciais e duas ações das mãos (Holsti & Grunau, 2007). Muitos pacientes idosos podem relatar sua dor, mas alguns não, e a observação comportamental das expressões faciais permite uma avaliação desse grupo difícil (Clark, Jones e Pennington, 2004; Lints-Martindale et al., 2007).

Medidas fisiológicas

Uma terceira abordagem para avaliação da dor é o uso de medidas fisiológicas (Gatchel, 2005). A eletromiografia (EMG), que mede o nível de tensão muscular, é uma dessas técnicas fisiológicas. A noção por trás dessa abordagem é que a dor aumenta a tensão muscular. Colocar os eletrodos de medição na superfície da pele fornece uma maneira fácil de medir a tensão muscular, mas surgiram dúvidas sobre a validade como indicador de dor. Por exemplo, Herta Flor (2001) relatou pouca consistência entre autorrelatos de dor e níveis de EMG. Uma metanálise da avaliação EMG da dor lombar (Geisser et al., 2005) indicou que ela foi útil para discriminar aqueles com *versus* aqueles sem dor lombar, mas a EMG isoladamente não foi uma avaliação adequada.

Os pesquisadores também tentaram avaliar a dor por meio de vários índices autonômicos, incluindo processos involuntários, como hiperventilação, fluxo sanguíneo na artéria temporal, frequência cardíaca, temperatura da superfície da mão, volume do pulso do dedo e nível de condutância da pele. A frequência cardíaca prediz percepções de dor, mas apenas para homens (Loggia, Juneau & Bushnell, 2011; Tousignant-Laflamme, Rainville & Marchand, 2005). Em tarefas experimentais, as alterações nos níveis de condutância da pele correlacionam-se com as alterações na intensidade de um estímulo de dor e as alterações dessas percepções; no entanto, este método não é adequado para avaliar as diferenças entre as pessoas em relatos clínicos de dor (Loggia et al., 2011). Pesquisadores e médicos usam principalmente essas avaliações fisiológicas com pacientes que não podem fornecer autorrelatos, porém mais frequentemente usam observação comportamental de comportamentos relacionados à dor para esses grupos.

RESUMO

As técnicas de medição da dor se enquadram em três categorias gerais: (1) autorrelatos, (2) observação comportamental e (3) medidas fisiológicas. Os autorrelatos incluem escalas de avaliação, questionários de dor, como o QDM e o IMD, e testes objetivos padronizados, como o Minnesota Multiphasic Personality Inventory e o Inventário da Depressão de Beck. Os médicos que tratam pacientes com dor geralmente usam uma combinação de avaliações, confiando na maioria das vezes em inventários de autorrelato. As avaliações comportamentais da dor começaram como observação informal, mas evoluíram para avaliações padronizadas por médicos treinados que são especialmente úteis para indivíduos, como crianças pequenas e pessoas com demência, que não conseguem preencher autorrelatos. Medidas fisiológicas incluem tensão muscular e índices autonômicos, como frequência cardíaca, mas essas abordagens não são tão confiáveis ou válidas quanto autorrelatos ou observação comportamental.

APLIQUE O QUE VOCÊ APRENDEU

1. Classifique os métodos de medição da dor daqueles que parecem ser mais válidos para aqueles que parecem ser menos válidos.

7-6 Gerenciando a dor

OBJETIVOS DE APRENDIZAGEM

7-9 Identificar as principais abordagens médicas para controlar a dor, bem como seus riscos potenciais

7-10 Identificar as principais técnicas comportamentais para controlar a dor e os fatores psicológicos que cada técnica aborda

A dor apresenta problemas complexos para o manejo. O tratamento para a dor aguda geralmente é simples porque sua fonte é clara. Mas ajudar as pessoas com dor crônica é um desafio porque esse tipo de dor existe sem nenhum dano tecidual óbvio. Algumas pessoas obtêm alívio por meio de tratamentos médicos e outras experimentam melhora por meio do gerenciamento comportamental da dor.

Abordagens médicas para controlar a dor

Os medicamentos são a principal estratégia médica para o tratamento da dor aguda. Embora eles também sejam uma opção para algumas síndromes de dor crônica, essa estratégia traz maiores riscos. A dor crônica que não respondeu aos medicamentos pode ser tratada por cirurgia, que também apresenta riscos.

Drogas. **Medicamentos analgésicos** aliviam a dor sem causar perda de consciência. Centenas de analgésicos diferentes estão disponíveis, mas quase todos se enquadram em dois grupos principais: os opiáceos e os analgésicos não narcóticos (Julien, Advokat & Comaty, 2010). Ambos os tipos existem naturalmente como derivados de plantas e têm muitas variações sintéticas. Dos dois, o tipo ópio é mais potente e tem uma história de uso mais longa, datando de pelo menos 5.000 anos (Melzack & Wall, 1982).

Os **analgésicos opiáceos** contemporâneos incluem substâncias como morfina, codeína, oxicodona e hidrocodona (um ingrediente ativo do medicamento conhecido como Vicodin). O uso desses analgésicos é limitado por prescrição médica, pois pode levar ao desenvolvimento de tolerância e dependência. **Tolerância** é a diminuição da capacidade de resposta do corpo a uma droga. Quando ocorre tolerância, são necessárias doses cada vez maiores para produzir o mesmo efeito. **Dependência** ocorre quando a remoção da droga produz sintomas de abstinência. Como os opiáceos produzem tolerância e dependência, são potencialmente perigosos e sujeitos a abuso.

Quão realistas são os medos do abuso de drogas devido à prescrição de opiáceos? Os pacientes ficam viciados enquanto se recuperam da cirurgia? E quanto aos perigos para aqueles com doenças terminais? Durante o final da década de 1990, as prescrições de analgésicos opiáceos aumentaram dramaticamente, e a publicidade sobre uma epidemia de abuso de analgésicos alimentou o medo de que o aumento das prescrições dessas drogas estivesse levando a um vício generalizado. Apesar do aumento no uso e abuso de opiáceos, o número de pacientes com dor crônica que desenvolvem vício em analgésicos opiáceos é de aproximadamente 10% dos que os recebe (Vowles et al., 2015), embora cerca de 25% das pessoas que receberam prescrição desses analgésicos possam abusar deles. Até o momento, o melhor preditor de abuso de analgésicos opiáceos é o histórico pessoal de uso de drogas ilegais e álcool; as pessoas que fazem uso indevido dessas substâncias são mais propensas ao uso indevido desses analgésicos (Bakalov et al., 2019; Turk, Swanson & Gatchel, 2008).

Entre 1997 e 2007, o uso de analgésicos opiáceos aumentou mais de 600% (Paulozzi et al., 2012). Embora suas prescrições tenham diminuído um pouco desde 2010 (Guy et al., 2017), as mortes relacionadas a eles continuam a aumentar (Vivolo-Kantor et al., 2018). Grande parte desse aumento foi para as drogas oxicodona e hidrocodona. Ambos são opiáceos com potencial de abuso, que aumentou durante o período em que as prescrições aumentaram. A cautela quanto ao abuso dessas drogas afeta tanto os médicos, que relutam em prescrevê-las (Breuer et al., 2011), quanto muitos pacientes, que relutam em tomar doses suficientes para obter alívio (Lewis, Combs & Trafton, 2010). Essa relutância se aplica a todas as drogas opiáceas, mesmo para a dor provocada pelo câncer (Reid, Gooberman-Hill & Hanks, 2008). Assim, as pessoas com dor aguda ou crônica frequentemente não recebem alívio suficiente.

As vantagens das drogas opiáceas superam seus perigos para alguns em determinadas situações; nenhum outro tipo de droga produz um alívio mais completo da dor. Contudo, seu potencial de abuso e seus efeitos colaterais os tornam mais adequados para o tratamento da dor aguda que para o controle da dor crônica, pois há evidências limitadas que apoiam seu uso no longo prazo para a dor crônica (Manchikanti et al., 2011). As drogas opiáceas continuam sendo uma parte essencial do controle da dor para as lesões mais graves e agudas, para a recuperação de cirurgias e para doenças terminais.

Um procedimento que superou o problema da submedicação é um sistema de administração individualizado. Os pacientes podem ativar uma bomba acoplada às suas linhas intravenosas e administrar uma dose de medicamento sempre que desejarem, dentro de limites bem definidos. Tais sistemas começaram a aparecer no final da década de 1970 e desde então ganharam ampla aceitação porque os pacientes tendem a usar menos medicamentos, obter melhor alívio da dor (Sri Vengadesh, Sistla & Smile, 2005) e experimentar maior satisfação (Gan et al., 2007). Como uma linha intravenosa é necessária para esse sistema de administração de drogas, ela é mais comumente usada para controlar a dor após a cirurgia. Contudo, um sistema de entrega transdérmica controlado pelo paciente também está disponível (D'Arcy, 2005). Esse sistema permite que as pessoas autoadministrem analgesia por meio de um dispositivo do tamanho de um cartão de crédito que adere ao braço. Esses tipos de analgésicos autoadministrados ajudam a prevenir a submedicação.

Enquanto a submedicação pode ser um problema para pacientes com dor oncológica, a supermedicação é muitas vezes um problema para pacientes que sofrem de dor lombar. Uma equipe de pesquisadores (Von Korff et al., 1994) agrupou os médicos da atenção primária de acordo com sua frequência baixa, moderada ou alta de prescrição de analgésicos

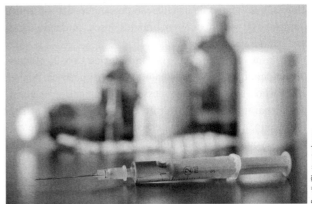

Os medicamentos oferecem tratamento eficaz para a dor aguda, mas não são uma boa opção para tratar a dor crônica.

e repouso no leito para pacientes com dor nas costas. Os acompanhamentos de um e dois anos descobriram que os pacientes com dor nas costas que tomaram menos medicação e permaneceram ativos se saíram tão bem quanto aqueles que foram instruídos a tomar mais medicação e descansar. Outro estudo (Rhee et al., 2007) descobriu que aqueles com dor nas costas que tomavam opiáceos apresentavam problemas de saúde mais frequentes, como hipertensão, ansiedade, depressão e artrite. Além disso, eles eram mais propensos a frequentar a sala de emergência do hospital. Ambos os estudos indicaram que o tratamento para esses pacientes era mais caro que para os que adotaram outras abordagens para controlar a dor nas costas. Assim, indivíduos com lombalgia que usam medicação para dor têm piores resultados, mais problemas de saúde e custos mais altos que aqueles que não o fazem. Infelizmente, as prescrições de opiáceos para dor lombar parecem estar aumentando em vez de diminuir em frequência (Mafi et al., 2013).

Os **analgésicos não narcóticos** incluem uma variedade de anti-inflamatórios não esteroides (AINEs), bem como paracetamol. Aspirina, ibuprofeno e naproxeno sódico parecem bloquear a síntese de prostaglandinas (Julien et al., 2010), uma classe de substâncias químicas liberadas pelo tecido danificado e envolvidas na inflamação. A presença dessas substâncias químicas sensibiliza os neurônios e aumenta a dor. Essas drogas agem no local da lesão em vez de atravessar para o cérebro, mas alteram a atividade neuroquímica no sistema nervoso e afetam a percepção da dor. Como resultado de seu mecanismo de ação, os AINEs não alteram a percepção da dor quando não há lesão – por exemplo, em situações de laboratório com pessoas que recebem estímulos experimentais de dor.

A aspirina e outros AINEs têm muitos usos no alívio da dor, inclusive para pequenos cortes e arranhões, bem como lesões mais graves, como ossos quebrados. Mas a dor que ocorre sem inflamação não é tão prontamente aliviada pelos AINEs. Além disso, eles podem irritar e danificar o revestimento do estômago, produzindo até úlceras (Huang, Sridhar & Hunt, 2002). Os efeitos colaterais da aspirina incluem a alteração do tempo de coagulação do sangue, e a aspirina e outros AINEs são tóxicos em grandes doses, causando danos ao fígado e aos rins.

Um novo tipo de AINE, o inibidor de Cox-2, afeta as prostaglandinas, mas tem menor toxicidade gástrica. Após a aprovação e forte marketing desses medicamentos, suas vendas dispararam, principalmente entre pessoas com artrite. Entretanto, a descoberta do aumento do risco de ataque cardíaco levou à retirada de dois inibidores da Cox-2 do mercado nos Estados Unidos e aumentou a cautela no uso desse tipo de AINE (Shi & Klotz, 2008).

Paracetamol, outro analgésico não narcótico, não é um dos AINEs. Sob marcas como Tylenol, o acetaminofeno tornou-se um analgésico amplamente utilizado. Tem poucas propriedades anti-inflamatórias, mas tem uma capacidade de alívio da dor semelhante à da aspirina, embora um pouco mais fraca. O acetaminofeno não tem os efeitos colaterais gástricos da aspirina, então as pessoas que não toleram a aspirina o consideram um bom substituto. Mas o paracetamol não é inofensivo. Grandes quantidades de paracetamol podem ser fatais e mesmo doses não letais podem causar sérios danos ao fígado, especialmente quando combinadas com álcool (Julien et al., 2010).

Os medicamentos analgésicos não são os únicos que afetam a dor. Os antidepressivos e medicamentos usados para tratar convulsões também influenciam a percepção da dor e esses podem ser usados para tratar alguns tipos de dor (Maizels & McCarberg, 2005). Os antidepressivos podem ser úteis no tratamento da dor lombar, e alguns tipos de medicação anticonvulsivante podem ajudar as pessoas com enxaqueca. Além disso, existem outros medicamentos que têm alguma capacidade de prevenir enxaquecas (Peres et al., 2006) e reduzir a inflamação que é uma parte prejudicial da artrite reumatoide (Iagnocco et al., 2008). Desenvolvimentos semelhantes para outras síndromes de dor crônica mudariam a vida de milhões de pessoas. Infelizmente, a variedade de medicamentos e estratégias para seu uso não são adequadas para muitas pessoas com dor crônica. Esses indivíduos podem considerar a cirurgia ou outros tratamentos para obter alívio.

Cirurgia. Outro tratamento médico tradicional para a dor é a cirurgia, que visa reparar a fonte da dor ou alterar o sistema nervoso para aliviá-la. A cirurgia lombar é a abordagem cirúrgica mais comum para a dor, mas não é uma opção recomendada pelos médicos, a menos que outras possibilidades menos invasivas tenham falhado (van Zundert & van Kleef, 2005).

A cirurgia também pode alterar os nervos que transmitem a dor (van Zundert & van Kleef, 2005). Esse procedimento pode usar estimulação de calor, frio ou radiofrequência para alterar a transmissão neural e controlar a dor. A destruição completa dos nervos normalmente não é o objetivo porque pode levar à perda de toda a sensação, o que pode ser mais angustiante que a dor. Outra tática para alterá-la por meio da mudança da transmissão nervosa envolve a estimulação dos nervos por meio de fios implantados que os estimulam em vez de danificá-los. A cirurgia é necessária para essa abordagem, que envolve o implante de dispositivos que podem fornecer estimulação elétrica à medula espinhal ou ao cérebro. A ativação do sistema produz alívio da dor pela ativação de neurônios e pela liberação de neurotransmissores que a bloqueiam. Esse processo não destrói o tecido neural.

A estimulação espinhal é uma técnica promissora para controlar a dor nas costas (De Andrés & Van Buyten, 2006), mas um tipo de estimulação relacionado, **estimulação elétrica nervosa transcutânea (TENS -** *transcutaneous electrical nerve stimulation*), provou ser menos eficaz. O sistema TENS normalmente consiste em eletrodos que se prendem à pele e são conectados a uma unidade que fornece estimulação elétrica. Apesar de algumas indicações iniciais promissoras de sucesso, a TENS demonstrou apenas eficácia limitada no controle da dor (Claydon et al., 2011).

A cirurgia tem pelo menos duas desvantagens como tratamento para a dor. Primeiro, nem sempre repara o tecido danificado e, segundo, não proporciona a todos os pacientes alívio suficiente. Mesmo aqueles para quem a cirurgia é inicialmente bem-sucedida podem experimentar um retorno da dor. Ou seja, a cirurgia não é um tratamento bem-sucedido para muitas pessoas com dor crônica nas costas (Ehrlich, 2003). Assim, esta abordagem além de cara, não é confiável para controlar esta síndrome (Turk & McCarberg, 2005). Além disso, a cirurgia tem seus próprios perigos potenciais e possibilidades de complicações, o que leva muitos pacientes com dor a abordagens comportamentais para controlá-la.

Técnicas comportamentais para controlar a dor

Os psicólogos têm se destacado na elaboração de terapias que ensinam as pessoas a lidar com a dor, e várias técnicas comportamentais provaram ser eficazes com uma variedade de síndromes dolorosas. Essas técnicas destacam ainda mais o papel dos fatores psicológicos na experiência da dor e incluem treino de relaxamento, terapia comportamental, terapia cognitiva, terapia cognitivo-comportamental e atenção plena. Algumas autoridades consideram essas técnicas parte da medicina mente-corpo e, portanto, parte da medicina alternativa (abordada no Capítulo 8). Os psicólogos veem essas técnicas como parte da psicologia.

Técnicas de relaxamento. O relaxamento é uma abordagem para controlar a dor e pode ser o ingrediente-chave em outros tipos de tratamento da dor. *Relaxamento muscular progressivo* consiste em sentar-se em uma cadeira confortável sem distrações e, em seguida, tensionar e relaxar sistematicamente os grupos musculares de todo o corpo (Jacobson, 1938). Depois de aprender o procedimento, as pessoas podem praticar essa técnica de relaxamento sozinhas.

TABELA 7.1   Eficácia das técnicas de relaxamento

Problemas	Achados	Estudos
1. Dores de cabeça tensionais e enxaqueca	O relaxamento ajuda a controlar a dor de cabeça.	Fumal & Schoenen, 2008; Penzien et al., 2002
2. Artrite reumatoide	O relaxamento muscular progressivo é um componente eficaz em programas para gerenciar esses transtornos.	McCallie et al., 2006
3. Dor lombar	O relaxamento é eficaz em programas de tratamento da dor lombar.	Henschke et al., 2010
4. Variedade de condições de dor crônica	O relaxamento muscular progressivo é eficaz de acordo com uma revisão do NIHT.	Lebovits, 2007

Técnicas de relaxamento têm sido usadas com sucesso para tratar problemas de dor, como cefaleia tensional e enxaqueca (Fumal & Schoenen, 2008; Penzien, Rains & Andrasik, 2002), artrite reumatoide (McCallie et al., 2006) e dor lombar (Henschke et al., 2010). Um painel do National Institutes of Health Technology (NIHT) avaliou as evidências de relaxamento muscular progressivo e deu a essa técnica sua classificação mais alta no controle da dor (Lebovits, 2007). Contudo, as técnicas de relaxamento normalmente funcionam como parte de um programa multicomponente (Astin, 2004).

A **Tabela 7.1** resume a eficácia das técnicas de relaxamento.

Terapia comportamental. A terapia comportamental mais importante é a *mudança comportamental*, que surgiu da pesquisa laboratorial sobre condicionamento operante. **Mudança comportamental** é o processo de moldar o comportamento por meio da aplicação de princípios de condicionamento operante. O objetivo da mudança de comportamento é moldar o *comportamento*, para não aliviar *sentimentos* ou *sensações* de dor. As pessoas com dor geralmente comunicam seu desconforto aos outros por meio de seu comportamento – elas reclamam, gemem, suspiram, mancam, esfregam, fazem caretas e faltam ao trabalho.

Wilbert E. Fordyce (1974) foi um dos primeiros a enfatizar o papel do condicionamento operante na perpetuação dos comportamentos de dor. Ele reconheceu o valor da *recompensa* de maior atenção e simpatia, compensação financeira e outras **reforçadores positivos** que frequentemente seguem comportamentos de dor. Essas condições criam o que o especialista em dor Frank Andrasik (2003) chamou de *armadilhas de dor*, que são situações que levam as pessoas que sentem dor a desenvolver e manter a dor crônica. As situações que criam dor crônica incluem atenção da família, alívio das responsabilidades normais, compensação dos empregadores e medicamentos que as pessoas recebem dos médicos. Esses reforçadores dificultam a melhora (Newton-John, 2013).

A mudança de comportamento funciona contra essas armadilhas de dor, identificando os reforçadores e treinando as pessoas no ambiente do paciente para usar elogios e atenção para reforçar comportamentos mais desejáveis e reter o reforço quando o paciente exibe comportamentos de dor menos desejados. Em outras palavras, os gemidos e reclamações agora são ignorados, enquanto os esforços para maior atividade física e outros comportamentos positivos são reforçados. Os resultados objetivos indicam progresso, como a quantidade de medicação tomada, faltas ao trabalho, tempo na cama ou em pé, número de queixas de dor, atividade física, amplitude de movimento e tempo de tolerância sentado. A força da técnica de condicionamento operante é sua capacidade de aumentar os níveis de atividade física e diminuir o uso de medicamento – dois alvos importantes em qualquer regime de tratamento da dor (Roelofs et al., 2002). Além disso, essa abordagem comportamental pode diminuir a intensidade da dor, reduzir a incapacidade e melhorar a qualidade de vida, (Gatzounis et al., 2012). A abordagem de modificação do comportamento não aborda as cognições que fundamentam e contribuem para os comportamentos, mas a terapia cognitiva se concentra nessas cognições.

A **terapia cognitiva** baseia-se no princípio de que as crenças, padrões pessoais e sentimentos de autoeficácia das pessoas afetam fortemente seus comportamentos (Bandura, 1986, 2001; Beck, 1976; Ellis, 1962). As terapias cognitivas concentram-se em técnicas projetadas para alterar as cognições, assumindo que o comportamento mudará quando uma pessoa alterar suas cognições. Albert Ellis (1962) argumentou que os pensamentos, especialmente os pensamentos irracionais, são a raiz dos problemas de comportamento. Ele se concentrou na tendência de "catastrofizar", que transforma uma situação desagradável em algo pior. Exemplos de catastrofização relacionada à dor podem incluir "Essa dor nunca vai melhorar", "Não posso mais continuar" ou "Não há nada que eu possa fazer para parar essa dor".

A experiência da dor pode facilmente se transformar em uma catástrofe, e qualquer exagero de sentimentos de dor pode levar a comportamentos desadaptativos e exacerbação de crenças irracionais. A tendência à catastrofização está associada ao aumento da dor, tanto aguda (Pavlin, Sullivan, Freund & Roesen, 2005) como crônica (Karoly & Ruehlman, 2007).

Uma vez identificadas as cognições irracionais, o terapeuta ataca ativamente essas crenças, com o objetivo de eliminá-las ou transformá-las em crenças mais racionais. Por exemplo, a terapia cognitiva para a dor aborda a tendência à catastrofização, levando as pessoas a abandonar a crença de que sua dor seja insuportável e nunca vai passar (Thorn & Kuhajda, 2006). Os terapeutas cognitivos abordam essas cognições e trabalham com os pacientes para mudá-las. Em vez de se concentrar exclusivamente em pensamentos, porém, a maioria dos terapeutas cognitivos que trabalham com pacientes com dor aborda mudanças tanto nas cognições quanto no comportamento. Ou seja, eles praticam a terapia cognitivo-comportamental.

A **terapia cognitivo-comportamental (TCC)** é um tipo de terapia que visa desenvolver crenças, atitudes, pensamentos e habilidades para fazer mudanças positivas no comportamento. Como a terapia cognitiva, a TCC assume que pensamentos e sentimentos são a base do comportamento, então ela começa com a mudança de atitudes. Assim como a modificação do comportamento, a TCC se concentra na modificação das contingências ambientais e na construção de habilidades para mudar o comportamento observável.

Uma abordagem da TCC para o manejo da dor é o programa de inoculação da dor desenvolvido por Dennis Turk e Donald Meichenbaum (Meichenbaum & Turk, 1976; Turk, 1978, 2001), que é como a inoculação de estresse (explicada no Capítulo 5). A inoculação da dor inclui uma fase cognitiva, *reconceitualização*, durante a qual os pacientes aprendem a aceitar a importância dos fatores psicológicos para pelo menos parte de sua dor e muitas vezes recebem uma explicação da teoria do controle do portão da dor. A segunda fase – *aquisição e ensaio de habilidades* – inclui aprender relaxamento e habilidades de respiração controlada. A fase final, ou *acompanhamento*, a fase do tratamento inclui instruções aos cônjuges e outros membros da família para ignorar os comportamentos de dor dos pacientes e reforçar os comportamentos saudáveis, como maiores níveis de atividade física, diminuição do uso de medicamentos, menos visitas à clínica de dor ou aumento do número de dias de trabalho. Com a ajuda de seus terapeutas, os pacientes constroem um plano pós-tratamento para lidar com a dor futura; e, finalmente, aplicam suas habilidades de enfrentamento a situações cotidianas fora da clínica da dor. Um estudo de dor induzida em laboratório (Milling, Levine e Meunier, 2003) indicou que o treinamento de inoculação era tão eficaz quanto a hipnose para ajudar os participantes a controlar a dor. Um estudo de atletas em recuperação de lesão no joelho (Ross & Berger, 1996) também descobriu que os procedimentos de inoculação da dor eram eficazes.

Outros programas de TCC demonstraram sua eficácia para ampla variedade de síndromes dolorosas. A TCC inclui estratégias para abordar as cognições prejudiciais que são comuns entre pacientes com dor crônica, como medo e catastrofização (Leeuw et al., 2007; Thorn et al., 2007) e um componente comportamental para ajudar os pacientes com dor a se comportarem de maneira compatível com a saúde e não com a doença. Avaliações da TCC para dor lombar (Hoffman et al., 2007) indicam eficácia para essa síndrome dolorosa, e estudos de TCC com pacientes com cefaleia (Martin, Forsyth & Reece, 2007; Nash et al., 2004; Thorn et al., 2007) também demonstraram benefícios. Uma revisão das intervenções da TCC para dor crônica em idosos mostrou melhorias significativas na dor, crenças catastróficas e autoeficácia para o controle da dor (Niknejad et al., 2018). Os pacientes com fibromialgia se beneficiaram mais da TCC que de um tratamento medicamentoso (García et al., 2006) ou qualquer outra intervenção psicológica (Glombiewski et al., 2010), e a TCC mostrou-se benéfica para pessoas com artrite reumatoide (Astin, 2004; Sharpe et al., 2001), bem como câncer e dor provocada pela Aids (Breibart & Payne, 2001). Entre adolescentes com dor crônica, uma intervenção de TCC feita pela Internet melhorou as limitações de atividade e a qualidade do sono em comparação a uma intervenção educacional (Palermo et al., 2016).

Recentemente, pesquisadores avaliaram uma forma de TCC para controle da dor chamada **terapia de aceitação e compromisso (TAC)**, que incentiva os pacientes com dor a aumentar a aceitação de sua dor, ao mesmo tempo que concentra sua atenção em outros objetivos e atividades que valorizam. Essa forma de terapia pode ser especialmente útil para pacientes com dor crônica, pois tentar controlar diretamente a dor pode levar a angústia e incapacidade (McCracken, Eccleston & Bell, 2005). Uma metanálise recente de dez estudos de pacientes com dor crônica descobriu que a TAC levou a uma redução significativa na intensidade da dor e melhorias no funcionamento físico em relação a um grupo de comparação (Hann & McCracken, 2014). Assim, a TAC pode ser outra boa alternativa à TCC tradicional para o manejo da dor crônica. O foco da TAC na aceitação da dor também é um foco de intervenções baseadas em atenção plena para dor crônica.

Conforme descrito no Capítulo 5, **atenção plena** é uma qualidade de consciência ou percepção que surge por meio da focalização intencional da atenção no momento presente de uma maneira sem julgamento e aceitação (Kabat-Zinn, 1994). No contexto da dor crônica, uma intervenção baseada em atenção plena visa aumentar a consciência e a aceitação de uma pessoa de todas as sensações – mesmo aquelas de dor e desconforto – e as emoções que as acompanham. Embora possa parecer estranho que encorajar deliberadamente uma pessoa a focar a atenção na dor possa ser eficaz para reduzi-la, evidências recentes sugerem que a atenção plena funciona para ajudar pacientes com dor crônica. Uma revisão de estudos que compararam atenção plena, TCC e cuidados habituais para o tratamento de dor crônica descobriu que atenção plena foi eficaz na melhora do funcionamento físico, intensidade da dor e depressão (Khoo et al., 2019). Além disso, a atenção plena foi tão eficaz quanto a TCC. Pode haver várias razões pelas quais ela parece ajudar as pessoas a controlar sua dor. Em primeiro lugar, a atenção plena pode ajudar a reduzir a depressão e a ansiedade e, conforme discutido

TABELA 7.2 Eficácia da terapia comportamental, cognitiva e cognitivo-comportamental e atenção plena

Problemas	Descobertas	Estudos
1. Aumento dos comportamentos de dor	O reforço verbal aumenta os comportamentos de dor.	Jolliffe & Nicholas, 2004
2. Dor lombar crônica	O condicionamento operante aumenta a atividade física e diminui o uso de medicamentos; mudança de comportamento e TCC também podem ser eficazes.	Roelofs et al., 2002; Smeets et al., 2009
3. Intensidade da dor	A modificação do comportamento diminui a intensidade da dor.	Sanders, 2006
4. Catastrofizando a experiência da dor	A catastrofização intensifica a dor aguda e crônica; a TCC reduz a catastrofização.	Karoly & Ruehlman, 2007; Niknejad et al., 2018; Pavlin et al., 2005; Thorn & Kuhajda, 2006
5. Dor induzida por laboratório	O treinamento de terapia/treinamento/programa e procedimento de inoculação foi tão eficaz quanto a hipnose para a dor.	Milling et al., 2003
6. Atletas com dor no joelho	O tratamento de inoculação da dor reduz a dor.	Ross & Berger, 1996
7. Dor lombar	A TCC foi avaliada como eficaz em uma metanálise e em uma revisão sistemática.	Hoffman et al., 2007
8. Dor de cabeça e prevenção	A TCC é eficaz tanto no manejo quanto na prevenção.	Martin et al., 2007; Nash et al., 2004; Thorn et al., 2007
9. Fibromialgia	A TCC é um tratamento medicamentoso mais eficaz, assim como a intervenção psicológica.	García et al., 2006; Glombiewski et al., 2010
10. Artrite reumatoide	A TCC pode aliviar um pouco da dor.	Astin, 2004; Sharpe et al., 2001
11. A dor provocada pelo câncer ou pela Aids	A TCC ajuda as pessoas a lidar com elas.	Breibart & Payne, 2000
12. Dor crônica	A TCC melhora as limitações de atividade em adolescentes; a TAC é eficaz na redução da intensidade da dor em duas metanálises. A atenção plena e a TCC são igualmente eficazes na redução da dor e na melhora do funcionamento físico.	Hann & McCracken, 2014; Khoo et al., 2019; Palermo et al., 2016; Veehof et al., 2010

anteriormente neste capítulo, a ansiedade aumenta a percepção da dor pelas pessoas. Talvez, mais importante, seja que a atenção plena procure reduzir a tendência de catastrofizar sobre a dor. Em uma intervenção apoiada em atenção plena, as pessoas são encorajadas a fazer "varreduras corporais" frequentes, nas quais não apenas prestam muita atenção às sensações em todas as partes do corpo, mas também são instruídas a atendê-las sem julgar o quão grave, incapacitante ou debilitante qualquer sensação de dor pode ser. Essa abordagem sem julgamento para cuidar da dor pode fazer uma pessoa perceber que sua dor ocorra com menos frequência que normalmente acredite, perceber situações que tendem a aumentar ou diminuir a dor e também ajudá-la a evitar julgamentos como "Essa dor nunca passará". Vários estudos mostram que a atenção plena reduz a dor, reduzindo essa tendência à catastrofização (Cassidy et al., 2012; Garland et al., 2011). Dada a promessa e o custo relativamente baixo das intervenções baseadas em atenção plena para dor crônica, algumas autoridades sugerem que essas intervenções não farmacológicas podem ser um primeiro passo eficaz no tratamento de pacientes com dor crônica (Dowell et al., 2016).

Em resumo, esses estudos mostram que a modificação do comportamento, a TCC e a atenção plena podem ser intervenções eficazes para o controle da dor em pessoas com uma variedade de síndromes dolorosas. Essas técnicas estão entre os tipos mais eficazes de estratégias de gerenciamento da dor. A **Tabela 7.2** resume a eficácia dessas terapias e os problemas que podem tratar.

RESUMO

Uma variedade de tratamentos médicos para a dor é eficaz, mas também tem limitações. Os medicamentos analgésicos oferecem alívio da dor aguda e podem ser úteis para a dor crônica. Essas drogas incluem opiáceos e drogas não narcóticas. Os opiáceos são eficazes no controle da dor intensa, mas suas propriedades de tolerância e dependência apresentam problemas para uso por pacientes com dor crônica, tornando os profissionais de saúde e pacientes relutantes em usar doses eficazes. Medicamentos não narcóticos, como aspirina, anti-inflamatórios não esteroides e acetaminofeno, são eficazes no controle da dor aguda leve a moderada e têm alguns usos no controle da dor crônica.

A cirurgia pode alterar os nervos periféricos ou o SNC. Os procedimentos cirúrgicos costumam ser o último recurso no controle da dor crônica, e os procedimentos que envolvem a destruição das vias nervosas geralmente não são bem-sucedidos. Os procedimentos que permitem a estimulação da medula espinhal mostram-se mais promissores no controle da dor, mas a estimulação elétrica nervosa transcutânea não é um método eficaz.

Os psicólogos da saúde ajudam as pessoas a lidar com o estresse e a dor crônica usando técnicas de relaxamento, terapia comportamental, terapia cognitiva e TCC. Técnicas de relaxamento, como o relaxamento muscular progressivo, demonstraram algum sucesso em ajudar os pacientes a controlar a dor de cabeça, a dor pós-operatória e a dor lombar.

A modificação do comportamento pode ser eficaz para ajudar os pacientes com dor a se tornarem mais ativos e diminuir sua dependência da medicação, mas essa abordagem não abarca as emoções negativas e o sofrimento que acompanham a dor. A terapia cognitiva trata os sentimentos e, assim, ajuda a reduzir a catastrofização que exacerba a dor. Combinada com os componentes comportamentais do condicionamento operante, a TCC demonstrou maior eficácia que outras terapias.

A TCC inclui terapia de inoculação da dor, mas outras combinações de mudanças nas cognições relacionadas a ela e estratégias comportamentais para mudar o comportamento relacionado à dor também se encaixam nessa categoria. Essas abordagens têm sido bem-sucedidas no tratamento da dor lombar, dor de cabeça, dor da artrite reumatoide, fibromialgia e a dor que acompanha o câncer e a Aids.

APLIQUE O QUE VOCÊ APRENDEU

1. Quando as abordagens médicas para o controle da dor seriam o tratamento mais apropriado? Quando as abordagens comportamentais seriam o tratamento mais adequado? Algumas questões a serem consideradas são a natureza aguda *versus* crônica da dor, se há dano tecidual óbvio que possa ser reparado, riscos de dependência de analgésicos e se um paciente apresenta quaisquer fatores psicológicos que possam estar contribuindo para sua experiência com a dor.

Perguntas

Este capítulo abordou cinco questões básicas:

1. **Como o sistema nervoso registra a dor?**
   Os receptores próximos à superfície da pele reagem à estimulação; os impulsos nervosos dessa estimulação retransmitem a mensagem para a medula espinhal. A medula espinhal inclui lâminas (camadas) que modulam a mensagem sensorial e a retransmitem para o cérebro. O córtex somatossensorial no cérebro recebe e interpreta a entrada sensorial. Os neuroquímicos e a substância cinzenta periaquedutal também podem modular a informação e alterar a percepção da dor.

2. **Qual é o significado da dor?**
   A dor é difícil de definir, mas pode ser classificada como aguda (resultante de lesão específica e com duração inferior a seis meses), crônica (continua além do tempo de cicatrização) ou pré-crônica (estágio crítico entre aguda e crônica). A experiência pessoal da dor é afetada por fatores situacionais e culturais, bem como pela variação individual e pelo histórico de aprendizagem. O significado da dor também pode ser entendido por meio de teorias. O modelo principal é a teoria do controle do portão da dor, que leva em consideração fatores físicos e psicológicos na experiência da dor.

3. **Que tipos de dor apresentam os maiores problemas?**
   As síndromes dolorosas são uma forma comum de classificar a dor crônica de acordo com os sintomas. Essas síndromes incluem dores de cabeça, lombar, artrítica, no câncer e dor no membro fantasma; as duas primeiras são as fontes mais comuns de dor crônica e levam à maior perda de tempo no trabalho ou na escola.

4. **Como a dor pode ser medida?**
   A dor pode ser medida fisiologicamente pela avaliação da tensão muscular ou da excitação autonômica, mas essas medidas não têm alta validade. Observações de comportamentos relacionados à dor (por exemplo, mancar, fazer caretas ou reclamar) têm alguma confiabilidade e validade. O autorrelato é a abordagem mais comum para mensuração da dor; ele inclui escalas de

avaliação, questionários de dor e testes psicológicos padronizados.

5. **Quais técnicas são eficazes para o tratamento da dor?**
As técnicas que os psicólogos da saúde usam para ajudar as pessoas a lidar com a dor incluem treino de relaxamento e técnicas comportamentais. O treino de relaxamento pode ajudar as pessoas a lidar com problemas de dor, como dor de cabeça e dor lombar. As abordagens comportamentais incluem a modificação do comportamento, que orienta as pessoas a se comportarem de maneira compatível com a saúde e não com a dor. A terapia cognitiva concentra-se nos pensamentos, orientando os pacientes com dor para minimizar a catastrofização e o medo. A terapia cognitivo-comportamental combina estratégias para alterar as cognições com a aplicação comportamental, que é uma abordagem especialmente eficaz para o controle da dor.

Sugestões de leitura

Baar, K. (2008, March/April). Pain, pain, go away. *Psychology Today*, *41*(2), 56-57. Este artigo muito breve fornece um resumo dos fatores psicológicos da dor e os tratamentos usados com sucesso pelos psicólogos para ajudar as pessoas a controlar a dor.

Gatchel, R., Haggard, R., Thomas, C. & Howard, K. J. (2012). Biopsychosocial approaches to understanding chronic pain and disability. In: R. J. Moore (Ed.), *Handbook of pain and palliative care* (pp. 1-16). New York: Springer. Este capítulo orienta o leitor ao longo do desenvolvimento das principais teorias da dor, discute como a dor aguda pode se transformar em dor crônica e apresenta questões na avaliação e tratamento da dor crônica.

Kabat-Zinn, J. (2010). Mindfulness meditation for pain relief: Guided practices for reclaiming your body and your life (audio recording). SoundsTrue. Esta gravação de áudio do Dr. Kabat-Zinn, uma das principais figuras na pesquisa e prática da atenção plena, fornece uma visão geral da atenção plena e várias abordagens para usá-la para reduzir o sofrimento que acompanha as experiências de dor crônica.

Wall, P. (2000). *Pain: The science of suffering*. New York: Columbia University Press. Peter Wall, um dos criadores da teoria do controle do portão da dor, conta sobre sua vasta experiência na tentativa de entender esse fenômeno. Ele fornece um exame não técnico da experiência da dor, considerando os fatores culturais e individuais que contribuem.

OBJETIVOS DE APRENDIZAGEM
Depois de estudar este capítulo, você será capaz de…

8-1 Definir os termos medicina convencional, medicina alternativa, medicina complementar e medicina integrativa e dar um exemplo de cada um deles
8-2 Comparar as suposições que fundamentam a prática da medicina convencional nos Estados Unidos com aquelas que fundamentam a medicina tradicional chinesa
8-3 Comparar a filosofia que é a base da medicina tradicional chinesa com a medicina aiurvédica
8-4 Comparar produtos naturais e drogas descrevendo as origens de cada um deles
8-5 Comparar produtos naturais e medicamentos avaliando a eficácia de cada um deles
8-6 Comparar produtos naturais e medicamentos avaliando os riscos de cada um deles
8-7 Analisar os recentes planos de dieta populares (ou seja, Atkins, DASH etc.) projetados para melhorar a saúde, concentrando-se na eficácia e segurança dessas dietas
8-8 Descrever duas diferenças entre a manipulação quiroprática e a massagem terapêutica quanto à conceituação de problemas e prática de cada terapia
8-9 Comparar a meditação transcendental e a atenção plena, apontando tanto as semelhanças como as diferenças.
8-10 Comparar a prática da ioga com a do tai chi, explicando as origens, a popularidade e os tipos de movimentos envolvidos em cada um deles
8-11 Explicar como obter controle sobre os processos autônomos pode beneficiar indivíduos que sofrem de estresse crônico, pressão alta e enxaquecas
8-12 Descrever duas características que tornam a hipnose diferente de outros estados mentais
8-13 Acompanhar o aumento do uso da MCA nos Estados Unidos nos últimos 20 anos
8-14 Analisar a influência da cultura e da geografia na aceitação e uso da MCA
8-15 Descrever dois fatores pessoais que aumentam a probabilidade de uso da MCA
8-16 Descrever os desafios que os pesquisadores da MCA enfrentam para estabelecer a eficácia dos tratamentos de medicina alternativa
8-17 Avaliar as evidências da eficácia da meditação, práticas baseadas em movimento e acupuntura como tratamento para estresse e ansiedade
8-18 Avaliar as evidências da eficácia da meditação, acupuntura, massagem, tratamentos quiropráticos, biofeedback e hipnose como tratamentos para a dor
8-19 Descrever três limitações ao uso da MCA
8-20 Explicar como a medicina integrativa tenta criar um sistema com "o melhor dos dois mundos"

CAPÍTULO 8

Considerando abordagens alternativas

SUMÁRIO DO CAPÍTULO

Perfil do mundo real de T. R. Reid
- Sistemas médicos alternativos

Medicina tradicional chinesa

Medicina aiurvédica
- Produtos e dietas alternativas
- Práticas manipulativas

Tratamento quiroprático

Massagem
- Medicina mente-corpo

Meditação e ioga

Qi gong e tai chi

Biofeedback

Tratamento hipnótico

Fisiologia e medicina mente-corpo
- Quem usa medicina complementar e alternativa?

Cultura, etnia e gênero

Motivações para buscar tratamento alternativo
- Quão eficazes são os tratamentos alternativos?

Tratamentos alternativos para ansiedade, estresse e depressão

Tratamentos alternativos para dor

Tratamentos alternativos para outras condições

Limitações das terapias alternativas

Medicina integrativa

PERGUNTAS

Este capítulo concentra-se em seis perguntas:

1. Quais são algumas alternativas à medicina convencional?
2. Quais produtos e dietas contam como medicina alternativa?
3. Que práticas manipulativas se enquadram nas práticas alternativas?
4. O que é medicina mente-corpo?
5. Quem usa medicina complementar e alternativa?
6. Quais são os usos eficazes e as limitações dos tratamentos alternativos?

O modelo biopsicossocial é uma expansão da visão biomédica, mas outras conceituações de doença diferem tanto da medicina convencional que se enquadram em outra categoria. Medicina alternativa é o termo aplicado a esse grupo de diversos sistemas, práticas e produtos médicos e de saúde que atualmente não fazem parte da medicina convencional (National Center for Complementary and Integrative Health [NCCIH], 2008/2018). As alternativas à medicina convencional vêm de sistemas de medicina que surgiram em diferentes culturas, como a medicina tradicional chinesa; de práticas que ainda não são aceitas na medicina convencional, como ioga e massoterapia; e de produtos ainda não reconhecidos como tendo valor medicinal, como glucosamina ou melatonina.

As pessoas podem usar essas práticas e produtos como alternativas à medicina convencional – por exemplo, quando alguém procura acupuntura ou massagem terapêutica para dor nas costas, em vez de tomar um analgésico. Mas as pessoas geralmente combinam tratamentos alternativos com convencionais (Clarke et al., 2015). Em tais circunstâncias, o termo **medicina complementar** se aplica – por exemplo, quando alguém usa massagem e analgésicos para controlar a dor. O grupo de sistemas, práticas e produtos é muitas vezes denominado medicina complementar e alternativa (MCA). Contudo, a situação ideal para muitos profissionais e pacientes seria uma mistura de abordagens convencionais e alternativas, o que constitui **medicina integrativa** (ou saúde integrativa). Voltaremos a esse objetivo mais tarde, pois primeiro examinaremos os sistemas que originaram muitas abordagens alternativas.

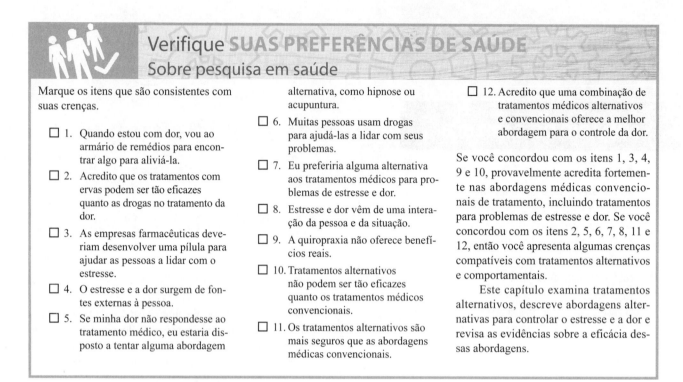

Verifique SUAS PREFERÊNCIAS DE SAÚDE
Sobre pesquisa em saúde

Marque os itens que são consistentes com suas crenças.

☐ 1. Quando estou com dor, vou ao armário de remédios para encontrar algo para aliviá-la.

☐ 2. Acredito que os tratamentos com ervas podem ser tão eficazes quanto as drogas no tratamento da dor.

☐ 3. As empresas farmacêuticas deveriam desenvolver uma pílula para ajudar as pessoas a lidar com o estresse.

☐ 4. O estresse e a dor surgem de fontes externas à pessoa.

☐ 5. Se minha dor não respondesse ao tratamento médico, eu estaria disposto a tentar alguma abordagem alternativa, como hipnose ou acupuntura.

☐ 6. Muitas pessoas usam drogas para ajudá-las a lidar com seus problemas.

☐ 7. Eu preferiria alguma alternativa aos tratamentos médicos para problemas de estresse e dor.

☐ 8. Estresse e dor vêm de uma interação da pessoa e da situação.

☐ 9. A quiropraxia não oferece benefícios reais.

☐ 10. Tratamentos alternativos não podem ser tão eficazes quanto os tratamentos médicos convencionais.

☐ 11. Os tratamentos alternativos são mais seguros que as abordagens médicas convencionais.

☐ 12. Acredito que uma combinação de tratamentos médicos alternativos e convencionais oferece a melhor abordagem para o controle da dor.

Se você concordou com os itens 1, 3, 4, 9 e 10, provavelmente acredita fortemente nas abordagens médicas convencionais de tratamento, incluindo tratamentos para problemas de estresse e dor. Se você concordou com os itens 2, 5, 6, 7, 8, 11 e 12, então você apresenta algumas crenças compatíveis com tratamentos alternativos e comportamentais.

Este capítulo examina tratamentos alternativos, descreve abordagens alternativas para controlar o estresse e a dor e revisa as evidências sobre a eficácia dessas abordagens.

8-1 Sistemas médicos alternativos

OBJETIVOS DE APRENDIZAGEM

8-1 Definir os termos medicina convencional, medicina alternativa, medicina complementar e medicina integrativa e dar um exemplo de cada um deles

8-2 Comparar as suposições que fundamentam a prática da medicina convencional nos Estados Unidos com aquelas que fundamentam a medicina tradicional chinesa

8-3 Comparar a filosofia que é a base da medicina tradicional chinesa com a medicina aiurvédica

A classificação de procedimentos e produtos como complementares ou alternativos depende não só do cultural, mas também no período de tempo. Nos Estados Unidos, há 150 anos, a cirurgia era um tratamento alternativo não bem-aceito pela medicina (Weitz, 2010). À medida que as técnicas cirúrgicas melhoraram e começaram a acumular evidências de que a cirurgia era o melhor tratamento para algumas condições, ela se tornou parte da medicina convencional. Mais recentemente, quando as evidências sobre o valor para a saúde das dietas ricas em fibras começaram a acumular, o valor das dietas integrais fez a transição da medicina alternativa para a recomendação médica convencional (Hufford, 2003). Algumas das técnicas agora classificadas como MCA vão, com pesquisa e tempo, tornar-se parte da medicina convencional.

Fazer a transição da MCA para a medicina convencional requer a demonstração da eficácia do procedimento ou substância por meio de pesquisa científica (Berman & Straus, 2004; Committee on the Use of Complementary and Alternative Medicine, 2005). Para auxiliar nesse processo, o Congresso dos EUA criou uma agência que se tornou o Centro Nacional de Medicina Complementar e Alternativa e, em 2014, o Centro Nacional de Saúde Complementar e Integrativa. A partir de 1992, esta agência patrocinou pesquisas sobre MCA na tentativa de determinar quais abordagens são eficazes para quais condições, bem como quem usa MCA e para quais condições. Antes de considerar as descobertas sobre as abordagens da MCA para gerenciamento de estresse, dor e outras condições, revisaremos algumas das principais abordagens e técnicas da MCA.

A assistência médica que a maioria das pessoas recebe na América do Norte, Europa e outros lugares ao redor do mundo vem de médicos, cirurgiões, enfermeiros e farmacêuticos representando o sistema de medicina biomédica. Vários sistemas alternativos surgiram em diferentes épocas e lugares; alguns evoluíram durante o mesmo período da medicina convencional ocidental (NCCIH, 2008/2018). Cada um desses sistemas alternativos inclui uma teoria completa da doença (e possivelmente também da saúde) e uma descrição que constitui a prática médica apropriada. Nos Estados Unidos, mais de 20% das pessoas utilizaram um tratamento baseado em pelo menos um desses sistemas (Clarke et al., 2018).

Medicina tradicional chinesa

A medicina tradicional chinesa (MTC) originou-se na China há pelo menos 2.000 anos (Xutian et al., 2009) e continua sendo uma importante abordagem de tratamento nos países

Perfil do mundo real de T. R. REID

A carreira de T. R. Reid como jornalista o levou a vários países, onde se interessou pela política e pelos sistemas de saúde desses lugares (Zuger, 2009). Reid perseguiu seu interesse em sistemas de saúde, o que resultou em documentários e livros, incluindo *The healing of America: A global quest for better, cheaper, and fairer health care* (A Cura da América: Uma busca global por cuidados de saúde melhores, mais baratos e mais justos), que se tornou um best-seller.

Como parte de sua investigação global sobre cuidados de saúde, Reid também buscou uma questão pessoal de saúde sobre sua dor no ombro. Ele sofreu uma lesão grave no ombro quando estava na Marinha (National Public Radio, 2009). O tratamento funcionou bem por 30 anos, mas começou a incomodá-lo, então Reid mesclou questões sobre sistemas de saúde com perguntas pessoais sobre tratamentos para o ombro. Nos Estados Unidos, ele consultou um cirurgião ortopédico, que lhe sugeriu fazer uma cirurgia de reposição do ombro. O profissional que ele entrevistou na França também lhe disse que a cirurgia era a melhor opção. Na Inglaterra, ele consultou um médico do National Health, o sistema médico abrangente apoiado pelo governo da Grã-Bretanha, que lhe disse que ele não era elegível para cirurgia porque seu nível de deficiência não era grave o suficiente para justificar esse tipo de intervenção; ele era elegível para fisioterapia, que poderia ajudar com a dor, mas não curaria o problema.

Reid também consultou um médico no Japão, que explicou que Reid tinha uma variedade de opções de tratamento, incluindo a cirurgia que cirurgiões ortopédicos norte-americanos e franceses recomendavam, mas também injeções de esteroides e algumas opções da medicina tradicional chinesa. Uma dessas opções era a acupuntura, que Reid tentou, mas não obteve alívio da dor no ombro. Ele também consultou um praticante na Índia, que recomendou a medicina aiurvédica, uma prática médica tradicional que surgiu na Índia há cerca de 3.000 anos. Esse tratamento incluiu massagens com óleo morno, que melhorou a dor no ombro de Reid e aumentou a amplitude de movimento do braço.

A jornada médica de Reid incluiu vários tipos de medicina que se encaixam na medicina convencional. As recomendações para cirurgias e medicamentos se enquadram na tradição da medicina que segue o modelo biomédico de doença com base no conceito de patógenos como a causa básica. O modelo biomédico domina a assistência médica nos Estados Unidos e em muitos outros países. Mas a abordagem aiurvédica que funcionou para a dor no ombro de Reid está fora da medicina convencional nos Estados Unidos e constitui um exemplo de medicina alternativa.

---

asiáticos, como T. R. Reid descobriu em sua exploração da assistência médica mundial. O sistema MTC sustenta que uma força vital, chamada qi (pronunciado "qui" e às vezes escrito como chi), anima o corpo. Qi flui por meio de canais no corpo chamados meridianos, que conectam partes do corpo entre si e com o universo como um todo. Manter o qi em equilíbrio é importante para manter e restaurar a saúde. Se o qi estiver bloqueado ou ficar estagnado, podem ocorrer problemas de saúde e doenças.

O corpo existe em um equilíbrio entre duas energias ou forças opostas, *yin* e *yang* (Xutian et al., 2009). Yin representa energia fria, passiva e lenta; yang é quente, ativo e rápido. Os dois atuam sempre juntos, chegar ao equilíbrio entre ambos é essencial para a saúde; alcançar a harmonia é o ideal. Desequilíbrios podem ocorrer por meio de eventos físicos, emocionais ou ambientais e, assim, a MTC assume uma abordagem holística de diagnóstico e tratamento. Os praticantes têm uma variedade de técnicas para ajudar os indivíduos a revitalizar e desbloquear o qi, equilibrar yin e yang, e restaurar a saúde. Essas técnicas incluem acupuntura, massagem, preparações de ervas, dieta e exercícios.

A acupuntura tornou-se o primeiro componente da MTC a ganhar ampla publicidade no Ocidente em 1971, quando o jornalista do *New York Times,* James Reston, experimentou e relatou o tratamento de acupuntura que recebeu na China (Harrington, 2008). Reston acompanhou o secretário de Estado Henry Kissinger à China enquanto Kissinger trabalhava para uma reunião entre o líder chinês Mao Tse-tung e o presidente dos EUA Richard Nixon, que queria estabelecer relações diplomáticas com a China. A história de Reston sobre o sucesso da acupuntura no controle da dor pós-operatória capturou o interesse de muitas pessoas e abriu caminho para que a acupuntura se tornasse conhecida como um tratamento alternativo. A acupuntura ocupa um lugar importante no sistema da MTC.

Acupuntura consiste na inserção de agulhas em pontos específicos na pele que são estimuladas continuamente (NCCIH, 2007/2016a). A estimulação pode ser realizada eletricamente ou girando-as. Cerca de 1,5% das pessoas nos Estados Unidos relataram que fizeram uso da acupuntura (Clarke et al., 2015). T. R. Reid tentou acupuntura para a dor no ombro, mas não obteve alívio com essa técnica (National Public Radio, 2009).

Acupressão é uma técnica manipulativa que envolve a aplicação de pressão em vez de agulhas nos pontos usados na acupuntura. No sistema da MTC, a acupuntura e a acupressão

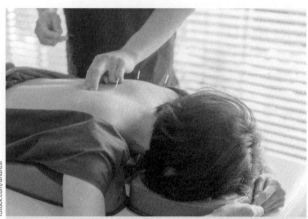

A acupuntura originou-se na medicina tradicional chinesa e tornou-se um tratamento alternativo popular.

ajudam a desbloquear o fluxo de qi e, assim, restaurar a saúde. Outra estratégia para estimular ou subjugar o qi é uma técnica de massagem chamada *tui na*. A MTC sustenta que esse processo regula o sistema nervoso, aumenta a função imunológica e ajuda a eliminar os resíduos do sistema.

O texto chinês *Matéria Médica* é um guia de referência para o uso de ervas e preparações à base de plantas no tratamento. Ervas como ginseng e gengibre são comuns, mas muitas outras preparações vegetais, minerais e até animais fazem parte dos remédios fitoterápicos. Os ingredientes são moídos em pó e transformados em chá ou em comprimidos. Essas preparações têm uma longa história na MTC, mas o interesse recente se concentrou em avaliação dessas substâncias por meio de análises químicas e ensaios controlados randomizados para estabelecer eficácia e segurança. Alguns defensores acreditam que ingredientes nessas preparações tradicionais possam ser úteis na formulação de novos medicamentos (Fan et al., 2019).

Dieta e exercício também fazem parte da MTC. Em vez de buscar uma dieta com equilíbrio de carboidratos, proteínas e gorduras, as recomendações baseadas na MTC procuram remediar desequilíbrios em yin e yang comendo certos alimentos e evitando outros (Xutian et al., 2009). O exercício com propriedades terapêuticas é *qi gong*, que consiste em uma série de movimentos e técnicas de respiração que auxiliam na circulação do qi.

As práticas de acupuntura e qi gong, assim como produtos como preparações à base de plantas, são utilizadas como tratamentos alternativos para problemas específicos em muitas culturas. Contudo, o MTC consiste em um sistema integrando teoria da saúde e do exercício da medicina. Ayurveda é outro sistema de medicina que enfatiza o equilíbrio.

Medicina aiurvédica

Ayurveda, ou medicina aiurvédica, é um antigo sistema que apareceu na Índia; os primeiros textos escritos surgiram há mais de 2.000 anos (NCCIH, 2005/2019). O termo se originou de duas palavras em sânscrito, cuja combinação significa "ciência da vida". O objetivo da medicina aiurvédica é integrar e equilibrar o corpo, a mente e o espírito. Acredita-se que esses três elementos sejam uma extensão do relacionamento entre todas as coisas do universo. Os seres humanos nascem em um estado de equilíbrio, mas eventos podem perturbá-lo. Quando esses elementos estão em desacordo, o desequilíbrio põe a saúde em perigo; trazê-los de volta ao equilíbrio a restaura.

Os praticantes aiurvédicos diagnosticam os pacientes por meio de exames que incluem observação de características físicas, bem como perguntas sobre estilo de vida e comportamento (NCCIH, 2005/2019). A formulação de um plano de tratamento pode exigir consultas com os familiares, bem como com o paciente. Os objetivos do tratamento são eliminar as impurezas e aumentar a harmonia e o equilíbrio, alcançados por meio de mudanças no exercício e na dieta. Essas mudanças podem incluir exercícios de ioga e dietas especiais ou jejum para eliminar as impurezas do corpo. A massagem em pontos vitais do corpo também faz parte da medicina aiurvédica, que proporciona alívio da dor e melhora a circulação. O uso de ervas, óleos medicinais, especiarias e minerais é extenso, rendendo mais de 5.000 produtos.

A medicina aiurvédica foi outro tipo de tratamento que T. R. Reid tentou para melhorar a dor no ombro (Zunger, 2009). Após um processo de diagnóstico que incluía algo que lembrava uma leitura de astrologia, Reid entrou em um centro de tratamento. Seu regime incluía uma dieta especial, meditação e uma série de massagens com óleo quente. Para surpresa dele, esse tratamento foi bem-sucedido; a dor no ombro melhorou substancialmente.

Os pacientes também podem receber orientações para mudar comportamentos para reduzir a preocupação e aumentar a harmonia em suas vidas; a prática de ioga faz parte desse elemento. Menos de 1% das pessoas nos Estados Unidos procuraram tratamento aiurvédico, tornando-o muito menos comum que a MTC (Clarke et al., 2015). Contudo, 14,3% dos adultos (Clarke et al., 2018) e 8,4% das crianças (Black et al., 2018) nesse país praticaram ioga. A **Tabela 8.1** apresenta elementos da MTC e da medicina aiurvédica, que mostram semelhanças na filosofia subjacente e diferenças na terminologia desses dois sistemas.

Outros sistemas médicos alternativos incluem *naturopatia* e *homeopatia*; ambos surgiram durante o século XIX na Europa e se espalharam para a América do Norte. Cada um tornou-se proeminente e, em seguida, desvaneceu-se da popularidade com a ascensão da medicina convencional. Nos Estados Unidos, o tratamento homeopático é mais comum (2,2%) que o tratamento naturopático (0,5%; Clarke et al., 2015), o que significa que nenhum dos sistemas é amplamente utilizado nesse país.

RESUMO

A medicina alternativa consiste em um grupo de sistemas de saúde, práticas e produtos que atualmente não fazem parte da medicina convencional, mas que as pessoas usam em vez de (medicina alternativa) ou em conjunto com tratamentos convencionais (medicina complementar).

TABELA 8.1 Elementos da medicina tradicional chinesa e aiurvédica

Medicina tradicional chinesa	Medicina aiurvédica
Filosofia básica	
A força vital (qi/chi) flui por meio do corpo ao longo dos meridianos e deve ser equilibrada para manter a saúde.	A saúde é alcançada pelo equilíbrio do corpo, mente e espírito.
Origem da doença	
Há bloqueio do fluxo de qi.	Circunstâncias e eventos da vida podem produzir impurezas e desequilíbrios entre corpo, mente e espírito.
Tratamentos	
Exercício, incluindo qi gong e tai chi.	Exercício, incluindo ioga.
Mudanças na dieta para equilibrar as forças do yin e yang comendo certos alimentos e evitando outros.	Mudanças na dieta, incluindo jejum ou dietas especiais.
Acupuntura ou acupressão para aliviar a dor.	Massagem para aliviar a dor e melhorar a circulação.
Massagem tui na para regular o sistema nervoso, aumentar a função imunológica e eliminar resíduos.	
Preparações com ervas.	Preparações com ervas, óleos, especiarias ou minerais.

Sistemas alternativos de saúde incluem medicina tradicional chinesa (MTC), medicina aiurvédica, naturopatia e homeopatia. A MTC e a medicina aiurvédica são antigas; a naturopatia e a homeopatia surgiram no século XIX. Cada um desses sistemas apresenta uma teoria de saúde e doença, bem como práticas para diagnóstico e tratamento.

A MTC sustenta que o corpo contém uma energia vital chamada qi; manter essa energia em equilíbrio é essencial para a saúde. Técnicas como acupuntura e acupressão, remédios de ervas, massagem (chamada *tui na*), e as práticas de canalização de energia de qi gong e tai chi visam alcançar esse equilíbrio. A medicina aiurvédica aceita a noção de energia vital e sustenta que a integração do corpo, mente e espírito é essencial para a saúde. Dietas e preparações à base de plantas fazem parte da medicina aiurvédica, assim como o exercício, incluindo a ioga.

A naturopatia e a homeopatia eram tratamentos proeminentes há 100 anos nos Estados Unidos, mas a popularidade diminuiu e não se recuperou.

APLIQUE O QUE VOCÊ APRENDEU

1. Você diz ao seu amigo que está intrigado com alguns tratamentos de medicina alternativa, mas ele diz que não passa de uma variedade de remédios fajutos que apenas pessoas mal-educadas e imigrantes a praticam. Descreva um contra-argumento à visão de seu amigo, citando informações do NCCIH.

8-2 Produtos e dietas alternativas

OBJETIVOS DE APRENDIZAGEM

8-4 Comparar produtos naturais e drogas descrevendo as origens de cada um deles

8-5 Comparar produtos naturais e medicamentos avaliando a eficácia de cada um deles

8-6 Comparar produtos naturais e medicamentos avaliando os riscos de cada um deles

8-7 Analisar os recentes planos de dieta populares (ou seja, Atkins, DASH etc.) projetados para melhorar a saúde, concentrando-se na eficácia e segurança dessas dietas

A prática de complementar a dieta para melhorar a saúde é antiga, originada em muitas culturas e suas variações que remontam a milhares de anos. Atualmente, milhões de pessoas tomam suplementos vitamínicos e minerais para preservar a saúde e promover o bem-estar, muitas vezes por sugestão de um médico ou outro profissional de saúde convencional. Assim, essa prática se enquadra na categoria de tratamento convencional, mas alguns produtos naturais são classificados como tratamentos alternativos. Nos Estados Unidos, a Food and Drug Administration regula os produtos naturais como alimentos e não como medicamentos. Assim, a venda é sem restrições, sem avaliações de eficácia, mas com avaliações de segurança (NCCIH, 2009/2019).

A categoria de produtos naturais inclui uma variedade de suplementos, probióticos e alimentos funcionais.

Os suplementos de produtos naturais incluem aqueles de ácidos graxos ômega-3 para reduzir os riscos de doenças cardiovasculares, que é o produto mais usado nessa categoria. Outros produtos incluem equinácea como tratamento para resfriados e gripes, glucosamina para osteoartrite, melatonina para promover o sono e muitos outros. *Probióticos* consistem em microrganismos vivos que ocorrem naturalmente no trato digestivo que as pessoas tomam para melhorar a digestão ou para remediar problemas digestivos. O exemplo mais comum de um probiótico é iogurte cultivado com bactérias vivas. As pessoas também tentam manter ou melhorar a saúde complementando as dietas com uma ampla variedade de ervas, aminoácidos, extratos, alimentos especiais e outros produtos naturais. *Alimentos funcionais* são componentes de uma dieta normal que possuem componentes biologicamente ativos, como soja, chocolate, cranberries e outros alimentos que contêm antioxidantes.

As vendas de suplementos dietéticos chegam a bilhões de dólares a cada ano nos Estados Unidos, e os suplementos estão entre os tipos de medicina alternativa mais utilizados. A **Tabela 8.2** apresenta a frequência de uso de suplementos para adultos e crianças nesse país.

A dieta é um fator importante na saúde, e algumas pessoas seguem planos de dieta específicos para melhorar a saúde (em vez de – ou além de – perder peso). Essas dietas incluem vegetariana, macrobiótica, Atkins, Ornish, Zona e Dietary Approaches to Stop Hypertension (DASH).

Todas as dietas vegetarianas restringem a carne e o peixe e se concentram em vegetais, frutas, grãos, legumes, sementes e óleos vegetais. Entretanto, as variedades de dietas vegetarianas incluem lactovegetariano, que permite produtos lácteos; ovolactovegetariano, que permite laticínios e ovos; e dietas veganas, que não permitem laticínios nem ovos. Dietas que restringem carne e produtos cárneos tendem a ser mais baixas em gordura e mais ricas em fibras que outras, o que as torna benéficas para pessoas com problemas de saúde, como níveis elevados de colesterol. A American Heart Association e a American Cancer Society recomendaram limitar o consumo de carne por motivos de saúde. Todas as três variedades de dietas vegetarianas podem fornecer nutrição adequada para pessoas em todos os estágios de desenvolvimento, mas os vegetarianos devem planejar as refeições cuidadosamente para garantir que recebam proteínas, cálcio e outros nutrientes adequados que são abundantes na carne (Phillips, 2005). Aqueles que seguem dietas vegetarianas muito restritivas, como *dieta macrobiótica*, devem ser mais cuidadosos que outros vegetarianos para obter os nutrientes adequados. Este plano de dieta vegetariana não é apenas amplamente vegetariano, mas também restringe as escolhas alimentares a grãos, cereais, vegetais cozidos e uma quantidade ocasional e limitada de frutas e peixes.

As dietas Atkins, Pritikin, Ornish e Zona variam quanto à quantidade de carboidratos e gorduras permitidas e variam em objetivos gerais (Gardner et al., 2007). Por exemplo, o programa de dieta Atkins limita os carboidratos, mas não a gordura ou as calorias, enquanto o programa Ornish se esforça para limitar a ingestão de gordura a 10% de calorias, o que torna essa dieta quase inteiramente vegetariana, difícil de seguir e, portanto, raramente seguida (Clarke et al., 2015). A dieta DASH concentra-se em vegetais, frutas, grãos integrais e laticínios com baixo teor de gordura e limita a ingestão de carne vermelha, açúcar e sódio. Essa dieta é menos restritiva e, portanto, mais fácil de seguir.

Dietas especiais para promover a saúde não são uma prática comum; a maioria das pessoas que segue uma dieta restritiva tem o objetivo de perder peso. Como mostra a Tabela 8.2, apenas 3% das pessoas nos Estados Unidos seguem uma dessas dietas especiais, um número que diminuiu nos últimos 15 anos (Clarke et al., 2015).

RESUMO

Produtos alternativos incluem suplementos dietéticos; dietas especializadas são um procedimento alternativo. As pessoas são mais propensas a complementar suas dietas com uma ampla variedade de vitaminas, minerais e produtos

TABELA 8.2 Produtos da MCA mais usados

Produto ou dieta	Porcentagem de adultos que usaram essa abordagem	Porcentagem de crianças (<18 anos) que usaram essa abordagem
Suplemento não vitamínico/não mineral	17,7	4,9
Óleo de peixe	7,8	–
Glucosamina ou condroitina	2,6	–
Probióticos	1,6	–
Melatonina	1,3	–
Echinacea	0,9	–
Terapias à base de dieta	3,0	0,7

Fontes: Dados de "Use of complementary health approaches among children aged 4-17 years in the United States: National Health Interview Survey, 2007-2012", por L. I. Black, T. C. Clarke, P. M. Barnes, B. J. Stussman & R. L. Nahin, 2015, *National Health Statistics Reports*, n. 78, Hyattsville, MD: National Center for Health Statistics; e "Trends in the use of complementary health approaches among adults: United States, 2002-2012", por T. C. Clarke, L. I. Black, B. J. Stussman, P. M. Barnes & R. L. Nahin, 2015, *National Health Statistics Reports*, n. 79, Hyattsville, MD: National Center for Health Statistics.

naturais, como ervas, aminoácidos, extratos e alimentos especiais para melhorar a saúde ou tratar condições específicas. Essa abordagem se tornou a medicina alternativa mais usada nos Estados Unidos. Algumas dietas especiais têm o objetivo de reduzir os níveis de colesterol, como a dieta Ornish, a South Beach ou a Zona; outras dietas têm o objetivo de melhorar a saúde, como as dietas DASH, vegetarianas e macrobiótica. Seguir uma dieta especial é menos comum (3%) que usar um suplemento alimentar (17,7%).

APLIQUE O QUE VOCÊ APRENDEU

1. Pesquise três produtos na categoria alternativos, listando os benefícios alegados para esses produtos e os riscos que podem estar associados ao seu uso.
2. Mantenha um diário alimentar de uma semana para fornecer dados para analisar sua dieta. Com esses dados, escolha uma que seja saudável entre as descritas nesta seção e aponte as diferenças entre sua dieta e essa dieta saudável.

8-3 Práticas manipulativas

OBJETIVOS DE APRENDIZAGEM

8-8 Descrever duas diferenças entre a manipulação quiroprática e a massagem terapêutica quanto à conceituação de problemas e prática de cada terapia

As práticas manipulativas consistem naquelas orientadas para o alívio de sintomas ou tratamento de doenças. Os mais comuns são o tratamento quiroprático e a massagem. A quiropraxia se concentra no alinhamento da coluna vertebral e nas articulações, usando técnicas de ajuste para trazer a coluna de volta ao alinhamento. A massagem também é uma técnica de manipulação, mas se concentra nos tecidos moles. Existem diversos tipos diferentes de massagem, mas muitos compartilham a premissa subjacente de que esse tipo de manipulação ajuda o corpo a se curar.

Tratamento quiroprático

Daniel David Palmer fundou a quiropraxia em 1895 (NCCIH, 2007/2012). Palmer acreditava que a manipulação da coluna era a chave não apenas para curar doenças, mas também para preveni-las. Esse foco forma a base do tratamento quiroprático – realizando ajustes na coluna e nas articulações para corrigir desalinhamentos subjacentes aos problemas de saúde. Esses ajustes envolvem a aplicação de pressão com as mãos ou com uma máquina que força uma articulação a se mover além da amplitude de movimento passiva. Quiropráticos também podem usar calor, gelo e estimulação elétrica como parte do tratamento; eles também podem prescrever exercícios para reabilitação, mudanças na dieta ou suplementos alimentares. Com esses problemas corrigidos, o corpo pode se curar.

Palmer fundou a primeira escola de quiropraxia em 1896, e a quiropraxia começou a se espalhar nos Estados Unidos durante o início do século XX (Pettman, 2007). Alunos são admitidos em escolas de quiropraxia após completar pelo menos 90 horas em cursos universitários de graduação com foco em ciências (NCCIH, 2007/2012). O treinamento de quiropraxia requer um adicional de quatro anos de estudo em uma das escolas credenciadas pelo Conselho de Educação Quiroprática. O programa envolve cursos e atendimento ao paciente. Todos os cinquenta Estados desse país licenciam quiropráticos depois de terminarem os estudos e passarem por exames.

Desde o início da quiropraxia, médicos atacaram a prática, iniciando processos contra quiropráticos por praticarem medicina sem licença (Pettman, 2007). A American Medical Association travou uma amarga batalha contra ela em meados do século XX, mas os quiropráticos prevaleceram. A rivalidade diminuiu; a quiropraxia tornou-se o mais comum dos tratamentos alternativos recomendados pelos médicos (Stussman et al., 2020); tornou-se tão bem aceita que está em processo de integração na medicina convencional. Por exemplo, solicitações de atletas para tratamento quiroprático encorajaram a integração dela na medicina esportiva (Theberge, 2008), e também está disponível para clientes atendidos pelo Departamento de Defesa dos EUA e pelo Departamento de Assuntos de Veteranos, seja por meio de Hospitais de Veteranos ou por meio de contratos com fornecedores privados (U.S. Department of Veterans Affairs). De fato, o tratamento quiroprático tornou-se tão bem aceito que muitos planos de saúde pagam por esses serviços. Dores nas costas, no pescoço e de cabeça são as condições mais comuns que levam as pessoas a procurar tratamento quiroprático (NCCIH, 2007/2012). A Tabela 8.3 mostra a frequência de procura de atendimento quiroprático nos Estados Unidos para crianças e adultos; a porcentagem é um pouco maior para adultos canadenses, onde 11% usaram quiropraxia no ano anterior à pesquisa (Park, 2005).

Massagem

A manipulação quiroprática se concentra na coluna e nas articulações, mas a massagem manipula os tecidos moles para produzir benefícios à saúde. Considerada um luxo até recentemente, ela é hoje reconhecida como uma terapia alternativa utilizada para controlar o estresse e a dor. Esta abordagem remonta a milhares de anos e surgiu em muitas culturas (Moyer, Rounds & Hannum, 2004). Registros de massagem datam de 2000 a.C., e os primeiros curandeiros, como Hipócrates e Galeno, escreveram sobre seus benefícios. A **Tabela 8.3** apresenta a porcentagem de adultos e crianças nos Estados Unidos que usaram massagem para benefícios à saúde.

Existem vários tipos diferentes de massagem terapêutica. Embora Per Henrik Ling seja frequentemente creditado, foi Johann Mezger quem desenvolveu as técnicas de massagem durante o século XIX que ficaram conhecidas como *massagem sueca* (Petman, 2007). Esta atinge o relaxamento usando movimentos leves em uma direção combinados com amassar

TABELA 8.3 Práticas manipulativas mais usadas

Práticas manipulativas	Porcentagem de adultos que usaram essa abordagem	Porcentagem de crianças (<18 anos) que usaram essa abordagem
Manipulação de quiropraxia	10,3	3,4
Massagem	6,9	0,7

Fonte: Dados de "Use of complementary health approaches among children aged 4-17 years in the United States: National Health Interview Survey, 2007-2012", por L. I. Black, T. C. Clarke, P. M. Barnes, B. J. Stussman & R. L. Nahin, 2015, *National Health Statistics Reports*, n. 78, Hyattsville, MD: National Center for Health Statistics; e "Trends in the use of complementary health approaches among adults: United States, 2002-2012", por T. C. Clarke, L. I. Black, B. J. Stussman, P. M. Barnes & R. L. Nahin, 2015, *National Health Statistics Reports*, n. 79, Hyattsville, MD: National Center for Health Statistics.

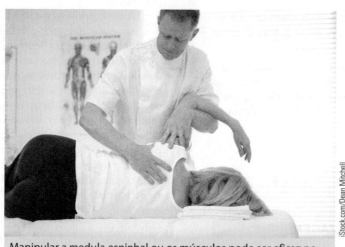

Manipular a medula espinhal ou os músculos pode ser eficaz no alívio da dor.

os músculos usando uma pressão mais profunda na direção oposta (NCCIH, 2006/2019). Originalmente parte da fisioterapia e reabilitação, a massagem é agora uma terapia eficaz para o estresse, ansiedade, problemas relacionados ao envelhecimento, hipertensão e vários tipos de dor (Field, 2016).

Outros tipos de massagens vêm de outros sistemas de medicina, incluindo MTC, ayurveda e naturopatia. Acupressão e *tui na* são ambas técnicas manipulativas originárias da MTC (Xue et al., 2010). A acupressão envolve a aplicação de pressão nos meridianos do corpo com o objetivo de desbloquear o fluxo de qi. *Massagem shiatsu* é a contraparte japonesa da acupressão. *Tui na* é outra abordagem da MTC para ajudar o qi a fluir livremente por todo o corpo. Pode envolver empurrar o qi ao longo de meridianos específicos usando um dedo ou polegar, que também é semelhante ao *shiatsu*. A lógica da massagem aiurvédica sustenta que a manipulação de pontos específicos do corpo canaliza a energia de cura no corpo. Sua prática geralmente envolve óleos medicinais para diminuir o atrito e ajudar na cicatrização, técnica que trouxe benefícios substanciais para o ombro de T. R. Reid. Assim, a prática da massagem é comum na MCA, oriunda de diversos sistemas e utilizada como prática de cura independente.

RESUMO

Práticas manipulativas incluem tratamentos quiropráticos e massagem. A quiropraxia se concentra no alinhamento da coluna vertebral e nas articulações, usando técnicas de ajuste para trazer a coluna de volta ao alinhamento. A massagem também é uma técnica de manipulação, mas concentra-se no tecido mole. Existem muitos tipos diferentes de massagem, e muitos compartilham a premissa subjacente de que esse tipo de manipulação ajuda o corpo a se curar.

APLIQUE O QUE VOCÊ APRENDEU

1. Você percebe que seu colega de quarto parece estar tomando muita aspirina, pergunta por que e descobre que ele está sentindo uma dor persistente no ombro. Você sugere tentar tratamentos quiropráticos, mas ele diz que as massagens parecem mais atraentes. Faça uma lista dos sintomas que são importantes conhecer antes que ambos possam concordar sobre qual tratamento é a melhor escolha.

8-4 Medicina mente-corpo

OBJETIVOS DE APRENDIZAGEM

8-9 Comparar a meditação transcendental e a atenção plena, apontando tanto as semelhanças como as diferenças

8-10 Comparar a prática da ioga com a do tai chi, explicando as origens, a popularidade, e os tipos de movimentos envolvidos em cada uma delas

8-11 Explicar como obter controle sobre os processos autônomos pode beneficiar indivíduos que sofrem de estresse crônico, pressão alta e enxaquecas

8-12 Descrever duas características que diferenciam a hipnose de outros estados mentais

Medicina mente-corpo. É o termo aplicado a uma variedade de técnicas baseadas na noção de que cérebro, mente, corpo e comportamento interagem de maneiras complexas e que fatores emocionais, mentais, sociais e comportamentais exercem importantes efeitos sobre a saúde (NCCIH, 2017). Algumas dessas técnicas estão associadas à psicologia e outras à medicina convencional, mas todas compartilham a noção de que mente e corpo representam um sistema holístico de interações dinâmicas. Essa concepção não é recente; ela forma a base da MTC, da medicina aiurvédica e de muitos outros sistemas de medicina tradicional e popular. Essa noção também foi proeminente na Europa até o século XVII, quando o filósofo francês René Descartes propôs que a mente e o corpo funcionavam de acordo com princípios diferentes. O pronunciamento de Descartes promoveu a visão de que o corpo funciona de acordo com princípios mecanicistas, o que foi importante no desenvolvimento da medicina ocidental, mas desconsiderou a importância da mente na saúde física.

Aqueles que aceitam a medicina mente-corpo procuram entender a interação da mente e do corpo e sua relação com a saúde. Algumas das técnicas da medicina mente-corpo vêm daqueles sistemas que propõem uma visão holística, como a MTC e a medicina aiurvédica. Mas as técnicas incluem não apenas meditação, tai chi, qi gong e ioga, que surgiram desses sistemas de medicina, mas também imaginação guiada, hipnose e biofeedback. Um componente comum à maioria dessas práticas é a respiração profunda e controlada, mas muitas pessoas nos Estados Unidos usam exercícios isolados de respiração profunda e não como parte de outras técnicas mente-corpo (Clarke et al., 2015). A Tabela 8.4 mostra a frequência desta e de outras práticas mente-corpo entre adultos e crianças dos EUA.

Meditação e ioga

A maioria das abordagens da meditação originou-se na Ásia como parte das práticas religiosas, mas as abordagens mente-corpo da meditação normalmente não têm conotações religiosas (NCCIH, 2007/2016b). Existem muitas variações de meditação, mas todas envolvem um local tranquilo, uma postura específica, um foco de atenção e uma atitude aberta. A **Tabela 8.4** mostra o uso da meditação entre adultos e crianças nos Estados Unidos. Os dois tipos mais proeminentes de meditação são a transcendental e a da atenção plena.

Meditação transcendental. A meditação transcendental originou-se na tradição védica na Índia. Participantes que a praticam usualmente sentam-se com os olhos fechados e os músculos relaxados. Eles então concentram a atenção à respiração e repetem silenciosamente um som, como "om" ou qualquer outra palavra ou frase pessoalmente significativa, com cada respiração por cerca de vinte minutos. A repetição de uma única palavra destina-se a evitar pensamentos perturbadores e a manter o relaxamento muscular. A meditação requer uma motivação consciente para focar a atenção em um único pensamento ou imagem juntamente com o esforço para não se distrair com outros pensamentos.

TABELA 8.4 Terapias da MCA mais usadas

Abordagens mente-corpo	Porcentagem de adultos que usaram essa abordagem	Porcentagem de crianças (<18 anos) que usaram essa abordagem
Respiração profunda	10,9	2,7
Meditação	14,2	5,4
Imaginação guiada	1,7	0,4
Ioga	14,3	8,4
Tai chi	1,1	0,2
Qi gong	0,3	0,1
Biofeedback	0,1	<0,1
Hipnose	0,1	—

Fonte: Dados de "Use of complementary health approaches among children aged 4-17 years in the United States: National Health Interview Survey, 2007-2012", por L. I. Black, T. C. Clarke, P. M. Barnes, B. J. Stussman & R. L. Nahin, 2015, *National Health Statistics Reports*, n. 78, Hyattsville, MD: National Center for Health Statistics; e "Trends in the use of complementary health approaches among adults: United States, 2002-2012", by T. C. Clarke, L. I. Black, B. J. Stussman, P. M. Barnes & R. L. Nahin, 2015, *National Health Statistics Reports*, n. 79, Hyattsville, MD: National Center for Health Statistics.

Tornando-se mais saudável

Uma técnica que ajuda as pessoas a gerenciar e minimizar a dor é a imaginação guiada. Essa técnica envolve criar uma imagem e ser guiado (ou guiar a si mesmo) por ela. O processo pode ser útil para lidar com a dor crônica e a aguda, como procedimentos médicos ou odontológicos. Aqueles que não são experientes em imagens guiadas se beneficiarão de ter uma versão gravada das instruções de imagens guiadas, para as quais você pode encontrar um aplicativo.

Para praticar a imaginação guiada, escolha um lugar tranquilo e confortável onde não seja perturbado. Prepare-se para a experiência colocando a gravação onde possa ligá-la, sentando-se em uma cadeira confortável e respirando profundamente algumas vezes. Ligue o aparelho, feche os olhos e siga as instruções.

As instruções devem incluir uma descrição de um lugar especial, que você imagina ou já tenha experimentado, onde se sinta seguro e em paz. Adapte o lugar à sua vida e experiências – o lugar mágico de uma pessoa pode não ser tão atraente para outra, então pense no que lhe agrada. Muitos gostam de uma cena de praia, outros gostam de bosques, campos ou salas especiais. O objetivo é imaginar um lugar onde você se sinta relaxado e em paz.

Coloque instruções em sua gravação sobre este lugar e a descrição. Passe algum tempo aí e experimente-o em detalhes. Preste atenção às imagens e sons, mas não negligencie os cheiros e os sentidos da pele associados ao local. Passe algum tempo imaginando cada uma dessas experiências sensoriais e inclua instruções para si mesmo sobre os sentimentos. Você deve se sentir relaxado e tranquilo ao passar por essa cena. Demore-se nos detalhes e permita-se ficar completamente absorvido na experiência.

Certifique-se de incluir algumas instruções para uma respiração relaxada no passeio pelo seu lugar especial. O objetivo é alcançar a paz e o relaxamento que substituirão a ansiedade e a dor que você sentiu. Ao repetir o exercício de imaginação guiada, revise as instruções para incluir mais detalhes. A gravação deve ter pelo menos 10 minutos de instruções guiadas, e sua experiência e prática podem levá-lo a prolongá-la. Eventualmente, você não precisará da gravação e poderá usar essa técnica onde quer que vá.

Meditação da atenção plena. A meditação da atenção plena tem raízes na antiga prática budista (Bodhi, 2011), mas após algumas adaptações tornou-se uma prática moderna de redução do estresse. Na meditação da atenção plena, as pessoas geralmente se sentam em uma postura relaxada e ereta e se concentram em quaisquer pensamentos ou sensações à medida que ocorrem, tentando aumentar sua própria consciência de suas percepções e processos de pensamento de maneira não julgadora (Kabat-Zinn, 1993). Se ocorrerem pensamentos ou sensações desagradáveis, os meditadores são encorajados a não ignorá-los, mas a deixá-los passar e a se concentrar na respiração. Ao observar os pensamentos objetivamente, sem censurá-los ou editá-los, as pessoas podem obter *insights* sobre como veem o mundo e o que as motiva.

Jon Kabat-Zin (1993) adaptou a meditação da atenção plena em um programa de redução do estresse. Esse procedimento envolve um curso de treinamento de oito semanas, que normalmente ocorre por pelo menos duas horas por dia e também pode incluir um retiro intensivo para desenvolver habilidades de meditação. A redução do estresse baseada na atenção plena é útil em uma ampla variedade de configurações para ajudar as pessoas a controlar a ansiedade e gerenciar doenças crônicas e condições de dor. Revisão sistemática e metanálise (Goyal et al., 2014) indicaram que essa abordagem mostrou um efeito de tamanho moderado em ajudar as pessoas a controlar a ansiedade, a depressão e a dor. Pesquisas sobre atenção plena nos últimos vinte anos revelaram a utilidade dessa abordagem, inclusive aumentando a eficácia do sistema imunológico (Creswell, 2017).

Imaginação guiada. As imagens guiadas compartilham alguns elementos com a meditação, mas existem diferenças importantes. Nas imagens guiadas, as pessoas evocam uma imagem calma e pacífica, como o som cadenciado do mar ou a beleza emudecedora de uma cena ao ar livre. Elas então se concentram nessa imagem pela duração de uma situação, muitas vezes uma situação que é dolorosa ou causadora de ansiedade. A suposição subjacente à imaginação guiada é que uma pessoa não pode se concentrar em mais de uma coisa ao mesmo tempo. Portanto, imaginar uma cena especialmente poderosa ou pacífica desviará a atenção da experiência dolorosa (ver o quadro "Tornando-se mais saudável"). A Tabela 8.4 mostra como a prática de imagens guiadas é incomum.

Ioga. A ioga tem suas origens na Índia antiga (consulte a Tabela 8.1), mas agora faz parte da prática mente-corpo (NCCIH, 2008/2019). Inclui posturas físicas, respiração e meditação, e seu objetivo é equilibrar corpo, mente e espírito. Das várias escolas de ioga, a *Hatha Yoga* é a mais comum nos Estados Unidos e na Europa. As muitas posturas da ioga fornecem maneiras de mover e concentrar a energia no corpo. Essa concentração de atenção no corpo permite que as pessoas ignorem outras situações e problemas e vivam em seus corpos no momento. A respiração controlada promove o relaxamento. A Tabela 8.4 mostra que a ioga está entre as práticas mente-corpo mais comuns entre adultos e crianças.

Qi gong e tai chi

A MTC inclui abordagens baseadas em movimento para desbloquear o qi e melhorar a saúde. A técnica básica é *qi gong* (também escrito como *qigong*, *chi gung* e *chi gong*), que consiste em uma série de exercícios ou movimentos destinados a concentrar e equilibrar a energia vital do corpo (Sancier & Holman, 2004). Sua prática promove relaxamento e proporciona exercícios. O tai chi, ou *tai chi chuan*, originou-se como uma das artes marciais, mas evoluiu para um conjunto de movimentos utilizados para benefícios terapêuticos (Gallagher, 2003).

Qi gong. Qi gong envolve a prática ou cultivo (gong) do qi (energia) por posturas e simples movimentos que canalizam a energia vital e restauram o equilíbrio do corpo. É uma das práticas básicas da MTC (Twicken, 2011). Uma maneira de ver o qi gong é como "a manipulação da regulação do corpo, respiração e mente em um todo integrador, com a respiração como a principal prática reguladora para que isso aconteça" (Shinnick, 2006, p. 351). Essas posturas e movimentos podem ser praticados individualmente ou integrado em uma sequência chamada *formato*. Na MTC, a prática do qi gong aumenta a saúde e diminui a necessidade de tratamentos como acupuntura e remédios à base de ervas.

Embora o qi gong se enquadre na filosofia da MTC, sua prática foi adaptada para ser compatível com a medicina ocidental, sob o nome *qi gong médico* (He, 2005; Twicken, 2011). Os pesquisadores têm investigado a existência física do qi, com alegações de que a prática do qi gong cria mudanças mensuráveis na energia térmica e elétrica (Shinnick, 2006). A prática do qi gong médico visa prevenir doenças, promover vida longa e tratar doenças específicas, como hipertensão, diabetes e doenças cardíacas, bem como estresse e dor. A Tabela 8.4 mostra que a taxa de prática de qi gong é baixa nos Estados Unidos.

Tai chi. Tai chi (ou tai chi chuan) é uma categoria de qi gong, que evoluiu da arte marcial com uma história longa, mas controversa. Alguns defensores traçam sua história há milhares de anos, enquanto outros apontam para uma história de apenas várias centenas de anos (Kurland, 2000). As figuras-chave em seu desenvolvimento também são objeto de debate, mas uma história comumente citada envolve um monge Shaolin que percebeu a luta entre uma cobra e uma garça e adaptou seus movimentos a uma forma de defesa. Com o tempo, a prática do tai chi passou a ser cada vez mais popular para promover a saúde, espalhando-se por toda a China e ao redor do mundo. Como uma das práticas da MTC, o tai chi cultiva o equilíbrio entre as energias yin e yang, promovendo assim a saúde.

O tai chi envolve movimentos lentos e suaves que deslocam o peso enquanto a pessoa mantém uma postura ereta, mas relaxada e respiração controlada (NCCIH, 2006/2016). Um movimento flui para outro, e aqueles que praticam tai chi se esforçam para manter um ritmo constante de movimento enquanto coordenam a respiração com os movimentos, criando uma "meditação em movimento". A história do tai chi inclui o desenvolvimento de muitos estilos diferentes, originalmente perpetuados no âmbito familiar. Atualmente, o estilo Yang é o mais comum na China e entre aqueles que praticam o tai chi como medicina alternativa. Todas as variações de estilos incluem um conjunto de movimentos conectados em uma sequência, chamada forma. O tai chi proporciona exercícios aeróbicos de intensidade moderada equivalentes a caminhadas rápidas e um modo de exercício de baixo impacto que é apropriado para uma grande variedade de indivíduos (Taylor-Piliae

Tai chi chuan é uma técnica baseada em movimento que produz benefícios psicológicos.

et al., 2006). Além disso, é útil no treinamento de equilíbrio e na prevenção de quedas, bem como no gerenciamento de várias condições crônicas, como doenças pulmonares e cardíacas (Klein et al., 2019). Como mostra a Tabela 8.4, o tai chi é mais praticado nos Estados Unidos que o qi gong.

Biofeedback

Até a década de 1960, a maioria das pessoas no mundo ocidental presumiu que era impossível controlar conscientemente os processos fisiológicos, como a frequência cardíaca, a secreção de sucos digestivos e a constrição dos vasos sanguíneos. Essas funções biológicas não requerem atenção consciente para sua regulação, e tentativas conscientes de regulação parecem ter pouco efeito. Então, no final da década de 1960, vários pesquisadores começaram a explorar a possibilidade de controlar processos biológicos tradicionalmente considerados além do controle consciente. Seus esforços culminaram no desenvolvimento de **biofeedback**, o processo de oferecer informações de feedback sobre o estado dos sistemas biológicos.

Os primeiros experimentos indicaram que o biofeedback tornou possível o controle de algumas funções automáticas. Em 1969, Neal E. Miller relatou uma série de experimentos em que ele e colegas alteraram os níveis de resposta visceral dos animais por meio de reforço. Alguns indivíduos receberam recompensas por aumentar sua frequência cardíaca e outros por diminuí-la. Em algumas horas, surgiram diferenças significativas na frequência cardíaca. Depois que outros pesquisadores demonstraram que o biofeedback poderia ser usado com humanos (Brown, 1970; Kamiya, 1969), o interesse por esse procedimento tornou-se generalizado.

No biofeedback, instrumentos eletrônicos medem as respostas biológicas, e o *status* dessas respostas fica imediatamente disponível para quem utiliza as máquinas. Ao usar o biofeedback, a pessoa obtém informações sobre as mudanças nas respostas biológicas à medida que estão ocorrendo. Esse feedback imediato permite que o usuário altere as respostas fisiológicas que de outra forma seriam quase impossíveis de controlar voluntariamente.

Existem muitos tipos de biofeedback; poucos são comum em uso clínico, mas eletromiografia e biofeedback térmico são mais comuns que outros tipos. **Biofeedback por eletromiógrafo (EMG)** reflete a atividade dos músculos esqueléticos medindo a descarga elétrica nas fibras musculares. A medição é possível por meio da fixação de eletrodos na superfície da pele sobre os músculos a serem monitorados. O nível de atividade elétrica reflete o grau de tensão ou relaxamento dos músculos. A máquina responde com um sinal que varia de acordo com essa atividade muscular. O biofeedback permite que os indivíduos aumentem a tensão muscular na reabilitação ou diminuam a tensão muscular no gerenciamento do estresse. O uso mais comum do biofeedback EMG entre os usuários da MCA é no controle da dor lombar e dores de cabeça; contudo, o biofeedback EMG está se tornando mais amplamente reconhecido como útil na reabilitação (Giggins et al., 2013).

Biofeedback térmico, que também pode ajudar as pessoas a lidar com o estresse e a dor, baseia-se no princípio de que a temperatura da pele varia em relação aos níveis de estresse. O estresse tende a contrair os vasos sanguíneos, enquanto o relaxamento os abre. Portanto, a temperatura fria da superfície da pele pode indicar estresse e tensão; a temperatura quente da pele sugere calma e relaxamento. O biofeedback térmico envolve a colocação de um **termistor** – um resistor sensível à temperatura – na superfície da pele. O termistor sinaliza mudanças na temperatura da pele, fornecendo assim a informação que permite o controle. O sinal de feedback, assim como o biofeedback EMG, pode ser auditivo, visual ou ambos. Como mostra a Tabela 8.4, as crianças raramente recebem biofeedback, e a prática não é comum entre os adultos.

Tratamento hipnótico

Embora as condições semelhantes ao transe sejam provavelmente mais antigas que a história humana, a hipnose moderna geralmente remonta à última parte do século XVIII, quando o médico austríaco Franz Anton Mesmer realizou demonstrações elaboradas em Paris. Embora o trabalho de Mesmer tenha sido alvo de ataques, modificações de sua técnica, conhecida como *mesmerismo*, logo se espalhou para outras partes do mundo. Na década de 1830, alguns cirurgiões usavam o mesmerismo como anestésico durante grandes operações (Hilgard & Hilgard, 1994).

Com a descoberta dos anestésicos químicos, a popularidade da hipnose diminuiu, mas durante o final do século XIX, muitos médicos europeus, incluindo Sigmund Freud, empregaram procedimentos hipnóticos no tratamento de doenças mentais. Desde o início do século XX, a popularidade da hipnose como ferramenta médica e psicológica continuou a aumentar e diminuir. Sua posição atual ainda é um tanto controversa, mas um número significativo de praticantes da medicina e da psicologia usam a hipnoterapia para tratar problemas relacionados à saúde, especialmente a dor. Como mostra a Tabela 8.4, a técnica permanece em uso limitado.

Não apenas o uso de processos hipnóticos ainda é controverso, mas a natureza precisa da hipnose também é um tópico de debate. Algumas autoridades, como Joseph Barber (1996) e Ernest Hilgard (1978), consideravam a hipnose *estado* de consciência em que o fluxo de consciência de uma pessoa é dividido ou dissociado. Barber argumentou que a analgesia hipnótica funciona por meio de um processo de alucinação negativa – não perceber algo que normalmente se perceberia. Para Hilgard, o processo de **indução** – isto é, ser colocado em um estado hipnótico – é fundamental para o processo hipnótico. Após a indução, a pessoa responsiva entra em um estado de consciência dividida ou dissociada que é essencialmente diferente do estado normal. Esse estado alterado de consciência permite que as pessoas respondam à sugestão e controlem processos fisiológicos que não podem controlar no estado normal de consciência.

A visão alternativa da hipnose sustenta que é uma forma mais generalizada *característica*, ou uma característica relativamente permanente de algumas pessoas que respondem bem à sugestão (T. X. Barber, 1984, 2000). Aqueles que sustentam essa visão rejeitam a concepção básica de que a hipnose é uma consciência alterada. Em vez disso, eles argumentam que a hipnose nada mais é que relaxamento, a indução não é necessária e os procedimentos sugestivos podem ser igualmente eficazes sem entrar em um estado de transe.

A pesquisa não resolveu essa controvérsia. Estudos de imagens cerebrais (De Benedittis, 2003; Rainville & Price, 2003) tendem a apoiar a visão de que a hipnose é um estado alterado de consciência. Entretanto, em um estudo comparando sugestão hipnótica com não hipnótica (Milling et al., 2005), ambos os tipos foram comparativamente eficazes. Ou seja, a expectativa e a sugestão levaram a uma redução da dor, quer os participantes estivessem hipnotizados ou não.

Fisiologia e medicina mente-corpo

Um corpo crescente de pesquisas atesta até que ponto a medicina mente-corpo faz jus ao seu nome; isto é, essas técnicas comportamentais afetam uma variedade de processos biológicos. Por exemplo, estudos de imagens cerebrais ajudaram a esclarecer o que acontece quando uma pessoa relaxa e medita. A atenção e o monitoramento das funções executivas são alterados na meditação (Manna et al., 2010), e diferentes técnicas de meditação provocam diferentes padrões de ativação cerebral. Outra pesquisa explorou quais mudanças cerebrais acompanham a meditação, sugerindo que essa prática pode ter a capacidade de atrasar ou até reverter algumas das mudanças cerebrais que ocorrem com o envelhecimento (Luders, 2013).

Pesquisas sobre a natureza do treinamento de atenção plena (Jha, Krompinger et al., 2007; Jha, Dekova et al., 2019) sugerem que ele melhora os processos de atenção alterando seus subcomponentes, como orientar a atenção e alertar a atenção. Na meditação da atenção plena, o córtex pré-frontal e o córtex cingulado anterior mostram níveis mais altos de ativação, e a experiência de longo prazo com a meditação provoca mudanças nas estruturas cerebrais envolvidas na atenção (Chiesa & Serretti, 2010). Pesquisas adicionais (Hölzel et al., 2011) confirmaram que a meditação da atenção plena funciona alterando a função cerebral.

Outro efeito fisiológico da redução do estresse baseado em atenção plena envolve a melhora da função em vários componentes do sistema imunológico (Rosenkranz et al., 2013). Uma metanálise (Morgan et al., 2014) confirmou a capacidade das técnicas mente-corpo de modular a função do sistema imunológico. Também existem evidências de que o treinamento de qi gong produz mudanças na função do sistema imunológico (Creswell, 2017; Lee et al., 2005). Esses efeitos fisiológicos especificam rotas pelas quais a meditação e o qi gong podem melhorar a saúde.

RESUMO

Medicina mente-corpo é um termo aplicado a uma variedade de técnicas que as pessoas usam para melhorar ou tratar problemas de saúde, incluindo meditação, imagens guiadas, ioga, qi gong, tai chi, biofeedback e hipnose. A meditação transcendental direciona as pessoas a se concentrarem em um único pensamento ou som para alcançar o relaxamento, enquanto a meditação da atenção plena incentiva os praticantes a se concentrarem no momento, tornando-se conscientes dos detalhes de sua experiência atual. As imagens guiadas incentivam os indivíduos a criar uma cena agradável para obter relaxamento e alívio da ansiedade. A ioga usa posturas físicas, respiração e meditação, com o objetivo de equilibrar corpo, mente e espírito. As práticas baseadas em movimento de qi gong e tai chi originaram-se na MTC. Estas envolvem posturas e movimentos destinados a direcionar e equilibrar a energia vital do corpo.

Biofeedback é o processo de fornecer informações de retorno sobre o estado dos sistemas biológicos com o objetivo de controlá-los. Existem muitos tipos de biofeedback; mas aprender a controlar a tensão muscular por meio do biofeedback eletromiográfico e a temperatura da pele por meio do biofeedback térmico tem as mais amplas aplicações clínicas. O tratamento hipnótico é controverso, com algumas autoridades argumentando que representa um estado alterado de consciência que aumenta o relaxamento e a sugestionabilidade, enquanto outros afirmam que é uma característica de alguns indivíduos. Em ambos os casos, relaxamento e sugestionabilidade têm o potencial de melhorar a saúde.

A medicina mente-corpo também tem o poder de alterar a fisiologia. Meditação, meditação da atenção plena e qi gong mostraram o poder de alterar os processos fisiológicos. Essas mudanças benéficas incluem alterar as funções cerebrais para um processamento cognitivo mais eficaz, retardar as alterações cerebrais que acompanham o envelhecimento e aumentar alguns componentes da eficiência imunológica.

APLIQUE O QUE VOCÊ APRENDEU

1. Procure um vídeo mostrando a prática de pelo menos três dos seguintes tópicos: meditação, imagens guiadas, ioga, qi gong ou tai chi, biofeedback e hipnose. Depois de assisti-los, explique qual você acha mais atraente e por quê.

8-5 Quem usa medicina complementar e alternativa?

OBJETIVOS DE APRENDIZAGEM

8-13 Acompanhe o aumento do uso da MCA nos Estados Unidos nos últimos 20 anos

8-14 Analise a influência da cultura e geografia na aceitação e uso da MCA

8-15 Descreva dois fatores pessoais que aumentam a probabilidade de uso da MCA

As pessoas usam técnicas da MCA para melhorar a saúde, prevenir doenças e gerenciar problemas de saúde. Muitas das técnicas da MCA são aplicáveis e amplamente utilizadas no manejo da ansiedade, estresse e dor. De fato, grande parte da pesquisa financiada pelo Centro Nacional de Saúde Complementar e Integrativa dos EUA é orientada para avaliar a eficácia dessas abordagens para essas condições.

O número de pessoas que consideram as técnicas da MCA atraentes cresceu, e as pesquisas também acompanharam esse crescimento. Uma comparação do uso da MCA em 2002, 2007 e 2012 nos Estados Unidos (Black et al., 2015; Clarke et al., 2015) mostrou aumentos entre 2002 e 2007 para muitas categorias e aumentos contínuos em 2012 para algumas. O número de pessoas que usam produtos naturais, como suplementos de ácidos graxos ômega-3, glucosamina e equinácea também aumentou. Em todas as três avaliações, as técnicas da MCA mais populares foram o uso de suplementos alimentares naturais, como os três citados. Aumentos também apareceram entre 2002 e 2007 com relação a exercícios de respiração profunda, meditação, ioga, massagem e quiropraxia. Poucos aumentos ocorreram entre 2007 e 2012, mas entre 2012 e 2017, o aumento ocorreu em ioga (14,3%), meditação (14,2%) e quiropraxia (10,3%; Clarke et al., 2018).

As pessoas não usam apenas uma variedade de técnicas da MCA; utilizam-na também por uma série de razões. Contudo, a dor é um problema proeminente que leva adultos (Zhang et al., 2015) e crianças (Black et al., 2015) a usar MCA. A situação sugere que esses usuários da MCA tendem a ter condições que produzem dor, o que foi confirmado por outras análises (Ayers & Kronenfeld, 2011; Wells et al., 2010). Além disso, a dor pode ser inadequadamente abordada pela medicina convencional (Freedman, 2011), levando esses pacientes a buscar cuidados alternativos ao tratamento convencional. De fato, a maioria das pessoas que fazem uso da MCA combina as técnicas com tratamentos convencionais em vez de abandoná-los. Esse padrão é semelhante ao uso da MCA na Europa (Kemppainen et al., 2018), Canadá (Foltz et al., 2005) e Israel (Shmueli et al., 2011).

Cultura, etnia e gênero

O uso da MCA varia até certo ponto entre os países. Em um estudo populacional na Austrália, 68,9% das pessoas (Xue et al., 2007) e mais de 70% das mulheres australianas (Bowe et al., 2015) relataram utilizar alguma forma da MCA, indicando um nível de uso substancialmente maior que nos Estados Unidos. O governo australiano integrou a MCA na prestação de cuidados de saúde em maior medida que na maioria dos outros países de língua inglesa (Baer, 2008); esse nível de acessibilidade explica a alta prevalência.

Na Europa, a porcentagem de usuários varia de acordo com o país (Kemppainen et al., 2018). Alguns países são semelhantes aos Estados Unidos com um baixo nível de uso, enquanto cerca de 40% das pessoas na Alemanha e na Suíça usam alguma forma da MCA. Na Alemanha e na Suíça, os tipos de tratamentos e a demografia dos usuários foram semelhantes aos encontrados nos Estados Unidos. A dor foi um motivo comum para a procura da MCA. As mulheres eram mais propensas que os homens e as pessoas em grupos socioeconômicos e educacionais mais altos eram mais propensas que outras a buscar algum tratamento fora da medicina convencional. Mas os tipos de tratamentos mostraram algumas diferenças; massagem terapêutica, medicamentos à base de ervas, homeopatia e acupuntura foram os tipos mais comuns da MCA em toda a Europa.

Na Europa, a regulamentação dos praticantes da MCA varia. Alguns países impõem muitas restrições aos praticantes, o que limita a disponibilidade, enquanto outros têm poucas restrições a essa prática (Wiesener et al., 2018). Na Alemanha e no Reino Unido, a MCA é integrada à prática médica; médicos recebem treinamento em MCA e encaminham pacientes para praticantes da MCA. Nos países em que a MCA está integrada aos serviços de saúde, os usuários tendem a vir de origens socioeconômicas mais variadas que em países como os Estados Unidos, onde a maioria dos usuários da MCA deve pagar do próprio bolso por tais tratamentos (Romeyke & Stummer, 2015).

Nos Estados Unidos e no Canadá, o uso da MCA varia conforme a etnia de maneiras complexas (Park, 2013). As variações não correspondem aos estereótipos que ligam a MCA a minorias étnicas e imigrantes (Keith et al., 2005; Roth & Kobayashi, 2008): os euro-americanos não hispânicos são mais propensos que os afro-americanos ou hispânicos a usar MCA (Clarke et al., 2015). De fato, os recentes são menos propensos a usá-la que os imigrantes que estão nos Estados Unidos há anos (Su et al., 2008). Uma descoberta semelhante surgiu de um estudo com ásio-americanos (Hsiao, Wong, et al., 2006) e asiáticos no Canadá (Roth & Kobayashi, 2008). No entanto, os primeiros que usaram MCA em taxas mais altas que os euro-americanos não hispânicos, e os asiáticos no Canadá utilizam-na com mais frequência que a população canadense em geral. O uso da MCA pelos sino-americanos tendia a corresponder à sua cultura: os americanos chineses eram mais propensos que outros ásio-americanos a usar produtos à base de plantas (Hsiao, Wong et al., 2006) e a procurar tratamento de acupuntura (Burke et al., 2006). Padrões semelhantes se aplicam a países ao redor do mundo: a acupuntura é mais comum no Japão, Cingapura, Austrália e Canadá que na Arábia Saudita, Israel ou Dinamarca (Cooper et al., 2013). No Canadá, o uso da MCA está relacionado com a forte identificação dos usuários com a cultura asiática (Roth & Kobayashi, 2008).

Em todos os grupos étnicos e em vários países, os indivíduos que procuram MCA tendem a ser do sexo feminino, de renda mais alta e com boa escolaridade. Nos Estados Unidos, mulheres euro-americanas bem-educadas são mais propensas que outras a usar MCA (Zhang et al., 2015). Mesmo entre as crianças que a utilizam, meninas de famílias de alta renda são mais comuns que outras (Groenewald et al., 2016). A educação também é um fator, e um estudo (Burke et al., 2015) apontou a falta de conhecimento em saúde como fator que impede as pessoas de usarem MCA. A disposição das mulheres de utilizá-la pode estar relacionada a preocupações com a saúde, mas também a crenças pessoais (Furnham, 2007). A importância dessas crenças e a compatibilidade da MCA com as próprias crenças podem explicar a motivação de algumas pessoas em buscar tratamentos alternativos, enquanto outras não.

Motivações para buscar tratamento alternativo

Embora cultura, etnia e gênero mostrem uma relação ao uso da MCA, outros fatores são provavelmente mais importantes. Um deles é a aceitação dos valores MCA subjacentes. Os resultados da pesquisa sugerem que as pessoas usem MCA quando as técnicas forem compatíveis com suas visões de mundo pessoais e preocupações com a saúde (Astin, 1998). Por exemplo, homens jovens que expressavam fortes crenças na ciência eram menos propensos a usar MCA que outras pessoas (Furnham, 2007). As que têm menos fé na medicina convencional e crenças mais fortes no papel da atitude e da emoção na saúde são mais propensas a experimentar a MCA. Assim, a abertura a diferentes visões de mundo, a aceitação do valor do tratamento holístico e a crença na contribuição de fatores biopsicossociais para a saúde são mais típicos dos usuários da MCA que daqueles que permanecem exclusivamente com tratamentos convencionais.

O estado de saúde atual de uma pessoa também é um importante preditor do uso da MCA. As pessoas tendem a buscar tratamentos alternativos quando a medicina convencional não oferece alívio para suas condições e se sentem abandonadas por esse sistema (Armstrong, 2017). Contudo, nem todos os usuários da MCA estão insatisfeitos com a medicina convencional (Astin, 1998); estes tendem a adicionar tratamentos alternativos aos convencionais que estão usando, em vez de substituir os tratamentos convencionais por outros alternativos. Uma pesquisa em uma amostra representativa de residentes dos EUA (Nerurkar et al., 2011) descobriu que a combinação de problemas crônicos de saúde e a persistência desses problemas relacionados à disposição dos médicos de encaminhar esses pacientes para praticantes da MCA. As descobertas desse e de outro estudo (Freedman, 2011) sugerem que condições crônicas não responsivas tornam as pessoas mais dispostas a buscar tratamentos alternativos. Razoavelmente, aquelas que não estão bem e continuam a ter sintomas angustiantes são motivadas a encontrar algum tratamento eficaz, incluindo a medicina alternativa. Por exemplo, as que passaram por tratamento para câncer eram substancialmente mais propensas a usar MCA que aquelas que não foram tratadas para o câncer (Mao et al., 2011). Uma análise (Ayers & Kronenfeld, 2011) indicou que a experiência de dor foi o melhor preditor do uso da MCA, padrão também encontrado em crianças (Groenewald et al., 2016). Contudo, uma pesquisa com usuários de MCA (Nguyen et al., 2011) indicou que eles eram mais propensos que os não usuários a avaliar sua saúde como excelente e dizer que ela havia melhorado em relação ao ano anterior. Essa combinação de achados sugere que os usuários da MCA podem se enquadrar em um grupo que busca tratamentos alternativos devido a alguns problemas de saúde em outro que se esforça para manter ou melhorar sua saúde por meio da MCA.

Tanto na medicina convencional quanto na alternativa há preocupações com a eficácia e segurança dos vários produtos e práticas da MCA. Qual é a evidência de sucesso para essas abordagens alternativas?

RESUMO

A maioria das pessoas que usa MCA o faz como tratamento complementar e não como alternativo. Nos Estados Unidos e em outros países, muitos usam uma grande variedade de produtos e práticas da MCA, incluindo produtos naturais, exercícios de respiração profunda, massagem, meditação, tratamentos quiropráticos e ioga. As pessoas na Austrália e em alguns países europeus utilizam MCA com mais frequência que nos Estados Unidos, mas a variedade de técnicas é semelhante. A etnia é um fator no uso da MCA nesse país, mas os estereótipos étnicos de imigrantes recentes que usam remédios tradicionais estão incorretos. O uso da MCA está associado ao sexo feminino, ser euro-americana, bem-educada e de alta renda. Essa combinação de características demográficas também se aplica ao uso da MCA no Canadá, na Austrália e em muitos países europeus.

As pessoas são motivadas a fazer uso da MCA se suas visões de mundo forem compatíveis com as filosofias subjacentes a ela – aceitando uma visão biopsicossocial de saúde em vez de uma visão biomédica. O estado de saúde também é uma motivação para a busca da MCA; indivíduos cujos problemas de saúde não responderam aos tratamentos convencionais podem ser motivados a procurá-la.

APLIQUE O QUE VOCÊ APRENDEU

1. Construa dois perfis demográficos: um de uma pessoa que provavelmente adotará alguma forma da MCA e outro de uma que provavelmente não fará uso dela.

8-6 Quão eficazes são os tratamentos alternativos?

OBJETIVOS DE APRENDIZAGEM

8-16 Descrever os desafios que os pesquisadores da MCA enfrentam para estabelecer a eficácia dos tratamentos de medicina alternativa

8-17 Avaliar as evidências da eficácia da meditação, práticas baseadas em movimento e acupuntura como tratamento para estresse e ansiedade

8-18 Avaliar as evidências da eficácia da meditação, acupuntura, massagem, tratamentos quiropráticos, biofeedback e hipnose como tratamentos para a dor

8-19 Descrever três limitações para o uso da MCA

8-20 Explicar como a medicina integrativa tenta criar um sistema com "o melhor dos dois mundos"

Os tratamentos alternativos são classificados como *alternativo* porque não há evidências suficientes para sua eficácia. Entretanto, existe muita controvérsia sobre a avaliação justa da medicina alternativa. Os defensores da medicina convencional afirmam que as evidências são fracas em relação à eficácia dos tratamentos alternativos e que os perigos permanecem não avaliados (Berman & Straus, 2004; Wahlberg, 2007). De acordo com esse ponto de vista, o único método aceitável de estabelecer a eficácia é o estudo controlado randomizado no qual os participantes são designados aleatoriamente para um grupo de tratamento ou para um grupo de controle com placebo em delineamento duplo-cego; nem o praticante nem os participantes sabem a qual condição de tratamento os participantes pertencem.

O uso do método controlado randomizado de conduzir experimentos permite que os pesquisadores minimizem a influência do viés e da expectativa. Ambos os fatores são importantes na avaliação de estudos de tratamento (conforme discutido no Capítulo 2). As pessoas que têm expectativas em relação à MCA trarão esse viés para o tratamento, o que pode afetar o resultado. Por exemplo, um estudo sobre acupuntura (Linde et al., 2007) avaliou as atitudes dos participantes sobre sua eficácia no início do estudo. Os resultados indicaram que aqueles que expressaram a crença de que a acupuntura era um tratamento eficaz experimentaram maior alívio da dor no curso de tratamento de oito semanas que aqueles que tinham expectativas mais baixas de sucesso. Embora as expectativas de sucesso aumentem a eficácia do tratamento, estas expectativas são uma resposta placebo e não uma resposta ao tratamento. Assim, aqueles que defendem ensaios randomizados controlados por placebo têm um ponto válido: esse projeto representa um critério rigoroso para evidência de eficácia.

Infelizmente, muitos tratamentos alternativos não se prestam ao controle placebo e ao duplo-cego como facilmente os tratamentos medicamentosos fazem. Por exemplo, a maioria das pessoas que recebe uma massagem, pratica meditação ou aprende treinamento de biofeedback não pode ignorar o tratamento, nem os praticantes de massagem, biofeedback ou ioga podem desconhecer o tratamento que oferecem. Assim, existem menos opções para controlar a expectativa na MCA que na pesquisa em medicina convencional. Quando os estudos necessitam de atribuição aleatória, controle de placebo e "duplo-cego", os defensores da medicina convencional julgam esses estudos como de menor qualidade e, portanto, menos convincentes. Por esses padrões, a MCA é inadequada; os padrões que os defensores da medicina convencional acreditam serem essenciais são impossíveis de cumprir. Independentemente do número de estudos com resultados positivos, tratamentos com poucos ensaios clínicos randomizados sempre produzirão julgamentos de evidências insuficientes para tirar conclusões de eficácia em revisões sistemáticas.

Disputar o padrão de ensaios clínicos randomizados é uma estratégia que os defensores da MCA têm usado para argumentar que ela é alvo de julgamentos inadequados (Clark-Grill, 2007; Schneider & Perle, 2012), e outros (Wider & Boddy, 2009) alertaram que a realização de revisões sistemáticas sobre tratamentos da MCA requer cuidados extras para alcançar uma avaliação justa.

Outro tipo de objeção veio do argumento de que a medicina convencional não atendeu aos padrões que seus defensores exigiram da MCA. Kenneth Pelletier (2002) argumentou que muitos dos tratamentos usados na medicina convencional não apresentaram esse padrão de evidência – ou seja, grande parte da prática da medicina convencional não veio por meio de evidências de ensaios controlados randomizados. Em vez disso, muitos dos tratamentos padrão em medicina e cirurgia evoluíram por meio da prática clínica e da observação que funciona, e não por meio de evidências experimentais de eficácia. De fato, o conceito de medicina baseada em evidências é relativamente recente. Esse padrão foi aplicado à MCA de forma mais rigorosa que aos tratamentos da medicina convencional.

Apesar dessas barreiras, os pesquisadores da MCA se esforçam para realizar pesquisas que demonstrem eficácia e segurança; esta via permite maior aceitabilidade dos tratamentos MCA (Shannon et al., 2011). O que as evidências dizem sobre tratamentos alternativos? Que abordagens demonstraram que são eficazes e para que condições?

Tratamentos alternativos para ansiedade, estresse e depressão

Muitas modalidades da MCA têm como alvo ansiedade, estresse e depressão; alguns demonstraram eficácia. A meditação é uma escolha óbvia para essas condições, e as evidências da pesquisa confirmam sua eficácia.

Uma revisão sistemática da meditação para estresse e problemas de saúde a ele relacionados (Goyal et al., 2014) indicou benefícios grandes o suficiente para ter significado clínico. Além disso, avaliações semelhantes de técnicas específicas de meditação oferecem suporte para sua eficácia. Por exemplo, metanálises e revisões sistemáticas de redução do estresse baseada em atenção plena (Chisea & Serretti, 2010; Grossman et al., 2004; Ivanovski & Malhi, 2007) e terapia cognitiva nesta mesma base (Fjorback et al., 2011) encontraram resultados positivos. Abordagens com base em atenção plena parecem ser eficazes para ansiedade para grande variedade de pessoas, assim como problemas relacionados ao estresse e prevenção de recaídas na depressão. As análises também indicam que a meditação da atenção plena pode ajudar não apenas pessoas com transtornos relacionados ao estresse e ansiedade, mas também pessoas sem problemas clínicos que buscam melhores maneiras de gerenciar o estresse em suas vidas. Aqueles que praticaram mais a técnica também obtiveram maiores benefícios, indicando uma relação dose-resposta (Carmody & Baer, 2008).

Estudos sobre meditação transcendental também foram foco de uma revisão sistemática (Krisanaprakornkit et al., 2006), que indicou que esse tipo de meditação é semelhante a outras modalidades de relaxamento no auxílio a pessoas com transtornos de ansiedade. Uma revisão sistemática da ioga (Chong et al., 2011) mostrou que ela também constitui uma abordagem eficaz para o gerenciamento do estresse; outro estudo (Zoogman et al., 2019) descobriu que a ioga foi eficaz na diminuição da ansiedade. Assim, a maioria das evidências indica que a meditação e os programas que incluem

A meditação pode ajudar as pessoas a lidar com a depressão e uma variedade de problemas relacionados ao estresse.

meditação são tratamentos eficazes para controlar a ansiedade e a depressão.

As práticas baseadas em movimento de qi gong e tai chi também mostram efeitos de redução de estresse. Um estudo de controle randomizado avaliou os efeitos de um curso de tai chi de 12 semanas em comparação com uma intervenção de exercício e um controle de lista de espera (Zheng et al., 2017). Os participantes eram saudáveis, mas estressados. Os resultados indicaram um benefício significativo tanto para o tai chi quanto para o exercício na diminuição do estresse e da ansiedade. Uma série de medidas fisiológicas indicam que a prática de qi gong reduz o estresse (Sancier & Holman, 2004) e afeta o sistema nervoso de forma a reduzir a resposta ao estresse e melhorar várias doenças crônicas (Ng & Tsang, 2009). Um estudo de imigrantes chineses mais velhos em risco de doença cardiovascular mostrou melhorias no humor e no estresse após praticar tai chi por 12 semanas (Taylor-Piliae et al., 2006). Uma revisão sistemática da prática do tai chi (Wang, Bannuru et al., 2010) indicou uma ampla gama de benefícios, incluindo alívio da ansiedade, estresse e depressão. Uma revisão sistemática da prática de qi gong (Wang et al., 2014) revelou benefícios na redução da ansiedade e do estresse.

A acupuntura também é promissora no tratamento da depressão. Em revisões sistemáticas (Leo & Ligot, 2007; Smith et al., 2010), avaliar a eficácia da acupuntura para depressão foi difícil, mas os resultados indicaram que as respostas ao tratamento com acupuntura foram comparáveis ao uso de medicamentos antidepressivos no alívio dos sintomas da depressão. Existe também a possibilidade de que combinar o tratamento de acupuntura com medicamentos leve a um aumento na eficácia (Smith et al., 2010). A ioga também tem sido um tratamento complementar bem-sucedido para pessoas deprimidas que não tiveram uma resposta completa a drogas antidepressivas (Shapiro, Cook et al., 2007). Outro tratamento alternativo eficaz para a depressão é a erva-de-são-joão. Uma metanálise de ensaios controlados randomizados indicou que um extrato dessa erva alivia a depressão clínica leve a moderada, com eficácia semelhante à dos medicamentos antidepressivos, mas com menos efeitos colaterais (Linde et al., 2008).

Portanto, uma variedade de abordagens de medicina alternativa demonstrou eficácia no tratamento de ansiedade, estresse e depressão. A **Tabela 8.5** resume as evidências de tratamentos alternativos para ansiedade, estresse e depressão.

Tratamentos alternativos para dor

Como o Capítulo 7 apresenta, a dor crônica evidencia problemas para quem a experimenta e para quem tenta tratá-la. A medicina convencional muitas vezes não consegue controlar a dor adequadamente, o que motiva muitas pessoas a buscar tratamentos alternativos (Ayers & Kronenfeld, 2011; Wells et al., 2010). Uma multiplicidade desses tratamentos foi avaliada para alívio da dor, e os resultados indicam que as técnicas da MCA que são bem-sucedidas em seu controle variam um pouco daquelas que são eficazes no manejo da ansiedade, estresse e depressão.

A meditação e a técnica relacionada de imagens guiadas receberam um forte endosso de uma revisão do painel do National Institutes of Health Technology, que concluiu que essas intervenções foram eficazes no controle da dor crônica (Lebovits, 2007). Pesquisas adicionais (Grant et al., 2010) determinaram que a sensibilidade à dor dos meditadores experientes diminui, incluindo alterações cerebrais detectáveis que fundamentam esse benefício. Um teste de redução do estresse apoiado em atenção plena, que consiste em meditação apoiada em atenção plena e ioga, demonstrou eficácia

TABELA 8.5 Eficácia de tratamentos alternativos para ansiedade, estresse e depressão

Problemas	Descobertas	Tipo de avaliação	Estudos
1. Ansiedade e estresse	A redução do estresse baseada na atenção plena é eficaz.	Revisão sistemática	Chiesa & Serretti, 2010; Goyal et al., 2014; Grossman et al., 2004
2. Ansiedade e estresse	Qi gong diminui a ansiedade e o estresse.	Revisão sistemática	Wang et al., 2014
3. Recaída na depressão	A terapia cognitiva baseada em atenção plena é eficaz.	Revisão sistemática	Fjorback et al., 2011; Goyal et al., 2014
4. Transtornos de ansiedade e depressão	A meditação da atenção plena é eficaz.	Revisão sistemática	Goyal et al., 2014; Ivanovski & Malhi, 2007
5. Estresse	A redução do estresse com base na atenção plena é mais eficaz se praticada com mais frequência.	Projeto pré-teste/ pós-teste	Carmody & Baer, 2008
6. Transtornos de ansiedade	A meditação transcendental é comparável ao treino de relaxamento.	Revisão sistemática	Krisanaprakornkit et al., 2006
7. Gerenciamento de ansiedade e estresse	A ioga é eficaz.	Revisão sistemática	Chong et al., 2011; Zoogman et al., 2019
8. Estresse	Qi gong reduz os indicadores fisiológicos de estresse.	Estudo de caso	Sancier & Holman, 2004
9. Alterando a resposta ao estresse	O qi gong altera a resposta ao estresse de maneira benéfica para várias condições crônicas de saúde em pessoas idosas.	Revisão sistemática	Ng & Tsang, 2009
10. Estresse e humor negativo	A prática do tai chi melhora o estresse e o humor entre os imigrantes chineses mais velhos.	Quase-experimental, estudo longitudinal	Taylor-Piliae et al., 2006
11. Ansiedade, estresse e depressão	A prática do tai chi melhora essas condições.	Revisão sistemática	Wang, Bannuru et al., 2010; Wang et al., 2014
12. Depressão	A acupuntura mostrou eficácia comparável aos medicamentos antidepressivos.	Revisão sistemática	Leo & Ligot, 2007; Smith et al., 2010
13. Depressão	A ioga é um tratamento complementar bem-sucedido para pessoas que tomam antidepressivos.	Revisão sistemática	Shapiro, Berkman et al., 2007
14. Depressão	A erva-de-são-joão é tão eficaz quanto as drogas antidepressivas e produz menos efeitos colaterais.	Revisão sistemática	Linde et al., 2008

no controle da dor lombar, tanto após um treinamento de oito semanas quanto em um ano de acompanhamento (Cherkin et al., 2016).

As imagens guiadas também tiveram uma classificação como a melhor prática para a dor associada à gravidez e ao parto (Naparstek, 2007). Essa técnica também é eficaz no controle de dores de cabeça (Tsao & Zeltzer, 2005) e na redução da dor pós-operatória em crianças (Huth et al., 2004) e em idosos (Antall & Kresevic, 2004).

As técnicas derivadas da MTC também podem ser úteis no controle da dor, incluindo tai chi, qi gong e acupuntura. O tai chi demonstrou sua eficácia em ajudar adultos com cefaleia tensional a controlar sua dor (Abbott et al., 2007). Uma revisão sistemática de estudos de qi gong (Lee et al., 2007a) encontrou evidências encorajadoras sobre sua eficácia no tratamento da dor crônica. Ensaios controlados randomizados mostraram que o qi gong (Haak & Scott, 2008) e o tai chi (Wang, Schmid, et al., 2010) proporcionaram alívio da dor e melhora na qualidade de vida de pessoas com fibromialgia.

A acupuntura é mais bem estabelecida como tratamento da dor que o tai chi ou o qi gong. Um estudo das alterações cerebrais relacionadas à acupuntura (Napadow et al., 2007) revelou que os participantes que fizeram acupuntura, comparados com aqueles que receberam acupuntura simulada, mostraram mudanças na atividade cerebral consistentes com a diminuição da percepção da dor. A acupuntura também produz reações complexas no sistema somatossensorial e altera a neuroquímica do sistema nervoso central, o que provavelmente está relacionado aos seus efeitos analgésicos (Manni et al., 2010).

Revisões da eficácia da acupuntura para uma variedade de condições de dor indicaram que a acupuntura demonstrou efeitos positivos para algumas condições de dor, mas não para outras. Por exemplo, as evidências sobre os benefícios da acupuntura são persuasivas para o sucesso no tratamento da dor no pescoço (Trinh et al., 2016) e mais bem-sucedidas para a esta que para a dor no ombro ou no cotovelo (Dhanani et al., 2011). Também é mais eficaz no tratamento da dor de cabeça do tipo tensional que no da dor de cabeça da enxaqueca (Linde et al., 2016). As evidências da acupuntura como tratamento para diminuir a dor da artrite no joelho tornaram-se mais positivas à medida que mais estudos e de melhor qualidade revelaram resultados positivos. A acupuntura também exerce efeitos analgésicos gerais em uma velocidade comparável aos analgésicos injetados (Xiang et al., 2017).

A dor nas costas é um problema de dor comum e desafiador, e a acupuntura demonstrou alguma eficácia no tratamento dessa síndrome dolorosa. Uma metanálise de acupuntura para dor lombar (Manheimer et al., 2005) indicou que este tratamento é mais eficaz para alívio a curto prazo da dor crônica nas costas que a acupuntura simulada ou nenhum tratamento. Em uma revisão sistemática que considerou todos os tipos de tratamento para dor nas costas (Keller et al., 2007), a acupuntura esteve entre os tratamentos mais eficazes, embora nenhum dos tratamentos tenha revelado alto grau de eficácia. Esse resultado pode apontar para uma resposta para algumas das confusões sobre a eficácia da acupuntura (Johnson, 2006): quando comparada com outros tratamentos, ela pode não apresentar vantagens. Quando comparada a nenhum tratamento, os efeitos podem ser pequenos. Mas nenhum dos tratamentos disponíveis para esta condição, incluindo todos os tratamentos da medicina convencional, é muito eficaz. Portanto, pode ser pelo menos um tratamento tão eficaz quanto qualquer outro para dor lombar. Uma metanálise atualizada (Vickers et al., 2018) indicou que a acupuntura mostrou efeitos significativos no controle da dor crônica e sugeriu que esse tratamento é uma recomendação razoável para pacientes com dor crônica. Uma revisão sistemática e metanálise (Furlan et al., 2012) confirmaram a eficácia da acupuntura para dor lombar, mas a revisão também mostrou que outras modalidades da MCA foram comparativamente eficazes, incluindo massagem e manipulação da coluna vertebral.

Um projeto de pesquisa em larga escala (Witt et al., 2006) examinou os benefícios da integração da acupuntura no tratamento médico padrão para dor crônica. Dor lombar, osteoartrite de quadril e joelho, cervicalgia e cefaleia estavam entre os tipos de dor incluídos no tratamento. O estudo descobriu que a acupuntura foi eficaz além do benefício obtido com os cuidados médicos padrão. Ou seja, além de proporcionar benefícios como tratamento alternativo, a acupuntura foi uma terapia complementar eficaz para diversas síndromes dolorosas. Esse benefício não se limita aos pacientes humanos, como o quadro "Dá para acreditar?" descreve.

A massagem é outro tratamento para a dor, e uma revisão dela para todos os tipos de dor crônica, exceto a dor provocada pelo câncer (Tsao, 2007), indicou vários graus de eficácia para diferentes síndromes de dor. A evidência mais forte

Dá para ACREDITAR? Os seres humanos não são os únicos que se beneficiam da acupuntura

Animais não humanos são comuns em pesquisas médicas, e a crescente base de pesquisa para estabelecer a eficácia da acupuntura usa animais como substitutos para humanos. Contudo, ela também ocorre no atendimento veterinário. De fato, cerca de 75% das faculdades de veterinária oferecem treinamento em medicina veterinária alternativa (Memon et al., 2020).

Enquanto os ratos são as espécies mais comuns na criação de modelos animais em pesquisa, cavalos, cães, gatos e outros animais passam por acupuntura para os mesmos problemas de dor que levam os humanos a procurá-la. Outra semelhança na acupuntura veterinária é a combinação desse tratamento alternativo com o atendimento veterinário convencional; isto é, animais não humanos recebem acupuntura junto, e não como um substituto para os cuidados veterinários convencionais (Boldt, 2016).

Entretanto, existem algumas diferenças que representam desafios para o uso veterinário da acupuntura. Um desafio é determinar quando um cavalo ou cachorro pode precisar de tratamento; eles não podem contar a ninguém quando suas costas doem. Contudo, a sensibilidade ao toque e as diferenças de comportamento fornecem pistas (Boldt, 2016). Um desafio adicional é mapear os corpos dos animais para localizar locais equivalentes aos pontos de acupuntura humana (Alfaro, 2014). A MTC mapeou esses pontos para cavalos, mas outras espécies recebem acupuntura veterinária.

Por exemplo, as pessoas procuram acupuntura para seus animais de companhia, e as razões são semelhantes às razões dos humanos para procurar MCA para si mesmos: dores nas costas, no pescoço e artrite (Woods et al., 2011). As pessoas que procuraram acupuntura para seus cães ou gatos também tendiam a se encaixar na mesma demografia das que procuram esses cuidados para si mesmas: bem-educadas, faixa de renda alta e mais mulheres que homens. Os donos de animais de estimação eram mais propensos que a média das pessoas a ter experiência com acupuntura (mais de 50%) e a acreditar em sua eficácia. Assim como os resultados de estudos em humanos, a acupuntura também é eficaz para animais não humanos na produção de alívio de dores nas costas e no pescoço, provocadas por artrite, dores cirúrgicas e pós-cirúrgicas e náuseas e vômitos pós-cirúrgicos (Boldt, 2016).

de eficácia veio de estudos sobre dor lombar (Furlan et al., 2008), enquanto a evidência para dores no ombro e de cabeça foi mais modesta (Tsao, 2007). Um estudo posterior (Cherkin et al., 2011) confirmou os benefícios para a dor lombar, e outro estudo (Sherman et al., 2009) mostrou benefícios da massagem no alívio da dor no pescoço. Devido à falta de estudos de alta qualidade, uma revisão de massagem para dor musculoesquelética (Lewis & Johnson, 2006) não conseguiu chegar a conclusões sobre a eficácia.

A manipulação quiroprática também tem sido objeto de revisão sistemática. Esse tipo da MCA é mais frequentemente usado para dores nas costas e no pescoço, mas uma revisão encontrou apenas pequenos benefícios (Rubenstein et al, 2011). Contudo, uma revisão de estudos sobre manipulação da coluna vertebral para dor musculoesquelética (Perram, 2006) indicou que o tratamento quiroprático foi superior ao tratamento médico convencional para esse tipo de dor. Entretanto, a manipulação quiroprática não parece ser eficaz no tratamento de dores de cabeça tensionais (Lenssinck et al., 2004), mas outra revisão (Haas et al., 2010) indicou benefícios da manipulação da coluna vertebral para dores de cabeça relacionadas ao pescoço.

As primeiras pesquisas sobre a eficácia do biofeedback (Blanchard et al., 1990) pareciam promissoras. O biofeedback térmico com relaxamento mostrou resultados positivos como tratamento para enxaqueca e cefaleia tensional. Pesquisas posteriores pintaram um quadro menos otimista; o biofeedback não demonstrou efeitos maiores que o treino de relaxamento na prevenção de enxaquecas (Stewart, 2004). Uma metanálise de estudos de biofeedback no tratamento da enxaqueca (Nestoriuc & Martin, 2007) indicou um efeito de tamanho médio, mas nenhum benefício apareceu em uma avaliação da eficácia do tratamento para cefaleia do tipo tensional (Verhagen et al., 2009) ou para dor lombar (Roelofs et al., 2002). A despesa adicional associada ao fornecimento de biofeedback é uma desvantagem para esta MCA. Em suma, o biofeedback mostra benefícios mais limitados que alguns outros tratamentos da MCA para controle da dor.

O tratamento hipnótico também tem algumas aplicações no controle da dor, e a lista de dores que respondem a procedimentos hipnóticos é extensa. Uma metanálise (Montgomery et al., 2000) mostrou que a sugestão hipnótica é igualmente eficaz na redução tanto nas dores experimentais induzidas em laboratório quanto nas dores clínicas que as pessoas experimentam para cerca de 75% dos participantes. Pesquisa explorando a atividade cerebral durante hipnose mostraram que esta alterou a resposta cerebral à estimulação dolorosa em áreas subjacentes às respostas sensoriais e emocionais à dor (Röder et al., 2007). De fato, a eficácia da hipnose no controle da dor pode ter poder de mudar o medo que muitas vezes acompanha a dor (De Benedittis, 2003).

A hipnose não é igualmente eficaz com todos os tipos de dor clínica; é mais eficaz no controle da dor aguda que no manejo da dor crônica (Patterson & Jensen, 2003). A hipnose é mais eficaz para ajudar as pessoas a controlar a dor associada a procedimentos médicos invasivos, recuperação pós-operatória e provocada por queimaduras. Por exemplo, a pesquisa mostra que a hipnose foi eficaz na redução da necessidade de medicação pré-operatória em crianças (Calipel et al., 2005), na estabilização da dor de procedimentos cirúrgicos invasivos e na redução da necessidade de analgésicos dos pacientes cirúrgicos (Lang et al., 2000). A hipnose é especialmente eficaz no alívio da dor gastrointestinal em crianças (Kröner-Herwig, 2009) e parece muito eficaz no controle da dor relacionada ao parto (Landolt & Milling, 2011). As queimaduras são notoriamente difíceis de tratar porque envolvem dor e sofrimento intensos. Uma revisão inicial da eficácia da hipnose no tratamento da dor associada a queimaduras (Van der Does & Van Dyck, 1989) examinou 28 estudos que usaram a hipnose em pacientes queimados e encontraram evidências consistentes de seus benefícios. Evidências desses benefícios continuam a se acumular, e David Patterson (2010) argumentou que a hipnose mostrou resultados tão convincentes que não deveria mais ser considerada medicina alternativa.

Embora o tratamento hipnótico seja eficaz com muitos tipos de dor aguda, a dor crônica é um problema de gerenciamento mais difícil, e a hipnose não é tão bem-sucedida com dor crônica, como dor de cabeça e dor lombar, quanto com dor aguda (Patterson & Jensen, 2003). A hipnose também é mais eficaz com algumas pessoas que com outras. As diferenças individuais na suscetibilidade à hipnose são um fator em seus efeitos analgésicos – pessoas altamente sugestionáveis podem receber benefícios analgésicos substanciais dessa técnica, enquanto para outras eles são limitados (Thompson et al., 2019). Contudo, para aqueles com suscetibilidade alta ou moderada, sugestões hipnóticas de analgesia são bastante eficazes para produzir alívio da dor, especialmente se as imagens que acompanham a sugestão inclui imagens de medicação analgésica. Assim, a hipnose pode ser muito eficaz com algumas pessoas para alguns problemas de dor.

A **Tabela 8.6** resume a eficácia dos tratamentos da MCA para a dor. Embora os estudos sobre o controle da dor usando MCA poderia se beneficiar de um melhor design, as avaliações dos resultados indicam que várias dessas técnicas funcionam para uma variedade de problemas de dor. A medicina convencional não tem sido muito bem-sucedida para muitos pacientes no manejo da dor crônica, e os tratamentos convencionais tendem a ter muitos efeitos colaterais, uma crítica que é incomum para MCA e, portanto, um benefício adicional.

Menos efeitos colaterais não são o único benefício adicional do uso da MCA; um estudo de participantes em vários ensaios clínicos da MCA para dor (Hsu et al., 2010) identificou uma série de benefícios além daqueles do ensaio, incluindo mudanças positivas na emoção, capacidade de enfrentamento, saúde e bem-estar. Assim, esses tratamentos da MCA têm poucos riscos da medicina convencional e podem ter alguns benefícios não avaliados na maioria dos estudos de eficácia.

TABELA 8.6 Eficácia das terapias alternativas para a dor

Problemas	Descobertas	Tipo de avaliação	Estudos
1. Dor crônica	A meditação e as imagens guiadas são eficazes.	Revisão do painel, NIH Technology	Lebovits, 2007
2. Dor associada à gravidez e parto	A imaginação guiada é a melhor prática para esse tipo de dor.	Revisão narrativa	Naparstek, 2007
	A hipnose é eficaz para controlar a dor do trabalho de parto e parto.	Revisão metodológica	Landolt & Milling, 2011
3. Dor de cabeça	A imaginação guiada é eficaz no controle da dor de cabeça.	Revisão narrativa	Tsao & Zeltzer, 2005
	A acupuntura é eficaz para a cefaleia tensional.	Revisão sistemática	Linde et al., 2016
4. Dor pós-operatória em crianças	As imagens guiadas reduzem a dor pós-operatória.	Estudo experimental	Huth et al., 2004
5. Dor pós-operatória em idosos	As imagens guiadas reduzem a dor pós-operatória.	Estudo experimental	Antall & Kresevic, 2004
6. Dor de cabeça tensional em adultos	Tai chi foi eficaz em um estudo controlado randomizado.	Teste controlado e aleatório	Abbott et al., 2007
7. Dor crônica	Qi gong foi avaliado como promissor em uma revisão sistemática.	Revisão sistemática	Lee et al., 2007a
8. Fibromialgia	Qi gong proporcionou alívio da dor e reduziu o sofrimento em um estudo controlado randomizado.	Teste controlado e aleatório	Haak & Scott, 2008
	Tai chi proporcionou alívio da dor e melhorou a qualidade de vida.	Teste controlado e aleatório	Wang, Schmid et al., 2010
9. Dor lombar	A redução do estresse baseada em atenção plena é eficaz tanto após o treinamento quanto em um ano de acompanhamento.	Teste controlado e aleatório	Cherkin et al., 2016
10. Dor lombar	A acupuntura é tão ou mais eficaz que outras abordagens.	Revisão de revisões sistemáticas	Keller et al., 2007; Manheimer et al., 2005
11. Dor lombar	Acupuntura, massagem e manipulação da coluna foram mais eficazes que o placebo.	Revisão sistemática	Furlan et al., 2012
12. Dor lombar, osteoartrite, dor no pescoço e dor de cabeça	A acupuntura foi eficaz como tratamento complementar.	Teste controlado e aleatório	Witt et al., 2006
13. Dor lombar, no ombro e de cabeça	A massagem foi eficaz para dor lombar e modestamente eficaz para dor no ombro e dor de cabeça.	Revisão de metanálises e outras revisões	Tsao, 2007
14. Dor lombar	A massagem pode ser eficaz para o alívio da dor.	Teste controlado e aleatório	Cherkin et al., 2011
15. Dor no pescoço	A acupuntura é eficaz.	Revisão sistemática	Trihn et al., 2016
	A massagem pode ser eficaz.	Teste aleatório	Sherman et al., 2009
16. Dor musculoesquelética	Os estudos de massagem são muito limitados para permitir conclusões de eficácia.	Revisão sistemática	Lewis & Johnson, 2006
17. Dor nas costas e pescoço	A manipulação quiroprática tem apenas pequenos benefícios.	Revisão sistemática	Rubenstein et al., 2011
18. Dor musculoesquelética	A manipulação quiroprática foi mais eficaz que o tratamento médico convencional.	Revisão sistemática	Perram, 2006
19. Cefaleia tensional	A manipulação quiroprática não foi considerada eficaz.	Revisão sistemática	Lenssinck et al., 2004
20. Dores de cabeça relacionadas ao pescoço	A manipulação da coluna mostrou benefícios.	Teste controlado e aleatório	Haas et al., 2010

TABELA 8.6 (Continuação)

Problemas	Descobertas	Tipo de avaliação	Estudos
21. Enxaqueca e cefaleia tensional	O biofeedback térmico e o relaxamento produziram uma redução significativa na atividade da dor de cabeça.	Teste controlado e aleatório	Blanchard et al., 1990
22. Prevenção de enxaqueca	O biofeedback térmico é comparável a outros tratamentos preventivos.	Metanálise	Stewart, 2004
23. Tratamento de enxaqueca	O biofeedback produziu um efeito de tamanho médio.	Revisão sistemática	Nestoriuc & Martin, 2007
24. Tratamento da cefaleia tensional	O biofeedback não produziu nenhum benefício.	Revisão qualitativa	Verhagen et al., 2009
25. Dor lombar	O biofeedback EMG não foi eficaz.	Revisão narrativa	Roelofs et al., 2002
26. Dor experimental e clínica	A sugestão hipnótica é eficaz para a dor clínica e experimental.	Metanálise	Montgomery et al., 2000
27. Medo e ansiedade associados à dor	A hipnose é especialmente eficaz.	Revisão narrativa	De Benedittis, 2003
28. Dor clínica	A hipnose é mais eficaz no controle da dor aguda que no controle da dor crônica.	Revisão narrativa de ensaios clínicos randomizados	Patterson & Jensen, 2003
29. Sofrimento pré-operatório	A hipnose reduz o desconforto pré-operatório melhor que a medicação.	Projeto experimental	Calipel et al., 2005
30. Dor cirúrgica	A auto-hipnose diminui a dor pós-operatória e reduz a necessidade de medicamentos.	Teste aleatório	Lang et al., 2000
31. Dores gastrointestinais em crianças	A hipnose é especialmente eficaz.	Revisão de revisões sistemáticas	Kröner-Herwig, 2009
32. Dor provocada por queimadura	A hipnose é um componente valioso no tratamento da dor provocada por queimadura grave.	Revisão narrativa	Patterson, 2010; Van der Does & Van Dyck, 1989
33. Fatores que afetam a eficácia da hipnose	A suscetibilidade hipnótica afeta fortemente a eficácia.	Revisão sistemática	Thompson et al., 2019

Tratamentos alternativos para outras condições

Embora ansiedade, estresse, depressão e dor sejam os problemas mais comuns para os quais as pessoas usam MCA, alguns produtos e procedimentos são eficazes para outras condições. Tanto os produtos e procedimentos quanto as condições para as quais são eficazes variam muito; a MCA tem sido usada para obter cura mais rápida, reduzir a pressão arterial e melhorar o equilíbrio. Por exemplo, o uso de aloe vera acelera a cicatrização de queimaduras e reduz significativamente essa dor (Walash et al., 2019). Embora o biofeedback não seja tão eficaz quanto outras MCA para estresse e dor, o biofeedback térmico é eficaz no manejo de **doença de Raynaud**, um transtorno que envolve constrição dolorosa dos vasos sanguíneos periféricos nas mãos e pés (Karavidas et al., 2006). Além do mais, ele tem demonstrado utilidade na reabilitação de habilidades motoras (Giggins et al., 2013), inclusive após acidente vascular encefálico (Langhorne et al., 2009). A hipnose também mostrou eficácia no controle de náuseas e vômitos associados à quimioterapia em crianças e adultos, bem como no alívio da dor devido aos tratamentos para o câncer (Carlson et al., 2018). A prática da meditação transcendental recebeu uma avaliação positiva no controle de fatores de risco como hipertensão arterial e algumas das alterações fisiológicas subjacentes às doenças cardiovasculares e, portanto, podem oferecer proteção (Horowitz, 2010). A ioga pode ajudar não apenas a controlar alguns dos riscos de diabetes tipo 2 (Innes & Vincent, 2007), mas também a prevenir complicações cardiovasculares em diabéticos. Um programa de meditação baseado em atenção plena foi bem-sucedido com prisioneiros masculinos e femininos em melhorar o humor e diminuir a hostilidade (Samuelson et al., 2007). Essa variedade de tratamentos eficazes representa muitas intervenções complementares e alternativas diferentes, mas alguns sistemas de medicamentos produziram tratamentos bem-sucedidos para um número de problemas.

A MTC inclui acupuntura, qi gong e tai chi, os quais produzem uma ampla gama de tratamentos eficazes e outros benefícios à saúde. Por exemplo, a acupuntura (Ezzo et al.,

2006) demonstrou benefícios no controle de náuseas e vômitos associados a sintomas pós-operatórios. Além disso, uma revisão sistemática mostrou que a acupuntura foi eficaz no tratamento da insônia (H. Y. Chen et al., 2007). Tai chi e qi gong produzem melhorias na pressão arterial e outras medidas cardiovasculares em comparação com uma intervenção sem exercício e benefícios comparáveis a outras intervenções com exercício (Jahnke et al., 2010). A prática de qi gong, contudo, não foi superior ao tratamento medicamentoso para o tratamento da pressão arterial (Guo et al., 2008), mas pareceu ser tão eficaz quanto o tratamento medicamentoso no controle dos fatores de risco para diabetes, como tolerância oral à glicose e glicose no sangue (Xin et al., 2007).

Qi gong e a prática relacionada do tai chi parecem ter a capacidade de melhorar a função do sistema imunológico, o que dá a essas práticas o potencial de muitos benefícios à saúde. Comparado com participantes saudáveis do controle que não praticavam qi gong ou tai chi, a resposta do sistema imunológico daqueles que praticavam qi gong foi aprimorada de forma a resolver a inflamação mais rapidamente (Li et al., 2005). Os adultos mais velhos que praticavam qi gong ou tai chi mostraram uma resposta melhorada do sistema imunológico à imunização contra a gripe (Yang et al., 2007). Em um estudo controlado randomizado (Irwin et al., 2003), adultos mais velhos que praticavam tai chi exibiram uma resposta imune aprimorada ao vírus herpes zoster (cobreiro), mesmo antes de receberem a imunização para esse vírus. Esses benefícios podem ser aplicáveis à prevenção e recuperação da infecção por Covid-19 em idosos, que são especialmente vulneráveis (Feng et al., 2020). Esses benefícios podem ocorrer não apenas pelo aumento do sistema imunológico, mas também pela diminuição da inflamação e fortalecimento dos músculos respiratórios. Assim, a prática de qi gong e tai chi parece conferir alguns benefícios ao sistema imunológico que foram pesquisados mais extensivamente com pessoas mais velhas, mas podem se aplicar a todos.

As aplicações mais comuns do tai chi têm sido entre os idosos para melhorar o equilíbrio e a flexibilidade e diminuir as quedas. Um grande corpo de evidências, incluindo revisões sistemáticas, leva à conclusão de que essas práticas são bem-sucedidas na redução do medo de cair (Jahnke et al., 2010), além de melhorar o equilíbrio e reduzir as taxas de quedas (Huang et al., 2017). Qi gong e tai chi também são benéficos para a densidade óssea, que é um importante fator subjacente às quedas em idosos (Jahnke et al., 2010). Suplementos de cálcio e vitamina D, outro tratamento da MCA, também são eficazes para ajudar pessoas com mais de 50 anos a reter minerais ósseos (Tang et al., 2007).

Raciocinando que os benefícios do tai chi para equilíbrio e flexibilidade podem se aplicar a indivíduos com esclerose múltipla e artrite reumatoide, os pesquisadores testaram esses benefícios. Uma revisão sistemática da pesquisa sobre artrite reumatoide (Lee et al., 2007b) encontrou alguns efeitos positivos para incapacidade, qualidade de vida e humor, mas não evidências claras suficientes para recomendar essa prática. Estudos avaliaram os benefícios do tai chi para pessoas com esclerose múltipla (Burschka et al., 2014; Taylor & Taylor-Piliae, 2017), ambos indicando benefícios substanciais para o equilíbrio e a mobilidade.

Assim, as intervenções MCA são eficazes para uma variedade de problemas. A evidência mais persuasiva vem da medicina mente-corpo e da MTC, mas uma variedade de produtos e procedimentos demonstrou eficácia em ensaios controlados randomizados, em metanálises, e em revisões sistemáticas. A **Tabela 8.7** resume esses tratamentos. Apesar de algumas evidências impressionantes de eficácia, os tratamentos na MCA também têm limitações.

TABELA 8.7 Eficácia dos tratamentos alternativos para outras condições

Problemas	Descobertas	Método de avaliação	Estudos
1. Cura de queimaduras	Aloe vera acelera a cicatrização.	Revisão sistemática	Walash et al., 2019
2. Doença de Raynaud	O biofeedback térmico é um tratamento eficaz.	Revisão narrativa	Karavidas et al., 2006
3. Reabilitação de habilidades motoras após lesão ou acidente vascular encefálico	O biofeedback EMG é eficaz.	Revisão sistemática	Langhorne et al., 2009
4. Sintomas associados ao tratamento do câncer	A hipnose é eficaz no controle da ansiedade e angústia, náuseas e vômitos e dor.	Revisão narrativa	Carlson et al., 2018
5. Reações físicas relacionadas a doenças cardiovasculares	A meditação transcendental mostra efeitos benéficos.	Revisão narrativa	Horowitz, 2010
6. Riscos para diabetes tipo 2	A ioga é eficaz no controle de riscos e na diminuição das complicações de DCV.	Revisão sistemática	Innes & Vincent, 2007
7. Hostilidade	A meditação da atenção plena é eficaz para moderar a hostilidade entre prisioneiros.	Projeto pré-teste/pós-teste	Samuelson et al., 2007

TABELA 8.7 (Continuação)

Problemas	Descobertas	Método de avaliação	Estudos
8. Náuseas e vômitos pós-operatórios	A acupuntura é eficaz.	Revisão sistemática	Ezzo et al., 2006
9. Insônia	A acupuntura é eficaz.	Revisão sistemática	H. Y. Chen et al., 2007
10. Pressão alta e outras respostas relacionadas a doenças cardiovasculares	Tai chi e qi gong produzem melhorias.	Revisão de ensaios clínicos randomizados	Jahnke et al., 2010
	A prática de qi gong reduziu a pressão arterial, mas não tanto quanto as drogas.	Metanálise	Guo et al., 2008
11. Fatores de risco para diabetes	Qi gong foi eficaz na redução do risco.	Revisão qualitativa	Xin et al., 2007
12. Função do sistema imunológico	Qi gong e tai chi melhoraram a resposta do sistema imunológico à vacinação contra influenza em adultos mais velhos.	Experimento controlado	Yang et al., 2007
13. Função do sistema imunológico	A prática do tai chi melhorou a resposta do sistema imunológico dos idosos ao herpes zoster antes e depois da imunização; o aumento da função imunológica pode proteger contra a Covid-19.	Experimento controlado randomizado	Irwin et al., 2003; Feng et al., 2020
14. Medo de cair, equilíbrio e quedas	A prática de tai chi e qi gong diminuiu o medo de cair, aumentou o equilíbrio e diminuiu as quedas entre os idosos.	Revisão de ensaios clínicos randomizados	Jahnke et al., 2010
15. Osteoporose	Suplementos de cálcio e vitamina D retardaram a perda mineral óssea em pessoas com mais de 50 anos.	Metanálise	Tang et al., 2007
16. Artrite reumatoide	Tai chi mostrou alguns efeitos positivos, mas não evidências claras o suficiente para uma recomendação.	Revisão sistemática	Lee et al., 2007b
17. Esclerose múltipla	A prática do tai chi melhorou o equilíbrio.	Experimentos controlados Revisão sistemática	Burschka et al., 2014; Taylor-Piliae, 2017

Limitações das terapias alternativas

Todas as formas de terapia têm limitações, incluindo a MCA. Uma das principais limitações é a razão pela qual qualquer técnica é considerada *alternativa*: a falta de informação sobre a sua eficácia. Como vimos, esse déficit pode ser devido à escassez de pesquisas, e não à falta de eficácia. O crescente interesse em MCA e o financiamento de pesquisas por meio do Centro Nacional de Saúde Complementar e Integrativa dos Estados Unidos têm trabalhado para resolver esse problema, revelando que alguns produtos e procedimentos são eficazes, enquanto outros não. Tanto os tratamentos convencionais como os alternativos são limitados pelo sucesso para algumas condições e não para outras. Mas técnicas específicas da MCA têm limitações e até perigos.

Remédios de ervas e botânicos fazem parte de muitos sistemas da MCA, incluindo medicina aiurvédica, MTC, naturopatia e homeopatia. Esses tipos de produtos naturais são os MCA mais usados nas abordagens nos Estados Unidos (Black et al., 2015; Clarke et al., 2015). Assim como os tratamentos medicamentosos, os produtos naturais, como produtos à base de plantas e botânicos, apresentam riscos de reações adversas e interações com medicamentos comercializados com ou sem receita médica (Bellanger et al., 2017; Firenzuoli & Gori, 2007). Ao contrário dos medicamentos, o governo dos EUA classifica remédios à base de ervas, suplementos alimentares e outros produtos naturais como alimentos, de modo que esses produtos recebem avaliações apenas quanto à segurança e não quanto à eficácia (Bellanger et al., 2017). As pessoas muitas vezes consideram as ervas naturais e botânicas seguras e mesmo que não sejam eficazes, pelo menos inofensivas. Nem sempre esse é o caso. Às vezes, a evidência de perigos se acumula somente após um período de disponibilidade. Os produtos naturais podem interagir uns com os outros ou com medicamentos prescritos ou de venda livre, e muitas pessoas que usam produtos naturais não informam seus médicos sobre o uso da MCA (Jou & Johnson, 2016).

A massagem tem muitos benefícios, mas não é adequada para pessoas com problemas relacionados às articulações, ossos enfraquecidos, nervos danificados, tumor, ferida aberta ou infecção, ou para pessoas com transtornos hemorrágicos ou que estejam tomando agentes anticoagulantes (NCCIH, 2006/2019). Complicações graves, como hérnia de disco espinhal, danos nos tecidos e danos neurológicos são possíveis, mas lesões graves são muito raras (Yin et al., 2014). O tratamento quiroprático pode causar danos quando aplicado a indivíduos com ossos quebrados ou infecção, e o tratamento pode causar dor de cabeça ou outro desconforto (NCCIH, 2007/2012).

Acupuntura e acupressão não funcionam para todos. Algumas pessoas não respondem a elas; T. R. Read foi uma delas (National Public Radio, 2009). Alguns tipos de manipulação das agulhas são mais eficazes que outros, e alguns posicionamentos das agulhas funcionam melhor que outros (Martindale, 2001). As agulhas devem ser estéreis e inseridas adequadamente; inserção inadequada e agulhas não estéreis podem causar danos e infecção (Yamashita & Tsukayama, 2008). Contudo, raramente ocorrem incidentes envolvendo esses perigos (Xu et al., 2013). Tai chi e qi gong são geralmente seguros, mas pessoas com osteoporose grave, entorses, fraturas ou problemas nas articulações devem ter cautela ou modificar as posições (NCCIH, 2006/2016). A meditação traz poucos riscos à saúde (NCCIH, 2007/2016b). De fato, em comparação com a prevalência de erros médicos cometidos por profissionais convencionais (Makary & Daniel, 2016), os riscos dessas práticas alternativas são pequenos.

Contudo, as pessoas devem ter cautela ao usarem qualquer tratamento da MCA como alternativa aos cuidados médicos convencionais. Aquelas que confiam em abordagens alternativas e desconfiam da medicina convencional podem deixar de procurar um tratamento que possa ser mais eficaz. Por exemplo, a ioga pode ajudar a controlar alguns dos riscos de diabetes tipo 2 (Innes & Vincent, 2007), mas, para a maioria das pessoas, a ioga não será suficiente para controlar o diabetes. A maioria das pessoas que usa MCA reconhece as limitações dessas terapias e as usa como complementos aos cuidados médicos convencionais. Contudo, muitas pessoas que usam alguma modalidade de MCA falham em dizer aos seus médicos que eles estão usando uma alternativa, bem como um tratamento convencional (Jou & Johnson, 2016). Essa falha pode apresentar riscos devido a interações entre os dois tratamentos.

Outra limitação da MCA é acessibilidade. Nem todos os interessados em MCA podem encontrar ou pagar o tratamento MCA. Muitos desses tratamentos são limitados pelo número de profissionais qualificados e pela localização geográfica. Por exemplo, o uso de acupuntura aumentou dramaticamente entre 1997 e 2007 (Nahin et al., 2009) e continuou a aumentar entre 2007 e 2012 (Clarke et al., 2015). Entretanto, a acessibilidade pode continuar a ser um problema que limita a sua utilização. As pessoas que usaram produtos ou procedimentos de medicina alternativa raramente recebem reembolso pelos produtos que compram ou pelos serviços que recebem (Burke & Upchurch, 2006). A falha em incluir serviços da MCA no reembolso de seguros é típica nos Estados Unidos e representa enormes gastos diretos para usuários da MCA – uma estimativa de mais de $ 30 bilhões (Lewing & Sansgirty, 2018). Uma maneira de remover essa barreira é aumentar a presença de tratamentos alternativos em ambientes médicos convencionais. Este é o foco da medicina integrativa.

Medicina integrativa

Integrar a medicina convencional e alternativa é o que um número crescente de praticantes alternativos e convencionais imaginam para cuidados e tratamento de saúde ideais. A experiência de T. R. Reid com os tratamentos de massagem aiurvédica que melhoraram sua dor no ombro é um exemplo da ampla gama de possibilidades de tratamentos eficazes fora da medicina convencional. Mas a melhor prática seria combinar os tratamentos eficazes da medicina alternativa e criar um sistema que incluísse ambas as abordagens. A citação a seguir resume a necessidade de um sistema que permita a integração de tratamento alternativo e convencional:

> Torna-se necessário, portanto, criar uma perspectiva equilibrada, que reconheça que atitudes como forte vontade de viver, propósito elevado, predisposição para festividades e um grau razoável de confiança não são alternativas ao atendimento médico competente, mas uma forma de melhorar o ambiente de tratamento. O médico sábio favorece um espírito de participação responsável dos pacientes em uma estratégia total de assistência médica. (UCLA Cousins Center for Psychoneuroimmunology, 2011, parágrafo 1)

Essa abordagem é o que a maioria das pessoas tenta quando escolhe técnicas e produtos da medicina convencional e alternativa, mas a maioria delas trabalha para essa combinação por conta própria e não no sistema de assistência médica. Contudo, a integração ofereceria benefícios, mas também enfrenta barreiras.

Atualmente, muitas pessoas que usam MCA o fazem sem a orientação de seu médico (Nerurkar et al., 2011) e muitas vezes sem informá-lo (Jou & Johnson, 2016). Elas podem se sentir relutantes em discutir o uso de tratamento alternativo com um profissional convencional devido ao ceticismo da medicina convencional sobre a MCA (Frank et al., 2010). Esse ceticismo torna os médicos relutantes em encaminhar pacientes para praticantes de tratamentos alternativos e até mesmo hesitantes em estabelecer relacionamentos colaborativos. A medicina integrativa exige que os praticantes de medicina convencional e alternativa aceitem a eficácia de ambas as abordagens e formem uma relação de trabalho focada na saúde do paciente. Tanto a aceitação quanto a cooperação apresentam desafios.

Os praticantes que seguem o modelo biomédico têm diferenças básicas daqueles que seguem um modelo biopsicossocial, o que afeta a forma como cada um vê a saúde e o tratamento (Lake, 2007). Por exemplo, para muitos médicos treinados na medicina ocidental tem sido muito difícil aceitar as premissas da MTC, quiropraxia e homeopatia. (Shere-Wolfe et al., 2013). Alguns praticantes convencionais são veementemente contrários (Freedman, 2011), mas outros são mais receptivos, principalmente às técnicas que começam a acumular respaldo de pesquisa como eficazes. Os médicos cuja formação não incluiu tratamentos alternativos são mais resistentes que aqueles que têm formação em MCA (Hsiao, Ryan, et al., 2006). Os alunos de várias escolas profissionais de saúde têm grande interesse em MCA (Chow et al., 2016; Song et al., 2007). Um número crescente de escolas médicas inclui departamentos e currículos da MCA (Frank et al., 2010), mas a filosofia da prática e os métodos e estratégias de tratamento diferem (Shannon et al., 2011). Em 2009, o Instituto de Medicina dos EUA patrocinou uma conferência intitulada "Summit on Integrative Medicine and the Health of the Public" (Ullman, 2010). Aqueles que compareceram expressaram esperanças de uma integração de abordagens convencionais e alternativas de saúde e tratamento, mas também reconheceram que essa integração exigiria grandes mudanças no sistema de prestação de serviços médicos.

A integração do cuidado é mais comum em algumas áreas da prática que em outras, como tratamento da dor, tratamento do câncer e problemas de saúde mental. Nas clínicas de dor, esta é o problema, e o tratamento é orientado para manejá-la e não para a condição que a causou originalmente. Essa clínica geralmente inclui profissionais de saúde de várias especialidades (Dillard, 2002), incluindo (1) um médico treinado em neurologia, anestesia, reabilitação ou psiquiatria; (2) um especialista em reabilitação física; (3) um psiquiatra ou psicólogo; e (4) um quiroprático, massoterapeuta ou acupunturista (ou todos os três). A oncologia integrativa também envolve o tratamento por uma equipe de profissionais. Além dos tratamentos convencionais para o câncer, como quimioterapia, radioterapia e cirurgia, os pacientes podem participar de intervenções destinadas ao controle da dor, do estresse, nutrição e atividade física. O controle do estresse, dieta saudável e exercícios representam mudanças que melhoram a qualidade de vida da maioria das pessoas, mas essas mudanças no estilo de vida também podem afetar a progressão do câncer (Boyd, 2007).

Vários estudos pesquisaram programas de medicina integrada para explorar como a integração funcionou, bem como os benefícios e barreiras para a equipe. Um estudo avaliou o Integrative Medicine Primary Care Trial (IMPACT), uma avaliação de 12 meses de uma clínica que oferece uma variedade de serviços de atendimento (Crocker et al., 2019). Os serviços incluíam não apenas medicina convencional, mas também tratamentos alternativos, como medicina mente--corpo, nutrição, acupuntura e aulas de educação em saúde. Os pesquisadores fizeram uma variedade de avaliações de saúde mental e física, e os resultados indicaram, de maneira geral, melhorias em ambas.

Outro programa de medicina integrativa está disponível na famosa Mayo Clinic em Minnesota (Pang et al., 2015), onde os encaminhamentos para MCA aumentaram entre 2007 e 2010. Os encaminhamentos mais comuns para praticantes da MCA foram consistentes com a prática da medicina integrativa – controle da dor e do estresse. Ainda outro estudo se concentrou em um cenário comum para a medicina integrativa – centros de tratamento de câncer. Os profissionais desses centros na Alemanha e nos Estados Unidos (Mittring et al., 2013) desenvolveram pontos de vista semelhantes, independentemente de sua formação em medicina convencional ou alternativa, que incluía ênfase no tratamento baseado em evidências centrado em abordagem holística para tratar cada paciente. Os profissionais convencionais não relataram dificuldades em aceitar abordagens alternativas, mas expressaram problemas com o tempo adicional que o tratamento holístico e centrado no paciente criou para agendamento e tempos de espera.

Essas abordagens integradas podem ser aplicadas ao tratamento de muitas doenças crônicas. O crescente interesse do consumidor em MCA levou um número crescente de pacientes a esperar que seus praticantes de medicina convencional fossem conhecedores da MCA e estivessem dispostos a encaminhá-los para praticantes da MCA (Ben-Arye et al., 2008). Apesar de um histórico de resistência, os praticantes de medicina convencional também têm interesse crescente em MCA e vontade de fornecer alguns procedimentos alternativos ou encaminhar pacientes para praticantes da MCA (Shere-Wolfe et al., 2013). Assim, o objetivo de alcançar o "melhor dos dois mundos" combinando a medicina convencional com tratamentos eficazes da medicina alternativa por meio da cooperação dos praticantes está progredindo.

RESUMO

Para que tratamentos alternativos sejam aceitos pela medicina convencional, evidências de pesquisa devem confirmar sua eficácia. O padrão para esta evidência é controverso. A MCA deve ser mantida no padrão de eficácia demonstrado por ensaios clínicos randomizados? Alguns na medicina convencional dizem isso, mas outros na medicina alternativa argumentam que a maioria dos tratamentos na medicina convencional não atende a esse critério. Entretanto, as evidências estão se acumulando sobre a eficácia da MCA.

Tanto a meditação transcendental quanto a meditação da atenção plena demonstraram eficácia para a ansiedade. A redução do estresse com base na atenção plena e as práticas baseadas no movimento de qi gong e tai chi são eficazes no gerenciamento do estresse. Acupuntura e ioga mostram alguma promessa de reduzir a depressão, e o remédio herbal erva-de-são-joão reduz a depressão.

A imaginação guiada é uma intervenção eficaz para ajudar as pessoas a gerenciar vários tipos de dor. As técnicas da MTC têm sido bem-sucedidas no tratamento da dor, incluindo qi gong, tai chi e acupuntura. Os dois primeiros podem ser boas escolhas para pessoas com problemas de dor crônica, incluindo dor de cabeça e fibromialgia. A acupuntura pode ser eficaz para aliviar a dor lombar e no pescoço, bem como a dor provocada pela osteoartrite. A pesquisa também indica que a massagem é eficaz para dores lombar, no pescoço, musculoesquelética e de cabeça; a manipulação quiroprática também contribui com o mesmo conjunto de síndromes de dor. Contudo, o biofeedback não é tão eficaz quanto outros tratamentos da MCA; ele é como o relaxamento no manejo de enxaquecas, mas mostra poucos benefícios para o tratamento de outros tipos de dor. A hipnose é eficaz para uma variedade de tipos de dor, porém mais eficaz para dores agudas, como pós-cirúrgicas e de queimadura, que para dores crônicas. Para aqueles que têm um alto grau de sugestionabilidade, a hipnose pode ser uma maneira eficaz de controlar a dor crônica.

As técnicas da MCA também são eficazes para muitas outras condições, incluindo acelerar a cicatrização de queimaduras (aloe vera), tratar insônia (acupuntura), controlar náuseas e vômitos (hipnose e acupuntura), controlar a doença de Raynaud (biofeedback térmico), aumentar o movimento motor após acidente vascular encefálico (biofeedback EMG) e redução do risco de doenças cardiovasculares (meditação e qi gong) e diabetes (qi gong). Pesquisas indicaram que a prática de qi gong e tai chi pode alterar o sistema imunológico de maneira benéfica, e o tai chi melhora o equilíbrio e a flexibilidade, diminui o medo de cair e o número de quedas em idosos.

Como todos os tratamentos, a MCA tem limitações e até perigos. Alguns remédios à base de plantas e produtos botânicos podem ser tóxicos ou interagir entre si ou com medicamentos vendidos sem receita médica. Indivíduos com determinadas condições devem evitar alguns tratamentos. Por exemplo, pessoas com ossos enfraquecidos devem ser cautelosas ao procurar massagem ou tratamento quiroprático. Outra limitação da MCA é a acessibilidade, tanto pela disponibilidade quanto pelo custo dos tratamentos.

A medicina integrativa é a integração da medicina alternativa e da convencional, que deve fornecer o melhor de ambas as abordagens. Os desafios para alcançar essa integração incluem fundir as duas tradições discrepantes e treinar profissionais que encaminharão pacientes uns aos outros quando apropriado. O movimento em direção à medicina integrativa e à saúde integrativa está ganhando popularidade em muitos países do mundo. Duas áreas nas quais essa medicina integrativa está avançando mais rapidamente são o controle da dor e o tratamento do câncer.

APLIQUE O QUE VOCÊ APRENDEU

1. Dê conselhos sobre quais tipos de indivíduos com os seguintes problemas teriam benefícios com a MCA: estresse ou ansiedade, dor de cabeça crônica, dor relacionada ao parto, fibromialgia, dor lombar, dor no pescoço, dor pós-operatória e dor provocada por queimadura.

2. Projete uma unidade de medicina integrativa, descrevendo quais tipos de transtornos a unidade trataria, quais serviços ofereceria, quais profissionais fariam parte da equipe e quais tipos específicos de serviços a unidade ofereceria.

Perguntas

Este capítulo abordou seis questões básicas:

1. **Que sistemas médicos representam alternativas à medicina convencional?**

   Os sistemas médicos alternativos incluem MTC, medicina aiurvédica, naturopatia e homeopatia. A MTC e a medicina aiurvédica são antigas. A naturopatia e a homeopatia surgiram no século XIX e ganharam popularidade no início do século XX. Cada um desses sistemas apresenta uma teoria de saúde e doença, bem como práticas para diagnóstico e tratamento. Todos os sistemas alternativos compartilham o conceito de energia vital e a noção de que unir mente e corpo é importante para a saúde.

2. **Quais produtos e dietas contam como medicamentos alternativos?**

   Produtos alternativos incluem suplementos dietéticos, incluindo não vitamínicos, como equinácea, glucosamina, ácidos graxos ômega-3 e uma variedade de ervas, extratos e alimentos especiais que podem ser tomados como curativos ou preventivos. As pessoas fazem dietas como Atkins, Ornish, dieta Zona, DASH e várias dietas vegetarianas para manter ou melhorar a saúde ou controlar fatores de risco para doenças.

3. **Que práticas manipulativas se enquadram nas práticas alternativas?**

   As técnicas de manipulação incluem quiropraxia e massagem; a manipulação quiroprática se concentra no ajuste da coluna e das articulações, enquanto a massagem manipula os tecidos moles. O tratamento quiroprático cresceu em popularidade; pesquisas crescentes têm demonstrado sua eficácia para lidar com vários tipos de dor crônica. A massagem também aumentou em popularidade como uma intervenção terapêutica para controlar a dor e o estresse.

4. **O que é medicina mente-corpo?**

   Medicina mente-corpo é o termo aplicado a uma variedade de técnicas que se baseiam na noção de que o cérebro, a mente, o corpo e o comportamento interagem de maneiras complexas e que fatores emocionais, mentais, sociais e comportamentais exercem efeitos importantes sobre a saúde. De acordo com a medicina mente-corpo, ignorar os fatores psicológicos levará a uma forma incompleta de tratamento de saúde e perderá o poder que pode advir de envolver a mente e as emoções no tratamento. Incluídos na medicina mente-corpo estão a meditação, imagens guiadas, ioga, qi gong, tai chi, biofeedback e hipnose.

5. **Quem usa medicina complementar e alternativa?**

   Os países variam no uso da MCA e, neles, alguns fatores demográficos preveem seu uso da MCA. Austrália, Canadá e alguns países europeus mostram porcentagens mais altas da população que procuram tratamentos da MCA que os Estados Unidos. Nesse país, a etnia mostra alguma relação com o uso da MCA, com indivíduos euro-americanos, bem-educados e de alta renda utilizando-na com mais frequência que outros. Em todos esses países, as mulheres são mais propensas que os homens a usar MCA. Atitudes pessoais de aceitação da filosofia subjacente da MCA também predizem o uso, assim como o estado de saúde – as pessoas que têm um problema de saúde persistente que a medicina convencional não ajudou são mais propensas a procurar tratamento alternativo.

6. **Quais são os usos eficazes e as limitações dos tratamentos alternativos?**

   Uma variedade de técnicas está disponível para ajudar as pessoas a controlar a ansiedade, o estresse, a depressão, a dor e outros problemas, e um crescente corpo de pesquisas indica que alguns tratamentos alternativos gerenciam efetivamente esses problemas. Tanto a meditação transcendental quanto a meditação da atenção plena são eficazes no controle da ansiedade; a redução do estresse baseada na atenção plena ajuda a lidar com ele. Nenhuma técnica alternativa é eficaz para todas as situações de dor, mas várias são eficazes para alguns tipos de dor. Técnicas de manipulação, como massagem e tratamento quiroprático e técnicas mente-corpo, como acupuntura, parecem ser tão eficazes quanto qualquer tratamento para o difícil problema da dor lombar crônica. As abordagens com base em movimento de qi gong e tai chi mostram a promessa de ajudar a controlar dores de cabeça e fibromialgia e influenciar o sistema imunológico de maneiras benéficas. No entanto, seu principal uso terapêutico é auxiliar os idosos a manter o equilíbrio e a flexibilidade. A hipnose também traz benefícios para o controle da dor, mas esses benefícios se aplicam mais à dor aguda que à dor crônica.

   As limitações da MCA vêm de pesquisas limitadas sobre sua eficácia, mas essa situação está mudando. Outras limitações são semelhantes às dos tratamentos na medicina convencional – riscos para alguns indivíduos que fazem determinados tratamentos e interações medicamentosas decorrentes de terapias com ervas ou suplementos alimentares. A disponibilidade e o custo do tratamento são outras limitações da MCA, mas o crescente interesse em integrá-la aos tratamentos convencionais traz a promessa de maior acesso e entrega mais eficaz de tratamentos complementares.

Sugestões de leitura

Gannotta, R., Malik, S., Chan, A. Y., Urgun, K., Hsu, F. & Vadera, S. (2018). Integrative medicine as a vital component of patient care. *Cureus*, *10*(8), e3098. doi: 10.7759/cureus.3098. Este artigo apresenta um forte endosso do valor da medicina integrativa, mas também fala dos desafios e custos para sua implementação.

Harrington, A. (2008). *The cure within: A history of mind–body medicine*. New York: Norton. O livro de Harrington apresenta uma perspectiva social e histórica sobre o *status* da medicina alternativa, tecendo ampla coleção de informações sobre a interação entre mente e corpo.

Lake, J. (2007). Philosophical problems in medicine and psychiatry, part II. *Integrative Medicine: A Clinician's Journal*, *6*(3), 44-47. Este breve artigo adota uma perspectiva histórica e filosófica ao explicar as diferenças subjacentes nas suposições e visões de mundo entre os defensores da medicina convencional e alternativa e como essas diferenças apresentam barreiras à integração dos dois tipos de assistência médica.

Shannon, S., Weil, A. & Kaplan, B. J. (2011). Medical decision making in integrative medicine: Safety, efficacy, and patient preference. *Alternative & Complementary Therapies*, *17*(2), 84-91. Esta crítica ponderada da medicina convencional e alternativa detalha as preocupações de segurança e eficácia que devem ser usadas em todos os tipos de medicamentos.

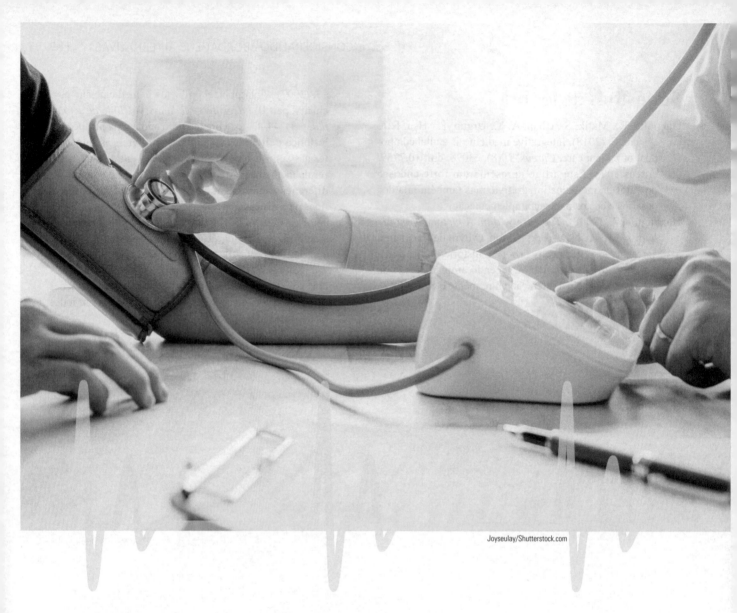

OBJETIVOS DE APRENDIZAGEM
Depois de estudar este capítulo, você será capaz de...

9-1 Comparar doença arterial coronariana e doença coronariana cardíaca

9-2 Explicar como ataque cardíaco e acidente vascular encefálico podem surgir dos mesmos processos de doença subjacentes

9-3 Explicar a diferença entre aumento da pressão arterial devido ao estresse ou excitação e hipertensão essencial

9-4 Discutir os dois fatores que são as razões mais importantes para a diminuição drástica das doenças cardiovasculares nos últimos 75 anos nos Estados Unidos

9-5 Explicar a diferença entre um fator de risco e uma causa para um transtorno

9-6 Descrever as diferenças entre a classificação dos riscos como condições inerentes e fisiológicas

9-7 Depois de examinar o impacto de cada uma das categorias de riscos comportamentais no desenvolvimento de DCV, criar um ranking desses riscos do menor ao maior impacto

9-8 Descrever três maneiras pelas quais os fatores psicossociais de nível educacional, renda e apoio social interagem para criar vulnerabilidade ao estresse, ansiedade e depressão

9-9 Traçar a evolução do padrão de comportamento Tipo A até a personalidade Tipo D

9-10 Explicar como o viés otimista pode impedir as pessoas de aderir a comportamentos que diminuem o risco de DCV

9-11 Discutir os fatores que são necessários para diminuir o risco de DCV

9-12 Avaliar as semelhanças e diferenças na diminuição dos riscos de DCV antes e depois de um evento como acidente vascular encefálico ou ataque cardíaco

CAPÍTULO 9

Fatores comportamentais em doenças cardiovasculares

SUMÁRIO DO CAPÍTULO

Perfil do mundo real de Emilia Clarke
O sistema cardiovascular
- As artérias coronárias
- Doença arterial coronariana
- Acidente vascular encefálico
- Pressão arterial

Variações nas taxas de doenças cardiovasculares
- Razões para o declínio nas taxas de mortalidade
- Doenças cardíacas em todo o mundo

Fatores de risco em doenças cardiovasculares
- Fatores de risco inerentes
- Condições fisiológicas
- Fatores comportamentais
- Fatores psicossociais

Redução de riscos cardiovasculares
- Antes do diagnóstico: prevenção dos primeiros ataques cardíacos
- Após o diagnóstico: reabilitação de pacientes cardíacos

PERGUNTAS

Este capítulo concentra-se em quatro questões básicas:

1. Quais são as estruturas, funções e transtornos do sistema cardiovascular?
2. Quais são os fatores de risco para doenças cardiovasculares?
3. Como o estilo de vida se relaciona com a saúde cardiovascular?
4. Que comportamentos são eficazes na redução dos riscos cardiovasculares?

Neste capítulo, examinamos os riscos comportamentais para doenças cardiovasculares, a causa mais frequente de morte em todo o mundo, especialmente em países de alta renda, como os Estados Unidos. Mas, primeiro, descreveremos o sistema cardiovascular. O que é e quais são os métodos para medir quão bem ele funciona?

9-1 O sistema cardiovascular

OBJETIVOS DE APRENDIZAGEM

9-1 Comparar doença arterial coronariana e doença coronariana

9-2 Explicar como ataque cardíaco e acidente vascular encefálico podem surgir dos mesmos processos de doença subjacentes

9-3 Explicar a diferença entre pressão arterial elevada devido ao estresse ou excitação e hipertensão essencial

O **sistema cardiovascular** é constituído pelo coração, artérias e veias. O coração é um músculo que, ao se contrair e relaxar, bombeia o sangue por todo o corpo. Ele é o centro de um sistema de trânsito rápido que transporta oxigênio para as células do corpo e remove o dióxido de carbono e outros resíduos das células. Em condições saudáveis, os sistemas cardiovascular, respiratório e digestivo são integrados; o sistema digestivo produz nutrientes enquanto o sistema respiratório fornece oxigênio, os quais circulam pelo sangue para várias partes do corpo. Além disso, o sistema endócrino afeta o sistema cardiovascular, estimulando ou deprimindo a taxa de atividade cardiovascular. Embora vejamos o sistema cardiovascular isoladamente neste capítulo, ele não funciona dessa maneira.

Verifique SEUS RISCOS À SAÚDE
Com relação a doenças cardiovasculares

Pergunta	Ponto
Idade	
Você é um homem com 55 anos ou mais OU uma mulher com 65 anos ou mais?	2 se sim
Tabagismo	
Eu nunca fumei	0
Sou ex-fumante (fumou pela última vez há mais de 12 meses)	2
Eu fumo 1-5 cigarros por dia	2
Eu fumo 6-10 cigarros por dia	4
Eu fumo 11-15 cigarros por dia	6
Eu fumo 16-20 cigarros por dia	7
Eu fumo mais de 20 cigarros por dia	11
Nos últimos 12 meses, à qual regularidade esteve exposto à fumaça de tabaco alheia?	
Fumo passivo	
Menos de 1 hora de exposição por semana	0
Uma ou mais horas de exposição ao fumo passivo por semana	2
Outras condições de saúde	
Você tem diabetes mellitus?	6 se sim
Você tem pressão alta?	5 se sim
Um ou ambos os pais biológicos tiveram ataque cardíaco?	4 se sim
Relação cintura-quadril	
Menos de 0,873	0
Entre 0,873 e 0,963	2
Maior que 0,964	4
Fatores psicossociais	
Com que frequência você sentiu estresse no trabalho ou na vida doméstica no último ano?	
Nunca ou em alguns períodos	0
Vários períodos de estresse ou estresse permanente	3
Durante os últimos 12 meses, houve algum momento em que você se sentiu infeliz, triste ou deprimido por semanas ou mais seguidas?	3 se sim
Fatores dietéticos	
Você come alimentos salgados ou lanches uma ou mais vezes ao dia?	1 se sim
Você come frituras, lanches ou *fast-food* três ou mais vezes por semana?	1 se sim
Você come frutas uma ou mais vezes ao dia?	1 se não
Você come vegetais uma ou mais vezes ao dia?	1 se não
Você come carne e/ou aves duas ou mais vezes ao dia?	2 se sim
Atividade física	
Sou principalmente sedentário ou realizo exercícios leves (exigindo esforço mínimo)	2
Realizo atividade física moderada ou extenuante no meu tempo de lazer	0

Fonte: "Estimating modifiable coronary heart disease risk globally in multiple regions of the world: The INTERHEART modifiable risk score", por C. McGorrian et al. (2011), *European Heart Journal*, *32*, Supplementary Table 2.

Essa lista de verificação fornece a pontuação de risco modificável INTERHEART. A pontuação deriva de pesquisas com mais de 30.000 pessoas de 52 países diferentes e representa o método mais recente para calcular o risco de ataque cardíaco. Se você pontuar abaixo de 9, parabéns; você está em menor risco de ataque cardíaco. Se você pontuar acima de 15, você está em maior risco de ataque cardíaco; mas a maioria desses fatores está sob seu controle. Neste capítulo, você aprenderá por que cada um desses fatores aumenta o risco de problemas cardiovasculares e como você pode correr menos risco.

A rota do sangue pelo corpo aparece na **Figura 9.1**. Todo o circuito leva cerca de 20 segundos quando o corpo está em repouso, mas o esforço acelera o processo. O sangue viaja do ventrículo direito do coração para os pulmões, onde a hemoglobina (um dos componentes do sangue) o satura com oxigênio. Dos pulmões, o sangue oxigenado viaja de volta para o átrio esquerdo do coração, depois para o ventrículo esquerdo e, finalmente, para o resto do corpo. As **artérias** transportam o ramo sanguíneo oxigenado para vasos de diâmetro cada vez menor, chamados **arteríolas**, e finalmente termina em minúsculos **capilares**, que conectam artérias e **veias**. O oxigênio se difunde para as células do corpo e o dióxido de carbono

Perfil do mundo real de EMILIA CLARKE

Emilia Clarke era uma jovem atriz que estava começando a carreira quando conseguiu o papel de Daenerys Targaryen em *Game of Thrones* (Clarke, 2019). A primeira temporada foi um enorme sucesso, e ela se tornou uma celebridade instantânea. Durante o intervalo entre a primeira e a segunda temporada, ela estava malhando em uma academia quando sentiu uma dor excruciante na cabeça. Poucas horas depois, ela estava em um hospital fazendo uma cirurgia no cérebro para reparar um aneurisma estourado. Aos 24 anos, ela teve um acidente vascular encefálico.

A sobrevivência de Clarke não era certa, mas ela viveu um período crítico de duas semanas e ficou no hospital por mais duas semanas. A extensão de seu dano cerebral ficou clara quando ela percebeu que não conseguia lembrar seu nome e não conseguia falar de forma coerente. Entretanto, esses problemas se resolveram em poucas semanas, e ela conseguiu filmar a segunda temporada de *Game of Thrones*. Mas imagens cerebrais feitas no hospital revelaram que ela tinha outro aneurisma no outro hemisfério do cérebro que também poderia estourar, causando outro acidente vascular encefálico.

Sua condição exigia exames cerebrais frequentes para monitorar o tamanho do aneurisma e, dois anos depois, ele havia crescido para um tamanho perigoso. Clarke fez outra cirurgia no cérebro; a recuperação foi ainda mais difícil que a primeira. Ela duvidou que viveria e teria uma carreira, mas, ao longo dos anos seguintes, ela se recuperou totalmente.

A experiência de Emilia Clarke não era típica de doença cardiovascular de várias maneiras. A maioria das pessoas que tem acidente vascular encefálico é mais velha, mas o tipo de acidente vascular encefálico que ela experimentou pode acontecer em qualquer idade – até mesmo em um recém-nascido. Sua recuperação também foi mais rápida que a recuperação típica do AVE. Um resultado mais comum para a perda de habilidades cognitivas e de linguagem envolveria uma recuperação mais prolongada e possivelmente alguns problemas persistentes. A juventude de Emilia provavelmente fosse um fator em sua rápida recuperação. Apesar de quase 800.000 pessoas nos Estados Unidos terem acidente vascular encefálico todos os anos, a doença cardíaca é uma ocorrência ainda mais comum.

---

e outros resíduos químicos passam para o sangue para que possam ser eliminados. O sangue que foi privado do oxigênio retorna ao coração por meio do sistema de veias, começando com as minúsculas **vênulas** e terminando com as duas grandes veias que desembocam no átrio direito, a câmara superior direita do coração.

Esta seção considera brevemente o funcionamento do sistema cardiovascular, concentrando-se na fisiologia subjacente da **doença cardiovascular (DCV)**, um termo geral que inclui doença arterial coronariana, doença coronariana e acidente vascular encefálico.

As artérias coronárias

As artérias coronárias fornecem sangue ao músculo cardíaco, **miocárdio**. As duas artérias coronárias principais se ramificam da aorta (ver **Figura 9.2**), a principal artéria que transporta sangue oxigenado do coração. As artérias coronárias esquerda e direita se dividem em ramos menores, fornecendo o suprimento sanguíneo para o miocárdio.

A cada batida, o coração faz um leve movimento de torção, que movimenta as artérias coronárias. Estas, portanto, recebem muita tensão como parte de sua função normal. Acredita-se que esse movimento do coração cause quase inevitavelmente lesões nas artérias coronárias (Friedman & Rosenman, 1974). O dano pode curar de duas maneiras diferentes. A via preferível envolve a formação de pequenas quantidades de tecido cicatricial e não resulta em nenhum problema sério. A segunda rota envolve a formação de **placas ateromatosas**, que são depósitos compostos de colesterol e outros lipídios (gorduras), tecido conjuntivo e tecido muscular. As placas crescem e se calcificam em uma substância óssea dura que engrossa as paredes arteriais (Kharbanda & MacAllister, 2005). Esse processo também envolve inflamação (Abi-Saleh et al., 2008). A formação de placas e a consequente oclusão das artérias são chamadas de **aterosclerose**, como mostrado na **Figura 9.3**.

Um problema relacionado, mas diferente, é **arteriosclerose**, ou a perda da elasticidade das artérias. As batidas do coração empurram o sangue pelas artérias com grande força, e a elasticidade arterial permite a adaptação a essa pressão. A perda de elasticidade tende a tornar o sistema cardiovascular menos capaz de tolerar aumentos no volume sanguíneo cardíaco. Portanto, existe um perigo potencial durante o exercício extenuante para pessoas com arteriosclerose.

A formação de placas arteriais (aterosclerose) e o "endurecimento" das artérias (arteriosclerose) ocorrem frequentemente em conjunto. Ambos podem afetar qualquer artéria do sistema cardiovascular, mas, quando as artérias coronárias são afetadas, o suprimento de oxigênio do coração pode ser ameaçado.

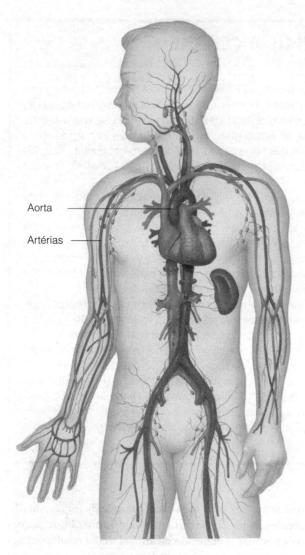

FIGURA 9.1 Circulação cardiovascular.

Fonte: Introduction to microbiology 1994 (p. 671), por J. L. Ingraham & C. A. Ingraham. De INGRAHAM & INGRAHAM, *Introduction to Microbiology*, 1E.

Doença arterial coronariana

Doença arterial coronariana (DAC) refere-se a danos nas artérias coronárias, tipicamente por meio dos processos de aterosclerose e arteriosclerose. Nenhum sintoma externo claro e visível acompanha o acúmulo de placas nas artérias coronárias. A DAC pode se desenvolver enquanto uma pessoa permanece totalmente inconsciente de seu progresso. Na DAC, as placas estreitam as artérias e restringem o fornecimento de sangue ao miocárdio. Depósitos de placa também podem romper e formar coágulos sanguíneos que são capazes de obstruir uma artéria. Se tal obstrução privar o coração de oxigênio, ele não funcionará adequadamente. A restrição do fluxo sanguíneo é chamada de **isquemia**.

Doença cardíaca coronariana (DCC) refere-se a qualquer dano ao miocárdio devido ao fornecimento insuficiente de sangue. O bloqueio completo de qualquer artéria coronária interrompe o fluxo sanguíneo e, portanto, o suprimento de oxigênio para o miocárdio. Como outros tecidos, o miocárdio não pode sobreviver sem oxigênio; portanto, o bloqueio coronário resulta na morte do tecido miocárdico, um infarto. **Infarto do miocárdio** é o termo médico para a condição comumente referida como um ataque cardíaco. Durante o infarto do miocárdio, o dano pode ser tão extenso a ponto de interromper completamente o batimento cardíaco. Em casos menos graves, as contrações cardíacas podem se tornar menos eficazes. Os sinais para um infarto do miocárdio incluem uma sensação de fraqueza ou tontura combinada com náusea, sudorese fria, dificuldade em respirar e uma sensação de esmagamento ou dor no peito, braços, ombros, mandíbula ou nas costas. Pode ocorrer perda rápida de consciência ou morte, mas às vezes a vítima permanece bastante alerta durante toda a experiência. A gravidade dos sintomas depende da extensão do dano ao músculo cardíaco.

Nas pessoas que sobrevivem a um infarto do miocárdio (mais da metade sobrevive), a porção danificada do miocárdio não se regenera ou se repara. Em vez disso, o tecido cicatricial se forma na área infartada. O tecido cicatricial não tem a elasticidade e a função de um tecido saudável, portanto, um ataque cardíaco diminui a capacidade do coração de bombear sangue com eficiência. Um infarto do miocárdio pode limitar o tipo e o vigor das atividades que uma pessoa pode realizar com segurança, levando à necessidade de algumas mudanças no estilo de vida. A doença arterial coronariana que causou um primeiro ataque pode causar outro, mas infartos futuros não são uma certeza.

O processo de **reabilitação cardíaca** pode envolver psicólogos, que ajudam pacientes a ajustar seu estilo de vida para minimizar os fatores de risco e diminuir as chances de ataques futuros. Como a doença cardíaca é a causa mais frequente de morte nos Estados Unidos, prevenir ataques cardíacos e fornecer reabilitação cardíaca são tarefas importantes para o sistema de saúde.

Um resultado menos grave da restrição do suprimento sanguíneo para o miocárdio é **angina pectoris**, um transtorno com sintomas de dor esmagadora no peito e dificuldade em respirar. A angina geralmente é precipitada por exercício ou estresse, pois essas condições aumentam a demanda do coração. Com a restrição de oxigênio, a capacidade de reserva do sistema cardiovascular é reduzida e a doença cardíaca torna-se evidente. Os sintomas desconfortáveis da angina raramente duram mais que alguns minutos, mas ela é um sinal de obstrução nas artérias coronárias.

Este procedimento substitui a porção bloqueada da artéria coronária (ou artérias) por enxertos de artérias saudáveis (ver **Figura 9.4**). A cirurgia de revascularização é cara, traz algum risco de morte e pode não prolongar significativamente a vida do paciente, mas geralmente é bem-sucedida no alívio da angina e na melhoria da qualidade de vida.

Acidente vascular encefálico

A aterosclerose e a arteriosclerose também podem afetar as artérias que atendem a cabeça e o pescoço, restringindo assim

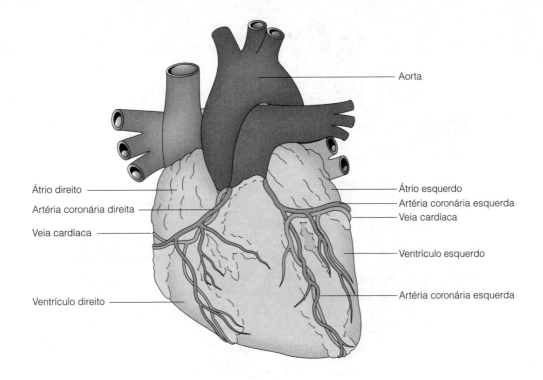

FIGURA 9.2 Coração (miocárdio) com artérias e veias coronárias.

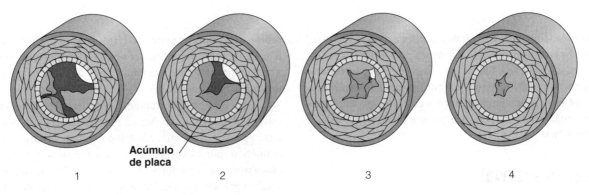

FIGURA 9.3 Aterosclerose progressiva.

o suprimento de sangue para o cérebro. Em outras palavras, o mesmo processo de doença que causa DAC e DCC pode afetar o cérebro. Qualquer obstrução nas artérias do cérebro restringirá ou interromperá completamente o fluxo de sangue para a área do cérebro servida por essa parte do sistema. A privação de oxigênio causa a morte do tecido cerebral em três a cinco minutos. Esse dano ao cérebro resultante da falta de oxigênio é chamado de **acidente vascular encefálico (AVE)**, a quinta causa de morte mais frequente nos Estados Unidos (Xu et al., 2020). Mas esse acidente também têm outras causas, por exemplo, uma bolha de ar (embolia aérea), uma infecção que impede o fluxo sanguíneo no cérebro ou malformação congênita de uma artéria.

O enfraquecimento das paredes das artérias associado à arteriosclerose pode levar a um *aneurisma*, um saco formado pelo balonismo de uma parede arterial enfraquecida, ou essa parede arterial enfraquecida pode ser um problema congênito. Os aneurismas podem estourar, causando um *acidente vascular encefálico* em que o sangue deixa a artéria e flui para o cérebro (ver **Figura 9.5**). O aneurisma de Emilia Clarke provavelmente não tenha sido causado por arteriosclerose; indivíduos com a idade dela raramente têm arteriosclerose, mas seu acidente vascular encefálico foi hemorrágico. Uma artéria no cérebro estourou.

Um acidente vascular encefálico pode danificar os neurônios no cérebro, e esses neurônios não têm capacidade de se substituir. Mais comumente, alguns dos neurônios dedicados a uma função específica (como a produção da fala) são perdidos, prejudicando a função cerebral, como Emilia Clarke experimentou. A extensão da perda está relacionada

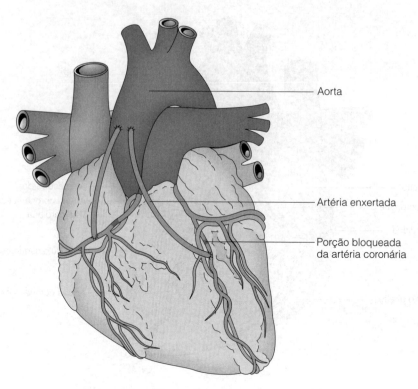

FIGURA 9.4 Bypass coronário.

à quantidade de dano à área; danos mais extensos resultam em maior comprometimento. Os danos podem ser tão extensos – ou em uma área tão crítica – que podem causar morte imediata ou podem ser tão leves que passam despercebidos. Emilia Clarke sentiu uma dor intensa do aneurisma estourado e, em poucos minutos, percebeu que seu cérebro estava danificado (Clarke, 2019).

Pressão arterial

Quando o coração bombeia sangue, a força deve ser substancial para alimentar a circulação por um ciclo inteiro pelo corpo e de volta ao coração. Em um sistema cardiovascular saudável, a pressão nas artérias não é um problema porque as artérias são bastante elásticas. Em um sistema cardiovascular doente por aterosclerose e arteriosclerose, porém, a pressão do sangue nas artérias pode produzir consequências graves. O estreitamento das artérias que ocorre na aterosclerose e a perda de elasticidade que caracteriza a arteriosclerose tendem a aumentar a pressão arterial. Além disso, esses processos de doença tornam o sistema cardiovascular menos capaz de se adaptar às demandas de exercícios pesados e estresse.

As medições da pressão arterial são geralmente expressas por dois números: o primeiro número representa **pressão sistólica**, a pressão gerada pela contração do coração. O segundo número representa **pressão diastólica**, ou a pressão experimentada entre as contrações, refletindo a elasticidade das paredes do vaso. Ambos os números são expressos em milímetros (mm) de mercúrio (Hg), pois as medições originais da pressão arterial foram obtidas determinando o quão alto o mercúrio subiria em uma coluna de vidro pela pressão do sangue em circulação.

A pressão arterial aumenta por meio de vários mecanismos. Algumas elevações na pressão arterial são normais e até adaptativas. A ativação temporária do sistema nervoso simpático, por exemplo, aumenta a frequência cardíaca e também causa constrição dos vasos sanguíneos, ambos elevando a pressão arterial. Outras elevações na pressão arterial, contudo, não são normais nem adaptativas – são sintomas de DCV.

Milhões de pessoas nos Estados Unidos têm **hipertensão** – isto é, pressão arterial anormalmente alta. Essa doença "silenciosa" é o melhor preditor de ataque cardíaco e acidente vascular encefálico, mas também pode causar danos aos olhos e insuficiência renal (ver **Figura 9.6**). **Hipertensão essencial** refere-se a uma elevação crônica da pressão arterial, que tem causas genéticas e ambientais (Staessen et al., 2003). Essa condição afeta *um terço* de pessoas nos Estados Unidos e em outros países desenvolvidos, para um total de mais de 100 milhões nos Estados Unidos (NCHS, 2019) e 1 bilhão em todo o mundo (Roger et al., 2012). Está fortemente relacionada com o envelhecimento, mas também com fatores como ascendência norte-americana, peso, ingestão de sódio, uso de tabaco e falta de exercício.

A **Tabela 9.1** mostra os intervalos para pressão arterial normal, pré-hipertensão e hipertensão estágio 1 e estágio 2.

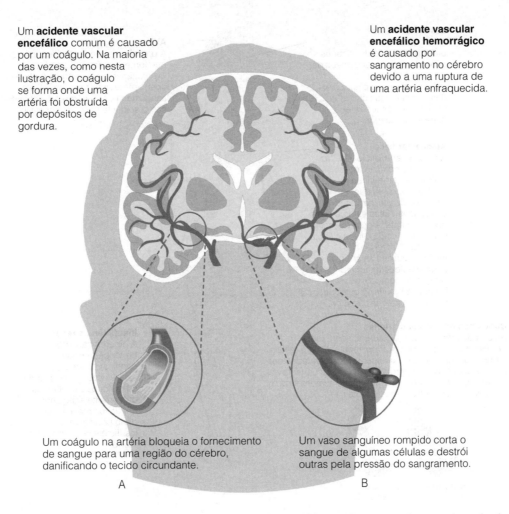

FIGURA 9.5 Existem dois tipos de acidente vascular encefálico: AVEs comuns são causados pela obstrução de uma artéria; AVE hemorrágico é causado pelo rompimento de uma artéria no cérebro.
Fonte: An invitation to health (7th ed., p. 379), por D. Hales, 1997, Pacific Grove, CA: Brooks/Cole. De HALES, *Invitation to Health*, 7E.

Apesar das crenças em contrário, ela não apresenta sintomas facilmente perceptíveis, de modo que as pessoas podem ter pressão arterial perigosamente elevada e permanecer completamente inconscientes de sua vulnerabilidade a ataques cardíacos e acidente vascular encefálicos.

Em indivíduos mais jovens, a pressão diastólica elevada está mais fortemente relacionada ao risco cardiovascular, mas nos mais velhos, a pressão sistólica elevada é um melhor preditor (Staessen et al., 2003). Cada aumento de 20 mmHg na pressão arterial sistólica dobra o risco de DCV (Roger et al., 2012). A pressão sistólica superior a 200 mmHg apresenta perigo de ruptura das paredes arteriais (Berne & Levy, 2000). A hipertensão diastólica tende a resultar em danos vasculares que podem lesar os órgãos servidos pelos vasos afetados, mais comumente os rins, o fígado, o pâncreas, o cérebro e as retinas.

Como a causa subjacente da hipertensão essencial é complexa e não totalmente compreendida, não existe tratamento que remediará sua causa básica. O tratamento tende a ser orientado para medicamentos ou mudanças de comportamento e estilo de vida que podem reduzir a pressão arterial (Unger et al., 2020). Como parte do tratamento da hipertensão envolve mudanças comportamentais, os psicólogos da saúde desempenham um papel importante no incentivo a comportamentos como controle de peso, manutenção de um programa regular de exercícios e restrição da ingestão de sódio. A adesão a esses comportamentos é importante para o controle da pressão arterial. Infelizmente, a adesão aos medicamentos é notoriamente ruim para pacientes com hipertensão (Unger et al., 2020).

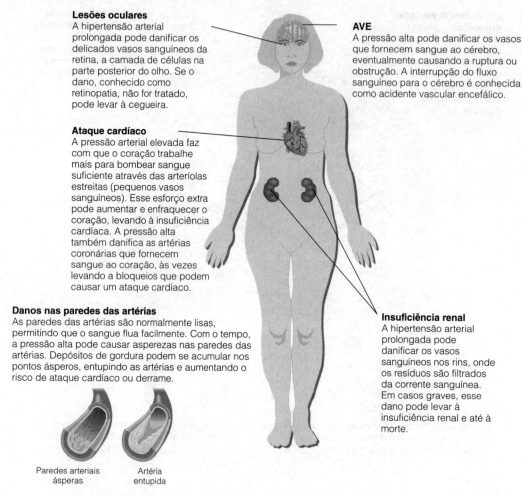

FIGURA 9.6 As consequências da pressão alta.

Fonte: An invitation to health (7th ed., p. 370), por D. Hales, 1997, Pacific Grove, CA: Brooks/Cole. De HALES, *Invitation to Health*, 7E.

TABELA 9.1   Faixas de pressão arterial (expressa em mm Hg)

	Sistólica		diastólico
Normal	<120	e	<80
Pré-hipertensão	120–129	e	<80
Hipertensão estágio 1	130–139	ou	80–89
Hipertensão estágio 2	≥140	ou	≥90

Fonte: American College of Cardiology/American Heart Association Task Force on Clinical Practice Guidelines. *Highlights from the 2017 guideline for the prevention, detection, evaluation, and management of high blood pressure in adults*. Tabela 1.
Recuperado de: https://professional.heart.org/idc/groups/ahamah-public/@wcm/@sop/@smd/documents/downloadable/ucm_497445.pdf

RESUMO

O sistema cardiovascular é constituído pelo coração e vasos sanguíneos. O coração bombeia o sangue, que circula por todo o corpo, fornecendo oxigênio e removendo os resíduos. As artérias coronárias fornecem sangue ao próprio coração e, quando a aterosclerose afeta essas artérias, ocorre a doença arterial coronariana. Nesse processo da doença, placas se formam dentro das artérias, restringindo o suprimento de sangue para o músculo cardíaco. A restrição pode causar angina pectoris, com sintomas de dor no peito e dificuldade para respirar. As artérias coronárias bloqueadas também podem levar a um infarto do miocárdio (ataque cardíaco). Quando o suprimento de oxigênio para o cérebro é interrompido, ocorre um acidente vascular encefálico, como aconteceu com Emilia Clarke. O AVE pode afetar qualquer parte do cérebro e variar em gravidade de menor a fatal. A hipertensão – pressão alta – é um preditor de ataque cardíaco e acidente vascular encefálico. Ambos os tratamentos comportamentais e médicos podem reduzir a hipertensão, bem como outros fatores de risco para doenças cardiovasculares.

APLIQUE O QUE VOCÊ APRENDEU

1. Descreva a fisiologia do cérebro de Emilia Clark e o processo que resultou em seu acidente vascular encefálico.
2. Construa um perfil de uma pessoa com alto risco de ataque cardíaco, incluindo detalhes fisiológicos e comportamentais.

9-2 As taxas de mudança de doenças cardiovasculares

OBJETIVO DE APRENDIZAGEM

9-4 Discutir os dois fatores que são as razões mais importantes para a diminuição drástica das doenças cardiovasculares nos últimos 75 anos nos Estados Unidos

A atual taxa de mortalidade por DCV para pessoas nos Estados Unidos é menor que em 1920. Mas entre 1920 e 2002, as taxas de mortalidade mudaram drasticamente. A **Figura 9.7** revela um aumento acentuado nas mortes por DCV de 1920 até as décadas de 1950 e 1960, seguido por um declínio que continua

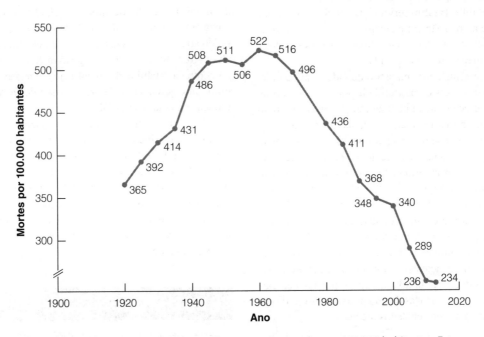

FIGURA 9.7 Taxas de mortalidade por doença cardiovascular por 100.000 habitantes, Estados Unidos, 1920-2018.

Fonte: U.S. Public Health Service, *Vital Statistics of the United States*, annual, Vol. I and Vol. II (1900–1970); U.S. National Center for Health Statistics, *Vital Statistics of the United States*, annual (1971-2001); *National Vital Statistics Report*, monthly (2002-2005). Recuperado de: http://www.infoplease.com/ipa/A0922292.html; *National Vital Statistics Report* (2016). Recuperado de: http://www.cdc.gov/nchs/data/nvsr/nvsr64/nvsr64_02.pdf; Mortality in the United States, 2018. *NCHS Data Brief*, n. 355. Recuperado de: https://www.cdc.gov/nchs/products/databriefs/db355.htm.

até os dias atuais. Atualmente, quase 30% de todas as mortes nos Estados Unidos são por DCV (Kochanek et al., 2019).

Em 1920, a taxa de mortes por doenças cardíacas era semelhante para mulheres e homens. No geral, as taxas de morte por DCV permanecem semelhantes, mas o padrão de mortes começou a diferir quando as taxas de DCV começaram a aumentar. Durante meados do século XX, os homens morriam de DCV em idades mais jovens que as mulheres, criando uma lacuna de gênero nas doenças cardíacas.

Razões para o declínio nas taxas de mortalidade

O declínio da mortalidade cardíaca nos Estados Unidos deve-se, em grande parte, a duas causas: melhor atendimento coronariano de emergência e mudanças nos fatores de risco para DCV (Ford et al., 2007; Wise, 2000). A partir da década de 1960, muitas pessoas começaram a mudar seu estilo de vida. Passaram a fumar menos, ter mais consciência de sua pressão arterial, controlar o colesterol sérico, observar seu peso e seguir um programa regular de exercícios.

A publicidade de dois estudos de pesquisa monumentais levou a essas mudanças de estilo de vida. O primeiro foi o Framingham Heart Study, que começou a emitir relatórios durante a década de 1960, implicando tabagismo, colesterol alto, hipertensão, sedentarismo e obesidade como fatores de risco para DCV (Levy & Brink, 2005). O segundo estudo foi o altamente divulgado no relatório do Surgeon General de 1964 (US Public Health Service [USPHS], 1964), que encontrou forte associação entre tabagismo e doenças cardíacas. Muitas pessoas tomaram conhecimento desses estudos e começaram a alterar seu modo de vida.

Embora essas mudanças no estilo de vida sejam paralelas ao declínio das taxas de mortalidade por doenças cardíacas, elas não oferecem prova de uma relação causal entre as mudanças de comportamento e a queda na mortalidade cardiovascular. Durante esse mesmo período, os cuidados médicos e a tecnologia continuaram a melhorar, e muitos pacientes cardíacos que em anos anteriores teriam morrido foram salvos por um tratamento melhor e mais rápido. Qual fator – mudanças no estilo de vida ou melhores cuidados médicos – contribuiu mais para o declínio da taxa de mortalidade por doenças cardíacas? A resposta é ambos. Cerca de 47% do declínio na doença coronariana foi devido a melhorias no tratamento e 44% a mudanças nos fatores de risco (Ford et al., 2007). Assim, o declínio da taxa de morte por doença cardíaca se deve tanto a mudanças de comportamento e estilo de vida quanto à melhoria dos cuidados médicos.

Doenças cardíacas em todo o mundo

A doença cardíaca é a principal causa de morte, não apenas nos Estados Unidos, mas também em todo o mundo. O número total de mortes por doença cardíaca e acidente vascular encefálico é responsável por cerca de 30% de todas as mortes (OMS, 2017). Os Estados Unidos são apenas um dos muitos países ocidentais de alta renda que viram mudanças no estilo de vida e reduções drásticas nas mortes cardiovasculares entre sua população, mas a maioria das mortes por DCV em todo o mundo ocorre em países de renda média e baixa (OMS, 2017).

Na Finlândia, as taxas de DCV caíram mais de 70% da década de 1970 até a de 1990 (Puska et al., 1998). Parte dessa redução foi resultado de um esforço nacional para mudar os fatores de risco. Esse esforço começou com uma intervenção comunitária que visava uma área da Finlândia com taxas particularmente altas de DCV e tentou mudar a dieta, a hipertensão e o tabagismo. O sucesso do programa levou a uma expansão nacional do projeto. Essa redução dos fatores de risco foi responsável por grande parte da redução (Vartiainen, 2018).

Em contraposição, durante décadas em que as taxas de DCV estavam caindo em muitos países, as de doenças cardíacas estavam aumentando em países que faziam parte da União Soviética (Weidner, 2000; Weidner & Cain, 2003). Essa epidemia afetou homens de meia-idade mais que outros grupos, e a diferença de gênero nas doenças cardíacas foi maior na Rússia e em outras ex-repúblicas soviéticas que na maioria dos outros países. Em alguns países da Europa Oriental na década de 1990, a doença cardíaca coronária foi responsável por 80% das mortes. As razões para essa praga de doenças cardíacas não são completamente compreendidas, mas as altas taxas ocorreram em um momento de crise política e econômica, e a falta de apoio social, altos níveis de estresse, tabagismo e abuso de álcool são fatores que podem ter contribuído ao aumento das taxas de DCV (Weidner & Cain, 2003). Essa situação melhorou (Pogosova & Sokolova, 2017). O aumento da estabilidade social e uma iniciativa nacional para diminuir e gerenciar os fatores de risco de DCV resultaram na redução das mortes por DCV.

Doenças cardíacas e acidente vascular encefálicos tornaram-se as principais causas de morte em países de baixa e média renda (GBD 2017, Causes of Death Collaborators, 2018). À medida que o tabagismo, a obesidade, a inatividade física e os padrões alimentares pobres nesses países se tornam mais parecidos com os de alta renda, as DCV aumentaram nos países menos ricos. Assim, a carga mundial de DCV é imensa, representando a principal causa de anos de vida perdidos no mundo.

RESUMO

Desde meados da década de 1960, as mortes por doença arterial coronariana e acidente vascular encefálico diminuíram drasticamente nos Estados Unidos e na maioria (mas não em todos) de outros países de alta renda. Embora parte desse declínio seja resultado de cuidados coronários melhores e mais rápidos, as mudanças no estilo de vida são responsáveis por cerca de 50% dessa diminuição. Em países de baixa renda em todo o mundo, ocorreu o oposto – o tabagismo e a obesidade aumentaram e a atividade física diminuiu. Esses hábitos aumentaram os riscos de DCV. Além disso, a disponibilidade de assistência médica para DCV é menor nesses países, o que levará a uma taxa crescente nos próximos anos.

APLIQUE O QUE VOCÊ APRENDEU

1. Analisar os fatores que contribuíram para as diferentes taxas de DCV nos últimos 50 anos em países que apresentaram aumento e naqueles em que as taxas de DCV caíram.

9-3 Fatores de risco em doenças cardiovasculares

OBJETIVOS DE APRENDIZAGEM

9-5 Explicar a diferença entre um fator de risco e uma causa para um transtorno

9-6 Descrever as diferenças entre a classificação dos riscos como condições inerentes e as fisiológicas

9-7 Depois de examinar o impacto de cada uma das categorias de riscos comportamentais no desenvolvimento de DCV, criar um ranking desses riscos do menor ao maior impacto

9-8 Descrever três maneiras pelas quais os fatores psicossociais de nível educacional, renda e apoio social interagem para criar vulnerabilidade ao estresse, ansiedade e depressão

9-9 Traçar a evolução do padrão de comportamento Tipo A até a personalidade Tipo D

A pesquisa associa vários fatores de risco ao desenvolvimento de DCV. No Capítulo 2, definimos um *fator de risco* como qualquer característica ou condição que ocorre com maior frequência em pessoas com uma doença que naquelas livres dela. A abordagem do fator de risco não identifica a causa de uma doença, tampouco permite uma previsão precisa de quem sucumbirá à doença e quem permanecerá saudável. A abordagem do fator de risco simplesmente dá informações sobre quais condições estão associadas – direta ou indiretamente – a uma determinada doença ou transtorno.

A abordagem do fator de risco para prever doenças cardíacas começou com o Framingham Heart Study em 1948, uma investigação de mais de 5.000 pessoas na cidade de Framingham, Massachusetts (Levy & Brink, 2005). O estudo foi um desenho prospectivo; assim, todos os participantes estavam livres de doenças cardíacas no início do estudo. O plano original era acompanhar essas pessoas por 20 anos para estudar as doenças cardíacas e os fatores relacionados ao seu desenvolvimento. Os resultados provaram ser tão valiosos que o estudo continua há mais de 50 anos e inclui filhos e netos dos participantes originais.

Na época de sua descoberta, a medicina não considerava muitos comportamentos típicos do estilo de vida norte-americano como particularmente perigosos (Levy & Brink, 2005). Impulsionado pela crescente epidemia de doenças cardíacas na década de 1950, o estudo de Framingham revelou que esses fatores de risco estão relacionados de forma confiável ao desenvolvimento de doenças cardíacas e acidente vascular encefálicos.

Vários estudos de grande escala seguiram o estudo de Framingham. Estes incluem o Nurses' Health Study, um estudo epidemiológico de longo prazo da saúde da mulher que confirma a ligação entre vários fatores de risco e o risco das mulheres para DCV (Oh et al., 2005). O maior estudo de saúde cardiovascular até hoje é o INTERHEART Study (Yusuf et al., 2004), realizado em 52 países, que comparou mais de 15.000 pessoas que sofreram ataque cardíaco com quase 15.000 pessoas semelhantes que não tiveram. Esse estudo de caso-controle examinou uma série de outros fatores de risco potenciais e até que ponto esses fatores para DCV são semelhantes entre os países. Assim, muito do nosso conhecimento sobre os fatores de risco para os principais problemas cardiovasculares vem dos estudos Framingham, Nurses' Health e INTERHEART.

Os fatores de risco cardiovascular incluem aqueles que são inerentes, aqueles que surgem de condições fisiológicas, aqueles que surgem do comportamento e uma variedade de fatores psicossociais.

Fatores de risco inerentes

Fatores de risco inerentes resultam de condições genéticas ou físicas que não podem ser facilmente modificadas. Estudos de fatores genéticos em DCV encontraram relações complexas (Erdman et al., 2018), incluindo mais de 160 loci gênicos associados à doença arterial coronariana. A forma como esses genes interagem e a possibilidade de que fatores ambientais interajam com a informação genética para alterar a expressão gênica sugerem que mecanismos muito complexos estão operando.

Embora os fatores de risco inerentes não possam ser alterados, as pessoas com esses fatores não estão necessariamente destinadas a desenvolver DCV. A identificação de pessoas com fatores de risco inerentes permite que esses indivíduos de alto risco minimizem seu perfil de risco geral, controlando as coisas que podem, como hipertensão, tabagismo e dieta. Fatores de risco inerentes para DCV incluem idade avançada, história familiar, sexo e origem étnica.

Idade avançada O avanço da idade é o principal fator de risco para DCV, assim como para câncer e muitas outras doenças. À medida que as pessoas envelhecem, o risco de morte cardiovascular aumenta acentuadamente. A **Figura 9.8** mostra que, para cada aumento de 10 anos na idade, homens e mulheres mais que dobram suas chances de morrer de DCV. Por exemplo, homens com 85 anos ou mais têm cer-

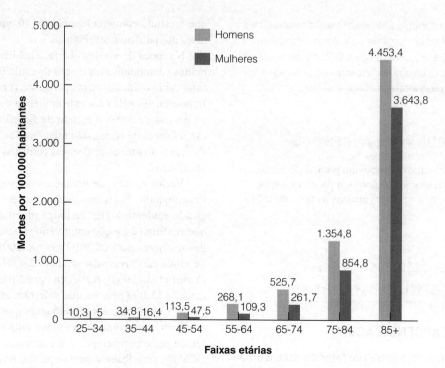

FIGURA 9.8 Taxas de mortalidade por doenças do coração por idade e sexo, Estados Unidos, 2014.

Fonte: Health, United States, 2017, por National Center for Health Statistics, 2017, Table 22. Recuperado de: https://www.cdc.gov/nchs/data/hus/2017/022.pdf.

ca de 2,7 vezes mais chances de morrer de DCV que homens entre 75 e 84 anos, e mulheres com 85 anos ou mais têm cerca de 3,7 vezes mais chances de morrer de DCV que mulheres de 75 a 84 anos.

História de família A história familiar também é um fator de risco inerente para DCV. Pessoas com histórico de DCV em sua família são mais propensas a morrer de doença cardíaca que aquelas sem esse histórico. Da mesma maneira, as aquelas com um pai que sofreu um ataque cardíaco são mais propensas a sofrer também (Chow et al., 2011). É provável que esse risco familiar ocorra pela ação de muitos genes e suas interações com fatores ambientais na vida das pessoas (Schunert et al., 2018). Como outros fatores de risco inerentes, os genes não podem ser alterados por meio de mudanças no estilo de vida, mas as pessoas com histórico familiar de doenças cardíacas podem diminuir seu risco mudando o estilo de vida.

Gênero Embora o gênero seja um fator de risco inerente, muitos comportamentos e condições sociais estão relacionados ao gênero. Assim, o risco diferente para mulheres e homens pode ou não ser inerente.

Em 1920, a taxa de mortes por doenças cardíacas era semelhante para mulheres e homens. No geral, as taxas por DCV permanecem semelhantes, mas o padrão de mortes começou a diferir quando as taxas de DCV começaram a aumentar. Durante a metade do século XX, os homens morreram de DCV em idades mais jovens que as mulheres, criando uma lacuna de gênero nas doenças cardíacas.

Como mostra a Figura 9.8, essa lacuna de gênero continua a existir. Os homens têm uma taxa de morte por DCV mais alta que as mulheres, e essa discrepância se mostra mais proeminente durante a meia-idade. Após essa idade, a porcentagem de mortes de mulheres por DCV aumenta acentuadamente, e um número maior de mulheres idosas que de homens mais velhos morre de DCV; entretanto, a taxa de morte por DCV permanece maior para os homens.

Que fatores explicam essa diferença de gênero? Tanto a fisiologia quanto o estilo de vida contribuem (Pilote et al., 2007). Antes da menopausa, as mulheres experimentam uma menor taxa de DCV que os homens. Ao mesmo tempo, acreditava-se que o estrogênio fornecia proteção, mas o fracasso em produzir qualquer benefício em um ensaio de reposição hormonal em larga escala gerou dúvidas (Writing Group for the Women's Health Initiative Investigators, 2002). Um foco mais recente tem sido nos andrógenos, incluindo a possibilidade de que esses hormônios possam envolver tanto proteção quanto riscos para homens e mulheres (Chistiakov et al., 2018).

Contudo, o estilo de vida é responsável por grande parte da diferença de gênero nas doenças cardíacas. Em todo o mundo, os homens tendem a sofrer um ataque cardíaco mais cedo que as mulheres, e essa diferença é explicada pelas taxas mais altas de fatores de estilo de vida não saudáveis durante a juventude (Anand et al., 2008). Além disso, a disparidade de gênero é particularmente grande em alguns países. A Rússia tem a maior diferença de gênero na expectativa de vida do mundo – as mulheres podem esperar sobreviver aos homens em média 11 anos – e a maior parte da discrepância vem de taxas mais altas de DCV entre os homens (CIA, 2020). Os hábitos de saúde dos homens russos incluem fumar e beber mais, e mostram menos habilidades de enfrentamento para lidar com o estresse. Em outros países, como Islândia e Noruega, a diferença de gênero na taxa de DCV é pequena (CIA, 2020). Os achados de que as diferenças de gênero na mortalidade por DCV são muito maiores em alguns países que em outros sugerem que fatores comportamentais, em vez de diferenças biológicas inerentes, explicam a discrepância de mortalidade por DCV entre homens e mulheres.

Origem étnica Um quarto risco inerente para DCV é a origem étnica. Nos Estados Unidos, os afro-americanos têm um risco 30% maior de morte cardiovascular que os norte-americanos brancos, enquanto os nativos norte-americanos, asiáticos e hispânicos têm taxas mais baixas (Kochanek et al, 2019). O risco aumentado para afro-americanos pode estar relacionado a fatores sociais, econômicos ou comportamentais e não a qualquer base biológica, porque o estudo INTERHEART (Yusuf et al., 2004) indicou que os fatores de risco para doenças cardíacas são os mesmos para pessoas em países ao redor do mundo. Assim, as diferenças étnicas na doença cardíaca são provavelmente em razão a diferenças étnicas nos níveis de fatores de risco conhecidos.

Os afro-americanos seguem esse padrão, pois têm níveis mais altos de fatores de risco para doenças cardíacas que brancos, hispânicos, asiáticos e nativos norte-americanos. O risco mais forte para os afro-americanos é a pressão alta (Cunningham et al., 2017), mas os riscos psicossociais, como baixa renda e baixo nível educacional, também têm grande impacto (Karlamangla et al., 2005; Pilote et al., 2007). As taxas mais altas de morte cardiovascular entre eles podem ser por causa da maior taxa de hipertensão. Sua maior taxa de hipertensão pode ser em parte devido à maior reatividade cardíaca, como possível resultado de experiências contínuas de discriminação racial. Até mesmo ameaças de discriminação podem aumentar a pressão arterial em afro-americanos (Blascovich et al., 2001). A tendência de reagir ao estresse e ameaças de estresse com aumento da reatividade cardíaca pode surgir de anos de discriminação racial, mais provável de ser experimentada por pessoas de pele escura. Por exemplo, Elizabeth Klonoff e Hope Landrine (2000) descobriram que os afro-americanos de pele escura eram 11 vezes mais propensos que os afro-americanos de pele mais clara a sofrer discriminação racial frequente. Assim, a discriminação racial parece ser um fator para o aumento dos níveis de pressão arterial entre os negros, mas essas respostas são classificadas como riscos psicossociais relacionados à etnia e não como um risco inerente às diferenças étnicas.

Condições fisiológicas

Uma segunda categoria de fatores de risco em DCV inclui as condições fisiológicas de hipertensão, nível de colesterol sérico, problemas no metabolismo da glicose e inflamação.

Hipertensão Além da idade avançada, a hipertensão é o fator de risco mais importante para DCV, mas milhões de pessoas com pressão alta não estão cientes de sua vulnerabilidade. Ao contrário da maioria dos transtornos, ela não produz sintomas evidentes e os níveis de pressão arterial perigosamente elevados geralmente ocorrem sem sinais ou sintomas (Unger et al., 2020).

O Framingham Heart Study forneceu a primeira evidência sólida dos riscos da hipertensão. Mais recentemente, o estudo INTERHEART de 52 países confirmou a forte ligação entre hipertensão e problemas cardiovasculares por idade, sexo, etnia e país de residência (Yusuf et al., 2004). Como um relatório do governo dos EUA declarou: "O risco entre a PA e o risco de eventos cardiovasculares é contínuo, consistente e independente de outros fatores de risco. Quanto maior a PA, maior a chance de ataque cardíaco, insuficiência cardíaca, acidente vascular encefálico e doença renal" (USDHHS, 2003, p. 2).

Nível de colesterol sérico Uma segunda condição fisiológica relacionada à DCV é o alto nível de colesterol sérico. O colesterol é uma substância cerosa, semelhante à gordura, essencial para a vida humana como componente das membranas celulares. *Sérum* ou *colesterol no sangue* é o nível de colesterol que circula na corrente sanguínea; esse nível está relacionado (mas não perfeitamente relacionado) com *colesterol dietético*, ou a quantidade de colesterol na comida. O colesterol dietético vem de gorduras e óleos animais, mas não de vegetais ou produtos vegetais. Embora o colesterol seja essencial para a vida, muito pode contribuir para o processo de desenvolvimento de DCV.

Depois que uma pessoa ingere colesterol, a corrente sanguínea o transporta como parte do processo de digestão. Uma medição da quantidade de colesterol transportada no soro (a parte líquida e livre de células do sangue) é tipicamente expressa em miligramas (mg) de colesterol por decilitros (dl) de soro. Assim, uma leitura de colesterol de 210 significa 210 mg de colesterol por decilitro de soro sanguíneo.

Contudo, o colesterol total na corrente sanguínea não é o melhor preditor de DCV. O colesterol circula no sangue em várias formas de **lipoproteínas**, que diferem em densidade e função. A **lipoproteína de baixa densidade (LDL)** transporta colesterol do fígado para as células do corpo, enquanto a **lipoproteína de alta densidade (HDL)** transporta o colesterol dos tecidos de volta ao fígado. Os pesquisadores de Framingham descobriram que o LDL estava positivamente relacionado à DCV, enquanto o HDL, negativamente relacionado. Pesquisas posteriores apoiaram essa relação. A lipoproteína de alta densidade realmente parece oferecer alguma proteção contra DCV, enquanto a LDL parece promover a aterosclerose. Por essas razões, o LDL às vezes é chamado de "colesterol ruim" e o HDL como "colesterol bom". De fato, os níveis mais altos de HDL nas mulheres podem ser uma explicação parcial para a diferença de gênero na doença cardíaca durante a meia-idade (Pilote et al., 2007).

O colesterol total (CT) é determinado pela soma dos valores de HDL, LDL e 20% de lipoproteína de muito baixa densidade (VLDL - *very low-density lipoprotein*), também chamada **triglicerídeos**. Uma proporção baixa de colesterol total para HDL é mais desejável que uma proporção alta. Uma proporção inferior a 4,5 para 1 é mais saudável que uma proporção de 6,0 para 1; ou seja, pessoas cujo nível de HDL é cerca de 20% a 22% do colesterol total têm risco reduzido de DCV. A maioria das autoridades agora acredita que um equilíbrio favorável do colesterol total para o HDL é mais crítico que o colesterol total para evitar DCV, e muitas pesquisas recentes se concentraram na redução do LDL por meio de mudanças na dieta ou medicamentos conhecidos como *estatinas* (Yebyo et al., 2019), que podem ser eficazes na redução dos níveis de colesterol e risco de eventos cardiovasculares. A **Tabela 9.2** apresenta as faixas desejáveis para o colesterol total e cada uma das subfrações, juntamente com um perfil desejável e indesejável.

A pesquisa sobre o colesterol sugere várias conclusões. Primeiro, a ingestão de colesterol e o colesterol no sangue estão relacionados. Em segundo lugar, a relação entre a ingestão dietética de colesterol e o colesterol no sangue relaciona-se fortemente com a dieta habitual – isto é, hábitos alimentares mantidos ao longo de muitos anos. É possível reduzir o nível de colesterol no sangue mudando a dieta, mas o processo não é rápido nem fácil. Em terceiro lugar, a proporção entre colesterol total e HDL é provavelmente mais importante que apenas o colesterol total, mas a redução do LDL é um objetivo importante.

Problemas no metabolismo da glicose Um terceiro fator de risco fisiológico para DCV vem de problemas com o metabolismo da glicose. O mais óbvio desses problemas é o diabetes, uma condição na qual a glicose não pode ser absorvida pelas células devido a problemas na produção ou no uso de insulina. Quando essa situação ocorre, a glicose permanece no sangue em níveis anormalmente altos. As pessoas que têm diabetes de início juvenil (Tipo 1) são mais propensas a desenvolver DCV, e problemas de longa duração com o metabolismo da glicose aumentam o risco (Pambianco, Costacou, & Orchard, 2007). Diabetes Tipo 2 também eleva o risco de DCV (Sobel & Schneider, 2005). (Discutiremos os riscos do diabetes mais detalhadamente no Capítulo 11.)

Muitas pessoas têm problemas com o metabolismo da glicose que não se qualificam como diabetes, mas ainda podem causar risco de DCV. Um estudo (Khaw et al., 2004) mostrou que pessoas com problemas no metabolismo da glicose (mas não diabetes) tinham maiores riscos de desenvolvimento de DCV ou de morte que aquelas com metabolismo normal da glicose. Tais problemas no metabolismo da glicose constituem um dos fatores da *síndrome metabólica*, um conjunto de fatores que elevam o risco de DCV (Grundy, 2016; Johnson & Weinstock, 2006). Outros componentes dessa síndrome incluem excesso de gordura abdominal, pressão arterial elevada e problemas com os níveis de dois componentes do colesterol. Pessoas com síndrome metabólica são duas vezes mais propensas a ter problemas de saúde cardiovascular que aquelas que não a têm (Mottilo et al., 2010). Em um estudo testando os componentes da síndrome metabólica (Anderson et al., 2004), problemas no metabolismo da insulina foram mais fortemente relacionados ao dano arterial que outros componentes.

Inflamação Por mais improvável que possa parecer, a aterosclerose resulta em parte da resposta inflamatória natural do corpo. Como você aprendeu no Capítulo 6, a inflamação é uma resposta imune inespecífica. Quando um tecido sofre dano, os leucócitos (como granulócitos e macrófagos) migram para o local da lesão e se defendem contra potenciais invasores, engolindo-os por meio do processo de fagocitose. Quando uma artéria é lesionada ou infectada, esses leucócitos migram e se acumulam na parede da artéria. Quando a dieta de uma pessoa é rica em colesterol, a "dieta" desses leucócitos também é rica em colesterol. As placas arteriais – precursoras da aterosclerose – são simplesmente acúmulos de leucócitos cheios de colesterol. A inflamação influencia não só o desenvolvimento das placas, mas também sua estabilidade, tornando-as mais propensas a romper e causar um ataque cardíaco ou acidente vascular encefálico (Abi-Saleh et al., 2008).

Como a inflamação crônica pode aumentar o risco de desenvolvimento de aterosclerose (Pilote et al., 2007), fatores que produzem inflamação crônica também podem aumentar o risco de DCV. Estresse e depressão são dois fatores de risco que podem contribuir para a inflamação (Miller &

TABELA 9.2 Intervalos desejáveis para o colesterol sérico, juntamente com exemplos de perfis favoráveis e arriscados

Componente de colesterol	Alcance desejável	Bom perfil	Perfil arriscado
Colesterol HDL	>60 mg/dl	70	40
Colesterol LDL	<100 mg/dl	60	180
Triglicerídeos	<150 mg/dl	125	250
	(20% de VLDL)	25 (= 125 × 0,20)	50 (= 250 × 0,20)
Colesterol total	<200 mg/dl	70 + 60 + 25 = 155	40 + 180 + 50 = 270
Relação colesterol/HDL	<4,00	160/70 = 2,21	270/40 = 6,75

Dá para ACREDITAR? Chocolate pode ajudar a prevenir doenças cardíacas

Você pode acreditar que o chocolate – em vez de ser nocivo – possa conter substâncias químicas que ajudam a prevenir doenças das artérias coronárias (Engler & Engler, 2006) e a diminuir a chance de insuficiência cardíaca (Gong et al., 2017)? Um dos componentes da dieta que parece oferecer alguma proteção contra danos nas artérias é uma classe de substâncias químicas chamadas *flavonoides*, que são derivados principalmente de frutas e vegetais (Engler & Engler, 2006). Existem várias subcategorias de flavonoides, cada uma delas com propriedades ligeiramente diferentes. A subcategoria que contém chocolate são os flavonóis, que também ocorrem no chá, vinho tinto, uvas e amoras. Contudo, todas as subcategorias foram associadas a benefícios para a saúde, incluindo evidências das vantagens do chocolate.

Nem todo chocolate contém a mesma quantidade de flavonoides e, portanto, alguns tipos podem oferecer mais proteção que outros (Patel & Watson, 2018). O processamento do grão de cacau, do qual é feito o chocolate, afeta o teor de flavonoides. O chocolate amargo contém duas a três vezes mais flavonoides que o chocolate ao leite ou o holandês.

Os flavonoides exercem seus benefícios para a saúde reduzindo a oxidação, tornando-os um tipo de antioxidante. Os benefícios podem ocorrer por meio de efeitos no revestimento das artérias (Engler & Engler, 2006). Os flavonoides podem ser especialmente eficazes na proteção das artérias contra os efeitos nocivos do colesterol de baixa densidade e aumentar a dilatação vascular. Se os flavonoides protegem as artérias, esse mecanismo explicaria a conexão entre a ingestão de flavonol e as taxas mais baixas de mortalidade por doença coronariana (Huxley & Neil, 2003). Contudo, o consumo de chocolate também mostrou benefícios cardiovasculares na redução da pressão arterial e diminuição da inflamação, ambos fatores de risco menores para DCV (Engler & Engler, 2006). Esse corpo de pesquisa indica que o consumo de chocolate pode proteger contra doenças cardíacas de várias maneiras. Contudo, não existe relação dose-resposta; o consumo moderado reduz o risco, mas o consumo mais alto não (Patel & Watson, 2017).

O chocolate não é o único alimento rico em flavonóis. Altas concentrações desse micronutriente também ocorrem no chá verde e preto, uvas, vinho tinto, cerejas, maçãs, amoras e framboesas. Assim, o chocolate pode não oferecer benefícios únicos à saúde, mas legiões de chocólatras testemunhariam que seu sabor é único. Esses entusiastas estão muito felizes porque um alimento que antes era considerado tentação pode agora oferecer a salvação para doenças cardíacas.

Blackwell, 2006) e são dois fatores de risco conhecidos para DCV. De fato, os processos inflamatórios são responsáveis por algumas, mas não todas, das associações entre depressão e aumento do risco cardiovascular e mortalidade (Kop et al., 2010). A síndrome metabólica também mostra uma forte relação com a inflamação (Welty et al., 2016), sugerindo que essas condições interagem ou têm algumas vias comuns para causar danos ao sistema cardiovascular.

Da mesma forma, qualquer fator que reduza a inflamação pode reduzir o risco de DCV. Por exemplo, a aspirina – um analgésico anti-inflamatório – reduz o risco de um ataque cardíaco. Assim, os achados sobre os riscos da inflamação explicam por que tomar aspirina diminui o risco de ataque cardíaco, e os achados sobre estresse e depressão sugerem que outros fatores comportamentais podem apresentar riscos, bem como formas de proteção contra DCV. Essas descobertas também ajudam a explicar por que cuidar de seus dentes e gengivas também pode manter seu coração saudável (veja o quadro "Dá para acreditar?").

Fatores comportamentais

Fatores comportamentais constituem uma terceira categoria de risco para DCV; os mais importantes desses fatores de estilo de vida são tabagismo, dieta e atividade física. Por exemplo, mulheres que não fumam, comem uma dieta rica em fibras e pobre em gordura saturada, não estão acima do peso e são fisicamente ativas têm um risco 80% menor de doença coronariana que outras pessoas (Stampfer et al., 2000)! Cada um desses comportamentos – tabagismo, escolha de alimentos, manutenção do peso e atividade física – está relacionado à DCV.

Fumo O tabagismo é o principal fator de risco comportamental para morte cardiovascular nos Estados Unidos e um dos principais contribuintes para mortes em todo o mundo (American Cancer Society, 2020; USDHHS, 2010c). Nesse país, as mortes cardiovasculares por causa do tabagismo diminuíram (Mensah et al., 2017). Por exemplo, entre 1950 e 1996, as mortes cardiovasculares diminuíram em 56%, e 12% dessa diminuição foi devido a taxas mais baixas de tabagismo. Contudo, um declínio tão drástico não ocorreu em todas as partes do mundo – o tabagismo continua em taxas mais altas em muitos outros países. O tabagismo é responsável por cerca de 35% do risco de ataque cardíaco em todo o mundo (Yusuf et al., 2004), o que se traduz em mais de um milhão de mortes por ano.

As pessoas que fumam atualmente têm três vezes mais chances de sofrer um ataque cardíaco que as pessoas que nunca fumaram (Teo et al., 2006). Felizmente, parar de fumar reduz o risco de ataque cardíaco; dentro de três anos após parar de fumar, os ex-fumantes têm apenas duas vezes mais chances de sofrer um ataque cardíaco que aqueles que nunca fumaram (Teo et al., 2006). Mas os riscos de ter fumado no passado não desapareçam completamente, pois algum risco de ataque cardíaco persiste mesmo 20 anos após a pessoa ter parado. Mesmo quando o tabaco não é inalado, ainda apresenta riscos, pois mascá-lo também aumenta o risco de ataque cardíaco. O fumo passivo – ou fumar "de segunda mão" – não é tão perigoso como o uso pessoal do tabaco, mas a exposição à sua fumaça no ambiente aumenta o risco de DCV em cerca de 28% (Khoramdad et al., 2019). Assim, o tabaco contribui para o aumento do risco de problemas cardiovasculares de várias maneiras.

Peso e dieta A obesidade e a dieta também aumentam o risco de DCV. Embora os perigos da obesidade pareçam óbvios, a avaliação da obesidade como um risco independente para DCV é difícil. O principal problema é que ela está relacionada a outros riscos, como pressão arterial, diabetes tipo 2, colesterol total, LDL e triglicerídeos (Ashton et al., 2001). Um alto grau de gordura abdominal é fator de risco para ataque cardíaco para homens (Smith et al., 2005), mulheres (Iribarren et al., 2006) e para pessoas no mundo todo (Yusuf et al., 2005).

As escolhas alimentares que os indivíduos fazem podem aumentar ou diminuir suas chances de desenvolver DCV, dependendo dos alimentos que ingerem. Os resultados de dois estudos de grande escala – o Framingham Study (Levy & Brink, 2005) e o INTERHEART Study (Iqbal et al., 2008) – mostram que dietas ricas em gorduras saturadas estão positivamente relacionadas a doenças cardiovasculares e riscos de ataque cardíaco. Esses alimentos ricos em gordura têm uma ligação óbvia com os níveis séricos de colesterol, mas outros nutrientes também podem afetar os riscos de DCV.

Por exemplo, a ingestão de sódio contribui para a hipertensão (um dos principais riscos para DCV; Stamler et al., 2003), e alguns indivíduos parecem ser mais sensíveis aos efeitos da ingestão de sódio que outros (Brooks et al., 2005). A ingestão de potássio, porém, parece diminuir o risco, o que levanta a questão: A dieta pode servir de proteção contra as DCV? Um número crescente de resultados indica que algumas dietas, e talvez até alguns alimentos, oferecem efeitos protetores.

Ao longo de mais de duas décadas, os pesquisadores mostraram que dietas ricas em frutas e vegetais predizem menores riscos de DCV. O estudo INTERHEART, por exemplo, descobriu que pessoas que ingeriam uma dieta rica em frutas e vegetais tinham um risco menor de ataque cardíaco (Iqbal et al., 2008). Uma análise do consumo mundial de frutas e vegetais (Lock et al., 2005) concluiu que, se esses níveis aumentassem para um nível mínimo aceitável, a taxa de doença cardíaca poderia ser reduzida em 31% e acidente vascular encefálico em 19%.

Uma dieta rica em peixes parece oferecer alguma proteção contra doenças cardíacas e acidentes vasculares encefálicos (Iso et al., 2001; Torpy, 2006); o componente de proteção são os *ácidos gordurosos de ômega-3*. Peixes como atum, salmão, cavala, entre outros, e mariscos com alto teor de gordura são ricos nesse nutriente. Contudo, nem todas as farinhas de peixe oferecem a mesma proteção (Mozaffarian et al., 2005). Por exemplo, peixe assado ou grelhado é mais benéfico que peixe frito para diminuir o risco de acidente vascular encefálico em adultos mais velhos. A American Heart Association recomenda pelo menos duas porções de peixe por semana (American Heart Association, 2018) com base nessa evidência. Essa vantagem é equilibrada com o alto nível de mercúrio em alguns peixes, que também apresenta riscos, mas a vantagem supera o risco. Entretanto, tomar suplementos em vez de comer peixe não é uma prática recomendada para pessoas que tentam evitar DCV, mas tem alguma promessa de proteção para indivíduos com DCV (Siscovick et al., 2017).

Algumas vitaminas ou outros micronutrientes protegem contra DCV? Pessoas que fazem uso de dietas ricas em antioxidantes como vitamina E, betacaroteno ou licopeno, se-

---

Dá para ACREDITAR?
Quase todo risco de acidente vascular encefálico é causado por fatores modificáveis

Nos Estados Unidos, cerca de 800.000 pessoas sofrem um acidente vascular encefálico a cada ano, essa é a quinta principal causa de morte. Apesar de sua prevalência, você acredita que o risco de acidente vascular encefálico das pessoas se deve quase inteiramente aos fatores *modificáveis*?

Uma equipe internacional de pesquisadores examinou os registros médicos de 6.000 homens e mulheres de todo o mundo (O'Donnell et al., 2010). Eles utilizaram um método de caso-controle, em que 3.000 dos participantes foram internados em um hospital por causa de um primeiro acidente vascular encefálico, os outros 3.000 não haviam sofrido acidente vascular encefálico. Os pesquisadores compararam os dois grupos para identificar até que ponto vários fatores de risco previam a probabilidade de acidente vascular encefálico.

Eles descobriram que dez fatores de risco estavam associados a 90% do risco de acidente vascular encefálico em sua população! Os fatores que mais contribuíram para o risco foram hipertensão, falta de atividade física, colesterol alto e má alimentação; esses quatro fatores sozinhos foram responsáveis por 80% do risco de acidente vascular encefálico da população. Outros fatores significativos foram obesidade, tabagismo, etilismo e estresse. Você notará que muitos deles são os mesmos fatores que contribuem para as doenças cardiovasculares em geral. Mas o papel dos fatores de risco comportamentais modificáveis na doença talvez não seja mais aparente que no caso do risco de acidente vascular encefálico.

lênio e riboflavina mostram uma série de vantagens para a saúde, incluindo níveis mais baixos de DCV (Stanner et al., 2004). Esses antioxidantes protegem o LDL da oxidação e, portanto, de seus efeitos potencialmente prejudiciais ao sistema cardiovascular. Contudo, os resultados da pesquisa não mostram que tomar suplementos desses nutrientes é tão eficaz quanto fazer uma dieta que contém os nutrientes em níveis elevados. Tal dieta pode incluir algumas escolhas surpreendentes (veja o quadro "Dá para acreditar?").

Atividade física Em todo o mundo, dois fatores predizem consistentemente maior risco de ataque cardíaco: possuir carro e televisão (Held et al., 2012). Esses dois fatores têm uma coisa em comum: ambos reduzem a atividade física. Os benefícios da atividade física na redução do risco cardiovascular são claros e "irrefutáveis" (Warburton et al., 2006, p. 801; ver Capítulo 15 para uma revisão dessa evidência). Infelizmente, o trabalho das pessoas tornou-se menos extenuante fisicamente e muitos indivíduos não praticam atividade física em seu tempo de lazer, criando um grande número de pessoas sedentárias em muitas sociedades industrializadas.

Os riscos de inatividade se aplicam a toda a vida. Nos Estados Unidos, as crianças tornaram-se menos ativas fisicamente e seu estilo de vida sedentário contribuiu para o aumento da obesidade e do risco crescente de DCV (Wang, 2004). No outro extremo do espectro etário, as mulheres com mais de 65 anos apresentaram melhor saúde e menores riscos de DCV quando se envolveram voluntariamente em exercícios (Simonsick et al., 2005). O estilo de vida sedentário também contribui para a síndrome metabólica, o padrão de risco de DCV que inclui excesso de peso, gordura abdominal e problemas no metabolismo da glicose no sangue (Ekelund et al., 2005; Grundy, 2016). Assim, a inatividade física é um importante fator de risco comportamental para DCV.

Fatores psicossociais

Uma série de fatores psicossociais estão relacionados à doença cardíaca (Smith & Ruiz, 2002). Entre eles educação, renda, estado civil, apoio social, estresse, ansiedade, depressão, hostilidade, raiva e personalidade Tipo D.

Nível educacional e renda O baixo nível socioeconômico – muitas vezes avaliado pelo baixo nível educacional e baixa renda – é fator de risco para DCV. Por exemplo, no estudo INTERHEART, o baixo nível socioeconômico surgiu como um fator de risco para ataque cardíaco (Rosengren et al., 2009). Em particular, a baixa escolaridade colocou as pessoas em maior risco (Cunningham et al., 2017). Em muitos países, níveis educacionais estão relacionados à etnia, mas estudos nos Estados Unidos (Yan et al., 2006), na Holanda (Bos et al., 2005) e em Israel (Manor et al., 2004) examinaram o nível educacional em grupos étnicos. Os resultados mostraram que, independentemente da etnia, a baixa escolaridade aumentou o risco de DCV.

Que fatores ligam baixos níveis de educação a altos níveis de doenças cardíacas? Uma possibilidade é que pessoas com baixa escolaridade tenham menos comportamentos de proteção à saúde que aquelas com níveis educacionais mais elevados; elas têm uma dieta menos saudável, fumam e levam uma vida mais sedentária (Laaksonen et al., 2008). De fato, no estudo INTERHEART, grande parte da influência de fatores socioeconômicos, como educação no risco cardiovascular, foi explicada pelos fatores modificáveis do estilo de vida, como tabagismo, atividade física, dieta e obesidade (Rosengren et al., 2009).

O nível de renda é outro fator de risco para DCV; pessoas com renda mais baixa têm taxas mais altas de doenças cardíacas que aquelas nas faixas de renda mais altas. Um relatório da China (Yu et al., 2000) mostrou que o nível socioeconômico – definido como educação, ocupação, renda e estado civil – está relacionado a fatores de risco cardiovascular, como pressão arterial, índice de massa corporal e tabagismo. Esse achado não é isolado – muitos estudos mostram ligações entre *status* socioeconômico e saúde, mortalidade e DCV. Um estudo transnacional (Kim et al., 2008) revelou que, em sociedades com grande discrepância nos níveis de renda, os indivíduos na parte inferior da distribuição de renda apresentaram maiores fatores de risco para DCV. O efeito pode ocorrer por meio do nível de renda ou condição social; existe evidência para ambos. O nível de renda relaciona-se com a longevidade na forma de um gradiente, com níveis de renda mais altos predizendo uma vida mais longa (Krantz & McCeney, 2002). A posição social e o *status* têm uma variedade de efeitos cardiovasculares em muitas espécies, incluindo humanos (Sapolsky, 2004). Além disso, pesquisas sugerem que esses riscos cardiovasculares socioeconômicos começam a acumular durante a adolescência ou mesmo na infância (Karlamangla et al., 2005). Assim, a escolaridade, a renda e a condição social apresentam efeitos sobre o sistema cardiovascular e sobre as doenças desse sistema.

Apoio social e casamento Estudos prospectivos confirmam que a falta de apoio social também é um risco para DCV (Krantz & McCeney, 2002; Valtorta et al., 2016). Essa conclusão é consistente com o amplo conjunto de pesquisas discutidas no Capítulo 5, que mostra o valor do apoio social e os problemas que podem surgir de sua ausência. De fato, a solidão durante a infância, adolescência e idade adulta jovem está relacionada a fatores de risco de DCV (Caspi et al., 2006), e esses efeitos podem se tornar mais graves com o envelhecimento (Hawkley & Cacioppo, 2007). Por exemplo, os idosos que sofreram um ataque cardíaco eram mais propensos a ter outro ataque cardíaco fatal se morassem sozinhos (Schmaltz et al., 2007).

A falta de apoio social pode ser um fator ainda mais importante na progressão da DCV. Estudos que mediram a progressão da obstrução das artérias coronárias em mulheres (Wang et al., 2005; Wang et al., 2007) descobriram que o apoio em casa e no trabalho afetava a progressão da obstrução da artéria coronária; alto estresse em qualquer área predisse bloqueio progressivo, enquanto suporte satisfatório

O casamento parece fornecer proteção contra doenças cardiovasculares.

em ambos levou à regressão das placas arteriais. Outro estudo mostrou que o número de indivíduos na rede social de uma pessoa estava relacionada à mortalidade coronariana; pacientes com DAC com apenas uma a três pessoas na rede social eram quase 2,5 vezes mais propensos a morrer de doença arterial coronariana que pacientes com quatro ou mais amigos próximos (Brummett et al., 2001). Homens mais velhos que estavam mais socialmente envolvidos eram menos propensos a morrer de DCV que aqueles que estavam mais isolados (Ramsay et al., 2008).

O casamento deve fornecer apoio social e, em geral, as pessoas casadas têm menor risco de problemas de saúde cardiovascular. Por exemplo, dois grandes estudos populacionais – um na França (Empana et al., 2008) e outro na China (Huet al., 2012) – descobriram que indivíduos casados eram menos propensos a sofrer um ataque cardíaco que pessoas que não eram casadas. Em um acompanhamento de 10 anos, homens casados tiveram quase metade da probabilidade de morrer que os solteiros (Eaker et al., 2007). Mas a qualidade do relacionamento conjugal pode ser um fator. Para as mulheres, os benefícios do casamento dependiam da comunicação e qualidade conjugal, com comunicação ruim aumentando o risco de doença cardíaca. Outro estudo (Holt-Lunstad et al., 2008) focou especificamente o casamento e descobriu que a qualidade conjugal era importante; o casamento não era benéfico se o indivíduo estivesse insatisfeito com o relacionamento. Entretanto, as pessoas casadas e felizes receberam maiores benefícios na forma de pressão arterial mais baixa que as solteiras, mesmo aquelas com uma rede social de apoio.

Não apenas os cônjuges, mas também outras fontes de apoio social podem reduzir o risco de mortalidade cardiovascular. O envolvimento em uma rede social diminui o sentimento de solidão, que pode ser um fator existente, mesmo em casamentos (Dafoe & Coella, 2016). Cônjuges ou outros geralmente fornecem apoio relacionado à saúde, como incentivo para a adesão a um estilo de vida saudável ou um regime médico ou incitando a pessoa a procurar atendimento (Williams et al., 1992). Essas fontes de apoio social podem incluir amigos, familiares, cônjuges e até animais de estimação (Allen, 2003). O apoio também pode afetar a DCV por meio de sua influência na experiência de estresse e depressão.

Estresse, ansiedade e depressão Estresse, ansiedade e depressão estão relacionados às DCV, mas também se relacionam entre si (Suls & Bunde, 2005). Essa sobreposição dificulta a avaliação independente de cada componente difícil. Contudo, muitas evidências implicam esses fatores na DCV. Por exemplo, o estudo INTERHEART (Rosengren et al., 2004) revelou que as pessoas que tiveram ataques cardíacos também experimentaram mais trabalho e estresse financeiro e mais eventos de vida que os controles correspondentes. Em um grande estudo prospectivo de adultos jovens nos Estados Unidos, o aumento do estresse relacionado ao trabalho levou a maior incidência de hipertensão oito anos depois (Markovitz et al., 2004). Uma revisão recente (Dar et al., 2019) indicou que o estresse crônico era um fator de risco para hipertensão, doença coronária arterial, acidente vascular encefálico e até mesmo morte cardíaca súbita.

A ansiedade e a depressão também aumentam o risco de DCV; a evidência epidemiológica para os riscos da depressão é especialmente forte (Rutledge & Gould, 2020), mostrando uma relação ao longo do tempo e dos países. Mesmo após o controle de outros fatores de risco, como tabagismo e colesterol, ansiedade (Shen et al., 2008) e depressão (Goldston & Baillie, 2008; Whang et al., 2009), predizem o desenvolvimento de DCV. Os riscos de depressão e ansiedade se aplicam não apenas ao desenvolvimento de DCV, mas também à sua progressão, pois a depressão no ano seguinte a um ataque cardíaco prediz risco subsequente de mortalidade cardiovascular (Bekke-Hansen et al., 2012). Contudo, a evidência é mais forte para essas duas emoções negativas no desenvolvimento de DCV (Suls & Bunde, 2005). De fato, a evidência para o início do dano arterial apareceu em um estudo com adolescentes deprimidos (Tomfohr et al., 2008), o que é consistente com o dano de longo prazo que acompanha a DCV. Mais evidências sobre o dano das emoções negativas vieram do estudo da hostilidade e da raiva.

Hostilidade e raiva Os pesquisadores também descobriram que alguns tipos de hostilidade e raiva são fatores de risco para DCV. Grande parte dessa pesquisa surgiu do trabalho sobre o padrão de comportamento Tipo A, originalmente proposto pelos **cardiologistas** Meyer Friedman e Ray Rosenman (1974; Rosenman et al., 1975), médicos especializados em doenças cardíacas. Friedman e Rosenman podem ter se inspirado para estudar o padrão de comportamento do Tipo A de uma fonte bastante incomum – um estofador. Em várias ocasiões, Friedman e Rosenman pagaram a um estofador para consertar o tecido dos assentos da sala de espera. Um dia, o estofador "comentou" que apenas os pacientes de cardiologia desgastavam os assentos tão rapidamente, com um padrão que sugeria que eles estavam habitualmente sentados nas bordas dos assentos. Anos mais tarde, Meyer Friedman relatou que essa foi a primeira vez que ele se lembrou de alguém fazendo uma conexão entre os padrões de comportamento das pessoas e seu risco de DCV (Sapolsky, 1997).

Friedman e Rosenman descreveram as pessoas com o padrão de comportamento Tipo A como hostis, competitivo, preocupado com os números e a aquisição de objetos, e possuidor de um senso exagerado de urgência do tempo. Durante os primeiros anos de sua história, o padrão de comportamento Tipo A mostrou-se promissor como um preditor de doenças cardíacas, mas posteriormente pesquisadores não conseguiram confirmar uma ligação consistente entre o padrão global de comportamento Tipo A e a incidência de doenças cardíacas. Essa situação levou-os a considerar a possibilidade de que algum componente do padrão – em vez de todo o padrão – pudesse ser um preditor.

A hostilidade parecia ser o componente do comportamento Tipo A que era arriscado. Em 1989, Redford Williams sugeriu que a hostilidade cínica é especialmente prejudicial à saúde cardiovascular. Ele afirmou que as pessoas que desconfiam dos outros, pensam o pior da humanidade e interagem com hostilidade cínica estão prejudicando a si mesmos e seus corações. Além disso, ele sugeriu que as pessoas que usam *raiva* como resposta a problemas interpessoais têm um risco elevado de doença cardíaca.

Um conjunto de pesquisas forneceu alguma confirmação para a relação entre hostilidade e DCV. A hostilidade no início da vida mostrou alguma capacidade preditiva em um estudo longitudinal (Iribarren et al., 2000). Níveis mais altos de hostilidade também previram maior incidência de hipertensão em um acompanhamento de 15 anos (Yan et al., 2003). Uma revisão de mais de vinte estudos longitudinais confirmou a hostilidade como um preditor significativo de DCV subsequente (Chida & Steptoe, 2009). A saúde cardiovascular dos homens, em particular, está relacionada tanto à hostilidade quanto a outra emoção: a raiva.

Raiva e hostilidade podem parecer a mesma coisa, mas têm diferenças importantes. A raiva é *emoção* desagradável acompanhada de excitação fisiológica, enquanto a hostilidade é *atitude* em relação aos outros (Suls & Bunde, 2005). A *experiência* raiva é provavelmente inevitável, mas a maneira pela qual uma pessoa lida com ela pode ser um fator no desenvolvimento de DCV. As pessoas podem expressar a raiva, até confrontar alguém quando insultadas, bradar ao discutir e ter acessos de raiva. Alternativamente, elas podem suprimir sua raiva, segurando seus sentimentos. Algumas evidências sugerem que qualquer uma das estratégias pode apresentar problemas.

Raiva e reatividade cardiovascular Uma maneira pela qual a expressão de raiva pode se relacionar com doença coronariana cardíaca é pela **reatividade cardiovascular (RCV)**, normalmente definida como aumentos na pressão arterial e frequência cardíaca por causa de frustração, assédio ou qualquer tarefa estressante em laboratório.

Em um estudo usando tal procedimento (Suarez et al., 2004), homens afro-americanos mostraram uma resposta de pressão arterial mais forte que homens ou mulheres euro-americanos de qualquer grupo étnico. Esse resultado sugere que a maior prevalência de hipertensão entre homens afro-americanos pode estar relacionada à maior reatividade. Outro estudo de reatividade (Merritt et al., 2004) concentrou-se no nível educacional e nas estratégias de enfrentamento da raiva entre homens afro-americanos e descobriu que o baixo nível educacional e um estilo de enfrentamento de alto esforço estão associados à maior reatividade da pressão arterial. Para os afro-americanos, as experiências de racismo constituem fonte de raiva, e um estudo (Clark, 2003) conectou a percepção do racismo com a reatividade da pressão arterial. Esse tipo de diferença de reatividade também apareceu em um estudo comparando mulheres afro-americanas e euro-americanas (Lepore et al., 2006). Assim, a reatividade pode estar relacionada à hipertensão entre os afro-americanos.

Raiva reprimida Se expressar raiva pode prejudicar a saúde cardíaca de algumas pessoas, então seria melhor suprimir a raiva? Os resultados de muitos estudos (Dembroski et al., 1985; Jorgensen & Kolodziej, 2007; MacDougall et al., 1985) sugerem que suprimir a raiva pode ser mais tóxico que expressá-la com intensidade. Uma versão da emoção reprimida é a ruminação – pensamentos negativos repetidos sobre um incidente – que tende a aumentar os sentimentos negativos e a depressão (Hogan & Linden, 2004). Desse modo, as pessoas que reprimem sua raiva, mas "cozinham" seus sentimentos, podem estar usando um estilo de enfrentamento que as coloca em perigo. No entanto, expressar a raiva (e outras emoções negativas) de forma contundente pode atuar como gatilho para aqueles com DCV, precipitando um ataque cardíaco ou acidente vascular encefálico (Suls & Bunde, 2005).

Então, quando se trata de expressar raiva, você está "danado se fizer isso, condenado se não o fizer" (Dorr et al., 2007, p. 125)? Como as pessoas podem lidar com situações de raiva? Aron Siegman (1994) sugeriu que elas aprendam a reconhecer sua raiva, mas a expressá-la com calma e racionalidade, de maneira que provavelmente resolverá em vez de aumentar um conflito. De fato, a maneira pela qual alguém expressa raiva pode afetar a saúde cardiovascular. As pessoas que discutem a raiva de maneira que procuram resolver uma situação têm melhor saúde cardiovascular, principalmente

A hostilidade e a raiva expressada são fatores de risco para doenças cardiovasculares.

entre os homens (Davidson & Mostofsky, 2010). Em contraposição, as que justificam sua raiva culpando os outros têm maior incidência a longo prazo de problemas de saúde cardiovascular a longo prazo (Davidson & Mostofsky, 2010). Assim, pode não ser apenas a raiva que aumenta o risco de problemas cardiovasculares, mas também o estresse adicional causado pela alienação de outras pessoas com expressões hostis de raiva.

Personalidade Tipo D   Uma visão mais recente da relação de fatores psicológicos e DCV é o conceito de personalidade Tipo D. O "D" significa aflição (*distress*); os componentes desse construto são a emocionalidade negativa combinada com a inibição social (Denollet, 2000). Pesquisas iniciais sobre a personalidade Tipo D estabeleceram que existe uma relação entre o tipo de personalidade e a DCV e a sugestão de que os efeitos são mediados pelo aumento da liberação de cortisol (Sher, 2005).

Outra pesquisa relacionou os dois fatores para a personalidade Tipo D a fatores do Modelo de Cinco Fatores de Personalidade (De Fruyt & Denollet, 2002). Os resultados mostraram uma correlação alta e positiva entre o conceito de emocionalidade negativa e os escores na escala de Neuroticismo do Modelo de Cinco Fatores e uma correlação negativa entre inibição social e Conscienciosidade e Amabilidade. Uma tentativa de comparar a utilidade do padrão de comportamento Tipo A com o da personalidade Tipo D, Lin e colegas (2018) examinaram fatores fisiológicos relacionados ao desenvolvimento de placas nas artérias. Os resultados mostraram que ambos os fatores na personalidade Tipo D eram preditivos, enquanto o padrão de comportamento Tipo A não era.

A conceituação da personalidade Tipo D pode parecer compartilhar muitas semelhanças com os fatores propostos pelo padrão de comportamento Tipo A. Ambos incluem fatores que representam a emocionalidade negativa e as dificuldades de se relacionar com as pessoas. Esses fatores também se relacionam com os preditores bem estabelecidos de estresse e ansiedade. O conjunto de pesquisas sobre a personalidade Tipo D pode fornecer uma maneira mais útil de conceituar esses fatores psicológicos que o conceito Tipo A. A **Figura 9.9** mostra a evolução do padrão de comportamento do Tipo A para a hostilidade, raiva, expressão ou supressão da raiva, emotividade negativa e, finalmente, para a personalidade Tipo D.

RESUMO

Embora as causas da DCV não sejam totalmente entendidas, um conjunto acumulado de evidências aponta para certos fatores de risco. Esses incluem riscos inerentes, como idade avançada, histórico familiar de doença cardíaca, sexo e origem étnica. Outros fatores de risco incluem condições fisiológicas, como hipertensão, problemas no metabolismo da glicose e níveis séricos elevados de colesterol. Além da idade, a hipertensão é o melhor preditor de DAC, e uma pressão arterial mais alta equivale a um maior risco de doença cardíaca. O nível de colesterol total também está relacionado à doença arterial coronariana, mas a **razão** colesterol total/densidade lipoproteína é um fator de risco mais crítico.

Comportamentos como fumar e comer de forma imprudente também se relacionam com doenças cardíacas. O tabagismo está associado ao aumento do risco de doenças cardíacas em todo o mundo. Parar de fumar reduz os riscos, mas decidir nunca começar a fumar é a melhor escolha para manter a saúde cardiovascular. Consumir alimentos ricos em gordura saturada pode levar à obesidade, que é um risco para DCV. Além disso, consumir poucas frutas e vegetais aumenta o risco de doença cardíaca.

Os fatores de risco psicossociais relacionados à doença arterial coronariana incluem baixo nível educacional e de renda; baixos níveis de apoio social e satisfação conjugal; e altos níveis de estresse, ansiedade e depressão. Os componentes de raiva e hostilidade descendentes do padrão de comportamento Tipo A são fatores de risco independentes para doenças cardíacas. Tanto a expressão violenta quanto a supressão da raiva podem contribuir para a DCC. Além disso, a personalidade Tipo D (angustiada), consistindo em emocionalidade negativa e cancelamento, parece aumentar o risco de DCV.

FIGURA 9.9 Evolução do padrão de comportamento Tipo A para a personalidade Tipo D.

> **APLIQUE O QUE VOCÊ APRENDEU**
>
> 1. Apresente um argumento de como a identificação de riscos inerentes para DCV pode ser benéfica para aqueles com tais riscos.
> 2. Construa um perfil de seus riscos para DCV, incluindo os fatores inerentes, fisiológicos e comportamentais.
> 3. Desenhe um diagrama dos fatores de risco na categoria psicossocial, listando todos os fatores, depois desenhe linhas para indicar as interconexões entre as categorias. Dê uma justificativa para suas conexões.

9-4 Reduzindo riscos cardiovasculares

OBJETIVOS DE APRENDIZAGEM

9-10 Explicar como o viés otimista pode impedir as pessoas de aderir a comportamentos que diminuem o risco de DCV

9-11 Discutir os fatores que são necessários para diminuir o risco de DCV

9-12 Avaliar as semelhanças e diferenças na diminuição dos riscos de DCV antes e depois de um evento como acidente vascular encefálico ou ataque cardíaco

A principal contribuição da psicologia para a saúde cardiovascular envolve a mudança de comportamentos não saudáveis antes que estes levem à doença. Além disso, os psicólogos podem ajudar as pessoas que foram diagnosticadas com doenças cardíacas; ou seja, muitas vezes auxiliam os pacientes de reabilitação cardíaca a aderir a um programa de exercícios, a um regime médico, a uma dieta saudável e a parar de fumar.

Antes do diagnóstico: prevenção dos primeiros ataques cardíacos

O que as pessoas podem fazer para diminuir seus riscos de DCV? Idealmente, elas devem prevenir DCV modificando os fatores de risco antes que o processo da doença cause danos. Um estudo longitudinal de Jerry Stamler e colegas (1999) indicou que a prevenção é possível – manter um baixo nível de fatores de risco protege contra DCV. Esse estudo examinou homens e mulheres adultos jovens e de meia-idade em cinco grandes coortes para ver se um perfil de baixo risco reduziria tanto a DCV quanto outras causas de mortalidade. Depois de dividir os participantes em grupos de risco e triagem por até 57 anos, os resultados indicaram que os participantes de baixo risco tiveram menores taxas de morte não apenas por doença coronariana e acidente vascular encefálico, mas também por todas as causas. Assim, homens e mulheres jovens e de meia-idade que são capazes de modificar os riscos de DCV para atingir perfis de baixo risco também reduzirão seu risco de mortalidade por todas as causas e podem esperar viver de 6 a 10 anos a mais.

Os fatores que Stamler et al. (1999) examinaram foram tabagismo, níveis de colesterol e pressão arterial – três principais fatores de risco para DCV. Mas a importância de manter um estilo de vida saudável pode começar já na infância (Beilin & Huang, 2008), quando os padrões alimentares e de atividade física são frequentemente estabelecidos, e continua definitivamente durante a adolescência, quando a maioria dos fumantes inicia o hábito. Manter os fatores de risco baixos pode render dividendos substanciais em anos posteriores (Matthews et al., 2007). Depois que as pessoas adquirem altos riscos de fatores comportamentais, como tabagismo e alimentação imprudente, o gerenciamento deles torna-se mais difícil. Como os psicólogos estão frequentemente preocupados com a mudança de comportamento, muitas de suas técnicas podem ser úteis na mudança de comportamentos que colocam as pessoas em risco de desenvolver DCV.

O fator de risco comportamental mais sério é o tabagismo, comportamento que também contribui para muitos outros transtornos, especialmente o câncer de pulmão. Por essa razão, todo o Capítulo 12 será dedicado a uma discussão sobre o uso do tabaco. Embora a hipertensão e o colesterol sérico não sejam comportamentos, ambos podem mudar indiretamente por meio de mudanças de comportamento, tornando esses fatores candidatos à intervenção (Joseph et al., 2017).

Antes que as pessoas cooperem com programas para mudar seu comportamento, elas devem perceber que estes comportamentos as colocam em risco, o que muitas vezes é um problema para aquelas que não apresentam sintomas de DCV. Esses indivíduos podem reconhecer fatores de risco estabelecidos ao calcularem seu risco pessoal, mas geralmente exibem o que Neil Weinstein (1984) chamou de **viés otimista** na avaliação do seu risco. Ou seja, as pessoas – principalmente os adultos jovens – acreditam que não desenvolverão os problemas que outras pessoas com perfis de risco semelhantes desenvolverão. Esses pensamentos colocam tais indivíduos no estágio de pré-contemplação ou contemplação, de acordo com o modelo transteórico, quando não estão prontos para fazer mudanças (Prochaska et al., 1992, 1994; ver Capítulo 4 para mais informações sobre este modelo). Mover as pessoas para essa aceitação é um passo importante. A técnica da entrevista motivacional desafia as crenças das pessoas com o objetivo de movê-las para uma mudança positiva; essa técnica foi parte de um programa bem-sucedido para aumentar o consumo de frutas e hortaliças (Resnicow et al., 2001). Assim, mover as pessoas a ponto de realizar mudanças em seus hábitos de saúde é um grande desafio para os psicólogos da saúde envolvidos na saúde cardiovascular.

Redução da hipertensão Baixar a pressão arterial elevada para a faixa normal é muitas vezes uma tarefa difícil porque vários mecanismos fisiológicos atuam para manter a pressão arterial em um ponto definido (Osborn, 2005).

Apesar da dificuldade, as intervenções visam aumentar a adesão das pessoas a comportamentos que podem, ao longo do tempo, reduzir a hipertensão. Um desses comportamentos é o uso regular de anti-hipertensivos que requerem prescrição médica. O objetivo é normalmente diminuir a pressão arterial para 120/80 mmHg ou menos (American College of Cardiology, 2017). Como a hipertensão não apresenta sintomas desagradáveis e os medicamentos podem causar efeitos colaterais, muitos pacientes relutam em seguir esse regime. (Os fatores que afetam a adesão a esse e a outros regimes médicos foram discutidos no Capítulo 4.)

Vários comportamentos se relacionam tanto com o desenvolvimento quanto com o tratamento da hipertensão e esses comportamentos também são alvos de intervenções. A obesidade se correlaciona com a hipertensão, e muitas pessoas obesas que perdem peso reduzem sua pressão arterial para a faixa normal (Moore et al., 2005). Assim, perder peso faz parte do controle da pressão arterial. (Discutiremos estratégias para perder peso no Capítulo 15.) Indivíduos com hipertensão também costumam receber recomendações para restringir a ingestão de sódio e fazer mudanças na dieta (Bhatt et al., 2007). O Dietary Approach to Stop Hypertension (DASH) surgiu como um plano de controle da hipertensão; inclui uma dieta rica em frutas, vegetais, grãos integrais e laticínios com baixo teor de gordura, bem como outras mudanças no estilo de vida. A **Tabela 9.3** mostra um cardápio diário que segue a dieta DASH com opções regulares e com baixo teor de sódio. Ela não só é eficaz na redução da pressão arterial dos indivíduos, como também diminui o risco de acidente vascular encefálico e doença coronariana em mulheres (Fung et al., 2008). Um programa regular de atividade física também é eficaz no controle da hipertensão, especialmente em pessoas sedentárias (Murphy et al., 2007). (Discutiremos o exercício no Capítulo 15.) Outras técnicas para reduzir a pressão arterial incluem controle do estresse, meditação e treino de relaxamento (discutimos essas intervenções nos capítulos 5 e 8). Assim, um programa de controle da hipertensão pode ter componentes medicamentosos e comportamentais.

Redução do colesterol sérico As intervenções destinadas a reduzir os níveis de colesterol podem incluir medicamentos, mudanças na dieta, aumento da atividade física ou uma combinação desses componentes. Seguir uma dieta pobre em gorduras saturadas e rica em frutas e vegetais e manter um programa de atividade física regular são boas estratégias para prevenir níveis elevados de colesterol, e intervenções dietéticas e de exercícios são componentes-chave no controle de níveis elevados de colesterol (USDHHS, 2003). Contudo, uma vez que uma pessoa desenvolve níveis elevados de colesterol, uma dieta prudente e atividade física provavelmente não o reduzirão a um nível aceitável. Dessa maneira, aquelas com colesterol alto não podem atingir níveis substancialmente mais baixos de colesterol por meio de dieta e exercícios.

Os médicos podem prescrever medicamentos para baixar o colesterol, como as estatinas, para pacientes com altos níveis de colesterol total ou altos níveis de LDL (Yebyo et al., 2019). Esses medicamentos agem bloqueando uma enzima que o fígado precisa para fabricar colesterol. Eles são especialmente eficazes na redução do colesterol LDL e podem reduzir os riscos e melhorar a sobrevivência de pessoas em risco de DCV (Collesterol Treatment Trialists' [CTT] Collaboration, 2010). Apesar de sua eficácia, esses medicamentos exigem receita médica, custam dinheiro e têm efeitos colaterais.

As recomendações para a redução do colesterol são complexas. Em primeiro lugar, depender de medicamentos para baixar o colesterol sem mudanças comportamentais não é uma boa estratégia. As intervenções comportamentais podem ajudar homens e mulheres a aderir a um programa regular de exercícios, bem como a uma dieta com baixo teor de gordura. Essa adesão pode diminuir o LDL e melhorar a relação entre colesterol total e HDL. Se as mudanças no estilo de vida não o reduzirem, os medicamentos são uma opção, mas não antes, especialmente para pessoas com baixos níveis de risco. Em segundo lugar, a proporção de colesterol total para HDL é mais importante que o colesterol total. As estatinas tendem a diminuir o LDL em vez de aumentar o HDL, e esses medicamentos reduzem o colesterol e a incidência de ataques cardíacos e acidente vascular encefálicos, tornando-os uma boa escolha para pessoas com níveis de colesterol muito altos ou resistentes (Cheng et al., 2004). Em terceiro lugar, pessoas com múltiplos riscos para DCV, como hipertensão, diabetes ou tabagismo, devem considerar a tarefa de reduzir o colesterol como mais urgente que aquelas com menos riscos (Yebyo et al, 2019).

Modificar os fatores de risco psicossociais Já, discutimos pesquisas que relacionam fatores psicossociais como estresse, ansiedade, depressão e raiva com DCV. A evidência para esses riscos é suficientemente convincente para algumas autoridades exigirem o desenvolvimento de *cardiologia comportamental* (Allan et al., 2018; Rozanski et al., 2005), instando os cardiologistas a rastrear riscos psicológicos e recomendar intervenções psicológicas para diminuir a ansiedade e a depressão e para controlar o estresse e a raiva. Consistente com esse conceito, pesquisas com pessoas que receberam angioplastia (Helgeson, 2003) indicaram que aqueles que tinham uma visão mais positiva sobre si mesmos e seu futuro eram menos propensos a experimentar uma recorrência de DCV.

A raiva e as emoções negativas também são alvo de intervenção, e os psicólogos clínicos da saúde recomendam uma variedade de estratégias para lidar com a hostilidade, a raiva e a depressão. Para reduzir o elemento tóxico da raiva, as pessoas perpetuamente irritadas podem aprender a se conscientizar das sugestões dos outros que normalmente provocam reações de raiva. Elas também podem se afastar de situações provocativas antes de ficar com raiva, ou fazer outra coisa. Em encontros interpessoais, pessoas irritadas podem usar a conversa interna como um lembrete de que a situação não durará para sempre. O humor é outro meio potencialmente eficaz de lidar com a raiva (Godfrey, 2004),

TABELA 9.3 Exemplo de menu diário do plano DASH, com opções regulares e com baixo teor de sódio

Menu de 2.300 mg	Sódio	Substituição para reduzir o sódio para 1.500 mg	Sódio
Café da manhã			
3/4 xícara de cereal em flocos de farelo	220	3/4 de xícara de cereal de trigo moído	1
1 banana média	1		
1 xícara de leite desnatado	107		
1 fatia de pão integral	149		
1 colher de chá de margarina	26	1 colher de margarina sem sal	0
1 xícara de suco de laranja	5		
Almoço			
3/4 xícara de salada de frango	179	Retire o sal da receita	120
2 fatias de pão integral	299		
1 colher de sopa de mostarda Dijon	373	1 colher de sopa de mostarda normal	175
Salada			
1/2 xícara de fatias de pepino	1		
1/2 xícara de rodelas de tomate	5		
1 colher de chá de semente de girassol	0		
1 colher de chá de molho italiano de baixa caloria	43		
1/2 xícara de coquetel de frutas, suco em caixa	5		
Jantar			
90 gramas de carne assada	35		
2 colheres de sopa de molho sem gordura	165		
1 xícara de feijão-verde	12		
1 batata pequena assada	14		
1 colher de sopa de creme de leite, sem gordura	21		
1 colher de sopa de queijo cheddar com baixo teor de gordura	67	1 colher de sopa de queijo cheddar com baixo teor de gordura e baixo teor de sódio	1
1 pãozinho de trigo integral	148		
1 colher de chá de margarina	26	1 colher de chá de margarina sem sal	0
1 maçã pequena	1		
1 xícara de leite desnatado	107		
Lanches			
1/3 de xícara de amêndoas sem sal	0		
1/4 de xícara de passas	4		
1/2 xícara de iogurte de frutas, sem gordura, sem adição de açúcar	86		

Fonte: Adaptado de *Your guide to lowering your blood pressure with DASH* (NIH Publication n. 06-4082), 2006, pelo U.S. Department of Health and Human Services (USDHHS). Washington, DC: Autor.

mas pode apresentar seus próprios riscos. O humor sarcástico ou hostil pode incitar a raiva adicional, mas a tolice ou os exageros simulados geralmente neutralizam situações potencialmente voláteis. As técnicas de relaxamento também podem ser estratégias eficazes para lidar com a raiva. Essas técnicas podem incluir relaxamento progressivo, exercícios de respiração profunda, treino para a redução da tensão, relaxamento com a repetição lenta da palavra *relaxar*, e imagens de relaxamento, nas quais a pessoa imagina uma cena pacífica. Finalmente, indivíduos raivosos podem baixar sua pressão arterial discutindo construtivamente seus sentimentos com outras pessoas (Davidson et al., 2000).

Discutir sentimentos com um terapeuta também pode beneficiar pessoas deprimidas, mas os médicos nem sempre reconhecem esse problema. Assim, o rastreamento de depressão entre pessoas em risco de DCV é uma necessidade urgente (Allan et al., 2018; Goldston & Baillie, 2008). A depressão também é comum entre pessoas que sofrem um ataque cardíaco ou outro evento de DCV. Esses indivíduos podem estar mais dispostos a realizar mudanças para evitar outro ataque cardíaco ou acidente vascular encefálico.

Após o diagnóstico: reabilitação de pacientes cardíacos

Depois que as pessoas experimentam um ataque cardíaco, angina ou outros sintomas de DCV, às vezes elas recebem encaminhamento para um programa de reabilitação cardíaca para mudar seu estilo de vida e diminuir o risco de um evento subsequente (e possivelmente ainda mais grave). Além da sobrevivência, os objetivos dos programas de reabilitação cardíaca são ajudar os pacientes a lidar com as reações psicológicas ao seu diagnóstico, a retornar às atividades normais o mais rápido possível e a mudar para um estilo de vida mais saudável.

Pacientes em recuperação de doenças cardíacas, assim como seus cônjuges, muitas vezes experimentam uma variedade de reações psicológicas que incluem depressão, ansiedade, raiva, medo, culpa e conflito interpessoal. Para pacientes cardíacos, a reação psicológica mais comum a um infarto do miocárdio é *depressão*, o que diminui a adesão à medicação e mudanças no estilo de vida (Dhar & Barton, 2016; Kronish et al., 2006) e aumenta o risco de morte para 3,5 vezes com relação a pacientes cardíacos não deprimidos (Guck et al., 2001).

O tratamento da depressão nesses pacientes é um problema importante, e difícil. Duas intervenções em larga escala buscaram tratar a depressão em pacientes cardíacos, usando medicamentos antidepressivos (Glassman et al., 2009) ou terapia cognitivo-comportamental (Berkman et al., 2003). Embora esses ensaios tenham algum sucesso no tratamento da depressão, a intervenção antidepressiva não melhorou a sobrevida. A intervenção cognitivo-comportamental melhorou-a entre homens euro-americanos, mas não entre homens e mulheres de minorias étnicas (Schneiderman et al., 2004).

Outra reação psicológica comum relacionada à depressão é a *ansiedade*. Um estudo de acompanhamento de pacientes de reabilitação cardíaca (Michie et al., 2005) mostrou que aqueles que completaram o programa de reabilitação

Tornando-se mais saudável

1. Embora você não possa alterar os fatores de risco inerentes, saber que está em alto risco pode motivá-lo a alterar alguns fatores de risco modificáveis.

    Plano de ação: explore seus riscos familiares para entender a extensão deles e, em seguida, fazer um plano para compensar modificando os riscos que você pode alterar.

2. A hipertensão é o melhor preditor de risco cardiovascular, o que a torna uma valiosa peça de informação pessoal.

    Plano de ação: verifique sua pressão arterial. Se estiver na faixa normal, você pode mantê-la assim fazendo exercícios, controlando seu peso e moderando o consumo de álcool. Experimente também algumas das técnicas de relaxamento discutidas no Capítulo 8. Se sua pressão arterial estiver acima da faixa normal (mesmo que um pouco), consulte um médico.

3. Conhecer o seu nível de colesterol é outra informação importante relacionada ao risco de DCV.

    Plano de ação: verifique seu nível de colesterol; certifique-se de pedir um hemograma completo, que inclua medidas de HDL e LDL, bem como a proporção de colesterol total para HDL.

4. O tabagismo também é um importante fator de risco para DCV.

    Plano de ação: se você é fumante, mas falhou em tentativas anteriores de parar, continue tentando. Muitos fumantes fazem várias tentativas antes de parar com sucesso.

5. Uma dieta saudável para o coração pode diminuir o risco de DCV, mas muitos estudantes acham difícil controlar escolhas alimentares sensatas.

    Plano de ação: mantenha um diário de alimentação por pelo menos uma semana. Observe a quantidade de gordura saturada, frutas e vegetais que você come e o número aproximado de calorias consumidas por dia. Uma dieta saudável para o coração é pobre em gordura saturada e inclui cinco porções de frutas e vegetais por dia.

6. Se você está constantemente zangado e reage a eventos que despertam a raiva com explosões repentinas e intensas ou se "alimenta" tais eventos, esse padrão de comportamento pode aumentar seu risco de DCV.

    Plano de ação: liste algumas estratégias alternativas para suas reações de raiva atuais, expressando suas frustrações com uma voz suave e calma. Trabalhe para desenvolver um conjunto de estratégias de enfrentamento que o ajudarão a evitar tantas experiências emocionais negativas.

continuaram a progredir não apenas na redução de seus riscos fisiológicos, mas também em diminuir seus níveis de ansiedade e depressão e aumentar seus sentimentos de controle. Uma fonte comum de ansiedade entre pacientes cardíacos e seus cônjuges é a retomada da atividade sexual. A provável fonte dessa ansiedade seja a preocupação com a elevação da frequência cardíaca durante o sexo, especialmente durante o orgasmo. Entretanto, a atividade sexual representa pouca ameaça para os pacientes cardíacos. Além disso, os do sexo masculino com DAC que tomam Viagra não têm risco elevado de problemas cardíacos subsequentes, mas esse medicamento pode interagir de maneira perigosa com medicamentos para hipertensão que os pacientes podem estar tomando (Jackson, 2004).

Os programas de reabilitação cardíaca geralmente incluem componentes para ajudar os pacientes a parar de fumar, fazer uma dieta com baixo teor de gordura/colesterol, controlar seu peso, moderar a ingestão de álcool, aprender a controlar o estresse e a hostilidade e aderir a um regime de medicação prescrito. Além disso, pacientes cardíacos frequentemente participam de um programa de exercícios graduados ou estruturados no qual aumentam gradativamente seu nível de atividade física. Em outras palavras, as mesmas recomendações de estilo de vida para evitar um primeiro evento cardiovascular também se aplicam a sobreviventes de infarto do miocárdio, cirurgia de revascularização do miocárdio e acidente vascular encefálico. Além disso, os pacientes cardíacos são frequentemente incentivados a participar de um grupo de apoio social, de programas de educação em saúde e permitir o apoio de seu cuidador principal. Algumas pesquisas (Clark et al., 2005) indicaram que eles classificaram esse apoio social e estar com outras pessoas que compartilhavam o mesmo problema como os aspectos mais valiosos do programa.

Dean Ornish e colegas (1998) elaboraram um programa abrangente e intensivo de reabilitação cardíaca com dieta, controle do estresse, cessação do tabagismo e componentes de atividade física em um esforço para *reverter* danos nas artérias coronárias de pacientes cardíacos. Embora semelhante às intervenções que tentam alterar os fatores de risco, esse programa foi mais abrangente e impôs modificações mais rigorosas, principalmente no que diz respeito à dieta. O programa Ornish recomenda que os pacientes cardíacos reduzam o consumo de gordura para apenas 10% de sua ingestão calórica total, o que exige uma dieta vegetariana cuidadosa, sem adição de gorduras, óleos, ovos, manteiga ou castanhas. Uma avaliação do programa incluiu um grupo de controle que recebeu um programa típico de reabilitação cardíaca juntamente ao grupo experimental de participantes do programa Ornish.

Pesquisas iniciais sobre os benefícios do programa (Ornish et al., 1990) indicaram que, após um ano de programa, 82% dos pacientes do grupo de tratamento apresentaram regressão das placas nas artérias coronárias. Após cinco anos, esse programa produziu menos bloqueio arterial e menos eventos coronarianos. Um estudo posterior (Aldana et al., 2007) não conseguiu confirmar a reversão da placa arterial, mas mostrou que os pacientes no programa Ornish diminuíram seus fatores de risco em maior extensão que aqueles em um programa padrão de reabilitação cardíaca e diminuíram substancialmente seus sintomas de angina. Outra pesquisa confirmou que a mudança na dieta pode reverter a placa arterial (Shai et al., 2010). A principal desvantagem dos programas intensivos de reabilitação cardíaca, como o plano Ornish, é a dificuldade de seguir uma dieta tão rigorosa e um programa tão intensivo (Dansinger et al., 2005). Apesar de sua eficácia demonstrada, tais programas permanecem subutilizados (Freeman et al., 2019).

A adesão é um grande problema com programas de reabilitação cardíaca em geral. Menos da metade dos pacientes cardíacos completam seu regime de reabilitação (Taylor et al., 2011). Um fator que pode influenciar a adesão envolve o médico, e não o paciente: muitos cardiologistas não endossam programas de reabilitação, o que afeta a disposição de seus pacientes em participar. Muitos pacientes também citam dificuldades em encontrar tempo e se deslocar a uma clínica para reabilitação. Esses fatores podem afetar mais fortemente as mulheres que os homens, explicando assim a menor taxa de conclusão entre as cardiopatas do sexo feminino (Oosenbrug et al., 2016). Contudo, os mesmos fatores que predizem o desenvolvimento de DCV também predizem a falha na adesão à reabilitação: depressão, tabagismo, excesso de peso e perfil de alto risco cardiovascular (Taylor et al., 2011). Assim, os pacientes que mais necessitam de intervenção podem ser menos propensos a aderir. Quando usados como pretendido, muitos programas de reabilitação diferentes são eficazes, incluindo aqueles padrão baseados em exercícios (Dibben et al., 2018), intervenções breves (Fernandez et al., 2007) e programas de reabilitação em casa (Dalal et al., 2010).

Uma metanálise de estudos sobre a eficácia de dois componentes de programas de reabilitação cardíaca (Dusseldrop et al., 1999) descobriu que pacientes com doenças cardíacas que seguiram um programa de educação em saúde e gerenciamento de estresse tiveram uma redução de 34% na mortalidade cardíaca e uma redução de 29% na recorrência de um ataque cardíaco. Os programas de reabilitação cardíaca baseados em exercícios também são eficazes na redução da mortalidade e da recorrência de ataques (Lawler et al., 2011). Os exercícios podem apresentar alguns riscos para pacientes cardíacos, mas os benefícios os superam em muito. Por exemplo, um programa de exercícios graduados pode aumentar a autoeficácia dos pacientes para aumentar os níveis de atividade (Cheng & Boey, 2002), bem como os níveis de autoestima e mobilidade física (Ng & Tam, 2000). Após o diagnóstico de problemas cardíacos, os programas de exercícios têm três objetivos principais (Thompson, 2001). Primeiro, o exercício pode manter ou melhorar a capacidade funcional; segundo, pode melhorar a qualidade de vida de uma pessoa; e terceiro, pode ajudar a prevenir ataques cardíacos recorrentes. Assim, os programas de reabilitação cardíaca são uma estratégia eficaz, mas subutilizada.

RESUMO

Os psicólogos da saúde contribuem para a redução dos riscos de um primeiro incidente cardiovascular, bem como para a reabilitação de pessoas que já foram diagnosticadas com DCV. Muitos dos riscos para DCV estão relacionados a comportamentos, como tabagismo, dieta, atividade física e gerenciamento de emoções negativas. Combinações de mudança de estilo de vida e medicamentos são eficazes na redução da hipertensão e do nível de colesterol, dois riscos importantes para as DCV. Além disso, os psicólogos da saúde podem ajudar as pessoas a modificar emoções negativas, como ansiedade, depressão e raiva, que são riscos para DCV e geralmente ocorrem em pacientes após ataques cardíacos.

Os psicólogos da saúde também se esforçam para manter os pacientes cardíacos em reabilitação e aumentar seus níveis de atividade física.

APLIQUE O QUE VOCÊ APRENDEU

1. Descreva as mudanças que você deve fazer agora para diminuir os riscos de doenças cardiovasculares quando tiver 30 anos de idade.
2. Construa uma dieta, medicação e plano de exercícios adequados para uma pessoa que está se recuperando de um ataque cardíaco.

Perguntas

Este capítulo abordou quatro questões básicas:

1. **Quais são as estruturas, funções e transtornos do sistema cardiovascular?**

   O sistema cardiovascular inclui o coração e os vasos sanguíneos (veias, vênulas, artérias, arteríolas e capilares). O coração bombeia sangue por todo o corpo, fornecendo oxigênio e removendo resíduos das células do corpo. Os transtornos do sistema cardiovascular incluem (1) doença da artéria coronária, que ocorre quando as artérias que fornecem sangue ao coração ficam obstruídas com placas e restringem seu fornecimento ao músculo cardíaco; (2) infarto do miocárdio (ataque cardíaco), que é causado pela obstrução das artérias coronárias; (3) angina pectoris, transtorno não fatal com sintomas de dor no peito e dificuldade para respirar; (4) acidente vascular encefálico, que ocorre quando o fornecimento de oxigênio ao cérebro é interrompido; e (5) hipertensão (pressão alta), transtorno silencioso, mas um bom preditor de ataque cardíaco e acidente vascular encefálico. Doenças cardíacas e acidente vascular encefálico são responsáveis por quase 30% das mortes nos Estados Unidos.

2. **Quais são os fatores de risco para doenças cardiovasculares?**

   Começando com o estudo de Framingham, os pesquisadores identificaram vários fatores de risco cardiovascular. Entre eles (1) risco inerente, (2) riscos fisiológicos, (3) riscos comportamentais e de estilo de vida e (4) riscos psicossociais. Fatores de risco inerentes, como idade avançada, histórico familiar, gênero e etnia, não são modificáveis, mas pessoas com risco inerente podem alterar outros riscos para diminuir suas chances de desenvolver doenças cardíacas.

   Os dois principais fatores de risco fisiológicos são hipertensão e colesterol alto; a dieta pode desempenhar um papel no controle de cada um deles. Fatores comportamentais na DCV incluem tabagismo, dieta rica em gordura saturada e pobre em fibras e vitaminas antioxidantes e baixo nível de atividade física. Os riscos psicossociais incluem baixos níveis educacionais e de renda; falta de apoio social; e níveis persistentemente elevados de estresse, ansiedade e depressão. Além disso, características como hostilidade, expressões violentas de raiva, supressão de raiva e um conjunto de fatores de personalidade referidos como Tipo D elevam o risco.

3. **Como o estilo de vida se relaciona com a saúde cardiovascular?**

   Fatores de estilo de vida, como tabagismo, escolhas alimentares e estilo de vida sedentário, predizem a saúde cardiovascular. Durante as últimas três décadas, as mortes por doenças cardíacas diminuíram constantemente nos Estados Unidos; talvez até 50% dessa queda seja resultado de mudanças de comportamento e estilo de vida. Durante esse mesmo período, milhões de pessoas pararam de fumar, alteraram sua dieta para controlar o peso e o colesterol e iniciaram um programa de exercícios.

4. **Que comportamentos são eficazes na redução dos riscos cardiovasculares?**

   Tanto antes como depois de um diagnóstico de doença cardíaca, as pessoas podem usar uma variedade de abordagens para reduzir seus riscos de DCV. Drogas, restrição de sódio e perda de peso podem controlar a hipertensão. Além disso, medicamentos, dieta e exercícios podem reduzir os níveis de colesterol. Reduzir a proporção de colesterol total para HDL é provavelmente uma ideia melhor, mas o tipo de estatina das drogas redutoras de colesterol tendem a diminuir o LDL, o que também pode ser benéfico. Além disso, as pessoas podem aprender a gerenciar o estresse de forma mais eficaz, fazer terapia para melhorar a depressão e aprender a gerenciar a raiva e a emotividade negativa.

Sugestões de leitura

Dafoe, W. A. & Colella, T. J. (2016). Loneliness, marriage and cardiovascular health. *European Journal of Preventive Cardiology*, *23*(12), 1242–1244. https://doi.org/10.1177/2047487316643441. Este breve artigo examina os benefícios do casamento como fator de proteção para o desenvolvimento de doenças cardíacas, bem como a relação com a saúde geral.

Levy, D. & Brink, S. (2005). *A change of heart*: *How the Framingham Heart Study helped unravel the mysteries of cardiovascular disease*. New York, NY: Knopf. Este relatório sobre o Framingham Heart Study inclui não apenas a fascinante história deste projeto, mas também as principais descobertas do estudo e dicas para manter a saúde do coração.

Miller, G. E. & Blackwell, E. (2006). Turning up the heat: Inflammation as a mechanism linking chronic stress, depression, and heart disease. *Current Directions in Psychological Science*, *15*, 269-272. Este breve artigo revisa o conceito de inflamação e seus riscos enquanto tenta construir um modelo que integre estresse e depressão em uma explicação para o desenvolvimento de doenças cardíacas.

Yusuf, S., Hawken, S., Ôunpuu, S., Dans, T., Avezum, A., Lanas, F. et al. INTERHEART Study Investigators (2004). Effect of potentially modifiable risk factors associated with myocardial infarction in 52 countries (the INTERHEART Study): Case-control study. *Lancet*, *364*, 937-952. O estudo INTERHEART identificou nove fatores que previram a maior parte da variação nas mortes por ataques cardíacos em países de todo o mundo. Este relatório detalha o estudo e apresenta as contribuições relativas de cada um dos nove.

OBJETIVOS DE APRENDIZAGEM
Depois de estudar este capítulo, você será capaz de…

10-1 Avaliar a diferença de perigo para tumores benignos e malignos

10-2 Descrever as características dos quatro principais tipos de tumores malignos

10-3 Explicar os dois fatores que contribuíram para o declínio das mortes por câncer nos Estados Unidos

10-4 Descrever como o aumento na incidência de um câncer pode não ser igual a um aumento na taxa de mortalidade por câncer

10-5 Descrever que tipo de pesquisa confirmaria que a etnia deve ser classificada como um fator de risco inerente, bem como que tipo de pesquisa mostraria que ela deve ser classificada como um fator de risco ambiental ou social

10-6 Refutar a afirmação: fatores genéticos são a causa de 60% dos cânceres

10-7 Citar três fatores de risco ambientais e descrever como as pessoas os enfrentam

10-8 Classificar os fatores comportamentais para o câncer de acordo com a gravidade do risco que cada um deles representa juntamente a uma breve descrição de seu raciocínio para a classificação

10-9 Avaliar o papel do viés otimista como fator de risco comportamental para câncer

10-10 Avaliar o papel dos fatores psicossociais no desenvolvimento do câncer

10-11 Descrever as vantagens e desvantagens dos tratamentos mais comuns para o câncer

10-12 Descrever três fatores que estão associados a um bom ajuste ao diagnóstico de câncer e três fatores que estão associados a um diagnóstico ruim

10-13 Discutir a importância do apoio social para pacientes e sobreviventes de câncer e as melhores fontes de apoio social

CAPÍTULO 10
Fatores comportamentais no câncer

SUMÁRIO DO CAPÍTULO

Perfil do mundo real de Steve Jobs
O que é câncer?
Variações nas taxas de mortalidade por câncer
- Cânceres com taxas de mortalidade decrescentes
- Cânceres com taxas de incidência e mortalidade crescentes

Fatores de risco de câncer além do controle pessoal
- Fatores de risco inerentes ao câncer
- Fatores de risco ambientais para câncer

Fatores de risco comportamentais para câncer
- Tabagismo
- Dieta
- Álcool
- Estilo de vida sedentário
- Exposição à luz ultravioleta
- Comportamento sexual
- Fatores de risco psicossociais em câncer

Convivendo com o câncer
- Problemas com tratamentos médicos para câncer
- Ajustando-se a um diagnóstico de câncer
- Apoio social para pacientes com câncer
- Intervenções psicológicas para pacientes com câncer

PERGUNTAS

Este capítulo concentra-se em cinco questões básicas:

1. O que é câncer?
2. As taxas de mortalidade por câncer estão aumentando ou diminuindo?
3. Quais são os fatores de risco inerentes e ambientais para o câncer?
4. Quais são os fatores de risco comportamentais para o câncer?
5. Como os pacientes com câncer podem ser ajudados a lidar com sua doença?

A batalha de Steve Jobs contra o câncer durou um total de oito anos, muito mais que o prognóstico inicial. A riqueza de Steve lhe proporcionou os melhores tratamentos médicos, o que pode ter prolongado sua vida. Contudo, mais tarde ele se arrependeu de sua decisão de adiar a cirurgia que seu médico havia recomendado. Por que Steve inicialmente rejeitou o tratamento para o câncer? Poucas pessoas que recebem um diagnóstico de câncer escolhem tratamentos alternativos à medicina convencional, mas aqueles que o fazem provavelmente reduzirão sua sobrevida (Johnson et al., 2018). Quais problemas Steve provavelmente enfrentou em sua batalha contra o câncer? O "espírito de luta" de Steve foi algo que o ajudou a viver por tanto tempo após o diagnóstico? Exploraremos essas questões neste capítulo, mas primeiro precisamos definir o que é câncer.

10-1 O que é câncer?

OBJETIVOS DE APRENDIZAGEM

10-1 Avaliar a diferença de perigo para tumores benignos e malignos

10-2 Descrever as características dos quatro principais tipos de tumores malignos

Câncer é um grupo de doenças caracterizadas pela presença de novas células que crescem e se espalham sem controle. Durante o século XIX, o grande fisiologista Johannes Muller descobriu que os tumores, como outros tecidos, consistiam em células e não eram coleções informes de material. Entretanto, seu crescimento parecia desenfreado pelos mecanismos que controlam outras células do corpo.

A descoberta de que os tumores consistem em células não esclareceu o que causou seu crescimento. Durante o século XIX, a principal teoria do câncer era que um parasita ou agente infeccioso provocava o transtorno, mas os pesquisadores não conseguiram encontrar tal agente. Por causa dessa falha, surgiu a teoria da mutação, sustentando que ele se origina por causa de uma

> ### Verifique SEUS RISCOS À SAÚDE
> #### Em relação ao câncer
>
> ☐ 1. Alguém da minha família imediata (pai, irmão, tia, tio ou avô) desenvolveu câncer antes dos 50 anos.
> ☐ 2. Eu sou afro-americano.
> ☐ 3. Nunca tive um trabalho em que estivesse exposto a radiação ou produtos químicos perigosos.
> ☐ 4. Eu nunca fui um fumante de cigarro.
> ☐ 5. Eu sou um ex-fumante que parou nos últimos cinco anos.
> ☐ 6. Usei outros produtos de tabaco além de cigarros (como cigarro eletrônico/dispositivo de vaporização (*vaping*), tabaco de mascar, cachimbo ou charutos).
> ☐ 7. Minha dieta é pobre em gordura.
> ☐ 8. Minha dieta inclui muitos alimentos defumados, curados com sal ou em conserva.
> ☐ 9. Raramente como frutas ou vegetais.
> ☐ 10. Minha dieta é rica em fibras.
> ☐ 11. Tenho a pele clara, mas gosto de ter pelo menos um belo bronzeado todos os anos.
> ☐ 12. Tive mais de 15 parceiros sexuais durante a minha vida.
> ☐ 13. Eu nunca tive relações sexuais desprotegidas com um parceiro que estivesse em alto risco de infecção pelo HIV.
> ☐ 14. Sou mulher com mais de 30 anos que não deu à luz.
> ☐ 15. Eu tomo pelo menos duas bebidas alcoólicas todos os dias.
> ☐ 16. Eu me exercito regularmente.
>
> Cada um desses tópicos é um fator de risco conhecido para algum tipo de câncer ou tem o potencial de proteger contra ele. Os itens 3, 4, 7, 10, 13 e 16 descrevem situações que podem oferecer alguma proteção contra o câncer. Se você não marcou nenhum ou apenas alguns desses itens e muitos dos restantes, seu risco de algum tipo de câncer é maior que o das pessoas que marcaram itens diferentes. Comportamentos relacionados ao tabagismo e alimentação (itens 4 a 10) colocam você em maior risco que outros comportamentos, como o item 15 (álcool).

mudança na célula – uma mutação. A célula continua a crescer e se reproduzir em sua forma mutante, e o resultado é um tumor.

O câncer não é exclusivo dos humanos; todos os animais têm câncer, assim como as plantas. De fato, qualquer célula que possa se dividir pode se transformar em uma célula cancerosa. Além das diversas *causas* de câncer, existem muitos *tipos* diferentes. Contudo, diferentes tipos de câncer compartilham certas características, sendo a mais comum a presença de células teciduais **neoplásicas**, que têm um crescimento quase ilimitado que rouba nutrientes do hospedeiro, mas não produz efeitos benéficos compensatórios. Todos os cânceres verdadeiros compartilham essa característica de crescimento neoplásico.

As células neoplásicas podem ser **benignas** ou **malignas**, embora a distinção nem sempre seja fácil de determinar. Ambos os tipos consistem em células alteradas que se reproduzem fielmente ao seu tipo alterado. Mas os crescimentos benignos tendem a permanecer localizados, enquanto os tumores malignos tendem a se espalhar e estabelecer colônias secundárias. A tendência dos tumores benignos permanecerem localizados geralmente os torna menos ameaçadores que os malignos, mas nem todos os tumores benignos são inofensivos. Os malignos são muito mais perigosos porque invadem e destroem o tecido circundante e também podem se mover ou criar **metástase**, por meio do sangue ou da linfa e, assim, se espalham para outros locais do corpo.

A característica mais perigosa das células tumorais é sua autonomia – isto é, sua capacidade de crescer sem relação às necessidades de outras células do corpo e sem ser sujeitas às restrições de crescimento que governam outras células. Esse crescimento desenfreado do tumor faz que o câncer seja capaz de sobrecarregar seu hospedeiro, danificar outros órgãos ou processos fisiológicos, ou usar nutrientes essenciais para as funções do corpo. O tumor então se torna um parasita em seu hospedeiro, ganhando prioridade sobre outras células do corpo.

Os crescimentos malignos se dividem em quatro grupos principais: carcinomas, sarcomas, leucemias e linfomas. **Carcinomas** são cânceres do tecido epitelial, células que revestem as superfícies externas e internas do corpo, como pele, revestimento do estômago e membranas mucosas. **Sarcomas** são cânceres que surgem de células do tecido conjuntivo, como ossos, músculos e cartilagens. **Leucemias** são cânceres que se originam no sangue ou células formadoras de sangue, como células-tronco na medula óssea. Esses três tipos de câncer – carcinomas, sarcomas e leucemias – são responsáveis por mais de 95% das neoplasias. O quarto tipo é o **linfoma**, um câncer do sistema linfático, que é um dos tipos mais raros de câncer.

Embora algumas pessoas possam ter uma predisposição genética ao câncer, elas quase nunca herdam a doença. Comportamento e estilo de vida são os principais contribuintes para o câncer, tornando possível que as taxas de câncer mudem em períodos relativamente curtos.

10-2 Variações nas taxas de mortalidade por câncer

OBJETIVOS DE APRENDIZAGEM

10-3 Explicar os dois fatores que contribuíram para o declínio das mortes por câncer no Estados Unidos

10-4 Descrever como o aumento na incidência de um câncer pode não ser igual a um aumento na taxa de mortalidade por câncer

Perfil do mundo real de STEVE JOBS

Em 2003, Steve Jobs e sua empresa Apple estavam revolucionando o mundo da tecnologia. O iPod, lançado um ano e meio antes, mudou a forma de como o mundo ouvia música. Jobs e sua equipe começaram a desenvolver o iPhone e o iPad, dois produtos que revolucionariam de forma semelhante as indústrias de telefonia móvel e informática. Jobs – um *workaholic* carismático, perfeccionista e exigente – já havia aparecido na capa da revista *Time* quatro vezes. O valor da Apple aumentou constantemente.

Nesse mesmo ano, durante uma tomografia computadorizada para detectar pedras nos rins, os médicos de Steve notaram algo inesperado em seu pâncreas. O diagnóstico logo se revelou câncer de pâncreas neuroendócrino de células das ilhotas, uma forma rara de um dos cânceres mais mortais. Com baixa taxa de sobrevivência para tratamentos convencionais, as pessoas diagnosticadas com câncer de pâncreas costumam tentar terapias alternativas. Steve inicialmente recusou as sugestões de cirurgia de seus médicos, dizendo: "Eu realmente não queria que eles abrissem meu corpo" (Isaacson, 2011, "Cancer", parágrafo 6).

Jobs primeiro tentou uma variedade de tratamentos alternativos, incluindo uma dieta vegana, acupuntura, fitoterápicos e até mesmo um vidente. Depois de adiar o tratamento médico padrão por nove meses, Steve finalmente cedeu à cirurgia. Nesse momento, o câncer já havia se espalhado para outras partes de seu corpo. Ele então procurou os tratamentos mais avançados para sua condição, que incluíam radioterapia e transplante de fígado. Os tratamentos e o transplante levaram-no a um desgaste físico deixando-o cada vez mais magro.

Em agosto de 2011, ele se demitiu da Apple por motivos de saúde. Dois meses depois, Steve Jobs morreu de insuficiência respiratória devido a complicações decorrentes do câncer de pâncreas avançado.

Pela primeira vez registrada, a taxa de mortalidade por câncer nos EUA diminuiu durante a década de 1990. Essa tendência encerrou um aumento de um século nas mortes por câncer que atingiu o pico em 1991, quando a mortalidade era mais de três vezes maior que em 1900 (American Cancer Society [ACS], 2020). A **Figura 10.1** mostra um aumento nas taxas totais de mortalidade por câncer nos EUA de 1900 a 1990 e, em seguida, um declínio gradual. A diminuição é significativa – mais de 25%. Entretanto, o declínio nas mortes por câncer está ocorrendo mais lentamente que o declínio nas doenças cardiovasculares que começou na década de 1960. De fato, o câncer pode se tornar a principal causa de morte nos Estados Unidos se as duas tendências continuarem (Harding et al., 2018).

Por que as taxas de mortalidade por câncer estão caindo? Pelo menos duas explicações são possíveis. Primeiro, o declínio pode ser devido à melhoria do tratamento que prolonga a vida dos pacientes. Podemos testar a validade dessa explicação examinando a diferença entre a incidência e as mortes por câncer. Se a incidência permanecesse a mesma, ou mesmo aumentasse, enquanto as mortes diminuíssem, então um melhor tratamento seria responsável pela queda nas mortes por câncer. Contudo, as evidências não corroboram essa hipótese, pois tanto a incidência quanto as mortes por câncer diminuíram durante a década de 1990 (Siegel et al., 2012). Parte dessa diminuição é atribuível à menor incidência de certos tipos de câncer, como o de pulmão em homens, e parte se deve à melhor detecção e tratamento precoces, como o declínio nas mortes por câncer de próstata e mama. Assim,

melhores regimes de tratamento desempenham um papel na diminuição dessas mortes por câncer, mas as pessoas estão desenvolvendo câncer com menos frequência que no século anterior. Nos Estados Unidos, por exemplo, os indivíduos estão fumando muito menos e adotando uma dieta mais saudável que há 50 anos. Como fatores de estilo de vida, como tabagismo, dieta e inatividade física, são responsáveis por cerca de dois terços de todas as mortes por câncer nos Estados Unidos (ACS, 2020), melhorias nessas áreas devem resultar em taxas mais baixas.

Cânceres com taxas de mortalidade decrescentes

Os cânceres de pulmão, mama, próstata e cólon/reto são responsáveis por cerca de metade de todas as mortes por câncer nos Estados Unidos, e as taxas de mortalidade para cada um desses locais diminuíram.

Câncer de pulmão é responsável por cerca de 13% de todos os casos, mas por 22% de todas as mortes por câncer – números que revelam a mortalidade do câncer de pulmão. Entre 1990 e 2017, a mortalidade por esse tipo de câncer diminuiu para homens e mulheres (ACS, 2020; ver Figuras 10.2 e 10.3). A **Figura 10.2** mostra que a mortalidade por câncer de pulmão para mulheres aumentou dramaticamente de 1965 a 1995 e permaneceu estável até 2008, mas depois começou a declinar. Na Europa, esse padrão é um pouco semelhante, com a mortalidade por câncer de pulmão em

222 PSICOLOGIA DA SAÚDE: UMA INTRODUÇÃO AO COMPORTAMENTO E À SAÚDE

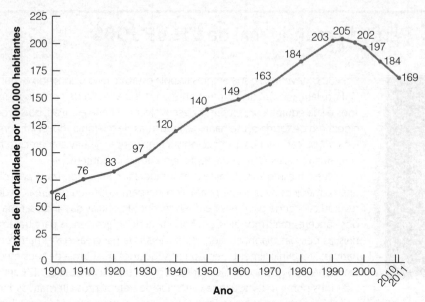

FIGURA 10.1 Taxas de mortalidade por câncer por 100.000 habitantes, Estados Unidos, 1900 a 2017.

Fonte: Dados de *Historical statistics of the United States: Colonial times to 1970, Part 1* (p. 68) por U.S. Bureau of the Census, 1975, Washington, DC: U.S. Government Printing Office; *Statistical abstract of the United States, 2008* (127th ed.), por U.S. Census Bureau, (2007), Washington, DC: U.S. Government Printing Office; A. Jemal et al., 2008. Cancer statistics por A. Jemal et al., 2008. *CA: A Cancer Journal for Clinicians, 58*, 71-96; Cancer statistics por Siegel, R. L., Miller, K. D. & Jemal, A, 2015. *CA: A Cancer Journal for Clinicians, 65*(1), 5-29; Annual Report to the Nation on the Status of Cancer, Part I: National Cancer Statistics por J. Henley et al., 2020, *Cancer, 126*(10), Tabela 3.

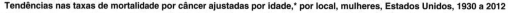
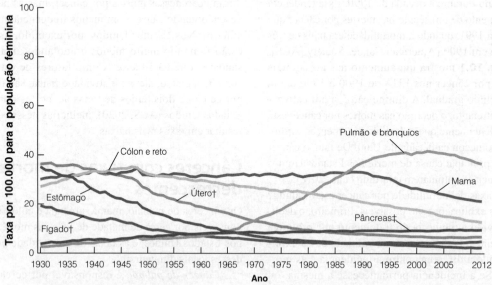

*Por 100.000, idade ajustada para a população padrão dos EUA de 2000.† Útero refere-se ao colo uterino e corpo uterino combinados.‡ As taxas de mortalidade por câncer de pâncreas e fígado estão aumentando.
NOTA: Devido a mudanças na codificação da CID, as informações do numerador mudaram ao longo do tempo. As taxas de câncer de fígado, pulmão e brônquios, cólon e reto são afetadas por essas alterações de codificação.
FONTE: Volumes de mortalidade dos EUA de 1930 a 1959, Dados de mortalidade dos EUA de 1960 a 2012, National Center for Health Statistics, Centers for Disease Control and Prevention.

©2016, American Cancer Society, Inc., Surveillance Research

FIGURA 10.2 Taxas de mortalidade por câncer para locais selecionados, mulheres, Estados Unidos, 1930 para 2017.

Fonte: The American Cancer Society. *Cancer Facts and Figures 2020*. Atlanta: American Cancer Society, Inc.

homens diminuindo a uma taxa mais rápida que em mulheres. Em todo o mundo, o câncer de pulmão é o segundo câncer mais mortal para as mulheres (Torre et al., 2017). Como o tabagismo é a principal causa de mortes por câncer de pulmão, o aumento e a queda das mortes acompanham as taxas de tabagismo.

Além do câncer de próstata, o *de mama* tem a maior incidência (mas não a taxa de mortalidade) de qualquer câncer nos Estados Unidos, representando cerca de 30% dos casos entre as mulheres (ACS, 2020). Os homens também desenvolvem câncer de mama, mas as mulheres representam 99% de todos os novos casos. A incidência de câncer de mama feminino aumentou de 1980 a 2001, e depois começou a declinar. Um fator que pode estar envolvido nesse declínio é a diminuição do número de mulheres na pós-menopausa em uso de terapia de reposição hormonal, algumas das quais foram associadas ao câncer de mama (Siegel et al., 2012). O declínio na taxa de mortalidade por esse tipo de câncer se deve principalmente a melhorias na detecção precoce e no tratamento.

Câncer de próstata tem a maior incidência entre os homens nos Estados Unidos, mas, novamente, não tem a maior taxa de mortalidade – cerca de duas vezes mais homens morrem a cada ano de câncer de pulmão que de próstata. Novos casos de câncer de próstata aumentaram acentuadamente durante a década de 1980, quando a triagem do antígeno prostático específico (PSA) foi introduzida pela primeira vez. De 2000 a 2017, porém, o número de novos casos – cerca de 21% de todos os casos de câncer em homens – diminuiu significativamente (ACS, 2020).

O câncer *colorretal* é a segunda principal causa de morte por câncer nos Estados Unidos e em outros países de alta renda, superado apenas pelo câncer de pulmão. Contudo, nos Estados Unidos, tanto a incidência como as taxas de mortalidade do colorretal estão diminuindo. As taxas de incidência e mortalidade variam de acordo com a origem étnica, sendo os afro-americanos mais propensos a receber um diagnóstico de câncer colorretal e dele vir a morrer que hispano-americanos ou euro-americanos (Henley et al., 2020). Embora a incidência de câncer colorretal tenha aumentado ligeiramente até cerca de 1985, a taxa de mortalidade vem declinando desde 1945. (**Figuras 10.2** e **10.3**).

Taxas de mortalidade de *câncer de estômago* deixaram de ser a principal causa de morte por câncer para mulheres e homens para ter uma taxa de mortalidade muito baixa. Como discutiremos mais adiante, a refrigeração moderna e menos alimentos curados com sal provavelmente são responsáveis pela maior parte da diminuição do câncer de estômago.

Cânceres com taxas de incidência e mortalidade crescentes

Em geral, as taxas de incidência para os quatro principais cânceres – pulmão, mama, próstata e colorretal – estão diminuindo, com uma diminuição maior para homens que para as mulheres. No entanto, nem todas as taxas de câncer estão diminuindo. Vários tipos aumentaram nos últimos anos (Henley et al., 2020).

A incidência de câncer de fígado aumentou e, assim como o de pulmão, é bastante letal, com uma taxa de mortalidade (3,6%) quase duas vezes maior que sua taxa de incidência (1,7%). Esse câncer está aumentando entre mulheres e homens, mas os homens têm uma taxa mais alta (Henley et al. 2020). Os padrões de incidência e mortalidade variam de acordo com a etnia, e as taxas de incidência e mortalidade tendem a ser mais altas para as minorias em comparação com os euro-americanaos. O melanoma, uma forma potencialmente fatal de câncer de pele, está aumentando entre homens e mulheres, mas a taxa de mortalidade por esse câncer está caindo, atribuível à melhoria do tratamento. A incidência de câncer pancreático – o que matou Steve Jobs – também aumentou, e é um dos cânceres mais letais. Alguns tipos de câncer estão aumentando entre os homens, mas caindo entre as mulheres, como o câncer de tireoide. Assim, o padrão de diagnósticos e óbitos por câncer apresenta um quadro complexo.

RESUMO

O câncer é um grupo de doenças caracterizadas pela presença de células neoplásicas que crescem e se espalham sem controle. Essas novas células podem formar tumores benignos, que tendem a permanecer localizados, ou tumores malignos, que podem formar metástase e se espalhar para outros órgãos.

Após mais de um século de taxas de mortalidade crescentes, as mortes por câncer estão diminuindo nos Estados Unidos. Essa diminuição é mais evidente entre os quatro cânceres que causam a maioria das mortes – câncer de pulmão, mama, próstata e colorretal. Desde 1992, as taxas de incidência e mortalidade entre os homens para esses quatro tipos diminuíram em um ritmo lento, mas constante; a diminuição das taxas de câncer para as mulheres começou mais tarde, mas também está ocorrendo. A principal causa de mortes para mulheres e homens continua sendo o câncer de pulmão. As incidências de câncer de mama entre mulheres e de próstata entre homens são muito maiores que a incidência de câncer de pulmão, mas mata muito mais pessoas nos Estados Unidos que o câncer de mama ou de próstata.

APLIQUE O QUE VOCÊ APRENDEU

1. Descreva dois exemplos de cânceres que estão (1) aumentando ou diminuindo para homens e mulheres e (2) dois que estão aumentando ou diminuindo de forma diferente de acordo com alguns fatores demográficos, como etnia ou gênero.

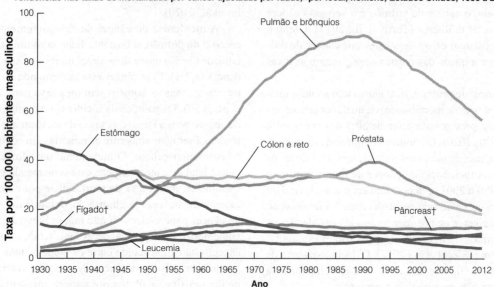

FIGURA 10.3 Taxas de mortalidade por câncer para locais selecionados, homens, Estados Unidos, 1930 para 2017.

Fonte: The American Cancer Society. *Cancer Facts and Figures 2020*. Atlanta: American Cancer Society, Inc.

10-3 Fatores de risco de câncer além do controle pessoal

OBJETIVOS DE APRENDIZAGEM

10-5 Descrever que tipo de pesquisa confirmaria que a etnia deve ser classificada como um fator de risco inerente, bem como que tipo de pesquisa mostraria que ela deve ser classificada como um fator de risco ambiental ou social

10-6 Refutar a afirmação: fatores genéticos são a causa de 60% dos cânceres

10-7 Citar três fatores de risco ambientais e descrever como as pessoas os enfrentam

A maioria dos fatores de risco para câncer resulta do comportamento pessoal, especialmente o tabagismo. Mas alguns fatores estão muito além do controle pessoal; estes incluem riscos inerentes e ambientais.

Fatores de risco inerentes ao câncer

Os riscos inerentes ao câncer incluem genética e história familiar, origem étnica e idade. Muitas pessoas atribuem o risco de câncer a esses fatores, especialmente a genética. Uma pesquisa ("Practical Nurse", 2008) indicou que 9 em cada 10 pessoas superestimaram o risco genético e 60% delas nomearam a genética como o principal risco de câncer. Essa percepção concorda com a pesquisa? Quão importantes são os fatores de risco genéticos e outros inerentes, como etnia e idade?

Origem étnica Comparados com os euro-americanos, os afro-americanos se saem pior; eles têm mais incidência para a maioria dos cânceres e a mortalidade é maior em quase todas as categorias (Siegel et al., 2016). Contudo, hispano-americanos, ásio-americanos e nativos norte-americanos têm taxas mais baixas que afro-americanos ou euro-americanos para todos os locais de câncer combinados, bem como para os quatro cânceres mais comuns. Essas discrepâncias são mais provavelmente devidas a fatores comportamentais e psicossociais, e não à biologia. Por exemplo, embora ásio-americanos geralmente tenham taxas totais de mortalidade por câncer mais baixas que os euro-americanos, eles têm uma taxa de mortalidade muito maior por cânceres de estômago e fígado. Ambos são causados por fatores comportamentais e ambientais. O câncer de estômago é fortemente influenciado pela dieta e pela infecção crônica por bactérias *Helicobacter pylori*, enquanto o de fígado é fortemente influenciado pela infecção pelo vírus da hepatite C (Siegel et al., 2016). Assim, fatores comportamentais podem explicar essas diferenças étnicas.

O *status* de minoria desempenha um papel maior na sobrevivência do câncer que em sua incidência. Para locais de câncer com baixo nível de mortalidade, a discrepância entre incidência e mortalidade aumenta com a origem étnica. Com o câncer de mama, por exemplo, as mulheres euro-americanas têm uma taxa de incidência mais alta que as afro-americanas, mas as mulheres afro-americanas têm maior probabilidade de morrer desse tipo de câncer (Siegel et al., 2016).

Como o *status* de minoria contribui para os resultados do câncer – ou seja, duração da sobrevida e qualidade de vida? Embora hispano-americanos, afro-americanos, nativos norte-americanos e ásio-americanos desenvolvam muitos tipos de câncer a uma taxa menor que os euro-americanos, seus diagnósticos tendem a ocorrer em um estágio posterior de seus cânceres (Siegel et al., 2016). Essa diferença afeta a sobrevivência; diagnósticos tardios tendem a levar à doença mais avançada, mais dificuldade no tratamento e menores taxas de sobrevida. Um exame das diferenças de sobrevivência entre afro-americanos e euro-americanaos (Du et al., 2007) mostrou que o controle de fatores socioeconômicos apagou a diferença nas taxas de sobrevivência, o que sugere que fatores sociais e econômicos criam a disparidade.

Idade avançada O fator de risco mais forte para o câncer – e muitas outras doenças – é a idade avançada. Quanto mais velhas as pessoas se tornam, maiores são suas chances de desenvolver câncer e morrer. A **Figura 10.4** mostra um aumento acentuado na mortalidade por câncer por idade para homens e mulheres, mas especialmente para os homens.

O câncer também é a segunda principal causa de morte entre crianças de 1 a 14 anos (superado apenas por lesões não intencionais; Siegel et al., 2016). Os cânceres mais comuns entre as crianças incluem leucemia, câncer do cérebro e do sistema nervoso e linfoma não Hodgkin. O câncer testicular também é uma exceção à regra geral referente à idade; o maior risco para este câncer ocorre durante a idade adulta jovem. Esses cânceres provavelmente têm algum componente genético.

História da família e genética A primeira evidência de um componente genético para o câncer veio do Nurses' Health Study (Colditz et al., 1993), que mostrou que mulheres cujas mães receberam um diagnóstico de câncer de mama antes dos 40 anos tinham duas vezes mais chances de desenvolvê-lo também. Uma irmã com o mesmo tipo de câncer também dobrou o risco; ter uma irmã e uma mãe com câncer de mama aumentou o risco de uma mulher cerca de 2,5 vezes. Essa pesquisa progrediu para a identificação de genes específicos envolvidos no câncer de mama, primeiro os genes *BRCA1* e *BRCA2* e investigações subsequentes revelaram muitas outras mutações genéticas que são fatores de risco para esse câncer (Lee et al., 2019). Mulheres que têm uma forma mutante de *BRCA1* são até sete vezes mais propensas a desenvolver câncer de mama que aquelas com a forma saudável desse gene. Entretanto, o risco de mutações em *BRCA1* e *BRCA2* ou qualquer um dos outros genes implicados não são exclusivos do risco de câncer de mama; essas mutações são riscos para uma variedade de outros cânceres tanto para homens como para mulheres. Esses genes não criam uma certeza de desenvolver câncer, mas as pessoas com a mutação têm um risco aumentado, especialmente para desenvolver a doença em idades mais jovens.

A forma de câncer de mama envolvendo o *BRCA*1 e *BRCA*2 é responsável por não mais de 10% desses casos. Mesmo com as pesquisas recentes focadas em genes e variações genéticas que podem ser riscos de câncer, muitos genes para câncer de mama permanecem não identificados (Lee et al., 2019). De fato, uma análise dos riscos inerentes e ambientais (Maas et al., 2016) mostrou que a maior parte do risco de desenvolver esse tipo de câncer vem de outras fontes que não a genética.

Em todos os cânceres, apenas 5% a 10% são devidos a mutações genéticas hereditárias (NCI, 2016), sendo os de mama, ovário, próstata e colorretal os tipos com maior probabilidade de surgir de mutações genéticas hereditárias. A busca por genes únicos que estão por trás do desenvolvimento do câncer foi bastante malsucedida (Lee et al., 2019). Em vez disso, os pesquisadores identificaram configurações de genes que parecem levar a vulnerabilidades para cânceres específicos. Além disso, alguns tipos podem surgir de uma interação complexa entre vulnerabilidade genética e fatores de risco comportamentais (Maas et al., 2016). Por exemplo, algumas evidências sugerem que as mulheres com a mutação *BRCA2* podem estar em maior risco de câncer de mama induzido pelo álcool em comparação com aquelas sem a mutação *BRCA2* (Dennis et al., 2011). Portanto, apesar da ampla publicidade sobre as causas genéticas do câncer, os genes desempenham papel relativamente menor em seu desenvolvimento; fatores ambientais e comportamentais são muito mais importantes.

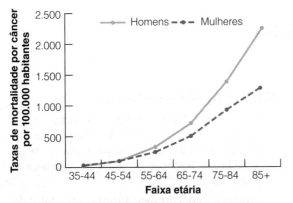

FIGURE 10.4 Probabilidade (%) de desenvolver câncer invasivo em várias idades, 2014 a 2016

Fonte: Adaptado de American Cancer Society "*Cancer Facts and Figures*", 2020. Atlanta, Tabela 6.

Fatores de risco ambientais para câncer

Os fatores de risco ambientais para o câncer incluem exposição a riscos como radiação e amianto e a poluentes como pesticidas, herbicidas, escapamento de motores, e outros produtos químicos (Miligi et al., 2006). Além disso, arsênico, benzeno, cromo, níquel, cloreto de vinila e vários produtos petrolíferos são possíveis contribuintes para vários tipos de câncer (Boffetta, 2004; Siemiatycki et al., 2004).

A exposição prolongada ao amianto pode aumentar o risco de câncer de pulmão, dependendo do tipo de amianto e da frequência e duração da exposição. Um estudo na Suécia (Gustavsson et al., 2000) examinou os possíveis efeitos cancerígenos do amianto, bem como de escapamento de diesel e de motor, metais, fumaça de soldagem e outras condições ambientais que alguns trabalhadores encontram no trabalho. Os resultados mostraram que trabalhadores expostos a carcinógenos ambientais tinham cerca de 9% a mais de chance de desenvolver câncer de pulmão em comparação com pessoas sem exposição a essas condições. Um estudo longitudinal de 25 anos com trabalhadores de amianto do sexo masculino na China (Yano et al., 2001) relatou que, em comparação com outros trabalhadores, tinham 6,6 vezes a probabilidade de desenvolver câncer de pulmão e 4,3 vezes de desenvolver qualquer tipo de câncer.

A exposição à radiação também é um risco (Lewandowska et al., 2019). Indivíduos que são expostos a mais raios X ou radiação como tratamento para o câncer têm riscos aumentados para cânceres futuros. Trabalhadores de usinas nucleares expostos a altos níveis de radiação apresentaram riscos elevados de leucemia e câncer de reto, cólon, testículos e pulmão (Sont et al., 2001). Viver em uma comunidade com uma usina nuclear, contudo, parece não apresentar risco elevado; a taxa observada de câncer nessas comunidades é semelhante à de outras (Boice et al., 2003). O gás radioativo radônio também apresenta riscos aumentados de câncer de pulmão, tanto para mineiros que estão expostos como para pessoas que vivem em residências com altos níveis desse tipo de radiação (Krewski et al., 2006).

Algumas infecções e inflamações crônicas também apresentam riscos elevados de câncer. A infecção pela bactéria *Helicobacter pylori* espalha-se por todo o mundo e aumenta o risco de úlceras gástricas, bem como câncer gástrico (McColl et al., 2007). A infecção por hepatite é um risco para câncer de fígado. A inflamação crônica é um fator no desenvolvimento do câncer de bexiga (Michaud, 2007) e possivelmente do câncer de próstata (De Marzo et al., 2007). As infecções crônicas perturbam os processos de regulação celular, o que pode ser a razão subjacente da relação entre a inflamação e o aumento do risco (Lewandowska et al., 2019). Contudo, infecção e inflamação podem ser mais atribuíveis ao comportamento que à exposição ambiental.

RESUMO

Os riscos inerentes para câncer incluem origem étnica, idade avançada e história familiar e genética. Os afro-americanos têm maior incidência de câncer e taxas de mortalidade que os euro-americanos, mas as pessoas de outras origens étnicas têm menor incidência. Essas diferenças se devem não à biologia, mas a diferenças no nível socioeconômico, que está relacionado tanto à incidência de câncer como à sobrevida em cinco anos com a doença.

O fator de risco mais forte para câncer – assim como para muitas outras doenças – é a idade avançada. À medida que a pessoa envelhece, o risco aumenta. Além disso, os homens têm um risco ainda maior que as mulheres.

Embora os cânceres não se desenvolvam por causa de um único gene, a história familiar e a predisposição genética desempenham papel no desenvolvimento de uma lista crescente de cânceres, especialmente de próstata e mama. Uma mulher que tem mãe ou irmã com câncer de mama tem duas a três vezes mais chances de desenvolver a doença, e mutações nos genes *BRCA*1 e *BRCA*2 colocam as pessoas em risco elevado de câncer de mama e de pâncreas. Mas os fatores genéticos desempenham um papel relativamente pequeno no desenvolvimento da doença.

Os riscos ambientais também contribuem para a incidência e mortes por câncer. Poluentes, pesticidas, exposição à radiação e infecções como o papilomavírus humano aumentam o risco de vários tipos de câncer. Os trabalhadores expostos ao amianto e à radiação correm maior risco, assim como as pessoas que vivem em casas com altos níveis de radônio.

APLIQUE O QUE VOCÊ APRENDEU

1. Explique por que entender os riscos incontroláveis de câncer pode permitir que uma pessoa reduza o risco de desenvolver câncer.

10-4 Fatores de risco comportamentais para câncer

OBJETIVOS DE APRENDIZAGEM

10-8 Classificar os fatores comportamentais para o câncer de acordo com a gravidade do risco que cada um deles representa, juntamente a uma breve descrição do seu raciocínio para a classificação

10-9 Avaliar o papel do viés otimista como fator de risco comportamental para câncer

10-10 Avaliar o papel dos fatores psicossociais no desenvolvimento do câncer

O câncer resulta de uma interação de fatores genéticos, ambientais e comportamentais, muitos dos quais ainda não são claramente compreendidos. Tal como acontece com as doenças cardiovasculares, porém, vários fatores de risco comportamentais de câncer são claros. Lembre-se de que os fatores de risco não são necessariamente *causas* de uma doença, mas preveem a probabilidade de uma pessoa desenvolver ou morrer dessa doença. A maioria dos fatores de risco para o câncer está relacionada a comportamentos pessoais e estilos de vida, especialmente tabagismo e má alimentação. Outros riscos comportamentais conhecidos incluem álcool, inatividade física, exposição à luz ultravioleta, comportamento sexual e fatores psicossociais.

Tabagismo

"Se ninguém fumasse, uma em cada três mortes por câncer nos Estados Unidos não aconteceria" (U.S. Department of Health and Human Services [USDHHS], 2010d, p. 7).

A grande maioria das mortes por câncer relacionadas ao tabagismo são por câncer de pulmão, mas fumar também implica mortes por muitos outros cânceres, incluindo câncer de laringe, faringe, esôfago, cavidade oral, bexiga, fígado, útero, estômago, cólon e pâncreas (American Cancer Society, 2020). Não existe uma relação consistente entre tabagismo e câncer de mama, mas as mulheres que fumam ao longo da adolescência podem ter maior risco desse tipo de câncer (Ha et al., 2007). O risco de fumar cigarros também se aplica a outros países; fumar é o maior risco de mortalidade por câncer em todo o mundo (OMS, 2019b). Assim, é um equívoco que fumar cause apenas câncer de pulmão. A **Figura 10.5** mostra 15 tipos diferentes de câncer associados ao uso do tabaco.

Qual é o risco? Há evidências suficientes para que os epidemiologistas concluam que existe uma relação causal entre o tabagismo e o câncer de pulmão. O Capítulo 2 inclui uma revisão dessas evidências e explica como os epidemiologistas podem inferir a causa de estudos não experimentais. A forte relação entre tabagismo e câncer de pulmão torna-se aparente ao observar a forma como as taxas de câncer de pulmão acompanham as de tabagismo. Cerca de 25 a 40 anos depois que as taxas de tabagismo começaram a aumentar para os homens, as de câncer de pulmão começaram a subir acentuadamente; por volta de 25 a 40 anos após a diminuição do consumo de cigarros para os homens, as taxas de mortalidade por câncer de pulmão para homens começaram a cair (ver **Figura 10.6**). O tabagismo das mulheres diminuiu mais gradualmente, assim como suas taxas de mortalidade por câncer de pulmão.

A forte relação se mantém quando é analisada pela renda. Os homens de baixa renda fumam mais que os de alta renda e têm uma maior taxa de mortalidade por câncer de pulmão; mulheres de baixa renda fumam um pouco menos que as de alta renda e têm uma taxa ligeiramente menor de mortalidade por câncer de pulmão (Weir et al., 2003). A relação dose-resposta entre o tabagismo e o câncer de pulmão e o acompanhamento próximo das taxas de tabagismo e de câncer de pulmão fornecem evidências convincentes de uma relação causal entre o tabagismo e o desenvolvimento de câncer de pulmão.

Quão alto é o risco de câncer de pulmão entre os fumantes? O U.S. Department of Health and Human Services (USDHHS, 2014) estimou que o risco relativo é de 24,9, o que significa que aqueles que fumam são *quase 25 vezes mais propensos a ter câncer de pulmão* que aqueles que nunca fumaram. O risco que os fumantes têm de morrer desse tipo de câncer é o elo mais forte entre qualquer comportamento e uma das principais causas de morte.

O tabagismo não é a única forma de uso do tabaco que aumenta o risco de câncer. Fumar charutos ou usar tabaco sem fumaça – também conhecido como tabaco de "mascar", "cuspir" ou "rapé" – também aumenta a probabilidade de morte por várias formas de câncer, incluindo o de laringe, oral, esôfago e pâncreas (ACS, 2020). Como discutiremos com mais detalhes no Capítulo 12, não há uma maneira segura de usar produtos de tabaco.

Além do uso de tabaco, fatores como ar poluído, nível socioeconômico, ocupação, origem étnica e material de construção na casa estão relacionados ao câncer de pulmão. Cada um deles tem um aditivo ou possivelmente um **efeito sinérgico** com o tabagismo, de modo que estudos de diferentes populações podem produzir taxas de fatores de risco bastante diferentes, dependendo da combinação de riscos que os fumantes de cigarro apresentam, além do risco como fumante. Por exemplo, homens chineses que fumam têm um risco elevado de câncer de pulmão que aumenta com a exposição à fumaça da queima de carvão, prática comum para aquecimento doméstico e cozinhar na China (Danaei et al., 2005).

Qual é o risco percebido? Apesar da maior vulnerabilidade ao câncer, muitos fumantes não percebem que seu comportamento os coloca em risco. Eles mostram o que Neil Weinstein (1984) chamou de *viés otimista* sobre as chances de morrer por causas relacionadas ao cigarro. Tanto fumantes como não fumantes reconhecem que fumar é um risco para a saúde. Apesar do conhecimento em contrário, tanto os fumantes do ensino médio (Tomar & Hatsukami, 2007) quanto os fumantes adultos (Peretti-Watel et al., 2007) acreditam que, diferentemente de outros fumantes, de alguma maneira escaparão dos efeitos mortais do tabagismo. Os adultos expressaram a crença de que fumar é perigoso em algum nível – mas não no nível de seu consumo. Às vezes, até mesmo pessoas que sucumbem a doenças associadas ao tabagismo negam o papel que o tabaco provavelmente desempenhou. O guitarrista de rock Eddie van Halen – um fumante por mais de quatro décadas – acreditava que seus cânceres de língua e esôfago fossem devido a colocar palhetas de metal na boca em vez de fumar cigarros.

Essa tendência de negar o risco pessoal pode ser mais forte em países onde o tabagismo é mais prevalente e as atitudes em relação ao fumo são mais brandas. A Dinamarca é um país assim, e os dinamarqueses são mais propensos a negar o risco

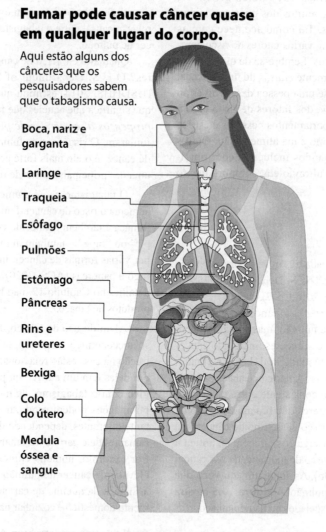

FIGURA 10.5 Os vários tipos de câncer associados ao uso do tabaco.

Fonte: Adaptado de U.S. Department of Health and Human Services. *A Report of the Surgeon General: How Tobacco Smoke Causes Disease: What It Means to You.* U.S. Department of Health and Human Services, Centers for Disease Control and Prevention, National Center for Chronic Disease Prevention and Health Promotion, Office of Smoking and Health, 2010.

pessoal que os norte-americanos (Helweg-Larsen & Nielsen, 2009). Essa negação do risco é ainda mais surpreendente quando se considera que, em comparação com os Estados Unidos, a Dinamarca tenha taxas *mais altas* de mortalidade por doenças relacionadas ao tabaco, como câncer de pulmão e bucal, doenças cardiovasculares e doença pulmonar obstrutiva crônica (Organização Mundial da Saúde [OMS], 2020). Assim, vieses otimistas são comuns e podem estar ligados à prevalência cultural e aceitabilidade do tabagismo.

Dieta

Outro fator de risco para o câncer é uma dieta pouco saudável e excesso de peso. A American Cancer Society (2020) estimou que entre 12% e 20% de todas as mortes por câncer nos Estados Unidos são resultado de escolhas alimentares e estilo de vida sedentário. As más práticas alimentares estão associadas a uma ampla variedade de cânceres, mas boas escolhas diminuem os riscos.

Alimentos que podem causar câncer Alguns alimentos são suspeitos de serem **cancerígeno** – ou seja, de causar câncer, quase sempre por causa de contaminantes ou aditivos (Abnet, 2007). Os alimentos "naturais" não possuem conservantes, o que pode resultar em altos níveis de bactérias e fungos. Uma longa lista de bactérias e fungos apresenta riscos para o câncer de estômago. O declínio acentuado nesse tipo de câncer deve-se em parte ao aumento da refrigeração

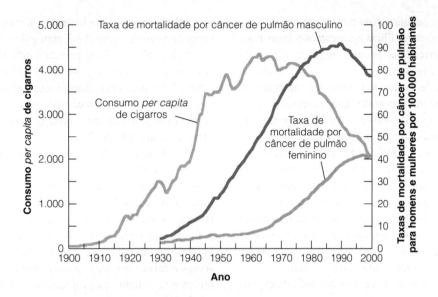

FIGURA 10.6 Os caminhos paralelos do consumo de cigarros e das mortes por câncer de pulmão para homens e mulheres, Estados Unidos, 1900 para 2000.

Fonte: Dados de *Health United States*, *2011* (Table 32), por National Center for Health Statistics, 2012, Hyattsville, MD: U.S. Government Printing Office.

durante os últimos 75 anos, a redução do consumo de alimentos curados com sal, defumados e alimentos armazenados em temperatura ambiente (ver Figuras 10.2 e 10.3). A aflatoxina é um fungo que cresce em grãos e amendoins armazenados inadequadamente; a exposição a esta toxina aumenta o risco de câncer de fígado (ACS, 2020). Entretanto, aditivos alimentares usados como conservantes também podem ser cancerígenos, e substâncias químicas tóxicas produzidas por várias indústrias podem penetrar no meio ambiente e nos alimentos, como no caso da dioxina. Assim, alimentos sem conservantes e aqueles com conservantes podem apresentar algum risco.

No Capítulo 9, vimos que a gordura na dieta é um risco estabelecido para doenças cardiovasculares; vários estudos mostraram que ela também é um risco para câncer, especialmente de cólon (Murtaugh, 2004). Contudo, uma dieta rica em gordura é um risco maior para doenças cardiovasculares que para câncer. Grande parte da pesquisa sobre gordura na dieta e câncer centra-se no câncer de mama e sugere que a gordura na dieta é um fator de risco modesto, mas confiável para essa forma de câncer (Freedman et al., 2008). Uma dieta rica em gordura também contribui para níveis elevados de colesterol, que aparece como um fator de risco para câncer testicular em homens – aumentando o risco em 4,5 vezes (Dobson, 2005).

O consumo de carne em conserva (como presunto, bacon e cachorro-quente) aumenta o risco de câncer colorretal (Lewandowska et al., 2019). Um possível risco associado à carne vermelha é o método de cozimento; carnes vermelhas carbonizadas, defumadas ou cozidas demais podem ser um fator de aumento desse tipo de risco (Alaejos et al., 2008), e carnes salgadas ou muito salgadas também aumentam os riscos de câncer de estômago (WCRF/AICR, 2007).

Um risco maior de câncer colorretal não vem de nenhum componente específico da dieta, mas do sobrepeso e da obesidade (ACS, 2020; Lewandowska et al., 2019). A obesidade é responsável por 5% a 11% de todas as mortes relacionadas ao câncer (ACS, 2020), e está fortemente relacionada ao câncer de esôfago, mama (principalmente em mulheres na pós-menopausa), endométrio e rim. A gordura abdominal é um risco não apenas para doenças cardiovasculares, mas também para câncer de pâncreas, endométrio e rim. Embora comer vários tipos específicos de alimentos aumente o risco de câncer, uma dieta que leva ao sobrepeso ou à obesidade é mais arriscada.

Alimentos que podem proteger contra o câncer Se alimentos específicos e dieta geral podem aumentar o risco de câncer, algumas medidas dietéticas podem oferecer proteção? Uma equipe de pesquisadores calculou que, se as pessoas ao redor do mundo comessem uma quantidade adequada de frutas e vegetais, até 2,6 milhões de mortes por ano seriam evitadas (Lock et al., 2005). Os mesmos pesquisadores estimaram que essa dieta rica em frutas e vegetais pode reduzir a incidência de câncer de estômago em 19%, de esôfago em 20%, de pulmão em 12% e colorretal em 2%. O conhecimento público dos benefícios de uma dieta saudável contribuiu para uma melhora na dieta entre os residentes dos EUA de 1999 a 2012, e essas melhorias evitaram mais de 1 milhão de mortes prematuras (Wang et al., 2015). Contudo, apesar dessas melhorias, a dieta geral do norte-americano típico – e de muitos outros em todo o mundo – continua pobre.

Apesar desses benefícios conhecidos de uma dieta rica em frutas e vegetais, ainda não está claro se nutrientes específicos protegem contra o desenvolvimento ou a proliferação do câncer. Essa falta de clareza pode ser devido aos métodos de pesquisa usados para investigar os componentes da dieta.

Por exemplo, estudos populacionais mostraram que pessoas em países com dieta rica em fibras apresentaram taxas mais baixas de câncer colorretal que pessoas em países com dieta pobre em fibras. Esse resultado levou a pesquisas usando o método de caso-controle, no qual as pessoas que ingerem uma dieta rica em fibras foram comparadas com aquelas que ingerem uma dieta pobre em fibras (ver o Capítulo 2 para obter uma descrição desse método). Esses estudos envolvem menos pessoas que estudos populacionais, portanto, pequenos efeitos da fibra na dieta podem não ser claros ao se fazer uso dessa abordagem. Alternativamente, outras diferenças entre os dois grupos podem contribuir para o efeito da fibra na dieta, dificultando uma conclusão clara. Se estudos de caso-controle indicarem que o nutriente tem um efeito positivo, o que eles têm para fibra e câncer colorretal (WCRF/AICR, 2007), os pesquisadores então realizam estudos experimentais.

O ensaio clínico randomizado é o melhor método experimental para detectar diferenças entre os grupos. Para estudos dietéticos, contudo, esse método tem desvantagens (Boyd, 2007). Tais estudos são experimentais, envolvendo a manipulação de um fator – neste caso, um componente dietético. Metade dos participantes recebe o componente e metade não, criando uma comparação clara. Contudo, a exposição é tipicamente de curto prazo; poucos ensaios clínicos duram mais que alguns anos, e a maioria tem acompanhamentos limitados. Melhorar uma dieta por dois anos pode não possibilitar exposição suficiente para ter impacto no desenvolvimento do câncer, que se desenvolve ao longo dos anos. Ou os participantes podem precisar ingerir nutrientes durante a infância ou adolescência para obter o máximo benefício, mas a maioria dos estudos inclui apenas participantes adultos. Além disso, ensaios clínicos randomizados geralmente isolam um nutriente e fornecem esse nutriente por meio de suplementos, e não por meio de amplas mudanças na dieta. Tomar suplementos muitas vezes não produz os benefícios de consumir uma dieta rica com os mesmos nutrientes. Assim, esses benefícios específicos podem ser complexos e ensaios clínicos randomizados podem não perceber alguns desses importantes benefícios.

Essas limitações restringiram os pesquisadores de chegar a conclusões sobre os benefícios preventivos do câncer de muitos nutrientes. Uma extensa revisão das evidências (WCRF/AICR, 2007) conseguiu colocar vários nutrientes na categoria de evidência *provável* (mas não *convincente*) para benefícios. **Betacaroteno** é um dos carotenoides, um tipo de vitamina A encontrada em abundância em alimentos como cenoura e batata-doce. Comer uma dieta rica em carotenoides provavelmente reduz o risco de câncer de boca, laringe, faringe e pulmões; a alta ingestão de betacaroteno tem um benefício semelhante para o risco de câncer de esôfago, assim como uma dieta rica em vitamina C. Pessoas que consomem alimentos ricos em folato, uma das vitaminas do complexo B, provavelmente diminuem suas chances de desenvolver câncer de pâncreas. A evidência de qualquer poder protetor desses nutrientes é mais fraca para outros tipos de câncer.

Selênio é um oligoelemento encontrado em grãos e na carne de animais alimentados com grãos. Evidências iniciais sobre a ingestão de selênio pareciam indicar que esse nutriente era protetor contra câncer de cólon e próstata (Bardia et al., 2008). Mas uma metanálise (Vinceti et al., 2018) não indicou efeitos protetores específicos para o selênio; contudo, o consumo de grãos integrais protege contra o câncer de cólon (Theodoratou et al., 2017).

Assim, uma avaliação de extensa pesquisa sugere que alguns nutrientes podem ter efeitos protetores contra alguns tipos de câncer, mas a evidência de um efeito protetor é mais forte em relação à dieta geral e à manutenção do peso corporal ideal. Uma dieta saudável inclui muitas frutas e vegetais, grãos integrais, legumes, castanhas, peixes e frutos do mar e laticínios com baixo teor de gordura; a quantidade de conservas e carne vermelha, gordura saturada, alimentos curados com sal e feitos com ingredientes altamente processados é baixa. Essa descrição se encaixa no conceito de dieta do tipo mediterrâneo, enfatizando uma dieta com base em vegetais com uma variedade de alimentos que as pessoas podem adotar como parte de um estilo de vida saudável (Williams & Hord, 2005). Outro elemento da dieta mediterrânea é o álcool – mas em quantidades limitadas.

Álcool

O álcool não é um fator de risco tão forte para o câncer quanto fumar ou consumir uma dieta imprudente. Entretanto, ele aumenta o risco de câncer de boca, esôfago, mama e fígado (Theodoratou et al., 2017). O fígado tem a responsabilidade primária de desintoxicar o álcool. Portanto, o consumo persistente e excessivo muitas vezes leva à cirrose do fígado, uma doença degenerativa que reduz a eficácia do órgão. O câncer é mais provável que ocorra em fígados cirróticos que em fígados saudáveis (WCRF/AICR, 2007), mas os alcoólatras provavelmente morrem de uma variedade de outras causas antes de desenvolverem câncer de fígado.

Os riscos de fumar, beber e exposição ao sol podem ter um efeito sinérgico, multiplicando as chances de desenvolver câncer.

TABELA 10.1 Dieta e seus efeitos sobre o câncer

Tipo de comida	Descobertas de risco aumentado	Estudos
Alimentos "naturais" sem conservantes	Grãos e amendoins podem estar contaminados com aflatoxina, que é cancerígena. Comida estragada aumenta o risco de câncer de estômago.	Abnet, 2007; American Cancer Society, 2020
Alimentos ricos em conservantes	Os conservantes podem ser cancerígenos. Contribui para o câncer de cólon.	Abnet, 2007 Murtaugh, 2004
Dieta rica em gordura	Risco modesto para câncer de mama. Um alto nível de colesterol é um forte risco de câncer testicular.	Freedman et al., 2008 Dobson, 2005
Consumo de carnes em conserva e carnes vermelhas	Aumenta o risco de câncer colorretal, especialmente se a carne for defumada ou carbonizada.	WCRF/AICR*, 2007; Lewandowska et al., 2019; Alaejos et al., 2008; WCRF/AICR, 2007
Sobrepeso e obesidade	Forte ligação com câncer colorretal, esofágico, de mama, endometrial e renal. A gordura abdominal é um risco para câncer de pâncreas, endométrio e rim.	American Cancer Society, 2020
Álcool	Aumenta o risco de câncer de boca, esôfago, mama e fígado, especialmente beber muito e em combinação com o tabagismo.	WCRF/AICR, 2007
Tipo de comida	**Descobertas de risco reduzido**	**Estudos**
Dieta rica em frutas e legumes	Poderia reduzir as taxas mundiais de câncer de estômago em 19%, de esôfago em 20%, de pulmão em 12% e colorretal em 2%.	Lock et al., 2005
Dieta rica em carotenoides, incluindo betacaroteno	Provavelmente reduz o risco de câncer de boca, laringe, faringe e pulmões. Dietas ricas em betacaroteno (mas não suplementos) reduzem o risco de câncer de esôfago.	WCRF/AICR, 2007
Vitamina C	Provavelmente reduz o risco de câncer de esôfago.	WCRF/AICR, 2007
Dieta rica em folato	Provavelmente reduz o risco de câncer de pâncreas.	WCRF/AICR, 2007
Cálcio	Pode proteger contra o câncer de cólon.	WCRF/AICR, 2007
Resumo	A dieta geral e o peso saudável estão mais fortemente relacionados ao câncer que qualquer componente da dieta.	WCRF/AICR, 2007; Theodoratou et al., 2017

*World Cancer Research Fund/American Institute for Cancer Research.

Consumir álcool causa câncer de mama? As avaliações atuais da pesquisa indicam que as evidências são convincentes (Theodoratou et al., 2017). O risco varia de acordo com a exposição; mulheres que consomem três ou mais bebidas por dia têm um risco moderado a forte de câncer de mama, e as que consomem apenas uma a duas bebidas por dia têm algum risco (Singletary & Gapstur, 2001). O risco não é igual em todos os países. Nos Estados Unidos, cerca de 2% dos casos de câncer de mama podem ser atribuídos ao álcool, mas na Itália, onde a ingestão de álcool é consideravelmente maior, até 15% dos casos de câncer de mama podem estar relacionados. A **Tabela 10.1** resume os riscos e benefícios de escolhas alimentares específicas e consumo de álcool.

O álcool tem um efeito sinérgico com o tabagismo, de modo que as pessoas que fumam e bebem muito correm risco a certos tipos de câncer que excede o dos dois fatores de risco independentes somados. Pessoas que bebem e fumam e que têm histórico familiar de câncer de esôfago, estômago ou faringe têm risco aumentado de câncer do trato digestivo (Garavello et al., 2005). Esses dados sugerem que aquelas que bebem muito e fumam podem reduzir substancialmente suas chances de desenvolver câncer, deixando de fumar ou beber. Abandonar ambos, é claro, reduziria ainda mais o risco.

Estilo de vida sedentário

Um estilo de vida sedentário aumenta o risco de alguns tipos de câncer, incluindo câncer de cólon, endométrio, mama, pulmão e pâncreas (WCRF/AICR, 2007). Assim, a atividade física pode reduzir os riscos para esses cânceres. Uma revisão de metanálises que incluiu mais de um milhão de participantes (McTiernan et al., 2019) concluiu que há fortes evidências de que a atividade física reduz o risco de cânceres de bexiga, mama, cólon, endométrio, esôfago, rim e trato digestivo. Alguns estudos (Bernstein et al., 1994; Thune et al., 1997) sugerem que as mulheres que iniciam um programa de atividade física quando são jovens e que continuam a se exercitar quatro horas por semana reduzem muito o risco de câncer de mama. Esse efeito sensível à idade pode dificultar a determinação do benefício geral do exercício para mulheres na pré-menopausa.

Outro benefício indireto da atividade física para o risco de câncer é sua relação com o peso corporal. A atividade física é importante para manter um peso corporal saudável e um nível favorável de gordura corporal, ambos relacionados ao risco de vários tipos de câncer – ou seja, algumas formas de atividade física vigorosa podem reduzir o risco de câncer de várias maneiras. Os benefícios (e riscos potenciais) da atividade física são discutidos em detalhes em Capítulo 15. (Ver o quadro "Dá para acreditar?" para saber mais sobre como a atividade física, além de outros comportamentos de prevenção do câncer, reduz o risco de muitas causas de morte.)

Exposição à luz ultravioleta

A exposição à luz ultravioleta, principalmente do Sol, é uma causa bem conhecida de câncer de pele, especialmente em pessoas de pele clara (ACS, 2020; WCRF/AICR, 2007). Tanto a exposição cumulativa quanto as queimaduras solares graves ocasionais estão relacionadas ao risco subsequente de câncer. Desde meados da década de 1970, a incidência desse tipo de câncer de pele aumentou nos Estados Unidos. Contudo, como tem baixa taxa de mortalidade, afetou apenas ligeiramente as estatísticas de mortalidade total por câncer. Nem todos os cânceres de pele, porém, são inofensivos. Um deles, isto é, o melanoma maligno, muitas vezes é mortal e é especialmente prevalente entre pessoas de pele clara que se expõe ao sol.

Apesar de associarmos o câncer de pele a um risco comportamental (exposição voluntária ao sol por longo período), há também um forte componente genético associado a ele (Pho et al., 2006). Indivíduos de pele clara, cabelos louros e olhos azuis são mais propensos que pessoas de pele escura a desenvolver câncer de pele, e grande parte dos danos ocorre com a exposição ao sol durante a infância (Dennis et al., 2008). Durante os últimos 50 anos, a relação entre as taxas de mortalidade por melanoma e a latitude geográfica diminuiu gradualmente; a residência em áreas dos Estados Unidos com alta radiação ultravioleta não é mais um fator de risco para melanoma, mas continua sendo um risco para outros tipos de câncer de pele (Qureshi et al., 2008). As pessoas de pele clara devem evitar a exposição prolongada e frequente ao sol tomando medidas de proteção, incluindo o uso de protetores solares e roupas de proteção.

Elas também devem evitar câmaras de bronzeamento artificial, que aumentam o risco de melanoma. Uma revisão internacional abrangente da pesquisa encontrou um aumento de 75% no risco de melanoma entre pessoas que as utilizaram na adolescência e na idade adulta jovem (International Agency for Research on Cancer [IARC], 2007). Além disso, existe uma relação dose-resposta: à medida que a frequência de uso da cama de bronzeamento aumenta, o risco de melanoma também aumenta (Lazovich et al., 2010). Mas, apesar dessa ligação clara entre o uso das câmaras e câncer de pele, um número surpreendente de sobreviventes de melanoma maligno ainda relata o uso de câmaras de bronzeamento (Puthumana et al., 2013). Assim, os vieses otimistas observados em fumantes também existem em muitos usuários dessas câmaras.

Nem toda exposição à luz solar é prejudicial à saúde. A vitamina D deriva da exposição solar e contribui para a redução das taxas de vários tipos de câncer, incluindo câncer de mama, cólon, próstata, ovário, pulmão e pâncreas (Ingraham et al., 2008). Entretanto, o nível de vitamina D necessário para proteger contra o câncer raramente vem apenas da dieta. Portanto, baixos níveis de exposição à luz ultravioleta podem ser um meio saudável de fornecer vitamina D. Quanta exposição ao sol é suficiente, mas não demais? Além do fornecimento habitual de vitamina D, apenas 5 a 10 minutos de exposição solar dos braços e pernas ou dos braços, mãos e rosto duas ou três vezes por semana parece suficiente (Holick, 2004). Alternativamente, a suplementação dietética pode fornecer vitamina D e seus benefícios protetores (Ingraham et al., 2008).

Comportamento sexual

Alguns comportamentos sexuais também contribuem para a morte por câncer, especialmente cânceres resultantes da síndrome da imunodeficiência adquirida (Aids). Duas formas comuns de cânceres relacionados à Aids são o sarcoma de Kaposi e o linfoma não Hodgkin. **Sarcoma de Kaposi** é uma neoplasia caracterizada por nódulos macios, azul-escuros ou roxos na pele, muitas vezes com grandes lesões. Estas podem ser tão pequenas no início que parecem uma erupção cutânea, mas podem se tornar grandes e desfigurantes. Além de cobrir a pele, podem se espalhar para o pulmão, baço, bexiga, linfonodos, boca e glândulas adrenais. Até a década de 1980, esse tipo de câncer era bastante raro e estava limitado principalmente a homens mais velhos de origem mediterrânea. Contudo, o sarcoma de Kaposi relacionado à Aids ocorre em todas as faixas etárias e em homens e mulheres. À medida que a Aids se tornou mais comum durante a década de 1980, a incidência do sarcoma de Kaposi aumentou; e começou a diminuir na década de 1990, à medida que o tratamento para o HIV se tornou mais eficaz.

Dá para ACREDITAR? A prevenção do câncer previne mais que o câncer

Com uma em cada três mortes relacionadas ao câncer atribuíveis ao tabagismo, sua melhor maneira de evitar o câncer é evitar fumar. Mas quanto os outros comportamentos de prevenção do câncer são importantes, como manter um peso normal, manter uma dieta saudável, permanecer fisicamente ativo e beber apenas com moderação (se for o caso)?

Um estudo de McCullough e colegas (2011) investigou essa questão simples. No início da década de 1990, essa equipe de pesquisa da American Cancer Society entrevistou mais de 100.000 idosos não fumantes e indagou sobre seu peso e altura, dieta, atividade física e uso de álcool. A partir dessas perguntas, os pesquisadores calcularam uma pontuação que representa a extensão da adesão às diretrizes existentes da American Cancer Society para prevenção do câncer. Quase 15 anos depois, a equipe de pesquisa consultou o Registro Nacional de Óbitos para obter respostas a duas questões adicionais importantes: a pessoa estava morta e, em caso afirmativo, qual foi a causa?

A descoberta pode não ser surpreendente. Os entrevistados que foram mais aderentes às diretrizes de prevenção do câncer tiveram *30% menor risco de morte relacionada ao câncer* que os menos adeptos. Assim, a adesão a todos os outros comportamentos conferiu um claro benefício na prevenção do câncer.

Contudo, os comportamentos de prevenção evitaram muito mais que apenas o câncer. Os respondentes mais aderentes apresentaram *48% menor risco de morte por doença cardiovascular* que os respondentes menos aderentes. Juntando todas as causas de morte, os entrevistados mais aderentes tiveram *42% menor risco de mortalidade por todas as causas*, em comparação com os respondentes menos aderentes. De todos os comportamentos que essa equipe de pesquisa examinou, manter um peso normal foi o componente mais fortemente ligado à mortalidade.

Assim, evitar o tabaco e seguir essas outras recomendações de prevenção do câncer pode reduzir suas chances de morte prematura quase pela metade.

No **linfoma não Hodgkin**, tumores de crescimento rápido se espalham pelo sistema circulatório ou linfático. Assim como o sarcoma de Kaposi, este pode ocorrer em pacientes com Aids de todas as idades e de ambos os sexos. Contudo, a maioria das pessoas com linfoma não Hodgkin é *não* HIV positivo. O maior risco de câncer relacionado à Aids continua sendo o sexo desprotegido com um parceiro HIV positivo.

A exposição a outro vírus sexualmente transmissível – o papilomavírus humano ou HPV – aumenta o risco de dois tipos de câncer: cervical e oral. O HPV é necessário para o desenvolvimento do câncer do colo do útero (Banister et al., 2017), mas nem todas as pessoas infectadas desenvolvem câncer. As taxas de infecção pelo HPV são altas, especialmente para jovens sexualmente ativos (Datta et al., 2008). Assim, as mulheres que tiveram muitos parceiros sexuais e aquelas cuja primeira relação sexual ocorreu precocemente na vida são mais vulneráveis ao câncer do colo do útero, pois esses comportamentos as expõem ao HPV. As práticas sexuais dos homens também podem aumentar a probabilidade das parceiras de contrair esse tipo de câncer. Quando os homens têm múltiplos parceiros sexuais, especificamente com mulheres que tiveram muitos parceiros sexuais, suas parceiras têm maior risco de câncer do colo do útero.

O HPV também é uma causa de alguns cânceres orais. Nos últimos 20 anos, a proporção de cânceres orais associados ao HPV aumentou dramaticamente, de 16% no final dos anos de 1980 para 73% no início dos anos 2000 (Chaturvedi et al., 2011). Em 2017, novos diagnósticos de câncer oral relacionado ao HPV excederam o de câncer cervical a ele relacionado (CDC, 2020d). Além disso, o câncer oral ao HPV é duas vezes mais comum em homens que em mulheres (Chaturvedi et al., 2018). O HPV oral provavelmente se espalha por meio do sexo oral, mas uma vacina está disponível para o HPV, o que pode fazer uma diferença drástica nos cânceres cervicais e orais associados a essa infecção. Infelizmente, a taxa de vacinação nos Estados Unidos está abaixo de 20% entre os adultos jovens, que são uma faixa etária vulnerável. Além disso, as infecções orais por HPV têm maior probabilidade de persistir entre os fumantes (D'Souza & Dempsey, 2011). Assim, o comportamento sexual – em combinação com o uso do tabaco – pode aumentar substancialmente a probabilidade de câncer bucal.

As práticas sexuais dos homens também podem aumentar o risco de câncer de próstata. Karin Rosenblatt e associados (Rosenblatt et al., 2000) encontraram uma relação positiva significativa entre câncer de próstata e número de parceiras sexuais ao longo da vida (mas não parceiros sexuais masculinos), idade precoce da primeira relação sexual e infecção prévia com gonorreia. No entanto, eles não encontraram risco de câncer de próstata associado à frequência de relações sexuais ao longo da vida.

Fatores de risco psicossociais no câncer

Desde os dias do médico grego Galeno (a. C. 131-201), as pessoas têm especulado sobre a relação entre traços de personalidade e certas doenças, incluindo câncer. Mas essa especulação não coincide com os resultados da pesquisa científica. Por exemplo, um estudo prospectivo do Registro Sueco de Gêmeos (Hansen et al., 2005) descobriu que nem a extroversão nem o neuroticismo – medidos pelo Inventário de Personalidade de Eysenck – previam uma maior probabilidade de câncer.

Esse estudo e seus achados são bastante típicos de tentativas de relacionar fatores psicossociais à incidência e mortalidade por câncer. Durante os últimos 30 ou 40 anos, vários pesquisadores investigaram a associação entre uma variedade de fatores psicológicos e o desenvolvimento e prognóstico do câncer (Dammeyer & Zettler, 2018). Alguns estudos identificaram vários fatores de personalidade que pareciam estar relacionados ao desenvolvimento do câncer, mas estudos e revisões em larga escala do tema (Aro et al., 2005; Garssen, 2004; Levin & Kissane, 2006; Stürmer et al., 2006) encontraram apenas uma fraca associação entre qualquer fator psicossocial e câncer. Os fatores que mostram o relacionamento mais forte vêm da emotividade negativa e da tendência a reprimir (em vez de expressar) a emoção. Contudo, essas características mostram uma relação mais forte com a resposta a um diagnóstico de câncer que com o desenvolvimento do câncer. Assim, a evidência de uma relação entre personalidade e câncer é fraca (Johansen, 2018).

RESUMO

O tabagismo é o principal fator de risco para câncer de pulmão. Embora nem todos os fumantes morram desse tipo de câncer de pulmão e alguns não fumantes desenvolvam essa doença, existem evidências claras de que os fumantes têm uma chance muito maior de desenvolver algum tipo de câncer, particularmente o de pulmão. Quanto mais cigarros as pessoas fumam por dia e quanto mais anos continuarem com essa prática, maior será o risco.

A relação entre a dieta e o desenvolvimento do câncer é complexa, com alguns tipos de alimentos apresentando perigos para o desenvolvimento do câncer e outros oferecendo alguma proteção. Alimentos "naturais" evitam o risco de conservantes, mas aumentam a probabilidade de outras toxinas. Uma dieta rica em gordura está relacionada ao câncer de cólon e mama, mas uma dieta que produz sobrepeso ou obesidade é um risco para uma variedade de cânceres, incluindo câncer colorretal, esofágico, de mama (em mulheres na pós-menopausa), endometrial e renal. Alguns componentes da dieta podem proteger contra o câncer, incluindo frutas e vegetais. A evidência de nutrientes específicos em alimentos é menos persuasiva, e tomar suplementos geralmente não oferece proteção.

O álcool é provavelmente apenas um fator de risco fraco para o câncer. Entretanto, tem efeito sinérgico com o tabagismo; quando os dois são combinados, o risco relativo total é muito maior que os riscos dos dois fatores somados. A falta de atividade física e a alta exposição à luz ultravioleta são fatores de risco adicionais para o câncer. Além disso, certos comportamentos sexuais, como o número de parceiros sexuais ao longo da vida, estão relacionados aos cânceres do colo do útero, da boca e da próstata, bem como aos cânceres associados à Aids.

Em geral, os fatores psicossociais mostram apenas relações fracas com a incidência de câncer. A emotividade negativa e a repressão da emoção podem contribuir para o desenvolvimento do câncer, mas a relação não é forte.

APLIQUE O QUE VOCÊ APRENDEU

1. Construa um plano pessoal para alterar seus comportamentos e diminuir o risco de desenvolver câncer, abordando cada um dos fatores comportamentais.

10-5 Convivendo com câncer

OBJETIVOS DE APRENDIZAGEM

10-11 Descrever as vantagens e desvantagens dos tratamentos mais comuns para o câncer

10-12 Descrever três fatores que estão associados a um bom ajuste ao diagnóstico de câncer e três que estão associados a um diagnóstico ruim

10-13 Discutir a importância do apoio social para pacientes e sobreviventes de câncer e as melhores fontes de apoio social

Como Steve Jobs fez em 2003, mais de um milhão de norte-americanos recebem um diagnóstico de câncer a cada ano (ACS, 2020). A maioria dessas pessoas o recebe com sentimentos de medo, ansiedade e raiva, em parte por que temem a doença e em parte por que os tratamentos atuais contra o câncer produzem efeitos desagradáveis para muitos pacientes com câncer. Steve Jobs, por exemplo, recusou a cirurgia de pâncreas por quase um ano por causa de temores em torno do tratamento. Os psicólogos ajudam os pacientes a lidar com suas reações emocionais ao diagnóstico de câncer, **suporte social** aos pacientes e familiares, e ajudam os pacientes a se prepararem para os efeitos colaterais negativos de alguns tratamentos contra o câncer.

Problemas com tratamentos médicos para câncer

Quase todos os tratamentos médicos para o câncer têm efeitos colaterais negativos que podem adicionar estresse à vida de pacientes com câncer, a amigos e familiares. As três terapias mais comuns são também as três mais estressante: cirurgia, radioterapia e quimioterapia. Nos últimos anos, alguns **oncologistas** adicionaram o tratamento hormonal e a imunoterapia ao seu arsenal de regimes de tratamento, mas esses em geral ainda não são tão eficazes como cirurgia, radioterapia ou quimioterapia.

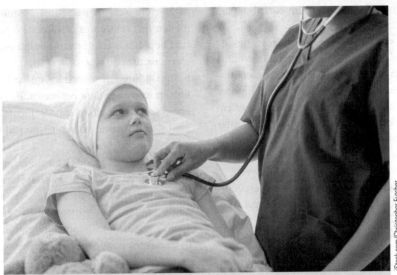

Os efeitos colaterais negativos da quimioterapia, como a perda de cabelo, aumentam o estresse dos pacientes com câncer.

A cirurgia é uma recomendação de tratamento comum quando o crescimento canceroso ainda não sofreu metástase e quando os médicos têm alguma confiança de que o procedimento cirúrgico será bem-sucedido em tornar o tumor mais manejável. Pacientes com câncer que se submetem à cirurgia são propensos a sentir angústia, rejeição e medo, e muitas vezes recebem menos apoio emocional que outros pacientes de cirurgia. Essas reações são especialmente prováveis para aqueles com câncer de mama (Wimberly et al., 2005) e próstata (Couper, 2007) devido às implicações sexuais de sua cirurgia. O estresse pós-operatório e a depressão levam a níveis mais baixos de imunidade, o que pode prolongar o tempo de recuperação e aumentar a vulnerabilidade a outros transtornos (Antoni & Lutgendorf, 2007). Observadores notaram um declínio acentuado na aparência de Steve Jobs após a cirurgia de transplante de fígado em 2009, possivelmente devido ao câncer e ao comprometimento do funcionamento imunológico (Lauerman, 2011).

A radiação também tem efeitos colaterais graves. Muitos pacientes que recebem radioterapia antecipam seu tratamento com medo e ansiedade, temendo perda de cabelo, queimaduras, náuseas, vômitos, fadiga e esterilidade. Esses resultados podem ocorrer, portanto, seus medos não são infundados. Mas eles raramente estão adequadamente preparados para tratamentos de radiação e, portanto, os temores e ansiedades podem exagerar a gravidade desses efeitos colaterais.

A quimioterapia tem alguns dos mesmos efeitos colaterais negativos que a radiação, de modo que tanto o diagnóstico quanto o tratamento do câncer geralmente precipitam reações estressantes nos pacientes. Aqueles tratados com quimioterapia experimentam alguma combinação de náuseas, vômitos, fadiga, perda de coordenação, diminuição da capacidade de concentração, mudança de peso, perda de apetite, perda de cabelo, problemas de sono, depressão e ansiedade.

Esses efeitos negativos não apenas criam problemas para se ajustar ao diagnóstico de câncer, assim como suas expectativas sobre os efeitos negativos da quimioterapia (Olver et al., 2005) e crenças sobre a natureza da doença (Thuné-Boyle et al., 2006) contribuem para a angústia e o ajuste.

Ajustando-se a um diagnóstico de câncer

Ajustar-se a um diagnóstico de câncer é um desafio para todos, mas algumas pessoas têm mais dificuldades que outras. Alguns, como Steve Jobs, podem parecer lidar bem com um diagnóstico de câncer; sua personalidade – frequentemente descrita como confiante e excessivamente otimista – desempenhou um papel em sua adaptação ao câncer?

Os fatores que predizem uma reação ruim a um diagnóstico de câncer são os mesmos que mostram alguma relação com o desenvolvimento da doença – emocionalidade negativa e inibição social (Verma & Khan, 2007). Se a emotividade negativa é um problema para o ajuste, então o otimismo deve ser uma vantagem, e pesquisar geralmente apoia esta hipótese. O otimismo está fortemente relacionado ao bom ajuste a um diagnóstico de câncer (Carver et al., 2005), mas sua relação com o resultado no longo prazo é menos clara (Segerstrom, 2005, 2007). Essa diferença pode decorrer da dificuldade da tarefa de adaptação ao tratamento ou de erros de cálculo por parte dos otimistas quanto ao curso e resultado dos tratamentos (Winterling et al., 2008). Quando os resultados são decepcionantes, os otimistas podem achar o ajuste mais difícil que aqueles que têm expectativas mais realistas. Contudo, o otimismo é responsável por apenas uma pequena a moderada quantidade da variação no ajuste emocional para sobreviventes de câncer (Gallagher et al. 2019), mas o construto cognitivo de domínio também contribui para a resiliência.

Essas descobertas são consistentes com revisões de pesquisas sobre um "espírito de luta", que reflete tanto uma perspectiva otimista, uma crença de que um câncer é controlável, o que é consistente com o conceito de domínio. Embora um espírito de luta preveja um melhor ajuste no câncer em estágio inicial (O'Brien & Moorey, 2010), parece não conferir nenhuma vantagem para a sobrevivência no longo prazo (Coyne & Tennen, 2010). Essa conclusão levou uma equipe de pesquisa a aconselhar: "Pessoas com câncer não devem se sentir pressionadas a adotar estilos de enfrentamento específicos para melhorar a sobrevida ou reduzir o risco de recorrência" (Petticrew et al., 2002, p. 1066).

Após o diagnóstico, os que têm câncer apresentam uma variedade de respostas e diferentes trajetórias de adaptação e funcionamento ao longo do tratamento e posteriormente (Helgeson et al., 2004). A maioria dos que superam o câncer relata melhora em seu funcionamento ao longo do tempo, mas alguns sobreviventes de longo prazo relatam problemas como baixa energia, dor e funcionamento sexual aos seus cânceres (Phipps et al., 2008). Mesmo oito anos após o diagnóstico de câncer, os sobreviventes relatam alguns problemas, que são muito mais prováveis de serem complicações físicas que problemas psicológicos (Schroevers et al., 2006).

Os mesmos fatores emocionais que aumentam a sobrevivência de pacientes com doenças cardíacas podem não ser igualmente úteis para aqueles com câncer. Ou seja, a expressão calma da emoção que pode ser um bom conselho para pacientes cardiovasculares pode não ser uma boa escolha para os que têm câncer; expressão de emoção parece ser uma estratégia melhor. Por exemplo, para crianças (Aldridge & Roesch, 2007) e para homens que lidam com câncer de próstata (Roesch et al., 2005), o uso do enfrentamento focado na emoção não apresentou as desvantagens que essa estratégia normalmente apresenta (ver Capítulo 5 para uma discussão de estratégias de enfrentamento). A expressão de emoções positivas e negativas pode ser benéfica (Quartana et al., 2006). Entretanto, expressar algumas emoções negativas pode fazer mais mal que bem (Lieberman & Goldstein, 2006); expressar raiva parece levar a um melhor ajuste, enquanto expressar medo e ansiedade relaciona-se com menor qualidade de vida e maior depressão. Ser capaz de expressar emoções e ser orientado a fazê-lo da maneira mais útil requer apoio social adequado.

Apoio social para pacientes com câncer

Que fator único reduz as chances de um homem morrer de câncer em 27% e de uma mulher em 19%?

O casamento é o fator. Tanto homens como mulheres com câncer têm melhores chances de sobrevivência se forem casados que se não forem. Por quê?

Os pesquisadores examinaram essa questão em uma amostra longitudinal de mais de 800.000 adultos diagnosticados com câncer invasivo (Gomez et al., 2016). Uma possível razão pela qual os pacientes casados com câncer se saem melhor que seus colegas solteiros é por que o casamento oferece benefícios econômicos, como melhores opções de assistência médica ou melhor acesso a tratamentos. Contudo, esses pesquisadores descobriram que o benefício do casamento tinha pouco a ver com economia. Em vez disso, parecia que o apoio social emocional e instrumental que geralmente acompanha um casamento era responsável pelos benefícios de sobrevivência.

Pacientes casados são mais propensos a ter alguém disponível para levá-los às consultas, incentivá-los a tomar medicamentos, oferecer refeições saudáveis ou fornecer apoio emocional. Muitos outros estudos mostram que o apoio social, como o fornecido por um cônjuge, pode ajudar os pacientes com câncer a se ajustarem à sua condição, e o apoio de outros familiares e amigos também pode ser benéfico. Por exemplo, no contexto do câncer de mama, mulheres com mais suporte social estrutural – isto é, com maiores redes de suporte social – têm progressão mais lenta do câncer que mulheres com menos suporte social estrutural (Nausheen et al., 2009). O apoio social também é um fator importante para os homens; sobreviventes de câncer de próstata que percebem mais apoio social disponível de outros manifestam maior bem-estar emocional ao longo do tempo (Zhou et al., 2010). Infelizmente, nem todas as tentativas de apoio social de amigos e familiares são benéficas para pessoas com câncer. Às vezes, as tentativas dos parceiros de proteger os cônjuges da realidade de sua doença não são úteis (Hagedoorn et al., 2000). Assim, o apoio social das famílias pode ou não fornecer o tipo de apoio que as pessoas com câncer precisam. Muitas delas recorrem a grupos de apoio ou terapeutas para fornecer apoio emocional.

Profissionais como psicólogos, enfermeiros ou oncologistas podem liderar grupos de apoio, mas geralmente esses grupos consistem em outros indivíduos que são sobreviventes de câncer. Alguns estudos indicam que algumas pessoas lucram mais com grupos de apoio que outras. Por exemplo, mulheres com câncer de mama que não tinham apoio conjugal adequado lucraram mais com o apoio do grupo de pares que com o de seus parceiros, enquanto as mulheres com forte apoio de seus parceiros tiveram ajustes menores quando participaram de um grupo de discussão entre pares (Helgeson et al., 2000). Uma revisão sistemática do valor de grupos de apoio de pares para sobreviventes de câncer (Hoey et al., 2008) indicou que tais grupos podem ser úteis, mas nem sempre o são. Com o crescimento da tecnologia, os grupos de apoio on-line aumentaram e um tipo é a comunidade de saúde on-line, alguns dos quais são voltados para o câncer (Zhang et al., 2017). Os grupos on-line oferecem o mesmo tipo de apoio que os grupos presenciais: apoio emocional, informativo e instrumental. Em geral, o suporte presencial fornecido por um indivíduo e grupos on-line demonstraram os melhores resultados, mas todos os tipos de grupos podem ser eficazes para alguns indivíduos.

Intervenções psicológicas para pacientes com câncer

Os psicólogos têm usado técnicas individuais e em grupo para ajudar pacientes com câncer a lidar com seu diagnóstico. Para ser eficaz, uma intervenção deve atingir pelo menos um dos dois objetivos: deve melhorar o bem-estar emocional, aumentar o tempo de sobrevivência ou ambos. Até que ponto as intervenções psicológicas são bem-sucedidas nesses dois objetivos?

Duas revisões (Edwards et al., 2008; Manne & Andrykowski, 2006) concluem que as intervenções psicológicas geralmente trazem benefícios de curto prazo para ajudar os pacientes com câncer a gerenciar o sofrimento relacionado à sua condição. Além disso, algumas dessas intervenções para mulheres com câncer de mama melhoram os resultados fisiológicos, como as respostas do cortisol e as medidas do funcionamento imunológico (McGregor & Antoni, 2009).

Algumas intervenções psicológicas se concentram em habilidades de gerenciamento de estresse cognitivo-comportamental, enquanto outras se concentram em fornecer apoio social e oportunidade de expressar emoções. Há evidências de que cada um desses tipos de intervenção melhora alguns resultados (Edwards et al., 2008). Por exemplo, um programa que visava à regulação emocional (Cameron et al., 2007) indicou sucesso. A terapia cognitivo-comportamental diminuiu significativamente a depressão em sobreviventes de câncer de mama (Xiao et al., 2017). Uma breve intervenção cognitivo-comportamental com foco na comunicação, enfrentamento e aumento do apoio social (Manne et al., 2017) mostrou efeitos significativos para reduzir o sofrimento específico da doença e o bem-estar geral. Mas nenhuma dessas abordagens pode ser a melhor abordagem para todos. Como uma equipe de pesquisa perguntou: "Um tamanho serve para todos?" (Zimmerman, Heinrichs & Baucom, 2007, p. 225). Essa questão destaca a necessidade de combinar as características e necessidades das pessoas com câncer a um programa de psicoterapia, apoio, educação ou multicomponente que seja eficaz para cada pessoa.

Embora as intervenções psicológicas possam melhorar o ajuste emocional de curto prazo, há menos evidências de que as intervenções psicológicas prolonguem o tempo de vida daqueles que têm câncer. A possibilidade de que as intervenções pudessem ter tal efeito surgiu quando David Spiegel e colegas (Spiegel et al., 1989) conduziram uma intervenção multicomponente para ajudar pacientes com câncer de mama a se ajustarem aos aspectos estressantes de sua doença e seu tratamento. Não apenas a intervenção foi bem-sucedida no controle da dor, ansiedade e depressão, como também as mulheres do grupo de intervenção viveram mais que as do grupo de comparação. Essa descoberta levou os pesquisadores a examinar como as intervenções psicossociais e de MCA (medicina complementar e alternativa) podem prolongar a vida das pessoas com câncer (ver Capítulo 8 para uma discussão sobre tratamentos integrativos de câncer). Mecanismos plausíveis incluem o efeito no sistema imunológico e melhorias no funcionamento que permitem aos pacientes com câncer aderir ao seu regime de tratamento médico (Antoni & Lutgendorf, 2007; Spiegel, 2004; Spiegel & Geise-Davis, 2003).

Contudo, a descoberta básica de que as intervenções psicossociais prolongam a vida está agora em questão. Embora uma intervenção psicológica com mulheres com câncer de mama em estágio inicial tenha reduzido significativamente o risco de recorrência e morte em um acompanhamento de 11 anos (Andersen et al., 2008), revisões em larga escala encontram pouca evidência de que intervenções psicológicas estendem de forma confiável o tempo de sobrevida para pacientes com câncer de mama (Edwards et al., 2004; Smedslund & Ringdal, 2004). Apesar de um mecanismo plausível para tal ação e, apesar da esperança de que tal benefício seja possível (Coyne et al., 2007), existem poucas evidências neste momento de que intervenções psicológicas prolonguem a vida de pessoas com câncer (Edwards et al., 2008). Assim, o valor das intervenções psicológicas reside principalmente na melhoria da *qualidade* em vez da quantidade de vida de um paciente com câncer.

RESUMO

Depois que as pessoas recebem um diagnóstico de câncer, elas geralmente experimentam medo, ansiedade, depressão e sentimentos de desamparo. Os tratamentos médicos padrão para o câncer – cirurgia, quimioterapia e radiação – têm efeitos colaterais negativos que muitas vezes produzem estresse e desconforto adicionais. Esses efeitos colaterais incluem perda de cabelo, náusea, fadiga, esterilidade e outras condições negativas. Receber apoio social da família e de amigos, participar de grupos de apoio e obter apoio emocional por meio de intervenções psicológicas provavelmente ajuda alguns indivíduos com câncer a aumentar o funcionamento psicológico, diminuir a depressão e a ansiedade, controlar a dor e melhorar a qualidade de vida. Existem poucas evidências de que a psicoterapia possa aumentar o tempo de sobrevivência.

APLIQUE O QUE VOCÊ APRENDEU

1. Faça uma lista de sugestões para alguém que recebeu um diagnóstico de câncer que a ajudará a procurar tratamento adequado e gerenciar os efeitos negativos do tratamento.

Perguntas

Este capítulo abordou cinco questões básicas:

1. O que é câncer?

O câncer é um grupo de doenças caracterizadas pela presença de novas células (neoplásicas) que crescem e se espalham sem controle. Essas células podem ser benignas ou malignas, mas ambos os tipos de células neoplásicas são perigosas. As células malignas são capazes de metastizar e se espalhar através do sangue ou da linfa para outros órgãos do corpo, tornando as malignidades uma ameaça à vida.

2. As taxas de mortalidade por câncer estão aumentando ou diminuindo?

O câncer é a segunda principal causa de morte nos Estados Unidos, sendo responsável por cerca de 21% das mortes. Durante as primeiras nove décadas e meia do século XX, as taxas de mortalidade por câncer nos Estados Unidos aumentaram três vezes, mas desde meados da década de 1990, essas diminuíram, especialmente para câncer de pulmão, cólon e reto, mama e próstata – os quatro principais locais de morte por câncer nesse país. As taxas de mortalidade por câncer de pulmão para homens começaram a diminuir antes das taxas das mulheres, mas o declínio agora se aplica a ambos.

3. Quais são os fatores de risco inerentes e ambientais para o câncer?

Os fatores de risco incontroláveis para o câncer incluem história familiar, origem étnica e idade avançada. A história familiar é um fator em muitos tipos de câncer; a herança de uma forma mutante de um gene específico aumenta o risco de câncer de mama de duas a três vezes. A origem étnica também é um fator; em comparação com os euro-americanos, os afro-americanos têm taxa significativamente maior de mortalidade por câncer, mas outros grupos étnicos possuem taxas mais baixas. O avanço da idade é o risco de mortalidade por câncer mais poderoso, mas a idade também é o principal risco de morte por doenças cardiovasculares e outras. A exposição ambiental a poluentes do ar, radiação e organismos infecciosos constitui riscos significativos para o câncer se a exposição for intensa e prolongada.

4. Quais são os fatores de risco comportamentais para o câncer?

Mais da metade de todas as mortes por câncer nos Estados Unidos foram atribuídas ao tabagismo ou a escolhas de estilo de vida imprudentes, como dieta e estilo de vida sedentário. Fumar cigarros aumenta o risco de câncer de pulmão por um fator de quase 25; mas fumar também é responsável por outras mortes por câncer.

A relação entre dieta e câncer é complexa: ela pode aumentar ou diminuir o risco de câncer. Toxinas e contaminantes nos alimentos aumentam os riscos, mas uma dieta rica em frutas, vegetais, grãos integrais, laticínios com baixo teor de gordura, feijão e sementes e com baixo teor de gordura, carne vermelha, carne processada e sal tende a estar associada à redução de risco de vários tipos de câncer. Uma dieta que leva ao sobrepeso ou obesidade aumenta o risco. O álcool não é um risco tão grande para o câncer quanto a dieta, mas a combinação do álcool com o fumo aumenta drasticamente. Um estilo de vida sedentário também apresenta um risco, especialmente para o câncer de mama. A exposição à luz ultravioleta e comportamentos sexuais podem aumentar os riscos de vários tipos de câncer. A pesquisa também revelou uma ligação fraca entre emocionalidade negativa, depressão e câncer.

5. Como os pacientes com câncer podem ser ajudados a lidar com sua doença?

Os pacientes com câncer geralmente se beneficiam do apoio social do cônjuge, da família e dos profissionais de saúde, mas o tipo e o momento do apoio afetam seus benefícios. Os grupos de apoio oferecem outro tipo de apoio que é benéfico para alguns pacientes com câncer, principalmente por permitir a expressão da emoção. Os terapeutas podem usar métodos cognitivo-comportamentais para auxiliar os pacientes com câncer no desenvolvimento de estratégias de enfrentamento para ajudá-los a lidar com alguns dos aspectos negativos dos tratamentos do câncer e se ajustar à sua doença, aumentando assim a qualidade de vida desses pacientes. Contudo, não existe evidência de que fatores psicossociais possam aumentar a sobrevida.

Sugestões de leitura

American Cancer Society. (2020). *Cancer facts and figures 2020*. Atlanta, GA: American Cancer Society. Esta publicação anual traz informações extensas e atualizadas sobre o câncer nos Estados Unidos com algumas comparações internacionais.

Antoni, M. H. & Lutgendorf, S. (2007). Psychosocial factors in disease progression in cancer. *Current Directions in Psychological Science, 16*, 42-46. Este breve artigo enfoca a influência de fatores psicossociais e como eles podem afetar a biologia do câncer.

Danaei, G., Vander Hoorn, S., Lopez, A. D., Murray, C. J. L. & Ezzati, M. (2005). Causes of cancer in the world: Comparative risk assessment of nine behavioral and environmental risk factors. *Lancet, 366*, 1784-1793. Para aqueles que desejam uma perspectiva internacional, este artigo examina nove fatores comportamentais e ambientais e traça as diferentes taxas de câncer em países do mundo relacionadas a esses fatores.

U.S. Department of Health and Human Services. (2010). *A report of the Surgeon General: How tobacco smoke causes disease: What it means to you*. Atlanta, GA: U.S. Department of Health and Human Services and Centers for Disease Control and Prevention. Este artigo curto e envolvente detalha, em linguagem fácil de entender, os caminhos pelos quais o tabaco aumenta o risco de vários tipos de câncer, bem como uma infinidade de outros problemas de saúde.

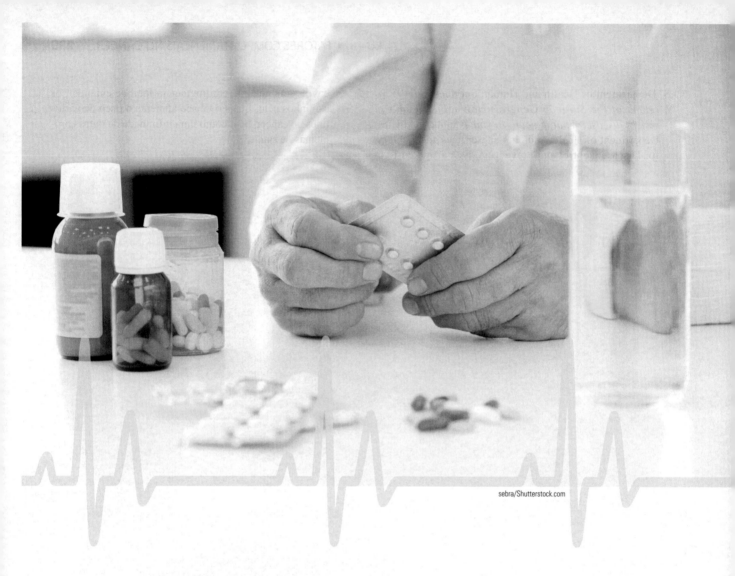

OBJETIVOS DE APRENDIZAGEM
Depois de estudar este capítulo, você será capaz de...

11-1 Identificar os fatores que afetam o impacto da doença crônica no paciente, bem como as intervenções que podem ajudá-lo com as doenças crônicas

11-2 Identificar os fatores que afetam o impacto da doença crônica na família, bem como as intervenções que podem ajudar os familiares

11-3 Compreender os sintomas e tipos da doença de Alzheimer, bem como os fatores de risco para o desenvolvimento e progressão da doença

11-4 Identificar tratamentos e intervenções que podem ajudar as pessoas que vivem com a doença de Alzheimer

11-5 Reconhecer o peso que a doença de Alzheimer coloca sobre cuidadores e as intervenções que podem ajudar a aliviar esse fardo

11-6 Compreender a diferença entre diabetes tipo 1 e tipo 2, quanto aos fatores de risco, prevalência e tratamento da doença

11-7 Identificar os fatores que se relacionam com o tratamento do diabetes, bem como as intervenções que podem ajudar

11-8 Compreender os sintomas da asma, tal como os fatores de risco que colocam uma pessoa em perigo de desenvolver asma, bem como crise de asma

11-9 Identificar os fatores que se relacionam com o tratamento da asma, assim como as intervenções que podem auxiliar as pessoas que com ela convivem

11-10 Compreender os sintomas e a fisiologia do HIV e da Aids, bem como as principais vias de infecção

11-11 Identificar o papel que os psicólogos desempenham na prevenção primária e secundária do HIV e da Aids e nas intervenções que ajudam as pessoas que vivem com HIV e Aids

11-12 Compreender os problemas únicos vivenciados por pessoas que enfrentam a morte

11-13 Teorias críticas e Kübler-Ross sobre o estágio da morte e do luto

11-14 Identificar intervenções que podem ajudar as pessoas a se ajustarem a uma doença terminal

CAPÍTULO 11

Convivendo com a doença crônica

SUMÁRIO DO CAPÍTULO

Perfil do mundo real de Nick Jonas

O impacto da doença crônica
- Impacto no paciente
- Impacto na família

Convivendo com a doença de Alzheimer
- Ajudando o paciente
- Ajudando a família

Ajustando-se ao diabetes
- A fisiologia do diabetes
- O impacto do diabetes
- Envolvimento da psicologia da saúde com o diabetes

O impacto da asma
- A doença da asma
- Gerenciando a asma

Lidando com HIV e Aids
- Taxas de incidência e mortalidade por HIV/Aids
- Sintomas de HIV e Aids
- A transmissão do HIV
- O papel dos psicólogos na epidemia de HIV

Enfrentando a morte
- Ajustando-se à doença terminal
- Luto

PERGUNTAS

Este capítulo concentra-se em seis questões básicas:

1. Qual é o impacto da doença crônica nos pacientes e familiares?
2. Qual é o impacto da doença de Alzheimer?
3. O que está envolvido na adaptação ao diabetes?
4. Como a asma afeta a vida das pessoas com esta doença?
5. Como a infecção pelo HIV pode ser gerenciada?
6. Que adaptações as pessoas fazem à morte e ao luto?

As doenças crônicas causam sete em cada dez mortes a cada ano nos Estados Unidos (Centers for Disease Control and Prevention [CDC], 2009), 60% com pelo menos uma doença crônica e 42% dos adultos vivem com múltiplas doenças crônicas (Buttorff, Ruder & Bauman, 2017). Embora a prevalência de doenças crônicas seja maior entre aqueles com 65 anos ou mais, os adultos mais jovens não são poupados; na verdade, cerca de um em cada cinco adultos com menos de 45 anos vive com múltiplas doenças crônicas. Elas também afetam as crianças, com mais de 25% tendo algum problema crônico de saúde física (Van Cleave, Gortmaker & Perrin, 2010).

Nick Jonas é apenas um dos milhões nos Estados Unidos que vivem com uma doença crônica. As doenças cardiovasculares e o câncer, discutidos nos capítulos anteriores, são duas das mais comuns, e viver com essas condições compartilha elementos que detalhamos neste capítulo, como doença de Alzheimer, diabetes, asma e HIV/Aids. Essas e outras doenças crônicas variam em fisiologia, mas os ajustes emocionais e físicos, a ruptura da dinâmica familiar, as necessidades de cuidados médicos contínuos e de autogerenciamento também se aplicam a doenças crônicas como artrite, cardíacas, câncer, renal, esclerose múltipla, traumatismo craniano e lesão medular.

11-1 O impacto da doença crônica

OBJETIVOS DE APRENDIZAGEM

11-1 Identificar os fatores que afetam o impacto da doença crônica no paciente, bem como as intervenções que podem ajudá-lo com as doenças crônicas

11-2 Identificar os fatores que afetam o impacto da doença crônica na família, bem como as intervenções que podem ajudar os membros da família

Perfil do mundo real de NICK JONAS

Quando Nick Jonas tinha 13 anos e estava em turnê com os Jonas Brothers, um de seus irmãos percebeu que algo estava errado. Até então, Nick era saudável. Mas agora ele estava continuamente com sede, havia perdido 15 quilos e apresentava mudanças de humor incomumente extremadas.

Nick foi ao médico por sugestão de sua família, onde descobriu que o nível de açúcar no sangue estava nove vezes acima do normal. Naquele dia, ele foi diagnosticado com diabetes tipo 1, uma doença crônica sobre a qual ele não sabia nada. Se não tivesse procurado tratamento, poderia entrar em coma.

"Tive um colapso emocional porque eu realmente não tinha ideia de que era diabetes. Eu me perguntava: 'Por que eu?'". Sua família também não conhecia o diabetes tipo 1, dizendo: "Foi muito difícil para todos nós porque não sabíamos como isso afetaria nossas vidas diárias" (RCHSD, 2014).

Nick se tornou um dos mais de um milhão de norte-americanos que convivem com diabetes tipo 1, uma doença na qual o corpo produz quantidades insuficientes de insulina, um hormônio necessário para o corpo utilizar o açúcar no sangue. O tratamento do diabetes tipo 1, como o de outras doenças crônicas, requer atenção por toda a vida. No caso de Nick, ele precisa verificar os níveis de açúcar no sangue 10 a 12 vezes por dia e usa um dispositivo preso ao braço para administrar insulina quando necessário.

Com uma agenda movimentada, a adesão a esses comportamentos exige muito apoio e dedicação. "Descobri muito rapidamente que é uma doença bem administrável (...) desde que você seja realmente diligente" (Longman, 2019). Como muitas pessoas que convivem com uma doença crônica, Nick também conta com a ajuda da família. "Minha família tem sido um apoio incrível desde o momento em que fui diagnosticado até agora (...) nunca tive receio de contar com eles quando surgem certas situações" (NIH National Library of Medicine, 2017).

Nick também tem apoiado outras pessoas com diabetes tipo 1, formando a Beyond Type 1, uma organização filantrópica que se esforça para ajudar pessoas como ele. Por esse esforço, Nick Jonas recebeu o prêmio Disney Hero Award 2017 e continua a servir de inspiração para aqueles que são forçados a lidar com as questões complexas de viver com uma doença crônica.

A doença crônica impõe um enorme fardo físico e emocional ao paciente, bem como para sua família. Alguns teóricos descrevem o diagnóstico de uma doença crônica como uma crise (Moos & Schaefer, 1984). Outros teóricos sugerem que as pessoas passam por vários estágios em seu ajuste à doença crônica, mas, como veremos, há pouco suporte para modelos de estadiamento de ajuste à doença crônica. Em vez disso, o ajuste parece ser um processo dinâmico influenciado por muitos fatores, incluindo as características da doença, como a rapidez do progresso; características do indivíduo, como otimismo disposicional; e características do ambiente social da pessoa, como o apoio social. Assim, o ajuste à doença crônica é um processo variável, e muitos fatores individuais moldam como as pessoas se ajustam e se adaptam a uma doença crônica (Parker, Schaller e Hansmann, 2003).

Impacto no paciente

Adaptar-se a uma doença crônica inclui lidar com seus sintomas, gerenciar o estresse do tratamento, viver uma vida o mais normal possível e enfrentar a possibilidade da morte. O ajuste a algumas doenças crônicas é mais difícil que a outras devido à gravidade dos sintomas e às demandas de seu enfrentamento. Contudo, algumas doenças crônicas podem influenciar menos a qualidade de vida que as pessoas saudáveis imaginam (Damschroder, Zikmund-Fisher & Ubel, 2005). Pesquisas que avaliaram o funcionamento de grandes grupos de pacientes com várias doenças crônicas (Arnold et al., 2004; Heijmans et al., 2004) encontraram semelhanças e diferenças entre pessoas com diferentes doenças crônicas variadas. Para algumas, como hipertensão e diabetes, as pessoas relataram níveis de funcionamento semelhantes àqueles sem doença crônica. Por exemplo, Nick Jonas pode manter um estilo de vida agitado apesar de viver com diabetes. Entretanto, pessoas com doenças cardíacas, artrite reumatoide e câncer apresentaram sintomas mais intrusivos que aqueles com hipertensão, asma ou diabetes. De fato, o funcionamento psicológico parece importar mais que o funcionamento físico na determinação da qualidade de vida de pacientes com doença crônica, destacando o importante papel da adaptação e do enfrentamento (Arnold et al., 2004). O uso de uma variedade de estratégias de enfrentamento permite que as pessoas lidem com o estresse causado por doenças crônicas (Heijmans et al., 2004); mas as estratégias de enfrentamento ativas tendem a produzir melhores resultados que as estratégias de evitação (Stanton, Revenson & Tennen, 2007).

Receber tratamento para doenças crônicas também requer adaptação. É provável que as interações com o sistema de saúde criem frustrações e problemas para pessoas com doenças crônicas (Parchman, Noel & Lee, 2005). Quando os pacientes precisam interagir com o sistema de saúde, eles tendem a se sentir privados não apenas de seu senso de competência e domínio, mas também de seus direitos e privilégios. Ou seja, as pessoas doentes começam a se sentir "não pessoas" e a experimentar perda de controle pessoal e ameaças à autoestima (Stanton et al., 2007).

Desenvolver e manter relacionamentos com profissionais de saúde também apresenta desafios, tanto para pacientes quanto para profissionais. O sistema médico e a experiência de doença das pessoas concentram-se em condições agudas. Essa experiência pode levar os doentes a acreditar no poder da medicina moderna e a serem otimistas quanto às curas. Médicos e outros profissionais de saúde geralmente compartilham essa atitude (Bickel-Swenson, 2007), o que pode criar um clima positivo de confiança e otimismo para o tratamento. Por outro lado, é possível que as pessoas com alguma doença crônica tenham uma atitude desesperada e até desamparada em relação à sua doença – a medicina moderna pode não oferecer cura. Os profissionais de saúde também tendem a se orientar para a cura. Quando não podem fazê-lo, é possível que se sintam menos positivos em relação àqueles que não podem curar (Bickel-Swenson, 2007; Turner & Kelly, 2000). Esses sentimentos podem criar um clima difícil para o tratamento, com os pacientes questionando e resistindo aos profissionais de saúde, e estes se sentindo frustrados e irritados com os pacientes que não seguem os regimes de tratamento e não melhoram. Felizmente, os médicos mais jovens podem ser menos propensos a manter tais atitudes negativas (Lloyd-Williams, Dogra & Petersen, 2004), o que beneficiará o tratamento e pode ajudar a neutralizar a crescente dificuldade em negociar com o sistema de saúde dos EUA, como ocorre com um grande número de pessoas com doenças crônicas.

As pessoas com doenças crônicas costumam adotar várias estratégias de enfrentamento para lidar com sua doença. Uma variedade de estratégias pode ser bem-sucedida, mas algumas funcionam melhor em determinadas situações. Por exemplo, o enfrentamento orientado para a evitação, como negar ou ignorar o problema, é tipicamente uma estratégia menos eficaz que estratégias focadas no problema, como planejamento e busca de informações (Livneh & Antonak, 2005; Stanton et al., 2007). Mas, quando os eventos são incontroláveis, o enfrentamento de evitação pode ser eficaz para aliviar as emoções negativas; quando os eventos são controláveis, essa estratégia pode levar a problemas.

Os médicos muitas vezes se sentem inadequadamente preparados para ajudar os pacientes a lidar com essas reações emocionais (Bickel-Swenson, 2007; Turner & Kelly, 2000). Tais déficits levaram a dois tipos de complementação: intervenções psicológicas e grupos de apoio. Para muitas doenças crônicas, os psicólogos da saúde criaram intervenções que enfatizam o tratamento de emoções como ansiedade e depressão. Os grupos de apoio também atendem às necessidades emocionais, fornecendo apoio emocional aos pacientes ou familiares que precisam enfrentar uma doença com poucas chances de cura. Esses serviços complementam os cuidados de saúde convencionais e ajudam os doentes crônicos a manter o cumprimento do regime prescrito e a manter uma relação de trabalho com os prestadores de cuidados de saúde. Revisões de estudos que tratam da eficácia de intervenções psicossociais com pacientes com câncer (Osborn, Demoncada & Feuerstein, 2006; Kalter et al., 2018; Teo, Krishnan & Lee, 2019) e suas famílias (Badr & Krebs, 2013; Barlow & Ellard, 2004; Fu et al., 2017) indicam que as intervenções cognitivo-comportamentais fornecem assistência eficaz para ajudar as pessoas a lidar com doenças crônicas. Além disso, também há evidências de que intervenções administradas pela Internet podem ajudar a aliviar o sofrimento e melhorar o controle de doenças em várias condições crônicas de saúde (Beatty & Lambert, 2013).

Um grande impacto da doença crônica envolve as mudanças que ocorrem na maneira como as pessoas pensam sobre si mesmas; ou seja, o diagnóstico de uma doença crônica altera a autopercepção. A doença crônica e o tratamento forçam muitos pacientes a reavaliar suas vidas, relacionamentos e imagem corporal (Livneh & Antonak, 2005). Ser diagnosticado com uma doença crônica representa uma perda (Murray, 2001), e as pessoas se adaptam a essas perdas por meio de um processo de luto (Rentz, Krikorian & Keys, 2005). Encontrar significado na experiência da perda é algo mais amplo que o luto; mas desenvolver uma compreensão do significado da perda é uma parte comum do enfrentamento da doença crônica. Algumas pessoas cronicamente doentes nunca superam o luto (Murray, 2001). Outras pessoas reconstroem o significado de suas vidas de maneira positiva.

Pessoas com doenças crônicas muitas vezes encontram algum aspecto positivo em sua situação (Folkman & Moskowitz, 2000). Parte do ajuste saudável é aceitar as mudanças que a doença traz, mas algumas pesquisas (Fournier, de Ridder e Bensing, 2002) descobriram que expectativas positivas e até mesmo otimismo irreal eram vantagens no enfrentamento de doenças crônicas. Como Annette Stanton e colegas (2007, p. 568) resumiram: "Uma doença que interrompe a vida não impede a experiência da alegria". Assim, algumas pessoas conseguem experimentar o crescimento pessoal por meio da perda e do luto (Hogan & Schmidt, 2002), o que se relaciona com menos depressão e maior bem-estar (Helgeson, Reynolds & Tomich, 2006). Nick Jonas, por exemplo, foi capaz de usar suas experiências para ajudar a formar uma comunidade de apoio e uma fundação para ajudar outras pessoas que vivem com diabetes. Além disso, as intervenções psicossociais têm sido bem-sucedidas em permitir que as pessoas desenvolvam senso de significado e propósito em sua experiência com doenças crônicas (Park et al., 2019). A importância de encontrar aspectos positivos não se aplica apenas aos pacientes com doenças crônicas, mas também a seus familiares e cuidadores.

Impacto na família

A doença exige adaptação não apenas para os pacientes, mas também para suas famílias. As famílias podem reagir com pesar e sentir a perda durante a vida da pessoa doente porque as famílias veem a perda de habilidades da pessoa e, às vezes, do senso de identidade.

Envolver os familiares nas intervenções psicossociais beneficia o bem-estar tanto do doente (Martire et al., 2010) como do familiar (Martire et al., 2004). Entretanto, algumas intervenções podem ser mais eficazes que outras. Por exemplo, intervenções que enfatizam a comunicação e as interações

– especialmente aquelas que afetam a saúde – proporcionam maiores benefícios para os pacientes que intervenções com outros componentes (Martire & Schulz, 2007). Pessoas com doenças crônicas também se beneficiam de um tipo de apoio descrito como "invisível" (Bolger, Zuckerman & Kessler, 2000). O suporte invisível é aquele que um provedor relata oferecer, e o paciente não relata ter recebido; essa dinâmica ocorre quando o apoio do provedor é dado de maneira que não é percebida pelo paciente como uma tentativa óbvia de ajudar, o que pode contribuir para fazer que o paciente se sinta menos desamparado e mais eficaz. Esse tipo de interação pode ser mais fácil de gerenciar quando um parceiro não está doente; um parceiro doente precisa de ajuda, mas ser o destinatário óbvio da assistência torna esse apoio estressante e útil. Portanto, a doença crônica apresenta dificuldades até mesmo para parceiros atenciosos e bem-intencionados.

Embora as taxas de doenças infantis tenham diminuído drasticamente no século XX, um número significativo de crianças ainda sofre de doenças crônicas (Brace et al., 2000). A maioria dessas doenças é relativamente menor, mas muitas crianças sofrem de condições crônicas graves, como câncer, asma, artrite reumatoide e diabetes – condições que limitam a mobilidade e a atividade. Essas doenças trazem mudanças na vida de toda a família. Pais e irmãos tentam "normalizar" a vida familiar enquanto lidam com a terapia para a criança doente (Knafl & Deatrick, 2002). No entanto, os pais podem experimentar choque, tristeza e raiva. Esses pais enfrentam a tarefa de dar apoio e cuidado, além dos ajustes que os doentes crônicos enfrentam para encontrar sentido na experiência do adoecimento. Os irmãos também enfrentam desafios para se ajustar à doença de um membro da família, tendendo a notar as diferenças entre suas famílias e as famílias "normais" e sentindo alguma combinação de simpatia e ressentimento por seu irmão doente (Waite-Jones & Madill, 2008a).

Para os adultos, as mudanças que acompanham a doença podem alterar seus relacionamentos e redefinir sua identidade, mas, para as crianças doentes, a doença pode ser ainda mais angustiante e perturbadora. Para algumas crianças, as restrições que acompanham as doenças crônicas são muito difíceis, levando ao isolamento, à depressão e angústia, enquanto outras crianças lidam com mais eficácia (Melamed, Kaplan & Fogel, 2001). As crianças mais novas podem ter dificuldade em compreender a natureza da sua doença, e as mais velhas e os adolescentes podem ressentir-se das restrições impostas pela sua doença. Os profissionais de saúde e os pais podem ajudá-las a fazer ajustes, oferecendo atividades alternativas ou modificadas.

As famílias de crianças doentes enfrentam problemas semelhantes aos dos casais: ambos devem continuar seus relacionamentos e gerenciar os problemas dos cuidados (Knafl & Deatrick, 2002). Uma criança doente necessita de muito apoio emocional, a maior parte do qual é fornecida pelas mães. Esses esforços podem deixar as mães tão esgotadas que elas têm pouca energia emocional para seus maridos, o que pode fazer que os maridos se sintam abandonados e excluídos da família. Os pais tendem a lidar com a situação ocultando sua angústia e evitando, o que raramente é uma estratégia de enfrentamento eficaz (Waite-Jones & Madill, 2008b).

As famílias podem seguir várias recomendações para facilitar o ajuste a uma doença crônica. Elas podem tentar ser flexíveis e estabelecer uma rotina o mais próximo possível do normal (Knafl & Deatrick, 2002). Um exemplo disso seria colocar a doença em segundo plano e focar nas maneiras pelas quais a criança doente é semelhante a outras crianças e outros membros da família. Ampliar as formas como a doença torna a criança diferente e focar nas mudanças da rotina familiar tendem a levar a piores adaptações. As famílias devem encontrar maneiras de atender às necessidades das crianças doentes sem reforçar sua ansiedade e depressão (Brace et al., 2000). Assim como os indivíduos com doenças crônicas, as famílias tendem a se ajustar melhor se se concentrarem em encontrar significado e algum aspecto positivo em sua situação (Ylvén, Björck-Åkesson & Granlund, 2006).

RESUMO

As doenças crônicas trazem mudanças que exigem adaptação tanto para a pessoa com a doença quanto para os familiares. Os doentes crônicos devem gerir os seus sintomas, procurar cuidados de saúde adequados e adaptar-se às alterações psicológicas que ocorrem nesta situação. Os profissionais de saúde podem negligenciar as necessidades sociais e emocionais dos doentes crônicos, atendendo às suas necessidades físicas. Psicólogos da saúde e grupos de apoio ajudam a suprir as necessidades emocionais associadas a doenças crônicas. As adaptações que ocorrem podem levar a sentimentos prolongados de perda e luto ou a mudanças que constituem o crescimento pessoal.

APLIQUE O QUE VOCÊ APRENDEU

1. Construa um perfil de dois pacientes com doenças crônicas: um paciente que provavelmente se ajustará bem à doença crônica e outro paciente que provavelmente não se ajustará bem a ela.

11-2 Convivendo com a doença de Alzheimer

OBJETIVOS DE APRENDIZAGEM

11-3 Compreender os sintomas e tipos da doença de Alzheimer, bem como os fatores de risco para o desenvolvimento e progressão da doença

11-4 Identificar tratamentos e intervenções que podem ajudar as pessoas que vivem com a doença de Alzheimer

11-5 Reconhecer o peso que a doença de Alzheimer acarreta aos cuidadores e as intervenções que podem ajudar a aliviá-lo

Uma das pessoas mais conhecidas a viver com a doença de Alzheimer foi o ex-presidente dos EUA Ronald Reagan. Durante sua presidência, Reagan declarou o mês de novembro como o Mês Nacional da Doença de Alzheimer, em um esforço para aumentar a conscientização sobre a doença. Inesperadamente para Reagan e sua família, ele foi diagnosticado onze anos depois com a doença de Alzheimer. O impacto da doença de Alzheimer em Reagan e sua família foi muito semelhante ao impacto que tem nos outros 5 milhões de norte-americanos que vivem com a doença. Sua esposa, Nancy, tornou-se sua principal cuidadora, e esse fardo veio com a perda do marido como ela o conhecia anteriormente e uma crescente sensação de solidão (Ellis, 2004). Assim, o impacto da doença de Alzheimer é sentido pelo paciente, mas talvez mais ainda pela família e pelos entes queridos.

O Alzheimer, doença degenerativa do cérebro, é uma importante fonte de deficiência entre os idosos (Mayeaux, 2003). Ela varia em prevalência entre os países, mas continua a ser uma importante fonte de deficiência cognitiva nos países industrializados e em desenvolvimento. Pesquisadores médicos identificaram as anormalidades cerebrais subjacentes à doença de Alzheimer no final do século XIX. Em 1907, um médico alemão, Alois Alzheimer, relatou a relação entre os achados da autópsia de anormalidades neurológicas e sintomas psiquiátricos antes da morte. Logo após seu relato, outros pesquisadores começaram a chamar o transtorno *doença de Alzheimer*.

Ela pode ser diagnosticada definitivamente apenas por autópsia, mas a tecnologia de imagem cerebral é capaz de diagnosticar a doença de Alzheimer com cerca de 90% de precisão (Vemuri et al., 2008). Além disso, os pacientes de Alzheimer apresentam sintomas comportamentais de comprometimento cognitivo e perda de memória que podem levar a um diagnóstico provisório (Mayeaux, 2003). Durante a autópsia, um exame microscópico do cérebro revela "placas" e emaranhados de fibras nervosas no córtex cerebral e no hipocampo. Esses emaranhados de fibras nervosas são a base física da doença de Alzheimer.

O maior fator de risco para a doença de Alzheimer é a idade; a incidência da doença de Alzheimer aumenta acentuadamente com o avançar da idade. A prevalência da doença de Alzheimer é baixa para aqueles com menos de 75 anos – cerca de 3% das pessoas nessa faixa etária. Contudo, a prevalência aumenta drasticamente para 17% entre pessoas de 75 a 84 anos e para 32% entre pessoas com 85 anos ou mais (Alzheimer's Association, 2020). O aumento parece não continuar na mesma proporção; pessoas na faixa dos 90 anos que não desenvolveram sinais da doença não são tão propensas a ela quanto aquelas entre 65 e 85 anos (Hall et al., 2005). O elevado número de pessoas com mais de 85 anos que apresentam sintomas de provável doença de Alzheimer apresenta um quadro pessimista para o envelhecimento da população em muitos países industrializados e alguns em desenvolvimento, onde o Alzheimer parece destinado a se tornar um grande problema de saúde pública (Wimo et al., 2013).

Os mecanismos subjacentes a seu desenvolvimento ainda não são completamente compreendidos, mas existem duas formas diferentes da doença: uma versão de início precoce que ocorre antes dos 60 anos e outra de início tardio que ocorre após os 60 anos. O tipo de início precoce é bastante raro, representando menos de 5% de todos os pacientes com Alzheimer (Bertram & Tanzi, 2005). A doença de Alzheimer de início precoce pode surgir de um defeito genético, e pelo menos três genes diferentes nos cromossomos 1, 14 e 21 contribuem.

O tipo de início tardio tem sintomas semelhantes ao tipo precoce, mas começa após os 60 anos, como a doença do presidente Reagan. A suscetibilidade a essa versão também tem um componente genético relacionado à apolipoproteína ε, uma proteína envolvida no metabolismo do colesterol (Bertram & Tanzi, 2005; Ertekin-Taner, 2007). Uma forma de apolipoproteína, a forma $\varepsilon 4$, afeta o acúmulo da proteína ε amiloide, que forma os blocos de construção da placa amiloide (Selkoe, 2007). Essa placa parece constituir a patologia subjacente à doença de Alzheimer. O risco aumenta cerca de três vezes para indivíduos que possuem um gene $\varepsilon 4$ e cerca de 15 vezes para indivíduos que possuem dois. Os adultos mais velhos que não sofrem com a doença de Alzheimer, mas que carregam a variante $\varepsilon 4$ desse gene, apresentam níveis mais baixos de funcionamento cognitivo que aqueles com outras variantes do gene (Small et al., 2004). A forma $\varepsilon 2$ do gene pode realmente oferecer alguma proteção contra a doença.

Esses fatores genéticos aumentam a suscetibilidade de uma pessoa à doença de Alzheimer, em vez de garanti-la. Uma variedade de fatores ambientais e comportamentais também desempenham um papel em seu desenvolvimento interagindo com a genética da doença. Por exemplo, sofrer um acidente vascular encefálico aumenta o risco, assim como lesões na cabeça (Pope, Shue & Beck, 2003). Esses riscos podem se aplicar mais fortemente a pessoas que carregam a forma $\varepsilon 4$ do gene da apolipoproteína. O diabetes tipo 2 aumenta o risco do Alzheimer, mas a combinação de apolipoproteína $\varepsilon 4$ e diabetes aumenta o risco em mais de cinco vezes (Peila, Rodriguez & Launer, 2002). O processo de inflamação também é um risco para a doença, assim como para as doenças cardiovasculares (Martins et al., 2006). Esse risco pode se acumular ao longo da vida, com risco aumentado para pessoas que experimentam crises prolongadas de inflamação, mesmo durante a idade adulta jovem ou intermediária (Kamer et al., 2008). A ingestão de gordura durante a meia-idade também aumenta o risco (Laitinen et al., 2006), mas o colesterol alto durante a idade avançada não tem relação (Reitz et al., 2008). A atividade física – um fator de risco protetor para muitos outros problemas de saúde – também parece proteger contra o desenvolvimento subsequente da doença de Alzheimer (Qiu, Kivipelto & von Strauss, 2011) e melhora a cognição entre aqueles com demência (Groot et al., 2016).

A pesquisa sobre fatores de risco para a doença de Alzheimer também revela alguns fatores de prevenção. A atividade cognitiva diminui o risco, de modo que as pessoas cujos empregos exigem um alto nível de processamento cognitivo são menos propensas a desenvolver a doença que outras com empregos menos exigentes em termos cognitivos (veja o quadro "Dá para acreditar?"). Baixos níveis de consumo de álcool reduziram o risco pela metade em um estudo (Ruitenberg et al., 2002). Doses regulares de anti-inflamatórios não esteroides (AINEs) também parecem diminuir o risco, especialmente para pessoas que carregam a forma ε4 do gene da apolipoproteína (Szekely et al., 2008). Portanto, é possível modificar o risco genético por meio desse comportamento. Muitos dos riscos para a doença de Alzheimer se sobrepõem aos de doenças cardiovasculares e câncer, assim como os fatores de prevenção. Ou seja, um estilo de vida saudável pode oferecer proteção para uma série de transtornos. A **Tabela 11.1** apresenta um resumo desses riscos e fatores de prevenção.

Como os sintomas de Alzheimer incluem vários problemas de comportamento que também são sintomas de transtornos psiquiátricos, a doença pode ser difícil de diagnosticar. Esses sintomas ocorrem na maioria das pessoas com Alzheimer (Weiner et al., 2005). Além da perda de memória, os sintomas comportamentais incluem agitação e irritabilidade, dificuldades para dormir, delírios, como desconfiança e paranoia, comportamento sexual inadequado e alucinações. Pessoas com doença de Alzheimer são mais propensas que outras a se envolver em comportamentos perigosos (Starkstein et al., 2007). Mesmo indivíduos com Alzheimer leve apresentam sintomas psiquiátricos semelhantes àqueles com casos mais graves (Shimabukuro, Awata & Matsuoka, 2005). Esses sintomas comportamentais podem ser fonte de muito sofrimento para os pacientes, bem como para seus cuidadores, e sintomas comportamentais mais graves predizem tempos de sobrevivência mais curtos (Weiner et al., 2005).

O problema psiquiátrico mais comum entre os pacientes de Alzheimer é a depressão, com até 20% apresentando sintomas de depressão clínica (van Reekum et al., 2005). A depressão pode até preceder o desenvolvimento da doença de Alzheimer, servindo como fator de risco. A experiência de humor negativo é especialmente comum entre pessoas nas fases iniciais da doença e na doença de Alzheimer de início precoce. Aqueles que mantêm a consciência de seus problemas acham sua deterioração angustiante e respondem com sentimentos de desamparo e depressão.

A perda de memória que caracteriza os pacientes de Alzheimer pode aparecer primeiro na forma de pequenas falhas comuns de memória, que representam os estágios iniciais da doença (Morris et al., 2001). Essa perda de memória progride a ponto de pacientes com Alzheimer não reconhecerem os familiares e esquecerem como realizar até mesmo o autocuidado rotineiro; o ex-presidente Reagan experimentou essas perdas. Nas fases iniciais da doença, os pacientes geralmente estão cientes de suas falhas de memória, como Reagan estava, tornando esse sintoma ainda mais angustiante.

Os sintomas comuns de paranoia e desconfiança também podem estar relacionados a deficiências cognitivas. Os pacientes de Alzheimer podem esquecer onde colocaram seus pertences e, por não conseguirem encontrá-los, acusam os outros de levá-los. Mas comportamentos suspeitos e acusatórios não se limitam a pertences extraviados. A agressão verbal ocorre em cerca de 37% dos pacientes com Alzheimer e a agressão física em cerca de 17% (Weiner et al., 2005).

Ajudando o paciente

Atualmente, a doença de Alzheimer permanece sem cura. Entretanto, incurabilidade e intratabilidade são duas coisas diferentes; os sintomas físicos e outros transtornos associados a ela são tratáveis. Embora os pesquisadores busquem desenvolver medicamentos que previnam a doença, o foco principal do tratamento é o uso de medicamentos para retardar seu progresso. As abordagens de tratamento incluem medicamentos para adiar a progressão dos déficits cognitivos e medicamentos neurolépticos para reduzir a agitação e a agressividade. Infelizmente, uma revisão sistemática (Seow & Gauthier, 2007) indicou que as drogas que visam déficits cognitivos oferecem apenas benefícios modestos. Para alguns pacientes, esses medicamentos retardam o progresso da doença em meses ou até em alguns anos, mas não a interrompem ou a curam. Uma droga (donepezil) retarda a perda de neurônios no hipocampo, local crítico do cérebro para a formação de novas memórias. Essa descoberta explica por que essa droga

TABELA 11.1 Riscos e fatores de prevenção para o desenvolvimento da doença de Alzheimer

Riscos	Fatores de prevenção
Idade – mais de 65 anos apresenta risco crescente	
Herdando apolipoproteína ε4	Herdar a apolipoproteína ε2
Acidente vascular cerebral, lesão na cabeça ou diabetes, especialmente para aqueles portadores da apolipoproteína ε4	
Inflamação	Tomar medicamentos anti-inflamatórios (AINEs)
Dieta rica em gordura durante a meia-idade	
Baixos níveis de instrução	Níveis mais altos de instrução
Emprego cognitivamente pouco exigente	Emprego cognitivamente exigente
	Ingestão de álcool de baixa a moderada
Estilo de vida sedentário	Muitas formas de atividade física, incluindo caminhadas

Dá para ACREDITAR? Usar a mente pode ajudar a evitar perder a cabeça

Embora a idade e a genética contribuam para o risco de desenvolver a doença de Alzheimer, nem todos na mesma faixa etária ou com os mesmos genes têm risco proporcional. Sua inteligência, educação, emprego e mesmo seus hábitos de ver televisão também contribuem para o risco.

Pessoas com mais instrução têm menor risco de desenvolver a doença de Alzheimer. Como escolaridade e QI estão fortemente relacionados, distinguir o efeito protetor da educação não é fácil, mas um estudo (Pavlik, Doody, Massman & Chan, 2006) estimou que a pontuação de QI, e não o nível de escolaridade, era um melhor preditor da progressão da doença. Esse resultado sugere que ser inteligente oferece alguma proteção contra essa doença. Outras pesquisas, porém, sugerem que ser inteligente não é de forma alguma a história toda.

O que você faz com a mente pode ser mais importante que quão inteligente você é no combate à doença de Alzheimer. Por exemplo, a complexidade do trabalho das pessoas afeta o risco. Em um estudo com pares de gêmeos, no qual um gêmeo sofria de Alzheimer e o outro não (Andel et al., 2005), uma característica distintiva foi a complexidade do trabalho realizado pelos gêmeos não afetados. Como o estudo envolveu gêmeos, fatores genéticos não podem ter desempenhado um papel. Os resultados indicaram que aqueles cujo trabalho envolvia mais complexidade, em relação a tarefas com pessoas ou dados, provavelmente não seriam afetados pela doença. Um estudo com quase 1.000 adultos suecos também confirmou essa descoberta (Karp et al., 2009), sugerindo que usar a mente é protetor. Você também acreditaria que a aposentadoria – que, para muitas pessoas, pode significar interromper um trabalho cognitivamente complexo – também pode aumentar o risco de declínio cognitivo? Um estudo recente sugere que sim (Roberts et al., 2011).

Fique tranquilo, trabalhar durante os anos de aposentadoria não é a única solução para prevenir a doença de Alzheimer, pois a complexidade do trabalho não é o único tipo de atividade mental que pode oferecer proteção. Um estudo sobre atividades de lazer (Lindstrom et al., 2005) descobriu que as atividades de lazer durante a meia-idade podem ser protetoras ou arriscadas. As pessoas que participaram de atividades sociais e de lazer intelectualmente estimulantes apresentaram menor risco de doença de Alzheimer durante a velhice, enquanto aquelas que assistiam à televisão apresentavam maior risco. De fato, cada hora diária adicional assistindo à televisão aumentava o risco. Portanto, usar a mente durante a juventude e a meia-idade pode proteger contra o desenvolvimento da doença de Alzheimer mais tarde na vida – apresentando outro caso de "use ou perca".

é eficaz para alguns pacientes de Alzheimer em retardar as perdas cognitivas. Outra droga (mematina) pode melhorar as medidas cognitivas e o funcionamento geral. Além disso, alguns pesquisadores (Langa, Foster & Larson, 2004) encontraram alguns benefícios nas estatinas, normalmente prescritas para pacientes cardiovasculares, em retardar a demência associada ao Alzheimer.

Abordagens comportamentais podem ser úteis para pessoas com doença de Alzheimer. Dentre elas a estimulação sensorial e a orientação para a realidade para ajudar esses pacientes a reter suas habilidades cognitivas. Várias revisões (Hulme et al., 2010; O'Connor et al., 2009; Verkaik, Van Weert & Francke, 2005) indicaram que alguns programas demonstram eficácia. Aqueles que se mostram mais promissores foram os que proporcionam estimulação agradável, como música, aromaterapia, exposição à luz solar e treino de relaxamento muscular, e programas que se concentram em habilidades cognitivas e resolução de problemas. A musicoterapia pode ser mais útil que outros tipos de estimulação sensorial (Svansdottir & Snaedal, 2006) e é a abordagem que mais consistentemente beneficia pacientes com Alzheimer (Hulme et al., 2010; O'Connor et al., 2009; Verkaik et al., 2005). Uma metanálise de programas que fornecem estimulação cognitiva indica que esses programas podem proporcionar melhorias modestas nas habilidades cognitivas, mas programas que fornecem treinamento cognitivo oferecem menos benefícios (Huntley et al., 2015). Ainda assim, os cuidadores podem gerenciar problemas de comportamento de pacientes com Alzheimer por meio de melhorias na comunicação e modificação do ambiente para ajudar a diminuir a confusão e gerenciar comportamentos problemáticos (O'Connor et al., 2009; Yuhas et al., 2006). Por exemplo, trancar as portas de saída pode evitar que saiam e se percam. Para aqueles que se perdem em suas próprias casas, rotular as portas pode ser útil.

Embora nenhum desses tratamentos possa curar a doença de Alzheimer, a maioria ajudará a controlar comportamentos indesejáveis e aliviar alguns dos sintomas angustiantes da doença. Qualquer tratamento que possa retardar os sintomas da doença pode fazer uma diferença significativa no número de casos e nos custos de gestão (Haan & Wallace, 2004). Nas fases iniciais do Alzheimer, tanto os pacientes quanto seus familiares ficam angustiados com seus sintomas, mas à medida que o paciente piora e perde a consciência, o estresse da doença se torna mais grave para a família. A carga de cuidar é um fator na decisão de ter um familiar institucionalizado (Mausbach et al., 2004), o que aumenta o custo desta doença.

Ajudando a família

Tal como acontece com outras doenças crônicas, a doença de Alzheimer afeta não apenas os pacientes, mas também os familiares, que carregam o fardo de cuidar. Alguns dos sintomas angustiantes podem dificultar o cuidado; cuidar de um cônjuge ou pai que pode ser abusivo e não o reconhece mais é uma tarefa muito difícil. As deficiências cognitivas levam a mudanças no comportamento que podem fazer que o afetado não pareça mais a mesma pessoa.

A prestação de cuidados afeta famílias nos países industrializados e em desenvolvimento de forma semelhante: cuidar de um membro da família com uma doença demencial, como Alzheimer, cria um fardo para as famílias (Prince, 2004). Esse fardo é emocional e prático. Os problemas de cuidar de um paciente com Alzheimer demandam tempo, exigem novas habilidades e atrapalham muito a rotina familiar.

Nos Estados Unidos (Cancian & Oliker, 2000) e em todo o mundo (Prince, 2004), o papel de cuidador de pacientes com Alzheimer é ocupado majoritariamente por mulheres. De acordo com algumas estimativas, cerca de dois terços dos cuidadores de Alzheimer são mulheres (Rabarison et al., 2018). Infelizmente, a raiva e a desconfiança que são sintomas comuns da doença de Alzheimer são mais angustiantes para os cuidadores do sexo feminino que para os do sexo masculino (Pillemer, Davis & Tremont, 2017), de modo que as mulheres tendem a se sentir mais sobrecarregadas ao prestarem cuidados que os homens. Suas tarefas podem ser realmente onerosas. Uma pesquisa com cuidadores de Alzheimer (Georges et al., 2008) indicou que essas tarefas podem ocupar mais de 10 horas por dia quando os destinatários dos cuidados são pacientes com demência em estágio avançado.

O estresse crônico do cuidado torna esses familiares de interesse para os psiconeuroimunologistas, que estudam como o estresse crônico afeta o sistema imunológico. Janice Kiecolt-Glaser e colegas (Kiecolt-Glaser et al., 2002) estudaram cuidadores de Alzheimer e descobriram que eles experimentam pior saúde física e psicológica e pior função imunológica que pessoas de idade semelhante que não são cuidadores. Além disso, o nível de comprometimento com esses pacientes está diretamente relacionado ao nível de sofrimento do cuidador (Robinson-Whelen et al., 2001); ou seja, quanto mais prejudicado o paciente, mais angustiado o cuidador. Além disso, sua angústia não diminui quando o cuidado termina (Aneshensel, Botticello & Yamamoto-Mitani, 2004). Assim, a prestação de cuidados impõe encargos severos, estendendo-se mesmo após a morte do doente.

Os cuidadores agora têm mais assistência disponível para eles. Por exemplo, existem programas para ajudar as pessoas a desenvolver as habilidades necessárias para serem cuidadores eficazes de alguém com doença de Alzheimer (Paun et al., 2004). Os cuidadores não se sentem tão sobrecarregados quando têm o conhecimento e as habilidades para realizar as tarefas necessárias. Revisões de tais intervenções educacionais (Beinart et al., 2012; Coon & Evans, 2009) indicam que essa abordagem é bem-sucedida na redução do estresse e da depressão e na melhoria da autoeficácia e do bem-estar. Os grupos de apoio também podem ser fontes de informação sobre como cuidar de pacientes e sobre recursos comunitários que oferecem cuidados temporários. Muitos grupos de apoio existem para fornecer informações e apoio emocional aos cuidadores. Além disso, a Internet também pode ser uma fonte de apoio. Os serviços on-line e telefônicos fornecem apoio aos cuidadores que têm dificuldade em obter assistência de outras fontes (Boots et al., 2014; Wilz, Schinkothe & Soellner, 2011).

Os cuidadores de Alzheimer frequentemente vivenciam sentimentos de perda pelo relacionamento que outrora compartilhavam com o paciente; esses sentimentos de perda podem começar com o diagnóstico de um parceiro (Robinson, Clare & Evans, 2005). Entender a demência e se ajustar à perda é uma tensão para o parceiro e a família. Contudo, apenas 19% dos que cuidam de alguém com Alzheimer relataram apenas tensões (Sanders, 2005); a maioria encontrou aspectos positivos no cuidado, como sentimentos de autodomínio e crescimento pessoal e espiritual. De muitas maneiras, Nancy Reagan teve mais sorte que o cuidador típico. Ela pôde contratar outras pessoas para ajudá-la a cuidar do marido, mas ela e a família Reagan se sentiram impotentes e frustradas ao verem o ex-presidente perdendo habilidades progressivamente (Ellis, 2004). Nancy disse que precisava e apreciava o apoio das muitas pessoas que enviaram cartas. Seus sentimentos de isolamento e frustração eram típicos de cuidadores de pacientes de Alzheimer, mas ela e a família Reagan lutaram para encontrar significado em sua experiência. Uma maneira de fazer isso foi tornando-se ativistas no esforço de encontrar a cura ou prevenção para a doença de Alzheimer.

RESUMO

A doença de Alzheimer é uma doença progressiva e degenerativa do cérebro que afeta o funcionamento cognitivo, especialmente a memória. Outros sintomas adicionais incluem agitação e irritabilidade, paranoia e outros delírios, perambulação, depressão e incontinência. Esses sintomas também são indicativos de alguns transtornos psiquiátricos, tornando a doença de Alzheimer difícil de diagnosticar e angustiante para pacientes e cuidadores.

O aumento da idade é um fator de risco para Alzheimer, com até metade das pessoas com mais de 85 anos apresentando sintomas. Tanto a genética quanto o ambiente parecem desempenhar um papel no desenvolvimento da doença; existem variedades de início precoce e tardio.

Nesse ponto, o tratamento é amplamente orientado para retardar o progresso da doença, gerenciar os sintomas negativos e ajudar os cuidadores familiares a lidar com o estresse. Os tratamentos medicamentosos destinados a retardar o progresso da doença têm eficácia limitada, mas ajudam algumas pessoas. O tratamento dos sintomas pode incluir o fornecimento de estimulação sensorial e cognitiva para retardar a perda cognitiva e mudar o ambiente para tornar o cuidado menos difícil. Treinamento e apoio também são desejáveis para quem assiste pacientes com Alzheimer, pois os cuidadores ficam sobrecarregados com as demandas de cuidar de alguém com essa doença.

APLIQUE O QUE VOCÊ APRENDEU

1. Que conselho ou apoio você daria a alguém que (1) tem fatores de risco para a doença de Alzheimer, (2) está vivendo com a doença e (3) é um cuidador de alguém que vive com Alzheimer?

11-3 Ajustando-se ao diabetes

OBJETIVOS DE APRENDIZAGEM

11-6 Compreender a diferença entre diabetes tipo 1 e tipo 2, em termos de fatores de risco, prevalência e tratamento da doença

11-7 Identificar os fatores que se relacionam com o tratamento do diabetes, bem como as intervenções que podem ajudar

Assim como Nick Jonas, a atriz Halle Berry tem uma carreira exigente. Em 1989, ela teve um papel em um seriado de televisão e estava trabalhando exaustivamente como nunca (Siegler, 2003). Ela não teve oportunidade de descansar quando estava cansada ou comer uma barra de chocolate quando sentiu que seu nível de glicose no sangue estava baixo. Berry tem **diabetes mellitus**, e seu fracasso em cuidar de si mesma a levou a entrar em coma que durou sete dias. Apesar dessa experiência aterrorizante, ela a viu como um "despertar" que a obrigou a cuidar de sua saúde. Agora ela é muito cuidadosa com dieta, exercícios e estresse, e regulou seu nível de glicose no sangue tomando insulina. Em outubro de 2007, Berry anunciou que havia se curado do diabetes por meio de uma dieta saudável e não tomava mais insulina (Goldman, 2007). Suas observações causaram furor, porque Berry havia sido diagnosticada com diabetes tipo 1, para a qual não há cura; se ela não precisasse mais de injeções de insulina, então seu diabetes era realmente desde o início do tipo 2. Seu diagnóstico, comportamento e até mesmo mal-entendido sobre sua doença ilustram alguns dos muitos desafios apresentados pelo diabetes.

A fisiologia do diabetes

Antes de examinar as questões psicológicas no tratamento do diabetes, vamos examinar mais de perto a fisiologia do transtorno. O **pâncreas**, localizado abaixo do estômago, produz diferentes tipos de secreções. As **células das ilhotas** pancreáticas produzem vários hormônios, dois dos quais, glucagon e insulina, são criticamente importantes no metabolismo. **Glucagon** estimula a liberação de glicose e, portanto, atua para elevar os níveis de açúcar no sangue. A ação da **insulina** é o oposto. A insulina diminui o nível de glicose no sangue, fazendo que as membranas das células dos tecidos se abram para que a glicose possa entrar nas células mais livremente. Distúrbios das células das ilhotas resultam em dificuldades no metabolismo do açúcar. Diabetes mellitus é uma doença causada pela deficiência de insulina. Se as células das ilhotas não produzem insulina adequada, o açúcar não pode passar do sangue para as células para ser utilizado. A falta de insulina impede que o corpo regule o nível de açúcar no sangue; o excesso de açúcar se acumula no sangue e também aparece em níveis anormalmente altos na urina. Tanto coma como morte são possibilidades do diabetes não controlado; Nick Jonas quase entrou em coma quando descobriu sua doença, e Halle Berry entrou em coma apesar de saber da sua doença.

Os dois tipos de diabetes mellitus são (1) diabetes mellitus insulinodependente (DMID), também conhecido como diabetes tipo 1, e (2) diabetes mellitus não insulinodependente (DMNID), também conhecido como diabetes tipo 2. O diabetes tipo 1 é uma doença autoimune que ocorre quando o sistema imunológico da pessoa ataca as células produtoras de insulina no pâncreas, destruindo-as (Permutt, Wasson & Cox, 2005). Esse processo geralmente ocorre antes dos 30 anos e deixa a pessoa sem a capacidade de produzir insulina e, portanto, dependente de injeções de insulina. O diabetes tipo 1 foi o diagnóstico de Halle Berry quando ela entrou em coma; sua idade e sintomas eram consistentes com diabetes tipo 1, mas esse diagnóstico pode ter sido incorreto. Pessoas com diabetes tipo 1 não se recuperam dessa doença, e é provável que seu diagnóstico inicial tenha sido equivocado e que ela sempre teve diabetes tipo 2.

O diabetes tipo 2 é o tipo mais comum, representando mais de 90% de todos os casos diagnosticados (Xu et al., 2018). Até recentemente, o diabetes tipo 2 chamava-se

A atriz Halle Berry seguiu uma dieta e um regime de exercícios para controlar o diabetes e conseguiu ter uma gravidez saudável.

TABELA 11.2 Características do diabetes mellitus tipo 1 e tipo 2

Tipo 1	Tipo 2
O início ocorre antes dos 30 anos	O início pode ocorrer durante a infância ou idade adulta
Os pacientes geralmente têm peso normal ou estão abaixo do peso	Os pacientes geralmente têm sobrepeso
Os pacientes experimentam sede e micção frequentes	Os pacientes podem ou não experimentar sede e micção frequentes
Causado principalmente por fatores genéticos	Causado por fatores de estilo de vida (má alimentação, baixa atividade física, obesidade) e fatores genéticos
Não tem correlatos socioeconômicos	Afeta mais os pobres que pessoas de classe média
O tratamento envolve injeções de insulina e mudanças na dieta	O tratamento envolve atividade física e mudança na dieta, medicação e, às vezes, injeções de insulina
Apresenta risco de danos nos rins	Apresenta risco de danos cardiovasculares
Representa 5% dos diabéticos	Representa 90% a 95% dos diabéticos

diabetes do adulto porque normalmente se desenvolve em pessoas com mais de 30 anos. Mas o diabetes tipo 2 aparece cada vez mais entre crianças e adolescentes, representando mais de 20% dos novos casos de diabetes nessa faixa etária (CDC, 2014b). Essa tendência aparece não apenas nos Estados Unidos, mas também em países desenvolvidos em todo o mundo (Malecka-Tendera & Mazur, 2006). Tanto para crianças como para adultos, o diabetes tipo 2 afeta as minorias étnicas de forma desproporcional, e aqueles que desenvolvem essa doença geralmente apresentam sobrepeso, são sedentários e pobres (Agardh et al., 2011; CDC, 2011a). As características de ambos os tipos de diabetes são mostradas na **Tabela 11.2**. Um terceiro tipo de diabetes é o *diabetes gestacional*, que se desenvolve em algumas mulheres durante a gestação. Este termina quando a gravidez é concluída, mas o transtorno complica a gestação e apresenta risco de desenvolvimento de diabetes tipo 2 no futuro (Reader, 2007).

O tratamento de todos os tipos de diabetes requer mudanças no estilo de vida para que a pessoa se ajuste à doença e minimize as complicações de saúde. O diabetes requer monitoramento diário dos níveis de açúcar no sangue e conformidade relativamente estrita com os regimes clínicos e de estilo de vida para regular o açúcar no sangue. Como outras doenças crônicas, o diabetes pode ser controlado, mas não curado.

Além do perigo de coma, a incapacidade de regular o açúcar no sangue muitas vezes faz que as pessoas com diabetes tenham uma série de outros problemas de saúde. A insulina oral ou injetada pode controlar os sintomas mais graves da deficiência de insulina, mas não mimetiza a produção normal de insulina. Aqueles com diabetes ainda apresentam níveis elevados de açúcar no sangue, o que pode levar ao desenvolvimento de (1) danos aos vasos sanguíneos, deixando os diabéticos propensos a doenças cardiovasculares (os diabéticos têm duas vezes mais chances de ter hipertensão e de desenvolver doenças cardíacas); (2) danos à retina, colocando-os em risco de cegueira (eles têm 17 vezes mais chances de ficarem cegos que os não diabéticos); e (3) doenças renais, deixando os diabéticos propensos à insuficiência renal. Além disso, os diabéticos, em comparação com os não diabéticos, têm o dobro do risco de câncer de pâncreas (Huxley, Ansary-Moghaddam, de González, Barzi & Woodward, 2005).

O impacto do diabetes

O diagnóstico de qualquer doença crônica tem impacto nos pacientes por dois motivos: primeiro, a reação emocional de apresentar uma doença incurável ao longo da vida e, segundo, os ajustes no estilo de vida exigidos pela doença. Para o diabetes que começa durante a infância, tanto as crianças como seus pais devem aceitar a perda da saúde da criança (Lowes, Gregory e Lyne, 2005) e o tratamento da doença, que inclui restrições cuidadosas na dieta, injeções de insulina e recomendações para exercícios regulares. As restrições alimentares incluem o agendamento cuidadoso de refeições e lanches, bem como a adesão a um conjunto de alimentos permitidos e não permitidos.

Os diabéticos devem testar os níveis de açúcar no sangue pelo menos uma vez (e possivelmente várias vezes) por dia, coletando uma amostra de sangue e usando o equipamento de teste corretamente. Os resultados orientam os diabéticos quanto aos níveis adequados de insulina. As injeções são o modo padrão de administração para diabéticos tipo 1, e as injeções diárias (ou mais frequentes) podem ser uma fonte de medo e estresse. Modos alternativos de teste e administração de insulina são desejáveis porque a coleta de amostras de sangue e a aplicação de injeções são dolorosas, e os diabéticos tendem a realizar menos testes e menos injeções que seria ideal para controlar o açúcar no sangue. Por esse motivo, os métodos mais recentes de teste incluem monitores contínuos de glicose, que transmitem os níveis de glicose sem fio a partir de sensores colocados na pele. Esses monitores são mais convenientes, mas não tão precisos quanto o teste de picada no dedo, assim os diabéticos com esses monitores ainda precisam usar testes de picada no dedo para verificar algumas leituras. Existem outros modos de administração de insulina, incluindo bombas de insulina externas ou implantadas. Estas são apropriadas para alguns indivíduos, incluindo crianças e adolescentes, fornecendo níveis de glicose no sangue mais estáveis (Pickup & Renard, 2008). Embora o teste de glicose no sangue e a administração de insulina sejam extremamente importantes, esses aspectos do tratamento do diabetes apresentam dificuldades para a maioria dos diabéticos.

O diabetes não dependente de insulina (tipo 2) geralmente não requer injeções de insulina, mas esse tipo de diabetes exige mudanças no estilo de vida e medicação oral. Afro-americanos, hispano-americanos e nativos norte-americanos têm maior risco de diabetes tipo 2 que os euro-americanos (CDC, 2011a), e o sobrepeso é um risco para todos os grupos. De fato, o ganho ponderal aumenta e a perda diminui o risco de diabetes tipo 2 (Black et al., 2005). Mesmo a cirurgia bariátrica, um tratamento médico para obesidade extrema, resolve o diabetes tipo 2 na maioria daqueles que se submetem ao procedimento (Buchwald et al., 2009). Mais frequentemente, os componentes do tratamento para diabetes tipo 2 são métodos comportamentais para perda ponderal e uma dieta saudável.

Os diabéticos tipo 2 devem lidar com restrições alimentares e cumprir o horário de medicação oral. O diabetes geralmente afeta o funcionamento sexual em homens e mulheres, e as mulheres diabéticas que engravidam geralmente têm gestações problemáticas. Halle Berry anunciou que estava grávida em 2007 (Bonilla, 2007). Embora tenha dito que sentiu algum medo em relação à gravidez, ela expressou muito otimismo e alegria. Sua fama e riqueza lhe permitiram obter excelentes cuidados médicos, e sua fiel adesão aos cuidados com a doença ajudou a minimizar as complicações potenciais; ela deu à luz uma menina saudável em 2008.

O diabetes tipo 2 tem maior probabilidade de causar problemas circulatórios, deixando esses indivíduos que sofrem deste mal propensos a problemas cardiovasculares, que é a principal causa de morte. Tanto as mulheres (Hu et al., 2000) como os homens (Lotufo et al., 2001) com diabetes tipo 2 têm um risco dramaticamente maior de morte por todas as causas, mas especialmente por doença cardiovascular.

Alguns diabéticos negam a gravidade de sua doença e ignoram a necessidade de restringir a dieta e tomar medicamentos. Outros reconhecem a gravidade de seus problemas, mas acreditam que o regime recomendado será ineficaz (Skinner, Hampson e Fife-Schaw, 2002). E outros ainda se tornam agressivos, o que se manifesta de duas maneiras: ou dirigem a agressão extravasando e se recusam a cumprir o regime de tratamento ou voltam sua agressão para o íntimo e tornam-se deprimidos. Por fim, muitos diabéticos tornam-se dependentes e dependem de outros para cuidar deles, não participando ativamente de seus próprios cuidados. Todas essas reações podem interferir no controle dos níveis de açúcar no sangue e levar a sérias complicações de saúde, incluindo a morte.

Envolvimento da psicologia da saúde com o diabetes

Os psicólogos da saúde procuram pesquisar e tratar o diabetes (Gonder-Frederick, Cox & Ritterband, 2002). O psicólogo Richard Rubin tornou-se chefe da American Diabetes Association em 2006 e enfatizou o papel da psicologia: "Quero que mais e mais pessoas entendam que o comportamento e a emoção desempenham papel no diabetes e como isso afeta os resultados humanos e econômicos" (citado em Dittmann, 2005, p. 35).

Os pesquisadores se concentraram no efeito do estresse sobre o metabolismo da glicose, nas maneiras como os diabéticos entendem e conceituam a doença, na dinâmica das famílias com crianças diabéticas e nos fatores que influenciam a adesão do paciente aos regimes médicos. Os psicólogos da saúde orientam seus esforços para melhorar a adesão aos regimes médicos para que os diabéticos possam controlar os níveis de glicose no sangue e minimizar as complicações de saúde.

O estresse pode desempenhar dois papéis no diabetes: como uma possível causa do diabetes e como um fator na regulação do açúcar no sangue em diabéticos. Para examinar o papel do estresse familiar no desenvolvimento do diabetes, uma equipe de pesquisadores (Sepa et al., 2005) acompanhou um grande grupo de recém-nascidos durante o primeiro ano de suas vidas, medindo o estresse familiar e coletando amostras de sangue para testar sinais da resposta autoimune subjacente ao diabetes tipo 1. De fato, o estresse previu o desenvolvimento dessa resposta. Entretanto, um estudo prospectivo com nativos norte-americanos (Daniels et al., 2006) não encontrou nenhuma relação entre o estresse durante a vida adulta e o desenvolvimento subsequente do diabetes tipo 2.

Existem evidências mais claras mostrando que o estresse afeta o metabolismo e o controle da glicose entre os diabéticos. Uma revisão meta-analítica mostra que ter uma personalidade propensa ao estresse e experimentar eventos estressantes predizem um controle metabólico pior (Chida & Hamer, 2008). Um estudo de pessoas com diabetes tipo 2 (Surwit et al., 2002) mostrou que acrescentar um tratamento de estresse a instruções sobre o diabetes tem efeito pequeno, mas significativo, nos níveis de açúcar no sangue. A depressão é outro fator que afeta os diabéticos e piora o controle da glicemia (Lustman & Clouse, 2005). Assim, as emoções negativas podem afetar adversamente o diabetes, e as intervenções para controlar o estresse e a depressão podem ser um componente valioso (e eficiente em termos de custo) para os programas de controle do diabetes.

O apoio social parece ser particularmente importante para o controle metabólico, pois o apoio social deficiente é o fator psicossocial mais fortemente ligado ao mau controle do diabetes (Chida & Hamer, 2008). O apoio de familiares e amigos pode promover maior monitoramento da glicemia e atividade física, enquanto o apoio de profissionais de saúde pode aumentar a adesão ao plano alimentar (Khan et al., 2012; Rosland et al., 2008). Nick Jonas credita à sua família e ao seu relacionamento com os profissionais de saúde como contribuintes para seu sucesso no tratamento de sua doença. Entre os latinos com diabetes tipo 2, a disponibilidade de apoio de fontes como família, amigos, profissionais de saúde e a comunidade em conjunto previram um melhor tratamento da doença e menos depressão (Fortmann, Gallo & Philis-Tsimkias, 2011). Contudo, o apoio não precisa vir do contato face a face com outra pessoa para ser útil. Por exemplo, várias intervenções recentes usam mensagens de texto para fornecer informações de suporte para ajudar no controle metabólico dos pacientes. Essas intervenções são geralmente eficazes, tanto para adolescentes como para adultos (Krishna & Boren, 2008; Liang et al., 2011). Por exemplo, intervenções via mensagens de texto de apoio melhoraram o controle metabólico entre crianças e adolescentes com diabetes tipo 1 na Escócia (Franklin et al., 2006) e na Áustria (Rami et al., 2006).

Os psicólogos da saúde também pesquisam a compreensão dos pacientes diabéticos sobre sua doença e como essa compreensão afeta o comportamento. Tanto os pacientes como os profissionais de saúde supõem que os pacientes entendam a doença e reconheçam os sintomas de níveis altos e baixos de glicose no sangue. Essas suposições nem sempre são verdadeiras. Por exemplo, a percepção das pessoas sobre o risco de desenvolver diabetes não é precisa nem baseada nos fatores de risco existentes, mesmo para médicos (Walker et al., 2003). Pelo contrário, ter um amigo próximo ou familiar com diabetes foi uma circunstância que aumentou a percepção da vulnerabilidade (Montgomery et al., 2003). As percepções também afetam como as pessoas com diabetes cuidam de si mesmas. Suas conceituações do diabetes afetam seu comportamento de enfrentamento (Searle et al., 2007). Por exemplo, a crença nas consequências do diabetes previu o uso de estratégias de enfrentamento focadas em problemas, e aqueles que acreditavam ser capazes de controlar o diabetes eram mais propensos a usar a medicação.

Crenças imprecisas podem ter impacto significativo no autocuidado. Em um estudo das inter-relações entre crenças, características de personalidade e comportamento de autocuidado em diabéticos (Skinner et al., 2002), as crenças emergiram como o componente mais importante. A eficácia percebida do regime de tratamento previu todos os aspectos do autocuidado do diabetes. Esse achado enfatiza a importância das instruções sobre o diabetes na construção da adesão à dieta, exercícios e regime de medicação necessários para controlar os níveis de glicose no sangue.

A adesão completa ao regime de medicação e estilo de vida é rara (Cramer, 2004). Como o Capítulo 4 explorou, vários fatores estão relacionados à baixa adesão, e o diabetes combina vários desses fatores. Primeiro, a complexidade torna a adesão mais difícil e, segundo, fazer mudanças no estilo de vida é mais difícil que tomar medicação. Diabéticos devem fazer as duas coisas. Terceiro, eles também devem realizar testes de açúcar no sangue várias vezes ao dia, mesmo quando se sentem bem. Quarto, sua adesão não vai curar a doença, e complicações sérias podem demorar anos. Assim, a baixa adesão é comum, e melhorar a adesão é a principal preocupação dos psicólogos envolvidos no atendimento aos diabéticos.

É provável que o papel da psicologia da saúde no controle do diabetes se expanda porque os componentes comportamentais são importantes no controle dos níveis de glicose no sangue. De fato, mudanças no estilo de vida podem prevenir o desenvolvimento de diabetes em indivíduos que apresentam problemas de tolerância à glicose no sangue (Gillies et al., 2007). Por exemplo, uma intervenção no estilo de vida realizada na China (Li et al., 2008) mostrou uma redução notável na incidência de diabetes tipo 2 a longo prazo. Adultos diabéticos que participaram de uma intervenção de dieta e exercícios em grupo por 6 anos relataram incidência significativamente menor de diabetes durante o curso da intervenção, bem como em um acompanhamento de 20 anos. Sucesso semelhante da intervenção no estilo de vida também foi demonstrado nos Estados Unidos (Diabetes Prevention Program Research Group, 2009). Um componente comportamental pode contribuir para a eficácia dos programas educacionais para pacientes diabéticos. A educação por si só não é adequada para ajudar os diabéticos a seguir seu regime (Rutten, 2005; Savage et al., 2010). Como fatores situacionais, por exemplo, estresse e pressão social para ingerir os alimentos errados, afetam a adesão, os programas com um componente de treinamento de habilidades comportamentais podem ser uma adição valiosa ao treinamento do tratamento do diabetes. Um programa que promoveu sentimentos de controle (Macrodimitris & Endler, 2001) melhorou a adesão dos diabéticos à dieta, exercícios e testes de glicose no sangue, e outro programa (Rosal et al., 2005) usou uma estrutura cognitivo-comportamental para aumentar as habilidades de autotratamento em diabéticos de baixa renda de origem hispânica. Em suma, as intervenções psicossociais mostram-se promissoras para ajudar os diabéticos a manter o regime de tratamento (Savage et al., 2010).

RESUMO

O diabetes mellitus é uma doença crônica que resulta da falha das células das ilhotas pancreáticas em produzir insulina suficiente, afetando os níveis de glicose no sangue e produzindo efeitos em muitos sistemas orgânicos. O diabetes tipo 1 é uma doença autoimune que geralmente aparece durante a infância; o diabetes tipo 2 também afeta crianças, porém é mais comum em pessoas com mais de 30 anos. Aquelas com diabetes devem manter um regime rigoroso de dieta, exercícios e suplementos de insulina para evitar as complicações cardiovasculares, neurológicas e renais graves da doença.

Assim como em outras doenças crônicas, o diagnóstico do diabetes mellitus gera angústia tanto para o paciente como para sua família. Os psicólogos da saúde estudam o ajuste à doença e a adesão às mudanças necessárias no estilo de vida. Poucas pessoas com diabetes aderem a todos os aspectos do teste de glicose no sangue, medicamentos, dieta e exercícios que minimizam os riscos de complicações de saúde. Os programas de treinamento de habilidades mostram algum sucesso em ajudar os diabéticos a tratar a doença, mas os profissionais de saúde precisam encontrar maneiras de incentivar o desenvolvimento da responsabilidade e do autotratamento para que os diabéticos controlem sua própria saúde.

> **APLIQUE O QUE VOCÊ APRENDEU**
>
> 1. Que conselho ou apoio você daria a alguém que vive com diabetes que poderia ajudá-lo a tratar melhor a doença?

11-4 O impacto da asma

OBJETIVOS DE APRENDIZAGEM

11-8 Compreender os sintomas da asma, bem como os fatores de risco que colocam uma pessoa em perigo de desenvolver asma, bem como uma crise de asma

11-9 Identificar os fatores que se relacionam com o tratamento da asma, assim como as intervenções que podem auxiliar as pessoas que com ela convivem

Ver David Beckham sem fôlego não é incomum. A estrela internacional de futebol, um esporte que exige notável aptidão aeróbica, é conhecido pela longa carreira de duas décadas que inclui o maior número de aparições em Copas do Mundo para qualquer jogador da seleção inglesa.

Em 2009, um fotógrafo pegou David Beckham sem fôlego à margem de um campo de futebol, mas dessa vez *foi* incomum. Beckham utilizava um inalador para asma. Até aquele dia, o mundo do esporte não sabia que ele sofria de asma, que o afligia desde criança. Depois que essa fotografia apareceu, Beckham revelou que toma remédios regularmente para controlar sua doença. Apesar dos desafios que qualquer pessoa com asma enfrenta, ele continua otimista sobre sua saúde, dizendo: "Participei de 65 jogos por temporada nos últimos 20 anos, então isso não afeta o futuro" (Daily Mail, 2009).

Em todo o mundo, a prevalência da asma varia consideravelmente entre os países, com Austrália, Suécia, Reino Unido e Holanda tendo a maior prevalência dessa doença, com mais de 15% das populações relatando asma (To et al., 2012). Nos Estados Unidos, o número de pessoas com asma aumentou entre 2000 e 2010 (Moorman et al., 2012). Cerca de 26 milhões de pessoas nos Estados Unidos têm asma (7,7%), e quase 30% desses casos ocorrem em crianças e adolescentes. Para todas as faixas etárias, as mais altas são para afro-americanos que para outros grupos étnicos. A taxa de mortalidade por asma não é alta, e essa diminuiu nos últimos anos, mas a asma é a maior causa de incapacidade entre crianças e a principal causa de faltas escolares, tornando-se um problema grave de saúde nos Estados Unidos.

A doença asma

Asma é uma doença inflamatória crônica que causa constrição dos brônquios, impedindo que o ar passe livremente por eles. As pessoas que sofrem uma crise de asma chiam, tossem e têm dificuldade para respirar; essa crise pode ser fatal. Outras vezes, elas parecem estar bem, mas a inflamação subjacente permanece (Cohn, Elias e Chupp, 2004).

A asma compartilha algumas características com doenças pulmonares obstrutivas crônicas (DPOC), como bronquite crônica e enfisema, mas também difere em alguns aspectos (Barnes, 2008). Todas essas doenças envolvem inflamação, embora não na mesma extensão ou e de acordo com os mesmos mecanismos do sistema imunológico. Porém a diferença mais importante é que as pessoas com DPOC experimentam problemas constantes, enquanto as com asma podem passar longos períodos de tempo sem problemas respiratórios.

A causa da asma não é compreendida. De fato, ela pode não ser uma doença, mas, em vez disso, várias doenças que compartilham sintomas, mas têm diferenças quanto às patologias subjacentes (Wenzel, 2006). Até recentemente, os especialistas acreditavam que a asma era uma reação alérgica a substâncias ambientais, porém várias explicações mais recentes envolvem reações mais complexas do sistema imunológico (Cohn et al., 2004; Renz et al., 2006). Uma interpretação sustenta que uma vulnerabilidade genética faz que o sistema imunológico de alguns recém-nascidos responda com uma reação alérgica a substâncias do ambiente as quais o sistema imunológico de outros recém-nascidos têm problemas. Esse *modelo de diátese-estresse* é uma variação da visão tradicional

David Beckham lidou com a asma ao longo de sua vida e da carreira no futebol.

de que a asma é uma reação alérgica desencadeada por alérgenos ambientais. Esses alérgenos incluem uma variedade de substâncias comuns, como fumaça de tabaco, poeira doméstica (junto com ácaros), baratas, pelos de animais e poluentes ambientais. Pessoas com vulnerabilidade expostas à substância à qual são sensíveis desenvolvem asma; aquelas que não são expostas não desenvolvem asma ou apresentam sintomas tão leves que não são diagnosticadas.

Outra interpretação, chamada *hipótese da higiene*, sustenta que a asma é resultado da limpeza que se tornou comum nas sociedades modernas (von Hertzen & Haahtela, 2004). Os recém-nascidos têm sistemas imunológicos pouco desenvolvidos e, em ambientes higiênicos, encontram pouca sujeira e poucas bactérias, deixando seus sistemas imunológicos despreparados para lidar com essas substâncias. A exposição então leva a uma resposta exagerada, que produz inflamação, esta constitui a base para a asma. O suporte para essa hipótese vem de estudos com crianças na Europa Central rural (Ege et al., 2011). As crianças que cresceram em fazendas tiveram maior exposição a bactérias e fungos que as que não cresceram em fazendas. Consistente com a hipótese da higiene, maior exposição a micróbios está relacionada à diminuição do risco de asma. Um refinamento da hipótese da higiene (Martinez, 2001) combina elementos de vulnerabilidade genética e exposição precoce a substâncias no ambiente que influenciam o desenvolvimento do sistema imunológico para sensibilizar ou proteger crianças contra asma e doenças alérgicas.

Como sugere a hipótese da higiene, a asma é mais comum em países desenvolvidos que enfatizam a limpeza e um ambiente higiênico para recém-nascidos. Por exemplo, a asma é menos comum na China rural que nos Estados Unidos, Suécia, Austrália e Nova Zelândia (von Hertzen & Haahtela, 2004). Contudo, nos Estados Unidos, a asma é mais comum em centros urbanos, onde a poluição do ar é frequente, e seus altos níveis aumentam o risco de desenvolver a enfermidade (Islam et al., 2007). Além disso, a asma varia de acordo com a etnia, e os afro-americanos são mais vulneráveis que pessoas de outros grupos étnicos (American Lung Association, 2007).

Outros fatores de risco para asma incluem sedentarismo e obesidade (Gold & Wright, 2005). As pessoas sedentárias poucas vezes respiram corretamente, com profundidade, o que pode relacionar a falta de exercício à asma. Além disso, permanecer dentro de casa as expõe a certos alérgenos que provocam crises de asma. O elo entre asma e obesidade é significativo: pessoas obesas são duas a três vezes mais propensas a ter asma que pessoas não obesas. Fatores psicológicos também apresentam relação com o desenvolvimento da asma (Chida, Hamer & Steptoe, 2008), servindo como preditores do desenvolvimento e surgindo como resultado da convivência com a doença. A depressão é um fator psicológico específico relacionado à asma (Strine et al., 2008). Embora os fatores relacionados ao desenvolvimento da asma sejam complexos e não totalmente compreendidos, os fatores desencadeantes das crises são mais conhecidos.

Gatilhos são substâncias ou circunstâncias que provocam o desenvolvimento dos sintomas, provocando o estreitamento das vias respiratórias que causa dificuldade para respirar. As substâncias incluem alérgenos como mofo, pólen, poeira e ácaros, baratas e pelos de animais; infecções do trato respiratório; fumaça de tabaco ou pó de madeira; e irritantes, como poluentes do ar, sprays químicos ou outro tipo de poluição ambiental (Harder, 2004). As circunstâncias incluem exercícios e reações emocionais, como estresse ou medo. Qualquer uma dessas substâncias e experiências pode provocar uma crise, mas a maioria das pessoas com asma é sensível a apenas algumas. Identificar os gatilhos de um indivíduo faz parte do tratamento da asma.

Gerenciando a asma

O tratamento da asma mostra algumas semelhanças (e problemas similares) ao tratamento do diabetes. As duas doenças requerem contato frequente com o sistema de saúde, podem ser fatais, afetar crianças e adolescentes, impor restrições ao estilo de vida e apresentar problemas substanciais de adesão (Elliott, 2006). Pessoas com diabetes podem controlar os níveis de açúcar no sangue para que não apresentem sintomas, mesmo com um tratamento cuidadoso, aquelas com asma têm crises. A inflamação subjacente do trato brônquico sempre está presente, mas uma pessoa com asma pode passar semanas ou meses sem uma crise. Minimizar as crises é o principal objetivo do tratamento da asma. A atenção diária aos sintomas e ao estado melhora as chances de evitar crises, e os comportamentos são críticos.

O tratamento da asma requer uma variedade de medicamentos, bem como entender os gatilhos pessoais e evitá-los (Courtney, McCarter e Pollart, 2005). Para diminuir as chances de uma crise, as pessoas com asma devem tomar medicação, que geralmente é um corticosteroide anti-inflamatório ou algum outro medicamento que diminui a inflamação respiratória subjacente à asma. Esses medicamentos requerem atenção diária e têm efeitos colaterais desagradáveis, como ganho ponderal e falta de energia. O cronograma pode ser muito complicado e, conforme detalhado no Capítulo 4, a complexidade diminui a adesão aos regimes médicos. Os efeitos colaterais também contribuem para problemas de adesão. Assim, a adesão à medicação preventiva é um grande problema para as pessoas com asma, especialmente para crianças e adolescentes (Asthma Action America, 2004; Elliott, 2006).

Quando os asmáticos têm uma crise, sentem dificuldade para respirar ou não conseguem respirar. Ofegantes, elas usam um broncodilatador para inalar medicamentos que aliviam os sintomas ou vão para o pronto-socorro de um hospital para tratamento (Asthma Action America, 2004). Se usados de forma inadequada, os broncodilatadores produzem um tipo de "euforia", e os especialistas em asma acreditam que a maioria dos asmáticos contam muito com broncodilatadores e pouco com medicação preventiva. Conforme algumas estimativas, quase 70% deles usam inaladores de forma inadequada, diminuindo a eficácia desse importante dispositivo (Román-Rodríguez et al., 2019). Contar com prontos-socorros para o controle da asma é uma escolha cara e contribui para o aumento dos custos médicos.

Uma pesquisa em grande escala (Asthma Action America, 2004) revelou mal-entendidos e percepções errôneas sobre a asma entre pais e outros cuidadores. Os mal-entendidos incluíram o que está por trás da doença e o que constitui um tratamento adequado; percepções errôneas incluíam a frequência dos sintomas das crianças. Os que sofrem de asma também têm crenças incorretas sobre a doença (Elliott, 2006). Por exemplo, podem acreditar que a asma não é uma doença grave ou que é uma doença intermitente que não requer cuidados diários. Todas essas percepções errôneas podem afetar os cuidados adequados.

Aumentar o autocuidado e a adesão aos regimes de medicação são os principais objetivos para melhorar os cuidados com a asma. Várias intervenções visaram esses objetivos, com algum sucesso. Muitas delas têm sido orientadas para a educação das pessoas com asma, assumindo que, quando elas compreenderem a gravidade da doença e os passos necessários para manejá-la, vão aderir ao tratamento. A pesquisa não apoia essas suposições; intervenções que são basicamente educativas podem aumentar o conhecimento, mas não são muito bem-sucedidas na mudança de comportamento (Bussey-Smith & Rossen, 2007; Coffman, Cabana, Halpin & Yelin, 2008). Intervenções com um componente comportamental, como desenvolver o autocuidado (Guevara, Wolf, Grum & Clark, 2003) ou um plano de ação (Pinnock et al., 2017), tendem a se sair melhor. Intervenções digitais – como mensagens de texto personalizadas, aplicativos de smartphone e sites – que incluem um componente comportamental também são eficazes para melhorar a adesão entre crianças e adolescentes (Ramsey et al., 2020). Aderir ao regime medicamentoso e comportamental para controlar esse transtorno é um desafio para asmáticos, mas as intervenções comportamentais representam uma estratégia promissora para ajudá-los a tomar a medicação e evitar situações que precipitem as crises.

RESUMO

A asma é uma doença crônica que envolve a inflamação dos brônquios, o que leva a dificuldades respiratórias. Substâncias como fumaça ou alérgenos e situações como medo podem desencadear crises que apresentam sintomas de tosse, chiado no peito e falta de ar. A causa da inflamação subjacente à asma permanece desconhecida, mas as teorias incluem um componente genético e uma reação exagerada do sistema imunológico que ocorre em ambientes higiênicos.

A asma geralmente se desenvolve durante a infância, e crianças e adolescentes apresentam problemas para lidar com a doença. As pessoas com asma precisam tomar a medicação para diminuir as chances de crises e identificar seus gatilhos para evitá-las. O complexo esquema de medicamentos e seus desagradáveis efeitos colaterais contribuem para problemas de adesão. Um dos principais objetivos do tratamento é ajudar as pessoas com asma a tomar a medicação para prevenir crises, em vez de depender de inalatórios para interromper os sintomas ou optar por assistência de pronto-socorro. As estratégias comportamentais para aumentar a conformidade e as habilidades de autogerenciamento mostraram algum sucesso.

APLIQUE O QUE VOCÊ APRENDEU

1. Que conselho ou apoio você daria a alguém que vive com asma, para que ele possa gerenciar melhor sua doença?

11-5 Lidando com HIV e Aids

OBJETIVOS DE APRENDIZAGEM

11-10 Compreender os sintomas e a fisiologia do HIV e da Aids, tal qual as principais vias de infecção

11-11 Identificar o papel que os psicólogos desempenham na prevenção primária e secundária do HIV e da Aids e nas intervenções que ajudam as pessoas que com eles convivem

Earvin "Magic" Johnson era o melhor jogador de basquete do mundo quando se aposentou em 1991 (Beacham, 2011). Essa aposentadoria foi uma surpresa, porém seu anúncio de que era positivo para o vírus da imunodeficiência humana (HIV) foi ainda mais. Johnson soube de sua infecção pelo HIV por meio de um exame físico de rotina. Até esse anúncio, a maioria das pessoas considerava a infecção pelo HIV uma doença de gays euro-americanos, e Johnson não era nenhum dos dois. A abertura de Johnson sobre sua condição de HIV ajudou a mudar a opinião pública sobre essa doença, e seu prestígio de celebridade permitiu que ele arrecadasse dinheiro para pesquisa e educação sobre o HIV. Mais de 25 anos após seu diagnóstico, Johnson permanece saudável e é um defensor do aumento da participação minoritária em ensaios clínicos. Ele atribui sua saúde continuada a alguém que participou de um ensaio clínico para os muitos medicamentos desenvolvidos para tratar a infecção pelo HIV (Gambrill, 2008).

A Aids é um transtorno no qual o sistema imunológico perde sua eficácia, deixando o organismo indefeso contra doenças bacterianas, virais, fúngicas, parasitárias, cancerosas e outras doenças oportunistas. Sem o sistema imunológico, o corpo não pode se proteger contra os muitos organismos que podem invadi-lo e causar danos. (Para uma discussão mais completa sobre o sistema imunológico e sua função, consulte o Capítulo 6.) O perigo vem das infecções oportunistas que começam quando o sistema imunológico não funciona mais de forma eficaz. Assim, ela é semelhante à deficiência imunológica em crianças que nasceram sem órgãos desse sistema e são suscetíveis a uma variedade de infecções.

A Aids é o resultado da exposição a um vírus contagioso, o **vírus da imunodeficiência humana (HIV)**. Até agora, os pesquisadores descobriram duas variantes do vírus da imunodeficiência humana: HIV-1, que causa a maioria dos casos nos Estados Unidos, e HIV-2, que é responsável pela maioria dos casos na África, embora alguns casos da segunda variante tenham aparecido nos Estados Unidos. A progressão da infecção pelo HIV para a Aids varia, e pessoas como Magic

Johnson, que são HIV-positivas, podem permanecer livres desses sintomas por muitos anos.

Taxas de incidência e mortalidade por HIV/Aids

A Aids é uma doença relativamente nova, reconhecida pela primeira vez em 1981 e identificada em 1983. Originou-se na África em um vírus que afeta macacos (Moore, 2004). Ninguém sabe como e quando o vírus chegou a infectar humanos. O primeiro caso confirmado apareceu no Congo em 1959, mas a doença era muito limitada. Durante a década de 1960, ela se espalhou para o Haiti e de lá para outros lugares da América do Norte e do mundo (Gilbert et al., 2007). Tanto o número de novos casos quanto o número de mortes por Aids se espalharam durante a década de 1980.

Desde 2005, as taxas de mortalidade por Aids diminuíram acentuadamente em todo o mundo (UNAids, 2016). Apesar dessas melhorias, a Aids permanece entre as principais causas de morte no mundo e a principal causa de morte na África. De acordo com uma estimativa (Lamptey, 2002), a Aids é a praga mais mortal da história. Em 2019, mais de 38 milhões de pessoas viviam com HIV; quando essas pessoas morrerem, o HIV ultrapassará o número de pessoas mortas pela peste bubônica no século XIV. Cerca de 1,7 milhão de pessoas adquiriram o HIV em 2019, o que representa um declínio na taxa de infecção, mas também representa um número que amplia essa praga (UNAids, 2020). Ainda não existe vacina eficaz (Callaway, 2011), mas os medicamentos agora prolongam a vida das pessoas infectadas (UNAids, 2020).

Em 1992, os Centers for Disease Control and Prevention (CDC, 1992) revisaram sua definição de infecção pelo HIV para que os números de incidência de 1992 e anos subsequentes não sejam diretamente comparáveis aos números anteriores. O número de casos em 1992 parece aumentar acentuadamente (ver **Figura 11.1**), mas essa contagem inclui um grande acúmulo de pessoas que em anos anteriores não teriam sido classificadas como portadoras de Aids. Como mostra a Figura 11.1, os casos notificados a cada ano (incidência) começaram um declínio constante após 1992.

Apesar disso, o HIV e a Aids afetam desproporcionalmente grupos étnicos minoritários nos Estados Unidos, especialmente pelas epidemias que afetam heterossexuais e usuários de drogas injetáveis. Os afro-americanos são o maior segmento da população dos EUA com HIV. Embora eles representem apenas 14% da população dos EUA, são 44% de todas as novas infecções por HIV (CDC, 2016b). Essa disparidade étnica é particularmente forte entre as mulheres, com 62% dos novos diagnósticos em 2014 ocorrendo em mulheres afro-americanas (CDC, 2016b). Os hispano-americanos também são desproporcionalmente afetados pelo HIV, com uma taxa de novas infecções em 2013 quase três vezes maior que a dos euro-americanos; essa disparidade está presente principalmente entre os homens. A **Figura 11.2** mostra as porcentagens de homens e mulheres de diferentes origens étnicas infectados pelo HIV.

A idade também é um fator na infecção pelo HIV. Os jovens adultos são mais propensos a adquirir uma infecção pelo HIV que outros grupos etários, em grande parte devido aos seus comportamentos de risco, falta de informação sobre o HIV e falta de poder para se proteger do sexo inseguro (Mantell, Stein & Susser, 2008). Por exemplo, nos Estados Unidos, mais de uma em cada cinco novas infecções por HIV ocorrem entre adolescentes e adultos jovens de 13 a 24 anos (CDC, 2016b). Análises recentes indicam que essa situação está melhorando, pelo menos na África. Pessoas com mais de 50 anos são menos propensas a adquirir uma infecção que adultos mais jovens, mas, quando infectadas, elas tendem a desenvolver Aids mais rapidamente e a contrair infecções mais oportunistas (CDC, 2008).

A incidência de infecção pelo HIV aumentou rapidamente nos Estados Unidos de 1981 a 1995 e depois começou a diminuir (Torian et al., 2011). A mortalidade por Aids caiu

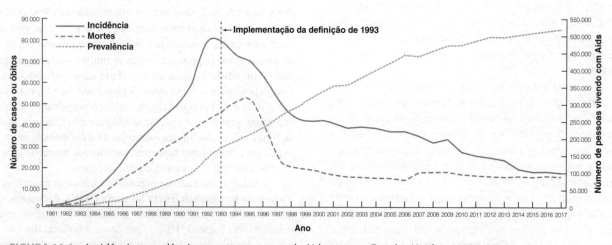

FIGURA 11.1 Incidência, prevalência e mortes por casos de Aids por ano, Estados Unidos, 1981 a 2017.

Fonte: "Update, Aids – United States, 2000", por R. M. Klevens & J. J. Neal, 2002, *Morbidity and Mortality Weekly Report*, vol. 51, n. 27, p. 593; *HIV/Aids Surveillance Report, 2002*, por Centers for Disease Control and Prevention, 2004, vol. 14; *HIV/Aids Surveillance Report, 2006*, por Centers for Disease Control and Prevention, 2008, vol. 18; *HIV/Aids Surveillance Report, 201*, por Centers for Disease Control and Prevention, 2012, vol. 22; *Fonte*: *HIV/Aids Surveillance Report, 2018*, por Centers for Disease Control and Prevention, 2019, vol. 30.

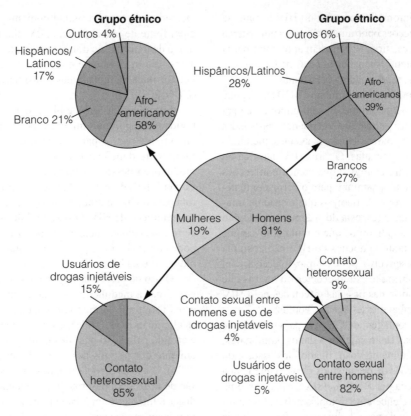

FIGURA 11.2 Infecção pelo HIV em mulheres e homens, por etnia e tipo de risco.

Fonte: *HIV/Aids Surveillance Report, 2018*, por Centers for Disease Control and Prevention, 2019, vol. 30 (Tables 1a and 5a).

ainda mais. Entre 1993 e 1998, os diagnósticos diminuíram 45%, mas as mortes diminuíram 63%. Uma razão para o declínio dessas mortes por Aids é que os indivíduos infectados pelo HIV agora vivem mais. As pessoas diagnosticadas com Aids em 1984 tinham um tempo médio de sobrevivência de 11 meses (Lee, Karon, Selik, Neal & Fleming, 2001), mas o tratamento mais eficaz aumenta a expectativa de vida dos indivíduos HIV-positivos. Magic Johnson é um exemplo desse aumento da expectativa de vida; ele viveu quase 30 anos desde seu diagnóstico.

O número de pessoas vivendo com Aids (prevalência) continua a aumentar, como mostra a Figura 11.1, mas as combinações de medicamentos antirretrovirais mudaram o curso da infecção pelo HIV, retardando drasticamente a progressão da infecção e prolongando a vida (UNAids, 2010). Esse aumento do tempo de sobrevivência é resultado de terapias medicamentosas mais eficazes, detecção precoce e mudanças no estilo de vida. Abandonar hábitos pouco saudáveis, como fumar, consumir álcool e usar drogas ilícitas; tornando-se mais vigilantes sobre sua saúde; e exercer mais controle sobre seu tratamento pode ajudar as pessoas infectadas a viver vidas mais longas e saudáveis (Chou et al., 2004). Uma atitude otimista também contribui para a longevidade (Moskowitz, 2003).

Sintomas de HIV e Aids

Normalmente, o HIV progride ao longo de uma década ou mais da infecção para a Aids, mas a progressão varia. Durante a primeira fase da infecção pelo HIV, os sintomas não são facilmente distinguíveis dos de outras doenças. No período de uma semana ou mais após a infecção, as pessoas podem (ou não) apresentar sintomas como febre, dor de garganta, erupção cutânea, dor de cabeça e outros sintomas que se assemelham à gripe (Cibulka, 2006). Essa fase dura de alguns dias a quatro semanas, seguida normalmente por um período que pode durar até 10 anos, durante o qual os infectados são assintomáticos ou apresentam apenas sintomas mínimos. Durante esse período, os sistemas imunológicos das pessoas infectadas são gradualmente destruídos, embora os indivíduos infectados possam permanecer inconscientes de sua condição de HIV.

Aqueles que não são tratados geralmente progridem para os sintomas, que é o início da doença pelo HIV (Cibulka, 2006). A doença sintomática precoce do HIV ocorre quando a contagem de células de linfócitos T CD4 cai e o sistema imunológico se torna menos capaz de combater infecções. Quando a contagem de CD4 cai para 200 ou menos por milímetro cúbico de sangue (pessoas saudáveis têm uma contagem de CD4 de 1.000), o indivíduo tem Aids. À medida que seu sistema imunológico perde suas capacidades defensivas, aqueles com doença sintomática precoce do HIV tornam-se suscetíveis a várias infecções oportunistas às quais um sistema imunológico saudável resistiria. Eles podem apresentar perda de peso, diarreia persistente, manchas brancas na boca, erupções cutâneas dolorosas, febre e fadiga persistente.

À medida que o suprimento de linfócitos T CD4 se esgota, o sistema imunológico perde um mecanismo importante para combater infecções dentro das células. As doenças associadas ao HIV são causadas por uma variedade de agentes, incluindo vírus, bactérias, fungos e parasitas. O vírus HIV danifica ou mata a parte do sistema imunológico que combate infecções *virais*, não deixando nenhum caminho para o corpo combatê-lo. Mas o HIV não destrói os anticorpos que o sistema imunológico já fabricou, então a resposta do sistema imunológico que ocorre por meio dos anticorpos que circulam no sangue permanece intacta. Portanto, a doença do HIV não costuma fazer que uma pessoa desenvolva, por exemplo, infecções com a bactéria que causa a faringite estreptocócica ou o vírus que provoca a gripe. A maioria das pessoas infectadas pelo HIV tem anticorpos para combater esses agentes comuns.

À medida que sua contagem de CD4 cai para o nível que define a Aids, as pessoas estão sujeitas a danos pulmonares, gastrointestinais, do sistema nervoso, fígado, dos ossos e do cérebro devido a infecções de organismos raros, o que leva a doenças como pneumonia por *Pneumocystis carinii*, sarcoma de Kaposi, tuberculose e encefalite toxoplasmática. Os sintomas incluem maior perda de peso, fadiga geral, febre, falta de ar, tosse seca, inchaços arroxeados na pele e demência relacionada à Aids.

A transmissão do HIV

Embora o HIV seja um organismo infeccioso com alta taxa de mortalidade, o vírus não é facilmente transmitido de pessoa para pessoa. As principais vias de infecção são de pessoa para pessoa durante o sexo, por contato direto com sangue ou hemoderivados, e de mãe para filho durante a gravidez, parto ou amamentação (UNAids, 2007). As concentrações de HIV são especialmente altas no sêmen e no sangue daqueles infectados. Portanto, o contato com sêmen ou sangue infectado é um risco. Outros fluidos corporais não contêm uma concentração tão alta de HIV, tornando o contato com saliva, urina ou lágrimas um risco muito menor. Não existe evidência de que qualquer tipo de contato casual espalhe a infecção. Comer com os mesmos talheres ou pratos ou beber no mesmo copo de uma pessoa infectada não transmite HIV, nem tocar ou mesmo beijar alguém infectado. Picadas de insetos não espalham o vírus, ainda que o mesmo inseto pique alguém infectado e depois outra pessoa.

As pessoas com maior risco de infecção pelo HIV são aquelas afetadas pelas quatro causas que provocam as epidemias: contato sexual homem-homem, uso de drogas injetáveis, contato heterossexual e transmissão da mãe para o recém-nascido. Cada um dos grupos refletidos por essas quatro epidemias apresenta riscos um pouco diferentes.

Contato sexual homem-homem Nos primeiros anos da Aids, os homens que faziam sexo com homens constituíam a maioria dos casos de Aids na América do Norte e na Europa Ocidental. O contato sexual homem-homem ainda é a principal fonte de infecção pelo HIV nos Estados Unidos. Esse modo de transmissão diminuiu durante a década de 1990, mas aumentou ligeiramente nos últimos anos; agora é responsável por mais da metade das transmissões de HIV nesse país (CDC, 2020).

Entre homens gays e bissexuais, a relação anal desprotegida é um comportamento especialmente arriscado, principalmente para o parceiro receptivo. A relação anal pode facilmente danificar o delicado revestimento do reto, de modo que a pessoa receptiva corre alto risco se seu parceiro estiver infectado pelo HIV. O reto danificado é uma excelente rota para o vírus entrar no corpo, e o sêmen infectado tem alta concentração de HIV. O sexo oral desprotegido com um parceiro infectado também é uma prática arriscada porque o HIV pode entrar no corpo por meio de qualquer pequeno corte ou outra lesão na boca.

O uso do preservativo tornou-se comum entre os homens gays, mas à medida que o tratamento se tornou mais eficaz, estes tornaram-se menos preocupados em contrair o HIV (Kalichman et al., 2007), e uma subcultura de homens gays é atraída pelo sexo anal desprotegido, apesar do seu conhecimento dos perigos desse tipo de relação sexual (Shernoff, 2006). O uso de álcool ou outras drogas contribui para a decisão de fazer sexo desprotegido (Celentano et al., 2006). Além disso, a Internet é um ponto de encontro para homens que querem fazer sexo casual com outros homens, e esses encontros têm sido menos propensos a incluir preservativos que outros tipos de encontros (Garofalo et al., 2007). Mais recentemente, os aplicativos de smartphone facilitam ainda mais esse tipo de relacionamento, mas estudos recentes sugerem que o uso desses aplicativos não aumenta a probabilidade de sexo desprotegido (Whitfield et al., 2017). Apesar disso, os comportamentos sexuais de risco continuam a colocar os homens que fazem sexo com homens em risco de exposição ao HIV.

Uso de drogas injetáveis Outro comportamento de alto risco é o compartilhamento de agulhas não esterilizadas por usuários de drogas injetáveis, prática que permite a transmissão direta de sangue de uma pessoa para outra. Esta é a terceira fonte mais frequente de infecção pelo HIV nos Estados Unidos (CDC, 2020). Mas em outras partes do mundo – como Ásia, Tailândia, Paquistão e Índia –, o uso de drogas injetáveis alimenta a epidemia de HIV (UNAids, 2010). Alguns usuários de drogas injetáveis adotam esse comportamento em determinadas situações – por exemplo, quando drogados ou entorpecidos ou quando não há acesso imediato a equipamentos estéreis. Algumas evidências (Heimer, 2008) indicam que programas de troca de seringas em escala relativamente pequena podem ser eficazes no controle da infecção pelo HIV em várias comunidades.

A transmissão por meio do uso de drogas injetáveis representa uma porcentagem maior de afro-americanos e hispano-americanos infectados que os euro-americanos (CDC, 2008). Além disso, uma porcentagem maior de mulheres infectadas que homens está exposta ao vírus por essa via. Vários fatores comportamentais estão relacionados à infecção pelo HIV para mulheres que usam drogas injetáveis, incluindo o número de parceiros sexuais e se elas trocaram sexo por dinheiro ou drogas. Esses comportamentos aumentam as chances de transmissão por meio do sexo heterossexual.

Contato heterossexual O contato heterossexual é a principal fonte de infecção pelo HIV na África (UNAids, 2007) e a segunda principal fonte de infecção pelo HIV nos Estados Unidos, sendo responsável por aproximadamente 25% dos novos casos nesse país (CDC, 2020). Afro-americanos e hispano-americanos estão desproporcionalmente representados entre os infectados por contato heterossexual, e as mulheres dessas duas origens étnicas correm maior perigo que os homens por contato heterossexual.

Essa assimetria de gênero vem da facilidade de transmissão durante a relação sexual. Embora os homens sejam suscetíveis ao HIV por meio do contato sexual com mulheres, a transmissão de homem para mulher é oito vezes mais provável que o contrário. Apesar da maior probabilidade de infecção das mulheres por meio do sexo heterossexual, elas tendem a ver seus parceiros sexuais como mais seguros que os homens veem suas parceiras (Crowell & Emmers-Sommers, 2001).

A confiança no parceiro em um relacionamento heterossexual pode ser infundada e resultar em infecção pelo HIV. Um estudo (Crowell & Emmers-Sommers, 2001) entrevistou indivíduos HIV-positivos e descobriu que muitos relataram alto nível de confiança em seus parceiros sexuais anteriores. Outro estudo (Klein, Elifson e Sterk, 2003) descobriu que as mulheres que percebiam ter algum risco se comportavam de maneira que aumentavam esses riscos, mas metade delas que não achava correr risco ainda se envolvia em pelo menos alguns comportamentos arriscados. Assim, a visão excessivamente confiante das pessoas sobre os parceiros e a não aceitação da possibilidade de riscos levam ao sexo desprotegido. O uso regular de preservativos pode fornecer um alto nível de segurança para homens e mulheres heterossexuais, mas muitos casais heterossexuais jovens usam preservativos mais como meio de prevenção da gravidez que de prevenção do HIV (Bird et al., 2000).

Transmissão durante o processo de nascimento Outro grupo em risco de infecção pelo HIV são as crianças nascidas de mulheres HIV-positivas. Essa transmissão tende a ocorrer durante o processo de nascimento. A amamentação também pode transmitir o vírus (Steinbrook, 2004). As crianças infectadas com HIV durante o processo de nascimento sofrem de uma variedade de deficiências de desenvolvimento, incluindo deficiência intelectual e acadêmica, disfunção psicomotora e dificuldades emocionais e comportamentais (Mitchell, 2001). Além disso, muitas dessas crianças nascem de mães que fizeram uso de drogas durante a gravidez e, portanto, correm maior risco de dificuldades de desenvolvimento.

A maioria dos indivíduos que são HIV-positivos está em anos reprodutivos, e o conhecimento dessa condição não necessariamente impede as pessoas de reproduzir (Delvaux & Nostlinger, 2007). Tanto as mulheres como os homens soropositivos podem desejar ter filhos, e as tradições familiares de algumas culturas asiáticas levam os casais a tomar decisões de reprodução (Ko & Muecke, 2005). Com pessoas que são HIV-positivas, a reprodução é um risco para a criança. O sêmen carrega o HIV que pode ser transmitido ao feto, e a transmissão durante o parto é provável, a menos que a mãe HIV-positiva seja submetida à terapia antirretroviral. Portanto, procurar aconselhamento e cuidados pré-natais é extremamente importante para mulheres e homens HIV-positivos que desejam iniciar uma gravidez. O pré-natal precoce pode reduzir o risco de transmissão de mãe para filho para cerca de 1%.

O papel dos psicólogos na epidemia de HIV

Desde o início da epidemia de Aids, os psicólogos têm desempenhado papel importante no combate à disseminação da infecção (Kelly & Kalichman, 2002). Durante os primeiros anos da epidemia, os psicólogos contribuíram para os esforços de prevenção primária e secundária. A prevenção primária inclui a mudança de comportamento para diminuir a transmissão do HIV. A prevenção secundária inclui ajudar as pessoas que são HIV-positivas a viver com a infecção, aconselhá-las sobre o teste de HIV, ajudar os pacientes a lidar com os aspectos sociais e interpessoais da doença e ajudar os pacientes a aderir ao seu complexo programa de tratamento. Grande parte da melhora na duração da sobrevida daqueles infectados pelo HIV se deve à eficácia dos tratamentos com medicamentos, terapia antirretroviral altamente ativa (HAART). Esse tratamento consiste em uma combinação de pílulas que devem ser tomadas em horários rigorosos, tornando a adesão um desafio. O conhecimento dos psicólogos sobre a adesão aos regimes médicos agora é relevante para o tratamento da infecção pelo HIV.

Incentivando medidas de proteção Exceto para recém-nascidos nascidos de mães infectadas pelo HIV, a maioria das pessoas tem algum controle para se proteger do vírus da imunodeficiência humana. Felizmente, o HIV não é facilmente transmitido de pessoa para pessoa, tornando o contato casual com pessoas infectadas um risco baixo. Os profissionais de saúde que participam de cirurgias, atendimentos de emergência ou outros procedimentos que os colocam em contato com sangue devem ter cuidado para evitar que sangue infectado penetre o corpo por meio de uma ferida aberta. Por exemplo, dentistas e higienistas dentais usam luvas de proteção e os profissionais de saúde devem aderir a um conjunto de medidas de proteção padrão.

Embora alguns riscos sejam específicos de certas profissões, a maioria das pessoas infectadas pelo HIV contraiu o vírus por meio de comportamento sexual ou compartilhamento de agulhas contaminadas. As pessoas podem se proteger contra a infecção pelo HIV alterando os comportamentos que são de alto risco para contrair a infecção – ou seja, ter contato sexual desprotegido ou compartilhar agulhas com alguém infectado. Limitar o número de parceiros sexuais, usar preservativos e evitar agulhas compartilhadas são três comportamentos que protegerão o maior número de pessoas da infecção pelo HIV. Entretanto, as que se envolvem nesses comportamentos de risco são muito difíceis de mudar. Vários fatores contribuem para essa dificuldade.

Um fator que dificulta a mudança de comportamento é a percepção do risco. A maioria das pessoas nos Estados

Unidos não percebe que está em risco de infecção pelo HIV e está correta (Holtzman et al., 2001). Ou seja, a maioria dos adultos não se envolve nos comportamentos que são riscos primários para o HIV. No entanto, outras estão em risco e não conseguem perceber esse risco com precisão. Por exemplo, homens jovens que fazem sexo com homens relataram crenças excessivamente otimistas sobre o risco (MacKellar et al., 2007), assim como estudantes universitários na Nigéria (Ijadunola et al., 2007). Suas percepções errôneas desempenham papel em seu comportamento de risco contínuo, e a cultura é uma influência importante nos comportamentos sexuais de risco.

Culturas nas quais a dominação masculina é apoiada por costumes sociais ou religião e nas quais as mulheres têm pouco acesso a recursos econômicos também têm altas taxas de transmissão heterossexual de HIV, como países da África Subsaariana, Caribe e América Latina (UNAids, 2007). Quando as mulheres são financeiramente dependentes dos homens e têm acesso limitado aos recursos econômicos, elas podem ter pouco controle sobre os encontros sexuais ou até mesmo serem vulneráveis ao sexo forçado ou coagido. Assim, elas podem não conseguir negociar o uso do preservativo, o que aumenta o risco de infecção. Esses perigos também se aplicam às mulheres nos Estados Unidos. Um estudo de mulheres afro-americanas HIV-positivas (Lichtenstein, 2005) confirmou a presença de abuso e dominância como fatores na infecção por HIV, e um grande estudo de adultos jovens descobriu que o uso de álcool e a violência contribuem para a transmissão (Collins, Orlando & Klein, 2005).

Ajudando as pessoas com infecção pelo HIV As pessoas que acreditam estar infectadas pelo HIV, assim como aquelas que sabem que estão, podem se beneficiar de diversas intervenções psicológicas. As que se envolvem em comportamentos de alto risco podem ter dificuldade em decidir se devem ser testadas para o HIV, e os psicólogos podem fornecer informações e apoio a essas pessoas. Quase um terço dos adultos com alto risco de HIV nunca foram testados (Pitasi et al., 2019), incluindo (1) uma minoria significativa de homens gays e bissexuais, (2) uma minoria significativa de usuários de drogas injetáveis e (3) maior proporção de homens e mulheres heterossexuais com múltiplos parceiros e uso inconsistente de preservativos (Awad et al., 2004). De fato, muitas pessoas que são HIV-positivas não foram testadas e, portanto, não conhecem sua condição de HIV.

A decisão de fazer o teste de HIV traz benefícios e custos para o indivíduo, mas o teste é considerado essencial para o controle da infecção pelo HIV (Janssen et al., 2003). Muitas pessoas são submetidas a testes depois que a doença progride e as opções de tratamento são menos eficazes; uma parte proeminente da campanha da Magic Johnson visa testes e serviços iniciais para pessoas cujos testes indicam infecção. O teste precoce para aqueles que são HIV-positivos permite o tratamento precoce, que prolongará suas vidas e permitirá que eles encontrem maneiras de reduzir ou eliminar comportamentos que colocam outras pessoas em risco.

Os custos de fazer o teste incluem todos os problemas de marcar uma consulta de saúde, além da angústia que acompanha a possibilidade de más notícias. Atualmente, o teste de HIV não faz parte dos exames de saúde de rotina, e os indivíduos devem procurá-lo (Clark, 2006). Pelo menos 25% das pessoas com infecção pelo HIV desconhecem o seu estado porque não fizeram o teste. Além disso, muitas pessoas que concordam em testar nunca tomam medidas para saber os resultados. Alternativas ao procedimento de teste padrão, como teste de resultados rápidos e teste em casa, aumentam a probabilidade de saber sobre a condição de HIV de uma pessoa (Hutchinson et al., 2006).

Entender o estado de HIV-positivo é um evento traumático que pode levar a ansiedade, depressão, raiva e angústia. A experiência contínua de lidar com o HIV também pode levar a essas respostas emocionais, que têm implicações claras para

Psicólogos têm se envolvido na prevenção primária da infecção pelo HIV, como incentivo ao uso de preservativos.

Tornando-se mais saudável

1. Se você tem uma doença crônica, assuma o controle do tratamento, mas obtenha apoio.

   Plano de ação: compreenda sua doença e estabeleça um relacionamento cooperativo com os profissionais de saúde.

2. Se você é o principal cuidador de alguém que está cronicamente doente, não ignore sua própria saúde – tanto física como psicológica.

   Plano de ação: agende regularmente tempo para si mesmo.

3. Se você tem diabetes tipo 1, pode ter uma vida longa e produtiva, mas deve aderir fielmente a um regime vitalício que inclui dieta, injeção de insulina e exercícios regulares. Se você mora com alguém com diabetes, ofereça apoio social e emocional e incentive essa pessoa a seguir as práticas de saúde exigidas.

   Plano de ação: crie um plano de adesão e conte com o apoio de outras pessoas ou mesmo da tecnologia (aplicativos de smartphone, lembretes de teste) para ajudá-lo a se manter no caminho certo.

4. Saiba que o diabetes tipo 2 pode se desenvolver em qualquer idade, e essa doença pode apresentar poucos sintomas.

   Plano de ação: monitore o açúcar no sangue por meio de exames físicos regulares.

5. Se você tem asma, tente minimizar as crises e o uso de dilatadores.

   Plano de ação: concentre-se em tomar medicamentos preventivos e entenda os gatilhos para evitar crises.

6. O modo mais comum de transmissão do HIV é por meio do contato sexual.

   Plano de ação: proteja-se contra o HIV; use preservativos.

7. Se você é o principal cuidador de alguém com uma doença crônica terminal, como Aids ou Alzheimer, cuide-se também.

   Plano de ação: busque apoio social e emocional por meio de grupos especificamente reunidos para oferecer tal apoio. Faça pausas nos cuidados, permitindo que outros assumam essas responsabilidades por um tempo.

8. Se você tem uma doença crônica ou é cuidador de alguém com alguma, saiba que existe uma grande variedade de websites de suporte.

   Plano de ação: use a Internet para obter informações e suporte. Não use esses sites como substitutos para cuidados de saúde, mas permita que esses recursos complementem seu conhecimento e suporte.

---

a progressão da doença. Uma revisão de mais de 30 estudos prospectivos com pessoas convivendo com o HIV concluiu que o sofrimento emocional prediz uma variedade de indicadores de progressão da doença por HIV, incluindo níveis mais baixos de células CD4, sintomas e diagnóstico de Aids e até mortalidade por ela (Chida & Vedhara, 2009). Os estilos de enfrentamento das pessoas também se relacionam com o ajuste e a progressão da doença. Por exemplo, aquelas que tomam medidas diretas para lidar com a situação, mantêm uma perspectiva positiva e expressam emoções tendem a ter melhor saúde física (Moskowitz et al., 2009). Por outro lado, pessoas que negam a doença e usam métodos de não enfrentamento de desengajamento, como uso de álcool ou drogas, têm progressão mais rápida da doença e pior saúde física (Chida & Vedhara, 2009; Moskowitz et al., 2009). Algumas dessas estratégias de enfrentamento podem ser mais importantes em certos contextos. Por exemplo, tomar medidas diretas para lidar com a situação parece beneficiar a saúde física quando ocorre logo após o diagnóstico de HIV (Moskowitz et al., 2009). Receber apoio tanto de profissionais de saúde quanto de familiares e amigos também leva a um melhor ajuste psicológico (Moskowitz et al., 2009; Reilly & Woo, 2004).

As intervenções adaptadas à situação e às necessidades específicas da pessoa têm vantagens sobre programas menos personalizados (Moskowitz & Wrubel, 2005). As intervenções cognitivo-comportamentais e de controle do estresse são geralmente eficazes para reduzir a ansiedade, depressão e angústia dos soropositivos e melhorar a qualidade de vida (Crepaz et al., 2008; Scott-Sheldon et al., 2008; van Luenen et al., 2018). As intervenções psicossociais também melhoram a adesão à medicação contra o HIV (Spaan et al., 2018). Mas enquanto algumas intervenções de controle de estresse cognitivo-comportamentais também relatam efeitos benéficos sobre os resultados da saúde fisiológica (Antoni et al., 1991, 2000), a maioria das intervenções não o faz (Scott-Sheldon et al., 2008).

Os psicólogos também podem ajudar os pacientes com HIV a aderir aos complexos regimes médicos projetados para controlar a infecção pelo HIV (Simoni et al., 2006), particularmente aqueles pacientes que têm maior dificuldade de adesão (Amico, Harman & Johnson, 2006). A HAART consiste em uma combinação de antirretrovirais; os pacientes costumam tomar outros medicamentos para combater os efeitos colaterais dos antirretrovirais, bem como medicamentos para combater infecções oportunistas. Esses regimes podem incluir até uma dúzia de fármacos, todos os quais requerem sincronização precisa. Quando os pacientes não seguem o cronograma, a eficácia diminui. Os psicólogos podem ajudá-los a aderir a esse cronograma, bem como facilitar habilidades de autotratamento. Por exemplo, a técnica de entrevista motivacional pareceu ser bem-sucedida para ajudar o aspecto do cronograma de adesão à HAART (DiIorio et al., 2008).

Outro aspecto da adaptação à infecção pelo HIV é encontrar sentido na experiência e desenvolver o potencial de crescimento e experiências positivas. As pessoas com Aids e os cuidadores muitas vezes conseguem encontrar experiências positivas em suas vidas. Em dois estudos (Milam, 2004; Updegraff et al., 2000), mais da metade dos indivíduos com HIV ou Aids tiveram mudanças positivas e, em outro estudo (Folkman & Moskowitz, 2000), mais de 99% deles e cuidadores foram capazes de recordar uma experiência positiva. A busca de significado positivo pode até influenciar o curso da infecção pelo HIV, afetando a contagem de CD4 (Ickovics et al., 2006). Essa busca por um significado positivo é comum à experiência de muitas pessoas com doenças crônicas (Updegraff & Taylor, 2000), e essa atitude também pode aparecer naqueles que estão morrendo.

RESUMO

A síndrome da imunodeficiência adquirida é o resultado da depleção do sistema imunológico após a infecção com o vírus da imunodeficiência humana. Quando o sistema imunológico falha em defender o corpo, várias doenças podem se desenvolver, incluindo infecções bacterianas, virais, fúngicas e parasitárias que são incomuns em pessoas que têm sistemas imunológicos funcionais.

Os modos de transmissão do HIV são comportamentais, sendo o sexo anal receptivo e compartilhamento de agulhas para injeção intravenosa de drogas os dois comportamentos que espalharam a infecção para a maioria das pessoas nos Estados Unidos. O contato heterossexual desprotegido com um parceiro infectado é responsável por uma proporção maior de pessoas com HIV em todo o mundo. O número de recém-nascidos infectados pelo HIV diminuiu porque as terapias com medicamentos antirretrovirais diminuem drasticamente a transmissão de uma mãe infectada durante o processo de nascimento.

Os psicólogos usam uma variedade de intervenções para ajudar os pacientes a reduzir comportamentos de alto risco, lidar com a doença, controlar os sintomas e aderir aos complexos regimes de medicamentos que melhoram a sobrevida. Além disso, os psicólogos forneceram serviços de aconselhamento para aqueles que procuram ser testados e para aqueles cujos testes revelam infecção. Esses programas não apenas incentivam comportamentos protetores, mas também enfatizam o papel da saúde positiva no combate à Aids.

APLIQUE O QUE VOCÊ APRENDEU

1. Embora o HIV seja um vírus, sua transmissão e a progressão da doença pelo HIV são mais bem compreendidas por meio do modelo biopsicossocial. Classifique os fatores relacionados à transmissão e progressão do HIV naqueles biológicos, psicológicos e sociais.

11-6 Enfrentando a morte

OBJETIVOS DE APRENDIZAGEM

11-12 Compreender os problemas únicos vivenciados por pessoas que enfrentam a morte

11-13 Teorias críticas de Kübler-Ross sobre o estágio da morte e do luto

11-14 Identificar intervenções que podem ajudar as pessoas a se ajustarem a uma doença terminal

No último século, a expectativa de vida aumentou. As pessoas não necessariamente esperam uma vida longa, mas a preferem, afirmando que uma vida de aproximadamente 85 anos é quase certa (Lang, Baltes & Wagner, 2007). Contudo, elas também querem ter controle sobre o fim de suas vidas, incluindo quando e como morrem. Esse desejo é consistente com o conceito de "boa morte", que consiste em conforto físico, apoio social, cuidados médicos adequados e tentativas de minimizar o sofrimento psíquico do moribundo e da família (Carr, 2003). O que sabemos sobre os problemas com os quais as pessoas lidam quando estão morrendo e como as pessoas se ajustam à perda de um ente querido?

Ajustando-se à doença terminal

A experiência de uma "boa morte" é possível para muitos. A maioria das principais causas de morte nos Estados Unidos e em outros países industrializados tem a ver com doenças crônicas, como doenças cardiovasculares, câncer, doenças respiratórias crônicas inferiores, Alzheimer, doença renal, doença hepática crônica e infecção pelo HIV. Essas doenças geralmente são fatais, mas a morte não é repentina, dando às pessoas e suas famílias a oportunidade de se ajustar. Mesmo que a doença crônica não sinalize doença terminal, o diagnóstico acarreta perdas e, portanto, a necessidade de adaptação (Murray, 2001).

Uma percepção comum é que as pessoas passam por vários estágios previsíveis de adaptação a uma doença terminal. Essa percepção foi popularizada por Elizabeth Kübler-Ross (1969). Os estágios de Kübler-Ross incluíam negação, raiva, barganha, depressão e aceitação. A negação é uma falha em aceitar a validade ou a gravidade do diagnóstico; as pessoas usam esse mecanismo de defesa para lidar com a ansiedade que sentem quando descobrem sua doença (Livneh & Antonak, 2005). A raiva é outra reação emocional e a barganha geralmente toma a forma de tentar negociar um resultado melhor, seja com Deus ou com o pessoal da saúde. A depressão é uma resposta comum de quem passa a entender a progressão de sua doença, seguida da aceitação da situação.

Kübler-Ross estava correta? Embora seja verdade que as pessoas reajam a um diagnóstico terminal com reações como negação, raiva, barganha, depressão e aceitação, não há evidências de que respondam em um padrão definido (Schulz & Aderman, 1974). Também não há nenhuma evidência de que elas *devem* vivenciar essas reações em um padrão definido. Em vez disso, aquelas diagnosticadas com doenças crônicas e com doenças terminais geralmente exibem uma série de reações negativas, mas também podem experimentar respostas positivas orientadas para o crescimento e para encontrar significado na situação.

Uma conceituação mais útil da adaptação à doença terminal é a noção do papel da morte (Emanuel, Bennett & Richardson, 2007). Esse papel é uma extensão do papel de doente, que descrevemos no Capítulo 3. Assim como o papel de doente, o papel do moribundo inclui certos privilégios e responsabilidades e pode assumir muitas formas, tanto saudáveis como não saudáveis. Três elementos-chave estão envolvidos: prático, relacional e pessoal. O elemento prático inclui as tarefas que as pessoas precisam organizar no final de suas vidas, como organizar questões financeiras e fazer planos para cuidados médicos à medida que a doença progride. O elemento relacional envolve a reconciliação do papel do moribundo com outros papéis, como cuidador, cônjuge e pai. Essa reconciliação pode ser difícil: o papel do moribundo não é automaticamente compatível com esses outros papéis, assim a pessoa que está morrendo deve trabalhar para encontrar maneiras de integrar esses papéis. O elemento pessoal envolve "terminar a própria história de vida" (Emanuel et al., 2007, p. 159). Esse elemento pode levar as pessoas a reexaminar suas vidas enquanto pensam no fim e derivam um novo significado a partir disso. Esse novo significado pode constituir uma reintegração (Knight & Emanuel, 2007), ou pode ocorrer algum desfecho menos saudável.

As barreiras a uma boa adaptação incluem impedimentos institucionais e falta de acesso a cuidados paliativos. As barreiras institucionais ocorrem quando as pessoas não podem assumir o papel de moribundo porque os profissionais de saúde as mantêm no papel de doente, mesmo que seja inadequado (Emanuel et al., 2007). A assistência médica é tão orientada para a cura que aceitar a morte pode ser difícil para os médicos. Cuidados apropriados, como cuidados paliativos ou suporte para cuidados domiciliares, podem não estar disponíveis, forçando as pessoas a permanecer em um hospital que pode não atender às suas necessidades. Concentrar-se nos aspectos físicos da morte não permite que elas trabalhem em direção às tarefas sociais e pessoais das quais possam derivar um sentimento de conclusão e reintegração.

A entrada no papel de moribundo normalmente encontra perda e luto (Emanuel et al., 2007). A pessoa enfrenta a perda das capacidades físicas, das relações sociais e das experiências de vida continuada. As pessoas imaginam que aqueles que estão nessa situação têm medo de morrer, mas pesquisas envolvendo aqueles com doenças terminais indicam o contrário (McKechnie, Macleod & Keeling, 2007). Em vez disso, as preocupações dos moribundos giram em torno da ansiedade – sobre sua doença, se seriam capazes de completar as atividades planejadas e provisões para administrar seu conforto durante os últimos estágios da doença. Como essa impõe limitações físicas em suas atividades, eles se sentem incapazes de "viver até morrer" (McKechnie et al., 2007, p. 367).

Nos últimos anos, uma breve psicoterapia chamada *terapia da dignidade* tem sido avaliada como uma maneira de ajudar pacientes terminais a lidar com as questões psicológicas do enfrentamento da morte. A terapia da dignidade oferece aos pacientes a chance de refletir sobre os aspectos de suas vidas que mais importam, bem como registrar como eles mais gostariam de ser lembrados. Assim, a terapia da dignidade procura abordar os elementos pessoais do papel de moribundo. Ensaios randomizados dessa terapia em populações ocidentais mostram que, embora possa não reduzir substancialmente os índices clínicos de depressão entre pacientes terminais, melhora as experiências de fim de vida autorrelatadas, como qualidade de vida, dignidade, bem-estar espiritual e valorização percebida pela família (Chochinov et al., 2011). Mas uma tentativa de fornecer terapia da dignidade a uma amostra de pacientes japoneses com câncer terminal encontrou uma série de dificuldades, incluindo relutância entre os pacientes japoneses em querer discutir questões relacionadas com a condição de moribundo e a morte (Akechi et al., 2012). Essas descobertas destacam o fato de que essas questões são culturalmente influenciadas, e alguns dos elementos pessoais do papel de moribundo podem estar ligados a valores culturais ocidentais, e não universais. Por exemplo, os indivíduos ocidentais tendem a responder a pensamentos sobre a morte voltando a atenção para o eu e agindo de forma a preservar a autoestima, enquanto os orientais tendem a responder a pensamentos sobre a morte voltando a atenção aos outros (Ma-Kellams & Blascovich, 2011). Assim, a sensibilidade às diferenças culturais em torno das questões da morte é um desafio para quem interage com pacientes terminais. Independentemente da cultura, a morte influencia não só o paciente, mas também a família, pois os familiares enfrentam o processo de luto pela perda de um ente querido.

Luto

A perda e a dor também são comuns ao luto, tornando as reações e os processos de adaptação aplicáveis à família e amigos após a morte de um ente querido (Murray, 2001). Assim, o diagnóstico de doença crônica, a conscientização de uma doença terminal e a perda de um ente querido provocam reações semelhantes, com possibilidades semelhantes de desfechos. Ou seja, o luto pode resultar em sintomas ou melhoras dos cuidadores (Aneshensel et al., 2004) e, com o tempo, crescimento (Hogan & Schmidt, 2002).

As semelhanças entre aqueles que estão morrendo e os que estão enlutados levaram a teorias semelhantes de adaptação, incluindo uma teoria de estágio de luto com estágios de descrença, anseio, raiva, depressão e então aceitação. Tal como acontece com a teoria dos estágios da adaptação ao morrer de Kübler-Ross, há pouca evidência para corroborar uma teoria dos estágios do luto (Maciejewski et al., 2007). As pessoas exibem algumas, nenhuma ou todas essas reações. Uma maneira potencialmente melhor de descrever as reações das pessoas ao luto é reconhecer que algumas pessoas reagem de maneira diferente ao luto que outras. Um estudo de mais de

400 reações de alemães adultos ao luto (Mancini, Bonanno e Clark, 2011) identificou quatro perfis diferentes de respostas. A maioria dos adultos exibiu uma resposta chamada *resiliência*, caracterizada por níveis estáveis de bem-estar desde antes da perda até quatro anos após a perda de um ente querido. Apenas 21% dos adultos apresentaram uma resposta chamada *recuperação aguda*, caracterizada por uma queda no bem-estar no momento da perda, seguida por um retorno gradual à normalidade. Cerca de 15% dos adultos apresentaram *níveis crônicos baixos* de bem-estar que eram relativamente não afetados pelo luto. Surpreendentemente, cerca de 5% dos adultos apresentaram *melhoria*, com níveis de bem-estar que aumentaram nos anos seguintes à morte de um ente querido. Claramente, as respostas das pessoas ao luto são variadas e não se encaixam perfeitamente em um modelo de estágios, com a maioria das pessoas mostrando bem-estar relativamente estável, em vez de uma passagem por uma série de estados emocionais negativos discretos.

O luto geralmente inclui emoções negativas e as pessoas têm dificuldade em aceitar essas emoções como normais. Mesmo entre os profissionais de saúde, o processo de luto pode parecer anormal quando elas apresentam fortes reações negativas ou seus sentimentos persistem por um tempo considerado longo demais. Pensamentos de entes queridos perdidos e anseios por sua companhia podem persistir por muitos anos (Camelley et al., 2006). Especialistas sugerem que são essas pessoas que podem se beneficiar mais da intervenção psicológica (Mancini, Griffin & Bonanno, 2012). Em contraposição, a intervenção psicológica pode ter pouco ou nenhum benefício entre as pessoas que não apresentam níveis persistentes e elevados de sofrimento.

Mesmo a terminologia utilizada pelos profissionais de saúde mental carrega conotações negativas. As pessoas que estão se adaptando à perda de um ente querido são chamadas de *em recuperação*, o que implica que esses indivíduos voltarão à "normalidade" e que suas reações de luto sinalizam problemas psicológicos. Essa tendência de "patologizar" o processo de luto deve ser evitada (Tedeschi & Calhoun, 2008). Algumas respostas ao luto podem apresentar problemas de adaptação, mas, como o processo de adaptação a doenças crônicas e terminais, o luto oferece a promessa de crescimento transformador e espiritual (Tedeschi & Calhoun, 2006). Assim, todos os três processos compartilham elementos essenciais.

RESUMO

Enfrentar a morte exige adaptações para a pessoa moribunda e para a família. Embora o processo dos estágios de aceitação tenha conquistado apelo popular, nenhuma pesquisa corrobora essa visão. Em vez disso, aqueles que estão morrendo experimentam uma variedade de reações negativas que podem ser mais bem conceituadas como um papel com elementos práticos, relacionais e pessoais. Algumas pessoas podem superar desafios e ter acesso às instalações para experimentar uma "boa morte", permitindo que morram sem dor, mas com apoio social, assistência médica adequada e sofrimento psicológico mínimo. A adaptação pode deixá-las com uma sensação de completude e até mesmo transcendência. O crescimento também é uma possibilidade para quem sofre pelos entes queridos, mas os enlutados também enfrentam um processo de adaptação que inclui emoções negativas. Uma grande variedade de respostas emocionais segue o luto, mas nenhuma pesquisa sugere que as pessoas passam por estágios previsíveis de luto. As emoções negativas que estão envolvidas no luto não devem ser vistas como anormais; a resolução do luto pode levar anos, mas esse processo também oferece a promessa de uma mudança positiva.

APLIQUE O QUE VOCÊ APRENDEU

1. O que você diria a uma pessoa que estivesse preocupada em não se sentir "da maneira correta" sobre a própria doença terminal ou de um membro da família?

Perguntas

Este capítulo abordou seis questões básicas:

1. **Qual é o impacto da doença crônica nos pacientes e familiares?**

    Doenças crônicas de longa duração trazem uma transição na vida das pessoas, exigindo adaptações para conviver com os sintomas e receber cuidados médicos, alterando relacionamentos e levando-as a uma reavaliação de si mesmas. Grupos e programas de apoio elaborados por psicólogos da saúde ajudam-nas a lidar com os problemas emocionais associados a doenças crônicas, problemas que os cuidados médicos tradicionais geralmente ignoram. As doenças crônicas podem ser terminais, o que obriga as pessoas a considerar sua morte iminente.

2. **Qual é o impacto da doença de Alzheimer?**

    A doença de Alzheimer danifica o cérebro e produz perda de memória, problemas de linguagem, agitação e irritabilidade, transtornos do sono, desconfiança, perambulação, incontinência e perda da capacidade de realizar cuidados de rotina. A forma mais comum da doença de Alzheimer ocorre por meio de uma vulnerabilidade genética combinada com riscos ambientais. A idade é o principal risco, com a prevalência dobrando a cada década após os 65 anos. Fatores de estilo de vida relacionam-se ao desenvolvimento da doença de Alzheimer, tornando a prevenção uma possibilidade. Tratamentos médicos estão sendo desenvolvidos, mas as principais estratégias de tratamento consistem em intervenções para permitir aos pacientes períodos mais longos de funcionamento e grupos de aconselhamento e apoio para familiares, que frequentemente vivenciam mais estresse que o próprio paciente.

3. **O que está envolvido na adaptação ao diabetes?**

    O diabetes, tanto insulinodependente (tipo 1) como não insulinodependente (tipo 2), requer mudanças no estilo de vida que incluem monitoramento e adesão a um regime de tratamento. Os tratamentos incluem injeções de insulina para diabéticos tipo 1 e adesão a restrições alimentares cuidadosas, agendamento de refeições, evitar certos alimentos, consultas médicas regulares e exercícios de rotina para todos os diabéticos. Psicólogos da saúde estão envolvidos em ajudá-los a entender os autocuidados para controlar os efeitos perigosos de sua doença.

4. **Como a asma afeta a vida das pessoas com esta doença?**

    A inflamação dos brônquios é a base subjacente da asma. Combinado com essa inflamação, estímulos ou eventos desencadeantes causam constrição brônquica que produz dificuldade em respirar. A asma pode ser fatal e é a principal causa de incapacidade entre as crianças. A origem desse processo não é compreendida, mas a medicação pode controlar a inflamação e diminuir o risco de crises. As pessoas com asma são confrontadas com um regime de medicação complexo que devem seguir para diminuir o risco de crises.

5. **Como a infecção pelo HIV pode ser gerenciada?**

    A infecção pelo vírus da imunodeficiência humana depleta o sistema imunológico, deixando o corpo vulnerável à síndrome da imunodeficiência adquirida e a uma variedade de infecções oportunistas. As epidemias de HIV afetam quatro populações diferentes: (1) homens que fazem sexo com homens, (2) usuários de drogas injetáveis, (3) heterossexuais e (4) filhos de mães soropositivas. Os psicólogos se envolvem na epidemia de HIV incentivando comportamentos protetores, aconselhando pessoas infectadas para ajudá-las a lidar com uma doença crônica e ajudando pacientes a aderir a regimes médicos complexos que transformaram a infecção por HIV em uma doença crônica controlável.

6. **Que adaptações as pessoas fazem à morte e ao luto?**

    As pessoas tendem a reagir ao conhecimento de que têm uma doença terminal com uma variedade de emoções negativas, e o processo de luto também inclui essas emoções. Ao contrário das conceituações populares, porém essas reações não progridem por meio de um padrão de estágios. Em vez disso, morrer pode ser conceituado como um papel que inclui elementos práticos, relacionais e pessoais que as pessoas encontram em seu processo de adaptação. O luto também pode ser conceituado como um processo com emoções negativas, mas também com possibilidade de crescimento.

Sugestões de leitura

Asthma Action America. (2004). *Children and asthma in America*. Recuperado em 29 de agosto de 2008, de http://www.asthmainamerica.com/frequency.html. Esta pesquisa abrangente detalha o impacto da asma sobre a vida das crianças e seus cuidadores, examinando as percepções errôneas sobre a doença, os tratamentos disponíveis e as recomendações para estratégias mais eficazes para lidar com essa doença.

DeBaggio, T. (2002). *Losing my mind: An intimate look at life with Alzheimer's*. New York, NY: Free Press. Quando o ex-redator de jornal Thomas DeBaggio começou a reconhecer os sintomas da doença de Alzheimer aos 57 anos, ele decidiu escrever sobre sua experiência de "perder a cabeça". O resultado é um relato comovente da doença de Alzheimer do ponto de vista de um conhecedor profundo.

Stanton, A. L. & Revenson, T. A. (2011). Adjustment to chronic disease: Progress and promise in research. In: H. Friedman (Ed.), *The Oxford handbook of health psychology* (pp. 241-268). Este capítulo examina o crescente corpo de pesquisas longitudinais sobre adaptação a doenças crônicas, explorando os importantes fatores de risco e proteção que afetam o processo.

UNAids. (2010). *UNAids report on the global Aids epidemic, 2010*. Geneva, Switzerland: Joint United Nations Programme on HIV/Aids. Este relatório abrangente detalha o *status* da infecção pelo HIV em todo o mundo e em cada área geográfica, analisando a natureza da epidemia em cada região e o progresso alcançado para controlar a doença.

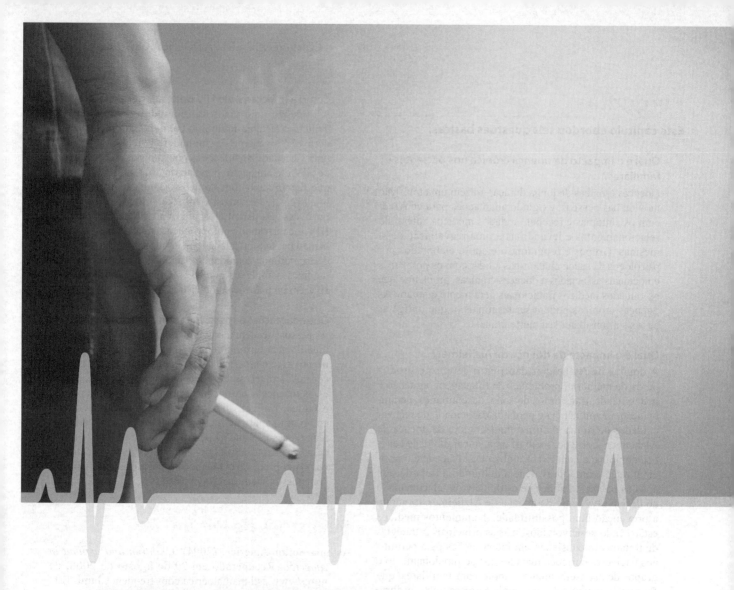

OBJETIVOS DE APRENDIZAGEM
Depois de estudar este capítulo, você será capaz de...

12-1 Identificar a rota da fumaça pelo sistema respiratório

12-2 Identificar as estruturas que o tabagismo pode danificar

12-3 Avaliar os perigos de quatro componentes do tabaco

12-4 Identificar três objeções ao tabagismo propostas pelas autoridades entre a descoberta do tabaco pelos europeus e a Segunda Guerra Mundial

12-5 Avaliar quatro fatores demográficos que diferenciam fumantes de não fumantes

12-6 Comparar as razões pelas quais as pessoas começam a fumar com as razões pelas quais as pessoas continuam a fumar

12-7 Descrever os riscos do tabagismo para câncer, doenças cardiovasculares e doenças respiratórias inferiores

12-8 Comparar os riscos à saúde de diferentes maneiras de uso do tabaco, incluindo fumar cigarros, cachimbos ou charutos, uso de cigarros eletrônicos, tabagismo passivo e uso de tabaco sem fumaça

12-9 Avaliar a eficácia das estratégias para reduzir as taxas de tabagismo

12-10 Comparar a eficácia das intervenções farmacológicas com programas comportamentais destinados a ajudar os fumantes a parar de fumar

12-11 Comparar o impacto do risco de ganho ponderal na saúde após parar de fumar com os benefícios ao deixar de fumar

12-12 Listar quatro benefícios para a saúde de fumantes que param de fumar

CAPÍTULO 12

Tabagismo

SUMÁRIO DO CAPÍTULO

Perfil do mundo real de ex-fumantes famosos

Tabagismo e o sistema respiratório
- Funcionamento do sistema respiratório
- Quais componentes da fumaça são perigosos?

Uma breve história do uso do tabaco

Escolhendo fumar
- Quem fuma e quem não fuma?
- Por que as pessoas fumam?

Consequências do uso do tabaco para a saúde
- Fumar cigarros
- Fumar charuto e cachimbo
- Cigarros eletrônicos
- Fumante passivo
- Tabaco sem fumaça

Intervenções para reduzir as taxas de tabagismo
- Dissuasão do fumo
- Parando de fumar
- Quem desiste e quem não?
- Prevenção de recaídas

Efeitos de parar de fumar
- Parar de fumar e ganhar peso
- Benefícios para a saúde ao parar de fumar

PERGUNTAS

Este capítulo concentra-se em cinco questões básicas:

1. Como o tabagismo afeta o sistema respiratório?
2. Quem escolhe fumar e por quê?
3. Quais são as consequências do uso do tabaco para a saúde?
4. Como as taxas de tabagismo podem ser reduzidas?
5. Quais são os efeitos de parar de fumar?

Nos Estados Unidos, 480.000 pessoas morrem todos os anos por causa do uso do tabaco (USDHHS, 2014). É muito fácil ler o número 480.000; vamos ver se podemos personalizá-lo. A cada ano, nos Estados Unidos, o tabagismo mata pessoas suficientes para exterminar mais da metade da população de Delaware. Mais pessoas morrem a cada ano por fumar que aquelas que vivem nos limites da cidade de Long Beach, Califórnia. Dito de outra forma, uma média de 1.315 pessoas morrem *todo dia* nos Estados Unidos por causas relacionadas ao tabaco. Em todo o mundo, o total de mortes é de 8 milhões de pessoas por ano (WHO, 2019b), o que equivale à população de Israel. Mais tarde, resumiremos os vários riscos de fumar cigarros, cigarros eletrônicos, charutos e cachimbos, bem como outros produtos de tabaco, incluindo os perigos do fumo passivo e do tabaco sem fumaça. Este capítulo também inclui informações sobre a prevalência do tabagismo, as razões pelas quais as pessoas fumam e alguns métodos de prevenção e redução do tabagismo. Em primeiro lugar, porém, revisaremos brevemente os efeitos do tabagismo sobre o sistema respiratório, sobre o sistema corporal mais imediatamente afetado por ele.

12-1 Tabagismo e sistema respiratório

OBJETIVOS DE APRENDIZAGEM

12-1 Identificar a rota da fumaça pelo sistema respiratório

12-2 Identificar as estruturas que o tabagismo pode danificar

12-3 Avaliar os perigos de quatro componentes do tabaco

A respiração leva o oxigênio para o corpo e expele o dióxido de carbono. Esse processo puxa o ar profundamente para os pulmões, o que rotineiramente introduz neles uma variedade de partículas. Assim, o tabagismo fornece um caminho para danos e doenças pulmonares.

Verifique SEUS RISCOS À SAÚDE
Com relação ao uso de tabaco

Verifique os itens que se aplicam a você.

☐ 1. Eu não fumei mais de 100 cigarros na minha vida.

☐ 2. Provavelmente fumei entre 100 e 200 cigarros na minha vida, mas não fumo há mais de cinco anos e não tenho vontade de fazê-lo.

☐ 3. Atualmente fumo mais de 10 cigarros por dia.

☐ 4. Atualmente fumo mais de dois maços de cigarros por dia.

☐ 5. Sou um fumante que acredita que os riscos à saúde do tabagismo sejam exagerados.

☐ 6. Sou fumante que acredita que fumar seja provavelmente prejudicial, mas pretendo parar de fumar antes que esses efeitos possam me prejudicar.

☐ 7. Não fumo cigarros, mas fumo pelo menos um charuto ou cachimbo por dia.

☐ 8. Não fumo cigarros, mas uso cigarros eletrônicos.

☐ 9. Fumo cigarros, e também uso cigarros eletrônicos.

☐ 10. Fumo charutos ou cachimbos porque acredito que eles apresentam um risco muito baixo de problemas de saúde.

☐ 11. Vivo com alguém que fuma dentro de casa.

☐ 12. Uso tabaco sem fumaça (mascar tabaco) diariamente.

Com exceção das duas primeiras afirmações, cada um desses itens representa um risco à saúde dos produtos do tabaco, que são responsáveis por cerca de 480.000 mortes por ano nos Estados Unidos, principalmente por câncer, doenças cardíacas e doenças crônicas do trato respiratório inferior. Conte suas marcas de verificação para os últimos 10 itens para avaliar seus riscos. À medida que ler este capítulo, você verá que alguns desses itens representam escolhas mais arriscadas que outras.

Perfil do mundo real de EX-FUMANTES FAMOSOS

O tabagismo é a principal causa de morte no mundo e afeta pessoas famosas assim como todas as outras. Ou seja, as celebridades são tão vulneráveis aos riscos do tabagismo à saúde quanto as outras, e também estão sujeitas aos alertas sobre os perigos. Alguns prestaram atenção às advertências sobre os riscos para a saúde, enquanto outros não. As atrizes Jennifer Aniston e Gwyneth Paltrow, o presidente Barack Obama e o príncipe Harry estão entre o crescente grupo de pessoas que pararam de fumar (Brichard, 2018). Para Aniston, Paltrow e Obama, a luta foi longa e difícil, incluindo tentativas que falharam. Todos começaram a fumar na adolescência, e ainda assim conseguiram parar. Outros, porém, não conseguiram.

Algumas das pessoas famosas que continuaram a fumar sofreram as consequências mais sérias de seu comportamento – morreram de complicações relacionadas ao tabagismo (*South China Morning Post*, 2016). Walt Disney, fundador da Disney Studios e da Disneylândia, morreu aos 65 anos de complicações após uma cirurgia para remover um tumor do pulmão. Ian Fleming, o romancista que criou o personagem de James Bond, morreu de ataque cardíaco aos 56 anos. Fundador da R. J. Reynolds Tobacco Company, R. J. Reynolds, Sr., morreu de câncer pancreático aos 67 anos. Seus filhos, R. J. Reynolds, Jr., morreu de enfisema aos 58 anos, e R. J. Reynolds III, morreu de enfisema aos 60 anos. Todas as causas de morte estão relacionadas ao uso de tabaco.

Funcionamento do sistema respiratório

A troca de oxigênio e dióxido de carbono ocorre profundamente nos pulmões. Para que o ar entre nos pulmões, o diafragma e os músculos entre as costelas (músculos intercostais) se contraem, aumentando o volume dentro do tórax. À medida que o espaço dentro do tórax aumenta, a pressão cai abaixo da pressão atmosférica, forçando o ar para dentro dos pulmões.

A **Figura 12.1** ilustra o caminho seguido pelo ar até os pulmões. As passagens nasais, faringe, laringe, traqueia, brônquios e bronquíolos conduzem o ar para os pulmões. Essas passagens têm pouca capacidade de absorver oxigênio, mas o processo de inalação, aquece, umidifica e purifica o ar. Milhões de alvéolos, localizados nas extremidades dos bronquíolos, são o local de troca de oxigênio e dióxido de carbono. O ar rico em oxigênio é puxado para os pulmões e alcança os alvéolos, onde ocorre uma troca de dióxido de carbono e oxigênio nos capilares ao redor de cada alvéolo.

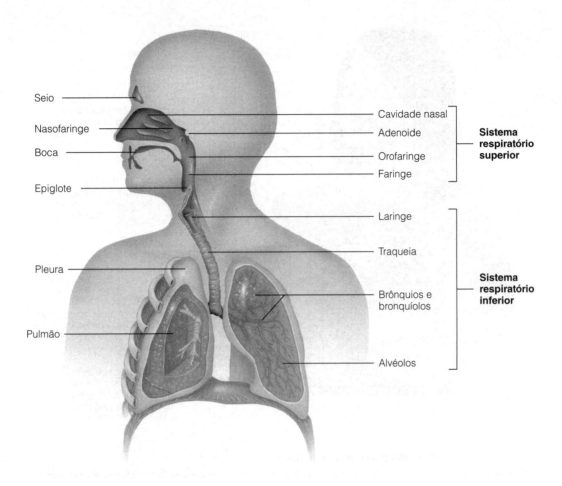

FIGURA 12.1 Sistema respiratório.

Fonte: Introduction to microbiology (p. 525), por J. L. Ingraham & C. A. Ingraham. De INGRAHAM/INGRAHAM, *Introduction to Microbiology*, 1E.

O sangue, agora rico em oxigênio, viaja de volta ao coração, que o bombeia para todas as áreas do corpo.

O ar é um excelente meio para introduzir matéria estranha no corpo. Partículas transportadas pelo ar se movem potencialmente até os pulmões a cada respiração. Mecanismos de proteção no sistema respiratório, como espirros e tosse, expelem algumas partículas perigosas. Estimulação nociva nas fossas nasais pode ativar o reflexo do espirro, enquanto a estimulação na parte inferior do sistema respiratório promove o reflexo da tosse.

Várias doenças respiratórias são de interesse para os psicólogos da saúde. Todos os tipos de fumaça, bem como outros tipos de poluição do ar, aumentam a secreção de muco no sistema respiratório, mas diminuem a atividade dos mecanismos de proteção nele, tornando o sistema vulnerável a problemas. À medida que o muco se acumula, as pessoas tossem para se livrar dele, mas a tosse também pode irritar as paredes dos brônquios. Irritação e infecção das paredes brônquicas podem danificar o sistema respiratório e destruir o tecido nos brônquios. Formação de tecido cicatricial nos brônquios, irritação ou infecção do tecido brônquico e tosse são características da **bronquite**, uma das várias *doenças crônicas do trato respiratório inferior* (também chamada *doença pulmonar obstrutiva crônica*, ou DPOC) que é a quarta principal causa de morte nos Estados Unidos (Xu et al., 2020).

A bronquite aguda é causada por infecção e geralmente responde rapidamente a antibióticos. Quando a irritação persiste e o mecanismo subjacente à doença continua, ela pode se tornar um problema crônico. A fumaça do cigarro é uma das principais causas de bronquite crônica, mas a poluição ambiental do ar e os riscos ocupacionais também contribuem para o desenvolvimento da bronquite crônica.

A mais comum das doenças crônicas do trato respiratório inferior é o **enfisema**, que ocorre quando o tecido cicatricial e o muco obstruem as vias respiratórias, os brônquios perdem sua elasticidade e colapsam e o ar fica preso nos alvéolos. O ar aprisionado rompe as paredes alveolares e os alvéolos restantes aumentam de tamanho. Tanto os alvéolos danificados como os aumentados têm área de superfície reduzida para a troca de oxigênio e dióxido de carbono. A lesão também obstrui o fluxo sanguíneo para os alvéolos não danificados e, assim, o sistema respiratório fica restrito. A perda de eficiência no sistema respiratório significa que a respiração fornece uma quantidade limitada de oxigênio. Pessoas com enfisema

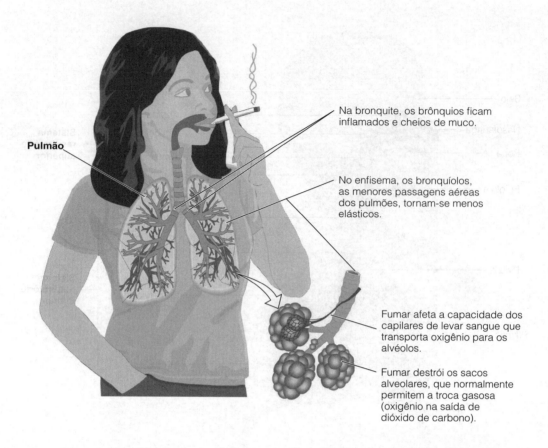

FIGURA 12.2 Como o tabagismo afeta os pulmões.
Fonte: An invitation to health (7. ed., p. 493), por D. Hales, 1997, Pacific Grove, CA: Brooks/Cole. De HALES, *Invitation to Health*, 7E.

apresentam problemas respiratórios e geralmente não podem se exercitar vigorosamente.

Bronquite crônica, enfisema e câncer de pulmão são doenças do sistema respiratório associadas à inalação de partículas irritantes e prejudiciais, como a fumaça. A **Figura 12.2** mostra como a fumaça pode danificar os pulmões, produzindo bronquite e enfisema. O tabagismo é de particular interesse para os psicólogos da saúde porque é um comportamento voluntário que pode ser evitado, enquanto a poluição do ar e os riscos ocupacionais são problemas sociais que não estão sob controle pessoal direto. Assim, o tabagismo é alvo de muita publicidade negativa e de intervenções para mudança de hábitos. Mas o que especificamente torna a fumaça inalada perigosa?

Quais componentes da fumaça são perigosos?

O tabaco processado encontrado em cigarros contém pelo menos 4.000 compostos; cerca de 60 deles são cancerígenos conhecidos – substâncias que são capazes de causar câncer (USDHHS, 2010c). Todos os compostos da fumaça do cigarro produzem uma mistura complexa, e a pesquisa não isolou os perigos específicos associados a cada um deles. No entanto, a nicotina é o agente farmacológico subjacente à dependência do tabagismo (USDHHS, 2014). Quais são os efeitos da nicotina no organismo?

A nicotina é uma droga estimulante – um "upper" – que afeta tanto os sistemas nervoso central como o periférico. (USDHHS, 2014). Certos locais receptores no sistema nervoso central são específicos para nicotina; isto é, o cérebro responde à nicotina, como faz com muitas drogas. Mas fumar é um meio particularmente eficaz de fornecer drogas para o cérebro. A nicotina, por exemplo, pode ser encontrada no cérebro sete segundos após ter sido ingerida pelo ato de fumar – mais rápido que por injeção intravenosa. A meia-vida da nicotina, o tempo que leva para perder metade de sua força, é de 30 a 40 minutos. Fumantes viciados costumam não aguentar mais que esse tempo entre as "doses".

Quando ela chega ao cérebro, ocupa locais receptores e afeta a liberação e o metabolismo de vários neurotransmissores, incluindo acetilcolina, adrenalina, noradrenalina, glutamato e dopamina (USDHHS, 2014). A ação geral é um aumento na excitação cortical. Além disso, fumar libera betaendorfinas, que são os opiáceos naturais do cérebro. Os efeitos prazerosos do tabagismo podem ser devidos à liberação desses neurotransmissores. A nicotina também aumenta o nível metabólico e diminui o apetite, o que explica a tendência dos fumantes de serem mais magros que os não fumantes. Contudo, a nicotina pode não ser a principal responsável pelos efeitos perigosos do tabagismo à saúde; existem outros compostos perigosos no tabaco.

O termo *alcatrão* descreve o resíduo solúvel em água do condensado do fumo do tabaco, que é conhecido por conter uma série de compostos identificados ou suspeitos de serem cancerígenos. Embora as empresas de tabaco tenham reduzido o nível de alcatrão nos cigarros, nenhum nível é seguro. Mas, à medida que os níveis de alcatrão diminuem, as taxas de mortalidade por doenças também diminuem. Porém tabagistas experientes que fumam cigarros com baixo teor de nicotina tendem a aumentar a taxa de consumo de tabaco e inalar baixo nível de nicotina mais profundamente, expondo-se assim a mais alcatrão perigoso.

Outros subprodutos da fumaça do tabaco podem ser considerados riscos à saúde. **Acroleína** e **formaldeído** pertencem a uma classe de compostos irritantes chamados **aldeídos**. O formaldeído, um carcinógeno comprovado, rompe as proteínas teciduais e provoca lesões nas células. **Óxido nítrico** e **ácido cianídrico** são gases gerados pela fumaça do tabaco que afetam o metabolismo do oxigênio e, portanto, podem ser perigosos. Como as empresas de tabaco não fornecem ao público informações específicas sobre o teor dos cigarros, os consumidores encontram essa barreira ao tentar conhecer o nível de risco à saúde (USDHHS, 2014).

RESUMO

O sistema respiratório permite que o oxigênio seja levado para os pulmões, onde ocorre uma troca com o dióxido de carbono no nível dos alvéolos. Junto ao ar, outras partículas podem entrar nos pulmões; algumas delas podem ser prejudiciais. A fumaça do cigarro pode causar danos aos pulmões, e os fumantes são propensos à bronquite, uma inflamação dos brônquios. A fumaça do cigarro contribui fortemente para o desenvolvimento de doenças crônicas do trato respiratório inferior, como bronquite crônica e enfisema.

Várias substâncias químicas, seja no próprio tabaco ou geradas como subproduto do fumo, podem causar danos orgânicos. Embora a nicotina em grandes doses seja extremamente tóxica, os efeitos nocivos precisos sobre o fumante médio são difíceis de avaliar. Essa dificuldade existe porque seu nível nos cigarros comerciais varia de acordo com o nível de alcatrão, outra classe de substâncias potencialmente perigosas. Assim, é difícil determinar quais componentes específicos do fumar se conectam a quais fontes de doença e morte.

APLIQUE O QUE VOCÊ APRENDEU

1. Sua amiga começou a fumar há cerca de dois meses. Explique como fumar prejudicará o sistema respiratório se ela continuar e quais componentes específicos da fumaça causarão danos.

12-2 Uma breve história do uso do tabaco

OBJETIVOS DE APRENDIZAGEM

12-4 Identificar três objeções ao tabagismo propostas pelas autoridades entre a descoberta do tabaco pelos europeus e a Segunda Guerra Mundial

Quando Cristóvão Colombo e os primeiros exploradores europeus chegaram ao hemisfério ocidental, eles descobriram que os nativos americanos tinham um costume considerado estranho para padrões europeus: os nativos carregavam rolos de folhas secas, que incendiavam e depois "bebiam" a fumaça. As folhas eram, é claro, tabaco. Aqueles primeiros marinheiros europeus experimentaram fumar, gostaram e logo se tornaram bastante dependentes. Embora Colombo desaprovasse que seus marinheiros usassem tabaco, ele rapidamente reconheceu que "não estava em seu poder abster-se de ceder ao hábito" (Kluger, 1996, p. 9). Depois de um século, o tabagismo e o cultivo do tabaco se espalharam pelo mundo. Embora os esforços nacionais e internacionais para diminuir o uso do tabaco tenham mostrado algum sucesso (OMS, 2019b), nenhum país onde as pessoas aprenderam a usar o tabaco conseguiu eliminar o hábito com sucesso (OMS, 2015).

A popularidade do hábito de fumar cresceu rapidamente entre os europeus, mas não sem seus detratores. A Inglaterra elisabetana adotou o uso do tabaco, embora Elizabeth I o desaprovasse, assim como seu sucessor, James I. Outro proeminente elizabetano, Sir Francis Bacon, falou contra o tabaco e o domínio que exerce sobre os usuários. Muitas objeções ao tabaco eram semelhantes; as pessoas que se viciavam muitas vezes gastavam dinheiro em tabaco, embora não pudessem pagar. Por causa da escassez, o tabaco era caro; em Londres em 1610, era vendido a peso de prata.

Em 1633, o sultão turco Murad IV decretou a pena de morte para os indivíduos que fossem pegos fumando. Ele então realizou operações de "flagrante preparado" nas ruas de seu império e decapitou as pessoas que foram pegas usando tabaco (Kluger, 1996). Desde o início do Império Romano, na Rússia, no Japão do século XVII, as penalidades pelo uso de tabaco também eram severas. Entretanto, o hábito se espalhou. Nas colônias espanholas, padres fumando durante as missas era tão prevalente que a Igreja Católica o proibiu. Em 1642 e novamente em 1650, o tabaco foi objeto de duas bulas papais formais, mas, em 1725, o Papa Bento XIII anulou todos os decretos contra o tabaco – ele gostava de usar rapé, que é o tabaco moído.

Ao longo dos séculos, o tabaco tem sido usado em uma variedade de formas, incluindo cigarros, charutos, cachimbos e rapé. Apesar de alguns soldados fumarem cigarros durante a Guerra Civil dos EUA, o uso de cigarros só se tornou popular no século XX. Naquela época, muitos homens não consideravam o tabagismo um hábito viril. Ironicamente, fumar cigarros não era socialmente aceitável para as mulheres; assim, poucas fumavam durante o século XIX. O tabagismo tornou-se mais popular quando os cigarros prontos para uso chegaram ao mercado durante a década de 1880.

O desenvolvimento do cigarro "mesclado", uma mistura do tabaco Burley curado ao ar e variedades turcas com tabaco Virgínia curado, surgiu em 1913. Esse processo de mistura criou um cigarro com sabor e aroma agradáveis que também eram fáceis de inalar, levando à adoção generalizada do tabagismo. Sua popularidade aumentou durante a Primeira Guerra Mundial e, durante a década de 1920, a era da "melindrosa", o tabagismo começou a ganhar popularidade entre as mulheres.

Desde a época de Colombo até meados do século XIX, o tabaco teve muitos detratores, mas as objeções vieram daqueles que o condenavam por motivos morais, sociais, xenófobos ou econômicos, e não por razões científicas ou médicas (Kluger, 1996). Apesar da condenação por parte das autoridades, a indústria do tabaco continuou crescendo. Somente em meados da década de 1960 as evidências científicas sobre as consequências perigosas do tabagismo se tornaram amplamente reconhecidas. De fato, durante as décadas de 1940 e 1950, os médicos frequentemente recomendavam a prática aos pacientes como um método de relaxamento e redução do estresse. As empresas de tabaco, é claro, incentivaram esse pensamento e usavam uma variedade de técnicas para aumentar as taxas de tabagismo (Proctor, 2012). Além das várias abordagens publicitárias, forneciam cigarros gratuitos aos soldados durante a Segunda Guerra Mundial. Naquela época, apenas algumas pessoas suspeitavam que fumar poderia ter sérias consequências negativas para a saúde, e as empresas de tabaco promoviam a visão de que fumar era simplesmente uma escolha pessoal.

APLIQUE O QUE VOCÊ APRENDEU

1. Pouco depois de Cristóvão Colombo levar o tabaco à Europa, o tabaco tem sido alvo de condenação. Quais objeções eram mais válidas e quem as levantou?

12-3 Escolhendo fumar

OBJETIVOS DE APRENDIZAGEM

12-5 Avaliar quatro fatores demográficos que diferenciam fumantes de não fumantes

12-6 Comparar as razões pelas quais as pessoas começam a fumar com as razões pelas quais as pessoas continuam a fumar

Ao contrário de muitos riscos à saúde, o tabagismo é um comportamento voluntário, com cada pessoa escolhendo fumar ou não fumar. Que fatores influenciam esse comportamento?

Vários eventos históricos e sociais nos Estados Unidos levaram a uma diminuição significativa das taxas de tabagismo. O primeiro foi o relatório de 1964 do Surgeon General dos Estados Unidos, que explicitou os efeitos adversos do tabagismo na saúde (US Public Health Service [USPHS], 1964). Outros eventos incluíram colocar um alerta sobre o potencial perigo dos cigarros em cada maço, proibir a publicidade deles na televisão, designar edifícios e espaços públicos como livres de fumo, aumentar seu preço, removendo máquinas de cigarros de locais públicos, exigindo identificação para a compra de cigarros e projetando e implementando programas destinados a dissuadir o tabagismo e incentivando a desistência. Essa combinação de fatores resultou em um declínio nas taxas de tabagismo nos Estados Unidos. A maior taxa de consumo de cigarros *per capita* ocorreu em 1966, dois anos após o primeiro relatório do Surgeon General sobre os perigos do tabagismo. A **Figura 12.3** mostra uma diminuição significativa no consumo *per capita* de cigarros nos Estados Unidos desde o relatório do Surgeon General; também mostra eventos históricos que podem ter aumentado ou diminuído seu consumo *per capita*.

Quem fuma e quem não fuma?

Atualmente, 16,5% dos adultos nos Estados Unidos fumam tabaco, dos quais 13,7%, cigarros (Creamer et al., 2019). Cerca de 60% dos que já fumaram pararam de fumar (Babb et al., 2017). O declínio ocorreu à medida que o número de ex-fumantes diminuiu e o número de nunca-fumantes aumentou (ver **Figura 12.4**); Aniston, Paltrow, Obama, Harry e Adele estão agora entre esse grupo de ex-fumantes.

Como os fumantes diferem dos não fumantes? Os fumantes diferem dos não fumantes em gênero, etnia, idade, ocupação, nível educacional e uma variedade de outros fatores. Por gênero, cerca de 15,6% dos homens adultos e 12,0% das mulheres adultas nos Estados Unidos são fumantes atuais (Creamer et al., 2019). De 1965 a cerca de 1985, a taxa de abandono foi maior para os homens que para as mulheres, produzindo assim um declínio mais acentuado no número de homens que fumavam. Durante os últimos 25 anos, as taxas de abandono foram mais altas para as mulheres em alguns momentos e para os homens em outros. As taxas de tabagismo para ambos começaram a cair a partir de 2008.

Quanto aos grupos étnicos, os índios norte-americanos (incluindo os nativos do Alasca) têm a maior taxa de consumo de cigarros (cerca de 23%) e os ásio-americanos têm a menor porcentagem de fumantes (menos de 7%) (Creamer et al., 2019). Talvez porque muitos fumantes de longa data morrem de causas relacionadas ao cigarro, a prevalência de tabagismo é mais baixa para pessoas com 65 anos ou mais (8,5%). Apesar do alto custo dos cigarros, as pessoas que vivem abaixo do nível de pobreza têm taxas de tabagismo mais altas (21,3%) que as mais ricas (cerca de 7%). Mesmo para aqueles que não são pobres, o tabagismo está inversamente relacionado à riqueza líquida pessoal – os fumantes são mais pobres que os não fumantes, e fumantes mais pobres são menos propensos a parar de fumar e mais inclinados a recaídas que fumantes com renda mais alta (Kendzor et al., 2010).

Por fim, o nível de escolaridade é um bom indicador das taxas de tabagismo: quanto maior o nível de escolaridade, menor a taxa de tabagismo (Creamer et al., 2019). Nos Estados Unidos, por exemplo, apenas 3,7% das pessoas com pós-graduação (mestrado ou doutorado) são fumantes atuais, enquanto mais de 36% das pessoas com Diploma de

Educação Geral (GED) são fumantes atuais. Essa diferença aparece antes mesmo de os alunos entrarem na faculdade – estudantes do ensino médio que cursam faculdade fumam em taxas mais baixas que aqueles que não planejam frequentá-la (Miech et al., 2016). A **Figura 12.5** mostra a relação inversa entre o nível de tabagismo e o nível de escolaridade nos Estados Unidos.

FIGURA 12.3 Consumo de cigarros por pessoa com 18 anos ou mais, Estados Unidos, 1900 a 2015.

Fontes: "Surveillance for Selected Tobacco Use Behaviors – United States, 1900-1994", por G. A. Givovino et al., 1994, *Morbidity and Mortality Weekly Report*, 43, No. SS-3, pp. 6-7; National Center for Health Statistics, 2001, *Health, United States 2001*, Hyattsville, MD: U.S. Government Printing Office; "Consumption of Combustible and Smokeless Tobacco – United States, 2000-2015", by T. W. Wang et al., 2016, *Morbidity and Mortality Weekly Report*, 65(48), 1357-1363.

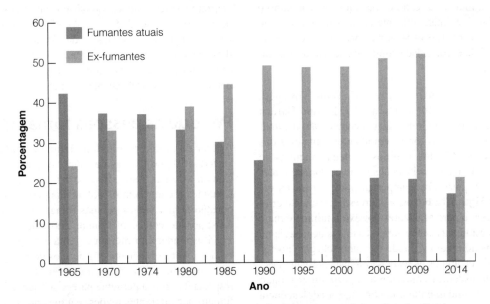

FIGURA 12.4 Porcentual de fumantes atuais e ex-fumantes entre adultos, Estados Unidos, 1965 a 2018.

Fontes: "Trends in tobacco use", por American Lung Association Research and Program Services, Epidemiology and Statistics Unit, 2011, Tabelas 4 e 15; "Summary Health Statistics: National Health Interview Survey, 201", National Center for Health Statistics, Table A-12. Recuperado de http://ftp.cdc.gov/pub/Health_Statistics/NCHS/NHIS/SHS/2014_SHS_Table_A-12.pdf. "Summary Health Statistics: National Health Interview Survey, 2018", National Center for Health Statistics, Table A-12a. Recuperado de https://www.cdc.gov/nchs/nhis/shs/tables.htm.

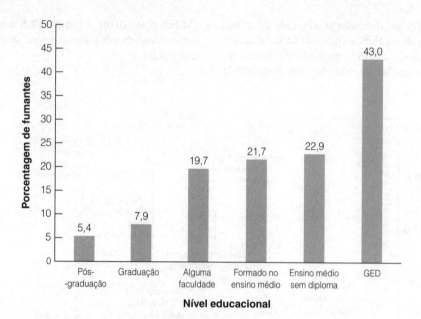

FIGURA 12.5 Porcentagem de pessoas com 18 anos ou mais que são fumantes, por nível de escolaridade, Estados Unidos, 2018.

Fonte: "Tobacco product use and cessation indicators among adults – United States", 2018 por M. Creamer et al., 2019, *Morbidity and Mortality Weekly Report*, *68*(45), p. 1016.

A relação inversa entre o nível de escolaridade e o de tabagismo é verdadeira para a maioria, mas não para todos os segmentos da sociedade europeia. Esse padrão apareceu em uma grande amostra com pessoas na Alemanha (Schulze & Mons, 2006), mas um padrão mais complexo revelou-se em um estudo envolvendo nove países europeus (Schaap, van Agt, & Kunst, 2008). A relação entre tabagismo e escolaridade era mais forte entre os mais jovens, enquanto o *status* ocupacional era mais influente entre os mais velhos no norte da Europa. O padrão variava mais para os residentes do sul, mas o nível de escolaridade continuou sendo um indicador do tabagismo.

Taxas de tabagismo entre os jovens Tanto Gwyneth Paltrow (Healthline Editorial Team, 2013) como Barack Obama ("Barack Obama Quits", 2011) começaram a fumar na adolescência, o que os torna semelhantes à maioria dos fumantes. Cerca de 6% dos meninos e 5% das meninas do nono ano escolar fumaram pelo menos uma vez durante o mês anterior a uma pesquisa sobre comportamentos de risco (Kann et al., 2018). A **Figura 12.6** mostra padrões ligeiramente diferentes de tabagismo para estudantes do sexo feminino e masculino, com os estudantes aumentando os níveis de tabagismo ao longo do ensino médio. Quando os alunos chegam ao 12º ano, cerca de 5% de ambos os sexos são fumantes frequentes.

Muitos adolescentes começam a experimentar tabaco durante o ensino fundamental e médio, mas a adolescência provavelmente não é o momento em que os jovens adotam um padrão consistente de tabagismo. Esse padrão geralmente é estabelecido após os 18 anos e pode consistir em não fumante, fumante leve, fumante ocasional ou fumante inveterado. Tanto Gwyneth Paltrow como Barack Obama começaram a fumar como adolescentes e aumentaram o consumo de tabaco, tornando-se fumantes inveterados durante a idade adulta jovem. O príncipe Harry, porém, nunca se tornou um fumante inveterado.

Examinando o uso de tabaco em todo o mundo desde 2000, um relatório da Organização Mundial da Saúde (WHO, 2019b) mostrou diminuição do uso de tabaco em todas as faixas etárias, com projeções de reduções adicionais até 2025. No entanto, ocorrem variações no uso do tabaco entre as diferentes regiões do mundo; os países do Sudeste Asiático e do Pacífico Ocidental têm taxas mais altas que aqueles das Américas e da África. Além disso, as diferenças de gênero na taxa de tabagismo são grandes em alguns países da África, Ásia e Oriente Médio, mas os homens usam mais tabaco que as mulheres em todas as regiões.

Por que as pessoas fumam?

Apesar da ampla publicidade ligando o tabagismo a uma variedade de problemas de saúde, milhões de pessoas continuam a fumar. Essa situação é intrigante porque muitos fumantes reconhecem os potenciais perigos desse hábito. A questão de por que as pessoas fumam pode ser dividida em duas: por que começam a fumar e por que continuam?

Responder à primeira pergunta é difícil porque a maioria dos jovens está ciente dos perigos do tabagismo, e muitos deles passam mal na primeira tentativa de fumar. A melhor resposta à segunda pergunta parece ser que diferentes pessoas fumam por diferentes razões, e a mesma pessoa pode fumar por diferentes razões em diferentes situações.

Por que as pessoas começam a fumar? A maioria dos jovens está ciente dos perigos do tabagismo (Waltenbaugh & Zagummy, 2004); desde 1995, estudantes do ensino médio nos Estados Unidos relataram altos índices de desaprovação

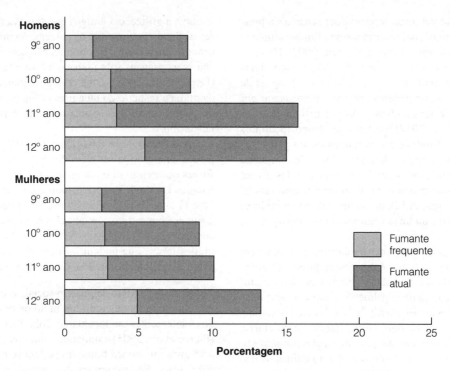

FIGURA 12.6 Tabagismo atual entre estudantes do ensino médio por gênero, frequência e ano escolar, Estados Unidos, 2017.

Fonte: L. Kann, T. McManus, W. A. Harris, S. L. Shanklin, K. H. Flint, J. Hawkins et al., "Youth risk behavior surveillance – 2017", *Morbidity and Mortality Weekly Report*, 67(8), Tabelas 56 e 58.

[N. T.: O 9º grau de ensino nos EUA corresponde ao 1º ano do ensino médio no Brasil.]

ao tabagismo (Johnston et al., 2020), mas 24% disseram que não acreditam que haja grande risco envolvido em fumar um maço de cigarros por dia. A resposta nessa aparente contradição pode estar em manter um viés otimista, acreditando que os perigos não se aplicam a eles. Além disso, os pesquisadores examinaram pelo menos quatro explicações sobre por que as pessoas começam a fumar apesar da consciência dos perigos: predisposição genética, pressão dos pares, publicidade e controle de peso.

Genética A primeira evidência de que fumar tem algum componente genético surgiu na década de 1950 a partir de estudos com gêmeos (Pomerleau & Kardia, 1999). Esses estudos indicaram que gêmeos idênticos tendem a ser mais semelhantes que gêmeos fraternos em relação ao tabagismo. Pesquisas mais recentes confirmaram fatores genéticos para o início do tabagismo e dependência de nicotina (Loukola et al., 2014; Sartor et al., 2015), bem como o sucesso da cessação (Tobacco and Genetics Consortium, 2010). Essa pesquisa levou à identificação de um grande número de genes que afetam o tabagismo, principalmente por meio do efeito de genes nos neurotransmissores no cérebro (Wang & Li, 2010).

Os pesquisadores exploraram o envolvimento de vários neurotransmissores na iniciação ao tabagismo e no desenvolvimento da dependência da nicotina. Grande parte dessa atenção se concentrou na classe de neurotransmissores monoamina, que contém adrenalina, noradrenalina, dopamina e serotonina. A dopamina tem sido de maior interesse, mas uma metanálise dessa pesquisa (Ohmoto et al., 2013) indicou que o envolvimento da dopamina no tabagismo não se estende à iniciação. Outra revisão (Hogg, 2016) examinou a possibilidade de que mais de um neurotransmissor de monoamina possa desempenhar um papel no tabagismo por meio dos mecanismos que quebram esses neurotransmissores. A nicotina retarda a quebra desses neurotransmissores, o que aumenta sua disponibilidade. Tanto a serotonina como a dopamina estão relacionadas à regulação do humor, que pode estar mais fortemente ligada à questão de por que as pessoas continuam a fumar que por que começaram.

A pesquisa sobre a genética do tabagismo confirmou um componente genético, mas essa pesquisa também determinou que o componente fornece uma vulnerabilidade ao uso do tabaco em vez de um destino para fumar. Ou seja, o tabagismo também é influenciado por fatores ambientais. Em um estudo longitudinal sobre o início do tabagismo que controlava a afinidade genética (Slomkowski, 2005), tanto a genética como o ambiente social contribuíram para a iniciação do tabagismo; adolescentes que relataram uma conexão mais próxima com irmãos fumantes eram mais propensos a se tornarem fumantes. Outro estudo (Wedow et al., 2018) rastreou uma mudança na hereditariedade ao longo do tempo às atitudes societárias que cada vez mais desencorajam o tabagismo. Esses estudos fornecem evidências de uma interação entre genes e ambiente.

Pressão social Adolescentes tendem a ser sensíveis à pressão social, e ter amigos, pais ou irmãos que fumam aumenta as chances de um adolescente fumar (Vitória, 2009). Os colegas podem influenciar o hábito de fumar oferecendo cigarros, mas pressão aparente não é necessária – modelagem de pares que fumam é mais poderosa que ser pressionado por colegas. Um estudo longitudinal sobre as influências dos amigos (Mason et al., 2017) mostrou que a percepção dos adolescentes sobre atitudes e comportamentos dos pares está relacionada com seu próprio tabagismo. Além disso, quanto mais íntimo o relacionamento, maior a influência. Os jovens podem começar a fumar para se encaixar em um grupo social (Harakeh & Vollebergh, 2012), um amigo íntimo de infância (Bricker et al., 2006), ou um/a namorado/a (Kennedy et al., 2011) que fuma.

Os jovens tendem a escolher os amigos com base em atitudes semelhantes, e fumar é um desses fatores (Ragan, 2016). O hábito de fumar do príncipe Harry é um bom exemplo; o tabagismo ocorreu principalmente durante os dias mais extravagantes de festa (Brichard, 2018). Situações sociais podem encorajar o tabagismo, como fizeram com Harry, mas jovens em famílias em que pais ou irmãos fumam são mais propensos a fumar que adolescentes em famílias de não fumantes (O'Loughlin et al., 2009), e irmãos tendem a ser mais influentes que os pais para começar a fumar (Mercken et al., 2007). Mas viver com um fumante – mesmo um padrasto – aumenta o risco de um adolescente começar a fumar (Fidler et al., 2008).

As pessoas não são a única fonte de modelagem para fumar; filmes e outras mídias podem ser uma fonte de pressão social. Um conjunto de evidências implica a influência dos filmes no início do tabagismo. John Pierce e colegas (Distefan et al., 2004; Pierce, 2005) examinaram a influência que os filmes têm sobre os jovens adolescentes e descobriram que ver as estrelas de cinema favoritas fumando no filme tem impacto sobre esses adolescentes. Em um estudo longitudinal com uma amostra representativa de adolescentes nos Estados Unidos (Wills et al., 2008) e em um estudo que utilizou uma amostra representativa de alunos do ensino fundamental e médio (Fulmer et al., 2015), ver atores fumando em filmes pareceu influenciar atitudes positivas sobre o tabagismo e incitava à afiliação a amigos que fumavam e a acreditar que fumar fosse comum entre os colegas. As mídias sociais representam outro meio de comunicação que aumenta a exposição às mensagens sobre tabaco e estimula os jovens a fumar (Depue et al., 2015). Uma revisão sistemática da influência da mídia a respeito do tabagismo (Nunez-Smith et al., 2010) descobriu uma forte associação entre exposição na mídia e tabagismo.

A influência do tabagismo nos filmes se estende aos jovens de outros países além dos Estados Unidos (embora os filmes que retratem o tabagismo sejam principalmente dos Estados Unidos). Em um estudo com crianças alemãs entre 10 e 17 anos de idade (Hanewinkel & Sargent, 2007), assistir a filmes com retratos de tabagismo influenciava o início e a continuação do tabagismo. Assim, o ambiente social fornece muitas fontes que podem influenciar os jovens a fumar ou parar; a publicidade também faz parte desse ambiente.

Publicidade Além da pressão social, as empresas de tabaco usam a publicidade como um meio de despertar o interesse dos adolescentes em tabagismo. John Pierce e colaboradores (Pierce et al., 2005) estudaram como os adolescentes de 12 a 15 anos que nunca fumaram podem se tornar suscetíveis à publicidade dividindo-os em dois grupos: nunca fumantes comprometidos que não demonstraram interesse em fumar e nunca fumantes suscetíveis que relataram algum interesse em fumar. Uma diferença importante entre os dois grupos foi a curiosidade. Os nunca fumantes comprometidos que não tinham curiosidade tendiam a prestar pouca atenção aos anúncios de tabaco e era improvável que começassem a fumar. Assim, a curiosidade pode ser um ingrediente crucial na decisão dos adolescentes de fumar ou não fumar. A publicidade que desperta a curiosidade pode ser um meio eficaz de comercialização de qualquer produto, incluindo cigarros.

Vários estudos longitudinais e uma revisão sistemática indicam que a propaganda estimula o tabagismo, principalmente entre jovens. Um estudo longitudinal (Henriksen et al., 2010) concentrou-se na influência da publicidade de cigarros nas lojas e descobriu que os adolescentes que visitavam frequentemente lojas com publicidade proeminente de cigarros eram significativamente mais propensos a começar a fumar que aqueles que as visitavam com menos frequência. Outro estudo longitudinal (Gilpin et al., 2007) mostrou que adolescentes que tinham uma propaganda de cigarro favorita ou estavam dispostos a usar itens promocionais de cigarro apresentavam maior probabilidade de serem fumantes três e seis anos mais tarde. A revisão sistemática (Paynter & Edwards, 2009) avaliou a influência da propaganda localizada onde os cigarros são vendidos e concluiu que tal publicidade não só aumenta a probabilidade de que os jovens comecem a fumar, mas também contribui para mais compras entre os fumantes e recaídas entre aqueles que pararam.

Se a publicidade pró-tabaco é eficaz, a publicidade antitabagismo também pode ser eficaz? As campanhas de mídia antitabagismo podem ser eficazes, mas provavelmente não tão eficazes quanto a propaganda para promover o tabagismo. Uma campanha antitabagismo na mídia de massa (Flynn et al., 2010) mostrou pouco efeito. Outro estudo descobriu que tanto a publicidade antitabagista como a pró-tabagismo po-

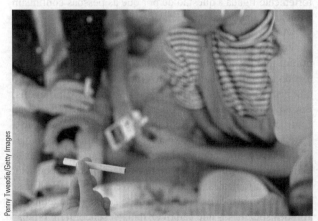

A pressão social e a aceitação em um grupo social são fatores que influenciam os adolescentes a começar a fumar.

dem ser eficazes, mas as mensagens antitabagismo não eram fortes o suficiente para neutralizar os apelos pró-tabagismo (Weiss et al., 2006). Um estudo da Austrália (White et al., 2015) indicou que a publicidade antitabagismo pode ser bem-sucedida, mas tanto a intensidade quanto a duração da exposição às mensagens são componentes importantes. Assim, há indícios de que a publicidade antitabagismo possa ser um antídoto contra a publicidade das empresas de tabaco.

Controle de peso Muitas meninas e alguns meninos começam a fumar porque acreditam que os ajudará a controlar seu peso. Um estudo longitudinal com adolescentes holandeses (Harakeh et al., 2010) e outro com vários grupos étnicos nos Estados Unidos (Fulkerson & French, 2003) mostrou que a preocupação com o peso estava positivamente relacionada ao início do tabagismo. Mulheres jovens que estavam fazendo dieta relataram que usavam o fumo como estratégia para perder peso (Jenks & Higgs, 2007), incluindo cigarros eletrônicos (*e-cigarettes*) (Piñeiro et al., 2016).

Contudo, um estudo sugere que o benefício do tabagismo no controle de peso seja um mito. Um estudo longitudinal em mulheres jovens com preocupações com o peso (Stice et al., 2015) indicou que fumantes ganharam mais peso ao longo de dois anos de acompanhamento que não fumantes.

Por que as pessoas continuam a fumar? Diferentes pessoas fumam por diferentes razões, incluindo ser viciada em nicotina, receber reforço positivo e negativo, ter um viés otimista e temer o ganho de peso.

Vício Uma vez que as pessoas começam a fumar, elas rapidamente se tornam dependentes. O Centers for Disease Control and Prevention (CDC, 1994) pesquisou fumantes de 10 a 22 anos e descobriu que quase dois terços daqueles que fumaram pelo menos 100 cigarros durante a vida relataram que "é muito difícil parar", mas apenas um pequeno número daqueles que fumaram menos de 100 cigarros ao longo da vida deu essa resposta. Além disso, quase 90% dos participantes que fumavam mais de 15 cigarros por dia achavam muito difícil parar de fumar. Esses resultados são consistentes com os de ex-fumantes famosos, cujo tabagismo aumentou e resultou em fumantes viciados que tinham muita dificuldade em parar.

Quando os viciados em tabaco limitam-se à nicotina, eles fumam mais cigarros para compensar a escassez de nicotina que recebem ao fumar. Um estudo inicial de Stanley Schachter (1980) manipulou a quantidade de nicotina em cigarros fornecida a fumantes inveterados e de longa duração. Os participantes fumavam 25% mais cigarros com baixo teor de nicotina que cigarros com alto teor de nicotina e tragavam mais cigarros com baixo teor de nicotina. Um estudo mais recente (Strasser et al., 2007) realizou uma manipulação semelhante e obteve resultados parecidos – os fumantes compensam quando fumam cigarros com menos nicotina. Esses fumantes estarão dispostos a fumar cigarros com gosto ruim, enquanto os fumantes que se concentram no prazer ou no relaxamento não o farão (Leventhal & Avis, 1976).

O vício em nicotina, porém não explica por que algumas pessoas são fumantes leves e outras são fumantes inveterados. Ou seja, se a nicotina fosse a única razão para fumar, en-
tão outros modos de entrega de nicotina deveriam substituir totalmente o tabagismo. Existe uma variedade de sistemas de liberação de nicotina, incluindo adesivos, chicletes, spray nasal, pastilhas e cigarros eletrônicos, o que significa que os fumantes podem receber nicotina de outras maneiras (menos perigosas). Mas os fumantes tendem a preferir cigarros a outros sistemas de entrega (Hughes, 2003; Sweeney et al., 2001). De fato, os fumantes classificaram os cigarros com tabaco do qual a nicotina foi removida como mais satisfatórios e relaxantes que os inaladores de nicotina (Barrett, 2010). Embora ela possa desempenhar um papel na razão pela qual as pessoas continuem a fumar, essa pesquisa indica que o vício em nicotina não é toda a história de continuar fumando.

Reforço positivo e negativo Uma segunda razão pela qual as pessoas continuam a fumar é que recebem reforço positivo ou negativo, ou ambos. Os comportamentos são reforçados positivamente quando são seguidos imediatamente por um evento agradável ou prazeroso. O hábito de fumar é fortalecido por reforçadores positivos como prazer pelo cheiro da fumaça do tabaco, sensação de relaxamento e o que fazer com as mãos.

O reforço negativo também pode explicar por que algumas pessoas continuam a fumar. Os comportamentos são reforçados negativamente quando são seguidos imediatamente pela remoção ou diminuição de uma condição desagradável. Depois que os fumantes se tornam viciados, eles devem continuar fumando para evitar os efeitos aversivos da abstinência; isto é, quando fumantes viciados começam a se sentir tensos, ansiosos ou deprimidos depois de não fumarem por algum tempo, eles podem remover esses sintomas desagradáveis fumando outro cigarro.

Um estudo experimental usando nicotina e exames das motivações dos fumantes são consistentes com ambos os tipos de reforço. O estudo experimental demonstrou que algumas pessoas que nunca fumaram encontraram os efeitos do reforço de nicotina (quando tomados em forma de pílula), mas outros não (Duke et al., 2015). Esse achado sugere diferenças individuais na vulnerabilidade à dependência de nicotina. Estudos com fumantes fornecem confirmação adicional. Por exemplo, fumantes frequentando uma clínica de cessação (McEwen et al., 2008) classificaram o alívio do estresse e do tédio como suas duas principais razões para fumar, o que atende à definição do reforço negativo. Fumantes também relataram prazer e deleite como motivos para fumar (McEwen et al., 2008), o que se enquadra na categoria do reforço positivo.

Viés otimista Além do vício e reforço, muitas pessoas continuam fumando porque têm um **viés otimista** que as leva a acreditar que pessoalmente tenham menor risco de doença e morte que outros fumantes (Weinstein, 1980). Por exemplo, quando questionadas sobre suas chances de viver até os 75 anos, aquelas que nunca fumaram, que eram ex-fumantes ou fumantes leves estimaram com bastante precisão (Schoenbaum, 1997). Os fumantes inveterados, por outro lado, superestimaram muito suas chances de viver até os 75 anos.

Neil Weinstein (2001) revisou a pesquisa sobre o reconhecimento dos fumantes quanto à vulnerabilidade ao dano e descobriu que eles mostraram um viés otimista. Isto é, fumantes não percebem que estão no mesmo nível de risco que outros fumantes. De fato, os fumantes reconheceram o risco de doenças cardiovasculares, câncer de pulmão e enfisema que acompanham o tabagismo (Waltenbaugh & Zagummy, 2004), mas aplicavam esse risco a mais outros fumantes que a eles mesmos. Além disso, fumantes em quatro países mostraram um viés otimista ao classificarem a marca dos cigarros que fumavam como menos propensas a causar doenças que outras marcas (Mutti et al., 2011). Assim, os fumantes tendem a manter um viés otimista quanto à sua vulnerabilidade aos perigos relacionados ao tabagismo, o que contribui para que continuem fumando.

Medo do ganhar peso Embora os adolescentes utilizem o tabagismo como forma de controle de peso, eles não são a única faixa etária a utilizar essa estratégia. Os adultos também muitas vezes continuam a fumar por medo de ganhar peso. Lembre-se de que essa crença é incorreta – os fumantes tendem a ganhar mais peso que os não fumantes (Stice et al., 2015) –, mas as pessoas acreditam que isso seja verdade e se comportam de acordo com essa crença.

A preocupação com o ganho de peso se estende a uma ampla gama de fumantes, mas a preocupação varia com a idade, sexo e etnia. O controle de peso é um fator que influencia alguns jovens a começar a fumar (Harakeh et al., 2010), e essa preocupação continua durante o início da vida adulta (Koval et al., 2008). Além disso, a preocupação com o peso desempenha um papel na escolha dos adultos de continuar fumando (Sánchez-Johnsen et al., 2011).

O gênero é um forte indicador de quem usa o tabagismo para controle ponderal. Por exemplo, mulheres em idade universitária com problemas de imagem corporal tinham maior probabilidade de fumar que as sem esses problemas de imagem corporal (Stickney & Black, 2008). Um estudo com mulheres e homens afro-americanos e norte-americanos brancos (Sánchez-Johnsen et al., 2011) revelou que a preocupação com o peso é um fator para continuar a fumar para todos os grupos, mas as mulheres (e especialmente as brancas) estavam mais preocupadas que os homens de ambas as etnias. Um estudo com mulheres muito preocupadas com o peso (King et al., 2007) indicou que elas eram muito mais propensas a fumar (37,5%) em comparação com as mulheres menos preocupadas com o peso (22%). Se as mulheres muito preocupadas com o peso param de fumar, suas preocupações podem aumentar; mulheres com peso normal que eram ex-fumantes expressaram maiores preocupações com o peso que mulheres com peso normal que nunca fumaram (Pisinger & Jorgensen, 2007). Esses resultados apontam para um fator de preocupação com o peso, que algumas pessoas tentam gerenciar por meio de tabagismo e para quem parar representa uma ameaça.

RESUMO

A taxa de tabagismo nos Estados Unidos diminuiu drasticamente desde meados da década de 1960, quando 42% dos adultos nesse país eram fumantes. Atualmente, essa taxa é de 14,6%. A origem étnica é um fator de tabagismo para adolescentes e adultos; nativos norte-americanos têm a maior taxa de tabagismo, seguida pelos afro-americanos, euro-americanos, hispano-americanos e ásio-americanos. Atualmente, o nível de escolaridade é um melhor indicador da condição de tabagismo que o gênero, sendo que pessoas com alto nível de escolaridade fumam em uma taxa muito mais baixa que aqueles com menor escolaridade.

As razões para fumar podem ser divididas em questões sobre por que as pessoas começam a fumar e por que continuam. A maioria dos fumantes começa na adolescência, em uma época em que são muito vulneráveis à pressão dos colegas. A genética pode desempenhar um papel no início do tabagismo, mas fatores sociais como amigos, irmãos e pais que fumam, publicidade e preocupações com peso também influenciam o início do tabagismo. A questão sobre por que as pessoas continuam é complexa, pois elas fumam por vários motivos. Quase todos os fumantes nos Estados Unidos conhecem os perigos potenciais do tabagismo, mas muitos não relacionam esses perigos a si mesmos; ou seja, o conhecimento dos perigos do tabagismo é influenciado por um viés otimista. Para muitas pessoas, fumar reduz o estresse, a ansiedade e depressão e, portanto, fornece um reforço negativo. Algumas pessoas fumam porque são dependentes da nicotina dos produtos do tabaco; outras continuam a fumar porque estão preocupadas com o ganho de peso.

APLIQUE O QUE VOCÊ APRENDEU

1. Construa dois perfis demográficos: um de um jovem adolescente que provavelmente não começará a fumar e outro de um homem de 35 anos que fuma desde os 14 anos. Para cada um deles, preencha informações pessoais, incluindo gênero, fatores familiares, sociais e outras informações relevantes para o *status* de fumante.

12-4 Consequências do uso do tabaco para a saúde

OBJETIVOS DE APRENDIZAGEM

12-7 Descrever os riscos do tabagismo para câncer, doenças cardiovasculares e doenças respiratórias inferiores

12-8 Comparar os riscos à saúde de diferentes maneiras de uso do tabaco, incluindo fumar cigarros, cachimbos ou charutos, uso de cigarros eletrônicos, tabagismo passivo e uso de tabaco sem fumaça

O uso de tabaco é responsável por mais de 480.000 mortes por ano nos Estados Unidos, ou mais de 1.315 mortes por dia

(Creamer et al., 2019), e quase 8 milhões por ano em todo o mundo (OMS, 2019b). Todas as formas de uso do tabaco têm consequências para a saúde, mas fumar cigarros é a mais comum e, portanto, a mais perigosa. Esses perigos incluem doenças cardiovasculares, câncer, doenças respiratórias inferiores crônicas e uma variedade de outras doenças.

Fumar cigarros

O tabagismo é o comportamento mais mortal na história dos Estados Unidos (e possivelmente do mundo), e é a maior causa evitável de morte e incapacidade (Creamer et al., 2019). No Capítulo 2, discutimos como os cientistas encontraram evidências para corroborar os critérios para estabelecer uma relação de causa e efeito entre o tabagismo e várias doenças, embora não seja possível pesquisa experimental com participantes humanos. As evidências dos efeitos nocivos do uso do tabaco começaram a surgir já na década de 1930 e, na década de 1950, a relação entre tabagismo e câncer, doenças cardiovasculares e doenças respiratórias inferiores crônicas estava bem estabelecida (USDHHS, 2014). Essas doenças são responsáveis por três das quatro principais causas de morte nesse país (Xu et al., 2020), e o tabagismo contribui para as três.

Tabagismo e câncer Câncer é a segunda principal causa de morte nos Estados Unidos, mas a principal causa de mortes relacionadas ao tabagismo. Fumar desempenha um papel no desenvolvimento de uma longa lista de neoplasias, especialmente câncer de pulmão. Existem evidências suficientes para concluir que o tabagismo é um fator causal nos cânceres de lábio, faringe, esôfago, pâncreas, laringe, traqueia, bexiga urinária, rim, colo do útero e estômago (USDHHS, 2014). Tanto as mulheres como os homens fumantes têm um risco extremamente elevado de morrer de câncer, sendo o risco relativo dos homens cerca de 23,3 vezes maior que dos não fumantes. Esse risco é o elo mais forte estabelecido até hoje entre qualquer comportamento e uma das principais causas de morte. Walt Disney e R. J. Reynolds, Sr., morreram de câncer relacionado ao tabagismo.

De 1950 a 1989, as mortes por câncer de pulmão aumentaram acentuadamente, tendência que permaneceu cerca de 20 a 25 anos atrás do rápido aumento no consumo de cigarros. Em meados da década de 1960, o consumo de cigarros começou a cair drasticamente e, cerca de 25 a 30 anos depois, as mortes por câncer de pulmão entre os homens começaram a diminuir. A Figura 10.5 (ver Capítulo 10) mostra-se de perto o acompanhamento das mortes de homens e mulheres por câncer de pulmão e a ascensão e queda do consumo de cigarros nos Estados Unidos. Isso é uma forte evidência circunstancial de uma relação causal entre tabagismo e câncer de pulmão.

Outros fatores, incluindo poluentes ambientais, podem ser responsáveis pelo rápido aumento de mortes por câncer antes de 1990? Evidências de um estudo prospectivo (Thun et al., 1995) sugeriram fortemente que nem a poluição nem qualquer outro fator não tabagista foram responsáveis pelo aumento das mortes por câncer de pulmão de 1959 a 1988. Outras evidências contra o tabagismo mostram que as mortes por câncer de pulmão para fumantes aumentaram significativamente durante esse período, enquanto aquelas entre não fumantes permaneceu aproximadamente a mesma (USDHHS, 1990), portanto, a poluição interna/externa, o radônio e outros carcinógenos suspeitos tiveram pouco efeito sobre o aumento da mortalidade por câncer de pulmão. Esses resultados, juntamente aos de estudos epidemiológicos anteriores, sugerem fortemente que o tabagismo seja o principal contribuinte para as mortes por câncer nesse órgão.

Tabagismo e doenças cardiovasculares Doenças cardiovasculares (incluindo cardiopatias e acidente vascular encefálico) são a principal causa de morte nos Estados Unidos e em muitos outros países. Até meados da década de 1990, o maior número de mortes relacionadas ao tabagismo resultou de doenças cardiovasculares, mas essas mortes diminuíram, enquanto as de câncer não diminuíram tão rapidamente. Agora, a DCV é a segunda maior causa de mortes relacionadas ao tabaco. O romancista Ian Fleming, criador de James Bond, morreu de ataque cardíaco após anos de tabagismo.

Qual é o nível de risco de doença cardiovascular entre as pessoas que fumam? Em geral, a pesquisa sugere que o risco seja quase o dobro (USDHHS, 2014). O risco é ligeiramente maior para os homens que para as mulheres, mas ambos têm uma chance significativamente maior de ataque cardíaco e acidente vascular encefálico fatais e não fatais.

Que mecanismo biológico pode explicar a associação entre tabagismo e doença cardiovascular? Fumar danifica a parede interna das artérias e acelera a formação de placas em seu interior (USDHHS, 2014). Fumar também está relacionado à formação de coágulos sanguíneos ao longo das paredes arteriais, o que é uma complicação perigosa para lesões nas artérias. Além disso, o tabagismo está relacionado à inflamação não apenas nos pulmões, mas também em todo o corpo; evidências crescentes implicam o papel da inflamação no desenvolvimento da doença arterial. O tabagismo também tem sido igualmente implicado em alterações prejudiciais no metabolismo lipídico, que liga o tabagismo a níveis desfavoráveis de colesterol. O tabagismo também diminui a disponibilidade de oxigênio para o músculo cardíaco e, ao mesmo tempo, aumenta a demanda de oxigênio pelo coração. A própria nicotina foi implicada, e o monóxido de carbono também é suspeito. Sendo assim, fumar produz uma variedade de reações fisiológicas que aumentam os riscos de DCV.

Tabagismo e doenças respiratórias inferiores crônicas As doenças respiratórias inferiores crônicas incluem várias doenças respiratórias e pulmonares; as duas mais mortais são enfisema e bronquite crônica. Essas doenças são relativamente raras entre não fumantes; a maioria das pessoas que desenvolvem o transtorno já foi exposta ao fumo passivo de um cônjuge fumante. R. J. Reynolds Jr. e R. J. Reynolds III morreram de enfisema, uma das doenças crônicas do trato respiratório inferior.

Em resumo, três das quatro principais causas de morte nos Estados Unidos estão relacionadas ao tabagismo. O Serviço de Saúde Pública desse país estimou que cerca de metade de todos os tabagistas acabam morrendo por causa do hábito (American Cancer Society, 2020).

Outros efeitos do tabagismo Além de câncer, doenças cardiovasculares e doenças respiratórias inferiores crônicas, o tabagismo está associado a vários outros problemas. Por exemplo, mais de 600 pessoas morrem a cada ano nos Estados Unidos por incêndios iniciados por cigarros (USDHHS, 2014). Na Inglaterra, cigarros e materiais relacionados ao tabagismo (como isqueiros) foram a causa mais comum de fatalidades por incêndio para adultos e crianças (Mulvaney et al., 2009). Consumir álcool interage com fumar para aumentar o risco de incêndios e queimaduras, mas, é claro, fumar por si só contribui mais para esses incêndios que beber por si só.

O tabagismo também está relacionado a doenças da boca, faringe, laringe, esôfago, pâncreas, rim, bexiga e colo do útero (USDHHS, 2014). Fumantes também têm grande parcela de doença periodontal (Bánóczy & Squier, 2004) e maior risco de esclerose múltipla (Hernán et al., 2005). Esses efeitos podem estar relacionados aos efeitos que o tabagismo tem sobre a inflamação e alterações na função do sistema imunológico (Andersson et al., 2019). O tabagismo também está relacionado à diminuição da capacidade física, pior equilíbrio, desempenho neuromuscular prejudicado (Nelson et al., 1994) e acidentes automobilísticos (Pederson et al., 2019). Tabagistas também são mais propensos que os não fumantes a cometer suicídio (Miller et al., 2000), desenvolver doenças respiratórias agudas, como pneumonia (USDHHS, 2014) ter funcionamento cognitivo prejudicado (Sabia et al., 2008) e sofrer de degeneração macular (Jager et al., 2008). O tabagismo também tem relação com uma variedade de doenças mentais (veja o quadro "Dá para acreditar?").

As mulheres tabagistas apresentam riscos específicos de seu gênero. Algumas pesquisas (Kiyohara & Ohno, 2010) indicaram que mulheres fumantes podem ser mais vulneráveis ao câncer de pulmão que os homens fumantes. Fumar pelo menos um maço de cigarros por dia coloca as mulheres em risco duplo de sofrer doenças cardiovasculares e um risco dez vezes maior de morrer de doenças crônicas do trato respiratório inferior. Mulheres fumantes têm maior risco de problemas de fertilidade, abortos espontâneos, parto prematuro, defeitos congênitos e baixo peso em recém-nascidos (USDHHS, 2014). Gestantes tabagistas têm o dobro de probabilidade de dar à luz um natimorto e quase três vezes mais o risco de ter um recém-nascido que morre durante o primeiro ano de vida (Dietz et al., 2010). Crianças e adolescentes que fumam têm crescimento mais lento da função pulmonar e começam a perder a função pulmonar em idades mais precoces que aqueles que não fumam (USDHHS, 2014).

Homens tabagistas também têm alguns riscos específicos por causa desse hábito. Tabagismo não só pode fazê-los parecer mais velhos e menos atraentes (Ernster et al., 1995), mas também aumenta suas chances de sofrer de disfunção erétil e diminui a contagem de espermatozoides (USDHHS, 2014). O príncipe Harry parou de fumar por insistência de

Dá para ACREDITAR? Tabagismo está relacionado a doenças mentais

A maioria das pessoas sabe que fumar é um risco para uma variedade de doenças físicas, mas também está relacionado a doenças mentais. Nos Estados Unidos, Grã-Bretanha e Austrália, estudos sobre tabagismo descobriram que fumar era duas a três vezes mais comum entre aqueles diagnosticados com um transtorno psiquiátrico que aqueles sem nenhum transtorno psiquiátrico (Prochaska et al., 2017).

O risco aumentado se aplica a vários diagnósticos, e os transtornos mais graves estão mais fortemente associados ao tabagismo. Pessoas com transtornos fóbicos (um tipo relativamente menor de transtorno mental) têm cerca de duas vezes mais chances de fumar, mas aqueles que têm esquizofrenia (um transtorno mental muito grave) têm cerca de cinco vezes mais chances de serem fumantes (Prochaska et al., 2017). As pessoas deprimidas também apresentam taxas elevadas de tabagismo (Strong et al., 2010), assim como indivíduos com transtornos de personalidade (Zvolensky et al., 2011). A relação entre tabagismo e doença mental também não começa na idade adulta; aparece durante a adolescência (Lawrence et al., 2010). À medida que a gravidade da doença mental aumenta, também aumenta a taxa de tabagismo (Dixon et al., 2007). Além disso, pessoas com diagnóstico de múltiplos transtornos mentais têm maiores probabilidades de serem fumantes inveterados (Prochaska et al., 2017).

Ser um fumante inveterado cria uma dependência grave da nicotina, o que significa que as pessoas com transtornos mentais graves apresentam um risco aumentado de problemas de saúde, mas também encontram mais dificuldades que as típicas para parar de fumar (Tsoi, Porwal, & Webster, 2010). Uma possibilidade para os problemas de parar de fumar vem de medicamentos prescritos para aqueles com esquizofrenia e transtorno bipolar, que afetam a química do cérebro, talvez de maneiras que influenciem os receptores de nicotina no cérebro (Action on Smoking and Health, 2016). Outra possibilidade é que pessoas com doenças mentais usem o tabagismo como forma de automedicação para ajudá-las a lidar com seu transtorno, mas pesquisas indicam que fumar piora ou talvez até precipite transtornos mentais (Prochaska et al., 2017). No entanto, o ambiente social e as circunstâncias das pessoas com transtornos mentais podem encorajar e apoiar a continuação do tabagismo em vez de parar de fumar. Lembre-se de que menor escolaridade e pobreza estão relacionadas a tabagismo, e esses fatores de risco são comuns entre as pessoas com transtornos mentais.

Apesar das barreiras, alguns com transtornos mentais graves conseguem parar (Dickerson et al., 2011). De fato, aqueles que são hospitalizados para tratamento de seu transtorno mental manifestam interesse em desistir em taxas semelhantes a outros fumantes (Prochaska et al., 2017). Aqueles que param também experimentam uma diminuição na gravidade de seus sintomas, o que torna o abandono do cigarro uma questão especialmente urgente para fumantes com transtornos mentais.

Meghan Markle (Brichard, 2018); ambos estavam ansiosos para começar uma família e prestaram atenção às informações sobre a contagem de esperma.

Em um dado ano qualquer, pelo menos 14% dos fumantes e ex-fumantes terão uma doença crônica (Kahende et al., 2007), e o tabagismo é a causa em cerca de 30% de todas as mortes por câncer (American Cancer Society, 2020). Os efeitos negativos não se limitam a fumantes individuais. A sociedade também paga um preço. Tanto os tratamentos para doenças relacionadas ao tabagismo como as perdas de produtividade no trabalho custam bilhões de dólares ao povo dos Estados Unidos anualmente (American Cancer Society, 2020). Esses custos, é claro, não se limitam aos fumantes – eles afetam todos que pagam prêmios de seguro de saúde e que pagam pela perda de produtividade do trabalhador. Os fumantes obviamente não podem argumentar legitimamente que seu hábito de fumar afete somente eles mesmos – esse hábito custa tanto à sociedade como aos fumantes individuais.

Fumar charuto e cachimbo

Outras formas de uso do tabaco, como fumar charutos e cachimbos, são tão perigosas quanto fumar cigarros? Pessoas de países como Austrália, Canadá, Reino Unido e Estados Unidos expressaram a opinião de que fumar charutos ou cachimbos é menos perigoso que fumar cigarros (O'Connor et al., 2007). Embora o tabaco usado em cachimbos e charutos seja um pouco diferente do usado para fazer cigarros, o tabaco para cachimbos e charutos é similarmente cancerígeno.

Enquanto os homens que fumam apenas cigarros têm um risco de câncer de pulmão cerca de 23 vezes maior que os não fumantes, o risco dos fumantes de charutos e cachimbos é elevado apenas cerca de cinco vezes mais que para os não fumantes (Henley et al., 2004). Assim, as crenças de que o risco seja menor para fumantes de charuto e cachimbo estão corretas. Entretanto, fumantes de charutos e cachimbos apresentam redução da função pulmonar e aumento da obstrução do fluxo de ar (Rodriguez et al., 2010), mas não uma redução tão drástica na expectativa de vida – 4,7 anos perdidos para fumantes de charutos ou cachimbos *versus* 8,8 para fumantes inveterados de cigarros (Streppel et al., 2007). Entretanto, fumantes de charutos e cachimbos morrem de doenças cardíacas, respiratórias inferiores crônicas e uma variedade de cânceres, assim como os fumantes de cigarro. Esses achados sugerem que fumar charutos e cachimbos possa ser menos perigoso que cigarros, mas também não são seguros.

Os perigos de fumar cachimbo são uma preocupação cada vez maior com a crescente popularidade dos cachimbos de água (narguilés) (Gentzke et al., 2019; Maziak, 2011). Essa prática tem sido comum no Oriente Médio entre adultos, mas nas últimas duas décadas popularizou-se pelo mundo. A prática tornou-se especialmente popular entre os jovens. Nos Estados Unidos, alunos do ensino médio manifestaram curiosidade sobre o uso do narguilé, principalmente aqueles que tinham alguma experiência com o uso de tabaco (Gentzke et al., 2019). As autoridades estão preocupadas que essa tendência possa levar a um uso mais generalizado do tabaco entre os jovens, mas a crescente popularidade dos cigarros eletrônicos provou ser uma tendência ainda mais preocupante.

Cigarros eletrônicos

Cigarros eletrônicos, ou *e-cigarettes*, são dispositivos eletrônicos que utilizam um elemento de aquecimento para vaporizar uma mistura líquida, que os usuários inalam (Chang & Barry, 2015). Alguns dos líquidos disponíveis contêm nicotina; essa versão do uso de cigarros eletrônicos é semelhante a fumar cigarros, sem os outros componentes do tabaco. Os defensores dos cigarros eletrônicos argumentam que fornecem uma maneira de parar de fumar ou oferecem uma alternativa mais segura ao cigarro. Os detratores argumentam que os eletrônicos oferecem mais oportunidades de se tornar dependente da nicotina. Os detratores temiam que esse método de entrega da nicotina o tornasse mais aceitável em todo o mundo (Sinniah & Khoo, 2015). Pesquisas recentes (Glantz & Bareham, 2018) indicam que os temores dos detratores eram justificados.

Tanto adolescentes (Kann et al., 2018) como adultos (Pepper et al., 2015) consideram os cigarros eletrônicos mais seguros. Essas atitudes fazem parte do fascínio do *vaping*, a publicidade começou a se concentrar nesses benefícios, o mercado de vaporizadores aumentou e os adolescentes começaram a usar o cigarro eletrônico em grande número. Por exemplo, mais de 40% dos estudantes do ensino médio nos Estados Unidos já experimentaram vaporizadores (Kann et al., 2018). Infelizmente, o uso de cigarros aumenta o risco de uso de produtos de tabaco (Zhong et al., 2016). Muitos adolescentes e adultos combinam o uso de cigarros eletrônicos com tabaco (Glantz & Bareham, 2018). Assim, os eletrônicos não previnem o tabagismo e podem ser uma porta de entrada para o uso de tabaco para os jovens.

Embora a inalação de vapor de nicotina deva ser mais segura que a inalação de fumaça de tabaco, ainda existem riscos. Cigarros eletrônicos aerossolizam a mistura líquida, criando partículas muito finas que penetram profundamente nos pulmões (Glantz & Bareham, 2018). Essas partículas incluem não apenas formaldeído e outras substâncias químicas cancerígenas, mas também toxinas não cancerígenas. Assim, o uso de cigarros eletrônicos não está isento de risco de câncer, mas outros riscos para o sistema respiratório também são possíveis, incluindo danos às vias respiratórias e aos pulmões (Fromme & Schober, 2015). O *vaping* também aumenta os riscos de doenças cardiovasculares e a inflamação na região (Glantz & Bareham, 2018), que tem sido associada a várias doenças e transtornos. Mesmo sem nicotina, o *vaping* apresenta riscos.

O uso dos eletrônicos não demonstrou eficácia clara como saída para deixar de fumar cigarros. Alguns fumantes e algumas intervenções de cessação usaram cigarros eletrônicos como maneira de interromper o fumo (Glantz & Bareham, 2018), mas pesquisas mostraram que seus usuários são menos propensos a parar que aqueles que fumam apenas cigarros (Al-Delaimy et al., 2015; Glantz & Bareham, 2018). A combinação desses achados sugere que alguns dos ganhos na redução do uso de tabaco possam ser perdidos devido à combinação de aceitação, uso e resistência a parar de fumar entre os usuários de cigarros eletrônicos. Assim, os cigarros eletrônicos aumentaram e prolongaram o tabagismo, em vez de oferecer uma maneira eficaz e segura de parar.

Fumante passivo

Muitos não fumantes acham que a fumaça dos outros é um incômodo e até irritante para os olhos e o nariz. Essa exposição ainda ocorre, mas as leis que exigem prédios, espaços abertos e locais de trabalho livres de fumaça diminuíram o número de pessoas expostas à fumaça de outras pessoas. Uma pesquisa de exposição no local de trabalho (King et al., 2014) descobriu que cerca de 20% dos participantes relataram que haviam sido expostos ao fumo passivo na semana anterior à pesquisa. No entanto, mais de 80% acreditam que nunca passaram por essa experiência.

Mas será que o **fumo passivo**, também conhecido como **fumaça ambiental do tabaco (FAT)** ou fumo de segunda mão – é prejudicial à saúde dos não fumantes? Na década de 1980, começaram a surgir algumas evidências de que o fumo passivo pode ser um perigo para a saúde. Especificamente, o fumo passivo tem sido associado a vários tipos de câncer, doenças cardíacas e uma variedade de problemas respiratórios em crianças. Além disso, o resíduo deixado pelo fumo passivo, chamado *fumo de terceira mão*, também apresenta riscos à saúde por permanecer no ambiente e interagir com outras toxinas (Northrup et al., 2016).

Tabagismo passivo e câncer O efeito do fumo passivo no pulmão e em outros cânceres é difícil de determinar em razão de problemas na avaliação da intensidade e duração da exposição. A pesquisa se concentrou na exposição no local de trabalho e não fumantes que vivem em residências com fumantes. Em geral, quanto mais as pessoas são expostas à fumaça ambiental do tabaco e quanto maior a exposição, maior o risco de câncer.

Aqueles cujos empregos os expõem a altos níveis de fumaça têm maior risco de mortalidade por câncer de pulmão. Uma resenha (Siegel & Skeer, 2003) descreveu esses empregos habilmente como os "5 bs" (no inglês *bars, bowling alleys, billiard halls, betting establishments e bingo parlors*) bares, pistas de boliche, salas de bilhar, casas de apostas e casas de bingo. Os funcionários de longa data desses estabelecimentos tinham concentrações de nicotina até 18 vezes maiores que as pessoas que trabalhavam em restaurantes, residências e escritórios. Uma metanálise baseada em estudos em todo o mundo (Stayner et al., 2007) descobriu que trabalhadores expostos apresentavam aumento de 24% no câncer de pulmão. Uma metanálise com não fumantes que vivem em uma casa com fumantes (Jaynes et al., 2016) indicou um aumento de 41% no risco para esse tipo de tabagismo passivo e câncer de pulmão. Portanto, evidências de ambos os tipos de indivíduos expostos à fumaça do cigarro mostram que essa exposição aumenta o risco de câncer.

Tabagismo passivo e doença cardiovascular O efeito da exposição ambiental à fumaça do tabaco aumenta modestamente o risco de câncer, mas seus efeitos sobre as doenças cardiovasculares são substanciais. A exposição à fumaça provoca algumas das mesmas reações fisiológicas que o tabagismo – inflamação, formação de coágulos sanguíneos e alterações nas paredes arteriais –, o que aumenta os riscos de doenças cardíacas (Venn & Britton, 2007). Uma metanálise mostrou que o risco excessivo de doença cardíaca para fumantes passivos é cerca de 25% (Enstrom & Kabat, 2006), um risco semelhante ao de acidente vascular encefálico (Lee & Forey, 2006). Entretanto, mesmo essa pequena elevação do risco de doença cardíaca se traduz em milhares de mortes a cada ano por tabagismo passivo, embora esse grande número seja apenas cerca de um décimo do número de pessoas que morrem de tabagismo ativo.

Tabagismo passivo e a saúde das crianças Lactentes e crianças pequenas não são apenas mais propensos a serem expostos à fumaça do tabaco, mas também mais vulneráveis a seus perigos que os adultos (Jayes et al., 2016). Os riscos podem começar antes mesmo do nascimento e se estenderem por toda a infância. Por exemplo, a exposição à fumaça aumenta os riscos de síndrome da morte súbita infantil (SMSI). Outros problemas de saúde para crianças são diminuição da função pulmonar, aumento do risco de doença respiratória crônica inferior e aumento do risco de tuberculose e maior risco de desencadear ataques de asma. Em geral, os efeitos negativos da fumaça ambiental do tabaco diminuem à medida que as crianças envelhecem, mas as crianças em idade escolar expostas ao fumo passivo podem sofrer mais de respiração ofegante, ter faltas escolares e volume da função pulmonar mais fraco.

Em resumo, o tabagismo passivo é um risco para a saúde por causa de câncer de pulmão, doenças cardiovasculares e muitos problemas de saúde para as crianças. Em geral, quanto maior a exposição, maior o risco.

Tabaco sem fumaça

O tabaco sem fumaça inclui rapé e tabaco de mascar, modos de uso que eram mais populares durante o século XIX que hoje em dia. Atualmente, adolescentes do sexo masculino euro-americanos e hispano-americanos usam tabaco sem fumaça mais que qualquer outro segmento da população dos EUA (USDHHS, 2014). Mas formas de uso de tabaco sem fumaça são comuns entre adolescentes e homens jovens em outras áreas do mundo, especialmente no Sudeste Asiático e no Mediterrâneo Oriental (OMS, 2019b). Embora muitos dos que fazem uso de tabaco sem fumaça reconheçam que ele traga riscos, eles tendem a acreditar que seja mais seguro que fumar.

A crença de que o tabaco sem fumaça seja mais seguro que fumar tem sido um fator para o aumento do seu uso em toda a América do Norte e não somente partes da Europa. Em certo sentido, essa crença está correta; o tabaco sem fumaça não apresenta um risco tão alto de doenças quanto o tabagismo (Colilla, 2010; USDHHS, 2014), mas o tabaco ainda é uma toxina e um carcinógeno com riscos à saúde. A evidência não é suficientemente forte para corroborar um nexo causal, mas o uso de tabaco sem fumaça está associado ao aumento da mortalidade por câncer oral, pancreático e pulmonar, bem como a doenças cardiovasculares. O uso de tabaco sem fumaça como substituto ao fumo é questionável; adolescentes que começam a usar tabaco sem fumaça são mais propensos a começar a fumar que aqueles que não experimentam essa forma de tabaco (Severson et al., 2007). Os riscos do uso de tabaco sem fumaça não são tão grandes quanto os associados a fumar cigarros; contudo, mascar tabaco traz alguns riscos à saúde.

RESUMO

As consequências do uso do tabaco para a saúde são múltiplas e graves. Fumar é a causa número um de mortalidade evitável no mundo. Ele causa cerca de 480.000 mortes por ano nos Estados Unidos e 8 milhões em todo o mundo, principalmente por câncer, doenças cardiovasculares e crônicas do trato respiratório inferior. Mas também traz risco para doenças e transtornos não fatais, como doença periodontal, perda de força física, infertilidade entre as mulheres, transtornos respiratórios, disfunção cognitiva, disfunção erétil e degeneração macular.

Muitos não fumantes se incomodam com o tabagismo dos outros, e com razão – esses não fumantes apresentam maior risco de doenças respiratórias devido ao fumo passivo. Pesquisas sugerem que a fumaça ambiental do tabaco aumente o risco de câncer de pulmão, mas aumente muito mais as mortes por doenças cardiovasculares. As crianças são as vítimas mais afetadas pelo tabagismo passivo; o risco de doenças respiratórias aumenta substancialmente.

Como charutos e cachimbos, o tabaco sem fumaça não é tão perigoso quanto o cigarro. Adolescentes que usam tendem a acreditar que essa forma de tabaco seja muito mais segura que fumar cigarros. Essa crença também se estende aos cigarros eletrônicos, mas evidências crescentes indicam que seu uso também traz perigos, mesmo quando não há nicotina envolvida. Conclusão: nenhum nível de tabagismo ou exposição ao tabaco é seguro.

APLIQUE O QUE VOCÊ APRENDEU

1. Avalie os vários tipos de tabagismo e uso de tabaco, classificando-os do menos perigoso ao mais perigoso.

12-5 Intervenções para reduzir as taxas de tabagismo

OBJETIVOS DE APRENDIZAGEM

12-9 Avaliar a eficácia das estratégias para reduzir as taxas de tabagismo

12-10 Comparar a eficácia das intervenções farmacológicas aos programas comportamentais destinados a ajudar os fumantes a parar de fumar

Embora as taxas de tabagismo estejam diminuindo em muitos países de alta renda, aumentaram em países de renda média e baixa, o que criará o crescimento nas doenças relacionadas ao tabagismo em todo o mundo. Para proteger contra doenças relacionadas ao tabaco, a OMS (2019a) implementou uma estratégia para reduzir as taxas de tabagismo dissuadindo os jovens desde o início, incentivar os fumantes a parar e tornar o tabagismo menos acessível por meio da restrição de disponibilidade e aumento dos custos.

Dissuasão do fumo

A informação por si só não é uma maneira eficaz de mudar o comportamento, e essa generalização se aplica à dissuasão de fumar. Quase todos os adolescentes nos Estados Unidos (e em muitas outras partes do mundo) sabem que fumar é perigoso para a saúde, mas aproximadamente 29% dos estudantes do ensino médio tentaram fumar, cerca de 9% fumam pelo menos uma vez por mês, e 2,6%, quase todos os dias (Kann et al., 2018).

A escolha de fumar não ocorre porque crianças ou adolescentes necessitam de informações sobre os perigos do tabaco; eles têm muitas informações sobre os perigos de fumar por meio de mensagens da mídia antitabagista (Weiss et al., 2006), autoridades de saúde e pais preocupados. Aos 14 anos, os adolescentes prestam pouca atenção às advertências de saúde, tornando-as inúteis (Siegel & Biener, 2000). Assim, informações sobre os perigos do tabagismo para a saúde não criam programas de prevenção bem-sucedidos (Flay, 2009). Dissuadir o tabagismo é um desafio que requer mais que informações sobre seus perigos.

A abordagem mais comum para prevenir que crianças comecem a fumar é por meio de programas escolares, que variam conforme quem transmite a mensagem antitabagista, a duração da intervenção e a idade dos alunos-alvo. O programa mais comum é o projeto DARE, que não é apenas orientado ao uso de drogas, mas também inclui o tabaco. Essa intervenção engloba mensagens antidrogas entregues por policiais, normalmente uma vez por semana durante um semestre letivo. Avaliações desse programa (West & O'Neal, 2004) revelaram que ele não é eficaz em dissuadir o tabagismo ou o uso de outras drogas. Contudo, o DARE passou por revisões em sua abordagem (Caputi & McClelland, 2017), adotando elementos semelhantes aos de programas escolares mais bem-sucedidos, como o uso de discussões interativas em vez de palestras apenas informativas, construindo habilidades de recusa dos alunos, e provocando um compromisso de não fumar. Outros elementos de programas escolares mais eficazes incluem programas que incluem pelo menos 15 sessões que se estendem até o ensino médio, integrando a prevenção do tabagismo a um programa abrangente de educação em saúde e fornecendo mensagens de prevenção na comunidade, bem como pelos pais e por meio de mensagens da mídia (Flay, 2009).

Uma revisão sistemática de campanhas de mídia de massa voltadas para jovens (Brinn et al., 2010; Das et al., 2016) indicou que esses programas podem ser eficazes, e quanto mais mídia estiver envolvida e mais tempo as mensagens persistirem, mais eficaz a campanha. Infelizmente, a evidência é mais impressionante para a eficácia a curto que a longo prazo (Dobbins et al., 2008). A prevenção bem-sucedida deve ser mais abrangente que os programas baseados na escola (CDC, 2014), estendendo-se à comunidade na forma de campanhas na mídia de massa, esforços legais para restringir a disponibilidade de tabaco e mudanças nas atitudes em relação ao seu uso. Impedir que crianças e adolescentes fumem não é tarefa fácil – tampouco parar de fumar.

Parando de fumar

Um segundo método para reduzir as taxas de tabagismo é que os fumantes atuais parem de fumar. Embora parar de fumar não seja fácil, milhões de pessoas em todo o mundo já o fizeram motivados por esforços de países individualmente e por iniciativas da Organização Mundial da Saúde (WHO, 2019b). A diminuição da taxa de tabagismo entre as pessoas nos Estados Unidos tem sido drástica. Como MeLisa Creamer e colegas (Creamer et al., 2019) resumiram: "O declínio aproximado de dois terços na prevalência de tabagismo em adultos que ocorreu desde 1965 representa um grande avanço para a saúde pública" (p. 1015). Atualmente, há mais ex-fumantes nos Estados Unidos que fumantes atuais – cerca de 22% são ex-fumantes e aproximadamente 14% são fumantes atuais (Creamer et al., 2019). A Figura 12.4 indica que o declínio nas taxas de tabagismo se deve não apenas ao fato de menos pessoas começarem a fumar, mas também de pararem de fumar.

Contudo, existem muitas barreiras para parar. Uma delas é a dependência de nicotina. Em um estudo perguntou-se às pessoas que fumavam e consumiam álcool qual seria o mais difícil de parar, a maioria relatou que seria o cigarro (Kozlowski et al., 1989). Apesar das dificuldades de parar de fumar, muitos fumantes são bem-sucedidos parando por conta própria, enquanto outros o fizeram com a ajuda de abordagens farmacológicas, intervenções comportamentais e campanhas antitabagismo em toda a comunidade.

Parar sem terapia A maioria das pessoas que para de fumar o fez por conta própria, sem a ajuda de programas formais de cessação. Nos Estados Unidos, cerca de 50% dos fumantes tentam parar a cada ano e cerca de 60% dessas pessoas não fazem tratamento para parar (Babb et al., 2017). Quem são os fumantes mais propensos a parar por conta própria?

Em um estudo inicial sobre desistir sem ajuda, Stanley Schachter (1982) pesquisou duas populações: o departamento de psicologia da Universidade de Columbia e a população residente de Amaganset, Nova York. Schachter encontrou uma taxa de sucesso de mais de 60% para ambos os grupos, com uma duração média de abstinência de mais de sete anos. Essa taxa é muito maior que de abandono dos estudos clínicos. Schachter interpretou a alta taxa de sucesso, mesmo para fumantes inveterados, como evidência de que parar de fumar pode ser mais fácil que as avaliações clínicas indicam. Ele sugeriu que as pessoas que frequentam os programas clínicos são, em sua maioria, aquelas que falharam em tentar parar por conta própria. Pesquisas posteriores sobre o uso de tratamento para parar de fumar confirmaram esse raciocínio (Shiffman et al., 2008). Assim, aquelas que frequentam as clínicas são muitas vezes autosselecionadas com base no fracasso anterior, além de uma motivação contínua para parar. Parar por

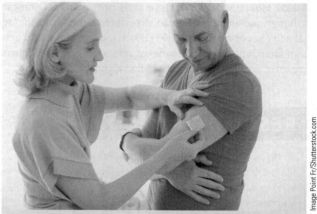

A reposição de nicotina pode ajudar os fumantes com sintomas de abstinência, mas a eficácia é maior quando combinada com técnicas comportamentais.

conta própria é possível, mas muitos fumantes precisam de ajuda.

Usando abordagens farmacológicas O presidente Obama usou chiclete de nicotina, um tipo de abordagem farmacológica, quando estava tentando parar de fumar durante sua primeira campanha presidencial (*Michelle Obama*). De fato, assessores de campanha mantinham um estoque de chicletes de nicotina com eles para ajudar Obama a se abster de fumar, e seu médico o aconselhou a continuar a usar essa estratégia em seus esforços para parar. Vários tipos de fármacos demonstraram alguma eficácia para ajudar as pessoas a parar de fumar. Uma abordagem é a reposição de nicotina, que está disponível por meio de adesivos, gomas, pastilhas, inaladores e sprays nasais. Além disso, os medicamentos vareniclina (Chantix & Champix) e bupropiona (Zyban) foram aprovados pela Food and Drug Administration dos EUA para a cessação do tabagismo. Todas essas abordagens contribuíram para a diminuição da taxa de tabagismo.

A reposição de nicotina funciona liberando pequenas doses no corpo, permitindo que os fumantes trabalhem para se livrar do fumo até que não sejam mais dependentes dela. Uma revisão sistemática de metanálises de medicamentos para cessação do tabagismo (Cahill et al., 2013; Ghamri, 2018) indicou que a reposição de nicotina foi eficaz na promoção da cessação, assim como a vareniclina e a bupropiona. Como todos os tratamentos medicamentosos, estes têm efeitos colaterais, a maioria dos quais não é grave. De fato, a maioria dos efeitos colaterais são substancialmente menos perigosos que continuar a fumar. Infelizmente, os mesmos resultados positivos podem não ocorrer para adolescentes fumantes usando uma dessas abordagens farmacológicas. Uma metanálise (Kim et al., 2011) não encontrou efeito significativo dessas abordagens em adolescentes. A adição de outros componentes pode aumentar a eficácia de todas as intervenções farmacológicas para adultos, e os adolescentes podem exigir alguma outra abordagem para parar de fumar.

Receber intervenção comportamental As abordagens comportamentais destinadas à cessação do tabagismo geralmente incluem uma combinação de estratégias, como mudança de comportamento, abordagens cognitivo-comportamentais, contratos feitos pelo fumante e terapeuta em que o fumante concorda em parar de fumar, terapia de grupo, apoio social, treino de relaxamento, controle do estresse, "sessões de reforço" para prevenir recaídas e outros componentes.

Tanto o aconselhamento individual quanto o em grupo podem ser bem-sucedidos em ajudar algumas pessoas a parar de fumar. Psicólogos, médicos e enfermeiros podem ser provedores eficientes, mas a eficácia está positivamente relacionada à quantidade de contato entre cliente e terapeuta. Por exemplo, receber conselhos de um médico para parar de fumar produz um aumento na cessação (Stead et al., 2008), mas as informações sobre os perigos de fumar não são tão eficazes quanto os conselhos que preparam fumantes para parar (Gemmell & DiClemente, 2009). O contato cara a cara não é necessário para um programa ser bem-sucedido. Todos os anos, milhões de pessoas nos Estados Unidos buscam informações sobre parar de fumar entrando em contato com fontes on-line (Graham & Amato, 2019). Essa ajuda pode vir por meio de computador ou com base na Web (Myung et al., 2009), e mensagens de texto podem ser eficazes para ajudar as pessoas a parar de fumar e prevenir recaídas (Sampson et al., 2015).

Programas que incluem mais sessões tendem a ser mais eficazes que aqueles com menos sessões. Por exemplo, aconselhamento e programas comportamentais para parar de fumar são bem-sucedidos para indivíduos que sofreram ataques cardíacos quando esses programas têm duração suficiente (Barth et al., 2008). Além disso, fumantes que procuram tratamento de programas especializados em tabagismo tendem a ser mais bem-sucedidos que aqueles que recebem programas de provedores que oferecem outros tipos de serviços além da cessação do tabagismo (Song et al., 2016). Os programas mais eficazes incluem um componente de aconselhamento e um componente farmacológico. Cada um desses elementos é eficaz, e a combinação dos dois melhora os resultados (Ghamri, 2018; Hughes, 2009; Stead et al., 2008).

Diminuindo o tabagismo por meio de campanhas comunitárias Em vez de visar indivíduos, uma estratégia alternativa envolve campanhas que abrangem comunidades inteiras. Tais campanhas de saúde não são novas. Mais de dois séculos antes de alguém fazer campanha contra os perigos do cigarro, Cotton Mather fez uso de panfletos e oratória para persuadir o povo de Boston a aceitar inoculações de varíola (Faden, 1987). Hoje, existem programas comunitários em todo o mundo, um número crescente dos quais tem o objetivo de criar ambientes livres de fumo (OMS, 2019a).

Essas campanhas são normalmente patrocinadas por agências governamentais, fundações de caridade ou grandes corporações como intervenção destinada a melhorar a saúde de um grande número de pessoas. As intervenções no local de trabalho formulam e reforçam um local de trabalho livre de fumo, bem como incentivam os trabalhadores a parar de fumar, muitas vezes oferecendo programas de cessação e incentivos monetários ou de benefícios. Uma revisão sistemática de estudos sobre locais de trabalho livres de fumo (Fichtenberg & Glantz, 2002) indicou que essa estratégia não apenas reduz o número de cigarros que os trabalhadores fumam, mas também diminui a prevalência do tabagismo.

Outro tipo de intervenção comunitária envolve campanhas de mídia que não apenas tentam tornar o hábito de fumar menos desejável, mas também oferecem informações de contato para linhas de ajuda, telefones ou centros instalados em sites que oferecem informações aos fumantes e assistência para iniciar um programa de cessação. Um desses programas é a campanha Tips From Former Smokers, iniciada pelo Centers for Disease Control and Prevention. Esse programa incluiu uma extensa campanha de televisão que oferecia histórias de ex-fumantes que sofreram graves consequências para a saúde, combinadas com mensagens sobre parar de fumar e acesso à ajuda gratuita. Pesquisas indicam que essa campanha de mídia foi bem-sucedida (McAfee et al., 2017) e também que a exposição mais ampla às mensagens foi cada vez mais eficaz no aumento de tentativas de silêncio.

Ainda outra estratégia comunitária ou nacional para diminuir o tabagismo é aumentar o preço dos cigarros, o que afeta a disposição dos fumantes de comprar cigarros. Essa abordagem tem sido eficaz em países de todo o mundo (OMS, 2019a).

A porcentagem de pessoas que mudam de comportamento por causa de uma campanha de saúde comunitária ou midiática pode ser bem pequena, mas, se a mensagem chegar a milhares de pessoas, a abordagem resultará em um grande número de pessoas que param. Além disso, essas campanhas têm a capacidade de alterar a aceitabilidade do tabagismo, que é um fator importante na diminuição de suas taxas (OMS, 2019a). Assim, tentar alcançar um grande número de pessoas por meio de campanhas midiáticas pode ser uma estratégia bem-sucedida.

Quem desiste e quem não?

Quem é bem-sucedido em parar, e quem não é? Os pesquisadores examinaram vários fatores que podem responder a essa pergunta, incluindo idade, gênero, nível de escolaridade, cortar o uso de outras drogas e preocupação com o peso (que discutiremos em uma seção posterior). A idade mostra uma relação com o ato de parar. Em geral, os fumantes mais jovens, especialmente aqueles que fumam muito, são mais propensos a continuar fumando que os idosos (Ferguson et al., 2005; Hagimoto et al., 2010).

Os homens são mais propensos que as mulheres a parar de fumar? Mais homens pararam de fumar que mulheres, mas historicamente, as taxas de tabagismo para homens têm sido maiores, resultando em um grupo maior de fumantes do sexo masculino (USDHHS, 2014). Entretanto, algumas evidências são consistentes com a hipótese de que as mulheres acham mais difícil parar de fumar (Torchalla et al., 2011), possivelmente porque as mulheres fumantes que tentam parar tenham mais obstáculos a superar. Por exemplo, elas não são tão propensas quanto os homens a usar tratamentos farmacológicos em suas tentativas de parar; para aquelas que o fazem, as taxas de abandono são semelhantes às dos homens (Smith et al., 2015). O uso de tratamentos farmacológicos tende a diminuir a gravidade dos sintomas de abstinência, e as pessoas que apresentam sintomas graves tendem a ter menos sucesso em parar. Além disso, as mulheres tendem a usar o tabagismo para controlar o estresse, a ansiedade e a depressão, aos quais são mais vulneráveis. Perder uma estratégia de enfrentamento apresenta dificuldades, e as pessoas que usam o tabagismo como estratégia de enfrentamento são menos propensas a parar que aquelas que fumam por prazer (Ferguson et al., 2005). Além disso, quem convive com um fumante tem menor probabilidade de parar, o que pode afetar mais as mulheres que os homens.

As mulheres também são menos propensas a receber apoio social para parar de fumar, e uma rede social de apoio é útil. Infelizmente, apenas cerca de 24% dos fumantes nos Estados Unidos que tentaram parar de fumar relataram ter recebido apoio social (Shiffman et al., 2008). Em um estudo de casais em que ambos fumavam (Lüscher, & Scholz, 2017), a prestação de apoio ajudou ambos os parceiros a desistir, mas os masculinos se beneficiaram mais que as mulheres.

A menor taxa de fumantes entre aqueles com níveis mais altos de educação também se aplica ao abandono? A pesquisa que atraiu participantes de 18 países europeus (Schaap et al., 2008) sugeriu uma resposta afirmativa. Nessa comparação entre os países, os fumantes com maior escolaridade eram mais propensos a parar de fumar, incluindo mulheres e homens em todas as faixas etárias. Um estudo longitudinal de fumantes do ensino médio também sugeriu que os fumantes eram menos propensos a seguir para o ensino superior que os não fumantes (Sabado et al., 2017).

Por fim, os fumantes que abusam de álcool e outras drogas têm mais dificuldade em largar o cigarro? Aqueles que trabalham no tratamento de vícios há muito reconhecem a forte relação entre fumar e beber, e a visão dominante por muitos anos foi que abordar os problemas de bebida era mais urgente que parar de fumar para pessoas que usavam ambas as substâncias. Essa crença foi reavaliada; os perigos do tabagismo são reconhecidos como importantes para serem abordados no tratamento. Além disso, pesquisas (Nieva et al., 2011) indicam que as pessoas são capazes de parar de fumar e beber simultaneamente. Mas pessoas com problemas de abuso de substâncias são mais propensas a recair no tabagismo que aquelas sem problemas adicionais de uso de substâncias (Quisenberry et al., 2019).

Prevenção de recaídas

O problema da recaída não é exclusivo ao tabagismo. As taxas de recaída são bastante semelhantes entre as pessoas que pararam de fumar, abandonaram o álcool e deixaram de usar heroína (Hunt et al., 1971). Para aqueles que tentam parar, alguns conseguem parar ou reduzir, mas 22% voltam a fumar em uma taxa mais alta que antes de sua tentativa de parar (Yong et al., 2008).

A alta taxa de recaída após o tratamento de cessação do tabagismo levou G. Alan Marlatt e Judith Gordon (1980) a examinar seu próprio processo de recaída. Para algumas pessoas que tiveram sucesso em parar, um cigarro precipita uma recaída completa, incluindo sentimentos de fracasso total. Marlatt e Gordon chamaram esse fenômeno *violação da abstinência*. Eles incorporaram estratégias no tratamento para lidar com o desespero dos ex-fumantes quando violam sua intenção de permanecer abstinentes. Treinando os clientes que uma "escorregada" não constitua uma recaída, a técnica de Marlatt e Gordon tenta protegê-los contra uma recaída completa. Os deslizes são comuns mesmo entre as pessoas que pararam de fumar em definitivo (Yong et al., 2008). Assim, um único deslize não deve desencorajar as pessoas de continuar seus esforços para parar de fumar.

Aqueles que param por conta própria têm taxas de recaída muito altas; até dois terços deles têm uma recaída após apenas dois dias (Hughes et al., 1992), e até 75% voltam a fumar em seis meses (Ferguson et al., 2005). Uma revisão sistemática sobre prevenção de recaídas (Agboola et al., 2010) indicou que os materiais de autoajuda foram eficazes no combate à recaída após um ano para esses ex-fumantes.

As técnicas de prevenção de recaídas comportamentais são mais eficazes a curto prazo, entre um e três meses após o abandono (Agboola et al., 2010), mas é nesse momento em que os ex-fumantes estão mais vulneráveis ao estresse e à fissura que é importante instigar a recaída (McKee et al., 2011). Tratamentos farmacológicos, especialmente o uso de vareniclina, podem ser eficazes na prevenção de recaídas no importante primeiro ano após o abandono (Livingstone-Banks et al., 2019). As taxas de recaída diminuem após um ano de abstinência (Herd et al., 2009), de modo que os ex-fumantes podem não precisar muito de assistência após esse período.

Contudo, a alta taxa de recaída nesse primeiro ano continua sendo um problema. O conceito de fadiga por cessação é a noção de que parar de fumar apresenta tantos estressores adicionais que aqueles que pararam de fumar ficam sobrecarregados e recaem (Heckman et al., 2018). Uma pesquisa longitudinal (Heckman et al., 2019) revelou que o componente de exaustão emocional da fadiga por causa da cessação é um preditor de recaída. Esse achado, combinado com outras pesquisas que focalizaram a emocionalidade negativa como um fator na prevenção de recaídas (Olsson et al., 2016), aponta para a importância de abordar os componentes psicológicos da recaída e adaptar a prevenção de recaídas para incluir esses componentes. Assim, diferentes intensidades das abordagens podem ser importantes em diferentes momentos depois que os fumantes param de fumar, e os pesquisadores devem trabalhar para entender as características do fumante e do tratamento a fim de poder desenvolver maneiras mais eficazes de prevenir o problema comum das recaídas.

RESUMO

As taxas de tabagismo podem ser reduzidas pela prevenção ou pelo abandono do fumo. Fornecer aos jovens informações sobre os perigos do tabagismo não é uma estratégia eficaz, e muitos dos programas de prevenção nas escolas têm efeitos limitados. Alguns dos programas são mais eficazes quando são interativos, ensinam habilidades sociais para se recusar a fumar e estão bem integrados ao currículo de saúde escolar e à comunidade em geral. Esses programas são mais eficazes que programas mais simples e limitados.

Como as pessoas podem parar de fumar? A maioria das pessoas que tenta parar o faz sem buscar nenhum tipo de programa de ajuda, mas tratamentos farmacológicos e intervenções comportamentais podem ser eficazes, principalmente quando combinados. Como o abandono da nicotina pode resultar em sintomas de abstinência, muitos programas de cessação bem-sucedidos incluem alguma forma de reposição de nicotina, como um adesivo ou goma de mascar, ou uma das drogas que afetam a química cerebral envolvida no tabagismo. Ambos os tipos são mais eficazes que um placebo ou nenhum tratamento, assim como vários medicamentos e programas comportamentais. Outra abordagem para reduzir as taxas de tabagismo envolve programas comunitários de grande escala, que geralmente incluem meios de comunicação de massa antitabagismo ou campanhas no local de trabalho, além de políticas para limitar o acesso aos cigarros. Se mesmo uma pequena porcentagem de pessoas expostas a essas campanhas parar de fumar, essa mudança pode se traduzir em milhares de pessoas deixando de fumar.

As mulheres enfrentam mais barreiras para parar de fumar que os homens, mas estudos recentes indicaram taxas de cessação semelhantes. Pessoas com maior nível de instrução também são mais propensas a desistir que as menos instruídas. Muitas pessoas podem parar por meses, mas o problema da recaída continua sendo um desafio. Os programas voltados à prevenção de recaídas não demonstraram o grau de sucesso necessário; as recaídas continuam a ser um problema sério para aqueles que param de fumar.

APLIQUE O QUE VOCÊ APRENDEU

1. Uma maneira de reduzir as taxas de tabagismo é evitar que as pessoas comecem a fumar. Cite as principais barreiras para reduzir as taxas de tabagismo por meio da prevenção da iniciação.

2. Seu amigo fuma há oito anos e fez várias tentativas de parar, todas sem sucesso. Forneça a ele três estratégias que a pesquisa indicou como eficazes para ajudar as pessoas a parar de fumar e fale para ele sobre algumas estratégias que não têm um suporte tão eficaz em pesquisas.

12-6 Efeitos de parar de fumar

OBJETIVOS DE APRENDIZAGEM

12-11 Comparar o impacto do risco de ganho ponderal na saúde após parar de fumar com os benefícios ao deixar de fumar

12-12 Citar quatro benefícios para a saúde de fumantes que param de fumar

Quando os fumantes param de fumar, eles experimentam uma série de efeitos, quase todos positivos. Mas um possível efeito negativo é o ganho de peso.

Parar de fumar e ganhar peso

Muitos fumantes temem ganhar peso se pararem de fumar. Esse medo se aplica tanto a homens (Clark et al., 2004) como a mulheres (King et al., 2005), e esses medos são justificados. Muitos fumantes que param de fumar ganham peso (Alonso et al., 2017; Courtemanche et al., 2018). Entretanto, aqueles que continuam fumando ganham mais peso que os não fumantes (Stice et al., 2015). Assim, tanto continuar fumando quanto parar de fumar levam ao ganho de peso.

O ganho de peso associado ao abandono pode ser bastante modesto ou significativo. Algumas pessoas experimentam aumento do apetite como um sintoma de abstinência de nicotina (John et al., 2006), o que leva a comer mais. Infelizmente, ex-fumantes com excesso de peso são mais propensos a ganhar muito mais peso que aqueles com peso normal (Lycett et al., 2011). Mas o ganho de peso após a cessação do tabagismo costuma ser bastante modesto – cerca de 2,7 kg para mulheres e cerca de 5 kg para homens (Reas et al., 2009) e menos para ex-fumantes que usam uma das drogas que ajudam a parar de fumar (Courtemanche et al., 2019). Além disso, o ganho de peso parece não ter impacto nos riscos de ataque cardíaco e AVE. Ou seja, nenhum risco à saúde aumenta com o ganho de peso. Além disso, cinco anos após parar de fumar, o peso dos ex-fumantes é semelhante ao de quem nunca fumou. Uma barreira que evitou que Jennifer Aniston parasse era o medo do ganho ponderal, o que aconteceu quando ela parou (Newswire, 2011). Aniston adotou um programa de exercícios, bem como a prática de ioga e perdeu o peso que ganhou após parar de fumar (Brichard, 2018). Portanto, desistir foi uma escolha sábia para ela, como é para todos que o fazem.

Benefícios para a saúde ao parar de fumar

Os fumantes podem reduzir sua mortalidade por todas as causas parando de fumar? Uma extensa revisão (Critchley & Capewell, 2003) comparou um grande grupo de fumantes que continuaram a fumar a outro grande grupo que conseguiu parar de fumar. O resultado: os fumantes que pararam de fumar reduziram a taxa de mortalidade por todas as causas em 36%. Essa redução na mortalidade parece fornecer evidências sólidas de que deixar de fumar pode diminuir a mortalidade. Para receber esses benefícios à saúde, contudo, os fumantes devem parar – não apenas reduzir – o número de cigarros fumados (Pisinger & Godtfredsen, 2007).

Duas questões importantes para os fumantes que consideram parar de fumar são: (1) eles podem recuperar parte da sua expectativa de vida ao parar de fumar e (2) por quanto tempo permanecem abstinentes antes de reverter para a saúde

Tornando-se mais saudável

1. Se você não fuma, não comece. Estudantes universitários ainda são suscetíveis à pressão de fumar se seus amigos são fumantes. A maneira mais fácil de ser um não fumante é permanecer um não fumante.
   Plano de ação: elabore, anote e pratique duas recusas que você possa usar quando estiver em uma situação em que alguém lhe ofereça tabaco.

2. Se você fuma, não se iluda acreditando que os riscos de fumar não se aplicam a você.
   Plano de ação: avalie seus próprios vieses otimistas em relação ao tabagismo, primeiro anotando sua estimativa de chances de desenvolver doenças respiratórias. Em seguida, observe as estatísticas sobre o aumento das chances de doenças respiratórias para indivíduos que fumam, encontrando estatísticas para indivíduos de sua idade e sexo.

3. Entenda que reduzir é melhor que continuar fumando em alta proporção, mas você não obterá os benefícios para a saúde ao parar a menos que pare.
   Plano de ação: compare o risco de fumar pouco (menos de 10 cigarros por dia) com o de fumar muito (pelo menos um maço por dia) com o de não fumar.

4. Se você fuma, tente parar.
   Plano de ação: mesmo que você ache que parar será difícil, tente parar. Se sua primeira tentativa não for bem-sucedida, tente novamente. Continue tentando até parar. Pesquisas indicam que pessoas que continuam tentando são muito propensas a serem bem-sucedidas.

5. Se você já tentou parar por conta própria e falhou, procure um programa para ajudá-lo. Os programas mais eficazes combinam algum treinamento comportamental com alguma forma de tratamento farmacológico.
   Plano de ação: examine vários programas e faça um gráfico que liste as coisas sobre cada programa que você avalia como adequado às suas necessidades. Use essa tabela como um guia na seleção de um programa.

6. Quando você está tentando parar de fumar, encontre uma rede de apoio de amigos e conhecidos para ajudá-lo a parar e aumentar sua motivação para parar.
   Plano de ação: crie uma lista das pessoas que você acredita que tentarão sabotar suas tentativas de parar, os lugares que você acredita que deva evitar e as atividades que tenham uma alta associação com o tabagismo.

7. Os anúncios dos cigarros eletrônicos diziam que eram alternativas seguras aos cigarros, mas a pesquisa não corrobora essas alegações publicitárias.
   Plano de ação: crie um plano que inclua estratégias para evitar pessoas que usam *vaping*.

8. Mesmo que você não fume, lembre-se de que nenhum nível de exposição ao tabaco é segura.
   Plano de ação: analise os lugares que você vai com frequência, estimando a quantidade de fumantes em cada um deles.

9. Se você fuma, não exponha outros à fumaça. Lembre-se de que as crianças pequenas são especialmente vulneráveis.
   Plano de ação: desenvolva estratégias para proteger os outros de sua fumaça.

os riscos do tabagismo? O relatório de 1990 do Surgeon General (USDHHS, 1990) resumiu estudos sobre os benefícios de parar de fumar para diferentes níveis e durações de tabagismo, e pesquisadores em países em todo o mundo relataram benefícios semelhantes (WHO, 2019a). As revisões têm sido consistentes: parar de fumar melhora uma série de riscos para problemas de saúde produzidos pelo tabagismo. A análise anterior indicou que ex-fumantes leves (menos de vinte cigarros por dia) que conseguiram se abster por 16 anos tiveram aproximadamente a mesma taxa de mortalidade que pessoas que nunca fumaram. A **Figura 12.7** mostra que, depois de mais de 15 anos de abstinência, o risco de mortalidade das mulheres diminuiu substancialmente. A **Figura 12.8** mostra que o risco de mortalidade dos homens se reduz de forma constante por até 16 anos.

Fumantes de longa data que param de fumar diminuem suas chances de morrer de doença cardíaca muito mais rapidamente que o risco de morte por câncer de pulmão. O risco de câncer de pulmão permanece elevado por 10 anos ou mais, especialmente entre os homens. As mulheres também reduzem seus riscos ao parar de fumar, e quanto mais jovens forem ao parar, menor será a probabilidade de morrer de câncer de pulmão (Zhang et al., 2005). Parar de fumar em idades mais jovens também reduz o risco de eventos de doenças cardiovasculares (Mannan et al., 2011).

Esses estudos sugerem que, ao pararem de fumar, tanto homens quanto mulheres fumantes possam reduzir o risco de doenças cardiovasculares em relação aos não fumantes, embora o risco elevado de câncer de pulmão e outros cânceres diminua muito mais lentamente. Assim, nunca começar a fumar é mais saudável que parar, mas parar de fumar traz benefícios para a saúde.

Até que ponto desistir importa? Para os fumantes médios do sexo masculino e feminino que não têm problemas cardíacos, consumir uma dieta com não mais de 10% de calorias provenientes de gordura saturada prolongaria suas vidas entre três dias e três meses (Grover et al., 1994). Por outro lado, parar de fumar aos 35 anos acrescentaria sete a oito anos à expectativa de vida. Fumantes que param mais cedo percebem uma extensão ainda maior da expectativa de vida e, além disso, os fumantes que param também adicionam anos de vida saudável, não apenas anos de vida (Hurley & Matthews, 2007).

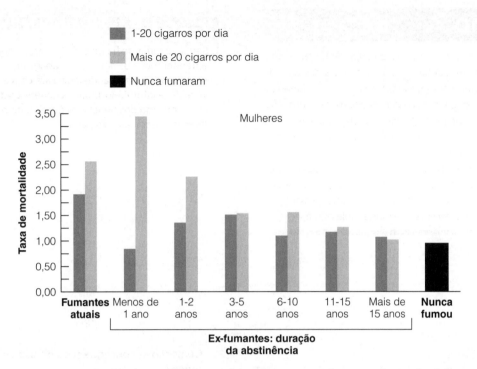

FIGURA 12.7 Razões de mortalidade geral para fumantes e ex-fumantes do sexo feminino em comparação com aqueles que nunca fumaram, por duração da abstinência.

Fonte: *The health benefits of smoking cessation*: *A report of the Surgeon General* (p. 78), por U.S. Department of Health and Human Services, 1990, DHHS Publication No. CDC 90–8416, Washington, DC: U.S. Government Printing Office.

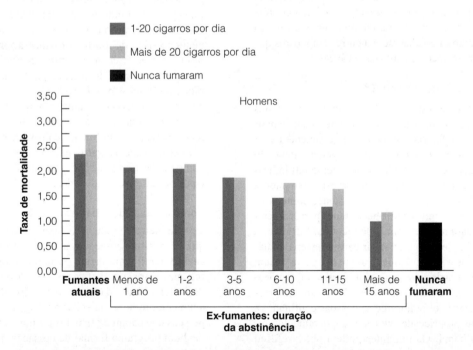

FIGURA 12.8 Taxas de mortalidade geral para fumantes e ex-fumantes do sexo masculino em comparação com aqueles que nunca fumaram, por duração da abstinência.

Fonte: *The health benefits of smoking cessation*: *A report of the Surgeon General* (p. 78), por U.S. Department of Health and Human Services, 1990, DHHS Publication No. CDC 90–8416, Washington, DC: U.S. Government Printing Office.

RESUMO

Muitos fumantes temem que, se pararem de fumar, ganharão peso, e podem ganhar, mas a maioria das pessoas não tem muito ganho ponderal, e os fumantes que continuam fumando também ganham peso. Para grande parte dos tabagistas, o excesso de peso que eles podem ganhar é menos arriscado que continuar fumando. Em uma nota mais positiva, parar de fumar melhora a saúde e aumenta a expectativa de vida. Algumas evidências sugerem que, 16 anos após parar de fumar, a taxa de mortalidade por todas as causas dos ex-fumantes retorne à dos não fumantes, embora eles possam continuar a ter um risco excessivo de mortalidade por câncer.

APLIQUE O QUE VOCÊ APRENDEU

1. Seu tio é fumante há mais de 15 anos, e depois de entender todos os perigos do tabagismo, você está preocupado com a saúde dele. Para convencê-lo a parar, você deve informá-lo sobre os benefícios desta ação. Faça uma lista dos benefícios que seu tio provavelmente experimentará quando parar.

Perguntas

Este capítulo abordou cinco questões básicas:

1. **Como o tabagismo afeta o sistema respiratório?**

   O sistema respiratório permite a entrada de oxigênio e a eliminação de dióxido de carbono. A fumaça do cigarro puxada para os pulmões acaba danificando-os. A bronquite crônica e o enfisema são duas doenças pulmonares crônicas relacionadas ao tabagismo. O tabaco contém milhares de compostos, incluindo nicotina, e a fumaça expõe os fumantes ao alcatrão e a outros compostos que contribuem para doenças cardíacas e câncer.

2. **Quem escolhe fumar e por quê?**

   Cerca de 14% de todos os adultos norte-americanos fumam, mais ex-fumantes do que fumantes atuais e mais da metade nunca fumou. Um número ligeiramente maior de homens que mulheres fuma, mas o gênero não é tão importante quanto o nível educacional como um indicador do tabagismo – o ensino superior está associado a taxas mais baixas. A maioria dos fumantes começa na adolescência e os genes contribuem tanto para a iniciação quanto para a dependência de nicotina. Influências adicionais vêm de colegas, pais, irmãos, imagens midiáticas positivas e publicidade. Fumar faz parte de um estilo rebelde e arriscado, condizente com a forma como alguns adolescentes querem se ver. Não existe uma resposta conclusiva sobre por que as pessoas continuam a fumar, mas as propriedades viciantes da nicotina desempenham um papel. Os fumantes podem obter reforço positivo, como o relaxamento do tabagismo, ou podem receber reforço negativo do alívio dos sintomas de abstinência. Outros fumantes, principalmente mulheres, podem usar o cigarro porque acreditam que isso ajudará no controle do peso.

3. **Quais são as consequências do uso do tabaco para a saúde?**

   O tabagismo é a causa número um de morte evitável nos Estados Unidos e em muitos outros países, provocando cerca de 480.000 mortes por ano nos EUA, principalmente por câncer, doenças cardiovasculares e doenças crônicas do trato respiratório inferior. Também traz um risco de doenças e transtornos não fatais, como doença periodontal, perda de força física e de densidade óssea, transtornos respiratórios, disfunção cognitiva, disfunção erétil e degeneração macular. O tabagismo passivo é um pequeno risco de morte por câncer, porém maior para mortes cardiovasculares. A fumaça ambiental do tabaco aumenta o risco de doenças respiratórias e até mesmo a morte de crianças pequenas. Fumar charuto ou cachimbo é menos arriscado que fumar cigarro, mas essas formas de fumar não são seguras, assim como os cigarros eletrônicos. O tabaco sem fumaça é provavelmente um pouco mais seguro que o cigarro, mas seu uso está associado ao aumento das taxas de câncer bucal e doença periodontal e pode estar relacionado à doença cardíaca coronariana.

4. **Como as taxas de tabagismo podem ser reduzidas?**

   Uma maneira de reduzir as taxas de tabagismo é evitar que as pessoas comecem a fumar. Programas de dissuasão geralmente fazem parte dos programas escolares, mas, para serem eficazes, eles devem ser extensos, desenvolver habilidades de recusa dos alunos e levá-los a um compromisso de evitar o tabagismo. A maioria das pessoas que param de fumar o faz por conta própria, sem nenhum programa formal de cessação, mas a recaída é um problema ainda maior para esses fumantes que aqueles que usam um programa eficaz para parar. O tratamento farmacológico pode ser eficaz e inclui reposição de nicotina ou drogas que influenciam os efeitos dela no cérebro. Esses tratamentos farmacológicos podem ser um componente útil na cessação do tabagismo, mas são mais bem-sucedidos quando combinados com intervenções comportamentais. O tratamento comportamental também pode ser eficaz para ajudar as pessoas a parar, especialmente na fase inicial do abandono. As campanhas de mídia de massa, no local de trabalho ou na comunidade que atingem milhares de fumantes também são bem-sucedidas em ajudar alguns fumantes a parar, especialmente quando oferecem informações sobre como encontrar um programa de cessação e criam atitudes sociais que rejeitam o tabaco.

5. **Quais são os efeitos de parar de fumar?**

   Muitos fumantes temem o ganho de peso ao parar, e o ganho ponderal é comum, mas geralmente modesto (2 a 4 quilos). Mas o ganho ponderal não é tão perigoso para a saúde de uma pessoa quanto continuar a fumar. Parar de fumar melhora a saúde e prolonga a vida; mas o retorno ao nível de risco dos não fumantes demora anos, e a maioria dos ex-fumantes manterá algum risco elevado de câncer de pulmão, a menos que pare de fumar quando jovem. De fato, parar enquanto jovem é uma vantagem para a saúde.

Sugestões de leitura

Centers for Disease Control and Prevention. (2020). Tips from former smokers, em https://www.cdc.gov/tobacco/campaign/tips/about/index.html. Os Centros de Controle e Prevenção de Doenças iniciaram uma campanha para impedir o tabagismo usando as histórias de fumantes que pararam de fumar. Esta página apresenta informações sobre essa campanha e estatísticas sobre o tema nos Estados Unidos.

Proctor, R. N. (2012). *Golden holocaust: Origins of the cigarette catastrophe and the case for abolition*. Berkeley, CA: University of California Press. Roberto Proctor escreve sobre a indústria do tabaco e como ela criou o hábito mais mortal do mundo. Seu livro levanta duras acusações de fraude contra essa indústria, apoiada por um exame da história, negócios e política do tabaco.

U.S. Department of Health and Human Services (USDHHS). (2014). *The health consequences of smoking – 50 years of progress: A report of the Surgeon General*. Atlanta, GA: Author. Para marcar o 50º aniversário do primeiro relatório do Surgeon General sobre tabagismo e saúde, o Department of Health and Human Services preparou este extenso relatório de revisão que traça a história e fornece um *status* atual dos tópicos relacionados ao tabaco.

World Health Organization (WHO). (2019a, b). *WHO global report on trends in prevalence of tobacco use 2000-2025* (3rd ed.). Gênova: Autor. Em 2019, a Organização Mundial da Saúde publicou o mais recente de uma série de relatórios sobre seu extenso programa para reduzir a exposição ao tabaco em todo o mundo. Um dos relatórios (2019a) focalizou os esforços para encorajar a diminuição do uso de tabaco, e o outro (2019b) relatou as tendências do uso de tabaco em todo o mundo.

OBJETIVOS DE APRENDIZAGEM

Depois de estudar este capítulo, você será capaz de...

13-1 Traçar a história do consumo de álcool, comparando as atitudes ao longo do tempo e das culturas

13-2 Descrever três fatores demográficos que têm forte relação com o consumo de álcool

13-3 Explicar o processo químico que ocorre quando o álcool é metabolizado

13-4 Identificar três perigos diretos e três indiretos do consumo de álcool

13-5 Considerando que o consumo de álcool sempre traz algum risco, analisar as circunstâncias e os indivíduos para os quais o consumo de álcool pode trazer benefícios

13-6 Discutir três fatores que são riscos para o desenvolvimento de problemas com a bebida

13-7 Avaliar qual dos modelos de consumo explica melhor por que as pessoas começam a consumir álcool

13-8 Avaliar qual dos modelos de consumo diferencia melhor os consumidores problemáticos dos não problemáticos

13-9 Avaliar as evidências que indicam que os consumidores problemáticos podem mudar o comportamento sem entrar em um programa de tratamento

13-10 Avaliar a evidência de sucesso dos tratamentos orientados para a abstinência

13-11 Avaliar as evidências da eficácia e os riscos do consumo controlado

13-12 Analisar o sucesso dos esforços de prevenção de recaídas, considerando os diferentes objetivos de abstinência e moderação

13-13 Comparar os efeitos sobre a saúde quanto ao uso de drogas ilícitas e o de drogas legalmente disponíveis, como álcool e tabaco

13-14 Diferenciar uso de drogas de abuso de drogas

CAPÍTULO 13
Uso de álcool e outras drogas

SUMÁRIO DO CAPÍTULO

Perfil do mundo real de Daniel Radcliffe
- Consumo de álcool – ontem e hoje

Uma breve história do consumo de álcool

A prevalência do consumo de álcool hoje

Os efeitos do álcool

Os perigos do álcool

Os benefícios do álcool

Por que as pessoas bebem?
- Modelos de doenças
- Teorias cognitivo-fisiológicas
- O modelo de aprendizagem social

Mudança no problema de beber
- Mudança sem terapia
- Tratamentos orientados para a abstinência
- Bebendo com controle
- O problema da recaída

Outras drogas
- Efeitos na saúde
- Uso indevido e abuso de drogas
- Tratamento para abuso de drogas
- Prevenção e controle do uso de drogas

PERGUNTAS

Este capítulo concentra-se em seis questões básicas:

1. Quais são as principais tendências no consumo de álcool?
2. Quais são os efeitos do consumo de álcool para a saúde?
3. Por que as pessoas bebem?
4. Como as pessoas podem mudar o problema de consumir bebidas?
5. Que problemas estão associados à recaída?
6. Quais são os efeitos de outras drogas sobre a saúde?

Consumo de álcool – ontem e hoje

O álcool é mais consumido que qualquer outra droga, não apenas nos Estados Unidos, mas também em muitos outros países (Edwards, 2000), e seu uso apresenta problemas e levanta questões. O consumo de álcool por Daniel Radcliffe causou sérios problemas, mas todo o consumo de álcool é tão destrutivo quanto o dele? O que o álcool faz no corpo e quais são os riscos? Que padrões de consumo de álcool apresentam problemas? Este capítulo inclui respostas a essas perguntas, mas primeiro examinaremos a história do consumo de álcool, que revela diferentes atitudes sobre o uso de álcool no passado.

13-1 Uma breve história do consumo de álcool

OBJETIVOS DE APRENDIZAGEM

13-1 Traçar a história do consumo de álcool, comparando as atitudes ao longo do tempo e das culturas

A história do álcool não é facilmente rastreável; ele foi sistematicamente descoberto em todo o mundo e repetidamente, datando de antes da história registrada. A produção de bebidas alcoólicas não requer tecnologia sofisticada: a levedura responsável pela produção de álcool é transportada pelo ar e a fermentação ocorre naturalmente em frutas, sucos de frutas e misturas de grãos. Mesmo culturas da antiguidade usavam bebidas alcoólicas (Anderson, 2006). Os antigos babilônios descobriram tanto o vinho (suco de uva fermentado) quanto a cerveja (grão fermentado), assim como os antigos egípcios, gregos, romanos, chineses e indianos. Tribos pré-colombianas nas Américas também usavam produtos fermentados.

As civilizações antigas também descobriram a embriaguez, é claro. Em vários desses países, como a Grécia, a embriaguez não era apenas permitida, mas também praticamente exigida em certas ocasiões, mas essas ocasiões se limitavam a festivais. Esse padrão se assemelha às práticas atuais nos Estados Unidos, onde a embriaguez é tolerada em algumas festas e comemorações.

Verifique SEUS RISCOS À SAÚDE
Em relação ao uso de álcool e drogas

Verifique os itens que se aplicam a você.

☐ 1. Tomei cinco ou mais bebidas alcoólicas em um dia pelo menos uma vez durante o mês passado.

☐ 2. Tomei cinco ou mais bebidas alcoólicas na mesma ocasião em pelo menos cinco dias diferentes durante o mês passado.

☐ 3. Quando bebo demais, às vezes não me lembro de muitas coisas que aconteceram.

☐ 4. Às vezes ando com um motorista que bebeu.

☐ 5. Em pelo menos uma ocasião durante o ano passado, dirigi um veículo motorizado depois de tomar uma bebida alcoólica.

☐ 6. Raramente tomo mais de dois drinques em um dia.

☐ 7. Não dirijo quando estou embriagado, mas dirigi um automóvel depois de beber.

☐ 8. Às vezes pratico esportes ou vou nadar depois de beber.

☐ 9. Alguns dos meus amigos ou familiares me disseram que eu bebo demais.

☐ 10. Tentei reduzir meu consumo de álcool, mas nunca consegui.

☐ 11. Pelo menos uma vez na minha vida, tentei parar completamente de beber, mas não tive sucesso.

☐ 12. Acredito que a melhor maneira de aproveitar muitas atividades (como dança ou jogo de futebol) seja consumir álcool.

☐ 13. Depois de acordar de ressaca, às vezes tomo uma bebida para me sentir melhor.

☐ 14. Existem algumas atividades que realizo melhor depois de beber.

☐ 15. Consumi menos de 10 bebidas alcoólicas na minha vida.

A maioria desses itens representa um risco à saúde relacionado ao uso de álcool por aumentar o risco de doenças e lesões não intencionais. Entretanto, concordar com o item 6 provavelmente reflita um padrão de consumo saudável para muitas pessoas, mas concordar com o item 15 não é necessariamente uma escolha saudável para todos. Ao ler este capítulo, você aprenderá que alguns desses itens são mais arriscados que outros.

Perfil do mundo real de DANIEL RADCLIFFE

Isabel Infantes – PA Images/Getty Images

Daniel Radcliffe interpretou Harry Potter e se tornou um dos jovens atores mais proeminentes. Ele também foi um dos muitos jovens atores que passaram por problemas ao ganhar fama e sucesso que sonhava quando se tornou ator (Shepherd, 2019). Ele sabia que queria ser ator e começou a conseguir papéis em peças antes de conseguir o papel de Harry Potter. Esse papel lhe deu fama e fortuna e a pressão que as acompanha.

A atenção colocada nele deixou Radcliffe desconfortável e, como muitas outras celebridades, ele começou a beber para lidar com isso. Beber o tornava ainda mais visível, então ele bebia ainda mais para poder ignorar todos que olhavam para ele.

Ele continuou a beber ao longo da adolescência e juventude. Ao contrário de muitos consumidores problemáticos famosos, a embriaguez de Radcliffe não foi tão divulgada, mas ele estava frequentemente alcoolizado. De fato, ele relatou que filmou cenas dos filmes de Harry Potter enquanto ainda estava alcoolizado da noite anterior. Entretanto, Radcliffe ficou sóbrio em 2010 e, após uma recaída em 2011, alcançou e manteve a sobriedade. Apesar de sua fama, sua história compartilha muitos comportamentos e problemas com outros com histórico de problemas devido ao álcool.

A maioria das sociedades tolera o consumo de álcool, mas muitas proíbem a embriaguez ou a restringem a certas ocasiões.

A China antiga descobriu a técnica de destilação, que foi refinada na península Arábica do século VIII. O processo é um tanto complexo, resultando em disponibilidade limitada de bebidas destiladas até o surgimento da fabricação comercial. Na Inglaterra, as bebidas fermentadas eram de longe a forma mais comum de consumo de álcool até o século XVIII, quando incentivou a construção de destilarias para estimular o comércio. Junto ao gin barato, vieram o consumo e a embriaguez generalizados. Entretanto, a embriaguez por destilados era restrita principalmente às classes mais baixas e trabalhadoras; os ricos tomavam vinho, uma bebida menos inebriante que era importada e, portanto, cara.

Na América colonial, consumir álcool era muito mais prevalente que hoje. Homens, mulheres e crianças o consumiam, e isso era aceito por todos. Essa imagem não é consistente com a que temos dos puritanos, porém os puritanos não se opunham a consumir álcool; em vez disso, consideravam-no uma das dádivas de Deus. De fato, naqueles anos, o álcool era muitas vezes mais seguro que água ou leite não tratados, então os puritanos tinha uma razão legítima para tolerar o consumo de bebidas alcoólicas. A embriaguez, porém não era aceitável. Os puritanos acreditavam que o álcool, como todas as coisas, deveria ser usado com moderação; no entanto, estabeleceram severas proibições contra a embriaguez, mas não contra o consumo de álcool.

Os 50 anos que se seguiram à Independência dos EUA marcaram uma transição na maneira como os primeiros norte-americanos encaravam o álcool (Edwards, 2000). Uma minoria dedicada e revoltada passou a considerar bebidas destiladas um "demônio", argumentando pela total abstenção. Movimento semelhante surgiu na Grã-Bretanha. Inicialmente, essa atitude se limitava às classes alta e média alta, mas depois a abstenção passou a ser uma doutrina aceita pela classe média e pelas pessoas que aspiravam a ingressar na classe média. A intemperança no consumo de álcool tornou-se assim associada às classes mais baixas, e esperava-se que as pessoas "respeitáveis", especialmente as mulheres, não consumissem álcool.

As sociedades da temperança proliferaram nos Estados Unidos em meados do século XIX, mas seu nome não é muito preciso. As sociedades não promoveram *temperança* – ou seja, o uso moderado de álcool. Em vez disso, defendiam a *proibição* – a abstinência total. Sustentavam que o álcool enfraquecia as inibições; liberava desejos e paixões; causava uma grande porcentagem de crime, pobreza e lares desfeitos; e era poderosamente viciante, tanto que mesmo uma bebida ocasional colocaria alguém em perigo. A **Figura 13.1** mostra uma diminuição drástica no consumo de álcool *per capita* nos Estados Unidos após 1830, causada diretamente pela disseminação desse movimento.

Em resposta ao crescente movimento da temperança, tanto a demografia como a localização do consumo do álcool mudaram. Em vez de ser consumido em um ambiente familiar ou em uma taberna respeitável, o álcool tornou-se cada vez mais confinado aos bares, frequentados em grande parte por trabalhadores industriais urbanos (Popham, 1978); o consumo de álcool ficou associado às classes mais baixas e trabalhadoras. Retratados pelo movimento da temperança como a personificação do mal e da degeneração moral, os bares serviram como foco para o crescente sentimento proibicionista.

Os proibicionistas foram finalmente vitoriosos em 1919 com a ratificação da 18ª Emenda à Constituição dos Estados Unidos, que proibiu a fabricação, venda ou transporte de bebidas alcoólicas, e o consumo *per capita* caiu drasticamente (como mostra a Figura 13.1). A emenda não foi popular e criou um grande mercado ilegal de álcool. Em 1934, a 21ª Emenda revogou a 18ª, e a proibição terminou. A Figura 13.1 mostra que, após a revogação da Lei Seca, o consumo de álcool aumentou acentuadamente. Embora o atual consumo *per capita* de álcool seja consideravelmente maior que durante a Proibição, é menos da metade da taxa alcançada durante as três primeiras décadas do século XIX.

> ### APLIQUE O QUE VOCÊ APRENDEU
>
> 1. Crie um gráfico do consumo de álcool nos Estados Unidos. Esse gráfico deve incluir os anos de 1800, 1880, 1920, 1980 e 2020 com informações sobre quem podia consumir álcool legalmente, que tipos de álcool as pessoas ingeriam e quais eram as atitudes em relação à embriaguez em cada um desses momentos.

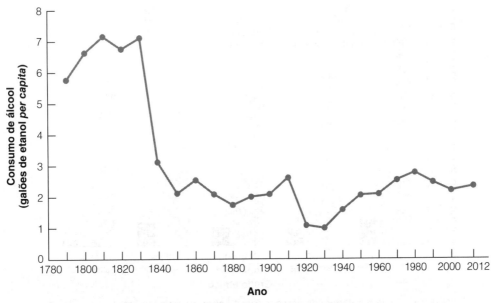

FIGURA 13.1 Consumo de bebidas alcoólicas nos EUA, 1790 para 2016, com 15 anos ou mais.

Fonte: "The alcoholic republic: An American tradition", (p. 9), por W. J. Rorabaugh, 1979, New York: Oxford University Press. Copyright 1979, Oxford University Press. Também "Apparent per capita alcohol consumption: National, state, and regional trends, 1977-2016", S. P. Haughwout & M. E. Slater, Surveillance Report #110. Recuperado de: https://pubs.niaaa.nih.gov/publications/surveillance110/CONS16.pdf

13-2 A prevalência do consumo de álcool hoje

OBJETIVOS DE APRENDIZAGEM

13-2 Descrever três fatores demográficos que têm forte relação com o consumo de álcool

Cerca de 68% dos adultos nos Estados Unidos são classificados como consumidores atuais (definidos como tendo tomado pelo menos uma bebida durante o ano passado), 55% consomem regularmente, 26% relatam bebedeira (cinco ou mais bebidas na mesma ocasião pelo menos uma vez por mês) e 6% bebem muito (mais de 14 drinques por semana para homens ou sete por semana para mulheres) (SAMHSA, 2019). As taxas de consumo de álcool mostradas na **Figura 13.2** refletem o nivelamento de um declínio de 20 anos no consumo de álcool neste país. Mais de 2 bilhões de pessoas em todo o mundo são consumidores atuais, o que representa pouco menos da metade da população adulta (World Health Organization [WHO], 2018a).

A frequência do consumo de álcool e a prevalência do consumo pesado (*heavy drinking*), isto é, o uso intenso e rotineiro de álcool, não são proporcionais para todos os grupos demográficos nos Estados Unidos. Conforme mostrado na **Figura 13.3**, o consumo de álcool varia de acordo com a etnia. Os euro-americanos tendem a ter taxas mais altas de consumo que outros grupos étnicos (National Center for Health Statistics [NCHS], 2019). As taxas de consumo pesado, bebedeiras e (*binge drinking*), isto é, o consumo eventual, mas

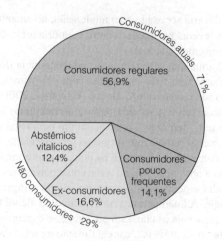

FIGURA 13.2 Tipos de consumidores de álcool, adultos, Estados Unidos, 2018.

Fonte: CDC "National Health Interview Survey: Summary health statistics", 2018, Table A-13a. Recuperado de: https://www.cdc.gov/nchs/nhis/shs/tables.htm.

extremamente exagerado de álcool, também variam de acordo com a etnia. Os nativos norte-americanos têm as taxas mais altas desses padrões de consumo, e os ásio-americanos as mais baixas.

A idade é outro fator no consumo. Adultos de 25 a 44 anos têm as maiores taxas de consumo de álcool, mas adultos jovens de 18 a 25 anos têm as maiores taxas de bebedeira e muito consumo. Mais de um terço dos consumidores de 18 a 25 anos relataram eventos de bebedeiras no mês anterior à pesquisa (SAMHSA, 2019). Entretanto, mais tarde na vida,

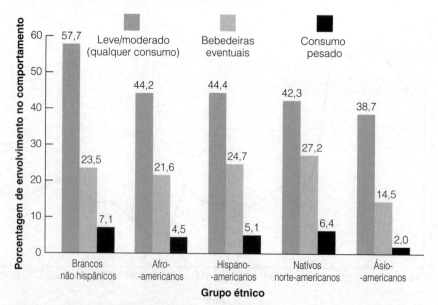

FIGURA 13.3 Porcentagem de pessoas com 12 anos ou mais que revelam o consumo mensal de álcool como leve/moderado, bebedeiras e consumo pesado, por grupo étnico, Estados Unidos, 2018.

Fonte: "Results from the 2018 National Survey on Drug Use and Health: Detailed Tables", SAMHSA, 2019, Tabelas 2-19B, 2-20B, 2-21B. Recuperado de: https://www.samhsa.gov/data/report/2018-nsduh-detailed-tables

os consumidores jovens podem se tornar consumidores mais moderados, representando um padrão que apareceu em um estudo sobre adolescentes que se envolviam em bebedeiras (Tucker et al., 2003). Mas muitos outros padrões ocorrem para a bebedeira. Um estudo com adolescentes que se envolvem em bebedeiras na Grã-Bretanha (Viner & Taylor, 2007) indicou que o padrão de consumo predizia problemas com o consumo de álcool na idade adulta.

As bebedeiras podem levar a uma variedade de riscos (especialmente para consumidores inexperientes), além da embriaguez, falta de discernimento e coordenação prejudicada. Certas situações promovem bebedeiras, e os estudantes universitários correm um risco particular, não apenas nos Estados Unidos (Johnston et al., 2020), mas também na Austrália, Europa e América do Sul (Karam et al., 2007). Os universitários enfrentam riscos relacionados ao uso de álcool quando tentam "se tornar um homem" e corresponder a alguma representação de normas masculinas, como assumir riscos, ser o "playboy" e beber até o ponto da completa embriaguez (Iwamoto et al., 2011). Os homens em repúblicas estudantis estão especialmente em risco; as repúblicas muitas vezes mantêm normas sociais que promovem essas atitudes e comportamentos. Entretanto, os padrões de consumo tendem a mudar quando os indivíduos saem delas. Assim, os hábitos de consumo de álcool entre universitários não são indicadores de problemas com a bebida após a formatura (Jackson et al., 2001). Para os jovens, porém a bebedeira é um problema persistente que cria muitos riscos de lesões não intencionais, homicídio e suicídio – as principais causas de morte nessa faixa etária (Xu et al., 2020).

Entre os adolescentes de 12 a 17 anos, o uso atual de álcool caiu drasticamente depois que a idade legal para comprar álcool foi aumentada para 21 anos. Em 1985, mais de 40% dos adolescentes nessa faixa etária eram usuários atuais, mas em 1992 apenas 20% eram consumidores atuais. A taxa caiu ligeiramente durante o século XXI (Kann et al., 2018). As bebedeiras, porém são comuns entre estudantes do ensino médio e universitários. Entre os alunos do ensino médio, por exemplo, 13,5% relataram que se envolveram em bebedeiras no mês anterior à pesquisa. Embora essa taxa possa não parecer grande, todos bebiam ilegalmente. Entretanto, alcançar a idade legal para poder beber – a comemoração do 21º aniversário – é uma ocasião importante para uma bebedeira que muitas vezes leva ao nível mais alto de bebida em que o celebrante já se envolveu (Rutledge et al., 2008).

Quando a taxa de consumo de álcool entre os jovens começou a diminuir, as autoridades especularam que as drogas ilícitas poderiam estar substituindo o álcool como substâncias preferidas. Mas a evidência para essa hipótese não é clara. O Monitoring the Future Project (Johnston et al., 2020) descobriu que as diminuições no uso de drogas ilícitas correspondem à diminuição do uso de álcool, em vez de aumentar a compensação à medida que o consumo de álcool diminui.

As taxas de consumo de álcool são mais altas entre adultos jovens e mais baixas entre adultos com mais de 50 anos (SAMHSA, 2019). Algumas pessoas diminuem o consumo de álcool assim que saem da faculdade com suas situações sociais e pressões para beber. Assim, a ingestão de álcool está inversamente relacionada à idade – idades mais avançadas estão associadas a níveis mais baixos de consumo. A tendência geral de diminuição do consumo de álcool com o aumento da idade pode ser resultado de pessoas que param de fumar ou que os consumidores reduzem a quantidade que bebem.

O gênero e o nível de escolaridade também estão relacionados ao consumo de álcool. Os homens têm sido significativamente mais propensos que as mulheres a beber (NCHS, 2016a, 2016b), mas essa diferença de gênero diminuiu. Mais homens que mulheres relatam que consumiram álcool durante a vida, mas as porcentagens de consumo atual são semelhantes para mulheres e homens, exceto para adultos de meia-idade e idosos (SAMHSA, 2019). Além disso, os homens que bebem atualmente são apenas um pouco mais propensos que as mulheres a relatar eventos de bebedeiras (51% a 49%), porém mais propensos a relatar o consumo pesado (60% a 40%) (SAMHSA, 2019). Essas porcentagens indicam que as diferenças de gênero no consumo de álcool mudaram nas últimas décadas, mas que os homens têm mais problemas com consumo pesado que as mulheres.

O nível de escolaridade é outro indicador do comportamento de beber. No Capítulo 12, vimos que, quanto mais alto o nível de escolaridade das pessoas, menor a probabilidade de fumarem cigarros. Com o álcool, porém o inverso é verdadeiro: quanto mais anos de escolaridade, maior a probabilidade de consumirem álcool. Em 2018, cerca de 80% das pessoas com diploma universitário bebiam regularmente, em comparação com apenas 48% daquelas que não concluíram o ensino médio (SAMHSA, 2019). Após a conclusão da faculdade, porém, os indivíduos tornam-se menos propensos a se envolver em bebedeiras ou consumo pesado que qualquer outro grupo educacional. Os desistentes do ensino médio são mais propensos a consumo pesado e a desenvolver problemas com a bebida quando chegam aos 30 anos (Muthen & Muthen, 2000).

Esses padrões de consumo de álcool não são exclusivos dos Estados Unidos, mas a quantidade e os padrões variam internacionalmente. A cultura e a religião têm impacto sobre o consumo de álcool. Por exemplo, em países da região do Mediterrâneo Oriental em que o Islã é a religião dominante, o consumo de álcool é baixo. Na Europa, Canadá, Austrália, na maioria dos países da América do Sul, China e Rússia, o consumo é alto (OMS, 2018a). Em todo o mundo, os homens são mais propensos a beber que as mulheres, e as pessoas com níveis de escolaridade e renda mais altos são mais propensas a beber que aquelas com níveis mais baixos, sejam homens ou mulheres.

Alguns países, como Estados Unidos, Canadá e os países escandinavos, associam o álcool a um número restrito de ocasiões, enquanto outros, como França, Itália e Grécia, integram o álcool à vida cotidiana (Bloomfield et al., 2003). Beber é mais comum nos últimos países, mas a embriaguez é mais comum nos primeiros. Entretanto, um maior número de ocasiões para consumo tende a estar relacionado com maior número de problemas relacionados à bebida, independentemente do padrão (Kuntsche et al., 2008).

RESUMO

As pessoas consomem álcool desde antes da história registrada, e provavelmente abusaram do álcool por quase todo esse tempo. A maioria das sociedades antigas – assim como as sociedades modernas – tolera o álcool com moderação, mas condena a embriaguez e seu abuso.

O consumo de álcool *per capita* alcançou um pico nos Estados Unidos por volta de 1830 a 1850, mas depois caiu drasticamente em razão dos esforços dos primeiros proibicionistas. Atualmente, o consumo de álcool nesse país permanece estável. Cerca de metade dos adultos bebem regularmente, 25% envolvem-se em bebedeiras e 6% demonstram consumo pesado. Os euro-americanos têm taxas mais altas de consumo de álcool que os hispano-americanos e afro-americanos; adultos de 26 a 34 anos consomem mais que outras faixas etárias; e os estudantes universitários são muito mais propensos a beber que os que abandonaram os estudos, mas estes últimos têm maior propensão a beber muito mais tarde na vida. As atitudes e padrões de consumo também variam entre os países.

APLIQUE O QUE VOCÊ APRENDEU

1. Construir um perfil que inclua vários tipos de informações demográficas de indivíduos que apresentam cada um dos seguintes padrões de consumo de álcool: opção por não ingerir álcool, por beber e se tornar um consumidor moderado, alguém que experimenta bebedeiras pelo menos mensalmente, e outro que desenvolve um transtorno por uso de álcool.

13.3 Os efeitos do álcool

OBJETIVOS DE APRENDIZAGEM

13-3 Explicar o processo químico que ocorre quando o álcool é metabolizado

Quer ingerido ou não, essencialmente o álcool se transforma na mesma coisa: vinagre (Goodwin, 1976). No corpo, duas enzimas transformam o álcool em vinagre ou ácido acético. A primeira enzima, **álcool desidrogenase**, está localizada no fígado e não tem outra função conhecida, exceto metabolizar o álcool. Essa enzima decompõe o álcool em aldeído, que é uma substância química muito tóxica. A segunda enzima, **aldeído desidrogenase**, converte aldeído em ácido acético.

O processo de metabolização do álcool produz pelo menos três resultados relacionados à saúde: (1) aumento do ácido lático, que se correlaciona com crises de ansiedade; (2) aumento do ácido úrico, que causa gota; e (3) um aumento de gordura no fígado e no sangue.

O álcool específico usado nas bebidas é chamado **etanol**. Como outros álcoois, o etanol é um veneno. Mas os casos de intoxicação por álcool não são comuns e quase sempre envolvem consumidores inexperientes que beberam grandes quantidades de bebida destilada em muito pouco tempo. Caso contrário, a ingestão de bebidas alcoólicas é autolimitada: a embriaguez geralmente leva à inconsciência, evitando envenenamento letal.

Homens e mulheres não são igualmente afetados pelo consumo de álcool. Um fator é a diferença no peso corporal; uma pessoa de 60 quilos será mais fortemente afetada por 100 ml de álcool que outra de 100 quilos. Mas o peso corporal não é o único fator nessa diferença de gênero. Dado o mesmo nível de álcool no sangue, o cérebro dos homens é mais fortemente afetado que o cérebro das mulheres (Ceylan-Isik et al., 2010). No entanto, o estômago da mulher tende a absorver o álcool de forma mais eficiente, produzindo níveis mais elevados de álcool no sangue com menos ingestão (Bode & Bode, 1997). Assim, ambos têm diferentes respostas fisiológicas ao álcool, algumas das quais podem tornar as mulheres mais vulneráveis aos efeitos.

Entre os problemas associados à bebida estão a capacidade do álcool de produzir tolerância, dependência, abstinência e vício. Embora esses conceitos se apliquem a muitas drogas, sua aplicação ao álcool é necessária para avaliar seus riscos potenciais.

Tolerância é um termo aplicado aos efeitos de uma droga quando, com o uso continuado, cada vez mais droga é necessária para produzir o mesmo efeito. Drogas com alto potencial de tolerância podem ser perigosas porque as pessoas que a desenvolvem precisam consumir mais da droga para produzir o efeito que desejam e esperam. Se essa quantidade for progressivamente maior, quaisquer efeitos perigosos ou colaterais se tornarão mais arriscados. O álcool é uma droga com potencial de tolerância geralmente moderado, mas parece afetar as pessoas de forma diferenciada. Para alguns, o consumo pesado por um longo período é necessário antes que uma tolerância perceptível comece a se desenvolver. Para outros, a tolerância pode se desenvolver em uma semana de consumo diário moderado. Com o aumento da tolerância, cresce o risco de danos físicos que o álcool pode causar.

Dependência é diferente de tolerância, e também é um termo que se aplica a muitas drogas. A dependência ocorre quando uma droga se torna tão incorporada ao funcionamento das células do corpo que se torna necessária para o funcionamento "normal". Se a droga for descontinuada, a dependência do corpo para com esta torna-se aparente e sintomas de **abstinência** se desenvolvem. Esses sintomas são sinais do corpo de que ele está se ajustando ao funcionamento sem a droga. A dependência e a abstinência são sintomas físicos ligados ao uso de drogas. Geralmente, os sintomas de abstinência são o oposto dos efeitos da droga. Como o álcool produz principalmente efeitos depressores, a abstinência produz sintomas de inquietação, irritabilidade e agitação (OMS, 2004).

Muitas drogas produzem uma abstinência notoriamente desagradável, e o álcool é uma das piores. A dificuldade do processo depende de muitos fatores, incluindo o tempo de uso e o grau de dependência. Em alguns casos, a abstinência do álcool pode ser fatal devido aos efeitos no sistema cardiovascular (Bär et al., 2008) e requer um manejo cuidadoso (Mayo-Smith et al., 2004). Normalmente, o primeiro sintoma a aparecer é o tremor – os "tremores". Nos severamente dependentes, ocorre **delirium tremens**, com alucinações, desorientação e possivelmente convulsões. O processo de retirada do álcool geralmente dura entre dois dias e uma semana. Os perigos físicos são tão graves que o processo geralmente é concluído em uma instalação especial dedicada ao tratamento do álcool.

Tolerância e dependência são propriedades independentes. Uma droga pode produzir tolerância, mas não dependência; também, uma pessoa pode desenvolver dependência de uma droga que tem pouco ou nenhum potencial de tolerância. Entretanto, algumas drogas têm ambos os potenciais. Tolerância e dependência não são consequências inevitáveis do uso de drogas (Zinberg, 1984), e o álcool é um bom exemplo. Nem todos que consomem álcool o fazem com frequência e quantidade suficientes para desenvolver tolerância, e a maioria dos consumidores não se torna dependente.

A combinação de dependência e abstinência às vezes é descrita como **vício**, ou **adição**. Leigos (Chassin et al., 2007) e especialistas (Pouletty, 2002) tendem a usar definições diferentes, mas elemento da fissura pela substância e seu uso compulsivo estão na definição das duas (Chassin et al., 2007). Especialistas distinguem vício de dependência considerando o comportamento compulsivo e os danos causados à vida das pessoas por meio desse comportamento – "perda de controle do uso de drogas ou a busca e consumo compulsivo apesar das consequências adversas" (Pouletty, 2002, p. 731). Alguns especialistas chegam a diferenciar abuso de drogas e vício, definindo abuso como uso excessivo e prejudicial, mesmo que a pessoa não seja dependente. Assim, considerar as propriedades de uma droga como o álcool inclui tolerância, dependência, vício e abuso, cada um deles separável dos outros.

Algumas pessoas falam de dependência ou vício "psicológico", mas esse termo não é equivalente à dependência de uma droga como o álcool. Muitos comportamentos tornam-se parte da maneira habitual de responder. O abandono de uma atividade só é conseguida com muita dificuldade porque a pessoa se habituou a ela. Essa situação é comum; os indivíduos têm grande dificuldade em mudar comportamentos como jogar, comer demais, correr ou até mesmo assistir à televisão ou fazer compras. De fato, muitas pessoas aceitam prontamente esses comportamentos como vícios. A validade dessa conceituação permanece controversa; sem uma substância subjacente ao comportamento, a analogia não é clara, mas muitos argumentam que o padrão comportamental é.

> **APLIQUE O QUE VOCÊ APRENDEU**
>
> 1. Imagine-se nesta situação: nos últimos 30 minutos, você consumiu duas bebidas alcoólicas. Analise o que está acontecendo em seu sistema digestório e nervoso e preveja o que acontecerá na próxima hora.

13-4 Os perigos do álcool

OBJETIVOS DE APRENDIZAGEM

13-4 Identificar três riscos diretos e três indiretos do consumo de álcool

O álcool produz uma variedade de perigos, tanto diretos como indiretos. *Perigos diretos* são os efeitos físicos nocivos do próprio álcool, excluindo quaisquer consequências psicológicas, sociais ou econômicas. Indivíduos com problemas graves de álcool têm mais de duas vezes o risco de mortalidade que aqueles sem problemas de álcool (Fichter et al., 2011). *Perigos indiretos* são as consequências danosas que resultam dos prejuízos psicológicos e fisiológicos produzidos pelo álcool. Tanto os perigos diretos como os indiretos contribuem para aumento da taxa de mortalidade para consumidores pesados (Standridge et al., 2004).

Riscos diretos O álcool afeta muitos sistemas orgânicos do corpo, mas os danos no fígado são a principal consideração de saúde para os consumidores pesados de longo prazo, porque o fígado é o principal responsável pela desintoxicação. A oxidação que ocorre durante o metabolismo do álcool pode ser tóxica, destruindo as membranas celulares e causando danos a esse órgão (Reuben, 2008). Com o consumo pesado prolongado, ocorrem cicatrizes, e essas geralmente são seguidas por **cirrose**, ou o acúmulo de tecido cicatricial não funcional no fígado. A cirrose é uma doença irreversível e uma das principais causas de morte entre alcoólicos. Porém nem todos desenvolvem cirrose hepática, e pessoas sem histórico de abuso de álcool também podem desenvolver a doença, mas a cirrose tem uma associação significativa com o consumo pesado de álcool em muitos países (Mandayam, 2004). Em 2009, as mortes por cirrose começaram a aumentar de maneira desproporcional nos Estados Unidos, em indivíduos entre 25 e 34 anos e principalmente como resultado do aumento do consumo de álcool (Tapper & Parikh, 2018).

O consumo pesado e prolongado de álcool também está implicado no desenvolvimento de uma disfunção neurológica chamada síndrome de Korsakoff (também conhecida como síndrome de Wernicke-Korsakoff). Esta é caracterizada por comprometimento cognitivo crônico, problemas graves de memória para eventos recentes, desorientação e incapacidade de aprender novas informações. O álcool está relacionado ao desenvolvimento dessa síndrome por causa da interferência na absorção da tiamina, uma das vitaminas do complexo B.

Consumidores pesados podem apresentar deficiência de tiamina, que é agravada pela nutrição tipicamente ruim (Stacey & Sullivan, 2004). O álcool acelera a progressão do dano cerebral relacionado à tiamina e, quando esse processo começa, os suplementos vitamínicos não revertem a progressão. Além disso, a maioria dos alcoólicos não recebe tratamento até que o processo esteja em um estágio irreversível.

Embora o consumo pesado e prolongado seja claramente um fator de risco para danos neurológicos, o papel do consumo leve a moderado é menos claro. Algumas pesquisas não mostraram nenhum efeito prejudicial do consumo leve a moderado e déficit cognitivo, e alguns até mostraram uma probabilidade diminuída de desenvolver a doença de Alzheimer. Uma revisão sistemática dessa pesquisa (Piazza-Gardner et al., 2012) mostrou semelhante falta de consistência. Um estudo recente (Schwarzinger et al., 2018) encontrou um risco de comprometimento cognitivo com qualquer nível de ingestão de álcool, e outro (Piumatti et al., 2018) encontrou diminuições no funcionamento cognitivo em indivíduos que bebiam mais de um drinque por dia.

O álcool afeta o sistema cardiovascular, mas os efeitos podem não ser todos negativos. (A próxima seção analisa os possíveis efeitos positivos do consumo moderado no funcionamento cardiovascular.) O consumo pesado crônico ou o pesado eventual (bebedeira), porém, tem um efeito direto e prejudicial no sistema cardiovascular (Chiva-Blanch & Badmon, 2020; Rehm et al., 2010). Em grandes doses, o álcool reduz a oxidação dos ácidos graxos (fonte primária de combustível do coração) no miocárdio. O coração metaboliza diretamente o etanol, produzindo ésteres etílicos de ácidos graxos que prejudicam o funcionamento das estruturas produtoras de energia do coração. O álcool também pode deprimir a capacidade de contração do miocárdio, o que pode levar a um funcionamento cardíaco anormal. Assim, o consumo pesado está relacionado a doenças cardíacas hipertensivas e isquêmicas, bem como a acidentes vasculares encefálicos hemorrágicos (Rehm et al., 2010).

O consumo pesado também aumenta o risco de uma grande variedade de outras doenças. A lista inclui cânceres de boca, faringe, esôfago, cólon e reto, fígado e mama (Nelson et al., 2013). Além disso, está associado ao aumento do risco de tuberculose, convulsões, diabetes mellitus e pneumonia (Rehm et al., 2010).

O álcool tem um efeito direto e perigoso na gravidez e no desenvolvimento do feto de duas maneiras básicas. Primeiro, seu consumo reduz a fertilidade; mulheres que fazem uso pesado têm maior risco de infertilidade (Eggert et al., 2004). As que fazem uso pesado crônico de álcool experimentam amenorreia, interrupção do ciclo menstrual, que pode ser causada por cirrose ou por um efeito direto do álcool na hipófise ou no hipotálamo. Outras possibilidades incluem efeitos na produção e regulação de hormônios e interferência na ovulação.

O segundo efeito direto e perigoso do consumo excessivo de álcool durante a gravidez é o aumento do risco de problemas de desenvolvimento para o feto, como malformações congênitas dos sistemas respiratório e musculoesquelético, que produz *transtornos do espectro alcoólico fetal* (Baumann et al., 2006; Rehm et al., 2010). A forma mais grave é a **síndrome alcoólica fetal (SAF)**, que afeta muitos recém-nascidos de mães que fazem uso pesado de álcool durante a gravidez, especialmente aquelas que se envolvem em bebedeiras. Alguns tecidos do embrião, como os neurônios, são especialmente sensíveis ao álcool, e sua exposição a ele causa problemas no embrião em desenvolvimento. Esses problemas de desenvolvimento produzem anormalidades faciais específicas, deficiências de crescimento, transtornos do sistema nervoso central e déficits cognitivos. De fato, os transtornos do espectro alcoólico fetal são a principal causa de deficiências cognitivas no mundo (Murthy et al., 2009), mas as taxas não são iguais em todo o mundo; a incidência é especialmente alta na África do Sul e na Croácia (Roozen et al., 2016). Embora o consumo pesado seja o principal fator que contribui para a síndrome alcoólica fetal, tabagismo pesado, estresse e má nutrição também estão envolvidos, e combinações desses fatores não são incomuns em consumidores pesados.

E quanto ao consumo moderado e até leve durante a gravidez? O consumo leve a moderado provavelmente não causa a síndrome alcoólica fetal, a menos que bebedeiras eventuais estejam envolvidas, mas qualquer nível de exposição ao álcool afeta os embriões em desenvolvimento. Mesmo o consumo leve aumenta o risco de abortos e natimortos (Kesmodel et al., 2002). As bebedeiras durante a gravidez estão associadas a déficits no funcionamento cognitivo (Bailey et al., 2004) e aumenta a frequência de problemas psicológicos (O'Leary et al., 2010). Mesmo pequenas quantidades de álcool, especialmente durante os primeiros meses de gravidez, podem ter efeitos diretos e perigosos sobre o feto em desenvolvimento (Baumann et al., 2006; Goldsmith, 2004). Além disso, mesmo o consumo moderado de álcool durante a gravidez aumenta o risco de aparecimento de transtornos de conduta durante a infância (Murray et al., 2016). Infelizmente, cerca de 10% das mulheres grávidas no mundo consomem álcool, o que cria uma grande carga mundial de doenças.

Riscos indiretos Apesar dos muitos riscos diretos do consumo de álcool, os indiretos são ainda mais comuns. A maioria deles surge dos efeitos do álcool sobre o julgamento, a atenção e a agressão. O álcool também afeta a coordenação e altera o funcionamento cognitivo de maneira que contribuem para aumentar as chances de danos não intencionais não apenas para o consumidor, mas também para os outros (Rehm et al., 2010).

O risco indireto mais frequente e grave do consumo de álcool é o aumento da probabilidade de lesões não intencionais, a terceira principal causa de morte nos Estados Unidos, a principal para pessoas com menos de 45 anos (Xu et al., 2020) e uma significante causa de morte e lesões em todo o mundo (Rehm et al., 2010). Existe uma relação dose-resposta entre o consumo de álcool e as lesões fatais não intencionais; ou seja, quanto maior o número de bebidas consumidas por ocasião, maior a incidência de mortes por lesões não intencionais. O álcool é a causa de mais de 800.000 lesões não intencionais fatais em todo o mundo a cada ano (OMS, 2018a).

As colisões de veículos motorizados são responsáveis pelo maior número de mortes relacionadas ao álcool. Embora as mortes no trânsito por esse fator tenham diminuído nos Estados Unidos nos últimos 15 anos, mais de 10.000 pessoas morreram em 2018 em razão de ferimentos resultantes de acidentes automobilísticos relacionados ao álcool (National Center for Statistics and Analysis, 2019). Esse número representa cerca de 29% de todas as mortes no trânsito, incluindo passageiros e motoristas. Mais homens que mulheres se envolveram em acidentes fatais e mais da metade tinha entre 21 e 35 anos. Além disso, os envolvidos tendiam a ter um registro de acidentes anteriores por dirigir embriagado.

Para alguns consumidores, o consumo de álcool também pode levar a um comportamento mais agressivo. Tanto os experimentos de laboratório quanto as estatísticas criminais mostraram uma relação entre álcool e agressão, mas o efeito não se aplica a todos. O traço de raiva (a disposição de experimentar e responder com raiva) é um fator importante. Não surpreendentemente, homens com raiva moderada ou alta se comportaram de maneira mais agressiva que os com níveis mais baixos de raiva (Parrott & Zeichner, 2002). Mas o traço de raiva combinado com o álcool levou esses homens a ter níveis mais longos e mais agressivos de conflito que suas contrapartes sóbrias e fez que tanto mulheres como homens se envolvessem em trocas verbais mais violentas (Eckhardt & Crane, 2008). O álcool pode não ser a causa subjacente da violência do parceiro, mas intensifica a violência (Graham et al., 2011). Ciúme combinado com álcool é uma das principais causas de violência doméstica (Foran & O'Leary, 2008). Assim, algumas pessoas são mais propensas que outras a se tornarem agressivas sob a influência do álcool. Durante sua recaída, Daniel Radcliffe entrou em brigas quando estava embriagado e até foi convidado a se retirar de um bar por esses motivos.

O uso do álcool também está relacionado à ideação suicida, tentativas de suicídio e suicídios consumados (Darvishi et al., 2015). Além disso, tem uma relação maior com tentativas de suicídio que o uso de outras drogas (Rossow et al., 2005). Da mesma maneira, o álcool está relacionado a crimes. Dois estudos iniciais (Mayfield, 1976; Wolfgang, 1957) indicaram que a vítima ou o agressor, ou ambos, estavam bebendo em dois terços dos homicídios estudados. Pesquisas recentes (Felson & Staff, 2010) confirmaram essa relação e estenderam as descobertas para agressões, incluindo agressões sexuais, bem como roubo e arrombamento. Não só as pessoas que cometem homicídios bebem, mas o consumo de álcool também está relacionado ao aumento das chances de ser vítima de um crime. Essas relações, porém, não demonstram que o álcool causa crime. A maioria dos crimes é cometida por não alcoólicos, e a maioria dos alcoólicos não comete crimes violentos. Assim, a relação entre álcool e crime é complexa (Dingwall, 2005).

Por fim, o consumo de álcool pode influenciar a tomada de decisão das pessoas de modo a promover a agressão (Parrott & Eckhardt, 2018). Um estudo de tomada de decisão em grupo (Sayette et al., 2004) mostrou que, quando os membros do grupo estavam bebendo, a decisão era mais arriscada que quando estavam completamente sóbrios. As alterações também aparecem no nível individual e em usuários não problemáticos, que depois de beber experimentam problemas em fatorar diversas variáveis em uma situação que exige tomada de decisão (George et al., 2005). Infelizmente, beber também prejudica o reconhecimento dos consumidores de que sua capacidade de tomada de decisão está prejudicada (Parrott & Eckhardt, 2018).

Prejuízos e decisões arriscadas podem ser perigosos em situações sexuais. Por exemplo, homens jovens que estavam embriagados expressaram mais interesse em fazer sexo desprotegido com uma mulher atraente que aqueles que não estavam embriagados, mesmo quando lembrados do risco (Lyvers et al., 2011). Outras pesquisas indicam que as pessoas que beberam são mais propensas que outras a se envolver em experiências sexuais forçadas, seja como vítima ou como agressor (Abbey et al., 2014; Testa et al., 2004). Assim, o consumo de álcool carrega uma variedade de riscos.

APLIQUE O QUE VOCÊ APRENDEU

1. Considerando seu padrão atual de consumo, analise quais são seus maiores riscos diretos e indiretos.

13-5 Os benefícios do álcool

OBJETIVOS DE APRENDIZAGEM

13-5 Considerando que o consumo de álcool sempre traz algum risco, analisar as circunstâncias e os indivíduos para os quais o consumo de álcool pode trazer benefícios

É possível que beber possa ser bom para você? Essa questão foi levantada em razão de vários estudos iniciais relatando uma relação em forma de U ou em forma de J entre consumo de álcool e mortalidade (Room & Day, 1974; Stason et al., 1976); ou seja, pesquisas indicaram que as pessoas que não bebiam e as que bebiam muito morreram mais cedo que aquelas que bebiam em níveis baixos a moderados (Holahan et al., 2010; Klatsky & Udaltsova, 2007). Essa vantagem apareceu primeiro entre os homens, mas pesquisas adicionais mostraram que se aplica também às mulheres (Baer et al., 2011).

A possibilidade de obter benefícios com a bebida tem sido difícil de aceitar, especialmente entre aqueles que tratam indivíduos com problemas de bebida. A familiaridade com os perigos da bebida faz que esses relutem em recomendar o consumo a qualquer pessoa. Esse ceticismo resultou em questionamentos sobre a metodologia e validade dos estudos que mostraram benefícios para a bebida. Argumentos com foco em possíveis falhas nesta pesquisa (Plunk et al., 2014; Stockwell et al., 2016) apontam para dificuldades na definição das categorias de *abstêmio*, *consumidor moderado* e *consumidor pesado*. As pessoas que deturpam sua ingestão de álcool podem influenciar os resultados, colocando-se na categoria errada de bebida. Contudo, essa desinformação cria um viés que funciona nos dois sentidos (Klatsky & Udalstova, 2013). Por exemplo, se os indivíduos subnotificam seu consumo de álcool, a categoria *abstêmio* incluiria indivíduos que bebem, o que influenciaria os achados de desvantagem para não consumidores. Bebedores mais inveterados de *leve a moderado*, porém iriam enviesar os resultados dos benefícios para essa categoria. Assim, tais vieses não levariam a uma desqualificação sistemática dos resultados.

Outra possibilidade problemática é a inclusão de ex-consumidores na categoria *abstêmio* (Chikritzhs et al., 2015). Essa combinação misturaria abstêmios ao longo da vida e ex-consumidores que foram consumidores pesados, o que não representaria indivíduos não expostos ao álcool. No entanto, estudos que fizeram essa distinção ainda indicam benefícios de beber (Klatsky & Udaltsova, 2013). Ainda outra crítica é a possibilidade de que consumidores leves não obtenham benefícios do álcool, mas de seu estilo de vida geral mais saudável (Chikritzhs et al., 2015; McCulloch, 2014). Essa possibilidade é um desafio a ser resolvido; o método de estudo para esse tópico tem sido observacional, não experimental. Assim, os participantes não são atribuídos a categorias de bebida, eles se autosselecionam, e essa seleção pode incluir muitas escolhas de estilo de vida saudável. Entretanto, muitas evidências apoiam os benefícios do consumo de álcool.

Benefícios cardiovasculares do álcool A maioria dos benefícios para a saúde de beber vem de mudanças no sistema cardiovascular (Chiva-Blanch & Badimon, 2020; Klatsky, 2010; Mukamal et al., 2010) e se aplica a pessoas em culturas ao redor do mundo. Uma linha de pesquisa em desenvolvimento indica que o álcool afeta o curso da aterosclerose, a doença que está por trás da maioria das DCV (Mochly-Rosen & Zakhari, 2010). A ingestão de álcool tem uma relação causal com as alterações no colesterol que são benéficas e diminuem o risco de doenças cardiovasculares (Vu et al., 2016). Além disso, essas mudanças sugerem que as melhorias desaparecem à medida que o consumo de álcool aumente, o que é consistente com o padrão benéfico.

As descobertas sobre o álcool e as alterações benéficas do colesterol também são consistentes com as evidências sobre o consumo e o risco de acidente vascular encefálico. O álcool oferece proteção contra acidente vascular encefálico isquêmico, que normalmente resulta de doença vascular, mas aumenta o risco de acidente vascular encefálico hemorrágico, que ocorre quando um vaso sanguíneo no cérebro se rompe e sangra (Patra et al., 2010; Rehm et al., 2010). Também consistente com esse padrão é a redução do risco de doença vascular periférica; ou seja, níveis baixos a moderados de álcool parecem ser benéficos para diminuir o risco de doenças resultantes da restrição do fluxo sanguíneo pelas artérias. Essas doenças são as principais causas de morte e incapacidade em todo o mundo, portanto, mesmo benefícios modestos podem ter um efeito significativo nas taxas de mortalidade.

Outros benefícios do álcool Os efeitos do álcool sobre o colesterol provavelmente são a razão subjacente para alguns dos outros benefícios da bebida para a saúde. Por exemplo, o risco reduzido de cálculos biliares (Walcher et al., 2010) provavelmente resultará de perfis lipídicos melhorados.

Outro exemplo é a doença de Alzheimer (Collins, 2008; Lobo et al., 2010), o tipo mais comum de demência (ver Capítulo 11). A proteção contra a demência é um efeito surpreendente para o álcool, considerando que a síndrome de Korsakoff – uma demência que produz problemas de memória e outros déficits cognitivos – se desenvolve em consumidores pesados de longo prazo. Mas essa ligação entre a doença de Alzheimer e o consumo moderado de álcool aparece em alguns – mas não em todos – estudos; uma metanálise (Cao et al., 2015) encontrou poucas evidências para concluir que beber reduz o risco. Esta falha pode ser devido aos riscos complexos para a doença de Alzheimer, que tem componentes genéticos e não genéticos. Entre os fatores de risco não genéticos está o colesterol alto, portanto, uma diminuição do risco para consumidores de baixo a moderado é consistente com o efeito positivo do álcool no colesterol (Li et al., 2015).

Uma vantagem para a saúde que parece não estar relacionada ao colesterol são os efeitos benéficos na sensibilidade e inflamação à insulina (Mukamal et al., 2005; Rimm & Moats, 2007). O efeito na sensibilidade à insulina explica por que consumidores leves a moderados apresentam menores chances de desenvolver diabetes tipo 2 que aqueles que se abstêm (Hendriks, 2007), mas o álcool também afeta a tolerância à glicose e a resistência à insulina. Contudo, uma metanálise (Knott et al., 2015) indicou que esses benefícios podem se aplicar apenas às mulheres. O efeito do álcool na inflamação não é linear, o que se encaixa no padrão familiar de benefícios em níveis mais baixos combinados com riscos em níveis mais altos de consumo de álcool (Barr et al., 2016). A inflamação é um fator subjacente em muitas doenças, portanto, uma conexão com o álcool pode estar relacionada a um menor risco geral de mortalidade para consumidores leves a moderados.

Quem se beneficia? Apesar de algumas evidências de benefícios para a saúde, beber também traz riscos substanciais, tornando uma análise de riscos e benefícios um passo necessário. Uma dessas análises (Rehm et al., 2007) indicou que os benefícios superam os riscos para algumas pessoas, enquanto outras correm risco de beber mais. Uma metanálise (Colaboradores GBD Álcool, 2018) indicou que os riscos superam os benefícios em nível mundial devido aos perigos do aumento de câncer.

O padrão de consumo e a idade são fatores importantes nos perigos de beber (Klatsky, 2010). A bebedeira resulta em embriaguez e prejuízos perigosos de julgamento e coordenação, o que anula qualquer possível benefício à saúde que o álcool possa conferir. A idade também é importante; os benefícios de beber não aparecem entre os jovens, mas começam na meia-idade (Klatsky & Udaltsova, 2007; Rehm et al., 2007) e continuam na velhice (Downer et al., 2015).

O gênero também é um fator relevante: as mulheres obtêm os efeitos protetores do álcool em níveis mais baixos de consumo que os homens; de fato, elas podem ser as únicas beneficiárias de chances reduzidas de diabetes tipo 2 (Knott et al., 2015). No entanto, as mulheres experimentam riscos por ingerir níveis mais baixos de bebida. A **Tabela 13.1** resume esses benefícios e quem se beneficia.

O consumo de álcool oferece mais benefícios à saúde que riscos para algumas pessoas. Entretanto, aquelas que não

TABELA 13.1 Fatores que produzem benefícios para o consumo de álcool entre baixo e moderado

Risco reduzido para	Quem se beneficia	Efeito ocorre por meio de
Doença cardiovascular	Pessoas de meia-idade e mais velhas	Melhoria do metabolismo do colesterol
AVE isquêmico	Pessoas de meia-idade e mais velhas	Melhor metabolismo do colesterol
Cálculos biliares		Melhor metabolismo do colesterol
Diabetes tipo 2	Mulheres	Influência na sensibilidade à insulina

bebem provavelmente não devem começar, e as que bebem regularmente (cerca de metade das pessoas nos Estados Unidos) devem se concentrar em manter o consumo de álcool em níveis baixos e evitar bebedeiras para experimentar quaisquer benefícios à saúde. No geral, beber apresenta mais riscos que benefícios para a população em geral (Danaei et al., 2009; GBD Alcohol Collaborators, 2018).

RESUMO

O consumo de álcool tem efeitos nocivos e benéficos para a saúde. Além disso, tem alguns efeitos indiretos negativos na sociedade que vão além da saúde física de um indivíduo. Os riscos diretos do consumo pesado prolongado incluem cirrose do fígado, um risco aumentado de vários tipos de câncer e uma disfunção cerebral chamada síndrome de Korsakoff. Além disso, o consumo pesado durante a gravidez aumenta o risco de transtornos do espectro alcoólico fetal, sendo o mais grave a síndrome alcoólica fetal, um transtorno grave que geralmente inclui deficiências de crescimento e déficits cognitivos graves. O álcool também é um fator de risco para muitos tipos de violência, tanto intencional quanto não intencional. O nível de consumo de álcool necessário para aumentar o risco não é tão alto quanto o necessário para produzir embriaguez juridicamente definida, mas quanto mais pesado o consumo, mais provável é que os consumidores se envolvam em acidentes e violência. Por fim, o consumo de álcool também pode levar a más decisões.

O principal aspecto positivo do consumo de álcool é seu efeito tampão contra doença cardíaca coronária, acidente vascular encefálico isquêmico e doença vascular periférica, mas esses benefícios se acumulam apenas em indivíduos de meia-idade e idosos que têm histórico de consumo leve de álcool. O consumo pesado crônico ou as bebedeiras eventuais aumenta os riscos de mortalidade geral.

APLIQUE O QUE VOCÊ APRENDEU

1. Construa um perfil de alguém que se beneficiaria do consumo de álcool, incluindo informações pessoais e demográficas.

13-6 Por que as pessoas bebem?

OBJETIVOS DE APRENDIZAGEM

13-6 Discutir três fatores que são riscos para o desenvolvimento de problemas com a bebida

13-7 Avaliar qual dos modelos de bebida melhor explica por que as pessoas começam a consumir álcool

13-8 Avaliar qual dos modelos de bebida melhor diferencia os consumidores problemáticos dos não problemáticos

Pesquisadores que tentam entender o consumo e o abuso de álcool propuseram vários modelos para explicar o comportamento relacionado à sua ingestão. Esses modelos vão além dos efeitos farmacológicos do álcool e até mesmo além dos achados da pesquisa para integrar e explicar esse consumo. Para ser completo, um modelo de comportamento de consumo de álcool deve abordar pelo menos três questões. Primeiro, por que as pessoas começam a beber? Segundo, por que a maioria delas mantém níveis de ingestão moderados em vez de excessivos? Terceiro, por que algumas pessoas bebem tanto que desenvolvem sérios problemas? A história do uso de álcool moldou nossas atuais conceituações de beber.

Até o século XIX, a bebida era bem-aceita nos Estados Unidos e na Europa; essa atitude fez que a bebida se tornasse norma, portanto, não precisa ser explicada. Mas a embriaguez era inaceitável na maioria das circunstâncias, fazendo que ela precisasse de explicação. Dois modelos surgiram nesse período para explicar a embriaguez: o moral e o médico (Rotskoff, 2002).

O modelo moral apareceu primeiro, sustentando que as pessoas têm livre arbítrio para escolher seus comportamentos, incluindo o consumo excessivo de álcool. Assim, aqueles que fazem isso são pecadores ou moralmente carentes da autodisciplina necessária para moderar seu consumo. O modelo moral do alcoolismo começou a desaparecer no final do século XIX com a crescente proeminência das abordagens médicas para os problemas. Comportamentos inaceitáveis que antes eram considerados problemas morais tornaram-se problemas médicos e, portanto, passíveis de explicação científica e tratamento. Contudo, muitas pessoas e até mesmo alguns profissionais que tratam do alcoolismo ainda têm uma visão moralista do consumo excessivo de álcool (Barnett et al., 2017).

O modelo médico do alcoolismo conceitua esse problema como sintomático de problemas físicos subjacentes, e a noção de que o alcoolismo é hereditário cresceu a partir dessa visão. A primeira forma dessa hipótese considerava que uma "fraqueza constitucional" percorria as famílias, e essa produz alcoólicos.

O problema com o consumo de álcool ocorre nas famílias, e vários tipos de pesquisa exploraram essa ligação genética. Uma estratégia envolve avaliar o grau de concordância no comportamento de beber entre gêmeos ou entre filhos adotivos e pais (Foroud et al., 2010). A pesquisa geralmente mostra uma concordância mais próxima do problema de beber para gêmeos idênticos que para fraternos, o que sustenta algum componente genético no abuso de álcool.

Filhos de consumidores problemáticos são mais propensos que os de consumidores não problemáticos a abusar do álcool e de outras drogas. Daniel Radcliffe disse que a genética desempenhou um papel em seu abuso de álcool, dizendo que sua família – mas não seus pais – tem um longo histórico de problemas com a bebida (Shepherd, 2019).

Saber que há um componente genético para beber e abuso de álcool é um primeiro passo para construir um modelo biológico abrangente, mas também é necessário encontrar mecanismos subjacentes que formem a base para que os genes se traduzam em comportamento. O metabolismo do álcool oferece várias possibilidades para criar uma vulnerabilidade ao consumo problemático. Por exemplo, os genes influenciam o funcionamento de neurotransmissores, como dopamina, GABA e serotonina, que têm sido associados aos efeitos do álcool (Foroud et al., 2010; Köhnke, 2008).

No entanto, o problema com a bebida não será atribuído a um par de genes; dezenas de genes provavelmente estão envolvidos (Foroud et al., 2010). Além disso, o ambiente e os fatores pessoais do consumidor podem ser importantes. Ou seja, os pesquisadores estão procurando não apenas fatores genéticos, mas também outros processos biológicos, bem como fatores ambientais que contribuem para o problema do consumo de álcool. Nos últimos 15 anos, o campo da epigenética aprofundou essa abordagem para entender o uso e abuso de álcool. **Epigenética** é o estudo dos mecanismos que afetam a expressão gênica sem alterar a estrutura dos genes. Esse campo de estudo é frequentemente descrito como a compreensão de como os processos biológicos "ligam" ou "desligam" a função dos genes. Pesquisas sobre os mecanismos epigenéticos envolvidos na progressão do uso de álcool para o abuso produziram achados que sugerem o valor dessa abordagem e apoiam a noção de uma predisposição genética ativada por fatores como estresse (Pucci et al., 2019) e mecanismos pré-natais que podem afetar a transmissão da vulnerabilidade aos efeitos do álcool (Chastain & Sarkar, 2017).

Modelos de doenças

O conceito de doença do alcoolismo é uma variação do modelo médico, sustentando que as pessoas com problemas de bebida têm a doença do alcoolismo. Ao longo da história, foram feitas tentativas isoladas de descrever a intoxicação alcoólica como uma doença provocada pelas propriedades físicas do álcool.

O modelo de doença Essa visão tornou-se cada vez mais popular a partir do final da década de 1930 e início da de 1940. A American Medical Association aceitou esse modelo em 1956 e continua a manter essa posição proeminente em programas de tratamento psiquiátricos e outros de orientação médica, especialmente nos Estados Unidos (Barnett et al., 2017; Lee et al., 2010). O modelo de doença é menos influente em programas de tratamento de base psicológica e em programas de tratamento no Canadá, na Europa e Austrália.

O modelo de doença do alcoolismo foi elevado à respeitabilidade científica pelo trabalho pioneiro de E. M. Jellinek (1960), que descreveu vários tipos diferentes de alcoolismo e suas características. Entretanto, esse modelo mostra o alcoolismo como uma doença incurável, o que é muito simplista. A insatisfação com o modelo da doença de Jellinek levou Griffith Edwards e colegas (Edwards, 1977; Edwards & Gross, 1976; Edwards et al., 1977) a defender a síndrome de dependência de álcool, que rejeita o termo *alcoolismo*, substituindo-o por *síndrome de dependência de álcool*. Em vez de afirmar que os alcoólicos experimentam perda de controle, Edwards e colegas propuseram que aqueles que são dependentes de álcool têm *controle prejudicado*, sugerindo que as pessoas bebam muito porque não exercem controle sobre sua bebida. Este conceito influenciou o "oficial" que serve de base para um diagnóstico de *transtorno por uso de álcool*, o diagnóstico que aparece no *Diagnostic and Statistical Manual of Mental Disorders 5* (American Psychiatric Association, 2013).

O modelo de doença cerebral Durante a década de 1990, uma variação do modelo de doença, o de doença cerebral, passou a ter uma posição proeminente do problema do consumo de álcool, especialmente nos Estados Unidos (Barnett et al., 2017). Este modelo surgiu a partir de pesquisas usando desenvolvimentos tecnológicos que permitiram um exame da neurobiologia dos efeitos das drogas e das respostas cerebrais. Assim, o modelo de doença cerebral se concentra nos processos cerebrais como a base do transtorno por uso de álcool, bem como do uso de outras drogas.

O modelo de doença cerebral propõe que o uso excessivo de álcool (ou outras drogas) configura uma cascata de efeitos, que consiste em três estágios (Volkow et al., 2016). A primeira fase de uso são as *bebedeiras e a embriaguez*, durante a qual o cérebro é inundado com efeitos de drogas que produzem prazer. Essas experiências são tão poderosas que dessensibilizam esse órgão quanto aos efeitos recompensadores das experiências normais. A cascata continua, resultando em dificuldades em sentir prazer com níveis normais de estimulação. A segunda etapa é *abstinência e afeto negativo*, o que aumenta a reatividade ao estresse e sentimentos de depressão e inquietação. Esses sentimentos provocam a fissura por álcool ou outras drogas para controlar o sofrimento e incluem o início de processos cognitivos alterados. Os pensamentos se concentram em sentimentos negativos e formas de escapar deles. A terceira etapa é *preocupação e expectativa*, que continua um conflito entre o desejo de buscar a droga e a tentativa de parar de usá-la. Esse processamento cognitivo de alto nível enfraquecido resulta em más decisões e problemas de autorregulação. A **Tabela 13.2** descreve as etapas deste modelo.

Tabela 13.2 Estágios do modelo de doença cerebral por uso de álcool

Palco	Efeito no cérebro	Efeito no comportamento
Compulsão e intoxicação	Hiperativação dos centros de recompensa do cérebro por meio do aumento da liberação de dopamina	Condiciona uma conexão entre o consumo de drogas e o ambiente circundante
Abstinência e afeto negativo	Dessensibilização para recompensar e menor liberação de dopamina	Sentimentos de depressão e inquietação, ativando pensamentos de busca de drogas
Preocupação e antecipação	Diminuição da atividade no córtex pré-frontal	Aumenta o comportamento impulsivo e diminui a capacidade de regular o comportamento

Fonte: Volkow, N. D., Koob, G. F. & McLellan, A. T. (2016). Neurobiological advances from the brain disease model of addiction. *New England Journal of Medicine, 374*, 363-371. DOI: 10.1056/NEJMra1511480.

Avaliação dos modelos de doenças Apesar da ampla aceitação do modelo de doença do alcoolismo e da popularidade atual do modelo de doença cerebral, o conceito de alcoolismo como doença é difícil de validar com pesquisas que sejam claras em sua aplicação a esses modelos. Além disso, o modelo de doença e o de doença cerebral não abordam nossa primeira pergunta: por que as pessoas começam a beber? A resposta do modelo de doença à segunda pergunta sobre por que algumas pessoas continuam a beber em níveis moderados dificilmente é adequada. As pessoas que não são alcoólicas não desenvolvem uma dependência do álcool. Aqueles que defendem o modelo de doença cerebral afirmam que existem diferenças individuais na suscetibilidade para o abuso de álcool ou drogas, assim como para outras doenças, mas esses fatores permanecem não identificados (Volkow et al., 2016).

Um conceito-chave nos modelos de doença é a perda de controle ou controle prejudicado – a incapacidade de parar ou moderar a ingestão de álcool assim que a bebida começa. Esse conceito tem sido difícil de definir especificamente, e as pesquisas não têm sido consistentes em relação à sua influência (Martin et al., 2006). G. Alan Marlatt e colegas (Marlatt et al., 1973; Marlatt & Rohsenow, 1980) conduziram experimentos sugerindo que muitos efeitos do álcool, incluindo controle prejudicado, são devidos mais à expectativa que a qualquer efeito farmacológico do álcool. Seu delineamento experimental, chamado de desenho placebo balanceado, incluiu quatro grupos, dois dos quais esperam receber álcool e dois não. Dois grupos realmente o recebem e dois não. A **Figura 13.4** mostra todas as quatro combinações.

Usando o desenho do placebo balanceado, vários estudos (Marlatt et al., 1973; Marlatt & Rohsenow, 1980) mostraram que as pessoas que pensam que receberam álcool se comportam como se tivessem recebido (quer tenham ou não). Mesmo para aqueles que estavam em tratamento para o problema do alcoolismo, a expectativa parecia ser o fator controlador na fissura por álcool e na quantidade consumida. Esses achados sugerem que a expectativa desempenhe um papel importante na perda de controle e na fissura. Uma metanálise de estudos sobre a expectativa de álcool (McKay & Schare, 1999) confirmou que a expectativa desempenha um papel importante nos efeitos do álcool.

Outros pesquisadores (Barnett et al., 2017; Peele, 2007; Quinn et al., 2004) criticaram os modelos de doenças do álcool, argumentando que esses modelos não consideram adequadamente os determinantes ambientais, cognitivos e afetivos do consumo abusivo; ou seja, em sua ênfase nas

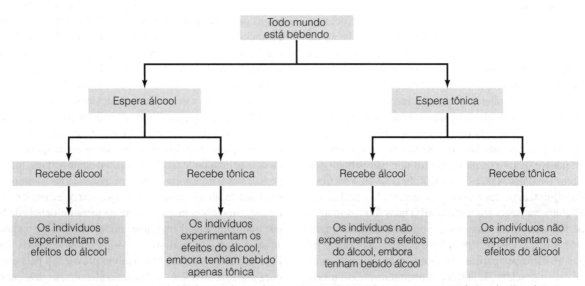

FIGURA 13.4 Projeto de placebo balanceado usado em experimentos sobre expectativa e efeitos do álcool.

propriedades físicas do álcool, o modelo de doença negligencia os aspectos cognitivos e de aprendizagem social do beber.

Teorias cognitivo-fisiológicas

Das várias alternativas aos modelos de doença, várias enfatizam a combinação de alterações fisiológicas e cognitivas que ocorrem com a ingestão de álcool. Em vez de levantar a hipótese de que o uso e o uso indevido são baseados apenas em propriedades químicas e nas alterações cerebrais que ocorrem com a utilização, esses modelos afirmam que as mudanças cognitivas experimentadas pelos consumidores também contribuem para o comportamento de beber.

A hipótese de redução de tensão   Como o nome sugere, a hipótese de redução da tensão (Conger, 1956) sustenta que as pessoas consumam álcool por causa de seus efeitos redutores da tensão. Esta hipótese tem muito apelo intuitivo porque o álcool é uma droga sedativa que leva ao relaxamento e a reações lentas.

Apesar de sua consistência com a crença popular, estudos experimentais forneceram suporte limitado para a hipótese de redução da tensão. Aqueles que manipularam a tensão ou a ansiedade para observar seus efeitos na disposição dos participantes para consumir álcool produziram resultados contraditórios; alguns participantes experimentam redução da tensão, outros não (Kambouropoulos, 2003). Em ambientes mais naturalistas (Frone, 2008; Moore et al., 2007), outros fatores além do estresse e da tensão mostraram uma relação mais forte com a bebida. Um fator que complica a avaliação da hipótese de redução da tensão é a expectativa. Quando as pessoas esperam experimentar essa redução, elas tendem a obter o que esperam. Um estudo em larga escala na Alemanha (Pabst et al., 2010) descobriu que a redução da tensão é um dos efeitos que os consumidores esperam. Assim, a redução da tensão é um dos muitos efeitos que podem ocorrer como resultado do consumo de álcool, mas a expectativa pode ser mais importante que o álcool nesses efeitos.

A constatação de que os efeitos do álcool nos processos fisiológicos não são simples levou a uma reformulação da hipótese de redução da tensão. Um grupo de pesquisadores da Universidade de Indiana (Levenson et al., 1980; Sher, 1987; Sher & Levenson, 1982) descobriu que altos níveis de consumo de álcool diminuem a força das respostas ao estresse. Eles rotularam essa diminuição de *efeito de amortecimento da resposta ao estresse* (*stress response dampening effect - SRD*). As pessoas que haviam bebido não responderam tão fortemente quanto os participantes que não bebiam aos estressores fisiológicos ou psicológicos. Pessoas cujo perfil de personalidade sugeria um alto risco de desenvolver problemas com a bebida apresentaram o efeito SRD mais forte, e aquelas cujo perfil indicava um baixo risco mostraram um efeito mais fraco (Sher & Levenson, 1982). Esse efeito amortecedor da resposta ao estresse aparece em alguns consumidores, mas não em outros (Zack et al., 2007) e mais fortemente em níveis mais altos de embriaguez (Donohue et al., 2007). Além disso, o amortecimento da resposta ao estresse tende a ocorrer em situações de bebida social (Armeli et al., 2003) e em situações com ameaças incertas em maior grau que nas mais certas (Bradford et al., 2013). Uma metanálise de estudos sobre esse modelo (Bresin, 2019) encontrou apenas suporte limitado para esse modelo. Além disso, nem a hipótese original de redução da tensão nem o amortecimento da resposta ao estresse fornecem uma explicação geral para beber, especialmente para começar a bebida.

Miopia alcoólica   Claude Steele e colegas (Steele & Josephs, 1990) desenvolveram um modelo de uso e abuso de álcool baseado nas propriedades psicológicas e físicas dele. Esse modelo levanta a hipótese de que seu uso cria efeitos sobre comportamentos sociais que eles chamam de *miopia alcoólica*, isto é, "um estado de miopia em que aspectos imediatos da experiência superficialmente compreendidos têm uma influência desproporcional sobre o comportamento e a emoção, um estado em que podemos ver a árvore, embora mais vagamente, mas perder completamente a floresta" (Steele & Josephs, 1990, p. 923). De acordo com essa visão, o álcool bloqueia o processamento cognitivo perspicaz e altera os pensamentos relacionados ao eu, ao estresse e à ansiedade social.

Parte da miopia alcoólica é o *excesso da embriaguez*, a tendência de quem bebe se comportar de forma mais excessiva. Essa tendência aparece como aumento da agressividade, simpatia, sensualidade e muitos outros comportamentos exagerados. As tendências de se comportar de maneira tão extrema geralmente são inibidas, mas, quando as pessoas bebem, elas experimentam menos inibição e seu comportamento se torna mais extremo. Sob a influência do álcool, as pessoas tendem a se concentrar nos aspectos desejáveis de uma situação, em vez de nos razoáveis ou viáveis (Sevincer & Oettingen, 2013).

Outro aspecto da miopia alcoólica é *autoinflação*, uma tendência a inflar autoavaliações. Quando solicitados a avaliar a importância de 35 dimensões de traços para seus eus reais e ideais, os participantes alcoólicos se classificaram mais em traços que eram importantes para eles e nos quais se classificaram como baixos quando sóbrios (Banaji & Steele, 1989). Assim, beber permitiu que os participantes se vissem como melhores que quando não estavam bebendo, confirmando a capacidade do álcool de inflar a autoavaliação de uma pessoa.

Um terceiro aspecto da miopia alcoólica é *alívio alcoólico* (Steele & Josephs, 1990); ou seja, as pessoas que bebem tendem a se preocupar menos e a prestar menos atenção às preocupações. Quando consumido em grandes quantidades, o álcool sozinho pode produzir alívio da embriaguez, mas também afetar o comportamento em quantidades menores. Por exemplo, mulheres com baixa autoestima que ingeriam álcool interagiam mais com um homem paquerador depois de beber que mulheres semelhantes que não haviam bebido e mais que aquelas com alta autoestima (Monahan & Lannutti, 2000). Essa descoberta sugere que o alívio provocado pela embriaguez não seja um efeito somente do álcool, mas dele em combinação com outros fatores.

O modelo de miopia alcoólica tem bastante suporte de pesquisa, incluindo um estudo (Lac & Brack, 2018) que apoiou todas as três previsões desse modelo. Pessoas embriagadas tendem a analisar informações em um nível mais superficial, são mais suscetíveis à distração (Ortner, MacDonald & Olmstead, 2003) e lembram menos detalhes de uma situação que vivenciaram (Villalba et al., 2011) que aquelas que não beberam. Por exemplo, as pessoas que jogam jogos de azar on-line tornaram-se menos focadas em sugestões sobre como maximizar seus ganhos depois que começaram a beber (Phillips & Ogeil, 2007).

Além disso, a miopia alcoólica ofereceu uma estrutura para interpretar uma série de mudanças no comportamento sexual que ocorrem após o consumo e também se encaixa no comportamento sob a influência de outras drogas (Noel et al., 2013). Uma revisão de pesquisas sobre comportamento sexual de alto risco e álcool (Griffin et al., 2010) indicou que a tomada de decisão sexual de estudantes universitários é afetada pela embriaguez. Beber leva as pessoas a se concentrarem em pistas específicas no ambiente, o que pode levar a decisões mais ou menos arriscadas. Por exemplo, quando homens ou mulheres embriagados se concentram em seus sentimentos sexuais, eles tendem a estar mais dispostos a se envolver em sexo arriscado que aqueles que não estão embriagados. Quando a atenção de pessoas similarmente embriagadas está focada nos perigos do sexo arriscado, elas tendem a ser menos propensas a se envolver em sexo arriscado que aquelas que estão sóbrias. Ou seja, a tendência dos consumidores de processar informações de maneira limitada é influenciada pelas pistas presentes, e não por uma tendência geral à desinibição. Assim, muitos estudos oferecem grande apoio de pesquisa para este modelo.

O modelo de aprendizagem social

O modelo de aprendizagem social fornece uma explicação de por que as pessoas começam a beber, por que continuam com moderação e por que algumas bebem de maneira prejudicial. Esse modelo conceitua beber como um comportamento aprendido, adquirido da mesma maneira que outros comportamentos.

De acordo com a teoria da aprendizagem social, as pessoas começam a beber por pelo menos três razões. Primeiro, o sabor do álcool e os efeitos imediatos podem trazer prazer (reforço positivo). Segundo, beber pode permitir que uma pessoa fuja de uma situação desagradável (reforço negativo). Terceiro, a pessoa pode aprender a beber observando os outros (modelagem). A pesquisa corrobora cada uma dessas possibilidades.

Primeiro, pesquisas em países em todo o mundo (Bergmark & Kuendig, 2008) descobriram expectativas positivas para o consumo de álcool. As razões para beber entre estudantes universitários nos Estados Unidos (Holt et al., 2013; Read et al., 2005) e no Reino Unido (Orford et al., 2004) também apoiam o papel do reforço positivo, revelando que fatores, como interação social e melhoria do humor, são as principais razões para beber. Alunos que vivenciaram efeitos positivos por causa da bebida esperavam mais desses efeitos e eram mais propensos a beber no dia seguinte (Lee et al., 2018). Para os indivíduos que não bebem, as influências sociais também são importantes; os abstêmios vitalícios tendiam a relatar que não tinham interesse em beber ou que sua religião ou educação os influenciou a se abster (Bernards et al., 2009).

Segundo, modelo e pressão sociais estão relacionados ao aumento do consumo de álcool entre os jovens. Estudantes que bebiam mais pesadamente se colocaram em situações para receber pressões diferentes dos que bebiam menos (Orford et al., 2004), e adolescentes na Nova Zelândia mostraram um padrão de influência social recíproca entre aqueles cujo consumo aumentou (McDonough et al., 2016). Uma combinação de modelagem e expectativas dos efeitos do álcool são os mecanismos hipotéticos subjacentes à transmissão do hábito de beber de pais para filhos (Campbell & Oei, 2010). As pessoas que bebem pesadamente também tendem a se associar com outras que têm padrões de consumo semelhantes. Assim, a modelagem oferece explicações tanto para o início do consumo de álcool quanto para a tendência de algumas pessoas a beber em excesso.

Uma terceira explicação para o consumo excessivo de álcool oferecida pelo modelo de aprendizagem social baseia-se nos princípios do reforço negativo. A queda dos níveis de álcool cria desconforto e a ingestão de mais álcool alivia esse desconforto. Esse processo se encaixa na definição de reforço negativo e fornece outra explicação para continuar a beber (Lowman et al., 2000).

A teoria da aprendizagem social fornece uma explicação de por que as pessoas começam a beber, por que algumas continuam a beber com moderação e por que outras se tornam consumidores problemáticos. Além disso, a teoria da aprendizagem social sugere uma variedade de técnicas de tratamento para ajudar as pessoas a superar os hábitos excessivos de beber. A lógica do tratamento sustenta que, se o comportamento de beber é aprendido, pode então ser desaprendido ou

Festas sociais universitárias podem incentivar bebedeiras.

reaprendido, com abstinência ou moderação como objetivo da terapia.

RESUMO

A questão de por que as pessoas bebem tem três componentes: (1) Por que as pessoas começam a beber? (2) Por que algumas bebem com moderação? (3) Por que outros bebem em excesso? As teorias do comportamento do consumo de álcool devem ser capazes de oferecer explicações em resposta a cada uma dessas perguntas. Esta seção discutiu três teorias ou modelos, cada um com alguma capacidade explicativa em potencial. O modelo de doença pressupõe que as pessoas bebem excessivamente porque têm transtorno por consumo de álcool. O modelo de transtorno mental é uma revisão do modelo de transtorno que explica o consumo de álcool (e outras drogas) como uma cascata de situações que afetam o cérebro e a capacidade de regular comportamentos relacionados ao uso. Modelos cognitivo-fisiológicos, incluindo a hipótese de redução da tensão e a miopia alcoólica, propõem que as pessoas bebam por que o álcool produz alterações na função cognitiva que lhes permite escapar da tensão ou processar informações de modo diferente. A teoria da aprendizagem social levanta a hipótese de que as pessoas adquirem o comportamento de beber da mesma maneira que aprendem outros comportamentos – isto é, por meio de reforço e modelagem positivos ou negativos. Todos os três modelos oferecem alguma explicação de por que algumas pessoas continuam a beber, mas apenas a teoria da aprendizagem social aborda todos os três componentes da bebida.

APLIQUE O QUE VOCÊ APRENDEU

1. Examine os fatores que são riscos para o desenvolvimento de problemas com o álcool e descreva como pelo menos um deles se aplica ao seu hábito de beber.
2. Escolha duas pessoas que você conhece que bebem álcool regularmente e analise qual modelo do uso de álcool se encaixa melhor.

13-7 Mudando o problema do beber

OBJETIVOS DE APRENDIZAGEM

13-9 Avaliar as evidências que indicam que os consumidores problemáticos podem mudar seu comportamento sem entrar em um programa de tratamento

13-10 Avaliar a evidência de sucesso dos tratamentos orientados para a abstinência

13-11 Avaliar as evidências da eficácia e os riscos do consumo controlado

13-12 Analisar o sucesso dos esforços de prevenção de recaídas, considerando os diferentes objetivos de abstinência e moderação

A porcentagem de consumidores nos Estados Unidos (cerca de 51%) e o número de pessoas que procuraram ajuda para problemas com o álcool (2,3 milhões) permaneceu estável na última década (SAMHSA, 2019). Os homens superam as mulheres em uma proporção de mais de 2:1. As mulheres são mais relutantes que os homens em procurar tratamento e também podem procurá-lo em fontes especializadas em tratamento de saúde mental em vez de tratamento para problemas com o álcool. O tratamento ambulatorial é mais comum que o hospitalar, mas a forma mais comum é o atendimento em um grupo de autoajuda (SAMHSA, 2019). As instituições privadas com fins lucrativos enfatizam o tratamento de pacientes internados, mas esses programas podem ter benefícios limitados às pessoas com problemas mais graves e os custos são muito mais altos. O custo é um fator no tratamento; quase metade dos que dele precisaram, mas não o receberam, citaram o custo não coberto pelo seguro como o fator mais importante (SAMHSA, 2019). Embora o tratamento adequado seja importante para mudar o comportamento de beber, alguns indivíduos com problemas de bebida conseguem parar sem tratamento formal (Hodgins, 2005; Scarscelli, 2006).

Mudança sem terapia

Alguns problemas (e algumas doenças) desaparecem sem tratamento formal, e o problema com a bebida não é exceção. Quando uma doença desaparece sem tratamento, utilizam-se os termos **remissão espontânea**, *recuperação natural* e *mudança não assistida* para descrever esse processo. Mesmo esses termos podem ser um pouco enganosos porque as pessoas que mudam seus padrões de consumo podem ter ajuda e apoio de muitas outras, incluindo familiares, empregadores e amigos, mas não usaram um programa formal de terapia. A existência de casos espontâneos de mudança não é consistente com alguns dos modelos de bebida e apresenta um enigma para os pesquisadores (Heyman, 2013), mas mudanças desse tipo ocorrem (Scarscelli, 2006; Toneatto, 2013). Em um estudo de indivíduos diagnosticados como dependentes de álcool (Dawson et al., 2005), apenas 25% deles ainda estavam nessa categoria um ano depois, 18% deles estavam abstinentes e outros 18% haviam moderado seu consumo para níveis não problemáticos. Os consumidores pesados que mudam seu comportamento de beber podem ser aqueles que são menos dependentes (Cunningham et al., 2005); outros podem precisar de ajuda profissional ou de grupos tradicionais como Alcoólicos Anônimos (AA).

Atualmente, quase todos os programas de tratamento nos Estados Unidos são orientados para a abstinência, mas os programas em outros países podem ser orientados para a redução de danos em vez da abstinência e permitem a possibilidade de alguns consumidores problemáticos se tornarem consumidores moderados.

Tratamentos orientados para a abstinência

Todos os tratamentos formais – mesmo aqueles que permitem a possibilidade de voltar a beber – têm como meta a abstinência imediata. Esta seção examina vários programas de tratamento visando à abstinência total e permanente.

Alcoólicos Anônimos AA é um dos programas de tratamento do consumo de álcool mais amplamente utilizados e muitas vezes é um componente de outros programas de tratamento. Fundado em 1935 por dois ex-alcoólicos, o AA tornou-se a mais conhecida de todas as abordagens ao problema do alcoolismo. A organização segue uma versão muito estrita do modelo de doença e o combina com uma ênfase na espiritualidade, projetada para trazer o consumidor problemático para o grupo e receber apoio e orientação de outras pessoas que experimentaram problemas semelhantes.

Para aderir à doutrina dos AA, uma pessoa deve manter total abstinência de álcool. Parte da filosofia dos AA é que aqueles que precisam se juntar a eles nunca mais podem beber; consumidores problemáticos são viciados em álcool e não têm poder para resistir a ele. De acordo com os AA, os alcoólicos nunca se recuperam, mas estão sempre em processo de recuperação. Eles serão alcoólicos por toda a vida, mesmo que nunca mais bebam.

AA e outros programas de 12 passos alcançaram um alto nível de aceitação. A cada ano, mais de 2 milhões de pessoas nos Estados Unidos participam de um programa de autoajuda, como os AA, para problemas de consumo de álcool ou outras substâncias (SAMHSA, 2019). Muitos desses indivíduos – talvez até 75% – compareçam às reuniões dos AA (Magura, 2007).

O anonimato oferecido a quem participa de suas reuniões apresenta barreiras para pesquisadores que desejam realizar estudos sobre a eficácia desse programa, mas nos últimos 30 anos, ocorreram pesquisas. John Kelly e colegas (Kelly et al., 2011; 2016) realizaram pesquisas sobre o valor das alianças de apoio que se formam entre patrocinadores e consumidores problemáticos e como esses relacionamentos podem substituir conexões sociais prejudiciais que podem incentivar o consumo. Recentemente, uma metanálise de estudos sobre os AA e outros Programas de 12 Passos avaliou a eficácia desses programas e encontrou taxas de sucesso semelhantes a outros tipos de intervenções (Kelley et al., 2020).

Organizações alternativas de autoajuda são anteriores ao desenvolvimento dos AA e continuam a proliferar em todo o mundo (White, 2004). Organizações como Secular Organization for Sobriety, Women for Sobriety, Self-Management and Recovery Training (SMART Recovery), Rational Recovery e Moderation Management oferecem o valor do apoio e discussões em grupo com filosofias diferentes dos AA. Por exemplo, alguns não insistem no objetivo da abstinência vitalícia. Os grupos on-line disponibilizados pela Internet oferecem um acesso mais fácil, tornando o suporte em grupo mais acessível.

Psicoterapia Quase tantas técnicas psicoterapêuticas têm sido usadas para tratar o abuso de álcool quanto psicoterapias, mas algumas não são muito eficazes para ajudar consumidores problemáticos, enquanto outras são muito mais. Existem muitas variedades de terapia comportamental, e as terapias cognitivo-comportamentais têm evidências de pesquisa mais consistentes quanto à eficácia (Ray et al., 2019). Essas terapias tendem a ser mais eficazes que abordagens menos diretivas, como educação sobre álcool ou aconselhamento (CASA Columbia, 2012; Marlatt & Witkiewitz, 2010). Intervenções breves estão se tornando mais populares e também podem ser eficazes, especialmente para casos menos graves (Ray et al., 2019). Essas técnicas são projetadas para mudar a motivação e podem durar apenas algumas horas, essa brevidade da intervenção é uma vantagem.

Um exemplo de intervenção breve e orientada para a mudança de motivação é a entrevista motivacional (Miller & Rollnick, 2002). Os terapeutas que usam entrevistas motivacionais transmitem empatia com a situação do cliente e ajudam os clientes a resolver sua ambivalência sobre seu comportamento problemático. Esse processo é projetado para mover os clientes em direção à mudança, tornando essa abordagem um tipo diretivo de intervenção psicológica. Vincular a entrevista motivacional ao modelo transteórico (ver Capítulo 4) fornece uma estrutura para compreender e promover a mudança comportamental. Avaliações das entrevistas motivacionais (Lundahl et al., 2010; Rubak et al., 2005) revelaram a eficácia dessa intervenção. Além das abordagens comportamentais que podem ser eficazes, alguns tratamentos químicos também logram ser úteis no controle do problema de beber.

Tratamentos químicos Muitos programas de tratamento para o problema do alcoolismo incluem a administração de medicamentos que reduzem a vontade de beber. A partir de 2020, apenas três medicamentos têm aprovação da Food and Drug Administration (FDA) dos EUA para o tratamento do transtorno por uso de álcool, mas às vezes também são usados medicamentos aprovados para outros transtornos, incluindo uma variedade de medicamentos aprovados para transtornos mentais e convulsões (Ray et al., 2019). A eficácia desses fármacos não aprovados (*off-label*) é menor que para os medicamentos aprovados pela FDA. Dois dos medicamentos aprovados reduzem a experiência recompensadora de beber, e uma terceira produz sintomas desagradáveis quando combinados com álcool.

A naltrexona é um fármaco que se liga aos receptores de opiáceos no cérebro e impede sua ativação, diminuindo o prazer de consumir álcool. O fármaco acamprosato afeta o neurotransmissor GABA, mas sua ação específica que afeta a ingestão de álcool não é bem compreendida (Ray et al., 2019). Ambos os fármacos podem ser bem-sucedidos para diminuir a fissura e aumentar as chances de alcançar a abstinência (Carmen et al., 2004). Uma revisão sistemática de estudos sobre naltrexona como tratamento para o alcoolismo (Rösner et al.,

2010) revelou que os efeitos foram modestos, mas positivos; estudos adicionais apoiam essa descoberta (Ray et al., 2019). O efeito do acamprosato também é modesto. Ambos os medicamentos são mais úteis na prevenção de recaídas que para ajudar as pessoas a parar, e ambos são mais eficazes quando combinados com alguma intervenção comportamental (CASA Columbia, 2012).

Dissulfiram (Antabuse) produz alguns efeitos desagradáveis quando tomado sozinho, mas, em combinação com álcool, os efeitos desagradáveis são graves: rubor facial, dores no peito, coração acelerado, náuseas e vômitos, sudorese, dor de cabeça, tontura, fraqueza, dificuldade respiratória e uma rápida diminuição da pressão arterial. A lógica por trás do uso dessas drogas é produzir uma aversão à bebida, construindo uma associação entre beber e as consequências desagradáveis. Esse processo, chamado **terapia de aversão**, aplica-se ao uso de dissulfiram, bem como a outros métodos que envolvem condicionamento aversivo. Fazer que as pessoas tomem um fármaco que as deixe doentes se beberem é um desafio, e o dissulfiram tem apenas sucesso modesto no tratamento de consumidores problemáticos (Krishnan-Sarin et al., 2008).

Bebendo com controle

Até o final da década de 1960, todos os tratamentos para o problema do alcoolismo visavam à abstinência total. Então algo bastante inesperado aconteceu. Em 1962, em Londres, D. L. Davies descobriu que 7 dos 93 alcoólicos recuperados que ele estudou eram capazes de beber "normalmente" (definido como o consumo de até 3 litros de cerveja ou seu equivalente por dia) por pelo menos um período de sete anos, após o tratamento. Esses consumidores moderados representavam menos de 8% dos que Davies estudou, mas essa descoberta ainda foi notável porque abriu a possibilidade de que consumidores problemáticos pudessem retornar com sucesso ao consumo não problemático. Esse achado provocou uma controvérsia que continua até hoje.

Impulsionados pelos resultados de Davies, vários estudos realizados nos Estados Unidos (Armor et al., 1976; Polich et al., 1980) mostraram que o consumo controlado ocorreu em uma pequena porcentagem de pacientes que receberam tratamento orientado à abstinência. A publicidade sobre este estudo produziu uma onda de críticas daqueles que sustentam a posição de que os alcoólicos nunca mais podem beber, e essa controvérsia tornou-se mais acirrada quando os pesquisadores começaram a projetar programas de tratamento com o consumo controlado como objetivo.

Bebedores problemáticos podem se tornar consumidores moderados. Alguns desses problemáticos em programas de tratamento orientados para a abstinência tornam-se consumidores moderados (Miller et al., 2001; Sobell et al., 1996; Witkiewitz et al., 2017), e outros que param por conta própria moderam seu consumo (Dawson et al., 2005). Apesar das evidências sobre o consumo controlado de álcool, a maioria dos centros de tratamento nos Estados Unidos tem resistido à possibilidade de que ex-consumidores problemáticos possam aprender a moderar seu uso de álcool e manter a meta de abstinência. Essa atitude não se estende a outros países; na Inglaterra, País de Gales e Escócia, quase todos os centros de tratamento endossam a meta de redução de danos e aceitam o consumo contínuo de álcool entre aqueles que tiveram problemas com a bebida. O objetivo é reduzir os danos que muitas vezes acompanham a bebida, em vez de eliminá-la (Heather, 2006; Mann et al., 2017; Rosenberg & Melville, 2005). Nos Estados Unidos, os profissionais de abuso de substâncias mais jovens têm atitudes mais compatíveis com uma abordagem de redução de danos (Davis & Lauritsen, 2016), de modo que a aceitação do consumo moderado de álcool pode ganhar aceitação nesse país como em outros.

O pensamento de poder continuar bebendo é atraente para a maioria dos consumidores, incluindo para aqueles que beber é problemático (Kosok, 2006). Esse apelo é uma das razões para a criação de um grupo de autoajuda orientado a moderar o consumo, chamado Moderation Management. Esse grupo inclui reuniões presenciais e on-line, e pesquisas sobre essa abordagem (Hester et al., 2011) mostraram que ambos os formatos podem reduzir o problema com o consumo de álcool.

O problema da recaída

Bebedores problemáticos que completam com sucesso um programa de tratamento orientado à abstinência ou à moderação não necessariamente mantêm seus objetivos. Como vimos com o tabagismo, as pessoas que completam um programa de tratamento geralmente melhoram bastante, mas o problema da recaída é substancial. Curiosamente, o curso de tempo e a taxa de recaída são semelhantes para aqueles que completam ambos os programas, assim como para o uso de opiáceos (Hunt et al., 1971). A maioria das recaídas ocorre em aproximadamente 90 dias após o término do programa. Aos 12 meses após o término do tratamento, apenas cerca de 35% dos que completam os programas permanecem abstinentes. Essas semelhanças podem ser atribuídas aos mecanismos cerebrais subjacentes envolvidos no uso habitual de drogas, que compartilham algumas semelhanças, independentemente das diferenças em suas propriedades farmacológicas (Camí & Farré, 2003).

Uma visão crescente no tratamento sustenta que o abuso de álcool é uma doença crônica que requer cuidados contínuos (CASA Columbia, 2012; McKay & Hiller-Sturmhöfel, 2010). Assim, os programas de tratamento devem incluir preparações para cuidados de acompanhamento para lidar com a recaída. Muitos desses programas de pacientes internados fazem tais preparações por meio da exigência de que os participantes compareçam às reuniões dos AA, que proporcionam um ambiente de apoio que desencoraja o consumo de álcool e, portanto, visa impedir a recaída (Huebner & Kantor, 2011).

A maioria dos regimes de tratamento baseados em comportamento inclui treinamento para prevenção de recaídas, considerando que uma recaída ocorre em um ambiente complexo com muitas fontes de influência. Compreender essas fontes e saber lidar com sua influência é fundamental; a mudança de comportamento não é rápida ou fácil (Witkiewitz & Marlatt, 2010). Conforme discutido no Capítulo 12, o treinamento de prevenção de recaídas visa mudar as cognições para que o viciado venha a acreditar que um deslize *não* significa recaída total. Programas que se concentram em objetivos de longo prazo e incorporam a prevenção de recaídas em seu regime tendem a ter as maiores taxas de sucesso (McLellan et al., 2000).

Uma das técnicas mais recentemente desenvolvidas para a prevenção de recaídas tem como base a atenção plena. Essa abordagem é baseada na mesma filosofia de outras técnicas embasadas na atenção plena (ver Capítulo 5), adaptadas ao uso de substâncias. Essa abordagem mostrou algum sucesso (Garland & Howard, 2018).

As estatísticas que indicam uma alta taxa de recaída têm como base o objetivo da abstinência, mas alguns pesquisadores da área de uso de substâncias o questionam (Witkiewitz & Tucker, 2020). Se o padrão é a melhora e um menor nível de problemas causados pela bebida, então a recaída não é tão comum; até 60% das pessoas que completam um programa de tratamento atingem esse nível de sucesso.

RESUMO

Apesar de um declínio na porcentagem de usuários nos Estados Unidos, o número de pessoas que precisam de ajuda para problemas com a bebida continua alto. Alguns consumidores problemáticos conseguem parar sem terapia, outros procuram programas de tratamento, mas a maioria não procura terapia e permanece sem tratamento. Os programas tradicionais de tratamento do álcool – como os AA, o tratamento mais procurado – são orientados para a abstinência. Muitos consumidores problemáticos não conseguem alcançar esse objetivo; apenas cerca de 25% deles são abstinentes um ano após o tratamento. Mas os níveis do consumo de álcool geralmente caem substancialmente, assim como os problemas a ele relacionados.

Alguns programas comportamentais são bem-sucedidos, incluindo intervenções breves, como entrevistas motivacionais e terapia cognitivo-comportamental; essas breves intervenções tornaram-se generalizadas. Os tratamentos químicos, como os medicamentos naltrexona, acamprosato e dissulfiram, podem reduzir o consumo de álcool, mas todos mostram apenas níveis modestos de sucesso.

O consumo controlado pode ser uma meta razoável para alguns consumidores problemáticos. Mas esse objetivo é muito controverso, e muitos terapeutas orientados para a abstinência não consideram o consumo controlado de álcool uma alternativa viável. Entretanto, a redução de danos, em vez da abstinência, tornou-se um objetivo mais comum para os programas de tratamento.

Com todas as abordagens de tratamento do álcool, a recaída tem sido um problema persistente. O treinamento para recaídas tornou-se um componente comum tanto de programas de orientação médica quanto de orientação comportamental. A maioria dos consumidores que completam um programa de tratamento melhora, mas as recaídas são comuns em três meses após o término do tratamento. Depois de 12 meses, apenas 25% dos que concluem os programas ainda estão abstinentes, mas uma porcentagem muito maior está bebendo menos.

APLIQUE O QUE VOCÊ APRENDEU

1. Você tem um amigo próximo cujo padrão de consumo de álcool se enquadra nos critérios para transtorno por uso de álcool. Descreva que tipo de tratamento você recomendaria para seu amigo, juntamente ao raciocínio de sua escolha.

2. Seu amigo com problemas de bebida terminou o programa de tratamento, mas você teme uma recaída. Crie um plano para minimizar o risco de ele voltar a beber.

13-8 Outras drogas

OBJETIVOS DE APRENDIZAGEM

13-13 Comparar os efeitos sobre a saúde quanto ao uso de drogas ilícitas e o de drogas legalmente disponíveis, como álcool e tabaco

13-14 Diferenciar uso de drogas do abuso de drogas

As drogas ilícitas criaram muitos problemas sérios, não apenas nos Estados Unidos, mas também em todo o mundo. No entanto, a maioria desses problemas vem de situações sociais e legais. Outras drogas não são a maior ameaça à saúde física que o uso de álcool e tabaco. De fato, os efeitos de fumar cigarros, consumir álcool, comer de forma imprudente e permanecer sedentário são responsáveis por mais de 60% das mortes nesse país; as mortes atribuíveis ao uso de drogas ilícitas representam 2,6% (Kochanek et al., 2019). Qualquer morte por drogas ilícitas é lamentável, mas todo uso de drogas – mesmo o uso de drogas legais – apresenta riscos. Parte desse risco vem de alterações da função cerebral.

Os pesquisadores estão começando a entender como as drogas funcionam no cérebro para alterar o humor e o comportamento. O álcool e outras drogas produzem efeitos nos neurotransmissores, a base química da transmissão neural. Vários neurotransmissores estão envolvidos nas ações de drogas, incluindo GABA, glutamato, serotonina e noradrenalina (López-Moreno et al., 2008), mas o neurotransmissor **dopamina** é especialmente importante (Young et al., 2011). A dopamina pode ser o neurotransmissor mais importante em um subsistema cerebral que retransmite mensagens da área tegmental ventral no mesencéfalo para o núcleo accumbens no prosencéfalo. Os pesquisadores sabem há anos que essa área está envolvida na experiência de recompensa e prazer do cérebro. Contudo, as ações de muitas drogas parecem ser comuns ao mesmo sistema, não apenas nessas duas estruturas cerebrais, mas também no hipocampo, amígdala e prosencéfalo (López-Moreno et al., 2008). Ou seja, as drogas parecem ativar os circuitos cerebrais subjacentes à recompensa. De fato, experiências como jogar ou comer podem ativar

> ### Dá para ACREDITAR?
> **Danos cerebrais não são um risco comum do uso de drogas**
>
> Apesar das imagens vívidas da mídia de um cérebro "frito" pelo uso de drogas, a maioria das drogas psicoativas não causa danos aos neurônios. De fato, algumas das drogas que mais podem destruir a vida de uma pessoa estão entre as *menos* suscetíveis de danificar o cérebro. Por exemplo, drogas opiáceas como heroína, morfina, oxicodona e hidrocodona produzem tolerância e dependência. O uso repetido dessas drogas resulta em consumo compulsivo e um padrão de uso em que as relações e responsabilidades sociais tornam-se sem importância. As pessoas que são dependentes de drogas opiáceas geralmente experimentam grandes problemas, mas danos cerebrais não estão entre eles.
>
> Como outras drogas psicoativas, os opiáceos atravessam a barreira hematoencefálica, onde ocupam os receptores de endorfinas, os analgésicos do próprio corpo (Advokat, Comaty & Julien, 2018). Assim, essas drogas são compatíveis com a neuroquímica existente no cérebro; elas ocupam esses receptores sem causar danos. Seu uso repetido produz uma série de efeitos fisiológicos, alguns dos quais podem ser muito perigosos, mas danos ao sistema nervoso são improváveis.
>
> A maconha também atua ocupando receptores cerebrais para neuroquímicos chamados endocanabinoides (Pope et al., 2010). A descoberta desses neuroquímicos sugeriu que o cérebro produz suas próprias substâncias químicas semelhantes à canábis e também explicou algumas das ações que a maconha realiza no cérebro. Ela também produz uma ampla variedade de efeitos fisiológicos e comportamentais, alguns dos quais são perigosos e outros benéficos (Pacher et al., 2020). Mas esses efeitos não incluem danos aos neurônios no cérebro.
>
> Tanto a publicidade como os anúncios de serviço público denunciaram os perigos da droga ecstasy, mas o pesquisador retirou o estudo que serviu de base para essas alegações por causa de imprecisões (Holden, 2003). Assim, o ecstasy pode não representar o risco de morte que alguns temiam (Cole, 2014). Como todas as drogas, esta não é isenta de perigos (Halpern et al., 2011), mas pesquisas indicam que não há alteração estrutural ou funcional do cérebro com uso moderado (Mueller et al., 2016). Entretanto, combinações com álcool ou estimulantes podem ser mais arriscadas (Gouzoulis-Mayfrank & Daumann, 2006).
>
> Mas alguns medicamentos trazem riscos de danos ao sistema nervoso. Estes geralmente ocorrem com o uso pesado e de longo prazo para aqueles que se enquadram na categoria de abusadores. Por exemplo, o potencial de dano cerebral como resultado do abuso prolongado de álcool está bem estabelecido (Harper & Matsumoto, 2005). Algumas evidências também sugeriram que o abuso de estimulantes como a cocaína (Rosenberg et al., 2002) e anfetaminas (Chang et al., 2002) produza efeitos neurológicos tóxicos. A evidência de dano cerebral pelo uso de solventes domésticos é forte (Rosenberg et al., 2002). Essas substâncias químicas agem para alterar a consciência não por meio de alterações nos neurotransmissores, mas pela restrição de oxigênio ao cérebro, então, é claro, essas substâncias causam danos cerebrais.
>
> Os maiores riscos do uso de drogas não são danos neurológicos, mas sim a capacidade dessas drogas de alterar a percepção, a tomada de decisão e a coordenação. Esses efeitos aumentam o risco de lesões não intencionais, que são um resultado muito mais provável que danos cerebrais.

os mesmos mecanismos cerebrais (Martin & Petry, 2005; Volkow et al., 2017).

Nem todas as drogas psicoativas atuam da mesma forma nesse subsistema, mas todas afetam a disponibilidade de neurotransmissores, principalmente a dopamina. As alterações desses neurotransmissores produzem mudanças temporárias na química do cérebro, mas raramente danificam os neurônios. Alterar a química do cérebro traz riscos, mas o dano cerebral não é um efeito para a saúde associado à maioria das drogas (ver o quadro "Dá para acreditar?").

Efeitos na saúde

Embora a maioria das drogas não danifique os neurônios, tanto as legais como as ilegais representam potenciais riscos à saúde. Mas as ilícitas apresentam certos riscos não encontrados nas drogas lícitas, independentemente dos efeitos farmacológicos. As drogas ilegais podem ser vendidas como uma droga quando na verdade são outra; os compradores não têm garantia quanto à dosagem; e drogas fabricadas ilegalmente podem ter impurezas que podem ser substâncias químicas perigosas. Além disso, as fontes de drogas ilegais podem ser pessoas perigosas. As legais estão livres desses riscos, mas não são inofensivas e nem sempre seguras.

Todas as drogas têm riscos potenciais, mas as denominadas *seguras* são testadas pelo FDA dos EUA e definidas como seguras quando os potenciais benefícios superam os potenciais riscos. Muitos medicamentos, como antibióticos, foram aprovados, embora produzam efeitos colaterais graves em algumas pessoas. Quanto mais potencialmente benéfico for um medicamento, maior a probabilidade de ser rotulado *seguro* apesar dos efeitos colaterais desagradáveis ou mesmo perigosos.

A FDA classifica as drogas em cinco categorias, com base em seu potencial de abuso e seus potenciais benefícios médicos. A **Tabela 13.3** resume esse cronograma, apresenta as restrições de disponibilidade e dá exemplos de medicamentos em cada categoria. Essa classificação evoluiu um pouco ao acaso ao longo de mais de 100 anos e representa a convenção legislativa e social em vez de descobertas científicas.

Uma classificação de drogas baseada em sua ação é mais útil que uma classificação baseada na disponibilidade legal. Uma classificação de acordo com os efeitos das drogas teria seções principais para sedativos, estimulantes, alucinógenos, maconha e esteroides anabolizantes. **Sedativos** são drogas que induzem relaxamento e, às vezes, intoxicação, diminuindo a atividade do cérebro, neurônios, músculos e coração, e até mesmo diminuindo a taxa metabólica (Advokat et al., 2018). Os tipos de drogas classificadas como sedativos incluem barbitúricos, tranquilizantes, opiáceos e álcool. Em doses baixas, essas drogas tendem a fazer as pessoas se sentirem relaxadas e até eufóricas. Em altas doses, causam perda de consciência e podem produzir coma e morte como resultado de seu efeito inibitório na parte do cérebro que controla a respiração. Esses riscos representam os perigos mais comuns do uso de sedativos. A Tabela 13.4 mostra os tipos de medicamentos que se enquadram nessa categoria, seus efeitos e riscos.

Estimulantes são outra categoria principal de drogas psicoativas. Todas dessa categoria estimulante tendem a produzir alerta, reduzir a sensação de fadiga, elevar o humor e diminuir o apetite. Drogas estimulantes incluem cafeína, nicotina, anfetaminas e cocaína. A cafeína, encontrada no café, no chá e em muitos tipos de refrigerantes, é tão consumida que muitas pessoas não a consideram uma droga, mas produz os efeitos típicos das drogas estimulantes; o uso consistente resulta em dependência e a cessação produz sintomas de abstinência. **Anfetaminas** são uma classe de drogas estimulantes poderosas que incluem metanfetaminas e cristal de metanfetamina, das quais se abusam com frequência por causa de seus efeitos modificadores do humor. Outra droga estimulante, a **cocaína**, é extraída da planta coca. É vendida em pó e como crack, que pode ser fumado. Usar cocaína em combinação com álcool aumenta os perigos de cada droga produzindo uma terceira substância química, *cocaetileno* (Hearn et al., 1991; Shimomura et al., 2019). Essa substância química é perigosa e pode aumentar o risco de problemas cardíacos do usuário (Tacker & Okorodudu, 2004). A **Tabela 13.4** também resume esses medicamentos e suas características.

A metilenodioximetanfetamina (MDMA) – ecstasy – é um derivado da metanfetamina, mas as pessoas a usam por causa dos efeitos alucinógenos leves, incluindo sensações de paz e empatia com os outros. Essas sensações vêm de uma liberação maciça do neurotransmissor de *serotonina*, que depleta seu fornecimento, mas essa depleção tende a ser temporária (Buchert et al., 2004), se confinada ao uso baixo ou moderado (Mueller et al., 2016). Outras drogas alucinógenas como a dietilamida do ácido lisérgico (LSD), mescalina e psilocibina exercem efeitos mais complexos nos neurotransmissores, mas a serotonina também está envolvida nos efeitos dessas drogas (Halberstadt & Geyer, 2011). Embora esses medicamentos sejam classificados como sem benefícios médicos, há um interesse crescente em seu potencial como um componente útil no tratamento de vários transtornos mentais (Barnett et al., 2018).

A **maconha** tem algumas propriedades alucinógenas, mas necessita da maioria das outras características dos alucinógenos. O principal ingrediente intoxicante da maconha, o delta-9-tetraidrocanabinol (THC), vem da resina da planta *Cannabis sativa*. O cérebro contém receptores para canabinoides em muitos locais, o que resulta em uma variedade de efeitos da ingestão de maconha, incluindo processos de pensamento alterados, comprometimento da memória, sentimentos de relaxamento e euforia, aumento do apetite e coordenação prejudicada (Chadi et al., 2018; Nicoll & Alger, 2004). Seu potencial para consequências graves para a saúde ainda é debatido, assim como seus benefícios médicos. Um crescente corpo de evidências corrobora uma variedade de benefícios médicos da maconha (Koppel et al., 2014), e a crescente aceitação pública resultou em um número crescente de Estados aprovando leis de "maconha medicinal" que permitem o acesso a ela para aqueles que têm prescrição, além de um número crescente de Estados que legalizaram o uso recreativo de maconha. Apesar dessa crescente aceitação, como todo uso de drogas, o de maconha apresenta riscos. Seus efeitos na cognição, julgamento e coordenação aumentam o risco de lesões não intencionais. Além disso, os usuários que fumam maconha enfrentam riscos aumentados de problemas respiratórios e possivelmente até câncer de pulmão (Joshi, & Bartter, 2014).

Esteroides anabolizantes (ESs) são hormônios sintéticos usados para melhorar o desempenho atlético (King & Pace, 2005). Os efeitos dos esteroides anabolizantes incluem espessamento das cordas vocais, aumento da laringe, aumento do volume muscular e diminuição da gordura corporal. Essas duas últimas propriedades tornam os ASs atraentes para atletas, fisiculturistas e pessoas que desejam alterar sua aparência. Infelizmente, o uso de esteroides anabolizantes pode perturbar o equilíbrio químico do corpo, produzir toxicidade e interromper a produção do corpo de seus próprios esteroides, deixando a pessoa mais suscetível ao estresse e à infecção e alterando o funcionamento reprodutivo. Além disso, os problemas comportamentais incluem agressão, euforia,

TABELA 13.3 Classificação de drogas, restrições e exemplos de drogas em cada categoria

Classificação	Descrição	Restrição sobre a disponibilidade	Exemplos
I	Alto potencial de abuso; sem usos médicos	Não disponível legalmente de acordo com a lei federal dos EUA	LSD, maconha, heroína
II	Alto potencial de abuso, mas com usos médicos	Somente com prescrição	Morfina, oxicodona, barbitúricos, anfetaminas, cocaína
III	Dependência moderada ou baixa; usos médicos	Somente com prescrição	Codeína, alguns tranquilizantes
IV	Baixa dependência, baixo potencial de abuso; usos médicos	Somente com prescrição	Fenobarbital, a maioria dos tranquilizantes
V	Menor potencial de abuso que drogas do item IV	Venda livre	Aspirina, antiácidos, anti-histamínicos e outros

TABELA 13.4 Resumo das características das drogas psicoativas

Nome	Tolerância	Dependência	Efeitos	Riscos
Sedativos/Depressivos				
Barbitúricos	Sim	Sim	Relaxa, intoxica	Inconsciência, coma, morte
Tranquilizantes	Sim	Sim	Relaxa, intoxica	Julgamento alterado, coordenação prejudicada, coma
Opiáceos e opioides heroína, morfina, oxicodona, hidrocodona	Sim	Sim	Produz analgesia, euforia, sedação	Coma, parada respiratória, morte
Álcool	Sim	Sim	Relaxa, intoxica	Julgamento e coordenação prejudicados, inconsciência
Estimulantes				
Cafeína	Sim	Sim	Aumento do estado de alerta, fadiga reduzida	Aumento do nervosismo
Cocaína	Sim	Sim	Euforia, apetite suprimido	Arritmia cardíaca, ataque cardíaco
Anfetaminas (metanfetamina, *crystal meth*)	Sim	Sim	Produz alerta, reduz a fadiga	Ataque cardíaco, sentimentos de paranoia, aumento da violência
Nicotina (produtos de tabaco)	Sim	Sim	Aumenta o estado de alerta, diminui o apetite, eleva a pressão arterial	Aumento de doenças cardíacas e câncer
Alucinógenos				
Ecstasy (MDMA)	Não	Não	Produz sensação de bem-estar	Problemas de regulação de temperatura
LSD	Não	Não	Produz distorções perceptivas, intoxica	Percepção e julgamento alterados
Maconha				
Maconha	Não	Possivelmente	Relaxa, intoxica	Julgamento prejudicado, coordenação, problemas respiratórios (se fumada)
Esteroides				
Esteroides anabolizantes	Sim	Não	Aumenta a musculatura, aumenta a pressão arterial, reduz o funcionamento do sistema imunológico	Atrofia testicular, aumento da agressividade, diminuição da função imunológica

Tornando-se mais saudável

1. Evite bebedeiras – isto é, beber cinco ou mais drinques em uma única ocasião. Não há benefícios para a saúde associados à bebedeira e há muitos riscos.
   Plano de ação: faça uma lista dos lugares e situações onde bebedeiras são comuns e, então, anote algumas estratégias para recusar convites para esses lugares.
2. Uma ou duas bebidas por dia podem prejudicar o julgamento e a coordenação. Esses perigos são o maior risco do consumo de álcool, e as pessoas que bebem devem encontrar maneiras de gerenciar esse risco.
   Plano de ação: anote três situações de risco que podem ocorrer (ou ocorreram) em sua vida. Elabore um plano para evitar os aspectos mais arriscados dessas três situações.
3. Não dirigir, operar máquinas ou nadar depois de beber.
   Plano de ação: prepare recusas para situações em que esses comportamentos de risco possam ocorrer em sua vida e pratique usá-las para que você esteja preparado quando as situações surgirem.
4. Não aumente seu consumo; mantenha um ou dois drinques por ocasião (não uma média de um ou dois drinques por dia).
   Plano de ação: mantenha um diário de sua ingestão de álcool por pelo menos duas semanas para que tenha alguns dados para confirmar sua ingestão de álcool.
5. O nível mais seguro de álcool para mulheres grávidas é nenhum.
   Plano de ação: prepare uma breve apresentação sobre os efeitos nocivos da bebida em um feto em desenvolvimento e tente fazer esta apresentação para um grupo.
6. Se um dos pais ou ambos tiveram problemas com a bebida, você pode estar em risco elevado. Gerencie esse risco moderando o consumo ou simplesmente não bebendo.
   Plano de ação: acompanhe o comportamento de consumo de sua família para entender não apenas o nível de consumo de seus pais, mas também de outros parentes.
7. Se você teve uma experiência extremamente agradável com qualquer droga (incluindo álcool) na primeira vez que a experimentou, esteja ciente de que o uso futuro desta droga pode apresentar problemas para você.
   Plano de ação: escreva sobre suas primeiras experiências com pelo menos três drogas e reflita sobre como os conselhos incluídos neste item se aplicam a você.
8. Não misture drogas; a combinação de drogas é mais perigosa que utilizar uma única droga.
   Plano de ação: pesquise informações sobre interações medicamentosas e os riscos potenciais da mistura de drogas, incluindo algumas das combinações mais comuns, como álcool e cafeína, maconha e álcool, ou nicotina e álcool.
9. Drogas que produzem dependência são mais perigosas que aquelas que não a causam. Mesmo se você tiver receita médica, esteja ciente e cauteloso sobre o uso de álcool e nicotina, bem como opiáceos, barbitúricos e anfetaminas.
   Plano de ação: pesquise informações sobre a tolerância e potencial de dependência de qualquer droga que você tome, incluindo drogas legais e ilegais, para que possa entender os riscos envolvidos com o uso de qualquer uma delas.
10. Drogas ilegais, mesmo aquelas sem tolerância ou potencial de dependência, podem ser perigosas porque são ilegais.
    Plano de ação: evite pessoas ou situações que incluam drogas ilegais.

---

alterações de humor, distração e confusão. A Tabela 13.4 apresenta um resumo de esteroides anabolizantes e outras características de drogas psicoativas.

Quão comum é o uso dessas drogas ilícitas? O uso de drogas está aumentando ou diminuindo? O uso de drogas ilícitas nos Estados Unidos variou nos últimos 45 anos, alcançando um pico no final da década de 1970, seguido por um declínio na década de 1980 (Johnston et al., 2020). Outro aumento ocorreu no início da década de 1990 e outra diminuição no final da década de 1990. Esse padrão geral é semelhante em todas as faixas etárias, mas os níveis de uso não são; os jovens usam drogas ilícitas com mais frequência que os mais velhos. De fato, as tendências no uso de drogas entre estudantes do ensino médio geralmente predizem o uso de drogas pela sociedade vários anos depois.

O uso de drogas ilícitas em geral variou pouco na última década, com flutuações de ano para ano e de droga para droga (SAMHSA, 2019). (O uso de álcool e nicotina também variou, mas a porcentagem de pessoas que usam essas drogas lícitas é maior que aquelas que usam drogas ilícitas.) A maconha continua sendo a droga ilícita mais usada, com níveis de uso muito acima de qualquer outro tipo de droga ilícita e aumentos relacionados à legalização em um número crescente de Estados. A próxima classificação mais comumente usada é o uso não médico de drogas terapêuticas, como analgésicos (oxicodrona, hidrocodona), estimulantes (metanfetaminas), tranquilizantes e sedativos. Os opioides permanecem entre as drogas ilícitas mais usadas, embora o uso delas tenha diminuído. Como mostra a **Tabela 13.5**, o nível de uso dessas drogas é muito menor que o uso de maconha. Embora esses percentuais representem uso ocasional por algumas pessoas, outras fazem uso indevido, enquanto muitas abusam dessas drogas.

Uso indevido e abuso de drogas

A maioria das pessoas acredita que alguns medicamentos sejam aceitáveis e até desejáveis por causa dos benefícios

A maconha é a droga ilícita mais comumente utilizada, com maior uso entre adolescentes e adultos jovens.

médicos que conferem. Mas todas as drogas *psicoativas* – drogas que atravessam a barreira hematoencefálica e alteram o funcionamento mental – apresentam riscos potenciais à saúde. A maioria tem capacidade de tolerância ou dependência (ver Tabela 13.4). Mesmo drogas que não são psicoativas têm o potencial de efeitos colaterais desagradáveis. Por exemplo, a penicilina pode causar náuseas, vômitos, diarreia, inchaço e erupções cutâneas. Além disso, as pessoas que têm alergia à penicilina podem morrer ao usá-la. A cafeína, uma droga comumente encontrada no café e nas bebidas à base de cola, também cria dependência. Uma revisão de estudos sobre abstinência de cafeína (Juliano & Griffiths, 2004) confirmou que as pessoas que consomem cafeína habitualmente experimentam sintomas de abstinência que incluem dor de cabeça, dificuldade de concentração e humor deprimido. Esses riscos são menos graves que os transtornos por uso de substâncias listadas no *DSM-5* (American Psychiatric Association, 2013), mas todo uso de drogas traz alguns riscos.

Quase todos os medicamentos que têm potenciais benefícios médicos ou de saúde também têm potencial para uso indevido e abuso. O uso moderado de álcool, por exemplo, está relacionado à diminuição da mortalidade cardiovascular. O *uso indevido* de álcool – definido como níveis de consumo inadequados, mas não prejudiciais à saúde – pode resultar em constrangimento social, atos violentos e agressões. E o abuso de álcool – definido como consumo frequente e pesado até o ponto de dependência – pode levar à cirrose, danos cerebrais, ataque cardíaco e síndrome alcoólica fetal.

Nem todos os indivíduos que usam drogas ou álcool têm a mesma probabilidade de se tornarem abusadores. Fatores não apenas genéticos, mas também situacionais contribuem para os riscos de abuso de substâncias (Ahmed et al., 2020), e outro grande risco é a presença de psicopatologia. Indivíduos com esquizofrenia e transtorno bipolar que usam drogas

TABELA 13.5 Uso ao longo da vida, no ano e no mês passado de várias drogas, incluindo uso não médico de drogas legais, pessoas com 12 anos ou mais, Estados Unidos, 2018

Medicamento	Uso vitalício (%)	Uso no ano passado (%)	Uso no mês passado (%)
Álcool	80,8	65,5	51,1
Cigarros	55,7	21,0	17,2
Tabaco sem fumaça	15,6	4,0	2,9
Sedativos	–	0,4	0,1
Tranquilizantes	–	2,1	0,6
Heroína	1,9	0,3	0,1
Analgésicos	–	3,6	1,0
Opioides	–	3,7	1,1
Estimulantes	–	3,6	1,0
Cocaína	14,7	2,0	0,7
Crack	3,4	0,3	0,2
Maconha	45,3	15,9	10,1
LSD	10,0	0,8	0,2
Ecstasy	7,3	0,9	0,3

Fonte: Results from the 2018 National Survey on Drug Use and Health: Detailed Tables, by Substance Abuse and Mental Health Services Administration, 2019, Tabela 1.1B e 2.1B. Recuperado de: https://www.samhsa.gov/data/report/2018-nsduh-detailed-tables.

ilícitas tendem a ter sintomas mais graves e responder mais insatisfatoriamente ao tratamento que indivíduos com os mesmos transtornos que não as utilizam (Chadi et al., 2018; Ringen et al., 2008).

Tratamento para abuso de drogas

O tratamento para o uso e abuso de drogas ilícitas é semelhante ao de abuso de álcool, tanto na filosofia quanto na administração do tratamento (Schuckit, 2000). Nos Estados Unidos e em muitos outros países, o objetivo do tratamento para todos os tipos de uso de drogas ilegais é a abstinência total. Em muitos casos, os programas que tratam os usuários de drogas coexistem fisicamente (assim como filosoficamente) com os programas de tratamento para o abuso de álcool, e os pacientes que estão recebendo tratamento para seus problemas de drogas participam da mesma terapia que aqueles que estão recebendo terapia para seus problemas com o álcool. A filosofia que orienta os AA levou ao desenvolvimento do Narcóticos Anônimos, uma organização dedicada a ajudar os usuários de drogas a se absterem de usá-las. Os grupos de autoajuda são componentes comuns no tratamento do abuso de drogas, assim como no de álcool (Margolis & Zweben, 2011).

As razões para entrar em programas de tratamento de abuso de drogas são muitas vezes semelhantes àquelas para entrar em tratamento para abuso de álcool, e essas razões são principalmente sociais. O abuso de drogas ilegais leva a problemas legais, financeiros e interpessoais, assim como o de álcool. Como o álcool, a maioria das drogas ilegais produz deficiências de julgamento que levam a lesões não intencionais e morte, tornando essa lesão o principal risco à saúde. O abuso da maioria das drogas ilegais não produz tantos riscos diretos à saúde quanto o abuso de álcool. Entretanto, quando ocorrem outros problemas, é provável que sejam graves e fatais. Tais crises podem precipitar a decisão de uma pessoa de procurar tratamento ou levar os membros da família a impor o tratamento.

Os programas de tratamento com base na internação para abuso de drogas diferem dos programas para o de álcool em vários aspectos menores. A fase de desintoxicação da internação hospitalar é tipicamente mais curta e menos grave para a maioria dos tipos de drogas que para o álcool, para o qual a abstinência pode ser fatal. O álcool é uma droga depressora, assim como os barbitúricos, tranquilizantes e opiáceos. Portanto, todas essas drogas apresentam sintomas semelhantes durante a abstinência, incluindo agitação, tremor, desconforto gástrico e possivelmente distorções perceptivas (Advokat et al., 2018). Estimulantes como anfetaminas e cocaína produzem diferentes sintomas de abstinência – a saber, letargia e depressão. Essas diferenças exigem cuidados médicos diferentes durante a desintoxicação.

Após a desintoxicação, outros cuidados são importantes para o sucesso do tratamento. Com frequência, esse cuidado continuado vem da adesão a um grupo de apoio como Narcóticos Anônimos. Conseguir que usuários de drogas participem desses grupos é um desafio, e a baixa taxa de sucesso de tais intervenções é um problema. Outras intervenções mostram melhores resultados. Uma metanálise de intervenções psicossociais (Dutra et al., 2008) identificou vários tipos como eficazes, incluindo gestão de contingências e terapia cognitivo-comportamental. Tais intervenções foram mais eficazes para as pessoas que usaram maconha e menos eficazes para aqueles que abusaram de várias substâncias. Infelizmente, as intervenções de prevenção de recaídas não estavam entre os programas mais eficazes.

Uma semelhança entre o tratamento de abuso de drogas e álcool é a alta taxa de recaída. Como observado anteriormente, o tratamento com álcool, tabagismo e opiáceos compartilham uma alta taxa de recaída (Hunt et al., 1971), e os primeiros seis meses após o tratamento são críticos, e algumas mudanças no pensamento sobre problemas de uso de substâncias podem levar a melhorias. Reconhecer esse abuso como um problema crônico é importante para mudanças que melhorarão a eficácia (CASA Columbia, 2012). Uma mesma abordagem para todas as pessoas pode não ser bem-sucedida para a prevenção de recaídas porque as pessoas recaem por diferentes razões (Zywiak et al., 2006). Algumas são provocadas a recair por sentimentos negativos, e outras não conseguem resistir aos desejos, enquanto muitas sucumbem à pressão social de seus amigos usuários de drogas. Adaptar os tratamentos às necessidades dos indivíduos tem o potencial de melhorar seu sucesso.

Prevenção e controle do uso de drogas

O Capítulo 12 apresentou informações sobre tentativas de diminuir o tabagismo em crianças e adolescentes por meio de várias intervenções destinadas a desencorajar a experimentar cigarros e tabaco sem fumaça. Esforços semelhantes foram aplicados ao uso de álcool e outras drogas (Botvin & Griffin, 2015; Lemstra et al., 2010; Stockings et al., 2016). As tentativas de prevenção destinadas a impedir que crianças e adolescentes experimentem drogas visam retardar ou inibir o início do uso de drogas. Assim como os esforços para prevenir o tabagismo (ver Capítulo 12), aqueles destinados a prevenir o uso de drogas não têm uma taxa de sucesso impressionante. Programas que dependem de táticas de intimidação, treinamento moral, informações factuais sobre os riscos das drogas e do aumento da autoestima geralmente são ineficazes (Stockings et al., 2016). Por exemplo, o popular programa Drug Abuse Resistance Education (DARE) tem efeitos mínimos (West & O'Neal, 2004), mas uma revisão desse programa pode ser mais bem-sucedida (Caputi & McLellan, 2017).

Contudo, alguns tipos de programas de prevenção são mais eficazes que outros. Os que ensinam habilidades são mais eficazes que aqueles que apenas fornecem informações (Stockings et al., 2016). Por exemplo, o programa Life Skills Training (Botvin & Griffin, 2015) demonstrou eficácia tanto no curto como no longo prazo. Esse programa ensina habilidades sociais, tanto para resistir à pressão social para usar drogas quanto para melhorar as habilidades de tomada de decisão, bem como a competência social e pessoal. Além disso, algumas evidências (Springer et al., 2004) indicam que programas de prevenção adaptados para serem culturalmente compatíveis com os grupos-alvo são mais eficazes que programas mais gerais. Revisões sistemáticas de programas de prevenção (Lemstra et al., 2010; Roe & Becker, 2005; Soole et al., 2008) indicaram que programas escolares interativos, intensivos e focados em habilidades para a vida são mais eficazes que aqueles que carecem desses componentes. Dirigir os esforços de prevenção para crianças de 11 a 13 anos é mais eficaz, mas os programas voltados para crianças e adolescentes não são a única abordagem para controlar o uso de drogas.

Uma técnica de controle mais comum é limitar a disponibilidade. Essa estratégia é comum em todos os países ocidentais por meio de leis que limitam o acesso legal às drogas. Entretanto, a restrição legal de drogas tem vários efeitos colaterais, alguns dos quais criam outros problemas sociais (Robins, 1995). Por exemplo, quando os Estados Unidos proibiram legalmente a fabricação e venda de álcool, a fabricação e distribuição ilegal floresceram, criando uma grande indústria criminosa, enormes lucros, perda de receita tributária e corrupção entre as agências de aplicação da lei. Assim, limitar a disponibilidade tem consequências negativas e positivas, e até que ponto essa abordagem deve ser continuada é uma controvérsia atualmente aplicável à disponibilidade da maconha.

Outra estratégia é o controle dos malefícios do uso de drogas. Essa estratégia pressupõe que as pessoas usarão drogas psicoativas, às vezes de forma imprudente, mas que reduzir as consequências do uso de drogas para a saúde deve ser a primeira prioridade (Heather, 2006; O'Hare, 2007; Peele, 2002). Em vez de adotar uma postura moralista sobre o uso de drogas, essa estratégia adota uma abordagem prática para minimizar os perigos do uso de drogas. Exemplos da *estratégia de redução de danos* incluem ajudar os usuários de drogas injetáveis a trocar agulhas usadas por estéreis, desacelerando assim a propagação da infecção pelo HIV, incentivando o comportamento daqueles que dirigem a evitar lesões automotivas e oferecendo metadona aos indivíduos que usam opiáceos para ajudá-los a permanecer longe da heroína. A polêmica em torno de tais programas é representativa do debate sobre a estratégia de redução de danos. Mas uma revisão sistemática de redução de danos (Ritter & Cameron, 2006) concluiu que as evidências indicam que essa abordagem deve ser adotada como política para drogas ilícitas. Além disso, alguns especialistas na área (Des Jarlais, 2017; Gallagher & Bremer, 2018; Lee et al., 2011) têm afirmado que as abordagens orientadas para a abstinência não são tão incompatíveis com a redução de danos como sugere a controvérsia. Ambas as abordagens devem ter um lugar no controle do uso de drogas.

RESUMO

O abuso de álcool é um sério problema de saúde na maioria dos países desenvolvidos, mas outras drogas – incluindo depressores, estimulantes, alucinógenos, maconha e esteroides anabolizantes – também são potencialmente prejudiciais à saúde. Embora o abuso dessas drogas muitas vezes leve a uma série de problemas pessoais e sociais, seus níveis de consumo são menores e, portanto, os riscos à saúde são muito menores que os associados ao cigarro ou ao álcool. Os tratamentos para o abuso de drogas são semelhantes aos do abuso de álcool, e os programas de prevenção são semelhantes aos de prevenção ao tabagismo. Uma estratégia de *redução de danos* visa diminuir os riscos sociais e de saúde do uso de drogas, alterando os objetivos do tratamento e as políticas de drogas.

APLIQUE O QUE VOCÊ APRENDEU

1. Avalie os medicamentos que você usa, classificando-os do menos ao mais perigoso em termos de riscos à saúde. Certifique-se de incluir uma justificativa para seus rankings.

Perguntas

Este capítulo abordou seis questões básicas:

1. **Quais são as principais tendências no consumo de álcool?**

   As pessoas consumiram álcool em todo o mundo desde antes da história registrada. Sua ingestão nos Estados Unidos alcançou um pico no início de 1800, caiu acentuadamente em meados de 1800 por causa do movimento de "temperança" e continuou a um ritmo constante até um declínio acentuado durante a Lei Seca. Atualmente, as taxas de consumo de álcool nos Estados Unidos estão se mantendo estáveis após um período de declínio lento. Cerca de dois terços dos adultos bebem; metade é classificada como consumidores atuais e regulares, incluindo 25% como consumidores eventuais em bebedeiras e 6% como consumidores pesados frequentes. Adultos euro-americanos têm taxas mais altas de consumo de álcool que membros de outros grupos étnicos, mas os padrões de consumo de álcool variam em países ao redor do mundo.

2. **Quais são os efeitos do consumo de álcool para a saúde?**

   Beber tem efeitos positivos e negativos para a saúde. O consumo pesado e prolongado de álcool geralmente leva à cirrose hepática e a outros problemas graves de saúde, como doenças cardíacas e doença de Korsakoff, um tipo de disfunção cerebral. O consumo moderado de álcool pode trazer certos benefícios à saúde a longo prazo, incluindo redução de doenças cardíacas e menor probabilidade de desenvolver diabetes tipo 2 e doença de Alzheimer, mas essas vantagens se aplicam apenas a indivíduos de meia-idade e idosos que mantêm um nível leve de consumo de álcool. As pessoas mais jovens não experimentam benefícios para a saúde com a ingestão de álcool. No geral, os riscos do álcool superam os benefícios.

3. **Por que as pessoas bebem?**
Modelos para o comportamento de beber devem explicar por que as pessoas começam a beber, por que algumas podem beber com moderação e outras bebem em excesso. O modelo de doença pressupõe que as pessoas bebam excessivamente porque tenham a doença do alcoolismo, e o modelo de doença cerebral afirma que o uso de drogas altera o funcionamento do cérebro, produzindo disfunções no humor, motivação e comportamento. Modelos cognitivo-fisiológicos, incluindo a hipótese de redução da tensão e a miopia alcoólica, propõem que as pessoas bebem porque o álcool lhes permite escapar da tensão e autoavaliações negativas. A teoria da aprendizagem social propõe que aqueles que adquirem o comportamento de beber por meio de comportamentos positivos ou reforços negativos, modelagem e mediação cognitiva. Evidências de pesquisa corroboram um componente genético para beber problemático, que interage com fatores sociais e individuais para levar os indivíduos à abstinência, consumo moderado ou consumo problemático.

4. **Como as pessoas podem mudar o problema de consumir bebidas?**
Alguns consumidores problemáticos parecem conseguir parar sem terapia, e os programas de tratamento são moderadamente eficazes para ajudar as pessoas que não conseguem parar por conta própria. Nos Estados Unidos e em muitos outros países, a maioria dos programas de tratamento é orientada para a abstinência, que é um critério difícil de alcançar. Os Alcoólicos Anônimos é o programa de tratamento mais popular, e o componente de apoio social pode ser eficaz para ajudar alguns alcoólicos problemáticos a parar de beber. Intervenções breves orientadas para aumentar a motivação, como entrevistas motivacionais e intervenções cognitivo-comportamentais, são mais eficazes. Tratamentos farmacológicos como naltrexona, acamprosato e dissulfiram também podem ser componentes úteis em um programa de tratamento e são mais eficazes quando combinados com técnicas comportamentais. A meta de redução de danos, em vez de abstinência, está se tornando uma meta de tratamento mais aceita.

5. **Que problemas estão associados à recaída?**
A recaída é comum entre os consumidores pesados que pararam de beber, embora muitos consigam manter a abstinência ou diminuir a ingestão de álcool. A maioria das recaídas ocorre durante os primeiros três meses após a cessação. Após um ano, cerca de 65% de todos os desistentes bem-sucedidos voltaram a beber, alguns de forma prejudicial, mas alguns conseguem beber moderadamente. O conhecimento de recaídas frequentes levou à criação de acompanhamento do tratamento de prevenção de recaídas e a opinião crescente de que o consumo problemático de álcool deve ser considerado um transtorno crônico.

6. **Quais são os efeitos de outras drogas sobre a saúde?**
Outras drogas – incluindo depressores, estimulantes, alucinógenos, maconha e esteroides anabolizantes – tiveram algum uso médico, mas também são potencialmente prejudiciais à saúde. Os principais problemas da maioria dessas drogas são sociais, mas o uso de qualquer uma delas traz riscos físicos, que podem incluir coma, ataque cardíaco ou insuficiência respiratória. Os tratamentos para o abuso de drogas são semelhantes aos do abuso de álcool, e os programas de prevenção são semelhantes aos de prevenção ao tabagismo.

Sugestões de leitura

Botvin, G. J. & Griffin, K. W. (2015). Life Skills Training: A competence enhancement approach to tobacco, alcohol, and drug abuse prevention. In: L. M. Scheier (Ed.), *Handbook of adolescent drug use prevention: Research, intervention strategies, and practice* (pp. 177-196). Washington, DC: American Psychological Association. Este capítulo resume os componentes de um programa de prevenção bem-sucedido e as evidências de sua eficácia.

Herman, M. A. & Roberto, M. (2015). The addicted brain: Understanding the neurophysiological mechanisms of addictive disorders, *Frontiers in Integrative Neuroscience*. https://doi.org/10.3389/fnint.2015.00018. Este artigo detalha os mecanismos cerebrais subjacentes à recompensa e à dependência, destacando os pontos em comum entre todos os usos compulsivos de drogas.

Rehm, J., Baliunas, D., Borges, G. L. G., Graham, K., Irving, H., Kehoe, T., Parry, C. D., Patra, J., Popova, S., Poznyak, V., Roerecke, M., Room, R., Samokhvalov, A. & Taylor, B. (2010). The relation between different dimensions of alcohol consumption and burden of disease: An overview. *Addiction*, *105*(5), 817-843. Esta revisão apresenta uma abordagem abrangente sobre os efeitos do álcool como causa de doenças, incluindo um exame dos caminhos pelos quais provoca doença e os padrões do consumo que são mais perigosos.

Substance Abuse and Mental Health Services Administration (SAMHSA). (2019). *Key substance and mental health indicators in the United States: Results from the 2018 National Survey on Drug Use and Health*. (HHS Publication n. PEP19-50682019.) Rockville, MD: Autor. Esta revisão dos principais resultados de uma pesquisa recente sobre o uso de substâncias nos Estados Unidos apresenta estatísticas sobre uma variedade de uso de drogas e mudanças no uso.

Witkiewitz, K. & Tucker, I. A. (2020). Abstinence not required: Expanding the definition of recovery from alcohol use disorder. *Alcoholism: Clinical and Experimental Research*, *44*(1), 36-40. https://doi.org/10.1111/acer.14235. Esses pesquisadores apresentam um argumento interessante sobre algumas das desvantagens de exigir abstinência de consumidores problemáticos.

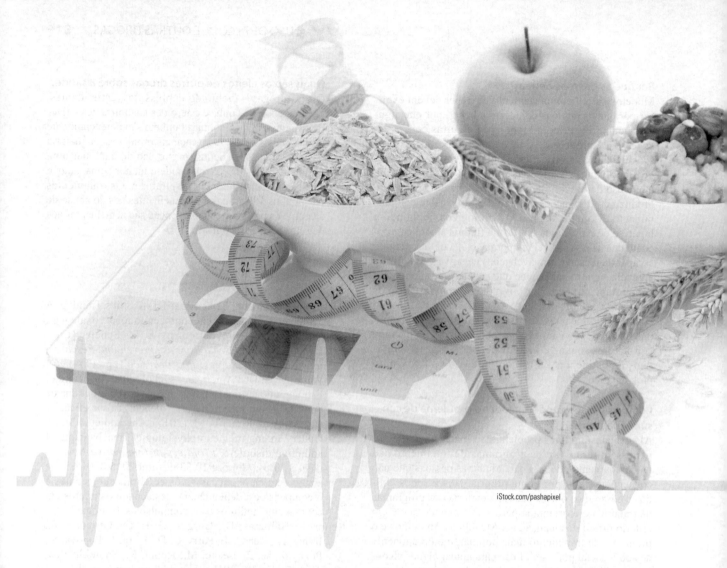

OBJETIVOS DE APRENDIZAGEM
Depois de estudar este capítulo, você será capaz de…

14-1 Traçar a rota da digestão, observando o papel de cada um dos principais órgãos

14-2 Explicar a equação de manutenção do peso, incluindo o papel da leptina, grelina e colecistocinina

14-3 Analisar como a etnia e a localização no mundo influenciam a prevalência da obesidade

14-4 Explicar como o ambiente alimentar é um fator mais forte na obesidade que os fatores genéticos

14-5 Defender o modelo de set-point ou o modelo de incentivo positivo de peso. Em seu argumento, certifique-se de incluir evidências dos experimentos sobre fome experimental e excessos experimentais

14-6 Analisar a relação entre peso e problemas de saúde, incluindo obesidade e magreza extrema

14-7 Discutir as vantagens e desvantagens de três estratégias de dieta diferentes

14-8 Avaliar a importância da atividade física em um programa de emagrecimento

14-9 Descrever os comportamentos necessários para alguém que perdeu peso mantê-lo

14-10 Discutir três desvantagens da dieta

14-11 Comparar os sintomas e perigos da anorexia, bulimia e compulsão alimentar

14-12 Discutir dois fatores psicológicos que dificultam o tratamento da anorexia

14-13 Construir perfis de alguém que esteja em alto risco para cada um dos três transtornos alimentares, certificando-se de incluir antecedentes familiares e pessoais, gênero, atitudes pessoais que aumentem o risco de cada transtorno

14-14 Comparar a eficácia do tratamento para anorexia, bulimia e transtorno da compulsão alimentar periódica

CAPÍTULO 14

Alimentação e peso

SUMÁRIO DO CAPÍTULO

Perfil do mundo real de Danny Cahill

O sistema digestório

Fatores na manutenção do peso

Fome experimental
- Excessos experimentais

Comer em excesso e obesidade
- O que é obesidade?
- Por que algumas pessoas são obesas?
- Quão prejudicial é a obesidade?

Dieta
- Abordagens para perder peso
- Fazer dieta é uma boa escolha?

Transtornos alimentares
- Anorexia nervosa
- Bulimia
- Transtorno de compulsão alimentar

PERGUNTAS

Este capítulo concentra-se em seis questões básicas:

1. Como funciona o sistema digestório?
2. Que fatores estão envolvidos na manutenção do peso?
3. O que é a obesidade e como ela afeta a saúde?
4. Fazer dieta é uma boa maneira de perder peso?
5. O que é anorexia nervosa e quais tratamentos são eficazes?
6. O que é bulimia e como ela difere da compulsão alimentar?

Este capítulo examina em detalhes os quatro principais problemas da alimentação – comer demais e fazer dieta, anorexia nervosa, bulimia e compulsão alimentar –, cada um relacionado a dificuldades na manutenção do peso. Para contextualizá-los, primeiro consideramos os órgãos e funções do sistema digestório.

14-1 O sistema digestório

OBJETIVOS DE APRENDIZAGEM

14-1 Traçar a rota da digestão, observando o papel de cada um dos principais órgãos

O corpo humano pode digerir uma grande variedade de tecidos vegetais e animais, convertendo esses alimentos em proteínas, gorduras, carboidratos, vitaminas e minerais utilizáveis. O sistema digestório absorve os alimentos, os processa em partículas absorvíveis e excreta os resíduos não digeridos. As partículas absorvidas pelo sistema digestório são transportadas pela corrente sanguínea para estarem disponíveis para todas as células do corpo. Essas moléculas nutrem-no fornecendo a energia para as atividades, bem como os materiais para crescimento, manutenção e reparo do corpo.

O trato digestório é um tubo modificado, constituído por múltiplas estruturas especializadas. Também estão incluídas várias estruturas acessórias conectadas ao trato digestório por dutos. Essas glândulas ductais produzem substâncias essenciais para a digestão, e os ductos fornecem um caminho para essas substâncias entrarem no sistema digestório. A **Figura 14.1** mostra o sistema digestório.

Em humanos e outros mamíferos, parte da digestão começa na boca. Os dentes rasgam e trituram os alimentos, misturando-os com a saliva. Diversas **glândulas salivares** fornecem a umidade que permite a sensação de sabor. Sem essa umidade, as papilas gustativas da língua não funcionam. A saliva também contém uma enzima que digere o amido, de modo que parte da digestão começa ativamente antes que as partículas de alimentos deixem a boca.

A deglutição é uma ação voluntária, mas, uma vez que o alimento é ingerido, seu progresso por meio da **faringe** e do

Verifique SEUS RISCOS À SAÚDE
Em relação a alimentação e controle de peso

- ☐ 1. Sinto-me confortável com meu peso atual.
- ☐ 2. Apesar de não comer muito, fico mais pesado do que gostaria.
- ☐ 3. Perdi 15 quilos ou mais nos últimos dois anos.
- ☐ 4. Ganhei 15 quilos ou mais nos últimos dois anos.
- ☐ 5. Estou com mais de 30 quilos acima do peso.
- ☐ 6. Meu peso flutuou cerca de 2,5 a 4,5 quilos durante os últimos dois anos, mas não estou preocupado.
- ☐ 7. Se eu fosse mais magro, seria mais feliz.
- ☐ 8. Minha cintura é tão grande ou maior que meus quadris.
- ☐ 9. Estive em pelo menos dez programas de dieta diferentes na minha vida.
- ☐ 10. Jejuei, usei laxantes ou usei medicamentos dietéticos para perder peso.
- ☐ 11. Minha família tem se preocupado que eu seja muito magra, mas eu discordo.
- ☐ 12. Um coach, professor ou treinador sugeriu que pesar menos poderia melhorar meu desempenho atlético.
- ☐ 13. Às vezes, perco o controle sobre a alimentação e como muito mais que planejei.
- ☐ 14. Gostaria de fazer lipoaspiração ou cirurgia de bypass gástrico para perder peso.
- ☐ 15. Vomitei depois de comer como forma de controlar meu peso.
- ☐ 16. A comida é um perigo que pode ser controlado por um pensamento cuidadoso e uma preparação mental para não comer demais.

Os itens 1 e 6 refletem uma atitude saudável em relação ao peso, mas cada um dos outros itens representa um risco à saúde devido à alimentação não saudável ou atitudes em relação à alimentação. A alimentação não saudável não está relacionada apenas ao desenvolvimento de várias doenças, a preocupação com o peso e a dieta frequente também podem ser prejudiciais.

Perfil do mundo real de DANNY CAHILL

Danny Cahill foi o grande perdedor da oitava temporada do programa de televisão *The Biggest Loser*. Ele pesava 195 kg quando começou a competição e terminou com 86; ele havia perdido mais peso que qualquer outro concorrente na história do programa (Kolata, 2016). Mas, nos anos seguintes, ele ganhou de volta 45 quilos, e outros competidores também admitiram que não mantiveram o peso menor que alcançaram durante o tempo no programa. De fato, muitos dos vencedores recuperaram uma quantidade significativa de peso alguns anos após a aparição no programa.

Essa situação levou o pesquisador de obesidade Kevin Hall e colegas a estudar o maior número possível de competidores (Fothergill et al., 2016). Hall recrutou esses competidores com o propósito de fazer um estudo de seis anos para rastrear o peso e a taxa metabólica deles. Anos atrás, os pesquisadores estabeleceram que a perda de peso é acompanhada por uma desaceleração da taxa metabólica, mas Hall e colegas queriam determinar quanto tempo era necessário para que o metabolismo dos dietistas voltasse ao normal. Os resultados os surpreenderam: a taxa metabólica dos indivíduos sob dieta permaneceu lenta, mesmo depois de anos. Essa taxa metabólica lenta é certamente um fator no ganho de peso que aconteceu com tantos competidores – e com milhões de outros indivíduos sob dieta.

esôfago é em grande parte involuntário. **Peristaltismo**, a contração rítmica e o relaxamento dos músculos circulares das estruturas do sistema digestório, impulsiona o alimento por meio do sistema digestório, começando pelo esôfago. No estômago, contrações rítmicas misturam o alimento com **suco gástrico** secretado pelo estômago e pelas glândulas que nele desembocam no estômago. Pouca absorção de nutrientes ocorre no estômago; apenas álcool, aspirina e alguns medicamentos lipossolúveis são absorvidos pelo revestimento do estômago. Sua principal função é misturar partículas de alimentos com sucos gástricos, preparando a mistura para absorção no intestino delgado.

A mistura de partículas de alimentos e sucos gástricos se move para o intestino delgado um pouco de cada vez. A alta acidez dos sucos gástricos resulta em uma mistura muito ácida, e o intestino delgado não pode funcionar em alta acidez. Para reduzir o nível de acidez, o pâncreas secreta várias enzimas redutoras de ácido no intestino delgado. Esses **sucos pancreáticos** também são essenciais para digerir carboidratos e gorduras.

A digestão do amido que começa na boca é completada no intestino delgado. O terço superior do intestino delgado absorve amido e outros carboidratos. A digestão de proteínas, iniciada no estômago, também é completada quando as

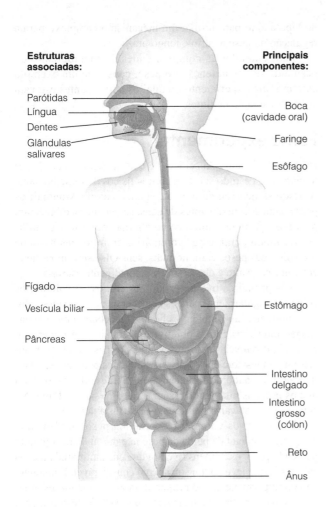

FIGURA 14.1 O sistema digestório.
Fonte: Introduction to microbiology (p. 556), por J. L. Ingraham & C. A. Ingraham. De INGRAHAM/INGRAHAM, *Introduction to Microbiology*, 1E.

proteínas são absorvidas na porção superior do intestino delgado. As gorduras, porém entram no intestino delgado quase totalmente não digeridas. **Sais biliares** produzidos no **fígado** e armazenados na **vesícula biliar** quebram as moléculas de gordura ao ser acionada por uma enzima pancreática. A absorção de gordura ocorre no terço médio do intestino delgado. Os sais biliares que auxiliam o processo são reabsorvidos posteriormente no terço inferior do intestino delgado.

Grandes quantidades de água passam pelo intestino delgado. Além da água que as pessoas bebem, os sucos digestivos aumentam o volume de líquidos. De toda a água que passa pelo intestino delgado, 90% é absorvida. Esse processo de absorção também faz que vitaminas e eletrólitos passem para o corpo neste ponto da digestão.

Do intestino delgado, a digestão prossegue para o grosso. Tal como acontece com outras porções do sistema digestório, o movimento no intestino grosso se dá por peristaltismo. Entretanto, o movimento peristáltico no intestino grosso é mais lento e irregular que no delgado. As bactérias habitam o intestino grosso e produzem várias vitaminas. Embora o intestino grosso tenha capacidade de absorção, ele normalmente absorve apenas água, alguns minerais e as vitaminas fabricadas por suas bactérias.

As **fezes** consistem nos materiais deixados para trás após a digestão. As fezes são compostas de fibras não digeridas, material inorgânico, nutrientes não digeridos, água e bactérias. O peristaltismo transporta as fezes pelo intestino grosso, através do **reto**, e finalmente para o **ânus**, onde são eliminadas.

Em resumo, o sistema digestório transforma os alimentos em nutrientes por um processo que começa na boca com a quebra dos alimentos em partículas menores. Os sucos digestivos continuam a agir nas partículas desses alimentos no estômago, mas a digestão da maioria dos nutrientes ocorre no intestino delgado. A digestão é completada com a eliminação do resíduo não digerido. O sistema digestório é atormentado por mais doenças e transtornos que qualquer outro sistema do corpo. Muitos transtornos digestivos não são uma preocupação ativa da psicologia da saúde, mas vários, como obesidade, anorexia nervosa, bulimia e compulsão alimentar, têm importantes componentes comportamentais. Além disso, manter um peso estável depende de comportamentos – alimentação e atividade.

APLIQUE O QUE VOCÊ APRENDEU

1. Analise qual seria a provável mudança no comportamento alimentar se a produção de cada uma das seguintes estruturas digestivas diminuísse 50%: glândulas salivares, sucos gástricos, sucos pancreáticos e vesícula biliar.

14-2 Fatores na manutenção do peso

OBJETIVOS DE APRENDIZAGEM

14-2 Explicar a equação de manutenção do peso, incluindo o papel da leptina, grelina e colecistocinina

O peso estável ocorre quando as calorias absorvidas dos alimentos são iguais às gastas para o metabolismo do corpo mais a atividade física. Esse equilíbrio não é um simples cálculo, mas sim o resultado de um conjunto complexo de ações e interações. O conteúdo calórico varia com os alimentos; gordura tem mais calorias por volume que carboidratos ou proteínas. O grau de absorção depende da rapidez que o alimento passa pelo sistema digestório e até mesmo da composição nutricional dos alimentos. Além disso, as taxas metabólicas podem diferir de pessoa para pessoa e de tempos em tempos, como ocorreu com Danny Cahill. O nível de atividade é outra fonte de variabilidade, com maior atividade exigindo maiores gastos calóricos para manter um peso estável.

Para obter calorias, as pessoas (e outros animais) devem comer. A alimentação e o equilíbrio de peso têm componentes reguladores no sistema nervoso. Uma variedade de hormônios e neurotransmissores formam sistemas de regulação de curto e longo prazo (Blundell et al., 2015). O tecido adiposo branco (gordura) produz **leptina**, um hormônio proteico descoberto em 1994. A leptina atua em receptores no sistema nervoso central como parte de um sistema de sinalização envolvido na regulação do peso no longo prazo. Baixos níveis de leptina sinalizam baixos estoques de gordura, levando à alimentação. Níveis altos sinalizam estoques de gordura adequados e saciedade. *Insulina* é um segundo hormônio envolvido na manutenção do peso. Produzido pelo pâncreas, esse hormônio permite que as células do corpo absorvam glicose para seu uso. (A deficiência na produção ou uso de insulina resulta em diabetes, tratado no Capítulo 11.) A alta produção de insulina leva à ingestão de mais glicose que as células podem usar, e o excesso é convertido em gordura no corpo. No cérebro, a insulina atua no **hipotálamo**, enviando sinais de saciedade e diminuição do apetite.

Grelina, um hormônio peptídico descoberto em 1999, também desempenha um papel na alimentação (Blundell et al., 2015). Esse hormônio é produzido por células da parede do estômago e seu nível aumenta antes e diminui após as refeições. Assim, a grelina parece estar envolvida na regulação de curto prazo da ingestão de alimentos, estimulando a alimentação. Também atua no hipotálamo para ativar o *neuropeptídeo Y*, que secreta *peptídeo relacionado à agouti*. Este estimula o apetite e diminui o metabolismo, afetando a equação do equilíbrio de peso de duas maneiras.

Além dos hormônios que estimulam a alimentação, uma variedade de hormônios está relacionada à sensação de saciedade e, portanto, tende a diminuir ou interromper a alimentação. O hormônio **colecistocinina (CCK)**, um hormônio peptídico produzido pelos intestinos, atua no cérebro para produzir sentimentos de saciedade. CCK, *peptídeo semelhante ao glucagon 1*, e *peptídeo YY* são todos produzidos no intestino, mas agem no hipotálamo para sinalizar a saciedade (Blundell et al., 2015). Assim, o quadro da ação de hormônios e neurotransmissores em relação à fome e à alimentação é muito complexo e ainda não foi totalmente compreendido. Um sistema parece iniciar a alimentação e outro produzir a saciedade e, desse modo, diminuir a alimentação. A **Tabela 14.1** lista cada conjunto de hormônios e mostra onde eles são produzidos. Observe que muitos são produzidos no hipotálamo e todos podem atuar em diferentes núcleos do hipotálamo para formar um mecanismo complexo para a regulação do peso a curto e longo prazo.

Para entender as complexidades do metabolismo do peso e de sua manutenção do peso, considere um exemplo extremo: um experimento no qual os participantes estavam sistematicamente famintos.

Fome experimental

Há mais de 70 anos, Ancel Keys e colegas (Keys et al., 1950) iniciaram um estudo sobre os efeitos físicos da fome humana. A pesquisa ocorreu durante a Segunda Guerra Mundial; os participantes eram objetores de consciência que se ofereceram para fazer parte do estudo como alternativa ao serviço militar. De modo geral, esses voluntários eram jovens bastante normais; seus pesos eram normais, seus QIs estavam na faixa entre normal e alto e eles eram emocionalmente estáveis.

Nos primeiros três meses do projeto, os 36 voluntários comeram regularmente para estabelecer as necessidades calóricas normais. Em seguida, os homens receberam metade das rações anteriores com o objetivo de reduzir o peso corporal para 75% dos níveis anteriores. Embora os pesquisadores reduzissem a ingestão calórica dos participantes pela metade, eles tiveram o cuidado de fornecer os nutrientes adequados para que os homens nunca corressem o risco de passar fome. No entanto, eles estavam com fome quase constantemente.

No início, os voluntários perderam peso rapidamente, mas o ritmo inicial de perda de peso não durou. Para continuar perdendo peso, os homens tiveram que consumir ainda menos calorias, o que levou a um sofrimento considerável. Entretanto, a maioria permaneceu no projeto durante os seis meses inteiros, e a maioria atingiu a meta de perder 25% do peso corporal.

Os comportamentos que acompanharam a semi-inanição foram bastante surpreendentes para Keys e colegas. Os voluntários estavam inicialmente otimistas e alegres, mas esses sentimentos logo desapareceram. Eles se tornaram irritáveis, agressivos e começaram a brigar entre si – um comportamento completamente fora do comum. Embora continuassem com esse comportamento belicoso durante os seis meses da fase de fome, também se tornaram apáticos e evitaram a atividade física o máximo que podiam. Eles se tornaram negligentes com o dormitório, com a própria aparência física e com as namoradas.

TABELA 14.1 Hormônios envolvidos no apetite e na saciedade

Hormônios que aumentam o apetite		Hormônios que aumentam a saciedade	
Hormônio	Produzido no	Hormônio	Produzido em
Grelina	Estômago	Leptina	Tecido adiposo
Neuropeptídeo Y	Hipotálamo	Insulina	Pâncreas
Orexinas	Hipotálamo	Colecistocinina	Intestinos
Peptídeo relacionado à agouti	Hipotálamo	Peptídeo 1 semelhante ao glucagon	Intestinos
Hormônio concentrador de melanina (MCH)	Hipotálamo	Peptídeo YY	Intestinos

Os homens ficaram cada vez mais obcecados com pensamentos em comida. A hora das refeições tornou-se o centro de suas vidas; eles tendiam a comer muito devagar e a serem muito sensíveis ao sabor da comida. No início do período de redução calórica, os pesquisadores não viram necessidade de impor restrições físicas para impedi-los de trapacear em suas dietas. Mas, cerca de três meses de fome, eles disseram que não deveriam deixar o dormitório sozinhos porque temiam trapacear. Como resultado, foram autorizados a sair apenas em pares ou em grupos maiores. Esses jovens dedicados, educados, normais e estáveis tornaram-se anormais e desagradáveis em condições de quase inanição.

A obsessão por comida e uma perspectiva negativa contínua também caracterizaram a fase de realimentação do projeto. O plano de realimentação era que os homens recuperassem o peso que haviam perdido ao longo de um período de três meses. Essa fase deveria ter durado três meses, com a introdução de alimentos em níveis gradualmente crescentes. Os homens se opuseram tão fortemente que o ritmo de realimentação foi acelerado. Como resultado, eles comiam o máximo e com a maior frequência possível, alguns faziam até cinco grandes refeições por dia. Ao final do período de realimentação, a maioria deles havia recuperado o peso pré-experimental; na verdade, muitos eram ligeiramente mais pesados. Cerca de metade ainda estava preocupada com a comida; para muitos, o otimismo e a alegria do início não haviam retornado completamente.

A fome experimental produziu uma obsessão por comida e uma variedade de mudanças negativas no comportamento desses voluntários.

Excessos experimentais

A contrapartida da fome experimental é o excesso de comida experimental, que parece uma opção muito mais atraente. Ethan Allen Sims e associados (Sims, 1974, 1976; Sims et al., 1973; Sims & Horton, 1968) encontraram um grupo de pessoas que deveriam estar especialmente interessadas e gratas – os prisioneiros. Os detentos da Prisão Estadual de Vermont se ofereceram para ganhar de 9 a 13,60 quilos como parte de um experimento sobre comer demais. O interesse de Sims era análogo ao de Keys – uma compreensão dos componentes físicos e psicológicos de comer demais. Esses prisioneiros tinham arranjos de vida especiais, incluindo comida abundante e deliciosa. Além disso, o experimento incluiu uma restrição de atividade física para facilitar o ganho de peso.

O aumento de calorias e a diminuição da atividade física parecem garantir o ganho de peso. Esses homens ganharam peso? No início, ganharam com bastante facilidade. Mas logo a taxa de ganho de peso diminuiu e os participantes tiveram que comer mais e mais para continuar ganhando. Assim como os voluntários no estudo de fome, esses homens precisavam de cerca de 3.500 calorias para manter o peso em níveis normais, mas muitos tiveram que dobrar essa quantidade para continuar ganhando. Nem todos conseguiram atingir as metas de peso, independentemente de quanto comessem. Um homem não atingiu o objetivo apesar de consumir mais de 10.000 calorias por dia.

Os prisioneiros que comiam demais eram tão mal-aventurados quanto os objetores de consciência famintos? Não, mas eles descobriram que comer demais era desagradável. A comida tornou-se repulsiva para eles, apesar da excelente qualidade e preparação. Eles tiveram que se forçar a comer, e muitos consideraram desistir do estudo.

Quando a fase de ganho de peso do estudo terminou, os prisioneiros reduziram drasticamente a ingestão de alimentos e perderam peso. Nem todos perderam tão rapidamente, e dois tiveram problemas para retornar ao seu peso original. Um exame dos antecedentes médicos desses dois homens revelou algum histórico familiar de obesidade, embora eles mesmos nunca tivessem excesso de peso. Esses resultados indicam que algumas pessoas têm problemas para aumentar substancialmente o peso e que, mesmo que o façam, o aumento de peso é difícil de ser mantido. Esse achado não parece consistente com a incidência de sobrepeso e obesidade.

RESUMO

A manutenção do peso depende em grande parte de dois fatores: o número de calorias absorvidas por meio da ingestão de alimentos e o número gasto por meio do metabolismo corporal e da atividade física. Subjacente a esse equilíbrio está um conjunto complexo de hormônios e neurotransmissores que têm efeitos seletivos em vários locais do cérebro, incluindo o hipotálamo. O ganho de peso ocorre quando os indivíduos ingerem mais nutrientes que o necessário para a manutenção do metabolismo corporal e da atividade física. A perda de peso ocorre quando os nutrientes insuficientes estão presentes para fornecer a energia necessária para o metabolismo e a atividade do corpo. Um experimento sobre fome mostrou que a perda de muito peso leva à irritabilidade, agressividade, apatia, falta de interesse pelo sexo e preocupação com a comida. Outro experimento sobre comer demais mostrou que algumas pessoas acham que ganhar peso é quase tão difícil quanto perdê-lo.

APLIQUE O QUE VOCÊ APRENDEU

1. Considerando os componentes do metabolismo corporal e da atividade física da equação de manutenção do peso, descreva como você pode obter uma equação equilibrada e duas maneiras de desequilibrá-la.

2. Escreva uma breve reflexão sobre o que você escolheria se tivesse que participar de um experimento sobre alimentação: um estudo como a fome experimental de Keys ou um como o de comer demais experimental de Sims.

14-3 Comer em excesso e obesidade

OBJETIVOS DE APRENDIZAGEM

14-3 Analisar como a etnia e a localização no mundo influenciam a prevalência da obesidade

14-4 Explicar como o ambiente alimentar é um fator mais forte na obesidade que os fatores genéticos

14-5 Defender o modelo de set-point ou o modelo de incentivo positivo de peso. Em seu argumento, certifique-se de incluir evidências dos experimentos sobre fome experimental e excessos experimentais

14-6 Analisar a relação entre peso e problemas de saúde, incluindo obesidade e magreza extrema

Comer demais não é a única causa da obesidade, mas é uma parte importante da equação de manutenção do peso. Como mostram os estudos sobre fome experimental e excessos alimentares, as mudanças nos níveis metabólicos com a ingestão de alimentos, bem como com a produção de energia, alteram a eficiência do uso de nutrientes pelo corpo. Assim, variações individuais no metabolismo corporal permitem que algumas pessoas queimem calorias mais rapidamente que outras. Duas pessoas que comem a mesma quantidade podem ter pesos diferentes, como descobriu o estudo com as taxas metabólicas de Danny Cahill e outros "vencedores" do *reality show The Biggest Loser* (Fothergill et al., 2016).

Embora muitas pessoas com excesso de peso relatem que comam menos que outras, esses autorrelatos tendem a ser imprecisos; medidas objetivas geralmente indicam que aquelas com excesso de peso comem mais (Jeffery & Harnack, 2007;

Pietiläinen et al., 2010). Elas são especialmente propensas a consumir alimentos ricos em gordura, que têm uma densidade calórica maior que carboidratos ou proteínas. Ou seja, podem comer menos comida, porém mais calorias. Indivíduos com excesso de peso também tendem a ser menos ativos fisicamente que pessoas mais magras, o que contribui para o excesso de peso. Ambos os comportamentos contribuem para a obesidade e suas consequências para a saúde, mas as razões subjacentes à obesidade e até mesmo sua definição permanecem controversas.

O que é obesidade?

As respostas à pergunta sobre o que é a obesidade variam de acordo com os padrões pessoais e sociais. A obesidade deve ser definida em termos de saúde? Aparência? Massa corporal? Porcentagem de gordura corporal? Tabelas de peso? Peso total? Nenhuma boa definição de obesidade consideraria apenas o peso corporal, porque alguns indivíduos têm uma estrutura esquelética pequena, enquanto outros são maiores, e o peso de algumas pessoas é muscular, enquanto outros carregam peso em gordura. O tecido muscular e o osso pesam mais que a gordura, então algumas pessoas podem ser mais pesadas e mais magras, como os atletas costumam ser.

Determinar o percentual e a distribuição da gordura corporal não é fácil, e existem vários métodos de avaliação diferentes (Borga et al., 2018). Muitas novas tecnologias para imagens do corpo – ultrassom, ressonância magnética e absorciometria de raios X – podem ser aplicadas para avaliar o teor de gordura, mas esses métodos têm as desvantagens de serem caros e relativamente inacessíveis. Métodos mais simples incluem a técnica de dobras cutâneas, que envolve a medição da espessura de uma porção de pele, e a medição de impedância bioelétrica, que envolve o envio de um nível inofensivo de corrente elétrica pelo corpo para medir os níveis de gordura em várias partes do corpo. Nenhuma dessas abordagens é tão precisa quanto as medições mais caras.

A avaliação mais comum é ainda mais fácil: consultar um gráfico. Os gráficos altura-peso eram populares, mas o **índice de massa corporal (IMC)** é agora a abordagem mais popular. O IMC é definido como o peso corporal em quilogramas (kg) dividido pela altura em metros ao quadrado (m^2)– ou seja, IMC = kg/m^2. Embora o IMC não considere a idade, sexo ou constituição corporal de uma pessoa, essa medida começou a ganhar popularidade no início da década de 1990. Nem os gráficos de peso nem o IMC medem a gordura corporal, mas esse índice pode fornecer um padrão para medir o sobrepeso e a obesidade (National Task Force on the Prevention and Treatment of Obesity, 2000). O sobrepeso é geralmente definido como um IMC de 25 a 29,9 e a obesidade como um IMC de 30 ou mais. (Um homem de 1,78 m com um IMC de 30 pesaria 94 quilos, e uma mulher de 1,63 m com um IMC de 30 pesaria 79 quilos.) A **Tabela 14.2** apresenta uma amostra dos níveis de IMC e suas alturas e pesos correspondentes.

Outra medida que pode ser útil na avaliação do excesso de peso é a distribuição de gordura, medida pela razão entre o tamanho da cintura e do quadril. As pessoas que têm cinturas que se aproximam do tamanho de seus quadris tendem

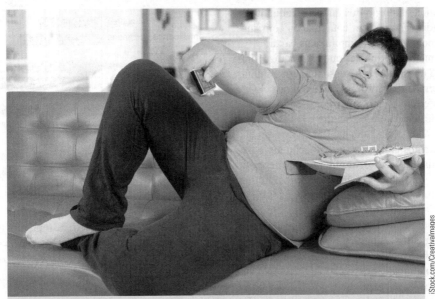

A equação de manutenção do peso é complexa, mas comer demais é a causa da obesidade.

TABELA 14.2 Pontuações do Índice de Massa Corporal, e suas alturas e pesos correspondentes

Altura em centímetros	Índice de Massa Corporal (kg/m²)							
	17[a]	21	23	25	27	30	35	40[b]
	Peso em quilos							
152	40	49	54	58	63	69	81	93
154	41	50	55	60	65	72	84	96
157	42	52	57	62	67	74	87	99
160	44	54	59	64	69	77	89	102
163	45	55	61	66	71	79	92	105
165	46	57	63	68	73	82	95	109
167	48	59	64	70	76	84	98	112
170	49	61	66	72	78	87	101	116
173	51	63	68	74	80	89	104	119
175	52	64	70	77	83	92	107	122
178	54	66	73	79	85	94	110	126
180	55	68	75	81	88	98	113	130
183	57	70	77	83	90	100	117	133
186	59	72	79	86	93	103	120	137
188	60	74	81	88	95	106	123	141
190	62	76	83	91	98	109	127	145
193	64	78	86	93	100	112	130	149

[a] O IMC de 17 após inanição intencional atende a uma definição de anorexia nervosa da Organização Mundial da Saúde.

[b] O IMC de 40 é considerado obesidade mórbida por Bender, Trautner, Spraul & Berger (1998).

[c] N.E. Tabela convertida e adaptada.

a ter gordura distribuída em torno dos quadris, enquanto as pessoas que têm quadris grandes em comparação com suas cinturas têm uma proporção quadril-cintura mais baixa.

Independentemente das definições que os pesquisadores usaram para estudar a obesidade, o excesso de peso é muitas vezes definido em termos de padrões sociais e moda. Essas definições geralmente têm pouco a ver com saúde e estão sujeitas a variações de acordo com a cultura e o tempo. Inúmeros exemplos vêm da história humana. Em épocas em que o suprimento de alimentos era incerto (a situação mais frequente ao longo da história), carregar algum suprimento de gordura no corpo era um tipo de seguro e, portanto, muitas vezes considerado atraente (Nelson & Morrison, 2005). A gordura também podia ser considerada uma marca de prosperidade; anunciava ao mundo que uma pessoa podia comprar um grande suprimento de comida. Somente na história muito recente esse padrão mudou. Antes de 1920, a magreza era considerada pouco atraente, possivelmente devido à sua associação com doenças ou pobreza.

A magreza não é mais considerada pouco atraente. De fato, hoje é tão desejável quanto a gordura nos séculos anteriores, especialmente para as mulheres. Os primeiros estudos que examinaram as mudanças no peso corporal nos encartes da *Playboy* e candidatas a Miss América de 1959 a 1978 (Garner et al., 1980), de 1979 a 1988 (Wiseman et al., 1992), e outra de 1922 a 1999 (Rubenstein & Caballero, 2000) descobriram que os pesos para ambos os grupos diminuíram em relação ao peso médio da população em geral. Análises posteriores das dos encartes (Seifert, 2005; Sypeck et al., 2006) confirmaram essa tendência de magreza nos últimos 100 anos. Esses corpos ideais são tão magros que 99% dos encartes e 100% das vencedoras do Miss América entram na faixa abaixo do peso (Spitzer et al., 1999).

Esse ideal magro para o corpo das mulheres tornou-se tão amplamente aceito que mesmo mulheres com peso normal (Maynard et al., 2006) e meninas adolescentes (Aloufi et al., 2017) muitas vezes se consideram muito pesadas. A aceitação da magreza como atraente para as mulheres começa aos 3 anos de idade (Harriger et al., 2010), é estabelecida aos 5 anos (Damiano et al., 2015) e persiste na idade adulta (Brown & Slaughter, 2011). Claramente, a obesidade, como a beleza, está nos olhos de quem vê, e o corpo ideal tornou-se mais magro nos últimos 100 anos.

Apesar da ênfase na magreza, a obesidade tornou-se epidêmica. Nos Estados Unidos, a obesidade em adultos aumentou 50% desde o início da década de 1980 até o final da década de 1990 e continuou a aumentar (NCHS, 2019). Crescimento semelhante ocorreu em todo o mundo durante o mesmo período (OMS, 2020). Nos Estados Unidos, a obesidade extrema mais que dobrou durante a década de 1990 e continuou a crescer entre as mulheres até 2014 (NCHS, 2019). Tampouco o aumento da obesidade está confinado a adultos ou mesmo a humanos; outros animais como cães, gatos e ratos que vivem perto de humanos também engordaram nas últimas décadas (Klimentidis, 2011). Atualmente, há mais pessoas no mundo obesas que abaixo do peso (OMS, 2020). Como Barry Popkin (2009) concluiu: "O mundo é gordo".

Se a obesidade for definida como um IMC de 30 ou superior, então 39,6% dos adultos norte-americanos são obesos e

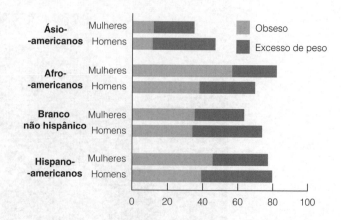

FIGURA 14.2 Porcentagem de mulheres e homens norte-americanos com sobrepeso e obesidade, por grupo étnico.

Fonte: Dados de Health, United States, 2017. National Center for Health Statistics, Tabela 26.

outros 31,6% estão acima do peso, definido como um IMC de 25,0 a 29,9 (Fryar et al., 2018). As taxas de obesidade são menores em crianças pequenas (9,4%), mais altas em crianças maiores (17,4%) e ainda maiores entre adolescentes (20,6%). Mas essas taxas aumentaram em relação às da década de 1980 (Ogden et al., 2016). A obesidade e o sobrepeso ocorrem em ambos os sexos, em todas as etnias, em todas as regiões geográficas e em todos os níveis educacionais. Porém como mostra a **Figura 14.2** as taxas de obesidade e sobrepeso variam de acordo com o sexo e a origem étnica.

As taxas de sobrepeso e obesidade nos Estados Unidos estão entre as mais altas do mundo (Chooi et al., 2019), mas em muitos outros países, essa taxa também é superior a 50%. Por exemplo, todos os países das Américas têm uma taxa bastante alta, assim como todos os da Europa. De fato, muitos países têm uma taxa de mais de 60%. Contudo, os do Sudeste Asiático têm a menor taxa de obesidade do mundo. É claro que essas taxas são menores que as taxas de sobrepeso, mas países com altas taxas de sobrepeso também apresentam altas taxas de obesidade.

Por que algumas pessoas são obesas?

Os pesquisadores propuseram várias razões para o aumento drástico da obesidade nas últimas duas décadas, incluindo um crescimento no consumo de *fast-food* e refrigerantes açucarados, aumento do tamanho das porções e diminuição da atividade física. Esses fatores se aplicam não apenas a pessoas nos Estados Unidos (Pereira et al., 2005), mas também ocorrem em muitos outros países, incluindo os de baixa renda (Popkin, 2009). Um estilo de vida de *fast-food* e televisão está relacionado a um maior índice de massa corporal e ao ganho de peso. De fato, adolescentes cujas escolas estão localizadas a menos de 800 metros de um restaurante de *fast-food* são mais propensos a ter excesso de peso em comparação com aqueles sem um restaurante desse tipo tão perto da escola (Davis & Carpenter, 2009).

O consumo de refrigerantes açucarados é outro comportamento que estudos têm relacionado ao aumento da incidência de excesso de peso (Bermudez & Gao, 2011; Bray, 2004; Must et al., 2009). O tamanho da porção também contribui para o aumento da obesidade e, apesar dos apelos das autoridades de saúde, os restaurantes de *fast-food* continuam a "superdimensionar" as refeições (Young & Nestle, 2007), o que tende a superdimensionar os clientes. Essa tendência afeta os países de alta renda mais que os de média ou baixa renda, mas a obesidade é uma epidemia crescente em todo o mundo (OMS, 2020).

No entanto, nos países em geral, algumas pessoas são obesas, enquanto outras permanecem magras. Para explicar essa variação, os pesquisadores examinaram um conjunto complexo de fatores biológicos e ambientais, produzindo vários modelos. Esses que deveriam ser capazes de explicar tanto o desenvolvimento quanto a manutenção da obesidade incluem o modelo de set-point, explicações genéticas e o modelo de incentivo positivo.

O modelo de set-point O modelo de set-point sustenta que o peso é regulado em torno de um set-point, um tipo de termostato interno. Quando os níveis de gordura sobem ou descem abaixo de um certo nível, mecanismos fisiológicos e psicológicos são ativados e estimulam o retorno ao set-point. A descoberta da leptina e de outros hormônios relacionados à regulação do peso é consistente com essa visão. A gordura corporal produz leptina, que atua como um sistema de sinalização para o hipotálamo no cérebro. As descobertas do estudo sobre a fome experimental, os estudos sobre o excesso de comida experimental e os concorrentes em *The Biggest Loser* que recuperaram peso também são consistentes com o conceito de um set-point, que prevê que os desvios do peso normal em qualquer direção são alcançados apenas com dificuldade, e os que fazem dieta encontram dificuldade adicional em manter um peso corporal diferente. Quando os níveis de gordura caem abaixo do set-point, o corpo toma medidas para preservar as reservas de gordura. Parte dessa ação inclui retardar o processo metabólico para exigir menos calorias, o que Fothergill et al. (2016) encontraram no rastreamento das mudanças metabólicas em concorrentes de *The Biggest Loser*. Pessoas em dietas têm dificuldade em continuar a perder peso porque seus corpos lutam contra o esgotamento das reservas de gordura. Com condições de inanição prolongada e grave, esse metabolismo lento é expresso comportamentalmente como apatia e indiferença – ambos apareceram nos voluntários famintos de Keys.

O aumento da fome é outra ação corretiva do corpo quando o suprimento de gordura cai abaixo do set-point. Novamente, esse mecanismo parece ser consistente com a ação da leptina, resultados do estudo sobre fome de Keys et al., Danny Cahill e outros concorrentes. Quando as reservas de gordura caem, os níveis de leptina diminuem, o que ativa o hipotálamo de maneira que resulta em fome (Blundell et al., 2015). No estudo de Keys, os homens ficaram infelizes enquanto faziam dieta, e assim permaneceram até voltarem ao peso original. Durante o tempo em que estavam abaixo do peso normal (que estaria abaixo do set-point), eles eram obcecados por comida. Quando podiam comer, prefeririam os alimentos altamente calóricos que tendiam a aumentar mais rapidamente suas reservas de gordura, uma situação consistente com a teoria do set-point. Eles agiam como se estivessem recebendo mensagens de seus corpos para comer. Os concorrentes de *The Biggest Loser* tentaram ignorar essas mensagens; alguns falharam, mas outros conseguiram manter o peso, o que não é consistente com a teoria do set-point.

O experimento sobre comer demais também se encaixa na teoria do set-point. Os prisioneiros que tentaram ganhar mais peso que o normal estavam lutando contra seu set-point natural, possivelmente por meio do sistema de sinalização da leptina, que deveria ter se traduzido em algo como "Pare de comer". Os corpos dos prisioneiros ouviram o sinal – eles teriam preferido comer menos.

Permanecem dúvidas sobre o modelo de set-point, incluindo por que o set-point deve variar tanto de pessoa para pessoa e por que alguns indivíduos têm um set-point definido como obeso. Uma resposta pode ser que o set-point é pelo menos parcialmente estabelecido por meio de um componente hereditário.

Explicações genéticas da obesidade Uma explicação genética da obesidade olha para a pré-história humana para explicar por que as pessoas tendem a engordar, levantando a hipótese de que os humanos (e outros animais) desenvolveram um metabolismo "econômico" que tende a armazenar gordura (Cummings & Schwartz, 2003). Como disse Jonathan Engel: "Evoluímos para ser gordos". (2018, p. 11). Essa tendência seria adaptativa se os suprimentos de alimentos fossem escassos, como foram durante a maior parte da história e da pré-história. Com a oferta de alimentos disponíveis para a maioria das pessoas em países de renda alta e média é abundante, esse metabolismo econômico leva as pessoas ao sobrepeso e à obesidade. De fato, algumas especulações sustentam que essa disponibilidade torna a obesidade quase inevitável (Walker et al., 2003). Entretanto, nem todas as pessoas são obesas e, em qualquer ambiente, alguns são mais gordos que outros. Parte dessa variação deve ser atribuída a outros fatores além de uma tendência geral de armazenar gordura.

A obesidade tende a ocorrer em famílias, o que sugere a possibilidade de uma base genética específica. Mas os padrões alimentares também são compartilhados nas famílias, de modo que os pesquisadores estudaram gêmeos e filhos adotivos para desvendar as influências genéticas e ambientais no peso. Os resultados dos primeiros estudos sobre crianças adotadas (Stunkard et al., 1986) e gêmeos idênticos criados juntos ou separados (Stunkard et al., 1990) sugeriram um papel da hereditariedade no peso. Os pesos das crianças adotadas eram mais semelhantes aos de seus pais biológicos que aos de seus pais adotivos, e os pesos dos gêmeos eram altamente correlacionados, mesmo quando os gêmeos não haviam sido criados juntos. A hereditariedade também afeta o IMC (Schousboe et al., 2004) e a distribuição de gordura no corpo (Fox et al., 2004).

Esses estudos sugerem que o peso e a distribuição de gordura têm fortes componentes genéticos. Algumas mutações genéticas produzem disfunções metabólicas que causam obesidade (Rohde et al., 2019), mas essas mutações são responsáveis por apenas cerca de 5% da variação na massa corporal.

Nenhuma autoridade afirma que um único gene determina a maior parte da obesidade humana (Cummings & Schwartz, 2003; Rohde et al., 2019). De fato, mesmo os pesquisadores que atestam uma forte influência genética para o peso estão se concentrando na interação entre muitos genes, processos epigenéticos e a influência de várias circunstâncias ambientais para entender a regulação do peso e a obesidade (Rohde et al., 2019; Rooney & Ozanne, 2011); Wells, 2011). Algumas combinações de genes podem funcionar de maneira defeituosa que desregula o sistema de set-point e produz obesidade. Outra possibilidade enfatiza a supernutrição materna durante o final da gravidez e amamentação, que pode ativar genes que produzem mudanças permanentes no metabolismo. Outra possibilidade inclui a identificação de muitas combinações de genes que respondem ao ambiente alimentar (como a disponibilidade de alimentos com alto teor de gordura ou adoçados) e criam obesidade. Ainda outra abordagem é um exame de como o ambiente afeta os processos epigenéticos que alteram a função dos genes (Rhode et al., 2019).

Essa ênfase no ambiente alimentar é bem fundamentada – a obesidade ocorre em um contexto específico; uma pessoa não pode ser obesa sem uma alimentação adequada, independentemente da genética. Embora os componentes genéticos da obesidade possam explicar parte da variação de peso entre as pessoas em um determinado ambiente, o aumento da obesidade que está ocorrendo em todo o mundo se desenvolveu muito rapidamente para ser resultado de genes. Os pesquisadores devem olhar além da herança para obter uma explicação completa da obesidade. (Veja o quadro "Dá para acreditar?" para outra sugestão de influência ambiental no desenvolvimento da obesidade.)

O modelo de incentivo positivo As deficiências da teoria do set-point e da genética para explicar todos os fatores relacionados à alimentação e à obesidade levaram à formulação do *modelo de incentivo positivo*. Este modelo sustenta que o reforço positivo da alimentação tem consequências importantes para a manutenção do peso. Essa perspectiva sugere que as pessoas têm vários tipos de motivação para comer, incluindo prazer pessoal e contexto social, bem como privação alimentar e produção de hormônios (Pinel et al., 2000). Os fatores de prazer pessoal giram em torno dos prazeres do tipo e sabor dos alimentos. O contexto social da alimentação inclui o contexto cultural da pessoa que come, bem como o ambiente, a presença de outras pessoas e se estão comendo. Os fatores biológicos incluem o tempo decorrido desde a ingestão e os níveis de glicose e grelina no sangue. Além disso, alguns proponentes da teoria do incentivo positivo (Pinel et al., 2000) adotam um ponto de vista evolucionário, afirmando que os humanos têm uma tendência evoluída de comer na presença de alimentos. A escassez de alimentos produziu animais que sobreviveram quando se alimentaram de gordura, tornando a alimentação e a seleção de alimentos uma importante habilidade evoluída. Portanto, esse modelo inclui fatores biológicos, mas sustenta que a alimentação é um processo de autorregulação, com importantes componentes individuais, aprendidos e culturais (Epstein et al., 2007; Finlayson et al., 2007).

Dá para ACREDITAR? Você pode precisar tirar uma soneca em vez de fazer dieta

Você acreditaria que a privação do sono está relacionada à obesidade? Não é que ficar acordado por mais tempo crie mais oportunidades para comer (o que pode ser verdade) ou que lanches noturnos possam levar à obesidade (o que pode acontecer; Coles et al., 2007). Em vez disso, o sono pode estar relacionado à regulação do peso, e sua falta a produzir problemas nesse sistema.

Uma sugestão da importância do sono para a regulação do peso veio da observação de que a privação do sono se tornou cada vez mais comum para um grande número de pessoas, o que coincidiu com o aumento da obesidade. Os pesquisadores começaram a se perguntar: essa relação é uma coincidência ou existe alguma conexão subjacente?

Primeiro, os pesquisadores responderam à questão básica: o sono inadequado se correlaciona com o excesso de peso? Um exame dos hábitos de sono de uma amostra representativa da população dos Estados Unidos (Wheaton et al., 2011) levou à conclusão de que indivíduos que dormem menos de sete horas por noite têm maior probabilidade de ter sobrepeso ou obesidade que pessoas que dormem mais. Essa relação também ocorre em crianças obesas (Seegers et al., 2011). Um grande número de pesquisas confirma a relação entre privação de sono e excesso de peso (Ogilvie & Patel, 2017). A pesquisa também estabeleceu que a curta duração do sono precede o ganho de peso (Lyytikäinen et al., 2011), que é um elo necessário para estabelecer qualquer relação causal.

Em seguida, os pesquisadores tentaram conectar a falta de sono com mecanismos físicos que podem causar essa relação. Um candidato é a ação hormonal que pode estar subjacente à relação entre a privação do sono e a obesidade. Revisões dessa pesquisa (Knutson & van Cauter, 2008; Leger et al., 2015) sustentam a conclusão de que o tipo de privação parcial do sono que se tornou tão comum também é capaz de alterar a regulação dos hormônios envolvidos no apetite e na alimentação de maneira que podem causar ganho de peso e resistência à insulina. Especificamente, a privação do sono aumenta a grelina, que estimula a alimentação, e diminui leptina, que atua como um sinal de saciedade (Knutson & van Cauter, 2008). Indivíduos que dormem menos de seis horas por noite apresentam risco elevado de sobrepeso e obesidade (Leger et al., 2015). Assim, dormir adequadamente pode ser mais benéfico que mantê-lo bem descansado – dormir pode proteger contra a obesidade.

O modelo de set-point ignora os fatores de gosto, aprendizagem e contexto social na alimentação, e esses são inquestionavelmente importantes (Bessesen, 2011; Rozin, 2005; Stroebe et al., 2008). Para cada pessoa em cada instância, o ato de escolher algo para comer tem uma longa história de experiência pessoal e aprendizagem cultural. Mas um alimento preferido não será igualmente atraente em todas as circunstâncias. Por exemplo, alguns alimentos – como picles e sorvete – parecem não combinar (pelo menos para a maioria das pessoas), mesmo que ambos os alimentos sejam saborosos individualmente.

O ambiente social é importante para comer, que muitas vezes é uma atividade social. As pessoas tendem a comer mais na presença dos outros, a menos que acreditem que os outros as estejam julgando, e então comem menos (Vartanian et al., 2007), sugerindo que as normas sociais governem as situações alimentares (Herman & Polivy, 2005). A cultura fornece um contexto ainda mais amplo para comer, e várias culturas têm restrições (e exigências) sobre o que, quando e quanto comer. As pessoas tendem a ficar com fome em um horário que corresponde às refeições, mas nos Estados Unidos elas são muito mais propensas a comer cereais no café da manhã que no jantar. Em contrapartida, a população espanhola necessita de tradição cultural para esse tipo de alimento, o que dificultou a comercialização do cereal naquele país (Visser, 1999). Esses fatores culturais e aprendidos também afetam o valor calórico dos alimentos escolhidos e quanto alguém o come, e essas escolhas influenciam no peso corporal. Por exemplo, quando os indivíduos escolhem "comidas de conforto", geralmente optam por aquelas que carregam emoções nostálgicas pessoais ou que representam uma satisfação pessoal (Locher et al., 2005).

A perspectiva de incentivo positivo prevê uma variedade de pesos corporais, dependendo da disponibilidade de alimentos, experiência individual com alimentos, incentivo cultural para ingerir vários tipos de comida e o ideal cultural para o peso corporal. Assim, essa visão levanta a hipótese de que a disponibilidade de um suprimento alimentar abundante seja necessária, mas não suficiente para produzir obesidade. As pessoas devem comer demais para se tornarem obesas, e a quantidade de comida que alguém ingere está relacionada ao quão palatável ela é. Alguns sabores, como o doce, são determinados inatamente pela ação das papilas gustativas, e a superabundância de alimentos doces pode ser um fator na desregulação do peso corporal (Swithers et al., 2010).

Nos países de alta renda, uma enorme indústria alimentícia promove produtos alimentícios como desejáveis por meio de campanhas publicitárias massivas, e muitos desses alimentos são ricos em açúcar e gordura. Essa situação influencia as escolhas alimentares individuais que promovem a obesidade em toda a população (Brownell & Horgen, 2004). De fato, até mesmo os ratos comem mais quando os estímulos alimentares são abundantes no ambiente (Polivy et al., 2007).

Outro fator que promove excessos é a disponibilidade de uma variedade de alimentos. Comer um alimento muito desejável leva a uma avaliação diminuída de quão agradável ele é (Brondel et al., 2009); ou seja, as pessoas ficam saciadas por qualquer alimento. Quando o suprimento alimentar é limitado em variedade (mas não em quantidade), esse fator pode levar a níveis mais baixos de consumo, mas um conjunto de pesquisas indica que a variedade aumenta a ingestão (Raynor & Vadiveloos, 2018). Um novo sabor pode tentar alguém que está saciado a comer mais. De fato, se comer o suficiente encerrasse uma refeição, a sobremesa não seria tão popular (Pinel, 2014).

A variedade é importante para aumentar a alimentação, mesmo em ratos. Um grande número de pesquisas (Ackroff et al., 2007; Raynor & Epstein, 2001; Sclafani, 2001) indica que a variedade é importante na quantidade ingerida, tanto para ratos quanto para humanos. Um estudo inicial (Sclafani & Springer, 1976) mostrou que uma dieta de "supermercado" produzia ganhos de peso de 269% em ratos de laboratório. A dieta consistia em uma variedade de alimentos escolhidos no supermercado, incluindo biscoitos com gotas de chocolate, salame, queijo, banana, marshmallow, chocolate, manteiga de amendoim e leite condensado. A combinação de alto teor de

Comer é muitas vezes uma atividade social, e fatores sociais podem contribuir para o excesso de comida.

gordura e de açúcar, além da variedade, levou a um enorme ganho de peso.

Os humanos são muito diferentes? A disponibilidade de uma grande variedade de alimentos saborosos deve produzir obesidade generalizada, que é exatamente a situação em vários países hoje. Essa grande variedade permite que as pessoas sempre tenham alguns alimentos que proporcionem um novo sabor, e as que se encontram em tais situações nunca ficam saciadas por todos os alimentos disponíveis.

Entretanto, a gordura pode ser mais importante que outros ingredientes na produção da obesidade. A gordura não é apenas mais densa em calorias, mas algumas evidências indicam que sua ingestão também seja capaz de afetar a biologia da regulação do peso. Uma hipótese (Niswender et al., 2011) sustenta que a ingestão de alimentos ricos em gordura e açúcar interrompe os sinais de saciedade e aumenta os sinais de apetite no cérebro. Assim, consumir uma dieta rica em gordura e açúcar aumenta o apetite em vez de levar à saciedade. Os resultados de um estudo com gêmeos (Rissanen et al., 2002) apoiam essa afirmação. Para controlar a genética, esse estudo examinou pares de gêmeos em que um deles era obeso e o outro tinha peso normal. Esse procedimento garantiu que a diferença de peso era devido a fatores ambientais e não genéticos. A análise indicou que os gêmeos obesos não apenas tinham uma dieta mais rica em gordura que os gêmeos mais magros, mas também relataram memórias de preferências por esses alimentos desde a adolescência e a idade adulta jovem.

Assim, a teoria do incentivo positivo da alimentação e manutenção do peso considera fatores que o modelo set-point ignora, incluindo preferências alimentares individuais, influências culturais na alimentação, influências culturais na composição corporal e a relação entre disponibilidade de alimentos e obesidade. Ambos os modelos baseiam-se em fatores biológicos e herança, e muitos defensores da teoria do set-point reconhecem que os fatores destacados pela teoria do incentivo positivo são importantes para a regulação do peso e contribuem para a obesidade.

Quão prejudicial é a obesidade?

O sobrepeso e a obesidade são indesejáveis do ponto de vista da moda, mas até que ponto o sobrepeso coloca em risco a saúde? Esses efeitos dependem em parte do grau de excesso de peso e da distribuição de gordura no corpo. Estar ligeiramente acima do peso não é um grande risco para a saúde (McGee, 2005), mas o aumento do excesso de peso aumenta os riscos. A obesidade coloca uma pessoa em risco elevado de problemas de saúde e morte prematura.

A relação entre peso e problemas de saúde é forma em u; ou seja, as pessoas muito mais magras e muito mais pesadas parecem estar em maior risco de mortalidade por todas as causas na Europa (Pischon et al., 2008) e nos Estados Unidos (Flegal et al., 2013). O baixo peso corporal não é tão arriscado quanto a obesidade, e alguns pesquisadores (Fontana & Hu, 2014) argumentaram que este pode ser mais saudável que o peso normal; esses pesquisadores apontam que estudos observacionais que mostram um risco para baixo peso corporal são confundidos pela inclusão de pessoas magras que eram magras porque estavam doentes. O risco para pessoas com sobrepeso mas não obesas também é controverso (Fontana & Hu, 2014), mas, sem dúvida, a obesidade é um risco de mortalidade. Um resumo desses níveis de risco aparece em **Tabela 14.3**.

Outros estudos mostram resultados semelhantes: a obesidade está associada não apenas ao aumento da mortalidade, mas também ao aumento do uso de cuidados médicos (Bertakis & Azari, 2005). Nos Estados Unidos, o aumento dos custos médicos foi cerca de $ 2.000 por pessoa obesa por ano (Kim & Basu, 2016). Os obesos também têm maiores chances de desenvolver uma longa lista de transtornos, incluindo diabetes tipo 2 (Lotta et al., 2015), osteoartrite (Reyes et al., 2016), acidente vascular encefálico e hipertensão (Fontana & Hu, 2014), ataque cardíaco (Zhu et al., 2014), uma variedade de cânceres (Brenner, 2014), doença da vesícula biliar (Smelt, 2010), enxaqueca (Peterlin et al., 2010); pedras nos rins (Taylor et al., 2005); e apneia do sono, problemas respiratórios, doença hepática, osteoartrite, problemas reprodutivos em mulheres e câncer de cólon (National Task Force on the Prevention and Treatment of Obesity, 2000). Um estudo de grande escala na Europa descobriu que o risco de mortalidade foi menor para mulheres com IMC de 24,3 e para homens com IMC de 25,3 (Pischon et al., 2008).

Tanto a idade quanto a etnia complicam a interpretação do risco de obesidade. Para adultos jovens e de meia-idade, ser obeso é um risco de mortalidade por todas as causas e especialmente de morte por doença cardiovascular (McGee, 2005). De fato, estar acima do peso durante a infância e adolescência prediz aumento da morbidade (Llewellyn et al., 2016) e mortalidade (Bjørge et al., 2008) durante a vida adulta. Para os adultos mais velhos, estar ligeiramente acima do peso representa menos risco que ser magro (Winter et al., 2014).

TABELA 14.3 Categorias de obesidade e riscos para mortalidade por todas as causas com base no índice de massa corporal (IMC)

Grau de obesidade	Faixa de IMC	Risco para homens	Risco relativo	Risco para mulheres	Risco relativo
Moderado	25 a 32	Nenhum	1,0	Ligeiramente elevado	1,1
Obeso	32 a 36	Baixo	1,3	Baixo	1,2
Bruto	36 a 40	Alto	1,9	Baixo	1,3
Mórbido	40>	Muito alto	3,1	Muito alto	2,3

Fonte: Com base em Bender et al. (1998).

Outro fator relacionado ao peso associado à morbidade e mortalidade é sua distribuição. As pessoas que acumulam excesso de peso ao redor do abdômen correm maior risco que as pessoas que carregam o excesso de peso nos quadris e coxas; os homens são mais propensos a ter gordura abdominal, enquanto as mulheres são mais propensas a ter excesso de gordura nos quadris e coxas (Frank et al., 2019). Esses padrões produzem diferentes formas corporais que se refletem na razão da medida cintura-quadril, que podem ser melhores preditores de mortalidade por todas as causas que o índice de massa corporal (Fontana & Hu, 2014; Pischon et al., 2008).

Os perigos da "barriga de cerveja" foram observados há mais de 30 anos (Hartz et al., 1984), porém mais recentemente esse padrão de distribuição de gordura foi integrado a um padrão de fatores de risco chamado de *síndrome metabólica*, uma coleção de fatores propostos para elevar o risco de doenças cardiovasculares e diabetes. Além do excesso de gordura abdominal, os componentes da síndrome metabólica incluem pressão arterial elevada, resistência à insulina e problemas com os níveis de dois componentes do colesterol. Uma cintura grande é o sintoma mais visível dessa síndrome, e pesquisas indicaram que a gordura abdominal está positivamente relacionada à síndrome metabólica, mas a gordura nas coxas tem uma relação negativa (Frank et al., 2019; Goodpaster et al., 2005).

Em conclusão, as pessoas obesas têm maiores riscos de desenvolver certos problemas de saúde, especialmente diabetes, cálculos biliares e doenças cardiovasculares. A **Tabela 14.4** resume estudos que mostram que a obesidade e a gordura distribuída ao redor da cintura estão relacionadas ao aumento das taxas de mortalidade, especialmente por doenças cardíacas.

RESUMO

A obesidade pode ser definida em relação à saúde ou a padrões sociais, e as duas coisas nem sempre são as mesmas. A avaliação da gordura corporal requer uma tecnologia complexa para uma medição precisa, de modo que o índice de massa corporal geralmente é a avaliação para sobrepeso e obesidade. Os padrões sociais, porém ditaram um padrão de magreza com um peso corporal inferior ao ideal para a saúde.

TABELA 14.4 A relação entre peso e doença ou morte

Resultados	Amostra	Autores
Efeitos da obesidade		
A obesidade é um risco de mortalidade por todas as causas.	População dos EUA	Flegal et al., 2013
Obesidade e baixo peso são riscos de mortalidade por todas as causas.	Adultos de nove países da Europa	Pischon et al., 2008
Adultos obesos procuraram atendimento de saúde com mais frequência que adultos com peso normal.	Adultos obesos e com peso normal	Bertakis & Azari, 2005; Kim & Basu, 2016
A obesidade é um risco para diabetes tipo 2	Revisão sistemática	Lotta et al., 2016
Dores de cabeça são mais comuns entre obesos, especialmente aqueles com obesidade abdominal.	Grande amostra de adultos dos EUA	Peterlin et al., 2010
A obesidade é um risco para pedras nos rins.	Homens, mulheres mais velhas, mulheres mais jovens	Taylor et al., 2005
A obesidade aumenta o risco de mortalidade por todas as causas.	Adultos jovens e de meia-idade	Flegal et al., 2013; McGee, 2005
O sobrepeso e a obesidade aumentam o risco de ataque cardíaco.	Metanálise de cinco estudos	Zhu et al., 2014
O excesso de peso foi ligeiramente protetor da mortalidade para adultos mais velhos.	Adultos norte-americanos	Winter et al., 2014
O excesso de peso durante a infância e adolescência aumenta o risco de mortalidade antes do tempo.	Crianças e adolescentes com excesso de peso; revisão sistemática	Bjørge et al., 2008; Llewellyn et al., 2016
Efeitos da gordura abdominal		
A gordura abdominal está fortemente associada à mortalidade por todas as causas.	Adultos de nove países da Europa	Pischon et al., 2008; Frank et al., 2019
A gordura abdominal está relacionada à síndrome metabólica.	Mulheres e homens mais velhos	Goodpaster et al., 2005; Frank et al., 2019

Vários modelos buscam explicar a obesidade, incluindo o modelo de set-point, fatores genéticos e o modelo de incentivo positivo. A teoria do set-point explica a regulação do peso quanto aos sistemas de controle biológico que são sensíveis à gordura corporal. Este modelo levanta a hipótese de que a obesidade é um defeito neste mecanismo de controle. Tal defeito é o componente primário de modelos genéticos de obesidade, que levantam a hipótese de que a obesidade ocorre por meio de mutações genéticas e processos epigenéticos que afetam os neuroquímicos que sinalizam fome ou saciedade. No entanto, ambos os modelos reconhecem, mas nenhum enfatiza os fatores aprendidos e ambientais da alimentação em consideração; o modelo de incentivo positivo sim. Essa visão sustenta que as pessoas (e outros animais) ganham peso quando têm acesso imediato a um suprimento abundante e variado de alimentos saborosos.

APLIQUE O QUE VOCÊ APRENDEU

1. Entreviste alguém que tenha experiência pessoal de excesso de peso, explique o set-point e os modelos de incentivo positivo e pergunte a ela qual desses modelos se encaixaria melhor com a experiência dela.
2. Quatro fatores contribuem para a epidemia de obesidade em muitos países: consumo de *fast-food*, de refrigerantes açucarados, aumento do tamanho das porções e diminuição da atividade física. Analise como essa informação se aplica à sua dieta e comportamento.

14-4 Dieta

OBJETIVOS DE APRENDIZAGEM

14-7 Discutir as vantagens e desvantagens de três estratégias de dieta diferentes

14-8 Avaliar a importância da atividade física em um programa de emagrecimento

14-9 Descrever os comportamentos necessários para alguém que perdeu peso manter a perda

14-10 Discutir três desvantagens da dieta

Muitas pessoas nos Estados Unidos têm algum conhecimento dos riscos da obesidade e até sabem sobre os riscos de uma relação cintura-quadril desfavorável, mas os retratos da mídia de corpos magros idealizados são ainda mais influentes na motivação para fazer dieta (Wiseman et al., 2005). Apesar da idealização da magreza, a obesidade nos Estados Unidos começou a aumentar acentuadamente durante a década de 1970, que continuou ao longo da década de 1990, e não diminuiu significativamente desde então (Fryar et al., 2018). A aceitação do corpo ideal como magro, aliada à crescente prevalência do excesso de peso, produz uma situação em que a dieta e a perda de peso são motivo de preocupação de muitas pessoas. O que elas estão fazendo para tentar perder peso e quão bem essas estratégias funcionam?

Todos são inundados com mensagens sobre dietas – televisão, revistas, jornais e *pop-ups* da Internet estão cheios de anúncios de dietas milagrosas que fazem perder peso quase sem esforço. Essas dietas podem parecer boas demais para ser verdade, e são. Em setembro de 2002, a U. S. Federal Trade Commission publicou um relatório que descrevia como as dietas falsas e enganosas se tornaram generalizadas ("Federal Trade Commission", 2002). Apesar dos depoimentos de clientes e das fotos "antes e depois", essas dietas "milagrosas" não funcionam. Como disse o cirurgião geral norte-americano Richard Carmona: "Não existe uma pílula milagrosa para perda de peso. A maneira mais segura de perder peso e ter uma vida mais saudável é combinar alimentação saudável e exercícios" ("Federal Trade Commission", 2002, p. 8). Esse plano aparentemente simples está longe de ser fácil de seguir.

Decisões imprudentes abundam na escolha da dieta. A tendência para fazer dieta tornou-se mais grave nas últimas décadas. Durante meados da década de 1960, apenas 10% dos adultos com excesso de peso estavam fazendo dieta (Wyden, 1965), mas durante os anos seguintes essas porcentagens aumentaram de forma constante. Um grande estudo de entrevista com adultos nos Estados Unidos (Han et al., 2019) mostrou que o excesso de peso aumentou, assim como as tentativas de perdê-lo; mais de 40% tentaram perder peso no ano anterior à pesquisa. Um estudo com adolescentes mostrou que mais de 60% das meninas adolescentes e 33% dos meninos adolescentes estavam tentando perder peso (Chin et al., 2018). Infelizmente, essas tentativas são muitas vezes malsucedidas, como demonstrou a experiência de Danny Cahill.

Abordagens para perder peso

Para perder peso ou não engordar, as pessoas têm várias opções. Elas podem (1) reduzir o tamanho da porção, (2) restringir os tipos de alimentos que ingerem, (3) aumentar o nível de exercício, (4) confiar em procedimentos médicos drásticos, como jejum, pílulas dietéticas ou cirurgia, ou (5) usar uma combinação dessas abordagens. Independentemente da abordagem, *todas as dietas que levam à perda de peso o fazem por meio da restrição de calorias*.

Restringindo tipos de alimentos Manter uma dieta composta por uma variedade de alimentos com porções menores geralmente é uma estratégia razoável e saudável. Vários programas de dieta comercial adotam essa abordagem, e uma metanálise desses programas (Johnston et al., 2014) indicou que todos são igualmente eficazes na perda de peso. Contudo, uma dieta saudável e equilibrada não leva à perda de peso rápida e, portanto, não é a abordagem de dieta mais comum; muitos programas dependem da restrição de tipos de alimentos.

As abordagens comuns para restringir os tipos de alimentos incluem a restrição de carboidratos (como a dieta Atkins) ou a restrição de gordura (dieta LEARN). Uma comparação de metanálise de dietas com baixo teor de carboidratos e baixo teor de gordura (Sackner-Bernstein et al., 2015) indicou eficácia comparável. Ambas as abordagens mostraram sucesso e, apesar das advertências dos nutricionistas sobre os perigos dos planos de dieta com baixo teor de carboidratos, as pessoas que as seguem não sofreram alterações desfavoráveis nos níveis de colesterol ou riscos de doenças cardiovasculares. Além disso, essas dietas tendem a produzir menores taxas de abandono que aquelas com baixo teor de gordura (Hession et al., 2009). Todas as dietas produziram perda de peso significativa em comparação com indivíduos que não fizeram dieta, mas a perda de peso no longo prazo é modesta – na faixa de 4,5 a 5,5 libras.

Algumas dietas são mais extremas, restringindo a pessoa a um grupo limitado de alimentos, como vegetarianas ou veganas, com baixo teor de gordura e baixo teor de carboidratos (South Beach Diet), dietas cetogênicas e a dieta "paleo" (Spritzler, 2017). Todas essas dietas promovem a perda de peso, mas restrições mais severas dificultam a obtenção de uma nutrição equilibrada. Manter uma dieta restritiva é ainda mais difícil, e os melhores exemplos são as dietas de alimentos únicos. Dietas de frutas, dietas de ovos, dieta de sopa de repolho e até mesmo a dieta de sorvete se enquadram nessa categoria. Claro, essas dietas são desastres nutricionais. Elas produzem perda de peso restringindo calorias; quem faz esse tipo de dieta se cansa da monotonia de um alimento e comem menos que comeriam se estivessem comendo uma maior variedade. "Todos os ovos cozidos que você quiser" não são muitos!

Levando a monotonia um passo adiante estão as dietas líquidas, que existem em uma variedade de formas e de várias marcas. As dietas líquidas têm a vantagem de serem nutricionalmente mais equilibradas que as dietas alimentares mais restritas. Ainda assim, dietas líquidas e suas refeições equivalentes na forma de *shakes* ou barras também têm a desvantagem de serem monótonas e repetitivas e tendem a ser pobres em fibras. Como todas as outras dietas, elas funcionam restringindo a ingestão de calorias. Embora os pesquisadores atuais possam discordar sobre as vantagens de dietas com baixo teor de gordura ou baixo teor de carboidratos, eles provavelmente concordam que dietas ricas em fibras de frutas e vegetais sejam boas escolhas (Schenker, 2001). Mas mesmo essa abordagem pode ser bem-sucedida. Um programa comportamental intensivo usando substitutos de refeição (Anderson et al., 2007) foi exitoso para pessoas com excesso de peso, produzindo perdas de peso de 23 a 45 quilos, com melhores taxas de manutenção que a maioria de outros programas de dieta. Para outros indivíduos sob dieta, esses programas podem não ser tão bem-sucedidos. Em uma metanálise de programas de dieta comercial para adultos saudáveis e com excesso de peso (McEvedy et al., 2017), mais da metade dos participantes não perdeu 5% do peso corporal e muitos não conseguiram concluir o programa.

Em conclusão, todas as estratégias de restrição alimentar podem ser bem-sucedidas em produzir perda de peso, mas muitas são abordagens ruins. A maioria dessas dietas falha em ensinar novos hábitos alimentares que podem ser mantidos no longo prazo. Esse problema foi um fator para Danny Cahill; ele perdeu mais de 200 quilos, mas ganhou 100 deles de volta. A desaceleração metabólica que ele e outros participantes do *Bigger Loser* experimentaram dificultou na manutenção de perda de peso, como seus hábitos alimentares anteriores.

Programas de mudança de comportamento Embora a dieta deva ser considerada uma modificação permanente nos hábitos alimentares, essa mudança é difícil. A abordagem de mudança de comportamento para o tratamento da perda de peso começa com a suposição de que comer seja um comportamento sujeito a mudanças. Essa aplicação da teoria comportamental foi originada por Richard Stuart (1967), que relatou uma taxa de sucesso muito maior que a alcançada pelas abordagens dietéticas anteriores. A maioria dos programas de mudança de comportamento se concentra em alimentação e exercícios, ajudando aqueles com excesso de peso a monitorar e mudar o comportamento. Os clientes desses programas geralmente mantêm diários alimentares para focar a consciência nos tipos de alimentos que comem e em quais circunstâncias, bem como para fornecer dados que o terapeuta pode usar para elaborar um plano pessoal para mudar hábitos alimentares não saudáveis. O resultado de um teste de perda de peso (Hollis et al., 2008) indicou que indivíduos sob dieta que mantinham um diário perderam duas vezes mais peso que aqueles no mesmo programa que não o fizeram. Além disso, metas de exercícios são um componente típico de programas de mudança de comportamento. O formato mais comum para esses programas é um ambiente de grupo com reuniões semanais que incluem instruções sobre nutrição e automonitoramento para atingir metas individuais (Wing & Polley, 2001). Quase todos os programas de controle de peso incluem alguma modificação na alimentação e na atividade física ou em ambas, e podem ser chamados de programas de mudança comportamental ou de comportamento (Wadden et al., 2005).

Como a perda de peso não é um comportamento, esses programas comportamentais tendem a reforçar os bons hábitos alimentares, em vez do número de quilos perdidos – os comportamentos, não as consequências, são os alvos da recompensa e da mudança. As pessoas com excesso de peso a moderadamente obesas podem ser bastante bem-sucedidas nesses tipos de programas (Moldovano & David, 2011). O objetivo é normalmente a perda de peso gradual e sua manutenção (Castelnuovo et al., 2017). A quantidade média de peso perdido é cerca de 9 quilos ao longo de seis meses, mas os que fazem dieta mantêm apenas cerca de 60% dessa perda ao longo de um ano (Wing & Polley, 2001). Assim, mesmo a perda de peso moderada e gradual pode ser difícil de manter.

Exercício A importância do exercício na perda de peso tornou-se cada vez mais evidente (Wu et al., 2009). O exercício por si só não é tão eficaz para a perda de peso quanto a dieta (Verheggen et al., 2016), mas adicionar atividade física a um programa para mudar a alimentação é importante. Como a taxa metabólica diminui quando a ingestão de alimentos diminui, a atividade física pode neutralizar essa desaceleração metabólica e, portanto, pode ser parte indispensável da redução e manutenção do peso. Uma pesquisa em larga escala de indivíduos sob dieta ("Federal Trade Commission weighs in on losing weight", 2002) descobriu que 73% daqueles sob dieta bem-sucedida se exercitavam pelo menos três vezes por semana, e uma metanálise de componentes bem-sucedidos em um programa de dieta (Wu et al., 2009) indicou que a atividade física era tal componente. O exercício também pode alterar a composição corporal, adicionando músculo, enquanto a dieta diminui os níveis de gordura (Verheggen et al., 2016). (O papel do exercício será discutido mais detalhadamente no Capítulo 15.) Tanto adicionar um componente de exercício quanto mudar os hábitos alimentares são mudanças substanciais no estilo de vida, o que é consistente com a dificuldade de perder peso e mantê-lo.

Métodos drásticos de perda de peso As pessoas às vezes escolhem medidas drásticas para perder peso, e os médicos às vezes recomendam medidas drásticas para pacientes gravemente obesos. Mesmo com supervisão médica, alguns programas de redução de peso apresentam riscos, às vezes a ponto de ameaçar a vida.

Uma abordagem que acabou trazendo riscos substanciais foi tomar medicamentos para reduzir o apetite. Nas décadas de 1950 e 1960, as anfetaminas foram amplamente prescritas como pílulas dietéticas para aumentar a atividade do sistema nervoso, acelerar o metabolismo e suprimir o apetite. Infelizmente, os efeitos são de curto prazo e a dependência pode se tornar um problema mais sério que a obesidade. Evidências crescentes dos perigos das anfetaminas levaram ao desenvolvimento de outras drogas dietéticas, mas a busca por um medicamento seguro e eficaz que ajude as pessoas a perder peso provou ser difícil. Os medicamentos atualmente disponíveis nos Estados Unidos incluem orlistat (Xenical, Alli), cloridrato de naltrexona-cloridrato de bupropiona (Contrave), fentermina-topiramato (Qsymia), cloridrato de lorcaserina (Belviq) e liraglutida (Saxenda), que oferecem a possibilidade de perda de peso estatisticamente significativa, mas modesta (Khera et al., 2016; Williams et al., 2020). O conhecimento sobre o desenvolvimento de hormônios e neuroquímicos relacionados à regulação do peso sugerem que drogas mais eficazes sejam possíveis (Williams et al., 2020), mas essa promessa não se transformou em uma droga segura que seja eficaz para grande perda de peso. Assim, um número crescente de pessoas obesas está recorrendo à cirurgia como forma de controlar peso.

Vários tipos de cirurgia podem afetar o peso, mas a maioria das atuais restringe o tamanho do estômago por banda gástrica (colocando uma banda ao redor do estômago), gastrectomia vertical (diminuindo o tamanho do estômago) ou bypass gástrico (direcionamento de alimentos em torno da maior parte do estômago e dos intestinos) (American Society of Metabolic and Bariatric Surgery [ASMBS], sd). As pessoas são candidatas a essas cirurgias se o IMC for 40 ou superior ou se o IMC for 35 ou maior e tiverem problemas de saúde que tornem imperativa a perda de peso. Esses procedimentos são bem-sucedidos na promoção da perda de peso drástica e na mudança de comportamentos alimentares (Chang et al., 2014). Como qualquer cirurgia, há alguns riscos, e os pacientes normalmente devem estar preparados para monitorar sua ingestão alimentar e tomar suplementos nutricionais pelo resto de suas vidas (Tucker et al., 2007). Entretanto, os benefícios superam os riscos para muitos indivíduos obesos. Essas mudanças no peso e no metabolismo melhoram o diabetes, a hipertensão e outros fatores de risco para doenças cardiovasculares. Em 2016, 216.000 pessoas nos Estados Unidos foram submetidas a algum tipo de cirurgia bariátrica (Inglês et al., 2018).

Outra abordagem cirúrgica para perda de peso é remover o tecido adiposo por meio de uma técnica de sucção de gordura chamada lipoaspiração. A técnica remodela o corpo em vez de produzir uma perda de peso geral (Bellini et al., 2017). Assim, a lipoaspiração é principalmente um procedimento cosmético para mudar a forma do corpo, não uma maneira de perder peso ou produzir benefícios à saúde. Apesar do desconforto e do custo da cirurgia, a lipoaspiração tornou-se um dos tipos mais comuns de cirurgia plástica (Inglês et al., 2018). Como toda cirurgia, apresenta riscos como infecção e reações à anestesia. Um procedimento menos invasivo para mudar a forma do corpo é *criolipólise*, que usa o congelamento para danificar as células de gordura e desintegrá-las. Esse procedimento também produz alterações do contorno corporal com menor risco que a lipoaspiração e também é uma escolha cosmética e não relacionada à saúde (Ingargiola et al., 2015).

Meios drásticos de perder peso são soluções ruins para a obesidade para a maioria das pessoas. No entanto, eles são bastante comuns. Meninas do ensino médio relataram usar estratégias drásticas para perda de peso, como jejum (18,7%), uso de medicamentos inibidores de apetite (6,6%) e uso de laxantes ou purgativos (6,6%); a grande maioria (62,6%) relatou que estava fazendo dieta (Kann et al., 2014). Ter um amigo que usa esses métodos aumenta os riscos das adolescentes de fazê-lo (Eisenberg et al., 2005); estar acima do peso eleva as porcentagens daqueles que usaram tais métodos para 40% para meninas e 20% para meninos (Neumark-Sztainer et al., 2007). Todos esses meios drásticos de perder peso podem ser perigosos. Além disso, todos são difíceis de manter por tempo suficiente para produzir perda de peso significativa. Mesmo quando os dietistas são bem-sucedidos com essas estratégias, eles geralmente recuperam o peso que perderam porque essas abordagens não permitem que aprendam a fazer boas escolhas de dieta para perda de peso permanente. Como Danny Cahill e outros competidores do *Biggest Loser* experimentaram, manter o peso é um grande desafio, independentemente do método de perda de peso.

Mantendo a perda de peso Nos Capítulos 12 e 13, vimos que cerca de dois terços das pessoas que inicialmente pararam de fumar ou de beber terão uma recaída. Para as pessoas que conseguem perder peso, manter essa perda é comparativamente difícil. Uma revisão sistemática de programas comerciais de perda de peso (Tsai & Wadden, 2005) indicou

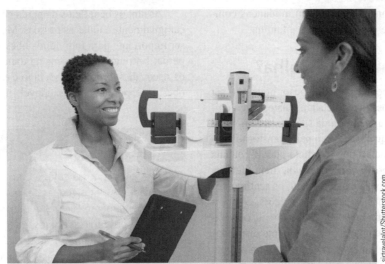

Fazer dieta é comum, mesmo entre aqueles que não precisam perder peso por motivos de saúde.

que aquelas que conseguiram perder peso nesses programas (nem todos conseguem) tinham alta probabilidade de recuperar 50% do peso perdido em um a dois anos. Os resultados de outra metanálise (Johnston et al., 2014) descobriram que as que faziam dieta recuperavam menos de 20% do peso perdido após 12 meses.

Intervenções formais eficazes de redução de peso geralmente incluem programas pós-tratamento para ajudar os dietistas a manter a perda de peso, o que os torna mais bem-sucedidos que aqueles que não possuem uma fase pós-tratamento. Por exemplo, uma comparação de duas intervenções de acompanhamento em indivíduos sob dieta que completaram um programa de perda de peso de seis meses (Svetkey et al., 2008) incluiu três grupos de indivíduos sob dieta. Um grupo não recebeu acompanhamento, um deles recebeu intervenção que envolveu contato pessoal breve mensalmente e outro consistiu em uma intervenção interativa baseada em tecnologia. O acompanhamento pessoal foi mais eficaz, mas ambas as intervenções resultaram em indivíduos sob dieta que pesavam menos que antes de iniciarem o programa. Assim, o acompanhamento não precisa ser intensivo ou complexo; procedimentos simples podem ser eficazes. Por exemplo, pessoas que perderam peso e se pesavam diariamente tinham menos probabilidade de recuperar o peso perdido que aquelas que não subiam na balança com tanta frequência (Wing et al., 2007). Outra possibilidade de automonitoramento vem da tecnologia, e um estudo (Ross & Wing, 2016) demonstrou uma estratégia bem-sucedida de combinar ferramentas tecnológicas para automonitoramento com suporte por telefone para perda de peso sustentada.

Uma pesquisa, *Relatórios do consumidor* ("The Truth About Dieting", 2002), forneceu informações sobre mais de 32.000 indivíduos sob dieta, tanto bem-sucedidos quanto malsucedidos. Esse número confirmou que as pessoas têm problemas, tanto para perder peso quanto para manter a perda de peso, mas também mostrou que algumas pessoas são bem-sucedidas.

A maioria dos indivíduos sob dieta da pesquisa *Consumer Reports* perderam peso por conta própria e não por meio de um programa formal de perda de peso. Aqueles que tiveram sucesso tendem a usar uma variedade de abordagens, incluindo exercícios e aumento da atividade física, comer menos alimentos gordurosos e doces, aumentar o consumo de frutas e vegetais e reduzir o tamanho das porções. Não surpreendentemente, aqueles sob dieta que foram bem-sucedidos em manter a perda de peso raramente usaram qualquer um dos meios drásticos para perder peso revistos na seção anterior, exceto a cirurgia; indivíduos que se submetem à cirurgia para perder peso tendem a perder grande quantidade de peso e manter parte dessa perda (Douketis et al., 2005). Pessoas que perdem peso sem cirurgia e o mantêm tendem a alterar a alimentação e atividade física, formando novos hábitos que podem manter.

A obesidade infantil aumentou, mesmo entre crianças em idade pré-escolar, e tornou-se uma epidemia mundial e, portanto, de grande preocupação (Spruijt-Metz, 2011). As intervenções para esse grupo podem incluir estratégias para prevenir o desenvolvimento de excesso de peso, programas dietéticos, intervenções familiares, programas de atividade física, programas escolares ou alguma combinação desses elementos. Embora a modificação da dieta possa resultar na redução do peso entre crianças com excesso de peso, um componente de atividade física aumenta a eficácia (Vissers et al., 2016). Uma metanálise de programas para crianças e adolescentes (Altman & Wilfley, 2015) indicou que as intervenções comportamentais baseadas na família e as intervenções comportamentais orientadas pelos pais para crianças têm eficácia bem estabelecida. Outros tipos de intervenções também podem ser eficazes, até mesmo aquelas para crianças com excesso de peso. Entretanto, todos os programas eficazes incluem múltiplos componentes que visam mudanças comportamentais e de estilo de vida e envolvem a família.

Fazer dieta é uma boa escolha?

Embora a dieta possa produzir perda de peso, pode não ser uma boa escolha para todos. Fazer dieta tem custos psicológicos, pode não ser eficaz na melhoria da saúde e ser um sinal de insatisfação corporal, que é um risco para transtornos alimentares. Um grupo de indivíduos sob dieta classificou sua experiência geral como positiva no início da dieta (Jeffery et al., 2004), mas à medida que ela continuou, os sentimentos positivos diminuíram. Alguns exibem fortes reações, comportando-se como pessoas famintas: eles são irritáveis, obcecados por comida, exigentes com o sabor, facilmente distraídos e famintos. Essas reações comportamentais tornam a dieta uma má escolha para aqueles que estão próximos do melhor peso para sua saúde.

Para aqueles que estão muito acima do peso para colocar em risco a saúde, a dieta ainda pode ser uma escolha imprudente. Como mostrou a análise dos competidores em *The Biggest Loser* (Fothergill et al., 2016), a dieta pode produzir alterações no metabolismo que dificultam muito a manutenção da perda de peso. Desenvolver padrões alimentares razoáveis e saudáveis é uma escolha muito melhor que fazer dieta. Ou seja, fazer dieta não é o mesmo que eliminar os excessos (Herman et al., 2008). O primeiro pode não ser uma boa escolha para muitas pessoas, enquanto o último é uma decisão acertada para todos.

Uma abordagem que enfatiza essa estratégia é a Health at Every Size®, que busca remover o estigma do excesso de peso, rejeitar a dieta para perder peso e enfatizar a alimentação saudável aliada à atividade física (Bombak, 2014). Essa abordagem é consistente com uma perspectiva de saúde pública, e não com aquela relativa à moda. Uma revisão sistemática de pesquisas baseadas na aplicação do Health at Every Size® indicou resultados positivos para fatores cardiovasculares, comportamentos alimentares, qualidade de vida e indicadores psicológicos (Ulian et al., 2018). Assim, um programa de dieta orientado para a perda de peso pode não ser a melhor escolha para alguns indivíduos com excesso de peso.

Ironicamente, a perda de peso pode até ser um risco para a saúde de algumas pessoas. A perda de peso involuntária é frequentemente associada à doença, portanto, a associação entre perda de peso não intencional e mortalidade não é surpresa. Pessoas mais velhas são mais propensas a perder peso devido a doenças, e estudos que consideraram a idade dos participantes indicaram que pessoas mais jovens correm risco de excesso de peso, mas que, após os 65 anos, o excesso de peso não é mais um preditor de mortalidade (Kuk & Ardern, 2009); de fato, um pequeno excesso de peso pode ser uma vantagem (Winter et al., 2014). Mas, quando adultos com sobrepeso e obesos foram designados aleatoriamente para um programa de perda de peso (Shea et al., 2010), aqueles que perderam não tiveram nenhum aumento na mortalidade; na verdade, seu risco foi reduzido.

Assim, os benefícios da perda de peso podem não se aplicar igualmente a todas as pessoas. Mesmo sendo modesta pode ser importante para indivíduos obesos e que podem manter a perda. Entretanto, os riscos da dieta podem ser maiores que os riscos de sobrepeso moderado e estável (Gaesser, 2003). A obesidade, porém, não é saudável.

RESUMO

A obsessão de nossa cultura com a magreza levou a uma infinidade de dietas, muitas das quais não são seguras nem permanentemente eficazes. A maioria delas produz alguma perda de peso inicial em resposta à restrição da ingestão calórica, mas a manutenção dos níveis de peso reduzidos é uma questão de mudanças permanentes nos hábitos alimentares básicos e nos níveis de atividade. Apesar das tentativas de emagrecer, as pessoas nos Estados Unidos estão agora mais pesadas que nunca porque aumentaram o número de calorias que consomem e diminuíram a quantidade de atividade física.

Perder peso é mais fácil que manter a perda de peso, mas programas que incluem pós-tratamento e acompanhamento frequente podem ser bem-sucedidos em ajudar as pessoas a manter um peso saudável. Seja parte de um programa formal ou uma tentativa pessoal, comer uma variedade de alimentos saudáveis e manter a atividade física são atitudes mais bem-sucedidas que programas drásticos para perda de peso a longo prazo. Assim como os programas para adultos, aqueles voltados para crianças e adolescentes obesos enfrentam desafios semelhantes e incluem os mesmos componentes eficazes – escolhas alimentares saudáveis e atividade física.

Fazer dieta é uma boa escolha para algumas pessoas, mas não para outras. As obesas e aquelas com uma relação cintura-quadril alta devem tentar perder peso e mantê-lo. No entanto, a maioria das que faz dieta por razões estéticas seria mais saudável (e mais feliz) se não fizesse, e mesmo as pessoas que estão acima do peso podem não experimentar os benefícios da dieta para a saúde. Para todos, incluindo aqueles que estão acima do peso, uma ênfase na alimentação saudável e na atividade física terá mais probabilidade de melhorar a saúde que muitas dietas para perder peso.

APLIQUE O QUE VOCÊ APRENDEU

1. Meios drásticos de perder peso incluem o uso de medicamentos e procedimentos cirúrgicos. Descreva uma pessoa e uma situação em que qualquer uma dessas abordagens seria uma boa escolha.

14-5 Transtornos alimentares

OBJETIVOS DE APRENDIZAGEM

14-11 Comparar os sintomas e perigos da anorexia, bulimia e compulsão alimentar

14-12 Discutir dois fatores psicológicos que dificultam o tratamento da anorexia

14-13 Construir perfis de alguém que esteja em alto risco para cada um dos três transtornos alimentares, certificando-se de incluir antecedentes familiares e pessoais, gênero, atitudes pessoais que aumentem o risco de cada transtorno

14-14 Comparar a eficácia do tratamento para anorexia, bulimia e transtorno da compulsão alimentar periódica

Os transtornos alimentares que têm recebido mais atenção, tanto na mídia popular quanto na literatura científica, são a anorexia nervosa e a bulimia, mas a compulsão alimentar também é um diagnóstico de transtorno alimentar (American Psychiatric Association [APA], 2013). Um **transtorno alimentar** é uma perturbação grave e habitual no comportamento alimentar que produz consequências prejudiciais. Essa definição de transtorno alimentar exclui a fome resultante da incapacidade de encontrar alimentos adequados e também a alimentação não saudável resultante de informações inadequadas sobre nutrição. Incluem-se transtornos no comportamento alimentar, como pica, ou ingestão de substâncias não nutritivas, como plástico e madeira, e transtorno de ruminação – isto é, regurgitação de alimentos sem náusea ou doença gastrointestinal. Nenhum desses transtornos apresenta sérios problemas de saúde e são de importância relativamente menor na psicologia da saúde.

O termo *anorexia nervosa* literalmente significa falta de apetite devido a uma condição nervosa ou psicológica; *bulimia* significa fome contínua e mórbida. Nenhum dos significados, porém, é uma descrição precisa desses transtornos. **Anorexia nervosa** é um transtorno alimentar que inclui fome intencional e uma imagem corporal distorcida. Indivíduos com anorexia nervosa não perderam o apetite. Normalmente, eles estão perpetuamente famintos, mas insistem que não desejam comer.

Bulimia passou a significar mais que fome contínua e mórbida. A principal marca de identificação desse transtorno alimentar é a compulsão e purgação repetidas, a purgação normalmente ocorre após a ingestão de grandes quantidades de alimentos, em geral ricos em calorias e carregados de carboidratos, gordura ou ambos. Comer grandes quantidades de alimentos é fundamental para a definição de compulsão alimentar; pessoas com esse transtorno comem em excesso, mas não purgam, resultando em sobrepeso e obesidade.

Esses três transtornos alimentares obviamente têm muito em comum. De fato, algumas autoridades consideram a anorexia e a bulimia como duas dimensões da mesma doença. Outros veem os três como transtornos separados, mas relacionados (Polivy & Herman, 2002). Por exemplo, a compulsão alimentar é comum aos três. Além disso, os componentes centrais deles incluem insatisfação corporal combinada com preocupação com comida, peso e forma corporal. A base para a insatisfação corporal é fácil de entender: o sobrepeso e a obesidade tornaram-se mais comuns, mas o corpo ideal é o magro. Essa combinação criou um descontentamento que atinge a todos na cultura. Crianças desde o início do ensino fundamental expressam insatisfação corporal (Brown & Slaughter, 2011; Damiano et al., 2015), e o descontentamento com a forma do corpo é tão comum entre as mulheres que é a norma (Grogan, 2007; Rodin et al., 1985). Entretanto, apenas uma pequena porcentagem de pessoas com insatisfação corporal desenvolve transtornos alimentares, indicando que outros fatores operam para produzir esses transtornos (Tylka, 2004).

Janet Polivy e Peter Herman (2002, 2004) sugeriram que a insatisfação corporal constitui um precursor essencial para o desenvolvimento de transtornos alimentares, mas aqueles que desenvolvem problemas alimentares também devem passar a ver a magreza como uma solução para outros problemas em suas vidas. As pessoas que canalizam a angústia para preocupações com o corpo e se concentram nele para mudar sua insatisfação têm as cognições que levam a transtornos alimentares (Evans, 2003). Tais cognições incluem a sensação de que ser magro levará à felicidade.

Outros riscos para transtornos alimentares incluem correlações familiares e de personalidade, como uma grande interação familiar negativa; história de abuso sexual na infância; baixa autoestima; e altos níveis de humor negativo, ansiedade e depressão (Polivy & Herman, 2002). Além disso, alguma predisposição genética pode contribuir para o desenvolvimento de transtornos alimentares, possivelmente por meio de mecanismos epigenéticos que influenciam a produção de hormônios e neuroquímicos (Frank, 2016). Por exemplo, os neurotransmissores serotonina e dopamina alteram o humor e podem estar envolvidos no humor negativo e no valor de reforço positivo que são fatores de risco para transtornos alimentares (Frank, 2016; Kaye et al., 2013). A leptina está envolvida na fome, mas também exerce uma variedade de ações no cérebro que podem estar envolvidas na alimentação desordenada (Iceta et al., 2019; Zupancic & Mahajan, 2011). Mas avaliações de fatores relacionados a estratégias de controle de peso não saudáveis (Liechty, 2010; Neumark-Sztainer et al., 2003) mostram que a preocupação com o peso corporal parece ser um fator primordial nos transtornos alimentares.

Anorexia nervosa

Apesar do foco atual na anorexia, nem o transtorno nem o termo são novos. Os dois primeiros casos documentados de autoinanição intencional foram relatados por Richard Morton em 1689 (Sours, 1980). Morton escreveu sobre uma garota inglesa de 18 anos que havia morrido dos efeitos da anorexia cerca de 25 anos antes e sobre um garoto de 18 anos que havia sobrevivido. Ambos mostraram uma notável indiferença à fome, e ambos foram descritos como tristes e ansiosos. Em Londres, Sir William Gull (1874) estudou vários casos de autoinanição intencional durante a década de 1860. Ele considerou a condição como um transtorno psicológico e cunhou o termo *anorexia nervosa* para indicar perda de apetite devido a causas "nervosas" – isto é, fatores psicológicos.

Durante as décadas de 1940 e 1950, psiquiatras que adotaram uma visão psicanalítica levantaram a hipótese de que a doença era uma negação da feminilidade e um medo da maternidade. Outros teóricos sugeriram que representava uma tentativa por parte da jovem de restabelecer a unidade com a mãe. Infelizmente, nenhuma dessas hipóteses expandiu a compreensão científica da anorexia nervosa. As últimas seis décadas viram um afastamento desse tipo de especulação e uma mudança de perspectiva de que a anorexia envolve um complexo de fatores socioculturais, familiares e biológicos (Frank, 2016; Polivy & Herman, 2002). A ênfase recente tem sido na descrição do transtorno em termos de comportamentos e seus efeitos fisiológicos, correlatos demográficos e procedimentos de tratamento eficazes.

O que é anorexia? A anorexia nervosa é um transtorno alimentar caracterizado por autoinanição intencional ou semi-inanição, às vezes até a morte. Pessoas com anorexia têm muito medo de ganhar peso e têm uma imagem corporal distorcida, vendo-se muito pesadas mesmo sendo extremamente magras. Pesquisas usando imagens cerebrais (Sachdev et al., 2008) revelaram que mulheres com anorexia processam imagens dos próprios corpos de maneira diferente das imagens dos corpos de outras mulheres – mesmo quando os dois corpos têm o mesmo peso.

O *Manual Diagnóstico e Estatístico de Transtornos Mentais* (*Diagnostic and Statistical Manual of Mental Disorders*) (5th edition [*DSM-5*], APA, 2013) define *anorexia nervosa* como perda de peso intencional a um ponto em que a pessoa tenha menos que o peso normal para alguém com idade, sexo e condição de desenvolvimento semelhantes, juntamente com o medo de ser gorda e uma imagem corporal distorcida.

O *DSM-5* (APA, 2013) identifica dois subtipos de anorexia: o tipo restritivo e o tipo compulsão-purgação. Indivíduos com o tipo restritivo não comem quase nada, perdendo peso com dieta, jejum, exercícios ou uma combinação dessas estratégias. Aqueles com o tipo de purgação compulsiva podem comer grandes quantidades de alimentos e vomitar ou fazer uso de laxantes para purgar os alimentos que consumiram. Alternativamente, essas pessoas com anorexia podem comer pequenas quantidades de comida e purgar. A pesquisa confirmou que esses dois subtipos são distintos (Kaye, 2008). A purgação é típica da bulimia, e a compulsão alimentar ocorre no transtorno da compulsão alimentar periódica, mas as pessoas com bulimia usam a purgação para manter um peso corporal normal. Pessoas com anorexia purgam para perder peso.

A anorexia não está confinada a nenhum grupo demográfico, mas as mulheres jovens correm maior risco que mulheres mais velhas ou homens de qualquer idade. Normalmente, essas pessoas estão preocupadas com a comida, podem gostar de cozinhar para os outros e insistir que comam da sua comida, mas não comem quase nada. Elas perdem de 15% a 50% de seu peso corporal, mas continuam a se ver acima do peso. Essas jovens tendem a ser ambiciosas, perfeccionistas, de famílias bem-sucedidas e infelizes com seus corpos. Pessoas com anorexia estão preocupadas com a gordura corporal, o que geralmente leva a um programa extenuante de exercícios – dançar, correr, fazer ginástica ou jogar tênis. O comportamento excessivamente ativo e energético continua até que a perda de peso atinja um nível que produz fadiga e fraqueza, limitando sua atividade.

Após a perda de peso substancial, as diferenças individuais tendem a desaparecer e os relatos daqueles com o transtorno são notavelmente semelhantes. Curiosamente, muitas das características correspondem ao esboço de objetores de consciência famintos desenhado por Keys et al. (1950). Assim, essas características são provavelmente um efeito da fome, e não sua causa. À medida que a perda de peso atinge mais de 25% do peso normal anterior, a pessoa sente-se constantemente gelada, cresce uma cobertura macia e felpuda de pelos no corpo, perde pelos no couro cabeludo, perde o interesse pelo sexo e desenvolve uma preocupação incomum com a comida. À medida que a fome se aproxima de um nível perigoso, o anoréxico torna-se mais hostil em relação à família e amigos que tentam reverter a perda de peso.

Muitas autoridades, incluindo Hilde Bruch (1973, 1978, 1982), consideraram a anorexia nervosa como um meio de obter controle. Bruch, que passou mais de 40 anos estudando transtornos alimentares e os efeitos da fome, relatou que, antes da dieta, as pessoas com anorexia geralmente são meninas problemáticas que se sentem incapazes de mudar suas vidas. Essas jovens muitas vezes veem os pais como exigentes demais e no controle absoluto de suas vidas, mas continuam complacentes demais para se rebelar abertamente. Elas tentam assumir o controle da vida da maneira mais pessoal possível: mudando a forma do corpo. Sem alimentação forçada, ninguém pode impedir essas jovens de controlar o próprio tamanho e forma de corpo. Aqueles com anorexia sentem grande prazer e orgulho em fazer algo difícil e muitas vezes comparam sua força de vontade superior com a de outros que estão acima do peso ou que evitam exercícios. Bruch (1978) relatou que os anoréxicos gostam de sentir fome e, por fim, consideram qualquer alimento no estômago como sujo ou prejudicial.

Quem tem anorexia? Embora a anorexia esteja associada à cultura ocidental, ela aparece em culturas não ocidentais em todo o mundo (Keel & Klump, 2003) e atravessa grupos étnicos (Cheng et al., 2019; Marques et al., 2011). Esse diagnóstico foi mais comum entre as mulheres de classe média alta e classe alta de ascendência europeia na América do Norte e na Europa, mas uma comparação de grupos étnicos (Cheng et al., 2019) não mostrou diferenças na prevalência de anorexia. Esse transtorno tornou-se mais comum que há 50 anos (Keel & Klump, 2003). Contudo, a anorexia nervosa ainda é um transtorno muito raro. Uma estimativa de sua prevalência entre meninas adolescentes – o grupo com a ocorrência mais comum – foi inferior a 1% (Stice, Marti & Rohde, 2013), com números baixos semelhantes para mulheres jovens na Austrália (Hay, Girosi & Mond, 2015).

Entre alguns grupos, as taxas de incidência de anorexia são muito maiores. Por exemplo, 26% das mulheres jovens que participaram de concursos de beleza relataram que acreditavam ter ou recebido um diagnóstico de transtorno alimentar (Thompson & Hammond, 2003). A atmosfera competitiva e consciente do peso das escolas profissionais de dança e modelagem levou ao desenvolvimento da anorexia, e 6,5% dos alunos de dança e 7% dos alunos de modelagem preencheram os critérios de diagnóstico para anorexia nervosa (Garner & Garfinkel, 1980). Uma pesquisa com estudantes universitários envolvidos em teatro, dança, torcida e atletismo (Robles, 2011) indicou que 12% haviam sido tratados para transtornos alimentares. Atletas do sexo feminino que participam de esportes que enfatizam a aparência, o tipo de corpo magro ou a baixa gordura corporal estão especialmente em risco (Torstveit et al., 2008). O nível de envolvimento nessas atividades pode estar em maior risco; por exemplo, mais bailarinos de elite apresentam sintomas mais frequentes e graves de transtornos alimentares (Thomas et al., 2005).

Indivíduos com anorexia frequentemente relatam dificuldades familiares, mas é difícil determinar se estas precedem o aparecimento dos problemas alimentares ou são resultado deles (Polivy & Herman, 2002). O ambiente familiar é importante de várias maneiras. Famílias com crianças com transtornos alimentares tendem a carregar muita emoção negativa e pouco apoio emocional. A violência familiar – seja como observadora ou alvo – é um risco para transtornos alimentares tanto para homens quanto para mulheres (Bardy, 2008). Além disso, um membro da família com um transtorno alimentar aumenta o risco para outros membros da família (Tylka, 2004), assim como ter amigos com práticas de controle de peso não saudáveis (Eisenberg et al., 2005) ou ingressar em uma irmandade (Basow et al., 2007). Desse modo, o transtorno alimentar é afetado pelo contexto social, bem como pela dinâmica familiar. Além disso, o abuso físico ou sexual é uma experiência mais comum na história dos anoréxicos que dos indivíduos que comem normalmente (Rayworth, 2004).

Ao longo dos anos, a grande maioria das pessoas diagnosticadas com anorexia foram mulheres, que têm sido o foco de grande parte das pesquisas e tratamentos. As estimativas de que as mulheres têm 90% dos transtornos alimentares vêm de diagnósticos e impressões clínicas, e não de dados populacionais completos. Com as mudanças nos critérios diagnósticos que ocorreram com o aparecimento de *DSM-5*, os diagnósticos entre os homens aumentaram (Timko et al., 2019). Revisões de transtornos alimentares com indivíduos do sexo masculino (Jones & Morgan, 2010; Woodridge & Lemberg, 2016) afirmam que avaliações mais representativas de transtornos alimentares revelam números muito maiores, com os homens constituindo pelo menos 20% dos casos (Hudson et al., 2007). Assim, esse transtorno alimentar pode ser mais comum entre os homens que as impressões clínicas sugerem.

Os homens com anorexia são bastante semelhantes às mulheres com anorexia quanto à classe social e configuração familiar, aos sintomas, ao tratamento e prognóstico. Entretanto, os homens são mais propensos que as mulheres a exibir altos níveis de atividade física como sintoma (Timko et al., 2019). Além disso, os homens diferem em relação aos fatores que os levaram a comer desordenadamente (Ricciardelli et al., 2007). Por exemplo, alguns estudos descobriram que a orientação sexual é um fator – mais homens com anorexia são gays (Boisvert & Harrell, 2009), mas comparações de sintomas e características (Crisp et al., 2006; Timko et al., 2019) revelaram mais semelhanças que diferenças.

Meninos e homens jovens podem tomar medidas drásticas para alcançar o corpo ideal, assim como meninas e mulheres jovens (Olivardia et al., 2000; Wooldridge & Lemberg, 2016). O corpo ideal para os garotos é musculoso, e escapar dessa doutrinação é tão difícil quanto evitar o ideal de corpo magro é para as garotas (Mosley, 2009). No entanto, ambos os ideais compartilham a aversão à gordura. Assim, ambos os sexos têm preocupações com a forma e o tamanho do corpo e podem aparecer como transtornos alimentares.

Tratamento para anorexia Existem duas situações infelizes em relação ao tratamento da anorexia: este transtorno tem a maior taxa de mortalidade de qualquer diagnóstico psiquiátrico, mas nenhum tratamento demonstrou um alto grau de eficácia (Cardi & Treasure, 2010). Cerca de 3% de todos os indivíduos com anorexia morrem de causas relacionadas ao seu transtorno (Keel & Brown, 2010). A maioria morre de arritmia cardíaca, mas o suicídio também é uma causa frequente de morte para aqueles com anorexia do tipo compulsão-purgação (Foulon et al., 2007). Infelizmente, a anorexia nervosa continua sendo um dos transtornos de comportamento mais difíceis de tratar. As medidas de sucesso do tratamento indicam menos de 40% de remissão (Eddy et al., 2017).

Os transtornos alimentares são mais comuns entre modelos, dançarinos e atletas cujos esportes exigem magreza.

Entretanto, a avaliação de acompanhamento indica achados mais otimistas. A recuperação continuou mostrando melhora no longo prazo. Mais de 60% dos diagnosticados com anorexia se recuperaram 20 anos depois.

Uma complicação inicial para o tratamento é que a maioria das pessoas com anorexia se concentra em perder peso, ressente-se de sugestões de que são muito magras e resiste a qualquer tentativa de mudar a alimentação. Essa atitude aparece em vários sites hospedados por indivíduos anoréxicos e a promovem como uma alternativa de estilo de vida e não como um transtorno (Davis, 2008). A prontidão para a mudança prevê um tratamento mais bem-sucedido (McHugh, 2007). Motivar pessoas com anorexia a procurar tratamento é, portanto, um grande desafio que a aplicação da entrevista motivacional aborda (Hogan & McReynolds, 2004). Essa técnica é uma intervenção diretiva para mudar as atitudes sobre os problemas e tornar as pessoas mais dispostas a trabalhar para a mudança.

À medida que a fome continua, a anorexia leva à fadiga, exaustão e possível colapso físico e tratamento forçado. Essa situação parece indesejável, mas mesmo aqueles que foram submetidos a tratamento involuntário posteriormente concordaram que a intervenção era justificada (Tan et al., 2010). O objetivo imediato de quase qualquer programa de tratamento para aqueles que necessitam de hospitalização é a estabilização médica de quaisquer perigos físicos decorrentes da fome. Então, os indivíduos com anorexia precisam trabalhar para a restauração do peso normal, alimentação saudável e melhora da imagem corporal.

Desde meados da década de 1970, a terapia cognitivo-comportamental tornou-se cada vez mais popular como tratamento para a anorexia nervosa, e essa abordagem mostrou algum sucesso em mudar tanto as distorções cognitivas que acompanham os problemas de imagem corporal quanto o comportamento alimentar (Fairburn & Harrison, 2003). Os terapeutas cognitivo-comportamentais atacam essas crenças irracionais enquanto mantêm uma atitude calorosa e de aceitação em relação aos pacientes. As pessoas com anorexia são ensinadas a descartar o padrão de pensamento absolutista, tudo ou nada, expresso em autoafirmações como "Se eu ganhar um quilo, vou ganhar cem". Lidar com as distorções cognitivas pode ser um componente importante da terapia – um corpo de pesquisa em desenvolvimento indica que aqueles com anorexia experimentam distorções cognitivas significativas que se aplicam ao processamento de palavras relacionadas à comida (Nikendei et al., 2008). Além disso, eles são mais propensos que os outros a acreditar que não podem controlar os pensamentos, e metade relatou que usou estratégias cognitivas para se sentir pior (Woolrich et al., 2008). O componente cognitivo da terapia cognitivo-comportamental tem o potencial de resolver esses problemas.

A terapia cognitivo-comportamental não é muito mais eficaz que outros tipos de intervenções psicológicas e multimodais, como os programas padrão para anorexia, que consistem em terapia individual e em grupo, além de refeições supervisionadas, planejamento de refeições e educação nutricional (Williamson et al., 2001). Tais programas são eficazes para alguns indivíduos com anorexia, provavelmente por que esses programas abordem questões cognitivas e emocionais, além de focar nas mudanças necessárias na alimentação e nutrição (Zeeck et al., 2018). Embora nenhum dos tratamentos para anorexia apresente taxas de sucesso impressionantes (Hay & de M. Claudino, 2010), os pesquisadores continuam buscando melhorias, especialmente no tratamento de adultos com anorexia (Brockmeyer et al., 2018).

Para os adolescentes, o quadro é um pouco mais otimista. Uma abordagem desenvolvida no Maudsley Hospital em Londres enfatiza o papel da família e do envolvimento familiar no tratamento da anorexia (Locke et al., 2001). Em vez de tratar os pais como parte do problema, essa abordagem os aceita como parte essencial da solução. Reconhecendo que é relativamente fácil conseguir que pacientes anoréxicos ganhem peso no hospital, essa abordagem se concentra em ajudá-los a se alimentar em casa, equipando os pais com estratégias para fazer os filhos comer. O valor de incluir as famílias no tratamento da anorexia em adolescentes tornou-se bem aceito (Cardi & Treasure, 2010; Couturier et al., 2013). Assim, os tratamentos eficazes para adolescentes diferem daqueles que funcionam bem para adultos, e os adolescentes são mais propensos a ter mais sucesso no tratamento que os adultos (Zeeck et al., 2018)

O tratamento da anorexia também pode incluir medicamentos. Mas faltam evidências para a eficácia de qualquer um deles, incluindo antidepressivos, antipsicóticos e estabilizadores de humor (Tortorella et al., 2014). As drogas sozinhas não são eficazes no controle da anorexia, mas adicionar terapia medicamentosa ao tratamento comportamental pode aumentar a eficácia (Sanzone, 2018). Assim, o arsenal para o tratamento desta doença difícil permanece insuficiente.

A recaída permanece sempre uma possibilidade. Mesmo com terapia intensiva que visa padrões alimentares irracionais e imagem corporal distorcida, algumas pessoas tratadas para anorexia retêm elementos desses processos de pensamento mal adaptados. Alguns voltam à autoinanição, outros tentam o suicídio, alguns ficam deprimidos e outros desenvolvem diversos transtornos alimentares (Carter et al., 2004; Castellini et al., 2011). Os cuidados de acompanhamento são frequentemente incluídos em programas abrangentes, e a terapia cognitivo-comportamental parece especialmente importante na prevenção de recaídas (Pike et al., 2003).

Bulimia

Bulimia é frequentemente considerada como um transtorno associado à anorexia nervosa, e alguns indivíduos passaram de um diagnóstico para outro (Eddy et al., 2007). Ao contrário daqueles com anorexia, que dependem principalmente de jejuns rigorosos para perder cada vez mais peso, os indivíduos com bulimia consomem grandes quantidades de alimentos de forma descontrolada (compulsão) e depois purgam, seja vomitando ou tomando laxantes. A prática aparentemente bizarra de compulsão alimentar seguida de purgação não é nova. Os antigos romanos às vezes se entregavam a rituais alimentares muito semelhantes. Depois de se banquetearem com quantidades abundantes de comida, eles se retiravam para o *vomitorium*, esvaziavam os estômagos e depois voltavam para comer um pouco mais (Friedländer, 1968). Ao contrário da bulimia, esta prática pode não ter sido orientada para o controle de peso. Hoje, a bulimia é definida como um transtorno alimentar e afeta milhões de pessoas.

O que é bulimia? Conforme definido pelo *Manual Diagnóstico e Estatístico de Transtornos Mentais* da American Psychiatric Association (APA, 2013), *bulimia nervosa* envolve episódios recorrentes de compulsão alimentar, sensação de falta de controle sobre a alimentação e medidas inadequadas e drásticas para compensar a compulsão. Algumas pessoas com bulimia jejuam ou se exercitam excessivamente, mas a maioria usa vômitos autoinduzidos ou laxantes para manter um peso relativamente normal.

Um fator que distingue a bulimia da anorexia é a falta de controle dos impulsos (Farstad et al., 2016), embora essa característica possa se aplicar a algumas pessoas que são mais bulímicas que a outras (Myers et al., 2006). Aqueles com bulimia muitas vezes experimentam problemas relacionados à impulsividade, como histórico de abuso de álcool ou drogas, promiscuidade sexual, tentativas de suicídio e roubo ou furto em lojas. Esse fator pode ser crítico; uma pessoa pode tornar-se bulímica em vez de anoréxica se não puder resistir ao impulso de comer, mas sentir a insatisfação corporal que é comum a esses dois transtornos.

Experiências na infância com abuso sexual e físico e estresse pós-traumático são correlatos adicionais à bulimia (Rayworth, 2004; Treur et al., 2005). Além disso, o envolvimento recente com agressão sexual aumenta o risco (Fischer et al., 2010). Uma pesquisa de uma amostra representativa de mulheres bulímicas nos Estados Unidos (Wonderlich et al., 1996) revelou que quase um quarto delas vítimas de abuso sexual na infância apresentaram comportamentos bulímicos mais tarde. Além disso, essas mulheres tendem a apresentar sintomas mais graves que outras (Treur et al., 2005). Existe também uma relação entre bulimia e depressão, mas o abuso sexual infantil também está relacionado à depressão, assim como as tentativas de suicídio. A imagem corporal e os transtornos alimentares tendem a preceder o desenvolvimento da depressão em meninas adolescentes (Kaye, 2008; Salafia & Gondoli, 2011), o que sugere uma sequência de desenvolvimento e pode permitir o estabelecimento de uma cadeia de causalidade para o desenvolvimento da bulimia.

Quem é bulímico? Em pelo menos um aspecto, a população de pessoas com bulimia é bastante semelhante à de pessoas com anorexia: ambos os transtornos alimentares ocorrem com muito mais frequência em mulheres que em homens. A bulimia ocorre com igual prevalência em várias classes sociais e grupos étnicos nos Estados Unidos (Franko et al., 2007).

Quão prevalente é a bulimia? Sua incidência está aumentando ou diminuindo? A bulimia é mais prevalente que a anorexia; cerca de 1,5% das mulheres nos Estados Unidos e 0,5% dos homens atendem aos critérios diagnósticos (Hudson et al., 2007). Contudo, a taxa pode chegar de 4% a 7% dos que apresentam sintomas (Wade, 2019); ou seja, muitos mais têm algum sintoma, mas não o suficiente para receber um diagnóstico. Por exemplo, em uma pesquisa com estudantes do ensino médio (Kann et al., 2014), 6,6% das meninas e 2,2% dos meninos disseram que vomitaram ou usaram laxantes para perder ou evitar ganhar peso. Esses percentuais refletem um alto índice desses comportamentos, o que sugere uma prevalência crescente de sintomas de bulimia. Uma análise da história desse transtorno (Keel & Klump, 2003) indicou um aumento substancial durante a segunda metade do século XX. Além disso, a bulimia difere da anorexia na ocorrência: a bulimia é restrita às culturas ocidentais e àquelas influenciadas pelos valores ocidentais.

A bulimia é prejudicial? Para muitas pessoas, comer compulsivamente e purgar pode parecer um meio aceitável de controlar o peso. Para outros, a culpa é uma parte quase inevitável da bulimia, e alguns problemas de saúde mental acompanham esse transtorno. No entanto, a questão permanece: a bulimia é prejudicial à saúde física? Ao contrário da anorexia nervosa, que tem uma taxa de mortalidade de 3% (Keel & Brown, 2010), a bulimia raramente é fatal (Steinhausen & Weber, 2010). Entretanto, a bulimia tem graves consequências para a saúde.

A combinação de compulsão alimentar e purgação é prejudicial de várias maneiras. Em primeiro lugar, a ingestão de grandes quantidades de doces pode resultar em **hipoglicemia**, ou uma deficiência de açúcar no sangue. Isso pode parecer paradoxal porque o comedor compulsivo típico consome grandes quantidades de açúcar, mas o metabolismo do açúcar estimula a liberação de insulina, o que reduz os níveis de açúcar no sangue. O baixo nível de açúcar no sangue resulta em tontura, fadiga, depressão e desejos por mais açúcar, o que pode levar a outra compulsão. Em segundo lugar, os comedores compulsivos raramente comem uma dieta equilibrada, e a má nutrição pode levar à letargia e à depressão. Terceiro, a compulsão alimentar é cara. Pessoas com bulimia podem gastar mais de $ 100 por dia em alimentação e essa despesa pode levar a outros problemas, como dificuldades financeiras ou roubos. Além disso, os comedores compulsivos estão preocupados com a comida de maneira obsessiva, pensando e planejando a próxima compulsão. Essa obsessão pode deixar os indivíduos com bulimia com tempo limitado para outras atividades (Polivy & Herman, 2002).

A purga também leva a vários problemas físicos (Mehler, 2011). Uma das consequências mais comuns do vômito frequente são os dentes danificados; o ácido clorídrico do estômago corrói o esmalte que protege os dentes. Muitas pessoas cujo transtorno alimentar é muito longo precisam de um tratamento odontológico. De fato, os dentistas às vezes são os primeiros profissionais de saúde a ver evidências de bulimia. O ácido clorídrico também pode causar danos na boca e no esôfago. Sangramento e laceração do esôfago não são comuns entre pessoas com bulimia, mas são muito perigosos.

Alguns pacientes de longa data relatam peristaltismo reverso, uma regurgitação involuntária de alimentos, muitas vezes depois de comer moderadamente. Outros perigos potenciais de purga frequente incluem **anemia**, redução do número de eritrócitos; **desequilíbrio eletrolítico** causado pela perda de minerais, como sódio, potássio, magnésio e cálcio; e **alcalose**, um nível anormalmente alto de alcalinidade nos tecidos do corpo resultante da perda de ácido clorídrico. Essas condições podem levar à fraqueza e fadiga. A purgação por meio do uso excessivo de laxantes e diuréticos pode levar a danos nos rins, desidratação e cólon espástico ou perda do controle voluntário sobre as funções excretoras. Além disso, os ingredientes das substâncias usadas como laxantes podem ter propriedades tóxicas, aumentando os perigos (Steffen et al., 2007). Em resumo, a bulimia não é uma estratégia inofensiva de controle de peso, mas um transtorno sério com uma infinidade de perigos potenciais.

Tratamento para bulimia O tratamento da bulimia tem uma vantagem crítica sobre os programas de terapia para anorexia nervosa – aqueles com bulimia são mais propensos a serem motivados a mudar os comportamentos alimentares. Infelizmente, essa motivação não garante que as pessoas com bulimia procurem terapia ou consigam mudar o comportamento.

A terapia cognitivo-comportamental é o tratamento preferido para a bulimia (Cardi & Treasure, 2010; Wade, 2019). Os terapeutas dessa área trabalham para mudar tanto as cognições distorcidas, como preocupações obsessivas com o corpo, quanto comportamentos, como compulsão alimentar, vômitos e uso de laxantes. Técnicas específicas podem incluir manter um diário sobre os fatores relacionados à compulsão alimentar e sentimentos após a purgação, monitorar a ingestão calórica, comer devagar, fazer refeições regulares e esclarecer visões distorcidas de alimentação e controle de peso. Uma revisão sistemática de tratamentos para bulimia (Shapiro et al., 2007) revelou que o tratamento cognitivo-comportamental é eficaz, incluindo avaliações no seguimento de longo prazo. Uma revisão posterior (Hail & Le Grange, 2018) confirmou essa descoberta, mas acrescentou informações sobre terapia para jovens; aquela baseada na família é mais comum e eficaz para pessoas mais jovens.

A psicoterapia interpessoal também tem sido utilizada com sucesso no tratamento da bulimia (Tanofsky-Kraff & Wilfley, 2010). É uma terapia não introspectiva, de curto prazo, que se originou como tratamento para a depressão. Ela se concentra nos problemas interpessoais atuais e não na alimentação, adotando a abordagem de que os problemas alimentares tendem a aparecer no final da adolescência, quando as questões interpessoais apresentam grandes desafios de desenvolvimento. Nessa perspectiva, os problemas alimentares representam tentativas mal-adaptativas de enfrentamento. A taxa de sucesso da terapia interpessoal é comparável à da terapia cognitivo-comportamental, mas não funciona tão rapidamente. Os fatores que se relacionam com o sucesso incluem mudanças positivas no início da terapia, menor depressão, menos episódios de compulsão alimentar e motivação para mudar (Vall & Wade, 2015).

Embora os medicamentos antidepressivos não sejam muito eficazes no tratamento da anorexia, nos resultados para a bulimia são mais positivos (Tortorella et al., 2014). A terapia comportamental é uma escolha melhor para a maioria dos pacientes que apenas medicamentos, mas a combinação de ambos pode ser uma boa escolha para algumas pessoas com bulimia.

A terapia para bulimia costuma ser bem-sucedida (Keel & Brown, 2010); cerca de 70% dos indivíduos com bulimia se recuperam como resultado da terapia, e outros melhoram. Mas entre 11% e 14% não respondem positivamente à terapia, e esses indivíduos experimentam problemas contínuos com compulsão e purgação, que podem continuar por anos.

A prevenção da bulimia seria mais desejável que o tratamento, e alguns programas tentam mudar as atitudes que colocam as pessoas em risco. Esses programas são direcionados a mulheres jovens com fatores de risco de baixa autoestima, imagem corporal ruim, alta aceitação do ideal de corpo magro, forte necessidade de perfeição, histórico de dietas repetidas e outros comportamentos ou atitudes alimentares disfuncionais. Alguns programas são baseados na escola, enquanto outros visam mulheres jovens em alto risco. Uma estratégia típica é a psicoeducativa, que tenta mudar a aceitação do ideal de corpo magro e aumentar a autoestima. A adição de um componente de controle de peso orientado para a construção de uma alimentação saudável concomitante ao controle de peso resultou em maior sucesso (Stice et al., 2005; Stice et al., 2003). O *Body Project* é outra estratégia bem-sucedida, que envolve a tentativa de criar dissonância, incentivando os participantes a criticar o ideal de magreza (Stice, Rohde & Shaw, 2013). Uma revisão de programas de prevenção (Stice, Becker & Yokum, 2013) descobriu que esses programas reduzem o aparecimento de transtornos alimentares em 60%. Assim, programas que abordam o componente cognitivo da bulimia e oferecem uma maneira saudável de gerenciar as preocupações com o corpo podem ser mais bem-sucedidos na prevenção desse transtorno.

Transtorno de compulsão alimentar

Muitas pessoas comem demais às vezes, como em festas ou feriados, mas o transtorno da compulsão alimentar periódica é mais que um excesso ocasional. A compulsão alimentar consiste no mesmo tipo de alimentação descontrolada que é sintomática da bulimia, mas sem qualquer forma de compensação. O transtorno da compulsão alimentar periódica apareceu como diagnóstico oficial no *DSM-5* (APA, 2013). Para serem diagnosticadas com esse transtorno, as pessoas devem apresentar episódios frequentes de compulsão alimentar (uma média de pelo menos uma vez por semana por pelo menos três meses) com sentimentos de falta de controle e devem sentir angústia por esse comportamento.

Quem são os comedores compulsivos? Comer grandes quantidades de alimentos parece ser um risco para a obesidade, e é (Stice et al., 2002). Muitos indivíduos que são obesos experimentam compulsão alimentar. Um exame de mulheres

Tornando-se mais saudável

1. Desenvolva sua competência alimentar (Stotts et al., 2007).
   Plano de ação: obtenha boas informações sobre nutrição e use-as para decidir sobre uma dieta saudável de que você goste.
2. Desista de fazer dieta, mas também desista de comer demais.
   Plano de ação: construa um plano alimentar com pelo menos uma semana de refeições que o satisfaça e que inclua escolhas saudáveis.
3. Determine qual é o peso correto para você.
   Plano de ação: consulte um gráfico que contenha o índice de massa corporal em vez de uma revista de moda para determinar qual é o peso correto para você.
4. Não se concentre no seu peso ou na quantidade de peso que você está ganhando ou perdendo.
   Plano de ação: preocupe-se mais com uma alimentação saudável que com o seu peso.
5. A restrição alimentar e a perda de peso não produzirão necessariamente a forma do corpo que você considera ideal.
   Plano de ação: se o seu peso corporal for menor que o critério para obesidade, concentre-se mais em ser saudável e concentre-se em exercícios para mudar a forma do seu corpo.
6. Não pule refeições para perder peso.
   Plano de ação: tomar café da manhã; as pessoas que fazem o desjejum são menos propensas a ter excesso de peso que aquelas que o ignoram (Purslow et al., 2008).
7. Entenda que as imagens da mídia fornecem imagens corporais irreais e inatingíveis que tendem a deixar as pessoas descontentes com os próprios corpos.
   Plano de ação: explore informações sobre como a mídia usa a tecnologia para mudar imagens de corpos em vez de mostrar pessoas reais.
8. Entenda que perder peso não resolverá todos os seus problemas.
   Plano de ação: faça uma lista de seus problemas atuais e, em seguida, liste pelo menos uma maneira de lidar com cada problema que não envolva perder peso. Se você não conseguir pensar em uma estratégia para resolver um problema, consulte um conselheiro ou outro profissional de saúde mental para obter assistência.
9. Se você seguir um plano de perda de peso e tiver sucesso, saiba quando parar.
   Plano de ação: ouça as pessoas que lhe dizem que você perdeu peso suficiente. Se você achar essas observações irritantes, saiba que seu aborrecimento pode sinalizar o perigo de progredir para um transtorno alimentar
10. Quando você faz mudanças na dieta, sentimentos de privação e ficar sem alimentos favoritos podem torná-lo muito infeliz para se preocupar em comer corretamente.
    Plano de ação: explore o conceito de atenção plena (*mindfulness*) aplicado à alimentação. O treinamento da atenção plena ajuda as pessoas a se concentrarem no presente e a estarem conscientes de momento a momento. Esse processo pode ajudá-lo a ter consciência que está comendo e a encontrar prazer na comida que come.
11. As pessoas que perdem peso rapidamente tendem a recuperá-lo rapidamente, então dietas drásticas são uma má escolha.
    Plano de ação: evite medicamentos dietéticos, jejuns e dietas com poucas calorias para perder peso, mesmo se você for obeso.
12. Os transtornos alimentares geralmente começam como dietas, portanto, tome cuidado com a tendência de tentar algumas medidas extremas para perder peso.
    Plano de ação: não vomite para não ganhar peso; fazer isso é um grande passo para a bulimia.
13. Aprenda a ver alguém com peso normal ou um pouco acima do peso como atraente.
    Plano de ação: procure pessoas com peso normal e acima do peso nos noticiários e na mídia e encontre beleza.

---

com transtornos alimentares (Striegel-Moore et al., 2004) revelou que os comedores compulsivos tinham IMCs mais elevados que as mulheres com outros transtornos alimentares e experimentavam um grau ainda maior de insatisfação corporal. A compulsão alimentar é comum à bulimia e, em menor grau, à anorexia; assim, não é surpreendente que indivíduos com qualquer um desses transtornos alimentares apresentem autoestima semelhante, insatisfação corporal e preocupações com o peso (Decaluwé & Braet, 2005; Grilo et al., 2008). Os problemas com álcool também são comuns tanto para pessoas com bulimia quanto para comedores compulsivos (Krahn et al., 2005).

Como acontece com os indivíduos que têm anorexia, os comedores compulsivos são mais propensos a ser do sexo feminino (3,5%) que do sexo masculino (2,0%), mas a compulsão alimentar é mais comum entre os homens que a anorexia ou a bulimia (Hudson et al., 2007). Alguns pesquisadores (Striegel et al., 2012) afirmam que os homens foram excluídos das pesquisas sobre esse transtorno, criando uma impressão incorreta; a prevalência é igual em homens e mulheres. Crianças menores de 12 anos (Tanofsky-Kraff et al., 2008) e adolescentes (Goldschmidt et al., 2008) também são afetados pela perda de controle que caracteriza a compulsão alimentar, o que representa um fator importante na obesidade para essas faixas etárias. Além disso, todos os grupos étnicos estão representados, e a compulsão alimentar ocorre em sociedades não ocidentais em taxas semelhantes às dos Estados Unidos e da Europa (Becker et al., 2003). A compulsão alimentar também é mais comum que a anorexia ou a bulimia – a prevalência estimada é de pelo menos 2% da população. Tal como acontece com outros transtornos alimentares, a maioria das pessoas com sintomas não é diagnosticada e, portanto, não recebe tratamento.

Como outras pessoas com transtornos alimentares, as que experimentam compulsão alimentar também tendem a ter outros problemas comportamentais ou psiquiátricos, o que complica o diagnóstico desse transtorno (Hilbert et al., 2011; Stunkard & Allison, 2003). De fato, a presença de transtornos de personalidade é um critério que distingue os comedores compulsivos daqueles que são obesos, mas não comem (Farstad et al., 2016; van Hanswijck de Jonge et al., 2003). **Tabela 14.5** apresenta uma comparação de anorexia, bulimia e compulsão alimentar.

Tratamento para compulsão alimentar Os tratamentos para a compulsão alimentar enfrentam o desafio de mudar um padrão alimentar estabelecido, além de ajudar os comedores compulsivos a perder peso. A terapia cognitivo-comportamental demonstrou eficácia em ajudar as pessoas a controlar a compulsão alimentar (Hilbert et al., 2019), mas não é tão eficaz na promoção da perda de peso (Striegel-Moore et al., 2010). Os comedores compulsivos obesos não são bons candidatos para a cirurgia de perda de peso; essa intervenção não ajuda na gestão de compulsões (Yager, 2008).

Os pesquisadores usaram vários medicamentos para tratar a compulsão alimentar, que têm apenas pequenos efeitos como tratamento (Hillbert et al., 2019). Entretanto, quando adicionados a intervenções comportamentais, vários medicamentos aumentam a eficácia. Uma consideração foram os medicamentos antidepressivos ISRS (inibidores seletivos da recaptação da serotonina), que têm algum uso no controle da bulimia. Essas drogas produzem uma diminuição significativa na compulsão alimentar (Leombruni et al., 2008), mas não provocam perda de peso. A adição do medicamento orlistat para perda de peso produziu um resultado modesto (Reas & Grilo, 2008); e a sibutramina pode ser mais eficaz (Yager, 2008). No entanto, esses resultados destacam as dificuldades de abordar os dois componentes do problema que os comedores compulsivos encontram.

A percepção do problema também desempenha um papel no tratamento de comedores compulsivos. Algumas pessoas que experimentam compulsões procuram tratamento para esse comportamento, enquanto outras veem seu principal problema como excesso de peso. Aqueles que se concentram em sua compulsão alimentar tendem a escolher a terapia cognitivo-comportamental; os que veem seu problema como peso são mais propensos a escolher uma terapia com esse objetivo (Brody et al., 2005). Esse tipo de adaptação é uma vantagem não só para a compulsão alimentar, mas também para muitas terapias e problemas.

TABELA 14.5 Comparação de anorexia, bulimia e compulsão alimentar

	Anorexia	**Bulimia**	**Compulsão alimentar**
Peso corporal	<17 IMC	Normal	Excesso de peso
Imagem corporal distorcida	Sim	Sim	Sim
Porcentagem afetada			
Mulheres	0,9%	1,5%	3,5%
Homens	0,3%	0,5%	2,0%
Vulnerabilidade			
Gênero	Mulheres	Mulheres	Mulheres
Idade	Adolescente e jovem adulto	Adolescente e jovem adulto	Adultos
Etnia	Todas	Todas	Todas
Características proeminentes	Ambicioso, perfeccionista, transtornos de ansiedade	Impulsivo, em busca de sensações	Transtornos de personalidade
Problemas de abuso de álcool ou drogas	Não é comum	Comum	Comum
Pensamentos obsessivos	Gordura corporal e controle	Comida e próxima compulsão	Comida e próxima compulsão
Riscos de saúde	3% de mortalidade	Hipoglicemia, anemia, desequilíbrio eletrolítico	Obesidade
Sucesso do tratamento	<40% no curto prazo, mas mais de 60% no longo prazo	80%; recaída é um risco	Sucesso para compulsões, mas a perda de peso é difícil

Uma aplicação do conceito de meditação da atenção plena (ver Capítulo 8) à alimentação emocional parece ser um tratamento mais eficaz que outros. A proposta de Mindfulness-Based Eating Awareness (atenção plena com base em alimentação consciente) (Kristeller & Wolever, 2011) é abordar o componente emocional que é proeminente na compulsão alimentar, ajudando os comedores compulsivos a desenvolver uma consciência dos fundamentos emocionais de sua alimentação, tornar-se conscientes da fome de base fisiológica (em vez de emocional) e exercerem controle consciente sobre seu comportamento alimentar. Duas revisões sistemáticas da eficácia dessa intervenção (Carrière et al., 2018; Godfrey et al., 2015) indicaram efeitos moderados a grandes para essa abordagem. Esse sucesso é uma indicação da complexidade dos transtornos alimentares e como o tratamento eficaz deve muitas vezes incluir múltiplos componentes.

RESUMO

Algumas pessoas iniciam um programa de perda de peso que aparentemente fica fora de controle e se transforma em um regime de jejum quase total. Esse transtorno alimentar, chamado anorexia nervosa, é incomum, porém mais prevalente entre mulheres jovens e aquelas com alto desempenho que têm grande insatisfação corporal e acreditam que ser magra resolverá seus problemas. A anorexia é muito difícil de tratar com sucesso porque as pessoas com esse transtorno continuam a se considerar muito gordas e, portanto, resistem às tentativas de mudar seus hábitos alimentares. Alguns tipos de terapia familiar e terapia cognitivo-comportamental são mais eficazes que outras abordagens.

A bulimia é um transtorno alimentar caracterizado por compulsão alimentar descontrolada, geralmente acompanhada de culpa e seguida de vômitos ou outros métodos purgativos. Em termos gerais, as pessoas com bulimia são mais propensas que outras a serem deprimidas e impulsivas, o que pode levar ao abuso de álcool e outras drogas, bem como ao roubo. Além disso, são mais propensas a terem sido vítimas de abuso sexual ou familiar na infância, estarem insatisfeitas com o corpo e utilizarem a alimentação como estratégia de enfrentamento.

O tratamento para bulimia geralmente tem sido mais bem-sucedido que aquele para anorexia, em parte porque as pessoas com bulimia são mais motivadas a mudar. Os programas mais bem-sucedidos para transtornos alimentares são aqueles que incluem técnicas cognitivo-comportamentais, que procuram mudar não apenas os padrões alimentares, mas também as preocupações patológicas sobre peso e alimentação, e terapia interpessoal, que se concentra em questões de relacionamento. Os medicamentos antidepressivos também podem ser úteis no tratamento da bulimia.

A compulsão alimentar apareceu no *DSM-5* como um transtorno alimentar. Aqueles que experimentam compulsões geralmente estão com sobrepeso ou obesos e compartilham o controle de impulsos e outros problemas psicológicos comuns às pessoas com bulimia. As mulheres são mais propensas a comer compulsivamente, no entanto, mais homens sofrem com isso que qualquer outro transtorno alimentar. O tratamento enfrenta os problemas de alteração de padrões alimentares mal-adaptados e problemas de imagem corporal, além de promover a perda de peso. A terapia cognitivo-comportamental é eficaz com o primeiro, mas perder peso é um problema difícil para os comedores compulsivos. A proposta do Mindfulness-Based Eating Awareness é uma nova abordagem que parece ser mais bem-sucedida que outras para o transtorno de compulsão alimentar.

APLIQUE O QUE VOCÊ APRENDEU

1. Agende entrevistas com vários atletas universitários, do sexo feminino e masculino, e pergunte a eles como ser um atleta influenciou sua alimentação. Analise suas respostas para procurar diferenças de gênero e pressão para atingir e manter um peso corporal específico.

Perguntas

Este capítulo abordou seis questões básicas:

1. **Como funciona o sistema digestório?**

   O sistema digestório transforma os alimentos em nutrientes, quebrando os alimentos em partículas que podem ser absorvidas. O processo de quebra dos alimentos começa na boca e continua no estômago, mas a absorção da maioria dos nutrientes ocorre no intestino delgado. Um sistema de sinalização complexo envolve hormônios produzidos no corpo e no cérebro e recebidos pelo hipotálamo e outras estruturas cerebrais para controlar a alimentação e o peso. Hormônios como grelina, neuropeptídeo Y, peptídeo relacionado à agouti, e o hormônio concentrador de melanina aumentam o apetite e a sensação de fome, enquanto a leptina, insulina, colecistocinina, peptídeo 1 semelhante ao glucagon e peptídeo YY estão envolvidos na saciedade.

2. **Que fatores estão envolvidos na manutenção do peso?**

   A manutenção do peso depende em grande parte de dois fatores: o número de calorias absorvidas pela ingestão de alimentos e o número gasto por meio do metabolismo corporal e da atividade física. A fome experimental demonstrou que a perda de peso leva à irritabilidade, agressividade, apatia, falta de interesse pelo sexo e preocupação com a comida. A perda de peso inicial pode ser fácil, mas uma taxa metabólica mais lenta dificulta a perda de peso drástica. Excessos experimentais demonstraram que ganhar peso pode ser quase tão difícil e desagradável quanto perdê-lo.

3. **O que é a obesidade e como ela afeta a saúde?**

   A obesidade pode ser definida em relação à porcentagem de gordura corporal, índice de massa corporal ou padrões sociais, todos os quais produzem estimativas diferentes para a prevalência da obesidade. Nos últimos 35 anos, a obesidade tornou-se mais comum em países ao redor do mundo, mas em muitos países ocidentais, o corpo ideal tornou-se mais magro. A dificuldade de perder ou ganhar peso e a descoberta da leptina, grelina e outros hormônios envolvidos na regulação do peso são consistentes com a noção de um set-point natural para a sua manutenção. A obesidade parece ser um desvio dessa regulação que possui componentes genéticos, mas o rápido crescimento recente da obesidade não é compatível com um modelo que depende totalmente dos genes. Um ponto de vista alternativo sustenta que os aspectos positivos da alimentação levam as pessoas a comer demais quando uma variedade de alimentos saborosos está disponível, que é a situação nos Estados Unidos e em outros países de alta renda.

   A obesidade está associada ao aumento da mortalidade, doenças cardíacas, diabetes tipo 2 e doenças do trato digestório. As pessoas mais pesadas – mas também as mais magras – correm maior risco de morte. Obesidade grave e maior tamanho da cintura em vez de nos quadris são riscos de morte por várias causas, especialmente doenças cardíacas.

4. **Fazer dieta é uma boa maneira de perder peso?**

   A obsessão cultural com a magreza levou a uma infinidade de dietas, muitas das quais não são seguras nem permanentemente eficazes. Mudar o comer demais para padrões alimentares mais saudáveis e incorporar atividade física são escolhas sábias para a mudança de peso, enquanto lipoaspiração, medicamentos dietéticos, jejum e dietas de baixa caloria não são.

5. **O que é anorexia nervosa e quais tratamentos são eficazes?**

   A anorexia nervosa é um transtorno alimentar caracterizado pela autoinanição. Esse transtorno é mais prevalente entre mulheres jovens e daquelas com alto desempenho com problemas de imagem corporal, mas a anorexia é incomum, afetando menos de 1% da população. Indivíduos com anorexia são muito difíceis de tratar com sucesso porque continuam a se ver muito gordos e, portanto, não têm motivação para mudar seus hábitos alimentares. A terapia cognitivo-comportamental e um tipo específico de terapia familiar são mais eficazes que outras abordagens.

6. **O que é bulimia e como ela difere da compulsão alimentar?**

   A bulimia é um transtorno alimentar caracterizado por compulsão alimentar descontrolada, geralmente acompanhada de culpa e seguida de vômitos ou outros métodos purgativos. A bulimia é mais comum que a anorexia, afetando entre 1% e 2% da população. Sua motivação para mudar os padrões alimentares tornou as pessoas com bulimia melhores candidatas à terapia que aquelas com anorexia. O tratamento da bulimia, especialmente a terapia cognitivo-comportamental e a terapia interpessoal, geralmente tem sido bem-sucedido.

   A compulsão alimentar é semelhante à bulimia em termos de compulsão, mas os comedores compulsivos não purgam. Assim, muitas vezes estão acima do peso ou obesos, enquanto os indivíduos com bulimia tendem a ter peso normal. A compulsão alimentar também mais comum que a bulimia, especialmente entre os homens. Os dois transtornos são semelhantes em termos de impulsividade, história de violência familiar e transtornos de personalidade coexistentes. A compulsão alimentar é um desafio para o tratamento porque a terapia deve abordar tanto a compulsão alimentar quanto os problemas de peso.

Sugestões de leitura

Brownell, K. D. & Horgen, K. B. (2004). *Food fight*: *The inside story of the food industry, America's obesity crisis, and what we can do about it*. New York, NY: McGraw-Hill. Neste livro controverso, Kelly Brownell e Katherine Horgen afirmam que a obesidade é o resultado não da falta de força de vontade, mas de um "ambiente alimentar tóxico" criado pela indústria alimentícia.

Hurley, D. (2011, June). The hungry brain. *Discover, 32*(5), 53-59. A história de leitura acessível de Hurley revisa pesquisas sobre as complexidades da fisiologia e neuroquímica da alimentação e da obesidade.

Polivy, J. & Herman, C. P. (2004). Sociocultural idealization of thin female body shapes: An introduction to the special issues on body image and eating disorders. *Journal of Social and Clinical Psychology, 23*, 1-6. Esses pesquisadores proeminentes fornecem uma perspectiva interessante sobre alimentação e transtornos alimentares, que resume os achados de artigos de uma edição especial dedicada a esse tópico.

Popkin, B. (2009). *The world is fat: The fads, trends, policies, and products that are fattening the human race*. New York, NY: Avery/Penguin. Barry Popkin tem uma visão mundial da alimentação e da obesidade, examinando como esta se tornou um problema mais urgente que a fome.

OBJETIVOS DE APRENDIZAGEM
Depois de estudar este capítulo, você será capaz de…

15-1 Para cada um dos tipos de exercício, descrever quais das metas de condicionamento físico cada tipo promove

15-2 Analisar os motivos para se exercitar, descrevendo como cada motivo promove objetivos de saúde ou outros objetivos

15-3 Explicar os benefícios e as limitações do exercício como forma de controlar o peso

15-4 Traçar a história das pesquisas que demonstram a relação entre atividade física e doenças cardiovasculares

15-5 Descrever três mecanismos pelos quais a atividade física promove a saúde cardiovascular

15-6 Avaliar cada um dos outros benefícios da atividade física para a saúde, concentrando-se no impacto de cada um na saúde da população

15-7 Comparar os sintomas de dependência de exercício com os de dependência de drogas

15-8 Descrever as condições que aumentam a probabilidade de lesão durante o exercício e dar um exemplo de como minimizar cada um desses riscos

15-9 Descrever quais fatores são importantes para responder à pergunta sobre níveis adequados de atividade física para benefícios à saúde

15-10 Avaliar a eficácia das intervenções de engenharia informacional, comportamental, social, tecnológica e ambiental para melhorar a adesão aos regimes de exercícios

CAPÍTULO 15

Exercício

SUMÁRIO DO CAPÍTULO

Perfil do mundo real de Ricky Gervais

Tipos de atividade física

Motivos para se exercitar
- Condicionamento físico
- Controle de peso

Atividade física e saúde cardiovascular
- Estudos iniciais
- Estudos posteriores
- Mulheres e homens se beneficiam igualmente?
- Atividade física e níveis de colesterol

Outros benefícios da atividade física para a saúde
- Proteção contra o câncer
- Prevenção da perda de densidade óssea
- Sono melhorado
- Controle do diabetes
- Benefícios psicológicos da atividade física

Perigos da atividade física
- Dependência de exercício
- Lesões por atividade física
- Morte durante o exercício
- Reduzindo lesões por exercício

Quanto é suficiente, mas não demais?

Melhorar a adesão à atividade física

PERGUNTAS

Este capítulo concentra-se em seis questões básicas:

1. Quais são os diferentes tipos de atividade física?
2. A atividade física beneficia o sistema cardiovascular?
3. Quais são alguns outros benefícios da atividade física para a saúde?
4. A atividade física pode ser perigosa?
5. Quanto é suficiente, mas não demais?
6. Quais são as intervenções eficazes para melhorar a atividade física?

A perda de peso é uma possível consequência da atividade física, como descobriu Ricky Gervais. De fato, a perda ponderal é uma das razões mais comuns pelas quais as pessoas iniciam uma rotina de atividade física. Entretanto, como você aprenderá neste capítulo, a atividade física tem muitos benefícios, além de afinar a cintura. Ela pode reduzir os riscos comuns à saúde, melhorar o humor, reduzir o estresse e melhorar o funcionamento cognitivo. Apesar desses benefícios, muitas pessoas não aderem às recomendações de atividade física, e descreveremos algumas estratégias que podem ajudá-las a manter suas metas. Além disso, neste capítulo, você aprenderá que os benefícios da atividade física persistem ao longo da vida. Assim, como observou Ricky Gervais, "nunca é tarde demais" para começar um estilo de vida de atividade física.

15-1 Tipos de atividade física

OBJETIVOS DE APRENDIZAGEM

15-1 Para cada um dos tipos de exercício, descrever quais das metas de condicionamento físico cada tipo promove

Embora o exercício possa incluir centenas de diferentes tipos de atividades físicas, fisiologicamente existem apenas cinco: isométrico, isotônico, isocinético, anaeróbico e aeróbico. Cada um tem objetivos diferentes, atividades diferentes e defensores diferentes. Cada qual pode contribuir para algum aspecto do condicionamento físico ou da saúde, mas apenas o aeróbico produz benefícios para a saúde cardiorrespiratória.

O **exercício isométrico** envolve a contração dos músculos contra um objeto imóvel. Embora o corpo não se mova no exercício isométrico, os músculos empurram com força uns aos outros ou contra um objeto imóvel e, assim, produzem aumentos de força. Empurrar fortemente uma parede sólida é um exemplo de exercício isométrico. Esse tipo de atividade física é capaz de melhorar a força muscular, o que pode ser especialmente importante para os idosos na preservação de uma vida independente.

O **exercício isotônico** requer a contração dos músculos e o movimento das articulações. O levantamento de peso e muitas

Verifique SEUS RISCOS À SAÚDE
Em relação a exercício e atividade física

☐ 1. Sempre que sinto vontade de me exercitar, eu me sento até a vontade passar.

☐ 2. Minha história familiar de doença cardíaca significa que vou ter um ataque cardíaco, quer me exercite ou não.

☐ 3. Quando se trata de exercício, adoto o lema "Sem dor, sem ganho".

☐ 4. Mudei de emprego para ter mais tempo para treinar para eventos esportivos competitivos.

☐ 5. Eu uso o exercício junto a dieta como um meio de controlar o peso.

☐ 6. As pessoas me aconselharam a iniciar um programa de exercícios, mas parece que nunca tenho tempo ou energia.

☐ 7. Uma das razões pelas quais me exercito é que acredito que uma pessoa não possa ser muito magra e que o exercício me ajudará a continuar a perder peso.

☐ 8. Posso começar um programa de exercícios quando for mais velho, mas agora sou jovem e estou em boa forma.

☐ 9. Estou muito velho e fora de forma para começar a me exercitar.

☐ 10. Provavelmente eu teria um ataque cardíaco se começasse a fazer corridas.

☐ 11. Eu gostaria de me exercitar, mas não posso correr, e caminhar não é extenuante o suficiente para ser um bom exercício.

☐ 12. Tento não deixar que as lesões interfiram na minha rotina regular de exercícios.

Com exceção do item 5, cada um desses itens representa um risco para a saúde por muito pouco ou muito exercício. Conte suas marcas de seleção para avaliar seus riscos. Ao ler este capítulo, você aprenderá que alguns desses itens são mais arriscados que outros.

Perfil do mundo real de RICKY GERVAIS

Logo após o Natal, aos 48 anos, o comediante e ator Ricky Gervais percebeu que precisava mudar os hábitos. Não foi um susto de saúde, um novo papel de ator ou o desejo de parecer em forma que o levou a essa conclusão. Em vez disso, ele olhou para um prato vazio, um prato que não muito antes tinha 11 salsichas. Ricky comeu todas em pouco tempo. Ele se sentiu terrivelmente doente, "como uma cobra tentando digerir". E pensou consigo mesmo: "Isso é ridículo (...) Cheguei a pesar 90 kg". "As coisas estavam ficando fora de controle" ("Ricky Gervais had sausage binge", 2010).

Ricky mudou o comportamento, mas não concentrou a atenção em perder peso ou fazer dieta. Em vez disso, ele se concentrou em se exercitar. Ele começou um treino de 55 minutos por dia de exercícios. A escolha de 55 minutos foi deliberada: "É uma coisa psicológica. Se é menos de uma hora, você não sente que está ocupando boa parte do dia e pode fazer outras coisas" ("Entrevista MH: Ricky Gervais", 2012).

Embora seu objetivo não fosse necessariamente perder peso, o público viu uma imagem diferente de Ricky quando ele apresentou o Globo de Ouro de 2010. Ricky parecia mais magro, mais em forma. Ele havia perdido 20 quilos.

Gervais não mudou muito a dieta, dizendo que o objetivo de intensificar os exercícios era "manter-se vivo e comer mais queijo e beber mais vinho" (Men's Health, 2012). Seu foco era correr diariamente e malhar na academia em casa, uma estratégia que funcionou por vários anos (Johnson, 2020). Mas Gervais passou a achar cada vez mais difícil evitar ganhar peso apenas com exercícios. Em 2020, aos 58 anos, ele lidava com o dilema de que falou em 2010: "Eu realmente adoraria perder mais peso, mas não cortando calorias. Farei isso, se puder, malhando ainda mais. Se não funcionar, então tudo bem. Estarei em forma e com mais peso" (Gervais, 2010). Ele ganhou mais peso que a meta, mas continuou a se exercitar para manter um bom condicionamento físico.

---

formas de calistenia se encaixam nesta categoria. Programas baseados em exercícios isotônicos podem melhorar a força e a resistência muscular se o programa for suficientemente longo. Novamente, as pessoas mais velhas podem se beneficiar do exercício isotônico, mas muitos em um programa de levantamento de peso são fisiculturistas interessados em melhorar a aparência do corpo em vez de melhorar a saúde.

Exercício isocinético é semelhante ao exercício isotônico, exceto que o exercício isocinético envolve o esforço para mover músculos e articulações contra uma quantidade variável de resistência. Este tipo de exercício requer equipamentos especializados que ajustam a quantidade de resistência de acordo com a quantidade de força aplicada. As pessoas que sofrem lesões musculares geralmente são instruídas a realizar exercícios isocinéticos a fim de restaurar a força e a resistência muscular. O exercício isocinético é um importante coadjuvante na reabilitação física, ajudando pessoas lesionadas a recuperar força e flexibilidade com mais segurança que em outros tipos de exercício.

Exercícios anaeróbicos requerem rajadas curtas e intensivas de energia, mas sem aumento da quantidade de uso de oxigênio. Essa forma de exercício inclui corrida de curta distância, alguns exercícios de ginástica, softbol e outros que exigem energia intensa e de curto prazo. Esses exercícios melhoram a velocidade e a resistência, mas podem trazer riscos para pessoas com doença cardíaca coronariana.

Exercício aeróbico é qualquer exercício que exija um consumo de oxigênio significativamente aumentado por um longo período de tempo. O exercício aeróbico inclui corrida, caminhada em ritmo acelerado, esqui de fundo, dança, pular corda, natação, ciclismo e outras atividades que aumentam o consumo de oxigênio.

As características importantes do exercício aeróbico são a intensidade e a duração. Deve ser intenso o suficiente para elevar a frequência cardíaca em um determinado intervalo, com base na idade da pessoa e na frequência cardíaca máxima possível. Esse tipo de programa requer uso elevado de oxigênio e proporciona treino tanto para o sistema respiratório, que fornece o oxigênio, quanto para o sistema coronário, que bombeia o sangue. Das várias abordagens de condicionamento físico, a atividade aeróbica é superior a outros tipos de exercício no desenvolvimento da saúde cardiorrespiratória.

As recomendações atuais exigem que uma pessoa se envolva em algum exercício aeróbico pelo menos três vezes por semana. Mas qualquer exercício aeróbico é melhor que nenhum.

> **APLIQUE O QUE VOCÊ APRENDEU**
>
> 1. Construa um programa de atividade pessoal, nomeando os tipos de exercício que promoveriam o condicionamento aeróbico, força, resistência e flexibilidade.

15-2 Razões para se exercitar

OBJETIVOS DE APRENDIZAGEM

15-2 Analisar os motivos para se exercitar, descrevendo como cada motivo promove objetivos de saúde ou outros objetivos

15-3 Explicar os benefícios e limitações do exercício como forma de controlar o peso

As pessoas se exercitam por uma variedade de razões, algumas consistentes com uma boa saúde e outras não. As razões para aderir a um programa de atividade física incluem condicionamento físico, controle de peso, saúde cardiovascular, aumento da longevidade, proteção contra o câncer, prevenção da osteoporose, controle do diabetes, melhor funcionamento cognitivo, sono melhorado e como amenizador contra depressão, ansiedade e estresse. Este capítulo examina as evidências relacionadas a cada uma dessas razões, bem como aos riscos potenciais da atividade física.

Condicionamento físico

A atividade física ajuda as pessoas a adquirir um bom condicionamento físico? Os efeitos do exercício sobre o condicionamento físico dependem da duração e intensidade e também da definição de condicionamento físico. Para a maioria dos fisiologistas do exercício, o condicionamento físico é uma condição complexa que consiste em força e resistência muscular, flexibilidade, equilíbrio e condicionamento físico cardiorrespiratório (aeróbico). Cada um dos cinco tipos de exercício pode contribuir para esses quatro aspectos diferentes do condicionamento físico, mas nenhum tipo atende a todos os requisitos.

Além disso, o condicionamento físico tem aspectos orgânicos e dinâmicos. *Condicionamento físico orgânico* é a capacidade de ação e movimento determinada por características inerentes ao corpo. Esses fatores orgânicos incluem dotação genética, idade e limitações de saúde. *Condicionamento físico dinâmico* surge por meio de atividade física, enquanto o condicionamento físico orgânico não. Uma pessoa pode ter um bom nível de condicionamento físico orgânico e ainda estar "fora de forma" e ter um desempenho ruim. Outra pode treinar e melhorar o condicionamento físico dinâmico, mas ainda ser incapaz de vencer corridas por causa do condicionamento orgânico relativamente baixo. Os aspirantes a campeões, portanto, devem ser agraciados com condicionamento físico orgânico, mas também devem treinar para adquirir condicionamento físico dinâmico, necessário para o desempenho atlético ideal. Michael Phelps, o nadador campeão e detentor do maior número de medalhas olímpicas de todos os tempos, tinha um excelente equilíbrio entre ambos os condicionamentos – herdou um corpo adequado à natação, mas precisou trabalhar duro para quebrar recordes. O restante deste capítulo trata quase exclusivamente do condicionamento físico dinâmico e seus componentes, porque esse tipo de condicionamento surge a partir do exercício, enquanto o orgânico não.

Força e resistência muscular Dois componentes do condicionamento físico são a força muscular e a resistência muscular. A força muscular é uma medida de quão forte um músculo pode se contrair. Esse tipo de condicionamento pode vir de exercícios isométricos, isotônicos, isocinéticos e, em menor grau, de anaeróbicos. Todos esses tipos de exercícios têm a capacidade de aumentar a força muscular porque envolvem a contração dos músculos.

A resistência muscular difere da força muscular, pois requer desempenho contínuo. Alguma força é necessária para a resistência muscular, mas o oposto não é verdade: um músculo pode ser forte, mas não ter resistência para continuar seu desempenho. Exercícios que melhoram a força requerem maior esforço para repetições limitadas; os que melhoram a resistência requerem menos esforço, mas repetições mais frequentes (Knuttgen, 2007). Tanto a força muscular quanto a resistência muscular melhoram por meio de tipos semelhantes de exercícios, incluindo isométricos, isotônicos e isocinéticos.

Flexibilidade A flexibilidade é a capacidade de amplitude de movimento de uma articulação. Os tipos de exercícios que desenvolvem força e resistência muscular geralmente não melhoram a flexibilidade. Além disso, a flexibilidade é específica para cada articulação, de modo que os exercícios destinados a desenvolver a flexibilidade são variados. Além de ser um componente do condicionamento físico, flexibilidade também diminui a probabilidade de lesões em outros tipos de atividade física, principalmente exercícios aeróbicos e anaeróbicos.

Exercícios de alongamento lentos e sustentados promovem a flexibilidade muscular. Em contraposição, movimentos rápidos, bruscos e vigorosos causam dores musculares e lesões. O treinamento de flexibilidade normalmente não é tão intenso quanto o de força e resistência. Ioga e tai chi fornecem os tipos de movimentos que aumentam a flexibilidade.

Condicionamento físico aeróbico De todos os tipos de atividade física, o exercício aeróbico é o que mais contribui para o condicionamento cardiorrespiratório. Quando as pessoas adquirem condicionamento físico aeróbico, melhoram a saúde cardiorrespiratória de várias maneiras. Primeiro, eles aumentam a quantidade de oxigênio disponível durante exercícios extenuantes; e, segundo, aumentam a quantidade de sangue bombeada a cada batimento cardíaco. Essas alterações resultam em uma redução tanto da frequência cardíaca de repouso quanto da pressão arterial de repouso e aumentam a eficiência do sistema cardiovascular (Cooper, 2001). Esse tipo de exercício ajuda a proteger homens e mulheres de doenças cardíacas e uma variedade de outras doenças (Murphy et al., 2007).

Controle de peso

A obesidade continua sendo um problema mundial (OMS, 2020). Muitas pessoas adotam um estilo de vida sedentário, passando grande parte do tempo assistindo à televisão, vídeos, jogando no computador, navegando na Internet e falando ao celular. Existe uma ligação entre o sedentarismo e o excesso de peso, pois pesquisas mostram que a atividade física contribui para o controle do peso (Wu et al., 2009).

A maioria dos especialistas vê a obesidade como um acúmulo prolongado de excesso de gordura corporal (Forbes, 2000; Hansen et al., 2005). A obesidade pode surgir ao longo do tempo, quando a ingestão calórica dietética de uma pessoa excede o gasto energético por meio da atividade física. Contudo, o nível de exercício necessário para a saúde cardiovascular não é necessariamente o mesmo para o controle de peso. Por exemplo, 15 minutos de caminhada ou ciclismo de casa para o trabalho podem ser suficientes para reduzir tanto a mortalidade cardiovascular como a mortalidade por todas as causas (Barengo et al., 2004). Como Ricky Gervais descobriu, a quantidade de exercício necessária para provocar a perda de peso é muito maior. Algumas autoridades (Hill & Wyatt, 2005; Jakicic & Otto, 2005) recomendam que as pessoas obesas dediquem pelo menos 60 minutos por dia em atividade física moderada a pesada para provocar a perda de peso inicial e manter essa perda. Assim, é preciso atividade física mais longa e intensa para o controle de peso duradouro; essa quantidade excede a quantidade de atividade física exigida para a saúde cardiovascular.

O exercício também pode servir como um meio para esculpir uma forma corporal ideal. Infelizmente, ele é limitado como método de redução localizada. Músculo e gordura têm pouco a ver um com o outro, e uma pessoa pode ter ambos na mesma parte do corpo. Se os indivíduos se exercitam durante a redução de peso, constroem tecido muscular enquanto perdem gordura, o que pode construir uma forma corporal mais atraente. A redução localizada parece ser o resultado porque a gordura tende a ser perdida nos locais onde era mais abundante. Mas a distribuição de gordura está sob forte controle genético, e pessoas com quadris ou coxas grandes em relação a outras partes do corpo terão quadris ou coxas grandes depois de perderem peso. Apesar das alegações de alguns que promovem exercícios, um determinado exercício calistênico não reduzirá a gordura em uma parte específica do corpo.

Pessoas inativas que estão preocupadas com o peso e que pararam de fumar recentemente devem considerar fortemente iniciar um programa de atividade física. Steven Blair e Tim Church (2004) afirmaram que um programa de

Atividades de lazer sedentárias aumentam o problema da obesidade infantil.

exercícios assim seria pelo menos tão eficaz quanto a dieta no controle do peso e muito melhor que a dieta na mudança da proporção de gordura para tecido muscular. Um estudo inicial corroborou esse ponto de vista. Os pesquisadores designaram aleatoriamente homens sedentários e obesos para um dos três grupos: de dietas, corredores ou controles (Wood et al., 1988). Os de dietas não se exercitaram, os corredores não fizeram dieta e os controles também não. Depois de um ano, as pessoas do grupo de exercícios e do grupo de dieta perderam aproximadamente a mesma quantidade de peso, e ambos os grupos perderam mais que as do grupo de controle. Entretanto, algumas diferenças importantes surgiram na comparação entre os praticantes de dieta e os corredores. Embora ambos os grupos tenham perdido a mesma quantidade de peso, os praticantes de dieta perderam tanto gordura quanto tecido magro, enquanto os corredores perderam apenas tecido adiposo e retiveram mais tecido muscular magro.

O exercício não produz muita perda de peso por meio da queima de calorias; por exemplo, são necessários mais de 30 minutos de tênis para eliminar as calorias de duas rosquinhas! Mas sentar e comer rosquinhas é um risco para a obesidade de duas maneiras: sentar e comer. Sentar-se é um risco para a saúde independentemente do nível de atividade física moderada e vigorosa (Biswas et al., 2015; Physical Activity Guidelines Advisory Committee (PAGAC), 2018); ou seja, pode-se praticar atividades físicas regulares, mas pode haver riscos em passar o resto do tempo sentado em um carro, na frente do computador ou da televisão. Contudo, os riscos do comportamento sedentário são maiores quando poucos ou nenhum episódio de atividade física o acompanha. Assim, sentar apresenta os próprios riscos à saúde.

A maior parte da perda de peso associada ao exercício vem da elevação da taxa metabólica, aquela em que o corpo metaboliza as calorias. Assim, a atividade física pode promover a perda de peso, pois o consequente aumento no número de calorias queimadas pode produzir alterações no peso que excedem o número de calorias gastas em qualquer atividade.

RESUMO

Cinco categorias básicas englobam todas as formas de atividade física: isométrica, isotônica, isocinética, anaeróbica e aeróbica. Cada um desses cinco tipos de exercícios apresenta vantagens e desvantagens para melhorar o condicionamento físico, mas apenas o exercício aeróbico beneficia a saúde cardiorrespiratória.

As pessoas têm uma variedade de razões para manter um regime de exercícios, incluindo condicionamento físico, saúde aeróbica e controle de peso. Os vários tipos de exercício podem aumentar o condicionamento físico dinâmico, fortalecer os músculos, melhorar a resistência e aumentar a flexibilidade. O condicionamento físico aeróbico reduz a morte não apenas por doenças cardiovasculares (DCV), mas também por todas as causas.

Uma razão popular para permanecer fisicamente ativo é controlar o peso e alcançar um corpo esculpido.

A atividade física pode ajudar as pessoas a perder peso, mas a capacidade de redução pontual é muito limitada. Aquelas com excesso de peso podem perdê-lo com atividade física moderada, pessoas magras altamente ativas podem manter a massa corporal magra por meio de dieta adequada e pessoas com peso moderado podem aumentar o peso corporal magro sem ganho de peso geral.

APLIQUE O QUE VOCÊ APRENDEU

1. Examine as razões para se exercitar e avalie a importância de cada uma dessas razões para você em uma escala de 1 = nada a 7 = extremamente, então faça um resumo dessa avaliação.

15-3 Atividade física e saúde cardiovascular

OBJETIVOS DE APRENDIZAGEM

15-4 Traçar a história das pesquisas que demonstram a relação entre atividade física e doenças cardiovasculares

15-5 Descrever três mecanismos pelos quais a atividade física promove a saúde cardiovascular

Hoje em dia, a maioria das pessoas reconhece os benefícios da atividade física para a saúde. Esse conhecimento, porém não existia até de certa maneira recentemente. Durante os primeiros anos do século XX, os médicos com frequência aconselhavam pacientes com doenças cardíacas a evitar atividades físicas extenuantes, com base na crença de que muita atividade física poderia danificar o coração e ameaçar a vida de uma pessoa. (A Figura 9.7 no Capítulo 9 mostra um quadro drástico da ascensão e queda das taxas de mortalidade por DCV ao longo do século XX.) Em meados do século XX, alguns cardiologistas repensaram esse conselho e passaram a recomendar exercícios aeróbicos tanto como adjuvante do tratamento padrão quanto como proteção contra doenças cardíacas. Mais adiante nesta seção, descrevemos os benefícios cardiovasculares do exercício, mas primeiro veremos brevemente a história dos estudos que pesquisaram o exercício e a saúde cardiovascular.

Estudos iniciais

Jeremy Morris e colegas (Morris et al., 1953) fizeram história com a observação de uma ligação entre atividade física e DCV. Essa observação ocorreu na Inglaterra e envolveu os famosos ônibus de dois andares de Londres. Morris e colegas descobriram que condutores masculinos fisicamente ativos diferem dos condutores sedentários na incidência de doenças cardíacas. Dez anos depois, Harold Kahn (1963) investigou a relação entre atividade física e doenças cardíacas entre funcionários dos correios em Washington, DC. Kahn encontrou menores taxas de mortalidade por doenças cardíacas coronarianas (DCC) entre os homens fisicamente ativos. Esses estudos, é claro, não provaram que a atividade física diminuiu o risco de DCC, porque os trabalhadores de alta e baixa atividade também podem diferir no tipo de corpo, personalidade ou algum outro fator associado a um risco alto ou baixo de DCC.

Ralph Paffenbarger, professor de epidemiologia da Stanford University School of Medicine e da Harvard School of Public Health, tomou como base o trabalho anterior com a publicação de vários estudos de referência sobre a relação entre atividade física e DCC. Os primeiros estudos acompanharam um grupo de estivadores de San Francisco em 1951 e as mortes por DCC ao longo do tempo (Paffenbarger et al., 1971; Paffenbarger, 1970). De modo geral, eles descobriram que as taxas de mortalidade por DCC foram muito maiores para trabalhadores com baixa atividade *versus* alta atividade. Nesses estudos, todos os trabalhadores dos grupos de alta e baixa atividade iniciaram seus empregos com pelo menos cinco anos de transporte de carga extenuante; portanto, todos eles provavelmente estavam em boa forma no início do estudo. No entanto, o nível de atividade física surgiu como um preditor significativo de risco subsequente de morte por DCC.

No final da década de 1970, Paffenbarger e associados (Paffenbarger et al., 1978) publicaram um estudo epidemiológico de referência baseado em extensos registros médicos de ex-alunos da Harvard University, seu gasto energético total semanal e um índice composto de atividade física que considerava todas as atividades, dentro e fora do trabalho. Com esses dados, Paffenbarger e colegas dividiram os ex-alunos de Harvard em grupos de alta e baixa atividade. Dos homens cujos níveis de energia puderam ser determinados, cerca de 60% gastaram menos de 2.000 kcal por semana e foram colocados no grupo de baixa atividade; os 40% que gastaram mais de 2.000 kcal compuseram o grupo de alta atividade. (Observe que 2.000 kcal de energia é aproximadamente o gasto em 32 quilômetros de corrida ou equivalente.) Os resultados mostraram que os ex-alunos de Harvard menos ativos tinham um risco aumentado de ataque cardíaco em relação aos colegas de classe mais ativos fisicamente, com 2.000 kcal por semana como ponto de ruptura. Além disso, o exercício beneficiou os homens que fumavam, tinham histórico de hipertensão ou ambos. Além do gasto de 2.000 kcal por semana, o aumento do exercício não rendeu dividendos em termos de redução do risco de ataques cardíacos fatais ou não fatais. A **Figura 15.1** mostra essa relação.

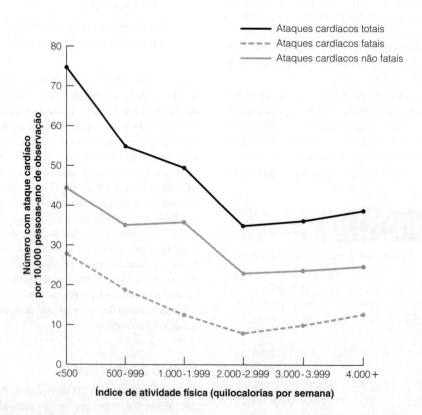

FIGURA 15.1 Taxas do primeiro ataque cardíaco ajustadas à idade pelo índice de atividade física em um acompanhamento de 6 a 10 anos de ex-alunos de Harvard.

Fonte: Adaptado de "Physical activity as an index of heart attack risk in college alumni", por R. S. Paffenbarger, Jr., A. L. Wing & R. T. Hyde, 1978, *American Journal of Epidemiology*, 108, p. 166. Copyright © 1978 por The Johns Hopkins University School of Hygiene and Public Health.

Estudos posteriores

Dezenas de estudos mais recentes examinaram a relação entre atividade física e mortalidade cardiovascular. Uma revisão sistemática desses estudos mostra que a atividade física confere uma redução de 35% no risco de morte por causas cardiovasculares (Nocon et al., 2008); 33% no risco de morte por todas outras causas. Além disso, homens e mulheres se beneficiam da atividade física, mas as reduções de risco podem ser maiores para as mulheres que para os homens (Nocon et al., 2008). Revisões mais recentes confirmam esse vínculo (Lavie et al. 2019; PAGAC, 2018). Existe uma relação dose-resposta entre níveis de atividade física vigorosa e risco reduzido de mortalidade por todas as causas (Samitz et al., 2011), e uma grande redução no risco apareceu ao comparar pessoas que não relataram atividade com aquelas que relataram baixos níveis de atividade física leve a moderada (PAGAC, 2018; Woodcock et al., 2011). Assim, alguma atividade é muito melhor que nenhuma, mas há ainda mais benefícios ao se adicionar mais atividade a alguma atividade.

As evidências também mostram benefícios cardiovasculares entre pessoas de várias nações e diferentes grupos étnicos. Por exemplo, muitos mexicanos-americanos correm o risco de obesidade, colesterol alto e outros fatores de risco cardiovascular, sugerindo que provavelmente podem se beneficiar com um programa rotineiro de exercícios. Um estudo feito com eles no San Antonio Heart Study (Rainwater et al., 2000) descobriu que as mudanças na atividade física durante um período de cinco anos tendem a refletir as mudanças nos fatores de risco de DCV.

Desse modo, fica inequivocamente claro que a atividade física protege contra as DCV (Myers, 2000; Lavie et al., 2019; PAGAC, 2018). Primeiro, as pessoas que já são ativas obtêm alguns ganhos ao aumentar seu nível de atividade, mas os maiores ganhos ocorrem quando elas passam de um estilo de vida sedentário para um ativo. Em segundo lugar, caminhar, especialmente para idosos, confere proteção contra DCV (Murphy et al., 2007). Terceiro, um estilo de vida inativo é igual ao diabetes, colesterol alto, tabagismo e à pressão alta como fator de risco de DCV. Quarto, homens e mulheres fisicamente aptos em todas as faixas etárias podem reduzir seu risco de DCV por meio de atividades de lazer. Quinto, o acúmulo de exercício por vários anos não oferece muita proteção atual contra a mortalidade por todas as causas. Da mesma forma, aqueles que sobrevivem a um ataque cardíaco e que incluem atividade física como parte de seu programa de reabilitação diminuem a mortalidade por todas as causas, bem como o risco de um ataque subsequente. Entretanto, esses benefícios desaparecem após cinco anos se os participantes pararem de se exercitar. Sendo assim, como a atividade física prévia perde seu benefício após alguns anos, os sobreviventes de ataque cardíaco devem manter seu programa de exercícios.

O exercício também oferece proteção contra acidente vascular encefálico. Pesquisadores do Nurses' Health Study (Hu et al., 2000) descobriram que as mulheres mais ativas, em comparação com as sedentárias, reduziram o risco de morte por acidente vascular encefálico isquêmico em cerca de 34%, em comparação com as sedentárias. Além disso, houve uma relação dose-resposta entre os níveis de atividade física e proteção contra acidente vascular encefálico isquêmico. Indivíduos que sofreram um AVE eram menos ativos fisicamente que outros, incluindo menos atividade física na semana anterior ao AVE (Krarup et al., 2007). Da mesma maneira, uma metanálise (Wendel-Vos et al., 2004) descobriu que altos níveis de atividade física ocupacional e de lazer reduzem o risco de acidente vascular encefálico isquêmico e acidente vascular encefálico hemorrágico.

Esses e outros relatórios sobre DCV sugerem que um estilo de vida que inclua pelo menos alguma atividade física pode ajudar a proteger as pessoas contra DCV prematura, incluindo acidente vascular encefálico. Mesmo pouca atividade pode ajudar, porém mais é melhor, pelo menos até certo ponto. (Em seção posterior, discutiremos quanto é suficiente sem ser demais.)

Mulheres e homens se beneficiam igualmente?

Todos os primeiros estudos sobre os efeitos cardiovasculares dos exercícios tinham uma limitação importante: eles se concentraram exclusivamente em homens. Para completar o quadro dos benefícios do exercício para a saúde, pesquisadores posteriormente estenderam suas investigações às mulheres. As diferenças de gênero no grau de atividade física, de lazer e atividade relacionada ao trabalho podem sugerir diferenças entre homens e mulheres em seu nível de proteção contra DCV e mortalidade por todas as causas.

Os benefícios da atividade física se estendem tanto para mulheres quanto para homens? Paffenbarger e colegas (Oguma et al., 2002) analisaram 37 estudos de coorte prospectivos e um estudo retrospectivo que tratava da associação entre mortalidade por todas as causas e atividade física e condicionamento físico em mulheres. Os resultados indicaram que elas poderiam ganhar tanto quanto os homens com exercícios, achado confirmado em uma revisão mais recente (Nocon et al., 2008). Aquelas inativas eram muito mais propensas que as ativas a morrer durante o período do estudo. Revisões mais recentes sugerem benefícios para redução de DCV, AVE e mortalidade geral (Colpani et al., 2018) e a possibilidade de que as mulheres possam ter uma redução ainda maior no risco de mortalidade por todas as causas com a atividade física que os homens (Samitz et al., 2011). (Ver a Figura 15.1 uma relação entre o nível de quilocalorias e o primeiro ataque cardíaco em homens.)

Em resumo, tanto mulheres como homens podem melhorar a saúde cardiovascular e viver mais com exercícios leves a moderados. Pessoas fisicamente ativas podem esperar um aumento médio na longevidade de cerca de dois anos (Blair et al., 2001). Um cínico pode argumentar que uma pessoa precisaria correr um total de cerca de dois anos entre as idades de 20 e 80 anos para aumentar a longevidade em dois anos. Por que viver mais dois anos se é preciso gastar esse tempo se exercitando? Mas a atividade física faz mais que simplesmente adicionar quantidade ao tempo de vida de uma pessoa; ela adiciona *qualidade* a esses anos também, melhorando o bem-estar, a saúde mental e o funcionamento cognitivo (como discutiremos mais adiante neste capítulo).

Atividade física e níveis de colesterol

Como o exercício protege contra DCV? Uma maneira é aumentar a lipoproteína de alta densidade (HDL, ou colesterol "bom") enquanto diminui o LDL (colesterol "ruim"; Hausenloy & Yellen, 2008). A combinação de aumentar o HDL e diminuir o LDL pode deixar o colesterol total igual, mas a proporção entre colesterol total e HDL se torna mais favorável e o risco de doença cardíaca diminui. Assim, a atividade física pode beneficiar os pacientes cardíacos de duas maneiras: diminuindo o LDL e aumentando o HDL (Szapary et al., 2003).

Níveis moderados de exercício, com ou sem mudanças na dieta, trazem uma proporção favorável de colesterol total para HDL. Revisões de estudos do simpósio de Toronto (Leon & Sanchez, 2001; Williams, 2001) descobriram, de maneira geral, que exercícios moderados, como caminhadas e jardinagem, aumentam o HDL e, com menos frequência, diminuem o LDL e os triglicerídeos. A combinação de uma dieta com baixo teor de gordura e exercícios é ainda mais eficaz (Varady & Jones, 2005), mas alto nível de HDL ou altos níveis de condicionamento físico são protetores (O'Donovan et al., 2017). Sendo assim, a atividade moderada pode levar a uma proporção mais favorável de colesterol total para HDL, mas a atividade física extenuante prolongada não parece conferir proteção adicional contra doenças cardíacas (Leon & Sanchez, 2001). Além disso, o condicionamento físico confere proteção, mesmo sem altos níveis de HDL.

Se os adultos podem melhorar seus números lipídicos por meio de exercícios moderados, as crianças e adolescentes também se beneficiam com a atividade física regular? Identificar a relação entre condicionamento físico e fatores de risco cardiovascular em crianças é difícil, pois muitas crianças e adolescentes sedentários também apresentam sobrepeso ou obesidade. Apesar desse desafio, o baixo condicionamento físico está relacionado a níveis elevados de colesterol e outros fatores de risco cardiovascular para crianças na Europa (Andersen et al., 2008) e nos Estados Unidos (Eisenmann et al., 2007). Programas para melhorar esses fatores de risco geralmente incluem perda de peso e exercícios, gerando poucas pesquisas que avaliam apenas a influência da atividade física nos fatores de risco cardiovascular (Kelley & Kelley, 2007).

Em geral, as crianças fisicamente ativas podem se beneficiar do exercício, mas provavelmente não tanto quanto os adultos (Tolfrey, 2004). Contudo, aquelas de até 4 anos podem se beneficiar de um programa de exercícios aprimorado (Sääkslahti et al., 2004). Essa pesquisa analisou crianças de 4 a 7 anos de idade e descobriu que meninas e meninos com tempo de jogo altamente ativo tinham baixos níveis de colesterol total, altos níveis de HDL e uma relação favorável entre colesterol total e HDL. Um estudo com pré-adolescentes e adolescentes mostrou resultados semelhantes a estudos com adultos; isto é, o exercício parece diminuir o LDL enquanto aumenta o HDL e deixa o colesterol total basicamente inalterado (Tolfrey et al., 2000). O exercício aeróbico regular pode proteger contra doenças cardíacas em adultos e crianças, aumentando o HDL e melhorando a relação entre colesterol total e HDL.

RESUMO

Evidências acumuladas sugerem que a atividade física reduz a incidência de doença cardíaca coronariana. As primeiras pesquisas tinham muitas falhas e tendiam a incluir apenas homens. Contudo, pesquisas mais recentes confirmam uma forte associação entre um regime de atividade física moderada e saúde cardiovascular, incluindo diminuição dos riscos de doenças cardíacas e derrames. Além disso, a atividade física pode aumentar o HDL, melhorando assim a relação entre colesterol total e HDL. Como resultado, a atividade regular pode acrescentar até dois anos à vida de uma pessoa enquanto diminui a incapacidade, especialmente em anos posteriores.

APLIQUE O QUE VOCÊ APRENDEU

1. Construa um programa de atividade física pensado para reduzir o risco de DCV, incluindo as atividades e durações de duas semanas do programa.

15-4 Outros benefícios da atividade física para a saúde

OBJETIVOS DE APRENDIZAGEM

15-6 Avaliar cada um dos outros benefícios da atividade física para a saúde, concentrando-se no impacto de cada um deles na saúde da população

Embora a maioria das pessoas que se exercite faça isso para alcançar condicionamento físico, controle de peso ou saúde cardiovascular, outros benefícios se acumulam para aqueles que adotam um regime de atividade física, incluindo proteção contra alguns tipos de câncer, prevenção da perda de densidade óssea, controle do diabetes e melhoria da saúde psicológica.

Proteção contra o câncer

Várias revisões (Miles, 2007; PAGAC, 2018) examinaram a conexão entre atividade física e vários tipos de câncer. Das centenas de estudos avaliados, a maioria se concentrou em cânceres de bexiga, cólon e reto, mama, endométrio, sistema gástrico e renal. A atividade física oferece proteção contra cada um desses tipos de câncer, com forte evidência para todos, com redução de risco de 10 a 20% (PAGAC, 2018). Os efeitos protetores para o câncer colorretal parecem tão fortes para as mulheres quanto para os homens (Wolin et al., 2009), e o exercício parece proteger mais as mulheres na pós-menopausa que na pré-menopausa do câncer de mama (Friedenreich & Cust, 2008). Além disso, é possível que o exercício tenha maior probabilidade de proteger as mulheres não caucasianas contra o câncer de mama que as caucasianas

(Friedenreich & Cust, 2008). A evidência de uma ligação entre atividade física para câncer de pulmão e endométrio é moderada (PAGAC, 2018). Os resultados de uma metanálise (Tardon et al., 2005) são consistentes com as revisões sistemáticas, sugerindo que níveis moderados a altos de atividade física reduzem a incidência de câncer de pulmão em mulheres e homens, mas a relação é mais forte para as mulheres.

Como a atividade física reduz o risco de câncer? Embora a resposta não seja clara, a atividade física pode influenciar o início e o crescimento do tumor (Rogers et al., 2008). Além disso, a atividade física afeta as citocinas pró-inflamatórias, que estão envolvidas no desenvolvimento tanto de DCV (Stewart et al., 2007) quanto de câncer. Assim, a pesquisa não apenas estabeleceu os benefícios protetores da atividade física para o câncer, como também começou a mostrar de que maneira esses benefícios podem ocorrer.

O exercício também pode ser útil para pacientes com câncer, incluindo uma expectativa de vida mais longa para aqueles que são fisicamente ativos (PAGAC, 2018). Pacientes com câncer submetidos à quimioterapia beneficiam-se do treinamento de atividade física aumentando a força, o condicionamento físico aeróbico e o peso (Quist et al., 2006). Uma revisão sistemática (Speck et al., 2010) também indica que o exercício ajuda a controlar a fadiga que frequentemente acompanha o tratamento do câncer. Assim, a atividade física é eficaz na prevenção de vários tipos de câncer e é útil no gerenciamento de alguns dos efeitos colaterais angustiantes desse tratamento.

Prevenção da perda de densidade óssea

O exercício também protege contra **osteoporose**, um transtorno caracterizado por uma redução na densidade óssea devido à perda de cálcio que resulta em ossos quebradiços. A atividade física pode proteger homens e mulheres contra a perda de densidade mineral óssea (DMO), especialmente aqueles que foram ativos durante a juventude. Os minerais ósseos se acumulam durante a infância e o início da adolescência, e a atividade durante esses anos pode ser especialmente importante para a saúde óssea (Hind & Burrows, 2007). Por exemplo, uma comparação entre atletas aposentados e um grupo de comparação descobriu que os ex-atletas mantiveram mais DMO e tiveram menos fraturas aos 60 anos que aqueles que não foram atletas.

Tanto homens quanto mulheres podem se beneficiar de exercícios de alto impacto, como correr e saltar. Entretanto, esse tipo de atividade pode deixar as pessoas (especialmente as mais velhas) vulneráveis a lesões. Discutiremos essas e outras lesões mais adiante neste capítulo, mas como o boxe "Dá para acreditar?" explica, tanto os mais velhos quanto os jovens se beneficiam do exercício. Um estudo experimental (Vainionpää et al., 2005) indicou que aquelas na pré-menopausa no grupo experimental (de alto impacto) tinham DMO significativamente maior que aquelas no grupo de controle. Porém uma intervenção com caminhada (Palombaro, 2005) e outra com tai chi (Wayne et al., 2007) não demonstraram eficácia tão claramente quanto o programa com exercícios de alto impacto (Zehnacker & Bemis-Dougherty, 2007).

Melhora do sono

A prática de atividade física também melhora vários aspectos do sono (PAGAC, 2018). A qualidade do sono inclui a duração do seu início, o despertar durante o sono e a duração do sono. Aqueles que se exercitam tendem a experimentar um início de sono mais rápido, menos despertares, períodos de vigília mais curtos, e de sono mais longos e mais tempo em sono profundo. Esses efeitos são mais fortes para adultos que para crianças ou adolescentes, mas os jovens também se beneficiam. Contudo, alguns desses benefícios se estendem a quem tem problemas para dormir, incluindo insônia e apneia do sono.

O tipo de exercício faz pouca diferença para os benefícios do sono, e o momento do exercício e do sono também não mostra uma relação consistente. Quanto à maioria dos benefícios da atividade física, esta deve ser pelo menos moderadamente extenuante para ser mais benéfica, mas mesmo exercícios ocasionais podem melhorar o sono. Cerca de 25% da população dos Estados Unidos relata problemas no sono, o que indica o potencial de melhoria da qualidade de vida de milhões de pessoas.

Controle do diabetes

Assim como a obesidade é um fator no diabetes tipo 2 e o exercício é um meio estabelecido de controlar o peso, segue-se que a atividade física pode ser uma arma útil no controle do diabetes. Revisões sistemáticas de pesquisas sobre esse tópico confirmam os benefícios do exercício para a melhoria da resistência à insulina (Plasqui & Westerterp, 2007), para a prevenção do diabetes tipo 2 (Jeon et al., 2007), para o tratamento dessa doença (Kavookjian et al., 2007) e para redução do risco de mortalidade entre diabéticos (Sluik et al., 2012). Assim, os benefícios do exercício para diabetes tipo 2 estão bem estabelecidos.

A atividade física protege os diabéticos tipo 1? Uma metanálise de intervenções de mudança de comportamento (Conn et al., 2008) mostrou que o exercício é um componente importante no controle desse diabetes. Adolescentes fisicamente ativos com diabetes tipo 1 apresentaram menores fatores de risco cardiovascular que aqueles que eram menos ativos (Herbst et al., 2007). Embora esses estudos relatem um benefício protetor modesto para a atividade física, eles não sugerem que o exercício seja uma panaceia para o controle do diabetes; indivíduos com diabetes tipo 1 devem gerenciar muitos fatores para levar uma vida saudável. (Ver no Capítulo 11 uma discussão sobre o tratamento do diabetes.) Entretanto, esses achados indicam que a atividade física pode ser um componente útil no tratamento do diabetes insulino-dependente e pode oferecer alguma proteção contra o desenvolvimento de diabetes não insulino-dependente.

Benefícios psicológicos da atividade física

Como dito anteriormente, a atividade física não apenas prolonga a vida, mas também aumenta a qualidade de vida. Os ganhos da atividade física regular se estendem a benefícios psicológicos, incluindo defesa contra a depressão, redução da ansiedade, proteção contra o estresse e contribui para um melhor funcionamento cognitivo (PAGAC, 2018). As pessoas que se exercitam regularmente dizem que isso melhora o humor, reduz o estresse e as ajuda a se concentrar. As evidências corroboram essas alegações?

O elo entre atividade física e funcionamento psicológico é menos claramente estabelecido que a ligação entre atividade física e alguns tipos de saúde fisiológica. Além disso, qualquer avaliação dos efeitos terapêuticos do exercício em transtornos psicológicos deve considerar os problemas suscitados pelo efeito placebo. Por esse motivo, a pesquisa de qualidade é difícil, mas cresceu na última década, produzindo evidências que um regime regular de exercícios pode diminuir a depressão, reduzir a ansiedade, amenizar o estresse e melhorar o funcionamento cognitivo (PAGAC, 2018).

Diminuição da depressão O *Manual Diagnóstico e Estatístico de Transtornos Mentais*, 5ª edição, da American Psychiatric Association (APA, 2013) define um episódio depressivo maior como um período de pelo menos duas semanas durante as quais há humor deprimido ou perda de interesse ou prazer em quase todas as atividades. Durante a vida, até 25% das mulheres e 12% dos homens podem sofrer de depressão maior (APA, 2000). Se a atividade física pode aliviá-la, milhões de pessoas podem se beneficiar de uma terapia que está facilmente disponível para quase todos.

Dá para ACREDITAR? Nunca é tarde demais – ou cedo demais

A atividade física é um hábito saudável, mas você acredita que nunca seja tarde demais para começar a se exercitar? Ou muito cedo?

Os adultos mais velhos se beneficiam de serem fisicamente ativos de várias maneiras. Os benefícios cardiovasculares incluem pressão arterial mais baixa, melhora dos sintomas de insuficiência cardíaca congestiva e diminui o risco de doença cardiovascular (PAGAC, 2018). Além disso, idosos fisicamente ativos têm menor risco de diabetes, osteoporose, osteoartrite e depressão. Todos esses benefícios resultam em menos doença e morte entre idosos fisicamente ativos (Everett et al., 2007).

Apesar desses muitos benefícios, 56% dos norte-americanos com mais de 75 anos são sedentários (USCB, 2011), e somente cerca de 21% cumprem a quantidade recomendada de atividade física (PAGAC, 2018). As pessoas tendem a se tornar menos ativas à medida que envelhecem e também reduzem exercícios quando sentem dor (Nied & Franklin, 2002). Por exemplo, a artrite causa dores nas articulações do joelho e quadril que tornam as pessoas mais velhas menos dispostas a se exercitar. Além disso, aquelas que sofreram um acidente vascular encefálico podem apresentar problemas de equilíbrio ou fraqueza que as deixam desconfortáveis até mesmo com os níveis normais de atividade. Os indivíduos mais velhos têm maior probabilidade de cair que os mais jovens e ossos quebrados resultantes podem causar uma mudança permanente na mobilidade e independência. Embora todas essas preocupações tenham algum fundamento, os riscos são gerenciáveis. A atividade física oferece mais benefícios que riscos para os idosos, mesmo para aqueles com mais de 85 anos e para os que são frágeis. Eles podem precisar de supervisão para os exercícios, mas se beneficiam da atividade física. Exercícios como o tai chi até ajudam a diminuir os medos e os riscos de queda (Sattin et al., 2005; Zijlstra et al., 2007). Quase todos os idosos podem diminuir os riscos à saúde e ganhar mobilidade com o exercício.

Também nunca é cedo demais para começar um estilo de vida ativo. A atividade física fornece benefícios para toda a vida, e até mesmo crianças pequenas se beneficiam. Essas podem não parecer estar em risco de inatividade, mas estão. Para manter os objetivos de segurança e conveniência, pais e cuidadores muitas vezes confinam os recém-nascidos em carrinhos, cadeirinhas ou cercadinhos que limitam os movimentos (National Association for Sport and Physical Education [NASPE], 2002). Essas experiências não apenas limitam a mobilidade durante a infância, como também podem postergar os objetivos de desenvolvimento, como engatinhar e andar. A falta de atividade física durante a infância pode levar a uma infância sedentária. Crianças inativas também podem atrasar no desenvolvimento de habilidades motoras e se juntar ao número crescente daquelas com sobrepeso e obesidade, que inclui mais de 9% das crianças pequenas, 17% das mais velhas e 20% dos adolescentes nos Estados Unidos (Fryar et al., 2018).

A National Association for Sport and Physical Education (NASPE, 2002) propôs diretrizes para a atividade física, a partir da infância. Para todas as crianças, a NASPE enfatizou supervisão e segurança. As recomendações para recém-nascidos incluíam permitir que experimentassem ambientes nos quais pudessem se mover, mantendo a segurança e jogando uma variedade de jogos, como pique-esconde e esconde-esconde. A NASPE recomendou pelo menos 30 minutos diários de atividade física estruturada para crianças pequenas e 60 minutos para pré-escolares. Scott Roberts (2002) deu um passo adiante, recomendando exercícios para crianças. Ele argumentou que as proibições contra levantamento de peso e outros tipos de treinamento de força para crianças não têm base científica. Pelo contrário, Roberts sustentou que elas experimentam os mesmos benefícios desse tipo de exercício que os adultos, incluindo proteção contra doenças cardiovasculares, hipertensão e obesidade, bem como melhor força, flexibilidade e postura.

Lembre-se de que a atividade física traz benefícios para a vida toda, então nunca é cedo demais – ou tarde demais – para começar um programa de exercícios para toda a vida.

As pessoas que se exercitam regularmente são geralmente menos deprimidas que as sedentárias (Martinsen, 2005). Quando os pesquisadores comparam grupos de praticantes de exercícios com grupos de pessoas sedentárias em diferentes medidas de depressão, eles descobrem que pessoas altamente ativas são geralmente menos deprimidas. Uma possível explicação é que, em vez de melhorar o humor, o exercício pode ser restrito a pessoas saudáveis. As deprimidas podem simplesmente estar menos motivadas para se exercitar.

Os estudos experimentais visam determinar a direção da causalidade. Por exemplo, um estudo controlado randomizado (Annesi, 2005) dividiu indivíduos moderadamente deprimidos em um grupo experimental que realizou 10 semanas de atividade física moderada três vezes por semana por 20 a 30 minutos e um de grupo controle que não se exercitou. Diferenças claras surgiram entre os dois grupos, com aqueles que se exercitavam experimentando níveis muito mais baixos de depressão que os participantes do grupo de controle. Além disso, um projeto de pesquisa semelhante (Dunn et al., 2005) encontrou evidências de uma relação dose-resposta entre atividade física e alívio da sintomatologia depressiva. Revisões recentes de pesquisas confirmam que a atividade física reduz os sintomas de depressão (Silveira et al., 2013; PAGAC, 2018), embora estudos bem controlados tendam a mostrar menos benefícios que estudos mal planejados (Cooney et al., 2013).

O exercício é certamente mais eficaz que nenhum tratamento e pode ser comparável à terapia cognitiva (Donaghy, 2007) ou medicação antidepressiva (Daley, 2008). Os efeitos no longo prazo da atividade física na depressão, porém, não foram comprovados. No entanto, uma avaliação da significância dos programas de exercícios encontrou um forte efeito do exercício na prevenção e redução dos sintomas de depressão (PAGAC, 2018). Os efeitos do exercício mostram não apenas diferenças estatisticamente significativas, mas também resultados clinicamente significativos (Rethorst et al., 2007). Assim, o corpo de pesquisa corrobora uma afirmação inicial de Rod Dishman (2003), que explicou: "Não estou propondo que o exercício seja um substituto para a psicoterapia ou terapia medicamentosa, mas essas descobertas sobre o exercício não são triviais e sugerem que a atividade física possa ser uma adição ou complemento importante ao tratamento padrão para depressão leve" (p. 45).

Diminuição da ansiedade Muitas pessoas relatam que se exercitam para se sentirem mais relaxadas e menos ansiosas. O exercício desempenha um papel na redução da ansiedade? A resposta pode depender do tipo de ansiedade em estudo. **Ansiedade traço** é uma característica ou traço geral de personalidade que se manifesta como um sentimento constante de medo ou desconforto. **Ansiedade estado** é uma condição afetiva temporária que decorre de uma situação específica. Sentimentos de apreensão ou preocupação com um exame final ou uma entrevista de emprego são exemplos de ansiedade estado. Alterações fisiológicas, como aumento da transpiração e da frequência cardíaca, geralmente acompanham esse tipo de ansiedade.

A pesquisa sobre os efeitos da atividade física no estado de ansiedade passa por muitos desafios, mas vários estudos permitiram avaliar os efeitos gerais (PAGAC, 2018). Os resultados indicaram que, quando comparados a um grupo controle, aqueles designados a praticar exercícios apresentaram reduções significativas na ansiedade. Além disso, a atividade física também é eficaz na redução dos sintomas de ansiedade em pacientes com doenças crônicas (Herring et al., 2010).

Como a atividade física reduz a ansiedade? Uma hipótese é a de que o exercício simplesmente proporciona uma mudança de ritmo – uma chance de relaxar e esquecer os problemas. Em apoio a essa hipótese, o exercício não demonstrou efeito terapêutico mais forte que a meditação (Bahrke & Morgan, 1978). Estudos mostram que outras técnicas para reduzir a ansiedade, incluindo biofeedback, meditação transcendental, terapia de "tempo limite" e até mesmo beber cerveja em um bar, podem ser eficazes (Morgan, 1981). Cada uma dessas intervenções proporciona uma mudança de ritmo, e todas estão associadas a níveis reduzidos de ansiedade estado.

Outra hipótese envolve mudanças na química do cérebro. Estudos com ratos (Greenwood et al., 2005) mostram que o exercício altera o transporte do neurotransmissor serotonina, que está relacionado ao humor positivo. Estudos com humanos (Broocks et al., 2003) também sugerem que ocorrem alterações no metabolismo desse neurotransmissor após o exercício. Assim, a atividade física pode reduzir a ansiedade, proporcionando uma mudança de ritmo, alterando a atividade dos neurotransmissores ou por meio de alguma combinação dos dois.

Amenização contra o estresse Duas questões surgem em relação ao exercício e ao estresse: (1) O exercício pode melhorar o bem-estar psicológico? (2) Pode proteger as pessoas contra os efeitos nocivos do estresse? A pesquisa referente à questão geralmente produziu uma resposta afirmativa (PAGAC, 2018). Por exemplo, os idosos que se exercitam com mais regularidade relatam maior bem-estar e melhor qualidade de vida que os que não o fazem (Paxton et al., 2010). Além disso, uma metanálise (Netz et al., 2005) descobriu que a atividade física está relacionada ao bem-estar psicológico, mas a duração mais longa do exercício nem sempre leva a aumentos contínuos nos sentimentos de bem-estar. Assim, o exercício moderado pode ser suficiente para aumentar o bem-estar.

As respostas à segunda pergunta são mais difíceis porque uma relação causal direta entre estresse e doença física subsequente ainda não foi estabelecida (ver Capítulo 6 sobre estresse e doença). Contudo, vários estudos sugerem que a atividade física ajude as pessoas a lidar com o estresse. O condicionamento físico parece agir como um amenizador para o estresse físico e psicológico (Ensel & Lin, 2004); indivíduos com melhor condicionamento físico experimentam menos sofrimento.

Por que o condicionamento físico pode reduzir as sensações de estresse? Uma via pode envolver respostas cardiovasculares ao estresse, pois o exercício modera o aumento da pressão arterial que acompanha o estresse psicológico (Hamer et al., 2006). Uma segunda via pode envolver respostas imunes, pois o efeito do estresse na liberação de citocinas pró-inflamatórias é moderado em indivíduos em forma (Hamer & Steptoe, 2007). Assim, o exercício atua para diminuir o estresse, tanto no nível psicológico quanto no fisiológico.

A duração do exercício necessária para produzir efeitos positivos não é extrema; apenas 10 minutos de exercícios moderadamente extenuantes é capaz de elevar o humor (Hansen, Stevens, & Coast, 2001). Os resultados dos estudos sobre amenização do estresse não indicam um efeito evidente para o exercício, mas a atividade física é uma estratégia que muitas pessoas usam para ajudá-las a gerenciar o estresse. A **Figura 15.2** mostra alguns dos efeitos positivos do exercício.

Melhor funcionamento cognitivo A atividade física pode fazer você se sentir melhor, mas também pode fazer você pensar melhor? Anteriormente, dissemos (maliciosamente, talvez) que você poderia prolongar a vida em dois anos gastando dois anos se exercitando. Mas o tempo gasto em atividade física pode valer mais a pena quando se considera as recompensas que traz ao funcionamento cognitivo. Um estudo recente com quase 1.000 idosos mostrou que os que praticavam grandes quantidades de atividade física tinham, em um acompanhamento de cinco anos, habilidades cognitivas características de indivíduos *10 anos mais novos* em comparação com os que praticavam pouca ou nenhuma atividade física (Willey et al., 2016). Assim, embora sejam necessárias mais pesquisas para confirmar esses achados, eles sugerem que a atividade física possa não apenas acrescentar mais anos de vida às pessoas como também, e mais importante, aguçar o funcionamento cognitivo.

O funcionamento cognitivo inclui diversas habilidades, como a capacidade de focar a atenção, a velocidade de processamento de novas informações e a memória. O funcionamento cognitivo também inclui o funcionamento executivo, que se refere à capacidade de planejar e perseguir metas com sucesso. Há evidências razoavelmente fortes de que a atividade física de moderada a vigorosa tem uma influência positiva em todas essas funções (PAGAC, 2018).

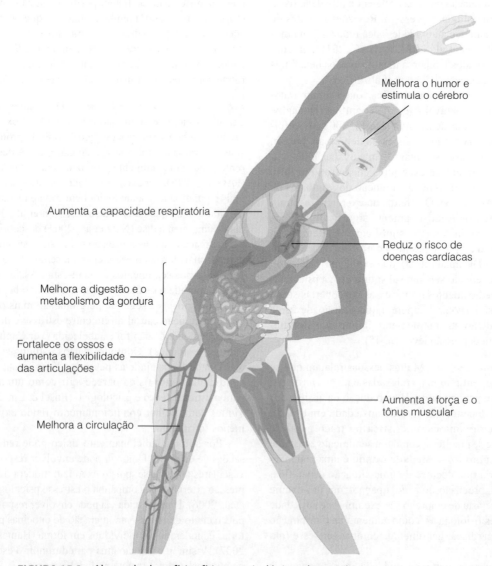

FIGURA 15.2 Alguns dos benefícios físicos e psicológicos do exercício.

Fonte: An invitation to health (7. ed., p. 493), por D. Hales, 1997, Pacific Grove, CA: Brooks/Cole. Copyright © 1997 por Brooks/Cole Publishing Company.

Dá para ACREDITAR? Exercício pode ajudá-lo a aprender

O que toca nos fones de ouvido das pessoas que você vê malhando? Talvez seja uma música dançante inspiradora, um podcast, ou talvez até uma gravação de um programa de TV. Pareceria estranho se você soubesse que uma pessoa estaria ouvindo uma aula enquanto corre, ou uma lição de língua estrangeira ao pedalar uma bicicleta?

A atividade física pode melhorar o funcionamento cognitivo, e uma nova pesquisa está examinando se ela pode ajudar as pessoas a aprender novas informações.

Pesquisadores da Alemanha (Schmidt-Kassow et al., 2013) pediram que mulheres adultas jovens aprendessem novos vocábulos sob uma das três condições. Em uma condição, elas aprenderam as palavras enquanto descansavam em uma cadeira confortável. Em outra, aprenderam as palavras imediatamente após se exercitarem em uma bicicleta ergométrica por 30 minutos. Na terceira condição, as mulheres aprenderam as palavras *enquanto* se exercitavam na bicicleta ergométrica. Para quem se exercitava na bicicleta, os pesquisadores garantiram que o esforço das mulheres fosse de intensidade leve a moderada. Todas as mulheres então completaram um teste para avaliar quantos dos novos vocábulos elas conseguiam lembrar corretamente.

A principal diferença encontrada pelos pesquisadores foi que as mulheres expostas às novas palavras *enquanto* se exercitavam na bicicleta tinham uma memória significativamente melhor das palavras que aquelas expostas enquanto relaxavam. Curiosamente, essa diferença foi maior para aquelas mulheres inicialmente identificadas como pessoas com dificuldades de aprender novas palavras. Esses achados sugerem que, para alguns tipos de tarefas de aprendizagem, exposição à informação *e* envolvimento em atividades de intensidade baixa a moderada podem melhorar a aprendizagem.

Outro estudo examinou se a atividade física *após* uma tarefa de aprendizagem pode melhorar a memória (van Dongen et al., 2016). Nesse estudo, todos os participantes viram uma série de fotos e locais e participaram de uma das três condições: nenhum exercício aeróbico, exercício aeróbico imediatamente após a tarefa de aprendizagem e exercício aeróbico quatro horas depois da tarefa de aprendizagem. Os pesquisadores encontraram memória superior para as associações de localização de imagem entre aquelas que se exercitaram quatro horas após a tarefa de aprendizagem.

Embora os mecanismos biológicos exatos para esses achados permaneçam obscuros, eles sugerem que a atividade física leve a moderada possa promover a aprendizagem de novas informações. Então, se você tem novas informações para aprender e também quer fazer algum exercício leve a moderado, você pode usar a atividade física a seu favor: ouça uma aula ou lição enquanto se exercita, ou certifique-se de acompanhar seus estudos com uma sessão de exercícios.

O envelhecimento muitas vezes traz um declínio no funcionamento cognitivo. Consequentemente, a pesquisa que se concentra na ligação entre atividade física e funcionamento cognitivo em idosos é especialmente importante. Uma revisão de 29 estudos de intervenção com exercícios (Smith, Blumenthal et al., 2010) concluiu que adultos que participam de programas regulares de atividade física apresentam maior atenção, velocidade de processamento, memória e funcionamento executivo que adultos que não participam desses programas. Uma revisão sistemática (PAGAC, 2018) indicou fortes evidências de que níveis mais altos de atividade física protegem contra alguns dos declínios cognitivos que ocorrem com o envelhecimento. Por exemplo, as intervenções de atividade física mostram um efeito protetor mais forte sobre a memória entre os adultos mais velhos que entre os adultos mais jovens, bem como entre aqueles que correm maior risco de doença de Alzheimer. Condicionamento físico aeróbico também contribui para o aumento do volume cerebral em adultos mais velhos, mas não em mais jovens (Colcombe et al., 2006).

Um estudo australiano concentrou-se em adultos mais velhos que relataram problemas de memória que eram indicativos de risco para a doença de Alzheimer (Lautenschlager et al., 2008). Por meio de atribuição aleatória, alguns desses adultos participaram de uma intervenção de atividade física domiciliar de seis meses; outros adultos não. Em um acompanhamento de 18 meses, os adultos designados para a intervenção demonstraram *melhora* do funcionamento cognitivo. Em contraposição, aqueles que não a receberam não apresentaram alteração no funcionamento cognitivo.

A atividade física também pode melhorar a função cognitiva em crianças? Uma análise sistemática de estudos (PAGAC, 2018) sugere que sim. Aquelas que estão fisicamente aptas apresentam melhor desempenho de memória que aquelas que estão menos aptas. Além disso, esses participantes apresentavam maior volume do hipocampo, que desempenha um papel importante na memória (Chaddock et al., 2010). A pesquisa de intervenção também mostra essa ligação entre atividade física e funcionamento cognitivo. Por exemplo, um programa de intervenção de atividade física de três meses para crianças com excesso de peso e sedentárias levou a maiores habilidades de planejamento, bem como a um melhor desempenho em um teste de matemática padronizado (Davis et al., 2011).

Por que a atividade física melhora o funcionamento cognitivo? Embora a razão exata permaneça desconhecida, os pesquisadores especulam que esses benefícios podem derivar do aumento do fluxo sanguíneo cerebral ou do aumento da expressão do fator neurotrófico derivado do cérebro (BDNF), uma proteína que contribui para o crescimento e a diferenciação de neurônios no cérebro (Brown et al., 2010; Smith et al., 2010).

RESUMO

Durante os últimos 50 anos, pesquisas corroboram a hipótese de que a atividade física melhora a saúde e o funcionamento psicológico. A atividade física moderada regular pode reduzir a incidência de cardiopatias, incluindo DCV e AVE. O exercício melhora tanto a pressão arterial quanto o perfil de colesterol, mostrando alguma capacidade de aumentar o HDL. A atividade física também mostra benefícios para diminuir o risco para o desenvolvimento de diabetes e vários tipos de câncer, incluindo o de cólon e o de mama. O exercício também pode promover o crescimento ósseo em jovens e retardar a perda de minerais ósseos em indivíduos mais velhos. Além disso, a atividade física apresenta benefícios psicológicos. De fato, o exercício pode ser uma intervenção útil para a depressão. Os benefícios também aparecem para reduzir a ansiedade, amenizar o estresse, melhorar o sono e melhorar o funcionamento cognitivo.

Uma seção anterior deste capítulo examinou várias razões pelas quais as pessoas se exercitam. A **Tabela 15.1** lista alguns desses motivos, resume evidências de pesquisa e cita pelo menos um estudo referente a cada motivo.

APLIQUE O QUE VOCÊ APRENDEU

1. Avalie os outros benefícios da atividade física para a saúde durante três períodos de tempo: primeiro de acordo com qual dos benefícios é mais importante para você atualmente; o próximo, que será o mais importante em 20 anos; então, novamente, considerando sua idade em 40 anos.

TABELA 15.1 Razões para praticar exercícios e pesquisas que apoiem essas razões

Motivos para se exercitar	Descobertas	Fonte(s) principal(is)
Controle de peso	A obesidade pode ser reduzida por meio de exercícios; 60 a 90 minutos por dia podem ser necessários.	Hill & Wyatt, 2005; Jakicic & Otto, 2005; Wu et al., 2009
	O exercício é tão eficaz quanto a dieta; esculpir o corpo perfeito não vai funcionar.	Blair & Church, 2004; Wood et al., 1988
Doenças cardíacas e condicionamento físico aeróbico	O exercício leve a moderado fornece proteção suficiente.	Barengo et al., 2004; Paffenbarger et al., 1978
	Tanto condicionamento físico como a atividade física têm uma relação dose-resposta com a saúde aeróbica.	Blair et al., 2001
	Caminhar traz benefícios a idosos.	Murphy et al., 2007
Acidente vascular encefálico	Mulheres ativas reduzem o risco de acidente vascular encefálico.	Hu et al., 2000
	Pessoas inativas são mais propensas a AVEs.	Krarup et al., 2007
	A atividade física pode reduzir dois tipos de AVE.	Wendel-Vos et al., 2004
Mortalidade por todas as causas	O Nurses' Health Study revisou 37 estudos de coorte prospectivos.	Oguma et al., 2002
	Relação dose-resposta entre atividade física vigorosa e risco de mortalidade.	Samitz et al., 2011
	Maior redução no risco de mortalidade ao comparar nenhuma atividade física com alguma atividade física.	PAGAC, 2018; Woodcock et al., 2011
Nível de colesterol	O exercício aumenta o HDL e diminui o LDL.	Hausenloy & Yellen, 2008; Szapary et al., 2003
	O exercício reduz o LDL e os triglicerídeos.	Leon & Sanchez, 2001
	Baixo condicionamento físico está relacionado a colesterol alto em crianças e adolescentes.	Andersen et al., 2008; Eisenmann et al., 2007
	Exercícios estão relacionados a baixo nível de colesterol em crianças.	Sääkslahti et al., 2004; Tolfrey, 2004; Tolfrey et al., 2000

TABELA 15.1   Razões para praticar exercícios e pesquisas que apoiem essas razões (*continuação*)

Motivos para se exercitar	Descobertas	Fonte(s) principal(is)
Câncer	Metanálises mostram relação inversa entre exercícios e câncer em vários locais.	Miles, 2007; PAGAC, 2018; Thune & Furberg, 2001
	Exercícios reduzem o risco de câncer de pulmão, com uma relação mais forte para as mulheres.	Tardon et al., 2005
	Exercícios podem proteger contra o início e o crescimento de tumores.	Rogers et al., 2008
	A atividade física ajuda as pessoas com câncer a gerenciar os efeitos do tratamento do câncer.	PAGAC, 2018; Quist et al., 2006; Speck et al., 2010
Perda de densidade óssea (osteoporose)	Exercícios ajudam a construir massa óssea em crianças e adolescentes.	Hind & Burrows, 2007
	Atletas do sexo masculino aposentados retêm grande parte da densidade mineral óssea.	Nordström et al., 2005
	Atividades de alto impacto podem retardar a perda de minerais ósseos em mulheres.	Vainionpää et al., 2005
	Atividades de baixo impacto não são tão eficazes quanto exercícios de alto impacto.	Palombaro, 2005; Wayne et al., 2007; Zehnacker et al., 2007
Sono	O exercício melhora o início do sono, sua duração, menos despertares durante o período de sono e mais tempo em sono profundo.	PAGAC, 2018
	Exercícios podem beneficiar pessoas com insônia e apneia do sono.	PAGAC, 2018
Diabetes	Exercícios melhoram a resistência à insulina.	Plasqui & Westerterp, 2007
	Exercícios reduzem o risco de diabetes tipo 2.	Jeon et al., 2007
	Exercícios podem ajudar a controlar o diabetes tipo 2.	Kavookjian et al., 2007
	Exercícios são um componente importante no controle do diabetes tipo 1.	Conn et al., 2008
	Exercícios reduzem o risco de DCV em indivíduos com diabetes tipo 1.	Herbst et al., 2007
	O exercício reduz o risco de mortalidade em diabéticos.	Sluik et al., 2012
Diminuição da depressão	Exercício moderado três vezes por semana durante 20 a 30 minutos reduz a depressão.	Annesi, 2005; PAGAC, 2018; Silveira et al., 2013
	Uma relação dose-resposta ocorre com exercícios e depressão.	Dunn et al., 2005
	O exercício se compara à terapia cognitiva e à medicação antidepressiva em termos de eficácia.	Daley, 2008; Donaghy, 2007
	Os benefícios do exercício são clinicamente significativos.	Rethorst et al., 2007
Diminuição da ansiedade	O exercício moderado pode reduzir a ansiedade estado.	PAGAC, 2018
	A atividade física é eficaz na redução da ansiedade em pacientes com doenças crônicas.	Herring et al., 2010
Amenização contra o estresse	O exercício melhora o humor, a sensação de bem-estar e a qualidade de vida.	Ensel & Lin, 2004; Hansen et al., 2001; Paxton et al., 2010
	O exercício aumenta o bem-estar, mas exercitar-se mais nem sempre é melhor.	Netz et al., 2005
	O exercício afeta a pressão arterial e a resposta do sistema imunológico ao estresse.	Hamer et al., 2006; Hamer & Steptoe, 2007

TABELA 15.1 Razões para praticar exercícios e pesquisas que apoiem essas razões (*continuação*)

Motivos para se exercitar	Descobertas	Fonte(s) principal(is)
Melhor funcionamento cognitivo	O exercício está ligado a uma maior atenção, velocidade de processamento, memória e funcionamento executivo em adultos.	PAGAC, 2018; Smith et al., 2010
	O condicionamento físico aeróbico está vinculado ao aumento do volume cerebral entre os adultos mais velhos.	Colcombe et al., 2006
	Idosos muito ativos fisicamente têm habilidades cognitivas muito superiores aos idosos inativos.	Wiley et al., 2016
	Um programa de exercícios de seis meses levou a um melhor funcionamento cognitivo.	Lautenschlager et al., 2008
	As crianças que se exercitam mais mostram melhor memória, planejamento e desempenho em matemática.	Chaddock et al., 2010; Davis et al., 2011

15-5 Perigos da atividade física

OBJETIVOS DE APRENDIZAGEM

15-7 Comparar os sintomas de dependência de exercício com sintomas de dependência de drogas

15-8 Descrever as condições que aumentam a probabilidade de lesão durante o exercício e dar um exemplo de como minimizar cada um desses riscos

Embora a atividade física possa melhorar o funcionamento físico, reduzir a ansiedade, o estresse e a depressão e melhorar o funcionamento cognitivo, ela também apresenta riscos à saúde física e psicológica. Alguns atletas treinam excessivamente até o ponto de fadiga e, consequentemente, sofrem de humor negativo, fadiga e depressão (Tobar, 2005). Além disso, algumas pessoas altamente ativas sofrem de lesões relacionadas ao exercício. Outras permitem que o exercício assuma uma importância quase viciante em suas vidas. Nesta seção, analisamos alguns desses perigos potenciais relacionados à atividade física. No entanto, todos devem entender que os benefícios da atividade física superam os riscos (PAGAC, 2018).

Dependência de exercício

Algumas pessoas ficam tão envolvidas com o exercício que ignoram as lesões para continuar se exercitando ou permitem que o regime de exercícios interfira em outras partes de suas vidas, como trabalho ou responsabilidades familiares. Outros podem pensar que essas pessoas têm um *vício em exercício*, mas seu comportamento pode não corresponder à descrição de um vício. No Capítulo 13, vimos que os vícios produzem tolerância, dependência e sintomas de abstinência.

William Morgan (1979) comparou o processo de exercício excessivo ao desenvolvimento de outros vícios. Inicialmente, a tolerância à corrida é baixa e tem muitos efeitos colaterais desagradáveis. Mas a persistência ameniza os aspectos desagradáveis, e o prazer de cumprir metas torna-se um poderoso reforço. Como a maioria dos bebedores sociais que têm um relacionamento casual e não obsessivo com o álcool, a maioria dos praticantes de exercícios pode incorporar a atividade física em suas vidas sem mudanças drásticas no estilo de vida. Outros praticantes, porém, não podem. Aqueles que continuam a aumentar os exercícios devem fazer mudanças em suas vidas para acomodar o tempo necessário, com consequências para outras responsabilidades e atividades.

Um alto nível de compromisso com o exercício não é o mesmo que vício (Terry, Szabo e Griffiths, 2004). Os hábitos de exercício de algumas pessoas refletem um alto grau de comprometimento, enquanto outros se encaixam na descrição de dependência, mostrando um forte apego emocional ao exercício (Ackard et al., 2002) e exibindo sintomas de abstinência como depressão e ansiedade quando impedidos de se exercitar (Hausenblas & Symons Downs, 2002a, 2002b). Praticantes de exercícios comprometidos tendem a ter razões racionais para seu comportamento ativo, como recompensas extrínsecas, enquanto praticantes viciados tendem a usar o exercício para gerenciar emoções negativas e problemas em suas vidas (Warner & Griffiths, 2006). Esse tipo de pesquisa abre a possibilidade de que o exercício possa ser análogo a outros tipos de dependência (Hamer & Karageorghis, 2007; Hausenblaus & Smoliga, 2017). Essa afirmação, porém, permanece controversa e algumas autoridades preferem o termo *exercício obrigatório* ou *dependência de exercício* em vez de vício de exercício.

Os praticantes de exercícios obrigatórios compartilham várias características com pessoas com transtornos alimentares, especialmente aquelas com anorexia. Por exemplo, eles continuam a atividade escolhida mesmo quando estão machucados ou passando mal, continuando o comportamento que é prejudicial e até autodestrutivo. Eles também mostram uma autoabsorção progressiva, com grande concentração nas experiências internas. Além disso, muitas pessoas que sofrem de anorexia experimentam uma compulsão para se exercitar excessivamente (Klein et al., 2004). Essa observação levou à proposta de que as adolescentes anoréxicas e os corredores viciados são semelhantes (Davis & Scott-Robertson, 2000); ambos mostram a necessidade de domínio do corpo, expectativas extraordinariamente altas de si mesmo, tolerância ou negação de desconforto físico e dor, e um compromisso obstinado com a resistência. Outros pesquisadores (Ackard et al., 2002; Freire et al., 2020) descobriram que os praticantes de exercícios obrigatórios exibiam obsessão pelo corpo, eram mais propensos a ter transtornos alimentares e apresentavam sintomas de outros problemas psicológicos. A motivação para o exercício excessivo é um fator mediador crítico que o conecta aos transtornos alimentares (Cook & Hausenblas, 2008). Para esses indivíduos, a conexão entre o exercício e os transtornos alimentares é um forte apego emocional à atividade física. Esses indivíduos sofrem lesões, mas continuam a se exercitar, negligenciam os relacionamentos pessoais e trocam os empregos para dedicar tempo ao treino. Talvez esse fanatismo possa ser melhor expresso nas palavras de um corredor obrigatório:

> Um dia, na primavera passada, eu estava fazendo uma corrida excepcionalmente boa. Estava correndo cerca de 16 quilômetros por dia naquela época e nesse dia em particular decidi estender meu treino. Estava perto de 25,5 quilômetros, e me preparando para atravessar uma ponte de uma pista quando, de repente, uma grande betoneira virou a esquina e começou a atravessar a ponte. Não hesitei nem por um segundo em parar e deixar o caminhão passar. Simplesmente continuei e disse a mim mesmo: "Venha seu desgraçado e eu vou te dividir bem no meio – vai ter concreto por toda a estrada!". O motorista pisou no freio e desviou para o lado enquanto eu passava. Isso foi realmente assustador depois, mas na época eu realmente me senti bem. Eu me senti igualmente forte e indestrutível muitas vezes desde então, mas nunca mais confrontei uma betoneira (Morgan, 1979, pp. 63, 67).

Lesões por atividade física

Excluindo os desafios frente a frente com betoneiras, quais são as chances de sofrer lesões por exercício? Muitas pessoas com um programa regular de exercícios aceitam pequenas lesões e dores como um componente quase inevitável de seu programa. No entanto, o exercício irregular produz ainda mais lesões e mais desconforto, com os "atletas de fim de semana" representando um número desproporcional de lesões.

Lesões musculoesqueléticas são comuns e, quanto maior a frequência e intensidade do exercício, maior a probabilidade de que as pessoas se machuquem (Powell et al., 2011). O relatório do Surgeon General (USDHHS, 1996) descobriu que cerca de metade dos corredores havia sofrido uma lesão durante o ano passado. Essa revisão também descobriu, como esperado, que a taxa de lesão foi menor para caminhantes que para corredores e que lesão anterior é um fator de risco para lesão subsequente. A atividade física é fonte de 83% de todas as lesões musculoesqueléticas, e pelo menos um quarto dos praticantes de exercícios deve interromper o regime por causa dessas lesões (Hootman et al., 2002). A decisão de diminuir o exercício em resposta a uma lesão é sábia; "trabalhar com a dor" é um mito do exercício que está associado a mais lesões.

Além de lesões musculares e esqueléticas, os praticantes de exercícios ávidos encontram vários outros riscos à saúde. Calor, frio, cães e motoristas podem ser fontes de perigo. Durante o exercício, a temperatura corporal aumenta. Tanto o calor como o frio são problemáticos, e podem ser perigosos (Roberts, 2007). A ingestão de líquidos antes, depois e mesmo durante o exercício podem proteger contra o superaquecimento, permitindo o resfriamento por meio da transpiração. Mas condições de temperatura do ar extremamente elevada, alta umidade e luz solar podem se combinar para aumentar a temperatura do corpo e evitar que o suor evapore da superfície da pele. Se o corpo não puder se resfriar, pode ocorrer um superaquecimento perigoso. Controlar os riscos do estresse por calor é um desafio para quem gerencia equipes esportivas (Cleary, 2007).

Baixas temperaturas também podem ser perigosas durante exercícios ao ar livre (Roberts, 2007), mas roupas adequadas podem fornecer proteção. Trajes em camadas para o corpo e luvas, chapéu e até máscara facial podem proteger contra temperaturas abaixo de 0 °C (Pollock et al., 1978). Essas temperaturas, especialmente quando combinadas com vento, podem ser perigosas mesmo para pessoas que não estão se exercitando.

Morte durante o exercício

Muitos pacientes que tiveram um ataque cardíaco entram em programas de reabilitação cardíaca que incluem um programa de exercícios, que geralmente inclui supervisão rigorosa. Embora esses pacientes coronarianos tenham risco elevado durante o exercício, o benefício cardiovascular que eles obtêm geralmente supera o risco (USDHHS, 1996). Mas indivíduos com diagnóstico de doença coronariana devem realizar exercícios somente com autorização médica e sob a supervisão de especialistas em reabilitação cardíaca.

E as pessoas que não têm nenhuma doença conhecida? É possível uma pessoa que parece e se sente bem morrer inesperadamente durante o exercício? Sim, mas também é possível morrer inesperadamente enquanto assiste à TV ou dorme.

O uso de roupas adequadas diminui os riscos de lesões durante o exercício.

Entretanto, o exercício aumenta o risco de tal morte súbita (Lippi et al., 2018; Thompson et al., 2007). Uma análise de acompanhamento de 12 anos de médicos do sexo masculino (Albert et al., 2000) mostrou que a morte súbita era mais de 16 vezes mais provável durante ou imediatamente após esforço físico vigoroso que em outros momentos. Contudo, o risco foi muito baixo para qualquer episódio específico de exercício – uma morte por 1,5 milhão de episódios de exercício. Esse estudo também mostrou que os benefícios do exercício superaram os riscos: homens que se exercitavam regularmente eram menos propensos a morrer durante o exercício que aqueles que não estavam acostumados ao esforço. Embora os homens nesse estudo de seguimento (Albert et al., 2000) não se identificassem como portadores de DCV quando o estudo começou, ou foram afetados sem seu conhecimento ou desenvolveram esta doença durante os 12 anos do estudo. De fato, a maioria das mortes súbitas durante o exercício é resultado de algum tipo de doença cardíaca, mas as pessoas podem desconhecer seus riscos.

Na maioria das circunstâncias, o exercício mostra benefícios para o sistema cardiovascular, mas aqueles com DCV ou outros problemas cardíacos apresentam riscos aumentados. Mesmo para aqueles que se exercitaram intensamente por anos de suas vidas (Raum et al., 2007), há riscos. Apesar de aparentemente saudáveis, os jovens podem ser vulneráveis à morte súbita cardíaca durante o exercício (Lippi et al., 2018). O jogador profissional de basquete Reggie Lewis, que morreu durante um jogo-treino aos 28 anos devido a um problema cardíaco não diagnosticado anteriormente, é um dos muitos jovens atletas que morreram durante ou logo após períodos de exercício. Em crianças, adolescentes e adultos jovens, a causa da morte súbita cardíaca é mais frequentemente anormalidades cardíacas congênitas ou arritmias (padrões anormais de batimentos cardíacos). Entre os adultos, cerca de 60% das mortes súbitas cardíacas são devidas a coágulos sanguíneos que precipitam ataques cardíacos, o caso típico da causa mais frequente de morte nos Estados Unidos. Assim, a maioria das mortes súbitas durante o exercício são aquelas de indivíduos que tinham problemas cardiovasculares subjacentes, sabendo ou não.

Reduzindo lesões por exercício

Cuidado adequado pode diminuir a probabilidade de lesões. Uma precaução é fazer um exame para DCV antes mesmo de iniciar um programa de atividade física moderadamente extenuante (Lippi et al., 2018). Para pessoas que têm ou estão em risco de DCV, o treinamento supervisionado é uma precaução sábia, especialmente ao iniciar um programa de exercícios. Outras, como as que são sedentárias há muito tempo, também podem se beneficiar de supervisão ou treinamento e devem passar por triagem. Com a orientação de um treinador, é menos provável que as pessoas tentem exercícios inadequados para seu nível de condicionamento físico ou continuem a se exercitar por muito tempo ou com muita intensidade ao iniciar um programa. Indivíduos sedentários que começam a ser ativos com exercícios vigorosos correm maior risco de lesão e morte súbita que aqueles que desenvolvem exercícios intensos. Além disso, o exame por um profissional de saúde e a consulta com um profissional de exercícios fornecerão informações sobre o estado de saúde e ensinarão rotinas adequadas de aquecimento e alongamento que são importantes na prevenção de lesões (Cooper, 2001).

Independentemente do nível de condicionamento físico, o uso de equipamentos adequados diminui as lesões. Por exemplo, tênis de corrida adequados é uma necessidade para correr, praticar jogging ou mesmo fazer caminhadas (Cooper, 2001). O tipo e a quantidade correta de roupas também são importantes, seja para permitir o resfriamento ou para reter o calor. Além de se vestirem adequadamente para o calor ou frio, os praticantes de exercícios precisam reconhecer os sintomas do estresse por calor. Estes incluem tontura, fraqueza, náusea, cãibras musculares e dor de cabeça. Cada um desses sintomas é um sinal para interromper os exercícios.

RESUMO

O exercício tem riscos, bem como benefícios. Os potenciais riscos incluem o vício em exercícios – ou seja, uma necessidade compulsiva de dedicar longos períodos de tempo a atividades físicas extenuantes. Além disso, o exercício pode levar a lesões, a maioria das quais são musculoesqueléticas e relativamente pequenas. Os praticantes de exercícios devem evitar se exercitar em temperaturas extremas e saber como evitar cães, motoristas e escuridão.

A morte durante o exercício é uma possibilidade. Os mais vulneráveis são os indivíduos com DCV, com frequência mais velhos, mas os jovens com anomalias cardíacas também estão em risco. Entretanto, as pessoas que se exercitam regularmente são muito menos propensas que os praticantes esporádicos de morrer de um ataque cardíaco durante o esforço físico intenso. Lesões relacionadas ao exercício podem ser reduzidas pela triagem feita por um profissional de saúde para condições preexistentes, preparação, como escolher o nível adequado de exercício, usar equipamentos apropriados e reconhecer sinais de problemas e reagir rapidamente.

APLIQUE O QUE VOCÊ APRENDEU

1. Classifique os riscos que acompanham as atividades físicas que você realiza. (Observação: se você não participa de atividade física regular, esse comportamento também é um risco.)

15-6 Quanto é suficiente, mas não demais?

OBJETIVOS DE APRENDIZAGEM

15-9 Descrever quais fatores são importantes para responder à pergunta sobre níveis adequados de atividade física para benefícios à saúde

TABELA 15.2 Recomendações atuais de atividade física

Grupo de idade	Recomendação
Crianças pré-escolares (3-5 anos)	Devem ser ativas ao longo do dia para ajudar em seu desenvolvimento.
Crianças e adolescentes (6-17 anos)	Uma hora de atividade física aeróbica todos os dias; na maior parte deve ser de intensidade moderada a vigorosa. Atividade de fortalecimento muscular e de fortalecimento ósseo em pelo menos três dias por semana.
Adultos (18 a 64 anos)	Duas horas e meia de atividade aeróbica de intensidade moderada por semana ou 1h30 de atividade aeróbica de intensidade vigorosa por semana. Atividades de fortalecimento muscular em pelo menos dois dias por semana.
Idosos (com 65 anos ou mais)	Mesmas recomendações que para adultos, ou tanto quanto as habilidades permitirem. Além disso, o exercício que mantém ou melhora o equilíbrio é recomendado.

Fonte: U.S. Department of Health and Human Services (USDHHS). (2018). *Physical activity guidelines for Americans* (2. ed.), Washington, DC: Autor.

Quanta atividade física é suficiente, mas não demais? A Tabela 15.2 lista as recomendações atuais de atividade física por faixa etária. Nos últimos anos, as estimativas diminuíram para a quantidade de exercício que produz benefícios para a saúde. Em 2018, o American College of Sports Medicine apresentou novas recomendações para a quantidade e tipo de atividade para benefícios à saúde (USDHHS, 2018). Essas recomendações expandiram as anteriores, levando em consideração novas pesquisas. De acordo com essa visão oficial, um adulto saudável com menos de 65 anos deve participar de pelo menos 30 minutos de atividade moderadamente vigorosa cinco vezes por semana ou vigorosa por 20 minutos três vezes por semana. Além disso, as pessoas devem se envolver em exercícios de treinamento de intensidade de força pelo menos moderada, duas vezes por semana no mínimo. Esses especialistas descreveram esse nível de exercício como adequado para proteger contra doenças crônicas, incluindo DCV. Períodos mais longos de atividade acumulam maior proteção.

As recomendações de atividade moderadamente vigorosa refletem a evidência de que mesmo exercícios menos intensos produzem benefícios para a saúde e que exercícios vigorosos não são necessários. Por exemplo, um programa de caminhada diminuiu os fatores de risco cardiovascular em indivíduos previamente sedentários (Murphy et al., 2007). De fato, o exercício moderado pode ser superior à atividade mais intensa para alguns fatores de risco cardiovascular (Johnson et al., 2007). Contudo, atividade moderadamente vigorosa três vezes por semana não levará à perda de peso, ou manterá a perda de peso; esses objetivos exigem exercícios mais longos e intensos, como descobriu Rickey Gervais. Portanto, quanto é suficiente depende dos objetivos de saúde e da escolha de atividade da pessoa, além de outras considerações pessoais e de saúde. Idealmente, um profissional do exercício poderia levar em consideração as informações relevantes e construir uma "prescrição" de exercícios adaptada a cada indivíduo (Maslov et al., 2018).

APLIQUE O QUE VOCÊ APRENDEU

1. Aplique os padrões de condicionamento físico do American College of Sports Medicine para determinar se seu nível de atividade física atende a esses objetivos.

15-7 Melhorar a adesão à atividade física

OBJETIVOS DE APRENDIZAGEM

15-10 Avaliar a eficácia das intervenções de engenharia informacional, comportamental, social, tecnológica e ambiental para melhorar a adesão aos regimes de exercícios

A adesão a quase todos os regimes médicos e de saúde é um problema sério (ver Capítulo 4), e o exercício não é exceção. Apenas cerca de 26% dos homens, 19% das mulheres e 20% dos adolescentes nos Estados Unidos praticam atividade física regular em intensidade moderada ou vigorosa (USDHHS, 2018); a porcentagem é semelhante na União Europeia (Sjöström et al., 2006). Para indivíduos que participam de regimes de exercícios prescritos, as taxas de abandono são muito semelhantes às taxas de recaída relatadas em programas de cessação do tabagismo e do álcool.

Todo mundo poderia usar alguma motivação extra para se levantar do sofá e se exercitar. Para algumas pessoas, associar-se a um clube de saúde, um *personal trainer* ou a

Caminhar é uma forma de atividade física que oferece mais vantagens que riscos para a maioria das pessoas.

Tornando-se mais saudável

1. Se você não se exercita, entenda que muitas evidências mostram riscos para o comportamento sedentário e benefícios para a atividade física.
   Plano de ação: faça um plano específico para iniciar um programa de atividade física regular, incluindo uma atividade que seja conveniente para você e que se sinta capaz de realizar (e até mesmo gostar).
2. Tome medidas para realizar seu programa com segurança.
   Plano de ação: faça um check-up para confirmar que você não tem DCV. Se você está acima do peso e tem mais de 40 anos, esse passo é ainda mais importante.
3. Não comece muito rápido. As pessoas que começam com um programa de exercícios intensos são mais propensas a desistir e mais propensas a sofrer uma lesão.
   Plano de ação: depois de determinar que você está pronto para iniciar um programa de exercícios, comece devagar. No primeiro dia, você pode sentir que pode correr 1.500 metros. Não ceda a essa tentação.
4. Desenvolva expectativas realistas de seu programa. Condicionamento físico ou perda ponderal geralmente não ocorrem rapidamente.
   Plano de ação: se você se exercita para controlar o peso, não se pese todos os dias e tente não se preocupar com o peso ou forma do corpo.
5. Se você está no processo de parar de fumar, faça exercícios para evitar o ganho de peso.
   Plano de ação: formule um plano para fazer algum tipo de atividade física cada vez que sentir vontade de acender um cigarro
6. Entenda que o apoio social ajuda as pessoas a manter seus regimes de exercícios.
   Plano de ação: recrute um amigo para se exercitar com você ou participe de um programa de exercícios em equipe ou em grupo.
7. Mantenha-se seguro quando se exercitar ao ar livre.
   Plano de ação: se você correr ou pedalar em um local desconhecido, verifique os arredores antes de começar. Cães, valas e desvios perigosos podem estar em seu caminho.
8. Entenda que nenhum tipo de exercício alcançará as metas de condicionamento físico.
   Plano de ação: para adquirir tônus muscular e condicionamento aeróbico, inclua uma combinação de tipos de exercícios, como aqueles com pesos ou outros exercícios isotônicos, além de aeróbica. Explore os tipos de exercícios que criam flexibilidade e equilíbrio para completar todos os componentes do condicionamento físico.

oportunidade de participar de um *reality show* como o *The Biggest Loser* fornece a motivação. Infelizmente, com grande parte da população sedentária, são necessárias intervenções que não exijam um contato pessoal tão caro com um profissional de condicionamento físico. Assim, as intervenções que visam melhorar a atividade física muitas vezes contam com outros métodos e canais, como computadores e Internet, telefone, mídia de massa e mudanças no ambiente. Nesta seção, revisamos algumas dessas intervenções e descrevemos sua eficácia. Como você aprenderá, um dos desafios para melhorar a adesão à atividade física é mantê-la ao longo do tempo. Além disso, você aprenderá que mesmo algumas das intervenções mais simples podem ter efeitos surpreendentes.

Intervenções informativas As intervenções informativas buscam conscientizar o público sobre a importância da atividade física e seus benefícios, bem como destacar oportunidades para praticar exercícios. Essas intervenções informativas assumem várias formas, desde campanhas de mídia de massa até alertas de "ponto de decisão".

As campanhas de mídia de massa usam canais de mídia difundidos, como comerciais de televisão e rádio, anúncios em jornais e revistas, outdoors e envelopamento de ônibus para informar as pessoas sobre a importância da atividade física. Uma revisão de 18 intervenções de mídia de massa – implementadas em vários países, incluindo Estados Unidos, Nova Zelândia, Austrália, Canadá, Colômbia e Brasil – descobriu que essas campanhas de mídia de massa são geralmente bem-sucedidas em aumentar a conscientização, conforme medido pela capacidade das pessoas para relembrar informações da campanha (Leavy et al., 2011).

Essa consciência se traduz em aumentos na atividade física? A evidência sobre esta questão é mista. Embora algumas dessas campanhas na mídia de massa tenham levado a maiores níveis de atividade física autorrelatada, outras intervenções não o fizeram. Além disso, há pouca evidência de que qualquer campanha de mídia de massa tenha efeitos sobre a atividade física que persistam por muito tempo após o término da campanha (Leavy et al., 2011). Assim, a eficácia dessas na adoção de atividade física permanece incerta.

As intervenções informativas podem ocorrer de formas mais simples e menos dispendiosas, como por meio de cartazes do tipo "ponto de decisão". Quando você precisa chegar a um andar mais alto em um prédio, você pega o elevador ou as escadas? Essa é uma escolha que muitas pessoas fazem diariamente, e subir as escadas é uma oportunidade de injetar atividade física em um dia sedentário. No entanto, a maioria das pessoas escolhe o elevador. Dezenas de estudos mostram que placas colocadas perto de escadas – sejam elas no local de trabalho, shopping centers ou saídas de metrô – motivam as pessoas a fazer a escolha fisicamente ativa. De fato, revisões de pesquisas sobre esses pontos de decisão mostram que eles aumentam o uso de escadas em aproximadamente 50% (Nocon et al., 2010; Soler et al., 2010). Além disso, pessoas obesas são mais propensas que indivíduos com peso normal a responder a esses sinais subindo as escadas (Webb & Cheng, 2010).

Esses cartazes de ponto de decisão também podem ser econômicos. Uma equipe de pesquisadores britânicos (Olander & Eves, 2011) comparou os efeitos de duas intervenções destinadas a aumentar o uso de escadas em um campus universitário. Uma intervenção, chamada "Dia do Bem-Estar no Trabalho", colocou a equipe de pesquisa em um estande de informações no centro do campus ao meio-dia, onde folhetos informativos foram distribuídos para mais de 1.000 pessoas. A outra intervenção simplesmente tinha cartazes de pontos de decisão estrategicamente colocados entre os elevadores e as escadas de vários edifícios. Quanto custaram essas intervenções? A implementação do "Dia do Bem-Estar no Trabalho" teve um custo de quase $ 800 e nenhum efeito sobre o uso de escadas. Por outro lado, a implementação dos cartazes de ponto de decisão custaram apenas $ 30 e aumentaram significativamente o uso de escadas. Assim, as intervenções informacionais podem funcionar, principalmente quando as pessoas são expostas à informação no momento da decisão (Wakefield et al., 2010). Entretanto, essas intervenções buscam conscientizar ou gerar atitudes positivas em relação à atividade física. Estas são apenas os primeiros passos para manter um regime de atividade; mudar os padrões de comportamento é muito mais difícil.

Intervenções comportamentais e sociais As intervenções comportamentais tentam ensinar às pessoas as habilidades necessárias para a adoção e manutenção da atividade física. As intervenções sociais visam criar um ambiente social que torne a adoção e manutenção da atividade física mais bem-sucedida. Esses tipos de intervenções variam de programas de educação física baseados na escola àquelas destinadas a aumentar o apoio social, a programas de mudança de comportamento de saúde adaptados individualmente.

Os programas de educação física escolar são muitas vezes uma mistura de atividade física estruturada e educação sobre os benefícios do exercício regular. Há fortes evidências de que os programas de atividade física na escola aumentam a quantidade de tempo que os alunos passam em atividade física moderada a vigorosa, e esse aumento da atividade geralmente leva a melhorias no condicionamento físico aeróbico (Kahn et al., 2002). Contudo, esses benefícios devem-se, em grande parte, à atividade física incorporada diretamente a esses programas, e não ao aspecto educacional. Por exemplo, programas educacionais em sala de aula que se concentram na redução de comportamentos sedentários – como assistir à televisão e jogar videogames – não aumentam a atividade física de forma confiável (Kahn et al., 2002). Além disso, os programas de educação física escolar são menos eficazes no aumento da atividade física fora do horário escolar que no aumento da atividade física durante (Cale & Harris, 2006). Assim, esses programas de educação física escolar são moderadamente bem-sucedidos em aumentar a atividade física dos alunos, mas não parecem ensinar habilidades que permitam a eles aumentar a atividade física em seu próprio tempo.

As intervenções de apoio social concentram-se na mudança da atividade física, construindo e mantendo relações sociais que podem facilitar a mudança de comportamento. Exemplos dessas intervenções incluem o desenvolvimento de um "sistema buddy", fazer um contrato com outra pessoa para se exercitar por um período específico de tempo ou participar de um programa de exercícios em grupo. Uma revisão sistemática de apoio social (Scarapincchia et al., 2017) concluiu que há um efeito positivo. As intervenções de apoio social geralmente aumentam a quantidade de tempo gasto em atividades físicas, aumentam a frequência dos exercícios e levam a melhorias no condicionamento físico aeróbico e diminuição da gordura corporal (Kahn et al., 2002). Assim, fica claro o poder do apoio social no contexto de atividades físicas; contar com o apoio de um amigo, membro da família ou colega de trabalho pode aumentar a probabilidade de uma pessoa permanecer fisicamente ativa.

Programas de mudança de comportamento de saúde individualizados constituem uma terceira forma de intervenção comportamental para a atividade física. Esses programas geralmente envolvem informações e atividades que abordam o estabelecimento de metas, automonitoramento, reforço, desenvolvimento de autoeficácia, resolução de problemas e prevenção de recaídas; em outras palavras, muitas das estratégias bem-sucedidas de mudança de comportamento descritas no Capítulo 4. Em geral, programas de mudança de comportamento de saúde personalizados também são bem-sucedidos, pois estão associados a aumentos no tempo gasto em atividade física e aumentos no condicionamento físico aeróbico (Kahn et al., 2002).

Mas programas de mudança de comportamento de saúde adaptados individualmente podem ser caros se entregues pessoalmente por um treinador. Portanto, muitos programas personalizados são entregues via telefone, Internet ou computador. As intervenções realizadas por meio desses canais geralmente geram aumentos significativos na atividade física durante o período de intervenção (Goode et al., 2012; Hamel et al., 2011; Neville et al., 2009) e podem ser tão exitosos quanto os programas presenciais (Mehta & Sharma, 2012).

As pessoas estão cada vez mais recorrendo a aplicativos de smartphones e outras tecnologias, como tecnologias vestíveis para monitorar e incentivar a atividade física. Muitas dessas tecnologias incorporam recursos que fornecem estratégias eficazes de mudança de comportamento (consulte o Capítulo 4), como automonitoramento do comportamento, estabelecimento de metas e *feedback* (Direito et al., 2014). Desde o desenvolvimento dessas tecnologias, pesquisas avaliam sua eficácia, com resultados positivos. Uma revisão sistemática indicou que o uso de tecnologias vestíveis que rastreiam a atividade física aumentou significativamente a atividade física (Brickwood et al., 2019). Uma metanálise que avaliou a eficácia de aplicativos de smartphones e dessas tecnologias (Gal et al., 2018) mostrou aumentos pequenos a moderados na atividade física. Portanto, essas tecnologias oferecem uma maneira fácil de permitir que aqueles que iniciaram um programa de atividade física monitorem seu progresso e continuem com o programa.

Alguns aplicativos de smartphone, como o jogo *Pokémon Go*, adotam uma abordagem diferente, "gamificando" a atividade física e fornecendo recompensas virtuais para explorar a comunidade a pé. Obviamente, essas tecnologias estão disponíveis apenas para pessoas que podem comprá-las, mas um segmento crescente da população tem acesso a essa tecnologia.

O "sistema buddy" pode tornar a atividade física mais fácil e agradável.

Infelizmente, os programas de mudança de comportamento de saúde adaptados individualmente sofrem o problema que muitas intervenções têm: eles geralmente não são bem-sucedidos na manutenção da atividade física pós-intervenção (Goode et al., 2012; Hamel et al., 2011; Neville et al., 2009). Um fenômeno que contribui para o problema da recaída é o **efeito de violação de abstinência** (Marlatt e Gordon, 1980). Quando as pessoas passam cinco ou seis dias sem se exercitar, tendem a adotar a atitude "Estou fora de forma agora. Seria preciso muita energia e dor para começar de novo". Tal como acontece com o fumante ou o alcoólatra, esse praticante de exercícios está permitindo que um lapso se transforme em uma recaída completa. Pesquisas com desistências de um programa de exercícios (Sears & Stanton, 2001) tentaram alertar os participantes de que eles podem ser tentados a parar de se exercitar permanentemente após um período de inatividade, mas que retomar o exercício é uma escolha melhor que a inatividade contínua. O efeito da violação da abstinência é um exemplo de um dos muitos fatores psicológicos que influenciam a adesão às recomendações de atividade física. Entretanto, seria míope acreditar que apenas os fatores psicológicos importam – o ambiente físico também influencia a adesão.

Intervenções ambientais A atividade física pode ser muito mais fácil e divertida se ocorrer em um ambiente agradável, como uma caminhada em uma trilha, uma corrida na calçada do bairro ou um passeio em um parque. Assim, as características da vizinhança de uma pessoa podem prever a probabilidade da atividade física.

Um grande estudo com mais de 11.000 adultos vivendo em 11 países diferentes confirmou a ligação entre as características dos ambientes da vizinhança e a atividade física (Sallis et al., 2009). As pessoas são mais propensas a atender às diretrizes de atividade física se os bairros tiverem boas calçadas na maioria das ruas, muitas lojas, instalações para bicicletas e instalações recreativas gratuitas ou de baixo custo. A importância do ambiente do bairro para a atividade física entre as crianças também é crucial. As que vivem em bairros com acesso a *playgrounds*, parques e instalações recreativas tendem a ser mais ativas e menos obesas (Veugelers et al., 2008).

Essas associações podem surgir por dois motivos. Primeiro, o acesso mais fácil a locais de lazer facilita o exercício. Segundo, as pessoas são mais propensas a serem fisicamente ativas quando veem outras fazendo o mesmo. Por exemplo, simplesmente ver pessoas praticando atividade física na vizinhança pode motivar o exercício (Kowal & Fortier, 2007).

Assim, uma maneira de aumentar os níveis de atividade física é por meio da ampliação do acesso a locais que estimulem a atividade física. Esses tipos de intervenções podem incluir acesso a equipamentos de ginástica no local de trabalho ou em centros comunitários, criar trilhas ou melhorar as comodidades e instalações de um parque. As intervenções ambientais funcionam para aumentar a atividade física e o condicionamento físico daqueles que trabalham ou vivem nas proximidades. Por exemplo, uma revisão sistemática (Chandrabose et al., 2018) avaliou várias medidas de saúde cardíaca e metabólica ao longo do tempo relacionadas ao ambiente construído. A análise indicou forte relação entre caminhabilidade do ambiente e indicadores de saúde cardiometabólica. Outra revisão sistemática (Van Cauwenberg et al., 2018) constatou que ambientes construídos que oferecem acessibilidade para atividades físicas são especialmente importantes para que os idosos se tornem ou permaneçam fisicamente ativos. No entanto, esses tipos de intervenções podem ser bastante caros e, apesar das evidências sobre sua eficácia, há evidências limitadas disponíveis sobre sua relação custo-benefício. Independentemente disso, é importante reconhecer o papel fundamental que o ambiente físico desempenha na atividade física.

RESUMO

Nos Estados Unidos e em outros países industrializados, um estilo de vida sedentário é mais comum que um fisicamente ativo; cerca de 70% dos adultos não cumprem as recomendações de exercícios regulares moderados a vigorosos. As intervenções para melhorar a atividade física incluem: intervenções informativas, intervenções comportamentais e sociais e intervenções ambientais. As informativas, como campanhas de mídia de massa, têm pouca eficácia na mudança de comportamento, a menos que sejam usados cartazes de "ponto de decisão". Intervenções comportamentais e sociais são mais bem-sucedidas para melhorar a atividade física, mas não têm um bom histórico de manutenção da atividade física após a conclusão da intervenção. As intervenções ambientais podem ser eficazes na mudança de comportamento a longo prazo, mas a relação custo-benefício das intervenções ambientais não é clara.

APLIQUE O QUE VOCÊ APRENDEU

1. Avaliar a eficácia das intervenções de engenharia informacional, comportamental, social, tecnológica e ambiental para melhorar a adesão ao regime de exercícios.

Perguntas

Este capítulo abordou seis questões básicas:

1. **Quais são os diferentes tipos de atividade física?**
   Toda atividade física pode ser incluída em uma ou mais das cinco categorias básicas: isométrica, isotônica, isocinética, anaeróbica e aeróbica. Cada um desses cinco tipos de exercícios tem vantagens e desvantagens para melhorar o condicionamento físico. A maioria das pessoas que se exercita o faz pelos benefícios de um ou outro desses cinco tipos de atividade física, mas nenhum tipo de exercício promove todos os tipos de condicionamento físico.

2. **A atividade física beneficia o sistema cardiovascular?**
   A maioria dos resultados sobre os benefícios do exercício para a saúde confirmou uma relação forte e positiva entre a atividade física regular e a melhoria da saúde cardiovascular, além do controle de peso e uma proporção favorável de colesterol. Essa pesquisa sugere que um regime de atividade física moderada e rápida deve ser prescrito como um dos vários componentes de um programa de saúde coronariana.

3. **Quais são alguns outros benefícios da atividade física para a saúde?**
   Além de melhorar a saúde cardiovascular, a atividade física regular pode proteger contra alguns tipos de câncer, especialmente câncer de cólon e mama; ajudar a prevenir a perda de densidade óssea, diminuindo assim o risco de osteoporose; prevenir e controlar o diabetes tipo 2 e ajudar a controlar o do tipo 1; assim como ajudar as pessoas a viver mais.

   Além de melhorar o condicionamento físico e a saúde, o exercício regular pode conferir certos benefícios psicológicos. Especificamente, a pesquisa demonstrou que os exercícios podem diminuir a depressão, reduzir a ansiedade, melhorar o sono, amenizar os efeitos nocivos do estresse e melhorar o funcionamento cognitivo.

4. **A atividade física pode ser perigosa?**
   Vários perigos acompanham o exercício regular e ocasional. Alguns corredores parecem ser viciados em exercícios, ficando obcecados com a imagem corporal e com medo de serem impedidos de seguir seu programa de exercícios. As lesões são frequentes entre aqueles que se exercitam regularmente, em especial se praticam esportes de contato ou treinam intensamente. Contudo, o risco mais grave é a morte súbita durante o exercício, que quase sempre ocorre em pessoas com doenças cardiovasculares. As pessoas que se exercitam regularmente são muito menos propensas que os praticantes ocasionais a morrer de ataque cardíaco durante o esforço físico pesado.

5. **Quanto é suficiente, mas não demais?**
   O atual posicionamento do American College of Sports Medicine sugere duas vias para alcançar níveis aceitáveis de atividade física. Uma possibilidade é o exercício moderadamente vigoroso por 30 minutos cinco vezes por semana, e a outra envolve exercícios intensos por 20 minutos três vezes por semana. Além disso, os indivíduos devem participar de treinamentos de intensidade de força. Embora o programa menos intenso de atividade física não seja suficiente para promover um alto nível de condicionamento físico, os benefícios à saúde ocorrem em níveis mais baixos de exercício. Para a saúde cardiovascular, quase qualquer quantidade de exercício é melhor que nenhum exercício.

6. **Quais são as intervenções eficazes para melhorar a atividade física?**
   Mais de 50% dos adultos nos Estados Unidos são muito sedentários para ter uma boa saúde. Uma intervenção simples e eficaz para melhorar a atividade física é usar cartazes de "ponto de decisão", que destacam oportunidades para as pessoas se exercitarem – como usar escadas em vez de elevador. As intervenções sociais e comportamentais também são eficazes na promoção da adoção de atividade física; as pessoas podem receber essas intervenções pessoalmente, bem como pelo computador, telefone pela Internet. Entretanto, os efeitos das intervenções sociais e comportamentais podem não ser mantidos por muito tempo após a conclusão da intervenção. Um desafio na manutenção da atividade física ao longo do tempo é o efeito da violação da abstinência, quando as pessoas desistem de um regime após um pequeno revés.

Sugestões de leitura

Burfoot, A. (2005, agosto). Does running lower your risk of cancer? *Runner's World, 40,* 60-61. Neste artigo, Amby Burfoot analisa algumas das pesquisas sobre exercícios e câncer e discorda da afirmação de Ken Cooper de que qualquer pessoa que se exercite mais que o equivalente a 24 quilômetros por semana está correndo por algo além da saúde. Burfoot considera a crescente evidência de que a atividade física pode proteger contra o câncer, bem como ajudar as pessoas a se recuperar do câncer.

Powell, K. E., Paluch, A. E., & Blair, S. N. (2011). Physical activity for health: What kind? How much? How intense? On top of what? *Annual Review of Public Health, 32,* 349-365. Este excelente capítulo de revisão resume vários conceitos-chave importantes para entender a relação entre atividade física e saúde, como a intensidade da atividade, a relação dose-resposta e a importância de iniciar atividades de intensidade leve para melhorar a saúde.

Silver, J. K., & Morin, C. (Eds.). (2008). *Understanding fitness: How exercise fuels health and fights disease.* Westport, CT: Praeger Publishers/Greenwood Publishing Group. Este livro fornece uma explicação dos processos biológicos que ocorrem quando as pessoas se exercitam, incluindo uma revisão das muitas doenças que o exercício pode ajudar a prevenir.

OBJETIVOS DE APRENDIZAGEM

Depois de estudar este capítulo, você será capaz de…

16-1 Aprender sobre a expectativa de saúde e no que difere da expectativa de vida

16-2 Definir desigualdade em saúde e identificar alguns dos principais problemas raciais, étnicos, educacionais e socioeconômicos que existem nos Estados Unidos

16-3 Identificar alguns dos principais desafios que os países enfrentam na prestação de cuidados em saúde, incluindo o tratamento de uma população envelhecida e diversificada

16-4 Reconhecer os custos crescentes dos cuidados em saúde e as abordagens utilizadas por vários países para prestar cuidados aos seus cidadãos

16-5 Reconhecer a importância da prevenção para enfrentar os desafios nos cuidados em saúde

16-6 Reconhecer os riscos de saúde únicos que os estudantes universitários enfrentam

16-7 Identificar ações que estudantes universitários podem tomar para reduzir riscos comuns à saúde

SUMÁRIO DO CAPÍTULO

Perfil do mundo real de Dwayne e Robyn

Desafios para pessoas mais saudáveis
- Aumentar o tempo de vida saudável
- Reduzir as desigualdades em saúde

Perspectivas para a psicologia da saúde
- Progresso em psicologia da saúde
- Desafios futuros para cuidados em saúde
- A psicologia da saúde continuará a crescer?

Personalizando a psicologia da saúde
- Entendendo seus riscos
- O que você pode fazer para cultivar um estilo de vida saudável?

PERGUNTAS

Este capítulo concentra-se em três questões básicas:

1. Qual papel a psicologia da saúde desempenha na contribuição para os objetivos do *Healthy People 2030*?
2. Quais são as perspectivas para o futuro da psicologia da saúde?
3. Como você pode utilizar a psicologia da saúde para cultivar um estilo de vida mais saudável?

CAPÍTULO 16
Desafios futuros

Como hábitos e atitudes de saúde de Dwayne e Robyn se comparam com os seus? Dwayne é menos ciente e preocupado com sua saúde que a maioria dos estudantes universitários, enquanto Robyn é o contrário. Tanto Dwayne como Robyn se veem como pessoas saudáveis; contudo, você já deve saber que é mais provável que Robyn mantenha a saúde, enquanto Dwayne provavelmente verá uma deterioração se seus hábitos persistirem. Neste capítulo, examinaremos alguns problemas de saúde específicos para estudantes universitários e esperamos convencê-lo da relevância da psicologia da saúde para a vida. Mas, primeiro, vamos analisar os cuidados em saúde e os desafios enfrentados não só pelos psicólogos da saúde, mas também por todos os prestadores de cuidados em saúde nos Estados Unidos e em todo o mundo.

16-1 Desafios para pessoas mais saudáveis

OBJETIVOS DE APRENDIZAGEM

16-1 Aprender sobre expectativa de saúde e no que difere da expectativa de vida

16-2 Definir desigualdade em saúde e identificar alguns dos principais problemas raciais, étnicos, educacionais e socioeconômicos que existem nos Estados Unidos

Pessoas nos Estados Unidos, Canadá e outros países de renda alta recebem uma quantidade enorme de informações sobre saúde mostrando os perigos de fumar, abusar de álcool, alimentar-se de forma inadequada e não se exercitar regularmente. Como você viu nos capítulos 3 e 4, o conhecimento nem sempre se traduz em ação, e as pessoas têm dificuldade em adotar esses hábitos saudáveis. Mesmo assim, nos últimos 35 anos, os residentes dos EUA conseguiram fazer algumas mudanças saudáveis em seus estilos de vida, as quais contribuem para o declínio da mortalidade por doenças cardíacas, acidente vascular encefálico, câncer, homicídio e lesões involuntárias (USCB, 2011). Entretanto, comportamentos insalubres e de risco ainda contribuem para uma taxa crescente de obesidade, diabetes e doenças respiratórias inferiores.

> ## Perfil do mundo real de **DWAYNE E ROBYN**
>
> Dwayne* é estudante universitário de 21 anos que raramente pensa em sua saúde – seja no presente ou futuro. Dwayne se sente bem, acredita que não ter nenhuma doença evidente seja um sinal de que tem boa saúde e supõe que sempre estará livre de doenças e incapacitação.
>
> Dwayne tem vários hábitos que afetam sua saúde. Um deles é a dieta, que consiste principalmente em hambúrgueres de *fast-food*, com um ocasional sanduíche de peixe frito para variar. No entanto, a variedade não é uma grande prioridade para Dwayne, que faz três refeições por dia, seis dias por semana, no mesmo restaurante de *fast-food*. O café da manhã geralmente consiste em biscoito, ovos mexidos, salsicha e refrigerante (porque não gosta de café). Para o almoço, come hambúrguer, batata frita e outro refrigerante. O jantar é uma repetição do almoço. Também come salgadinhos e muitas vezes opta por sorvetes e barras de chocolate. Apesar de sua dieta "junk food", Dwayne não está acima do peso.
>
> Ele mantém outras atitudes, crenças e comportamentos que apresentam riscos. Raramente se exercita ou usa cinto de segurança e tem poucos amigos próximos. Acredita que sua saúde futura está além do controle pessoal – que a genética e o destino são os determinantes subjacentes de doenças cardíacas, câncer e acidentes. Assim, ele pensa pouco sobre maneiras de manter a saúde ou diminuir suas chances de doença crônica ou morte prematura. Ele não faz consulta médica regularmente. Quando se sente mal, toma medicamentos comercializados sem receita médica, esperando que se sinta melhor.
>
> Contudo, Dwayne faz algumas coisas certas. Ele não é tabagista nem consome álcool e considera sua vida como de baixo estresse. A abstinência em relação a beber decorre de suas crenças religiosas e não de saúde, e evitar fumar vem de um incidente durante a adolescência quando fumou um cigarro e adoeceu. Sua pontuação na Escala de Avaliação de Reajustamento Social (Holmes & Rahe, 1967; ver Capítulo 5) foi a mais baixa possível, incluindo apenas um evento estressante na vida – o Natal. Dwayne se vê como uma pessoa saudável.
>
> Robyn* também é estudante universitária de 21 anos, mas suas atitudes e comportamentos em relação à saúde diferem muito dos de Dwayne. As diferenças incluem uma atitude básica – ela tem responsabilidade primária por sua saúde. Consistente com essa atitude, ela adotou um estilo de vida que acredita que a manterá saudável. Como Dwayne, ela não fuma; deu uma tragada em um cigarro quando estava na quarta série e tossiu por muito tempo, o que a desencorajou a fumar. Seu pai foi fumante durante sua infância e adolescência, mas ela e sua mãe o convenceram a parar de fumar em casa. Para evitar ainda mais a exposição ao fumo passivo, Robyn evita lugares fechados onde as pessoas fumam. Ao contrário de Dwayne, ela consome álcool. Seu consumo é moderado, não bebe excessivamente. Seus pais também bebem moderadamente, em sua casa o álcool era consumido socialmente, sem abuso.
>
> A dieta de Robyn é muito diferente da dieta de Dwayne. Ela raramente come ovos, laticínios integrais, carne bovina ou suína; ela se concentra em ingerir muitas frutas e vegetais (ainda que não seja vegetariana). Ela ocasionalmente se permite uma sobremesa. Robyn é cuidadosa ao escolher uma dieta com baixo teor de gordura porque está preocupada com o colesterol. Seu avô morreu de doença cardíaca aos 63 anos, e ela acredita que o tabagismo e a dieta com alto teor de gordura e alto colesterol apressou sua morte. Também segue um programa de exercícios, que considera um pouco difícil de manter por causa da agenda escolar. Tem aulas de dança aeróbica três dias por semana; e caminha 30 minutos por dia quando não tem aula de dança. Até agora, tem mantido fielmente esse cronograma de exercícios. Robyn se vê como uma pessoa saudável.
>
> *Os nomes foram alterados para proteger a privacidade dessas pessoas.

Quais são as metas de saúde pública atuais dos Estados Unidos? *Healthy People* é um relatório que estabelece os objetivos de saúde para a próxima década. *Healthy People 2030* (Office of Disease Prevention and Health Promotion, s.d.), por exemplo, estabelece os objetivos de saúde para os anos de 2020 a 2030. Esses objetivos incluem 62 áreas de foco e mais de 350 objetivos básicos, juntamente com 23 indicadores principais, que são mostrados na **Tabela 16.1**. Observe que a maioria desses indicadores são as principais áreas de preocupação dos psicólogos da saúde. Além disso, dois dos objetivos abrangentes do relatório são aqueles que a psicologia da saúde pode abordar: aumentar a qualidade e os anos de vida saudável e eliminar as desigualdades em saúde. Embora essas metas sejam ambiciosas e tenham apresentado desafios no passado (USDHHS, 2007), os Estados Unidos avançaram ou alcançaram muitas metas anteriores do *Healthy People* (USDHHS, 2010a).

TABELA 16.1 Principais indicadores de saúde do *Healthy People* 2030

Para todas as idades:
- Aumentar o número de pessoas que usam o sistema de saúde bucal
- Reduzir o consumo de calorias de açúcares adicionados
- Reduzir as mortes por overdose de drogas
- Reduzir a exposição ao ar insalubre
- Reduzir homicídios
- Reduzir a insegurança alimentar e a fome das famílias
- Aumentar o número de pessoas que são vacinadas anualmente contra a gripe sazonal
- Aumentar o número de pessoas que conhecem sua condição de HIV
- Aumentar o número de pessoas com *seguro médico*
- Reduzir suicídios

Para recém-nascidos:
- Reduzir as mortes de recém-nascidos

Para crianças e adolescentes:
- Aumentar o número de alunos da quarta série cujas habilidades de leitura estão no nível ou acima do nível de desempenho proficiente para sua série
- Aumentar o número de adolescentes com episódios depressivos maiores que recebem tratamento
- Reduzir o número de crianças e adolescentes com obesidade
- Reduzir o uso atual de qualquer produto de tabaco entre adolescentes

Para adultos e idosos:
- Reduzir o número de adultos envolvidos no consumo excessivo de bebidas alcoólicas durante os últimos 30 dias
- Aumentar o número de adultos que atendem às diretrizes mínimas para atividade física aeróbica e atividade de fortalecimento muscular
- Aumentar o número de adultos que recebem uma triagem de câncer colorretal com base nas diretrizes mais recentes
- Aumentar o número de adultos com hipertensão cuja pressão arterial se mantenha sob controle
- Reduzir o tabagismo em adultos
- Aumentar o emprego entre a população em idade ativa
- Reduzir mortes maternas
- Melhorar o número de novos casos de diabetes diagnosticados na população

Aumentando o tempo de vida saudável

O primeiro objetivo – aumentar o tempo de vida saudável – é um pouco diferente de aumentar a **expectativa de vida**. Em vez de lutar por vidas mais longas, muitas pessoas estão agora tentando aumentar o número de anos saudáveis. Um **ano saudável** é "o equivalente a um ano de vida completamente saudável, ou um ano de vida livre de disfunção, sintomas e problemas relacionados à saúde" (Kaplan & Bush, 1982, p. 64). Um conceito intimamente relacionado com anos saudáveis é a **expectativa de saúde**, definido como o número de anos que uma pessoa pode antecipar livres de incapacitação (Robine & Ritchie, 1991). Por exemplo, a expectativa de vida nos Estados Unidos é cerca de 76 para homens e 81 para mulheres, mas a expectativa de saúde é cerca de 65 para homens e 68 para mulheres, deixando-os com uma defasagem de cerca de 11 a 13 anos de incapacitação (Kyu et al., 2018). Cingapura possui a maior expectativa de saúde (75 para mulheres, 71 para homens) do mundo; mesmo lá, as pessoas podem esperar aproximadamente 9 a 12 anos de incapacitação (Kyu et al., 2018).

Nos Estados Unidos, os anos de vida estão aumentando, mas também os períodos vividos com alguma incapacitação (Kyu et al., 2018). Os residentes dos EUA não se beneficiam do aumento da expectativa de vida saudável tanto quanto

Aumentar o tempo de vida saudável é uma meta para os psicólogos da saúde.

aqueles de muitos outros países (Mathers et al., 2004). Embora mais de 65 anos de vida saudável seja esperado, esse número ocupa o 36º lugar no mundo em termos de expectativa de vida livre de alguma incapacitação. Os Estados Unidos estão atrás da maioria dos outros países industrializados por causa das altas taxas de doenças relacionadas ao fumo, à violência e a problemas de saúde relacionados à Aids. Embora o declínio no uso do tabaco nas últimas décadas melhore a expectativa de vida saudável dos norte-americanos, esses ganhos provavelmente serão compensados pelo aumento da taxa de obesidade (Stewart, Cutler & Rosen, 2009). A **Tabela 16.2** mostra a expectativa de vida saudável para uma seleção de países com valores altos e baixos. Como outros países industrializados têm expectativa de saúde muito maior que os Estados Unidos, melhorias devem ser possíveis também nesse país.

O que explica a diferença entre expectativa de vida e expectativa de saúde? Os fatores econômicos desempenham um papel importante. As diferenças entre ambas expectativas são ainda maiores quando se comparam os países mais ricos e os mais pobres ou mesmo esses segmentos para a população dentro de um país (Jagger et al., 2009; Mathers et al., 2004; McIntosh et al., 2009). Nos Estados Unidos, os residentes de 65 anos dos Estados mais abastados como Havaí e Connecticut podem esperar mais 15 anos de vida saudável, mas os que residem em Estados menos abastados como Mississippi e West Virginia podem esperar apenas mais 11 (Chang et al. al., 2013). Pessoas abastadas não só vivem mais, mas também têm mais anos de vida saudável.

A natureza mutável da doença também explica a diferença entre expectativa de vida e expectativa de saúde. Doenças que matam pessoas influenciarão a expectativa de vida; doenças que comprometem a saúde influenciarão a expectativa de saúde. Por exemplo, as doenças circulatórias encabeçam ambas as listas, mas as doenças que produzem restrição de movimento e as doenças respiratórias são responsáveis pela perda da expectativa de saúde, enquanto o câncer e os acidentes são as principais fontes de perda de expectativa de vida. A depressão também compromete a expectativa de saúde mais do que compromete a expectativa de vida (Reynolds, Haley & Kozlenko, 2008). Assim, intervenções destinadas a aumentar a expectativa de vida não necessariamente melhorarão a expectativa de saúde e a qualidade de vida. Por essa razão, os especialistas recomendam utilizar a expectativa em saúde de uma população como um indicador de sua saúde geral (Steifel, Perla & Zell, 2010).

Reduzindo as desigualdades em saúde

O *Healthy People 2030* define **desigualdades em saúde** como "um tipo particular de diferença de saúde que está intimamente vinculada a desvantagens sociais, econômicas e/ou ambientais" (ODPHP, s.d.). Existem desigualdades com base em raça e etnia, educação, renda, gênero, orientação sexual, condição de incapacitação, necessidades especiais de saúde e localização geográfica. É importante entender e reduzir essas disparidades; no entanto, as raciais e étnicas são as mais documentadas nos Estados Unidos. Aí, a etnia não é separável dos fatores sociais, econômicos e educacionais que contribuem para a doença, bem como para a busca e recebimento de cuidados médicos (Kawachi, Daniels & Robinson, 2005). Ser pobre com baixo nível educacional eleva os riscos de muitas doenças e proporciona pior prognóstico para aqueles que estão doentes. Essas desvantagens também se aplicam às crianças desses grupos socioeconômicos (Wen, 2007). Afro-americanos, hispano-americanos e nativos norte-americanos têm níveis de escolaridade e renda média mais baixos que euro-americanos e ásio-americanos (USCB, 2011), e a escolaridade está relacionada à renda. Assim, as desigualdades raciais e étnicas estão entrelaçadas com as de renda e escolaridade, dificultando nossa compreensão das razões subjacentes às desigualdades em saúde entre pessoas de diferentes origens étnicas.

TABELA 16.2 Expectativa de vida saudável para nações selecionadas, 2017

País	Expectativa de vida saudável
Cingapura	75
Japão	73
Itália	72
Suíça	72
Islândia	72
Austrália	71
Suécia	71
Canadá	71
Colômbia	71
Costa Rica	70
Alemanha	70
Reino Unido	70
Cuba	69
China	69
Estados Unidos	67
México	66
Vietnã	66
Brasil	66
Iraque	65
Rússia	62
Índia	60
Ruanda	60
Haiti	57
Afeganistão	54
Serra Leoa	53

Fonte: GBD 2017 DALYs and HALE Collaborators (2018). Global, regional, and national disability-adjusted life-years (DALYs) for 359 diseases and injuries and healthy life expectancy (HALE) for 195 countries and territories, 1990-2017: A systematic analysis for the Global Burden of Disease Study 2017 *The Lancet*, *392*(10159), 1859-1922.

Desigualdades raciais e étnicas Afro-americanos, em comparação com euro-americanaos, têm uma expectativa de vida menor, bem como uma maior taxa de mortalidade infantil, mais mortes por homicídio, maiores taxas de doenças cardiovasculares, maior mortalidade por câncer e mais tuberculose e diabetes (USCB, 2011). Eles também têm menor expectativa de saúde; mesmo quando euro-americanos e afro-americanos nos Estados Unidos chegam aos 65 anos, os euro-americanos podem contar com três anos a mais de expectativa de vida saudável em comparação com os segundos (Chang et al., 2013). O tratamento médico inadequado pode ser um fator: os afro-americanos recebem cuidados piores que os euro-americanos em quase metade das medidas de qualidade dos cuidados médicos (AHRQ, 2011). Mas, mesmo quando equacionando renda (De Lew & Weinick, 2000) e acesso a cuidados médicos (Schneider, Zaslavsky & Epstein, 2002), os afro-americanos têm resultados piores que os euro-americanos. Parte da defasagem pode ser devida à **educação em saúde**, a capacidade de ler e compreender informações de saúde para tomar decisões relacionadas à saúde (Paasche-Orlow et al., 2005; Rudd, 2007). As desigualdades nos hábitos de leitura sobre saúde são parcialmente responsáveis por alguns diferenciais étnicos nessa área, como diferenças étnicas na vacinação (Bennett et al., 2009), no tratamento do HIV e do diabetes (Osborn et al., 2009; Waldrop-Valverde et al., 2010), e no uso de medicamentos (Bailey et al., 2009). O quadro "Dá para acreditar?" discute a importância dos hábitos de leitura em saúde e algumas maneiras de como os psicólogos da saúde podem melhorar o entendimento das pessoas quanto as informações sobre saúde.

A discriminação também pode ser um fator que contribui para o tratamento médico inadequado para afro-americanos (Brown et al., 2008; Smiles, 2002). Por exemplo, estes recebem tratamento menos ativo para sintomas de doença cardíaca coronariana, são menos propensos a serem encaminhados a um cardiologista que os euro-americanos, são menos propensos a receber diálise renal e são menos propensos a receber os tratamentos mais eficazes para infecções causadas pelo HIV (Institute of Medicine [IOM], 2002). Muitos médicos acreditam que raça ou etnia não desempenhe nenhum papel no cuidado que prestam (Lillie-Blanton et al., 2004), mas esses resultados e os relatos de afro-americanos (Brown et al., 2008) indicam o contrário. A pandemia de Covid-19 também afetou os afro-americanos mais que outros grupos étnicos nos Estados Unidos. Afro-americanos foram mais propensos a morrer de Covid-19, principalmente porque apresentavam sintomas mais graves ao darem entrada em hospitais (Price-Haywood et al., 2020). As causas dessa desigualdade são complexas, mas especialistas apontam para aspectos mais sistêmicos da discriminação contra afro-americanos. Esses fatores sistêmicos incluem taxas mais altas de fatores de risco, como obesidade, acesso mais limitado a cuidados médicos, condições de moradia precárias com mais pessoas sob o mesmo teto, e empregos que colocam os afro-americanos em maior risco de exposição ao vírus (Gould & Wilson, 2020).

Baixa condição econômica, falta de acesso a cuidados médicos e poucos hábitos de leitura da área da saúde afetam os nativos norte-americanos tanto quanto os afro-americanos (AHRQ, 2011; USDHHS, 2007). Os nativos americanos têm uma expectativa de vida mais curta, taxa de mortalidade mais alta, maior mortalidade infantil e taxas mais altas de doenças infecciosas que os euro-americanos (Hayes-Bautista et al., 2002). Muitos nativos americanos recebem cuidados médicos do Indian Health Service, mas essa organização tem um histórico de financiamento insuficiente, bem como tratamento errôneo desses pacientes, o que a colocou sob desconfiança (Keltner, Kelley e Smith, 2004). Além disso, muitos nativos americanos vivem em ambientes rurais em que os serviços de assistência médica são limitados. Essas circunstâncias contribuem para a diminuição do acesso à assistência médica, que

Dá para ACREDITAR? A educação em saúde pode ser aprimorada com ideias criativas

Às vezes, mesmo as intervenções de saúde mais bem-intencionadas podem não funcionar por uma simples razão: as pessoas não entendem as informações apresentadas. Esse é um problema enfrentado não apenas por pessoas com baixos níveis de educação em saúde. É um problema que você provavelmente enfrenta.

Na década de 1990, vários países – incluindo Estados Unidos, Canadá, México e Reino Unido – aprovaram leis exigindo que os fabricantes de alimentos colocassem o rótulo "Informação nutricional" nas embalagens dos alimentos. O objetivo dos governos com essa legislação era ajudar os consumidores a fazer escolhas alimentares mais saudáveis e inteligentes. Nos Estados Unidos, o rótulo "Informação nutricional" geralmente aparece na parte de trás do produto e apresenta informações como tamanho da porção, calorias, gordura, colesterol, sódio, vitaminas e minerais.

Se você for como a maioria das pessoas, provavelmente não presta muita atenção – ou mesmo não entende – às informações apresentadas nesses rótulos. O uso de rótulos com informações nutricionais pelas pessoas diminuiu de 1996 a 2006 (Todd & Variyam, 2008). Por quê? Apesar dos melhores esforços do governo para projetar um rótulo fácil de ler, muitas pessoas acham difícil interpretar todas as informações numéricas (IOM, 2012). Quanta gordura é gordura em excesso? Qual o tamanho de uma porção? Um salgadinho é mais saudável que outro? Esses são os tipos de perguntas para as quais os consumidores precisam de respostas, mas os rótulos nutricionais atuais efetivamente ocultam essas informações, as colocando no verso de uma embalagem e as apresentando como uma lista de números quase indecifráveis.

A maioria dos especialistas acha que a causa desse problema não seja a falta de educação em saúde das pessoas, mas sim problemas com a forma como os rótulos são projetados. Por exemplo, especialistas em educação em saúde sabem que as imagens geralmente transmitem informações melhor que números (Houts et al., 2006). Recentemente, um grupo de psicólogos da saúde, especialistas em saúde pública, profissionais de marketing e nutricionistas se reuniram para recomendar amplas mudanças nos rótulos nutricionais dos alimentos (IOM, 2012). Esse grupo concluiu que os consumidores devem ser capazes de fazer melhores escolhas alimentares quando a informação nutricional aparece na *frente* da embalagem e use símbolos e imagens em vez de números para transmitir esclarecimentos importantes. Além disso, os símbolos devem representar apenas as informações nutricionais mais essenciais, como calorias, gorduras *trans* saturadas, sódio e açúcares adicionados. Um exemplo do sistema de símbolos de nutrição na parte da frente de embalagens projetado pelo Reino Unido aparece neste quadro. Ele usa cores padrão de semáforos para informar aos consumidores que um produto é alto, médio ou baixo quanto a um determinado elemento. Qual sistema é mais fácil de entender: os atuais rótulos norte-americanos com fatos ou os símbolos britânicos reprojetados? Em um experimento de laboratório, os pesquisadores descobriram que os rótulos do Reino Unido foram eficazes em orientar escolhas alimentares saudáveis, embora as pessoas tendam a evitar os "vermelhos" (escolhas não saudáveis) mais dos que escolheram os "verdes" (escolhas saudáveis) (Scarborough et al., 2015).

Esse é um exemplo de como os psicólogos da saúde podem abordar questões de educação em saúde repensando como os profissionais de marketing e as intervenções apresentam informações. Outro exemplo de uma abordagem inovadora para lidar com questões de educação em saúde é o uso de *telenovelas* para comunicar informações de saúde às populações latinas. As telenovelas são "novelas" curtas e dramáticas, imensamente populares na cultura latina, que focalizam questões românticas e de classe média. Alguns psicólogos da saúde criaram "intervenções de entretenimento" usando o formato de *telenovela* para comunicar ao público de língua espanhola a importância dos exames de mama (Wilkin et al., 2007) e teste para HIV (Olshefsky et al., 2007). Ambas as intervenções foram consideradas bem-sucedidas, em grande parte porque apresentaram informações de saúde em um formato com o qual o público estava familiarizado e podia entender facilmente.

Assim, abordar as desigualdades nos hábitos de leitura sobre saúde é um desafio de saúde pública e exigirá grandes esforços para garantir que as pessoas compreendam informações importantes. Com mais criatividade, os esforços para abordar as desigualdades nos hábitos de leitura em saúde podem ser mais bem-sucedidos.

O sistema de informações nutricionais do Reino Unido facilita a compreensão de importantes informações de saúde para o cidadão comum.

está relacionada à saúde precária, mas os nativos americanos que vivem em áreas urbanas também apresentam problemas de saúde e acesso limitado à assistência médica (Castor et al., 2006). Os nativos norte-americanos também exibem muitos comportamentos de risco que influenciam a saúde, incluindo altas taxas de tabagismo e abuso de álcool, má alimentação e comportamentos que aumentam lesões e mortes por violência. Portanto, os nativos americanos são um dos grupos mal atendidos pelo atual sistema de assistência médica e educação em saúde nos Estados Unidos.

Muitas pessoas nos Estados Unidos enfrentam barreiras na obtenção de assistência médica.

Muitos hispano-americanos também têm baixa renda e baixo *status* educacional. Contudo, os hispânicos nos Estados Unidos incluem uma variedade de grupos, e sua saúde e longevidade tendem a variar de acordo com a renda e a escolaridade. Os cubano-americanos geralmente têm níveis mais altos de escolaridade e econômicos que os méxico--americanos ou porto-riquenhos, e cubano-americanos têm mais probabilidade de ter acesso a cuidados médicos regulares e consultas médicas (LaVeist, Bowie & Cooley-Quille, 2000). Os cubanos têm saúde melhor, e os porto-riquenhos tendem a ter uma saúde pior que outros grupos de hispânicos nos Estados Unidos (Borrell, 2005).

Hispano-americanos são muito mais propensos a desenvolver diabetes, obesidade e hipertensão que euro-americanos (USDHHS, 2000). Homens hispano-americanos têm risco nitidamente maior de morte violenta (Hayes-Bautista et al., 2002), o que pode ser a razão para a menor expectativa de vida geral dos hispano-americanos. Em outras faixas etárias, os hispânicos têm quase a mesma ou melhor probabilidade que os euro-americanos em algumas medidas de saúde e mortalidade. Hispano-americanos têm uma taxa de mortalidade mais baixa que muitos outros grupos étnicos – incluindo euro-americanos – por doenças cardíacas, acidente vascular encefálico e câncer de pulmão. Essas baixas taxas de mortalidade parecem intrigantes, dada a condição socioeconômica mais baixa e as taxas mais altas de tabagismo, obesidade e hipertensão entre alguns. Essa observação de saúde relativamente boa dos hispânicos, apesar da condição socioeconômica, foi chamada de "paradoxo da saúde hispânica" (Franzini, Ribble e Keddie, 2001). Alguns especialistas sugerem que esse paradoxo possa ser devido a redes de apoio social mais fortes entre famílias hispânicas, ou menor assimilação de imigrantes recentes à cultura norte-americana dominante e adoção de seus maus hábitos de saúde. À medida que os hispano-americanos conhecem melhor a cultura norte-americana dominante, eles podem adotar esses estilos de vida norte-americanos, mas ainda não tiveram tempo de desenvolver as doenças crônicas típicas dos Estados Unidos (Borrell, 2005).

Os ásio-americanos têm menor mortalidade infantil, maior expectativa de vida, menos mortes por câncer de pulmão e mama e menores taxas de mortalidade cardiovascular que outros grupos étnicos. Como os hispano-americanos, os ásio-americanos vêm de uma variedade de etnias, incluindo chineses, coreanos, japoneses, vietnamitas e cambojanos. Muitas culturas asiáticas compartilham valores que promovem a boa saúde, como fortes laços sociais e familiares, mas outros fatores apresentam barreiras à boa saúde. Por exemplo, as culturas vietnamita e cambojana mostram uma maior tolerância à violência familiar que a cultura euro-americana (Weil & Lee, 2004). No geral, os ásio-americanos têm a maior expectativa de vida e a melhor saúde de qualquer grupo étnico nos Estados Unidos.

Desigualdades educacionais e socioeconômicas A baixa renda tem uma conexão óbvia com os padrões mais baixos de assistência médica. Após o ajuste para a pobreza, muitas das desvantagens de saúde da etnia desaparecem (Krieger et al., 2005). Uma desvantagem da assistência médica relacionada à pobreza é a falta de seguro, o que dificulta o acesso à assistência médica nos Estados Unidos. Todavia, o acesso universal à assistência médica não elimina completamente as desigualdades entre os grupos socioeconômicos (Lasser, Himmelstein & Woolhandler, 2006; Martikainen, Valkonen & Martelin, 2001). Mesmo em países com acesso universal a cuidados médicos, as desigualdades em saúde entre pobres e ricos persistem, sugerindo que outros fatores além do acesso aos cuidados médicos estão envolvidos na manutenção da saúde.

A escolaridade e o nível socioeconômico são dois fatores que podem influenciar o estado de saúde, independentemente do acesso a cuidados médicos. Em todos os grupos étnicos e em países em todo o mundo, as pessoas com nível de escolaridade e renda mais altos tendem a ter melhor saúde e longevidade que aquelas com escolaridade e renda mais baixas (Crimmins & Saito, 2001; Mackenbach et al., 2008). Como o quadro "Dá para acreditar?" no Capítulo 1 detalhou, as pessoas que frequentam faculdade têm muitas vantagens para a saúde. Em comparação com os que têm ensino médio ou menos, aqueles que frequentam a faculdade vivem mais e com mais saúde, com menores taxas de doenças infecciosas e crônicas e lesões não intencionais (NCHS, 2011). Essas vantagens não devem surpreender, considerando o baixo índice de tabagismo entre aqueles que cursam ou se formam na faculdade em comparação com pessoas com menos de 12 anos de escolaridade; fumar é um dos fatores que mais contribuem para problemas de saúde e morte.

Além disso, pessoas com baixa escolaridade e baixo nível socioeconômico são mais propensas a ter hábitos de saúde de risco, como comer uma dieta rica em gordura e levar uma vida sedentária, que pessoas com renda mais alta e mais escolaridade. Em alguns casos, esses hábitos de saúde podem ser escolhas intencionais, mas em outros podem ser moldadas pelos ambientes onde vivem os norte-americanos de baixa renda; quase 24 milhões de americanos, principalmente aqueles com baixo nível socioeconômico, vivem em "desertos alimentares", que são áreas com acesso limitado a preços acessíveis e alimentos nutritivos. Embora a melhoria do acesso aos cuidados médicos e a diminuição da discriminação na prestação de cuidados médicos provavelmente eliminem algumas das desigualdades em saúde entre os grupos étnicos, as mudanças na saúde relacionadas a comportamentos saudáveis, opções acessíveis para um comportamento saudável e melhores condições de vida também serão necessárias para alcançar a meta de eliminar as desigualdades em saúde nos Estados Unidos.

Desigualdades em saúde entre lésbicas, gays, bissexuais e transgêneros (LGBT) Embora as desigualdades em saúde raciais, étnicas e socioeconômicas sejam as mais bem documentadas, as desigualdades em saúde LGBT são um foco crescente tanto em pesquisas como em termos de defesa (IOM, 2011). Até recentemente, as populações LGBT dos EUA não tinham muitos dos mesmos direitos ou vantagens que os indivíduos não LGBT, incluindo direitos ao casamento ou liberdade em razão do estigma social e da discriminação com base na orientação sexual ou identidade de gênero. Os jovens LGBT são mais propensos que os não LGBT a sofrer *bullying*, cometer suicídio, experienciar problemas de saúde mental, envolver-se em comportamentos sexuais de risco ou fazer uso de substâncias, ou ser forçados à condição de sem-teto. Idosos LGBT são mais propensos que idosos não LGBT a viver sozinhos e não ter filhos, o que pode limitar as fontes de assistência com as quais eles podem contar com a vida diária ou necessidades médicas. Como possível consequência do estresse da discriminação, as mulheres lésbicas têm altas taxas de uso de álcool, tabaco e outras drogas, que estão associadas a doenças cardiovasculares e obesidade (Evans-Polce et al., 2020; Krueger et al., 2020; O'Hanlan & Iser, 2007). Os gays também têm taxas mais altas de uso de substâncias (Evans-Polce et al., 2020; Krueger et al., 2020), e enfrentam a ameaça do HIV e da Aids mais que qualquer outro grupo. Os indivíduos transgêneros experimentam taxas ainda mais altas de vitimização em comparação com indivíduos heterossexuais, gays ou lésbicas, e as mulheres transgêneros negras experimentam os níveis mais altos de violência de qualquer grupo (Grant et al., 2011). As minorias sexuais também podem ter acesso mais limitado a cuidados em saúde de qualidade, pois podem ser excluídos do plano de seguro de saúde de um parceiro, sofrer discriminação por parte dos prestadores de serviços de saúde ou sentir desconforto em revelar orientação sexual ou identidade de gênero aos prestadores de serviços de saúde (USDHHS, 2011).

RESUMO

As pessoas nos Estados Unidos e em outros países industrializados estão se tornando mais conscientes da saúde, e tanto a política governamental quanto o comportamento individual refletem essa preocupação. *Healthy People 2030* coloca dois objetivos abrangentes para a população norte-americana: (1) aumentar a qualidade e os anos de vida saudável e (2) eliminar as desigualdades em saúde. O primeiro objetivo inclui aumentar o número de anos saudáveis ou a expectativa de saúde – ou seja, anos livres de disfunção, sintomas de doenças e problemas relacionados à saúde. O segundo objetivo – eliminar as desigualdades nos cuidados em saúde – está longe de ser alcançado, em parte por que as pessoas nos níveis socioeconômicos mais altos continuam a obter maiores ganhos quanto à saúde que aqueles nos mais baixos. A etnia continua sendo um fator de saúde e assistência médica, não apenas nos Estados Unidos, mas também em outros países. Nos Estados Unidos, os afro-americanos e os nativos norte-americanos experimentam grandes desvantagens em comparação com os ásio-americanos e euro-americanos. Alguns hispânicos têm vantagens na saúde e outros têm desvantagens. Os fatores escolaridade e renda se entrelaçam com a etnia, dificultando a compreensão da origem das desigualdades em saúde.

APLIQUE O QUE VOCÊ APRENDEU

1. Selecione um grupo – pode ser um racial/étnico, socioeconômico ou de gênero ou de minoria sexual – e use a Internet para aprender sobre quaisquer desigualdades em saúde que existam para o grupo escolhido. Quais são algumas das possíveis razões para a desigualdade? Considerar os papéis de acesso aos cuidados em saúde, tratamento pelos prestadores de cuidados em saúde, discriminação, comportamentos, crenças, fatores sociais, escolaridade e renda. O que você acha que precisaria ser melhorado para reduzir a desigualdade?

16-2 Perspectivas para a psicologia da saúde

OBJETIVOS DE APRENDIZAGEM

16-3 Identificar alguns dos principais desafios que os países enfrentam na prestação de cuidados em saúde, incluindo o tratamento de uma população envelhecida e diversificada

16-4 Reconhecer os custos crescentes dos cuidados em saúde e as abordagens utilizadas por vários países para prestar cuidados aos seus cidadãos

16-5 Reconhecer a importância da prevenção para enfrentar os desafios nos cuidados em saúde

Desde a fundação da psicologia da saúde, há mais de 30 anos, o campo floresceu, levando a uma infinidade de pesquisas e aplicações clínicas para uma variedade de comportamentos e resultados relacionados à saúde. Esse progresso tocou muitas áreas da saúde, mas as forças sociais e econômicas influenciarão o futuro do campo.

Progresso em psicologia da saúde

Até a década de 1970, muito poucos psicólogos se concentravam na saúde física como área de pesquisa (APA Task Force on Health Research, 1976). Entretanto, durante os últimos 40 anos, a pesquisa em psicologia sobre questões de saúde se acelerou a ponto de mudar o campo da psicologia, tornando assuntos relacionados à saúde tópicos comuns em revistas de psicologia. Psicólogos da saúde são agora colaboradores frequentes de revistas de medicina e saúde.

Apesar do crescimento da psicologia da saúde e sua capacidade de contribuir para o cuidado em saúde, o campo enfrenta vários desafios. Um grande desafio é a aceitação por outros profissionais de saúde, apesar de ela vir aumentando. Assim como médicos e pacientes, os psicólogos da saúde também enfrentam o problema mais sério dentro da assistência médica, ou seja, custos crescentes. Em um ambiente de recursos limitados, os psicólogos precisarão justificar os custos que seus serviços agregam aos cuidados em saúde (Thielke, Thompson & Stuart, 2011; Tovian, 2004). Embora as técnicas diagnósticas e terapêuticas utilizadas pelos psicólogos da saúde tenham demonstrado eficácia, esses procedimentos também apresentam custos financeiros. A psicologia da saúde deve justificar seus custos oferecendo serviços que atendam às necessidades dos indivíduos e da sociedade, ainda que se enquadrem em um sistema de saúde conturbado (IOM, 2010).

Desafios futuros para cuidados em saúde

A saúde e os cuidados médicos nos Estados Unidos enfrentam enormes desafios. Os dois objetivos do *Healthy People 2030* – adicionar anos de vida saudável e eliminar desigualdade na prestação de cuidados em saúde – serão difíceis de alcançar. Adicionar anos de vida saudável a uma população já envelhecida é uma tarefa desafiadora. À medida que ela envelhece, as doenças crônicas e a dor crônica tornam-se mais comuns.

Em 1900, apenas 4% da população tinha mais de 65 anos; em 2006, mais de 13% dos cidadãos norte-americanos alcançaram essa idade (USCB, 2011). Nesse mesmo período, a expectativa de vida aumentou de 47 para 78 anos. Especialistas projetam que nos Estados Unidos se chegará a 80 anos até 2020 (ver **Figura 16.1**), com mais de 19 milhões de pessoas, ou 6,1% da população total, com mais de 75 anos.

À medida que a população continua a envelhecer durante as próximas décadas, a psicologia desempenhará um papel importante para ajudar os idosos a alcançar e manter estilos de vida saudáveis e produtivos e se ajustar aos problemas de doenças crônicas. Como vimos, a psicologia da saúde desempenha um papel importante na prevenção de doenças, promovendo o envelhecimento saudável e ajudando as pessoas a lidar com a dor. Na velhice, os estilos de vida ainda podem ser alterados para ajudar a prevenir doenças, mas a aliança da psicologia da saúde com a gerontologia provavelmente produzirá uma ênfase na promoção e manutenção da saúde, controle da dor e formulação de políticas de saúde.

A eliminação das desigualdades em saúde com base em gênero, etnia, idade, renda, nível educacional e incapacitação também será difícil, e o aumento da diversidade continuará a desafiar o sistema de saúde. Como discutimos anteriormente neste capítulo, muitas desigualdades étnicas se devem a diferenças econômicas, ambientais, educacionais e no acesso a conhecimentos de saúde e cuidados entre grupos étnicos (Lasser et al., 2006; USDHHS, 2007). A desigualdade em saúde atribuível ao gênero não é tão fácil de entender. As mulheres recebem cuidados em saúde mais precários, mas têm uma expectativa de vida mais longa. Essa vantagem de sobrevivência era pequena em 1900, aumentou para mais de sete anos durante a década de 1970 e diminuiu para cerca de cinco anos (USCB, 2011). Esforços para traçar essa diferença de gênero em relação à biologia foram em grande parte malsucedidos, mas comportamentos relacionados à saúde, apoio social e estratégias de enfrentamento favorecem as mulheres (Whitfield et al., 2002). É importante ressaltar que os custos crescentes da assistência médica nos Estados Unidos colocarão limites à medida que as políticas e intervenções de assistência médica puderem abordar com sucesso as desigualdades.

Controlar os custos dos cuidados em saúde A nação mais rica do mundo está tendo problemas para pagar suas contas médicas. Os custos de saúde e cuidados médicos nos Estados Unidos aumentaram a uma taxa mais alta que a inflação e outros custos de vida (Bodenheimer, 2005a; Mongan, Ferris & Lee, 2008), impossibilitando muitas pessoas de pagar cuidados médicos e outras temerosas de não poder fazê-lo no futuro.

Vários fatores contribuem para os altos custos. Esses fatores incluem a proliferação de tecnologia cara, grande proporção de médicos especialistas, administração ineficiente, tratamentos inadequados e um sistema orientado ao lucro que resiste a controles (IOM, 2010).

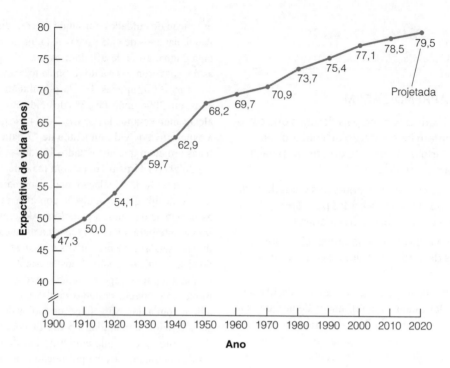

FIGURA 16.1 Expectativa de vida real e projetada, Estados Unidos, 1900 para 2020.

Fontes: Dados de *Historical statistics of the United States: Colonial times to 1970* (p. 55), por U.S. Department of Commerce, Bureau of the Census, 1975, Washington, DC: U.S. Government Printing Office; *Statistical abstracts of the United States: 2001* (p. 73); *Statistical abstracts of the United States, 2012*, por U.S. Bureau of the Census, 2011, Washington, DC: U.S. Government Printing Office.

A **Figura 16.2** mostra para onde vão os dólares dos cuidados em saúde. Hospitais recebem 39% e médicos 23% dos gastos (NCHS, 2019). Embora os médicos recebam menos dos cuidados em saúde do que os hospitais, os seus honorários contribuem significativamente para o alto custo dos cuidados em saúde (Bodenheimer, 2005c). A atenção gerenciada reduziu os honorários dos médicos durante o final da década de 1980 e início da década de 1990, mas a reação contra a atenção gerenciada afrouxou essas restrições, e os honorários dos médicos começaram a aumentar novamente no final da década de 1990.

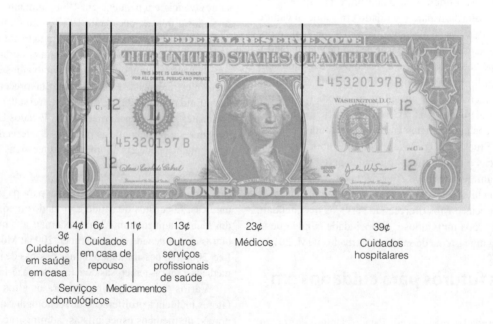

FIGURA 16.2 Para onde vão os dólares dos cuidados em saúde, 2017.

Fonte: Health, United States, 2018, 2019, por National Center for Health Statistics, Hyattsville, MD. Figura 18.

O número de especialistas aumenta o custo dos cuidados médicos, e a escassez de cuidados primários/médicos da família (e a falta de incentivo para entrar na atenção primária) também desempenha um papel (Sepulveda, Bodenheimer & Grundy, 2008). Ironicamente, mais médicos criaram concorrência, mas, em vez dos custos diminuírem, essa situação contribuiu para seu aumento (Weitz, 2010).

Os custos administrativos também contribuem para os altos custos de saúde nos Estados Unidos (Bodenheimer, 2005a; Mongan et al., 2008). O complexo sistema de seguros, médicos particulares, hospitais públicos e privados e programas médicos apoiados pelo governo, como o Medicare, produziram diferentes procedimentos, formulários, planos de pagamento, despesas permitidas, pagamentos máximos e franquias envolvidas na remuneração de serviços médicos. Assim, o pagamento é um assunto complexo, que aumenta a frustração das pessoas em lidar com o sistema de assistência médica e cria possibilidades de erros e fraudes.

A reforma dos cuidados em saúde é uma prioridade urgente para esse país, mas muitos interesses conflitantes impediram mudanças generalizadas (Bodenheimer, 2005c; Mongan et al., 2008). Durante a década de 1980, as organizações de manutenção da saúde (health maintenance organizations – HMOs) proliferaram para poder controlar os custos (Weitz, 2010). Originalmente, as HMOs eram organizações sem fins lucrativos orientadas para cuidados preventivos, mas as corporações entraram no mercado de HMOs e o lucro tornou-se um motivo. O crescimento de HMOs e a restrição do atendimento recebido por essas organizações contribuíram para retardar a escalada de custos de assistência médica. Uma reação contra as restrições ao atendimento impostas pelas HMOs produziu movimentos pelos direitos dos pacientes, que levaram o sistema de volta a altos gastos.

Os Estados Unidos podem fornecer assistência médica de qualidade com mais eficiência? Outros países industrializados, como Canadá, Japão, Austrália, países da Europa Ocidental e Escandinávia, compartilham certos fatores com os Estados Unidos – populações envelhecidas com altas taxas de doenças cardiovasculares, câncer e outras doenças crônicas – que representam desafios semelhantes para seus sistemas de assistência médica (Bodenheimer, 2005b). Muitos desses países fazem um trabalho melhor ao fornecer assistência médica a uma porcentagem maior de seus residentes a um custo menor que o sistema norte-americano. Suas expectativas de vida mais longas e expectativas de saúde são testemunhos da eficácia de seus sistemas.

Alemanha, Canadá, Japão e Grã-Bretanha enfrentam o problema da escalada dos custos de assistência médica, e também lutam para conter os custos cada vez mais altos (Weitz, 2010). O histórico dos custos de assistência médica nesses países e nos Estados Unidos é mostrado na **Figura 16.3**. Esses países conseguiram conter os gastos controlando pelo menos alguns dos fatores que explicam o aumento dos custos médicos nos Estados Unidos: o sistema canadense é do tipo pagador único, que minimiza os custos administrativos; a Grã-Bretanha limita o acesso à medicina tecnológica;

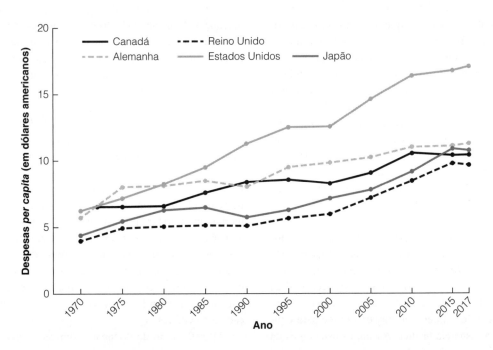

FIGURA 16.3 Despesas de saúde no Canadá, na Alemanha, Grã-Bretanha, no Japão e nos Estados Unidos, 1970 a 2017.

Fonte: Sawyer, B. & Cox, C. (2018). *How does health spending in the U.S. compare to other countries?* Peterson-KFF Health System Tracker, 7 de dezembro de 2018.

e a Alemanha impõe alguns limites de pagamentos aos médicos, assim como compras de equipamentos de alta tecnologia pelos hospitais. O Japão tem um sistema de seguros como o dos Estados Unidos, mas as seguradoras não competem entre si; o governo regula o custo dos serviços e taxas. O Japão, porém, tem taxas mais baixas de obesidade que muitos outros países, o que contribui para uma população mais saudável.

Cada estratégia de contenção de custos tem várias desvantagens. Por exemplo, as pessoas têm acesso mais rápido a procedimentos médicos como ressonâncias magnéticas, mamografias e cirurgias de prótese do joelho nos Estados Unidos que no Canadá, mas esses procedimentos são significativamente mais caros nos Estados Unidos (Bodenheimer, 2005b). Atrasos para alguns serviços podem representar riscos, mas em outros casos, os pacientes nos Estados Unidos são tratados em excesso, e limitar o acesso pode influenciar minimamente os resultados de saúde (IOM, 2010) ou pode realmente aumentar a saúde e a expectativa de vida (Emanuel & Fuchs, 2008; Research and Policy Committee, 2002). A expectativa de vida mais longa dos canadenses sugere que os atrasos que experimentam não representam grandes ameaças (Lasser et al., 2006).

Ao conceberem sistemas em que todas as pessoas tenham acesso a cuidados em saúde, Alemanha, Canadá, Reino Unido e Japão diminuíram a lucratividade competitiva, que continua sendo uma característica central do sistema norte-americano (Mahar, 2006). Esses quatro países têm sistemas diferentes de pagamento de assistência médica e todos tiveram problemas de custo, mas cada um tem cobertura universal, enquanto uma porcentagem crescente de pessoas nos Estados Unidos tem acesso limitado à assistência médica. Em 2010, o presidente, Barack Obama, sancionou a Lei de Proteção ao Paciente e Cuidados Acessíveis, que exige que todos os norte-americanos mantenham cobertura de seguro de saúde, ao mesmo tempo que estabelece um mercado no qual os cidadãos escolhem entre vários planos e coberturas de seguro de saúde. A implementação desse plano de reforma foi contestada por vários motivos, incluindo a sua constitucionalidade. Em 2012, a Suprema Corte dos EUA confirmou a constitucionalidade da maior parte dessa lei, e suas disposições foram gradualmente promulgadas; no entanto, as tentativas de revogar aspectos das políticas continuam. Ainda assim, a reforma do sistema de saúde tem sido – e continua sendo – uma questão urgente nos Estados Unidos (IOM, 2010).

A importância da prevenção Cerca de 70% dos custos dos cuidados médicos são gastos em 10% da população, enquanto as pessoas saudáveis (cerca de 50% da população) respondem por cerca de 3% dos gastos com assistência médica (Bodenheimer & Fernandez, 2005). Essas estatísticas destacam a importância de manter e promover a saúde para conter os custos de assistência médica. Assim, os psicólogos da saúde podem ter um papel na redução dos custos da assistência médica, pois comportamentos não saudáveis contribuem para as doenças crônicas que mais geram gastos, como doenças cardiovasculares, câncer, diabetes e do trato respiratório inferior. Aqueles com bons hábitos de saúde têm custos médicos vitalícios de cerca de *metade* daqueles para pessoas com maus hábitos de saúde. Mas as pessoas que vivem mais têm anos para acumular custos médicos, portanto, mesmo uma boa saúde pode custar caro no longo prazo (van Baal et al., 2008). A promoção de bons hábitos de saúde é uma forma importante de diminuir a necessidade de serviços no curto prazo.

Reduzir a demanda por serviços médicos é outra abordagem para controlar os custos de assistência médica (Fries, 1998), que pode ser uma boa estratégia para levar as pessoas ao autocuidado. A disponibilidade de uma ampla gama de tecnologia médica levou à crença generalizada de que a medicina moderna pode curar qualquer doença, e essa crença promove uma dependência excessiva na medicina para curar, em vez de confiar em bons hábitos de saúde para evitar doenças e no autocontrole para pessoas com doenças crônicas. Como discutido no Capítulo 4, construir sensações de eficácia pessoal para a saúde – como as convicções que Robyn mantinha – pode ajudar a reduzir a demanda por serviços médicos; essa abordagem tem potenciais benefícios para a saúde na sociedade norte-americana. Por exemplo, encorajar indivíduos com problemas crônicos a participar de grupos de autoajuda pode reduzir a necessidade de cuidados médicos intensivos (Humphreys & Moos, 2007). Pesquisas adicionais nessa área podem revelar que essa abordagem pode ser uma boa estratégia para conter os custos da assistência médica.

O controle dos custos de assistência médica exigirá mudanças substanciais no sistema de saúde dos EUA. Companhias de seguros, hospitais e médicos são todos afetados pela reforma do sistema de saúde, e todos lutaram contra as mudanças (Mongan et al., 2008). Como nosso estudo dos sistemas de saúde em outros países mostrou, nenhum sistema pode fornecer a melhor qualidade de assistência médica a custos baixos, mas muitos países fazem um trabalho melhor que o dos Estados Unidos.

Adaptação às necessidades de cuidados em saúde em mudança As doenças crônicas agora são a principal causa de morte e incapacidade nos Estados Unidos e em outros países industrializados. Contudo, o sistema de assistência médica continua orientado a fornecer cuidados intensivos a pessoas enfermas, em vez de fornecer serviços que previnem, melhoram ou tratam doenças crônicas. Ou seja, o sistema de assistência médica não respondeu para atender às necessidades criadas pelas mudanças nos padrões de doenças que ocorreram durante o século XX (Bodenheimer, 2005c). O controle de doenças crônicas pode ocorrer por meio de duas vias: tratamento para controlar essas doenças incapacitantes e prevenção para evitá-las.

O tratamento de doenças crônicas é uma necessidade atual e se tornará ainda mais importante no futuro. Doenças cardiovasculares, câncer, doenças respiratórias inferiores crônicas e diabetes são responsáveis por quase 70% das mortes nos Estados Unidos (USCB, 2011). No entanto, os cuidados médicos para essas e outras doenças crônicas estão abarrotados por subtratamento, supertratamento e tratamento errôneo. Por exemplo, o tratamento excessivo ocorreu com 30% dos indivíduos atendidos em uma clínica de atenção primária, que foram diagnosticados com asma e receberam prescrições de corticosteroides inalatórios, apesar da falta de evidência de sintomas de asma (Lucas et al., 2008). O subtratamento ocorreu em uma análise dos cuidados em hipertensão em pacientes que sofreram acidente vascular encefálico (Elkins, 2006), 20% a 30% dos quais não receberam tratamento para a hipertensão diagnosticada. Tratamento errôneo ocorre quando os profissionais de saúde cometem erros médicos, o que ocorre com frequência alarmante (HealthGrades, 2011). Um sistema que forneça um tratamento mais eficaz de doenças crônicas exigirá uma mudança dos cuidados médicos e hospitalares a uma abordagem em equipe que inclua acesso a cuidados médicos e aprendizagem do paciente para melhorar o monitoramento e autocuidados.

O autocuidado – em vez de cuidados médicos – é uma prioridade para a prevenção, que é uma estratégia que pode reduzir a necessidade de serviços médicos. Em geral, a prevenção primária tem um custo mais baixo que a prevenção secundária. *Prevenção primária* consiste em imunizações e programas que estimulam mudanças no estilo de vida; esse tipo de prevenção costuma ser um bom negócio. As imunizações têm algum potencial de dano, mas continuam sendo boas escolhas, a menos que o risco dos efeitos colaterais da imunização seja comparável ao risco de contrair a doença. Programas que incentivam as pessoas a parar de fumar, comer adequadamente, praticar exercícios e moderar o consumo geralmente têm baixo custo e pouco potencial para causar danos (Clark, 2008). Além disso, alguns desses comportamentos, como tabagismo e inatividade, são riscos para muitos problemas de saúde, e os esforços orientados para mudar esses comportamentos podem compensar diminuindo os riscos de vários transtornos. Por exemplo, um estudo de pessoas que levavam uma vida que incluía exercícios recomendados, índice de massa corporal, hábitos alimentares e nenhum histórico de tabagismo (Fraser & Shavlike, 2001) concluiu que um estilo de vida saudável pode acrescentar 10 anos à vida de uma pessoa. Assim, os esforços de prevenção primária apresentam poucos riscos e oferecem muitos benefícios potenciais.

A maioria dos esforços de prevenção visa adultos jovens e de meia-idade que sentem necessidade de mudar o comportamento por motivos de saúde. Essas pessoas geralmente são mais responsivas aos esforços de prevenção que os adolescentes porque os adultos geralmente reconhecem maior suscetibilidade à doença. Os hábitos de saúde iniciados mais tarde na vida podem acrescentar anos de saúde à vida (Siegler et al., 2002), mas os hábitos de saúde ao longo da vida devem colher maiores recompensas. Assim, ampliar os esforços de prevenção para adolescentes e adultos jovens seria ainda mais vantajoso, mas esse grupo tem sido ainda mais negligenciado em termos de intervenções no estilo de vida (Williams, Holmbeck & Greenley, 2002). A maioria das pesquisas e intervenções em saúde para adolescentes se concentra na prevenção de lesões e na dissuasão do tabagismo, mas os adolescentes constroem uma base para uma vida inteira de comportamentos relacionados à saúde. Assim, os esforços de prevenção primária adaptados às pessoas ao longo da vida têm o potencial de melhorar a saúde e a expectativa de vida.

Prevenção secundária consiste em rastrear pessoas em risco de desenvolver uma doença para encontrar potenciais problemas em seus estágios iniciais e mais tratáveis. Entretanto, esses esforços podem ser caros porque o número de pessoas em risco pode ser muito maior que o número que desenvolverá a doença. Com base em considerações na economia de análise de custo-benefício – ou seja, quanto dinheiro é gasto e quanto é economizado –, prevenção secundária pode custar mais que economizar.

Mas nem os hospitais nem os médicos têm como foco principal os serviços de prevenção. Hospitais se concentram em cuidados intensivos, e o tempo dos médicos é muito caro para que se concentrem na educação em saúde. Órgãos de saúde pública, educadores de saúde e psicólogos da saúde podem fornecer informações sobre saúde de maneira mais econômica que hospitais e médicos. A ampliação do papel dessas entidades no sistema de saúde pode proporcionar melhores cuidados, bem como oferecer o potencial de controle de custos de assistência médica.

A psicologia da saúde continuará a crescer?

Os problemas do sistema de saúde dos EUA influenciam as pessoas na psicologia clínica da saúde e medicina comportamental porque esses profissionais devem trabalhar nesse sistema adverso e demonstrar que os serviços que prestam têm valor (IOM, 2010; Tovian, 2004). Contudo, os psicólogos da saúde também estão trabalhando para reformar o sistema. Seu comprometimento com o modelo biopsicossocial ajudou a promovê-lo como uma visão mais abrangente de saúde e a acabar com a falsa dicotomia entre saúde mental e física (Suls & Rothman, 2004). Os psicólogos clínicos da saúde estabeleceram firmemente sua experiência como consultores, mas os psicólogos da saúde podem se tornar ainda mais proeminentes como prestadores de serviços de saúde. Kaiser Permanente do norte da Califórnia designou psicólogos como prestadores de cuidados primários de saúde em suas instalações de manutenção de saúde há mais de uma década (Bruns, 1998), e atualmente existem programas para treinar psicólogos da saúde para serem prestadores primários (McDaniel & le Roux, 2007). Esses psicólogos geralmente se tornam especialistas em saúde comportamental ou medicina comportamental e atuam como parte de equipes que implementam uma abordagem de atendimento integrado aos serviços de saúde. Os psicólogos estão cada vez mais envolvidos em abordagens baseadas em equipe para a atenção primária (Nash et al., 2012), uma tendência que provavelmente continuará se a relação custo-benefício do papel do psicólogo puder ser demonstrada (Thielke et al., 2011).

Os avanços tecnológicos e médicos criam não apenas oportunidades para melhorar a saúde, mas também gerem outras questões para a psicologia da saúde abordar. Uma das maiores conquistas científicas da última década foi o mapeamento do genoma humano, que permitiu aos pesquisadores uma oportunidade inédita de identificar os genes que predispõem as pessoas a diversas condições de saúde. À medida que a base genética das condições de saúde se torna mais clara, os testes genéticos se tornarão cada vez mais disponíveis ao público. Os psicólogos da saúde estão idealmente preparados para ajudar o sistema de saúde a encontrar maneiras de melhorar a compreensão das pessoas sobre as informações de risco genético, entender suas respostas emocionais aos resultados dos testes e incentivar indivíduos de alto risco a manter um estilo de vida saudável (Saab et al., 2004). Outros avanços tecnológicos, como a Internet e os smartphones, permitem novos métodos de intervenção, pois esses canais estão sendo usados para facilitar a cessação do tabagismo (Wetter et al., 2011), o controle da dor (Rosser & Eccleston, 2011) e o autocontrole do diabetes (Arsand et al., 2010). Dada a sua experiência na compreensão do comportamento de saúde, educação em saúde e comunicação de risco, os psicólogos desempenharão um papel importante na concepção e avaliação de intervenções baseadas em tecnologia para o comportamento de saúde.

RESUMO

A psicologia da saúde fez contribuições significativas para a pesquisa e a prática em saúde, mas deve enfrentar uma série de desafios para continuar a crescer. Vários desses desafios estão relacionados ao problemático sistema de saúde dos Estados Unidos, em que os custos de assistência médica aumentaram mais rapidamente que em outros países industrializados, muitos dos quais conseguem fornecer assistência médica a um segmento mais amplo da população e com melhores resultados em termos de expectativa de vida e de saúde. Os Estados Unidos precisam reformar seu sistema de assistência médica ineficiente para que um segmento maior da população possa receber serviços de saúde de qualidade.

O futuro dos cuidados em saúde exigirá melhor gestão das doenças crônicas e maior ênfase na prevenção. O envelhecimento da população aumentará a necessidade do tratamento de doenças crônicas que são mais comuns entre os idosos. A prevenção pode ser a chave tanto para melhorar a saúde quanto para controlar os custos dos cuidados médicos. A psicologia da saúde tem um papel a desempenhar tanto na gestão quanto na prevenção de doenças crônicas, conforme refletido no crescimento do campo da psicologia da atenção primária. Avanços tecnológicos e médicos, como testes genéticos e tecnologia de smartphones, apresentam novas oportunidades para os psicólogos contribuir para a mudança do cenário dos cuidados em saúde.

APLIQUE O QUE VOCÊ APRENDEU

1. Considerando tudo o que você aprendeu até agora, o que você sente sobre o valor dos psicólogos da saúde no sistema de saúde do seu país? Quais são as vantagens de utilizar as pesquisas e serviços de psicologia da saúde? Quais são as desvantagens? Quais são os serviços que os psicólogos da saúde fornecem que os médicos podem não ser capazes de fornecer também?

16-3 Personalizando a psicologia da saúde

OBJETIVOS DE APRENDIZAGEM

16-6 Reconhecer os riscos de saúde únicos que os estudantes universitários enfrentam

16-7 Identificar ações que estudantes universitários podem tomar para reduzir riscos comuns à saúde

No início deste capítulo, conhecemos Dwayne Brown e Robyn Green, dois estudantes universitários com diferentes atitudes em relação à saúde e diferentes comportamentos relacionados à saúde. Você pode ver semelhanças e diferenças entre o comportamento deles e o seu. Ao comparar o comportamento deles com o de estudantes universitários típicos e analisar suas ações e atitudes, entenderá seus riscos e poderá traçar um plano para adotar comportamentos de saúde que o levarão a uma vida mais saudável e longa.

Entendendo seus riscos

Como Dwayne e Robyn, quase 90% dos estudantes universitários classificam sua saúde como boa, se não excelente (American College Health Association [ACHA], 2020). Essa percepção é consistente com as estatísticas de morbidade e mortalidade (USCB, 2011); os adultos jovens têm uma incidência menor de doenças e morte que os adultos mais velhos. A percepção de boa saúde pode ser benéfica, mas essa visão também pode criar riscos ao levar adultos jovens (como Dwayne) a acreditar que sua boa saúde continuará, independentemente de seu comportamento. Essa visão é perigosamente incorreta e pode até aumentar os riscos para a principal causa de morte nessa faixa etária – lesão não intencional (acidentes). De fato, tanto a lesão não intencional quanto a violência intencional são as principais causas de lesão e morte para pessoas antes dos 45 anos.

Lesões e violência Como principais causas de óbito entre jovens, acidentes e violência tiram mais anos de vida que qualquer outra fonte. Por exemplo, cada morte relacionada ao câncer representa uma média de 19 anos de vida perdidos, mas cada morte causada por lesão não intencional rouba uma média de 33 anos da expectativa de vida de uma pessoa (USCB, 2011). Infelizmente, a maioria das mortes entre estudantes universitários resulta de comportamentos que contribuem para lesões não intencionais ou intencionais.

Os acidentes automobilísticos são de longe a principal causa de lesões fatais entre adolescentes e adultos jovens; eles são responsáveis por cerca de dois terços das mortes por lesões não intencionais em jovens de 15 a 24 anos (USCB, 2011). Quase metade dessas mortes é devida à combinação de álcool com direção (Hingson, Heeren, Winter & Wechsler, 2005). Nos Estados Unidos, jovens adultos de 21 a 24 anos lideram todas as outras faixas etárias em uma estatística assustadora: fatalidades por dirigir embriagado (USCB, 2011). Em países ao redor do mundo, dirigir depois de beber é uma prática infelizmente comum entre estudantes universitários, e países com taxas mais altas a esse respeito também têm as maiores taxas de mortes no trânsito (Steptoe et al., 2004). O ambiente universitário parece contribuir para esse comportamento perigoso; estudantes são mais propensos que seus pares não estudantes a dirigir depois de beber (Hingson et al., 2005). Felizmente, a consciência dos perigos de dirigir embriagado levou a uma diminuição desse comportamento nas últimas décadas (Hingson, Zha & Smyth, 2017), talvez apenas para ser substituído por outra forma de dirigir embriagado: o uso de telefones celulares. Universitários também são mais propensos que seus pares a usar telefones celulares enquanto dirigem, outro comportamento que aumenta drasticamente o risco de um acidente (Cramer, Mayer & Ryan, 2007). Nos Estados Unidos, a porcentagem de mortes no trânsito devido a esse tipo de condução distraída quase dobrou de 2005 a 2009 (USCB, 2011)!

A não utilização dos cintos de segurança também contribui para o índice de lesões e mortes em acidentes automobilísticos; motoristas sem cinto têm cinco vezes mais chances de se ferir que aqueles que o utilizam (Bustamante et al., 2007). Uma diferença substancial aparece para estudantes universitários do sexo masculino e feminino quanto aos riscos relacionados à direção. Homens e mulheres universitários têm a mesma probabilidade de dizer que usam cinto de segurança (ACHA, 2016). No entanto, as mulheres são mais propensas a usar telefones celulares enquanto dirigem (Cramer et al., 2007).

Estudantes universitários também são vítimas (e perpetradores) de violência intencional – incluindo agressões, roubos, estupros e assassinatos –, mas em uma taxa menor que não estudantes de idade comparável (Carr, 2007). As taxas de criminalidade em geral diminuíram nos Estados Unidos, e essa tendência também apareceu nos campi universitários; apenas cerca de um quarto das lesões no campus resultam de violência intencional. Entretanto, muitos crimes no campus não são denunciados, e as pessoas não relatam violência sexual e de parceiro com mais frequência que esses atos de violência.

Os acidentes automobilísticos são a principal causa de lesões fatais em adolescentes e adultos jovens nos Estados Unidos.

Três por cento das universitárias e 1% dos universitários sofreram estupros no último ano letivo (ACHA, 2020); quase duas vezes mais mulheres relatam ter sido alvo de uma tentativa de estupro. Essas porcentagens são pequenas, mas representam milhares de pessoas por ano. Além disso, o percentual é cumulativo; ao final da vida universitária, a chance de uma mulher sofrer uma violação ou tentativa de violação é superior a 20% (Carr, 2007). Toques sexuais indesejados e ameaças são muito mais comuns. A vitimização sexual está relacionada a uma variedade de riscos à saúde das mulheres, incluindo tabagismo, uso de drogas, pensamentos suicidas e transtornos alimentares (Gidycz et al., 2008). Assim, a violência sexual pode iniciar uma cascata de problemas de saúde.

A violência no namoro também é uma experiência comum durante a faculdade, embora os relacionamentos emocionalmente abusivos sejam muito mais comuns (10% no último ano) que os fisicamente abusivos (3% no último ano) (ACHA, 2020). As mulheres que estão envolvidas em relacionamento fisicamente abusivos estão em maior risco de violência sexual e de vitimização por um *stalker* (perseguidor), uma forma de vitimização que é mais comum entre estudantes universitários que em outros grupos. Mas tanto as mulheres como os homens podem ser praticantes, bem como vítimas de violência no namoro. Um grande estudo internacional sobre esse tema (Straus, 2008) revelou que as mulheres são quase tão propensas quanto os homens a iniciar a violência no namoro. Casais em que um parceiro é mais dominante que o outro correm maior risco de comportamento violento.

O suicídio e as tentativas de suicídio são outras formas de violência intencional que ocorrem entre estudantes universitários. Cerca de 8% das mulheres e homens universitários consideraram seriamente o suicídio no último ano letivo (ACHA, 2020); 2% tentaram suicídio nesse período. Sentimentos de desesperança e depressão; envolvimento em relacionamento abusivo; ser lésbica, gay ou bissexual aumenta o risco de pensamentos suicidas e tentativas de suicídio (Carr, 2007). Como Joetta Carr (2007) comentou, "alguma violência no campus é um reflexo do sexismo, racismo e homofobia da sociedade" (p. 311). Beber, usar drogas e problemas de saúde mental aumentam os riscos para todos os tipos de violência no campus. Contudo, os campi universitários são ambientes mais seguros que a maioria dos lugares, e os alunos estão mais seguros no campus que na maioria das comunidades.

Escolhas de estilo de vida Embora a idade adulta jovem apresente riscos devido à violência intencional e não intencional, também é um período em que os indivíduos adotam comportamentos relacionados à saúde que influenciam sua saúde por décadas. Esses comportamentos contribuem para os riscos das principais causas de morte durante a meia-idade e mais tarde. Dwayne e Robyn exibem comportamentos de risco e de proteção à saúde, sendo o mais importante a condição de não fumantes. Escolher não fumar é típico de estudantes universitários; uma porcentagem menor de universitários fuma mais que aqueles que não frequentaram a faculdade (Wetter et al., 2005). De fato, a educação é atualmente o melhor preditor de tabagismo. Assim, pode não ser surpresa que indivíduos com educação universitária vivam mais e tenham melhor saúde que outros. Mas o uso de cigarros eletrônicos aumentou entre estudantes do ensino médio e universitários, principalmente entre os homens (Lanza, Russell & Braymiller, 2017). Embora os riscos à saúde dos cigarros eletrônicos permaneçam obscuros, os universitários que os utilizam são mais propensos a consumir cigarros tradicionais (Spindle et al., 2017), portanto, abster-se de cigarros eletrônicos pode ser uma escolha sábia.

A abstenção de álcool de Dwayne e o consumo social de Robyn são padrões que aparecem entre universitários, mas muitos escolhem com menos sabedoria e se envolvem em bebedeiras. O consumo excessivo de álcool representa o padrão de consumo mais perigoso entre os jovens. Tal comportamento pode trazer muitos problemas de saúde, e quase 3% dos universitários relatam que o álcool interferiu em seu desempenho acadêmico (ACHA, 2020). Mesmo as bebedeiras ocasionais são arriscadas por causa de sua associação com lesões e violência. Mais de 40% das pessoas entre 18 e 25 anos se envolvem em bebedeiras, e os estudantes universitários são mais propensos que outros a fazê-lo (ACHA, 2020).

Universitários muitas vezes não conseguem se alimentar de maneira saudável. Quando os alunos iniciam a faculdade, muitas vezes entram em uma nova situação de vida em que fazem escolhas alimentares em vez de comer em casa. Um estudo com estudantes na Grécia (Papadaki et al., 2007) descobriu que os que se mudaram de casa tendiam a alterar sua dieta para escolhas menos saudáveis que incluíam mais açúcar, álcool e *fast-food*. Aqueles que continuaram a viver em casa fizeram poucas mudanças. Assim como Dwayne, poucos estudantes universitários nos Estados Unidos atendem às diretrizes de consumo de frutas e vegetais (Adams & Colner, 2008). Como Robyn, aqueles que o fazem tendem a aderir a outros comportamentos saudáveis, incluindo o uso do cinto de segurança, a prática de atividade física e dormir bem, além de diminuir as chances de fumar e dirigir depois de beber.

Estudantes universitários são menos propensos que a população geral a ter excesso de peso e mais propensos a praticar exercícios físicos; ainda assim, porcentagens significativas ficam aquém dessas metas de saúde. Um estudo sobre alimentação, peso e atividade física entre estudantes universitários (Burke et al., 2007) indicou que 33% dos do sexo masculino e 22% do sexo feminino estavam acima do peso; 11% e 7% eram obesos. Um terço das mulheres e 23% dos homens acumularam menos de 30 minutos de atividade física por dia. Como seria de esperar, esses alunos tinham colesterol e pressão arterial elevados, lançando as bases para doenças cardiovasculares. Nem Dwayne nem Robyn estão acima do peso, mas a dieta de Dwayne e a falta de exercício o colocam em maior risco de colesterol alto e pressão elevada que Robyn, que não quer repetir a experiência do avô com doenças cardíacas.

Os universitários também enfrentam estresse, como a maioria relata, mais do que a média ou uma enorme carga de estresse (ACHA, 2020). A avaliação de Robyn a respeito de seu estresse é mais comum que a de Dwayne, que foi muito baixa. A maioria dos universitários relata muito mais fontes de estresse, sendo esse o motivo mais citado para problemas acadêmicos (ACHA, 2020). Assim, o estresse é um grande desafio para eles, mas desenvolver estratégias focadas em problemas para gerenciar o estresse é importante (Largo-Wight, Peterson & Chen, 2005). De fato, os estudantes universitários podem cultivar e levar uma vida saudável durante os anos de faculdade, o que fornece a base para uma vida mais longa e mais saudável.

O que você pode fazer para cultivar um estilo de vida saudável?

Psicólogos da saúde e outros pesquisadores de saúde produzem uma enorme quantidade de informações sobre saúde e comportamentos relacionados a ela. A mídia eletrônica, incluindo a televisão e a Internet, inunda as pessoas com informações sobre saúde; algumas das quais podem vir de fontes válidas, mas outras não. As pessoas muitas vezes ficam confusas com o que percebem como uma quantidade gigantesca de dados, que às vezes parecem até contraditórios (Kickbusch, 2008). Avaliar todas as informações e traduzi-las em termos pessoais é uma tarefa substancial, que exige *educação em saúde* – a capacidade de ler e compreender informações para tomar decisões sobre saúde. Essa habilidade está relacionada, é claro, aos hábitos de leitura em geral, mas vai além, ao incluir uma compreensão e avaliação de informações científicas relacionadas à saúde (White, Chen & Atchison, 2008; Zaarcadoolas, Pleasant e Greer, 2005).

Aumente sua educação em saúde Apesar do nível de escolaridade, os estudantes universitários não necessariamente possuem alto grau de educação em saúde. Eles procuram ativamente informações sobre o tema, mas tendem a consultar amigos e familiares em vez de fontes mais especializadas (Baxter, Egbert & Ho, 2008). Para aumentar sua educação nessa área, comece a avaliar criticamente as matérias sobre saúde, considerando as fontes (o Capítulo 2 apresenta dicas úteis para avaliar a confiabilidade das informações na Internet). A experiência é importante, então ouça os especialistas. A pesquisa em saúde produziu um grande corpo de evidências que permite aos pesquisadores fazer recomendações. As grandes descobertas da pesquisa da psicologia da saúde representam uma fonte confiável, com recomendações sobre fumar, consumir álcool, ter uma dieta saudável, fazer exercícios, diminuir o risco de lesões não intencionais e gerenciar o estresse.

Adote bons comportamentos de saúde – agora Uma maneira de resumir as recomendações de pesquisas em saúde é trabalhar para integrar as descobertas do estudo do Condado de Alameda em sua vida. Lembre-se do Capítulo 2 de que esse estudo identificou cinco comportamentos que levaram a uma melhor saúde e menor mortalidade (Belloc, 1973; Berkman & Breslow, 1983): (1) abster-se de fumar cigarros, (2) praticar exercício físico regularmente, (3) consumir álcool com moderação ou não beber, (4) manter um peso saudável e (5) dormir sete a oito horas por noite.

Desses hábitos, evitar o tabaco seja provavelmente o comportamento de saúde mais importante que você possa adotar, pois é o mais fortemente vinculado à longevidade (Ford et al., 2012; Ford et al., 2011). Os danos do tabaco levam anos para se tornarem aparentes, mas fumar cigarros e a exposição ao fumo passivo são perigosos. A evidência também é esmagadora sobre os benefícios da adoção de um estilo de vida ativo. Para indivíduos de qualquer idade, a atividade física melhora a saúde e previne doenças e incapacidades. A atividade física também pode melhorar o funcionamento cognitivo, o humor e a aprendizagem – resultados que podem ser mais imediatos que os benefícios de saúde a longo prazo. Esses dois hábitos de saúde são mais importantes para benefícios de saúde no longo prazo que para os imediatos, mas não fumantes que se exercitam regularmente experimentam vantagens de saúde no curto prazo, bem como expectativas de vida mais longas.

Moderar a ingestão de álcool também é um importante comportamento de saúde. Bebedores leves são mais saudáveis que aqueles que bebem mais e provavelmente que aqueles que não bebam nada. Entretanto, esses achados se aplicam mais fortemente aos adultos mais velhos que aos mais jovens. Para os estudantes universitários, o consumo leve pode muitas vezes se transformar em bebedeiras, o que apresenta muitos riscos sérios para eles. Assim, um bom conselho para estudantes universitários é trabalhar para moderar o consumo de álcool e evitar os perigos de beber e dirigir. Além disso, o álcool aumenta o risco de todos os tipos de violência, que é a principal causa de morte de adultos jovens. Evitar beber pesado ou compulsivamente é a escolha sábia para universitários.

Manter um peso saudável é importante, mas as escolhas alimentares também o são. A base para a doença cardiovascular começa durante a adolescência e a idade adulta jovem, e as escolhas alimentares são importantes. Uma dieta rica em gordura é um componente nesse processo. Mesmo se você for capaz de manter um peso próximo ao ideal ingerindo uma dieta rica em gordura (como Dwayne faz), essa escolha é ruim. Fortes evidências mostram que uma dieta

O álcool é um contribuinte significativo para acidentes de trânsito, e os estudantes universitários são mais propensos que outros a se envolver em bebedeiras.

com variedade de frutas e vegetais oferece muitos benefícios à saúde. Optar por essa dieta enquanto equilibra trabalho, escola e demandas pessoais não é tarefa fácil, mas levará a benefícios de curto prazo pela manutenção do peso e as vantagens de longo prazo por meio da diminuição dos riscos de doenças cardiovasculares, diabetes e câncer. Quanto esses hábitos de saúde importam? Pessoas que não fumam, praticam atividade física adequada, moderam o consumo de álcool e mantêm uma dieta saudável podem se beneficiar de uma estimativa de *mais 14 anos de vida* que aquelas que não praticam esses quatro comportamentos (Khaw et al., 2008)!

A quinta recomendação do estudo do Condado de Alameda pode ser a mais difícil para os universitários seguirem: durma de sete a oito horas por noite. Apenas 5% dos estudantes dizem que sempre dormem o suficiente, então se sentem descansados ao acordar, e a maioria deles só se sente descansado em três dos sete dias da semana (ACHA, 2016). Pessoas que dormem mais de oito ou menos de seis horas por noite apresentam taxas de mortalidade mais altas que aquelas que dormem de sete a oito horas (Patel et al., 2004). Definir uma prioridade para o sono pode ser difícil, mas também valerá a pena imediatamente quanto à energia, concentração e talvez até melhora da função imunológica (Motivala & Irwin, 2007).

Uma recomendação final do Estudo do Condado de Alameda enfatizou a importância do apoio social (Camacho & Wiley, 1983; Wiley & Camacho, 1980). Pessoas com uma rede social são mais saudáveis que aquelas com poucos contatos sociais. Os estudantes universitários têm muitas oportunidades de formar uma rede social de amigos, que podem agregar às suas famílias como fontes de apoio social. Lembre-se de que o apoio social fornece um tipo de estratégia de enfrentamento, mas é aconselhável cultivar uma variedade de tais estratégias, incluindo aquelas focadas no problema e na emoção, e usá-las adequadamente.

A combinação desses comportamentos de saúde prolongará sua vida e melhorará sua saúde, não apenas no futuro, mas também durante seus anos de faculdade. Nós (Linda, Jess e John) desejamos sinceramente a você um futuro saudável e feliz.

RESUMO

Melhorar a saúde dos estudantes universitários requer compreender os riscos específicos desse grupo e encontrar formas de diminuir esses riscos, incluindo mudanças em seus comportamentos relacionados à saúde. Lesões causadas por violência intencional e não intencional são grandes ameaças à saúde de adultos jovens, incluindo estudantes universitários. Colisões de veículos são a ameaça mais comum, mas lesões e mortes também ocorrem por causa de agressão, estupro, violência do parceiro, suicídio e homicídio. O álcool é um fator em todos esses tipos de violência.

Os hábitos de saúde adotados durante a idade adulta jovem estabelecem as bases para a saúde ou doença nos anos posteriores. Para fazer escolhas saudáveis, os indivíduos precisam desenvolver seu conhecimento em saúde para que possam avaliar a **educação em saúde** que recebem de outras pessoas e da mídia. Uma boa diretriz para cultivar um estilo de vida saudável vem do estudo do Condado de Alameda, que descobriu que as pessoas são mais saudáveis e vivem mais se (1) se abster de fumar cigarros, (2) praticar atividade física regularmente, (3) consumir álcool com moderação ou não ingerir, (4) manter um peso saudável e (5) dormir de sete a oito horas por noite. Além disso, desenvolver uma rede de apoio social potencializa a saúde.

APLIQUE O QUE VOCÊ APRENDEU

1. Pense em seus próprios comportamentos e riscos à saúde. Quais são as coisas que você faz que provavelmente o manterão saudável? Quais são as coisas que você faz que podem colocar sua saúde em risco, agora ou no futuro? Anote os passos que você pode dar para manter seus hábitos saudáveis e reduzir quaisquer hábitos não saudáveis.

Perguntas

Este capítulo abordou três questões básicas:

1. **Qual papel a psicologia da saúde desempenha na contribuição para os objetivos do *Healthy People 2030*?**

   A psicologia da saúde é uma das várias disciplinas que têm um papel em ajudar os EUA a alcançar as metas e objetivos do *Healthy People 2030*. Dois objetivos amplos desse documento são (1) aumentar o tempo de vida saudável e (2) eliminar as desigualdades em saúde entre vários grupos étnicos. Os psicólogos da saúde enfatizam a adição de anos saudáveis de vida, não apenas mais anos. Eles cooperam com outros profissionais de saúde na compreensão e redução das defasagens de saúde entre os diferentes grupos étnicos, mas esse objetivo tem se mostrado difícil de alcançar.

2. **Quais são as perspectivas para o futuro da psicologia da saúde?**

   A psicologia da saúde enfrenta desafios no século XXI. Encontrar formas de controlar os custos dos cuidados em saúde é um dos principais objetivos de todos os prestadores de cuidados em saúde. Os psicólogos da saúde podem contribuir para esse objetivo por meio de sua experiência na compreensão e tratamento das doenças crônicas que se tornaram as principais causas de morte nos países industrializados. Ainda mais importante, os psicólogos da saúde têm defendido a prevenção, que tem o potencial de diminuir a necessidade de cuidados em saúde. A prevenção por meio da mudança de comportamento pode ajudar no controle desses custos. Para serem incluídos nos futuros cuidados em saúde, esses profissionais devem continuar a acrescentar aos componentes de pesquisa e prática de campo: a construção de uma base de pesquisa e o desenvolvimento de estratégias mais eficazes para mudança de comportamento.

3. **Como você pode utilizar a psicologia da saúde para cultivar um estilo de vida mais saudável?**

   Os hábitos que você adota durante a idade adulta jovem formam uma base para seu comportamento relacionado à saúde durante a idade adulta e a meia-idade, portanto, as escolhas que faz agora são importantes para sua saúde futura. A psicologia da saúde oferece sugestões sobre como cultivar escolhas saudáveis quanto a fumar, beber e usar drogas, seguir uma boa dieta, praticar exercícios e controlar o estresse. Aumentar sua educação em saúde e confiar em pesquisas em vez de informações da mídia ou de amigos fornece uma estratégia para fazer boas escolhas de saúde.

Sugestões de leitura

Kickbusch, I. (2008). Health literacy: An essential skill for the twenty-first century. *Health Education, 108*, 101-104. Este artigo examina os desafios para desenvolver educação em saúde e enfatiza a importância de fazer isso considerando a complexidade cada vez maior das pesquisas em saúde.

Mongan, J. J., Ferris, T. G. & Lee, T. H. (2008). Options for slowing the growth of health care costs. *New England Journal of Medicine, 358*, 1509-1514. Este artigo recente examina algumas possibilidades para controlar os custos de saúde sem uma restruturação drástica do sistema de saúde norte-americano.

Whitfield, K. E., Weidner, G., Clark, R. & Anderson, N. B. (2002). Sociodemographic diversity in behavioral medicine. *Journal of Consulting and Clinical Psychology, 70*, 463-481. Keith Whitfield e colegas fornecem uma revisão abrangente dos fatores étnicos, de gênero e econômicos que afetam a saúde e a expectativa de vida, analisando os riscos e os fatores de prevenção associados a cada grupo demográfico.

GLOSSÁRIO

aborrecimentos diários Eventos cotidianos que as pessoas vivenciam como prejudiciais, ameaçadores ou irritantes. (Capítulo 5)

abstinência Reações fisiológicas adversas se manifestam quando uma pessoa dependente de drogas para de usá-la; os sintomas de abstinência são tipicamente desagradáveis e opostos aos efeitos da droga. (Capítulo 13)

acetilcolina Um dos principais neurotransmissores do sistema nervoso autônomo. (Capítulo 5 e 14)

acidente vascular encefálico (AVE) Dano causado ao cérebro resultante da falta de oxigênio. (Capítulo 10)

ácido cianídrico Ácido venenoso produzido pelo tratamento de cianeto com ácido; um dos produtos da fumaça do cigarro. (Capítulo 12)

acroleína Líquido amargo amarelado ou incolor produzido como subproduto da fumaça do tabaco; um dos aldeídos. (Capítulo 12)

acupressão Aplicação de pressão em vez de agulhas nos pontos usados na acupuntura. (Capítulo 8)

acupuntura Antiga forma de analgesia chinesa que consiste em inserir agulhas em pontos específicos da pele e estimular continuamente as agulhas. (Capítulo 8)

adesão Capacidade e vontade de um paciente de seguir as práticas de saúde recomendadas. (Capítulo 4)

aferentes primários Neurônios sensoriais que transmitem impulsos da pele para a medula espinhal. (Capítulo 7)

alcalose Nível anormalmente alto de alcalinidade no corpo. (Capítulo 14)

álcool desidrogenase Enzima hepática que metaboliza o álcool em aldeído. (Capítulo 13)

aldeído desidrogenase Enzima que converte aldeído em ácido acético. (Capítulo 13)

aldeídos Classe de compostos orgânicos obtidos a partir do álcool por oxidação e encontrados na fumaça do cigarro; eles causam mutações e estão relacionados ao desenvolvimento de câncer. (Capítulo 12)

alergias Respostas do sistema imunológico caracterizadas por uma reação anormal a uma substância estranha. (Capítulo 6)

alostase Conceito de que diferentes circunstâncias requerem diferentes níveis de ativação fisiológica. (Capítulo 5)

amígdalas Massas de tecidos linfáticos localizadas na parte oral da faringe. (Capítulo 6)

analgésicos não narcóticos Medicamentos que ajudam a aliviar a dor sem causar perda de consciência e são compostos por anti-inflamatórios não esteroides e acetaminofeno. (Capítulo 7)

analgésicos opiáceos Substâncias como morfina, codeína, oxicodona e hidrocodona que ajudam a aliviar a dor. (Capítulo 7)

anemia Baixo nível de eritrócitos, levando a fraqueza generalizada e falta de vitalidade. (Capítulo 14)

anfetaminas Classe de droga estimulante. (Capítulo 13)

angina pectoris Distúrbio que envolve um suprimento sanguíneo restrito ao miocárdio, que resulta em dor no peito e dificuldade para respirar. (Capítulo 9)

ano saudável Equivalente a um ano de bem-estar completo. (Capítulo 16)

anorexia nervosa Transtorno alimentar caracterizado por fome intencional, imagem corporal distorcida, quantidades excessivas de energia e medo intenso de ganhar peso. (Capítulo 14)

anticorpos Substâncias proteicas produzidas em resposta a um invasor ou antígeno específico, marcando-o para destruição e, assim, criando imunidade a esse invasor. (Capítulo 6)

antígenos Substâncias estranhas que provocam o sistema imunológico a produzir anticorpos. (Capítulo 6)

ânus Abertura por onde as fezes são eliminadas. (Capítulo 14)

apoio social Apoio tangível e intangível (material e emocional) que uma pessoa recebe de outras pessoas. (Capítulos 4, 5)

artérias Vasos que transportam o sangue para fora do coração. (Capítulo 9)

arteríolas Pequenos ramos de uma artéria. (Capítulo 9)

arteriosclerose Condição marcada pela perda de elasticidade e endurecimento das artérias. (Capítulo 9)

artrite reumatoide Doença autoimune caracterizada por inchaço e dor incômoda em ou ao redor de uma articulação. (Capítulos 6, 7)

asma Doença crônica que causa constrição dos brônquios, impedindo que o ar passe livremente pelas vias aéreas e pelos brônquios causando chiado e dificuldade para respirar durante os ataques. (Capítulos 6, 11)

atenção plena Qualidade de consciência que é provocada pelo foco no momento presente e pela aceitação dos pensamentos sem julgamentos. (Capítulo 7)

aterosclerose Formação de placas dentro das artérias. (Capítulo 9)

autoeficácia Crença de que alguém pode seguir os comportamentos que produzirão resultados desejados em qualquer situação particular. (Capítulo 4)

autosseleção Condição de uma investigação experimental na qual os sujeitos podem, de alguma maneira, determinar a própria colocação no grupo experimental ou no de controle. (Capítulo 2)

avaliação primária Avaliação inicial de um evento potencialmente estressante (Lazarus e Folkman). (Capítulo 5)

avaliação secundária A capacidade percebida por alguém para controlar ou lidar com danos, ameaças ou desafios (Lazarus e Folkman). (Capítulo 5)

Ayurveda Sistema de medicina que se originou na Índia há mais de 2.000 anos; enfatiza a obtenção da saúde por meio do equilíbrio e da conexão com todas as coisas do universo. (Capítulo 8)

baço Grande órgão próximo ao estômago que serve como repositório de linfócitos e eritrócitos. (Capítulo 6)

benigno Crescimento celular limitado a um único tumor, que se mantém localizado. (Capítulo 10)

betacaroteno Tipo de vitamina A encontrada em abundância em vegetais como cenoura e batata-doce. (Capítulo 10)

biofeedback Processo de oferecer informações de retorno sobre o estado de um sistema biológico para esse sistema. (Capítulo 8)

biofeedback por eletromiógrafo (EMG) Aquele que reflete a atividade dos músculos esqueléticos. (Capítulo 8)

biofeedback térmico Feedback sobre mudanças na temperatura da pele. (Capítulo 8)

bronquite Qualquer inflamação dos brônquios. (Capítulo 12)

bulimia Transtorno alimentar caracterizado por compulsão periódica e purgação, esta geralmente com vômito autoinduzido ou abuso de laxantes. (Capítulo 14)

câncer Grupo de doenças caracterizadas pela presença de novas células que crescem e se espalham sem controle. (Capítulo 10)

cancerígeno Tudo o que induz ao câncer. (Capítulo 10)

capilares Vasos muito pequenos que conectam artérias e veias. (Capítulo 9)

carcinomas Cânceres do tecido epitelial. (Capítulo 10)

cardiologistas Médicos especializados no diagnóstico e tratamento de doenças cardíacas. (Capítulo 9)

carga alostática O termo refere-se ao "desgaste" do corpo devido à ativação prolongada de respostas fisiológicas ao estresse. (Capítulo 5)

catarse Expressão falada ou escrita de fortes emoções negativas, que podem resultar em melhora na saúde fisiológica ou psicológica. (Capítulo 5)

catecolaminas Classe de substâncias químicas contendo adrenalina e noradrenalina. (Capítulo 5)

cefaleia em salvas Tipo de dor de cabeça severa que pode ocorrer diariamente por 4 a 16 semanas. Os sintomas são semelhantes aos da enxaqueca, mas a duração é muito mais curta. (Capítulo 7)

células B Tipo de linfócito que ataca os microrganismos invasores. (Capítulo 6)

células ilhotas Parte do pâncreas que produz glucagon e insulina. (Capítulo 11)

células *natural killer* (NK) O tipo de linfócito que ataca organismos invasores. (Capítulo 6)

células plasmáticas Células, derivadas de células B, que secretam anticorpos. (Capítulo 6)

células T Células do sistema imunológico que produzem imunidade. (Capítulo 6)

cigarros eletrônicos (e-cigarros; *e-cigarettes*) Dispositivos eletrônicos portáteis em que um elemento de aquecimento vaporiza uma mistura líquida que os usuários inalam. (Capítulo 12)

cirrose Doença hepática que resulta na produção de tecido cicatricial não funcional. (Capítulo 13)

citocina pró-inflamatória Substância química secretada pelo sistema imunológico que promove inflamação; associada a sensações de enfermidade, depressão e retraimento social. (Capítulo 6)

citocinas Mensageiros químicos secretados pelas células do sistema imunológico, formando um elo de comunicação entre os sistemas nervoso e imunológico. (Capítulo 6)

cocaína Droga estimulante extraída da planta de coca. (Capítulo 13)

coeficiente de correlação Qualquer relação positiva ou negativa entre duas variáveis. A evidência correlacional não pode provar a causalidade, mas apenas que duas variáveis aumentam ou diminuem juntas. (Capítulo 2)

colecistocinina (CCK) Hormônio peptídico liberado pelos intestinos que pode estar envolvido na sensação de saciedade depois de comer. (Capítulo 14)

comportamento de doente Atividades realizadas por pessoas que se sentem doentes e que desejam conhecer seu estado de saúde, bem como remédios adequados. O comportamento de doente precede o diagnóstico formal. (Capítulo 3)

comportamento de papel de doente Refere-se às atividades realizadas por pessoas diagnosticadas como doentes que visam alcançar melhoria. (Capítulo 3)

confiabilidade Medida que um teste ou outro instrumento de medição produz resultados consistentes. (Capítulo 2)

conscienciosidade Traço de personalidade marcado por uma tendência de ser planejado e orientado para objetivos, adiar a gratificação e seguir normas e regras. (Capítulo 4)

contatos sociais Número e tipos de pessoas com quem alguém se associa; membros da rede social de uma pessoa. (Capítulo 5)

controle pessoal Confiança que as pessoas têm na capacidade de controlar os eventos que moldam suas vidas. (Capítulo 5)

cornos dorsais Parte da medula espinhal, distante do estômago, que recebe informações sensoriais e pode desempenhar um papel importante na percepção da dor. (Capítulo 7)

córtex adrenal A camada externa das glândulas suprarrenais; secreta glicocorticoides. (Capítulo 5)

córtex somatossensorial (sistema somatossensorial) Parte do cérebro que recebe e processa a entrada sensorial do corpo. (Capítulo 7)

cortisol Tipo de glicocorticoide que fornece defesa natural contra a inflamação e regula o metabolismo dos carboidratos. (Capítulo 5)

delirium tremens Condição induzida pela abstinência de álcool e caracterizada por tremores excessivos, sudorese, ansiedade e alucinações. (Capítulo 13)

densidade populacional Condição física na qual uma grande população ocupa um espaço limitado. (Capítulo 5)

dependência Condição em que uma droga é incorporada ao funcionamento das células do corpo, de modo que é necessária para seu funcionamento "normal". (Capítulos 7, 13)

desequilíbrio eletrolítico Condição causada pela perda de minerais do corpo. (Capítulo 14)

desfechos ao nascimento Estresse que uma mãe experimenta durante a gravidez. (Capítulo 6)

desigualdade em saúde Diferença em uma condição de saúde que existe entre grupos populacionais específicos. (Capítulo 16)

determinismo recíproco Modelo de Bandura que inclui ambiente, comportamento e pessoa como fatores de interação mútua. (Capítulo 4)

diabetes mellitus Doença crônica causada pela deficiência de insulina. (Capítulos 6, 11)

disposição comportamental Motivação de uma pessoa em uma determinada situação para se envolver em um comportamento de risco, muitas vezes como uma reação a pressões sociais e situacionais. (Capítulo 5)

dissulfiram Droga que causa reação aversiva quando ingerida com álcool; usado para tratar o alcoolismo (Antabuse). (Capítulo 13)

doença arterial coronariana (DAC) Distúrbio do miocárdio decorrente de aterosclerose e/ou arteriosclerose. (Capítulo 9)

doença cardíaca coronariana (DCC) Qualquer dano ao miocárdio resultante de um fornecimento insuficiente de sangue. (Capítulo 9)

doença cardiovascular (DCV) Distúrbios do sistema circulatório, incluindo doença arterial coronariana, doença coronariana e acidente vascular encefálico. (Capítulo 9)

doença de Raynaud Distúrbio vasoconstritor caracterizado por circulação inadequada nas extremidades, especialmente nos dedos das mãos ou dos pés, resultando em dor. (Capítulo 8)

doenças autoimunes Distúrbios que ocorrem devido à falha do sistema imunológico em diferenciar entre células do corpo e células estranhas, resultando no ataque do corpo e na destruição das próprias células. (Capítulo 6)

doenças crônicas Doenças de longa duração que podem ser controladas, mas não curadas. (Capítulos 1, 11)

dopamina Neurotransmissor especialmente importante na mediação da recompensa associada ao uso de drogas psicoativas. (Capítulo 13)

dor aguda Dor de curto prazo resultante de dano tecidual ou outro trauma. (Capítulo 7)

dor crônica Dor que dura além do tempo de cura normal; frequentemente experimentada na ausência de dano tecidual identificável. (Capítulo 7)

dor crônica recorrente Episódios alternados de dor intensa e sem dor. (Capítulo 7)

dor no membro fantasma Experiência da dor crônica em uma parte do corpo ausente. (Capítulo 7)

dor pré-crônica Dor que perdura além da fase aguda, mas ainda não se tornou crônica. (Capítulo 7)

dor referida Dor percebida em um local diferente a partir do local do estímulo. Dor visceral é frequentemente referida a locais na pele. (Capítulo 7)

dores de cabeça tensionais Dor produzida por contrações musculares sustentadas dos músculos do pescoço, ombros, couro cabeludo e face, bem como pela atividade do sistema nervoso central. (Capítulo 7)

educação em saúde Capacidade de ler e entender informações de saúde para tomar decisões relacionadas a ela. (Capítulo 16)

efeito da violação da abstinência Sentimentos de culpa e perda de controle muitas vezes experimentados depois que a pessoa cai em um hábito não saudável após um período de abstinência. (Capítulos 12, 15)

efeito nocebo Efeito contrário ao de um placebo. (Capítulo 7)

efeito sinérgico Efeito associado de duas ou mais variáveis que excede a soma de seus efeitos individuais. (Capítulo 10)

endorfina Neuroquímicos de ocorrência natural, cujos efeitos se assemelham aos dos opiáceos. (Capítulo 7)

enfisema Doença pulmonar crônica em que o tecido cicatricial e o muco obstruem as vias respiratórias. (Capítulo 12)

enfrentamento Estratégias que os indivíduos usam para gerenciar problemas e emoções angustiantes em suas vidas. (Capítulo 5)

enfrentamento focado no problema Estratégias de enfrentamento que visam mudar a fonte do estresse. (Capítulo 5)

enfrentamento focado na emoção Estratégias de enfrentamento orientadas para o gerenciamento das emoções que acompanham a percepção do estresse. (Capítulo 5)

ensaio clínico Projeto de pesquisa que testa os efeitos do tratamento médico. Muitos ensaios clínicos são ensaios controlados randomizados que permitem aos pesquisadores determinar se um novo tratamento é ou não eficaz. (Capítulo 2)

entrevista motivacional Abordagem terapêutica que se originou no tratamento de abuso de substâncias que tenta mudar a motivação de um cliente e o prepara para promover mudanças no comportamento. (Capítulo 4)

enxaqueca Originalmente, acreditava-se que dores de cabeça recorrentes eram causadas por constrição e dilatação das artérias vasculares, mas agora são aceitas como envolvendo os neurônios no tronco cerebral. (Capítulo 7)

epidemiologia Ramo da medicina que investiga os vários fatores que contribuem para a saúde positiva ou para a frequência e distribuição de uma doença ou transtorno. (Capítulo 2)

epigenética Ramo da genética que estuda as mudanças na expressão gênica por meio de mecanismos não genéticos. (Capítulo 13)

epinefrina Produto químico produzido pela medula adrenal responsável por grande parte da produção hormonal das glândulas suprarrenais; às vezes chamada de adrenalina (Capítulo 5)

esôfago O tubo que vai da faringe ao estômago. (Capítulo 14)

estado de ansiedade Condição temporária de medo ou mal-estar decorrente de uma situação específica. (Capítulo 15)

estágio de exaustão Estágio final da síndrome de adaptação geral (SAG) em que a capacidade do corpo de resistir a um estressor foi esgotada. (Capítulo 5)

estágio de resistência Segunda fase da síndrome de adaptação geral (SAG) em que o corpo se adapta a um estressor. (Capítulo 5)

esteroides anabolizantes Drogas esteroides que aumentam o volume muscular e diminuem a gordura corporal, mas também têm efeitos tóxicos. (Capítulo 13)

estimulação elétrica nervosa transcutânea (TENS) Tratamento para dor envolvendo estimulação elétrica de neurônios da superfície da pele. (Capítulo 7)

estimulantes Drogas psicoativas, como cocaína, anfetaminas, nicotina e cafeína, que tendem a elevar o humor, estimular a ação, reduzir a sensação de fadiga e diminuir o apetite. (Capítulo 13)

estudos correlacionais Estudos destinados a dar informações sobre o grau de relação entre duas variáveis. (Capítulo 2)

estudos de caso-controle Estudos epidemiológicos retrospectivos nos quais pessoas afetadas por uma determinada doença (casos) são comparadas com outras não afetadas (controles). (Capítulo 2)

estudos longitudinais Projetos de pesquisa em que um grupo de participantes é estudado durante um período prolongado. (Capítulo 2)

estudos prospectivos Estudos longitudinais que começam com uma população de participantes livre de doença e acompanham a ocorrência de doença naquela população ou amostra. (Capítulo 2)

estudos retrospectivos Estudos longitudinais que analisam a história de uma população ou uma amostra. (Capítulo 2)

estudos transversais Projetos de pesquisa em que sujeitos de diferentes idades são estudados em apenas um ponto no tempo. (Capítulo 2)

etanol Variedade de álcool usado em bebidas. (Capítulo 13)

eventos da vida Eventos importantes na vida de uma pessoa que requerem mudança ou adaptação. (Capítulo 5)

exercício isocinético Exercício que requer esforço para levantar peso e esforço adicional para retorná-lo à posição inicial. (Capítulo 15)

exercício isométrico Exercício realizado envolvendo a contração dos músculos contra um objeto imóvel. (Capítulo 15)

exercício isotônico Exercício que requer a contração dos músculos e o movimento das articulações, como no levantamento de peso. (Capítulo 15)

exercícios aeróbicos Exercícios que exigem uma quantidade maior de consumo de oxigênio por longo período de tempo. (Capítulo 15)

exercícios anaeróbicos Exercícios que exigem rajadas curtas e intensas de energia, mas não exigem uma quantidade maior de uso de oxigênio. (Capítulo 15)

expectativa de saúde Período de vida que uma pessoa passa livre de incapacitação. (Capítulo 16)

expectativa de vida Número esperado de anos de vida que resta para uma pessoa de uma determinada idade. (Capítulos 1, 16)

expectativas de resultado Crenças de que seguir um comportamento específico levará a resultados valiosos. (Capítulo 4)

fagocitose Processo de englobar e matar partículas estranhas. (Capítulo 6)

faringe Parte do trato digestivo entre a boca e o esôfago. (Capítulo 14)

fase motivacional Na abordagem do processo de ação em saúde, é o estágio em que uma pessoa desenvolve a intenção de procurar um objetivo relacionado à saúde. (Capítulo 4)

fase volitiva Na abordagem do processo de ação em saúde, é o estágio em que uma pessoa persiste em um objetivo relacionado à saúde. (Capítulo 4)

fator de risco Qualquer característica ou condição que ocorre com maior frequência em pessoas com uma doença que naquelas livres dela. (Capítulo 2)

fenda sináptica Espaço entre os neurônios. (Capítulo 5)

fezes Quaisquer materiais que restarem após a digestão. (Capítulo 14)

fibras A-beta Grandes fibras sensoriais envolvidas na transmissão rápida da sensação e possivelmente na inibição da transmissão da dor. (Capítulo 7)

fibras A-delta Pequenas fibras sensoriais envolvidas na experiência da dor "rápida". (Capítulo 7)

fibras C Fibras nervosas de pequeno diâmetro que fornecem informações sobre dor lenta, difusa e persistente. (Capítulo 7)

fibromialgia Condição de dor crônica caracterizada por pontos sensíveis em todo o corpo; produz sintomas de fadiga, dor de cabeça, dificuldades cognitivas, ansiedade e transtornos do sono. (Capítulo 7)

fígado A maior glândula do corpo; auxilia na digestão produzindo bile, regula os componentes orgânicos do sangue e atua como um desintoxicante do sangue. (Capítulo 14)

formaldeído Gás incolor e amargo encontrado na fumaça do cigarro; causa irritação do sistema respiratório e foi considerado cancerígeno; um dos aldeídos. (Capítulo 12)

fumaça ambiental do tabaco (FAT) Fumaça de cônjuges, pais ou colegas de trabalho a que os não fumantes estão expostos; fumante passivo. (Capítulo 12)

fumante passivo Exposição de não fumantes à fumaça de cônjuges, pais ou colegas de trabalho; fumaça ambiental do tabaco. (Capítulo 12)

gatilho de controle central Impulso nervoso que desce do cérebro e influencia a percepção da dor. (Capítulo 7)

glândulas salivares Glândulas que fornecem a umidade que permite a degustação e digestão dos alimentos. (Capítulo 14)

glândulas suprarrenais Glândulas endócrinas – localizadas na parte superior de cada rim – que secretam hormônios e afetam o metabolismo. (Capítulo 5)

glucagon Hormônio secretado pelo pâncreas que estimula a liberação de glicose, elevando assim o nível de açúcar no sangue. (Capítulo 11)

granulócitos Tipo de linfócito que age rapidamente para matar organismos invasores. (Capítulo 6)

grelina Hormônio peptídico produzido principalmente no estômago, cujo nível aumenta antes e diminui após as refeições. (Capítulo 14)

grupo de controle Em um experimento ou ensaio clínico, o grupo de participantes que não recebe um tratamento ativo. O grupo de controle serve como comparação com o grupo experimental. (Capítulo 2)

grupo experimental Em um experimento ou ensaio clínico, o grupo de participantes que recebe um tratamento ativo. (Capítulo 2)

hipertensão Pressão arterial anormalmente alta, com leitura sistólica superior a 160 ou leitura diastólica superior a 105. (Capítulo 9)

hipertensão essencial Elevação da pressão arterial sem causa conhecida provocada por causas genética e ambientais. (Capítulo 9)

hipófise (ou pituitária) Glândula endócrina localizada no cérebro cujas secreções regulam muitas outras glândulas. (Capítulo 5)

hipoglicemia Deficiência de açúcar no sangue. (Capítulo 14)

hipotálamo Pequena estrutura abaixo do tálamo, envolvida no controle de comer, beber e no comportamento emocional. (Capítulo 14)

hipotálamo-hipófise-adrenal (HPA) Conjunto de sinais e relações que existem entre o hipotálamo, a hipófise e as glândulas suprarrenais. (Capítulo 5)

hormônio adrenocorticotrófico (ACTH) Hormônio produzido pela porção anterior da hipófise que atua na glândula adrenal e está envolvido na resposta ao estresse. (Capítulo 5)

hormônios Substâncias químicas liberadas no sangue e, com efeito, em outras partes do corpo. (Capítulo 5)

imunidade Resposta a microrganismos estranhos que ocorre com exposição repetida e resulta em resistência a uma doença. (Capítulo 6)

incidência Medida da frequência de *novos casos* de uma doença ou transtorno durante um período especificado. (Capítulo 2)

índice de massa corporal (IMC) Estimativa da obesidade determinada pelo peso corporal e altura. (Capítulo 14)

indução Processo de ser colocado em um estado hipnótico. (Capítulo 8)

infarto do miocárdio Ataque cardíaco. (Capítulo 9)

inflamação Resposta geral do sistema imunológico que trabalha para restaurar o tecido danificado. (Capítulo 6)

insulina Hormônio que aumenta a ingestão de glicose para as células. (Capítulo 11)

intenções de implementação Planos detalhados que conectam uma situação específica a um objetivo que uma pessoa deseja alcançar. (Capítulo 4)

interneurônios Neurônios que conectam neurônios sensoriais aos motores; neurônios de associação. (Capítulo 7)

isolamento social Ausência de relacionamentos de papéis específicos e significativos. (Capítulo 5)

isquemia Restrição do fluxo sanguíneo para tecidos ou órgãos; termo frequentemente usado com referência ao coração. (Capítulo 9)

lâminas Camadas de corpos celulares. (Capítulo 7)

leptina Hormônio proteico produzido pelas células adiposas do corpo que está relacionado à alimentação e ao controle de peso. (Capítulo 14)

leucemias Cânceres originados em células sanguíneas ou células produtoras de sangue. (Capítulo 10)

linfa Fluido tecidual que entrou em um vaso linfático. (Capítulo 6)

linfócitos Resposta a microrganismos estranhos que ocorre com exposição repetida e resulta em resistência a uma doença. (Capítulo 6)

linfoma Câncer dos tecidos linfoides, incluindo linfonodos. (Capítulo 10)

linfoma não Hodgkin Malignidade caracterizada por tumores de crescimento rápido que se espalham pelos sistemas circulatório ou linfático. (Capítulo 10)

linfonodo Pequenos nódulos de tecido linfático espalhados por todo o sistema linfático que ajudam a limpar a linfa de detritos. (Capítulo 6)

lipoproteína de alta densidade (HDL) Tipo de lipoproteína que confere alguma proteção contra doença arterial coronariana. (Capítulo 9)

lipoproteína de baixa densidade (LDL) Tipo de lipoproteína considerada positivamente relacionada à doença arterial coronariana. (Capítulo 9)

lipoproteínas Substâncias no sangue que consistem em lipídios e proteínas. (Capítulo 9)

maconha Droga derivada da resina da planta *Cannabis sativa*. Os efeitos do abuso de maconha incluem comprometimento da memória, alteração do processo de pensamento, sentimentos de relaxamento e euforia, coordenação prejudicada e aumento do apetite. (Capítulo 13)

macrófagos Tipo de linfócito que ataca organismos invasores. (Capítulo 6)

maligno Tumores que têm a capacidade não só de crescer, mas também de espalhar para outras partes do corpo. (Capítulo 10)

medicamentos analgésicos Medicamentos que diminuem a percepção da dor. (Capítulo 7)

medicina alternativa Grupo de diversos sistemas, práticas e produtos médicos e de saúde que atualmente não são considerados parte da medicina convencional, mas usados como alternativas ao tratamento convencional. (Capítulo 8)

medicina complementar Grupo de diversos sistemas, práticas e produtos médicos e de saúde que atualmente não são considerados parte da medicina convencional e são usados em adição às técnicas convencionais. (Capítulo 8)

medicina comportamental Campo interdisciplinar preocupado com o desenvolvimento e integração das ciências comportamentais e biomédicas. (Capítulo 1)

medicina integrativa Abordagem ao tratamento que tenta integrar técnicas da medicina convencional e alternativa. (Capítulo 8)

medula Estrutura do rombencéfalo logo acima da medula espinhal. (Capítulo 7)
medula adrenal Camada interna das glândulas suprarrenais; secreta adrenalina e noradrenalina. (Capítulo 5)
metanálise Técnica estatística para combinar resultados de vários estudos quando esses têm definições semelhantes de variáveis. (Capítulo 2)
metástase Disseminação da malignidade de uma parte do corpo para outra por meio do sangue ou dos sistemas linfáticos. (Capítulo 10)
mielina Substância gordurosa que atua como isolante para os neurônios. (Capítulo 7)
miocárdio Músculo cardíaco. (Capítulo 9)
modelo biomédico Perspectiva que considera a doença como resultado da exposição a um organismo específico causador de doença. (Capítulo 1)
modelo biopsicossocial Abordagem da saúde que inclui influências biológicas, psicológicas e sociais. (Capítulo 1)
modelo de diátese-estresse Teoria do estresse que sugere que alguns indivíduos são vulneráveis a doenças relacionadas ao estresse porque são geneticamente predispostos a essas doenças. (Capítulo 6)
mudança comportamental Moldar o comportamento manipulando o reforço para obter um comportamento desejado. (Capítulo 7)

neoplásica (célula) Caracterizada pelo crescimento novo e anormal de células. (Capítulo 10)
neurônios Células nervosas. (Capítulo 5)
neurônios aferentes Neurônios sensoriais que transmitem informações dos órgãos dos sentidos para o cérebro. (Capítulo 7)
neurônios eferentes Neurônios motores que transmitem impulsos para longe do cérebro. (Capítulo 7)
neuroticismo Traço de personalidade marcado por uma tendência a experimentar estados emocionais negativos. (Capítulo 3)
neurotransmissores Substâncias químicas liberadas pelos neurônios e que afetam a atividade de outros neurônios. (Capítulo 5)
nocicepção Processo em que as células nervosas sensoriais são estimuladas em resposta a estímulos prejudiciais, resultando na percepção da dor. (Capítulo 7)
nociceptores Receptores sensoriais na pele e órgãos que podem responder a vários tipos de estimulação, assim como causar danos nos tecidos. (Capítulo 7)
noradrenalina Um dos dois principais neurotransmissores do sistema nervoso autônomo. (Capítulo 5)
oncologistas Médicos especializados no tratamento do câncer. (Capítulo 10)
osteoartrite Inflamação progressiva das articulações. (Capítulo 7)
osteoporose Doença caracterizada pela redução na densidade óssea, fragilidade e perda de cálcio dos ossos. (Capítulo 15)
otimistas Pessoas que têm uma visão positiva da vida e esperam que coisas boas aconteçam com elas. (Capítulo 5)
óxido nítrico Gás incolor provocado pela ação do ácido nítrico sobre o cobre e produzido na fumaça do cigarro; afeta o metabolismo do oxigênio e pode ser perigoso. (Capítulo 12)

pâncreas Glândula endócrina, localizada abaixo do estômago, que produz sucos digestivos e hormônios. (Capítulo 11)
patógeno Qualquer organismo causador de doenças. (Capítulo 1)
peristaltismo Contrações que impulsionam o alimento através do trato digestivo. (Capítulo 14)
placas ateromatosas Depósitos de colesterol e outros lipídios, de tecido conjuntivo e tecido muscular. (Capítulo 9)
placebo Substância ou condição inativa que tem a aparência de um tratamento ativo e que pode fazer que os participantes melhorem ou mudem pela crença na eficácia do placebo. (Capítulo 2)
pressão diastólica Medida da pressão arterial entre as contrações do coração. (Capítulo 9)
pressão sistólica Medida da pressão arterial provocada pela contração do coração. (Capítulo 9)
pressão urbana Os muitos estressores ambientais que afetam a vida na cidade, incluindo ruído, aglomeração, crime e poluição. (Capítulo 5)
prevalência Proporção de uma população que tem uma doença ou transtorno em um momento específico. (Capítulo 2)
projeto duplo-cego Projeto experimental em que nem os sujeitos nem aqueles que oferecem a condição de tratamento têm conhecimento de quem recebe o tratamento e quem recebe o placebo. (Capítulo 2)
projeto *ex post facto* Estudo científico em que os valores da variável independente não são manipulados, mas selecionados pelo experimentador depois que os grupos se dividiram naturalmente. (Capítulo 2)
projeto simples-cego Projeto em que os participantes não sabem se estão recebendo o tratamento ativo ou inativo, mas os provedores não estão "cegos" às condições do tratamento. (Capítulo 2)
psicologia da saúde Campo da psicologia que contribui tanto para a medicina comportamental quanto para a saúde comportamental; o estudo científico de comportamentos que se relacionam com a melhoria da saúde, prevenção de doenças e reabilitação. (Capítulo 1)
psiconeuroimunologia (PNI) Campo multidisciplinar que se concentra nas interações entre o comportamento, os sistemas nervoso, endócrino e o imunológico. (Capítulo 6)
punição Apresentação de um estímulo aversivo ou remoção de um positivo. A punição às vezes, mas nem sempre, enfraquece uma resposta. (Capítulo 4)

reabilitação cardíaca Conjunto de abordagens projetadas para restaurar a saúde cardiovascular de pacientes cardíacos. (Capítulo 9)
reação de alarme Primeira fase da síndrome de adaptação geral (SAG), na qual as defesas do organismo são mobilizadas contra um estressor. (Capítulo 5)
reatividade cardiovascular (RCV) Aumento da pressão arterial e da frequência cardíaca como reação à frustração, assédio tarefa estressante. (Capítulo 9)
reavaliação Reavaliação quase constante de eventos estressantes (Lazarus e Folkman). (Capítulo 5)
rede de referência leiga Rede de familiares e amigos a quem uma pessoa pode recorrer primeiro para buscar informações e conselhos médicos. (Capítulo 5)
rede social Número e tipos de pessoas com quem alguém se associa; contatos sociais. (Capítulo 5)
reforçadores positivos Estímulos valorizados positivamente que, quando adicionados a uma situação, fortalecem o comportamento seguido. (Capítulo 7)
reforço negativo Retirar de uma situação um estímulo desagradável ou valorizado negativamente, fortalecendo assim o comportamento que antecede essa retirada. (Capítulo 4)
reforço positivo Estímulo de valor positivo adicionado a uma situação, fortalecendo assim o comportamento para que se repita. (Capítulo 4)
relação dose-resposta Associação direta e consistente entre uma variável independente, como um comportamento, e uma variável dependente, como uma doença. Por exemplo, quanto maior o número de cigarros que se fuma, maior a probabilidade de câncer de pulmão. (Capítulo 2)
remissão espontânea Desaparecimento de comportamento problemático ou doença sem tratamento. (Capítulo 13)
resposta adrenocortical Resposta do córtex adrenal, desencadeada pelo ACTH, que resulta na liberação de glicocorticoides, incluindo o cortisol. (Capítulo 5)
resposta adrenomedular Resposta da medula adrenal, desencadeada pela ativação do sistema nervoso simpático, resulta na liberação de adrenalina. (Capítulo 5)
reto Extremidade do trato digestivo que leva ao ânus. (Capítulo 14)
revelação emocional Técnica terapêutica pela qual as pessoas expressam emoções fortes falando ou escrevendo sobre os eventos que as provocaram. (Capítulo 5)
risco absoluto Chances de uma pessoa desenvolver uma doença ou transtorno independentemente de qualquer risco que outras possam ter para essa doença ou transtorno. (Capítulo 2)
risco relativo Risco que uma pessoa corre para uma determinada doença em comparação com o de outras pessoas que não têm a condição ou estilo de vida daquela. (Capítulo 2)

sais biliares Sais produzidos no fígado e armazenados na vesícula biliar que auxiliam na digestão das gorduras. (Capítulo 14)
sarcoma de Kaposi Malignidade caracterizada por múltiplos nódulos moles, azuis-escuros ou roxos na pele, com hemorragias. (Capítulo 10)
sarcomas Cânceres dos tecidos conjuntivos. (Capítulo 10)
sedativos Drogas que induzem ao relaxamento e às vezes à intoxicação, diminuindo a atividade do cérebro, dos neurônios, dos músculos, do coração e até mesmo a taxa metabólica. (Capítulo 13)
selênio Oligoelemento encontrado em produtos de grãos e na carne de animais alimentados com eles.
set-point Modelo hipotético entre gordura e tecido magro no qual o peso de uma pessoa tenderá a estabilizar. (Capítulo 14)
síndrome Conjunto de sintomas que caracterizam uma doença particular. (Capítulo 7)
síndrome alcoólica fetal (SAF) Padrão de sintomas físicos e psicológicos encontrados em recém-nascidos cujas mães beberam muito durante a gravidez. (Capítulo 13)
síndrome da imunodeficiência adquirida (Aids) Deficiência imunológica causada por infecção viral, resultando em vulnerabilidade a uma ampla gama de doenças bacterianas, virais e malignas. (Capítulo 6)
sistema cardiovascular Sistema do corpo que inclui o coração, artérias e veias.
sistema endócrino Sistema do corpo que consiste em glândulas endócrinas. (Capítulo 5)

sistema linfático Sistema que transporta a linfa pelo corpo. (Capítulo 6)
sistema nervoso autônomo (SNA) Parte do sistema nervoso periférico que serve principalmente aos órgãos internos. (Capítulo 5)
sistema nervoso central (SNC) Todos os neurônios do cérebro e da medula espinhal. (Capítulo 5)
sistema nervoso parassimpático Divisão do sistema nervoso autônomo que promove relaxamento e funciona em condições normais e não estressantes. (Capítulo 5)
sistema nervoso periférico (SNP) Nervos que ficam fora do cérebro e da medula espinhal. (Capítulo 5)
sistema nervoso simpático Divisão do sistema nervoso autônomo que mobiliza os recursos do corpo em situações de emergência, estressantes e emocionais. (Capítulo 5)
sistema nervoso somático Parte do SNP que serve à pele e aos músculos voluntários. (Capítulo 5)
sistema neuroendócrino Consiste nas glândulas endócrinas que são controladas e interagem com o sistema nervoso. (Capítulo 5)
substância cinzenta periaquedutal Estrutura próxima do mesencéfalo que, quando estimulada, diminui a dor. (Capítulo 7)
substância gelatinosa Duas camadas dos cornos dorsais da medula espinhal. (Capítulo 7)
sucos gástricos Secreções do estômago que ajudam na digestão. (Capítulo 14)
sucos pancreáticos Enzimas redutoras de ácido secretadas pelo pâncreas no intestino delgado. (Capítulo 14)

tálamo Estrutura no prosencéfalo que funciona como um centro de retransmissão para informações sensoriais recebidas e informações motoras de saída. (Capítulo 7)
telômero Região no final de um cromossomo onde aparecem sequências de nucleotídeos repetitivas agindo como uma capa protetora e impedindo a deterioração dos cromossomos. (Capítulo 6)
teoria Conjunto de suposições relacionadas a partir das quais hipóteses testáveis podem ser propostas. (Capítulo 2)
teoria do controle do portão Teoria da dor que sustenta que as estruturas da medula espinhal atuam como um portão para a entrada sensorial que o cérebro interpreta como dor. (Capítulo 7)
teorias do *continuum* Teorias que explicam a adesão com um único conjunto de fatores que devem ser aplicados igualmente a todas as pessoas. (Capítulo 4)
teorias dos estágios Teorias que propõem que as pessoas passem por estágios discretos na tentativa de mudar um comportamento de saúde. As teorias dos estágios propõem que diferentes fatores se tornem importantes em momentos diferentes, dependendo do estágio de uma pessoa. (Capítulo 4)
terapia cognitiva Tipo de terapia que visa mudar atitudes e crenças, assumindo que a mudança de comportamento continuará. (Capítulo 7)
terapia cognitivo-comportamental (TCC) Tipo de terapia que visa desenvolver crenças, atitudes, pensamentos e habilidades para fazer mudanças positivas no comportamento. (Capítulos 5, 7)
terapia de aceitação e compromisso (ACT) Tipo de terapia que ensina as pessoas a perceber e aceitar pensamentos e sentimentos indesejados, ao mesmo tempo que se comprometem com metas e atividades que valorizam. (Capítulo 7)
terapia de aversão Tipo de terapia comportamental baseada em técnicas clássicas de condicionamento que utiliza algum estímulo aversivo para contracondicionar a resposta do paciente. (Capítulo 13)
termistor Resistor sensível à temperatura usado em biofeedback térmico. (Capítulo 8)
timo Órgão localizado próximo ao coração que secreta timosina e, portanto, processa e ativa as células T. (Capítulo 6)
timosina Hormônio produzido pelo timo. (Capítulo 6)
tolerância Necessidade de aumentar as doses de uma droga para produzir um nível constante de efeito. (Capítulos 7, 13)
traço de ansiedade Característica de personalidade que se manifesta como sentimento constante de medo ou desconforto. (Capítulo 15)
transtorno alimentar Qualquer perturbação grave e habitual no comportamento alimentar que produz consequências prejudiciais. (Capítulo 14)
transtorno de estresse pós-traumático (TEPT) Transtorno de ansiedade causado pela experiência de um evento extremamente traumático e caracterizado pela revivência recorrente e intrusiva do evento. (Capítulos 5, 6)
triglicerídeos Grupo de moléculas que consiste de glicerol e três ácidos graxos; um dos componentes dos lipídios séricos implicado na formação da placa aterosclerótica. (Capítulo 9)

vacinação Método amplamente utilizado para induzir a imunidade (Capítulo 6)
validade Precisão; é a extensão que um instrumento mede o que foi projetado para medir. (Capítulo 2)
variável dependente Em um experimento ou ensaio clínico, a variável que representa o efeito ou resultado de interesse. (Capítulo 2)
variável independente Em um experimento ou ensaio clínico, a variável que representa a causa presumida de um efeito ou resultado. (Capítulo 2)
variável indivíduo (ou participante) Variável escolhida (em vez de manipulada) por um pesquisador para fornecer níveis de comparação para grupos de indivíduos. (Capítulo 2)
veias Vasos que levam sangue ao coração. (Capítulo 9)
vênulas Menores veias. (Capítulo 9)
vesícula biliar Órgão em forma de saco abaixo do fígado no qual a bile é armazenada. (Capítulo 14)
vício (ou adição) Dependência de uma droga de tal maneira que interromper o uso resulta em sintomas de abstinência. (Capítulo 13)
viés otimista Crença de que outras pessoas, mas não elas mesmas, desenvolverão uma doença, sofrerão um acidente ou passarão por outros eventos negativos. (Capítulos 4, 9, 12)
vírus da imunodeficiência humano (HIV) Vírus que ataca o sistema imunológico humano, esgotando a capacidade do corpo de combater infecções; a infecção que causa a Aids. (Capítulo 11)

REFERÊNCIAS BIBLIOGRÁFICAS

A

Abbey, A., Wegner, R., Woerner, J., Pegram, S. E., & Pierce, J. (2014). Review of survey and experimental research that examines the relationship between alcohol consumption and men's sexual aggression perpetration. *Trauma, Violence, and Abuse, 15*, 265-282. https://doi.org/10.1177/1524838014521031

Abbott, R. B., Hui, K.-K., Hays, R. D., Li, M.-D., & Pan, T. (2007). A randomized controlled trial of tai chi for tension headaches. *Evidence Based Complementary and Alternative Medicine, 4*, 107-113.

Abi-Saleh, B., Iskandar, S. B., Elgharib, N., & Cohen, M. V. (2008). C-reactive protein: The harbinger of cardiovascular diseases. *Southern Medical Journal, 101*, 525-533.

Abnet, C. C. (2007). Carcinogenic food contaminants. *Cancer Investigation, 25*, 189-196.

Ackard, D. M., Brehm, B. J., & Steffen, J. J. (2002). Exercise and eating disorders in college-aged women: Profiling excessive exercisers. *Eating Disorders, 10*, 31-47.

Ackroff, L., Bonacchi, K., Magee, M., Yijn, Y.M., Graves, J. V., & Sclafani, A. (2007). Obesity by choice revisited: Effects of food availability, flavor variety and nutrient composition on energy intake. *Physiology and Behavior, 92*, 468-478.

Action on Smoking and Health. (2016). *Fact sheet: Smoking and mental health*. Recuperado de http://ash.org.uk/files/documents/ASH_120.pdf

Adams, B., Aranda, M. P., Kemp, B., & Takagi, K. (2002). Ethnic and gender differences in distress among Anglo American, African American, Japanese American, and Mexican American spousal caregivers of persons with dementia. *Journal of Clinical Geropsychology, 8*, 279-301.

Adams, T. B., & Colner, W. (2008). The association of multiple risk factors with fruit and vegetable intake among a nationwide sample of college students. *Journal of American College Health, 56*, 455-461.

Adamson, J., Ben-Shlomo, Y., Chaturvedi, N., & Donovan, J. (2003). Ethnicity, socio-economic position and gender: Do they affect reported health-care seeking behavior? *Social Science and Medicine, 47*, 895-904.

Ader, R., & Cohen, N. (1975). Behaviorally conditioned immunosuppression. *Psychosomatic Medicine, 37*, 333-340.

Advokat, C. D., Comaty, J. E., & Julien, R. M. (2018). *Julien's primer of drug action: A comprehensive guide to the actions, uses, and side effects of psychoactive drugs* (14th ed.). New York, NY: Worth.

Agardh, E., Allebeck, P., Hallqvist, J., Moradi, T., & Sidorchuk, A. (2011). Type 2 diabetes incidence and socio-economic position: A systematic review and meta-analysis. *International Journal of Epidemiology, 40*, 804-818.

Agboola, S., McNeill, A., Coleman, T., & Leonardi Bee, J. (2010). A systematic review of the effectiveness of smoking relapse prevention interventions for abstinent smokers. *Addiction, 105*(8), 1362-1380.

Agency for Healthcare Research and Quality (AHRQ). (2011). *2010 National healthcare disparities report* (AHRQ Publication No. 11-0005). Rockville, MD: U.S. Department of Health and Human Services.

Agid, O., Siu, C. O., Potkin, S. G., Kapur, S., Watsky, E., Vanderburg, D., Zipursky, R. B., & Remington, G. (2013). Meta-regression analysis of placebo response in antipsychotic trials, 1970-2010. *American Journal of Psychiatry, 170*, 1335-1344.

Ahmed, S. H., Badiani, A., Micek, K. A., & Müller, C. P. (2020). Non-pharmacological factors that determine drug use and addiction. *Neuroscience & Biobehavioral Reviews, 110*, 3-27. https://doi.org/10.1016/j.neubiorev.2018.08.015

Aiken, L. S. (2006). Angela Bryan: Award for distinguished scientific early career contributions to psychology. *American Psychologist, 61*, 802-804.

Aiken, L. S., West, S. G., Woodward, C. K., Reno, R. R., & Reynolds, K. D. (1994). Increasing screening mammography in asymptomatic women: Evaluation of a second-generation, theory-based program. *Health Psychology, 13*, 526-538.

Ajzen, I. (1985). From intentions to actions: A theory of planned behavior. In J. Kuhland & J. Beckman (Eds.), *Action-control: From cognitions to behavior* (pp. 11-39). Heidelberg, Germany: Springer.

Ajzen, I. (1991). The theory of planned behavior. *Organizational Behavior and Human Decision Processes, 50*, 179-211.

Akechi, T., Akazawa, T., Komori, Y., Morita, T., Otani, H., Shinjo, T., Okuyama, T., & Kobayashi, M. (2012). Dignity therapy: Preliminary cross-cultural findings regarding implementation among Japanese advanced cancer patients. *Palliative Medicine, 26*(5), 768-769.

Alaejos, M. S., González, V., & Afonso, A. M. (2008). Exposure to heterocyclic aromatic amines from the consumption of cooked red meat and its effect on human cancer risk: A review. *Food Additives and Contaminants, 25*, 2-24.

Alberga, A. S., Edache, I. Y., Forhan, M., & Russell-Mayhew, S. (2019). Weight bias and health care utilization: A scoping review. *Primary Health Care Research & Development, 20*. https://doi.org/10.1017/S1463423619000227

Albert, C. M., Mittleman, M. A., Chae, C. U., Lee, I.-M., Hennekens, C. H., & Manson, J. E. (2000). Triggering of sudden death from cardiac causes by vigorous exertion. *New England Journal of Medicine, 343*, 1355-1361.

Al-Delaimy, W. K., Myers, M. G., Leas, E. C., Strong, D. R., & Hofstetter, C. R. (2015). E-cigarette use in the past and quitting behavior in the future: A population-based study. *American Journal of Public Health, 105*(6), 1213-1219.

Aldana, S. G., Greenlaw, R., Salberg, A., Merrill, R. M., Hager, R., & Jorgensen, R. B. (2007). The effects of an intensive lifestyle modification program on carotid artery intima-media thickness: A randomized trial. *American Journal of Health Promotion, 21*, 510-516.

Aldridge, A. A., & Roesch, S. C. (2007). Coping and adjustment in children and cancer: A meta-analytic study. *Journal of Behavioral Medicine, 30*, 115-129.

Aldridge, R. W., Lewer, D., Katikireddi, S. V., Mathur, R., Pathak, N., Burns, R., Fragaszy, E. B., Johnson, A. M., Devakumar, D., Abubakar, I., & Hayward, A. (2020). Black, Asian and minority ethnic groups in England are at increased risk of death from COVID-19: Indirect standardisation of NHS mortality data. *Wellcome Open Research, 5*(88), 88. Recuperado de https://wellcomeopenresearch.org/articles/5-88

Alexander, F. (1950). *Psychosomatic medicine*. New York, NY: Norton.

Alfaro, A. (2014). Correlaton of acupuncture point sensitivity and lesion location in 259 horses. *American Journal of Traditional Chinese Veterinary Medicine, 9*(1), 83-87.

Allan, R., Pace, T. M., & Yaserm D. (2018). Behavioral cardiology/cardiac psychology: Translating research into practice, *Journal of Integrated Cardiology, 4*. https://doi.org/10.15761/JIC.1000265

Allen, K. (2003). Are pets a healthy pleasure? The influence of pets on blood pressure. *Current Directions in Psychological Science, 12*, 236-239.

Allen, K., Blascovich, J., & Mendes, W. B. (2002). Cardiovascular reactivity and the presence of pets, friends, and spouses: The truth about cats and dogs. *Psychosomatic Medicine, 64*, 727-739.

Alonso, S. A., Lozano, P. V., Reina, S. S., Ruiz, T. L., García-Tenorio, R. S., & Nazar, M. I. (2017). Smoking cessation and weight gain. *European Respiratory Journal, 50*(Suppl. 61), 31-44. https://doi.org/10.1183/1393003.congress-2017.PA2588

Aloufi, A. D., Maiman, J. M., & Mamun, A. A. (2017). Predictors of adolescents' weight misclassification: A longitudinal study. *Obesity Research & Clinical Practice, 11*(5), 576-584. https://doi.org/10.1016/j.orcp.2017.01.005t

Alper, J. (1993). Ulcers as infectious diseases. *Science, 260*, 159-160.

Altman, M., & Wilfley, D. E. (2015). Evidence update on the treatment of overweight and obesity in children and adolescents. *Journal of Clinical Child and Adolescent Psychology, 44*(4), 521-537.

Alzheimer's Association. (2020). 2020 Alzheimer's disease facts and figures. *Alzheimer's & Dementia, 16*(3), 391-460.

Alzheimer's Organization. (2004). *Text of President Reagan's letter announcing his own Alzheimer's diagnosis, 5 de novembro de 1994*. Recuperado de http://www.alz.org/Media/news releases/ronaldreagan/reaganletter.asp

Amante, D. J., Hogan, T. P., Pagoto, S. L., English, T. M., & Lapane, K. L. (2015). Access to care and use of the internet to search for health information: Results from the US National Health Interview Survey. *Journal of Medical Internet Research, 17*(4), e106.

Amanzio, M., Corazzini, L. L., Vase, L., & Benedetti, F. (2009). A systematic review of adverse events in placebo groups of anti-migraine clinical trials. *Pain, 146*, 261-269.

Amato, P. R., & Hohmann-Marriott, B. (2007). A comparison of high-and low-distress marriages that end in divorce. *Journal of Marriage and Family, 69*, 621-638.

American Cancer Society. (2020). *Cancer facts & figures.* Atlanta, GA: Author.

American College Health Association. (2016). *American College Health Association-National College Health Assessment II: Undergraduate Students Reference Group Data Report Fall 2015.* Hanover, MD: Author.

American College Health Association. (2020). *American College Health Association-National College Health Assessment II: Undergraduate Students Reference Group Data Report Spring 2020.* Hanover, MD: Author.

American College of Cardiology/American Heart Association Task Force. (2017). *Highlights from the 2017 Guideline for the Prevention, Detection, Evaluation and Management of High Blood Pressure in Adults.* Recuperado de https://professional.heart.org/idc/groups/ahamah-public/@wcm/@sop/@smd/documents/downloadable/ucm_497445.pdf

American Heart Association. (2018). Eating fish twice a week reduces heart stroke risk. *American Heart Association News.* Recuperado de https://www.heart.org/en/news/2018/05/25/eating-fish-twice-a-week-reduces-heart-stroke-risk

American Lung Association. (2007). *Trends in asthma morbidity and mortality.* Recuperado de http://www.lungusa.org/site/c.dvLUK9O0E/b.33347/

American Psychiatric Association (APA). (2000). *Diagnostic and Statistical Manual of Mental Disorders* (4th ed., text revision). Washington, DC: Author.

American Psychiatric Association. (2013). *Diagnostic and statistical manual of mental disorders: DSM-5.* Washington, DC: Author.

American Psychological Association (APA). (2002). Ethical principles of psychologists and code of conduct. *American Psychologist, 57,* 1060-1073.

American Psychological Association. (2020). Stress in the time of COVID-19. *Stress in America 2020.* Recuperado de https://www.apa.org/news/press/releases/stress/2020/stress-in-america-covid.pdf

American Psychological Association (APA) Task Force on Health Research. (1976). Contributions of psychology to health research: Patterns, problems, and potentials. *American Psychologist, 31,* 263-274.

American Veterinary Medical Association (AVMA) (2018). *2017-2018 Edition: AVMA Pet Ownership and Demographics Sourcebook.* American Veterinary Medical Association.

Amico, R., Harman, J. J., & Johnson, B. T. (2006). Efficacy of antiretroviral therapy adherence interventions: A research synthesis of trials, 1996 to 2004. *Journal of Acquired Immune Deficiency Syndromes, 41,* 285-297.

Anand, S. S., Islam, S., Rosengren, A., Franzosi, M. G., Steyn, K., Yusufali, A. H., Keltai, M., Diaz, R., Rangarajan, S., Yusuf, S., & Interheart Investigators. (2008). Risk factors for myocardial infarction in women and men: Insights from the INTERHEART study. *European Heart Journal, 29,* 932-940. https://doi.org/10.1093/eurheartj/ehn018

Andel, R., Crowe, M., Pedersen, N. L., Mortimer, J., Crimmins, E., Johansson, B., & Gatz, M. (2005). Complexity of work and risk of Alzheimer's disease: A population-based study of Swedish twins. *Journal of Gerontology Series B: Psychological Sciences and Social Sciences, 60B*(5), 251-258. https://doi.org/10.1093/geronb/60.5.P251

Andersen, B. L., Yang, H.-C. Y., Farrar, W. B., Golden-Kreutz, D. M., Emery, C. F., Thornton, L. M., Young, D. C., & Carson, W. E. (2008). Psychologic intervention improves survival for breast cancer patients: A randomized clinical trial. *Cancer, 113,* 3450-3458. https://doi.org/10.1002/cncr.23969

Andersen, L. B., Sardinha, L. B., Froberg, K., Riddoch, C. J., Page, A. S., & Anderssen, S. A. (2008). Fitness, fatness and clustering of cardiovascular risk factors in children from Denmark, Estonia and Portugal: The European Youth Heart Study. *International Journal of Pediatric Obesity, 3*(Suppl. 1), 58-66.

Anderson, J. L., Horne, B. D., Jones, H. U., Reyna, S. P., Carlquist, J. F., Bair, T. L., Lappé, D. L., & Muhlestein J. B. (2004). Which features of the metabolic syndrome predict the prevalence and clinical outcomes of angiographic coronary artery disease? *Cardiology, 101,* 185-193. https://doi.org/10.1159/000076695

Anderson, J. W., Conley, S. B., & Nicholas, A. S. (2007). One hundred pound weight losses with an intensive behavioral program: Changes in risk factors in 118 patients with long-term follow-up. *American Journal of Clinical Nutrition, 86,* 301-307.

Anderson, K. O., Syrjala, K. L., & Cleeland, C. S. (2001). How to assess cancer pain. In D. C. Turk & R. Melzack (Eds.), *Handbook of pain assessment* (2nd ed., pp. 579-600). New York, NY: Guilford Press.

Anderson, M., & Vogels, E.A. (2020). Americans turn to technology during COVID-19 outbreak, say an outage would be a problem. *Pew Research Center FactTank.* Recuperado de https://www.pewresearch.org/fact-tank/2020/03/31/americans-turn-to-technology-during-covid-19-outbreak-say-an-outage-would-be-a-problem/

Anderson, P. (2006). Global use of alcohol, drugs and tobacco. *Drug and Alcohol Review, 25,* 489-502.

Andersson, B.-A., Sayardoust, S., Löfgren, S., Rutqvist, L. E., & Laytragoon-Lewin, N. (2019) Cigarette smoking affects microRNAs and inflammatory biomarkers in healthy individuals and an association to single nucleotide polymorphisms is indicated. Biomarkers, 24(20), 180-185. https://doi.org/10.1080/1354750X.2018.1539764

Andersson, K., Melander, A., Svensson, C., Lind, O., & Nilsson, J. L. G. (2005). Repeat prescriptions: Refill adherence in relation to patient and prescriber characteristics, reimbursement level and type of medication. *European Journal of Public Health, 15,* 621-626.

Andrasik, F. (2001). Assessment of patients with headache. In D. C. Turk & R. Melzack (Eds.), *Handbook of pain assessment* (2nd ed., pp. 454-474). New York, NY: Guilford Press.

Andrasik, F. (2003). Behavioral treatment approaches to chronic headache. *Neurological Science, 24,* S80-S85.

Andrews, J. A., Hampson, S. E., Barckley, M., Gerrard, M., & Gibbons, F. X. (2008). The effect of early cognitions on cigarette and alcohol use during adolescence. *Psychology of Addictive Behaviors, 22,* 96-106.

Aneshensel, C. S., Botticello, A. L., & Yamamoto-Mitani, N. (2004). When caregiving ends: The course of depressive symptoms after bereavement. *Journal of Health and Social Behavior, 45,* 422-440.

Anisman, H., Merali, Z., Poulter, M. O., & Hayley, S. (2005). Cytokines as a precipitant of depressive illness: Animal and human studies. *Current Pharmaceutical Design, 11,* 963-972.

Annesi, J. J. (2005). Changes in depressed mood associated with 10 weeks of moderate cardiovascular exercise in formerly sedentary adults. *Psychological Reports, 96,* 855-862.

Antall, G. F., & Kresevic, D. (2004). The use of guided imagery to manage pain in an elderly orthopaedic population. *Orthopaedic Nursing, 23,* 335-340.

Antoni, M. H., Baggett, L., Ironson, G., LaPerriere, A., August, S., Klimas, N., Schneiderman, N., & Fletcher, M. A. (1991). Cognitive-behavioral stress management intervention buffers distress responses and immunologic changes following notification of HIV-1 seropositivity. *Journal of Consulting and Clinical Psychology, 59,* 906-915. https://doi.org/10.1037/0022-006X.59.6.906

Antoni, M. H., Cruess, D. G., Cruess, S., Lutgendorf, S., Kumar, M., Ironson, G., Klimas, N., Fletcher, M. A., & Schneiderman, N. (2000). Cognitive-behavioral stress management intervention effects on anxiety, 24-hr urinary norepinephrine output, and T-cytotoxic/suppressor cells over time among symptomatic HIV-infected gay men. *Journal of Consulting and Clinical Psychology, 68,* 31-45. https://doi.org/10.1037/0022-006X.68.1.31

Antoni, M. H., Ironson, G., & Scheiderman, N. (2007). *Cognitive-behavioral stress management workbook.* New York, NY: Oxford University Press.

Antoni, M. H., Lechner, S., Diaz, A., Vargas, S., Holley, H., Phillips, K., McGregor, B., Carver, C. S., & Blomberg, B. (2009). Cognitive behavioral stress management effects on psychosocial and physiological adaptation in women undergoing treatment for breast cancer. *Brain, Behavior, and Immunity, 23,* 580-591. https://doi.org/10.1016/j.bbi.2008.09.005

Antoni, M. H., & Lutgendorf, S. (2007). Psychosocial factors in disease progression in cancer. *Current Directions in Psychological Science, 16,* 42-46.

Apkarian, A. V., Bushnell, M. C., Treede, R.-D., & Zubieta, J.-K. (2005). Human brain mechanisms of pain perception and regulation in health and disease. *European Journal of Pain, 9,* 463-484.

Applebaum, A. J., Richardson, M. A., Brady, S. M., Brief, D. J., & Keane, T. M. (2009). Gender and other psychosocial factors as predictors of adherence to highly active antiretroviral therapy (HAART) in adults with comorbid HIV/AIDS, psychiatric and substance-related disorder. *AIDS and Behavior, 13,* 60-65.

Arbisi, P. A., & Seime, R. J. (2006). Use of the MMPI-2 in medical settings. In J. N. Butcher (Ed.), *MMPI-2: A practitioner's guide* (pp. 273-299). Washington, DC: American Psychological Association.

Armeli, S., Tennen, H., Todd, M., Carney, A., Mohr, C., Affleck, G., & Hromi, A. (2003). A daily process examination of the stress-response dampening effects of alcohol consumption. *Psychology of Addictive Behaviors, 17,* 266-276. https://doi.org/10.1037/0893-164X.17.4.266

Armitage, C. J. (2004). Evidence that implementation intentions reduce dietary fat intake: A randomized trial. *Health Psychology, 23,* 319-323.

Armitage, C. J. (2009). Is there utility in the transtheoretical model? *British Journal of Health Psychology, 14,* 195-210.

Armitage, C. J. (2016). Evidence that implementation intentions can overcome the effects of smoking habits. *Health Psychology, 35*(9), 935. https://doi.org/10.1037/hea0000344

Armitage, C. J., & Conner, M. (2000). Social cognition models and health behaviour: A structured review. *Psychology and Health, 15,* 173-189.

Armitage, C. J., Sheeran, P., Conner, M., & Arden, M. A. (2004). Stages of change or changes of stage? Predicting transitions in transtheoretical model stages in relation to healthy food choice. *Journal of Consulting and Clinical Psychology, 72,* 491-499.

Armor, D. J., Polich, J. M., & Stambul, H. B. (1976). *Alcoholism and treatment.* Santa Monica, CA: Rand.

Armour, B. S., Woollery, T., Malarcher, A., Pechacek, T. F., & Husten, C. (2005). Annual smoking-attributable mortality, years of potential life lost, and productivity losses—United States, 1997-2001. *Mortality and Morbidity Weekly Reports, 54*(25), 625-628.

Armstrong, B., & Doll, R. (1975). Environmental factors and cancer incidence and mortality in different countries, with special reference to dietary practices. *International Journal of Cancer, 15*(4), 617-631.

Armstrong, K., (2017). Consumer vulnerability and the transformative potential of the consumption of Complementary Alternative Medicine (CAM). *Journal of Consumer Behaviour, 16*(3), 207-236. https://doi.org/https://doi.org/10.1362/147539217X15071081721099

Arnett, J. J. (2000). Optimistic bias in adolescent and adult smokers and nonsmokers. *Addictive Behaviors, 25*(4), 625-632. https://doi.org/10.1016/S0306-4603(99)00072-6

Arnold, R., Ranchor, A. V., Sanderman, R., Kempen, G. I. J. M., Ormel, J., & Suurmeijer, T. P. B. M. (2004). The relative contribution of domains of quality of life to overall quality of life for different chronic diseases. *Quality of Life Research, 13*, 883-896.

Arntz, A., & Claassens, L. (2004). The meaning of pain influences its experienced intensity. *Pain, 109*, 20-25.

Aro, A. R., De Koning, H. J., Schreck, M., Henriksson, M., Anttila, A., & Pukkala, E. (2005). Psychological risk factors of incidence of breast cancer: A prospective cohort study in Finland. *Psychological Medicine, 35*, 1515-1521.

Arora, N. K., Rutten, L. J. F., Gustafson, D. H., Moser, R., & Hawkins, R. P. (2007). Perceived helpfulness and impact of social support provided by family, friends, and health care providers to women newly diagnosed with breast cancer. *Psycho-Oncology, 16*, 474-486.

Arsand, E., Tatara, N., Ostengen, G., & Hartvigsen, G. (2010). Mobile phone-based self-management tools for type 2 diabetes: The Few Touch application. *Journal of Diabetes Science and Technology, 4*, 328-336.

Ashton, W., Nanchahal, K., & Wood, D. (2001). Body mass index and metabolic risk factors for coronary heart disease in women. *European Health Journal, 22*, 46-55.

Aspden, P., Wolcott, J., Bootman, J. L., & Cronenwett, L. R. (Eds.). (2007). *Preventing medication errors: Quality chasm series*. Washington, DC: National Academies Press.

Aspinwall, L. G., & Taylor, S. E. (1992). Modeling cognitive adaptation: A longitudinal investigation of the impact of individual differences and coping on college adjustment and performance. *Journal of Personality and Social Psychology, 63*(6), 989-1003.

Asthma Action America. (2004). *Children and asthma in America*. Recuperado de http://www.asthmainamerica.com/frequency.html

Astin, J. A. (1998). Why patients use alternative medicine. *Journal of the American Medical Association, 279*, 1548-1553.

Astin, J. A. (2004). Mind-body therapies for the management of pain. *Clinical Journal of Pain, 20*, 27-32.

Atkinson, N. L., Saperstein, S. L., & Pleis, J. (2009). Using the Internet for health-related activities: Findings from a national probability sample. *Journal of Medical Internet Research, 11*, e4.

Aune, D., Chan, D. S., Vieira, A. R., Rosenblatt, D. A. N., Vieira, R., Greenwood, D. C., Kampman, E., & Norat, T. (2013). Red and processed meat intake and risk of colorectal adenomas: a systematic review and meta-analysis of epidemiological studies. *Cancer Causes and Control, 24*(4), 611-627. https://doi.org/10.1007/s10552-012-0139-z

Averbuch, M., & Katzper, M. (2000). A search for sex differences in response to analgesia. *Archives of Internal Medicine, 160*, 3424-3428.

Awad, G. H., Sagrestano, L. M., Kittleson, M. J., & Sarvela, P. D. (2004). Development of a measure of barriers to HIV testing among individuals at high risk. *AIDS Education and Prevention, 16*, 115-125.

Ayers, S. L., & Kronenfeld, J. J. (2011). Using zero-inflated models to explain chronic illness, pain, and complementary and alternative medicine use. *American Journal of Health Behavior, 35*(4), 447-457.

B

Babb, S., Malarcher, A., Schauer, G., Asman, K., & Jamal, A. (2017). Quitting smoking among adults—United States, 2000-2015. *Morbidity and Mortality Weekly Report, 65*(52), 1457-1464. https://doi.org/http://dx.doi.org/10.15585/mmwr.mm6552a1

Babiloni, A. H., De Koninck, B. P., Beetz, G., De Beaumont, L., Martel, M. O., & Lavigne, G. J. (2019). Sleep and pain: Recent insights, mechanisms, and future directions in the investigation of this relationship. *Journal of Neural Transmission, 127*, 647-660. https://doi.org/10.1007/s00702-019-02067-z

Back, S. E., Gentilin, S., & Brady, K. T. (2007). Cognitive-behavioral stress management for individuals with substance use disorders: A pilot study. *Journal of Nervous and Mental Disease, 195*, 662-668.

Badr, H., & Krebs, P. (2013). A systematic review and meta-analysis of psychosocial interventions for couples coping with cancer. *Psycho-Oncology, 22*(8), 1688-1704.

Baer, H. A. (2008). The growing legitimation of complementary medicine in Australia: Successes and dilemmas. *Australian Journal of Medical Herbalism, 20*, 5-11.

Baer, H. J., Glynn, R. J., Hu, F. B., Hankinson, S. E., Willett, W. C., Colditz, G. A., Stampfer, M., & Rosner, B. (2011). Risk factors for mortality in the Nurses' Health Study: A competing risk analysis. *American Journal of Epidemiology, 173*(3), 319-329. https://doi.org/10.1093/aje/kwq368

Bahrke, M. S., & Morgan, W. P. (1978). Anxiety reduction following exercise and meditation. *Cognitive Therapy and Research, 2*, 323-334.

Bailey, B. N., Delaney-Black, V., Covington, C. Y., Ager, J., Janisse, J., Hannigan, J. H., & Sokol, R. J. (2004). Prenatal exposure to binge drinking and cognitive and behavioral outcomes at age 7 years. *American Journal of Obstetrics and Gynecology, 191*, 1037-1042.

Bailey, S. C., Pandit, A. U., Yin, S., Federman, A., Davis, T. C., Parker, R. M., & Wolf, M. S. (2009). Predictors of misunderstanding pediatric liquid medication instructions. *Family Medicine, 41*, 715-721.

Bailis, D. S., Segall, A., Mahon, M. J., Chipperfield, J. G., & Dunn, E. M. (2001). Perceived control in relation to socioeconomic and behavioral resources for health. *Social Science and Medicine, 52*, 1661-1676.

Bakalov, V., Tang, A., Yellala, A., Babar, L., Shah, R., Sadashiv, S. K., Kaplan, R. B., Lister, J., Cuevas, E., & Monga, D. K. (2019). Risk factors for opioid abuse/dependence in hospitalized cancer patients in the United States. *Journal of Clinical Oncology, 37*(Suppl. 15), 11589.

Baliki, M. N., Geha, P. Y., Apkarian, A. V., & Chialvo, D. R. (2008). Beyond feeling: Chronic pain hurts the brain, disrupting the default-mode network dynamics. *Journal of Neuroscience, 28*, 1398-1403.

Balkrishnan, R., & Jayawant, S. S. (2007). Medication adherence research in populations: Measurement issues and other challenges. *Clinical Therapeutics, 29*, 1180-1183.

Ball, D. (2008). Addiction science and its genetics. *Addiction, 103*, 360-367.

Banaji, M. R., & Steele, C. M. (1989). The social cognition of alcohol use. *Social Cognition, 7*, 137-151.

Bandura, A. (1986). *Social foundations of thought and action: A social cognitive theory*. Englewood Cliffs, NJ: Prentice-Hall.

Bandura, A. (1997). *Self-efficacy: The exercise of control*. New York, NY: Freeman.

Bandura, A. (2001). Social cognitive theory: An agentic perspective. *Annual Review of Psychology, 52*, 1-26.

Banister, C. E., Liu, C., Pirisi, L., Creek, K. E., & Buckhaults, P. J. (2017). Identification and characterization of HPV-independent cervical cancers. *Oncotarget, 8*(8), 23375-13386. https://doi.org/10.18632/oncotarget.14533

Bánóczy, J., & Squier, C. (2004). Smoking and disease. *European Journal of Dental Education, 8*, 7-10.

Bär, K.-J., Boettger, M. K., Schulz, S., Neubauer, R., Jochum, T., Voss, A., & Yeragani, V. K. (2008). Reduced cardio-respiratory coupling in acute alcohol withdrawal. *Drug & Alcohol Dependence, 98*(3), 210-217.

"Barack Obama Quits." (2011, Feb. 9). Barack Obama quits smoking after 30 years. *The Telegraph*. Recuperado de http://www.telegraph.co.uk/news/worldnews/barackobama/8314049/Barack-Obama-quits-smoking-after-30-years.html

Barber, J. (1996). A brief introduction to hypnotic analgesia. In J. Barber (Ed.), *Hypnosis and suggestion in the treatment of pain: A clinical guide* (pp. 3-32). New York, NY: Norton.

Barber, T. X. (1984). Hypnosis, deep relaxation, and active relaxation: Data, theory, and clinical applications. In R. L. Woolfolk & P. M. Lehrer (Eds.), *Principles and practice of stress management*. New York, NY: Guilford Press.

Barber, T. X. (2000). A deeper understanding of hypnosis: Its secrets, its nature, its essence. *American Journal of Clinical Hypnosis, 42*, 208-272.

Bardia, A., Tleyjeh, I. M., Cerhan, J. R., Sood, A. K., Limburg, P. J. Erwin, P. J., & Montori, V. M. (2008). Efficacy of antioxidant supplementation in reducing primary cancer incidence and mortality: Systematic review and meta-analysis. *Mayo Clinic Proceedings, 83*, 23-34.

Bardy, S. S. (2008). Lifetime family violence exposure is associated with current symptoms of eating disorders among both young men and women. *Journal of Traumatic Stress, 21*, 347-351.

Barengo, N. C., Hu, G., Lakka, T. A., Pekkarinen, H., Nissinen, A., & Tuomilehto, J. (2004). Low physical activity as predictor for total and cardiovascular disease mortality in middle-aged men and women in Finland. *European Heart Journal, 25*, 2204-2211.

Barlow, J. H., & Ellard, D. R. (2004). Psycho-educational interventions for children with chronic disease, parents and siblings: An overview of the research evidence base. *Child: Care, Health and Development, 30*, 637-645.

Barnes, P. J. (2008). Immunology of asthma and chronic obstructive pulmonary disease. *Nature Reviews Immunology, 8*, 183-192.

Barnett, A. I., Hall, W., Fry, C. L., Dilkes-Frayne, E., & Carter, A. (2017). Drug and alcohol treatment providers' views about the disease model of addiction and its impact on clinical practice: A systematic review. *Drug and Alcohol Review, 37*(6), 697-720. https://doi.org/10.1111/dar.12632

Barnett, R. C., & Hyde, J. S. (2001). Women, men, work, and family: An expansionist theory. *American Psychologist, 56*, 781-796.

Barr, T., Helms, C., Grant, K., & Messaoudi, I. (2016). Opposing effects of alcohol on the immune system. *Progress in Neuro-Psychopharmacology & Biological Psychiatry, 65*, 242-251.

Barnett, B. S., Siu, W. O., & Pope, H. G., Jr. (2018). A survey of American psychiatrists' attitudes toward classic hallucinogens. *Journal of Nervous and Mental Disease, 206*(6), 476-480. https://doi.org/10.1097/NMD.0000000000000828

Barrett, S. P. (2010). The effects of nicotine, denicotinized tobacco, and nicotine-containing tobacco on cigarette craving, withdrawal, and self-administration in male and female smokers. *Behavioural Pharmacology*, *21*(2), 144-152.

Barron, F., Hunter, A., Mayo, R., & Willoughby, D. (2004). Acculturation and adherence: Issues for health care providers working with clients of Mexican origin. *Journal of Transcultural Nursing*, *15*, 331-337.

Barth, J., Critchley, J., & Bengel, J. (2008). Psychosocial interventions for smoking cessation in patients with coronary heart disease. *Cochrane Database of Systematic Reviews*, Cochrane Art. No.: CD006886. https://doi.org/10.1002/14651858.CD006886.

Barth, K. R., Cook, R. L., Downs, J. S., Switzer, G. E., & Fischhoff, B. (2002). Social stigma and negative consequences: Factors that influence college students' decisions to seek testing for sexually transmitted infections. *Journal of American College Health*, *50*(4), 153-159.

Barton-Donovan, K., & Blanchard, E. B. (2005). Psychosocial aspects of chronic daily headache. *Journal of Headache and Pain*, *6*, 30-39.

Basow, S. A., Foran, K. A., & Bookwala, J. (2007). Body objectification, social pressure, and disordered eating behavior in college women: The role of sorority membership. *Psychology of Women Quarterly*, *31*(4), 394-400.

Bassman, L. E., & Uellendahl, G. (2003). Complementary/alternative medicine: Ethical, professional, and practical challenges for psychologists. *Professional Psychology: Research and Practice*, *34*, 264-270.

Batty, G. D., Kivimaki, M., Gray, L., Smith, G. D., Marmot, M. G., & Shipley, M. J. (2008). Cigarette smoking and site-specific cancer mortality: Testing uncertain associations using extended follow-up of the original Whitehall study. *Annals of Oncology*, *19*, 996-1002.

Baum, A., Perry, N. W., Jr., & Tarbell, S. (2004). The development of psychology as a health science. In R. G. Frank, A. Baum, & J. L. Wallander (Eds.), *Handbook of clinical health psychology* (Vol. 3, pp. 9-28). Washington, DC: American Psychological Association.

Baumann, L. J., Cameron, L. D., Zimmerman, R. S., & Leventhal, H. (1989). Illness representations and matching labels with symptoms. *Health Psychology*, *8*, 449-469.

Baumann, P., Schild, C., Hume, R. F., & Sokol, R. J. (2006). Alcohol abuse—A persistent preventable risk for congenital anomalies. *International Journal of Gynecology and Obstetrics*, *95*, 66-72.

Baxter, L., Egbert, N., & Ho, E. (2008). Everyday health communication experiences of college students. *Journal of American College Health*, *56*, 427-436.

Beacham, G. (2011). Magic Johnson still beating HIV 20 years later. *USA Today*, 7 de setembro de 2011.

Beaglehole, R., Bonita, R., & Kjellström, T. (1993). *Basic epidemiology*. Geneva, Switzerland: World Health Organization.

Beatty, L., & Lambert, S. (2013). A systematic review of internet-based self-help therapeutic interventions to improve distress and disease-control among adults with chronic health conditions. *Clinical Psychology Review*, *33*(4), 609-622.

Beck, A. T. (1976). *Cognitive therapy and the emotional disorders*. New York, NY: International Universities Press.

Beck, A. T., Ward, C. H., Mendelson, M., Mock, J., & Erbaugh, J. (1961). An inventory for measuring depression. *Archives of General Psychiatry*, *4*, 561-571.

Becker, A. E., Burwell, R. A., Navara, K., & Gilman, S. E. (2003). Binge eating and binge eating disorder in a small-scale, indigenous society: The view from Fiji. *International Journal of Eating Disorders*, *34*, 423-431.

Becker, M. H., & Rosenstock, I. M. (1984). Compliance with medical advice. In A. Steptoe & A. Mathews (Eds.), *Health care and human behavior* (pp. 135-152). London: Academic Press.

Beecher, H. K. (1946). Pain of men wounded in battle. *Annals of Surgery*, *123*, 96-105.

Beecher, H. K. (1955). The powerful placebo. *Journal of the American Medical Association*, *149*, 1602-1607.

Beecher, H. K. (1956). Relationship of significance of wound to pain experience. *Journal of the American Medical Association*, *161*, 1609-1613.

Beecher, H. K. (1957). The measurement of pain. *Pharmacological Review*, *9*, 59-209.

Beetz, A., Kotrschal, K., Turner, D. C., Hediger, K., Uvnäs-Moberg, K., & Julius, H. (2011). The effect of a real dog, toy dog, and friendly person on insecurely attached children during a stressful task: An exploratory study. *Anthrozoos: A Multidisciplinary Journal of the Interactions of People & Animals*, *24*, 349-368.

Beilin, L., & Huang, R.-C. (2008). Childhood obesity, hypertension, the metabolic syndrome and adult cardiovascular disease. *Clinical and Experimental Pharmacology and Physiology*, *35*, 409-411.

Beinart, N., Weinman, J., Wade, D., & Brady, R. (2012). Caregiver burden and psychoeducational interventions in Alzheimer's disease: A review. *Dementia and Geriatric Cognitive Disorders Extra*, *2*(1), 638-648.

Bekke-Hansen, S., Trockel, M., Burg, M. M., & Taylor, C. B. (2012). Depressive symptom dimensions and cardiac prognosis following myocardial infarction: Results from the ENRICHD clinical trial. *Psychological Medicine*, *42*, 51-60.

Belar, C. D. (1997). Clinical health psychology: A specialty for the 21st century. *Health Psychology*, *16*, 411-416.

Belar, C. D. (2008). Clinical health psychology: A health care specialty in professional psychology. *Professional Psychology: Research and Practice*, *39*, 229-233.

Bell, R. A., Kravitz, R. L., Thom, D., Krupat, E., & Azari, R. (2001). Unsaid but not forgotten: Physician-patient relationship. *Archives of Internal Medicine*, *161*, 1977-1983.

Bell, R. A., Kravitz, R. L., Thom, D., Krupat, E., & Azari, R. (2002). Unmet expectations for care and the patient-physician relationship. *Journal of General Internal Medicine*, *17*, 817-824.

Bellanger, R. A., Seeger, C. M., & Smith, H. E. (2017). Safety of complementary and alternative medicine (CAM) treatments and practices. *Side Effects of Drugs Annual*, *39*, 503-512. https://doi.org/10.1016/bs.seda.2017.06.015

Bellini, E., Grieco, M. P., & Raposio, E. (2017). A journey through liposuction and liposculture: Review. *Annals of Medicine and Surgery*, *24*, 53-60. https://doi.org/10.1016/j.amsu.2017.10.024

Belloc, N. (1973). Relationship of health practices and mortality. *Preventive Medicine*, *2*, 67-81.

Ben-Arye, E., Frendel, M., Klein, A., & Scharf, M. (2008). Attitudes toward integration of complementary and alternative medicine in primary care: Perspectives of patients, physicians and complementary practitioners. *Patient Education and Counseling*, *70*(3), 395-402.

Benaim, C., Froger, J., Cazottes, C., Gueben, D., Porte, M., Desnuelle, C., & Pelissier, J. Y. (2007). Use of the Faces Pain Scale by left and right hemispheric stroke patients. *Pain*, *128*, 52-58.

Bendapudi, N. M., Berry, L. L., Frey, K. A., Parish, J. T., & Rayburn, W. L. (2006). Patients' perspectives on ideal physician behaviors. *Mayo Clinic Proceedings*, *81*, 338-344.

Bender, R., Trautner, C., Spraul, M., & Berger, M. (1998). Assessment of excess mortality in obesity. *American Journal of Epidemiology*, *147*, 42-48.

Benedetti, F. (2006). Placebo analgesia. *Neurological Sciences*, *27*(Suppl. 2), S100-S102.

Benight, C. C., Ruzek, J. I., & Waldrep, E. (2008). Internet interventions for traumatic stress: A review and theoretically based example. *Journal of Traumatic Stress*, *21*, 513-520.

Bennett, G. G., Merritt, M. M., Sollers, J. J., III, Edwards, C. L., Whitfield, K. E., Brandon, D. T., & Tucker, R. D. (2004). Stress, coping, and health outcomes among African-Americans: A review of the John Henryism hypothesis. *Psychology and Health*, *19*, 369-383.

Bennett, I. M., Chen, J., Soroui, J. S., & White, S. (2009). The contribution of health literacy to disparities in self-rated health status and preventive health behaviors in older adults. *Annals of Family Medicine*, *7*, 204-211.

Bento, A. I., Nguyen, T., Wing, C., Lozano-Rojas, F., Ahn, Y., & Simon, K. (2020). Evidence from internet search data shows information-seeking responses to news of local COVID-19 cases. *Proceedings of the National Academy of Sciences*, *117*(21), 11220-11222.

Benyamini, Y., Leventhal, E. A., & Leventhal, H. (2000). Gender differences in processing information for making self-assessments of health. *Psychosomatic Medicine*, *62*, 354-364.

Beresford, S. A., Johnson, K. C., Ritenbaugh, C., Lasser, N. L., Snetselaar, L. G., Black, H. R., Anderson, G. L., Assaf, A. R., Bassford, T., Bowen, D., Brunner, R. L., Brzyski, R., Caan, B., Chlebowski, R. T., Gass, M., Harrigan, R. C., Hays, J., Heber, D., Heiss, G., & Whitlock, E. (2006). Low-fat dietary pattern and risk of colorectal cancer: the Women's Health Initiative Randomized Controlled Dietary Modification Trial. *JAMA*, *295*(6), 643-654.

Bergmark, K. H., & Kuendig, H. (2008). Pleasures of drinking: A cross-cultural perspective. *Journal of Ethnicity and Substance Abuse*, *7*(2), 131-153.

Berkman, L. F., Blumenthal, J.Burg, M., Carney, R. M., Catellier, D., Cowan, M. J., Czajkowski, S. M., DeBusk, R., Hosking, J., Jaffe, A., Kaufmann, P. G., Mitchell, P., Norman, J., Powell, L. H., Raczynski, J. M., & Schneiderman, N. (2003). Effects of treating depression and low perceived social support on clinical events after myocardial infarction: The Enhancing Recovery in Coronary Heart Disease Patient (ENRICHD) randomized trial. *Journal of the American Medical Association*, *289*, 3106-3116. https://doi.org/10.1001/jama.289.23.3106

Berkman, L. F., & Breslow, L. (1983). *Health and ways of living: The Alameda County Study*. New York, NY: Oxford University Press.

Berkman, L. F., & Syme, S. L. (1979). Social networks, host resistance, and mortality: A nine-year follow-up study of Alameda County residents. *American Journal of Epidemiology*, *109*, 186-204.

Berman, J. D., & Straus, S. E. (2004). Implementing a research agenda for complementary and alternative medicine. *Annual Review of Medicine*, *55*, 239-254.

Bermudez, O. I., & Gao, X. (2011). Greater consumption of sweetened beverages and added sugars is associated with obesity among US young adults. *Annals of Nutrition & Metabolism*, *57*(3/4), 211-218.

Bernards, S., Graham, K., Kuendig, H., Hettige, S., & Obot, I. (2009). "I have no interest in drinking": A cross-national comparison of reasons why men and women abstain from alcohol use. *Addiction, 104*(10), 1658-1668.

Berne, R. M., & Levy, M. N. (2000). *Principles of physiology* (3rd ed.). St. Louis, MO: Mosby.

Bernstein, L., Henderson, B. E., Hanisch, R., Sullivan-Halley, J., & Ross, R. K. (1994). Physical exercise and reduced risk of breast cancer in young women. *Journal of the National Cancer Institute, 86*, 1403-1408.

Bertakis, K. D., & Azari, R. (2005). Obesity and the use of health care services. *Obesity Research, 13*, 372-379.

Bertram, L., & Tanzi, R. E. (2005). The genetic epidemiology of neurodegenerative disease. *Journal of Clinical Investigation, 115*, 1449-1457.

Bessesen, D. H. (2011). Regulation of body weight: What is the regulated parameter? *Physiology & Behavior, 104*(4), 599-607.

Betsch, C., Brewer, N. T., Brocard, P., Davies, P., Gaissmaier, W., Haase, N., Leask, J., Renkewitz, F., Davies, P., Gaissmaier, W., Haase, N., Renner, B., Reynam V. F., Rossmann, C., Sachse, K., Schachingen, A., Siegrist, M., & Stryk, M. (2012). Opportunities and chal https://doi .org/10.1016/j.vaccine.2012.02.025 lenges of Web 2.0 for vaccination decisions. *Vaccine, 30*(25), 3727-3733. https:// doi.org/10.1016/j.vaccine.2012.02.025

Bhat, V. M., Cole, J. W., Sorkin, J. D., Wozniak, M. A., Malarcher, A. M., Giles, W. H., Stern, B. J., & Kittner, S. J. (2008). Dose-response relationship between cigarette smoking and risk of ischemic stroke in young women. *Stroke, 39*, 2439-2443.

Bhatt, S. P., Luqman-Arafath, T. K., & Guleria, R. (2007). Non-pharmacological management of hypertension. *Indian Journal of Medical Sciences, 61*, 616-624.

Bianchini, K. J., Etherton, J. L., Greve, K. W., Heinly, M. T., & Meyers, J. E. (2008). Classification accuracy of MMPI-2 validity scales in the detection of pain-related malingering: A known-groups study. *Assessment, 15*, 435-449.

Bickel-Swenson, D. (2007). End-of-life training in U.S. medical schools: A systematic literature review. *Journal of Palliative Medicine, 10*, 229-235.

Bierma, V., & Woolston, C. (2020). Phantom limb pain. *Health Day*. Recuperado de https://consumer.healthday.com/encyclopedia/pain-management-30/pain-health-news-520/phantom-limb-pain-646208.html

Bigal, M. E., & Lipton, R. B. (2008a). Concepts and mechanisms of migraine chronification. *Headache, 48*, 7-15.

Bigal, M. E., & Lipton, R. B. (2008b). The epidemiology and burden of headaches. In M. Levin (Ed.), *Comprehensive review of headache medicine* (pp. 39-59). New York, NY: Oxford University Press.

Bigatti, S., & Cronan, T. A. (2002). A comparison of pain measures used with patients with fibromyalgia. *Journal of Nursing Measurement, 10*, 5-14.

Bird, S. T., Harvey, S. M., Beckman, L. J., & Johnson, C. H. (2000). Getting your partner to use condoms: Interviews with men and women at risk of HIV/STDs. *Journal of Sex Research, 38*, 233-240.

Biron, C., Brun, J., Ivers, H., & Cooper, C. L. (2006). At work but ill: Psychosocial work environment and well-being determinants of presenteeism propensity. *Journal of Public Mental Health, 5*, 26-37.

Birtane, M., Uzunca, K., Tastekin, N., & Tuna, H. (2007). The evaluation of quality of life in fibromyalgia syndrome: A comparison with rheumatoid arthritis by using SF-36 Health Survey. *Clinical Rheumatology, 26*, 679-684.

Bisson, J., & Andrew, M. (2007). Psychological treatment of post-traumatic stress disorder (PTSD). *Cochrane Database of Systematic Reviews*, Cochrane Art. No.: CD003388, https://doi.org/10.1002/14651858. CD003388.pub3.

Biswas, A., Oh, P. I., Faulkner, G. E., Bajaj, R. R., Silver, M. A., Mitchell, M. S., & Alter, D. A. (2015). Sedentary time and its association with risk for disease incidence, mortality, and hospitalization in adults: a systematic review and meta-analysis. *Annals of Internal Medicine, 162*(2), 123-132. https://doi. org/10.7326/M14-1651.

Bjartveit, K. (2009). Health consequences of sustained smoking cessation. *Tobacco Control, 18*(3), 197-205.

Bjørge, T., Engeland, A., Tverdal, A., & Smith, G. D. (2008). Body mass index in adolescence in relation to cause-specific mortality: A follow-up to 230,000 Norwegian adolescents. *American Journal of Epidemiology, 168*, 30-37.

Black, D. S., & Slavich, G. M. (2016). Mindfulness meditation and the immune system: A systematic review of randomized controlled trials. *Annals of the New York Academy of Sciences, 1373*(1), 13-24. https://doi.org/10.1111/ nyas.12998

Black, E., Holst, C., Astrup, A., Toubro, S., Echwald, S., Pedersent, O., & Sørensen, T. I. (2005). Long-term influences of body-weight changes, independent of the attained weight, on risk of impaired glucose tolerance and Type 2 diabetes. *Diabetic Medicine, 22*, 1100-1205. https://doi. org/10.1111/j.1464-5491.2005.01615.x

Black, L. I., Barnes, P. M., Clarke, T. C., Stussman, B. J., & Nahin, R. L. (2018). *Use of yoga, meditation, and chiropractors among U. S. children aged 4-17 years*. NCHS Data Brief No. 324.

Black, L. I., Clarke, T. C., Barnes, P. M., Stussman, B. J., & Nahin, R. L. (2015). Use of complementary health approaches among children aged 4-17 years in the United States: National Health Interview Survey, 2007-2012. *National Health Statistics Report, 78*, 1-18.

Black, P. H. (2003). The inflammatory response is an integral part of the stress response: Implications for atherosclerosis, insulin resistance, Type II diabetes and metabolic syndrome X. *Brain, Behavior and Immunity, 17*, 350-364.

Blackmore, E. R., Stansfeld, S. A., Weller, I., Munce, S., Zagorski, B. M., & Stewart, D. E. (2007). Major depressive episodes and work stress: Results from a national population survey. *American Journal of Public Health, 97*, 2088-2093.

Blair, S. N., Cheng, Y., & Holder, J. S. (2001). Is physical activity or physical fitness more important in defining health benefits? *Medicine and Science in Sports & Exercise, 33*, S379-S399.

Blair, S. N., & Church, T. (2004). The fitness, obesity, and health equation: Is physical activity the common denominator? *Journal of the American Medical Association, 292*, 1232-1234.

Blalock, J. E., & Smith, E. M. (2007). Conceptual development of the immune system as a sixth sense. *Brain, Behavior and Immunity, 21*, 23-33.

Blanchard, C. M., Kupperman, J., Sparling, P. B., Nehl, E., Rhodes, R. E., Courneya, K. S., & Baker, F. (2009). Do ethnicity and gender matter when using the theory of planned behavior to understand fruit and vegetable consumption? *Appetite, 52*, 15-20. https://doi.org/10.1016/j. appet.2008.07.001

Blanchard, E. B., & Andrasik, F. (1985). *Management of chronic headaches: A psychological approach*. New York, NY: Pergamon Press.

Blanchard, E. B., Appelbaum, K. A., Radniz, C. L., Morrill, B., Michultka, D., Kirsch, C., Guarnieri, P., Hillhouse, J., Evans, D. D., James, J., & Barron, K. D. (1990). A controlled evaluation of thermal bio-feedback and thermal biofeedback combined with cognitive therapy in the treatment of vascular headache. *Journal of Consulting and Clinical Psychology, 58*, 216-224. https://doi.org/10.1037//0022-006x.58.2.216

Blanchard, J., & Lurie, N. (2004). R-E-S-P-E-C-T: Patient reports of disrespect in health care setting and its impact on care. *Journal of Family Practice, 53*, 721-730.

Blascovich, J., Spencer, S. J., Quinn, D., & Steele, C. (2001). African Americans and high blood pressure: The role of stereotype threat. *Psychological Science, 12*, 225-229.

Blodgett Salafia, E. H., & Gondoli, D. M. (2011). A 4-year longitudinal investigation of the processes by which parents and peers influence the development of early adolescent girls' bulimic symptoms. *Journal of Early Adolescence, 31*(3), 390-414.

Bloomfield, K., Stockwell, T., Gmel, G., & Rehn, N. (2003). *International comparison of alcohol consumption*. National Institute of Alcoholism and Alcohol Abuse. Recuperado de http://www.niaaa.nih.gov/publications/ arh27-1/95-109.htm

Bloor, M. (2005). Observations of shipboard illness behavior: Work discipline and the sick role in a residential work setting. *Qualitative Health Research, 15*, 766-777.

Blundell, J. E., Gibbons, C., Caudwell, P., Finlayson, G., & Hopkins, M. (2015). Appetite control and energy balance: Impact of exercise. *Obesity Reviews* (Suppl. 16), 67-76.

Bode, C., & Bode, J. C. (1997). Alcohol absorption, metabolism, and production in the gastrointestinal tract. *Alcohol Health & Research World, 21*, 82-83.

Bodenheimer, T. (2005a). High and rising health care costs: Part 1. Seeking an explanation. *Archives of Internal Medicine, 142*, 847-854.

Bodenheimer, T. (2005b). High and rising health care costs: Part 2. Technologic innovation. *Archives of Internal Medicine, 142*, 932-937.

Bodenheimer, T. (2005c). High and rising health care costs: Part 3. The role of health care providers. *Archives of Internal Medicine, 142*, 996-1002.

Bodenheimer, T., & Fernandez, A. (2005). High and rising health care costs: Part 4. Can costs be controlled while preserving quality? *Archives of Internal Medicine, 143*, 26-31.

Bodenmann, G., Meuwly, N., Germann, J., Nussbeck, F. W., Heinrichs, M., & Bradbury, T. N. (2015). Effects of stress on the social support provided by men and women in intimate relationships. *Psychological Science, 26*(10), 1584-1594.

Bodhi, B. (2011). What does mindfulness really mean? A canonical perspective. *Contemporary Buddhism, 12*(1), 19-39.

Boffetta, P. (2004). Epidemiology of environmental and occupational cancer. *Oncogene, 23*, 6392-6403.

Bogart, L. M., & Delahanty, D. L. (2004). Psychosocial models. In T. J. Boll, R. G. Frank, A. Baum, & J. L. Wallander (Eds.), *Handbook of clinical health psychology: Vol. 3. Models and perspectives in health psychology* (pp. 201-248). Washington, DC: American Psychological Association.

Bogg, T., & Roberts, B. W. (2004). Conscientiousness and health-related behaviors: A meta-analysis of the leading behavioral contributors to mortality. *Psychological Bulletin, 130*, 887-919.

Bogg, T., & Roberts, B. W. (2013). The case for conscientiousness: Evidence and implications for a personality trait marker of health and longevity. *Annals of Behavioral Medicine, 45*(3), 278-288.

Boice, J. D., Jr., Bigbee, W. L., Mumma, M. T., & Blot, W. J. (2003). Cancer mortality in counties near two former nuclear materials processing facilities in Pennsylvania, 1950-1995. *Health Physics, 85*, 691-700.

Boisvert, J. A., & Harrell, W. A. (2009). Homosexuality as a risk factor for eating disorder symptomatology in men. *Journal of Men's Studies, 17*(3), 210-225.

Boldt, E. (2016). Veterinary acupuncture and chiropractic: What, when, who? *Horse Health*. http://www.aaep.org/info/horse-health?publication=697

Bolger, N., Zuckerman, A., & Kessler, R. C. (2000). Invisible support and adjustment to stress. *Journal of Personality and Social Psychology, 79*, 953-961.

Bolognesi, M., Nigg, C. R., Massarini, M., & Lippke, S. (2006). Reducing obesity indicators through brief physical activity counseling (PACE) in Italian primary care settings. *Annals of Behavioral Medicine, 31*, 179-185.

Bombak, A. (2014). Obesity, health at every size, and public health policy. *American Journal of Public Health, 104*(2), e60-e67. https://doi.org/10.2105/AJPH.2013.301486

Bonica, J. J. (1990). Definitions and taxonomy of pain. In J. J. Bonica (Ed.), *The management of pain* (2nd ed., pp. 18-27). Malvern, PA: Lea & Febiger.

Bonilla, K. (2007, 29 de junho). Diabetes, pregnancy and Halle Berry. *MyDiabetesCentral.com*. Recuperado de http://www.health central.com/diabetes/c/5868/13828/halle-berry/

Boots, L. M. M., de Vugt, M. E., Knippenberg, R. J. M., Kempen, G. I. J. M., & Verhey, F. R. J. (2014). A systematic review of Internet-based supportive interventions for caregivers of patients with dementia. *International Journal of Geriatric Psychiatry, 29*(4), 331-344.

Border, R., Johnson, E. C., Evans, L. M., Smolen, A., Berley, N., Sullivan, P. F., & Keller, M. C. (2019). No support for historical candidate gene or candidate gene-by-interaction hypotheses for major depression across multiple large samples. *American Journal of Psychiatry, 176*(5), 376-387. Recuperado de https://doi.org/10.1176/appi.ajp.2018.18070881

Borga, M., West, J., Bell, J. D., Harvey, N. C., Romu, T., Heymsfield, S. B., & Leinhard, O. D. (2018). Advanced body composition assessment: From body mass index to body composition profiling. *Journal of Investigative Medicine, 66*, 887-895. http://dx.doi.org/10.1136/jim-2018-000722

Borrell, L. N. (2005). Racial identity among Hispanics: Implications for health and well-being. *American Journal of Public Health, 95*, 379-381.

Bort-Roig, J., Gilson, N. D., Puig-Ribera, A., Contreras, R. S., & Trost, S. G. (2014). Measuring and influencing physical activity with smartphone technology: a systematic review. *Sports Medicine, 44*(5), 671-686.

Bos, V., Kunst, A. E., Garssen, J., & Mackenbach, J. P. (2005). Socioeconomic inequalities in mortality within ethnic groups in the Netherlands, 1995-2000. *Journal of Epidemiology and Community Health, 59*, 329-335.

Bosch-Capblanch, S., Abba, K., Prictor, M., & Garner, P. (2007). Contracts between patients and healthcare practitioners for improving patients' adherence to treatment, prevention and health promotion activities. *Cochrane Database of Systematic Reviews*, Cochrane Art. No.: CD004808, https://doi.org/10.1002/14651858.CD004808.pub3

Bottonari, K. A., Roberts, J. W., Ciesla, J. A., & Hewitt, R. G. (2005). Life stress and adherence to antiretroviral therapy among HIV-positive individuals: A preliminary investigation. *AIDS Patient Care and STDs, 19*, 719-727.

Bottos, S., & Dewey, D. (2004). Perfectionists' appraisal of daily hassles and chronic headache. *Headache, 44*, 772-779.

Botvin, G. J., & Griffin, K. W. (2015). Life Skills Training: A competence enhancement approach to tobacco, alcohol, and drug abuse prevention. In L. M. Scheier (Ed.), *Handbook of adolescent drug use prevention: Research, intervention strategies, and practice* (pp. 177-196). Washington, DC: American Psychological Association.

Boudreaux, E. D., & O'Hea, E. L. (2004). Patient satisfaction in the emergency department: A review of the literature and implications for practice. *The Journal of Emergency Medicine, 26*, 13-26.

Bowe, S., Adams, J., Lui, C.-W., & Sibbritt, D. (2015). A longitudinal analysis of self-prescribed complementary and alternative medicine use by a nationally representative sample of 19,783 Australian women, 2006-2010. *Complementary Therapies in Medicine, 23*(5), 699-704.

Bowers, S. L., Bilbo, S. D., Dhabhar, F. S., & Nelson, R. J. (2008). Stressor-specific alterations in corticosterone and immune responses in mice. *Brain, Behavior, and Immunity, 22*, 105-113.

Boyd, D. B. (2007). Integrative oncology: The last ten years—A personal retrospective. *Alternative Therapies in Health and Medicine, 13*, 56-64.

Brace, M. J., Smith, M. S., McCauley, E., & Sherry, D. D. (2000). Family reinforcement of illness behavior: A comparison of adolescents with chronic fatigue syndrome, juvenile arthritis, and healthy controls. *Journal of Developmental and Behavioral Pediatrics, 21*, 332-339.

Bradford, D. E., Shapiro, B. L., & Curtin, J. H. (2013). How bad could it be? Alcohol dampens stress responses to threat of uncertain intensity. *Psychological Science, 24*(12), 2541-2549.

Bray, G. A. (2004). The epidemic of obesity and changes in food intake: The fluoride hypothesis. *Physiology and Behavior, 82*, 115-121.

Brecher, E. M. (1972). *Licit and illicit drugs*. Boston, MA: Little, Brown.

Breibart, W., & Payne, D. (2001). Psychiatric aspects of pain management in patients with advanced cancer. In H. Chochinov & W. Breibart (Eds.), *Handbook of psychiatry in palliative medicine* (pp. 131-199). New York, NY: Oxford University Press.

Brenner, D. R. (2014). Cancer incidence due to excess body weight and leisure-time physical inactivity in Canada: Implications for prevention, *Preventive Medicine, 66*, 131-139.

Bresin, K. (2019). A meta-analytic review of laboratory studies testing the alcohol stress response dampening hypothesis. *Psychology of Addictive Behaviors, 33*(7), 581-594. https://doi.org/10.1037/adb0000516

Breuer, B., Fleishman, S. B., Cruciani, R. A., & Portenoy, R. K. (2011). Medical oncologists' attitudes and practice in cancer pain management: A national survey. *Journal of Clinical Oncology, 29*, 4769-4775.

Breuer, J., & Freud, S. (1955). *Studies on hysteria*. In J. Strachey (Ed. and Trans.), *The standard edition of the complete psychological works of Sigmund Freud* (Vol. 2). London: Hogarth Press. (Original work published 1895).

Brichard, S. (2018, Aug. 7). Six celebrities who might just persuade you to quit smoking. *Quit Genius*. Retrieved from https://www.quitgenius.com/resources/six-celebrities-who-might-just-persuade-you-to-quit-smoking

Bricker, J. B., Petersen, A. V., Andersen, M. R., Rajan, K. B., Leroux, B. G., & Sarason, I. G. (2006). Childhood friends who smoke: Do they influence adolescents to make smoking transitions? *Addictive Behaviors, 31*, 889-900.

Brickwood, K. J., Watson, G., O'Brien, J., & Williams, A. D. (2019). Consumer-based wearable activity trackers increase physical activity participation: Systematic review and meta-analysis. *JMIR Mhealth Uhealth, 7*(4), e11819. https://doi.org/10.2196/11819

Brinn, M. P., Carson, K. V., Esterman, A. J., Chang, A. B., & Smith, B. J. (2010). Mass media interventions for preventing smoking in your people. *Cochrane Database of Systematic Reviews*, Cochrane Art No.: CD001006.

Briones, T. L. (2007). Psychoneuroimmunology and related mechanisms in understanding health disparities in vulnerable populations. *Annual Review of Nursing Research, 25*, 219-256.

Brissette, I., Scheier, M. F., & Carver, C. S. (2002). The role of optimism in social network development, coping, and psychological adjustment during a life transition. *Journal of Personality and Social Psychology, 82*(1), 102-111.

Broadbent, E., Kahokeher, A., Booth, R. J., Thomas, J., Windsor, J. A., Buchanan, C. M., Hill, A. G. (2012). A brief relaxation intervention reduces stress and improves surgical wound healing response: A randomized trial. *Brain, Behavior, and Immunity, 26*, 212-217.

Brockmeyer, T., Friederich, H.-C., & Schmidt, U. (2018). Advances in the treatment of anorexia nervosa: A review of established and emerging interventions. *Psychological Medicine, 48*(8), 1228-1256. https://doi.org/10.1017/S0033291717002

Brody, M. L., Masheb, R. M., & Grilo, C. M. (2005). Treatment preferences of patients with binge eating disorder. *International Journal of Eating Disorders, 37*, 352-356.

Brondel, L., Van Wymelbeke, V., Pineau, N., Jiang, T., Hanus, C., & Rigaud, D. (2009). Variety enhances food intake in humans: Role of sensory-specific satiety. *Physiology & Behavior, 97*(1), 44-51.

Broocks, A., Meyer, T., Opitz, M., Bartmann, U., Hillmer-Vogel, U., George, A., Barron, K. D., Pekrun, G., & Bandelow, B. (2003). 5-HT-1A responsivity in patients with panic disorder before and after treatment with aerobic exercise, clomipramine or placebo. *European Neuropsychopharmacology, 13*, 153-164. https://doi.org/10.1016/s0924-977x(02)00177-3

Brooks, V. L., Haywood, J. R., & Johnson, A. K. (2005). Translation of salt retention to central activation of the sympathetic nervous system in hypertension. *Clinical and Experimental Pharmacology and Physiology, 32*, 426-432.

Brown, A. D., McMorris, C. A., Longman, R. S., Leigh, R., Hill, M. D., Friedenreich, C. M., & Pouolin, M. J. (2010). Effects of cardiorespiratory fitness and cerebral blood flow on cognitive outcomes in older women. *Neurobiology of Aging, 31*, 2047-2057. https://doi.org/10.1016/j.neurobiolaging.2008.11.002

Brown, B. (1970). Recognition of aspects of consciousness through association with EEG alpha activity represented by a light signal. *Psycho-physics, 6*, 442-446.

Brown, D. R., Hernández, A., Saint-Jean, G., Evans, S., Tafari, I., Brewster, L. G.Celestine, M. J., Goméz-Estefan, C., Regalado, F., Akal, S., Nierenberg, B., Kauschinger, E., Schwartz, R., & Page, J. B. (2008). A participatory action research pilot study on urban health disparities using rapid assessment response and evaluation. *American Journal of Public Health, 98*, 28-38. https://doi.org/10.2105/AJPH.2006.091363

Brown, F. L., & Slaughter, V. (2011). Normal body, beautiful body: Discrepant perceptions reveal a pervasive "thin ideal" from childhood to adulthood. *Body Image, 8*(2), 119-125.

Brown, I., Sheeran, P., & Reuber, M. (2009). Enhancing antiepileptic drug adherence: A randomized controlled trial. *Epilepsy & Behavior, 16*, 634-639.

Brownell, K. D., & Horgen, K. B. (2004). *Food fight: The inside story of the food industry, America's obesity crisis, and what we can do about it*. New York, NY: McGraw-Hill.

Bruch, H. (1973). *Eating disorders: Obesity, anorexia nervosa and the person within*. New York, NY: Basic Books.

Bruch, H. (1978). *The golden cage: The enigma of anorexia nervosa*. Cambridge, MA: Harvard University Press.

Bruch, H. (1982). Anorexia nervosa: Therapy and theory. *American Journal of Psychiatry, 139*, 1531-1538.

Brummett, B. H., Barefoot, J. C., Siegler, I. C., Clapp-Channing, N. E., Lytle, B. L., Bosworth, H. B., Williams, R., & Mark, D. B. (2001). Characteristics of socially isolated patients with coronary artery disease who are at elevated risk for mortality. *Psychosomatic Medicine, 63*, 267-272.

Bruns, D. (1998). Psychologists as primary care providers: A paradigm shift. *Health Psychologist, 20*(4), 19.

Bryan, A., Fisher, J. D., & Fisher, W. A. (2002). Tests of the mediational role of preparatory safer sexual behavior in the context of the theory of planned behavior. *Health Psychology, 21*, 71-80.

Buchert, R., Thomasius, R., Wilke, F., Petersen, K., Nebeling, B., Obrocki, J., Schulze, O., Schmidt, U., & Clausen, M. (2004). A voxel-based PET investigation of the long-term effects of "Ecstasy" consumption on brain serotonin transporters. *American Journal of Psychiatry, 161*(7), 1181-1189. doi.org/10.1176/appi.ajp.161.7.1181

Buchwald, H., Estok, R., Fahrbach, K., Banel, D., Jensen, M. D., Pories, W. J., Bantle, J. P., & Sledge, I. (2009). Weight and Type 2 diabetes after bariatric surgery: Systematic review and meta-analysis. *The American Journal of Medicine, 122*, 248-256. https://doi.org/10.1016/j.amjmed.2008.09.041

Buffington, A. L. H., Hanlon, C. A., & McKeown, M. J. (2005). Acute and persistent pain modulation of attention-related anterior cingulate fMRI activations. *Pain, 113*, 172-184.

Burckhardt, C. S., & Jones, K. D. (2003a). Adult measures of pain: Short-Form McGill Pain Questionnaire (SF-MPQ). *Arthritis & Rheumatism: Arthritis Care & Research, 49*(S5), S98-S99.

Burckhardt, C. S., & Jones, K. D. (2003b). Adult measures of pain: Short-Visual Analog Scale (VAS). *Arthritis & Rheumatism: Arthritis Care & Research, 49*(S5), S100-S101.

Burgess, D. J., Ding, Y., Hargreaves, M., van Ryn, M., & Phelan, S. (2008). The association between perceived discrimination and underutilization of needed medical and mental health care in a multi-ethnic community sample. *Journal of Health Care for the Poor and Underserved, 19*, 1049-1089.

Burke, A., Nahin, R. L., & Stussman, B. J. (2015). Limited health knowledge as a reason for non-use of four common complementary health practices. *PLoS One, 10*(6), 1-18.

Burke, A., & Upchurch, D. M. (2006). Patterns of acupuncture use: Highlights from the National Health Interview Survey. *American Acupuncturist, 37*, 30-31.

Burke, A., Upchurch, D. M., Dye, C., & Chyu, L. (2006). Acupuncture use in the United States: Findings from the National Health Interview Survey. *Journal of Alternative and Complementary Medicine, 12*, 639-648.

Burke, J. D., Lofgren, I. E., Morrell, J. S., & Reilly, R. A. (2007). Health indicators, body mass index and food selection practices in college age students. *FASEB Journal, 21*, A1063.

Burschka, J. M., Keune, P. M., Oy, U. H, Oschmann, P., & Kuhn, P. (2014). Mindfulness-based interventions in multiple sclerosis: Beneficial effects of tai chi on balance, coordination, fatigue and depression. *BMC Neurology, 14*, 165.

Bussey-Smith, K. L., & Rossen, R. D. (2007). A systematic review of randomized control trials evaluating the effectiveness of interactive computerized asthma patient education programs. *Annals of Allergy, Asthma and Immunology, 98*, 507-516.

Bustamante, M. X., Zhang, G., O'Connell, E., Rodriguez, D., & Borroto-Ponce, R. (2007). Motor vehicle crashes and injury among high school and college aged drivers. Miami-Dade County, FL 20005. *Annals of Epidemiology, 17*, 742.

Buttorff, C., Ruder, T., & Bauma, M. (2017). *Mullipte chronic conditions in the United States*. Rand Corporation. Recuperado de https://sbgg.org.br/informativos/29-06-17/1497877975_1_Chronic_Conditions.pdf

C

Cahill, K., Stevens, S., Perera, R., & Lancaster, T. (2013). Pharmacological interventions for smoking cessation: An overview and network meta-analysis. *Cochrane Database of Systematic Reviews*, Cochrane Art. No. CD009329. https://doi.org/10.1002/14651858.CD009329.pub2.

Cahill, S. P., & Foa, E. B. (2007). PTSD: Treatment efficacy and future directions. *Psychiatric Times, 24*, 32-34.

Cale, L., & Harris, J. (2006). Interventions to promote young people's physical activity: Issues, implications and recommendations for practice. *Health Education Journal, 65*, 320-337.

Calhoun, J. B. (1956). A comparative study of the social behavior of two inbred strains of house mice. *Ecological Monogram, 26*, 81.

Calhoun, J. B. (1962, fevereiro). Population density and social pathology. *Scientific American, 206*, 139-148.

California Student Aid Commission. (2020). COVID-19 student survey. Recuperado de https://www.csac.ca.gov/survey2020

Calipel, S., Lucaspolomeni, M.-M., Wodey, E., & Ecoffey, C. (2005). Pre-medication in children: Hypnosis versus midazolam. *Pediatric Anesthesia, 15*, 275-281.

Callaway, E. (2011, 16 de setembro). Clues emerge to explain first successful HIV vaccine trial. *Nature*. https://doi.org/10.1038/news.2011.541.

Callister, L. C. (2003). Cultural influences on pain perceptions and behavior. *Home Health Care Management and Practice, 15*, 207-211.

Camacho, T. C., & Wiley, J. A. (1983). Health practices, social networks, and change in physical health. In L. F. Berkman & L. Breslow (Eds.), *Health and ways of living: The Alameda County Study* (pp. 176-209). New York, NY: Oxford University Press.

Camelley, K. B., Wortman, C. B., Bolger, N., & Burke, C. T. (2006). The time course of brief reactions to spousal loss: Evidence from a national probability sample. *Journal of Personality and Social Psychology, 91*, 476-492.

Cameron, L. D., Booth, R. J., Schlatter, M., Ziginskas, D., & Harman, J. E. (2007). Changes in emotion regulation and psychological adjustment following use of a group psychosocial support program for women recently diagnosed with breast cancer. *Psycho-Oncology, 16*, 171-180.

Cameron, L. D., Leventhal, E. A., & Leventhal, H. (1995). Seeking medical care in response to symptoms and life stress. *Psychosomatic Medicine, 57*, 37-47.

Cameron, L. D., Petrie, K. J., Ellis, C., Buick, D., & Weinman, J. A. (2005). Symptom experiences, symptom attributions, and causal attributions in patients following first-time myocardial infarction. *International Journal of Behavioral Medicine, 12*, 30-38.

Camhi, J. (2012). Health problems plague city cab drivers. *Gotham Gazette*. Recuperado de http://www.gothamgazette.com/index.php/city/1149-health-problems-plague-city-cab-drivers

Camí, J., & Farré, M. (2003). Drug addiction. *New England Journal of Medicine, 349*, 975-986.

Campbell, J. M., & Oei, T. P. (2010). A cognitive model for the inter-generational transference of alcohol use behavior. *Addictive Behaviors, 35*(2), 73-83.

Cancian, F. M., & Oliker, S. J. (2000). *Caring and gender*. Thousand Oaks, CA: Pine Forge Press.

Cannon, W. (1932). *The wisdom of the body*. New York, NY: Norton.

Cao, L., Tan, L., Wang, H.-F., Jiang, T., Zhu, X.-C., Lu, H., Tan, M.-S., & Yu, J.-T. (2015, Nov. 9). Dietary patterns and risk of dementia: A systematic review and meta-analysis of cohort studies. *Molecular Neurobiology*. https://doi.org/10.1007/s12035-015-9516-4.

Cao, S., Yang, C., Gan, Y., & Lu, Z. (2015). The health effects of passive smoking: An overview of systematic reviews based on observational epidemiological evidence. *PLoS One, 10*(10), 1-12.

Capuron, L., & Miller, A. H. (2011). Immune system to brain signaling: Neuropsychopharmacological implications. *Pharmacology & Therapeutics, 130*(2), 226-238. https://doi.org/10.1016/j.pharmthera.2011.01.014

Caputi, T. L., & McLellan, A. T. (2017). Truth and D.A.R.E.: Is D.A.R.E.'s new Keepin' it REAL curriculum suitable for American nationwide implementation? *Drugs: Education, Prevention and Policy, 24*(1), 49-57. https://doi.org/10.1080/09687637.2016.1208731.

Cardi, V., & Treasure, J. (2010). Treatments in eating disorders: Towards future directions. *Minerva Psichiatrica, 51*(3), 191-206.

Carlson, L. E., Speca, M., Faris, P., & Patel, K. D. (2007). One year pre-post intervention follow-up of psychological, immune, endocrine and blood pressure outcomes of mindfulness-based stress reduction (MBSR) in breast and prostate cancer outpatients. *Brain, Behavior, and Immunity, 21*(8), 1038-1049.

Carlson, L. E., Toivonen, K., Flynn, M., Deleemans, J., Piedalue, K.-A., Tolsdorf, E., & Subnis, U. (2018). The role of hypnosis in cancer care. *Current Oncology Reports, 20*, 93. https://doi.org/10.1007/s11912-018-0739-1

Carmen, B., Angeles, M., Ana, M., & Maria, A. J. (2004). Efficacy and safety of naltrexone and acamprosate in the treatment of alcohol dependence: A systematic review. *Addiction, 99*(7), 811-829.

Carmody, J., & Baer, R. A. (2008). Relationships between mindfulness practice and level of mindfulness, medical and psychological symptoms and well-being in a mindfulness-based stress reduction program. *Journal of Behavioral Medicine, 31*, 23-33.

Carmody, J., & Baer, R. A. (2009). How long does a mindfulness-based stress reduction program need to be? A review of class contact hours and effect sizes for psychological distress. *Journal of Clinical Psychology, 65*(6), 627-638.

Carpenter, C. J. (2010). A meta-analysis of the effectiveness of health belief model variables in predicting behavior. *Health Communication, 25*, 661-669.

Carr, D. (2003). A "good death" for whom? Quality of spouse's death and psychological distress among older widowed persons. *Journal of Health and Social Behavior, 44*, 215-232.

Carr, J. L. (2007). Campus violence white paper. *Journal of American College Health, 55*, 304-319.

Carrière, K., Khoury, B., Günak, M. M., & Knäuper, B. (2018). Mindfulness-based interventions for weight loss: A systematic review and meta-analysis. *Obesity Reviews, 19*(2), 164-177. https://doi.org/10.1111/obr.12623

Carrillo, J. E., Carrillo, V. A., Perez, H. R., Salas-Lopez, D., Natale-Pereira, A., & Byron, A. T. (2011). Defining and targeting health care access barriers. *Journal of Health Care for the Poor and Underserved, 22*, 562-575.

Carter, J. C., Blackmore, E., Sutandar-Pinnock, K., & Woodside, D. B. (2004). Relapse in anorexia nervosa: A survival analysis. *Psychological Medicine, 34*, 671-679.

Carter-Harris, L., Hermann, C. P., Schreiber, J., Weaver, M. T., & Rawl, S. M. (2014, maio). Lung Cancer Stigma Predicts Timing of Medical Help-Seeking Behavior. In *Oncology nursing forum* (Vol. 41, No. 3, p. E203). NIH Public Access.

Carver, C. S., Pozo, C., Harris, S. D., Noriega, V., Scheier, M. F., Robinson, D. S., Robinson, D. S., Ketcham, A. S., & Clark, K. (1993). How coping mediates the effect of optimism on distress: a study of women with early stage breast cancer. *Journal of Personality and Social Psychology, 65*(2), 375-390. https://doi.org/10.1037//0022-3514.65.2.375.

Carver, C. S., Smith, R. G., Antoni, M. H., Petronis, V. M., Weiss, S., & Derhagopian, R. P. (2005). Optimistic personality and psychosocial well-being during treatment predict psychosocial well-being among long-term survivors of breast cancer. *Health Psychology, 24*, 508-516.

Caspi, A., Harrington, H., Moffitt, T. E., Milne, B. J., & Poulton, R. (2006). Socially isolated children 20 years later. *Archives of Pediatric Adolescent Medicine, 160*, 805-811.

Caspi, A., Sugden, K., Moffitt, T. E., Taylor, A., Craig, I. W., Harrington, H., McClay, J., Mill, J., Martin, J., Braithwaite, A. & Poulton, R. (2003). Influence of life stress on depression: Moderation by a polymorphism in the 5-HTT gene. *Science, 301*, 386-389. https://doi.org/10.1126/science.1083968.

Cassidy, E. L., Atherton, R. J., Robertson, N., Walsh, D. A., & Gillett, R. (2012). Mindfulness, functioning and catastrophizing after multidisciplinary pain management for chronic low back pain. *Pain, 153*(3), 644-650.

Castellini, G., Lo Sauro, C., Mannucci, E., Ravaldi, C., Rotella, C. M., Faravelli, C., & Ricca, V. (2011). Diagnostic crossover and outcome predictors in eating disorders to DSM-IV and DSM-V proposed criteria: 6-year follow-up study. *Psychosomatic Medicine, 73*(3), 270-279. https://doi.org/10.1097/PSY.0b013e31820a1838.

Castelnuovo, G., Pietrabissa, G., Manzoni, G. M., Cattivelli, R., Rossi, A., Novelli, M., Varallo, G., & Molinari, E. (2017). Cognitive behavioral therapy to aid weight loss in obese patients: Current perspectives. Psychology Research and Behavior Management, 10, 165-173. https://doi.org/10.2147/PRBM.S113278

Castor, M. L., Smyser, M. S., Taualii, M. M., Park, A. N., Lawson, S. A., & Forquera, R. A. (2006). A nationwide population-based study identifying health disparities between American Indians/Alaska Natives and the general populations living in select urban counties. *American Journal of Public Health, 96*, 1478-1484.

Castro, C. M., Wilson, C., Wang, F., & Schillinger, D. (2007). Babel babble: Physicians' use of unclarified medical jargon with patients. *American Journal of Health Behavior, 31*, S85-S95.

Celentano, D. D., Valleroy, L. A., Sifakis, F., MacKellar, D. A., Hylton, J., Thiede, H., McFarland, W., Shehan, D. Al, Stoyanoff, S. R., LaLota, M., Koblin, B. A., Katz, M. H., & Torian, L. V. (2006). Associations between substance use and sexual risk among very young men who have sex with men. *Sexually Transmitted Diseases, 33*, 265-271. https://doi.org/10.1097/01.olq.0000187207.10992.4e.

Center on Addiction and Substance Abuse at Columbia (CASA). (2012). *Addiction medicine: Closing the gap between science and practice.* New York, NY: National Center on Addiction and Substance Abuse at Columbia University.

Centers for Disease Control and Prevention (CDC). (1992). 1993 revised classification system for HIV infection and expanded surveillance case definition for AIDS among adolescents and adults. *Morbidity and Mortality Weekly Report, 41*, No. RR-17.

Centers for Disease Control and Prevention (CDC). (1994). Reasons for tobacco use and symptoms of nicotine withdrawal among adolescent and young adult tobacco users—United States, 1993. *Morbidity and Mortality Weekly Report, 43*, 745-750.

Centers for Disease Control and Prevention (CDC). (2008). *HIV/AIDS surveillance report, 2006* (Vol. 18). Atlanta, GA: U.S. Department of Health and Human Services, Centers for Disease Control and Prevention. Recuperado de http://www.cdc.gov/hiv/topics/surveillance/resources/reports/

Centers for Disease Control and Prevention (CDC). (2009). *Chronic diseases—The power to prevent, the call to control: At a glance, 2009.* Atlanta, GA: U.S. Department of Health and Human Services, Centers for Disease Control and Prevention. Recuperado de http://www.cdc.gov/chronicdisease/resources/publications/aag/pdf/chronic.pdf

Centers for Disease Control and Prevention (CDC). (2010a). *HIV among gay, bisexual and other men who have sex with men (MSM).* Atlanta, GA: U.S. Department of Health and Human Services, Centers for Disease Control and Prevention. Recuperado de http://www.cdc.gov/hiv/topics/msm/pdf/msm.pdf

Centers for Disease Control and Prevention (CDC). (2010b). Vital signs: Current cigarette smoking among adults ≥18 years—United States, 2009. *Morbidity and Mortality Weekly Report, 59*(35), 1135-1140.

Centers for Disease Control and Prevention (CDC) and NCHS. (2010c). *Health, United States, 2010. Chartbook, special feature on death and dying.* Hyattsville, MD: Author.

Centers for Disease Control and Prevention (CDC). (2011a). *National diabetes fact sheet, 2011.* Atlanta, GA: U.S. Department of Health and Human Services, Centers for Disease Control and Prevention. Recuperado de http://www.cdc.gov/diabetes/pubs/pdf/ndfs_2011.pdf

Centers for Disease Control and Prevention (CDC). (2011b). *Safe on the outs.* Recuperado de http://www.cdc.gov/hiv/topics/research/prs/resources/factsheets/safe-on-the-outs.htm

Centers for Disease Control and Prevention (CDC). (2013). Vital signs: Current cigarette smoking among adults aged ≥18 years with mental illness—United States, 2009-2011. *Morbidity and Mortality Weekly Reports, 62*(5), 81-87.

Centers for Disease Control and Prevention (CDC). (2014a). Opioid painkiller prescribing. Recuperado de http://www.cdc.gov/vitalsigns/opioid-prescribing/

Centers for Disease Control and Prevention (CDC). (2014b). *National Diabetes Statistics Report, 2014.* Recuperado de http://www.cdc.gov/diabetes/pubs/statsreport14/national-diabetes-report-web.pdf

Centers for Disease Control and Prevention (CDC). (2014c). *Best practices for tobacco control programs—2014.* Atlanta, GA: Author.

Centers for Disease Control and Prevention (CDC). (2016). *HIV among African Americans.* Recuperado de http://www.cdc.gov/hiv/group/racialethnic/africanamericans/index.html

Centers for Disease Control and Prevention (CDC). (2016b). *HIV among youth.* Retrieved http://www.cdc.gov/hiv/youth/pdf/youth.pdf

Centers for Disease Control and Prevention (CDC). (2020a). *HIV surveillance report, 2018 (updated)*, 31, 1-119. http://www.cdc.gov/hiv/library/reports/hiv-surveillance.html.

Centers for Disease Control and Prevention (CDC). (2020b). Mental health: Household pulse survey. Recuperado de https://www.cdc.gov/nchs/covid19/pulse/mental-health.htm

Centers for Disease Control and Prevention. (2020c). *Tips from former smokers.* Recuperado de https://www.cdc.gov/tobacco/campaign/tips/about/index.html

Centola, D. (2011). An experimental study of homophily in the adoption of health behavior. *Science, 334*(6060), 1269-1272.

Centola, D., & van de Rijt, A. (2015). Choosing your network: Social preferences in an online health community. *Social Science and Medicine, 125*, 19-31.

Central Intelligence Agency (CIA). (2020). *The world factbook.* Retrieved from https://www.cia.gov/library/publications/resources/the-world-factbook/

Cepeda, M. S., Berlin, J. A., Gao, Y., Wiegand, F., & Wada, D. R. (2012). Placebo response changes depending on the neuropathic pain syndrome: Results of a systematic review and meta-analysis. *Pain Medicine, 13*, 575-595.

Ceylan-Isik, A. F., McBride, S. M., & Ren, J. (2010). Sex difference in alcoholism: Who is at a greater risk for development of alcoholic complication? *Life Sciences, 87*(5/6), 133-138.

Cha, E. S., Doswell, W. M., Kim, K. H., Charron-Prochownik, D., & Patrick, T. E. (2007). Evaluating the Theory of Planned Behavior to explain intention to engage in premarital sex amongst Korean college students: A questionnaire survey. *International Journal of Nursing Studies, 44*, 1147-1157.

Chaddock, L., Erickson, K. I., Prakash, R. S., Kim, J. S., Voss, M. W., VanPatter, M., Pontifex, M. B., Raine, L. B., Konkel, A., Hillman, C. H., Cohen, N. J., & Kramer, A. F. (2010). A neuroimaging investigation of the association between aerobic fitness, hippocampal volume, and memory performance in preadolescent children. *Brain Research, 1358*, 172-183. https://doi.org/10.1016/j.brainres.2010.08.049.

Chadi, N., Levy, S., Radhakrishnan, R., Ranganathan, M., & Weiner, A. S. B. (2018). Introduction. In K. A. Sabet & K. C. Winters (Eds.), *Contemporary Health Issues on Marijuana* (pp. 1-13). New York, NY: Oxford University Press.

Chakrabarty, S., & Zoorob, R. (2007). Fibromyalgia. *American Family Physician, 76*, 247-254.

Chan, M. (2020, 15 de maio). New York City's taxi drivers are in peril as they brave the coronavirus and uncertain futures. Time. Recuperado de https://time.com/5836223/nyc-taxi-drivers-coronavirus/

Chandrabose, M., Rachele, J. N., Gunn, L., Kavanah, A., Owen, N., Turrell, G., Giles-Corti, B., & Sugiyama, T. (2018). Built environment and cardio-metabolic health: Systematic review and meta-analysis of longitudinal studies. *Obesity Reviews, 20*(1), 41-54. https://doi.org/10.1111/obr.12759

Chandrashekara, S., Jayashree, K., Veeranna, H. B., Vadiraj, H. S., Ramesh, M. N., Shobha, A., Sarvanan, Y., & Vikram, Y. K. (2007). Effects of anxiety on TNF-a levels during psychological stress. *Journal of Psychosomatic Research, 63*, 65-69. https://doi.org/10.1016/j.jpsychores.2007.03.001.

Chang, A. Y., & Barry. M. (2015). The global health implications of e-cigarettes. *Journal of the American Medical Association, 314*(7), 663-664.

Chang, E. C., Sanna, L. J., Hirsch, J. K., & Jeglic, E. L. (2010). Loneliness and negative life events as predictors of hopelessness and suicidal behaviors in Hispanics: evidence for a diathesis-stress model. *Journal of Clinical Psychology, 66*(12), 1242-1253.

Chang, L., Ernst, T., Speck, O., Patel, H., DeSilva, M., Leonido-Yee, M., & Miller, E. N. (2002). Perfusion MRI and computerized cognitive test abnormalities in abstinent methamphetamine users. *Psychiatry Research: Neuroimaging Section, 114*, 65-79. https://doi.org/10.1016/s0925-4927(02)00004-5

Chang, M. H., Athar, H., Yoon, P. W., Molla, M. T., Truman, B. I., & Moonesinghe, R. (2013). State-specific healthy life expectancy at age 65 years—United States, 2007-2009. *Morbidity and Mortality Weekly Report, 62*(28), 561-566.

Chang, S. H., Stoll, C. R., Song, J., Varela, J. E., Eagon, C. J., & Colditz, G. A. (2014). The effectiveness and risks of bariatric surgery: An updated systematic review and meta-analysis. *Journal of the American Medical Association Surgery, 149*(3), 275-287.

Chapman, C. R., Nakamura, Y., & Flores, L. Y. (1999). Chronic pain and consciousness: A constructivist perspective. In R. J. Gatchel & D. C. Turk (Eds.), *Psychosocial factors in pain: Critical perspectives* (pp. 35-55). New York, NY: Guilford Press.

Chapman, R. H., Petrilla, A. A., Benner, J. S., Schwartz, J. S., & Tang, S. S. K. (2008). Predictors of adherence to concomitant antihypertensive and lipid-lowering medications in older adults: A retrospective, cohort Study. *Drugs and Aging, 25*, 885-892.

Charlee, C., Goldsmith, L. J., Chambers, L., & Haynes, R. B. (1996). Provider-patient communication among elderly and nonelderly patients in Canadian hospitals: A national survey. *Health Communication, 8*, 281-302.

Chastain, L. G., & Sarkar, D. K. (2017). Alcohol effects on epigenome in the germline: Role in the inheritance of alcohol-related pathology, *Alcohol, 60*, 53-66. https://doi.org/10.1016/j.alcohol.2016.12.007

Chaturvedi, A. K., Graubard, B. I., Broutian, T., Pickard, R. K. L., Tong, Z.-Y., Ziao, W., Khale, L., & Billison, M. L. (2018). Effect of prophylactic Human papillomavirus (HPV) vaccination on oral HPV infections among you adults in the United States, *Journal of Clinical Oncology, 36*(3), 262-267. https://doi.org/10.1200/JCO.2017.75.0141

Chassin, L., Presson, C. C., Rose, J., & Sherman, S. J. (2007). What is addiction? Age-related differences in the meaning of addiction. *Drug and Alcohol Dependence, 87*, 30-38.

Chaturvedi, A. K., Engels, E. A., Pfeiffer, R. M., Hernandez, B. Y., Xiao, W., Kim, E., Jiang, B., Goodman, M. T., Sibug-Saber, M., Cozen, W., Liu, L., Lynch, C. F., Wentzensen, N., Jordan, R., Altekruse, S., Anderson, W. F., Rosenberg, P. S., & Gillison, M. L. (2011). Human papillomavirus and rising oropharyngeal cancer incidence in the United States. *Journal of Clinical Oncology, 29*, 4294-4301. https://doi.org/10.1200/JCO.2011.36.4596.

Chei, C. L., Iso, H., Yamagishi, K., Inoue, M., & Tsugane, S. (2008). Body mass index and weight change since 20 years of age and risk of coronary heart disease among Japanese: The Japan Public Health Center-Based Study. *International Journal of Obesity, 32*, 144-151.

Chen, E., Cohen, S., & Miller, G. E. (2010). How low socioeconomic status affects 2-year hormonal trajectories in children. *Psychological Science, 21*(1), 31-37.

Chen, E., & Miller, G. E. (2007). Stress and inflammation in exacerbations of asthma. *Brain, Behavior and Immunity, 21*, 993-999.

Chen, E., Strunk, R. C., Bacharier, L. B., Chan, M., & Miller, G. E. (2010). Socioeconomic status associated with exhaled nitric oxide responses to acute stress in children with asthma. *Brain, Behavior and Immunity, 24*, 444-450.

Chen, H. Y., Shi, Y., Ng, C. S., Chan, S. M., Yung, K. K. L., Lam, Z., & Zhang, Q. L. (2007). Auricular acupuncture treatment for insomnia: A systematic review. *Journal of Alternative and Complementary Medicine, 13*, 669-676. https://doi.org/10.1089/acm.2006.6400

Chen, J. Y., Fox, S. A., Cantrell, C. H., Stockdale, S. E., & Kagawa-Singer, M. (2007). Health disparities and prevention: Racial/ethnic barriers to flu vaccinations. *Journal of Community Health, 32*, 5-20.

Cheng, B. M. T., Lauder, I. J., Chu-Pak, L., & Kumana, C. R. (2004). Meta-analysis of large randomized controlled trials to evaluate the impact of statins on cardiovascular outcomes. *British Journal of Clinical Pharmacology, 57*, 640-651.

Cheng, T. Y. L., & Boey, K. W. (2002). The effectiveness of a cardiac rehabilitation program on self-efficacy and exercise. *Clinical Nursing Research, 11*, 10-19.

Cheng, Z. H., Perko, V. L., Fuller-Marashi, L., Bau, J. M.,& Stice, E. (2019). Ethnic differences in eating disorder prevalence, risk factors, and predictive effects of risk factors among young women. *Eating Behaviors, 32*, 23-30. https://doi.org/10.1016/j.eatbeh.2018.11.004

Cherkin, D. C., Sherman, K. J., Kahn, J., Wellman, R., Cook, A. J., Johnson, E., Erro, J., Delaney, K., & Deyo, R. A. (2011). A comparison of the effects of 2 types of massage and usual care on chronic low-back pain: A randomized, controlled trial. *Annals of Internal Medicine, 155*(1), 1-9. https://doi.org/10.7326/0003-4819-155-1-201107050-00002.

Cherkin, D. C., Sherman, K. J., Balderson, B. H., Cook, A. J., Anderson, M. L., Hawkes, R. J., Hansen, K. E., & Turner, J. A. (2016). Effect of mindfulness-based stress reduction vs cognitive behavioral therapy or usual care on back pain and functional limitations in adults with chronic low back pain: A randomized clinical trial. *JAMA, 315*(12), 1240-1249.

Chia, L. R., Schlenk, E. A., & Dunbar-Jacob, J. (2006). Effect of personal and cultural beliefs on medication adherence in the elderly. *Drugs and Aging, 23*, 191-202.

Chiaramonte, G. R., & Friend, R. (2006). Medical students' and residents' gender bias in the diagnosis, treatment, and interpretation of coronary heart disease symptoms. *Health Psychology, 25*(3), 255.

Chida, T., Hamer, M., & Steptoe, A. (2008). A bidirectional relationship between psychosocial factors and atopic disorders: A systematic review and meta-analysis. *Psychosomatic Medicine, 70*, 102-116.

Chida, Y., & Hamer, M. (2008). An association of adverse psychosocial factors with diabetes mellitus: A meta-analytic review of longitudinal cohort studies. *Diabetologia, 51*, 2168-2178.

Chida, Y., Hamer, M., Wardle, J., & Steptoe, A. (2008). Do stress-related psychosocial factors contribute to cancer incidence and survival? *Nature Reviews Clinical Oncology, 5*(8), 466-475.

Chida, Y., & Mao, X. (2009). Does psychosocial stress predict symptomatic herpes simplex virus recurrence? A meta-analytic investigation on prospective studies. *Brain, Behavior, and Immunity, 23*, 917-925.

Chida, Y., & Steptoe, A. (2008). Positive psychological well-being and mortality: A quantitative review of prospective observational studies. *Psychosomatic Medicine, 70*, 741-756.

Chida, Y., & Steptoe, A. (2009). The association of anger and hostility with future coronary heart disease: A meta-analytic review of prospective evidence. *Journal of the American College of Cardiology, 53*, 936-946.

Chida, Y., & Vedhara, K. (2009). Adverse psychological factors predict poorer prognosis in HIV disease: A meta-analytic review of prospective investigations. *Brain, Behavior, and Immunity, 23*, 434-445.

Chiesa, A., & Serretti, A. (2010). A systematic review of neurobiological and clinical features of mindfulness meditations. *Psychological Medicine, 40*(8), 1239-1252.

Chikritzhs, T., Stockwell, T., Naimi, T., Andreasson, S., Dangardt, F., & Liang, W. (2015). Has the leaning tower of presumed health benefits from "moderate" alcohol use finally collapsed? *Addiction, 110*(5), 726-727.

Chin, S. N. M., Laverty, A. A., & Filippidis, F. T. (2018). Trends and correlates of unhealthy dieting behaviours among adolescents in the United States, 1999-2013. *BMC Public Health, 18*, 439. https://doi.org/10.1186/s12889-018-5348-2

Chithiramohan, A., & George, S. (2015). Pharmacological interventions for alcohol relapse prevention. *Internet Journal of Medical Update, 10*(2), 41-45.

Chochinov, H. M., Kristjanson, L. J., Breitbart, W., McClement, S., Hack, T. F., Hassard, T., & Harlos, M. (2011). Effect of dignity therapy on distress and end-of-life experience in terminally ill patients: A randomised controlled trial. *The Lancet Oncology, 12*(8), 753-762. https://doi.org/10.1016/S1470-2045(11)70153-X

Cholesterol Treatment Trialists' (CTT) Collaboration. (2010). Efficacy and safety of more intensive lowering of LDL cholesterol: A meta-analysis of data from 170,000 participants in 26 randomised trials. *The Lancet, 376*, 1670-1681. https://doi.org/10.1016/S0140-6736(10)61350-5

Chong, C. S., Tsunaka, M., Tsang, H. W., Chan, E. P., & Cheung, W. M. (2011). Effects of yoga on stress management in healthy adults: A systematic review. *Alternative Therapies in Health and Medicine, 17*(1), 32-38.

Chooi, Y. C., Ding, C., & Magkos, F. (2019). The epidemiology of obesity. *Metabolism, 92*, 6-10. https://doi.org/10.1016/j.metabol.2018.09.005

Chou, F., Holzemer, W. L., Portillo, C. J., & Slaughter, R. (2004). Self-care strategies and sources of information for HIV/AIDS symptom management. *Nursing Research, 53*, 332-339.

Chou, R., Qaseem, A., Snow, V., Casey, D., Cross, J. T., Jr., Shekelle, P., Owens, D. K., & American Pain Society Low Back Pain Guidelines Panel. (2007). Diagnosis and treatment of low back pain: A joint clinical practice guideline from the American College of Physicians and the American Pain Society. *Annals of Internal Medicine, 147*, 478-491, W118-W120. https://doi.org/10.7326/0003-4819-147-7-200710020-00006.

Chow, C. K., Islam, S., Bautista, L., Rumboldt, Z., Yusufali, A., Xie, C., Xie, C., Anand, S. S., Engert, J. C., Rangarajan, S., & Yusuf, S. (2011). Parental history and myocardial infarction risk across the world. *Journal of the American College of Cardiology, 57*, 619-627. https://doi.org/10.1016/j.jacc.2010.07.054.

Chow, G., Liou, K. T., & Heffron, R. C. (2016). Making whole: Applying the principles of integrative medicine to medical education. *Rhode Island Medical Journal*, *99*(3), 16-19.

Christakis, N. A., & Fowler, J. H. (2007). The spread of obesity in a large social network over 32 years. *New England Journal of Medicine*, *357*(4), 370-379.

Christakis, N. A., & Fowler, J. H. (2008). The collective dynamics of smoking in a large social network. *New England Journal of Medicine*, *358*(21), 2249-2258.

Christenfeld, N., Glynn, L. M., Phillips, D. P., & Shrira, I. (1999). Exposure to New York City as a risk factor for heart attack mortality. *Psychosomatic Medicine*, *61*, 740-743.

Chistiakov, D. A., Myasoedove, V. A., Melnichenko, A. A., Grechko, A. V., & Orekhov, A. N. (2018). Role of androgens in cardiovascular pathology, *Vascular Health Risk Management*, 14, 283-290. https://doi.org/10.2147/VHRM.S173259.

Chiva-Blanch, G., & Badimon, L. (2020). Benefits and risks of moderate alcohol consumption on cardiovascular disease: Current findings and controversies. *Nutrients*, *12*(1), 108. https://doi.org/10.3390/nu12010108

Chung, M. L., Moser, D. K., Lennie, T. A., Worrall-Carter, L., Bentley, B., Trupp, R., & Amentano, D. S. (2006). Gender differences in adherence to the sodium-restricted diet in patients with heart failure. *Journal of Cardiac Failure*, *12*, 628-634. https://doi.org/10.1016/j.cardfail.2006.07.007

Cibulka, N. J. (2006). HIV infection. *American Journal of Nursing*, *106*, 59.

Ciesla, J. A., & Roberts, J. E. (2007). Rumination, negative cognition, and their interactive effects on depressed mood. *Emotion*, *7*, 555-565.

Cintron, A., & Morrison, R. S. (2006). Pain and ethnicity in the United States: A systematic review. *Journal of Palliative Medicine*, *9*, 1454-1473.

Clark, A. D. (2008). The new frontier of wellness. *Benefits Quarterly*, *24*, 23-28.

Clark, A. M., Whelan, H. K., Barbour, R., & MacIntyre, P. D. (2005). A realist study of the mechanisms of cardiac rehabilitation. *Journal of Advanced Nursing*, *52*, 362-371.

Clark, L., Jones, K., & Pennington, K. (2004). Pain assessment practices with nursing home residents. *Western Journal of Nursing Research*, *26*, 733-750.

Clark, M. M., Decker, P. A., Offord, K. P., Patten, C. A., Vickers, K. S., Croghan, I. T., Hays, T., Hurt, R. D., & Dale, L. C. (2004). Weight concerns among male smokers. *Addictive Behaviors*, *29*, 1637-1641. https://doi.org/10.1016/j.addbeh.2004.02.034

Clark, P. A. (2006). The need for new guidelines for AIDS testing and counseling: An ethical analysis. *Internet Journal of Infectious Diseases*, *5*(2), 8.

Clark, R. (2003). Self-reported racism and social support predict blood pressure reactivity in Blacks. *Annals of Behavioral Medicine*, *25*, 127-136.

Clarke, E. (2019, março 21). A battle for my life. *The New Yorker*. Recuperado de https://www.newyorker.com/culture/personal-history/emilia-clarke-a-battle-for-my-life-brain-aneurysm-surgery-game-of-thrones

Clarke, T. C., Barnes, P. M., Black, L. I., Stussman, B. J., & Nahin, R. L. (2018). Use of yoga, meditation, and chiropractors among U.S. adults aged 18 and over. *NCHS Data Brief No. 325*, 1-7.

Clarke, T. C., Black, L. I., Stussman, B. J., Barnes, P. M., & Nahin, R. L. (2015). Trends in the use of complementary health approaches among adults: United States, 2002-2012. *National Health Statistics Reports*, *79*, 1-9.

Clark-Grill, M. (2007). Questionable gate-keeping: Scientific evidence for complementary and alternative medicines (CAM): Response to Malcolm Parker. *Journal of Bioethical Inquiry*, *4*, 21-28.

Claxton, A. J., Cramer, J., & Pierce, C. (2001). A systematic review of the association between dose regimens and medication compliance. *Clinical Therapeutics*, *23*, 1296-1310.

Claydon, L. S., Chesterton, L. S., Barlas, P., & Sim, J. (2011). Dose-specific effects of transcutaneous electrical nerve stimulation (TENS) on experimental pain: A systematic review. *Clinical Journal of Pain*, *27*, 635-647.

Cleary, M. (2007). Predisposing risk factors on susceptibility to exertional heat illness: Clinical decision-making considerations. *Journal of Sport Rehabilitation*, *16*, 204-214.

Cleland, J. A., Palmer, J. A., & Venzke, J. W. (2005). Ethnic differences in pain perception. *Physical Therapy Reviews*, *10*, 113-122.

Clements, K., & Turpin, G. (1996). The life events scale for students: validation for use with British samples. *Personality and Individual Differences*, *20*(6), 747-751.

Clever, S. L., Jin, L., Levinson, W., & Meltzer, D. O. (2008). Does doctor-patient communication affect patient satisfaction with hospital care? Results of an analysis with a novel instrumental variable. *Health Services Research*, *43*, 1505-1519.

Coe, C. L., & Laudenslager, M. L. (2007). Psychosocial influences on immunity, including effects on immune maturation and senescence. *Brain, Behavior and Immunity*, *21*, 1000-1008.

Coffman, J. M., Cabana, M. D., Halpin, H. A., & Yelin, E. H. (2008). Effects of asthma education on children's use of acute care services: A meta-analysis. *Pediatrics*, *121*, 575-586.

Cohen, S. (2005). Keynote presentation at the eighth International Congress of Behavioral Medicine. *International Journal of Behavioral Medicine*, *12*(3), 123-131.

Cohen, S., Alper, C. M., Doyle, W. J., Treanor, J. J., & Turner, R. B. (2006). Positive emotional style predicts resistance to illness after experimental exposure to rhinovirus or influenza A virus. *Psychosomatic Medicine*, *68*, 809-815.

Cohen, S., Doyle, W. J., Alper, C. M., Janicki-Deverts, D., & Turner, R. B. (2009). Sleep habits and susceptibility to the common cold. *Archives of Internal Medicine*, *169*, 62-67.

Cohen, S., Doyle, W. J., Skoner, D. P., Rabin, B. S., & Gwaltney, J. M., Jr. (1997). Social ties and susceptibility to the common cold. *Journal of the American Medical Association*, *277*, 1940-1944.

Cohen, S., Doyle, W. J., Turner, R., Alper, C. M., & Skoner, D. P. (2003). Sociability and susceptibility to the common cold. *Psychological Science*, *14*, 389-395.

Cohen, S., Frank, E., Doyle, W. J., Skoner, D. P., Rabin, B. S., & Gwaltney, J. M., Jr. (1998). Types of stressors that increase susceptibility to the common cold in healthy adults. *Health Psychology*, *17*, 214-223.

Cohen, S., Janicki-Deverts, D., Turner, R. B., Casselbrant, M. L., Li-Korotky, H. S., Epel, E. S., & Doyle, W. J. (2013a). Association between telomere length and experimentally induced upper respiratory viral infection in healthy adults. *JAMA*, *309*(7), 699-705. https://doi.org/10.1001/jama.2013.613.

Cohen, S., Janicki-Deverts, D., Turner, R. B., Marsland, A. L., Casselbrant, M. L., Li-Korotky, H. S., Epel, E. S., & Doyle, W. J. (2013b). Childhood socioeconomic status, telomere length, and susceptibility to upper respiratory infection. *Brain, Behavior, and Immunity*, *34*, 31-38. https://doi.org/10.1016/j.bbi.2013.06.009.

Cohen, S., Kamarck, T., & Mermelstein, R. (1983). A global measure of perceived stress. *Journal of Health and Social Behavior*, *24*, 385-396.

Cohen, S., Tyrrell, D. A. J., & Smith, A. P. (1991). Psychological stress and susceptibility to the common cold. *New England Journal of Medicine*, *325*, 606-612.

Cohen, S., Tyrrell, D. A. J., & Smith, A. P. (1993). Negative life events, perceived stress, negative affect, and susceptibility to the common cold. *Journal of Personality and Social Psychology*, *64*, 131-140.

Cohn, L., Elias, J. A., & Chupp, G. L. (2004). Asthma: Mechanisms of disease persistence and progression. *Annual Review of Immunology*, *22*, 789-818.

Colcombe, S. J., Erickson, K. I., Scalf, P. E., Kim, J. S., Prakash, R., McAuley, E., Elavsky, S., Marquez, D., Hu, L, & Kramer, A. F. (2006). Aerobic exercise training increases brain volume in aging humans. *The Journals of Gerontology: Series A*, *61*, 1166-1170. https://doi.org/10.1093/gerona/61.11.1166.

Colditz, G. A., Willett, W. C., Hunter, D. J., Stampfer, M. J., Manson, J. E., Hennekens, C. H., & Rosner, B. A. (1993). Family history, age, and risk of breast cancer. *Journal of the American Medical Association*, *270*, 338-343.

Cole, J. C. (2014). MDMA and the "ecstasy paradigm." *Journal of Psychoactive Drugs*, *46*(1), 44-56.

Cole, S. W., Naliboff, B. D., Kemeny, M. E., Griswold, M. P., Fahey, J. L., & Zack, J. A. (2001). Impaired response to HAART in HIV-infected individuals with high autonomic nervous system activity. *Proceedings of the National Academy of Sciences of the United States of America*, *98*, 12695-12700.

Coles, S. L., Dixon, J. B., & O'Brien, P. E. (2007). Night eating syndrome and nocturnal snacking: Association with obesity, binge eating and psychological distress. *International Journal of Obesity*, *31*, 1722-1730.

Colilla, S. A. (2010). An epidemiologic review of smokeless tobacco health effects and harm reduction potential. *Regulatory Toxicology and Pharmacology*, *56*(2), 197-211.

Collins, M. A. (2008). Protective mechanisms against neuroinflammatory proteins induced by preconditioning brain cultures with moderate ethanol concentrations. *Neurotoxicity Research*, *13*, 130.

Collins, R. L., Orlando, M., & Klein, D. J. (2005). Isolating the nexus of substance use, violence and sexual risk for HIV infection among young adults in the United States. *AIDS and Behavior*, *9*, 73-87.

Colloca, L., Lopiano, L., Lanotte, M., & Benedetti, F. (2004). Overt versus covert treatment for pain, anxiety, and Parkinson's disease. *The Lancet: Neurology*, *3*, 679-684.

Colpani, V., Baena, C.P., Jaspers, L. van Dijk, J. M., Faraizadega, Z., Dhana, K., Tielemans, M. J., Vootman, T., Freak-Poli, R., Veloso, G. G., Chowdhury, R., Kavousi, M., Muka, T., & Franco, O. H. (2018). Lifestyle factors, cardiovascular disease and all-cause mortality in middle-aged and elderly women: A systematic review and meta-analysis. *European Journal of Epidemiology*, *33*, 831-845. https://doi.org/10.1007/s10654-018-0374-z

Committee on the Use of Complementary and Alternative Medicine by the American Public, Institute of Medicine. (2005). *Complementary and alternative medicine in the United States*. Washington, DC: National Academic Press.

Conger, J. (1956). Reinforcement theory and the dynamics of alcoholism. *Quarterly Journal of Studies on Alcohol*, *17*, 296-305.

Conn, V. S., Hafdahl, A. R., LeMaster, J. W., Ruppar, T. M., Cochran, J. E., & Nielsen, P. J. (2008). Meta-analysis of health behavior change interventions in Type 1 diabetes. *American Journal of Health Behavior*, *32*, 315-392.

Cook, A. J., Roberts, D. A., Henderson, M. D., Van Winkle, L. C., Chastain, D. C., & Hamill-Ruth, R. J. (2004). Electronic pain questionnaires: A randomized, crossover comparison with paper questionnaires for chronic pain assessment. *Pain, 110*, 310-317.

Cook, B. J., & Hausenblas, H. A. (2008). The role of exercise dependence for the relationship between exercise behavior and eating pathology: Mediator or moderator? *Journal of Health Psychology, 13*, 495-502.

Coon, D. W., & Evans, B. (2009). Empirically based treatments for family caregiver distress: What works and where do we go from here? *Geriatric Nursing, 30*, 426-436.

Cooney, G. M., Dwan, K., Greig, C. A., Lawlor, D. A., Rimer, J., Waugh, F. R., McMurdo, M., & Mead, G. E. (2013). Exercise for depression. *Cochrane Database of Systematic Reviews, 9*, CD004366.

Cooper, B. (2001, março). Long may you run. *Runner's World, 36*(3), 64-67.

Cooper, K. L., Harris, P. E., Relton, C., & Thomas, K. J. (2013). Prevalence of visits to five types of complementary and alternative medicine practitioners by the general population: A systematic review. *Complementary Therapies in Clinical Practice, 19*(4), 214-220.

Corasaniti, M. T., Amantea, D., Russo, R., & Bagetta, G. (2006). The crucial role of plasticity in pain and cell death. *Cell Death and Differentiation, 13*, 534-536.

Cornford, C. S., & Cornford, H. M. (1999). "I'm only here because of my family": A study of lay referral networks. *The British Journal of General Practice, 49*, 617-620.

Costa, L. C. M., Maher, C. G., McAuley, J. H., & Costa, L. O. P. (2009). Systematic review of cross-cultural adaptations of McGill Pain Questionnaire reveals a paucity of clinimetric testing. *Journal of Clinical Epidemiology, 62*, 934-943.

Cottington, E. M., & House, J. S. (1987). Occupational stress and health: A multivariate relationship. In A. Baum & J. E. Singer (Eds.), *Handbook of psychology and health: Vol. 5. Stress* (pp. 41-62). Hillsdale, NJ: Erlbaum.

Couper, J. W. (2007). The effects of prostate cancer on intimate relationships. *Journal of Men's Health and Gender, 4*, 226-232.

Courtney, A. U., McCarter, D. F., & Pollart, S. M. (2005). Childhood asthma: Treatment update. *American Family Physician, 71*, 1959-1968.

Cousins, N. (1979). *Anatomy of an illness as perceived by the patient: Reflections on healing and regeneration.* New York, NY: Norton.

Coussons-Read, M. E., Okun, M. L., & Nettles, C. D. (2007). Psychosocial stress increases inflammatory markers and alters cytokine production across pregnancy. *Brain, Behavior and Immunity, 21*, 343-350.

Courtemanche, C., Tchernis, R., & Ukert, B. (2018). The effect of smoking on obesity: Evidence from a randomized trial. *Journal of Health Economics, 57*, 31-44. https://doi.org/10.1016/j.jhealeco.2017.10.006

Couturier, J., Kimber, M., & Szatmari, P. (2013). Efficacy of family-based treatment for adolescents with eating disorders: A systematic review and meta-analysis. *International Journal of Eating Disorders, 46*(1), 3-9.

Covington, E. C. (2000). The biological basis of pain. *International Review of Psychiatry, 12*, 128-147.

Coyne, J. C., Stefanek, M., & Palmer, S. C. (2007). Psychotherapy and survival in cancer: The conflict between hope and evidence. *Psychological Bulletin, 133*, 367-394.

Coyne, J. C., & Tennen, H. (2010). Positive psychology in cancer care: Bad science, exaggerated claims, and unproven medicine. *Annals of Behavioral Medicine, 39*, 16-26.

Craciun, C., Schüz, N., Lippke, S., & Schwarzer, R. (2012). Facilitating sunscreen use in women by a theory-based online intervention: A randomized controlled trial. *Journal of Health Psychology, 17*, 207.

Craig, A. D. (2003). Pain mechanisms: Labeled lines versus convergence in central processing. *Annual Review of Neuroscience, 26*, 1-30.

Cramer, H., Lauche, R., Paul, A., & Dobos, G. (2012). Mindfulness-based stress reduction for breast cancer—a systematic review and meta-analysis. *Current Oncology, 19*(5), 343-352.

Cramer, J. A. (2004). A systematic review of adherence with medications for diabetes. *Diabetes Care, 27*, 1218-1224.

Cramer, S., Mayer, J., & Ryan, S. (2007). College students use cell phones while driving more frequently than found in government study. *Journal of American College Health, 56*, 181-184.

Crandall, C. S., Preisler, J. J., & Aussprung, J. (1992). Measuring life event stress in the lives of college students: The Undergraduate Stress Questionnaire (USQ). *Journal of Behavioral Medicine, 15*, 627-662.

Creamer, M. R., Wang, T. W., Babb, S., Cullen, K. A., Day, H., Willis, G. Jamal, A., & Neff, L. (2019). Tobacco product use and cessation indicators among adults—United States, 2018. *Morbidity and Mortality Weekly Report, 68*(45), 1013-1019.

Crepaz, N., Passin, W. F., Herbst, J. H., Rama, S. M., Malow, R. M., Purcell, D. W., Wolitski, R. J., & HIV/AIDS Prevention Research Synthesis Team. (2008). Meta-analysis of cognitive-behavioral interventions on HIV-positive persons' mental health and immune functioning. *Health Psychology, 27*, 4-14. https://doi.org/10.1037/0278-6133.27.1.4.

Creswell, J. D. (2017). Mindfulness interventions. *Annual Review of Psychology, 68*, 491-516. https://doi.org/10.1146/annurev-psych-042716-051139

Crimmins, E. M., Ki Kim, J., Alley, D. E., Karlamangla, A., & Seeman, T. (2007). Hispanic paradox in biological risk profiles. *American Journal of Public Health, 97*, 1305-1310.

Crimmins, E. M., & Saito, Y. (2001). Trends in healthy life expectancy in the United States, 1970-1990: Gender, racial, and educational differences. *Social Science and Medicine, 52*, 1629-1642.

Crisp, A., Gowers, S., Joughin, N., McClelland, L., Rooney, B., Nielsen, S., Bower, C., Halek, C., & Hartman, D.. (2006). Anorexia nervosa in males: Similarities and differences to anorexia nervosa in females. *European Eating Disorders Review, 14*(3), 163-167. https://doi.org/10.1002/erv.703

Crispo, A., Brennan, P., Jockel, K.-H., Schaffrath-Rosario, A., Wichman, H.-E., Nyberg, F., Simonato, L., Merletti, F., Forastiere, F., Boffetta, P., & Darby, S. (2004). The cumulative risk of lung cancer among current, ex- and never-smokers in European men. *British Journal of Cancer, 91*, 1280-1286. https://doi.org/10.1038/sj.bjc.6602078

Critchley, J. A., & Capewell, S. (2003). Mortality risk reduction associated with smoking cessation in patients with coronary heart disease: A systematic review. *Journal of the American Medical Association, 290*, 86-97.

Crocker, R. L., Hurwitz, J. T., Grizzle, A. J., Abraham, I., Rehfeld, R., Horwitz, R., Weil, A. T., & Maizes, V. (2019). Real-world evidence from the Integrative Medicine Primary Care Trial (IMPACT): Assessing patient-reported outcomes at baseline and 12-month follow-up. *Evidence-Based Complementary and Alternative Medicine*, Article ID 8595409. https://doi.org/10.1155/2019/8595409

Croft, P., Blyth, F. M., & van der Windt, D. (2010). The global occurrence of chronic pain: An introduction. In P. Croft, F. M. Blyth, & D. van der Windt (Eds.), *Chronic pain epidemiology: From Aetiology to public health* (pp. 9-18). New York, NY: Oxford University Press.

Crowell, T. L., & Emmers-Sommer, T. M. (2001). "If I knew then what I know now": Seropositive individuals' perceptions of partner trust, safety and risk prior to HIV infection. *Communication Studies, 52*, 302-323.

Cruess, D. G., Petitto, J. M., Leserman, J., Douglas, S. D., Gettes, D. R., Ten Have, T. R., & Evans, D. L. (2003). Depression and HIV infection: Impact on immune function and disease progression. *CNS Spectrums, 8*, 52-58. https://doi.org/10.1017/s1092852900023452.

Cuan-Baltazar, J. Y., Muñoz-Perez, M. J., Robledo-Vega, C., Pérez-Zepeda, M. F., & Soto-Vega, E. (2020). Misinformation of COVID-19 on the Internet: Infodemiology study. *JMIR Public Health and Surveillance, 6*(2), e18444. https://doi.org/10.2196/18444

Cummings, D. E., & Schwartz, M. W. (2003). Genetics and pathophysiology of human obesity. *Annual Review of Medicine, 54*, 453-471.

Cunningham, J. A., Blomqvist, J., Koski-Jännes, A., & Cordingley, J. (2005). Maturing out of drinking problems: Perceptions of natural history as a function of severity. *Addiction Research and Theory, 13*, 79-84.

Cunningham, T. J., Croft, J. B., Liu, Y., Lu, H., Eke, P. I., & Giles, W. H. (2017). Vital signs: Racial disparities in age-specific mortality among blacks or African Americans—United States, 1999-2015. *Morbidity and Mortality Weekly Report, 66*(17), 444-456. https://doi.org/10.15585/mmwr.mm6617e1

Cutrona, C. E., Russell, D. W., Brown, P. A., Clark, L. A., Hessling, R. M., & Gardner, K. A. (2005). Neighborhood context, personality, and stressful life events as predictors of depression among African American women. *Journal of Abnormal Psychology, 114*, 3-15.

Cutting Edge Information. (2004). *Pharmaceutical patient compliance and disease management.* Recuperado de http://www.pharmadiseasemanagement.com/metrics.htm

Czerniecki, J. M., & Ehde, D. M. (2003). Chronic pain after lower extremity amputation. *Critical Reviews in Physical and Rehabilitation Medicine, 15*, 309-332.

D

Dafoe, W. A., & Colella, T. J. (2016). Loneliness, marriage and cardiovascular health. *European Journal of Preventive Cardiology, 23*(12), 1242-1244. https://doi.org/10.1177/2047487316643441

Dagenais, S., Caro, J., & Haldeman, S. (2008). A systematic review of low back pain cost of illness studies in the United States and internationally. *Spine Journal, 8*, 8-20.

Daily Mail Reporter. "David Beckham's biggest secret revealed as star admits he has asthma." (2009, Nov. 25). David Beckham's biggest secret revealed as star admits he has asthma. *Daily Mail.* Recuperado de http://www.dailymail.co.uk/tvshowbiz/article-1230404/

Dalal, H. M., Zawada, A., Jolly, K., Moxham, T., & Taylor, R. S. (2010). Home based versus centre based cardiac rehabilitation: Cochrane systematic review and meta-analysis. *British Medical Journal, 340*, b5631.

Daley, A. (2008). Exercise and depression: A review of reviews. *Journal of Clinical Psychology in Medical Settings, 15*, 140-147.

Damiano, S. R., Paxton, S. J., Wertheim, E. H., McLean, S. A., & Gregg, K. J. (2015). Dietary restraint of 5-year-old girls: Associations with internalization of the thin ideal and maternal, media, and peer influences. *International Journal of Eating Disorders, 48*(8), 1166-1169.

D'Amico, D., Grazzi, L., Usai, S., Raggi, A., Leonardi, M., & Bussone, G. (2011). Disability in chronic daily headache: State of the art and future directions. *Neurological Sciences, 32*, 71-76.

Damjanovic, A. K., Yang, Y., Glaser, R., Kiecolt-Glaser, J. K., Huy, N., Laskowski, B., Zou, Y., Beversdorf, D. Q., & Weng, N. P. (2007). Accelerated telomere erosion is associated with a declining immune function of caregivers of Alzheimer's disease patients. *Journal of Immunology, 179*, 4249-4254. https://doi.org/10.4049/jimmunol.179.6.4249.

Dammeyer, J., & Zettler, I. (2018). A brief historical overview on links between personality and health. In C. Johansen (Ed.), *Personality and disease: Scientific proof vs. wishful thinking* (pp. 1-15). Academic Press.

Damschroder, L. J., Zikmund-Fisher, B. J., & Ubel, P. A. (2005). The impact of considering adaptation in health state valuation. *Social Science and Medicine, 61*, 267-277.

Danaei, G., Ding, E. L., Mozffarian, D., Taylor, B., Rehm, J., Murray, C. J. L., & Ezzati, M. (2009). The preventable causes of death in the United States: Comparative risk assessment of dietary, lifestyle, and metabolic risk factors. *PLoS Medicine, 6*(4), 1-23. https://doi.org/10.1371/journal.pmed.1000058

Danaei, G., Vander Hoorn, S., Lopez, A. D., Murray, C. J. L., & Ezzati, M. (2005). Causes of cancer in the world: Comparative risk assessment of nine behavioural and environmental risk factors. *Lancet, 366*, 1784-1793.

Daniels, M. C., Goldberg, J., Jacobsen, C., & Welty, T. K. (2006). Is psychological distress a risk factor for the incidence of diabetes among American Indians? The Strong Heart Study. *Journal of Applied Gerontology, 25*(S1), 60S-72S.

Dansinger, M. L., Gleason, J. A., Griffith, J. L., Selker, H. P., & Schaefer, E. J. (2005). Comparison of the Atkins, Ornish, Weight Watchers, and Zone diets for weight loss and heart disease risk reduction: A randomized trial. *JAMA, 293*(1), 43-53.

Dantzer, R., O'Connor, J. C., Freund, G. C., Johnson, R. W., & Kelley, K. W. (2008). From inflammation to sickness and depression: When the immune system subjugates the brain. *Nature Reviews Neuroscience, 9*, 46-57.

Dar, T., Radfar, A., Abohashem, S., Pitman, R. K., Tawakol, A., & Osborne, M. T. (2019). Psychosocial stress and cardiovascular disease. *Current Treatment Options in Cardiovascular Medicine, 21*(5). 23. https://doi.org/10.1007/s11936-019-0724-5

D'Arcy, Y. (2005). Conquering pain: Have you tried these new techniques? *Nursing, 35*(3), 36-42.

Darvishi, N., Farhadi, M., Haghtalab, T., & Poorolajal, J. (2015). Alcohol-related risk of suicidal ideation, suicide attempt, and completed suicide: A meta-analysis. *PLoS One, 10*(5), e0126870.

Das, J. K., Salam, R. A., Arshad, A., Finkelstein, Y., & Bhutta, Z. A. (2016). Interventions for adolescent substance abuse: An overview of systematic reviews. *Journal of Adolescent Health, 59*(Suppl.), S61-S75. https://doi.org/http://dx.doi.org.mcneese.idm.oclc.org/10.1016/j.jadohealth.20

Datta, S. D., Koutsky, L. A., Ratelle, S., Unger, E. R., Shlay, J., McClain, T., Weaver, B., Kerndt, Zenilman, M., Hagensee, M., Suhr, C. J., & Weinstock, H. (2008). Human papillomavirus infection and cervical cytology in women screened for cervical cancer in the United States, 2003-2005. *Annals of Internal Medicine, 148*, 493-501. https://doi.org/10.7326/0003-4819-148-7-200804010-00004.

Davidson, K., MacGregor, M. W., Stuhr, J., Dixon, K., & MacLean, D. (2000). Constructive anger verbal behavior predicts blood pressure in a population-based sample. *Health Psychology, 19*, 55-64.

Davidson, K. W., & Mostofsky, E. (2010). Anger expression and risk of coronary heart disease: Evidence from the Nova Scotia Health Survey. *American Heart Journal, 159*, 199-206.

Davies, D. L. (1962). Normal drinking in recovered alcohol addicts. *Quarterly Journal of Studies on Alcohol, 24*, 321-332.

Davis, A. K., & Lauritsen, K. J. (2016). Acceptability of non-abstinence goals among students enrolled in addiction studies programs across the United States. *Substance Abuse, 37*(1), 2014-2208.

Davis, B., & Carpenter, C. (2009). Proximity of fast-food restaurants to schools and adolescent obesity. *American Journal of Public Health, 99*(3), 505-510.

Davis, C., & Scott-Robertson, L. (2000). A psychological comparison of females with anorexia nervosa and competitive male bodybuilders: Body shape ideals in the extreme. *Eating Behaviors, 1*, 33-46.

Davis, C. L., Tomporowski, P. D., McDowell, J. E., Austin, B. P., Miller, P. H., Yanasak, N. E., Allison, J. D., & Naglieri, J. A. (2011). Exercise improves executive function and achievement and alters brain activation in overweight children: A randomized, controlled trial. *Health Psychology, 30*, 91-98. https://doi.org/10.1037/a0021766.

Davis, J. (2008). Pro-anorexia sites—A patient's perspective. *Child and Adolescent Mental Health, 13*, 97.

Davis, K. D. (2000). Studies of pain using functional magnetic resonance imaging. In K. L. Casey & M. C. Bushnell (Eds.), *Pain imaging: Progress in pain research and management* (pp. 195-210). Seattle, WA: IASP Press.

Davis, M. C., Zautra, A. J., Younger, J., Motivala, S. J., Attrep, J., & Irwin, M. R. (2008). Chronic stress and regulation of cellular markers of inflammation in rheumatoid arthritis: Implications for fatigue. *Brain, Behavior and Immunity, 22*, 24-32.

Dawson, D. A., Grant, B. F., Stinson, F. S., Chou, P. S., Huang, B., & Ruan, W. J. (2005). Recovery from DSM-IV alcohol dependence: United States, 2001-2002. *Addiction, 100*, 281-292.

Deandrea, S., Montanari, M., Moja, L., & Apolone, G. (2008). Prevalence of undertreatment in cancer pain: A review of published literature. *Annals of Oncology, 19*, 1985-1991.

De Andrés, J., & Van Buyten, J.-P. (2006). Neural modulation by stimulation. *Pain Practice, 6*, 39-45.

DeBar, L. L., Stevens, V. J., Perrin, N., Wu, P., Pearson, J., Yarborough, B. J., Dickerson, J. & Lynch, F. (2012). A primary care-based, multicomponent lifestyle intervention for overweight adolescent females. *Pediatrics, 129*, e611-e620. https://doi.org/10.1542/peds.2011-0863

De Benedittis, G. (2003). Understanding the multidimensional mechanisms of hypnotic analgesia. *Contemporary Hypnosis, 20*, 59-80.

de Bloom, J., Geurts, S. A. E., Taris, T. W., Sonnentag, S., de Weerth, C., & Kompier, M. A. J. (2010). Effects of vacation from work on health and well-being: Lots of fun, quickly gone. *Work and Stress, 2*, 196-216.

de Bloom, J., Kompier, M., Geurts, S., de Weerth, C., Taris, T., & Sonnentag, S. (2009). Do we recover from vacation? Meta-analysis of vacation effects on health and well-being. *Journal of Occupational Health, 51*, 13-25.

de Brouwer, S. J. M., Kraaimaat, F. W., Sweep, F. C. G. J., Creemers, M. C. W., Radstake, T. R. D. J., Laarhoven, A. I. M., van Riel, P. L. C. M., & Evers, A. W. M. (2010). Experimental stress in inflammatory rheumatic diseases: A review of psychophysiological stress responses. *Arthritis Research and Therapy, 12*, R89. https://doi.org/10.1186/ar3016

Decaluwé, V., & Braet, C. (2005). The cognitive behavioural model for eating disorders: A direct evaluation in children and adolescents with obesity. *Eating Behaviors, 6*, 211-220.

De Civita, M., & Dobkin, P. L. (2005). Pediatric adherence: Conceptual and methodological considerations. *Children's Health Care, 34*, 19-34.

De Fruyt, F., & Denollet, J. (2002). Type D personality: A five-factor model perspective. *Psychology & Health, 17*(5), 671-683. https://doi.org/10.1080/08870440290025858

DeFulio, A., & Silverman, K. (2012). The use of incentives to reinforce medication adherence. *Preventive Medicine, 55*, S86-S94.

Dehle, C., Larsen, D., & Landers, J. E. (2001). Social support in marriage. *American Journal of Family Therapy, 29*, 307-324.

de Leeuw, R., Schmidt, J. E., & Carlson, C. R. (2005). Traumatic stressors and post-traumatic stress disorder symptoms in headache patients. *Headache, 45*, 1365-1374.

DeLeo, J. A. (2006). Basic science of pain. *Journal of Bone and Joint Surgery, 88*(Suppl. 2), 58-62.

De Lew, N., & Weinick, R. M. (2000). An overview: Eliminating racial, ethnic, and SES disparities in health care. *Health Care Financing Review, 21*(4), 1-7.

DeLongis, A., Folkman, S., & Lazarus, R. S. (1988). The impact of daily stress on health and mood: Psychological and social resources as mediators. *Journal of Personality and Social Psychology, 54*, 486-495.

Delvaux, T., & Nostlinger, C. (2007). Reproductive choice for women and men living with HIV: Contraception, abortion and fertility. *Reproductive Health Matters, 15*(S29), 46-66.

De Marzo, A. M., Platz, E. A., Sutcliffe, S., Xu, J., Grönberg, H., Drake, C. G., Nakai, Y., Isaacs, W. B., & Nelson, W. G. (2007). Inflammation in prostate carcinogenesis. *Nature Reviews Cancer, 7*, 256-269. https://doi.org/10.1038/nrc2090

Dembroski, T. M., MacDougall, J. M., Williams, R. B., Haney, T. L., & Blumenthal, J. A. (1985). Components of Type A, hostility, and anger-in: Relationship to angiographic findings. *Psychosomatic Medicine, 47*, 219-233.

Deniz, O., Aygül, R., Koçak, N., Orhan, A., & Kaya, M. D. (2004). Precipitating factors of migraine attacks in patients with migraine with and without aura. *Pain Clinic, 16*, 451-456.

Dennis, J., Krewski, D., Côté, F.-S., Fafard, E., Little, J., & Ghadirian, P. (2011). Breast cancer risk in relation to alcohol consumption and BRCA gene mutations: A case-only study of gene-environment interaction. *The Breast Journal, 17*, 477-484.

Dennis, L. K., Vanbeek, M. J., Freeman, L. E. B., Smith, B. J., Dawson, D. V., & Coughlin, J. A. (2008). Sunburns and risk of cutaneous melanoma: Does age matter? A comprehensive meta-analysis. *Annals of Epidemiology, 18*, 614-627.

Denollet, J. (2000). Type D personality: A potential risk factor refined. *Journal of Psychosomatic Research, 49*(4), 255-266. https://doi.org/10.1016/S0022-3999(00)00177-X.

de Oliveira, C., Watt, W., & Hamer, M. (2010). Toothbrushing, inflammation, and risk of cardiovascular disease: Results from Scottish Health Survey. *British Medical Journal, 340*, c2451.

Depue, J. B., Southwell, B. G., Betzner, A. E., & Walsh, B. M. (2015). Encoded exposure to tobacco use in social media predicts subsequent smoking behavior. *American Journal of Health Promotion, 29*(4), 259-261.

Derogatis, L. R. (1977). *Manual for the Symptom Checklist-90, Revised*. Baltimore, MD: Johns Hopkins University School of Medicine.

deRuiter, W. K., Cairney, J., Leatherdale, S. T., & Faulkner, G. E. (2014). A longitudinal examination of the interrelationship of multiple health behaviors. *American Journal of Preventive Medicine, 47*(3), 283-289.

Des Jarlais, D. C. (2017). Harm reduction in the USA: The research perspective and an archive to David Purchase. *Harm Reduction Journal, 14*(51). https://doi.org/10.1186/s12954-017-0178-6

Dettmer, A. M., Novak, M. A., Meyer, J. S., & Suomi, S. J. (2014). Population density-dependent hair cortisol concentrations in rhesus monkeys (Macaca mulatta). *Psychoneuroendocrinology, 42*, 59-67.

DeVoe, J. E., Baez, A., Angier, H., Krois, L., Edlund, C., & Carney, P. A. (2007). Insurance + access ≠ health care: Typology of barriers to health care access for low-income families. *Annals of Family Medicine, 5*, 511-518.

DeVries, A. C., Glasper, E. R., & Detillion, C. E. (2003). Social modulation of stress responses. *Physiology and Behavior, 79*, 399-407.

DeWall, C. N., MacDonald, G., Webster, G. D., Masten, C. L., Baumeister, R. F., Powell, C., Combs, D., Schurtz, D. R., Stillman, T. F., Tice, D. M., & Eisenberger, N. I. (2010). Acetaminophen reduces social pain: Behavioral and neural evidence. *Psychological Science, 21*, 931-937. https://doi.org/10.1177/0956797610374741

Dewaraja, R., & Kawamura, N. (2006). Trauma intensity and posttraumatic stress: Implications of the tsunami experience in Sri Lanka for the management of future disasters. *International Congress Series, 1287*, 69-73.

Dhanani, N. M., Caruso, T. J., & Carinci, A. J. (2011). Complementary and alternative medicine for pain: An evidence-based review. *Current Pain and Headache Reports, 15*(1), 39-46.

Dhar, A. K., & Barton, D. A. (2016). Depression and the link with cardiovascular disease. *Frontiers in Psychiatry, 7*. https://doi.org/10.3389/fpsyt.2016.00033

Diabetes Prevention Program Research Group. (2009). 10-year follow-up of diabetes incidence and weight loss in the Diabetes Prevention Program Outcomes Study. *The Lancet, 374*(9702), 1677-1686. https://doi.org/10.1016/S0140-6736(09)61457-4

Dibben, G. O., Dalal, H. M., Taylor, R. S., Doherty, P., Tang, L. H., & Hillsdon, M. (2018). Cardiac rehabilitation and physical activity: Systematic review and meta-analysis. *Heart, 104*, 1394-1402.

Dickerson, F., Bennett, M., Dixon, L., Burke, E., Vaughan, C., Delahanty, J., & DiClemente, C. (2011). Smoking cessation in persons with serious mental illnesses: The experience of successful quitters. *Psychiatric Rehabilitation Journal, 34*(4), 311-316. https://doi.org/10.2975/34.4.2011.311.316

Dickerson, S. S., & Kemeny, M. E. (2004). Acute stressors and cortisol responses: A theoretical integration and synthesis of laboratory research. *Psychological Bulletin, 130*, 355-391.

Dietz, P. M., England, L. J., Shapiro-Mendoza, C. K., Tong, V. T., Farr, S. L., & Callaghan, W. M. (2010). Infant morbidity and mortality attributable to prenatal smoking in the U.S. *American Journal of Preventive Medicine, 39*(1), 45-52.

DiIorio, C., McCarty, F., Resnicow, K., Holstad, M. M., Soet, J., Yeager, K., Sharma, S. M., Morisky, D. M., & Lundberg, B. (2008). Using motivational interviewing to promote adherence to antiretroviral medications: A randomized controlled study. *AIDS Care, 20*, 273-283. https://doi.org/10.1080/09540120701593489.

Dillard, J., with Hirchman, L. A. (2002). *The chronic pain solution*. New York, NY: Bantam.

DiMatteo, M. R. (2004a). Social support and patient adherence to medical treatment: A meta-analysis. *Health Psychology, 23*, 207-218.

DiMatteo, M. R. (2004b). Variations in patients' adherence to medical recommendations: A quantitative review of 50 years of research. *Medical Care, 42*, 200-209.

DiMatteo, M. R., & DiNicola, D. D. (1982). *Achieving patient compliance: The psychology of the medical practitioner's role*. New York, NY: Pergamon Press.

DiMatteo, M. R., Giordani, P. J., Lepper, H. S., & Croghan, T. W. (2002). Patient adherence and medical treatment outcomes: A meta-analysis. *Medical Care, 40*, 794-811.

DiMatteo, M. R., Haskard, K. B., & Williams, S. L. (2007). Health beliefs, disease severity, and patients adherence: A meta-analysis. *Medical Care, 45*, 521-528.

DiMatteo, M. R., Lepper, H. S., & Croghan, T. W. (2000). Meta-analysis of the effects of anxiety and depression on patient adherence. *Archives of Internal Medicine, 160*, 2101-2107.

Dimsdale, J. E., Eckenrode, J., Haggerty, R. J., Kaplan, B. H., Cohen, F., & Dornbusch, S. (1979). The role of social supports in medical care. *Social Psychiatry, 14*, 175-180.

Dingwall, G. (2005). *Alcohol and crime*. Cullompton, UK: Willan Publishing.

DiNicola, D. D., & DiMatteo, M. R. (1984). Practitioners, patients, and compliance with medical regimens: A social psychological perspective. In A. Baum, S. E. Taylor, & J. E. Singer (Eds.), *Handbook of psychology and health: Vol. 4. Social psychological aspects of health* (pp. 55-84). Hillsdale, NJ: Erlbaum.

Direito, A., Dale, L. P., Shields, E., Dobson, R., Whittaker, R., & Maddison, R. (2014). Do physical activity and dietary smartphone applications incorporate evidence-based behaviour change techniques? *BMC Public Health, 14*(1), 1.

Dishman, R. K. (2003). The impact of behavior on quality of life. *Quality of Life Research, 12*(Suppl. 1), 43-49.

Distefan, J. M., Pierce, J. P., & Gilpin, E. A. (2004). Do favorite movie stars influence adolescent smoking initiation? *American Journal of Public Health, 94*, 239-244.

Dittmann, M. (2005). Publicizing diabetes' behavioral impact. *Monitor on Psychology, 36*(7), 35-36.

Dixon, L., Medoff, D. R., Wohlheiter, K., DiCelmente, C., Goldberg, R., Kreyenbuhl, J., Adams, C., Lucksted, & Davin, C. (2007). Correlates of severity of smoking among persons with severe mental illness. *American Journal of Addictions, 16*(2), 101-110. https://doi.org/10.1080/10550490601184415

Dobbins, M., DeCorby, K., Manske, S., & Goldblatt, E. (2008). Effective practices for school-based tobacco use prevention. *Preventive Medicine, 46*, 289-297.

Dobson, R. (2005). High cholesterol may increase risk of testicular cancer. *British Medical Journal, 330*, 1042.

Donaghy, M. E. (2007). Exercise can seriously improve your mental health: Fact or fiction? *Advanced in Physiology, 9*(2), 76-88.

Donohue, K. F., Curtin, J. J., Patrick, C. J., & Lang, A. R. (2007). Intoxication level and emotional response. *Emotion, 7*, 103-112.

Dorenlot, P., Harboun, M., Bige, V., Henrard, J.-C., & Ankri, J. (2005). Major depression as a risk factor for early institutionalization of dementia patients living in the community. *International Journal of Geriatric Psychiatry, 20*, 471-478.

Dorn, J. M., Genco, R. J., Grossi, S. G., Falkner, K. L., Hovey, K. M., Iacoviello, L., & Trevisan, M. (2010). Periodontal disease and recurrent cardiovascular events in survivors of myocardial infarction (MI): The Western New York Acute MI Study. *Journal of Periodontology, 81*, 502-511. https://doi.org/10.1902/jop.2009.090499

Dorr, N., Brosschot, J. F., Sollers, J. J., & Thayer, J. F. (2007). Damned if you do, damned if you don't: The differential effect of expression and inhibition of anger on cardiovascular recovery in Black and White males. *International Journal of Psychophysiology, 66*, 125-134.

Doty, H. E., & Weech-Maldonado, R. (2003). Racial/ethnic disparities in adult preventive dental care use. *Journal of Health Care for the Poor and Underserved, 14*, 516-534.

Dougall, A. L., & Baum, A. (2001). Stress, health, and illness. In A. Baum, T. A. Revenson, & J. E. Singer (Eds.), *Handbook of health psychology* (pp. 321-337). Mahwah, NJ: Erlbaum.

Douketis, J. D., Macie, C., Thabane, L., & Williamson, D. F. (2005). Systematic review of long-term weight loss studies in obese adults: Clinical significance and applicability to clinical practice. *International Journal of Obesity, 29*, 1153-1167.

Dovidio, J. F., Penner, L. A., Albrecht, T. L., Norton, W. E., Gaertner, S. L., & Shelton, J. N. (2008). Disparities and distrust: The implications of psychological processes for understanding racial disparities in health and health care. *Social Science and Medicine, 67*, 478-486.

Dowell, D, Haegerich, T. M., & Chou, R. (2016). CDC guideline for prescribing opioids for chronic pain—United States, 2016. *JAMA, 315*(15), 1624-1645.

Downer, B., Jiang, Y., Zanjani, F., & Fardo, D. (2015). Effects of alcohol consumption on cognition and regional brain volumes among older adults. *American Journal of Alzheimer's Disease and Other Dementias, 30*(4), 364-374.

Dresler, C. M., Leon, M. E., Straif, K., Baan, R., & Secretan, B. (2006). Reversal of risk upon quitting smoking. *Lancet, 368*, 348-349.

D'Souza, G., & Dempsey, A. (2011). The role of HPV in head and neck cancer and review of the HPV vaccine. *Preventive Medicine, 53*, S5-S11.

Du, X. L., Meyer, T. E., & Franzini, L. (2007). Meta-analysis of racial disparities in survival in association with socioeconomic status among men and women with color cancer. *Cancer, 109*, 2161-2170.

Duangdao, K. M., & Roesch, S. C. (2008). Coping with diabetes in adulthood: A meta-analysis. *Journal of Behavioral Medicine, 31*, 291-300.

Duke, A., Johnson, M., Reissig, C., & Griffiths, R. (2015). Nicotine reinforcement in never-smokers. *Psychopharmacology, 232*(23), 4243-4252.

Dunbar, H. F. (1943). *Psychosomatic diagnosis*. New York, NY: Hoeber.

Dunkel-Schetter, C. (2011). Psychological science on pregnancy: Stress processes, biopsychosocial models, and emerging research issues. *Annual Review of Psychology, 62*, 531-58.

Dunn, A. L., Trivedi, M. H., Kampert, J. B., Clark, C. G., & Chambliss, H. O. (2005). Exercise treatment for depression: Efficacy and dose response. *American Journal of Preventive Medicine, 28*, 1-8.

Dunton, G. F., Liao, Y., Intille, S. S., Spruijt-Metz, D., & Pentz, M. (2011). Investigating children's physical activity and sedentary behavior using ecological momentary assessment with mobile phones. *Pediatric Obesity, 19*, 1205-1212.

Dusseldrop, E., van Elderen, T., Maes, S., Meulman, J., & Kraaj, V. (1999). A meta-analysis of psychoeducational programs for coronary heart disease patients. *Health Psychology*, *18*, 506-519.

Dutra, L., Stathopoulou, G., Basden, S. L., Leyro, T. M., Powers, M. B., & Otto, M. W. (2008). A meta-analytic review of psychosocial interventions for substance use disorders. *American Journal of Psychiatry*, *165*, 179-187.

Dwan, K., Altman, D. G., Arnaiz, J. A., Bloom, J., Chan, A.-W., Cronin, E., Decullier, E., Easterbrook, P. J., Von Elm, E., Gamble, C., Ghersi, D., Ioannidis, J. S., & Williamson, P. R. (2008). Systematic review of the empirical evidence of study publication bias and outcome reporting bias. *PLoS One*, *3*, e3081. https://doi.org/10.1371/journal.pone.0003081

E

Eaker, E. D., Sullivan, L. M., Kelly-Hayes, M., D'Agostino, R. B., Sr., & Benjamin, E. J. (2007). Marital status, marital strain, and risk of coronary heart disease or total mortality: The Framingham Offspring Study. *Psychosomatic Medicine*, *69*, 509-513.

Ebrecht, M., Hextall, J., Kirtley, L.-G., Taylor, A., Dyson, M., & Weinman, J. (2004). Perceived stress and cortisol levels predict speed of wound healing in healthy male adults. *Psychoneuroendocrinology*, *29*, 798-809.

Eckhardt, C. I., & Crane, C. (2008). Effects of alcohol intoxication and aggressivity on aggressive verbalizations during anger arousal. *Aggressive Behavior*, *34*, 428-436.

Eddy, K. T., Dorer, D. J., Franko, D. L., Tahilani, K., Thompson-Brenner, H., & Herzog, D. B. (2007). Should bulimia nervosa be subtyped by history of anorexia nervosa? A longitudinal validation. *International Journal of Eating Disorders*, *40*(S3), S67-S71.

Eddy, K. T., Tabri, N., Thomas, J. J., Murray, H. B., Keshaviah, A., Hastings E., Edkins K., Krishna, M., Herzog, D. B., Keel, P. K., & Franko, D. L. (2017). Recovery from anorexia nervosa and bulimia nervosa at 22-year follow-up. *Journal of Clinical Psychology*, *78*(2), 184-189. https://doi.org/10.4088/jcp.15m10393

Edwards, A. G. K., Hailey, S., & Maxwell, M. (2004). Psychological interventions for women with metastatic breast cancer. *Cochrane Database of Systematic Reviews*, Cochrane AN: CD004253.

Edwards, A. G. K., Hulbert-Williams, N., & Neal, R. D. (2008). Psychological interventions for women with metastatic breast cancer. *Cochrane Database of Systematic Reviews*, Cochrane Art. No.: CD004253. https://doi.org/10.1002/14651858.CD004253.pub3.

Edwards, G. (1977). The alcohol dependence syndrome: Usefulness of an idea. In G. Edwards & M. Grant (Eds.), *Alcoholism: New knowledge and new responses*. London: Croom Helm.

Edwards, G. (2000). *Alcohol: The world's favorite drug*. New York, NY: Thomas Dunne Books.

Edwards, G., & Gross, M. M. (1976). Alcohol dependence: Provisional description of a clinical syndrome. *British Medical Journal*, *1*, 1058-1061.

Edwards, G., Gross, M. M., Keller, M., Moser, J., & Room, R. (1977). *Alcohol-related disabilities* (WHO Offset Pub. No. 32). Geneva, Switzerland: World Health Organization.

Edwards, L. M., & Romero, A. J. (2008). Coping with discrimination among Mexican descent adolescents. *Hispanic Journal of Behavioral Sciences*, *30*, 24-39.

Ege, M. J., Mayer, M., Normand, A.-C., Genuneit, J., Cookson, W. O. C. M., Braun-Fahrlander, C., Heederik, D., Piarroux, R., & von Mutius, E. (2011). Exposure to environmental microorganisms and childhood asthma. *The New England Journal of Medicine*, *364*, 701-709. https://doi.org/10.1056/NEJMoa1007302

Eggert, J., Theobald, H., & Engfeldt, P. (2004). Effects of alcohol consumption on female fertility during an 18-year period. *Fertility and Sterility*, *81*, 379-383.

Ehrlich, G. E. (2003). Low back pain. *Bulletin of the World Health Organization*, *81*, 671-676.

Eisenberg, M. E., Neumark-Sztainer, D., Story, M., & Perry, C. (2005). The role of social norms and friends' influences on unhealthy weight-control behaviors among adolescent girls. *Social Science and Medicine*, *60*, 1165-1173.

Eisenberger, N. I., Gable, S. L., & Lieberman, M. D. (2007). Functional magnetic resonance imaging responses relate to differences in real-world social experience. *Emotion*, *7*, 745-754.

Eisenberger, N. I., Inagaki, T. K., Mashal, N. M., & Irwin, M. R. (2010). Inflammation and social experience: An inflammatory challenge induces feelings of social disconnection in addition to depressed mood. *Brain, Behavior, and Immunity*, *24*, 558-563.

Eisenberger, N. I., & Lieberman, M. D. (2004). Why rejection hurts: A common neural alarm system for physical and social pain. *Trends in Cognitive Sciences*, *8*, 294-300.

Eisenberger, N. I., Lieberman, M. D., & Williams, K. D. (2003). Does rejection hurt? An fMRI study of social exclusion. *Science*, *302*, 290-292.

Eisenmann, J. C., Welk, G. J., Wickel, E. E., & Blair, S. N. (2007). Combined influence of cardiorespiratory fitness and body mass index on cardiovascular disease risk factors among 8-18 year old youth: The Aerobics Center Longitudinal Study. *International Journal of Pediatric Obesity*, *2*(2), 66-72.

Ekelund, U., Brage, S., Franks, P. W., Hennings, S., Emms, S., & Wareham, N. J. (2005). Physical activity energy expenditure predicts progression toward the metabolic syndrome independently of aerobic fitness in middle-aged healthy Caucasians. *Diabetes Care*, *28*, 1195-1200.

Elbel, B., Gyamfi, J., & Kersh, R. (2011). Child and adolescent fast-food choice and the influence of calorie labeling: A natural experiment. *International Journal of Obesity*, *35*, 493-500.

Elkins, J. S. (2006). Management of blood pressure in patients with cerebrovascular disease. *Johns Hopkins Advanced Studies in Medicine*, *6*(8), 363-369, 349-350.

Eller, N. H., Netterstrøm, B., & Hansen, Å. M. (2006). Psychosocial factors at home and at work and levels of salivary cortisol. *Biological Psychology*, *73*, 280-287.

Elliott, R. A. (2006). Poor adherence to anti-inflammatory medication in asthma: Reasons, challenges, and strategies for improved disease management. *Disease Management and Health Outcomes*, *14*, 223-233.

Ellis, A. (1962). *Reason and emotion in psychotherapy*. New York, NY: Stuart.

Ellis, D. A., Podolski, C.-L., Frey, M., Naar-King, S., Wang, B., & Moltz, K. (2007). The role of parental monitoring in adolescent health outcomes: Impact on regimen adherence in youth with Type 1 diabetes. *Journal of Pediatric Psychology*, *32*, 907-917.

Ellis, L. (2004). Thief of time. *InteliHealth*. Recuperado de http://www.intelihealth.com/IH/ihtIH/WSIHW000/8303/24299.html

Emanuel, A. S., McCully, S. N., Gallagher, K. M., & Updegraff, J. A. (2012). Theory of planned behavior explains gender difference in fruit and vegetable consumption. *Appetite*. *59*(3), 693-697.

Emanuel, E. J., & Fuchs, V. R. (2008). The perfect storm of overutilization. *Journal of the American Medical Association*, *299*, 2789-2791.

Emanuel, L., Bennett, K., & Richardson, V. E. (2007). The dying role. *Journal of Palliative Medicine*, *10*, 159-168.

Empana, J.-P., Jouven, X., Lemaitre, R., Sotoodehnia, N., Rea, T., Raghunathan, T., Simon, G. & Siscovick, D. (2008). Marital status and risk of out-of-hospital sudden cardiac arrest in the population. *European Journal of Preventive Cardiology*, *15*, 577-582. https://doi.org/10.1097/HJR.0b013e3283083e04

Endresen, G. K. M. (2007). Fibromyalgia: A rheumatologic diagnosis? *Rheumatology International*, *27*, 999-1004.

Engel, J. (2018). *Fat nation: A history of obesity in America*. Rowman & Littlefield; Lanhan, MD.

Engler, M. B., & Engler, M. M. (2006). The emerging role of flavonoid-rich cocoa and chocolate in cardiovascular health and disease. *Nutrition Reviews*, *64*, 109-118.

English, W. J., DeMaria, E. J., Brethauer, S. A., Mattar, S. G., Rosenthal, R. J., & Morton, J. M. (2018). American Society for Metabolic and Bariatric Surgery estimation of metabolic and bariatric procedures performed in the United States in 2016. *Surgery for Obesity and Related Diseases*, *14*(3), 259-263. https://doi.org/10.1016/j.soard.2017.12.013

Ensel, W. M., & Lin, N. (2004). Physical fitness and the stress process. *Journal of Community Psychology*, *32*, 81-101.

Enstrom, J. E., & Kabat, G. C. (2006). Environmental tobacco smoke and coronary heart disease mortality in the United States—A meta-analysis and critique. *Inhalation Toxicology*, *18*(3), 199-210.

Epel, E. S., Blackburn, E. H., Lin, J., Dhabhar, F. S., Adler, N. E., Morrow, J. D., & Cawthon, R. M. (2004). Accelerated telomere shortening in response to life stress. *Proceedings of the National Academy of Sciences of the United States of America*, *101*(49), 17312-17315.

Ephraim, P. L., Wegener, S. T., MacKenzie, E. J., Dillingham, T. R., & Pezzin, L. E. (2005). Phantom pain, residual limb pain, and back pain in amputees: Results of a national survey. *Archives of Physical Medicine and Rehabilitation*, *86*, 1910-1919.

Epstein, L. H., Leddy, J. J., Temple, J. L., & Faith, M. S. (2007). Food reinforcement and eating: A multilevel analysis. *Psychological Bulletin*, *133*, 884-906.

Erdmann, J., Kessler, T., Venegas, L. M., & Schunkert, H. (2018). A decade of genome-wide association studies for coronary artery disease: The challenges ahead. *Cardiovascular Research*, *114*, 1241-1257. https://doi.org/10.1093/cvr/cvy084

Ernster, V. L., Grady, D., Müke, R., Black, D., Selby, J., & Kerlikowske, K. (1995). Facial wrinkling in men and women by smoking status. *American Journal of Public Health*, *85*, 78-82.

Ertekin-Taner, N. (2007). Genetics of Alzheimer's disease: A centennial review. *Neurologic Clinics*, *25*, 611-667.

European Vertebral Osteoporosis Study Group. (2004). Variation in back pain between countries: The example of Britain and Germany. *Spine*, *29*, 1017-1021.

Evans, D., & Norman, P. (2009). Illness representations, coping and psychological adjustment to Parkinson's disease. *Psychology and Health*, *24*, 1181-1197.

Evans, G. W., & Stecker, R. (2004). Motivational consequences of environmental stress. *Journal of Environmental Psychology*, *24*, 143-165.

Evans, G. W., & Wener, R. E. (2007). Crowding and personal space invasion on the train: Please don't make me sit in the middle. *Journal of Environmental Psychology, 27*(1), 90-94.

Evans, P. C. (2003). "If only I were thin like her, maybe I could be happy like her": The self-implications of associating a thin female ideal with life success. *Psychology of Women Quarterly, 27,* 209-214.

Evans-Polce, R. J., Veliz, P. T., Boyd, C. J., Hughes, T. L., & McCabe, S. E. (2020). Associations between sexual orientation discrimination and substance use disorders: differences by age in US adults. *Social Psychiatry and Psychiatric Epidemiology, 55*(1), 101-110. https://doi.org/10.1007/s00127-019-01694-x

Everett, M. D., Kinser, A. M., & Ramsey, M. W. (2007). Training for old age: Production functions for the aerobic exercise inputs. *Medicine and Science in Sports and Exercise, 39,* 2226-2233.

Evers, A., Klusmann, V., Ziegelmann, J. P., Schwarzer, R., & Heuser, I. (2011). Long-term adherence to a physical activity intervention: The role of telephone-assisted vs. self-administered coping plans and strategy use. *Psychology and Health. 27*(7), 784-797.

Everson, S. A., Lynch, J. W., Kaplan, G. A., Lakka, T. A., Sivenius, J., & Salonen, J. T. (2001). Stress-induced blood pressure reactivity and incident stroke in middle-aged men. *Stroke, 32,* 1263-1270.

Express Scripts. (2020). America's state of mind: U.S. trends in medication use for depression, anxiety, and insomnia. *Express Scripts Report.* Recuperado de https://www.express-scripts.com/corporate/americas-state-of-mind-report

Ezekiel, J. E., & Miller, F. G. (2001). The ethics of placebo-controlled trials: A middle ground. *New England Journal of Medicine, 345,* 915-920.

Ezzo, J., Streitberger, K., & Schneider, A. (2006). Cochrane systematic reviews examine p6 acupuncture-point stimulation for nausea and vomiting. *Journal of Complementary and Alternative Medicine, 12,* 489-495.

Faden, R. R. (1987). Ethical issues in government sponsored public health campaigns. *Health Education Quarterly, 14,* 27-37.

Fairburn, C. G., & Harrison, P. J. (2003). Eating disorders. *Lancet, 361,* 407-416.

Fairhurst, M., Wiech, K., Dunckley, P., & Tracey, I. (2007). Anticipatory brainstem activity predicts neural processing of pain in humans. *Pain, 128,* 101-110.

Falagas, M. E., Zarkadoulia, E. A., Pliatsika, P. A., & Panos, G. (2008). Socioeconomic status (SES) as a determinant of adherence to treatment in HIV infected patients: A systematic review of the literature. *Retrovirology, 5,* 13.

Fan, T.-P., Zhu, Y., Leon, C., Franz, G. Bender, A., & Zheng, X. (2019). Traditional Chinese medicine herbal drugs: From heritage to future developments. In R. Sasisekharan, S. L. Lee, A. Rosenberg, & L. A. Walker (Eds). *The science and regulations of naturally derived complex drugs* (pp. 59-77). Springer.

Fanning, J., Mullen, S. P., & McAuley, E. (2012). Increasing physical activity with mobile devices: a meta-analysis. *Journal of Medical Internet Research, 14*(6), e161.

Farley, J. J., Rodrigue, J. R., Sandrik, L. L., Tepper, V. J., Marhefka, S. L., & Sleasman, J. W. (2004). Clinical assessment of medication adherence among HIV-infected children: Examination of the Treatment Interview Protocol (TIP). *AIDS Care, 16,* 323-337.

Farrell, S. P., Hains, A. A., Davies, W. H., Smith, P., & Parton, E. (2004). The impact of cognitive distortions, stress, and adherence on metabolic control in youths with Type 1 diabetes. *Journal of Adolescent Health, 34,* 461-467.

Farstad, S. M., McGeown, L. M., & von Ranson, K. M. (2016). Eating disorders and personality, 2004-2016: A systematic review and meta-analysis. *Clinical Psychology Review, 46,* 91-105.

Favier, I., Haan, J., & Ferrari, M. D. (2005). Chronic cluster headache: A review. *Journal of Headache and Pain, 6,* 3-9.

Federal Trade Commission weighs in on losing weight. (2002). *FDA Consumer, 36,* 8.

Feist, J., & Feist, G. J. (2006). *Theories of personality* (6th ed.). Boston, MA: McGraw-Hill.

Feldman, P. J., Cohen, S., Gwaltney, J. M., Jr., Doyle, W. J., & Skoner, D. P. (1999). The impact of personality on the reporting of unfounded symptoms and illness. *Journal of Personality and Social Psychology, 77,* 370-378.

Feldt, K. (2007). Pain measurement: Present concern and future directions. *Pain Medicine, 8,* 541-543.

Felson, R. B., & Staff, J. (2010). The effects of alcohol intoxication on violent versus other offending. *Criminal Justice and Behavior, 37*(12), 1343-1360.

Feng, F., Tuchman, S., Denninger, J. W., Fricchione, G. L., & Yeung, A. (2020). Qigong for the prevention, treatment, and rehabilitation of COVID-19 infection in older adults. *American Journal of Geriatric Psychiatry,* in press. https://doi.org/10.1016/j.jagp.2020.05.012

Ferguson, J., Bauld, L., Chesterman, J., & Judge, K. (2005). The English smoking treatment services: One-year outcomes. *Addiction, 100*(Suppl. 2), 59-69.

Ferlay, J., Parkin, D. M., & Steliarova-Foucher, E. (2010). Estimates of cancer incidence and mortality in Europe in 2008. *European Journal of Cancer, 46,* 765-781.

Fernandez, E., & Sheffield, J. (1996). Relative contributions of life events versus daily hassles to the frequency and intensity of headaches. *Headache, 36,* 595-602.

Fernandez, R., Griffiths, R., Everett, B., Davidson, P., Salamonson, Y., & Andrew, S. (2007). Effectiveness of brief structured interventions on risk factor modification for patients with coronary heart disease: A systematic review. *International Journal of Evidence-Based Healthcare, 5,* 370-405.

Ferri, M., Amato, L., & Davoli, M. (2006). Alcoholics Anonymous and other 12-step programmes for alcohol dependence. *Cochrane Database of Systematic Reviews,* Cochrane Art. No.: CD005032. https://doi.org/10.1002/14651858.CD005032.pub2.

Fichtenberg, C. M., & Glantz, S. A. (2002). Effect of smoke-free workplaces on smoking behaviour. Systematic review, *British Journal of Medicine, 325,* 188-195.

Fichter, M., Quadflieg, N., & Fischer, U. (2011). Severity of alcohol-related problems and mortality: Results from a 20-year prospective epidemiological community study. *European Archives of Psychiatry and Clinical Neuroscience, 261*(4), 293-302.

Fidler, J. A., West, R., van Jaarsveld, C. H. M., Jarvis, M. J., & Wardle, J. (2008). Smoking status of step-parents as a risk factor for smoking in adolescence. *Addiction, 103*(3), 496-501.

Field, T. (2016). Massage therapy research review. *Complementary Therapies in Clinical Practice, 24,* 19-31. https://doi.org/10.1016/j.ctcp.2016.04.005

Fifield, J., Mcquillan, J., Armeli, S., Tennen, H., Reisine, S., & Affleck, G. (2004). Chronic strain, daily work stress and pain among workers with rheumatoid arthritis: Does job stress make a bad day worse? *Work and Stress, 18,* 275-291.

Fillingim, R. B. (2017). Individual differences in pain: Understanding the mosaic that makes pain personal. *Pain, 158*(Suppl. 1), S11-S18. https://doi.org/10.1097/j.pain.0000000000000775

Fillingim, R. B., King, C. D., Ribeiro-Dasilva, M. C., Rahim-Williams, B., & Riley, J. L., III. (2009). Sex, gender, and pain: A review of recent clinical and experimental findings. *The Journal of Pain, 10,* 447-485. https://doi.org/10.1016/j.jpain.2008.12.001

Finkelstein, A., Taubman, S., Wright, B., Bernstein, M., Gruber, J., Newhouse, J. P., Allen, H., Baicker, K., & The Oregon Health Study Group. (2011). *The Oregon Health Insurance Experiment: Evidence from the first year* (NBER Working Paper No. 17190). Washington, DC: National Bureau of Economic Research.

Finlayson, G., King, N., & Blundell, J. E. (2007). Liking vs. wanting food: Importance for human appetite control and weight regulation. *Neuroscience and Biobehavioral Reviews, 31,* 987-1002.

Finley, J. W., Davis, C. D., & Feng, Y. (2000). Selenium from high selenium broccoli protects rats from colon cancer. *Journal of Nutrition, 130,* 2384-2389.

Firenzuoli, F., & Gori, L. (2007). Herbal medicine today: Clinical and research issues. *Evidence Based Complementary and Alternative Medicine, 4*(Suppl. 1), 37-40.

Fischer, S., Stojek, M., & Hartzell, E. (2010). Effects of multiple forms of childhood abuse and adult sexual assault on current eating disorder symptoms. *Eating Behaviors, 11*(3), 190-192.

Fisher, J. P., Hassan, D. T., & O'Connor, N. (1995). Minerva. *British Medical Journal, 310,* 70. https://doi.org/10.1136/bmj.310.6971.70

Fitzgerald, K. (2018, Oct 19). *New Arizona Cardinals offensive coordinator Byron Leftwich once played with a broken leg.* AZCentral. https://www.azcentral.com/story/sports/nfl/cardinals/2018/10/19/byron-leftwich-marshall-broken-leg-game-arizona-cardinals-offensive-coordinator/1696781002/

Fitzgerald, T. E., Tennen, H., Affleck, G., & Pransky, G. S. (1993). The relative importance of dispositional optimism and control appraisals in quality of life after coronary artery bypass surgery. *Journal of Behavioral Medicine, 16*(1), 25-43.

Fjorback, L. O., Arendt, M., Ørnbøl, E., Fink, P., & Walach, H. (2011). Mindfulness-based stress reduction and mindfulness-based cognitive therapy—A systematic review of randomized controlled trials. *Acta Psychiatrica Scandinavica, 124*(2), 102-119.

Flay, B. R. (2009). The promise of long-term effectiveness of school-based smoking prevention programs: A critical review of reviews. *Tobacco Induced Diseases, 5*(7), 1-12.

Flegal, K. M., Carroll, M. D., Kit, B. K., & Ogden, C. L. (2012). Prevalence of obesity and trends in the distribution of body mass index among US adults, 1999-2010. *Journal of the American Medical Association, 307,* 491-497.

Flegal, K. M., Kit, B. K., Orpana, H., & Graubard, B. I. (2013). Association of all-cause mortality with overweight and obesity using standard body mass index categories: A systematic review and meta-analysis. *Journal of the American Medical Association, 309*(1), 71-82.

Fleshner, M., & Laudenslager, M. L. (2004). Psychoneuroimmunology: Then and now. *Behavioral and Cognitive Neuroscience Reviews, 3,* 114-130.

Flor, H. (2001). Psychophysiological assessment of the patient with chronic pain. In D. C. Turk & R. Melzack (Eds.), *Handbook of pain assessment* (2nd ed., pp. 70-96). New York, NY: Guilford Press.

Flor, H., Nikolajsen, L., & Staehelin Jensen, T. (2006). Phantom limb pain: A case of maladaptive CNS plasticity? *Nature Reviews Neuroscience, 7*, 873-881.

Flores, G. (2006). Language barriers to health care in the United States. *New England Journal of Medicine, 355*, 229-231.

Flynn, B. S., Worden, J. K., Bunn, J. Y., Solomon, L. J., Ashikaga, T., Connolly, S. W., & Ramirez, A. G. (2010). Mass media interventions to reduce youth smoking prevalence. *American Journal of Preventive Medicine, 39*(1), 53-62. https://doi.org/10.1016/j.amepre.2010.03.008

Folkman, S., & Lazarus, R. S. (1980). An analysis of coping in a middle-aged community sample. *Journal of Health and Social Behavior, 21*, 219-239.

Folkman, S., & Moskowitz, J. T. (2000). Positive affect and the other side of coping. *American Psychologist, 55*, 647-654.

Folkman, S., & Moskowitz, J. T. (2004). Coping: Pitfalls and promise. *Annual Review of Psychology, 55*, 745-774.

Foltz, V., St. Pierre, Y., Rozenberg, S., Rossignol, M., Bourgeois, P., Joseph, L., Adam, V., Penrod, J. R., Clarke, A. E., & Fautrei, B. (2005). Use of complementary and alternative therapies by patients with self-reported chronic back pain: A nationwide survey in Canada. *Joint Bone Spine, 72*, 571-577. https://doi.org/10.1016/j.jbspin.2005.03.018

Fontana, L., & Hu, F. B. (2014). Optimal body weight for health and longevity: Bridging basic, clinical, and population research. *Aging Cell, 13*(3), 391-400.

Foran, H., & O'Leary, K. (2008). Problem drinking, jealousy, and anger control: Variables predicting physical aggression against a partner. *Journal of Family Violence, 23*, 141-148.

Forbes, G. B. (2000). Body fat content influences the body composition response to nutrition and exercise. *Annals of the New York Academic of Sciences, 904*, 359-368.

Ford, E. S., Ajani, U. A., Croft, J. B., Critchley, J. A., Labarthe, D. R., Kottke, T. E., Giles, W. H., & Capewell, S. (2007). Explaining the decrease in U. S. deaths from coronary disease, 1980-2000. *New England Journal of Medicine, 356*, 2388-2398. https://doi.org/10.1056/NEJMsa053935

Ford, E. S., Bergmann, M. M., Boeing, H., Li, C., & Capewell, S. (2012). Healthy lifestyle behaviors and all-cause mortality among adults in the United States. *Preventive Medicine, 55*, 23-27.

Ford, E. S., Zhao, G., Tsai, J., & Li, C. (2011). Low-risk lifestyle behaviors and all-cause mortality: Findings from the National Health and Nutrition Examination Survey III Mortality Study. *American Journal of Public Health, 101*, 1922-1929.

Fordyce, W. E. (1974). Pain viewed as learned behavior. In J. J. Bonica (Ed.), *Advances in neurology* (Vol. 4, pp. 415-422). New York, NY: Raven Press.

Fordyce, W. E. (1976). *Behavioral methods for chronic pain and illness*. St. Louis, MO: Mosby.

Forlenza, J. J., & Baum, A. (2004). Psychoneuroimmunology. In R. G. Frank, A. Baum, & J. L. Wallander (Eds.), *Handbook of clinical health psychology* (Vol. 3, pp. 81-114). Washington, DC: American Psychological Association.

Foroud, T., Edenberg, H. J., & Crabbe, J. C. (2010). Genetic research: Who is at risk for alcoholism? *Alcohol Research and Health, 33*(1/2), 64-75.

Fortmann, A., Gallo, L. C., & Philis-Tsimkas, A. (2011). Glycemic control among Latinos with Type 2 diabetes: The role of social-environmental support resources. *Health Psychology, 30*, 251-258.

Fothergill, E., Guo, J., Howard, L., Kerns, J. C., Knuth, N. D., Brychta, R., Chen, K. Y., Skrulis, M. C., Walter, M., Walter, P. J., & Hall, K. D. (2016). Persistent metabolic adaptation 6 years after "The Biggest Loser" competition. *Obesity, 24*(8), 1612-1619. https://doi.org/10.1002/oby.21538

Foulon, C., Guelfi, J. D., Kipman, A., Adès, J., Romo, L., Houdeyer, K., Marquez, S., Mouren, M. C., Roullon, F., & Gorwood, P. (2007). *European Psychiatry, 22*, 513-519. https://doi.org/10.1016/j.eurpsy.2007.03.004

Fournier, J. C., DeRubeis, R. J., Hollon, S. D., Dimidjian, S., Amsterdam, J. D., Shelton, R. C., & Fawcett, J. (2010). Antidepressant drug effects and depression severity: A patient-level meta-analysis. *Journal of the American Medical Association, 303*, 47-53. https://doi.org/10.1001/jama.2009.1943

Fournier, M., de Ridder, D., & Bensing, J. (2002). Optimism and adaptation to chronic disease: The role of optimism in relation to self-care options for Type 1 diabetes mellitus, rheumatoid arthritis and multiple sclerosis. *British Journal of Health Psychology, 7*, 409-432.

Fox, C. S., Heard-Costa, N. L., Wilson, P. W. F., Levy, D., D'Agostino, R. B., Sr., & Atwood, L. D. (2004). Genome-wide linkage to chromosome 6 for waist circumference in the Framingham Heart Study. *Diabetes, 53*, 1399-1402.

Frank, E., Ratanawongsa, N., & Carrera, J. (2010). American medical students' beliefs in the effectiveness of alternative medicine. *International Journal of Collaborative Research on Internal Medicine and Public Health, 2*(9), 292-305.

Frank, A. P., de Souza Santos, R., Palmer, B. F., Clegg, D. J. (2019). Determinants of body fat distribution in humans may provide insight about obesity-related health risks. *Journal of Lipid Research, 60*, 1710-1719. https://doi.org/10.1194/jlr.R086975

Frank, G. K. W. (2016). The perfect storm—A bio-psycho-social risk model for developing and maintaining eating disorders. *Frontiers in Behavioral Neuroscience, 10*, art. 44, https://doi.org/10.3389/fnbeh.2016.00044

Franklin, V. L., Waller, A., Pagliari, C., & Greene, S. A. (2006). A randomized controlled trial of Sweet Talk, a text-messaging system to support young people with diabetes. *Diabetic Medicine, 23*, 1332-1338.

Franko, D. L., Becker, A. E., Thomas, J. J., & Herzog, D. B. (2007). Cross-ethnic differences in eating disorder symptoms and related distress. *International Journal of Eating Disorders, 40*, 156-164.

Franks, H. M., & Roesch, S. C. (2006). Appraisals and coping in people living with cancer: A meta-analysis. *Psycho-Oncology, 15*, 1027-1037.

Franzini, L., Ribble, J. C., & Keddie, A. M. (2001). Understanding the Hispanic paradox. *Ethnicity & Disease, 11*(3), 496-518.

Fraser, G. E., & Shavlik, D. J. (2001). Ten years of life: Is it a matter of choice? *Archives of Internal Medicine, 161*, 1645-1652.

Frattaroli, J. (2006). Experimental disclosure and its moderators: A meta-analysis. *Psychological Bulletin, 132*, 823-865.

Frattaroli, J., Thomas, M., & Lyubomirsky, S. (2011). Opening up in the classroom: Effects of expressive writing on graduate school entrance exam performance. *Emotion, 11*, 691-696.

Frattaroli, J., Weidner, G., Merritt-Worden, T. A., Frenda, S., & Ornish, D. (2008). Angina pectoris and atherosclerotic risk factors in the Multisite Cardiac Lifestyle Intervention Program. *American Journal of Cardiology, 101*, 911-918.

Fredrickson, B. L., & Levenson, R. W. (1998). Positive emotions speed recovery from the cardiovascular sequelae of negative emotions. *Cognition and Emotion, 12*(2), 191-220.

Freedman, D. H. (2011, julho/agosto). The triumph of new-age medicine. *The Atlantic*. https://www.theatlantic.com/magazine/archive/2011/07/the-triumph-of-new-age-medicine/308554/

Freedman, D. S., Khan, L. K., Dietz, W. H., Srinivasan, S. R., & Berenson, G. S. (2001). Relationship of childhood obesity to coronary heart disease risk factors in adulthood: The Bogalusa Heart Study. *Pediatrics, 108*, 712-718.

Freedman, L. S., Kipnis, V., Schatzkin, A., & Potischman, N. (2008). Methods of epidemiology: Evaluating the fat-breast cancer hypothesis—Comparing dietary instruments and other developments. *Cancer Journals, 14*(2), 69-74.

Freeman, A. M., Taub, P. R., Lo, H. C., & Ornish, D. (2019). Intensive cardiac rehabilitation: An underutilized resource. *Current Cardiology Reports, 21*, Article number 19. https://doi.org/10.1007/s11886-019-1104-1

Freire, G. L. M., da Silva Paulo, J. R., da Silva, A. A., Reis Batista, R. P., Nogueira Alves, J. F., & do Nacimento, J. R. A., Jr. (2020). Body dissatisfaction, addiction to exercise and risk behaviour for eating disorders among exercise practitioners. *Journal of Eating Disorders, 8*, 23. https://doi.org/10.1186/s40337-020-00300-9

Friedenreich, C. M., & Cust, A. E. (2008). Physical activity and breast cancer risk: Impact of timing, type and dose of activity and population subgroup effects. *British Journal of Sports Medicine, 42*, 636-647.

Friedländer, L. (1968). *Roman life and manners under the early empire*. New York, NY: Barnes and Noble.

Friedman, B., Veazie, P. J., Chapman, B. P., Manning, W. G., & Duberstein, P. R. (2013). Is personality associated with health care use by older adults? *Milbank Quarterly, 91*(3), 491-527.

Friedman, M., & Rosenman, R. H. (1974). *Type A behavior and your heart*. New York, NY: Knopf.

Friedmann, E., & Thomas, S. A. (1995). Pet ownership, social support, and one-year survival after acute myocardial infarction in the Cardiac Arrhythmia Suppression Trial (CAST). *The American Journal of Cardiology, 76*, 1213-1217.

Friedson, E. (1961). *Patients' views of medical practice*. New York, NY: Russell Sage.

Fries, J. F. (1998). Reducing the need and demand for medical services. *Psychosomatic Medicine, 60*, 140-142.

Frisina, P. G., Borod, J. C., & Lepore, S. J. (2004). A meta-analysis of the effects of written emotional disclosure on the health outcomes of clinical populations. *Journal of Nervous and Mental Disease, 192*, 629-634.

Fromme, H., & Schober, W. (2015). Waterpipes and e-cigarettes: Impact of alternative smoking techniques on indoor air quality and health. *Atmospheric Environment, 106*, 429-441.

Frone, M. R. (2008). Are work stressors related to employee substance use? The importance of temporal context assessment of alcohol and illicit drug use. *Journal of Applied Psychology, 93*, 199-206.

Froom, P., Kristal-Boneh, E., Melamed, S., Gofer, D., Benbassat, J., & Ribak, J. (1999). Smoking cessation and body mass index of occupationally active men: The Israeli CORDIS Study. *American Journal of Public Health, 89*, 718-722.

Fryar, C. D., Carroll, M. D., & Ogden, C. L. (2018). Prevalence of overweight, obesity, and severe obesity among adults aged 20 and over: United States, 1960-1962 through 2015-2016. *Health E-Stats*. Recuperado de https://stacks.cdc.gov/view/cdc/58670

Fu, F., Zhao, H., Tong, F., & Chi, I. (2017). A systematic review of psychosocial interventions to cancer caregivers. *Frontiers in Psychology*, 8, 834. https://doi.org/10.3389/fpsyg.2017.00834

Fuertes, J. N., Mislowack, A., Bennett, J., Paul, L., Gilbert, T. C., Fontan, G., & Boylan, L. S. (2007). The physician-patient working alliance. *Patient Education and Counseling*, 66, 29-36. https://doi.org/10.1016/j.pec.2006.09.013

Fujino, Y., Tamakoshi, A., Iso, H., Inaba, Y., Kubo, T., Ide, R., Ikeda, A., Yoshimura, T., & JACC Study Group. (2005). A nationwide cohort study of educational background and major causes of death among the elderly population in Japan. *Preventive Medicine*, 40, 444-451. https://doi.org/10.1016/j.ypmed.2004.07.002

Fulkerson, J. A., & French, S. A. (2003). Cigarette smoking for weight loss or control among adolescents: Gender and racial/ethnic differences. *Journal of Adolescent Health*, 32, 306-313.

Fulmer, E. B., Neilands, T. B., Dube, S. R., Kuiper, N. M., Arrazola, R. A., & Glantz, S. A. (2015). Protobacco media exposure and youth susceptibility to smoking cigarettes, cigarette experimentation, and current tobacco use among US youth. *PLoS One*, 10(8), e0134734.

Fumal, A., & Schoenen, J. (2008). Tension-type headache: Current research and clinical management. *Lancet Neurology*, 7, 70-83.

Fung, T. T., Chiuve, S. E., McCullough, M. L., Rexrode, K. M., Logroscino, G., & Hu, F. B. (2008). Adherence to a DASH-style diet and risk of coronary heart disease and stroke in women. *Archives of Internal Medicine*, 168, 713-720.

Furberg, H., Kim, Y., Dackor, J., Boerwinkle, E., Franceschini, N., Ardissinio, D., Bernardinelli, L., Mannucci, P. M., Mauri, F., Merllini, P. M., Absher, D., Assimess, T., Fortmann, S. P., Irlbarren, C., Knowles, J. W., Quertmous, T., Ferrucci, L., Toshiko, T., Bis, J. C., ... Walter, S. (2010). Genome-wide meta-analyses identify multiple loci associated with smoking behavior. *Nature Genetics*, 42(5), 441-447. https://doi.org/10.1038/ng.571

Furlan, A. D., Imamura, M., Dryden, T., & Irvin, E. (2008). Massage for low-back pain. *Cochrane Database of Systematic Reviews 2008*, Issue 4, Cochrane Art. No.: CD001929. https://doi.org/10.1002/14651858.CD001929.pub2.

Furlan, A. D., Yazdi, F., Tsertsvadze, A., Gross, A., Van Tulder, M., Santaguida, L., Gagnier, J.. Ammendolia, C., Dryden, T., Doucette, S., Skidmore, B., Daniel, R., Ostermann, T., & Tsouros, S. (2012). A systematic review and meta-analysis of efficacy, cost-effectiveness, and safety of selected complementary and alternative medicine for neck and low-back pain. *Evidence-based Complementary and Alternative Medicine*, 2012, 1-61. https://doi.org/10.1155/2012/953139

Furnham, A. (2007). Are modern health worries, personality and attitudes to science associated with the use of complementary and alternative medicine? *British Journal of Health Psychology*, 12, 229-243.

G

Gaab, J., Sonderegger, L., Scherrer, S., & Ehlert, U. (2007). Psychoneuroendocrine effects of cognitive-behavioral stress management in a naturalistic setting—A randomized controlled trial. *Psychoneuroendocrinology*, 31, 428-438.

Gabriel, R., Ferrando, L., Cortón, E. S., Mingote, C., García-Camba, E., Liria, A. F., & Galea, S. (2007). Psychopathological consequences after a terrorist attack: An epidemiological study among victims, the general population, and police officers. *European Psychiatry*, 22, 339-346. https://doi.org/10.1016/j.eurpsy.2006.10.007

Gaesser, G. A. (2003). Weight, weight loss, and health: A closer look at the evidence. *Healthy Weight Journal*, 17, 8-11.

Gagliese, L., Weizblit, N., Ellis, W., & Chan, V. W. S. (2005). The measurement of postoperative pain: A comparison of intensity scales in younger and older surgical patients. *Pain*, 117, 412-420.

Gal, R., May, A. M., van Overmeeren, E. J., Simons, M., & Monninkhof, E. M. (2018). The effect of physical activity interventions comprising wearables and smartphone applications on physical activity: A systematic review and meta-analysis. *Sports Medicine-Open*, 4, article number 42.

Galdas, P. M., Cheater, F., & Marshall, P. (2005). Men and health help-seeking behavior: Literature review. *Journal of Advanced Nursing*, 49, 616-623.

Gallagher, B. (2003). Tai chi chuan and qigong. *Topics in Geriatric Rehabilitation*, 19, 172-182.

Gallagher, J. R., & Bremer, T. (2018). A perspective from the field: The disconnect between abstinence-based programs and the use of motivational interviewing in treating substance use disorders. *Alcoholism Treatment Quarterly*, 36(1), 115-126. https://doi.org/10.1080/07347324.2017.1355223

Gallagher, M. W., Long, L. J., Richardson, A., & D'Souza, J. M. (2019). Resilience and coping in cancer survivors: The unique effects of optimism and mastery. *Cognitive Therapy and Research*, 43, 32-44. https://doi.org/10.1007/s10608-018-9975-9979.

Galland, L. (2006). Patient-centered care: Antecedents, triggers, and mediators. *Alternative Therapies*, 12, 62-70.

Gallegos-Macias, A. R., Macias, S. R., Kaufman, E., Skipper, B., & Kalishman, N. (2003). Relationship between glycemic control, ethnicity and socioeconomic status in Hispanic and white non-Hispanic youths with Type 1 diabetes mellitus. *Pediatric Diabetes*, 4, 19-23.

Galloway, G. P., Coyle, J. R., Guillén, J. E., Flower, K., & Mendelson, J. E. (2011). A simple, novel method for assessing medication adherence: Capsule photographs taken with cellular telephones. *Journal of Addiction Medicine*, 5, 170-174.

Gambrill, S. (2008, abril). Magic Johnson—Celebrity spokesperson for minority patient recruitment? *Clinical Trials Today*. Recuperado de http://www.clinicaltrialstoday.com/2008/04/magic-johnsonce.html

Gan, T. J., Gordon, D. B., Bolge, S. C., & Allen, J. G. (2007). Patient-controlled analgesia: Patient and nurse satisfaction with intravenous delivery systems and expected satisfaction with transdermal delivery systems. *Current Medical Research and Opinion*, 23, 2507-2516.

Gannotta, R., Malik, S., Chan, A. Y., Urgun, K., Hsu, F., & Vadera, S. (2018). Integrative medicine as a vital component of patient care. *Cureus*, 10(8), e3098. https://doi.org/10.7759/cureus.3098.

Gans, J. A., & McPhillips, T. (2003). Medication compliance-adherence-persistence. *Medication Compliance-Adherence-Persistence (CAP) Digest*, 1, 1-32.

Gao, L., Weck, M. N., Stegmaier, C., Rothenbacher, D., & Brenner, H. (2010). Alcohol consumption, serum gamma-glutamyltransferase, and *Helicobacter pylori* infection in a population-based study among 9733 adults. *Annals of Epidemiology*, 20(2), 122-128.

Garavello, W., Negri, E., Talamini, R., Levi, F., Zambon, P., Dal Maso, L., Bosettum, C., Franceschi, S., & La Vecchia, C. (2005). Family history of cancer, its combination with smoking and drinking, and risk of squamous cell carcinoma of the esophagus. *Cancer Epidemiology, Biomarkers, and Prevention*, 14, 1390-1393. https://doi.org/10.1158/1055-9965.EPI-04-0911

Garber, C. E., Blissmer, B., Deschenes, M. R., Franklin, B. A., Lamonte, M. J., Lee, I.-M., Nieman, D. C., & Swain, D. P. (2011). Quantity and quality of exercise for developing and maintaining cardiorespiratory, musculoskeletal, and neuromotor fitness in apparently healthy adults: Guidance for prescribing exercise. *Medicine and Science in Sports and Exercise*, 43, 1334-1359. https://doi.org/10.1249/MSS.0b013e318213fefb

Garber, M. C. (2004). The concordance of self-report with other measures of medication adherence: A summary of the literature. *Medical Care*, 42, 649-652.

García, J., Simón, M. A., Durán, M., Canceller, J., & Aneiros, F. J. (2006). Differential efficacy of a cognitive-behavioral intervention versus pharmacological treatment in the management of fibromyalgic syndrome. *Psychology, Health and Medicine*, 11, 498-506.

Garcia, K., & Mann, T. (2003). From "I wish" to "I will": Social-cognitive predictors of behavioral intentions. *Journal of Health Psychology*, 8, 347-360.

Garland, E. L., Gaylord, S. A., Palsson, O., Faurot, K., Mann, J. D., & Whitehead, W. E. (2012). Therapeutic mechanisms of a mindfulness-based treatment for IBS: Effects on visceral sensitivity, catastrophizing, and affective processing of pain sensations. *Journal of Behavioral Medicine*, 35(6), 591-602.

Garland, E. L., & Howard, M. O. (2018). Mindfulness-based treatment of addiction: Current state of the field and envisioning the next wave of research. *Addiction Science & Clinical Practice*, 13, 1-14. https://doi.org/10.1186/s13722-018-0115-3

Garner, D. M., & Garfinkel, P. E. (1980). Social-cultural factors in the development of anorexia nervosa. *Psychological Medicine*, 10, 647-656.

Garner, D. M., Garfinkel, P. E., Schwartz, D., & Thompson, M. (1980). Cultural expectations of thinness in women. *Psychological Reports*, 47, 483-491.

Garofalo, R., Herrick, A., Mustanski, B. S., & Donenberg, G. R. (2007). Tip of the iceberg: Young men who have sex with men, the Internet, and HIV risk. *American Journal of Public Health*, 97, 1113-1117.

Garssen, B. (2004). Psychological factors and cancer development. Evidence after 30 years of research. *Clinical Psychology Review*, 24, 115-338.

Gatchel, R. J. (2005). The biopsychosocial approach to pain assessment and management. In R. J. Gatchel (Ed.), *Clinical essentials of pain management* (pp. 23-46). Washington, DC: American Psychological Association.

Gatchel, R. J., & Epker, J. (1999). Psychosocial predictors of chronic pain and response to treatment. In R. J. Gatchel & D. C. Turk (Eds.), *Psychosocial factors in pain: Critical perspectives* (pp. 412-434). New York, NY: Guilford Press.

Gatchel, R. J., Peng, Y. B., Peters, M. L., Fuchs, P. N., & Turk, D. C. (2007). The biopsychosocial approach to chronic pain: scientific advances and future directions. *Psychological Bulletin*, 133(4), 581.

Gatzounis, R., Schrooten, M. G., Crombez, G., & Vlaeyen, J. W. (2012). Operant learning theory in pain and chronic pain rehabilitation. *Current Pain and Headache Reports*, 16(2), 117-126.

GBD Alcohol Collaborators. (2018). Alcohol use and burden for 195 countries and territories, 1990-2016: A systematic analysis for the Global Burden of Disease study 2016. *Lancet, 392*(10152). https://doi.org/10.1016/S0140-6736(18)31310-2

GBD 2017 Causes of Death Collaborators. (2018). Global, regional, and national age-sex-specific mortality for 282 causes of death in 195 countries and territories, 1980-2017: A systematic analysis for the Global Burden of Disease Study 2017, *The Lancet, 392*(10159), 1736-1788.

Geary, D. C., & Flinn, M. V. (2002). Sex differences in behavioral and hormonal response to social threat: Commentary on Taylor et al. (2000). *Psychological Review, 109*, 745-750.

Geisser, M. E., Ranavaya, M., Haig, A. J., Roth, R. S., Zucker, R., Ambroz, C., & Caruso, M. (2005). A meta-analytic review of surface electromyography among persons with low back pain and normal, healthy controls. *Journal of Pain, 6*, 711-726. https://doi.org/10.1016/j.jpain.2005.06.008

Gelhaar, T., Seiffge-Krenke, I., Borge, A., Cicognani, E., Cunha, M., Loncaric, D., Macek, P., Steinhausen, H.-C., & Metzke, C. W. (2007). Adolescent coping with everyday stressors: A seven-nation study of youth from central, eastern, southern, and northern Europe. *European Journal of Developmental Psychology, 4*, 129-156. https://doi.org/10.1080/17405620600831564

Gellad, W. F., Haas, J. S., & Safran, D. G. (2007). Race/ethnicity and nonadherence to prescription medications among seniors: Results of a national study. *Journal of General Internal Medicine, 22*, 1572-1578.

Gemmell, L., & DiClemente, C. C. (2009). Styles of physician advice about smoking cessation in college students. *Journal of American College Health, 58*(2), 113-119.

Gentzke, A. S., Wang, B., Robinson, J. N., Phillips, E., & King, B. A. (2019). Curiosity about susceptibility toward hookah smoking among middle and high school students. Preventing Chronic Disease: Public Health Research, Practice, and Policy, 16, E04. https://doi.org/10.5888/pcd16.180288

George, S., Rogers, R. D., & Duka, T. K. (2005). The acute effect of alcohol on decision making in social drinkers. *Psychopharmacology, 182*, 160-169.

Georges, J., Jansen, S., Jackson, J., Meyrieux, A., Sadowska, A., & Selmes, M. (2008). Alzheimer's disease in real life—The dementia carer's survey. *International Journal of Geriatric Psychiatry, 23*, 546-553.

Gerteis, J., Izrael, D., Deitz, D., LeRoy, L., Ricciardi, R., Miller, T., & Basu, J. (2014). *Multiple chronic conditions chartbook*. Rockville, MD: Agency for Healthcare Research and Quality (AHRQ) Publications.

Gervais, R. (2010, março/abril). *Week one hundred and twelve* [Web log comment]. Recuperado de http://www.rickygervais.com/thissideofthetruthc.php

Ghamri, R. A. (2018). Identification of the most effective pharmaceutical products for smoking cessation: A literature review. *Journal of Substance Use, 23*(6), 670-674. https://doi.org/10.1080/14659891.2018.1489010

Gibbons, F. X., Gerrard, M., Blanton, H., & Russell, D. W. (1998). Reasoned action and social reaction: Willingness and intention as independent predictors of health risk. *Journal of Personality and Social Psychology, 74*, 1164-1180.

Gibney, A. (director). (2013). *The Armstrong Lie [Motion picture]*. United States: Sony Pictures Classics.

Gidycz, C. A., Orchowski, L. M., King, C. R., & Rich, C. L. (2008). Sexual victimization and health-risk behaviors: A prospective analysis of college women. *Journal of Interpersonal Violence, 23*, 744-763.

Gielkens-Sijstermans, C. M., Mommers, M. A., Hoogenveen, R. T., Feenstra, T. L., de Vreede, J., Bovens, F. M., & van Schayck, O. C. (2010). Reduction of smoking in Dutch adolescents over the past decade and its health gains: A repeated cross-sectional study. *European Journal of Public Health, 20*(2), 146-150. https://doi.org/10.1093/eurpub/ckp115

Giggins, O., Persson, U. M., & Caulfield, B. (2013). Biofeedback in rehabilitation. *Journal of NeuorEngineering and Rehabilitation, 10*(1), 1-11.

Gilbert, M. T. P., Rambaut, A., Wlasiuk, G., Spira, T. J., Pitchenik, A. E., & Worobey, M. (2007). The emergence of HIV/AIDS in the Americas and beyond. *Proceedings of the National Academy of Sciences of the United States of America, 104*, 18566-18570.

Gillies, C. L., Abrams, K. R., Lambert, P. C., Cooper, N. J., Sutton, A. J., & Hsu, R. T. (2007). Pharmacological and lifestyle interventions to prevent or delay Type 2 diabetes in people with impaired glucose tolerance: Systematic review and meta-analysis. *British Medical Journal, 334*, 299-302.

Gilpin, E. A., White, M. M., Messer, K., & Pierce, J. P. (2007). Receptivity to tobacco advertising and promotions among young adolescents as a predictor of established smoking in young adulthood. *American Journal of Public Health, 97*, 1489-1495.

Ginsberg, J., Mohebbi, M. H., Patel, R. S., Brammer, L., Smolinski, M. S., & Brilliant, L. (2009). Detecting influenza epidemics using search engine query data. *Nature, 457*, 1012-1014.

Glantz, S. A., & Bareham, D. W. (2018). E-cigarettes: Use, effects on smoking risks, and policy implications. *Annual Review of Public Health, 39*(1), 215-235. https://doi.org/10.1146/annurev-publhealth-040617-013757

Glaser, R. (2005). Stress-associated immune dysregulation and its importance for human health: A personal history of psychoneuroimmunology. *Brain, Behavior and Immunity, 19*, 3-11.

Glassman, A. H., Bigger, T., & Gaffney, M. (2009). Psychiatric characteristics associated with long-term mortality among 361 patients having an acute coronary syndrome and major depression. *Archives of General Psychiatry, 66*, 1022-1029.

Glombiewski, J. A., Sawyer, A. T., Gutermann, J., Koenig, K., Rief, W., & Hofmann, S. G. (2010). Psychological treatments for fibromyalgia: A meta-analysis. *Pain, 151*(2), 280-295. https://doi.org/10.1016/j.pain.2010.06.011

Glueckauf, R. L., Ketterson, T. U., Loomis, J. S., & Dages, P. (2004). Online support and education for dementia caregivers: Overview, utilization, and initial program evaluation. *Telemedicine Journal and e-Health, 10*(2), n.p.

Godfrey, J. R. (2004). Toward optimal health: The experts discuss therapeutic humor. *Journal of Women's Health, 13*, 474-479.

Godfrey, K., Gallo, L., & Afari, N. (2015). Mindfulness-based interventions for binge eating: A systematic review and meta-analysis. *Journal of Behavioral Medicine, 38*(2), 348-362.

Goffaux, P., Redmond, W. J., Rainville, P., & marçoand, S. (2007). Descending analgesia: When the spine echoes what the brain expects. *Pain, 130*, 137-143.

Gold, D. R., & Wright, R. (2005). Population disparities in asthma. *Annual Review of Public Health, 26*, 89-113.

Goldman, R. (2007, 6 de novembro). Halle Berry says she cured herself of Type 1 diabetes, but doctors say that's impossible. *ABC News on Call*. Recuperado de http://abcnews.go.com/Health/DiabetesResource/Story?id=3822870&page=1

Goldring, M. B., & Goldring, S. R. (2007). Osteoarthritis. *Journal of Cellular Physiology, 213*, 626-634.

Goldschmidt, A. B., Jones, M., Manwaring, J. L., Luce, K. H., Osborne, M. I., Cunning, D., Taylor, K. L., Doyle, A. C., Wilfey, D. C., & Taylor, C. B. (2008). The clinical significance of loss of control over eating in overweight adolescents. *International Journal of Eating Disorders, 41*, 153-158. https://doi.org/10.1002/eat.20481

Goldsmith, C. (2004). Fetal alcohol syndrome: A preventable tragedy. *Access, 18*(5), 34-38.

Goldstein, A. (1976). Opioid peptides (endorphins) in pituitary and brain. *Science, 193*, 1081-1086.

Goldston, K., & Baillie, A. J. (2008). Depression and coronary heart disease: A review of the epidemiological evidence, explanatory mechanisms and management approaches. *Clinical Psychology Review, 28*, 289-307.

Gomez, S. L., Hurley, S., Canchola, A. J., Keegan, T. H., Cheng, I., Murphy, J. D., Clarke, C. A., Glaser, S. L.. & Martínez, M. E. (2016). Effects of marital status and economic resources on survival after cancer: A population-based study. *Cancer, 122*(10), 1618-1625. https://doi.org/10.1002/cncr.29885

Gonder-Frederick, L. A., Cox, D. J., & Ritterband, L. M. (2002). Diabetes and behavioral medicine: The second decade. *Journal of Consulting and Clinical Psychology, 70*, 611-625.

Gong, F., Yao, S., Wan, J., & Gan, X. (2017). Chocolate consumption and risk of heart failure: A meta-analysis of prospective studies. *Nutrients, 9*(4), 402. https://doi.org/10.3390/nu9040402

Gonzalez, J. S., Penedo, F. J., Antoni, M. H., Durán, R. E., Fernandez, M. I., McPherson-Baker, S., Ironson, G., Dal Maso, L., Bosetti, C., Franceschi, Sl, Fernandez. M. I., Klimas, N. G., Fletcher, M. A., & Schneiderman, N. (2004). Social support, positive states of mind, and HIV treatment adherence in men and women living with HIV/AIDS. *Health Psychology, 23*, 413-418. https://doi.org/10.1037/0278-6133.23.4.413

Gonzalez, J. S., Peyrot, M., McCarl, L. A., Collins, E. M., Serpa, L., Mimiaga, M. J., & Safren, S. A. (2008). Depression and diabetes treatment nonadherence: A meta-analysis. *Diabetes Care, 31*, 2398-2403. https://doi.org/10.2337/dc08-1341

Gonzalez, R., Nolen-Hoeksema, S., & Treynor, W. (2003). Rumination reconsidered: A psychometric analysis. *Cognitive Therapy and Research, 27*, 247-259.

Goode, A. D., Reeves, M. M., & Eakin, E. G. (2012). Telephone-delivered interventions for physical activity and dietary behavior change: An updated systematic review. *American Journal of Preventive Medicine, 42*, 81-88.

Goodpaster, B. H., Krishnaswami, S., Harris, T. B., Katsiaras, A., Kritchevsky, S. B., Simonsick, E. M., Nevitt, M., Holvoet, P., & Newman, A. B. (2005). Obesity, regional body fat distribution, and the metabolic syndrome in older men and women. *Archives of Internal Medicine, 165*, 777-783. https://doi.org/10.1001/archinte.165.7.777

Goodwin, D. G. (1976). *Is alcoholism hereditary?* New York, NY: Oxford University Press.

Gottfredson, L. S., & Deary, I. J. (2004). Intelligence predicts health and longevity, but why? *Current Directions in Psychological Science, 13*, 1-4.

Gould, E. & Wilson, V. (2020). Economic Policy Institute. Black workers face two of the most lethal preexisting conditions for coronavirus—racism and economic inequality [online]. Recuperado de https://www.epi.org/publication/black-workers-covid/external icon

Gouzoulis-Mayfrank, E., & Daumann, J. (2006). The confounding problem of polydrug use in recreational ecstacy/MDMA users: A brief overview. *Journal of Psychopharmacology, 20*, 188-193.

Goyal, M., Singh, S., Sibinga, E. M., Gould, N. F., Rowland-Seymour, A., Sharma, R., Berger, Z., Sleicher, D., Maron, D., Shihab, H. S., Ranasinghe, P. D., Linn, S., Saha, S., Bass, E. B., & Haythornthwaite, J. A. (2014). Meditation programs for psychological stress and well-being: A systematic review and meta-analysis. *JAMA Internal Medicine, 174*(3), 357-368. https://doi.org/10.1001/jamainternmed.2013.13018

Grafton, K. V., Foster, N. E., & Wright, C. C. (2005). Test-retest reliability of the Short-Form McGill Pain Questionnaire: Assessment of intraclass correlation coefficients and limits of agreement in patients with osteoarthritis. *Clinical Journal of Pain, 21*, 73-82.

Graham, A. L., & Amato, M. S. (2019). Twelve million smokers look online for smoking cessation help annually: Health Information National Trends survey data, 2005-2017. *Nicotine & Tobacco Research, 21*(2), 249-252. https://doi.org/10.1093/ntr/nty043

Graham, J. E., Christian, L. M., & Kiecolt-Glaser, J. K. (2006). Marriage, health, and immune function. In S. R. H. Beach, M. Z. Wamboldt, N. J. Kaslow, R. E. Heyman, M. B. First, L. G. Underwood, & D. Reiss (Eds.), *Relational processes and DSM-V: Neuroscience, assessment, prevention, and treatment* (pp. 61-76). Washington, DC: American Psychiatric Association.

Graham, J. E., Glaser, R., Loving, T. J., Malarkey, W. B., Stowell, J. R., & Kiecolt-Glaser, J. K. (2009). Cognitive word use during marital conflict and increases in proinflammatory cytokines. *Health Psychology, 28*, 621-630.

Graham, K., Bernards, S., Wilsnack, S. C., & Gmel, G. (2011). Alcohol may not cause partner violence but it seems to make it worse: A cross national comparison of the relationship between alcohol and severity of partner violence. *Journal of Interpersonal Violence, 26*(8), 1503-1523.

Graig, E. (1993). Stress as a consequence of the urban physical environment. In L. Goldberger & S. Breznitz (Eds.), *Handbook of stress: Theoretical and clinical aspects* (2nd ed., pp. 316-332). New York, NY: Free Press.

Grant, B. F., Hasin, D. S., Chou, S. P., Stinson, F. S., & Dawson, D. A. (2004). Nicotine dependence and psychiatric disorders in the United States. *Archives of General Psychiatry, 61*, 1107-1115.

Grant, J. A., Courtemanche, J., Duerden, E. G., Duncan, G. H., & Rainville, P. (2010). Cortical thickness and pain sensitivity in Zen Meditators. *Emotion, 10*(1), 43-53.

Grant, J., Mottet, L., & Tanis, J. (2011). *National transgender discrimination survey report on health and health care.* Washington, DC: National Center for Transgender Equality and National Gay and Lesbian Task Force. Recuperado de https://transequality.org/sites/default/files/docs/resources/NTDS_Report.pdf

Greenwood, B. N., Foley, T. E., Day, H. E. W., Burhans, D., Brooks, L., Campeau, S., & Fleshner, M. (2005). Wheel running alters serotonin (5-HT) transporter, 5-HT1A, 5-HT1B, and alpha1b-adrenergic receptor mRNA in the rat raphe nuclei. *Biological Psychiatry, 57*, 559-568. https://doi.org/10.1016/j.biopsych.2004.11.025

Griffin, J. A., Umstattd, M. R., & Usdan, S. L. (2010). Alcohol use and high-risk sexual behavior among collegiate women: A review of research on alcohol myopia theory. *Journal of American College Health, 58*(6), 523-532.

Griffing, S., Lewis, C. S., Chu, M., Sage, R. E., Madry, L., & Primm, B. J. (2006). Exposure to interpersonal violence as a predictor of PTSD symptomatology in domestic violence survivors. *Journal of Interpersonal Violence, 21*, 936-954.

Grilo, C. M., Hrabosky, J. I., White, M. A., Allison, K. C., Stunkard, A. J., & Masheb, R. M. (2008). Overvaluation of shape and weight in binge eating disorder and overweight controls: Refinement of a diagnostic construct. *Journal of Abnormal Psychology, 117*, 414-419.

Groenewald, C., Beals-Erickson, S., Ralston-Wilson, J., Rabbitts, J., & Palermo, T. (2016). Complementary and alternative medicine use among children with pain in the United States: Patterns, predictors, and perceived benefits. *Journal of Pain, 17*(4), S113.

Grogan, S. (2007). *Body image: Understanding body dissatisfaction in men, women, and children* (rev. ed.). New York, NY: Routledge.

Groot, C., Hooghiemstra, A. M., Raijmakers, P. G. H. M., Van Berckel, B. N. M., Scheltens, P., Scherder, E. J. A., van der Flier, W. M., & Ossenkoppele, R. (2016). The effect of physical activity on cognitive function in patients with dementia: a meta-analysis of randomized control trials. *Ageing Research Reviews, 25*, 13-23. https://doi.org/10.1016/j.arr.2015.11.005

Grossman, P., Niemann, L., Schmidt, S., & Walach, H. (2004). Mindfulness-based stress reduction and health benefits: A meta-analysis. *Journal of Psychosomatic Research, 57*, 35-43.

Grover, S. A., Gray-Donald, K., Joseph, L., Abrahamowicz, M., & Coupal, L. (1994). Life expectancy following dietary modification or smoking cessation. *Archives of Internal Medicine, 154*, 1697-1704.

Grundy, S. M. (2007). Cardiovascular and metabolic risk factors: How can we improve outcomes in the high-risk patient? *American Journal of Medicine, 120*(Suppl. 1), S3-S8.

Grundy, S. M. (2016). Metabolic syndrome update. *Trends in Cardiovascular Medicine, 26*(4), 364-373. https://doi.org/10.1016/j.tcm.2015.10.004

Grzywacz, J. G., Almeida, D. M., Neupert, S. D., & Ettner, S. L. (2004). Socioeconomic status and health: A micro-level analysis of exposure and vulnerability to daily stressors. *Journal of Health and Social Behavior, 45*, 1-16.

Gu, J., Strauss, C., Bond, R., & Cavanagh, K. (2015). How do mindfulness-based cognitive therapy and mindfulness-based stress reduction improve mental health and wellbeing? A systematic review and meta-analysis of mediation studies. *Clinical Psychology Review, 37*, 1-12.

Guck, T. P., Kavan, M. G., Elsasser, G. N., & Barone, E. J. (2001). Assessment and treatment of depression following myocardial infarction. *American Family Physician, 64*, 641-656.

Guevara, J. P., Wolf, F. M., Grum, C. M., & Clark, N. M. (2003). Effects of educational interventions for self-management of asthma in children and adolescents: Systematic review and meta-analysis. *British Medical Journal, 326*, 1308-1309.

Guillot, J., Kilpatrick, M., Hebert, E., & Hollander, D. (2004). Applying the transtheoretical model to exercise adherence in clinical settings. *American Journal of Health Studies, 19*, 1-10.

Gull, W. W. (1874). Anorexia nervosa (apepsia hysterica, anorexia hysterica). *Transactions of the Clinical Society of London, 7*, 22-28. [Reprinted in R. M. Kaufman & M. Heiman (Eds.), *Evolution of psychosomatic concepts: Anorexia nervosa, a paradigm.* New York: International University Press, 1964.]

Günes, C., & Rudolph, K. L. (2013). The role of telomeres in stem cells and cancer. *Cell, 152*(3), 390-393.

Guo, Q., Johnson, C. A., Unger, J. B., Lee, L., Xie, B., Chou, C.-P., Palmer, P. H., Sun, P., Gallaher, P., & Pentz, M. (2007). Utility of the theory of reasoned action and theory of planned behavior for predicting Chinese adolescent smoking. *Addictive Behaviors, 32*, 1066-1081. https://doi.org/10.1016/j.addbeh.2006.07.015

Guo, X., Zhou, B., Nishimura, T., Teramukai, S., & Fukushima, M. (2008). Clinical effect of qigong practice on essential hypertension: A meta-analysis of randomized controlled trials. *Journal of Alternative and Complementary Medicine, 14*, 27-37.

Gustafson, E. M., Meadows-Oliver, M., & Banasiak, N. C. (2008). Asthma in childhood. In T. P. Gullotta & G. M. Blau (Eds.), *Handbook of childhood behavioral issues: Evidence-based approaches to prevention and treatment* (pp. 167-186). New York, NY: Routledge/Taylor and Francis.

Gustavsson, P., Jakobsson, R., Nyberg, F., Pershagen, G., Järup, L., & Schéele, P. (2000). Occupational exposure and lung cancer risk: A population-based case-referent study in Sweden. *American Journal of Epidemiology, 152*, 32-40.

Guy, G. P., Zhang, K., Bohm, M. K., Losby, J., Lewis, B., Young, R., Murphy, L. B., & Dowell, D. (2017). Vital signs: Changes in opioid prescribing in the United States, 2006-2015. *Morbidity and Mortality Weekly Report, 66*(26), 679-704. https://doi.org/10.15585/mmwr.mm6626a4

H

Ha, M., Mabuchi, K., Sigurdson, A. J., Freedman, D. M., Linet, M. S., & Doody, M. M. (2007). Smoking cigarettes before first childbirth and risk of breast cancer. *American Journal of Epidemiology, 166*, 55-61.

Haak, T., & Scott, B. (2008). The effect of qigong on fibromyalgia (FMS): A controlled randomized study. *Disability and Rehabilitation, 30*, 625-633.

Haan, M. N., & Wallace, R. (2004). Can dementia be prevented? Brain aging in a population-base. *Annual Review of Public Health, 25*, 1-24.

Haas, M., Spegman, A., Peterson, D., Aickin, M., & Vavrek, D. (2010). Dose response and efficacy of spinal manipulation for chronic cervicogenic headache: A pilot randomized controlled trial. *Spine Journal, 10*(2), 117-128.

Haberer, J. E., Kiwanuka, J., Nansera, D., Ragland, K., Mellins, C., & Bangsberg, D. R. (2012). Multiple measures reveal antiretroviral adherence successes and challenges in HIV-infected Ugandan children. *PLoS One, 7*(5), e36737.

Hagedoorn, M., Kujer, R. G., Buuk, B. P., DeJong, G. M., Wobbes, T., & Sanderman, R. (2000). Marital satisfaction in patients with cancer: Does support from intimate partners benefit those who need it the most? *Health Psychology, 19*, 274-282.

Hagger, M. S., & Orbell, S. (2003). A meta-analytic review of the commonsense model of illness representations. *Psychology and Health, 18*, 141-184.

Hagimoto, A., Nakamura, M., Morita, T., Masui, S., & Oshima, A. (2010). Smoking cessation patterns and predictors of quitting smoking among the Japanese general population: A 1-year follow-up study. *Addiction, 105*(1), 164-173.

Hail, L., & Le Grange, D. (2018). Bulimia nervosa in adolescents: Prevalence and treatment challenges. *Adolescent Health Medicine and Therapeutics, 9*, 11-16. https://doi.org/10.2147/AHMT.S135326

Haimanot, R. T. (2002). Burden of headache in Africa. *Journal of Headache and Pain*, 4, 47-54.

Halberstadt, A. L., & Geyer, M. A. (2011). Multiple receptors contribute to the behavioral effects of indoleamine hallucinogens. *Neuropharmacology*, 61(3), 364-381.

Hale, C. J., Hannum, J. W., & Espelage, D. L. (2005). Social support and physical health: The importance of belonging. *Journal of American College Health*, 53, 276-284.

Hale, S., Grogan, S., & Willott, S. (2007). Patterns of self-referral in men with symptoms of prostate disease. *British Journal of Health Psychology*, 12, 403-419.

Hall, C. B., Verghese, J., Sliwinski, M., Chen, Z., Katz, M., Derby, C., & Lipton, R. B. (2005). Dementia incidence may increase more slowly after age 90: Results from the Bronx Aging Study. *Neurology*, 65, 882-886. https://doi.org/10.1212/01.wnl.0000176053.98907.3f

Hall, J. A., Blanch-Hartigan, D., & Roter, D. L. (2011). Patients' satisfaction with male versus female physicians: A meta-analysis. *Medical Care*, 49, 611-617.

Hall, M. A., & Schneider, C. E. (2008). Patients as consumers: Courts, contracts, and the new medical marketplace. *Michigan Law Review*, 106, 643-689.

Halpern, P., Moskovich, J., Avrahami, B., Bentur, Y., Soffer, D., & Peleg, K. (2011). Morbidity associated with MDMA (ecstasy) abuse: A survey of emergency department admissions. *Human and Experimental Toxicology*, 30(4), 259-266.

Hamel, L. M., Robbins, L. B., & Wilbur, J. (2011). Computer- and web-based interventions to increase preadolescent and adolescent physical activity: A systematic review. *Journal of Advanced Nursing*, 67, 251-268.

Hamer, M., & Karageorghis, C. (2007). Psychobiological mechanisms of exercise dependence. *Sports Medicine*, 37, 477-485.

Hamer, M., & Steptoe, A. (2007). Association between physical fitness, parasympathetic control, and proinflammatory responses to mental stress. *Psychosomatic Medicine*, 69, 660-666.

Hamer, M., Taylor, A., & Steptoe, A. (2006). The effect of acute aerobic exercise on stress related blood pressure responses: A systematic review and meta-analysis. *Biological Psychology*, 71, 183-190.

Han, L., You, D., Zeng, F., Astell-Burt, T., Duan, S., & Qi, L. (2019). Trends in self-perceived weight status, weight loss attempts, and weight loss strategies among adults in the United States, 1999-2016. *JAMA Network Open*, 2(11). E1915219. https://doi.org/10.1001/jamanetworkopen.2019.15219

Handlin, A., Nilsson, A., Lidfors, L., Petersson, M., & Uvnäs-Moberg, K. (2018). The effects of a therapy dog on the blood pressure and heart rate of older residents in a nursing home, *Anthrozoös*, 31(5). 567-576. https://doi.org/10.1080/08927936.2018.1505268

Hanewinkel, R., & Sargent, J. D. (2007). Exposure to smoking in popular contemporary movies and youth smoking in Germany. *American Journal of Preventive Medicine*, 32, 466-473.

Hanley, M. A., Jensen, M. P., Smith, D. G., Ehde, D. M., Edwards, W. T., & Robinson, L. R. (2007). Preamputation pain and acute pain predict chronic pain after lower extremity amputation. *Journal of Pain*, 8, 102-109.

Hann, K. E., & McCracken, L. M. (2014). A systematic review of randomized controlled trials of Acceptance and Commitment Therapy for adults with chronic pain: Outcome domains, design quality, and efficacy. *Journal of Contextual Behavioral Science*, 3(4), 217-227.

Hansen, C. J., Stevens, L. C., & Coast, J. R. (2001). Exercise duration and mood state: How much is enough to feel better? *Health Psychology*, 20, 267-275.

Hansen, K., Shriver, T., & Schoeller, D. (2005). The effects of exercise on the storage and oxidation of dietary fat. *Sports Medicine*, 35, 363-373.

Hansen, P. E., Floderus, B., Frederiksen, K., & Johansen, C. B. (2005). Personality traits, health behavior, and risk for cancer: A prospective study of a Swedish twin cohort. *Cancer*, 103, 1082-1091.

Hanson-Turton, T., Ryan, S., Miller, K., Counts, M., & Nash, D. B. (2007). Convenient care clinics: The future of accessible health care. *Disease Management*, 10(2), 61-73.

Hanvik, L. J. (1951). MMPI profiles in patients with low back pain. *Journal of Consulting and Clinical Psychology*, 15, 350-353.

Harakeh, Z., Engels, R. C. M. E., Monshouwer, K., & Hanssen, P. F. (2010). Adolescent's weight concerns and the onset of smoking. *Substance Use and Misuse*, 45(12), 1847-1860.

Harakeh, Z., & Vollebergh, W. A. M. (2012). The impact of active and passive peer influence on young adult smoking: An experimental study. *Drug and Alcohol Dependence*, 121 (3), 220-223.

Harder, B. (2004). Asthma counterattack. *Science News*, 166, 344-345.

Harding, M. C., Sloan, C. D., Merrill, R. M., Harding, T. M., Thacker, B. J., & Thacker, E. L. (2018). Transitions from heart disease to cancer as the leading cause of death iUS States, 1999-2016. *Preventing Chronic Disease*, 15, E158. https://doi.org/10.5888/pcd15.180151n

Harper, C., & Matsumoto, I. (2005). Ethanol and brain damage. *Current Opinion in Pharmacology*, 5, 73-78.

Harriger, J., Calogero, R., Witherington, D., & Smith, J. (2010). Body size stereotyping and internalization of the thin ideal in preschool girls. *Sex Roles*, 63(9/10), 609-620.

Harrington, A. (2008). *The cure within: A history of mind-body medicine*. New York, NY: Norton.

Harrington, J., Noble, L. M., & Newman, S. P. (2004). Improving patients' communication with doctors: A systematic review of intervention studies. *Patient Education and Counseling*, 52, 7-16.

Harris, M. I. (2001). Racial and ethnic differences in health care access and health outcomes for adults with Type 2 diabetes. *Diabetes Care*, 24, 454-459.

Harrison, B. J., Olver, J. S., Norman, T. R., & Nathan, P. J. (2002). Effects of serotonin and catecholamine depletion on interleukin-6 activation and mood in human volunteers. *Human Psychopharmacology: Clinical and Experimental*, 17, 293-297.

Harter, J. K., & Stone, A. A. (2012). Engaging and disengaging work conditions, momentary experiences and cortisol response. *Motivation and Emotion*, 36(2), 104-113.

Hartz, A., Kent, S., James, P., Xu, Y., Kelly, M., & Daly, J. (2006). Factors that influence improvement for patients with poorly controlled Type 2 diabetes. *Diabetes Research and Clinical Practice*, 74, 227-232.

Hartz, A. J., Rupley, D. C., & Rimm, A. A. (1984). The association of girth measurements with disease in 32,856 women. *American Journal of Epidemiology*, 119, 71-80.

Harvie, D. S., Broecker, M., Smith, R. T., Meulders, A., Madden, V. J., & Moseley, G. L. (2015). Bogus visual feedback alters onset of movement-evoked pain in people with neck pain. *Psychological Science*, 26(4), 385-392.

Hasin, D. S., Keyes, K. M., Hatzenbuehler, M. L., Aharonovich, E. A., & Alderson, D. (2007). Alcohol consumption and posttraumatic stress after exposure to terrorism: Effects of proximity, loss, and psychiatric history. *American Journal of Public Health*, 97, 2268-2275.

Hass, N. (2012). Hope Solo drops her guard. *Smithsonian Magazine*, julho 2012. Recuperado de http://www.smithsonianmag.com/people-places/hope-solo-drops-her-guard-138385366/

Hatfield, J., & Job, R. F. S. (2001). Optimism bias about environmental degradation: The role of the range of impact of precautions. *Journal of Environmental Psychology*, 21, 17-30.

Hausenblas, H., & Smoliga, J. (2017). Keep on running: Exercise addiction in men. *Men's Health*, 8(5), 8-11. https://doi.org/10.1002/tre.594

Hausenblas, H. A., & Symons Downs, D. (2002a). Exercise dependence: A systematic review. *Psychology of Sport and Exercise*, 3, 89-123.

Hausenblas, H. A., & Symons Downs, D. (2002b). Relationship among sex, imagery, and exercise dependence symptoms. *Psychology of Addictive Behaviors*, 16, 169-172.

Hausenloy, D. J., & Yellon, D. M. (2008). Targeting residual cardiovascular risk: Raising high-density lipoprotein cholesterol levels. *Heart*, 94, 706-714.

Hawkley, L. C., & Cacioppo, J. T. (2003). Loneliness and pathways to disease. *Brain, Behavior and Immunity*, 17, 98-105.

Hawkley, L. C., & Cacioppo, J. T. (2007). Aging and loneliness: Downhill quickly? *Current Directions in Psychological Science*, 16, 187-191.

Hay, P., Girosi, F., & Mond, J. (2015). Prevalence and sociodemographis correlates of DSM-5 eating disorders in the Australian population. *Journal of Eating Disorders*, 3, 19.

Hay, P. J., & de M. Claudino, A. (2010). Evidence-based treatment for eating disorders. In W. S. Agras (Ed.), *The Oxford handbook of eating disorders* (pp. 452-479). New York, NY: Oxford University Press.

Hayes, S., Bulow, C., Clarke, R., Vega, E., Vega-Perez, E., Ellison, L., ... Stover, K. (2000). Incidence of low back pain in women who are pregnant. *Physical Therapy*, 80, 34.

Hayes-Bautista, D. E., Hsu, P., Hayes-Bautista, M., Iniguez, D., Chamberlin, C. L., Rico, C., & Solorio, R. (2002). An anomaly within the Latino epidemiological paradox: The Latino adolescent male mortality peak. *Archives of Pediatrics and Adolescent Medicine*, 156, 480-484. https://doi.org/10.1001/archpedi.156.5.480

Haynes, R. B. (1976). Strategies for improving compliance: A methodologic analysis and review. In D. L. Sackett & R. B. Haynes (Eds.), *Compliance with therapeutic regimens* (pp. 69-82). Baltimore, MD: Johns Hopkins University Press.

Haynes, R. B. (1979). Introduction. In R. B. Haynes, D. W. Taylor, & D. L. Sackett (Eds.), *Compliance in health care* (pp. 1-7). Baltimore, MD: Johns Hopkins University Press.

Haynes, R. B. (2001). Improving patient adherence: State of the art, with a special focus on medication taking for cardiovascular disorders. In L. E. Burke & I. S. Ockene (Eds.), *Compliance in healthcare and research* (pp. 3-21). Armonk, NY: Futura.

Haynes, R. B., Ackloo, E., Sahota, N., McDonald, H. P., & Yao, X. (2008). Interventions for enhancing medication adherence. *Cochrane Database of Systematic Reviews*, Cochrane Art. No.: CD000011. https://doi.org/10.1002/14651858.CD000011.pub3.

Haynes, R. B., McDonald, H. P., & Garg, A. X. (2002). Helping patients follow prescribed treatment: Clinical applications. *Journal of the American Medical Association*, 288, 2880-2883.

He, D. (2005). An introduction to Chinese medical qi gong. *New England Journal of Traditional Chinese Medicine*, 4, 42-44.

HealthGrades. (2011). *Eighth annual patient safety in American hospitals study*. Recuperado de http://www.healthgrades.com

Healthline Editorial Team. (2013). Celebrities who quit smoking. *Healthline*. Recuperado de https://www.healthline.com/health/celebrities-who-quit-smoking#gisele-bundchen

Hearn, W. L., Flynn, D. D., Hime, G. W., Rose, S., Cofino, J. C., Mantero-Atienza, E., Wetli, C., & Mash, D. C. (1991). Cocaethylene: A unique cocaine metabolite displays high affinity for the dopamine transporter. *Journal of Neurochemistry, 56*, 698-701. https://doi.org/10.1111/j.1471-4159.1991.tb08205.x

Heather, N. (2006). Controlled drinking, harm reduction and their roles in the response to alcohol-related problems. *Addiction Research and Theory, 14*, 7-18.

Heckman, B. W., Cummings, K. M., Stoltman, J. J. K., Dahane, J., Borland, R., Fong, G. T., & Carpenter, M. J. (2019). Longer duration of smoking abstinence is associated with waning cessation fatigue. Behaviour Research and Therapy, 115, 12-18. https://doi.org/10.1016/j.brat.2018.11.011

Heckman, B. W., Dahne, J., Germeroth, L. J., Mathew, A. R., Santa Ana, E. J., Saladin, M. E., & Carpenter, M. J. (2018). Does cessation fatigue predict smoking-cessation milestones? A longitudinal study of current and former smokers. *Journal of Consulting and Clinical Psychology, 86*(11), 903-914. https://doi.org/10.1037/ccp0000338

Heijmans, M., Rijken, M., Foets, M., de Ridder, D., Schreurs, K., & Bensing, J. (2004). The stress of being chronically ill: From disease-specific to task-specific aspects. *Journal of Behavioral Medicine, 27*, 255-271.

Heikkilä, K., Nyberg, S. T., Theorell, T., Fransson, E. I., Alfredsson, L., Bjorner, J. B., Bonenfant, S., Borritz, M., Bouillon, K., Burr, H., Dragano, N., Geuskens, G. A., Goldberg, M., Hamer, M., Hooftman, W. E., Houtman, I. L., Joensuu, M., Knutsson, A., Koskenvuo, A., & Kivimaki, M. (2013). Work stress and risk of cancer: Meta-analysis of 5700 incident cancer events in 116 000 European men and women. *BMJ, 346*, f165. https://doi.org/10.1136/bmj.f165

Heimer, R. (2008). Community coverage and HIV prevention: Assessing metrics for estimating HIV incidence through syringe exchange. *International Journal of Drug Policy, 19*(Suppl. 1), S65-S73.

Heinrich, K. M., Lee, R. E., Regan, G. R., Reese-Smith, J. Y., Howard, H. H., Haddock, C. K., Poston, W, S., C., & Ahluwalia, J. S. (2008). How does the built environment relate to body mass index and obesity prevalence among public housing residents? *American Journal of Health Promotion, 22*, 187-194. https://doi.org/10.4278/ajhp.22.3.187

Held, C., Iqbal, R., Lear, S. A., Rosengren, A., Islam, S., Mathew, J., & Yusuf, S. (2012). Physical activity levels, ownership of goods promoting sedentary behavior and risk of myocardial infarction: Results of the INTERHEART study. *European Heart Journal, 33*, 452-466. https://doi.org/10.1093/eurheartj/ehr432

Helgeson, V. S. (2003). Cognitive adaptation, psychological adjustment, and disease progression among angioplasty patients: 4 years later. *Health Psychology, 22*, 30-38.

Helgeson, V. S., Cohen, S., Schulz, R., & Yasko, J. (2000). Group support interventions for women with breast cancer: Who benefits from what? *Health Psychology, 19*, 107-114.

Helgeson, V. S., Reynolds, K. A., Tomich, P. L. (2006). A meta-analytic review of benefit finding and growth. *Journal of Consulting and Clinical Psychology, 74*, 797-816.

Helgeson, V. S., Snyder, P., & Seltman, H. (2004). Psychological and physical adjustment of breast cancer over 4 years: Identifying distinct trajectories of change. *Health Psychology, 23*, 3-15.

Helweg-Larsen, M., & Nielsen, G. (2009). Smoking cross-culturally: Risk perceptions among young adults in Denmark and the United States. *Psychology and Health, 24*, 81-93.

Hembree, E. A., & Foa, E. B. (2003). Interventions for trauma-related emotional disturbances in adult victims of crime. *Journal of Traumatic Stress, 16*, 187-199.

Hemminki, K., Försti, A., & Bermejo, J. L. (2006). Gene-environment interactions in cancer. *Annals of the New York Academy of Science, 1076*, 137-148.

Hendriks, H. F. J. (2007). Moderate alcohol consumption and insulin sensitivity: Observations and possible mechanisms. *Annals of Epidemiology, 17*(Suppl. 5), S40-S42.

Heneghan, C. J., Glasziou, P., & Perera, R. (2007). Reminder packaging for improving adherence to self-administered long-term medications. *Cochrane Database of Systematic Reviews*, Cochrane Art. No.: CD005025. https://doi.org/10.1002/14651858.CD005025.pub2.

Henke-Gendo, C., & Schulz, T. F. (2004). Transmission and disease association of Kaposi's sarcoma-associated herpes virus: Recent developments. *Current Opinion in Infectious Diseases, 17*, 53-57.

Henley, J., Ward, E. M., Scott, S., Ma, J., Anderson, R., Firth, A. U., Thomas, C. C., Islami, F., Weir, H. K., Lewis, D. R., Sherman, R. L., Wu, M., Benard, V. C., Richardson, L. C., Jemal, A., Cronin, K., Kohler, B. A. (2020). Annual Report to the Nation on the Status of Cancer, Part I: National Cancer Statistics, *Cancer, 126*(10), 2225-2249. https://doi.org/10.1002/cncr.32802

Henley, S. J., Thun, M. J., Chao, A., & Calle, E. E. (2004). Association between exclusive pipe smoking and mortality from cancer and other diseases. *Journal of the National Cancer Institute, 96*, 853-861.

Henriksen, L., Schleicher, N. C., Feighery, E. C., & Fortmann, S. P. (2010). A longitudinal study of exposure to retail cigarette advertising and smoking initiation. *Pediatrics, 126*(2), 232-238.

Henschke, N., Ostelo, R. W. J. G., van Tulder, M. W., Vlaeyen, J. W. S., Morley, S., Assendelft, W. J. J., & Main, C. J. (2010). Behavioural treatment for chronic low-back pain. *Cochrane Database of Systematic Reviews*, Cochrane Art. No.: CD002014, https://doi.org/10.1002/14651858.CD002014.pub3. https://doi.org/10.1002/14651858.CD002014.pub3

Herbst, A., Kordonouri, O., Schwab, K. O., Schmidt, F., & Holl, R. W. (2007). Impact of physical activity on cardiovascular risk factors in children with Type 1 diabetes. *Diabetes Care, 30*, 2098-2100.

Herd, N., Borland, R., & Hyland, A. (2009). Predictors of smoking relapse by duration of abstinence: Findings from the International Tobacco Control (ITC) Four Country Survey. *Addiction, 104*(12), 2088-2099.

Herman, C. P., & Polivy, J. (2005). Normative influences on food intake. *Physiology and Behavior, 86*, 762-772.

Herman, C. P., van Strien, T., & Polivy, J. (2008). Undereating or eliminating overeating? *American Psychologist, 63*, 202-203.

Hernán, M. A., Jick, S. S., Logroscino, G., Olek, M. J., Ascherio, A., & Jick, H. (2005). Cigarette smoking and the progression of multiple sclerosis. *Brain, 128*(Pt. 6), 1461-1465.

Herring, M. P., O'Connor, P. J., & Dishman, R. K. (2010). The effect of exercise training on anxiety symptoms among patients: A systematic review. *Archives of Internal Medicine, 170*, 321-331.

Herrmann, S., McKinnon, E., John, M., Hyland, N., Martinez, O. P., Cain, A., Turner, K., Coombs, A., Manolikos, C., & Mallal, S. (2008). Evidence-based, multifactorial approach to addressing non-adherence to antiretroviral therapy and improving standards of care. *Internal Medicine Journal, 38*, 8-15. https://doi.org/10.1111/j.1445-5994.2007.01477.x

Herzog, T. (2008). Analyzing the transtheoretical model using the framework of Weinstein, Rothman, and Sutton (1998). The example of smoking cessation. *Health Psychology, 27*, 548-556.

Hession, M., Rolland, C., Kulkarni, U., Wise, A., & Broom, J. (2009). Systematic review of randomized controlled trials of low-carbohydrate vs. low fat/low calorie diets in the management of obesity and its comorbidities. *Obesity Reviews, 10*(1), 36-50.

Hester, R. K., Delaney, H. D., & Campbell, W. (2011). ModerateDrinking.com and moderation management: Outcomes of a randomized clinical trial with non-dependent problems drinkers. *Journal of Consulting and Clinical Psychology, 79*(2), 215-224.

Heyman, G. M. (2013). Addiction and choice: Theory and new data. *Frontiers in Psychiatry, 4*(31), 1-5. https://doi.org/10.3389/fpsyt.2013.00031

Hilbert, A., Petroff, D., Herpertz, S., Pietrowsky, R., Tuschen-Caffier, B., Vocks, S., & Schmidt, R. (2019). Meta-analysis of the efficacy of psychological and medical treatments for binge-eating disorder. Journal of Consulting and Clinical Psychology, 87(1), 91-105. https://doi.org/10.1037/ccp0000358

Hilbert, A., Pike, K. M., Wilfley, D. E., Fairburn, C. G., Dohm, F.-A., & Striegel-Moore, R. H. (2011). Clarifying boundaries of binge eating disorder and psychiatric comorbidity: A latent structure analysis. *Behaviour Research and Therapy, 49*(3), 202-211.

Hilgard, E. R. (1978). Hypnosis and pain. In R. A. Sternbach (Ed.), *The psychology of pain* (p. 219). New York, NY: Raven Press.

Hilgard, E. R., & Hilgard, J. R. (1994). *Hypnosis in the relief of pain* (rev. ed.). Los Altos, CA: Kaufmann.

Hill, J. O., & Wyatt, H. R. (2005). Role of physical activity in preventing and treating obesity. *Journal of Applied Physiology, 99*, 765-770.

Hill, P. L., & Roberts, B. W. (2011). The role of adherence in the relationship between conscientiousness and perceived health. *Health Psychology, 30*, 797-804.

Himmelstein, D. U., Lawless, R. M., Thorne, D., Foohey, P., & Woolhandler, S. (2019). Medical bankruptcy: Still common despite the Affordable Care Act. *American Journal of Public Health, 109*, 431-433, https://doi.org/10.2105/AJPH.2018.304901

Himmelstein, D. U., Thorne, D., Warren, E., & Woolhandler, S. (2009). Medical bankruptcy in the United States, 2007: Results of a national study. *The American Journal of Medicine, 122*, 741-746.

Hind, K., & Burrows, M. (2007). Weight-bearing exercise and bone mineral accrual in children and adolescents: A review of controlled trials. *Bone, 40*, 14-27.

Hingson, R., Heeren, T., Winter, M., & Wechsler, H. (2005). Magnitude of alcohol-related mortality and morbidity among U.S. college students ages 18-24: Changes from 1998 to 2001. Annual Review of Public Health, 26, 259-279.

Hingson, R., Zha, W., & Smyth, D. (2017). Magnitude and trends in heavy episodic drinking, alcohol-impaired driving, and alcohol-related mortality and overdose hospitalizations among emerging adults of college ages 18-24 in the United States, 1998-2014. *Journal of Studies on Alcohol and Drugs, 78*(4), 540-548. https://doi.org/10.15288/jsad.2017.78.540

Hochbaum, G. (1958). *Public participation in medical screening programs* (DHEW Publication No. 572, Public Health Service). Washington, DC: U.S. Government Printing Office.

Hodgins, D. (2005). Can patients with alcohol use disorders return to social drinking? Yes, so what should we do about it? *Canadian Journal of Psychiatry, 50*(5), 264-265.

Hoey, L. M., Ieropoli, S. C., White, V. M., & Jefford, M. (2008). Systematic review of peer-support programs for people with cancer. *Patient Education and Counseling, 70*, 315-337.

Hoeymans, N., van Lindert, H., & Westert, G. P. (2005). The health status of the Dutch population as assessed by the EQ-6D. *Quality of Life Research, 14*, 655-643.

Hoffman, B. M., Papas, R. K., Chatkoff, D. K., & Kerns, R. D. (2007). Meta-analysis of psychological interventions for chronic low back pain. *Health Psychology, 26*, 1-9.

Hoffman, K. M., Trawalter, S., Axt, J. R., & Oliver, M. N. (2016). Racial bias in pain assessment and treatment recommendations, and false beliefs about biological differences between blacks and whites. *Proceedings of the National Academy of Sciences, 113*(16), 4296-4301. https://doi.org/10.1073/pnas.1516047113

Hofmann, S. G., Sawyer, A. T., Witt, A. A., & Oh, D. (2010). The effect of mindfulness-based therapy on anxiety and depression: A meta-analytic review. *Journal of Consulting and Clinical Psychology, 78*(2), 169.

Hogan, B. E., & Linden, W. (2004). Anger responses styles and blood pressure: At least don't ruminate about it! *Annals of Behavioral Medicine, 27*, 38-49.

Hogan, E. M., & McReynolds, C. J. (2004). An overview of anorexia nervosa, bulimia nervosa, and binge eating disorders: Implications for rehabilitation professionals. *Journal of Applied Rehabilitation Counseling, 35*(4), 26-34.

Hogan, N. S., & Schmidt, L. A. (2002). Testing the grief to personal growth model using structural equation modeling. *Death Studies, 26*, 615-634.

Hogg, R. C. (2016). Contribution of monoamine oxidase inhibition to tobacco dependence: A review of the evidence. *Nicotine and Tobacco Research, 18*(5), 509-523.

Holahan, C. J., Schutte, K. K., Brennan, P. L., Holahan, C. K., Moos, B. S., & Moos, R. H. (2010). Late-life alcohol consumption and 20-year mortality. *Alcoholism: Clinical and Experimental Research, 34*(11), 1061-1071.

Holden, C. (2003, 8 de setembro). Party drug paper pulled. *Science Now*, 1-2.

Holick, M. F. (2004). Sunlight and vitamin D for bone health and prevention of autoimmune disease, cancers, and cardiovascular disease. *American Journal of Clinical Nutrition, 80*(Suppl. 6), S1678-S1688.

Holley, A. L., Wilson, A. C., & Palermo, T. M. (2017). Predictors of the transition from acute to persistent musculoskeletal pain in children and adolescents: A prospective study. *Pain, 158*(5), 794-801. https://doi.org/10.1097/j.pain.0000000000000817

Hollis, J. F., Gullion, C. M., Stevens, V. J., Brantley, P. J., Appel, L. J., Ard, J. D., Champagne, C. M., Dalcin, A., Erlinger, T. P., Funk, K., Laferriere, D., Lin, P.-H., Loria, C. M., Samuel-Hodge, C., Vollmer, W. M., Svetkey, L. P., & Weight Loss Maintenance Trial Research Group. (2008). Weight loss during the intensive intervention phase of the weight-loss maintenance trial. *American Journal of Preventive Medicine, 35*, 118-126.

Holman, E. A., Silver, R. C., Poulin, M., Andersen, J., Gil-Rivas, V., & McIntosh, D. N. (2008). Terrorism, acute stress, and cardiovascular health: A 3-year national study following the September 11th attacks. *Archives of General Psychiatry, 65*, 73-80.

Holmes, T. H., & Rahe, R. H. (1967). The Social Readjustment Rating Scale. *Journal of Psychosomatic Research, 11*, 213-218.

Holsti, L., & Grunau, R. E. (2007). Initial validation of the Behavioral Indicators of Infant Pain (BIIP). *Pain, 132*, 264-272.

Holt, L. J., Armeli, S., Tennen, H., Austad, C. S., Raskin, S. A., Fallahi, C. R., Wood, R., Rosen, R. I., Ginley, M. K., & Pearlson, G. D. (2013). A person-centered approach to understanding negative reinforcement drinking among first year college students. *Addictive Behaviors, 38*(12), 2937-2944. https://doi.org/10.1016/j.addbeh.2013.08.015

Holt-Lunstad, J., Birmingham, W., & Jones, B. Q. (2008). Is there something unique about marriage? The relative impact of marital status, relationship quality, and network social support on ambulatory blood pressure and mental health. *Annals of Behavioral Medicine, 35*, 239-244.

Holt-Lunstad, J., Smith, T. B., & Layton, J. B. (2010). Social relationships and mortality risk: A meta-analytic review. *PLoS Med, 7*(7), e1000316. https://doi.org/10.1371/journal.pmed.1000316

Holtzman, D., Bland, S. D., Lansky, A., & Mack, K. A. (2001). HIV-related behaviors and perceptions among adults in 25 states: 1997 Behavioral Risk Factor Surveillance System. *American Journal of Public Health, 91*, 1882-1888.

Hölzel, B. K., Carmody, J., Vangel, M., Congleton, C., Yerramsetti, S. M., Gard, T., & Lazar, S. W. (2011). Mindfulness practice leads to increases in regional brain gray matter density. *Psychiatry Research: Neuroimaging, 191*(1), 36-43. https://doi.org/10.1016/j.pscychresns.2010.08.006

Hooper, M. W., Napoles, A. M., & Perez-Stable, E. J. (2020). COVID-19 and racial/ethnic disparities. *Journal of the American Medical Association*. Publicação on-line em 11 de maio de 2020. https://doi.org/10.1001/jama.2020.8598

Hootman, J. M., Macera, C. A., Ainsworth, B. E., Addy, C. L., Martin, M., & Blair, S. N. (2002). Epidemiology of musculoskeletal injuries among sedentary and physically active adults. *Medicine and Science in Sports and Exercise, 34*, 838-844.

Horne, R., Buick, D., Fisher, M., Leake, H., Cooper, V., & Weinman, J. (2004). Doubts about necessity and concerns about adverse effects: Identifying the types of beliefs that are associated with non-adherence to HAART. *International Journal of STD and AIDS, 15*, 38-44.

Horowitz, S. (2010). Health benefits of meditation: What the newest research shows. *Alternative and Complementary Therapies, 16*(4), 223-228.

Houts, P. S., Doak, C. C., Doak, L. G., & Loscalzo, M. J. (2006). The role of pictures in improving health communication: A review of research on attention, comprehension, recall, and adherence. *Patient Education and Counseling, 61*, 173-190.

"How Ricky Gervais totally lost it." (25 de janeiro de 2012). Recuperado de http://www.menshealth.com/weight-loss/ricky-gervais

Howe, G. W., Levy, M. L., & Caplan, R. D. (2004). Job loss and depressive symptoms in couples: Common stressors, stress transmission, or relationship disruption? *Journal of Family Psychology, 18*, 639-650.

Howe, L. C., Leibowitz, K. A., & Crum, A. J. (2019). When your doctor "gets it" and "gets you": The critical role of competence and warmth in the patient-provider interaction. *Frontiers in Psychiatry, 10*, 475. https://doi.org/10.3389/fpsyt.2019.00475

Hróbjartsson, A., & Gøtzsche, P. C. (2010). Placebo interventions for all clinical conditions. *The Cochrane Database of Systematic Reviews*, Cochrane Art. No.: CD003974. https://doi.org/10.1002/14651858.CD003974.pub3.

Hsiao, A.-F., Ryan, G. W., Hays, R. D., Coulter, I. D., Andersen, R. M., & Wenger, N. S. (2006). Variations in provider conceptions of integrative medicine. *Social Science and Medicine, 62*, 2973-2987.

Hsiao, A.-F., Wong, M. D., Goldstein, M. S., Becerra, L. S., Cheng, E. M., & Wenger, N. S. (2006). Complementary and alternative medicine use among Asian-American subgroups: Prevalence, predictors, and lack of relationship to acculturation and access to conventional health care. *Journal of Alternative and Complementary Medicine, 12*, 1003-1010.

Hsu, C., BlueSpruce, J., Sherman, K., & Cherkin, D. (2010). Unanticipated benefits of CAM therapies for back pain: An exploration of patient experiences. *Journal of Alternative and Complementary Medicine, 16*(2), 157-163.

Hsu, D. T., Sanford, B. J., Meyers, K. K., Love, T. M., Hazlett, K. E., Wang, H., Ni, L., Walker, S. J., Mickey, B. J., Korycinski, S. T., Koeppe, R. A., Crocker, J. K., Langenecker, S. A., & Zubieta, J. K. (2013). Response of the μ-opioid system to social rejection and acceptance. *Molecular Psychiatry, 18*(11), 1211-1217.

Hu, B., Li, W., Wang, X., Liu, L., Teo, K., & Yusuf, S. (2012). Marital status, education, and risk of acute myocardial infarction in mainland China: The INTERHEART study. *Journal of Epidemiology, 22*, 123-129.

Hu, F. B., Stampfer, M. J., Colditz, G. A., Ascherio, A., Rexrode, K. M., Willett, W. C., & Manson, J. E. (2000). Physical activity and risk of stroke in women. *Journal of the American Medical Association, 283*, 7961-7967. https://doi.org/10.1001/jama.283.22.2961

Huang, J.-Q., Sridhar, S., & Hunt, R. H. (2002). Role of *Helicobacter pylori* infection and non-steroidal anti-inflammatory drugs in peptic-ulcer disease: A meta-analysis. *Lancet, 359*, 14-21.

Huang, Z.-G., Feng, Y.-H., Li, Y.-H, & Lv, C.-S. (2017). Systematic review and meta-analysis: Tai chi for preventing falls in older adults. *BMJ Open, 7*: e013661. https://doi.org/10.1136/bmjopen-2016-013661

Hudson, J. I., Hiripi, E., Pope, H. G., Jr., & Kessler, R. C. (2007). The prevalence and correlates of eating disorders in the National Comorbidity Survey replication. *Biological Psychiatry, 61*, 348-358.

Huebner, D. M., & Davis, M. C. (2007). Perceived antigay discrimination and physical health outcomes. *Health Psychology, 26*, 627-634.

Huebner, R. B., & Kantor, L. W. (2011). Advances in alcoholism treatment. *Alcohol Research and Health, 33*(4), 295-299.

Hufford, D. J. (2003). Evaluating complementary and alternative medicine: The limits of science and of scientists. *Journal of Law, Medicine and Ethics, 31*, 198-212.

Hughes, J. (1975). Isolation of an endogenous compound from the brain with pharmacological properties similar to morphine. *Brain Research, 88*, 295-308.

Hughes, J. (2003). Motivating and helping smokers to stop smoking. *Journal of General Internal Medicine, 18*, 1053-1057.

Hughes, J., Gulliver, S. B., Fenwick, J. W., Valliere, W. A., Cruser, K., Pepper, S., Shea, P., Solomon, L. J., & Flynn, B. S. (1992). Smoking cessation among self-quitters. *Health Psychology, 11*, 331-334. https://doi.org/10.1037/0278-6133.11.5.331

Hughes, J. R. (2009). How confident should we be that smoking cessation treatments work? *Addiction, 104*(10), 1637-1640.

Hughes, J. W., Fresco, D. M., Myerscough, R., van Dulmen, M., Carlson, L. E., & Josephson, R. (2013). Randomized controlled trial of mindfulness-based stress reduction for prehypertension. *Psychosomatic Medicine, 75*(8), 721-728.

Huizinga, M. M., Bleich, S. N., Beach, M. C., Clark, J. M., & Cooper, L. A. (2010). Disparity in physician perception of patients' adherence to medications by obesity status. *Obesity, 18*(10), 1932-1937.

Hulme, C., Wright, J., Crocker, T., Oluboyede, Y., & House, A. (2010). Non-pharmacological approaches for dementia that informal carers might try or access: A systematic review. *International Journal of Geriatric Psychiatry, 25*, 756-763.

Humane Society of the United States. (2011). *U.S. pet ownership statistics*. Recuperado de www.humanesociety.org/issues/pet_overpopulation/facts/pet_ownership_statistics.html

Humphrey, L. L., Fu, R., Buckley, D. I., Freeman, M., & Helfand, M. J. (2008). Periodontal disease and coronary heart disease incidence: A systematic review and meta-analysis. *Journal of General Internal Medicine, 23*, 2079-2020.

Humphreys, K., & Moos, R. H. (2007). Encouraging posttreatment self-help group involvement to reduce demand for continuing care services: Two-year clinical and utilization outcomes. *Alcoholism: Clinical and Experimental Research, 31*, 64-68.

Hunt, W. A., Barnett, L. W., & Branch, L. G. (1971). Relapse rates in addiction programs. *Journal of Clinical Psychology, 27*, 455-456.

Huntley, J. D., Gould, R. L., Liu, K., Smith, M., & Howard, R. J. (2015). Do cognitive interventions improve general cognition in dementia? A meta-analysis and meta-regression. *BMJ Open, 5*(4), e005247.

Hurley, S. F., & Matthews, J. P. (2007). The quit benefits model: A Markov model for assessing the health benefits and health care cost savings of quitting smoking. *Cost Effectiveness and Resource Allocation, 5*, 2-20.

Hurt, R. D., Weston, S. A., Ebbert, J. O., McNallan, S. M., Croghan, I. T., Schroeder, D. R., & Roger, V. L. (2012). Myocardial infarction and sudden cardiac death in Olmsted County, Minnesota, before and after smoke-free workplace laws. *Archives of Internal Medicine, 172*(21), 1635-1641.

Hutchinson, A. B., Branson, B. M., Kim, A., & Farnham, P. G. (2006). A meta-analysis of the effectiveness of alternative HIV counseling and testing methods to increase knowledge of HIV status. *AIDS, 20*, 1597-1604.

Huth, M. M., Broome, M. E., & Good, M. (2004). Imagery reduces children's post-operative pain, *Pain, 110*, 439-448.

Huxley, R., Ansary-Moghaddam, A., de González, A. B., Barzi, F., & Woodward, M. (2005). Type-II diabetes and pancreatic cancer: A meta-analysis of 36 studies. *British Journal of Cancer, 92*, 2076-2083.

Huxley, R. R., & Neil, H. A. W. (2003). The relation between dietary flavonol intake and coronary heart disease mortality: A meta-analysis of prospective cohort studies. *Journal of Clinical Nutrition, 57*, 904-908.

I

Iagnocco, A., Perella, C., Naredo, E., Meenagh, G., Ceccarelli, F., Tripodo, E., Basili, S., & Valesini, G. (2008). Etanercept in the treatment of rheumatoid arthritis: Clinical follow-up over one year by ultrasonography. *Clinical Rheumatology, 27*, 491-496. https://doi.org/10.1007/s10067-007-0738-3

Iannotti, R. J., Schneider, S., Nansel, T. R., Haynie, D. L., Plotnick, L. P., Clark, L. M., Sobel, D. O., & Simons-Morton, B. (2006). Self-efficacy, outcome expectations, and diabetes self-management in adolescents with Type 1 diabetes. *Journal of Developmental and Behavioral Pediatrics, 27*, 98-105. https://doi.org/10.1097/00004703-200604000-00003.

Iceta, S., Julien, B., Seyssel, K., Lambert-Porcheron, S., Segrestin, B., Blond, E., Cristini, P., Laville, M., & Disse, E. (2019). Ghrelin concentration as an indicator of eating-disorder risk in obese women. *Diabetes & Metabolism, 45*(2), 260-166. https://doi.org/10.1016/j.diabet.2018.01.006

Ickovics, J. R., Milan, S., Boland, R., Schoenbaum, E., Schuman, P., Vlahov, D. & HIV Epidemiology Research Study (HERS) Group. (2006). Psychological resources protect health: 5-year survival and immune function among HIV-infected women from four US cities. *AIDS, 20*, 1851-1860. https://doi.org/10.1097/01.aids.0000244204.95758.15

Iglesias, S. L., Azzara, S., Squillace, M., Jeifetz, M., Lores Arnais, M. R., Desimone, M. F., & Diaz, L. E. (2005). A study on the effectiveness of a stress management programme for college students. *Pharmacy Education, 5*, 27-31.

Ijadunola, K. T., Abiona, T. C., Odu, O. O., & Ijadunola, M. Y. (2007). College students in Nigeria underestimate their risk of contracting HIV/AIDS infection. *European Journal of Contraception and Reproductive Health Care, 12*, 131-137.

Ilies, R., Schwind, K. M., Wagner, D. T., Johnson, M. D., DeRue, D. S., & Ilgen, D. R. (2007). When can employees have a family life? The effects of daily workload and affect on work-family conflict and social behaviors at home. *Journal of Applied Psychology, 92*, 1368-1379.

Imes, R. S., Bylund, C. L., Sabee, C. M., Routsong, T. R., & Sanford, A. A. (2008). Patients' reasons for refraining from discussing Internet health information with their healthcare providers. *Health Communication, 23*, 538-547.

Ingargiola, M. J., Tokakef, S., Chung, M. T., Vasconez, H. C., & Saski, G. H. (2015). Cryolipolysis for fat reduction and body contouring: Safety and efficacy of current treatment paradigms. *Plastic and Reconstructive Surgery, 135*(6), 1581-1590. https://doi.org/10.1097/PRS.0000000000001236

Ingersoll, K. S., & Cohen, J. (2008). The impact of medication regimen factors on adherence to chronic treatment: A review of the literature. *Journal of Behavioral Medicine, 31*, 213-224.

Ingraham, B. A., Bragdon, B., & Nohe, A. (2008). Molecular basis for the potential of vitamin D to prevent cancer. *Current Medical Research and Opinion, 24*, 139-149.

Innes, K. E., & Vincent, H. K. (2007). The influence of yoga-based programs on risk profiles in adults with Type 2 diabetes mellitus: A systematic review. *Evidence Based Complementary and Alternative Medicine, 4*, 469-486.

Institute of Medicine (IOM). (2002). *Unequal treatment: Confronting racial and ethnic disparities in health care*. Washington, DC: Author.

Institute of Medicine (IOM) (2010). *Value in health care: Accounting for cost, quality, safety, outcomes, and innovations: Workshop summary*. Washington, DC: Author.

Institute of Medicine (IOM). (2011). *Relieving pain in America: A blueprint for transforming prevention, care, education, and research*. Washington, DC: Author.

Institute of Medicine (IOM). (2012). *Front-of-package nutrition rating systems and symbols: Promoting healthier choices*. Washington, DC: Author.

International Agency for Research on Cancer Working Group on artificial ultraviolet (UV) light and skin cancer (IARC). (2007). The association of use of sunbeds with cutaneous malignant melanoma and other skin cancers: A systematic review. *International Journal of Cancer, 120*, 1116-1122.

International Association for the Study of Pain (IASP), Subcommittee on Taxonomy. (1979). Pain terms: A list with definitions and notes on usage. *Pain, 6*, 249-252.

Iqbal, R., Anand, S., Ounpuu, S., Islam, S., Zhang, X., Rangarajan, S., Chifamba, J., Al-Hinai, A., Keltai, M., Yusuf, S. & INTERHEART Study Investigators. (2008). Dietary patterns and the risk of acute myocardial infarction in 52 countries: Results of the INTERHEART study. *Circulation, 118*, 1929-1937. https://doi.org/10.1161/CIRCULATIONAHA.107.738716

Iribarren, C., Darbinian, J. A., Lo, J. C., Fireman, B. H., & Go, A. S. (2006). Value of the sagittal abdominal diameter in coronary heart disease risk assessment: Cohort study in a large, multiethnic population. *American Journal of Epidemiology, 164*, 1150-1159.

Iribarren, C., Sidney, S., Bild, D. E., Liu, K., Markovitz, J. H., Roseman, J. M., & Matthews, K. (2000). Association of hostility with coronary artery calcification in young adults. *Journal of the American Medical Association, 283*, 2546-2551.

Ironson, G., Weiss, S., Lydston, D., Ishii, M., Jones, D., Asthana, D., Tobin, J., Lechner, S., Laperriere, A, Scheniderman, N., & Antoni, M. (2005). The impact of improved self-efficacy on HIV viral load and distress in culturally diverse women living with AIDS: The SMART/EST women's project. *AIDS Care, 17*, 222-236. https://doi.org/10.1080/09540120512331326365

Irwin, D. E., Milsom, I., Kopp, Z., Abrams, P., & EPIC Study Group. (2008). Symptom bother and health care-seeking behavior among individuals with overactive bladder. *European Urology, 53*, 1029-1039.

Irwin, M. R. (2008). Human psychoneuroimmunology: 20 years of discovery. *Brain, Behavior and Immunity, 22*, 129-139.

Irwin, M. R., Pike, J. L., Cole, J. C., & Oxman, M. N. (2003). Effects of a behavioral intervention, tai chi chih, on varicella-zoster virus specific immunity and health functioning in older adults. *Psychosomatic Medicine, 65*, 824-830.

Isaacson, W. (2011). *Steve Jobs*. New York, NY: Simon and Schuster.

Islam, T., Gauderman, W. J., Berhane, K., McConnell, R., Avol, E., Peters, J. M., & Gilliland, F. D. (2007). Relationship between air pollution, lung function and asthma in adolescents. *Thorax, 62*, 957-963. https://doi.org/10.1136/thx.2007.078964

Iso, H., Rexrode, K. M., Stampfer, M. J., Manson, J. E., Colditz, G. A., Speizer, F. E., Hennekens, C. H., & Willett, W. C. (2001). Intake of fish and omega-3 fatty acids and risk of stroke in women. *Journal of the American Medical Association, 285*, 304-312. https://doi.org/10.1001/jama.285.3.304

Ito, T., Takenaka, K., Tomita, T., & Agari, I. (2006). Comparison of ruminative responses with negative rumination as a vulnerability factor for depression. *Psychological Reports, 99*, 763-772.

Ivanovski, B., & Malhi, G. S. (2007). The psychological and neurophysiological concomitants of mindfulness forms of meditation. *Acta Neuropsychiatrica, 19*(2), 76-91.

Iwamoto, D. K., Cheng, A., Lee, C. S., Takamatsu, S., & Gordon, D. (2011). "Man-ing" up and getting drunk: The role of masculine norms, alcohol intoxication and alcohol-related problems among college men. *Addictive Behaviors*, *36*(9), 906-911.

J

Jackson, G. (2004). Treatment of erectile dysfunction in patients with cardiovascular disease: Guide to drug selection. *Drugs*, *64*, 1533-1545.

Jackson, K. M., Sher, K. J., Gotham, H. J., & Wood, P. K. (2001). Transitioning into and out of large-effect drinking in young adulthood. *Journal of Abnormal Psychology*, *110*, 378-391.

Jacobs, G. D. (2001). Clinical applications of the relaxation response and mind-body interventions. *Journal of Alternative and Complementary Medicine*, *7*(Suppl. 1), 93-101.

Jacobs, W., Amuta, A. O., & Jeon, K. C. (2017). Health information seeking in the digital age: An analysis of health information seeking behavior among US adults. *Cogent Social Sciences*, *3*(1), 1302785. http://dx.doi.org/10.1080/23311886.2017.1302785

Jacobson, E. (1938). *Progressive relaxation: A physiological and clinical investigation of muscle states and their significance in psychology and medical practice* (2nd ed.). Chicago, IL: University of Chicago Press.

Jager, R. D., Mieler, W. F., & Miller, J. W. (2008). Age-related macular degeneration. *New England Journal of Medicine*, *358*, 2606-2617.

Jagger, C., Gillies, C., Moscone, F., Cambois, E., Van Oyen, H., Nusselder, W., Robine, J.-M., & EHLEIS Team. (2009). Inequalities in healthy life years in the 25 countries of the European Union in 2005: A cross-national meta-regression analysis. *The Lancet*, *372*, 2124-2131. https://doi.org/10.1016/S0140-6736(08)61594-9

Jahnke, R., Larkey, L., Rogers, C., & Etnier, J. (2010). A comprehensive review of health benefits of qigong and tai chi. *American Journal of Health Promotion*, *24*(6), e1-e25.

Jakicic, J. M., & Otto, A. D. (2005). Physical activity considerations for the treatment and prevention of obesity. *American Journal of Clinical Nutrition*, *82*(Suppl. 1), 226S-229S.

Janssen, R. S., Onorato, I. M., Valdiserri, R. O., Durham, T. M., Nichols, W. P., Seiler, E. M., & Jaffe, H. W. (2003). Advancing HIV prevention: New strategies for a changing epidemic—United States, 2003. *Morbidity and Mortality Weekly Report*, *52*, 329-332.

Jay, S. M., Elliott, C. H., Woody, P. D., & Siegel, S. (1991). An investigation of cognitive-behavior therapy combined with oral valium for children undergoing painful medical procedures. *Health Psychology*, *10*, 317-322.

Jayes, L., Haslam, P. L., Gratziou, C., Powell, P., Britton, J., Vardavas, C., Jimenez-Ruiz, C., Leonardi-Bee, J., & Tobacco Control Committee of the European Respiratory Society. (2016). SmokeHaz: Systematic reviews and meta-analyses of the effects of smoking on respiratory health. *Chest*, *150*(1), 164-179. https://doi.org/10.1016/j.chest.2016.03.060

Jeffery, R. W., & Harnack, L. J. (2007). Evidence implicating eating as a primary driver for the obesity epidemic. *Diabetes*, *56*, 2673-2676.

Jeffery, R. W., Kelly, K. M., Rothman, A. J., Sherwood, N. E., & Boutelle, K. N. (2004). The weight loss experience: A descriptive analysis. *Annals of Behavioral Medicine*, *27*, 100-106.

Jellinek, E. M. (1960). *The disease concept of alcoholism*. New Haven, CT: College and University Press.

Jenkins, S., & Armstrong, L. (2001). *It's not about the bike: My journey back to life*. New York, NY: Penguin Books.

Jenks, R. A., & Higgs, S. (2007). Associations between dieting and smoking-related behaviors in young women. *Drug and Alcohol Dependence*, *88*, 291-299.

Jensen, M. P., & Karoly, P. (2001). Self-report scales and procedures for assessing pain in adults. In D. C. Turk & R. Melzack (Eds.), *Handbook of pain assessment* (2nd ed., pp. 15-34). New York, NY: Guilford Press.

Jeon, C. Y., Lokken, R. P., Hu, F. B., & van Dam, R. M. (2007). Physical activity of moderate intensity and risk of Type 2 diabetes: A systematic review. *Diabetes Care*, *30*, 744-752.

Jha, A. P., Denkova, E., Zanesco, A. P., Witkin, J. E., Rooks, J., & Rogers, S. L. (2019). Does mindfulness training help working memory 'work' better? *Current Opinion in Psychology*, *28*, 273-278. https://doi.org/10.1016/j.copsyc.2019.02.012

Jha, A. P., Krompinger, J., & Baime, M. J. (2007). Mindfulness training modifies subsystems of attention. *Cognitive, Affective and Behavioral Neuroscience*, *7*, 109-119.

Johansen, C. (2018). The personality and risk for cancer. In C. Johansen (Ed.), *Personality and disease: Scientific proof vs. wishful thinking* (pp. 135-151). Academic Press.

John, U., Meyer, C., Rumpf, H.-J., Hapke, U., & Schumann, A. (2006). Predictors of increased body mass index following cessation of smoking. *American Journal of Addictions*, *15*, 192-197.

Johnson, A., Sandford, J., & Tyndall, J. (2007). Written and verbal information versus verbal information only for patients being discharged from acute hospital settings to home. *Cochrane Database of Systematic Reviews*, Cochrane Art. No.: CD003716, https://doi.org/10.1002/14651858.CD003716.

Johnson, J. (2020, abril 17). Ricky Gervais weight loss: *After Life* star on why he's given up on losing weight. *Express*. Retrieved from https://www.express.co.uk/life-style/diets/1270413/Ricky-Gervais-weight-loss-struggle

Johnson, J. L., Slentz, C. A., Houmard, J. A., Samsa, G. P., Duscha, B. D., Aiken, L. B., McCartney, J. S., Tanner, C. J., & Kraus, W. E. (2007). Exercise training amount and intensity effects on metabolic syndrome (from Studies of a Targeted Risk Reduction Intervention through Defined Exercise). *American Journal of Cardiology*, *100*, 1759-1766. https://doi.org/10.1016/j.amjcard.2007.07.027

Johnson, L. W., & Weinstock, R. S. (2006). The metabolic syndrome: Concepts and controversy. *Mayo Clinic Proceedings*, *81*, 1615-1621.

Johnson, M. I. (2006). The clinical effectiveness of acupuncture for pain relief— You can be certain of uncertainty. *Acupuncture in Medicine*, *24*, 71-79.

Johnson, S. B., Park, H. S., Gross, C. P., & Yu, J. A. (2018). Use of alternative medicine for cancer and its impact on survival. *Journal of the National Cancer Institute*, *110*(1), 121-124. https://doi.org/10.1093/jnci/djx145

Johnson, S. S., Driskell, M.-M., Johnson, J. L., Dyment, S. J., Prochaska, J. O., Prochaska, J. M., & Bourne, L. (2006). Transtheoretical model intervention for adherence to lipid-lowering drugs. *Disease Management*, *9*, 102-114. https://doi.org/10.1089/dis.2006.9.102

Johnston, B. C., Kanters, S., Bandayrel, K., Wu, P., Naji, F., Siemieniuk, R. A., Ball, G. D., Busse, J. W., Thorlund, K., Guyatt, G. Jansen, J. P. & Mills, E. J. (2014). Comparison of weight loss among named diet programs in overweight and obese adults: A meta-analysis. Journal of the American Medical Association, 312(9), 923-933. https://doi.org/10.1001/jama.2014.10397

Johnston, L. D., O'Malley, P. M., Bachman, J. G., & Schulenberg, J. E. (2007). *Monitoring the Future: National survey results on drug use, 1975-2006: Vol. 2. College students and adults ages 19-45* (NIH Publication No. 07-6206). Bethesda, MD: National Institute on Drug Abuse.

Johnston, L. D., Miech, R. A., O'Malley, P. M., Bachman, J. G., Schulenberg, J. E., & Patrick, M. E. (2020). *Monitoring the Future national survey results on drug use, 1975-2019, Overview, key findings on adolescent drug use*. Institute for Social Research, University of Michigan.

Jolliffe, C. D., & Nicholas, M. K. (2004). Verbally reinforcing pain reports: An experimental test of the operant model of chronic pain. *Pain*, *107*, 167-175.

Jones, D., Molitor, D., & Reif, J. (2019). What do workplace wellness programs do? Evidence from the Illinois workplace wellness study. *The Quarterly Journal of Economics*, *134*(4), 1747-1791. https://doi.org/10.1093/qje/qjz023 *Archives of Internal Medicine*, *162*, 2565-2571.

Jones, W. R., & Morgan, J. F. (2010). Eating disorders in men: A review of the literature. *Journal of Public Mental Health*, *9*(2), 23-31.

Jorgensen, R. S., & Kolodziej, M. E. (2007). Suppressed anger, evaluative threat, and cardiovascular reactivity: A tripartite profile approach. *International Journal of Psychophysiology*, *66*, 102-108.

Joseph, P., Leong, D., McKee M., Anand, S. S., Schwalm, J-D., Teo, K., Mente, A., & Yusuf, S. (2017). Reducing the global burden of cardiovascular disease, part 1: The epidemiology and risk factors. *Circulation Research*, *121*(6), 677-694. https://doi.org/10.1161/CIRCRESAHA.117.308903

Joshi, M., Joshi, A., & Bartter, T. (2014). Marijuana and lung disease. *Current Opinion in Pulmonary Medicine*, *20*(2), 173-179.

Jou, J., & Johnson, P. J. (2016). Nondisclosure of complementary and alternative medicine use to primary care: Findings from the 2012 National Health Interview Survey. *JAMA Internal Medicine*, *176*(4), 545-546. https://doi.org/10.1001/jamainternmed.2015.8593

Juliano, L. M., & Griffiths, R. R. (2004). A critical review of caffeine withdrawal: Empirical validation of symptoms and signs, incidence, severity, and associated features. *Psychopharmacology*, *176*, 1-29.

Julien, R. M., Advokat, C., & Comaty, J. E. (2010). *A primer of drug action* (12th ed.). New York, NY: Worth.

Juster, R. P., McEwen, B. S., & Lupien, S. J. (2010). Allostatic load bio-markers of chronic stress and impact on health and cognition. *Neuroscience and Biobehavioral Reviews*, *35*, 2-16.

K

Kabat-Zinn, J. (1993). Mindfulness meditation: Health benefits of an ancient Buddhist practice. In D. Goleman & J. Gurin (Eds.), *Mind/body medicine: How to use your mind for better health* (pp. 259-275). Yonkers, NY: Consumer Reports Books.

Kahende, J. W., Woollery, T. A., & Lee, C.-W. (2007). Assessing medical expenditures on 4 smoking-related diseases, 1996-2001. *American Journal of Health Behavior*, *31*, 602-611.

Kahn, E. B., Ramsey, L. T., Brownson, R. C., Heath, G. W., Howze, E. H., Powell, K. E., Stone, E. J., Rajab, M. W., & Corso, P. (2002). The effectiveness of interventions to increase physical activity: A systematic review. *American Journal of Preventive Medicine*, *22*, 73-107. https://doi.org/10.1016/s0749-3797(02)00434-8

Kahn, H. A. (1963). The relationship of reported coronary heart disease mortality to physical activity of work. *American Journal of Public Health*, *53*, 1058-1067.

Kaholokula, J. K., Saito, E., Mau, M. K., Latimer, R., & Seto, T. B. (2008). Pacific Islanders' perspectives on heart failure management. *Patient Education and Counseling, 70*, 281-291.

Kalichman, S. C., Eaton, L., Cain, D., Cherry, C., Fuhrel-Fortbis, A., Kaufman, M., & Pope, H. (2007). Changes in HIV treatment beliefs and sexual risk behaviors among gay and bisexual men, 1997-2005. *Health Psychology, 26*, 650-656. https://doi.org/10.1037/0278-6133.26.5.650

Kalter, J., Verdonck-de Leeuw, I. M., Sweegers, M. G., Aaronson, N. K., Jacobsen, P. B., Newton, R. U., Courneya, K. S., Aitken, J. F., Armes, J., Arving, C., Boersma, L. J., Braamse, A, M. J., Brandberg, Y., Chambers, S. K., Dekker, J., Ell, K., Ferguson, R. J., Gielissen, M. F. J., ... Buffart, L. M. (2018). Effects and moderators of psychosocial interventions on quality of life, and emotional and social function in patients with cancer: An individual patient data meta-analysis of 22 RCTs. *Psycho-oncology, 27*(4), 1150-1161. https://doi.org/10.1002/pon.4648

Kamarck, T. W., Muldoon, M. F., Shiffman, S. S., & Sutton-Tyrrell, K. (2007). Experiences of demand and control during daily life are predictors of carotid atherosclerotic progression among healthy men. *Health Psychology, 26*, 324-332.

Kambouropoulos, N. (2003). The validity of the tension-reduction hypothesis in alcohol cue-reactivity research. *Australian Journal of Psychology, 55*(S1), 6.

Kamer, A. R., Craig, R. G., Dasanayke, A. P., Brys, M., Glodzik-Sobanska, L., & de Leon, M. J. (2008). Inflammation and Alzheimer's disease: Possible role of periodontal diseases. *Alzheimer's and Dementia, 4*, 242-250.

Kamiya, J. (1969). Operant control of the EEG alpha rhythm and some of its reported effects on consciousness. In C. Tart (Ed.), *Altered states of consciousness* (pp. 519-529). New York, NY: Wiley.

Kann, L., Kitchen, S., Shanklin, S. L., Flint, K. H., Hawkins, J., Harris, W. A., Lowry, R., Olsen, E. O., McManus, T., Chyen, D., Whittle, L., Taylor, E., Demissie, Z. Brener, N., Thornton, J., Moore, J., & Zaza, S. (2014). Youth risk behavior surveillance—2013. *Morbidity and Mortality Weekly Report, 63*(4), 1-168.

Kann, L., McManus, T., Harris, W. A., Shanklin, S. L., Flint, K. H., Queen, B., Lowery, R., Chyen, D., Whittle, L., Thornton, J., Lim, C., Bradford, D., Yamakawa, Y., Leon, M., Brener, N., & Ethier, K. A. (2018). Youth risk behavior surveillance—United States, 2017. *Morbidity and Mortality Weekly Report Surveillance Summary, 67*(8), 1-114. https://doi.org/http://dx.doi.org/10.15585/mmwr.ss6708a1

Kanner, A. D., Coyne, J. C., Schaefer, C., & Lazarus, R. S. (1981). Comparison of two modes of stress measurement: Daily hassles and uplifts versus major life events. *Journal of Behavioral Medicine, 4*, 1-39.

Ka'opua, L. S. I., & Mueller, C. W. (2004). Treatment adherence among Native Hawaiians living with HIV. *Social Work, 49*, 55-62.

Kaplan, R. M., & Bush, J. W. (1982). Health-related quality of life measurement for evaluation research and policy analysis. *Health Psychology, 1*, 61-80.

Kaptchuk, T., Eisenberg, D., & Komaroff, A. (2002). Pondering the placebo effect. *Newsweek, 140*(23), 71, 73.

Kaptchuk, T. J., Friedlander, E., Kelley, J. M., Sanchez, M. N., Kokkotou, E., Singer, J. P., Kowalczykowski, M., Miller, F. G., Kirsch, I. & Lembo, A. J. (2010). Placebos without deception: A randomized controlled trial in irritable bowel syndrome. *PLoS One, 5*, e15591. https://doi.org/10.1371/journal.pone.0015591

Karam, E., Kypri, K., & Salamoun, M. (2007). Alcohol use among college students: An international perspective. *Current Opinion in Psychiatry, 20*, 213-221.

Karavidas, M. K., Tsai, P.-S., Yucha, C., McGrady, A., & Lehrer, P. M. (2006). Thermal biofeedback for primary Raynaud's phenomenon: A review of the literature. *Applied Psychophysiology and Biofeedback, 31*, 203-216.

Karl, A., Mühlnickel, W., Kurth, R., & Flor, H. (2004). Neuroelectric source imaging of steady-state movement-related cortical potentials in human upper extremity amputees with and without phantom limb pain. *Pain, 110*, 90-102.

Karlamangla, A. S., Singer, B. H., Williams, D. R., Schwartz, J. E., Matthews, K. A., Kiefe, C. I., ¶ Seeman, T. E. (2005). Impact of socioeconomic status on longitudinal accumulation of cardiovascular risk in young adults: The CARDIA Study (USA). *Social Science and Medicine, 60*, 999-1015. https://doi.org/10.1016/j.socscimed.2004.06.056

Karoly, P., & Ruehlman, L. S. (2007). Psychosocial aspects of pain-related life task interference: An exploratory analysis in a general population sample. *Pain Medicine, 8*, 563-572.

Karp, A., Andel, R., Parker, M., Wang, H.-X., Winblad, B., & Fratiglioni, L. (2009). Mentally stimulating activities at work during midlife and dementia risk after 75: Follow-up study from the Kungsholmen project. *The American Journal of Geriatric Psychiatry, 17*, 227-236.

Karvinen, K. H., Courneya, K. S., Plotnikoff, R. C., Spence, J. C., Venner, P. M., & North, S. (2009). A prospective study of the determinants of exercise in bladder cancer survivors using the Theory of Planned Behavior. *Supportive Care in Cancer, 17*, 171-179.

Kasl, S. V., & Cobb, S. (1966a). Health behavior, illness behavior, and sick role behavior: I. Health and illness behavior. *Archives of Environmental Health, 12*, 246-266.

Kasl, S. V., & Cobb, S. (1966b). Health behavior, illness behavior, and sick role behavior: II. Sick role behavior. *Archives of Environmental Health, 12*, 531-541.

Kato, M., Noda, M., Inoue, M., Kadowaki, T., & Tsugane, S. (2009). Psychological factors, coffee and risk of diabetes mellitus among middle-aged Japanese: A population-based prospective study in the JPHC study cohort. *Endocrine Journal, 56*, 459-468.

Katon, W. J., Russo, J. E., Heckbert, S. R., Lin, E. H. B., Ciechanowski, P., Ludman, E., Young, B., & Von Korff, M. (2010). The relationship between changes in depression symptoms and changes in health risk behaviors in patients with diabetes. *International Journal of Geriatric Psychiatry, 25*, 466-475. https://doi.org/10.1002/gps.2363

Kaur, S., Cohen, A., Dolor, R., Coffman, C. J., & Bastian, L. A. (2004). The impact of environmental tobacco smoke on women's risk of dying from heart disease: A meta-analysis. *Journal of Women's Health, 13*, 888-897.

Kavookjian, J., Elswick, B. M., & Whetsel, T. (2007). Interventions for being active among individuals with diabetes: A systematic review of the literature. *Diabetes Educator, 33*, 962-988.

Kawachi, I., Daniels, N., & Robinson, D. E. (2005). Health disparities by race and class: Why both matter. *Health Affairs, 24*, 343-352.

Kaye, W. (2008). Neurobiology of anorexia and bulimia nervosa. *Physiology and Behavior, 94*, 121-135.

Kaye, W. H., Wierenga, C. E., Bailer, U. F., Simmons, A. N., & Bischoff-Grethe, A. (2013). Nothing tastes as good as skinny feels: The neurobiology of anorexia nervosa. *Trends in Neuroscience, 36*(2), 110-120. https://doi.org/10.1016/j.tins.2013.01.003

Keefe, F. J. (1982). Behavioral assessment and treatment of chronic pain: Current status and future directions. *Journal of Consulting and Clinical Psychology, 50*, 896-911.

Keefe, F. J., & Smith, S. J. (2002). The assessment of pain behavior: Implications for applied psychophysiology and future research directions. *Applied Psychophysiology and Biofeedback, 27*, 117-127.

Keefe, F. J., Smith, S. J., Buffington, A. L. H., Gibson, J., Studts, J. L., & Caldwell, D. S. (2002). Recent advances and future directions in the biopsychosocial assessment and treatment of arthritis. *Journal of Consulting and Clinical Psychology, 70*, 640-655.

Keel, P. K., & Brown, T. A. (2010). Update on course and outcome in eating disorders. *International Journal of Eating Disorders, 43*(3), 195-204.

Keel, P. K., & Klump, K. L. (2003). Are eating disorders culture-bound syndromes? Implications for conceptualizing their etiology. *Psychological Bulletin, 129*, 747-769.

Keith, V., Kronenfeld, J., Rivers, P., & Liang, S. (2005). Assessing the effects of race and ethnicity on use of complementary and alternative therapies in the USA. *Ethnicity and Health, 10*, 19-32.

Keller, A., Hayden, J., Bombardier, C., & van Tulder, M. (2007). Effect sizes of non-surgical treatments of non-specific low-back pain. *European Spine Journal, 16*, 1776-1788.

Kelley, G. A., & Kelley, K. S. (2007). Aerobic exercise and lipids and lipoproteins in children and adolescents: A meta-analysis of randomized controlled trials. *Atherosclerosis, 191*, 447-453.

Kelley, K. W., Bluthé, R.-M., Dantzer, R., Zhou, J.-H., Shen, W.-H., Johnson, R. W., & Broussard, S. R. (2003). Cytokine-induced sickness behavior. *Brain, Behavior and Immunity, 17*(S1), 112-118. https://doi.org/10.1016/s0889-1591(02)00077-6.

Kelly, J. A., & Kalichman, S. C. (2002). Behavioral research in HIV/AIDS primary and secondary prevention: Recent advances and future directions. *Journal of Consulting and Clinical Psychology, 70*, 626-639.

Kelly, J. F., Greene, M. C., & Bergman, B. G. (2016). Recovery benefits of the "therapeutic alliance" among 12-step mutual-help organization attendees and their sponsors. *Drug and Alcohol Dependence, 162*, 64-71.

Kelly, J. F., Humphreys, K., & Ferri, M. (2020). Alcoholics Anonymous and other 12-step programs for alcohol use disorder. *Cochrane Database of Systematic Reviews*, Art. No.: CD012880. https://doi.org/10.1002/14651858.CD012880.pub2.

Kelly, J. F., Stout, R. L., Magill, M., & Tonigan, J. S. (2011). The role of Alcoholics Anonymous in mobilizing adaptive social network changes: A prospective lagged mediational analysis. *Drug and Alcohol Dependence, 114*(2/3), 119-126.

Keltner, B., Kelley, F. J., & Smith, D. (2004). Leadership to reduce health disparities. *Nursing Administration Quarterly, 28*, 181-190.

Kemeny, M. E. (2003). The psychobiology of stress. *Current Directions in Psychological Science, 12*, 124-129.

Kemeny, M. E., & Schedlowski, M. (2007). Understanding the interaction between psychosocial stress and immune-related diseases: A stepwise progression. *Brain, Behavior and Immunity, 21*, 1009-1018.

Kemppainen, L. M., Kemppainen, T. T., Reippainen, J. A., Salmenniemi, S. T., & Vuolanto, P. H. (2018). Use of complementary and alternative medicine in Europe: Health-related and sociodemographic determinants. *Scandinavian Journal of Public Health, 46*, 448-455. https://doi.org/10.1177/1403494817733869

Kendler, K. S., Gatz, M., Gardner, C. O., & Pedersen, N. L. (2007). Clinical indices of familial depression in the Swedish Twin Registry. *Acta Psychiatrica Scandinavica, 115*, 214-220.

Kendzor, D. E., Businelle, M. S., Costello, T. J., Castro, Y., Reitzel, L. R., Cofta-Woerpel, L. M., Li, Y., Mazas, C. A., Vidrine, J. I., Cinciripini, Pm N., Greisinger, A. J., & Wetter, D. W. (2010). Financial strain and smoking cessation among racially/ethnically diverse smokers. *American Journal of Public Health, 100*(4), 702-706. https://doi.org/10.2105/AJPH.2009.172676

Kennedy, D. P., Tucker, J. S., Pollard, M. S., Go, M.-H., & Green, H. D. (2011). Adolescent romantic relationships and change in smoking status. *Addictive Behaviors, 36*(4), 320-326.

Keogh, E., Bond, F. W., & Flaxman, P. E. (2006). Improving academic performance and mental health through a stress management intervention: Outcomes and mediators of change. *Behaviour Research and Therapy, 44*, 339-357.

Kerns, R. D., Turk, D. C., & Rudy, T. E. (1985). The West Haven-Yale Multidimensional Pain Inventory. *Pain, 23*, 345-356.

Kerse, N., Buetow, S., Mainous, A. G., III, Young, G., Coster, G., & Arroll, A. (2004). Physician-patient relationship and medication compliance: A primary care investigation. *Annals of Family Medicine, 2*, 455-461.

Kertesz, L. (2003). The numbers behind the news. *Healthplan, 44*(5), 10-14, 16, 18.

Kesmodel, U., Wisborg, K., Olsen, S. F., Henriksen, T. B., & Secher, N. J. (2002). Moderate alcohol intake during pregnancy and the risk of stillbirth and death in the first year of life. *American Journal of Epidemiology, 155*, 305-312.

Kessler, R. C., Petukhova, M., Sampson, N. A., Zaslavsky, A. M., & Wittchen, H. U. (2012). Twelve-month and lifetime prevalence and lifetime morbid risk of anxiety and mood disorders in the United States. *International Journal of Methods in Psychiatric Research, 21*(3), 169-184. https://doi.org/10.1002/mpr.1359

Keys, A., Brozek, J., Henschel, A., Mickelsen, O., & Taylor, H. L. (1950). *The biology of human starvation* (2 Vols.). Minneapolis, MN: University of Minnesota Press.

Khan, C. M., Stephens, M. A. P., Franks, M. M., Rook, K. S., & Salem, J. K. (2012). Influences of spousal support and control on diabetes management through physical activity. *Health Psychology*. 32(7), 739-747. https://doi.org/10.1037/a0028609.

Kharbanda, R., & MacAllister, R. J. (2005). The atherosclerosis time-line and the role of the endothelium. *Current Medicinal Chemistry—Immunology, Endocrine, and Metabolic Agents, 5*, 47-52.

Khaw, K.-T., Wareham, N., Bingham, S., Luben, R., Welch, A., & Day, N. (2004). Association of hemoglobin A1c with cardiovascular disease and mortality in adults: The European Prospective Investigation Into Cancer in Norfolk. *Annals of Internal Medicine, 141*, 413-420.

Khaw, K.-T., Wareham, N., Bingham, S., Welch, A., Luben, R., & Day, N. (2008). Combined impact of health behaviours and mortality in men and women: The EPIC-Norfolk prospective population study. *PLoS Med, 5*, e12.

Khera, R., Murad, M. H., Chandar, A. K., Dulai, P. S., Zhen W., Prokop, L. J., Loomba, R., Camilleri, M., Singh, S., & Wang, Z. (2016). Association of pharmacological treatments for obesity with weight loss and adverse events: A systematic review and meta-analysis. *Journal of the American Medical Association, 315*(22), 2424-2434. https://doi.org/10.1001/jama.2016.7602

Khoo, E. L., Small, R., Cheng, W., Hatchard, T., Glynn, B., Rice, D. B., Skidmore, B., Kenny, S., Hutton, B., & Poulin, P. A. (2019). Comparative evaluation of group-based mindfulness-based stress reduction and cognitive behavioural therapy for the treatment and management of chronic pain: A systematic review and network meta-analysis. *Evidence-Based Mental Health, 22*(1), 26-35. http://dx.doi.org/10.1136/ebmental-2018-300062

Khoramdad, M., Vahedian-azimi, A., Karimi, L., Rahimi-Bashar, F., Amini, H., & Sahebkar, A. (2019), Association between passive smoking and cardiovascular disease: A systematic review and meta-analysis. *IUBMB, 72*(4). https://doi.org/10.1002/iub.2207

Kickbusch, I. (2008). Health literacy: An essential skill for the twenty-first century. *Health Education, 108*, 101-104.

Kiecolt-Glaser, J. K. (1999). Stress, personal relationships, and immune function: Health implications. *Brain, Behavior and Immunity, 13*, 61-72.

Kiecolt-Glaser, J. K., Dura, J. R., Speicher, C. E., Trask, O. J., & Glaser, R. (1991). Spousal caregivers of dementia victims: Longitudinal changes in immunity and health. *Psychosomatic Medicine, 53*(4), 345-362.

Kiecolt-Glaser, J. K., Malarkey, W. B., Cacioppo, J. T., & Glaser, R. (1994). Stressful personal relationships: Immune and endocrine function. In R. Glaser & J. K. Kiecolt-Glaser (Eds.), *Handbook of human stress and immunity* (pp. 321-339). San Diego, CA: Academic Press.

Kiecolt-Glaser, J. K., Marucha, P. T., Malarkey, W. B., Mercado, A. M., & Glaser, R. (1995). Slowing of wound healing by psychological stress. *Lancet, 346*, 1194-1196.

Kiecolt-Glaser, J. K., McGuire, L., Robles, T. F., & Glaser, R. (2002). Emotions, morbidity, and mortality: New perspectives from psychoneuroimmunology. *Annual Review of Psychology, 53*, 83-108.

Kiecolt-Glaser, J. K., & Newton, T. L. (2001). Marriage and health: His and hers. *Psychological Bulletin, 127*, 472-503.

Kim, D., Kawachi, I., Hoorn, S. V., Ezzati, M. (2008). Is inequality at the heart of it? Cross-country associations of income inequality with cardiovascular diseases and risk factors. *Social Science and Medicine, 66*, 1719-1732.

Kim, D. D., & Basu, A. (2016). Estimating the medical care costs of obesity in the United States: Systematic review, meta-analysis, and empirical analysis. *Value in Health, 19*(5). 602-613. https://doi.org/10.1016/j.jval.2016.02.008

Kim, H., Neubert, J. K., Rowan, J. S., Brahim, J. S., Iadarola, M. J., & Dionne, R. A. (2004). Comparison of experimental and acute clinical pain responses in humans as pain phenotypes. *Journal of Pain, 5*, 377-384.

Kim, H. S., Sherman, D. K., & Taylor, S. E. (2008). Culture and social support. *American Psychologist, 63*, 518-526.

Kim, Y., Myung, S.-K., Jeon, Y.-J., Lee, E.-H., Park, C.-H., Seo, H. G., & Huh, B. Y. (2011). Effectiveness of pharmacologic therapy for smoking cessation in adolescent smokers: Meta-analysis of randomized controlled trials. *American Journal of Health-System Pharmacy, 68*(3), 219-226. https://doi.org/10.2146/ajhp100296

Kimball, C. P. (1981). *The biopsychosocial approach to the patient*. Baltimore, MD: Williams and Wilkins.

King, B. A, Homa, D. M., Dube, S. R., & Babb, S. D. (2014). Exposure to secondhand smoke and attitudes toward smoke-free workplaces among employed U.S. adults: findings from the National Adult Tobacco Survey. *Nicotine and Tobacco Research, 16*(10), 1307-1318.

King, D., & Pace, L. (2005, abril). Sports, steroids, and scandals. *Information Today, 22*, 25-27.

King, L., Saules, K. K., & Irish, J. (2007). Weight concerns and cognitive style: Which carries more "weight" in the prediction of smoking among college women? *Nicotine and Tobacco Research, 9*, 535-543.

King, T. K., Matacin, M., White, K. S., & Marcus, B. H. (2005). A prospective examination of body image and smoking cessation in women. *Body Image, 2*, 19-28.

Kirschbaum, C., Tietze, A., Skoluda, N., & Dettenborn, L. (2009). Hair as a retrospective calendar of cortisol production: Increased cortisol incorporation into hair in the third trimester of pregnancy. *Psychoneuroendocrinology, 34*, 32-37.

Kivlinghan, K. T., Granger, D. A., & Booth, A. (2005). Gender differences in testosterone and cortisol response to competition. *Psychoneuroendocrinology, 30*, 58-71.

Kiyohara, C., & Ohno, Y. (2010). Sex differences in lung cancer susceptibility: A review. *Gender Medicine, 7*(5), 381-401.

Klatsky, A. L. (2010). Alcohol and cardiovascular health. *Physiology and Behavior, 100*(1), 76-81.

Klatsky, A. L., & Udaltsova, N. (2007). Alcohol drinking and total mortality risk. *Annals of Epidemiology, 17*(S5), S63-S67.

Klatsky, A. L., & Udaltsova, A. (2013). Abounding confounding. *Addiction, 108*(9), 1549-1552.

Klein, D. A., Bennett, A. S., Schebendach, J., Foltin, R. W., Devlin, M. J., & Walsh, B. T. (2004). Exercise "addiction" in anorexia nervosa: Model development and pilot data. *CNS Spectrums, 9*, 531-537.

Klein, P. J., Baumgarden, J., & Schneider, R. (2019). Qigong and tai chi as therapeutic Exercise: Survey of systematic reviews and meta-analyses addressing physical health conditions. *Alternative Therapies in Health & Medicine, 25*(5), 48-53.

Klein, H., Elifson, K. W., & Sterk, C. E. (2003). "At risk" women who think that they have no chance of getting HIV: Self-assessed perceived risks. *Women and Health, 38*, 47-63.

Klimentidis, Y. C. (2011). Canaries in the coal mine: A cross-species analysis of the plurality of obesity epidemics. *Proceedings of the Royal Society B: Biological Sciences, 278*(1712), 1626-1632.

Kloberdanz, K. (2016). Taxi drivers: Years of living dangerously. *HealthDay*. Recuperado de https://consumer.healthday.com/encyclopedia/work-and-health-41/occupational-health-news-507/taxi-drivers-years-of-living-dangerously-646377.html

Klonoff, E. A., & Landrine, H. (2000). Is skin color a marker for racial discrimination? Explaining the skin color-hypertension relationship. *Journal of Behavioral Medicine, 23*, 329-338.

Kluger, R. (1996). *Ashes to ashes: America's hundred-year cigarette war, the public health and the unabashed triumph of Philip Morris*. New York, NY: Knopf.

Knafl, K. A., & Deatrick, J. A. (2002). The challenge of normalization for families of children with chronic conditions. *Pediatric Nursing, 28*, 49-54.

Knight, S. J., & Emanuel, L. (2007). Processes of adjustment to end-of-life losses: A reintegration model. *Journal of Palliative Medicine, 10*, 1190-1198.

Knott, C., Bell, S., & Britton, A. (2015). Alcohol consumption and the risk of type 2 diabetes: A systematic review and dose-response meta-analysis of more than 1.9 million individuals from 38 observational studies. *Diabetes Care, 38*(9), 1804-1812.

Knutson, K. L., & van Cauter, E. (2008). Associations between sleep loss and increased risk of obesity and diabetes. *Annals of the New York Academy of Sciences, 1129*(Suppl. 1), 287-304.

Knuttgen, H. G. (2007). Strength training and aerobic exercise: Comparison and contrast. *Journal of Strength and Conditioning*, 21, 973-978.
Ko, N.-Y., & Muecke, M. (2005). Reproductive decision-making among HIV-positive couples in Taiwan. *Journal of Nursing Scholarship*, 37, 41-47.
Kochanek, K. D., Murphy, S. L., Xu, J., & Arias, E. (2019). Deaths: Final data for 2017. *National Vital Statistics Reports*, 68(9), 1-76.
Kofman, O. (2002). The role of prenatal stress in the etiology of developmental behavioural disorders. *Neuroscience and Biobehavioral Reviews*, 26, 457-470.
Kohn, L. T., Corrigan, J. M., & Donaldson, M. (Eds.). (1999). *To err is human: Building a safer health system*. Washington, DC: Institute of Medicine.
Köhnke, M. D. (2008). Approach to the genetics of alcoholism: A review based on pathophysiology. *Biochemical Pharmacology*, 75, 160-177.
Kolata, G. (2016, 2 de maio). That lost weight? The body finds it. *New York Times*, A1.
Koopmans, G. T., & Lamers, L. M. (2007). Gender and health care utilization: The role of mental distress and help-seeking propensity. *Social Science and Medicine*, 64, 1216-1230.
Kop, W. J. (2003). The integration of cardiovascular behavioral medicine and psychoneuroimmunology: New developments based on converging research fields. *Brain, Behavior and Immunity*, 17, 233-237.
Kop, W. J., Stein, P. K., Tracy, R. P., Barzilay, J. I., Schulz, R., & Gottdiener, J. S. (2010). Autonomic nervous system dysfunction and inflammation contribute to the increased cardiovascular mortality risk associated with depression. *Psychosomatic Medicine*, 72, 626-635.
Kopnisky, K. L., Stoff, D. M., & Rausch, D. M. (2004). Workshop report: The effects of psychological variables on the progression of HIV-1 disease. *Brain, Behavior and Immunity*, 18, 246-261.
Koppel, B. S. Brust, J. C. M., Fife, T., Bronstein, J., Youssof, S., Gronseth, G., & Gloss, D. (2014). Systematic review: Efficacy and safety of medical marijuana in selected neurologic disorders: Report of the Guideline Development Subcommittee of the *American Academy of Neurology*, 82(17), 1556-1563.
Korous, K. M., Causadias, J. M., & Casper, D. M. (2017). Racial discrimination and cortisol output: A meta-analysis. *Social Science & Medicine*, 193, 90-100. https://doi.org/10.1016/j.socscimed.2017.09.042
Kosok, A. (2006). The moderation management programme in 2004: What type of drinker seeks controlled drinking? *International Journal of Drug Policy*, 17, 295-303.
Koss, M. P. (1990). The women's mental health research agenda: Violence against women. *American Psychologist*, 45, 374-380.
Koss, M. P., Bailey, J. A., Yuan, N. P., Herrara, V. M., & Lichter, E. L. (2003). Depression and PTSD in survivors of male violence: Research and training initiatives to facilitate recovery. *Psychology of Women Quarterly*, 27, 130-142.
Kottow, M. H. (2007). Should research ethics triumph over clinical ethics? *Journal of Evaluation in Clinical Practice*, 13, 695-698.
Koval, J. J., Pederson, L. L., Zhang, X., Mowery, P., & McKenna, M. (2008). Can young adult smoking status be predicted from concern about body weight and self-reported BMI among adolescents? Results from a ten-year cohort study. *Nicotine and Tobacco Research*, 10(9), 1449-1455.
Kowal, J., & Fortier, M. S. (2007). Physical activity behavior change in middle-aged and older women: The role of barriers and of environmental characteristics. *Journal of Behavioral Medicine*, 30, 233-242.
Kozlowski, L. T., Wilkinson, A., Skinner, W., Kent, C., Franklin, T., & Pope, M. (1989). Comparing tobacco cigarette dependence with other drug dependences. *Journal of the American Medical Association*, 261, 898-901.
Krahn, D. D., Kurth, C. L., Gomberg, E., & Drewnowski, A. (2005). Pathological dieting and alcohol use in college women—A continuum of behaviors. *Eating Behaviors*, 6, 43-52.
Kramer, C. K., Mehmood, S., & Suen, R. S. (2019). Dog ownership and survival: A systematic review and meta-analysis. *Circulation: Cardiovascular Quality and Outcomes*, 12(10), e005554. https://doi.org/10.1161/CIRCOUTCOMES.119.005554
Krantz, D. S., & McCeney, K. T. (2002). Effects of psychological and social factors on organic disease: A critical assessment of research on coronary heart disease. *Annual Review of Psychology*, 53, 341-369.
Krantz, G., Forsman, M., & Lundberg, U. (2004). Consistency in physiological stress responses and electromyographic activity during induced stress exposure in women and men. *Integrative Physiological and Behavioral Science*, 39, 105-118.
Krarup, L.-H., Truelsen, T., Pedersen, A., Kerke, H., Lindahl, M., Hansen, L., Schnohr, P., & Boysen, G. (2007). Level of physical activity in the week preceding an ischemic stroke. *Cerebrovascular Disease*, 24, 296-300. https://doi.org/10.1159/000105683
Krewski, D., Lubin, J. H., Zielinski, J. M., Alavanja, M., Catalan, V. S., Field, R. W., Klotz, J. B., Létourneau, E. G., Lynch, C. F., Lyon, J. L., Sandler, D. P., Shoenberg, J. B., Steck, D. J., Stolwijk, J. A., Weingert, M., & Wilcox, H. B. (2006). A combined analysis of North American case-control studies of residential radon and lung cancer. *Journal of Toxicology and Environmental Health*, 69, 533-597. https://doi.org/10.1080/15287390500260945
Krieger, N., Chen, J. T., Waterman, P. D., Rehkopf, D. H., & Subramanian, S. V. (2005). Painting a truer picture of US socioeconomic and racial/ethnic health inequalities: The public health disparities geocoding project. *American Journal of Public Health*, 95, 312-323.
Krisanaprakornkit, T., Krisanaprakornkit, W., Piyavhatkul, N., & Laopaiboon, M. (2006). Meditation therapy for anxiety disorders. *Cochrane Database of Systematic Reviews*, Cochrane Art. No.: CD004998, https://doi.org/10.1002/14651858.CD004998.pub2.
Krishna, S., & Boren, S. A. (2008). Diabetes self-management care via cell phone: A systematic review. *Journal of Diabetes, Science and Technology*, 2, 509-517.
Krishnan-Sarin, S., O'Malley, S., & Krysta, J. H. (2008). Treatment implications. *Alcohol Research and Health*, 31(4), 400-407.
Kristeller, J. L., & Wolever, R. Q. (2011). Mindfulness-based eating awareness training for treating binge eating disorder: The conceptual foundation. *Eating Disorders*, 19, 49-61.
Kröner-Herwig, B. (2009). Chronic pain syndromes and their treatment by psychological interventions. *Current Opinion in Psychiatry*, 22(2), 200-204.
Kronish, I. M., Rieckmann, N., Halm, E. A., Shimbo, D., Vorchheimer, D., Haas, D. C., & Davidson, K. W. (2006). Persistent depression affects adherence to secondary prevention behaviors after acute coronary syndromes. *Journal of General Internal Medicine*, 21, 1178-1183. https://doi.org/10.1111/j.1525-1497.2006.00586.x
Krueger, E. A., Fish, J. N., & Upchurch, D. M. (2020). Sexual orientation disparities in substance use: Investigating social stress mechanisms in a national sample. *American Journal of Preventive Medicine*, 58(1), 59-68. https://doi.org/10.1016/j.amepre.2019.08.034
Kübler-Ross, E. (1969). *On death and dying*. New York, NY: Macmillan.
Kuhnel, J., & Sonnentag, S. (2011). How long do you benefit from vacation? A closer look at the fade-out of vacation effects. *Journal of Organizational Behavior*, 32, 125-143.
Kuk, J. L., & Ardern, C. I. (2009). Influence of age on the association between various measures of obesity and all-cause mortality. *Journal of the American Geriatrics Society*, 57(11), 2007-2084.
Kung, H. C., Hoyert, D. L., Xu, J. Q., & Murphy, S. L. (2008). Deaths: Final data for 2005. *National Vital Statistics Reports*, 56(10), 1-66.
Kuntsche, S., Plant, M. L., Plant, M. A., Miller, P., & Gabriel, G. (2008). Spreading or concentrating drinking occasions—Who is most at risk? *European Addiction Research*, 14(2), 71-81.
Kurland, H. (2000). *History of t'ai chi chu'an*. Recuperado de http://www.dotaichi.com/Articles/HistoryofTaiChi.htm
Kyngäs, H. (2004). Support network of adolescents with chronic disease: Adolescents' perspective. *Nursing and Health Sciences*, 6, 287-293.
Kyu, H. H., Abate, D., Abate, K. H., Abay, S. M., Abbafati, C., Abbasi, N., Abbastabar, H., Foad, A.-A., Abdela, J., Abdelalim, A., Abdollahpour, I., Abdulkader, R. S., Abebe, M., Abebe, Z., Abil, O. Z., Aboyans, V., Abrham, A. R., Abu-Raddad, L. J., Abu-Rmeileh, N. M. E. ... Murray, C. J. L. (2018). Global, regional, and national disability-adjusted life-years (DALYs) for 359 diseases and injuries and healthy life expectancy (HALE) for 195 countries and territories, 1990-2017: A systematic analysis for the Global Burden of Disease Study 2017. *The Lancet*, 392(10159), 1859-1922. https://doi.org/https://doi.org/10.1016/S0140-6736(18)32335-3

L

Laaksonen, M., Talala, K., Martelin, T., Rahkonen, O., Roos, E., Helakorpi, S., Laatikainen, T., & Prätälä, R. (2008). Health behaviours as explanations for educational level differences in cardiovascular and all-cause mortality: A follow-up of 60,000 men and women over 23 years. *European Journal of Public Health*, 18, 38-43. https://doi.org/10.1093/eurpub/ckm051
Lac, A., & Brack, N. (2018). Alcohol expectancies longitudinally predict drinking and the alcohol myopia effects of relief, self-inflation, and excess. *Addictive Behaviors*, 77, 172-179. https://doi.org/10.1016/j.addbeh.2017.10.006
Lai, D. T. C., Cahill, K., Qin, Y., & Tang, J. L. (2010). Motivational interviewing for smoking cessation. *Cochrane Database of Systematic Reviews 2010*, Cochrane Art. No.: CD006936, https://doi.org/10.1002/14651858.CD006936.pub2.
Laitinen, M. H., Ngandu, T., Rovio, S., Helkala, E.-L., Uusitalo, U., Viitanen, M., Nissinen, A., Tuomilehto, J., Soininen, H., & Kivipelto, M. (2006). Fat intake at midlife and risk of dementia and Alzheimer's disease: A population-based study. *Dementia and Geriatric Cognitive Disorders*, 22, 99-107. https://doi.org/10.1159/000093478
Lake, J. (2007). Philosophical problems in medicine and psychiatry, part II. *Integrative Medicine: A Clinician's Journal*, 6(3), 44-47.
Lamptey, P. R. (2002). Reducing heterosexual transmission of HIV in poor countries. *British Medical Journal*, 324, 207-211.
Landolt, A. S., & Milling, L. S. (2011). The efficacy of hypnosis as an intervention for labor and delivery pain: A comprehensive methodological review. *Clinical Psychology Review*, 31(6), 1022-1031.

Landrine, H., & Klonoff, E. A. (1996). The Schedule of Racist Events: A measure of racial discrimination and a study of its negative physical and mental health consequences. *Journal of Black Psychology, 22*, 144-168.

Lang, E. V., Benotsch, E. G., Fick, L. J., Lutgendorf, S., Berbaum, M. L., Berbaum, K. S., Logan, H., & Spiegel, D. (2000). Adjunctive non-pharmacological analgesia for invasive medical procedures: A randomised trial. *Lancet, 355*, 1486-1490. https://doi.org/10.1016/S0140-6736(00)02162-0

Lang, F. R., Baltes, P. B., & Wagner, G. G. (2007). Desired lifetime and end-of-life desires across adulthood from 20 to 90: A dual-source information model. *Journals of Gerontology Series B: Psychological Sciences and Social Sciences, 62B*, 268-276.

Langa, K. M., Foster, N. L., & Larson, E. B. (2004). Mixed dementia: Emerging concepts and therapeutic implications. *Journal of the American Medical Association, 292*, 2901-2908.

Lange, T., Dimitrov, S., & Born, J. (2011). Effects of sleep and circadian rhythm on the human immune system. *Annals of the New York Academy of Sciences, 1193*, 48-59.

Langer, E. J., & Rodin, J. (1976). The effects of choice and enhanced personal responsibility for the aged: A field experiment in an institutional setting. *Journal of Personality and Social Psychology, 34*, 191-198.

Langhorne, P., Coupar, F., & Pollock, A. (2009). Motor recovery after stroke: a systematic review. *The Lancet Neurology, 8*(8), 741-754.

Lanza, S. T., Russell, M. A., & Braymiller, J. L. (2017). Emergence of electronic cigarette use in US adolescents and the link to traditional cigarette use. *Addictive Behaviors, 67*, 38-43. https://doi.org/10.1016/j.addbeh.2016.12.003

López-Moreno, J. A., González-Cuevas, G., Moreno, G., & Navarro, M. (2008). The pharmacology of the endocannabinoid system: Functional structural interactions with other neurotransmitter systems and their repercussions in behavioral addiction. *Addiction Biology, 13*, 160-187.

Largo-Wight, E., Peterson, P. M., & Chen, W. W. (2005). Perceived problem solving, stress, and health among college students. *American Journal of Health Behavior, 29*, 360-370.

Lash, S. J., Stephens, R. S., Burden, J. L., Grambow, S. C., DeMarce, J. M., Jones, M. E., Lozano, E. B., Jeffreys, A. S., Fearer, S. A., & Hormer, R. D. (2007). Contracting, prompting, and reinforcing substance use disorder continuing care: A randomized clinical trial. *Psychology of Addictive Behaviors, 21*, 387-397. https://doi.org/10.1037/0893-164X.21.3.387

Lasser, K. E., Himmelstein, D. U., & Woolhandler, S. (2006). Access to care, health status, and health disparities in the United States and Canada: Results of a cross-national population-based survey. *American Journal of Public Health, 96*, 1300-1307.

Lauerman, J. (18 de janeiro de 2011). Jobs's cancer combined with transplant carries complications. *Bloomberg*. Recuperado de www.bloomberg.com/news/2011-01-17/jobs-s-liver-transplant-complicated-by-cancer-carries-risks-doctors-say.html

Laurent, M. R., & Vickers, T. J. (2009). Seeking health information online: Does Wikipedia matter? *Journal of the American Medical Informatics Association, 16*, 471-479.

Lautenschlager, N. T., Cox, K. L., Flicker, L., Foster, J. K., van Bockxmeer, F. M., Xiao, J., Greenop, K. R., & Almedia, O. P. (2008). Effect of physical activity on cognitive function in older adults at risk for Alzheimer Disease. *Journal of the American Medical Association, 300*, 1027-1037. https://doi.org/10.1001/jama.300.9.1027

LaVeist, T. A., Bowie, J. V., & Cooley-Quille, M. (2000). Minority health status in adulthood: The middle years of life. *Health Care Financing Review, 21*(4), 9-21.

Lavie, C. J., Ozemek, C., Carbone, S., Katzmarzyk, P., & Blair, S. N. (2019). Sedentary behavior, exercise, and cardiovascular health. *Circulation Research, 124*, 799-815. https://doi.org/10.1161/CIRCRESAHA.118.312669

Lavin, R., & Park, J. (2014). A characterization of pain in racially and ethnically diverse older adults: A review of the literature. *Journal of Applied Gerontology, 33*(3), 258-290. https://doi.org/10.1177/0733464812459372

Lawler, P. R., Filion, K. B., & Eisenberg, M. J. (2011). Efficacy of exercise-based cardiac rehabilitation post-myocardial infarction: A systematic review and meta-analysis of randomized controlled trials. *American Heart Journal, 162*, 571-584.

Lawrence, D., Mitrou, F., Sawyer, M. G., & Zubrick, S. R. (2010). Smoking status, mental disorders and emotional and behavioural problems in young people: Child and adolescent component of the National Survey of Mental Health and Wellbeing. *Australian and New Zealand Journal of Psychiatry, 44*(9), 805-814.

Lazarou, J., Pomeranz, B. H., & Corey, P. N. (1998). Incidence of adverse drug reactions in hospitalized patients: A meta-analysis of prospective studies. *Journal of the American Medical Association, 278*, 1200-1205.

Lazarus, R. S. (1984). Puzzles in the study of daily hassles. *Journal of Behavioral Medicine, 7*, 375-389.

Lazarus, R. S. (1993). From psychological stress to the emotions: A history of changing outlooks. *Annual Review of Psychology, 44*, 1-21.

Lazarus, R. S. (2000). Toward better research on stress and coping. *American Psychologist, 55*, 665-673.

Lazarus, R. S., & Cohen, J. (1977). Environmental stress. In I. Altman & J. Wohlwill (Eds.), *Human behavior and environment: Advances in theory and research* (Vol. 2, pp. 89-127). New York, NY: Plenum Press.

Lazarus, R. S., & DeLongis, A. (1983). Psychological stress and coping in aging. *American Psychologist, 38*, 245-254.

Lazarus, R. S., DeLongis, A., Folkman, S., & Gruen, R. (1985). Stress and adaptational outcomes. *American Psychologist, 40*, 770-779.

Lazarus, R. S., & Folkman, S. (1984). *Stress, appraisal, and coping*. New York, NY: Springer.

Lazovich, D., Vogel, R. I., Berwick, M., Weinstock, M. A., Anderson, K. E., & Warshaw, E. M. (2010). Indoor tanning and risk of melanoma: A case-control study in a highly exposed population. *Cancer Epidemiology, Biomarkers, and Prevention, 19*, 1557-1568.

Leahey, T. M., Kumar, R., Weinberg, B. M., & Wing, R. R. (2012). Teammates and social influence affect weight loss outcomes in a team-based weight loss competition. *Obesity, 20*(7), 1413-1418.

Leape, L. L., & Berwick, D. M. (2005). Five years after *To Err Is Human*: What have we learned? *Journal of the American Medical Association, 293*, 2384-2390.

Leavy, J. E., Bull, F. C., Rosenberg, M., & Bauman, A. (2011). Physical activity mass media campaigns and their evaluation: A systematic review of the literature 2003-2010. *Health Education Research, 26*, 1060-1085.

Lebovits, A. (2007). Cognitive-behavioral approaches to chronic pain. *Primary Psychiatry, 14*(9), 48-50, 51-54.

Lee, A., Mavaddat, N., Wilcox, A.N., Cunningham, A. P., Carver, T., Hartley, S., de Villiers, C. B., Izquierdo, A., Simard, J., Schmidt, M. K., Walter, F. M., Chatterjee, N., Garcia-Closas, M., Tischkowitz, M., Pharoah, P., Easton, D. F., & Antoniou, A. C. (2019). BOADICEA: A comprehensive breast cancer risk prediction model incorporating genetic and nongenetic risk factors. *Genetics and Medicine, 21*, 1708-1718. https://doi.org/10.1038/s41436-018-0406-9

Lee, C. M., Rhew, I. C., Patrick, M. E., Fairlie, A. M., & Cronce, J. M. (2018). Learning from experience? The influence of positive and negative alcohol-related consequences on next-day alcohol expectancies and use among college drinkers. *Journal of Studies on Alcohol and Drugs, 79*(3), 465-473. https://doi.org/10.15288/jsad.2018.79.465

Lee, H. S., Engstrom, M., & Petersen, S. R. (2011). Harm reduction in 12 steps: Complementary, oppositional, or something in-between? *Substance Use and Misuse, 46*(9), 1151-1161.

Lee, L. M., Karon, J. M., Selik, R., Neal, J. J., & Fleming, P. L. (2001). Survival after AIDS diagnosis in adolescents and adults during the treatment era, United States, 1984-1997. *Journal of the American Medical Association, 285*, 1308-1315.

Lee, M. S., Kim, M. K., & Ryu, H. (2005). Qi-training (qigong) enhanced immune functions: What is the underlying mechanism? *International Journal of Neuroscience, 115*, 1099-1104.

Lee, M. S., Pittler, M. H., & Ernst, E. (2007a). External qigong for pain conditions: A systematic review of randomized clinical trials. *Journal of Pain, 8*, 827-831.

Lee, M. S., Pittler, M. H., & Ernst, E. (2007b). Tai chi for rheumatoid arthritis: Systematic review. *Rheumatology, 46*(11), 1648-1651.

Lee, P. N., & Forey, B. A. (2006). Environmental tobacco smoke exposure and risk of stroke in nonsmokers: A review with meta-analysis. *Journal of Stroke and Cerebrovascular Diseases, 15*(5), 190-201.

Lee, P. R., Lee, D. R., Lee, P., & Arch, M. (2010). 2010: U.S. drug and alcohol policy, looking back and moving forward. *Journal of Psychoactive Drugs, 42*(2), 99-114.

Leeuw, M., Goossens, M. E. J. B., Linton, S. J., Crombez, G., Boersma, K., & Vlaeyen, J. W. S. (2007). The fear-avoidance model of musculoskeletal pain: Current state of scientific evidence. *Journal of Behavioral Medicine, 30*, 77-94.

Leger, D., Bayon, V., & de Sanctis, A. (2015). The role of sleep in the regulation of body weight. *Molecular and Cellular Endocrinology, 418*, 101-107.

Lemstra, M., Nannapaneni, U., Neudorf, C., Warren, L., Kershaw, T., & Scott, C. (2010). A systematic review of school-based marijuana and alcohol prevention programs targeting adolescents aged 10-15. *Addiction Research and Theory, 18*(1), 84-96.

Lenssinck, M.-L. B., Damen, L., Verhagen, A. P., Berger, M. Y., Passchier, J., & Koes, B. W. (2004). The effectiveness of physiotherapy and manipulation in patients with tension-type headache: A systematic review. *Pain, 112*, 381-388.

Leo, R. J., & Ligot, J. S. A., Jr. (2007). A systematic review of randomized controlled trials of acupuncture in the treatment of depression. *Journal of Affective Disorders, 97*, 13-22.

Leombruni, P., Pierò, A., Lavagnino, L., Brustolin, A., Campisi, S., & Fassino, S. (2008). A randomized, double-blind trial comparing sertraline and fluoxetine

6-month treatment in obese patients with binge eating disorder. *Progress in Neuro-Psychopharmacology and Biological Psychiatry, 32*(6), 1599-1605.

Leon, A. S., & Sanchez, O. A. (2001). Response of blood lipids to exercise training alone or combined with dietary intervention. *Medicine and Science in Sports and Exercise, 33*, S502-S515.

Lepore, S. J., Fernandez-Berrocal, P., Ragan, J., & Ramos, N. (2004). It's not that bad: Social challenges to emotional disclosure enhance adjustment to stress. *Anxiety, Stress and Coping, 17*, 341-361.

Lepore, S. J., Revenson, T. A., Weinberger, S. L., Weston, P., Frisina, P. G., Robertson, R., Portillo, M. M., Jones, H., & Cross, W. (2006). Effects of social stressors on cardiovascular reactivity in black and white women. *Annals of Behavioral Medicine, 31*, 120-127. https://doi.org/10.1207/s15324796abm3102_3

Lerner, J. E., & Robles, G. (2017). Perceived barriers and facilitators to health care utilization in the United States for transgender people: A review of recent literature. *Journal of Health Care for the Poor and Underserved, 28*(1), 127-152. https://doi.org/10.1353/hpu.2017.0014

Leserman, J., Ironson, G., O'Cleirigh, C., Fordiani, J. M., & Balbin, E. (2008). Stressful life events and adherence in HIV. *AIDS Patient Care and STDs, 22*, 403-411.

Lestideau, O. T., & Lavallee, L. F. (2007). Structured writing about current stressors: The benefits of developing plans. *Psychology and Health, 22*, 659-676.

Levenson, J. L., & Schneider, R. K. (2007). Infectious diseases. In J. L. Levenson (Ed.), *Essentials of psychosomatic medicine* (pp. 181-204). Washington, DC: American Psychiatric Publishing.

Levenson, R. W., Sher, K. J., Grossman, L. M., Newman, J., & Newlin, D. B. (1980). Alcohol and stress response dampening: Pharmacological effects, expectancy, and tension reduction. *Journal of Abnormal Psychology, 89*, 528-538.

Levenstein, S. (2000). The very model of a modern etiology: A biopsychosocial view of peptic ulcer. *Psychosomatic Medicine, 62*, 176-185.

Leventhal, H., & Avis, N. (1976). Pleasure, addiction, and habit: Factors in verbal report or factors in smoking behavior? *Journal of Abnormal Psychology, 85*, 478-488.

Leventhal, H., Breland, J. Y., Mora, P. A., & Leventhal, E. A. (2010). Lay representations of illness and treatment: A framework for action. In A. Steptoe (Ed.), *Handbook of behavioral medicine: Methods and application* (pp. 137-154). New York, NY: Springer.

Leventhal, H., Leventhal, E. A., & Cameron, L. (2001). Representations, procedures, and affect in illness self-regulation: A perceptual-cognitive model. In A. Baum, T. A. Revenson, & J. E. Singer (Eds.), *Handbook of health psychology* (pp. 19-47). Mahwah, NJ: Erlbaum.

Levi, L. (1974). Psychosocial stress and disease: A conceptual model. In E. K. E. Gunderson & R. H. Rahe (Eds.), *Life stress and illness* (pp. 8-33). Springfield, IL: Thomas.

Levin, T., & Kissane, D. W. (2006). Psychooncology—The state of its development in 2006. *European Journal of Psychiatry, 20*, 183-197.

Levy, D., & Brink, S. (2005). *A change of heart: How the people of Framingham, Massachusetts, helped unravel the mysteries of cardiovascular disease.* New York, NY: Knopf.

Lewandowska, A. M., Rudzki, M., Rudzki, S., Lewandowski, T., & Laskowska, B. (2019). Environmental risk factors for cancer. *Annals of Agricultural and Environmental Medicine, 26*(1), 1-7. https://doi.org/10.26444/aaem/94299

Lewing, B., & Sansgiry, S. S. (2018). Examining costs, utilization, and driving factors of complementary and alternative medicine (CAM) services. *Value in Health, 21* (Suppl. 1). https://doi.org/https://doi.org/10.1016/j.jval.2018.04.657

Lewis, E. T., Combs, A., & Trafton, J. A. (2010). Reasons for under-use of prescribed opioid medications by patients in pain. *Pain Medicine, 11*, 861-871.

Lewis, M., & Johnson, M. I. (2006). The clinical effectiveness of therapeutic massage for musculoskeletal pain: A systematic review. *Physiotherapy, 92*, 146-158.

Li, G., Zhan, P., Wang, J., Gregg, E. W., Yang, W., Gong, Q., Li, H., Li, H., Jiang, Y., An, Y., Shuai, Y., Zhang, B., Zhang, J., Thompaon, T., Gerzoff, R. B., Roglic, G., Hu, Y., & Bennett, P. H. (2008). The long-term effect of lifestyle interventions to prevent diabetes in the China Da Qing Diabetes Prevention Study: A 20-year follow-up study. *The Lancet, 371*, 1783-1789. https://doi.org/10.1016/S0140-6736(08)60766-7

Li, Q.-Z., Li, P., Garcia, G. E., Johnson, R. J., & Feng, L. (2005). Genomic profiling of neutrophil transcripts in Asian qigong practitioners: A pilot study in gene regulation by mind-body interaction. *Journal of Alternative and Complementary Medicine, 11*, 29-39.

Li, Y., Long, H., Chu, L., Liu, F., Tian, T., & He, D. (2015). Studies on the association between Alzheimer's disease and vascular risk factors: Reports from China. *Chinese Journal of Contemporary neurology and Neurosurgery, 15*(7), 518-523.

Liang, X., Wang, Q., Yang, X., Cao, J., Chen, J., Mo, X., Huang, J., Wang, L., & Gu, D. (2011). Effect of mobile phone intervention for diabetes on glycaemic control: A meta-analysis. *Diabetic Medicine, 28*, 455-463. https://doi.org/10.1111/j.1464-5491.2010.03180.x

Lichtenstein, B. (2005). Domestic violence, sexual ownership, and HIV risk in women in the American deep south. *Social Science and Medicine, 60*, 701-715.

Lieberman, M. A., & Goldstein, B. A. (2006). Not all negative emotions are equal: The role of emotional expression in online support groups for women with breast cancer. *Psycho-Oncology, 15*, 160-168.

Lieberman, M. D., Eisenberger, N. I., Crockett, M. J., Tom, S. M., Pfeifer, J. H., & Way, B. M. (2007). Putting feelings into words. *Psychological Science, 18*(5), 421-428. https://doi.org/10.1111/j.1467-9280.2007.01916.x

Lieberman, M. D., Inagaki, T. K., Tabibnia, G., & Crockett, M. J. (2011). Subjective responses to emotional stimuli during labeling, reappraisal, and distraction. *Emotion, 11*(3), 468. http://dx.doi.org/10.1037/a0023503

Liechty, J. M. (2010). Body image distortion and three types of weight loss behaviors among nonoverweight girls in the United States. *Journal of Adolescent Health, 47*(2), 176-182.

Ligier, S., & Sternberg, E. M. (2001). The neuroendocrine system and rheumatoid arthritis: Focus on the hypothalamo-pituitary-adrenal axis. In R. Ader, D. L. Felten, & N. Cohen (Eds.), *Psychoneuroimmunology* (3rd ed., Vol. 2, pp. 449-469). San Diego, CA: Academic Press.

Lillie-Blanton, M., Maddox, T. M., Rushing, O., & Mensah, G. A. (2004). Disparities in cardiac care: Rising to the challenge of *Healthy People 2010. Journal of the American College of Cardiology, 44*, 503-508.

Lin, P., Li, L., Wang, Y., Zhao, Z., Lu, G., Chen, W., Tao, H., & Gao, X. (2018). Type D personality, but not Type A behavior pattern, is associated with coronary plaque vulnerability. *Psychology, Health & Medicine, 23*(2), 216-221. https://doi.org/10.1080/13548506.2017.1344254

Lin, Y., Furze, G., Spilsbury, K., & Lewin, R. J. (2009). Misconceived and maladaptive beliefs about heart disease: A comparison between Taiwan and Britain. *Journal of Clinical Nursing, 18*, 46-55.

Lincoln, K. D., Chatters, L. M., & Taylor, R. J. (2003). Psychological distress among Black and White Americans: Differential effects of social support, negative interaction and personal control. *Journal of Health and Social Behavior, 44*, 390-407.

Linde, K., Allais, G., Brinkhaus, B., Fei, Y., Mehring, M., Shin, B.-C., Vickers, A. & White, A. R. (2016). Acupuncture for tension-type headache. *Cochrane Database Systematic Reviews.* https://doi.org/10.1002/14651858.CD007587.pub2

Linde, K., Atmann, O., Meissner, K., Schneider, A., Meister, R., Kriston, L., & Werner, C. (2018). How often do general practitioners use placebos and non-specific interventions? Systematic review and meta-analysis of surveys. *PloS One, 13*(8). https://doi.org/10.1371/journal.pone.0202211

Linde, K., Berner, M. M., & Kriston, L. (2008). St. John's wort for major depression. *Cochrane Database of Systematic Reviews, 2008*, Issue 4. Cochrane, Art. No.: CD000448, https://doi.org/10.1002/14651858.CD000448.pub3.

Linde, K., Witt, C. M., Streng, A., Weidenhammer, W., Wagenfeil, S., Brinkhaus, B., Willich, S. N., & Melchart, D. (2007). The impact of patient expectations on outcomes in four randomized controlled trials of acupuncture in patients with chronic pain. *Pain, 128*, 264-271. https://doi.org/10.1016/j.pain.2006.12.006

Lindstrom, H. A., Fritsch, T., Petot, G., Smyth, K. A., Chen, C. H., Debanne, S. M., Lerner, A. J., & Friedland, R. P. (2005). The relationship between television viewing in midlife and the development of Alzheimer's disease in a case-control study. *Brain and Cognition, 58*, 157-165. https://doi.org/10.1016/j.bandc.2004.09.020

Lints-Martindale, A. C., Hadjistavropoulos, T., Barber, B., & Gibson, S. J. (2007). A psychophysical investigation of the Facial Action Coding System as an index of pain variability among older adults with and without Alzheimer's disease. *Pain Medicine, 8*, 678-689.

Lippi, G., Favaloro, E. J., & Sanchis-Gomar, F. (2018). Sudden cardiac and noncardiac deaths in sports: Epidemology, causes, pathogenesis, and prevention. *Seminars in Thrombosis and Hemostasis, 44*(8), 780-786. https://doi.org/10.1055/s-0038-1661334

Lippke, S., Schwarzer, R., Ziegelmann, J. P., Scholz, U., & Schuz, B. (2010). Testing stage-specific effects of a stage-matched intervention: A randomized controlled trial targeting physical exercise and its predictors. *Health Education and Behavior, 37*, 533-546.

Lippke, S., Ziegelmann, J., & Schwarzer, R. (2004). Initiation and maintenance of physical exercise: Stage-specific effects of a planning intervention. *Research in Sports Medicine: An International Journal, 12*, 221-240.

Lipton, R. B., Bigal, M. E., Diamond, M., Freitag, F., Reed, M. L., & Stewart, W. F. (2007). Migraine prevalence, disease burden, and the need for preventive therapy. *Neurology, 68*, 343-349.

Litz, B. T., Williams, L., Wang, J., Bryant, R., & Engel, C. C. (2004). A therapist-assisted Internet self-help program for traumatic stress. *Professional Psychology: Research and Practice, 35*, 628-634.

Liu, H., Golin, C. E., Miller, L. G., Hays, R. D., Beck, C. K., Sanandji, S., Christian, J., Maldonade, T., Duran, D., Kaplan, A. H., & Wenger, N. S. (2001). A comparison study of multiple measures of adherence to HIV protease inhibitors. *Annals of Internal Medicine, 134*, 968-977. https://doi.org/10.7326/0003-4819-134-10-200105150-00011

Livermore, M. M., & Powers, R. S. (2006). Unfulfilled plans and financial stress: Unwed mothers and unemployment. *Journal of Human Behavior in the Social Environment, 13*, 1-17.

Livingstone-Banks, J., Norris, E., Hartmann-Boyce, J., West, R., Jarvis, M., Chubb, E., & Hajek, P. (2019). Relapse prevention interventions for smoking cessation, *Cochrane Database of Systematic Reviews 2019*, Issue 2. Art. No.: CD003999. https://doi.org/10.1002/14651858.CD003999.pub5.

Livneh, H., & Antonak, R. F. (2005). Psychosocial adaptation to chronic illness and disability: A primer for counselors. *Journal of Counseling and Development, 83*, 12-20.

Livneh, H., Lott, S. M., & Antonak, R. F. (2004). Patterns of psychosocial adaptation to chronic illness and disability: A cluster analytic approach, *Psychology, Health and Medicine, 9*, 411-430.

Llewellyn, A., Simmonds, M., Owen, C. G., Woolacott, N. (2016). Childhood obesity as a predictor of morbidity in adulthood: A systematic review and meta-analysis. *Obesity Reviews, 17*(1), 56-67.

Lloyd-Williams, M., Dogra, N., & Petersen, S. (2004). First year medical students' attitudes toward patients with life-limiting illness: Does age make a difference? *Palliative Medicine, 18*, 137-138.

Lobo, A., Dufouil, C., Marcos, G., Quetglas, B., Saz, P., & Guallar, E. (2010). Is there an association between low-to-moderate alcohol consumption and risk of cognitive decline? *American Journal of Epidemiology, 172*(6), 708-716.

Locher, J. L., Yoels, W. C., Maurer, D., & Van Ells, J. (2005). Comfort foods: An exploratory journey into the social and emotional significance of food. *Food and Foodways: History and Culture of Human Nourishment, 13*, 273-297.

Lock, K., Pomerleau, J., Causer, L., Altmann, D. R., & McKee, M. (2005). The global burden of disease attributable to low consumption of fruit and vegetables: Implications for the global strategy on diet. *Bulletin of the World Health Organization, 83*, 100-108.

Locke, J., le Grange, D., Agras, W. S., & Dare, C. (2001). *Treatment manual for anorexia nervosa: A family-based approach*. New York, NY: Guilford Press.

Loftus, M. (1995). The other side of fame. *Psychology Today, 28*(3), 48-53, 70, 72, 74, 76, 78, 80-81.

Logan, D. E., & Rose, J. B. (2004). Gender differences in post-operative pain and patient controlled analgesia use among adolescent surgical patients. *Pain, 109*, 481-487.

Loggia, M. L., Juneau, M., & Bushnell, M. C. (2011). Autonomic responses to heat pain: Heart rate, skin conductance, and their relation to verbal ratings and stimulus intensity. *Pain, 152*, 592-598.

Lohaus, A., & Klein-Hessling, J. (2003). Relaxation in children: Effects of extended and intensified training. *Psychology and Health, 18*, 237-249.

Longman, M. (2019, 1º de outubro). Nick Jonas says he was close to a coma before diabetes diagnosis. Recuperado de refinery29.com. https://www.refinery29.com/en-us/2019/10/8507213/nick-jonas-type-1-diabetes-coma

Lopez, C., Antoni, M., Penedo, F., Weiss, D., Cruess, S., Segotas, M., Helder, L., Siegel, S., Klimas, N., & Fletcher, M. A. (2011). A pilot study of cognitive behavioral stress management effects on stress, quality of life, and symptoms in persons with chronic fatigue syndrome. *Journal of Psychosomatic Research, 70*, 328-334. https://doi.org/10.1016/j.jpsychores.2010.11.010

Lotta, L. A., Abbasi, A., Sharp, S. J., Sahlqvist, A.-S., Waterworth, D., Brosnan, J. M., Scott, R. A., Langenberg, C., & Wareham, N. J. (2015). Definitions of metabolic health and risk of future Type 2 diabetes in BMI categories: A systematic review and network meta-analysis. *Diabetes Care, 38*(11), 2177-2187. https://doi.org/10.2337/dc15-1218

Lotufo, P. A., Gaziano, J. M., Chae, C. U., Ajani, U. A., Moreno-John, G., Buring, J. E., & Manson, J. E. (2001). Diabetes and all-cause and coronary heart disease mortality among US male physicians. *Archives of Internal Medicine, 161*, 242-247. https://doi.org/10.1001/archinte.161.2.242

Loukola, A., Wedenoja, J., Keskitalo-Vuokko, K., Broms, U., Korhonen, T., Ripatti, S., Sarin, A.-P., Pitkäniemi, J., He, L., Häppölä, A., Heikkilä, K., Chou, Y.-L., Pergadia, M. L., Heath, A. C., Montgomery, G. W., Martin, N. G., Madden, P. A. F., & Kaprio, J. (2014). Genome-wide association study on detailed profiles of smoking behavior and nicotine dependence in a twin sample. *Molecular Psychiatry, 19*(5), 615-624. https://doi.org/10.1038/mp.2013.72

Low, C. A., Stanton, A. L., Bower, J. E., & Gyllenhammer, L. (2010). A randomized controlled trial of emotionally expressive writing for women with metastatic breast cancer. *Health Psychology, 29*, 460-466.

Lowes, L., Gregory, J. W., & Lyne, P. (2005). Newly diagnosed childhood diabetes: A psychosocial transition for parents? *Journal of Advanced Nursing, 50*, 253-261.

Lowman, C., Hunt, W. A., Litten, R. Z., & Drummond, D. C. (2000). Research perspectives on alcohol craving: An overview. *Addiction, 95*(Suppl. 2), 45-54.

Lu, Q., & Stanton, A. L. (2010). How benefits of expressive writing vary as a function of writing instructions, ethnicity and ambivalence over emotional expression. *Psychology and Health, 25*, 669-684.

Lucas, A. E. M., Smeenk, F. W. J. M., Smeele, I. J., van Schayck, C. P. (2008). Overtreatment with inhaled corticosteroids and diagnostic problems in primary care patients, an exploratory study. *Family Practice, 25*, 86-91.

Luders, E. (2013). Exploring age-related brain degeneration in meditation practitioners. Annals of the New York Academy of Sciences, 1307, 82-88.

Lundahl, B., & Burke, B. L. (2009). The effectiveness and applicability of motivational interviewing: A practice-friendly review of four meta-analyses. *Journal of Clinical Psychology, 65*, 1232-1245.

Lundahl, B. W., Kunz, C., Brownell, C., Tollefson, D., & Burke, B. L. (2010). A meta-analysis of motivational interviewing: Twenty-five years of empirical studies. *Research on Social Work Practice, 20*(2), 137-160.

Luo, X. (2004). Estimates and patterns of direct health care expenditures among individuals with back pain in the United States. *Spine, 29*, 79-86.

Lüscher, J., & Scholz, U. (2017). Does social support predict smoking abstinence in dual-smoker couples? Evidence from a dyadic approach. Anxiety, Stress & Coping, 30(3), 273-281. https://doi.org/10.1080/10615806.2016.1270448

Lustman, P. J., & Clouse, R. E. (2005). Depression in diabetic patients: The relationship between mood and glycemic control. *Journal of Diabetes and Its Complications, 19*, 113-122.

Lutfey, K. E., & Ketcham, J. D. (2005). Patient and provider assessments of adherence and the sources of disparities: evidence from diabetes care. *Health Services Research, 40*(6p1), 1803-1817.

Lutz, R. W., Silbret, M., & Olshan, W. (1983). Treatment outcome and compliance with therapeutic regimens: Long-term follow-up of a multidisciplinary pain program. *Pain, 17*, 301-308.

Lycett, D., Munafò, M., Johnstone, E., Murphy, M., & Aveyard, P. (2011). Associations between weight change over 8 years and baseline body mass index in a cohort of continuing and quitting smokers. *Addiction, 106*(1), 188-196.

Lynch, H. T., Deters, C. A., Snyder, C. L., Lynch, J. F., Villeneuve, P., Silberstein, J., Martin, H., Narod, S. A., & Brand, R. E. (2005). BRCA1 and pancreatic cancer: Pedigree findings and their causal relationships. *Cancer Genetics and Cytogenetics, 158*, 119-125. https://doi.org/10.1016/j.cancergencyto.2004.01.032

Lyvers, M., Cholakians, E., Puorro, M., & Sundram, S. (2011). Alcohol intoxication and self-reported risky sexual behaviour intentions with highly attractive strangers in naturalistic settings. *Journal of Substance Use, 16*(2), 99-108.

Lyytikäinen, P., Rahkonen, O., Lahelma, E., & Lallukka, T. (2011). Association of sleep duration with weight and weight gain: A prospective follow-up study. *Journal of Sleep Research, 20*(2), 298-302.

M

Ma, Y., Fan, R, & Li, M. D. (2016). Meta-analysis reveals significant association of the 3'-UTR VNTR in SLC6A3 with alcohol dependence. *Alcoholism: Clinical and Experimental Research, 40*(7), 1443-1453.

Maas, P., Barrdahl, M., Joshi, A. D., Auer, P. L., Gaudet, M. M., Milne, R. L. Schumacher, F. R., Anderson. W. F., Check, D., Chattopadhyay, S., Baglietto, L., Berg, C. D., Chanock, S. J., Cox, D. G., Figueroa, J. D., Gail, M. H., Graubard, B. I., Haiman, C. A., Hankinson, S. E., & Chatterjee, N. (2016). Breast cancer risk from modifiable and nonmodifiable risk factors among white women in the United States, *JAMA Oncology, 2*(10), 1295-1302. https://doi.org/10.1001/jamaoncol.2016.1025

MacDonald, G., & Leary, M. R. (2005). Why does social exclusion hurt? The relationship between social and physical pain. *Psychological Bulletin, 131*, 202-223.

MacDougall, J. M., Dembroski, T. M., Dimsdale, J. E., & Hackett, T. P. (1985). Components of Type A, hostility, and anger-in: Further relationships to angiographic findings. *Health Psychology, 4*, 137-142.

Macedo, A., Baños, J.-E., & Farré, M. (2008). Placebo response in the prophylaxis of migraine: A meta-analysis. *European Journal of Pain, 12*, 68-75.

Maciejewski, P. K., Zhang, B., Block, S. D., & Prigerson, H. G. (2007). An empirical examination of the stage theory of grief. *Journal of the American Medical Association, 297*, 716-723.

MacKellar, D. A., Valleroy, L. A., Secura, G. M., Behel, S., Bingham, T., Celentano, D. D., Koblin, B. A., Lalota, M., Shehan, D., Thiede, H., & Torian, L. V. (2007). Perceptions of lifetime risk and actual risk for acquiring HIV among young men who have sex with men. *AIDS and Behavior, 11*, 263-270. https://doi.org/10.1007/s10461-006-9136-0

Mackenbach, J. P., Stirbu, I., Roskam, J.-A. R., Schaap, M. M., Menvielle, G., Leinsalu, M., & Kunst, A. E. (2008). Socioeconomic inequalities in health in 22 European countries. *New England Journal of Medicine, 358*, 2468-2481. https://doi.org/10.1056/NEJMsa0707519

MacLeod, A. K., & Conway, C. (2005). Well-being and the anticipation of future positive experiences: The role of income, social networks, and planning ability. *Cognition and Emotion, 19*(3), 357-374.

Macrodimitris, S. D., & Endler, N. S. (2001). Coping, control, and adjustment in Type 2 diabetes. *Health Psychology, 20*, 208-216.

Madsen, K. M., Hviid, A., Vestergaard, M., Schendel, D., Wohlfahrt, J., Thorsen, P., Olsen, J., & Melbye, M. (2002). A population-based study of measles, mumps, and rubella vaccination and autism. *New England Journal of Medicine, 347*(19), 1477-1482.

Mafi, J. N., McCarthy, E. P., Davis, R. B., & Landon, B. E. (2013). Worsening trends in the management and treatment of back pain. *JAMA Internal Medicine, 173*(17), 1573-1581.

Magura, S. (2007). The relationship between substance user treatment and 12-step fellowships: Current knowledge and research questions. *Substance Use and Misuse, 42*, 343-360.

Mahar, M. (2006). *Money-driven medicine: The real reason health care costs so much*. New York, NY: HarperCollins.

Maier, S. F. (2003). Bi-directional immune-brain communication: Implications for understanding stress, pain, and cognition. *Brain, Behavior and Immunity, 17*, 269-285.

Maier, S. F., & Watkins, L. R. (2003). Immune-to-central nervous system communication and its role in modulating pain and cognition: Implications for cancer and cancer treatment. *Brain, Behavior and Immunity, 17*, 125-131.

Maizels, M., & McCarberg, B. (2005). Antidepressants and antiepileptic drugs for chronic non-cancer pain. *American Family Physician, 71*, 483-490.

Major, B., & O'Brien, L. T. (2005). The psychology of stigma. *Annual Review of Psychology, 56*, 393-421.

Makary, M., & Daniel, M. (2016). Medical error—The third leading cause of death in the US. *British Medical Journal, 353*(2139). http://dx.doi.org/10.1136/bmj.i2139

Ma-Kellams, C., & Blascovich, J. (2011). Culturally divergent responses to mortality salience. *Psychological Science, 22*(8), 1019-1024.

Malaguti, A., Ciocanel, O., Sani, F., Dillon, J. F., Eriksen, A., & Power, K. (2020). Effectiveness of the use of implementation intentions on reduction of substance use: A meta-analysis. *Drug and Alcohol Dependence*, 108120. https://doi.org/10.1016/j.drugalcdep.2020.108120

Malecka-Tendera, E., & Mazur, A. (2006). Childhood obesity: A pandemic of the twenty-first century. *International Journal of Obesity, 30*(Suppl. 2), S1-S3.

Manchikanti, L., Vallejo, R., Manchikanti, K. N., Benyamin, R. M., Datta, S., & Christo, P. J. (2011). Effectiveness of long-term opioid therapy for chronic non-cancer pain. *Pain Physician, 14*, E133-E156.

Mancini, A. D., Bonanno, G. A., & Clark, A. E. (2011). Stepping off the hedonic treadmill: Individual differences in response to major life events. *Journal of Individual Differences, 32*, 144-152.

Mancini, A. D., Griffin, P., & Bonanno, G. A. (2012). Recent trends in the treatment of prolonged grief. *Current Opinion in Psychiatry, 25*, 46-51.

Mandayam, S. (2004). Epidemiology of alcoholic liver disease. *Seminars in Liver Disease, 24*, 217-232.

Manheimer, E., White, A., Berman, B., Forys, K., & Ernst, E. (2005). Meta-analysis: Acupuncture for low back pain. *Annals of Internal Medicine, 142*, 651-663.

Manimala, M. R., Blount, R. L., & Cohen, L. L. (2000). The effects of parental reassurance versus distraction on child distress and coping during immunizations. *Children's Health Care, 29*, 161-177.

Mann, D. M., Ponieman, D., Leventhal, H., & Halm, E. (2009). Predictors of adherence to diabetes medications: The role of disease and medication beliefs. *Journal of Behavioral Medicine, 32*, 278-284.

Mann, D. M., Woodward, M., Muntner, P., Falzon, L., & Kronish, I. (2010). Predictors of nonadherence to statins: A systematic review and meta-analysis. *The Annals of Pharmacotherapy, 44*, 1410-1421.

Mann, K., Aubin, H.-J., & Witkiewitz, K. (2017). Reduced drinking in alcohol dependence treatment, What is the evidence? *European Addiction Research, 23*, 219-230. https://doi.org/10.1159/000481348

Manna, A., Raffone, A., Perrucci, M. G., Nardo, D., Ferretti, A., Tartaro, A., Londei, A., Del Gratta, C., Belardinelli, M. O., & Romani, G. L. (2010). Neural correlates of focused attention and cognitive monitoring in meditation. *Brain Research Bulletin, 82*(1/2), 46-56. https://doi.org/10.1016/j.brainresbull.2010.03.001

Mannan, H. R., Stevenson, C. E., Peeters, A., Walls, H. L., & McNeil, J. J. (2011). Age at quitting smoking as a predictor of risk of cardiovascular disease incidence independent of smoking status, time since quitting and pack-years. *BMC Research Notes, 4*(1), 39-47.

Manne, S. L., & Andrykowski, M. A. (2006). Are psychological interventions effective and accepted by cancer patients? II. Using empirically supported therapy guidelines to decide. *Annals of Behavioral Medicine, 32*, 98-103.

Manne, S. L., Virtue, S. M., Ozga, M., Kashy, D., Heckman, C., Kissane, D., Rosenblum, N., Morgan, M., & Rodriquez, L. (2017). A comparison of two psychological interventions for newly-diagnosed gynecological cancer patients. *Gynecologic Oncology, 144*(2), 354-362. https://doi.org/10.1016/j.ygyno.2016.11.025

Manni, L., Albanesi, M., Guaragna, M., Barbaro Paparo, S., & Aloe, L. (2010). Neurotrophins and acupuncture. *Autonomic Neuroscience: Basic and Clinical, 157*(1/2), 9-17.

Manor, O., Eisenbach, Z., Friedlander, Y., & Kark, J. D. (2004). Educational differentials in mortality from cardiovascular disease among men and women: The Israel Longitudinal Mortality Study. *Annals of Epidemiology, 14*, 453-460.

Mantell, J. E., Stein, Z. A., & Susser, I. (2008). Women in the time of AIDS: Barriers, bargains, and benefits. *AIDS Education and Prevention, 20*, 91-106.

Mantzari, E., Vogt, F., Shemilt, I., Wei, Y., Higgins, J. P., & Marteau, T. M. (2015). Personal financial incentives for changing habitual health-related behaviors: A systematic review and meta-analysis. *Preventive Medicine, 75*, 75-85.

Mao, J. J., Palmer, C. S., Healy, K. E., Desai, K., & Amsterdam, J. (2011). Complementary and alternative medicine use among cancer survivors: A population-based study. *Journal of Cancer Survivorship: Research and Practice, 5*(1), 8-17.

Marcus, D. A. (2001). Gender differences in treatment-seeking chronic headache sufferers. *Headache, 41*, 698-703.

Margolis, R. D., & Zweben, J. E. (2011). *Treating patients with alcohol and other drug problems: An integrated approach* (2nd ed.). Washington, DC: American Psychological Association.

Mariotto, A. B., Yabroff, K. R., Shao, Y., Feuer, E. J., & Brown, M. L. (2011). Projections of the cost of cancer care in the United States: 2010-2020. *Journal of the National Cancer Institute, 103*, 117-128.

Markovitz, J. H., Matthews, K. A., Whooley, M., Lewis, C. E., & Green-lund, K. J. (2004). Increases in job strain are associated with incident hypertension in the CARDIA study. *Annals of Behavioral Medicine, 28*, 4-9.

Marlatt, G. A., Demming, B., & Reid, J. (1973). Loss of control drinking in alcoholics: An experimental analogue. *Journal of Abnormal Psychology, 81*, 233-241.

Marlatt, G. A., & Gordon, J. R. (1980). Determinants of relapse: Implication for the maintenance of behavior change. In P. O. Davidson & S. M. Davidson (Eds.), *Behavioral medicine: Changing health lifestyles* (pp. 410-452). New York: Brunner/Mazel.

Marlatt, G. A., & Rohsenow, D. J. (1980). Cognitive processes in alcohol use: Expectancy and the balanced placebo design. In N. Mello (Ed.), *Advances in substance abuse: Behavioral and biological research* (pp. 159-199). Greenwich, CT: JAI Press.

Marlatt, G. A., & Witkiewitz, K. (2010). Update on harm-reduction policy and intervention research. *Annual Review of Clinical Psychology, 6*, 591-606.

Marques, L., Alegria, M., Becker, A. E., Chen, C.-N., Fang, A., Chosak, A., & Diniz, J. B. (2011). Comparative prevalence, correlates of impairment, and service utilization for eating disorders across US ethnic groups: Implications for reducing ethnic disparities in health care access for eating disorders. *International Journal of Eating Disorders, 44*(5), 412-420. https://doi.org/10.1002/eat.20787

Marquié, L., Raufaste, E., Lauque, D., Mariné, C., Ecoiffier, M., & Sorum, P. (2003). Pain rating by patients and physicians: Evidence of systematic miscalibration. *Pain, 102*, 289-296.

Marsland, A. L., Bachen, E. A., Cohen, S., & Manuck, S. B. (2001). Stress, immunity, and susceptibility to infectious disease. In A. Baum, T. A. Revenson, & J. E. Singer (Eds.), *Handbook of health psychology* (pp. 683-695). Mahwah, NJ: Erlbaum.

Marsland, A. L., Bachen, E. A., Cohen, S., Rabin, B., & Manuck, S. B. (2002). Stress, immune reactivity and susceptibility to infectious disease. *Physiology and Behavior, 77*, 711-716.

Marsland, A.L., Pressman, S.D., & Cohen, S. (2006). Positive affect and immune function. In R. Ader (Ed.), *Psychoneuroimmunology* (pp. 761-779). Elsevier Publications.

Martikainen, P., Valkonen, T., & Martelin, T. (2001). Change in male and female life expectancy by social class: Decomposition by age and cause of death in Finland 1971-95. *Journal of Epidemiology and Community Health, 55*, 494-499.

Martin, C. S., Fillmore, M. T., Chung, T., Easdon, C. M., & Miczek, K. A. (2006). Multidisciplinary perspectives on impaired control over substance use. *Alcoholism: Clinical and Experimental Research, 30*, 265-271.

Martin, P. D., & Brantley, P. J. (2004). Stress, coping, and social support in health and behavior. In J. M. Raczynsky & L. C. Leviton (Eds.), *Handbook of clinical health psychology* (Vol. 2, pp. 233-267). Washington, DC: American Psychological Association.

Martin, P. R., Forsyth, M. R., & Reece, J. (2007). Cognitive-behavioral therapy versus temporal pulse amplitude biofeedback training for recurrent headache. *Behavior Therapy, 38*, 350-363.

Martin, P. R., & Petry, N. M. (2005). Are non-substance-related addictions really addictions? *American Journal on Addictions, 14*, 1-3.

Martin, R., & Leventhal, H. (2004). Symptom perception and health care-seeking behavior. In J. M. Raczynski & L. C. Leviton (Eds.), *Handbook of clinical health psychology* (Vol. 2, pp. 299-328). Washington, DC: American Psychological Association.

Martin, V. T. (2009). Ovarian hormones and pain response: A review of clinical and basic science studies. *Gender Medicine, 6*, 168-192. https://doi.org/10.1016/j.genm.2009.03.006

Martindale, D. (2001, 26 de maio). Needlework: Whether it's controlling the flow of vital energy or releasing painkilling chemicals, acupuncture seems plausible enough. But does it really work? *New Scientist, 170,* 42-45.

Martinez, F. D. (2001). The coming-of-age of the hygiene hypothesis. *Respiratory Research, 2,* 129-132.

Martins, I. J., Hone, E., Foster, J. K., Sünram-Lea, S. I., Gnjec, A., Fuller, S. J., Nolan, D., Gandy, S. E., &, Martins, R. N. (2006). Apolipoprotein E, cholesterol metabolism, diabetes, and the convergence of risk factors for Alzheimer's disease and cardiovascular disease. *Molecular Psychiatry, 11,* 721-736. https://doi.org/10.1038/sj.mp.4001854

Martins, R. K., & McNeil, D. W. (2009). Review of motivational interviewing in promoting health behaviors. *Clinical Psychology Review, 29,* 283-293.

Martins, T., Hamilton, W., & Ukoumunne, O. C. (2013). Ethnic inequalities in time to diagnosis of cancer: A systematic review. *BMC Family Practice, 14*(1), 197.

Martinsen, E. W. (2005). Exercise and depression. *International Journal of Sport and Exercise Psychology, 3*(Special Issue), 469-483.

Martire, L. M., Lustig, A. P., Schulz, R., Miller, G. E., & Helgeson, V. S. (2004). Is it beneficial to involve a family member? A meta-analysis of psychosocial intervention for chronic illness. *Health Psychology, 23,* 599-611.

Martire, L. M., & Schulz, R. (2007). Involving family in psychosocial interventions for chronic illness. *Current Directions in Psychological Science, 16,* 90-94.

Martire, L. M., Schulz, R., Helgeson, V. S., Small, B. J., & Saghafi, E. M. (2010). Review and meta-analysis of couple-oriented interventions for chronic illness. *Annals of Behavioral Medicine, 40,* 325-342.

Masiero, M., Riva, S., Oliveri, S., Fioretti, C., & Pravettoni, G. (2018). Optimistic bias in young adults for cancer, cardiovascular and respiratory diseases: a pilot study on smokers and drinkers. *Journal of Health Psychology, 23*(5), 645-656. https://doi.org/10.1177/1359105316667796

Maslov, P. Z., Schulman, A., Lavie, C. J., & Narula, J. (2018). Personalized exercise dose prescription. *European Heart Journal, 39*(25), 2346-2355. https://doi.org/10.1093/eurheartj/ehx686

Mason, J. W. (1971). A reevaluation of the concept of "non-specificity" in stress theory. *Journal of Psychiatric Research, 8,* 323-333.

Mason, J. W. (1975). A historical view of the stress field. *Journal of Human Stress, 1* (Pt. 2), 22-36.

Mason, M. J., Zaharakis, N. M., Rusby, J. C., Westling, E., Light, J. M., Mennis, J., & Flay, B. R. (2017). A longitudinal study predicting adolescent tobacco, alcohol, and cannabis use by behavioral characteristics of close friends. *Psychology of Addictive Behaviors, 31*(6), 712-720. http://dx.doi.org.mcneese.idm.oclc.org/10.1037/adb0000299

Mason, P. (2005). Deconstructing endogenous pain modulation. *Journal of Neurophysiology, 94,* 1659-1663.

Matarazzo, J. D. (1987). Postdoctoral education and training of service providers in health psychology. In G. C. Stone, S. M. Weiss, J. D. Matarazzo, N. E. Miller, J. Rodin, C. D. Belar, M. J. Follick, & J. E. Singer (Eds.), *Health psychology: A discipline and a profession* (pp. 371-388). Chicago, IL: University of Chicago Press.

Matarazzo, J. D. (1994). Health and behavior: The coming together of science and practice in psychology and medicine after a century of benign neglect. *Journal of Clinical Psychology in Medical Settings, 1,* 7-39.

Mathers, M. I., Salomon, J. A., Tandon, A., Chatterji, S., Ustün, B., & Murray, C. J. L. (2004). Global patterns of healthy life expectancy in the year 2002. *BMC Public Health, 4,* record 66. Recuperado de http://www.biomedcentral.com/1471-2458/4/66

Mathur, M. B., Epel, E., Kind, S., Desai, M., Parks, C. G., Sandler, D. P., & Khazeni, N (2016). Perceived stress and telomere length: A systematic review, meta-analysis, and methodologic considerations for advancing the field. *Brain, Behavior, and Immunity, 54,* 158-169. https://doi.org/10.1016/j.bbi.2016.02.002

Matthews, K. A. (2005). Psychological perspectives on the development of heart disease. *American Psychologist, 60,* 783-796.

Matthews, K. A., & Gallo, L. C. (2011). Psychological perspectives on pathways linking socioeconomic status and physical health. *Annual Review of Psychology, 62,* 501-530.

Matthews, K. A., Gallo, L. C., & Taylor, S. E. (2010). Are psychosocial factors mediators of socioeconomic status and health connections? A progress report and blueprint for the future. *Annals of the New York Academy of Sciences, 1186,* 146-173.

Matthews, K. A., Kuller, L. H., Chang, Y., & Edmundowicz, D. (2007). Premenopausal risk factors for coronary and aortic calcification: A 20-year follow-up in the healthy women study. *Preventive Medicine, 45,* 302-308.

Matthies, E., Hoeger, R., & Guski, R. (2000). Living on polluted soil: Determinants of stress symptoms. *Environment and Behavior, 32,* 270-286.

Matud, M. P. (2004). Gender differences in stress and coping styles. *Personality and Individual Differences, 37,* 1401-1415.

Mausbach, B. T., Coon, D. W., Depp, C., Rabinowitz, Y. G., Wilson-Arias, E., Kraemer, H. C., Thompson, L. W., Lane, G., & Gallagher-Thompson, D. (2004). Ethnicity and time to institutionalization of dementia patients: A comparison of Latina and Caucasian female family caregivers. *Journal of the American Geriatrics Society, 52,* 1077-1084. https://doi.org/10.1111/j.1532-5415.2004.52306.x

Mausbach, B. T., Semple, S. J., Strathdee, S. A., & Patterson, T. L. (2009). Predictors of safer sex intentions and protected sex among heterosexual HIV-negative methamphetamine users: An expanded model of the Theory of Planned Behavior. *AIDS Care, 21,* 17-24.

Mayeaux, R. (2003). Epidemiology of neurogeneration. *Annual Review of Neuroscience, 26,* 81-104.

Mayfield, D. (1976). Alcoholism, alcohol intoxication, and assaultive behavior. *Diseases of the Nervous System, 37,* 228-291.

Maynard, L. M., Serdula, M. K., Galuska, D. A., Gillespie, C., & Mokdad, A. H. (2006). Secular trends in desired weight of adults. *International Journal of Obesity, 30,* 1375-1381.

Mayo-Smith, M. F., Beecher, L. H., Fischer, T. L., Gorelick, D. A., Guillaunce, J. L., Hill, A., Jara, G., Kasser, C, Melbourne, J., & Working Group on the Management of Alcohol Withdrawal Delirium. (2004). Management of alcohol withdrawal delirium: An evidence-based practice guideline. *Archives of Internal Medicine, 164,* 1405-1412. https://doi.org/10.1001/archinte.164.13.1405

Maziak, W. (2011). The global epidemic of waterpipe smoking. *Addictive Behaviors, 36*(1/2), 1-5.

McAfee, T., Davis, K. C., Shafer, P., Patel, D., & Alexander, R. (2017). Increasing the dose of television advertising in a national antismoking media campaign: Results from a randomized field trial. *British Medical Journals Tobacco Control, 26*(1), 19-28. https://doi.org/10.1136/tobaccocontrol-2015-052517

McCallie, M. S., Blum, C. M., & Hood, C. J. (2006). Progressive muscle relaxation. *Journal of Human Behavior in the Social Environment, 13,* 51-66.

McColl, K. E. L., Watabe, H., & Derakhshan, M. H. (2007). Sporadic gastric cancer: A complex interaction of genetic and environmental risk factors. *American Journal of Gastroenterology, 102,* 1893-1895.

McCracken, L. M., Eccleston, C., & Bell, L. (2005). Clinical assessment of behavioral coping responses: Preliminary results from a brief inventory. *European Journal of Pain, 9,* 69-78.

McCrae, R. R., & Costa, P. T., Jr. (2003). *Personality in adulthood: A five-factor theory perspective* (2nd ed.). New York, NY: Guilford Press.

McCulloch, M. (2014). Alcohol: To drink or not to drink. *Environmental Nutrition, 37*(12), 6.

McCullough, M. L., Patel, A. V., Kushi, L. H., Patel, R., Willett, W. C., Doyle, C., Thun, M. J., & Gapstur, S. M. (2011). Following cancer prevention guidelines reduces risk of cancer, cardiovascular disease, and all-cause mortality. *Cancer Epidemiology, Biomarkers and Prevention, 20,* 1089. https://doi.org/10.1158/1055-9965.EPI-10-1173

McCully, S. N., Don, B. P., & Updegraff, J. A. (2013). Using the Internet to help with diet, weight, and physical activity: Results from the Health Information National Trends Survey (HINTS). *Journal of Medical Internet Research, 15*(8), e148.

McDaniel, S. H., Belar, C. D., Schroeder, C., Hargrove, D. S., & Freeman, E. L. (2002). A training curriculum for professional psychologists in primary care. *Professional Psychology: Research and Practice, 33,* 65-72.

McDaniel, S. H., & le Roux, P. (2007). An overview of primary care family psychology. *Journal of Clinical Psychology in Medical Settings, 14,* 23-32.

McDonough, M., Jose, P., & Stuart, J. (2016). Bi-directional effects of peer relationships and adolescent substance use: a longitudinal study. *Journal of Youth and Adolescence, 45*(8), 1652-1663.

McEachan, R. R. C., Conner, M., Taylor, N. J., & Lawton, R. J. (2011). Prospective prediction of health-related behaviours with the Theory of Planned Behaviour: A meta-analysis. *Health Psychology Review, 5,* 97-144.

McEvedy, S. M., Sullivan-Mort, G., McLean, S. A., Pascoe, M. C., & Paxton, S. J. (2017). Ineffectiveness of commercial weight-loss programs for achieving modest but meaningful weight loss: Systematic review and meta-analysis. *Journal of Health Psychology, 22*(12), 1614-1627. https://doi.org/10.1177/1359105317705983

McEwen, A., West, R., & McRobbie, H. (2008). Motives for smoking and their correlates in clients attending Stop Smoking treatment services. *Nicotine and Tobacco Research, 10,* 843-850.

McEwen, B. S. (2005). Stressed or stressed out: What is the difference? *Journal of Psychiatry and Neuroscience, 30,* 315-318.

McEwen, B. S., & Gianaros, P. J. (2010). Central role of the brain in stress and adaptation: Links to socioeconomic status, health, and disease. *Annals of the New York Academy of Sciences, 1186,* 190-222.

McGee, D. L. (2005). Body mass index and mortality: A meta-analysis based on person-level data from twenty-six observational studies. *Annals of Epidemiology, 15,* 87-97.

McGregor, B. A., & Antoni, M. H. (2009). Psychological intervention and health outcomes among women treated for breast cancer: A review of stress pathways and biological mediators. *Brain, Behavior, and Immunity, 23,* 159-166.

McGuire, B. E., & Shores, E. A. (2001). Simulated pain on the Symptom Checklist 90-Revised. *Journal of Clinical Psychology, 57,* 1589-1596.

McHugh, M. D. (2007). Readiness for change and short-term outcomes of female adolescents in residential treatment for anorexia nervosa. *International Journal of Eating Disorders, 40*, 602-612.

McIntosh, C. N., Fines, P., Wilkins, R., & Wolfson, M. C. (2009). Income disparities in health-adjusted life expectancy for Canadian adults, 1991 to 2001. *Health Reports, 20*, 55-64.

McKay, D., & Schare, M. L. (1999). The effects of alcohol and alcohol expectancies on subjective reports and physiological reactivity: A meta-analysis. *Addictive Behaviors, 24*, 633-647.

McKay, J. R., & Hiller-Sturmhöfel, S. (2010). Treating alcoholism as a chronic disease: Approaches to long-term continuing care. *Alcohol Research and Health, 33*(4), 356-370.

McKechnie, R., Macleod, R., & Keeling, S. (2007). Facing uncertainty: The lived experience of palliative care. *Palliative and Supportive Care, 5*, 367-376.

McKee, S. A., Sinha, R., Weinberger, A. H., Sofuoglu, M., Harrison, E. L. R., Lavery, M., & Wanzer, J. (2011). Stress decreases the ability to resist smoking and potentiates smoking intensity and reward. *Journal of Psychopharmacology, 25*(4), 490-502. https://doi.org/10.1177/0269881110376694

McLean, S., Skirboll, L. R., & Pert, C. B. (1985). Comparison of substance P and enkephalin distribution in rat brain: An overview using radioimmunocytochemistry. *Neuroscience, 14*, 837-852.

McLellan, A. T., Lewis, D. C., O'Brien, C. P., & Kleber, H. D. (2000). Drug dependence, a chronic medical illness: Implications for treatment, insurance, and outcomes. *Journal of the American Medical Association, 284*, 1689-1695.

McNally, R. J. (2003). Progress and controversy in the study of post-traumatic stress disorder. *Annual Review of Psychology, 54*, 229-252.

McRae, C., Cherin, E., Tamazaki, T. G., Diem, G., Vo, A. H., Russell, D., Ellgring, J. H., Fahn, S., Greene, P., Dillon, S., Winfield, H., Bjugstad, K. B., & Freed, C. R. (2004). Effects of perceived treatment on quality of life and medical outcomes in a double-blind placebo surgery trial. *Archives of General Psychiatry, 61*, 412-420. https://doi.org/10.1001/archpsyc.61.4.412

McTiernan, A., Friedenreich, C. M., Katzmarzyk, P. T., Powell, K. E., Macko, R., Buchner, D. Pescatello, L. S., Bloodgood, B. Tenent, B., Vaux-Bjerke, A., George, S. M., Troiano, R. P., & Piercy, K. L. (2019). Physical activity in cancer prevention and survival: A systematic review. *Medicine and Science in Sports and Exercise, 51*(6), 1252-1261. https://doi.org/10.1249/mss.0000000000001937

McWilliams, J. M. (2009). Health consequences of uninsurance among adults in the United States: Recent evidence and implications. *The Milbank Quarterly, 87*, 443-494.

McWilliams, L. A., Goodwin, R. D., & Cox, B. J. (2004). Depression and anxiety associated with three pain conditions: Results from a nationally representative sample. *Pain, 111*, 77-83.

Mechanic, D. (1978). *Medical sociology* (2nd ed.). New York: Free Press.

Mehler, P. S. (2011). Medical complications of bulimia nervosa and their treatments. *International Journal of Eating Disorders, 44*(2), 95-104.

Mehta, P., & Sharma, M. (2012). Internet and cell phone based physical activity interventions in adults. *Archives of Exercise in Health and Disease, 2*, 108-113.

Meichenbaum, D. (2007). Stress inoculation training: A preventative and treatment approach. In P. M. Lehrer, R. L. Woolfolk, & W. E. Sime (Eds.), *Principles and practices of stress management* (3rd ed., pp. 497-517). New York, NY: Guilford Press.

Meichenbaum, D., & Cameron, R. (1983). Stress inoculation training: Toward a general paradigm for training coping skills. In D. Meichenbaum & M. E. Jaremko (Eds.), *Stress reduction and prevention* (pp. 115-154). New York, NY: Plenum Press.

Meichenbaum, D., & Turk, D. C. (1976). The cognitive-behavioral management of anxiety, anger and pain. In P. O. Davidson (Ed.), *The behavioral management of anxiety, depression, and pain* (pp. 1-34). New York, NY: Brunner/Mazel.

Meints, S. M., Miller, M. M., & Hirsh, A. T. (2016). Differences in pain coping between black and white Americans: A meta-analysis. *The Journal of Pain, 17*(6), 642-653. https://doi.org/10.1016/j.jpain.2015.12.017

Melamed, B. G., Kaplan, B., & Fogel, J. (2001). Childhood health issues across the life span. In A. Baum, T. A. Revenson, & J. E. Singer (Eds.), *Handbook of health psychology* (pp. 449-457). Mahwah, NJ: Erlbaum.

Melzack, R. (1973). *The puzzle of pain*. New York, NY: Basic Books.

Melzack, R. (1975). The McGill Pain Questionnaire: Major properties and scoring methods. *Pain, 1*, 277-299.

Melzack, R. (1987). The short-form McGill Pain Questionnaire. *Pain, 30*, 191-197.

Melzack, R. (1992, abril). Phantom limbs. *Scientific American, 266*, 120-126.

Melzack, R. (1993). Pain: Past, present and future. *Canadian Journal of Experimental Psychology, 47*, 615-629.

Melzack, R. (2005). Evolution of the neuromatrix theory of pain. *Pain Practice, 5*, 85-94.

Melzack, R. (2008). The future of pain. *Nature Reviews Drug Discovery, 7*, 629.

Melzack, R., & Katz, J. (2001). The McGill Pain Questionnaire: Appraisal and current status. In D. C. Turk & R. Melzack (Eds.), *Handbook of pain assessment* (2nd ed., pp. 35-52). New York, NY: Guilford Press.

Melzack, R., & Wall, P. D. (1965). Pain mechanisms: A new theory. *Science, 150*, 971-979.

Melzack, R., & Wall, P. D. (1982). *The challenge of pain*. New York, NY: Basic Books.

Melzack, R., & Wall, P. D. (1988). *The challenge of pain* (rev. ed.). London: Penguin.

Memon, M. A., Shmalberg, J. W., & Xie, H. (2020). Survey of integrative veterinary medicine training in AVMA-accredited veterinary colleges. *Journal of Veterinary Medical Education*. Recuperado de https://jvme.utpjournals.press/doi/abs/10.3138/jvme.2019-0067

Mensah, G. A., Wei, G. W., Sorlie, P. D., Fine, L. J., Rosenberg, Y., Kaufmann, P. G., Mussolino, M. E., Hsu, L. L., Addou, E., Engelgau, M. M., & Gordon, D. (2017). Decline in cardiovascular mortality. *Circulation Research, 120*, 366-380. https://doi.org/10.1161/CIRCRESAHA.116.309115

Mercken, L., Candel, M., Willems, P., & de Vries, H. (2007). Disentangling social selection and social influence effects on adolescent smoking: The importance of reciprocity in friendships. *Addiction, 102*, 1483-1492.

Merritt, M. M., Bennett, G. G., Williams, R. B., Sollers, J. J., III, & Thayer, J. F. (2004). Low educational attainment, John Henryism, and cardiovascular reactivity to and recovery from personally relevant stress. *Psychosomatic Medicine, 66*, 49-55.

MH Interview: Ricky Gervais. (2013, março 25). Recuperado de http://www.menshealth.co.uk/living/men/mh-interview-ricky-gervais

Michael, K. C., Torres, A., & Seemann, E. A. (2007). Adolescents' health habits, coping styles and self-concept are predicted by exposure to interparental conflict. *Journal of Divorce and Remarriage, 48*, 155-174.

Michaud, D. S. (2007). Chronic inflammation and bladder cancer. *Urologic Oncology, 25*, 260-268.

"Michelle Obama." (2011, Feb. 8). Michelle Obama: President quit smoking. *HuffPost Politics*. Recuperado de http://www.huffingtonpost.com/2011/02/08/michelle-obama-president-_n_82034.html

Michie, S., Abraham, C., Whittington, C., McAteer, J., & Gupta, S. (2009). Effective techniques in healthy eating and physical activity interventions: A meta-regression. *Health Psychology, 28*(6), 690-701.

Michie, S., O'Connor, D., Bath, J., Giles, M., & Earll, L. (2005). Cardiac rehabilitation: The psychological changes that predict health outcome and healthy behaviour. *Psychology, Health and Medicine, 10*, 88-95.

Miech, R. A., Johnston, L. D., O'Malley, P. M., Bachman, J. G., & Schulenberg, J. E. (2016). *Monitoring the Future national survey results on drug use, 1975-2015: Volume I, Secondary school students*. Ann Arbor: Institute for Social Research, The University of Michigan. Recuperado de http://monitoringthefuture.org/pubs.html#monographs

Milam, J. E. (2004). Posttraumatic growth among HIV/AIDS patients. *Journal of Applied Social Psychology, 34*, 2353-2376.

Miles, L. (2007). Physical activity and the prevention of cancer: A review of recent findings. *Nutrition Bulletin, 32*, 250-282.

Miligi, L., Costantini, A. S., Veraldi, A., Benvenuti, A., & Vineis, P. (2006). Cancer and pesticides. *Annals of the New York Academy of Sciences, 1076*, 366-377.

Miller, D. B., & Townsend, A. (2005). Urban hassles as chronic stressors and adolescent mental health: The Urban Hassles Index. *Brief Treatment and Crisis Intervention, 5*, 85-94.

Miller, F. G., & Wager, T. (2004). Painful deception. *Science, 304*, 1109-1111.

Miller, G. E., & Blackwell, E. (2006). Turning up the heat: Inflammation as a mechanism linking chronic stress, depression, and heart disease. *Current Directions in Psychological Science, 15*, 269-272.

Miller, G. E., & Cohen, S. (2001). Psychological interventions and the immune system: A meta-analytic review and critique. *Health Psychology, 20*, 47-63.

Miller, L. G., Liu, H., Hays, R. D., Golin, C. E., Beck, C. K., Asch, S. M., Ma, Y., Kaplan, A. H., & Wenger, N. S. (2002). How well do clinicians estimate patients' adherence to combination antiretroviral therapy? *Journal of General Internal Medicine, 17*, 1-11. https://doi.org/10.1046/j.1525-1497.2002.09004.x

Miller, M., Hemenway, D., & Rimm, E. (2000). Cigarettes and suicide: A prospective study of 50,000 men. *American Journal of Public Health, 90*, 768-773.

Miller, N. E. (1969). Learning of visceral and glandular responses. *Science, 163*, 434-445.

Miller, V. A., & Drotar, D. (2003). Discrepancies between mother and adolescent perceptions of diabetes-related decision-making autonomy and their relationship to diabetes-related conflict and adherence to treatment. *Journal of Pediatric Psychology, 28*, 265-274.

Miller, W. R., & Rollnick, S. (2002). *Motivational interviewing: Preparing people for change* (2nd ed.). New York, NY: Guilford Press.

Miller, W. R., Walters, S. T., & Bennett, M. E. (2001). How effective is alcoholism treatment in the United States? *Journal of Studies on Alcohol, 62*, 211-220.

Milling, L. S., Kirsch, I., Allen, G. J., & Reutenauer, E. L. (2005). The effects of hypnotic and nonhypnotic imaginative suggestion on pain. *Annals of Behavioral Medicine, 29*, 116-127.

Milling, L. S., Levine, M. R., & Meunier, S. A. (2003). Hypnotic enhancement of cognitive-behavioral interventions for pain: An analogue treatment study. *Health Psychology, 22*, 406-413.

Miniño, A. M., Murphy, S. L., Xu, J., & Kochanek, K. D. (2011, 7 de dezembro). Deaths: Final data for 2008. *National Vital Statistics Reports, 59*(10), 1-126.

Mitchell, M., Johnston, L., & Keppell, M. (2004). Preparing children and their families for hospitalization: A review of the literature. *Paediatric and Child Health Nursing, 7*(2), 5-15.

Mitchell, M. S., Goodman, J. M., Alter, D. A., John, L. K., Oh, P. I., Pakosh, M. T., & Faulkner, G. E. (2013). Financial incentives for exercise adherence in adults: Systematic review and meta-analysis. *American Journal of Preventive Medicine, 45*(5), 658-667. https://doi.org/10.1016/j.amepre.2013.06.017

Mitchell, W. (2001). Neurological and developmental effects of HIV and AIDS in children and adolescents. *Mental Retardation and Developmental Disabilities Research Reviews, 7*, 211-216.

Mittring, N., Pérard, M., & Witt, C. M. (2013). Corporate culture assessment in integrative oncology: A qualitative case study of two integrative oncology centers. *Evidence-based Complementary and Alternative Medicine (eCAM), 2013*, 1-8.

Miyazaki, T., Ishikawa, T., Iimori, H., Miki, A., Wenner, M., Fukunishi, I., & Kawamura, N. (2003). Relationship between perceived social support and immune function. *Stress and Health, 19*, 3-7. https://doi.org/10.1002/smi.950

Moak, Z. B., & Agrawal, A. (2010). The association between perceived interpersonal social support and physical and mental health: results from the national epidemiological survey on alcohol and related conditions. *Journal of Public Health, 32*, 191-201.

Mochly-Rosen, D., & Zakhari, S. (2010). Focus on: The cardiovascular system: What did we learn from the French (paradox)? *Alcohol Research and Health, 33*(1/2), 76-88.

Moen, P., & Yu, Y. (2000). Effective work/life strategies: Working couples, work conditions, gender, and life quality. *Social Problems, 47*, 291-326.

Moerman, D. (2003). Doctors and patients: The role of clinicians in the placebo effect. *Advances, 19*(1), 14-22.

Moerman, D. (2011). Examining a powerful healing effect through a cultural lens, and finding meaning. *The Journal of Mind-Body Regulation, 1*, 63-72.

Moerman, D., & Jonas, W. B. (2002). Deconstructing the placebo effect and finding the meaning response. *Annals of Internal Medicine, 136*, 471-476.

Moldovan, A. R., & David, D. (2011). Effect of obesity treatments on eating behavior: Psychosocial interventions versus surgical interventions: A systematic review. *Eating Behaviors, 12*(3), 161-167.

Molloy, G. J., O'Carroll, R. E., & Ferguson, E. (2014). Conscientiousness and medication adherence: A meta-analysis. *Annals of Behavioral Medicine, 47*(1), 92-101.

Molloy, G. J., Perkins-Porras, L., Bhattacharyya, M. R., Strike, P. C., & Steptoe, A. (2008). Practical support predicts medication adherence and attendance at cardiac rehabilitation following acute coronary syndrome. *Journal of Psychosomatic Research, 65*, 581-586.

Molloy, G. J., Perkins-Porras, L., Strike, P. C., & Steptoe, A. (2008). Social networks and partner stress as predictors of adherence to medication, rehabilitation attendance, and quality of life following acute coronary syndrome. *Health Psychology, 27*, 52-58.

Monahan, J. L., & Lannutti, P. J. (2000). Alcohol as social lubricant. *Human Communication Research, 26*, 175-202.

Mongan, J. J., Ferris, T. G., & Lee, T. H. (2008). Options for slowing the growth of health care costs. *New England Journal of Medicine, 358*, 1509-1514.

Monroe, S. M. (2008). Modern approaches to conceptualizing and measuring human life stress. *Annual Review of Clinical Psychology, 4*, 33-52.

Monroe, S. M., & Harkness, K. L. (2005). Life stress, the "kindling" hypothesis, and the recurrence of depression: Considerations from a life stress perspective. *Psychological Review, 112*, 417-445.

Montgomery, G. H., DuHamel, K. N., & Redd, W. H. (2000). A meta-analysis of hypnotically induced analgesia: How effective is hypnosis? *International Journal of Clinical and Experimental Hypnosis, 48*, 138-153.

Montgomery, G. H., Erblich, J., DiLorenzo, T., & Bovbjerg, D. H. (2003). Family and friends with disease: Their impact on perceived risk. *Preventive Medicine, 37*, 242-249.

Moore, J. (2004). The puzzling origins of AIDS. *American Scientist, 92*, 540-547.

Moore, L. J., Vine, S. J., Wilson, M. R., & Freeman, P. (2012). The effect of challenge and threat states on performance: An examination of potential mechanisms. *Psychophysiology, 49*(10), 1417-1425.

Moore, L. L., Visioni, A. J., Qureshi, M. M., Bradlee, M. L., Ellison, R. C., & D'Agostino, R. (2005). Weight loss in overweight adults and the long-term risk of hypertension: The Framingham Study. *Archives of Internal Medicine, 165*, 1298-1303.

Moore, S., Sikora, P., Grunberg, L., & Greenberg, E. (2007). Expanding the tension-reduction model of work stress and alcohol use: Comparison of managerial and non-managerial men and women. *Journal of Management Studies, 44*, 261-283.

Moorman, J. E., Akinbami, L. J., Bailey, C. M., Zahran, H. S., King, M. E., Johnson, C. A., & Liu, X. (2012). National surveillance of asthma: United States, 2001-2010. *Vital & health statistics. Series 3, Analytical and epidemiological studies/[US Dept. of Health and Human Services, Public Health Service, National Center for Health Statistics], (35)*, 1-58.

Moos, R. H., & Schaefer, J. A. (1984). The crisis of physical illness: An overview and conceptual analysis. In R. H. Moos (Ed.), *Coping with physical illness: Vol. 2. New perspectives* (pp. 3-25). New York, NY: Plenum Press.

Moran, W. R. (2002, 31 de janeiro). Jackie Joyner-Kersee races against asthma. *USA Today Health*. Recuperado de www.usatoday.com/news/health/spotlight/2002/01/31/spotlight-kersee.htm

Morgan, N., Irwin, M. R., Chung, M., & Wang, C. (2014). The effects of mind-body therapies on the immune system: Meta-analysis. *PLoS One, 9*(7), 1-14.

Morgan, W. P. (1979, fevereiro). Negative addiction in runners. *The Physician and Sportsmedicine, 7*, 56-63, 67-70.

Morgan, W. P. (1981). Psychological benefits of physical activity. In F. J. Nagle & H. J. Montoye (Eds.), *Exercise in health and disease* (pp. 299-314). Springfield, IL: Thomas.

Morillo, L. E., Alarcon, F., Aranaga, N., Aulet, S., Chapman, E., Conterno, L., Estevez, E., Garcia-Pedroza, F., Garrido, J., Macias-Islas, M., Monzillo, P., Nunez, L., Plascencia, N., Rodriguez, C., Takeuchi, Y., & Latin American Migraine Study Group. (2005). Prevalence of migraine in Latin America. *Headache, 45*, 106-117. DOI: 10.1111/j.1526-4610.2005.05024.x

Morley, S., de C. Williams, A. C., & Black, S. (2002). A confirmatory factor analysis of the Beck Depression Inventory in chronic pain. *Pain, 99*, 289-298.

Morris, J. C., Storandt, M., Miller, J. P., McKeel, D. W., Price, J. L., Rubin, E. H., & Berg, L. (2001). Mild cognitive impairment represents early-stage Alzheimer disease. *Archives of Neurology, 58*, 397-405. https://doi.org/10.1001/archneur.58.3.397

Morris, J. N., Heady, J. A., Raffle, P. A. B., Roberts, C. G., & Parks, J. W. (1953). Coronary heart disease and physical activity of work. *Lancet, 2*, 1053-1057, 1111-1120.

Morris, L. J., D'Este, C., Sargent-Cox, K., & Anstey, K. J. (2016). Concurrent lifestyle risk factors: Clusters and determinants in an Australian sample. *Preventive medicine, 84*, 1-5.

Moseley, J. B., O'Malley, K. P., Petersen, N. J., Menke, T. J., Brody, B. A., Kuykendall, D. H., Hollingworth, J., Ashton, C. M., & Wray, N. P. (2002). A controlled trial of arthroscopic surgery for osteoarthritis of the knee. *New England Journal of Medicine, 347*, 81-88. https://doi.org/10.1056/NEJMoa013259

Moskowitz, J. T. (2003). Positive affect predicts lower risk of AIDS mortality. *Psychosomatic Medicine, 65*, 620-626.

Moskowitz, J. T., Hult, J. R., Bussolari, C., & Acree, M. (2009). What works in coping with HIV? A meta-analysis with implications for coping with serious illness. *Psychological Bulletin, 135*, 121-141.

Moskowitz, J. T., & Wrubel, J. (2005). Coping with HIV as a chronic illness: A longitudinal analysis of illness appraisals. *Psychology and Health, 20*, 509-531.

Mosley, P. E. (2009). Bigorexia: Bodybuilding and muscle dysmorphia. *European Eating Disorders Review, 17*(3), 191-198.

Motivala, S. J., & Irwin, M. R. (2007). Sleep and immunity: Cytokine pathways linking sleep and health outcomes. *Current Directions in Psychological Science, 16*, 21-25.

Mottillo, S., Filion, K. B., Genest, J., Joseph, L., Pilote, L., Poirier, P., Rinfret, S., Schiffrin, E. L., & Eisenberg, M. J. (2010). The metabolic syndrome and cardiovascular risk: A systematic review and meta-analysis. *Journal of the American College of Cardiology, 56*, 1113-1132. https://doi.org/10.1016/j.jacc.2010.05.034

Moussavi, S., Chatterji, S., Verdes, E., Tandon, A., Patel, V., & Ustun, B. (2007). Depression, chronic diseases, and decrements in health: Results from the World Health Surveys. *The Lancet, 370*, 851-858.

Moyer, C. A., Rounds, J., & Hannum, J. W. (2004). Meta-analysis of massage therapy research. *Psychological Bulletin, 130*, 3-18.

Mozaffarian, D., Longstreth, W. T., Lemaitre, R. N., Manolio, T. A., Kuller, L. H., Burke, G. L., & Siscovick, D. S. (2005). Fish consumption and stroke risk in elderly individuals: The Cardiovascular Health Study. *Archives of Internal Medicine, 165*, 200-206. https://doi.org/10.1001/archinte.165.2.200

Mueller, G., Lenz, C., Steiner, M., Dolder, P. C., Walter, M., Lang, U. E., Liechti, M. E., & Borgwardt, S. (2016). Neuroimaging in moderate MDMA use: A systematic review. *Neuroscience & Biobehavioral Reviews, 62*, 21-34. https://doi.org/10.1016/j.neubiorev.2015.12.010

Mukamal, K. J., Chen, C. M., Rao, S. R., & Breslow, R. A. (2010). Alcohol consumption and cardiovascular mortality among U.S. adults, 1987 to 2002. *Journal of the American College of Cardiology, 55*(13), 1328-1335.

Muldoon, A. L., Kuhns, L. M., Supple, J., Jacobson, K. C., & Garofalo, R. (2017). A web-based study of dog ownership and depression among people living with HIV. *JMIR Mental Health, 4*(4), e53. https://doi.org/10.2196/mental.8180

Mulvaney, C., Kendrick, D., Towner, E., Brussoni, M., Hayes, M., Powell, J., Robertson, S., & Ward, H. (2009). Fatal and non-fatal fire injuries in England 1995-2004: Time trends and inequalities by age, sex and area of deprivation. *Journal of Public Health, 31*(1), 154-161. https://doi.org/10.1093/pubmed/fdn103

Murphy, J. K., Stoney, C. M., Alpert, B. S., & Walker, S. S. (1995). Gender and ethnicity in children's cardiovascular reactivity: 7 years of study. *Health Psychology, 14*, 48-55.

Murphy, M. H., Nevill, A. M., Murtagh, E. M., & Holder, R. L. (2007). The effect of walking on fitness, fatness and resting blood pressure: A meta-analysis of randomized, controlled trials. *Preventive Medicine, 44*, 377-385.

Murray, E., Lo, B., Pollack, L., Donelan, K., Catania, J. White, M., Zapert, K., & Turner, R. (2003). The impact of health information on the internet on the physician-patient relationship. *Archives of Internal Medicine, 163*, 1727-1734. https://doi.org/10.1001/archinte.163.14.1727

Murray, J., Burgess, S., Zuccolo, L., Hickman, M., Gray, R., & Lewis, S. J. (2016). Moderate alcohol drinking in pregnancy increases risk for children's persistent conduct problems: Causal effects in a Mendelian randomisation study. *Journal of Child Psychology and Psychiatry, 57*(5), 575-584. https://doi.org/10.1111/jcpp.12486

Murray, J. A. (2001). Loss as a universal concept: A review of the literature to identify common aspects of loss in diverse situations. *Journal of Loss and Trauma, 6*, 219-231.

Murtaugh, M. A. (2004). Meat consumption and the risk of colon and rectal cancers. *Clinical Nutrition, 13*, 61-64.

Murthy, P., Kudlur, S., George, S., & Mathew, G. (2009). A clinical overview of fetal alcohol syndrome. *Addictive Disorders and Their Treatment, 8*(1), 1-12.

Must, A., Barish, E. E., & Bandini, L. G. (2009). Modifiable risk factors in relation to changes in BMI and fatness: What have we learned from prospective studies of school-aged children? *International Journal of Obesity, 33*(7), 705-715.

Muthen, B. O., & Muthen, L. K. (2000). The development of heavy drinking and alcohol-related problems from ages 18 to 37 in a U.S. national sample. *Journal of Studies on Alcohol, 61*, 290-300.

Mutti, S., Hammond, D., Borland, R., Cummings, M. K., O'Connor, R. J., & Fong, G. T. (2011). Beyond light and mild: Cigarette brand descriptors and perceptions of risk in the International Tobacco Control (ITC) Four Country Survey. *Addiction, 106*(6), 1166-1175.

Myers, J. (2000). Physical activity and cardiovascular disease. *IDEA Health and Fitness Source, 18*, 38-45.

Myers, T. C., Wonderlich, S. A., Crosby, R., Mitchell, J. E., Steffen, K. J., Smyth, J., & Miltenberger, R. (2006). Is multi-impulsive bulimia a distinct type of bulimia nervosa: Psychopathology and EMA findings. *International Journal of Eating Disorders, 39*, 655-661. https://doi.org/10.1002/eat.20324

Myung, S.-K., McDonnell, D. D., Kazinets, G., Seo, H. G., & Moskowitz, J. M. (2009). Effects of web- and computer-based smoking cessation programs. *Archives of Internal Medicine, 169*(10), 929-937.

N

Nahin, R. L. (2015). Estimates of pain prevalence and severity in adults: United States, 2012. *The Journal of Pain, 16*(8), 769-780. https://doi.org/10.1016/j.jpain.2015.05.002

Nahin, R. L., Barnes, P. M., Stussman, B. J., & Bloom, B. (2009). Costs of complementary and alternative medicine (CAM) and frequency of visits to CAM practitioners: United States, 2007. *National Health Statistics Reports, 18*, 1-16.

Napadow, V., Kettner, N., Liu, J., Li, M., Kwong, K. K., Vangel, M., Makris, N., Audette, J., H. & Hui, K. K. S. (2007). Hypothalamus and amygdala response to acupuncture stimuli in carpal tunnel syndrome. *Pain, 130*, 254-266. https://doi.org/10.1016/j.pain.2006.12.003

Naparstek, B. (2007). Guided imagery: A best practice for pregnancy and childbirth. *Journal of Childbirth Education, 22*, 4-8.

Napoli, A. M., Choo, E. K., & McGregor, A. (2014). Gender disparities in stress test utilization in chest pain unit patients based upon the ordering physician's gender. *Critical Pathways in Cardiology, 13*(4), 152-155.

Nash, J. M., McKay, K. M., Vogel, M. E., & Masters, K. S. (2012). Functional roles and foundational characteristics of psychologists in integrated primary care. *Journal of Clinical Psychology in Medical Settings. 19*(1), 93-104.

Nash, J. M., Park, E. R., Walker, B. B., Gordon, N., & Nicholson, R. A. (2004). Cognitive-behavioral group treatment for disabling headache. *Pain Medicine, 5*, 178-186.

Nash, J. M., & Thebarge, R. W. (2006). Understanding psychological stress, its biological processes, and impact on primary headache. *Headache, 46*, 1377-1386.

Nassiri, M. (2005). The effects of regular relaxation on perceived stress in a group of London primary education teachers. *European Journal of Clinical Hypnosis, 6*, 21-29.

Nast, I., Bolten, M., Meinlschmidt, G., & Hellhammer, D. H. (2013). How to measure prenatal stress? A systematic review of psychometric instruments to assess psychosocial stress during pregnancy. *Paediatric and Perinatal Epidemiology, 27*(4), 313-322.

National Alliance for Caregiving in Collaboration with AARP. (2009). Executive Summary of Care Giving in the US, Washington, DC.

National Association for Sport and Physical Education (NASPE). (2002). *Guidelines for infants and toddlers.* Recuperado de www.aahperd.org/naspe/template.cfm?template=toddlers.html

National Cancer Institute (NCI). (2016). *The genetics of cancer.* Recuperado de https://www.cancer.gov/about-cancer/causes-prevention/genetics

National Center for Complementary and Integrative Health (NCCIH). (2005/2019). *Ayurvedic medicine: In depth.* Revisado em janeiro de 2019. Recuperado de https://www.nccih.nih.gov/health/ayurvedic-medicine-in-depth

National Center for Complementary and Integrative Health (NCCIH). (2006/2019). *Massage therapy: What you need to know.* Recuperado de https://www.nccih.nih.gov/health/massage-therapy-what-you-need-to-know

National Center for Complementary and Integrative Health (NCCIH). (2006/2016). *Tai chi and qi gong: In depth.* Revisado em agosto de 2016. Recuperado de https://www.nccih.nih.gov/health/tai-chi-and-qi-gong-in-depth

National Center for Complementary and Integrative Health (NCCIH). (2007/2012). *Chiropractic: In depth.* Revisado em fevereiro, 2012. Recuperado de https://www.nccih.nih.gov/health/chiropractic-in-depth

National Center for Complementary and Integrative Health (NCCIH). (2007/2016a). *Acupuncture: In depth.* Revisado em janeiro de 2016. Recuperado de https://www.nccih.nih.gov/health/acupuncture-in-depth

National Center for Complementary and Integrative Health (NCCIH). (2007/2016b). *Meditation: In depth.* Revisado em abril de 2016. Recuperado de https://www.nccih.nih.gov/health/meditation-in-depth

National Center for Complementary and Integrative Health (NCCIH). (2008/2018). *Complementary, alternative, or integrative health: What's in a name?* Revisado em julho, 2018. Recuperado de https://www.nccih.nih.gov/health/complementary-alternative-or-integrative-health-whats-in-a-name

National Center for Complementary and Integrative Health (NCCIH). (2008/2019). *Yoga: What you need to know.* Revisado em maio de 2019. Recuperado de https://www.nccih.nih.gov/health/yoga-what-you-need-to-know

National Center for Complementary and Integrated Health (NCCIH). (2009/2019). *Using dietary supplements wisely.* Revisado em janeiro de 2019. Recuperado de https://www.nccih.nih.gov/health/using-dietary-supplements-wisely

National Center for Complementary and Integrated Health (NCCIH). (2017). *Mind and body practices.* Recuperado de www.nccih.nih.gov/health/mind-and-body-practices

National Center for Health Statistics (NCHS). (2018). *Health, United States, 2017: With special feature on mortality.* Hyattsville, MD: Author.

National Center for Health Statistics (NCHS). (2019). *Health, United States, 2018.* Hyattsville, MD: Author.

National Center for Statistics and Analysis. (2019). *Alcohol-impaired driving: 2018 data* (Traffic Safety Facts. Report No. DOT HS 812 864). Washington, DC: National Highway Traffic Safety Administration.

National Public Radio. (2009). T. R. Reid: Looking overseas for 'Healing of America.' *Fresh Air.* Recuperado de https://www.npr.org/transcripts/112172939

National Task Force on the Prevention and Treatment of Obesity. (2000). Overweight, obesity, and health risk. *Archives of Internal Medicine, 160*, 898-904.

Nausheen, B., Gidron, Y., Peveler, R., & Moss-Morris, R. (2009). Social support and cancer progression: A systematic review. *Journal of Psychosomatic Research, 67*, 403-415.

Naylor, R. T., & Marshall, J. (2007). Autogenic training: A key component in holistic medical practice. *Journal of Holistic Healthcare, 4*, 14-19.

Nelson, D. E., Jarman, D. W., Rehm, J., Greenfield, T. K., Rey, G., Kerr, W. C., Miller, P., Shield, K. D., Ye, Y., & Naimi, T. S. (2013). Alcohol-attributable cancer deaths and years of potential life lost in the United States. *American Journal of Public Health, 103*(4), 641-648. https://doi.org/10.2105/AJPH.2012.301199

Nelson, H. D., Nevitt, M. C., Scott, J. C., Stone, K. L., & Cummings, S. R. (1994). Smoking, alcohol, and neuromuscular and physical functioning of older women. *Journal of the American Medical Association, 272*, 1825-1831.

Nelson, L. D., & Morrison, E. L. (2005). The symptoms of resource scarcity: Judgments of food and finances influence preferences for potential partners. *Psychological Science, 16*, 167-173.

Nemeroff, C. J. (1995). Magical thinking about illness virulence: Conceptions of germs from "safe" versus "dangerous" others. *Health Psychology, 14*, 147-151.

Nerurkar, A., Yeh, G., Davis, R. B., Birdee, G., & Phillips, R. S. (2011). When conventional medical providers recommend unconventional medicine: Results of a national study. Archives of Internal Medicine, 171(9), 862-864.

Nes, L. S., & Segerstrom, S. C. (2006). Dispositional optimism and coping: A meta-analytic review. *Personality and Social Psychology Review, 10*, 235-251.

Nestoriuc, Y., & Martin, A. (2007). Efficacy of biofeedback for migraine: A meta-analysis. *Pain, 128*, 111-127.

Netz, Y., Wu, M.-J., Becker, B. J., & Tenenbaum, G. (2005). Physical activity and psychological well-being in advanced age: A meta-analysis of intervention studies. *Psychology and Aging, 20*, 272-284.

Neumark-Sztainer, D. R., Wall, M. M., Haines, J. I., Story, M. T., Sherwood, N. E., & van den Berg, P. A. (2007). Shared risk and protective factors for overweight and disordered eating in adolescents. *American Journal of Preventive Medicine, 33*, 359-369.

Neumark-Sztainer, D. R., Wall, M. M., Story, M., & Perry, C. L. (2003). Correlates of unhealthy weight-control behaviors among adolescents: Implications for prevention programs. *Health Psychology, 22*, 88-98.

Neville, L. M., O'Hara, B., & Milat, A. J. (2009). Computer-tailored dietary behavior change interventions: A systematic review. *Health Education Research, 24*, 699-720.

Newswire. (2011, Mar. 26). Jennifer Aniston can't kick her smoking habit due to fear of weight gain, seeks alternative to smoking. *Newswire.com*. Recuperado de https://www.newswire.com/jennifer-aniston-can-t-kick-her/98355

Newton-John, T. R. (2013). How significant is the Significant Other in patient coping in chronic pain? *Pain, 3*(6), 485-493.

Ng, B. H. P., & Tsang, H. W. H. (2009). Psychophysiological outcomes of health qigong for chronic conditions: A systematic review. *Psychophysiology, 46*(2), 257-269.

Ng, J. Y. Y., & Tam, S. F. (2000). Effects of exercise-based cardiac rehabilitation on mobility and self-esteem after cardiac surgery. *Perceptual and Motor Skills, 91*, 107-114.

Nguyen, L. T., Davis, R. B., Kaptchuk, T. J., & Phillips, R. S. (2011). Use of complementary and alternative medicine and self-rated health status: Results of a national survey. *Journal of General Internal Medicine, 26*(4), 399-404.

Nicassio, P. M., Meyerowitz, B. E., & Kerns, R. D. (2004). The future of health psychology interventions. *Health Psychology, 23*, 132-137.

Nicoll, R. A., & Alger, B. E. (2004, dezembro). The brain's own marijuana. *Scientific American, 291*, 68-75.

Nied, R. J., & Franklin, B. (2002). Promoting and prescribing exercise for the elderly. *American Family Physician, 65*, 419-426, 427-428.

Nielsen, T. S., & Hansen, K. B. (2007). Do green areas affect health? Results from a Danish survey of the use of green areas and health indicators. *Health and Place, 13*, 839-850.

Nieva, G., Ortega, L. L., Mondon, S., Ballbé, M., & Gual, A. (2011). Simultaneous versus delayed treatment of tobacco dependence in alcohol-dependent outpatients. *European Addiction Research, 17*(1), 1-9.

NIH National Library of Medicine (2017, abril). Nick Jonas talks life with type 1 diabetes. NIH MedlinePlus Magazine. Recuperado de https://magazine.medlineplus.gov/article/nick-jonas-talks-life-with-type-1-diabetes

Nikendei, C., Weisbrod, M., Schild, S., Bender, S., Walther, S., & Herzog, W. (2008). Anorexia nervosa: Selective processing of food-related word and pictorial stimuli in recognition and free recall tests. *International Journal of Eating Disorders, 41*, 439-447.

Niknejad, B., Bolier, R., Henderson, C. R., Delgado, D., Kozlov, E., Löckenhoff, C. E., & Reid, M. C. (2018). Association between psychological interventions and chronic pain outcomes in older adults: A systematic review and meta-analysis. *JAMA Internal Medicine, 178*(6), 830-839. https://doi.org/10.1001/jamainternmed.2018.0756

Niswender, K. D., Daws, L. C., Avison, M. J., & Galli, A. (2011). Insulin regulation of monoamine signaling: Pathway to obesity. *Neuropsychopharmacology, 36*(1), 359-360.

Nivison, M. E., & Endresen, I. M. (1993). An analysis of relationships among environmental noise, annoyance and sensitivity to noise, and the consequences for health and sleep. *Journal of Behavior Medicine, 16*, 257-276.

Nocon, M., Hiemann, T., Müller-Riemenschneider, F., Thalau, F., Roll, S., & Willich, S. N. (2008). Association of physical activity with all-cause and cardiovascular mortality: A systematic review and meta-analysis. *European Journal of Cardiovascular Prevention and Rehabilitation, 15*, 239-246.

Nocon, M., Müller-Riemenschneider, F., Nitzschke, K., & Willich, S. N. (2010). Review article: Increasing physical activity with point-of-choice prompts - A systematic review. *Scandinavian Journal of Public Health, 38*, 633-638.

Noel, N. E., Heaton, J. A., & Brown, B. P. (2013). Substance induced myopia. In P. M. Miller, S. A. Ball, M. E. Bates, A. W. Blume, K. M. Kampman, M. E. Larimer, N. M. Petry, & P. De Witte (Eds.), *Comprehensive addictive behaviors and disorders, Vol. 1: Principles of addiction* (pp. 349-354). San Diego, CA: Elsevier Academic Press.

Nordström, A., Karlsson, C., Nyquist, F., Olsson, T., Nordström, P., & Karlsson, M. (2005). Bone loss and fracture risk after reduced physical activity. *Journal of Bone and Mineral Research, 20*, 202-207.

Nori Janosz, K. E., Koenig Berris, K. A., Leff, C., Miller, W. M., Yanez, J., Myers, S., Vidal, C., VanderLinden, M., Franklin, B. & McCollough, P. A. (2008). Clinical resolution of Type 2 diabetes with reduction in body mass index using meal replacement based weight loss. *Vascular Disease Prevention, 5*, 17-23. https://doi.org/10.2174/1567270000805010003

Norman, P., Webb, T. L., & Millings, A. (2019). Using the theory of planned behaviour and implementation intentions to reduce binge drinking in new university students. *Psychology & Health, 34*(4), 478-496. https://doi.org/10.1080/08870446.2018.1544369

Norris, F. H., Byrne, C. M., Diaz, E., & Kaniasty, K. (2001). *The range, magnitude, and duration of effects of natural and human-caused disasters: A review of the empirical literature.* Boston, MA: National Center for PTSD.

Northrup, T. F., Jacob III, P., Benowitz, N. L., Hon, E., Quintana, P. J. E., Hovell, M. F., Matt, G. E., & Stotts, A. L. (2016). Thirdhand smoke: State of the science and a call for policy expansion. Association of Schools and Programs of Public Health, 131(2), 233-238. https://doi.org/10.1177/003335491613100206

Nouwen, A., Winkley, K., Twisk, J., Lloyd, C. E., Peyrot, M., Ismail, K., Pouwer. F., & European Depression in Diabetes (EDID) Research Consortium. (2010). Type 2 diabetes mellitus as a risk factor for the onset of depression: A systematic review and meta-analysis. *Diabetologia, 53*, 2480-2486. https://doi.org/10.1007/s00125-010-1874-x

Novack, D. H., Cameron, O., Epel, E., Ader, R., Waldstein, S. R., Levenstein, S., Antoni, A. H., & Wainer, R. B. (2007). Psychosomatic medicine: The scientific foundation of the biopsychosocial model. *Academic Psychiatry, 31*, 388-401. https://doi.org/10.1176/appi.ap.31.5.388

Novins, D. K., Beals, J., Moore, L. A., Spicer, P., & Manson, S. M. (2004). Use of biomedical services and traditional healing options among American Indians: Sociodemographic correlates, spirituality, and ethnic identity. *Medical Care, 42*, 670-679.

Nunez-Smith, M., Wolf, E., Huang, H. M., Chen, P., Lee, L., Emanuel, E., & Gross, C. P. (2010). Media exposure and tobacco, illicit drugs, and alcohol use among children and adolescents: A systematic review. *Substance Abuse, 31*(3), 174-192. https://doi.org/10.1080/08897077.2010.495648

O

"Obama Admits." (2008, 10 de junho). Obama admits smoking cigarettes in last few months. *ABC News*. Recuperado de http://blogs.abcnews.com/politicalradar/2008/06/obama-admits-sm.html

O'Brien, C. W., & Moorey, S. (2010). Outlook and adaptation in advanced cancer: A systematic review. *Psycho-Oncology, 19*, 1239-1249.

O'Carroll, R. E., Dryden, J., Hamilton-Barclay, T., & Ferguson, E. (2011). Anticipated regret and organ donor registration: A pilot study. *Health Psychology, 30*, 661-664.

O'Cleirigh, C., Ironson, G., Weiss, A., & Costa, P. T., Jr. (2007). Conscientiousness predicts disease progression (CD4 number and viral load) in people living with HIV. *Health Psychology, 26*, 473-480.

O'Connor, D. B., & Shimizu, M. (2002). Sense of personal control, stress and coping style: A cross-cultural study. *Stress and Health: Journal of the International Society for the Investigation of Stress, 18*, 173-183.

O'Connor, D. W., Ames, D., Gardner, B., & King, M. (2009). Psychosocial treatments of behavior symptoms in dementia: A systematic review of reports meeting quality standards. *International Psychogeriatrics, 21*, 225-240.

O'Connor, R. J., McNeill, A., Borland, R., Hammond, D., King, B., Boudreau, C., & Cummings, K. M. (2007). Smokers' beliefs about the relative safety of other tobacco products: Findings from the ITC collaboration. *Nicotine and Tobacco Research, 9*, 1033-1042. https://doi.org/10.1080/14622200701591583

O'Donnell, M. J., Xavier, D., Liu, L., Zhang, H., Chin, S. L., Rao-Melacini, P., Rangarajan, S., Islam, S., Pais, P., McQueen, M. J., Mondo, C., Damasceno, A., Lopez-Jaramillo, P., Hankey, G., J., Dans, A. L., Ysoff, K., Trulsen, T., Diener, H-C. … INTERSTROKE investigators. (2010). Risk factors for ischaemic and intracerebral haemorrhagic stroke in 22 countries (the INTERSTROKE study): a case-control study. *The Lancet, 376*(9735), 112-123. https://doi.org/10.1016/S0140-6736(10)60834-3z

O'Donovan, G., Stensel, D., Hamer, M. & Stamatakis, E. (2017). The association between leisure-time physical activity, low HDL-cholesterol and mortality in a pooled analysis of nine population-based cohorts. *European Journal of Epidemiology, 32*, 559-566. https://doi.org/10.1007/s10654-017-0280-9

OECD. (2019). *Health at a glance 2019: OECD Indicators*, OECD Publishing, Paris, https://doi.org/10.1787/4dd50c09-en

Ogden, C. L., Carroll, M. D., Kit, B. K., & Flegal, K. M. (2012). Prevalence of obesity and trends in body mass index among US children and adolescents, 1999-2010. *Journal of the American Medical Association, 307*, 483-490.

Ogden, C. L., Carroll, M. D., Lawman, H. G., Fryar, C. D., Kruszon-Moran, D., Kit, B, K., & Flegal, K. M. (2016). Trends in obesity prevalence among children and adolescents in the United States, 1988-1994 through 2013-2014. *Journal of the American Medical Association, 315*(21),

2292-2299. Recuperado de https://jamanetwork.com/journals/jama/article-abstract/2526638

Ogden, J. (2003). Some problems with social cognition models: A pragmatic and conceptual analysis. *Health Psychology, 22*, 424-428.

Ogedegbe, G., Schoenthaler, A., & Fernandez, S. (2007). Appointment-keeping behavior is not related to medication adherence in hypertensive African Americans. *Journal of General Internal Medicine, 22*, 1176-1179.

Ogilvie, R. P., & Patel, S. R. (2017). The epidemiology of sleep and obesity. *Sleep Health, 3*(5), 383-388. https://doi.org/10.1016/j.sleh.2017.07.013

Oguma, Y., Sesso, H. D., Paffenbarger, R. S., Jr., & Lee, I.-M. (2002). Physical activity and all cause mortality in women: A review of the evidence. *British Journal of Sports Medicine, 36*, 162-172.

Oh, K., Hu, F. B., Manson, J. E., Stampfer, M. J., & Willett, W. C. (2005). Dietary fat intake and risk of coronary heart disease in women: 20 years of follow-up of the Nurses' Health Study. *American Journal of Epidemiology, 161*, 672-679.

Oh, Y.-M., Kim, Y. S., Yoo, S. H., Kim, S. K., & Kim, D. S. (2004). Association between stress and asthma symptoms: A population-based study. *Respirology, 9*, 363-368.

O'Hanlan, K. A., & Isler, C. M. (2007). Health care of lesbian and bisexual women. In I. H. Meyer & M. E. Northridge (Eds.), *The health of sexual minorities: Public health perspectives on lesbian, gay, bisexual and transgender populations* (pp. 506-522). Springer.

O'Hare, P. (2007). Merseyside, the first harm reduction conferences, and the early history of harm reduction. *International Journal of Drug Policy, 18*, 141-144.

Ohmoto, M., Sakasishi, K., Hama, A., Morita, A., Nomura, M., & Misumoto, Y. (2013). Association between dopamine receptor 2 TaqIA polymorphisms and smoking behavior with an influence of ethnicity: A systematic review and meta-analysis update. *Nicotine and Tobacco Research, 15*(3), 633-642.

Okuda, M., & Nakazawa, T. (2004). Helicobacter pylori infection in childhood. *Journal of Gastroenterology, 39*, 809-810.

Olander, E. K., & Eves, F. F. (2011). Effectiveness and cost of two stair-climbing interventions—Less is more. *American Journal of Health Promotion, 25*, 231-236.

O'Leary, C. M., Nassar, N., Zubrick, S. R., Kurinczuk, J. J., Stanley, F., & Bower, C. (2010). Evidence of a complex association between dose, pattern and timing of prenatal alcohol exposure and child behaviour problems. *Addiction, 105*(1), 74-86.

Olesen, J. (1988). Classification and diagnostic criteria for headache disorders, cranial neuralgias, and facial pain: Headache Classification Committee of the International Headache Society [Special issue]. *Cephalalgia, 8*(Suppl. 7), 1-96.

Olivardia, R., Pope, H. G., & Phillips, K. A. (2000). *The Adonis complex: The secret crisis of male body obsession*. New York, NY: Free Press.

O'Loughlin, J., Karp, I., Koulis, T., Paradis, G., & DiFranza, J. (2009). Determinants of first puff and daily cigarette smoking in adolescents. *American Journal of Epidemiology, 170*(5), 585-597.

Olsen, P., Elliott, J. M., Frampton, C., & Bradley, P. S. (2015). Winning or losing does matter: Acute cardiac admissions in New Zealand during Rugby World Cup tournaments. *European Journal of Preventive Cardiology, 22*(10), 1254-1260.

Olsen, R., & Sutton, J. (1998). More hassle, more alone: Adolescents with diabetes and the role of formal and informal support. *Child Care, Health and Development, 24*, 31-39.

Olshefsky, A. M., Zive, M. M., Scolari, R., & Zuniga, M. (2007). Promoting HIV risk awareness and testing in Latinos living on the U.S. Mexico Border: The Tu No Me Conoces Social Marketing Campaign. *AIDS Education and Prevention, 19*, 422-435.

Olsson, K. L., Cooper, R. L., Nugent, W. R., & Reid, R. C. (2016). Addressing negative affect in substance use relapse prevention. *Journal of Human Behavior in the Social Environment, 26*(1), 2-14. https://doi.org/10.1080/10911359.2015.1058138

Olver, I. N., Taylor, A. E., & Whitford, H. S. (2005). Relationships between patients' pre-treatment expectations of toxicities and post chemotherapy experiences. *Psycho-Oncology, 14*, 25-33.

Oman, R. F., & King, A. C. (2000). The effect of life events and exercise program on the adoption and maintenance of exercise behavior. *Health Psychology, 19*, 605-612.

Ondeck, D. M. (2003). Impact of culture on pain. *Home Health Care Management and Practice, 15*, 255-257.

Oosenbrug, E., Marinho, R. P., Zhang, J., Marzolini, S., Colella, T. J. F., Pakosh, M., & Grace, S. L. (2016). Sex differences in cardiac rehabilitation adherence: A meta-analysis. *Canadian Journal of Cardiology, 32*(11), 1316-1324. https://doi.org/10.1016/j.cjca.2016.01.036

Operario, D., Adler, N. E., & Williams, D. R. (2004). Subjective social status: Reliability and predictive utility for global health. *Psychology and Health, 19*, 237-246.

Orbell, S., Hodgkins, S., & Sheeran, P. (1997). Implementation intentions and the theory of planned behavior. *Personality and Social Psychology Bulletin, 23*, 945-554.

Orford, J., Krishnan, M., Balaam, M., Everitt, M., & van der Graaf, K. (2004). University student drinking: The role of motivational and social factors. *Drugs: Education, Prevention and Policy, 11*, 407-421.

Organisation for Economic Co-operation and Development (OECD). (2008). *OECD health data 2008: Statistics and indicators for 30 countries*. Paris: Organisation for Economic Co-operation and Development.

Organisation for Economic Co-operation and Development (OECD). (2015). *OECD health statistics 2015*. Recuperado de www.oecd.org

Ornish, D., Brown, S. E., Scherwitz, L. W., Billings, J. H., Armstrong, W. T., Ports, T., McLanahan, S., M., Kirkeeide, R. L., Brand, R. J. & Gould, K. L. (1990). Can lifestyle changes reverse coronary heart disease? The Lifestyle Heart Trial. *Lancet, 336*, 129-133. https://doi.org/10.1016/0140-6736(90)91656-u

Ornish, D., Scherwitz, L. W., Billings, J. H., Gould, L., Merritt, T. A., Sparler, S., Armstrong, W. T., Ports, T. A., Kirkeeide, R. L., Hogeboom, C., & Brand, R. J. (1998). Intensive lifestyle changes for reversal of coronary heart disease. *Journal of the American Medical Association, 280*, 2001-2007. https://doi.org/10.1001/jama.280.23.2001

Ortner, C. N. M., MacDonald, T. K., & Olmstead, M. C. (2003). Alcohol intoxication reduces impulsivity in the delay-discounting paradigm. *Alcohol and Alcoholism, 38*, 151-156.

Osborn, C. Y., White, R. O., Cavanaugh, K., Rothman, R. L., & Wallston, K. A. (2009). Diabetes numeracy: An overlooked factor in understanding racial disparities in glycemic control. *Diabetes Care, 32*, 1614-1619.

Osborn, J. W. (2005). Hypothesis: Set-points and long-term control of arterial pressure: A theoretical argument for a long-term arterial pressure control system in the brain rather than the kidney. *Clinical and Experimental Pharmacology and Physiology, 32*, 384-393.

Osborn, R. L., Demoncada, A. C., & Feuerstein, M. (2006). Psychosocial interventions for depression, anxiety, and quality of life in cancer survivors: Meta-analyses. *International Journal of Psychiatry in Medicine, 36*, 13-34.

Øystein, K. (2008). A broader perspective on education and mortality: Are we influenced by other people's education? *Social Science and Medicine, 66*, 620-636.

Ozer, E. J. (2005). The impact of violence on urban adolescents: Longitudinal effects of perceived school connection and family support. *Journal of Adolescent Research, 20*, 167-192.

Ozer, E. J., Best, S, R., Lipsey, T. L., & Weiss, D. S. (2003). Predictors of posttraumatic stress disorder and symptoms in adults: A meta-analysis. *Psychological Bulletin, 129*, 52-73.

P

Paasche-Orlow, M. K., Parker, R. M., Gazmararian, J. A., Nielsen-Bohlman, L. T., & Rudd, R. R. (2005). The prevalence of limited health literacy. *Journal of General Internal Medicine, 20*, 175-184.

Pabst, A., Baumeister, S. E., & Kraus, L. (2010). Alcohol-expectancy dimensions and alcohol consumption at different ages in the general population. *Journal of Studies on Alcohol and Drugs, 71*(1), 46-53.

Pace, T. W. W., & Heim, C. M. (2011). A short review on the psychoneuroimmunology of posttraumatic stress disorder: From risk factors to medical comorbidities. *Brain, Behavior, and Immunity, 25*, 6-13.

Paffenbarger, R. S., Jr., Gima, A. S., Laughlin, M. E., & Black, R. A. (1971). Characteristics of longshoremen related to fatal coronary heart disease and stroke. *American Journal of Public Health, 61*, 1362-1370.

Paffenbarger, R. S., Jr., Laughlin, M. E., Gima, A. S., & Black, R. A. (1970). Work activity of longshoremen as related to death from coronary heart disease and stroke. *New England Journal of Medicine, 282*, 1109-1114.

Paffenbarger, R. S., Jr., Wing, A. L., & Hyde, R. T. (1978). Physical activity as an index of heart attack risk in college alumni. *American Journal of Epidemiology, 108*, 161-175.

Palermo, T. M., Law, E. F., Fales, J., Bromberg, M. H., Jessen-Fiddick, T., & Tai, G. (2016). Internet-delivered cognitive-behavioral treatment for adolescents with chronic pain and their parents: A randomized controlled multicenter trial. *Pain, 157*(1), 174. https://doi.org/10.1097/j.pain.0000000000000348

Palmer, R. H. C., McGeary, J. E., Francazio, S., Raphael, B. J., Lander, A. D., Heath, A. C., & Knopik, V. S. (2012). The genetics of alcohol dependence: Advancing towards system-based approaches. *Drug and Alcohol Dependence, 125*(3), 179-191. https://doi.org/10.1016/j.drugalcdep.2012.07.005

Palombaro, K. M. (2005). Effects of walking-only interventions on bone mineral density at various skeletal sites: A meta-analysis. *Journal of Geriatric Physical Therapy, 28*(3), 102-107.

Pambianco, G., Costacou, T., & Orchard, T. (2007). The determination of cardiovascular risk factor profiles in Type 1 diabetes. *Diabetes, 56*(Suppl. 1), A176-A177.

Pang, R., Wang, S., Tian, L., Lee, M. C., Do, A., Cutshall, S. M., Li, G., Bauer, B. A., Thomley, B. S., & Chon, T. Y. (2015). Complementary and integrative medicine at Mayo Clinic. *American Journal of Chinese Medicine, 43*(8), 1503-1513. https://doi.org/10.1142/S0192415X15500858

Papadaki, A., Hondros, G., Scott, J. A., & Kapsokefalou, M. (2007). Eating habits of university students living at, or away from home in Greece. *Appetite, 49*, 169-176.

Papadopoulos, A., Guida, F., Cénée, S., Cyr, D., Schmaus, A., Radoï, L., Paget-Bailly, S., Carton, M., Tarneud, C., Menvielle, G., Delafosse, P., Molinié, F., Luce, D., & Stücker, I. (2011). Cigarette smoking and lung cancer in women: Results of the French ICARE case-control study. *Lung Cancer, 74*, 369-377. https://doi.org/10.1016/j.lungcan.2011.04.013

Papas, R. K., Belar, C. D., & Rozensky, R. H. (2004). The practice of clinical health psychology: Professional issues. In R. G. Frank, A. Baum, & J. L. Wallander (Eds.), *Handbook of clinical health psychology* (Vol. 3, pp. 293-319). Washington, DC: American Psychological Association.

Parchman, M. L., Noel, P. H., & Lee, S. (2005). Primary care attributes, health care system hassles, and chronic illness. *Medical Care, 43*, 1123-1129.

Park, C. (2013). Mind-body CAM interventions: Current status and considerations for integration into clinical health psychology. *Journal of Clinical Psychology, 69*(1), 45-63.

Park, C. L., Pustejovsky, J. E., Trevino, K., Sherman, A. C., Esposito, C., Berendsen, M., & Salsman, J. M. (2019). Effects of psychosocial interventions on meaning and purpose in adults with cancer: A systematic review and meta-analysis. *Cancer, 125*(14), 2383-2393. https://doi.org/10.1002/cncr.32078

Park, J. (2005). Use of alternative health care. *Health Reports, 16*(2), 39-42.

Parker, C. S., Zhen, C., Price, M., Gross, R., Metlay, J. P., Christie, J. D., Brensinger, C. M., Newcomb, C. W., Samha, F. F., & Kimmel, S. E. (2007). Adherence to warfarin assessed by electronic pill caps, clinician assessment, and patient reports: Results from the INRANGE study. *Journal of General Internal Medicine, 22*, 1254-1259. https://doi.org/10.1007/s11606-007-0233-1

Parker, R. M., Schaller, J., & Hansmann, S. (2003). Catastrophe, chaos, and complexity models and psychosocial adjustment to disability. *Rehabilitation Counseling Bulletin, 46*, 234-241.

Parrott, D. J., & Eckhardt, C. I. (2018). Effects of alcohol on human aggression. *Current Opinion in Psychology, 19*, 1-5. https://doi.org/10.1016/j.copsyc.2017.03.023

Parrott, D. J., & Zeichner, A. (2002). Effects of alcohol and trait anger on physical aggression in men. *Journal of Studies on Alcohol, 63*, 196-204.

Parschau, L., Richert, J., Koring, M., Ernsting, A., Lippke, S., & Schwarzer, R. (2012). Changes in social-cognitive variables are associated with stage transitions in physical activity. *Health Education Research, 27*, 129-140.

Pascoe, E. A., & Richman, L. S. (2009). Perceived discrimination and health: A meta-analytic review. *Psychological Bulletin, 135*, 531-554.

Patel, K., & Watson, R. R. (2018). Chocolate and its component's effect on cardiovascular disease. *Lifestyle in Heart Health and Disease*, 255-266. https://doi.org/10.1016/B978-0-12-811279-3.00021-5

Patel, S. R., Ayas, N. T., Malhotra, M. R., White, D. P., Schemhammer, E. S., Speizer, F. E., Stampfer, M. J., & Hu, F. B. (2004). A prospective study of sleep duration and mortality risk in women. *Sleep, 27*, 440-444. https://doi.org/10.1093/sleep/27.3.440

Patra, J., Taylor, B., Irving, H., Roerecke, M., Baliunas, D., Mohapatra, S., & Rehm, J. (2010). Alcohol consumption and the risk of morbidity and mortality for different stroke types—A systematic review and meta-analysis. *BMC Public Health, 10*, 258-269. https://doi.org/10.1186/1471-2458-10-258

Patterson, D. R. (2010). *Clinical hypnosis for pain control*. Washington, DC: American Psychological Association.

Patterson, D. R., & Jensen, M. P. (2003). Hypnosis and clinical pain. *Psychological Bulletin, 129*, 495-521.

Paulozzi, L., Baldwin, G., Franklin, G., Kerlikowske, R. G., Jones, C. M., Ghiya, N., & Popovic, T. (2012). CDC grand rounds: Prescription drug overdoses—a U.S. epidemic. *Morbidity and Mortality Weekly Report, 61*, 10-13.

Pauly, M. V., & Pagán, J. A. (2007). Spillovers and vulnerability: The case of community uninsurance. *Health Affairs, 26*, 1304-1314.

Paun, O., Farran, C. J., Perraud, S., & Loukissa, D. A. (2004). Successful caregiving of persons with Alzheimer's disease. *Alzheimer's Care Quarterly, 5*, 241-251.

Pacher, P., Kogan, N. M., & Mechoulam, R. (2020). Beyond THC and endocannabinoids. *Annual Review of Pharmacology and Toxicology, 60*, 637-659. https://doi.org/10.1146/annurev-pharmtox-010818-021441

Pavlik, V. N., Doody, R. S., Massman, P. J., & Chan, W. (2006). Influence of premorbid IQ and education on progression of Alzheimer's disease. *Dementia and Geriatric Cognitive Disorders, 22*, 367-377.

Pavlin, D. J., Sullivan, M. J. L., Freund, P. R., & Roesen, K. (2005). Catastrophizing: A risk factor for postsurgical pain. *Clinical Journal of Pain, 21*, 83-90.

Paxton, R. J., Motl, R. W., Aylward, A., & Nigg, C. R. (2010). Physical activity and quality of life: The complementary influence of self-efficacy for physical activity and mental health difficulties. *International Journal of Behavioral Medicine, 17*, 255-263.

Paynter, J., & Edwards, R. (2009). The impact of tobacco promotion at the point of sale: A systematic review. *Nicotine and Tobacco Research, 11*(1), 25-35.

Pearson, B. L., Reeder, D. M., & Judge, P. G. (2015). Crowding increases salivary cortisol but not self-directed behavior in captive baboons. *American Journal of Primatology, 77*(4), 462-467.

Peay, M. Y., & Peay, E. R. (1998). The evaluation of medical symptoms by patients and doctors. *Journal of Behavioral Medicine, 21*, 57-81.

Pedersen, A. F., Zachariae, R., & Bovbjerg, D. H. (2009). Psychological stress and antibody response to influenza vaccination: A meta-analysis. *Brain, Behavior, and Immunity, 23*, 427-433.

Pederson, L. L., Koval, J., Vingilis, E., Seeley, J., Ialomiteanu, R. I., Wickens, C. M., Ferrence, R., & Mann, R. E. (2019). The relationship between motor vehicle collisions and cigarette smoking in Ontario: Analysis of CAMH survey data from 2002 to 2016, *Preventive Medicine Reports, 13*, 327-331. https://doi.org/10.1016/j.pmedr.2018.12.013

Peerdeman, K. J., Van Laarhoven, A. I., Peters, M. L., & Evers, A. W. (2016). An integrative review of the influence of expectancies on pain. *Frontiers in Psychology, 7*, 1270. https://doi.org/10.3389/fpsyg.2016.01270

Peele, S. (2002, 1º de agosto). Harm reduction in clinical practice. *Counselor: The Magazine for Addiction Professionals*, 28-32.

Peele, S. (2007). Addiction as disease: Policy, epidemiology, and treatment consequences of a bad idea. In J. E. Henningfield, P. B. Santora, & W. K. Bickel (Eds.), *Addiction treatment: Science and policy for the twenty-first century* (pp. 153-164). Baltimore, MD: Johns Hopkins University Press.

Peila, R., Rodriguez, B. L., & Launer, L. J. (2002). Type 2 diabetes, APOE gene, and the risk for dementia and related pathologies. *Diabetes, 51*, 1256-1262.

Pelletier, K. R. (2002). Mind as healer, mind as slayer: Mind-body medicine comes of age. *Advances in Mind-Body Medicine, 18*, 4-15.

Pence, L. B., Thorn, B. E., Jensen, M. P., & Romano, J. M. (2008). Examination of perceived spouse responses to patient well and pain behavior in patients with headache. *The Clinical Journal of Pain, 24*, 654-661.

Penley, J. A., Tomaka, J., & Wiebe, J. S. (2002). The association of coping to physical and psychological health outcomes: A meta-analytic review. *Journal of Behavioral Medicine, 25*, 551-603.

Pennebaker, J. W., Barger, S. D., & Tiebout, J. (1989). Disclosure of traumas and health among Holocaust survivors. *Psychosomatic Medicine, 51*, 577-589.

Pennebaker, J. W., Colder, M., & Sharp, L. K. (1990). Accelerating the coping process. *Journal of Personality and Social Psychology, 58*, 528-537.

Penza-Clyve, S. M., Mansell, C., & McQuaid, E. L. (2004). Why don't children take their asthma medications? A qualitative analysis of children's perspectives on adherence. *Journal of Asthma, 41*, 189-197.

Penzien, D. B., Rains, J. C., & Andrasik, F. (2002). Behavioral management of recurrent headache: Three decades of experience and empiricism. *Applied Psychophysiology and Biofeedback, 27*, 163-181.

Pepper, J., Emery, S., Ribisl, K., Rini, C., & Brewer, N. (2015). How risky is it to use e-cigarettes? Smokers' beliefs about their health risks from using novel and traditional tobacco products. *Journal of Behavioral Medicine, 38*(2), 318-326.

Pereira, M. A., Kartashov, A. I., Ebbeling, C. B., Van Horn, L., Slattery, M. L., Jacobs, D. R., Jr., & Ludwig, D. S. (2005). Fast-food habits, weight gain, and insulin resistance (the CARDIA study): 15-year prospective analysis. *Lancet, 365*, 36-42. https://doi.org/10.1016/S0140-6736(04)17663-0

Peres, M. F. P., Mercante, J. P. P., Tanuri, F. C., & Nunes, M. (2006). Chronic migraine prevention with topiramate. *Journal of Headache and Pain, 7*, 185-187.

Peretti-Watel, P., Constance, J., Guilbert, P., Gautier, A., Beck, F., & Moatti, J.-P. (2007). Smoking too few cigarettes to be at risk? Smokers' perceptions of risk and risk denial, a French survey. *Tobacco Control, 16*, 351-356.

Perilla, J. L, Norris, F. H., & Lavizzo, E. A. (2002). Ethnicity, culture, and disaster response: identifying and explaining ethnic differences in PTSD six months after hurricane Andrew. *Journal of Social and Clinical Psychology, 21*, 20-45. https://doi.org/10.1521/jscp.21.1.20.22404

Permutt, M. A., Wasson, J., & Cox, N. (2005). Genetic epidemiology of diabetes. *Journal of Clinical Investigation, 115*, 1431-1439.

Perram, S. W. (2006). The results of 47 clinical studies examined in a 30-year period. *American Chiropractor, 28*, 42-44.

Pert, C. B., & Snyder, S. H. (1973). Opiate receptor: Demonstration in nervous tissue. *Science, 179*, 1011-1014.

Peterlin, B. L., Rosso, A. L., Rapoport, A. M., & Scher, A. I. (2010). Obesity and migraine: The effect of age, gender and adipose tissue distribution. *Headache, 50*(1), 52-62.

Petersen, G. L., Finnerup, N. B., Colloca, L., Amanzio, M., Price, D. D., Jensen, T. S., & Vase, L. (2014). The magnitude of nocebo effects in pain: A meta-analysis. *Pain, 155*(8), 1426-1434. https://doi.org/10.1016/j.pain.2014.04.016

Petrie, K. J., Perry, K., Broadbent, E., & Weinman, J. (2012). A text message programme designed to modify patients' illness and treatment beliefs improves self-reported adherence to asthma preventer medication. *British Journal of Health Psychology, 17*, 74-84.

Petticrew, M., Bell, R., & Hunter, D. (2002). Influence of psychological coping on survival and recurrence in people with cancer: A systematic review. *British Medical Journal*, *325*, 1066.

Pettman, E. (2007). A history of manipulative therapy. *Journal of Manual and Manipulative Therapy*, *15*, 165-174.

Pew Internet. (2012). *Highlights of the Pew Internet Project's research related to health and health care*. Recuperado de http://www.pewinternet.org/Commentary/2011/November/Pew-Internet-Health.aspx

Phillips, F. (2005). Vegetarian nutrition. *Nutrition Bulletin*, *30*(2), 132-167.

Phillips, J. G., & Ogeil, R. P. (2007). Alcohol consumption and computer blackjack. *Journal of General Psychology*, *134*, 333-353.

Phillips, K. M., Antoni, M. H., Carver, C. S., Lechner, S. C., Penedo, F. J., McCullough, M. E., Gluck, S., Derhagopian, R. P., & Blomberg, B. B. (2011). Stress management skills and reductions in serum cortisol across the year after survey for non-metastatic breast cancer. *Cognitive Therapy and Research*, *35*, 595-600. https://doi.org/10.1007/s10608-011-9398-3

Phipps, E., Braitman, L. E., Stites, S., & Leighton, J. C. (2008). Quality of life and symptom attribution in long-term colon cancer survivors. *Journal of Evaluation in Clinical Practice*, *14*, 254-258.

Pho, L., Grossman, D., & Leachman, S. A. (2006). Melanoma genetics: A review of genetic factors and clinical phenotypes in familial melanoma. *Current Opinion in Oncology*, *18*, 173-179.

Physical Activity Guidelines Advisory Committee (PAGAC). (2018). 2018 Physical Activity Guidelines Advisory Committee Scientific Report. Washington, DC: U.S. Department of Health and Human Services.

Piazza-Gardner, A. K., Gaffud, T. J. G., & Barry, A. E. (2012). The impact of alcohol on Alzheimer's disease: A systematic review. *Aging & Mental Health*, *17*(2). https://doi.org/10.1080/13607863.2012.742488

Picavet, H. S. J. (2010). Musculoskeletal pain complaints from a sex and gender perspective. In P. Croft, F. M. Blyth, & D. van der Windt (Eds.), *Chronic pain epidemiology: From Aetiology to Public Health* (pp. 119-126). New York, NY: Oxford University Press.

Pickup, J. C., & Renard, E. (2008). Long-acting insulin analogs versus insulin pump therapy for the treatment of Type 1 and Type 2 diabetes. *Diabetes Care*, *31*(S2), S140-S145.

Pierce, J. P. (2005). Influence of movie stars on the initiation of adolescent smoking. *Pediatric Dentistry*, *27*, 149.

Pierce, J. P., Distefan, J. M., Kaplan, R. M., & Gilpin, E. A. (2005). The role of curiosity in smoking initiation. *Addictive Behaviors*, *30*, 685-696.

Pietiläinen, K. H., Korkeila, M., Bogl, L. H., Westerterp, K. R., Yki-Järvinen, H., Kaprio, J., & Rissanen, A. (2010). Inaccuracies in food and physical activity diaries of obese subjects: Complementary evidence from doubly labeled water and co-twin assessments. *International Journal of Obesity*, *34*(3), 437-445. https://doi.org/10.1038/ijo.2009.251

Pietinen, P., Malila, N., Virtanen, M., Hartman, T. J., Tangrea, J. A., Albanes, D., & Virtamo, J. (1999). Diet and risk of colorectal cancer in a cohort of Finnish men. *Cancer Causes and Control*, *10*(5), 387-396. https://doi.org/10.1023/a:1008962219408

Piette, J. D., Heisler, M., Horne, R., & Caleb Alexander, G. (2006). A conceptually based approach to understanding chronically ill patients' responses to medication cost pressures. *Social Science and Medicine*, *62*, 846-857.

Pike, K. M., Timothy, B., Vitousek, K., Wilson, G. T., & Bauer, J. (2003). Cognitive behavior therapy in posthospitalization treatment of anorexia nervosa. *American Journal of Psychiatry*, *160*, 2046-2049.

Pillemer, S., Davis, J., & Tremont, G. (2018). Gender effects on components of burden and depression among dementia caregivers. *Aging & Mental Health*, *22*(9), 1162-1167. https://doi.org/10.1080/13607863.2017.1337718

Pilote, L., Dasgupta, K., Guru, v., Humphries, K. H., McGrath, J., Norris, C., Rabi, D., Tremblay, J., Alamian, A., Barnett, R., Cox, J., Gali, W. A., Grace, S., Hamet, P., Ho, T., Kirkland, S., Lambert, M., Libersan, D., O'Loughlin, J., Paradis ... Tagalakis, V. (2007). A comprehensive view of sex-specific issues related to cardiovascular disease. *Canadian Medical Association Journal*, *176*(6), S1-S44.

Pimlott-Kubiak, S., & Cortina, L. M. (2003). Gender, victimization, and outcomes: Reconceptualizing risk. *Journal of Consulting and Clinical Psychology*, *71*, 528-539.

Pinel, J. P. J. (2009). *Biopsychology* (7th ed.). Boston, MA: Allyn and Bacon.

Pinel, J. P. J. (2014). *Biopsychology* (9th ed.). Boston, MA: Pearson.

Pinel, J. P. J., Assanad, S., & Lehman, D. R. (2000). Hunger, eating, and ill health. *American Psychologist*, *55*, 1105-1116.

Piñeiro, B., Correa, J. B., Simmons, V. N., Harrell, P. T., Menzie, N. S., Unrod, M., Meltzer, L. R., & Brandon, T. H. (2016). Gender differences in use and expectancies of e-cigarettes: Online survey results. *Addictive Behaviors*, *52*, 91-97. https://doi.org/10.1016/j.addbeh.2015.09.006

Pingitore, D., Scheffler, R., Haley, M., Seniell, T., & Schwalm, D. (2001). Professional psychology in a new era: Practice-based evidence from California. *Professional Psychology, Research and Practice*, *32*, 585-596.

Pinnock, H., Parke, H. L., Panagioti, M., Daines, L., Pearce, G., Epiphaniou, E., Bower, P., Sheikh, A., Griffiths, C. J., & Taylor, S. J. (2017). Systematic meta-review of supported self-management for asthma: A healthcare perspective. *BMC Medicine*, *15*(1), 64. https://doi.org/10.1186/s12916-017-0823-7

Piotrowski, C. (1998). Assessment of pain: A survey of practicing clinicians. *Perceptual and Motor Skills*, *86*, 181-182.

Piotrowski, C. (2007). Review of the psychological literature on assessment instruments used with pain patients. *North American Journal of Psychology*, *9*, 303-306.

Pischon, T., Boeing, H., Hoffmann, K., Bergmann, M., Schulze, M. B., Overvad, K., van der Schouw, Y. T., Spencer, E., Moons, K. G. M., Tjønneland, A., Halkjaer, H., Jensen, M. K., Stegger, J., Clavel-Chapelon, G., Chajes, V., Linseisen, J., Kaaks, R., Trichopoulou, A., Trichopoulos, D. ... Riboli, E. (2008). General and abdominal adiposity and risk of death in Europe. *New England Journal of Medicine*, *359*(20), 2105-2120. https://doi.org/10.1056/NEJMoa0801891

Pisinger, C., & Godtfredsen, N. S. (2007). Is there a health benefit of reduced tobacco consumption? A systematic review. *Nicotine and Tobacco Research*, *9*, 631-646.

Pisinger, C., & Jorgensen, T. (2007). Weight concerns and smoking in a general population: The Inter99 study. *Preventive Medicine*, *44*, 283-289.

Pitasi, M. A., Delaney, K. P., Brooks, J. T., DiNenno, E. A., Johnson, S. D., & Prejean, J. (2019). HIV testing in 50 local jurisdictions accounting for the majority of new HIV diagnoses and seven states with disproportionate occurrence of HIV in rural areas, 2016-2017. *Morbidity and Mortality Weekly Report*, *68*(25), 561. https://doi.org/10.15585/mmwr.mm6825a2

Piumatti, G., Moore, S. C., Berridge, D. M., Sarkar, C., & Gallacher, J. (2018). The relationship between alcohol use and long-term cognitive decline in middle and late life: A longitudinal analysis using UK Biobank. *Journal of Public Health*, *49*(2), 304-311. https://doi.org/10.1093/pubmed/fdx186

Plasqui, G., & Westerterp, K. R. (2007). Physical activity and insulin resistance. *Current Nutrition and Food Science*, *3*, 157-160.

Plunk, A. D., Syed-Mohammed, H., Cavazos-Rehg, P., Bierut, L J., & Grucza, R. A. (2014). Alcohol consumption, heavy drinking, and mortality: Rethinking the J-shaped curve. *Alcoholism: Clinical and Experimental Research*, *38*(2), 471-478.

Pogosova, N., & Sokolova, O. (2017). Governmental efforts for cardiovascular disease prevention efforts in the Russian Federation, *Cardiovascular Diagnosis & Therapy*, *7*(Suppl. 1), S48-S54. https://doi.org/10.21037/cdt.2017.03.01

Pole, N., Best, S. R., Metzler, T., & Marmar, C. R. (2005). Why are Hispanics at greater risk for PTSD? *Cultural Diversity and Mental Health*, *11*, 144-161.

Polgar, S., & Ng, J. (2005). Ethics, methodology and the use of placebo controls in surgical trials. *Brain Research Bulletin*, *67*, 290-297.

Polich, J. M., Armor, D. J., & Braiker, H. B. (1980). *The course of alcoholism: Four years after treatment*. Santa Monica, CA: Rand.

Polivy, J., Coelho, J., Hargreaves, D., Fleming, A., & Herman, C. P. (2007). The effects of external cues on eating and body weight: Another look at obese humans and rats. *Appetite*, *49*, 321.

Polivy, J., & Herman, C. P. (2002). Causes of eating disorders. *Annual Review of Psychology*, *53*, 187-214.

Polivy, J., & Herman, C. P. (2004). Sociocultural idealization of thin female body shapes: An introduction to the special issues on body image and eating disorders. *Journal of Social and Clinical Psychology*, *23*, 1-6.

Pollack, M., Chastek, B., Williams, S. A., & Moran, J. (2010). Impact of treatment complexity on adherence and glycemic control: An analysis of oral antidiabetic agents. *Journal of Clinical Outcomes Management*, *17*, 257-265.

Pollock, M. L., Wilmore, J. H., & Fox, S. M., III. (1978). *Health and fitness through physical activity*. New York, NY: Wiley.

Pomerleau, O. F., & Kardia, S. L. R. (1999). Introduction to the features section: Genetic research on smoking. *Health Psychology*, *18*, 3-6.

Pool, G. J., Schwegler, A. F., Theodore, B. R., & Fuchs, P. N. (2007). Role of gender norms and group identification on hypothetical and experimental pain tolerance. *Pain*, *129*, 122-129.

Poole, H., Branwell, R., & Murphy, P. (2006). Factor structure of the Beck Depression Inventory-II in patients with chronic pain. *Clinical Journal of Pain*, *22*, 790-798.

Pope, C., Mechoulam, R., & Parsons, L. (2010). Endocannabinoid signaling in neurotoxicity and neuroprotection. *NeuroToxicology*, *31*(5), 562-571.

Pope, S. K., Shue, V. M., & Beck, C. (2003). Will a healthy lifestyle help prevent Alzheimer's disease? *Annual Review of Public Health*, *24*, 111-132.

Popham, R. E. (1978). The social history of the tavern. In Y. Israel, F. B. Glaser, H. Kalant, R. E. Popham, W. Schmidt, & R. G. Smart (Eds.), *Research advances in alcohol and drug problems* (Vol. 2, pp. 225-302). New York, NY: Plenum Press.

Popkin, B. (2009). *The world is fat: The fads, trends, policies, and products that are fattening the human race*. New York, NY: Avery/Penguin.

Porta, M., Greenland, S., Hernán, M., dos Santos Silva, I., & Last, J. M. (2014). *A Dictionary of Epidemiology*. New York, NY: Oxford University Press.

Poss, J. E. (2000). Developing a new model for cross-cultural research: Synthesizing the health belief model and the theory of reasoned action. *Advances in Nursing Science*, *23*, 1-15.

Possemato, K., Ouimette, P., & Geller, P. A. (2010). Internet-based expressive writing for kidney transplant recipients: Effects on post-traumatic stress and quality of life. *Traumatology, 16*, 49-54.

Poston, W. S. C., Taylor, J. E., Hoffman, K. M., Peterson, A. L., Lando, H. A., Shelton, S., & Haddock, C. K. (2008). Smoking and deployment: Perspectives of junior enlisted U.S. Air Force and U.S. Army personnel and their supervisors. *Military Medicine, 173*, 441-447. https://doi.org/10.7205/milmed.173.5.441

Pouchot, J., Le Parc, J.-M., Queffelec, L., Sichère, P., & Flinois, A. (2007). Perceptions in 7700 patients with rheumatoid arthritis compared to their families and physicians. *Joint Bone Spine, 74*, 622-626.

Pouletty, P. (2002). Opinion: Drug addictions: Towards socially accepted and medically treatable diseases. *Nature Reviews Drug Discovery, 1*, 731-736.

Powell, J., Inglis, N., Ronnie, J., & Large, S. (2011). The characteristics and motivations of online health information seekers: Cross-sectional survey and qualitative interview study. *Journal of Medical Internet Research, 13*, e20.

Powell, K. E., Paluch, A. E., & Blair, S. N. (2011). Physical activity for health: What kind? How much? How intense? On top of what? *Annual Review of Public Health, 32*, 349-365.

"Practical Nurse." (2008). Hereditary breast cancer risk overestimated. *Practical Nurse, 35*(9), 9.

Prapavessis, H., Cameron, L., Baldi, J. C., Robinson, S., Borries, K., Harper, T., & Grove, J. R. (2007). The effects of exercise and nicotine replacement therapy on smoking rates in women. *Addictive Behaviors, 32*, 1416-1432. https://doi.org/10.1016/j.addbeh.2006.10.005

Pressman, S. D., & Cohen, S. (2005). Does positive affect influence health? *Psychological Bulletin, 131*, 925-971.

Prestwich, A., Perugini, M., & Hurling, R. (2009). Can the effects of implementation intentions on exercise be enhanced using text messages? *Psychology and Health, 24*, 677-687.

Price, D. D., Finniss, D. G., & Benedetti, F. (2008). A comprehensive review of the placebo effect: Recent advances and current thought. *Annual Review of Psychology, 59*, 565-590

Price-Haywood, E. G., Burton, J., Fort, D., & Seoane, L. (2020). Hospitalization and mortality among black patients and white patients with Covid-19. *New England Journal of Medicine*. https://doi.org/10.1056/NEJMsa2011686

Prince, M. (2004). Care arrangements for people with dementia in developing countries. *International Journal of Geriatric Psychiatry, 19*, 170-177.

Prochasha, J. J., Das, S., & Young-Wolff, S. C. (2017). Smoking, mental illness, and public health. *Annual Review of Public Health, 38*, 165-185. https://doi.org/10.1146/annurev-publhealth-031816-044618

Prochaska, J. J., Spring, B., & Nigg, C. R. (2008). Multiple health behavior change research: An introduction and overview. *Preventive Medicine, 46*, 181-188.

Prochaska, J. O., DiClemente, C. C., & Norcross, J. C. (1992). In search of how people change: Applications to addictive behaviors. *American Psychologist, 47*, 1102-1114.

Prochaska, J. O., Norcross, J. C., & DiClemente, C. C. (1994). *Changing for good*. New York, NY: Avon Books.

Proctor, R. N. (2012). *Golden holocaust: Origins of the cigarette catastrophe and the case for abolition*. Berkeley, CA: University of California Press.

Pucci, M., Di Bonaventure, M. V., Wille-Bille, A., Fernández, M. S., Maccarrone, M., Pautassi, R. M., Cifani, C., & D'Addario, C. (2019). Environmental stressors and alcoholism development: Focus on molecular targets and their epigenetic regulation. *Neuroscience & Biobehavioral Reviews, 106*, 165-181. https://doi.org/10.1016/j.neubiorev.2018.07.004

Purslow, L. R., Sandhu, M. S., Forouhi, N., Young, E. H., Luben, R. N., Welch, A. A., Khaw, D.-T., Bingham, S. A., & Wareham, N. J. (2008). Energy intake at breakfast and weight change: Prospective study of 6,764 middle-aged men and women. *American Journal of Epidemiology, 167*, 188. https://doi.org/10.1093/aje/kwm309

Puska, P., Vartiainen, E., Tuomilehto, J., Salomaa, V., & Nissinen, A. (1998). Changes in premature death in Finland: Successful long-term prevention of cardiovascular diseases. *Bulletin of the World Health Organization, 76*, 419-425.

Puthumana, J., Ferrucci, L., Mayne, S., Lannin, D., & Chagpar, A. (2013). Sun protection practices among melanoma survivors. *Cancer Research, 73*(Suppl. 8), 1365-1365.

Q

Qiu, C., Kivipelto, M., & von Strauss, E. (2011). Epidemiology of Alzheimer's disease: Occurrence, determinants, and strategies toward intervention. *Dialogues in Clinical Neuroscience, 11*, 111-128.

Quartana, P. J., Laubmeier, K. K., & Zakowski, S. G. (2006). Psychological adjustment following diagnosis and treatment of cancer: An examination of the moderating role of positive and negative emotional expressivity. *Journal of Behavioral Medicine, 29*, 487-498.

Quinn, J. F., Bodenhamer-Davis, E., & Koch, D. S. (2004). Ideology and the stagnation of AODA treatment modalities in America. *Deviant Behavior, 25*, 109-131.

Quinn, J. R. (2005). Delay in seeking care for symptoms of acute myocardial infarction: Applying a theoretical model. *Research in Nursing and Health, 28*, 283-294.

Quisenberry, A. J., Pittman, J., Goodwin, R. D., Bickel, W. K., D'Urso, G., & Sheffer, C. E. (2019). Smoking relapse risk is increased among individuals in recovery. *Drug and Alcohol Dependence, 102*, 93-103. https://doi.org/10.1016/j.drugalcdep.2019.07.001

Quist, M., Rorth, M., Zacho, M., Andersen, C., Moeller, T., Midtgaard, J., & Adamsen, L. (2006). High-intensity resistance and cardiovascular training improve physical capacity in cancer patients undergoing chemotherapy. *Scandinavian Journal of Medicine and Science in Sports, 16*, 349-357. https://doi.org/10.1111/j.1600-0838.2005.00503.x

Qureshi, A. A., Laden, F., Colditz, G. A., & Hunter, D. J. (2008). Geographic variation and risk of skin cancer in US women. *Archives of Internal Medicine, 168*, 501-507.

R

Rabarison, K. M., Bouldin, E. D., Bish, C.L., McGuire, L.C., Taylor, C. A., & Greenlund, K.J. (2018). The economic value of informal caregiving for persons with dementia: Results from 38 states, the District of Columbia, and Puerto Rico, 2015 and 2016 BRFSS. *American Journal of Public Health, 108*(10), 1370-1377. https://doi.org/10.2105/AJPH.2018.304573

Rabin, C., Leventhal, H., & Goodin, S. (2004). Conceptualization of disease timeline predicts posttreatment distress in breast cancer patients. *Health Psychology, 23*, 407-412.

Racine, M., Tousignant-Laflamme, Y., Kloda, L. A., Dion, D., Dupuis, G., & Choinière, M. (2012). A systematic literature review of 10years of research on sex/gender and pain perception-Part 2: Do biopsychosocial factors alter pain sensitivity differently in women and men? *Pain, 153*(3), 619-635.

Rady Children's Hospital San Diego (RCHSD). (2014, outubro). Nick Jonas & diabetes: Call me Mr. Positive. Rady Children's Hospital San Diego. https://www.rchsd.org/health-articles/nick-jonas-diabetes-call-me-mr-positive/

Ragan, D. T. (2016). Peer beliefs and smoking in adolescence: A longitudinal social network analysis. *American Journal of Drug and Alcohol Abuse, 42*(2), 222-230.

Rahim-Williams, B., Riley, J. L. III, Williams, A. K., & Fillingim, R. B. (2012). A quantitative review of ethnic group differences in experimental pain response: Do biology, psychology, and culture matter? *Pain Medicine, 13*(4), 522-540. https://doi.org/10.1111/j.1526-4637.2012.01336.x

Rainville, P., & Price, D. D. (2003). Hypnosis phenomenology and the neurobiology of consciousness. *International Journal of Clinical and Experimental Hypnosis, 51*(Special Issue, Pt. 1), 105-129.

Rainwater, D. L., Mitchell, B. D., Gomuzzie, A. G., Vandeberg, J. L., Stein, M. P., & MacCluer, J. W. (2000). Associations among 5-year changes in weight, physical activity, and cardiovascular disease risk factors in Mexican Americans. *American Journal of Epidemiology, 152*, 974-982.

Rami, B., Popow, C., Horn, W., Waldhoer, T., & Schober, E. (2006). Telemedical support to improve glycemic control in adolescents with Type 1 diabetes mellitus. *European Journal of Pediatrics, 165*, 701-705.

Ramsay, S., Ebrahim, S., Whincup, P., Papacosta, O., Morris, R., Lennon, L., & Wannamethee, S. G. (2008). Social engagement and the risk of cardiovascular disease mortality: Results of a prospective population-based study of older men. *Annals of Epidemiology, 18*, 476-483. https://doi.org/10.1016/j.annepidem.2007.12.007

Ramsey, R. R., Plevinsky, J. M., Kollin, S. R., Gibler, R. C., Guilbert, T. W., & Hommel, K. A. (2020). Systematic review of digital interventions for pediatric asthma management. *The Journal of Allergy and Clinical Immunology: In Practice, 8*(4), 1284-1293. https://doi.org/10.1016/j.jaip.2019.12.013

Rapoff, M. A. (2003). Pediatric measures of pain: The Pain Behavior Observation Method, Pain Coping Questionnaire (PCQ), and Pediatric Pain Questionnaire (PPQ). *Arthritis and Rheumatism: Arthritis Care and Research, 49*(S5), S90-S91.

Rasmussen, H. N., Scheier, M. F., & Greenhouse, J. B. (2009). Optimism and physical health: A meta-analytic review. *Annals of Behavioral Medicine, 37*, 239-256.

Ratanawongsa, N., Karter, A. J., Parker, M. M., Lyles, C. R., Heisler, M., Moffet, H. H., Adler, N., Warton, M., & Schillinger, D. (2013). Communication and medication refill adherence: the Diabetes Study of Northern California. *JAMA Internal Medicine, 173*(3), 210-218.

Raum, E., Rothenbacher, D., Ziegler, H., & Brenner, H. (2007). Heavy physical activity: Risk or protective factor for cardiovascular disease? A life course perspective. *Annals of Epidemiology, 17*, 417-424.

Ray, L. A., Bujarski, S., Grodin, E., Hartwell, E., Green, R., Venegas, A., Lim, A. C., Gillis, A., & Miotto, A. (2019). State-of-the-art behavioral and pharmacological treatments for alcohol use disorder. *American Journal of Drug and Alcohol Abuse, 45*(2), 124-140. https://doi.org/10.1080/00952990.2018.1528265

Raynor, H. A., & Epstein, L. H. (2001). Dietary variety: Energy regulation and obesity. *Psychological Bulletin, 127*, 325-341.

Raynor, H.A., & Vadiveloo, M. (2018). Understanding he relationship between food variety, food intake, and energy balance. *Current Obesity Reports, 7*, 68-75. https://doi.org/10.1007/s13679-018-0298-7

Rayworth, B. B. (2004). Childhood abuse and risk of eating disorders in women. *Epidemiology, 15*, 271-278.

Read, J. P., Wood, M. D., & Capone, J. C. (2005). A prospective investigation of relations between social influences and alcohol involvement during the transition into college. *Journal of Studies on Alcohol, 66*, 23-34.

Reader, D. M. (2007). Medical nutrition therapy and lifestyle interventions. *Diabetes Care, 30*(Suppl. 2), S188-S193.

Reagan, N. (2000). *I love you Ronnie: The letters of Ronald Reagan to Nancy Reagan*. New York, NY: Random House.

Reas, D. L., & Grilo, C. M. (2008). Review and meta-analysis of pharmacotherapy for binge-eating disorder. *Obesity, 16*(9), 2024-2038.

Reas, D. L., Nygård, J. F., & Sørensen, T. (2009). Do quitters have anything to lose? Changes in body mass index for daily, never, and former smokers over an 11-year period (1990-2001). *Scandinavian Journal of Public Health, 37*(7), 774-777.

Reed, G. M., & Scheldeman, L. (2004). News. *European Psychologist, 9*, 184-187.

Regehr, C., Glancy, D., & Pitts, A. (2013). Interventions to reduce stress in university students: A review and meta-analysis. *Journal of Affective Disorders, 148*(1), 1-11.

Regoeczi, W. C. (2003). When context matters: A multilevel analysis of household and neighbourhood crowding on aggression and withdrawal. *Journal of Environmental Psychology, 23*, 457-470.

Rehm, J., Baliunas, D., Borges, G. L. G., Graham, K., Irving, H., Kehoe, T., Parry, C. D. Patra, J., Popova, S., Poznyak, V., Roerecke, M., Room, R., Samokhvalov, A., & Taylor, B. (2010). The relation between different dimensions of alcohol consumption and burden of disease: An overview. *Addiction, 105*(5), 817-843. https://doi.org/10.1111/j.1360-0443.2010.02899.x

Rehm, J., Patra, J., & Taylor, B. (2007). Harm, benefits, and net effects on mortality of moderate drinking of alcohol among adults in Canada in 2002. *Annals of Epidemiology, 17*(5S), S81-S86.

Reich, A., Müller, G., Gelbrich, G., Deutscher, K., Gödicke, R., & Kiess, W. (2003). Obesity and blood pressure—Results from the examination of 2365 schoolchildren in Germany. *International Journal of Obesity, 27*, 1459-1464.

Reiche, E. M. V., Nunes, S. O. V., & Morimoto, H. K. (2004). Stress, depression, the immune system, and cancer. *Lancet Oncology, 5*, 617-625.

Reid, C. M., Gooberman-Hill, R., & Hanks, G. W. (2008). Opioid analgesics for cancer pain: Symptom control for the living or comfort for the dying? A qualitative study to investigate the factors influencing the decision to accept morphine for pain caused by cancer. *Annals of Oncology, 19*, 44.

Reilly, T., & Woo, G. (2004). Social support and maintenance of safer sex practices among people living with HIV/AIDS. *Health and Social Work, 29*, 97-105.

Reitz, C., Tang, M. X., Manly, J., Schupf, N., Mayeaux, R., & Luchsinger, J. A. (2008). Plasma lipid levels in the elderly are not associated with the risk of mild cognitive impairment. *Dementia and Geriatric Cognitive Disorders, 25*, 232-237.

Rentz, C., Krikorian, R., & Keys, M. (2005). Grief and mourning from the perspective of the person with a dementing illness: Beginning the dialogue. *Omega: Journal of Death and Dying, 50*, 165-179.

Renz, H., Blümer, N., Virna, S., Sel, S., & Garn, H. (2006). The immunological basis of the hygiene hypothesis. *Chemical Immunology and Allergy, 91*, 30-48.

Research and Policy Committee. (2002). *A new vision for healthcare: A leadership role for business*. New York, NY: Committee for Economic Development.

Resnicow, K., Jackson, A., Wang, T., Aniridya, K. D., McCarty, F., Dudley, W. N., & Baranowski, T. (2001). A motivational interviewing intervention to increase fruit and vegetable intake through Black churches: Results of the Eat for Life trial. *American Journal of Public Health, 91*, 1686-1693. https://doi.org/10.2105 /ajph.91.10.1686

Rethorst, C. D., Wipfli, B. M., & Landers, D. M. (2007). The effect of exercise on depression: Examining clinical significance. *Journal of Sport and Exercise Psychology, 29*(Suppl.), S198.

Reuben, A. (2008). Alcohol and the liver. *Current Opinion in Gastroenterology, 24*, 328-338.

Reuter, T., Ziegelmann, J. P., Wiedemann, A. U., Lippke, S., Schüz, B., & Aiken, L. S. (2010). Planning bridges the intention-behaviour gap: Age makes a difference and strategy use explains why. *Psychology and Health, 25*, 873-887.

Reyes, C., Leyland, K. M., Peat, G., Cooper, C., Arden, N. K., & Prieto-Alhambra, D. (2016). Association between overweight and obesity and risk of clinically diagnosed knee, hip, and hand osteoarthritis: A population-based cohort study. *Arthritis and Rheumatology, 68*(8), 1869-1875.

Reynolds, S. L., Haley, W., & Kozlenko, N. (2008). The impact of depressive symptoms and chronic diseases on active life expectancy in older Americans. *American Journal of Geriatric Psychology, 16*, 425-432.

Rhee, Y., Taitel, M. S., Walker, D. R., & Lau, D. T. (2007). Narcotic drug use among patients with lower back pain in employer health plans: A retrospective analysis of risk factors and health care services. *Clinical Therapeutics, 29*(Suppl. 1), 2603-2612.

Riazi, A., Pickup, J., & Bradley, C. (2004). Daily stress and glycaemic control in Type 1 diabetes: Individual differences in magnitude, direction, and timing of stress-reactivity. *Diabetes Research and Clinical Practice, 66*, 237-244.

Ricciardelli, L. A., McCabe, M. P., Williams, R. J., & Thompson, J. K. (2007). The role of ethnicity and culture in body image and disordered eating among males. *Clinical Psychology Review, 27*, 582-606.

Richardson, K. M., & Rothstein, H. R. (2008). Effects of occupational stress management intervention programs: A meta-analysis. *Journal of Occupational Health Psychology, 13*, 69-93.

Richman, J. A., Cloninger, L., & Rospenda, K. M. (2008). Macrolevel stressors, terrorism, and mental health outcomes: Broadening the stress paradigm. *American Journal of Public Health, 98*, 323-329.

"Ricky Gervais had sausage binge" (2010, abril 13). Recuperado de http://www.mirror.co.uk/3am/celebrity-news/ricky-gervais-had-sausage-binge-1685778

Rietveld, S., & Koomen, J. M. (2002). A complex system perspective on medication compliance: Information for healthcare providers. *Disease Management and Health Outcomes, 10*, 621-630.

Riley, J. L., III, Robinson, M. E., Wise, E. A., & Price, D. (1999). A meta-analytic review of pain perception across the menstrual cycle. *Pain, 81*(3), 225-235. https://doi.org/10.1016/S0304-3959(98)00258-9

Riley, K. E., & Kalichman, S. (2015). Mindfulness-based stress reduction for people living with HIV/AIDS: preliminary review of intervention trial methodologies and findings. *Health Psychology Review, 9*(2), 224-243.

Rimm, E. B., & Moats, C. (2007). Alcohol and coronary heart disease: Drinking patterns and mediators of effect. *Annals of Epidemiology, 17*(S5), S3-S7.

Ringen, P. A., Andreas, M. I., Birkenaes, A. B., Engh, J. A., Faerden, A., Vaskinn, A., Opjodsmoen, S., & Andreassen, O. A. (2008). The level of illicit drug use is related to symptoms and premorbid functioning in severe mental illness. *Acta Psychiatrica Scandinavica, 118*(4), 297-304. https://doi.org/10.1111/j.1600-0447.2008.01244.x

Ringström, G., Abrahamsson, H., Strid, H., & Simrén, M. (2007). Why do subjects with irritable bowel syndrome seek health care for their symptoms? *Scandinavian Journal of Gastroenterology, 42*, 1194-1203.

Rise, J., Sheeran, P., & Hukkelberg, S. (2010). The role of self-identity in the Theory of Planned Behavior: A meta-analysis. *Journal of Applied Social Psychology, 40*, 1085-1105.

Rissanen, A., Hakala, P., Lissner, L., Mattlar, C.-E., Koskenvuo, M., & Rönnemaa, T. (2002). Acquired preference especially for dietary fat and obesity: A study of weight-discordant monozygotic twin pairs. *International Journal of Obesity and Related Metabolic Disorders, 26*, 973-977.

Ritter, A., & Cameron, J. (2006). A review of the efficacy and effectiveness of harm reduction strategies for alcohol, tobacco and illicit drugs. *Drug and Alcohol Review, 25*, 611-624.

Rivis, A., Sheeran, P., & Armitage, C. J. (2009). Expanding the affective and normative components of the Theory of Planned Behavior: A meta-analysis of anticipated affect and moral norms. *Journal of Applied Social Psychology, 39*, 2985-3019.

Roberts, B. A., Fuhrer, R., Marmot, M., & Richards, M. (2011). Does retirement influence cognitive performance? The Whitehall II Study. *Journal of Epidemiology and Community Health, 65*, 958-963.

Roberts, S. O. (2002). A strong start: Strength and resistance training guidelines for children and adolescents. *American Fitness, 20*(1), 34-38.

Roberts, W. O. (2007). Heat and cold: What does the environment do to marathon injury? *Sports Medicine, 37*, 400-403.

Robine, J.-M., & Ritchie, K. (1991). Healthy life expectancy: Evaluation of global indicator of change in population health. *British Medical Journal, 302*, 457-460.

Robins, L. N. (1995). The natural history of substance use as a guide to setting drug policy. *American Journal of Public Health, 85*, 12-13.

Robinson, L., Clare, L., & Evans, K. (2005). Making sense of dementia and adjusting to loss: Psychological reactions to a diagnosis of dementia in couples. *Aging and Mental Health, 9*, 337-347.

Robinson, M. E., Gagnon, C. M., Dannecker, E. A., Brown, J. L., Jump, R. L., & Price, D. D. (2003). Sex differences in common pain events: Expectations and anchors. *Journal of Pain, 4*, 40-45.

Robinson-Whelen, S., Tada, Y., MacCallum, R. C., McGuire, L., & Kiecolt-Glaser, J. K. (2001). Long-term caregiving: What happens when it ends? *Journal of Abnormal Psychology, 110*, 573-584.

Robles, D. S. (2011). The thin is in: Am I thin enough? Perfectionism and self-esteem in anorexia. *International Journal of Research and Review, 6*(1), 65-73.

Robles, T. F., Glaser, R., & Kiecolt-Glaser, J. K. (2005). Out of balance: A new look at chronic stress, depression, and immunity. *Current Directions in Psychological Science, 14*, 111-115.

Röder, C. H., Michal, M., Overbeck, G., van de Ven, V. G., & Linden, D. E. J. (2007). Pain response in depersonalization: A functional imaging study using hypnosis in health subjects. *Psychotherapy and Psychosomatics, 76*, 115-121.

Rodin, J., & Langer, E. J. (1977). Long-term effects of a control-relevant intervention with the institutionalized aged. *Journal of Personality and Social Psychology, 35*, 897-902.

Rodin, J., Silberstein, L., & Striegel-Moore, R. (1985). Women and weight: A normative discontent. In T. B. Sonderegger (Ed.), *Psychology and gender* (pp. 267-307). Lincoln, NE: University of Nebraska Press.

Rodriguez, J., Jiang, R., Johnson, W. C., MacKenzie, B. A., Smith, L. J., & Barr, R. G. (2010). The association of pipe and cigar use with cotinine levels, lung function, and airflow obstruction. *Annals of Internal Medicine, 152*(4), 201-210.

Roe, S., & Becker, J. (2005). Drug prevention with vulnerable young people: A review. *Drugs: Education, Prevention and Policy, 12*, 85-99.

Roelofs, J., Boissevain, M. D., Peters, M. L., de Jong, J. R., & Vlaeyen, J. W. S. (2002). Psychological treatments for chronic low back pain: Past, present, and beyond. *Pain Reviews, 9*, 29-40.

Roesch, S. L., Adams, L., Hines, A., Palmores, A., Vyas, P., Tran, C., Pekin, S., & Vaughn, A. A. (2005). Coping with prostate cancer: A meta-analytic review. *Journal of Behavioral Medicine, 28*, 281-293. https://doi.org/10.1007/s10865-005-4664-z

Roger, V. L., Go, A. S., Lloyd-Jones, D. M., Benjamin, E. J., Berry, J. D., Borden, W. B., Bravata, D. M., Dai, S., Ford, E. S., Fox, C. S., Fullerton, H. J., Gillespie, C., Hailpern, S. M., Heit, J. A., Howard, V. J., Kissela, B. M., Kittner, S. J., Lackland, D. T., Lichtman, J. H., Turner, M. B.. (2012). Heart disease and stroke statistics—2012 update: A report from the American Heart Association. *Circulation, 125*, e2-e220. https://doi.org/10.1161/CIR.0b013e31823ac046

Rogers, C. J., Colbert, L. H., Greiner, J. W., Perkins, S. N., & Hursting, S. D. (2008). Physical activity and cancer prevention: Pathways and targets for intervention. *Sports Medicine, 38*, 271-296.

Rohde, K., Keller, M., Poulsen, L. C., Blüher, M., Kovacs, R., & Böttcher, Y. (2019). Genetics and epigenetics in obesity. *Metabolism, 92*, 37-50. https://doi.org/10.1016/j.metabol.2018.10.007

Rollins, S. Z., & Garrison, M. E. B. (2002). The Family Daily Hassles Inventory: A preliminary investigation of reliability and validity. *Family and Consumer Sciences Research Journal, 31*, 135-154.

Rollman, G. B. (1998). Culture and pain. In S. S. Kazarian & D. R. Evans (Eds.), *Cultural clinical psychology: Theory, research, and practice* (pp. 267-286). New York, NY: Oxford University Press.

Román-Rodríguez, M., Metting, E., Gacía-Pardo, M., Kocks, J., & van der Molen, T. (2019). Wrong inhalation technique is associated to poor asthma clinical outcomes. Is there room for improvement? *Current Opinion in Pulmonary Medicine, 25*(1), 18-26. https://doi.org/10.1097/MCP.0000000000000540

Romeyke, T., & Stummer, H. (2015). Evidence-based complementary and alternative medicine in inpatient care: Take a look at Europe. *Journal of Evidence-Based Complementary and Alternative Medicine, 20*(2), 87-93.

Ronan, G. F., Dreer, L. W., Dollard, K. M., & Ronan, D. W. (2004). Violent couples: Coping and communication skills. *Journal of Family Violence, 19*, 131-137.

Room, R., & Day, N. (1974). Alcohol and mortality. In M. Keller (Ed.), *Second special report to the U.S. Congress: Alcohol and health* (pp. 79-92). Washington, DC: U.S. Government Printing Office.

Rooney, K., & Ozanne, S. E. (2011). Maternal over-nutrition and offspring obesity predisposition: Targets for preventative interventions. *International Journal of Obesity, 35*(7), 883-890.

Roozen, S., Peters, G.-J. Y., Kok, G., Townend, D., Nijhuis, J., & Curfs, L. (2016). Worldwide prevalence of fetal alcohol spectrum disorders: A systematic literature review including meta-analysis, *Alcoholism: Clinical and Experimental Research, 40*(1), 18-32.

Rosal, M. C., Olendzki, B., Reed, G. W., Gumieniak, O., Scavron, J., & Ockene, I. (2005). Diabetes self-management among low-income Spanish-speaking patients: A pilot study. *Annals of Behavioral Medicine, 29*, 225-235.

Rosario, M., Salzinger, S., Feldman, R. S., & Ng-Mak, D. S. (2008). The roles of social support and coping. *American Journal of Community Psychology, 41*, 43-62.

Rose, J. P., Geers, A. L., Rasinski, H. M., & Fowler, S. L. (2011). Choice and placebo expectation effects in the context of pain analgesia. *Journal of Behavioral Medicine*. https://doi.org/10.1007/s10865-011-9374-0.

Rosen, C. S. (2000). Is the sequencing of change processes by stage consistent across health problems? A meta-analysis. *Health Psychology, 19*, 593-604.

Rosenberg, E., Leanza, Y., & Seller, R. (2007). Doctor-patient communication in primary care with an interpreter: Physician perceptions of professional and family interpreters. *Patient Education and Counseling, 67*, 286-292.

Rosenberg, H., & Melville, J. (2005). Controlled drinking and controlled drug use as outcome goals in British treatment services. *Addiction Research and Theory, 13*, 85-92.

Rosenberg, N. L., Grigsby, J., Dreisbach, J., Busenbark, D., & Grigsby, P. (2002). Neuropsychologic impairment and MRI abnormalities associated with chronic solvent abuse. *Journal of Toxicology: Clinical Toxicology, 40*, 21-34.

Rosenberg, S. D., Lu, W., Mueser, K. T., Jankowski, M. K., & Cournos, F. (2007). Correlates of adverse childhood events among adults with schizophrenia spectrum disorders. *Psychiatric Services, 58*, 245-253.

Rosenblatt, K. A., Wicklund, K. G., & Stanford, J. L. (2000). Sexual factors and the risk of prostate cancer. *American Journal of Epidemiology, 152*, 1152-1158.

Rosengren, A., Hawken, S., Ounpuu, S., Sliwa, K., Zubaid, M., Almahmeed, W. A., Blackett, K., N., Sitthi-amorn, C., Sato, H., Yusuf, S., & INTERHEART Investigators. (2004). Association of psychosocial risk factors with risk of acute myocardial infarction in 11119 cases and 13648 controls from 52 countries (the INTERHEART study): Case-control study. *Lancet, 364*, 953-962. https://doi.org/10.1016/S0140-6736(04)17019-0

Rosengren, A., Subramanian, S. V., Islam, S., Chow, C. K., Avezum, A., Kazmi, K., Sliwa, K.. Zubaid, M., Rangarajan, S., Yusuf, S., & INTERHEART Investigators. (2009). Education and risk for acute myocardial infarction in 52 high, middle and low-income countries: INTER-HEART case-control study. *Heart, 95*, 2014-2022. https://doi.org/10.1136/hrt.2009.182436

Rosenkranz, M., Davidson, R. J., MacCoon, D., Sheridan, J. F., Kalin, N. H., & Lutz, A. (2013). A comparison of mindfulness-based stress reduction and an active control in modulation of neurogenic inflammation. *Brain, Behavior, and Immunity, 27*(1), 174-184.

Rosenman, R. H., Brand, R. J., Jenkins, C. D., Friedman, M., Straus, R., & Wurm, M. (1975). Coronary heart disease in the Western Collaborative Group Study: Final follow-up of 8 1/2 years. *Journal of the American Medical Association, 233*, 872-877.

Rosier, E. M., Iadarola, M. J., & Coghill, R. C. (2002). Reproducibility of pain measurement and pain perception. *Pain, 98*, 205-216.

Rosland, A., Kieffer, E., Israel, B., Cofield, M., Palmisano, G., Sinco, B., Spencer, M., & Heisler, M. (2008). When is social support important? The association of family support and professional support with specific diabetes self-management behaviors. *Journal of General Internal Medicine, 23*, 1992-1999. https://doi.org/10.1007/s11606-008-0814-7

Rösner, S., Hackl-Herrwerth, A., Leucht, S., Vecchi, S., Srisurapanont, M., & Soyka, M. (2010). Opioid antagonists for alcohol dependence. *Cochrane Database of Systematic Reviews 2010, 12*, Cochrane Art. No.: CD001867, https://doi.org/10.1002/14651858.CD001867.pub3.

Ross, K. M., & Wing, R. R. (2016). Impact of newer self-monitoring technology and brief phone-based intervention on weight loss: A randomized pilot study. *Obesity, 24*(8), 1653-1659. https://doi.org/10.1002/oby.21536

Ross, M. J., & Berger, R. S. (1996). Effects of stress inoculation training on athletes' postsurgical pain and rehabilitation after orthopedic injury. *Journal of Consulting and Clinical Psychology, 64*, 406-410.

Rosser, B. A., & Eccleston, C. (2011). Smartphone applications for pain management. *Journal of Telemedicine and Telecare, 17*, 308-312.

Rossow, I., Grøholt, B., & Wichstrøm, L. (2005). Intoxicants and suicidal behaviour among adolescents: Changes in levels and associations from 1992 to 2002. *Addiction, 100*, 79-88.

Roter, D. L., & Hall, J. A. (2004). Physician gender and patient-centered communication: A critical review of empirical research. *Annual Review of Public Health, 25*, 497-519.

Roth, M., & Kobayashi, K. (2008). The use of complementary and alternative medicine among Chinese Canadians: Results from a national survey. *Journal of Immigrant and Minority Health, 10*(6), 517-528.

Rothman, A. J., Klein, W. M., & Weinstein, N. D. (1996). Absolute and relative biases in estimations of personal risk 1. *Journal of Applied Social Psychology, 26*(14), 1213-1236. https://doi.org/10.1111/j.1559-1816.1996.tb01778.x

Rotskoff, L. (2002). *Love on the rocks: Men, women, and alcohol in post-World War II America*. Chapel Hill, NC: University of North Carolina Press.

Rotter, J. B. (1966). Generalized expectancies for internal versus external control of reinforcement. *Psychological Monographs, 80*(Whole No. 609).

Rozanski, A., Blumenthal, J. A., Davidson, K. W., Saab, P. G., & Kubzansky, L. (2005). The epidemiology, pathophysiology, and management of psychosocial risk factors in cardiac practice: The emerging field of behavioral cardiology. *Journal of the American College of Cardiology, 45*, 637-651.

Rozin, P. (2005). The meaning of food in our lives: A cross-cultural perspective on eating and well-being. *Journal of Nutrition Education and Behavior, 37*(Suppl. 2), S107-S112.

Rubak, S., Sanboek, A., Lauritzen, T., & Christensen, B. (2005). Motivational interviewing: A systematic review and meta-analysis. *British Journal of General Practice, 55*, 305-312.

Rubenstein, S., & Caballero, B. (2000). Is Miss America an undernourished role model? *Journal of the American Medical Association, 283*, 1569.

Rubenstein, S. M., van Middelkoop, M., Assendelft, W. J., de Boer, M. R., & van Tulder, M. W. (2011). Spinal manipulative therapy for chronic low-back pain. *Cochrane Database of Systematic Reviews, 2011*, Issue 2, Cochrane Art. No.: CD008112, https://doi.org/10.1002/14651858.CD008112.pub2.

Rudd, R. E. (2007). Health literacy skills of U.S. adults. *American Journal of Health Behavior, 31*, S8-S18.

Ruitenberg, A., van Swieten, J. C., Witteman, J. C., Mehta, K. M., van Duijn, C. M., Hofman, A., & Breteler, M. M. B. (2002). Alcohol consumption and risk of dementia: The Rotterdam Study. *The Lancet, 359*(9303), 281-286. https://doi.org/10.1016/S0140-6736(02)07493-7

Rutherford, B. R., Pott, E., Tandler, J. M., Wall, M. M., Roose, S. P., & Lieberman, J. A. (2014). Placebo response in antipsychotic clinical trials: A meta-analysis. *JAMA Psychiatry, 71*(12), 1409-1421.

Rutledge, P. C., Park, A., & Sher, K. J. (2008). 21st birthday drinking: Extremely extreme. *Journal of Consulting and Clinical Psychology, 76*, 511-516.

Rutledge, T., & Gould, H. M. (2020), Cardiovascular implications of stress and depression. In P. D. Chantler & K. Larkin (Eds.), *Epidemiological evidence linking stress and depression with CVD* (pp. 15-34), Academic Press. https://doi.org/10.1016/B978-0-12-815015-3.00002-7

Rutten, G. (2005). Diabetic patient education: Time for a new era. *Diabetic Medicine, 22*, 671-673.

Ryan, C. J., & Zerwic, J. J. (2003). Perceptions of symptoms of myocardial infarction related to health care seeking behaviors in the elderly. *Journal of Cardiovascular Nursing, 18*, 184-196.

S

Sääkslahti, A., Numminen, P., Varstala, V., Helenius, H., Tammi, A., Viikari, J., & Välimäki, I. (2004). Physical activity as a preventive measure for coronary heart disease risk factors in early childhood. *Scandinavian Journal of Medicine and Science in Sports, 14*, 143-149. https://doi.org/10.1111/j.1600-0838.2004.00347.x

Saab, P. G., McCalla, J. R., Coons, H. L., Christensen, A. J., Kaplan, R., Johnson, S. B., Ackerman, M. D., Stepanski, E., Krantz, D. S., & Melamed, B. (2004). Technological and medical advances: Implications for health psychology. *Health Psychology, 23*(2), 142. https://doi.org/10.1037/0278-6133.23.2.142

Sabado, M. D., Haynie, D., Gilman, S. E., Simon-Morton, B., & Choi, M. K. (2017). High school cigarette smoking and post-secondary education enrollment: Longitudinal findings from the NEXT Generation Health Study. Preventive Medicine, 105, 250-256. https://doi.org/10.1016/j.ypmed.2017.09.025

Sabia, S., Marmot, M., Dufouil, C., & Singh-Manoux, A. (2008). Smoking history and cognitive function in middle age from the Whitehall II study. *Archives of Internal Medicine, 168*, 1165-1173.

Sachdev, P., Mondraty, N., Wen, W., & Gulliford, K. (2008). Brains of anorexia nervosa patients process self-images differently from non-self-images: An fMRI study. *Neuropsychologia, 46*, 2161-2168.

Sackett, D. L., & Snow, J. C. (1979). The magnitude of compliance and noncompliance. In R. B. Haynes, D. W. Taylor, & D. L. Sackett (Eds.), *Compliance in health care* (pp. 11-22). Baltimore, MD: Johns Hopkins University Press.

Sackner-Bernstein, J., Kanter, D., & Kaul, S. (2015). Dietary interventions for overweight and obese adults: Comparison of low-carbohydrate and low-fat diets: A meta-analysis. *PLoS One, 10*(10), 1-19.

Sadasivam, R. S., Kinney, R. L., Lemon, S. C., Shimada, S. L., Allison, J. J., & Houston, T. K. (2013). Internet health information seeking is a team sport: analysis of the Pew Internet Survey. *International Journal of Medical Informatics, 82*(3), 193-200.

Sallis, J. F., Bowles, H. R., Bauman, A., Ainsworth, B. E., Bull, F. C., Craig, C. L., Sjöström, M., De Bourdeaudhuij, I., Lefevre, H., Matsudo, S., Macfarlane, D. J., Gomez, L. F., Inoue, S., Murase, N., Volbekiene, V., McLean, G., Carr, H., Heggebo, L. K., ... Bergman, P. (2009). Neighborhood environments and physical activity among adults in 11 countries. *American Journal of Preventive Medicine, 36*, 484-490. https://doi.org/10.1016/j.amepre.2009.01.031

Samitz, G., Egger, M., & Zwahlen, M. (2011). Domains of physical activity and all-cause mortality: Systematic review and dose-response meta-analysis of cohort studies. *International Journal of Epidemiology, 40*(5), 1382-1400.

Sampson, A., Bhochhibhoya, A., Digeralamo, D., & Branscum, P. (2015). The use of text messaging for smoking cessation and relapse prevention: A systematic review of evidence. *Journal of Smoking Cessation, 10*(1), 50-58.

Samuelson, M., Carmody, J., Kabat-Zinn, J., & Bratt, M. A. (2007). Mindfulness-based stress reduction in Massachusetts correctional facilities. *Prison Journal, 87*, 254-268.

Sánchez del Rio, M., & Alvarez Linera, J. (2004). Functional neuroimaging of headaches. *Lancet Neurology, 3*, 645-651.

Sánchez-Johnsen, L. A. P., Carpentier, M. Y., & King, A. C. (2011). Race and sex associations to weight concerns among urban African American and Caucasian smokers. *Addictive Behaviors, 36*(1/2), 14-17.

Sancier, K. M., & Holman, D. (2004). Commentary: Multifaceted health benefits of medical Qigong. *Journal of Alternative and Complementary Medicine, 10*, 163-165.

Sanders, S. (2005). Is the glass half empty or half full? Reflections on strain and gain in caregivers of individuals with Alzheimer's disease. *Social Work in Health Care, 40*(3), 57-73.

Sanders, S. H. (2006). Behavioral conceptualization and treatment for chronic pain. *Behavior Analyst Today, 7*, 253-261.

Sanzone, M. (2018). Eating disorders: Evidence-based integrated biopsychosocial treatment of anorexia nervosa, bulimia and binge eating disorder. In M. D. Must (Ed.), *Cognitive behavioral psychopharmacology: The clinical practice of evidence-based biopsychosocial integration* (pp. 217-242). Wiley. https://doi.org/10.1002/9781119152606.ch10

Sapolsky, R. M. (1997, novembro). On the role of upholstery in cardiovascular physiology. *Discover Magazine*. Recuperado de http://discovermagazine.com/1997/nov/ontheroleofuphol1260

Sapolsky, R. M. (1998). *Why zebras don't get ulcers: An updated guide to stress, stress-related diseases, and coping*. New York, NY: Freeman.

Sapolsky, R. M. (2004). Social status and health in humans and other animals. *Annual Review of Anthropology, 33*, 393-418.

Sartor, C. E., Grant, J. D., Agrawal, A., Sadler, B., Madden, P. A. F., Heath, A. C., & Bucholz, K. K. (2015). Genetic and environmental contributions to initiation of cigarette smoking in your African-American and European-American women. *Drug and Alcohol Dependence, 157*, 54-59. https://doi.org/10.1016/j.drugalcdep.2015.10.002

Sattin, R. W., Easley, K. A., Wolf, S. L., Chen, Y., & Kutner, M. H. (2005). Reduction in fear of falling through intense tai chi exercise training in older, transitionally frail adults. *Journal of the American Geriatrics Society, 53*, 1168-1178.

Saunders, T., Driskell, J. E., Johnston, J. H., & Sales, E. (1996). The effects of stress inoculation training on anxiety and performance. *Journal of Occupational Health Psychology, 1*, 170-186.

Savage, E., Farrell, D., McManus, V., & Grey, M. (2010). The science of intervention development for type 1 diabetes in childhood: Systematic review. *Journal of Advanced Nursing, 66*, 2604-2619.

Sayette, M. A., Kirchner, T. R., Moreland, R. L., Levine, J. M., & Travis, T. (2004). Effects of alcohol on risk-seeking behavior: A group-level analysis. *Psychology of Addictive Behaviors, 18*, 190-193.

Scarapincchia, T. M. F., Amireault, S., Faulkner, G., & Sabiston, C. M. (2017). Social support and physical activity participation among healthy adults: A systematic review of prospective studies. *International Review of Sport and Exercise Psychology, 10*, 50-83. https://doi.org/10.1080/1750984X.2016.1183222

Scarborough, P., Matthews, A., Eyles, H., Kaur, A., Hodgkins, C., Raats, M. M., & Rayner, M. (2015). Reds are more important than greens: How UK supermarket shoppers use the different information on a traffic light nutrition label in a choice experiment. *International Journal of Behavioral Nutrition and Physical Activity, 12*(1), 151. https://doi.org/10.1186/s12966-015-0319-9

Scarpa, A., Haden, S. C., & Hurley, J. (2006). Community violence victimization and symptoms of posttraumatic stress disorder: The moderating effects of coping and social support. *Journal of Interpersonal Violence, 21*, 446-469.

Scarscelli, D. (2006). Drug addiction between deviance and normality: A study of spontaneous and assisted remission. *Contemporary Drug Problems, 33*, 237-274.

Schaap, M. M., Kunst, A. E., Leinsalu, M., Regidor, E., Ekholm, O., Dzurova, D., Helmert, U., Klumbiene, J., Santana, P., & Mackenbach, J. P. (2008). Effect of nationwide tobacco control policies on smoking cessation in high and low educated groups in 18 European countries. *Tobacco Control, 17*(4), 248-255. https://doi.org/10.1136/tc.2007.024265

Schaap, M. M., van Agt, H. M. E., & Kunst, A. E. (2008). Identification of socioeconomic groups at increased risk for smoking in European countries: Looking beyond educational level. *Nicotine and Tobacco Research, 10*(2), 359-369.

Schachter, S. (1980). Urinary pH and the psychology of nicotine addiction. In P. O. Davidson & S. M. Davidson (Eds.), *Behavioral medicine: Changing health lifestyles* (pp. 70-93). New York, NY: Brunner/Mazel.

Schachter, S. (1982). Recidivism and self-cure of smoking and obesity. *American Psychologist, 37*, 436-444.

Schaller, M., Miller, G. E., Gervais, W. M., Yager, S., & Chen, E. (2010). Mere visual perception of other people's disease symptoms facilitates a more aggressive immune response. *Psychological Science, 21*, 649-652.

Schatzkin, A., Lanza, E., Corle, D., Lance, P., Iber, F., Caan, B., Shike, M., Weissfeld, J., Burt, R., Cooper, M. W., Kikendall, J. W., & Cahill, J. (2000). Lack of effect of a low-fat, high-fiber diet on the recurrence of colorectal adenomas. *New England Journal of Medicine, 342*(16), 1149-1155. https://doi.org/10.1056/NEJM200004203421601

Schell, L. M., & Denham, M. (2003). Environmental pollution in urban environments and human biology. *Annual Review of Anthropology, 32*, 111-134.

Schenker, S. (setembro de 2001). The truth about fad diets. *Student BMJ*, 318-319.

Schlenger, W. E., Caddell, J. M., Ebert, L., Jordan, B. K., Rourke, K. M., Wilson, D., Thalji, L., Dennis, J. M., Fairbank, J. A. & Kulka, R. A. (2002). Psychological reactions to terrorist attacks: Findings from the National Study of Americans' Reactions to September 11. *Journal of the American Medical Association*, *288*, 581-588. https://doi.org/10.1001/jama.288.5.581

Schmaltz, H. N., Southern, D., Ghali, W. A., Jelinski, S. F., Parsons, G. A., King, K., & Maxwell, C. J. (2007). Living alone, patient sex and mortality after acute myocardial infarction. *Journal of General Internal Medicine*, *22*, 572-578. https://doi.org/10.1007/s11606-007-0106-7

Schmidt-Kassow, M., Deusser, M., Thiel, C., Otterbein, S., Montag, C., Reuter, M., Banzer, W., & Kaiser, J. (2013). Physical exercise during encoding improves vocabulary learning in young female adults: A neuroendocrinological study. *PloS One*, *8*(5), e64172. Recuperado de https://doi.org/10.1371/journal.pone.0064172

Schneider, E. C., Zaslavsky, A. M., & Epstein, A. M. (2002). Racial disparities in the quality of care for enrollees in Medicare managed care. *Journal of the American Medical Association*, *287*, 1288-1294.

Schneider, M. J., & Perle, S. M. (2012). Challenges and limitations of the Cochrane systematic review of spinal therapy. *Journal of the American Chiropractic Association*, *49*(6), 28-33.

Schneiderman, N., Saab, P. G., Carney, R. M., Raczynski, J. M., Cowan, M. J., Berkman, L. F., Kaufmann, P. G., & ENRICHD Investigators. (2004). Psychosocial treatment within sex by ethnicity subgroups in the Enhancing Recovery in Coronary Heart Disease clinical trial. *Psychosomatic Medicine*, *66*, 475-483. https://doi.org/10.1097/01.psy.0000133217.96180.e8

Schnittker, J. (2004). Education and the changing shape of the income gradient in health. *Journal of Health and Social Behavior*, *45*, 286-305.

Schnittker, J. (2007). Working more and feeling better: Women's health, employment, and family life. *American Sociological Review*, *72*, 221-238.

Schoenbaum, M. (1997). Do smokers understand the mortality effects of smoking? Evidence from the Health Retirement Survey. *American Journal of Public Health*, *87*, 755-759.

Schoenthaler, A., Allegrante, J. P., Chaplin, W., & Ogedegbe, G. (2012). The effect of patient-provider communication on medication adherence in hypertensive black patients: Does race concordance matter? *Annals of Behavioral Medicine*, *43*(3), 372-382.

Schousboe, K., Visscher, P. M., Erbas, B., Kyvik, K. O., Hopper, J. L., Henriksen, J. E., Heitmann, B. L., & Sørensen, T. I. (2004). Twin study of genetic and environmental influences on adult body size, shape, and composition. *International Journal of Obesity*, *28*, 39-48. https://doi.org/10.1038/sj.ijo.0802524

Schroeder, K., Fahey, T., & Ebrahim, S. (2007). Interventions for improving adherence to treatment in patients with high blood pressure in ambulatory settings. *Cochrane Database of Systematic Reviews*, Cochrane Art. No.: CD004804, https://doi.org/10.1002/14651858.CD004804.

Schroeder, K. E. E. (2004). Coping competence as predictor and moderator of depression among chronic disease patients. *Journal of Behavioral Medicine*, *27*, 123-145.

Schroevers, M., Ranchor, A. V., & Sanderman, R. (2006). Adjustment to cancer in the 8 years following diagnosis: A longitudinal study comparing cancer survivors with healthy individuals. *Social Science and Medicine*, *63*, 598-610.

Schuckit, M. A. (2000). Keep it simple. *Journal of Studies on Alcohol*, *61*, 781-782.

Schulz, K. F., Altman, D. G., Moher, D., and the CONSORT Group. (2010). CONSORT 2010 statement: Updated guidelines for reporting parallel group randomized trials. *Annals of Internal Medicine*, *152*(11), 726-732.

Schulz, R., & Aderman, D. (1974). Clinical research and the stages of dying. *Omega: Journal of Death and Dying*, *5*, 137-143.

Schulze, A., & Mons, U. (2006). The evolution of educational inequalities in smoking: A changing relationship and a cross-over effect among German birth cohorts of 1921-70. *Addiction*, *101*, 1051-1056.

Schüz, B., Sniehotta, F. F., & Schwarzer, R. (2007). Stage-specific effects of an action control intervention on dental flossing. *Health Education Research*, *22*, 332-341.

Schieman, S., Milkie, M. A., & Glavin, P. (2009). When work interferes with life: Work-nonwork interference and the influence of work-related demands and resources. *American Sociological Review*, *74*, 966-988.

Schunkert, H., von Scheidt, M., Kessler, T., Stiller, B., Zeng, L., & Vilne, B. (2018). Genetics of coronary artery disease in the light of genome-wide association studies. *Clinical Research in Cardiology*, *107*, 2-9. https://doi.org/10.1007/s00392-018-1324-1

Schüz, B., Brick, C., Wilding, S., & Conner, M. (2020). Socioeconomic status moderates the effects of health cognitions on health behaviors within participants: Two multibehavior studies. *Annals of Behavioral Medicine*, *54*(1), 36-48. https://doi.org/10.1093/abm/kaz023

Schwartz, B. S., Stewart, W. F., Simon, D., & Lipton, R. B. (1998). Epidemiology of tension-type headache. *Journal of the American Medical Association*, *279*, 381-383.

Schwartz, G. E., & Weiss, S. M. (1978). Behavioral medicine revisited: An amended definition. *Journal of Behavioral Medicine*, *1*, 249-251.

Schwarzer, R. (2008). Modeling health behavior change: How to predict and modify the adoption and maintenance of health behaviors. *Applied Psychology: An International Review*, *57*, 1-29.

Schwarzer, R., Luszczynska, A., Ziegelmann, J. P., Scholz, U., & Lippke, S. (2008). Social-cognitive predictors of physical exercise adherence: Three longitudinal studies in rehabilitation. *Health Psychology*, *27*(S1), S54-S63.

Schwarzinger, M., Pollock, B. G., Hasan, O. S. M., Dufouil, C., & Rehm, J. (2018). Contribution of alcohol use disorders to the burden of dementia in France 2008-13: A nationwide retrospective cohort study. *The Lancet Public Health*, *3*(3), e124-e132. https://doi.org/10.1016/S2468-2667(18)30022-7

Sclafani, A. (2001). Psychobiology of food preferences. *International Journal of Obesity*, *25*(Suppl. 5), S13-S16.

Sclafani, A., & Springer, D. (1976). Dietary obesity in adult rats: Similarities to hypothalamic and human obesity. *Physiology and Behavior*, *17*, 461-471.

Scott, D. J., Stohler, C. S., Egnatuk, C. M., Wang, H., Koeppe, R. A., & Zubieta, J.-K. (2008). Placebo and nocebo effects are defined by opposite opioid and dopaminergic responses. *Archives of General Psychiatry*, *65*, 220-231.

Scott-Sheldon, L. A., Kalichman, S. C., Carey, M. P., & Fielder, R. L. (2008). Stress management interventions for HIV+ adults: A meta-analysis of randomized controlled trials, 1989 to 2006. *Health Psychology*, *27*, 129-139.

Scullard, P., Peacock, C., & Davies, P. (2010). Googling children's health: Reliability of medical advice on the internet. *Archives of Disease in Childhood*, *95*(8), 580-582.

Searle, A., & Bennett, P. (2001). Psychological factors and inflammatory bowel disease: A review of a decade of literature. *Psychology and Health Medicine*, *6*, 121-135.

Searle, A., Norman, P., Thompson, R., & Vedhara, K. (2007). A prospective examination of illness beliefs and coping in patients with Type 2 diabetes. *British Journal of Health Psychology*, *12*, 621-638.

Sears, S. R., & Stanton, A. L. (2001). Expectancy-value constructs and expectancy violation as predictors of exercise adherence in previously sedentary women. *Health Psychology*, *20*, 326-333.

Sebre, S., Sprugevica, I., Novotni, A., Bonevski, D., Pakalniskiene, V., Popescu, D., Turchina, T., Friedrich, W., & Lewis, O. (2004). Cross-cultural comparisons of child-reported emotional and physical abuse: Rates, risk factors and psychosocial symptoms. *Child Abuse and Neglect*, *28*, 113-127. https://doi.org/10.1016/j.chiabu.2003.06.004

Seegers, V., Petit, D., Falissard, B., Vitaro, F., Trembley, R. E., Montplaisir, J., & Touchette, E. (2011). Short sleep duration and body mass index: A prospective longitudinal study in preadolescence. *American Journal of Epidemiology*, *173*(6), 621-629. https://doi.org/10.1093/aje/kwq389

Segall, A. (1997). Sick role concepts and health behavior. In D. S. Gochman (Ed.), *Handbook of health behavior research: Vol.1. Personal and social determinants* (pp. 289-301). New York, NY: Plenum Press.

Segerstrom, S. C. (2005). Optimism and immunity: Do positive thoughts always lead to positive effects? *Brain, Behavior, and Immunity*, *19*, 195-200.

Segerstrom, S. C. (2007). Stress, energy, and immunity: An ecological view. *Current Directions in Psychological Science*, *16*, 326-330.

Segerstrom, S. C., & Miller, G. E. (2004). Psychological stress and the human immune system: A meta-analytic study of 30 years of inquiry. *Psychological Bulletin*, *130*, 601-630.

Seifert, T. (2005). Anthropomorphic characteristics of centerfold models: Trends toward slender figures over time. *Journal of Eating Disorders*, *37*, 271-274.

Selkoe, D. J. (2007). Developing preventive therapies for chronic diseases: Lessons learned from Alzheimer's disease. *Nutrition Reviews*, *65*(S12), S239-S243.

Selye, H. (1956). *The stress of life*. New York, NY: McGraw-Hill.

Selye, H. (1976). *Stress in health and disease*. Reading, MA: Butterworths.

Selye, H. (1982). History and present status of the stress concept. In L. Goldberger & S. Breznitz (Eds.), *Handbook of stress: Theoretical and clinical aspects* (pp. 7-17). New York, NY: Free Press.

Seow, D., & Gauthier, S. (2007). Pharmacotherapy of Alzheimer disease. *Canadian Journal of Psychiatry*, *52*, 620-629.

Sepa, A., Wahlberg, J., Vaarala, O., Frodi, A., & Ludvigsson, J. (2005). Psychological stress may induce diabetes-related autoimmunity in infancy. *Diabetes Care*, *28*, 290-295.

Sephton, S. E., Dhabhar, F. S., Keuroghlian, A. S., Giese-Davis, J., McEwen, B. S., Ionan, A. C., & Spiegel, D. (2009). Depression, cortisol, and suppressed cell-mediated immunity in metastatic breast cancer. *Brain, Behavior, and Immunity*, *23*, 1148-1155. https://doi.org/10.1016/j.bbi.2009.07.007

Sepulveda, M.-J., Bodenheimer, T., & Grundy, P. (2008). Primary care: Can it solve employers' health care dilemma? *Health Affairs*, *27*, 151-158.

Severson, H. H., Forrester, K. K., & Biglan, A. (2007). Use of smokeless tobacco is a risk factor for cigarette smoking. *Nicotine and Tobacco Research*, *9*, 1331-1337.

Sevincer, A. T., & Oettingen, G. (2013). Alcohol intake leads people to focus on desirability rather than feasibility. *Motivation and Emotion*, *37*(1), 165-176.

Shai, I., Spence, J. D., Schwarzfuchs, D., Henkin, Y., Parraga, G., Rudich, A., Fenster, A., Mallet, C., Liel-Cohen, N., Tirosh, A., Bolotin, A., Thiery, J.,

Fiedler, G. M., Blüher, M., Stumvoll, M., Stampfer, M. J., & DIRECT Group. (2010). Dietary intervention to reverse carotid atherosclerosis. *Circulation*, *121*, 1200-1208. https://doi.org/10.1161/CIRCULATIONAHA.109.879254

Shalev, I., Moffitt, T. E., Braithwaite, A. W., Danese, A., Fleming, N. I., Goldman-Mellor, S., Harrington, H. L., Houts, R. M., Israel, S., Poulton, R., Robertson, S. P., Sugden, K., Williams, B. & Caspi, A. (2014). Internalizing disorders and leukocyte telomere erosion: A prospective study of depression, generalized anxiety disorder and post-traumatic stress disorder. *Molecular Psychiatry*, *19*(11), 1163-1170. https://doi.org/10.1038/mp.2013.183

Shannon, S., Weil, A., & Kaplan, B. J. (2011). Medical decision making in integrative medicine: Safety, efficacy, and patient preference. *Alternative and Complementary Therapies*, *17*(2), 84-91.

Shapiro, D., Cook, I. A., Davydov, D. M., Ottaviani, C., Leuchter, A. F., & Abrams, M. (2007). Yoga is a complementary treatment of depression: Effects of traits and moods on treatment outcome. *Evidence-Based Complementary and Alternative Medicine*, *4*, 493-502.

Shapiro, J. R., Berkman, N. D., Brownley, K. A., Sedway, J. A., Lohr, K. N., & Bulik, C. M. (2007). Bulimia nervosa treatment: A systematic review of randomized controlled trials. *International Journal of Eating Disorders*, *40*(4), 321-336.

Sharpe, L., Sensky, T., Timberlake, N., Ryan, B., Brewin, C. R., & Allard, S. (2001). A blind, randomized controlled trial of cognitive-behavioral intervention for patients with recent onset rheumatoid arthritis: Preventing psychological and physical mobility. *Pain*, *89*, 275-283.

Shea, M. K., Houston, D. K., Nichlas, B. J., Messier, S. P., Davis, C. C., Miller, M. E., Harris, T. B., Kitzman, D.. Kennedy, K., & Kritchevsky, S. B. (2010). The effect of randomization to weight loss on total mortality in older overweight and obese adults: The ADAPT study. *Journals of Gerontology Series A: Biological Sciences and Medical Sciences*, *65A*(5), 519-525. https://doi.org/10.1093/gerona/glp217

Sheehy, R., & Horan, J. J. (2004). Effects of stress inoculation training for 1st-year law students. *International Journal of Stress Management*, *11*, 41-55.

Sheeran, P. (2002). Intention-behavior relations: A conceptual and empirical review. *European Review of Social Psychology*, *12*, 1-36.

Sheeran, P., & Orbell, S. (1999). Implementation intentions and repeated behaviour: Augmenting the predictive validity of the theory of planned behaviour. *European Journal of Social Psychology*, *29*, 349-369.

Sheeran, P., & Orbell, S. (2000). Using implementation intentions to increase attendance for cervical cancer screening. *Health Psychology*, *19*, 283-289.

Sheese, B. E., Brown, E. L., & Graziano, W. G. (2004). Emotional expression in cyberspace: Searching for moderators of the Pennebaker disclosure effect via e-mail. *Health Psychology*, *23*, 457-464.

Shen, B.-J., Avivi, Y. E., Todaro, J. F., Spiro, A., Laurenceau, J.-P., Ward, K. D., & Niaura, R. (2008). Anxiety characteristics independently and prospectively predict myocardial infarction in men: The unique contribution of anxiety among psychologic factors. *Journal of the American College of Cardiology*, *51*, 113-119.

Shen, B.-J., Stroud, L. R., & Niaura, R. (2004). Ethnic differences in cardiovascular responses to laboratory stress: A comparison between Asian and White Americans. *International Journal of Behavioral Medicine*, *11*, 181-186.

Shen, X., Chen, J., Sun, S., Yu, B., Chen, Z., Yang, J., Zhang, F., Lin, M., & Wu, A. Q. (2003). Psychosocial factors and immunity of patients with generalized anxiety disorder. *Chinese Mental Health Journal*, *17*, 397-400.

Shepherd, J. (2019, Feb. 21). Daniel Radcliffe opens up about panic over "Harry Potter" leading to alcoholism. *The Independent*. Retrieved from https://www.independent.co.uk/arts-entertainment/films/news/daniel-radcliffe-harry-potter-drunk-scenes-alcohol-fame-child-star-justin-bieber-a8789751.html

Sheps, D. S. (2007). Psychological stress and myocardial ischemia: Understanding the link and implications. *Psychosomatic Medicine*, *69*, 491-492.

Sher, K. J. (1987). Stress response dampening. In H. T. Blane & K. E. Leonard (Eds.), *Psychological theories of drinking and alcoholism* (pp. 227-271). New York, NY: Guilford Press.

Sher, K. J., & Levenson, R. W. (1982). Risk for alcoholism and individual differences in the stress-response-dampening effect of alcohol. *Journal of Abnormal Psychology*, *91*, 350-367.

Sher, L. (2005). Type D personality: The heart, stress, and cortisol. QJM, *98*(5), 323-329. https://doi.org/10.1093/qjmed/hci064

Shere-Wolfe, K. D., Tilburt, J. C., D'Adamo, C., Berman, B., & Chesney, M. A. (2013). Infectious diseases physicians' attitudes and practices related to complementary and integrative medicine: Results of a national survey. *Evidence-based Complementary and Alternative Medicine (eCAM)*, *2013*, 1-8.

Sherman, D. K., Updegraff, J. A., & Mann, T. L. (2008). Improving oral health behavior: A social psychological approach. *Journal of the American Dental Association*, *139*, 1382-1387.

Sherman, K. J., Cherkin, D. C., Hawkes, R. J., Miglioretti, D. L., & Deyo, R. A. (2009). Randomized trial of therapeutic massage for chronic neck pain. *Clinical Journal of Pain*, *25*(3), 233-238.

Shernoff, M. (2006). Condomless sex: Gay men, barebacking, and harm reduction. *Social Work*, *51*, 106-113.

Sherwood, L. (2001). *Human physiology: From cells to systems* (4th ed.). Pacific Grove, CA: Brooks/Cole.

Shi, L., Liu, J., Fonseca, V., Walker, P., Kalsekar, A., & Pawaskar, M. (2010). Correlation between adherence rates measured by MEMS and self-reported questionnaires: A meta-analysis. *Health and Quality of Life Outcomes*, *8*, 99.

Shi, S., & Klotz, U. (2008). Clinical use and pharmacological properties of selective COX-2 inhibitors. *European Journal of Clinical Pharmacology*, *64*, 233-252.

Shiffman, S., Balabanis, M. H., Paty, J. A., Engberg, J., Gwaltney, C. J., Liu, K. S., Gnys, M. Hickcox, M., & Paton, S. M. (2000). Dynamic effects of self-efficacy on smoking lapse and relapse. *Health Psychology*, *19*, 315-323. https://doi.org/10.1037//0278-6133.19.4.315

Shiffman, S., Brockwell, S. E., Pillitteri, J. L., & Gitchell, J. G. (2008). Use of smoking-cessation treatments in the United States. *American Journal of Preventive Medicine*, *34*, 102-111.

Shifren, K., & Hooker, K. (1995). Stability and change in optimism: A study among spouse caregivers. *Experimental Aging Research*, *21*(1), 59-76.

Shimabukuro, J., Awata, S., & Matsuoka, H. (2005). Behavioral and psychological symptoms of dementia characteristics of mild Alzheimer patients. *Psychiatry and Clinical Neurosciences*, *59*, 274-279.

Shimomura, E. T., Jackson, G. F., & DevPaul, B. (2019). Cocaine, crack cocaine, and ethanol: A deadly mix. In A. Dasgupta (Ed.), *Critical issues in alcohol and drugs of abuse testing* (2nd ed.; pp. 215-224). Academic Press.

Shinnick, P. (2006). Qigong: Where did it come from? Where does it fit in science? What are the advances? *Journal of Alternative and Complementary Medicine*, *12*, 351-353.

Shmueli, A., Igudin, I., & Shuval, J. (2011). Change and stability: Use of complementary and alternative medicine in Israel: 1993, 2000 and 2007. *European Journal of Public Health*, *21*(2), 254-259.

Siegel, M., & Biener, L. (2000). The impact of an antismoking media campaign on progression to established smoking: Results of a longitudinal youth study. *American Journal of Public Health*, *90*, 380-386.

Siegel, M., & Skeer, M. (2003). Exposure to secondhand smoke and excess lung cancer mortality risk among workers in the "5 B's": Bars, bowling alleys, billiard halls, betting establishments, and bingo parlours. *Tobacco Control*, *12*, 333-338.

Siegel, R., Naishadham, D., & Jemal, A. (2012). Cancer statistics, 2012. *CA: A Cancer Journal for Clinicians*, *62*, 10-29.

Siegel, R. L., Miller, K. D., & Jemal, A. (2016). Cancer statistics, 2016. *CA: A cancer Journal for Clinicians*, *66*(1), 7-30.

Siegler, B. (2003, 6 a 12 de agosto). Actress Halle Berry battles diabetes. *Miami Times*, *80*(48), 4B.

Siegler, I. C., Bastian, L. A., Steffens, D. C., Bosworth, H. B., & Costa, P. T. (2002). Behavioral medicine and aging. *Journal of Consulting and Clinical Psychology*, *70*, 843-851.

Siegman, A. W. (1994). From Type A to hostility to anger: Reflections on the history of coronary-prone behavior. In A. W. Siegman & T. W. Smith (Eds.), *Anger, hostility, and the heart* (pp. 1-21). Hillsdale, NJ: Erlbaum.

Siemiatycki, J., Richardson, L., Straif, K., Latreille, B., Lakhani, R., Campbell, S., Rousseau, M.-C., & Boffetto, P. (2004). Listing occupational carcinogens. *Environmental Health Perspectives*, *112*, 1447-1459. https://doi.org/10.1289/ehp.7047

Sigmon, S. T., Stanton, A. L., & Snyder, C. R. (1995). Gender differences in coping: A further test of socialization and role constraint theories. *Sex Roles*, *33*, 565-587.

Silberstein, S. D. (2004). Migraine pathophysiology and its clinical implications. *Cephalalgia*, *24*(Suppl. 2), 2-7.

Silva, M. A. V. D., Sao-Joao, T. M., Brizon, V. C., Franco, D. H., & Mialhe, F. L. (2018). Impact of implementation intentions on physical activity practice in adults: A systematic review and meta-analysis of randomized clinical trials. *PloS One*, *13*(11), e0206294. https://doi.org/10.1371/journal.pone.0206294

Silveira, H., Moraes, H., Oliveira, N., Coutinho, E. S. F., Laks, J., & Deslandes, A. (2013). Physical exercise and clinically depressed patients: A systematic review and meta-analysis. *Neuropsychobiology*, *67*(2), 61-68.

Silverman, S. M. (2008). Lindsay Lohan opens up about recent troubles. *People*. Recuperado de http://www.people.com/people/article/0,20181019,00.html

Simoni, J. M., Frick, P. A., & Huang, B. (2006). A longitudinal evaluation of a social support model of medication adherence among HIV-positive men and women an antiretroviral therapy. *Health Psychology*, *25*, 74-81.

Simoni, J. M., Pearson, C. R., Pantalone, D. W., Marks, G., & Crepaz, N. (2006). Efficacy of interventions in improving highly active antiretroviral therapy adherence and HIV-1 RNA viral load: A meta-analytic review of randomized controlled trials. *Journal of Acquired Immune Deficiency Syndromes*, *43*, S23-S35.

Simonsick, E. M., Guralnik, J. M., Volpato, S., Balfour, J., & Fried, L. P. (2005). Just get out the door! Importance of walking outside the home for maintaining mobility: Findings from the Women's Health and Aging Study. *Journal of the American Geriatrics Society*, *53*, 198-203.

Simpson, S. H., Eurich, D. T., Majumdar, S. R., Padwal, R. S., Tsuyuki, R. T., Varney, & Johnson, J. A. (2006). A meta-analysis of the association between adherence to drug therapy and mortality. *British Medical Journal, 333*, 15-18. https://doi.org/10.1136/bmj.38875.675486.55

Sims, E. A. H. (1974). Studies in human hyperphagia. In G. Bray & J. Bethune (Eds.), *Treatment and management of obesity*. New York: Harper and Row.

Sims, E. A. H. (1976). Experimental obesity, dietary-induced thermogenesis, and their clinical implications. *Clinics in Endocrinology and Metabolism, 5*, 377-395.

Sims, E. A. H., Danforth, E., Jr., Horton, E. S., Bray, G. A., Glennon, J. A., & Salans, L. B. (1973). Endocrine and metabolic effects of experimental obesity in man. *Recent Progress in Hormonal Research, 29*, 457-496.

Sims, E. A. H., & Horton, E. S. (1968). Endocrine and metabolic adaptation to obesity and starvation. *American Journal of Clinical Nutrition, 21*, 1455-1470.

Sin, N. L., & DiMatteo, M. R. (2014). Depression treatment enhances adherence to antiretroviral therapy: A meta-analysis. *Annals of Behavioral Medicine, 47*(3), 259-269.

Singletary, K. W., & Gapstur, S. M. (2001). Alcohol and breast cancer: Review of epidemiologic and experimental evidence and potential mechanisms. *Journal of the American Medical Association, 286*, 2143-2151.

Sinniah, D., & Khoo, E. J. (2015). E-cigarettes: Facts and legal status. *International e-Journal of Science, Medicine and Education, 9*(3), 10-19.

Siscovick, D. S., Barringer, T. A., Fretts, A. M., Wu, H. H. Y., Lichtenstein, A. H., Costello, T. A., Kris-Etherton, P. M., Jacobson, T. A., Engler, M. B., Alger, H. M., Appel, L. J., & Mozaffarian, D. (2017). Omega-3 polyunsaturated fatty acid (fish oil) supplementation and the prevention of clinical cardiovascular disease. *Circulation, 135*, e867-e884. https://doi.org/10.1161/CIR.0000000000000482

Sjöström, M., Oja, P., Hagströmer, M., Smith, B. J., & Bauman, A. (2006). Health-enhancing physical activity across European Union countries: The Eurobarometer study. *Journal of Public Health, 14*, 291-300.

Skinner, B. F. (1953). *Science and human behavior*. New York, NY: Macmillan.

Skinner, T. C., Hampson, S. E., & Fife-Schaw, C. (2002). Personality, personal model beliefs, and self-care in adolescents and young adults with Type 1 diabetes. *Health Psychology, 21*, 61-70.

Slomkowski, C., Rende, R., Novak, S., Lloyd-Richardson, E., & Niaura, R. (2005). Sibling effects on smoking in adolescence: Evidence for social influence from a genetically informative design. *Addiction, 100*, 430-438.

Sluik, D., Buijsse, B., Muckelbauer, R., Kaaks, R., Teucher, B., Johnsen, N. F., Tjønneland, A., Overvad, K.,Ostergaard, J. N., Amiano, P., Ardanaz, E., Bendinelli, B. Pala, V., Tumino, Rl, Ricceri, F., Matiello, A., Spijkerman, A. M. W., Monninkhof, E. .... Nöthlings, U. (2012). Physical activity and mortality in individuals with diabetes mellitus: a prospective study and meta-analysis. *Archives of Internal Medicine, 172*(17), 1285-1295. https://doi.org/10.1001/archinternmed.2012.3130

Slugg, R. M., Meyer, R. A., & Campbell, J. N. (2000). Response of cutaneous A- and C-fiber nociceptors in the monkey to controlled-force stimuli. *Journal of Neurophysiology, 83*, 2179-2191.

Small, B. J., Rosnick, C. B., Fratiglioni, L., & Bäckman, L. (2004). Apoli-poprotein ε and cognitive performance: A meta-analysis. *Psychology and Aging, 19*, 592-600.

Smedslund, G., & Ringdal, G. I. (2004). Meta-analysis of the effects of psychosocial interventions on survival time in cancer patents. *Journal of Psychosomatic Research, 57*, 123-131.

Smeets, R. J., Severens, J. L., Beelen, S., Vlaeyen, J. W., & Knottnerus, J. A. (2009). More is not always better: Cost-effectiveness analysis of combined, single behavioral and single physical rehabilitation programs for chronic low back pain. *European Journal of Pain, 13*, 71-81.

Smelt, A. H. M. (2010). Triglycerides and gallstone formation. *Clinica Chimica Acta, 411*(21/22), 1625-1631.

Smetana, G. W. (2000). The diagnostic value of historical features in primary headache syndromes: A comprehensive review. *Archives of Internal Medicine, 160*, 2729-2740.

Smiles, R. V. (2002). Race matters in health care: Experts say eliminating racial and ethnic health disparities is the civil rights issue of our day. *Black Issues in Higher Education, 19*(7), 22-29.

Smith, C. A., Hay, P. P., & MacPherson, H. (2010). Acupuncture for depression. *Cochrane Database of Systematic Reviews, 2010*, Issue 1, Cochrane Art. No.: CD004046, https://doi.org/10.1002/14651858.CD004046.pub3.

Smith, C. F., Whitaker, K. L., Winstanley, K., & Wardle, J. (2016). Smokers are less likely than non-smokers to seek help for a lung cancer "alarm" symptom. *Thorax*. Https://doi.org/10.1136/thoraxjnl-2015-208063.

Smith, D. A., Ness, E. M., Herbert, R., Schechter, C. B., Phillips, R. A., Diamond, J. A., & Landrigen, P. J. (2005). Abdominal diameter index: A more powerful anthropometric measure for prevalent coronary heart disease risk in adult males. *Diabetes, Obesity and Metabolism, 7*, 370-380. https://doi.org/10.1111/j.1463-1326.2004.00406.x

Smith, D. P., & Bradshaw B. S. (2006). Rethinking the Hispanic paradox: Death rates and life expectancy for US non-Hispanic white and Hispanic populations. *American Journal of Public Health, 96*, 1686-1692.

Smith, L. A., Roman, A., Dollard, M. F., Winefield, A. H., & Siegrist, J. (2005). Effort-reward imbalance at work: The effects of work stress on anger and cardiovascular disease symptoms in a community sample. *Stress and Health: Journal of the International Society for the Investigation of Stress, 21*, 113-128.

Smith, P. H., Kasza, K. A., Hyland, A., Fong, G. T., Borland, R., Brady, K., Carpenter, M. J., Hartwell, K., Cummings, K. M., & McKee, S. A. (2015). Gender differences in medication use and cigarette smoking cessation: Results from the International Tobacco Control Four Country Survey. *Nicotine and Tobacco Research, 17*(4), 463-472. https://doi.org/10.1093/ntr/ntu212

Smith, P. J., Blumenthal, J. A., Hoffman, B. M., Cooper, H., Strauman, T. A., Welsh-Bohmer, K., Browndyke, J. N., & Sherwood, A. (2010). Aerobic exercise and neurocognitive performance: A meta-analytic review of randomized controlled trials. *Psychosomatic Medicine, 72*, 239-252. https://doi.org/10.1097/PSY.0b013e3181d14633

Smith, T. W., & Ruiz, J. M. (2002). Psychosocial influences on the development and course of coronary heart disease: Current status and implications for research and practice. *Journal of Consulting and Clinical Psychology, 70*, 548-568.

Smyth, J. M., Stone, A. A., Hurewitz, A., & Kaell, A. (1999). Effects of writing about stressful experiences on symptom reduction in patients with asthma or rheumatoid arthritis: A randomized trial. *Journal of the American Medical Association, 281*, 1304-1309.

Snyder, S. H. (1977, março). Opiate receptors and internal opiates. *Scientific American, 236*, 44-56.

Sobel, B. E., & Schneider, D. J. (2005). Cardiovascular complications in diabetes mellitus. *Current Opinion in Pharmacology, 5*, 143-148.

Sobell, L. C., Cunningham, J. A., & Sobell, M. B. (1996). Recovery from alcohol problems with and without treatment: Prevalence in two population surveys. *American Journal of Public Health, 86*, 966-972.

Sola-Vera, J., Sáez, J., Laveda, R., Girona, E., García-Sepulcre, M. F., Cuesta, A., Vázquez, N., Ucea, F., Pérez, E., & Sillero, M. (2008). Factors associated with non-attendance at outpatient endoscopy. *Scandinavian Journal of Gastroenterology, 43*, 202-206. https://doi.org/10.1080/00365520701562056

Soler, R. E., Leeks, K. D., Buchanan, L. R., Brownson, R. C., Heath, G. W., Hopkins, D. H., & Task Force on Community Preventive Services. (2010). Point-of-decision prompts to increase stair use: A systematic review update. *American Journal of Preventive Medicine, 38*, S292-S300. https://doi.org/10.1016/j.amepre.2009.10.028

Song, F., Maskrey, V., Blyth, A., Brown, T. J., Barton, G. R., Aveyard, P., Notley, C., Holland, R., Bachmann, M. O., Sutton, S., & Brandon, T. (2016). Differences in longer-term smoking abstinence after treatment by specialist of nonspecialist advisors: Second analysis of data from a relapse prevention trial. *Nicotine and Tobacco Research, 18*(5), 1061-1065. https://doi.org/10.1093/ntr/ntv148

Song, M.-Y., John, M., & Dobs, A. S. (2007). Clinicians' attitudes and usage of complementary and alternative integrative medicine: A survey at the Johns Hopkins Medical Institute. *Journal of Alternative and Complementary Medicine, 13*, 305-306.

Song, Z., Foo, M.-D., Uy, M. A., & Sun, S. (2011). Unraveling the daily stress crossover between unemployed individuals and their employed spouses. *Journal of Applied Psychology, 96*, 151-168.

Sont, W. N., Zielinski, J. M., Ashmore, J. P., Jiang, H., Krewski, D., Fair, M. E., Band, P. R., & Létourneau, E. G. (2001). First analysis of cancer incidence and occupational radiation exposure based on the National Dose Registry of Canada. *American Journal of Epidemiology, 153*, 309-318. https://doi.org/10.1093/aje/153.4.309

Soole, D. W., Mazerolle, L., & Rombouts, S. (2008). School-based drug prevention programs: A review of what works. *Australian and New Zealand Journal of Criminology, 41*(2), 259-286.

Sours, J. A. (1980). *Starving to death in a sea of objects: The anorexia nervosa syndrome*. New York, NY: Aronson.

South China Morning Post. (2016). 227 famous people who died because they smoked. Recuperado de http://tobacco.cleartheair.org.hk/wp-content/uploads/2016/01/Tobacco-kills-2-out-of-every-three-users.pdf

Spaan, P., van Luenen, S., Garnefski, N., & Kraaij, V. (2018). Psychosocial interventions enhance HIV medication adherence: A systematic review and meta-analysis. *Journal of Health Psychology*. https://doi.org/10.1177/1359105318755545

Speck, R. M., Courneya, K. S., Masse, L. C., Duval, S., & Schmitz, K. H. (2010). An update of controlled physical activity trials in cancer survivors: A systematic review and meta-analysis. *Journal of Cancer Survivorship, 4*, 87-100.

Spiegel, D. (2004). Commentary on "Meta-analysis of the effects of psychosocial interventions on survival time and mortality in cancer patients" by Geir Smedslund and Gerd Inter Ringdal. *Journal of Psychosomatic Research, 57*, 133-135.

Spiegel, D., Bloom, J. R., Kraemer, H. C., & Gottheil, E. (1989). Effect of psychosocial treatment on survival of patients with metastatic breast cancer. *Lancet, ii*, 888-891.

Spiegel, D., & Giese-Davis, J. (2003). Depression and cancer: Mechanisms and disease progression. *Biological Psychiatry, 54*, 269-282.

Spierings, E. L. H., Ranke, A. H., & Honkoop, P. C. (2001). Precipitating and aggravating factors of migraine versus tension-type headache. *Headache, 41*, 554-558.

Spindle, T. R., Hiler, M. M., Cooke, M. E., Eissenberg, T., Kendler, K. S., & Dick, D. M. (2017). Electronic cigarette use and uptake of cigarette smoking: A longitudinal examination of US college students. *Addictive Behaviors, 67*, 66-72. https://doi.org/10.1016/j.addbeh.2016.12.009

Spitzer, B. L., Henderson, K. A., & Zivian, M. T. (1999). Gender differences in population versus media body size: A comparison over four decades. *Sex Roles, 40*, 545-566.

Springer, J. F., Sale, E., Kasim, R., Winter, W., Sambrano, S., & Chipungu, S. (2004). Effectiveness of culturally specific approaches to substance abuse prevention: Findings for CSAP's national cross-site evaluation of high risk youth programs. *Journal of Ethnic and Cultural Diversity in Social Work, 13*, 1-23.

Spritzler, F. (2017). 8 "fad" diet that actually work. Recuperado de https://www.healthline.com/nutrition/8-fad-diets-that-work#section9

Spruijt-Metz, D. (2011). Etiology, treatment, and prevention of obesity in childhood and adolescence: A decade in review. *Journal of Research on Adolescence, 21*(1), 129-152.

Sri Vengadesh, G., Sistla, S. C., & Smile, S. R. (2005). Postoperative pain relief following abdominal operations: A prospective randomised study of comparison of patient controlled analgesia with conventional parental opioids. *Indian Journal of Surgery, 67*, 34-37.

Stacey, P. S., & Sullivan, K. A. (2004). Preliminary investigation of thiamine and alcohol intake in clinical and healthy samples. *Psychological Reports, 94*, 845-848.

Staessen, J. A., Wang, J., Bianchi, G., & Birkenhager, W. H. (2003). Essential hypertension. *Lancet, 361*, 1629-1641.

Stallworth, J., & Lennon, J. L. (2003). An interview with Dr. Lester Breslow. *American Journal of Public Health, 93*, 1803-1805.

Stamler, J., Elliott, P., Dennis, B., Dyer, A. R., Kesteloot, H., Liu, K., Ueshima, H., Zhou, B. F., & INTERMAP Research Group. (2003). INTERMAP: Background, aims, design, methods, and descriptive statistics (nondietary). *Journal of Human Hypertension, 17*, 591-608. https://doi.org/10.1038/sj.jhh.1001603

Stamler, J., Stamler, R., Neaton, J. D., Wentworth, D., Daviglus, M. L., Garside, D., Dyer, A. R., Liu, K, & Greenland, P. (1999). Low risk-factor profile and long-term cardiovascular and noncardiovascular mortality and life expectancy: Findings for 5 large cohorts of young adult and middle-aged men and women. *Journal of the American Medical Association, 282*, 2012-2018. https://doi.org/10.1001/jama.282.21.2012

Stampfer, M. J., Hu, F. B., Manson, J. E., Rimm, E. B., & Willett, W. C. (2000). Primary prevention of coronary heart disease in women through diet and lifestyle. *New England Journal of Medicine, 343*, 16-22.

Standridge, J. B., Zylstra, R. G., & Adams, S. M. (2004). Alcohol consumption: An overview of benefits and risks. *Southern Medical Journal, 97*, 664-672.

Stanner, S. A., Hughes, J., Kelly, C. N. M., & Buttriss, J. (2004). A review of the epidemiological evidence for the "antioxidant hypothesis." *Public Health Nutrition, 7*, 407-422.

Stanton, A. L., Revenson, T. A., & Tennen, H. (2007). Health psychology: Psychological adjustment to chronic disease. *Annual Review of Psychology, 58*, 565-592.

Starkstein, S. E., Jorge, R., Mizrahi, R., Adrian, J., & Robinson, R. G. (2007). Insight and danger in Alzheimer's disease. *European Journal of Neurology, 14*, 455-460.

Stason, W., Neff, R., Miettinen, O., & Jick, H. (1976). Alcohol consumption and nonfatal myocardial infarction. *American Journal of Epidemiology, 104*, 603-608.

Staton, L. J., Panda, M., Chen, I., Genao, I., Kurz, J., Pasanen, M., Nechaber, A. J., Menon, M.. O'Rorke, J., Wood, J, Rosenberg, E., Faeslis, C., Carey, Tl, Calleson, E., & Cykert, S. (2007). When race matters: Disagreement in pain perception between patients and their physicians in primary care. *Journal of the National Medical Association, 99*, 532-537.

Stayner, L., Bena, J., Sasco, A. J., Smith, R., Steenland, K., Kreuzer, M., & Straif, K. (2007). Lung cancer risk and workplace exposure to environmental tobacco smoke. *American Journal of Public Health, 97*(3), 545-551. https://doi.org/10.2105/AJPH.2004.061275

Stead, L. F., Bergson, G., & Lancaster, T. (2008). Physician advice for smoking cessation. *Cochrane Database of Systematic Reviews*, Cochrane Art. No.: CD000165, https://doi.org/10.1002/14651858.CD000165. pub2.

Stead, L. F., Perera, R., Bullen, C., Mant, D., & Lancaster, T. (2008). Nicotine replacement therapy for smoking cessation. *Cochrane Database of Systematic Reviews*, Cochrane Art. No.: CD000146, https://doi.org/10.1002/14651858.CD000146.pub3.

Steele, C. M., & Josephs, R. A. (1990). Alcohol myopia: Its prized and dangerous effects. *American Psychologist, 45*, 921-933.

Steffen, K. J., Mitchell, J. E., Roerig, J. L., & Lancaster, K. L. (2007). The eating disorders medicine cabinet revisited: A clinician's guide to ipecac and laxatives. *International Journal of Eating Disorders, 40*, 360-368.

Steifel, M. C., Perla, R. J., & Zell, B. L. (2010). A health bottom line: Healthy life expectancy as an outcome measure for health improvement efforts. *The Milbank Quarterly, 88*, 30-53.

Stein, M. B., Schork, N. J., & Gelernter, J. (2008). Gene-by-environment (serotonin transporter and childhood maltreatment) interaction for anxiety sensitivity, an intermediate phenotype for anxiety disorders. *Neuropsychopharmacology, 33*, 312-319.

Steinbrook, R. (2004). The AIDS epidemic in 2004. *New England Journal of Medicine, 351*, 115-117.

Steinhausen, H. C., & Weber, S. (2010). The outcome of bulimia nervosa: Findings from one-quarter century of research. *American Journal of Psychiatry, 166*(12), 1331-1341.

Stelfox, H. T., Gandhi, T. K., Orav, E. J., & Gustafson, M. L. (2005). The relation of patient satisfaction with complaints against physicians and malpractice lawsuits. *The American Journal of Medicine, 118*, 1126-1133.

Stephens, J., & Allen, J. (2013). Mobile phone interventions to increase physical activity and reduce weight: A systematic review. *The Journal of Cardiovascular Nursing, 28*(4), 320.

Steptoe, A., Hamer, M., & Chida, Y. (2007). The effects of acute psychological stress on circulating inflammatory factors in humans: A review and meta-analysis. *Brain, Behavior and Immunity, 21*, 901-912.

Steptoe, A., Wardle, J., Bages, N., Sallis, J. F., Sanabria-Ferrand, P.-A., & Sanchez, M. (2004). Drinking and driving in university students: An international study of 23 countries. *Psychology and Health, 19*, 527-540.

Stetter, F., & Kupper, S. (2002). Autogenic training: A meta-analysis of clinical outcome studies. *Applied Psychophysiology and Biofeedback, 27*, 45-98.

Stevenson, R. J., Hodgson, D., Oaten, M. J., Barouei, J., & Case, T. I. (2011). The effect of disgust on oral immune function. *Psychophysiology, 48*, 900-907.

Stewart, J. C., Janicki, D. L., & Kamarck, T. W. (2006). Cardiovascular reactivity to and recovery from psychological challenge as predictors of 3-year change in blood pressure. *Health Psychology, 25*, 111-118.

Stewart, K. L. (2004). Pharmacological and behavioral treatments for migraine headaches: A meta-analytic review. *Dissertation Abstracts International: Section B, 65*(3-B), 1535.

Stewart, L. K., Flynn, M. G., Campbell, W. W., Craig, B. A., Robinson, J. P., Timmerman, K. L., McFarlin, B. K, Coen, P. K., & Talbert, E. (2007). The influence of exercise training on inflammatory cytokines and C-reactive protein. *Medicine and Science in Sports and Exercise, 39*, 1714-1719. https://doi.org/10.1249/mss.0b013e31811ece1c

Stewart, S. T., Cutler, D. M., & Rosen, A. B. (2009). Forecasting the effects of obesity and smoking on U.S. life expectancy. *The New England Journal of Medicine, 361*, 2252-2260.

Stewart-Knox, B. J., Sittlington, J., Rugkåsa, J., Harrisson, S., Treacy, M., & Abaunza, P. S. (2005). Smoking and peer groups: Results from a longitudinal qualitative study of young people in Northern Ireland. *British Journal of Social Psychology, 44*, 397-414.

Stewart-Williams, S. (2004). The placebo puzzle: Putting together the pieces. *Health Psychology, 23*, 198-206.

Stice, E., Becker, C. B., & Yokum, S. (2013). Eating disorder prevention: Current evidence-base and future directions. *International Journal of Eating Disorders, 46*(5), 478-485. https://doi.org/10.1002/eat.22105

Stice, E., Marti, C. N., & Rohde, P. (2013). Prevalence, incidence, impairment, and course of the proposed DSM-5 eating disorder diagnoses in an 8-year prospective community study of young women. *Journal of Abnormal Psychology, 122* (2), 445-457.

Stice, E., Marti, C. N., Rohde, P., & Shaw, H. (2015). Young woman smokers gain significantly more weight over 2-year follow-up than non-smokers. How Virginia doesn't slim. *Appetite, 85*, 155-159.

Stice, E., Presnell, K., Groesz, L., & Shaw, H. (2005). Effects of a weight maintenance diet on bulimic symptoms in adolescent girls: An experimental test of the dietary restraint theory. *Health Psychology, 24*, 402-412.

Stice, E., Presnell, K., & Spangler, D. (2002). Risk factors for binge eating onset in adolescent girls: A 2-year prospective investigation. *Health Psychology, 21*, 131-138.

Stice, E. Rohde, P., & Shaw, H. (2013). *The Body Project: A dissonance-based eating disorder prevention intervention, updated edition—programs that work.* New York, NY: Oxford University Press.

Stice, E., Trost, A., & Chase, A. (2003). Healthy weight control and dissonance-based eating disorder prevention programs: Results from a controlled trial. *International Journal of Eating Disorders, 33*, 10-21.

Stickney, S. R., Black, D. R. (2008). Physical self-perception, body dysmorphic disorder, and smoking behavior. *American Journal of Health Behavior, 32*, 295-304.

Stockings, E., Hall, W. D., Lynskey, M., Morley, K. I., Reavley, N., Strang, J., Patton, G., & Degenhardt, L. (2016). Prevention, early intervention, harm reduction, and treatment of substance use in young people. *Lancet Psychiatry, 3*(3), 280-296. http://dx.doi.org/10.1016/S2215-0366(16)00002-X

Stockwell, T., Zhao, J., Panwar, S., Roemer, A., Naimi, T., & Chikritzhs, T. (2016). Do "moderate" drinkers have reduced mortality risk? A systematic review and meta-analysis of alcohol consumption and all-cause mortality. *Journal of Studies on Alcohol and Drugs, 77*, 185-198. https://doi.org/10.15288/jsad.2016.77.185

Stojanovich, L., & Marisavljevich, D. (2008). Stress as a trigger of autoimmune disease. *Autoimmunity Review, 7*, 209-213.

Stokols, D. (1972). On the distinction between density and crowding: Some implications for future research. *Psychological Review, 79*, 275-277.

Stone, A. A., Krueger, A. B., Steptoe, A., & Harter, J. K. (2010). The socioeconomic gradient in daily colds and influenza, headaches, and pain. *Archives of Internal Medicine, 170*, 570-572.

Stone, A. A., Reed, B. R., & Neale, J. M. (1987). Changes in daily event frequency precedes episodes of physical symptoms. *Journal of Human Stress, 13*, 70-74.

Stone, G. C. (1987). The scope of health psychology. In G. C. Stone, S. M. Weiss, J. D. Matarazzo, N. E. Miller, J. Rodin, C. D. Belar, & J. E. Singer (Eds.), *Health psychology: A discipline and a profession* (pp. 27-40). Chicago, IL: University of Chicago Press.

Stone, A. L., Bruehl, S., Smith, C. A., Garber, J., & Walker, L. S. (2018). Social learning pathways in the relation between parental chronic pain and daily pain severity and functional impairment in adolescents with functional abdominal pain. *Pain, 159*(2), 298. https://doi.org/10.1097/j.pain.0000000000001085

Storr, C. L., Lalongo, N. S., Anthony, J. C., & Breslau, N. (2007). Childhood antecedents of exposure to traumatic events and posttraumatic stress disorder. *American Journal of Psychiatry, 164*, 119-125.

Strachan, E., Saracino, M., Selke, S., Magaret, A., Buchwald, D., & Wald, A. (2011). The effects of daily distress and personality on genital HSV shedding and lesions in a randomized, double-blind, placebo-controlled, crossover trial of acyclovir in HSV-2 seropositive women. *Brain, Behavior, and Immunity, 25*, 1475-1481.

Strasser, A. A., Lerman, C., Sanborn, P. M., Pickworth, W. B., & Feldman, E. A. (2007). New lower nicotine cigarettes can produce compensatory smoking and increased carbon monoxide exposure. *Drug and Alcohol Dependence, 86*, 294-300.

Straus, M. A. (2008). Dominance and symmetry in partner violence by male and female university students in 32 nations. *Children and Youth Services Review, 30*, 252-275.

Strazdins, L., & Broom, D. H. (2007). The mental health costs and benefits of giving social support. *International Journal of Stress Management, 14*, 370-385.

Streltzer, J. (1997). Pain. In W.-S. Tseng & J. Streltzer (Eds.), *Culture and psychopathology: A guide to clinical assessment* (pp. 87-100). New York, NY: Brunner/Mazel.

Streppel, M. T., Boshuizen, H. C., Ocké, M. C., Kok, F. J., & Kromhout, D. (2007). Mortality and life expectancy in relation to long-term cigarette, cigar and pipe smoking: The Zutphen study. *Tobacco Control, 16*, 107-113.

Striegel, R. H., Bedrosian, R., Wang, C., & Schwartz, S. (2012). Why men should be included in research on binge eating: Results from a comparison of psychosocial impairment in men and women. *International Journal of Eating Disorders, 45*(2), 233-240.

Striegel-Moore, R. H., DeBar, L., Perrin, N., Lynch, F., Kraemer, H. C., Wilson, G. T., Rosselli, F. & Kraemer, H. C. (2010). Cognitive behavioral guided self-help for the treatment of recurrent binge eating. *Journal of Consulting and Clinical Psychology, 78*, 312-321. https://doi.org/10.1037/a0018915

Striegel-Moore, R. H., Franko, D. L., Thompson, D., Barton, B., Schreiber, G. B., & Daniels, S. R. (2004). Changes in weight and body image over time in women with eating disorders. *International Journal of Eating Disorders, 36*, 315-327.

Strine, T. W., Mokdad, A. H., Balluz, L. S., Berry, J. T., & Gonzalez, O. (2008). Impact of depression and anxiety on quality of life, health behaviors, and asthma control among adults in the United States with asthma, 2006. *Journal of Asthma, 45*, 123-133.

Stroebe, W., Papies, E. K., & Aarts, H. (2008). From homeostatic to hedonic theories of eating: Self-regulatory failure in food-rich environments. *Applied Psychology: An International Review, 57*, 172-193.

Strong, C. A. (1895). The psychology of pain. *Psychological Review, 2*, 329-347.

Strong, D. R., Cameron, A., Feuer, S., Cohn, A., Abrantes, A. M., & Brown, R. A. (2010). Single versus recurrent depression history: Differentiating risk factors among current US smokers. *Drug and Alcohol Dependence, 109*(1-3), 90-95.

Stotts, J., Lohse, B., Patterson, J., Horacek, T., White, A., & Greene, G. (2007). Eating competence in college students nominates a non-dieting approach to weight management. *FASEB Journal, 21*, A301.

Stroebe, W. (2008). *Dieting, overweight, and obesity: Self-regulation in a food-rich environment*. Washington, DC: American Psychological Association.

Stroud, C. B., Davila, J., Hammen, C., & Vrshek-Schallhorn, S. (2011). Severe and nonsevere events in first onsets versus recurrences of depression: Evidence for stress sensitization. *Journal of Abnormal Psychology, 120*, 142-154.

Stroud, C. B., Davila, J., & Moyer, A. (2008). The relationship between stress and depression in first onsets versus recurrences: A meta-analytic review. *Journal of Abnormal Psychology, 117*, 206-213.

Stuart, R. B. (1967). Behavioral control of overeating. *Behavior Research and Therapy, 5*, 357-365.

Stults-Kolehmainen, M. A., & Sinha, R. (2014). The effects of stress on physical activity and exercise. *Sports Medicine, 44*(1), 81-121.

Stunkard, A. J., & Allison, K. C. (2003). Binge eating disorder: Disorder or marker? *International Journal of Eating disorders, 34*(Suppl. 1), S107-S116.

Stunkard, A. J., Harris, J. R., Pedersen, N. L., & McClean, G. E. (1990). The body-mass index of twins who have been reared apart. *New England Journal of Medicine, 322*, 1483-1487.

Stunkard, A. J., Sørensen, T. I. A., Hanis, C., Teasdale, T. W., Chakraborty, R., Schull, W. J., & Schulsinger, F. (1986). An adoption study of human obesity. *New England Journal of Medicine, 314*, 193, 198. https://doi.org/10.1056/NEJM198601233140401

Stürmer, T., Hasselbach, P., & Amelang, M. (2006). Personality, lifestyle, and risk of cardiovascular disease and cancer: Follow-up of population based cohort. *British Medical Journal, 332*, 1359.

Stussman, B. J., Nahin, R. R., Barnes, P. M., & Ward, B. W. (2020). U.S. physician recommendations to their patients about the use of complementary health approaches. *Journal of Alternative and Complementary Medicine, 26*(1). https://doi.org/10.1089/acm.2019.0303

Su, D., Li, L., & Pagán, J. A. (2008). Acculturation and the use of complementary and alternative medicine. *Social Science and Medicine, 66*, 439-453.

Suarez, E. C., Saab, P. G., Llabre, M. M., Kuhn, C. M., & Zimmerman, E. (2004). Ethnicity, gender, and age effects on adrenoceptors and physiological responses to emotional stress. *Psychophysiology, 41*, 450-460.

Substance Abuse and Mental Health Services Administration (SAMHSA). (2019). *Key substance and mental health indicators in the United States: Results from the 2018 National Survey on Drug Use and Health*. (HHS Publication No. PEP19-50682019.). Rockville, MD: Author.

Sufka, K. J., & Price, D. D. (2002). Gate control theory reconsidered. *Brain and Mind, 3*, 277-290.

Suls, J., & Bunde, J. (2005). Anger, anxiety, and depression as risk factors for cardiovascular disease: The problems and implications of overlapping affective dispositions. *Psychological Bulletin, 131*, 260-300.

Suls, J., Martin, R., & Leventhal, H. (1997). Social comparison, lay referral, and the decision to seek medical care. In B. P. Buunk & F. X. Gibbons (Eds.), *Health, coping and well-being: Perspectives from social comparison theory* (pp. 195-226). Mahwah, NJ: Lawrence Erlbaum Associates.

Suls, J., & Rothman, A. (2004). Evolution of the biopsychosocial model: Prospects and challenges for health psychology. *Health Psychology, 23*, 119-125.

Sundblad, G. M. B., Saartok, T., & Engström, L.-M. T. (2007). Prevalence and co-occurrence of self-rated pain and perceived health in schoolchildren: Age and gender differences. *European Journal of Pain, 11*, 171-180.

Surwit, R. S., Van Tilburg, M. A. L., Zucker, N., McCaskill, C. C., Parekh, P., Feinglos, M. N., Lane, J. D. (2002). Stress management improves long-term glycemic control in Type 2 diabetes. *Diabetes Care, 25*, 30-34.

Susser, M. (1991). What is a cause and how do we know one? A grammar for pragmatic epidemiology. *American Journal of Epidemiology, 133*, 635-648.

Sutton, S., McVey, D., & Glanz, A. (1999). A comparative test of the theory of reasoned action and the theory of planned behavior in the prediction of condom use intentions in a national sample of English young people. *Health Psychology, 18*, 72-81.

Svansdottir, H. B., & Snaedal, J. (2006). Music therapy in moderate and severe dementia of Alzheimer's type: A case-control study. *International Psychogeriatrics, 18*, 613-621.

Svendsen, R. P., Jarbol, D. E., Larsen, P. V., Støvring, H., Hansen, B. L., & Soendergaard, J. (2013). Associations between health care seeking and socioeconomic and demographic determinants among people reporting alarm symptoms of cancer: a population-based cross-sectional study. *Family Practice, 30*(6), 655-665.

Svetkey, L. P., Stevens, V. J., Brantley, P. J., Appel, L. J., Hollis, J. F., Loria, C. M., Vollmer, W. M., Gullion, C. M., Funk, K., Smith, P., Samuel-Hodge, C., Myers, V., Lien, L. F., Laferriere, D., Kennedy, B., Jerone, G. J., Heinith, F., Harsha, D. W., Evans, P., ... Weight Loss Maintenance Collaborative Research Group. (2008). Comparison of strategies for sustaining weight loss. *Journal of the American Medical Association, 299*, 1139-1148. https://doi.org/10.1001/jama.299.10.1139

Swaim, R. C., Perrine, N. E., & Aloise-Young, P. A. (2007). Gender differences in a comparison of two tested etiological models of cigarette smoking among elementary school students. *Journal of Applied Social Psychology, 37*, 1681-1696.

Sweeney, C. T., Fant, R. V., Fagerstrom, K. O., McGovern, F., & Henningfield, J. E. (2001). Combination nicotine replacement therapy for smoking cessation rationale, efficacy and tolerability. *CNS Drugs, 15*, 453-467.

Swinburn, B. A., Sacks, G., Hall, K. D., McPherson, K., Finegood, D. T., Moodie, M. L., & Gortmaker, S. L. (2011). The global obesity pandemic: Shaped by global drivers and local environments. *The Lancet, 378*, 804-814. https://doi.org/10.1016/S0140-6736(11)60813-1

Swithers, S. E., Martin, A. A., Clark, K. M., Laboy, A. F., & Davidson, T. L. (2010). Body weight gain in rats consuming sweetened liquids. Effects of caffeine and diet composition. *Appetite, 55*(3), 528-533.

Sypeck, M. F., Gray, J. J., Etu, S. F., Ahrens, A. H., Mosimann, J. E., & Wiseman, C. V. (2006). Cultural representations of thinness in women, redux: Playboy magazine's depiction of beauty from 1979 to 1999. *Body Image, 3*, 229-235.

Szapary, P. O., Bloedon, L. T., & Foster, B. D. (2003). Physical activity and its effects on lipids. *Current Cardiology Reports, 5*, 488-492.

Szekely, C. A., Breitner, J. C., Fitzpatrick, A. L., Rea, T. D., Psaty, B. M., Kuller, L. H., & Zandi, P. P. (2008). NSAID use and dementia risk in the Cardiovascular Health Study: Role of APOE and NSAID type. *Neurology, 70*, 17-24. https://doi.org/10.1212/01.wnl.0000284596.95156.48

T

Tacker, D. H., & Okorodudu, A. O. (2004). Evidence for injurious effect of cocaethylene in human microvascular endothelial cells. *Clinica Chimica Acta, 345*, 69-76.

Tackett, J. L., Herzhoff, K., Smack, A. J., Reardon, K. W., & Adam, E. K. (2017). Does socioeconomic status mediate racial differences in the cortisol response in middle childhood? Health Psychology, 36(7), 662-672. https://doi.org/10.1037/hea0000480

Takahashi, Y., Edmonds, G. W., Jackson, J. J., & Roberts, B. W. (2013). Longitudinal correlated changes in conscientiousness, preventative health-related behaviors, and self-perceived physical health. *Journal of Personality, 81*(4), 417-427.

Takkouche, B., Regueira, C., & Gestal-Otero, J. J. (2001). A cohort study of stress and the common cold. *Epidemiology, 12*, 345-349.

Talbot, M. (2000, 9 de janeiro). The placebo prescription. *New York Times Magazine*, 34-39, 44, 58-60.

Tamres, L. K., Janicki, D., & Helgeson, V. S. (2002). Sex differences in coping behavior: A meta-analytic review and an examination of relative coping. *Personality and Social Psychology Review, 6*, 2-30.

Tan, J. O. A., Stewart, A., Fitzpatrick, R., & Hope, T. (2010). Attitudes of patients with anorexia nervosa to compulsory treatment and coercion. *International Journal of Law and Psychiatry, 33*(1), 13-19.

Tan, T., Khoo, B., Mills, E. G., Phylactou, B. P. Eng, P. C., Thurston, B. M., Meeran, K., Prevost, A. T., Comninos, A. N., Abbara, A., & Dhillo, W. S. (2020). Association between high serum total cortisol concentrations and mortality from COVID-19. *Lancet Diabetes and Endocrinology, 8*(8), 659-660. https://doi.org/10.1016/S2213-8587(20)30216-3

Tang, B. M. P., Eslick, G. D., Nowson, C., Smith, C., & Bensoussan, A. (2007). Use of calcium or calcium in combination with vitamin D supplementation to prevent fractures and bone loss in people aged 50 years and older: A meta-analysis. *Lancet, 370*, 657-666.

Tanofsky-Kraff, M., Marcus, M. D., Yanovski, S. Z., & Yanovski, J. A. (2008). Loss of control eating disorder in children age 12 years and younger: Proposed research criteria. *Eating Behaviors, 9*, 360-365.

Tanofsky-Kraff, M., & Wilfley, D. E. (2010). Interpersonal psychotherapy for the treatment of eating disorders. In W. S. Agras (Ed.), *The Oxford handbook of eating disorders* (pp. 348-372). New York, NY: Oxford University Press.

Tapper, E. B., & Parikh, N. D. (2018). Mortality due to cirrhosis and liver cancer in the United States, 1999-2016: Observational study. *British Medical Journal, 362*. https://doi.org/https://doi.org/10.1136/bmj.k2817

Tardon, A., Lee, W. J., Delgaldo-Rodriques, M., Dosemeci, M., Albanes, D., Hoover, R., & Blair, A. (2005). Leisure-time physical activity and lung cancer: A meta-analysis. *Cancer Causes and Control, 16*, 389-397. https://doi.org/10.1007/s10552-004-5026-9

Tashman, L. S., Tenenbaum, G., & Eklund, R. (2010). The effect of perceived stress on the relationship between perfectionism and burnout in coaches. *Anxiety, Stress and Coping, 23*, 195-212.

Taylor, D. H., Jr., Hasselblad, V., Henley, S. J., Thun, M. J., & Sloan, F. A. (2002). Benefits of smoking cessation for longevity. *American Journal of Public Health, 92*, 990-996.

Taylor, E., & Taylor-Piliae, R. E. (2017). The effects of Tai Chi on physical and psychological function among persons with multiple sclerosis: A systematic review. Complementary Therapies in Medicine, 31, 100-108. https://doi.org/10.1016/j.ctim.2017.03.001

Taylor, E. N., Stampfer, M. J., & Curhan, G. C. (2005). Obesity, weight gain, and the risk of kidney stones. *Journal of the American Medical Association, 293*, 455-462.

Taylor, S. E. (2002). *The tending instinct: How nurturing is essential to who we are and how we live.* New York, NY: Times Books, Henry Holt and Company.

Taylor, S. E. (2006). Tend and befriend: Biobehavioral bases of affiliation under stress. *Current Directions in Psychological Science, 15*, 273-277.

Taylor, S. E., Gonzaga, G., Klein, L. C., Hu, P., Greendale, G. A., & Seeman, T. E. (2006). Relation of oxytocin to psychological and biological stress responses in women. *Psychosomatic Medicine, 68*, 238-245.

Taylor, S. E., Klein, L. C., Lewis, B. P., Gruenewald, T. L., Gurung, R. A. R., & Updegraff, J. A. (2000). Biobehavioral responses to stress in females: Tend-and-befriend, not fight-or-flight. *Psychological Review, 107*, 411-429.

Taylor, S. E., Saphire-Bernstein, S., & Seeman, T. E. (2010). Are plasma oxytocin in women and plasma vasopressin in men biomarkers of distressed pair-bond relationships? *Psychological Science, 21*, 3-7.

Taylor, G. H., Wilson, S. L., & Sharp, J. (2011). Medical, psychological, and sociodemographic factors associated with adherence to cardiac rehabilitation programs: A systematic review. *Journal of Cardiovascular Nursing, 26*, 202-209.

Taylor-Piliae, R. E., Haskell, W. L., Waters, C. M., & Froelicher, E. S. (2006). Change in perceived psychosocial status following a 12-week Tai Chi exercise programme. *Journal of Advanced Nursing, 54*, 313-329.

Tedeschi, R. G., & Calhoun, L. G. (2006). Time of change? The spiritual challenges of bereavement and loss. *Omega: Journal of Death and Dying, 53*, 105-116.

Tedeschi, R. G., & Calhoun, L. G. (2008). Beyond the concept of recovery: Growth and the experience of loss. *Death Studies, 32*, 27-39.

Teo, I., Krishnan, A., & Lee, G. L. (2019). Psychosocial interventions for advanced cancer patients: A systematic review. *Psycho-oncology, 28*(7), 1394-1407. https://doi.org/10.1002/pon.5103

Teo, K. K., Ounpuu, S., Hawken, S., Pandey, M. R., Valentin, V., Hunt, D., Diaz, R., Rashed, W., Freemen, R., Jiang, L., Zhang, X., Yusuf, S., & INTERHEART Study Investigators. (2006). Tobacco use and risk of myocardial infarction in 52 countries in the INTERHEART study: A case-control study. *The Lancet, 368*, 19-25.

Terry, A., Szabo, A., & Griffiths, M. D. (2004). The Exercise Addiction Inventory: A new brief screening tool. *Addiction Research and Theory, 12*, 489-499.

Testa, M., Vazile-Tamsen, C., & Livingston, J. A. (2004). The role of victim and perpetrator intoxication on sexual assault outcomes. *Journal of Studies on Alcohol, 65*, 320-329.

Theberge, N. (2008). The integration of chiropractors into healthcare teams: A case study from sport medicine. *Sociology of Health and Illness, 30*, 19-34.

Theodoratou, E., Timofeeva, M., Xue, L., Meng, X., & Ioannidis, J. P. A. (2017). Nature, nurture, and cancer risks: Genetic and nutritional contributions to cancer. *Annual Review of Nutrition, 37*, 293-320.

Theis, K. A., Helmick, C. G., & Hootman, J. M. (2007). Arthritis burden and impact are greater among U.S. women than men: Intervention opportunities. *Journal of Women's Health, 16*, 441-453.

Thielke, S., Thompson, A., & Stuart, R. (2011). Health psychology in primary care: Recent research and future directions. *Psychological Research and Behavior Management, 4*, 59-68.

Thomas, J. J., Keel, P. K., & Heatherton, T. E. (2005). Disordered eating attitudes and behaviors in ballet students: Examination of environmental and individual risk factors. *International Journal of Eating Disorders, 38*, 263-268.

Thomas, W., White, C. M., Mah, J., Geisser, M. S., Church, T. R., & Mandel, J. S. (1995). Longitudinal compliance with annual screening for fecal occult blood. *American Journal of Epidemiology, 142*, 176-182.

Thombs, D. L., O'Mara, R. J., Hou, W., Wagenaar, A. C., Dong, H.-J., Merves, M. L., Goldberger, B. A., Weiler, R. M., Dodd, V. J., & Clapp, J. D. (2011). 5-HTTLPR genotype and associations with intoxication and intention to drive: results from a field study of bar patrons. *Addiction Biology, 16*(1), 133-141. https://doi.org/10.1111/j.1369-1600.2010.00225.x

Thompson, O. M., Yaroch, A. L., Moser, R. P., Finney Rutten, L. J., Petrelli, J. M., Smith-Warner, S. A., Smith-Mâsse, L. C., & Nebeling, L. (2011). Knowledge of and adherence to fruit and vegetable recommendations and intakes: Results of the 2003 Health Information National Trends Survey. *Journal of Health Communication: International Perspectives, 16*, 328-340. https://doi.org/10.1080/10810730.2010.532293

Thompson, P. D. (2001, janeiro). Exercise rehabilitation for cardiac patients: A beneficial but underused therapy. *The Physician and Sportsmedicine, 29*, 69-75.

Thompson, P. D., Franklin, B. A., Balady, G. J., Blair, S. N., Corrado, D., Estes, N. A. M., III, Fulton, J. E., Gordon, N. F., Haskell, W. L., Link, M. S., Maron, B. J., Mittleman, M. A., Pelliccia, A., Wenger, N. K., Willich, S. N., American Heart Association Council on Nutrition, Physical Activity, and Metabolism, American Heart Association Council on Clinical Cardiology, & American College of Sports Medicine. (2007). Exercise and acute cardiovascular events: Placing the risks into perspective. *Medicine and Science in Sports and Exercise, 39*, 886-897. https://doi.org/10.1161/CIRCULATIONAHA.107.181485

Thompson, S. H., & Hammond, K. (2003). Beauty is as beauty does: Body image and self-esteem of pageant contestants. *Eating and Weight Disorders, 8*, 231-237.

Thompson, T., Terhune, D. B., Oram, C., Sharangparni, J., Rouf, R., Solmi, M., Veronese, N., & Stubbs, B. (2019). The effectiveness of hypnosis for pain relief: A systematic review and meta-analysis of 85 controlled experimental trials. Neuroscience & Biobehavioral Reviews, 99, 298-310. https://doi.org/10.1016/j.neubiorev.2019.02.013

Thorn, B. E., & Kuhajda, M. C. (2006). Group cognitive therapy for chronic pain. *Journal of Clinical Psychology, 62*, 1355-1366.

Thorn, B. E., Pence, L. B., Ward, L. C., Kilgo, G., Clements, K. L., Cross, T. H., Davis, A. M., & Tsui, P. W. (2007). A randomized clinical trial of targeted cognitive behavioral treatment to reduce catastrophizing in chronic headache sufferers. *Journal of Pain, 8*, 938-949. https://doi.org/10.1016/j.jpain.2007.06.010

Thun, M. J., Day-Lally, C. A., Calle, E. E., Flanders, W. D., & Heath, C. W., Jr. (1995). Excess mortality among cigarette smokers: Changes in a 20-year interval. *American Journal of Public Health, 85*, 1223-1230.

Thune, I., Brenn, T., Lund, E., & Gaard, M. (1997). Physical activity and the risk of breast cancer. *New England Journal of Medicine, 336*, 1269-1275.

Thune, I., & Furberg, A. S. (2001). Physical activity and cancer risk: Dose-response and cancer, all sites and site-specific. *Medicine and Science in Sports and Exercise, 33*, S530-S550.

Thuné-Boyle, I. C. V., Myers, L. B., & Newman, S. P. (2006). The role of illness beliefs, treatment beliefs, and perceived severity of symptoms in explaining distress in cancer patients during chemotherapy treatment. *Behavioral Medicine, 32*, 19-29.

Thygesen, L. C., Johansen, C., Keiding, N., Giovannucci, E., & Grønbæk, M. (2008). Effects of sample attrition in a longitudinal study of the association between alcohol intake and all-cause mortality. *Addiction, 103*, 1149-1159.

Tice, D. M., Bratslavsky, E., & Baumeister, R. F. (2001). Emotional distress regulation takes precedence over impulse control: If you feel bad, do it! *Journal of Personality and Social Psychology, 80*, 53-67.

Tilburt, J. C., Emanuel, E. J., Kaptchuk, T. J., Curlin, F. A., & Miller, F. G. (2008). Prescribing "placebo treatments": Results of national survey of US internists and rheumatologists. *British Medical Journal, 337*, a1938.

Timko, A. C., DeFilipp, L., & Dakanalis, A. (2019). Sex differences in adolescent anorexia and bulimia nervosa: Beyond the signs and symptoms. *Current Psychiatry Reports, 21*(1), 1. https://doi.org/10.1007/s11920-019-0988-1

Tindle, H. A., Chang, Y. F., Kuller, L. H., Manson, J. E., Robinson, J. G., Rosal, M. C., Siegle, G. J., & Matthews, K. A. (2009). Optimism, cynical hostility, and incident coronary heart disease and mortality in the Women's Health Initiative. *Circulation, 120*(8), 656-662. https://doi.org/10.1161/CIRCULATIONAHA.108.827642

To, T., Stanojevic, S., Moores, G., Gershon, A. S., Bateman, E. D., Cruz, A. A., & Boulet, L. P. (2012). Global asthma prevalence in adults: findings from the cross-sectional world health survey. *BMC Public Health, 12*(1), 204. https://doi.org/10.1186/1471-2458-12-204

Tobar, D. A. (2005). Overtraining and staleness: The importance of psychological monitoring. *International Journal of Sport and Exercise Psychology, 3*, 455-468.

Todd, J. E., & Variyam, J. N. (2008). *The decline in consumer use of food nutrition labels, 1995-2006*. Washigton, DC: U.S. Department of Agriculture.

Tolfrey, K. (2004). Lipid-lipoproteins in children: An exercise dose-response study. *Medicine and Science in Sports and Exercise, 36*, 418-427.

Tolfrey, K., Jones, A. M., & Campbell, I. G. (2000). The effect of aerobic exercise training on the lipid-lipoprotein profile of children and adolescents. *Sports Medicine, 29*, 99-112.

Tolstrup, J. S., Nordestgaard, B. G., Rasmussen, S., Tybjærg-Hansen, A., & Grønbæk, M. (2008). Alcoholism and alcohol drinking habits predicted from alcohol dehydrogenase genes. *Pharmacogenomics Journal, 8*, 220-227.

Tomar, S. L., & Hatsukami, D. K. (2007). Perceived risk of harm from cigarettes or smokesless tobacco among U.S. high school seniors. *Nicotine and Tobacco Research, 9*, 1191-1196.

Tomfohr, L. M., Martin, T. M., & Miller, G. E. (2008). Symptoms of depression and impaired endothelial function in healthy adolescent women. *Journal of Behavioral Medicine, 31*, 137-143.

Toneatto, T. (2013). Natural recovery. In P. M. Miller, S. A. Ball, M. E. Bates, A. W. Blume, K. M. Kampman, M. E. Larimer, N. M. Petry, P. De Witt, & S. A. Ball (Eds.), *Comprehensive addictive behaviors and disorders, Vol. 1: Principles of addiction* (pp. 133-139). San Diego, CA: Elsevier Academic Press.

Torchalla, I., Okoli, C. T. C., Hemsing, N., & Greaves, L. (2011). Gender differences in smoking behaviour and cessation. *Journal of Smoking Cessation, 6*(1), 9-16.

Torian, L., Chen, M., Rhodes, P., & Hall, H. R. (2011). HIV surveillance—United States, 1981-2008. *Morbidity and Mortality Weekly Report, 60*(21), 689-693.

Torpy, J. M. (2006). Eating fish: Health benefits and risks. *Journal of the American Medical Association, 296*, 1926.

Torre, L. A., Islami, F., Siegel, R. L., Ward, E. M., & Jemal, A. (2017). Global cancer in women: Burden and trends. *Cancer Epidemiology, Biomarkers, and Prevention*. Recuperado de https://cebp.aacrjournals.org/content/cebp/26/4/444.full.pdf

Torstveit, M. K., Rosenvinge, J. H., & Sundgot-Borgen, J. (2008). Prevalence of eating disorders and the predictive power of risk models in female elite athletes: A controlled study. *Scandinavian Journal of Medicine and Science in Sports, 18*, 108-118.

Tortorella, A., Fabrazzo, M., Monteleone, A. M., Steardo, L., & Monteleone, P. (2014). The role of drug therapies in the treatment of anorexia and bulimia nervosa: A review of the literature. *Journal of Psychopathology, 20*(1), 50-65.

Tousignant-Laflamme, Y., Rainville, P., & marçoand, S. (2005). Establishing a link between heart rate and pain in healthy subjects: A gender effect. *Journal of Pain, 6*, 341-347.

Tovian, S. M. (2004). Health services and health care economics: The health psychology marketplace. *Health Psychology, 23*, 138-141.

Trachtenberg, T. (2012). The girl who can't feel pain. *ABC News*. Recuperado de https://abcnews.go.com/blogs/health/2012/07/05/the-girl-who-cant-feel-pain

Travis, L. (2001). Training for interdisciplinary healthcare. *Health Psychologist, 23*(1), 4-5.

Treiber, F. A., Davis, H., Musante, L., Raunikar, R. A., Strong. W. G., McCaffrey, F., Meeks, M. C. & Vandermoot, R. (1993). Ethnicity, gender, family history of myocardial infarction, and hemodynamic responses to laboratory stressors in children. *Health Psychology, 12*, 6-15. https://doi.org/10.1037/0278-6133.12.1.6

Treur, T., Koperdák, M., Rózsa, S., & Füredi, J. (2005). The impact of physical and sexual abuse on body image in eating disorders. *European Eating Disorders Review, 13*, 106-111.

Trinh, K., Graham, N., Irnich, D., Cameron, I. D., & Forget, M. (2016). Acupuncture for neck disorders. *Cochrane Database Systematic Reviews*, https://doi.org/10.1002/14651858.CD004870.pub4

Trock, B., Lanza, E., & Greenwald, P. (1990). Dietary fiber, vegetables, and colon cancer: critical review and meta-analyses of the epidemiologic evidence. *Journal of the National Cancer Institute, 82*(8), 650-661.

Troxel, W. M., Matthews, K. A., Bromberger, J. T., & Sutton-Tyrrell, K. (2003). Chronic stress burden, discrimination, and subclinical carotid artery disease in African American and Caucasian women. *Health Psychology, 22*, 300-309.

The truth about dieting. (2002, junho). *Consumer Reports, 67*(6), 26-31.

Tsai, A. G., & Wadden, T. A. (2005). Systematic review: An evaluation of major commercial weight loss programs in the United States. *Annals of Internal Medicine, 142*, 56-66.

Tsao, J. C. I (2007). Effectiveness of massage therapy for chronic, non-malignant pain: A review. *Evidence-Based Complementary and Alternative Medicine, 4*, 165-179.

Tsao, J. C. I., & Zeltzer, L. K. (2005). Complementary and alternative medicine approaches for pediatric pain: A review of the state-of-the-science. *Evidence-Based Complementary and Alternative Medicine, 2*, 149-159.

Tsiotra, P. C., & Tsigos, C. (2006). Stress, the endoplasmic reticulum, and insulin resistance. In G. P. Chrousos & C. Tsigos (Eds.), *Stress, obesity, and metabolic syndrome* (pp. 63-76). New York, NY: Annals of the New York Academy of Sciences.

Tsoi, D. T., Porwal, M., & Webster, A. C. (2010). Interventions for smoking cessation and reduction in individuals with schizophrenia. *Cochrane Database of Systematic Reviews 2010, 6*, Cochrane Art. No.: CD007253, https://doi.org/10.1002/14651858.CD007253.pub2.

Tucker, J. A., Phillips, M. M., Murphy, J. G., & Raczynski, J. M. (2004). Behavioral epidemiology and health psychology. In R. G. Frank, A. Baum, & J. L. Wallander (Eds.), *Handbook of clinical health psychology* (Vol. 3, pp. 435-464). Washington, DC: American Psychological Association.

Tucker, J. S., Orlando, M., & Ellickson, P. L. (2003). Patterns and correlates of binge drinking trajectories from early adolescence to young adulthood. *Health Psychology, 22*, 79-87.

Tucker, O. N., Szomstein, S., & Rosenthal, R. J. (2007). Nutritional consequences of weight loss surgery. *Medical Clinics of North America, 91*, 499-513.

Turk, D. C. (1978). Cognitive behavioral techniques in the management of pain. In J. P. Foreyt & D. P. Rathjen (Eds.), *Cognitive behavior therapy* (pp. 199-232). New York, NY: Plenum Press.

Turk, D. C. (2001). Physiological and psychological bases of pain. In A. Baum, T. A. Revenson, & J. E. Singer (Eds.), *Handbook of health psychology* (pp. 117-131). Mahwah, NJ: Erlbaum.

Turk, D. C., & McCarberg, B. (2005). Non-pharmacological treatments for chronic pain: A disease management context. *Disease Management and Health Outcomes, 13*, 19-30.

Turk, D. C., & Melzack, R. (2001). The measurement of pain and the assessment of people experiencing pain. In D. C. Turk & R. Melzack (Eds.), *Handbook of pain assessment* (2nd ed., pp. 3-11). New York, NY: Guilford Press.

Turk, D. C., Swanson, K. S., & Gatchel, R. J. (2008). Predicting opioid misuse by chronic pain patients: A systematic review and literature synthesis. *Clinical Journal of Pain, 24*, 497-508.

Turner, J., & Kelly, B. (2000). Emotional dimensions of chronic disease. *Western Journal of Medicine, 172*, 124-128.

Turner, J. A., Deyo, R. A., Loeser, J. D., Von Korff, M., & Fordyce, W. E. (1994). The importance of placebo effects in pain treatment and research. *Journal of the American Medical Association, 271*, 1609-1614.

Turpin, R. S., Simmons, J. B., Lew, J. F., Alexander, C. M., Dupee, M. A., Kavanagh, P., & Cameron, E. R. (2004). Improving treatment regimen adherence in coronary heart disease by targeting patient types. *Disease Management and Health Outcomes, 12*, 377-383. https://doi.org/10.2165/00115677-200412060-00004

Twicken, D. (2011). An introduction to medical qi gong. *Acupuncture Today, 12*(2), 20.

Twyman, L., Bonevski, B., Paul, C., & Bryant, J. (2014). Perceived barriers to smoking cessation in selected vulnerable groups: A systematic review of the qualitative and quantitative literature. *BMJ Open, 4*(12), e006414.

Tylka, T. L. (2004). The relation between body dissatisfaction and eating disorder symptomatology: An analysis of moderating variables. *Journal of Counseling Psychology, 51*, 178-191.

U

Uchino, B. N., Cawthon, R. M., Smith, T. W., Light, K. C., McKenzie, J., Carlisle, M., Gunn, H., Birmingham, W., & Bowen, K. (2012). Social relationships and health: Is feeling positive, negative, or both (ambivalent) about your social ties related to telomeres? *Health Psychology, 31*(6), 789. https://doi.org/10.1037/a0026836

UCLA Cousins Center for Psychoneuroimmunology. (2011). *About us*. Recuperado de https://www.semel.ucla.edu/cousins/about

Ulian, M. D., Aburad, L., da Silva Oliveira, M. S., Poppe, A. C. M., Sabatini, F., Perez, I., Gualano, B., Benatti, F. B., Pinto, A. J., Roble, O. J., Vessoni, A., de Morais Sato, P., Unsain, R. F., & Scagliusi, F. B. (2018). Effects of health at every size® interventions on health-related outcomes of people with overweight and obesity: A systematic review. *Obesity Reviews, 19*(12), 1659-1666. https://doi.org/10.1111/obr.12749

Ullman, D. (2010). A review of a historical summit on integrative medicine. *Evidence-Based Complementary and Alternative Medicine (eCAM), 7*(4), 511-514.

Ulrich, C. (2002). High stress and low income: The environment of poverty. *Human Ecology, 30*(4), 16-18.

UNAIDS. (2007). *AIDS epidemic update, 2007*. Geneva, Switzerland: Joint United Nations Programme on HIV/AIDS.

UNAIDS (2010). *Report on the global AIDS epidemic, 2010*. Geneva, Switzerland: World Health Organization.

UNAIDS (2016). Fact sheet 2016. Retrieved 2016, from http://www.unaids.org/en/resources/fact-sheet

UNAIDS. (2020). Global HIV & AIDS statistics—2020 fact sheet. Recuperado de https://www.unaids.org/en/resources/fact-sheet

Unger, T., Borghi, C., Charchar, F., Khan, N. A., Poulter, N. R., Prabhakaran, D., Ramirez, A., Schlaich, M., Stergiou, G. S., Tomaszewski, M., Wainford, R. D., Williams, B., & Schutte, A. E. (2020). 2020 International Society of Hypertension global hypertension practice guidelines. *Hypertension, 75*, 1334-1357. https://doi.org/10.1161/HYPERTENSIONAHA.120.15026

Unger-Saldaña, K., & Infante-Castañeda, C. B. (2011). Breast cancer delay: A grounded model of help-seeking behavior. *Social Science and Medicine, 72*, 1096-1104.

Updegraff, J. A., Silver, R. C., & Holman, E. A. (2008). Searching for and finding meaning in a collective trauma: Results from a national longitudinal study of the 9/11 terrorist attacks. *Journal of Personality and Social Psychology, 95*, 709-722.

Updegraff, J. A., & Taylor, S. E. (2000). From vulnerability to growth: Positive and negative effects of stressful life events. In J. Harvey & E. Miller (Eds.), *Loss and Trauma: General and Close Relationship Perspectives* (pp. 3-28). Philadelphia, PA: Brunner-Routledge.

Updegraff, J. A., Taylor, S. E., Kemeny, M. E., & Wyatt, G. E. (2000). Positive and negative effects of HIV infection in women with low socioeconomic resources. *Personality and Social Psychology Bulletin, 28*, 382-394.

Urbane, U. N., Likopa, Z., Gardovska, D., & Pavare, J. (2019). Beliefs, practices and health care seeking behavior of parents regarding fever in children. *Medicina, 55*(7), 398. https://doi.org/10.3390/medicina55070398

Urizar, G. G., & Muñoz, R. F. (2011). Impact of a prenatal cognitive-behavioral stress management intervention on salivary cortisol levels in low-income mothers and their infants. *Psychoneuroimmunology, 36*, 1480-1494.

U.S. Census Bureau (USCB). (2011). *Statistical abstract of the United States: 2012* (131st ed.). Washington, DC: U.S. Government Printing Office. Recuperado de http://www.census.gov/compendia/statab/

U.S. Census Bureau (USCB). (2014). *Current population survey: 2014 annual social and economic (ASEC) supplement*. Recuperado de www2.census.gov/programs-surveys/cps/

U.S. Census Bureau (USCB). (2015). *Current population survey: 2015 annual social and economic (ASEC) supplement*. Recuperado de www2.census.gov/programs-surveys/cps/

U.S. Department of Health and Human Services (USDHHS). (1990). *The health benefits of smoking cessation: A report of the Surgeon General* (DHHS Publication No. CDC 90-8416). Washington, DC: U.S. Government Printing Office.

U.S. Department of Health and Human Services (USDHHS). (1996). *Physical activity and health: A report of the Surgeon General*. Atlanta, GA: Centers for Disease Control and Prevention.

U.S. Department of Health and Human Services (USDHHS). (2000). *Healthy People 2010: Understanding and improving health* (2nd ed.). Washington, DC: U.S. Government Printing Office.

U.S. Department of Health and Human Services (USDHHS). (2003). *The seventh report of the Joint National Committee on Prevention, Detection, Evaluation and Treatment of High Blood Pressure* (NIH Publication No. 03-5233). Washington, DC: Author.

U.S. Department of Health and Human Services (USDHHS). (2007). *Healthy people 2010 midcourse review*. Recuperado de http://www.healthypeople.gov/Data/midcourse/

U.S. Department of Health and Human Services (USDHHS). (2008a). *Physical activity guidelines for Americans*. Recuperado de http://www.health.gov/PAGuidelines/factsheetprof.aspx

U.S. Department of Health and Human Services (USDHHS). (2008b). *The Secretary's Advisory Committee on National Health Promotion and Disease Prevention Objectives for 2020. Phase I report: Recommendations for the framework and format of Healthy People 2020. Section IV. Advisory Committee findings and recommendations*. Recuperado de http://www.healthypeople.gov/2020/about/advisory/PhaseI.pdf

U.S. Department of Health and Human Services (USDHHS). (2010a). *Healthy People 2020*. Washington, DC: U.S. Government Printing Office. Recuperado de http://www.healthypeople.gov/2020/

U.S. Department of Health and Human Services (USDHHS). (2010b). *HHS announces the nation's new health promotion and disease prevention agenda* (press release). Recuperado de http://www.hhs.gov/news/press/2010pres/12/20101202a.html

U.S. Department of Health and Human Services (USDHHS). (2010c). *How tobacco smoke causes disease: The biology and behavioral basis for smoking-attributable disease: A report of the Surgeon General*. Atlanta, GA: Centers for Disease Control and Prevention.

U.S. Department of Health and Human Services (USDHHS). (2010d). *A report of the Surgeon General: How tobacco smoke causes disease: What it means to you*. Recuperado de http://www.cdc.gov/tobacco/data_statistics/sgr/2010/consumer_booklet/pdfs/consumer.pdf

U.S. Department of Health and Human Services (USDHHS). (2014). *The Health Consequences of Smoking: 50 Years of Progress. A Report of the Surgeon General*. Atlanta, GA: U.S. Department of Health and Human Services, Centers for Disease Control and Prevention, National Center for Chronic Disease Prevention and Health Promotion, Office on Smoking and Health.

U.S. Department of Health and Human Services (USDHHS). (2018). *Physical activity guidelines for Americans* (2nd ed.). Washington, DC: Author.

U.S. Department of Health and Human Services. (2020). Lesbian, gay, bisexual, and transgender health. Recuperado de https://www.healthypeople.gov/2020/topics-objectives/topic/lesbian-gay-bisexual-and-transgender-health?topicid=25.

U.S. Department of Veterans Affairs. (n.d.). Chiropractic services. Recuperado de http://www.rehab.va.gov/chiro/

U.S. Public Health Service (USPHS). (1964). *Smoking and health: Public Health Service report of the Advisory Committee to the Surgeon General of the Public Health Service* (PHS Publication No. 1103). Washington, DC: U.S. Government Printing Office.

Vainionpää, A., Korpelainen, R., Leppäluoto, J., & Jämsä, T. (2005). Effects of high-impact exercise on bone mineral density: A randomized controlled trial in premenopausal women. *Osteoporosis International, 16*, 191-197.

V

Vall, E., & Wade, T. D. (2015). Predictors of treatment outcome in individuals with eating disorders: A systematic review and meta-analysis. *International Journal of Eating Disorders, 48*(7), 946-971.

Valtorta, N. K., Kanaan, M., Gilbody, S., Ronzi, S., & Hanratty, B. (2016). Loneliness and social isolation as risk factors for coronary heart disease and stroke: Systematic review and meta-analysis of longitudinal observational studies. *BMJ Heart, 102*(13). http://dx.doi.org/10.1136/heartjnl-2015-308790

van Baal, P. H. M., Polder, J. J., de Wit, G. A., Hoogenveen, R. T., Feenstra, T. L., Bohuizen, H. C., Engelfriet, P. M., & Brouwer, W. B. (2008). Lifetime medical costs of obesity: Prevention no cure for increasing health expenditure. *PLoS Medicine, 5*(2), 242-249. https://doi.org/10.1371/journal.pmed.0050029

Van Cauwenberg, J., Nathan, A., Barnett, A., Barnett, D. W., Cerin, E., & CEPA—Older Adults Working Group. (2018). Relationships between neighbourhood physical environmental attributes and older adults' leisure-time physical activity: A systematic review and meta-analysis. *Sports Medicine, 48*, 1635-1660. https://doi.org/10.1007/s40279-018-0917-1

Van Cleave, J., Gortmaker, S. L., & Perrin, J. M. (2010). Dynamics of obesity and chronic health conditions among children and youth. *Journal of the American Medical Association, 303*(7), 623-630. https://doi.org/10.1001/jama.2010.104

Van der Does, A. J., & Van Dyck, R. (1989). Does hypnosis contribute to the care of burn patients? Review of evidence. *General Hospital Psychiatry, 11*, 119-124.

van Dillen, S. M. E., de Vries, S., Groenewegen, P. P., & Spreeuwenberg, P. (2011). Greenspace in urban neighbourhoods and residents' health: Adding quality to quantity. *Journal of Epidemiology and Community Health*. 66(6), e8.

van Dongen, E. V., Kersten, I. H., Wagner, I. C., Morris, R. G., & Fernández, G. (2016). Physical Exercise Performed Four Hours after Learning Improves

Memory Retention and Increases Hippocampal Pattern Similarity during Retrieval. *Current Biology, 26*(13), 1722-1727.

van Hanswijck de Jonge, P., van Furth, E. F., Lacey, J. H., & Waller, G. (2003). The prevalence of DSM-IV personality pathology among individuals with bulimia nervosa, binge eating disorder and obesity. *Psychological Medicine, 33,* 1311-1317.

van Luenen, S., Garnefski, N., Spinhoven, P., Spaan, P., Dusseldorp, E., & Kraaij, V. (2018). The benefits of psychosocial interventions for mental health in people living with HIV: A systematic review and meta-analysis. *AIDS and Behavior, 22*(1), 9-42. https://doi.org/10.1007/s10461-017-1757-y

van Reekum, R., Binns, M., Clarke, D., Chayer, C., Conn, D., & Herrmann, N. (2005). Is late-life depression a predictor of Alzheimer's disease? Results from a historical cohort study. *International Journal of Geriatric Psychiatry, 20,* 80-82.

van Ryn, M., & Burke, J. (2000). The effect of patient race and socio-economic status on physicians' perception of patients. *Social Science and Medicine, 50,* 813-828.

van Zundert, J., & van Kleef, M. (2005). Low back pain: From algorithm to cost-effectiveness? *Pain Practice, 5,* 179-189.

Varady, K. A., & Jones, P. J. H. (2005). Combination diet and exercise interventions for the treatment of dysilpidemia: An effective preliminary strategy to lower cholesterol levels? *Journal of Nutrition, 135,* 1829-1835.

Vargas, A. J., & Thompson, P. A. (2012). Diet and nutrient factors in colorectal cancer risk. *Nutrition in Clinical Practice, 27*(5), 613-623.

Vartiainen, E. (2018). The North Karelia Project: Cardiovascular disease prevention in Finland. *Global Cardiology Science &Practice, 2018*(2), 13. https://doi.org/10.21542/gcsp.2018.13

Vartanian, L. R., Herman, C. P., & Polivy, J. (2007). Consumption stereotypes and impression management: How you are what you eat. *Appetite, 48*(3), 265-277.

Veehof, M. M., Oskam, M.-J., Schreurs, K. M. G., & Bohlmeijer, E. T. (2010). Acceptance-based interventions for the treatment of chronic pain: A systematic review and meta-analysis. *Pain, 152,* 533-542.

Veldtman, G. R., Matley, S. L., Kendall, L., Quirk, J., Gibbs, J. L., Parsons, J. M., & Hewison, J. (2001). Illness understanding in children and adolescents with heart disease. *Western Journal of Medicine, 174,* 171-173.

Velicer, W. F., & Prochaska, J. O. (2008). Stages and non-stage theories of behavior and behavior change: A comment on Schwarzer. *Applied Psychology: An International Review, 57,* 75-83.

Velligan, D. I., Wang, M., Diamond, P., Glahn, D. C., Castillo, D., Bendle, S., Lam, Y. W. F., Ereshefsky, L., & Miller, A. L. (2007). Relationships among subjective and objective measures of adherence to oral antipsychotic medications. *Psychiatric Services, 58,* 1187-1192. https://doi.org/10.1176/ps.2007.58.9.1187

Vemuri, P., Gunter, J. L., Senjem, M. L., Whitwell, J. L., Kantarci, K., Knopman, D. S., Boeve, B. F., Petersen, R. C., & Jack, C. R., Jr. (2008). Alzheimer's disease diagnosis in individual subjects using structural MR images: Validation studies. *NeuroImage, 39,* 1186-1197. https://doi.org/10.1016/j.neuroimage.2007.09.073

Venn, A., & Britton, J. (2007). Exposure to secondhand smoke and bio-markers of cardiovascular disease risk in never-smoking adults. *Circulation, 115,* 900-995.

Verbeeten, K. C., Elks, C. E., Daneman, D., & Ong, K. K. (2011). Association between childhood obesity and subsequent Type 1 diabetes: A systematic review and meta-analysis. *Diabetic Medicine, 28,* 10-18.

Verhagen, A. P., Damen, L., Berger, M. Y., Passchier, J., & Koes, B. W. (2009). Behavioral treatments of chronic tension-type headache in adults: Are they beneficial? *CNS Neuroscience and Therapeutics, 15*(2), 183-205.

Verheggen, R. J. H. M., Maessen, M. F. H., Green, D. J., Hermus, A. R. M. M., Hopman, M. T. E., & Thijssen, D. H. T. (2016). A systematic review and meta-analysis on the effects of exercise training versus hypocaloric diet: Distinct effects on body weight and visceral adipose tissue. *Obesity Reviews, 17*(8), 664-690.

Verhoeven, J. E., van Oppen, P., Puterman, E., Elzinga, B., & Penninx, B. W. (2015). The association of early and recent psychosocial life stress with leukocyte telomere length. *Psychosomatic Medicine, 77*(8), 882-888.

Verkaik, R., Van Weert, J. C. M., & Francke, A. L. (2005). The effects of psychosocial methods on depressed, aggressive and apathetic behaviors of people with dementia: A systematic review. *International Journal of Geriatric Psychiatry, 20,* 301-314.

Verma, K. B., & Khan, M. I. (2007). Social inhibition, negative affectivity and depression in cancer patients with Type D personality. *Social Science International, 23,* 114-122.

Vermeire, E., Hearnshaw, H., Van Royen, P., & Denekens, J. (2001). Patient adherence to treatment: Three decades of research. A comprehensive review. *Journal of Clinical Pharmacy and Therapeutics, 26,* 331-342.

Verplanken, B., & Faes, S. (1999). Good intentions, bad habits, and effects of forming implementation intentions on healthy eating. *European Journal of Social Psychology, 29,* 591-604.

Vickers, A. J., Vertosick, E. A., Lewith, G., MacPherson, H., Foster, N. E., Sherman, K. J., Irnich, D., Witt, C. M., & Linde, K. (2018). Acupuncture for chronic pain: Update of an individual patient data meta-analysis. *Journal of Pain, 19*(5), 455-474. https://doi.org/10.1016/j.jpain.2017.11.005

Vissers, D., Hens, W., Hansen, D., & Taeymans, J. (2016). The effect of diet or exercise on visceral adipose tissue in overweight youth. *Medicine and Science in Sport and Exercise, 48*(7), 1415-1424.

Veugelers, P., Sithole, F., Zhang, S., & Muhajarine, N. (2008). Neighborhood characteristics in relation to diet, physical activity and overweight of Canadian children. *International Journal of Pediatric Obesity, 3,* 152-159.

Victor, T. W., Hu, X., Campbell, J. C., Buse, D. C., & Lipton, R. B. (2010). Migraine prevalence by age and sex in the United States: A life-span study. *Cephalalgia, 30,* 1065-1072.

Villalba, D., Ham, L. S., & Rose, S. (2011). Alcohol intoxication and memory for events: A snapshot of alcohol myopia in a real-world drinking scenario. *Memory, 19*(2), 202-210.

Vinceti, M., Filippini, T., Del Giovane, C., Dennert, B., Zwahlen, M., Brinkman, M., Zeegers, M. P. A., Horneber, M., D'Amico, R., & Crespi, C. M. (2018). Selenium for preventing cancer. *Cochrane Database of Systematic Reviews.* https://doi.org/10.1002/14651858.CD005195.pub4

Viner, R. M., & Taylor, B. (2007). Adult outcomes of binge drinking in adolescence: Findings from a UK national birth cohort. *Journal of Epidemiology and Community Health, 61*(10), 902-907.

Visser, M. (1999). Food and culture: Interconnections. *Social Research, 66,* 117-132.

Vitória, P. D., Salgueiro, M. F., Silva, S. A., & De Vries, H. (2009). The impact of social influence on adolescent intention to smoke: Combining types and referents of influence. *British Journal of Health Psychology, 14*(4), 681-699.

Vivolo-Kantor, A. M., Seth, P., Gladden, R. M., Mattson, C. L., Baldwin, G. T., Kite-Powell, A., & Colettta, M. A. (2018). Vital signs: Trends in emergency department visits for suspected opioid overdoses—United States, julho de 2016 a setembro de 2017. *Morbidity and Mortality Weekly Report, 67*(9), 279-285. https://doi.org/10.15585/mmwr.mm6709e1

Volkow, N. D., Wise, R. A., & Baler, R. (2016). The dopamine motive system: Implications for drug and food addiction. *Nature Reviews Neuroscience, 18,* 741-752. https://doi.org/10.1038/nrn.2017.130

von Baeyer, C. L., & Spagrud, L. J. (2007). Systematic review of observational (behavioral) measures of pain for children and adolescents aged 3 to 18 years. *Pain, 127,* 140-150.

von Hertzen, L. C., & Haahtela, T. (2004). Asthma and atopy—The price of affluence? *Allergy, 59,* 124-137.

Von Korff, M., Barlow, W., Cherkin, D., & Deyo, R. A. (1994). Effects of practice style in managing back pain. *Annals of Internal Medicine, 121,* 187-195.

von Zglinicki, T. (2002). Oxidative stress shortens telomeres. *Trends in Biochemical Sciences, 27*(7), 339-344.

Vowles, K. E., McEntee, M. L., Julnes, P. S., Frohe, T., Ney, J. P., & van der Goes, D. N. (2015). Rates of opioid misuse, abuse, and addiction in chronic pain: A systematic review and data synthesis. *Pain, 156*(4), 569-576. https://doi.org/10.1097/01.j.pain.0000460357.01998.f1

Vu, K. N., Ballantyne, C. M., Hoogeveen, R. C., Nambi, V., Volcik, K. A., Boerwinkle, E., & Morrison, A. C. (2016). Causal role of alcohol consumption in an improved lipid profile: The Atherosclerosis Risk in Communities (ARIC) Study. *PLoS One, 11*(2), 1-16. https://doi.org/10.1371/journal.pone.0148765

W

Waber, R. L., Shiv, B., Carmon, Z., & Ariely, D. (2008). Commercial features of placebo and therapeutic efficacy. *Journal of the American Medical Association, 299,* 1016-1017.

Wadden, T. A., Crerand, C. E., & Brock, J. (2005). Behavioral treatment of obesity. *Psychiatric Clinics of North America, 28,* 151-170.

Wade, T. D. (2019). Recent research on bulimia nervosa. *Psychiatric Clinics of North America, 42*(1), 21-32. https://doi.org/10.1016/j.psc.2018.10.002

Wager, T. D., Rilling, J. K., Smith, E. E., Sololik, A., Casey, K. L., Davidson, R. J., Kisslyn, S. M., Rose, R. M. & Cohen, J. D. (2004). Placebo-induced changes in fMRI in the anticipation and experience of pain. *Science, 303,* 1162-1167.

Wagner, H. S., Ahlstrom, B., Redden, J. P., Vickers, Z., & Mann, T. (2014). The myth of comfort food. *Health Psychology, 33*(12), 1552-1558. https://doi.org/10.1037/hea0000068

Wahlberg, A. (2007). A quackery with a difference—New medical pluralism and the problem of 'dangerous practitioners' in the United Kingdom. *Social Science and Medicine, 65*(11), 2307-2316.

Wakefield, A. J., Murch, S. H., Anthony, A., Linnell, J., Casson, D. M., Malik, M., Berelowitz, M., Dhillon, A. P., Thomson, M. A., Harvey, P., Valentine, A., Davies, S. E., & Walker-Smith, J. A. (1998). RETRACTED: Ileal-lymphoid-nodular hyperplasia, non-specific colitis, and pervasive developmental disorder in children. *The Lancet, 351*(9103), 637-641. https://doi.org/10.1016/S0140-6736(97)11096-0

Waite-Jones, J. M., & Madill, A. (2008a). Amplified ambivalence: Having a sibling with juvenile idiopathic arthritis. *Psychology and Health, 23,* 477-492.

Waite-Jones, J. M., & Madill, A. (2008b). Concealed concern: Fathers' experiences of having a child with juvenile idiopathic arthritis. *Psychology and Health, 23,* 585-601.

Wakefield, M., Loken, B., & Hornik, R. (2010). Use of mass media campaigns to change health behaviour. *The Lancet, 376,* 1261-1271.

Walach, H., & Jonas, W. B. (2004). Placebo research: The evidence base for harnessing self-healing capacities. *Journal of Alternative and Complementary Medicine, 10*(S1), S103-S112.

Walash, A. M., Shehata, O. E. K. A., & Hassan El-Sol, A. E.-S. (2019). Efficacy of dressing by aloe vera gel on healing and pain among burned patients. *American Journal of Nursing Research, 7*(6), 1028-1040. https://doi.org/10.12691/ajnr-7-6-17

Walcher, T., Haenle, M. M., Mason, R. A., Koenig, W., Imhof, A., & Kratzer, W. (2010). The effect of alcohol, tobacco and caffeine consumption and vegetarian diet on gallstone prevalence. *European Journal of Gastroenterology and Hepatology, 22*(11), 1345-1351.

Wald, H. S., Dube, C. E., & Anthony, D. C. (2007). Untangling the Web—The impact of Internet use on health care and the physician-patient relationship. *Patient Education and Counseling, 68*, 218-224.

Waldrop-Valverde, D., Osborn, C. Y., Rodriguez, A., Rothman, R. L., Kumar, M., & Jones, D. L. (2010). Numeracy skills explain racial differences in HIV medication management. *AIDS and Behavior, 14*, 799-806.

Walen, H. R., & Lachman, M. E. (2000). Social support and strain from partner, family, and friends: Costs and benefits for men and women in adulthood. *Journal of Social and Personal Relationships, 17*, 5-30.

Walker, A. R. P., Walker, B. F., & Adam, F. (2003). Nutrition, diet, physical activity, smoking, and longevity: From primitive hunter-gatherer to present passive consumer—How far can we go? *Nutrition, 19*, 169-173.

Walker, E. A., Mertz, C. K., Kalten, M. R., & Flynn, J. (2003). Risk perception for developing diabetes. *Diabetes Care, 26*, 2543-2548.

Wall, P. (2000). *Pain: The science of suffering*. New York, NY: Columbia University Press.

Waltenbaugh, A. W., & Zagummy, M. J. (2004). Optimistic bias and perceived control among cigarette smokers. *Journal of Alcohol and Drug Education, 47*, 20-33.

Wamala, S. P., Mittleman, M. A., Horsten, M., Schenck-Gustafsson, K., & Orth-Gomér, K. (2000). Job stress and the occupational gradient in coronary heart disease risk in women: The Stockholm Female Coronary Risk study. *Social Science and Medicine, 51*, 481-489.

Wang, C., Bannuru, R., Ramel, J., Kupelnick, B., Scott, T., & Schmid, C. H. (2010). Tai chi on psychological well-being: Systematic review and meta-analysis. *BMC Complementary and Alternative Medicine, 10*, 23.

Wang, C., Schmid, C. H., Rones, R., Kalish, R., Yinh, J., Goldenberg, D. L., Lee, Y., & McAlindon, T. (2010). A randomized trial of tai chi for fibromyalgia. *New England Journal of Medicine, 363*(8), 743-754. https://doi.org/10.1056/NEJMoa0912611

Wang, C., Wan, X., Wang, K., Li, J., Sun, T., & Guan, X. (2014). Disease stigma and intentions to seek care for stress urinary incontinence among community-dwelling women. *Maturitas, 77*(4), 351-355.

Wang, C.-W., Chan, C. H. Y., Ho, R. T. H., Chan, J. S. M., Ng, S.-M., & Chan, C. L. W. (2014). Managing stress and anxiety through qigong exercise in healthy adults: a systematic review and meta-analysis of randomized controlled trials. *BMC Complementary and Alternative Medicine, 14*, 1-9. http://www.biomedcentral.com/1472-6882/14/8

Wang, D. D., Li, Y., Chiuve, S. E., Hu, F. B., & Willett, W. C. (2015). Improvements in US diet helped reduce disease burden and lower premature deaths, 1999-2012; overall diet remains poor. *Health Affairs, 34*(11), 1916-1922.

Wang, H.-W., Mittleman, M. A., & Orth-Gomér, K. (2005). Influence of social support on progression of coronary artery disease in women. *Social Science and Medicine, 60*, 599-607.

Wang, H.-X., Leineweber, C., Kirkeeide, R., Svane, B., Schenck-Gustafsson, K., Theorell, T., & Orth-Gormér, K. (2007). Psychosocial stress and atherosclerosis: Family and work stress accelerate progression of coronary disease in women. The Stockholm Female Coronary Angiography Study. *Journal of Internal Medicine, 261*, 245-254. https://doi.org/10.1111/j.1365-2796.2006.01759.x

Wang, J., & Li, M. D. (2010). Common and unique biological pathways associated with smoking initiation/progression, nicotine dependence, and smoking cessation. *Neuropsychopharmacology, 35*(3), 702-719.

Wang, J. L., Lesage, A., Schmitz, N., & Drapeau, A. (2008). The relationship between work stress and mental disorders in men and women: Findings from a population-based study. *Journal of Epidemiology and Community Health, 62*, 42-47.

Wang, S.-W., Shih, J. H., Hu, A. W., Louie, J. Y., & Lau, A. S. (2010). Cultural differences in daily support experiences. *Cultural Diversity and Ethnic Minority Psychology, 16*, 413-420.

Wang, Y. (2004). Diet, physical activity, childhood obesity and risk of cardiovascular disease. *International Congress Series, 1262*, 176-179.

Wansink, B., & Payne, C. R. (2008). Eating behavior and obesity at Chinese buffets. *Obesity, 16*, 1957-1960.

Warburton, D. E. R., Nicol, C. W., & Bredin, S. S. D. (2006). Health benefits of physical activity: The evidence. *Canadian Medical Association Journal, 174*, 801-809.

Ward, B. W., Schiller, J. S., & Goodman, R. A. (2012). Multiple chronic conditions among US adults. Preventing Chronic Disease: Public Health Research, Practice, and Policy, 11, 1-4.

Warner, R., & Griffiths, M. D. (2006). A qualitative thematic analysis of exercise addiction: An exploratory study. *International Journal of Mental Health and Addiction, 4*, 13-26.

Watanabe, T., Higuchi, K., Tanigawa, T., Tominaga, K., Fujiwara, Y., & Arakawa, T. (2002). Mechanisms of peptic ulcer recurrence: Role of inflammation. *Inflammopharmacology, 10*, 291-302.

Watkins, L. R., Hutchinson, M. R., Ledeboer, A., Wieseler-Frank, J., Milligan, E. D., & Maier, S. F. (2007). Glia as the "bad guys": Implications for improving clinical pain control and the clinical utility of opioids. *Brain, Behavior and Immunity, 21*, 131-146.

Watkins, L. R., & Maier, S. F. (2003). When good pain turns bad. *Current Directions in Psychological Science, 12*, 232-236.

Watkins, L. R., & Maier, S. F. (2005). Immune regulation of central nervous system function: From sickness responses to pathological pain. *Journal of Internal Medicine, 257*, 139-155.

Waye, K. P., Bengtsson, J., Rylander, R., Hucklebridge, F., Evans, P., & Clow, A. (2002). Low frequency noise enhances cortisol among noise sensitive subjects during work performance. *Life Sciences, 70*, 745-758.

Wayne, P. M., Kiel, D. P., Krebs, D. E., Davis, R. B., Savetsky-German, J., Connelly, M., & Buring, J. E. (2007). The effects of tai chi on bone mineral density in postmenopausal women: A systematic review. *Archives of Physical Medicine and Rehabilitation, 88*, 673-680. https://doi.org/10.1016/j.apmr.2007.02.012

Webb, O. J., & Cheng, T.-F. (2010). An informational stair climbing intervention with greater effects in overweight pedestrians. *Health Education Research, 25*, 936-944.

Webb, T. L., Joseph, J., Yardley, L., & Michie, S. (2010). Using the Internet to promote health behavior change: A systematic review and meta-analysis of the impact of theoretical basis, use of behavior change techniques, and mode of delivery on efficacy. *Journal of Medical Internet Research, 12*, e4.

Wedow, R., Zacher, M., Huibregtse, K. M. S., Domingue, B. W., & Boardman, J. D. (2018). Education, smoking, and cohort change: Forwarding a multidimensional theory of the environmental moderation of genetic effects. *American Sociological Review, 83*(4), 802-832. https://doi.org/10.1177/0003122418785368

Weems, C. F., Watts, S. E., Marsee, M. A., Taylor, L. K., Costa, N. M., Cannon, M. F., Carrion, V. G., & Pina, A. A. (2007). The psychological impact of Hurricane Katrina: Contextual differences in psychological symptoms, social support, and discrimination. *Behavior Research and Therapy, 45*, 2295-2306. https://doi.org/10.1016/j.brat.2007.04.013

Weidner, G. (2000). Why do men get more heart disease than women? An international perspective. *Journal of American College Health, 48*, 291-296.

Weidner, G., & Cain, V. S. (2003). The gender gap in heart disease: Lessons from Eastern Europe. *American Journal of Public Health, 93*, 768-770.

Weil, C. M., Wade, S. L., Bauman, L. J., Lynn, H., Mitchell, H., & Lavigne, J. (1999). The relationship between psychosocial factors and asthma morbidity in inner-city children with asthma. *Pediatrics, 104*, 1274-1280.

Weil, J. M., & Lee, H. H. (2004). Cultural considerations in understanding family violence among Asian American Pacific islander families. *Journal of Community Health Nursing, 21*, 217-227.

Weiner, H., & Shapiro, A. P. (2001). *Helicobacter pylori*, immune function, and gastric lesions. In R. Ader, D. L. Felten, & N. Cohen (Eds.), *Psychoneuroimmunology* (3rd ed., Vol. 2, pp. 671-686). San Diego, CA: Academic Press.

Weiner, M. F., Hynan, L. S., Bret, M. E., & White, C., III. (2005). Early behavioral symptoms and course of Alzheimer's disease. *Acta Psychiatrica Scandinavica, 111*, 367-371.

Weingart, S. N., Pagovich, O., Sands, D. Z., Li, J. M., Aronson, M. D., Davis, R. B., Phillipa, R. S., & Bates, D. W. (2006). Patient-reported service quality on a medicine unit. *International Journal for Quality in Health Care, 18*, 95-101. https://doi.org/10.1093/intqhc/mzi087

Weinstein, N. D. (1980). Unrealistic optimism about future life events. *Journal of Personality and Social Psychology, 39*, 806-820.

Weinstein, N. D. (1984). Why it won't happen to me: Perceptions of risk factors and susceptibility. *Health Psychology, 3*, 431-457.

Weinstein, N. D. (2001). Smokers' recognition of their vulnerability to harm. In P. Slovic (Ed.), *Smoking: Risk, perception and policy* (pp. 81-96). Thousand Oaks, CA: Sage.

Weir, H. K., Thun, M. J., Hankey, B. F., Ries, L. A. G., Howe, H. L., Wingo, P. A., Jemal, A., Ward, E., Anderson, R. N., & Edwards, B. K. (2003). Annual report to the nation on the status of cancer, 1975-2000, featuring the uses of surveillance data for cancer prevention and control. *Journal of the National Cancer Institute, 95*, 1276-1299. https://doi.org/10.1093/jnci/djg040

Wiesener, S., Salamonsen, A., & Fønnebø, V. (2018). Which risk understandings can be derived from the current disharmonized regulation of complementary and alternative medicine in Europe? *BMC Complementary and Alternative Medicine, 18*(11). https://doi.org/10.1186/s12906-017-2073-9

Weiss, J. W., Cen, S., Schuster, D. V., Unger, J. B., Johnson, C. A., Mouttapa, M., Schreiner, W. S., & Cruz, T. B. (2006). Longitudinal effects of pro-tobacco and anti-tobacco messages on adolescent smoking susceptibility. *Nicotine and Tobacco Research, 8*, 455-465. https://doi.org/10.1080/14622200600670454

Weiss, R. (1999, 30 de novembro). Medical errors blamed for many deaths; as many as 98,000 a year in US linked to mistakes. *Washington Post*, p. A1.

Weitz, R. (2010). *The sociology of health, illness, and health care: A critical approach* (5th ed.). Belmont, CA: Wadsworth.

Wells, J. C. K. (2011). An evolutionary perspective on the trans-generational basis of obesity. *Annals of Human Biology, 38*(4), 400-409.

Wells, R. E., Phillips, R. S., Schachter, S. C., & McCarthy, E. P. (2010). Complementary and alternative medicine use among U.S. adults with common neurological conditions. *Journal of Neurology, 257*, 1822-1831.

Welty, F. K., Alfaddagh, A., & Elaijami, T. K. (2016). Targeting inflammation in metabolic syndrome. *Translational Research, 167*(1), 257-280. https://doi.org/10.1016/j.trsl.2015.06.017

Wen, M. (2007). Racial and ethnic differences in general health status and limiting health conditions among American children: Parental reports in the 1999 National Survey of America's Families. *Ethnicity and Health, 12*, 401-422.

Wendel-Vos, G. C., Schuit, A. J., Feskens, E. J., Boshuizen, H. C., Verschuren, W. M., Saris, W. H., & Kromhout, D. (2004). Physical activity and stroke: A meta-analysis of observational data. *International Journal of Epidemiology, 33*, 787-798. https://doi.org/10.1093/ije/dyh168

Wenzel, S. E. (2006). Asthma: Defining of the persistent adult phenotypes. *Lancet, 368*, 804-813.

West, S. L., & O'Neal, K. K. (2004). Project D.A.R.E. outcome effectiveness revisited. *American Journal of Public Health, 94*, 1027-1029.

Wetter, D. W., Cofta-Gunn, L., Fouladi, R. T., Irvin, J. E., Daza, P., Mazas, C., Wright, K., Cinciripini, P. M., & Gritz, E. R. (2005). Understanding the association among education, employment characteristics, and smoking. *Addictive Behaviors, 30*, 905-914. https://doi.org/10.1016/j.addbeh.2004.09.006

Wetter, D. W., McClure, J. B., Cofta-Woerpel, L., Costello, T. J., Reitzel, L. R., Businelle, M. S., & Cinciripini, P. M. (2011). A randomized clinical trial of a palmtop computer-delivered treatment for smoking relapse prevention among women. *Psychology of Addictive Behaviors, 25*, 365-371. https://doi.org/10.1037/a0022797

Whang, W., Kubzansky, L. D., Kawachi, I., Rexrode, K. M., Kroenke, C. H., Glynn, R. J., Garan, H., & Albert, C. M. (2009). Depression and risk of sudden cardiac death and coronary heart disease in women: Results from the Nurses' Health Study. *Journal of the American College of Cardiology, 53*, 950-958. https://doi.org/10.1016/j.jacc.2008.10.060

Wheaton, A. G., Perry, G. S., Chapman, D. P., McKnight-Eily, L. R., Presley-Cantrell, L. R., & Croft, J. B. (2011). Relationship between body mass index and perceived insufficient sleep among U.S. adults: An analysis of 2008 BRFSS data. *BMC Public Health, 11*(1), 295-302.

White, S., Chen, J., & Atchison, R. (2008). Relationship of preventive health practices and health literacy: A national study. *American Journal of Health Behavior, 32*, 227-242.

White, V. M., Durkin, S. J., Coomber, K., & Wakefield, M. A. (2015). What is the role of tobacco control advertising intensity and duration in reducing adolescent smoking prevalence? Findings from 16 years of tobacco control mass media advertising in Australia. *Tobacco Control, 24*(2), 198-204.

White, W. L. (2004). Addiction recovery mutual aid groups: An enduring international phenomenon. *Addiction, 99*, 532-538.

Whitehead, J., Shaver, J., & Stephenson, R. (2016). Outness, stigma, and primary health care utilization among rural LGBT populations. *PloS One, 11*(1), e0146139. https://doi.org/10.1371/journal.pone.0146139

Whitfield, D. L., Kattari, S. K., Walls, N. E., & Al-Tayyib, A. (2017). Grindr, scruff, and on the hunt: Predictors of condomless anal sex, internet use, and mobile application use among men who have sex with men. *American Journal of Men's Health, 11*(3), 775-784. https://doi.org/10.1177/1557988316687843

Whitfield, K. E., Weidner, G., Clark, R., & Anderson, N. B. (2002). Sociodemographic diversity in behavioral medicine. *Journal of Consulting and Clinical Psychology, 70*, 463-481.

Wider, B., & Boddy, K. (2009). Conducting systematic reviews of complementary and alternative medicine: Common pitfalls. *Evaluation and the Health Professions, 32*(4), 417-430.

Wilbert-Lampen, U., Leistner, D., Greven, S., Pohl, T., Sper, S., Völker, C., Güthlin, D., Plasse, A., Knez, A., Küchenhoff, H., & Steinbeck, G. (2008). Cardiovascular events during World Cup Soccer. *New England Journal of Medicine, 358*, 475-483. https://doi.org/10.1056/NEJMoa0707427.

Wilbert-Lampen, U., Nickel, T., Leistner, D., Guthlin, D., Matis, T., Volker, C., Güthlin, D., Plasse, A.,Knez, A., Küchenhoff, H., & Steinbeck, G. (2010). Modified serum profiles of inflammatory and vasoconstrictive factors in patients with emotional stress-induced acute coronary syndrome during World Cup Soccer 2006. *Journal of the American College of Cardiology, 55*, 637-642.

Wilbert-Lampen, U., Nickel, T., Leistner, D., Güthlin, D., Matis, T., Völker, C., Sper, S., Küchenhoff, H., Kääb, S., & Steinbeck, G. (2010). Modified serum profiles of inflammatory and vasoconstrictive factors in patients with emotional stress-induced acute coronary syndrome during World Cup Soccer 2006. *Journal of the American College of Cardiology, 55*(7), 637-642.

Wiley, J. A., & Camacho, T. C. (1980). Life-style and future health: Evidence from the Alameda County Study. *Preventive Medicine, 9*, 1-21.

Wilkin, H. A., Valente, T. W., Murphy, S., Cody, M. J., Huang, G., & Beck, V. (2007). Does entertainment education work with Latinos in the United States? Identification and the effects of a telenovela breast cancer storyline. *Health Communication, 21*, 223-233.

Williams, A. C. de C., & Craig, K. D. (2016). Updating the definition of pain. *Pain, 157*(11), 2420-2423. https://doi.org/10.1097/j.pain.0000000000000613

Williams, D. M., Nawaz, A., & Evans, M. (2020). Drug therapy in obesity: A review of current and emerging treatments. *Diabetes Therapy, 11*, 1199-1216. https://doi.org/10.1007/s13300-020-00816-y

Williams, L. J., Jacka, F. N., Pasco, J. A., Dodd, S., & Berk, M. (2006). Depression and pain: An overview. *Acta Neuropsychiatrica, 18*, 79-87.

Williams, M. T., & Hord, H. G. (2005). The role of dietary factors in cancer prevention: Beyond fruits and vegetables. *Nutrition in Clinical Practice, 20*, 451-459.

Williams, P. G., Holmbeck, G. N., & Greenley, R. N. (2002). Adolescent health psychology. *Journal of Consulting and Clinical Psychology, 70*, 828-842.

Williams, P. T. (2001). Health effects resulting from exercise versus those from body fat loss. *Medicine and Science in Sports and Exercise, 33*, S611-S621.

Williams, R. B., Jr. (1989). *The trusting heart: Great news about Type A behavior*. New York, NY: Times Books.

Williams, R. B., Barefoot, J. C., Califf, R. M., Haney, T. L., Saunders, W. B., Pryor, D. B., Hlatky, M. A., Siegler, I. C., & Mark, D. B. (1992). Prognostic importance of social and economic resources among medically treated patients with angio-graphically documented coronary artery disease. *Journal of the American Medical Association, 267*, 520-524.

Williamson, D. A., Thaw, J. M., & Varnado-Sullivan, P. J. (2001). Cost-effectiveness analysis of a hospital-based cognitive-behavioral treatment program for eating disorders. *Behavior Therapy, 32*, 459-470.

Willey, J. Z., Gardener, H., Caunca, M. R., Moon, Y. P., Dong, C., Cheung, Y. K., Sacco, R. L., Elkind, M. S. V., & Wright, C. B. (2016). Leisure-time physical activity associates with cognitive decline The Northern Manhattan Study. *Neurology, 86*(20), 1897-1903. https://doi.org/10.1212/WNL.0000000000002582

Wills, T. A. (1998). Social support. In E. A. Blechman & K. D. Brownell (Eds.), *Behavioral medicine and women: A comprehensive handbook* (pp. 118-128). New York, NY: Guilford Press.

Wills, T. A., Sargent, J. D., Stoolmiller, M., Gibbons, F. X., & Gerrard, M. (2008). Movie smoking exposure and smoking onset: A longitudinal study of meditation processes in a representative sample of U.S. adolescents. *Psychology of Addictive Behaviors, 22*, 269-277.

Wills-Karp, M. (2004). Interleukin-13 in asthma pathogenesis. *Immunological Reviews, 202*, 175-190.

Wilson, B., & McSherry, W. (2006). A study of nurses' inferences of patients' physical pain. *Journal of Clinical Nursing, 15*, 459-468.

Wilz, G., Schinkothe, D., & Soellner, R. (2011). Goal attainment and treatment compliance in a cognitive-behavioral telephone intervention for family caregivers of persons with dementia. *GeroPsych: The Journal of Gerontopsychology and Geriatric Psychiatry, 24*, 115-125.

Wimberly, S. R., Carver, C. S., Laurenceau, J.-P., Harris, S. D., & Antoni, M. H. (2005). Perceived partner reactions to diagnosis and treatment of breast cancer: Impact on psychosocial and psychosexual adjustment. *Journal of Consulting and Clinical Psychology, 73*, 300-311.

Wimo, A., Jönsson, L., Bond, J., Prince, M., Winblad, B., & International, A. D. (2013). The worldwide economic impact of dementia 2010. *Alzheimer's and Dementia, 9*(1), 1-11.

Wing, R. R., Gorin, A. A., Raynor, H. A., Tate, D. F., Fava, J. L., & Machan, J. (2007). "STOP Regain": Are there negative effects of daily weighing? *Journal of Consulting and Clinical Psychology, 75*, 652-656.

Wing, R. R., & Polley, B. A. (2001). Obesity. In A. Baum, T. A. Revenson, & J. E. Singer (Eds.), *Handbook of health psychology* (pp. 263-279). Mahwah, NJ: Erlbaum.

Wingard, D. L., Berkman, L. F., & Brand, R. J. (1982). A multivariate analysis of health-related practices: A nine-year mortality follow-up of the Alameda County study. *American Journal of Epidemiology, 116*, 765-775.

Winter, J. E., MacInnis, R. J., Wattanapenpaiboon, N., & Nowson, C. A. (2014). BMI and all-cause mortality in older adults: A meta-analysis. *American Journal of Clinical Nutrition, 99*(4), 875-890.

Winterling, J., Glimelius, B., & Nordin, K. (2008). The importance of expectations on the recovery period after cancer treatment. *Psycho-Oncology, 17*, 190-198.

Wise, J. (2000). Largest-ever study shows reduction in cardiovascular mortality. *Bulletin of the World Health Organization, 78*, 562.

Wise, T., Zbozinek, T. D., Michelini, G., Hagan, C. C., & Mobbs, D. (2020, março 19). Changes in risk perception and protective behavior during the first week of the COVID-19 pandemic in the United States. *PsyArXiv Preprints*. https://doi.org/10.31234/osf.io/dz428

Wiseman, C. V., Gray, J. J., Mosimann, J. E., & Ahrens, A. H. (1992). Cultural expectations of thinness in women: An update. *International Journal of Eating Disorders, 11*, 85-89.

Wiseman, C. V., Sunday, S. R., & Becker, A. E. (2005). Impact of the media on adolescent body image. *Child and Adolescent Psychiatric Clinics of North America, 14*, 453-471.

Witkiewitz, K., Roos, C. R., Pearson, M. R., Hallgren, K. A., Maisto, S. A., Kirouac, M., Forcehimes, A. A., Wilson, A. D., Robinson, C. S., McCallion, E., Tonigan, J. S., & Heather, N. (2017). How much is too much? Patterns of drinking during alcohol treatment and associations with post-treatment outcomes across three alcohol clinical trials. *Journal of Studies on Alcohol and Drugs, 78*(1), 59-69. https://doi.org/https://doi.org/10.15288/jsad.2017.78.59

Witkiewitz, K., & Tucker, I. A. (2020). Abstinence not required: Expanding the definition of recovery from alcohol use disorder. *Alcoholism: Clinical and Experimental Research, 44*(1), 36-40. https://doi.org/10.1111/acer.14235

Witt, C. M., Brinkhaus, B., Reinhold, T., & Willich, S. N. (2006). Efficacy, effectiveness, safety and costs of acupuncture for chronic pain—Results of a large research initiative. *Acupuncture in Medicine, 24*(S33), 33-39.

Wolff, N. J., Darlington, A.-S. E., Hunfeld, J. A. M., Verhulst, F. C., Jaddoe, V. W. V., Moll, H. A., Hofman, A., Passchier, J., & Tiemeier, H. (2009). The association of parent behaviors, chronic pain, and psychological problems with venipuncture distress in infants: The Generation R Study. *Health Psychology, 28*, 605-613. https://doi.org/10.1037/a0015202

Wolfgang, M. E. (1957). Victim precipitated criminal homicide. *Journal of Criminal Law and Criminology, 48*, 1-11.

Wolin, K. Y., Yan, Y., Colditz, G. A., & Lee, I.-M. (2009). Physical activity and colon cancer prevention: A meta-analysis. *British Journal of Cancer, 100*, 611-616.

Wonderlich, S. A., Wilsnack, R. W., Wilsnack, S. C., & Harris, T. R. (1996). Childhood sexual abuse and bulimic behavior in a nationally representative sample. *American Journal of Public Health, 86*, 1082-1086.

Wood, P. D., Stefanick, M. L., Dreon, D. M., Frey-Hewitt, B., Garay, S. C., Williams, P. T., Superko, H. R., Fortmann, S. P., Albers, J. J., Vranizan, K. M., Ellsworth, N. M., Terry, R. B., & Haskell, W. L. (1988). Changes in plasma lipids and lipoproteins in overweight men during weight loss through dieting compared with exercise. *New England Journal of Medicine, 319*, 1173-1179. https://doi.org/s10.1056/NEJM198811033191801

Woodcock, J., Franco, O. H., Orsini, N., & Roberts, I. (2011). Non-vigorous physical activity and all-cause mortality: Systematic review and meta-analysis of cohort studies. *International Journal of Epidemiology, 40*(1), 121-138.

Woodhouse, A. (2005). Phantom limb sensation. *Clinical and Experimental Pharmacology and Physiology, 32*, 132-134.

Woods, E., Burke, A., & Rodzon, K. S. (2011). Characteristics and correlations between human and pet use of acupuncture: A cross-sectional survey of four clinics. *American Acupuncturist, 55*, 18-27.

Woodward, H. I., Mytton, O. T., Lemer, C., Yardley, I. E., Ellis, B. M., Rutter, P. D., Greaves, F. E. C., Noble, D. J., Kelley, E., & Wu, A. W. (2010). What have we learned about interventions to reduce medical errors? *Annual Review of Public Health, 31*, 479-497. https://doi.org/10.1146/annurev.publhealth.012809.103544

Wooldridge, T., & Lemberg, R. (2016). Macho, bravado, and eating disorders in men: Special issues in diagnosis and treatment. *Psychiatric Times, 33*(5), 1-5.

Woolrich, R. A., Cooper, M. J., & Turner, H. M. (2008). Metacognition in patients with anorexia nervosa, dieting and non-dieting women: A preliminary study. *European Eating Disorders Review, 16*, 11-20.

World Cancer Research Fund/American Institute for Cancer Research (WCRF/AICR). (2007). *Food, nutrition, physical activity, and the prevention of cancer: A global perspective*. Washington, DC: AICR.

World Health Organization (WHO). (2004). *Neuroscience of psychoactive substance use and dependence*. Geneva, Switzerland: Author.

World Health Organization (WHO). (2008). *The WHO report on the global tobacco epidemic, 2008*. Geneva, Switzerland: Author.

World Health Organization (WHO). (2014). *Global status report on alcohol and health 2014*. Geneva, Switzerland: Author.

World Health Organization (WHO). (2015). WHO global report on trends in tobacco smoking 2000-2025. Geneva: Author.

World Health Organization (2017). *Fact sheet: Cardiovascular diseases* (CVDs). Recuperado de https://www.who.int/en/news-room/fact-sheets/detail/cardiovascular-diseases-(cvds)

World Health Organization. (2018a). *Global status report on alcohol and health 2018: Executive summary*. Geneva, Switzerland: Author.

World Health Organization (WHO). (2018c). *World Health Statistics 2018*. Recuperado de www.who.int/gho

World Health Organization. (2019a). *WHO report on the global tobacco epidemic: Offer help to quit tobacco use*. Geneva: Author.

World Health Organization. (2019b). *WHO global report on trends in prevalence of tobacco use 2000-2025* (3rd ed.). Geneva: Author.

World Health Organization (WHO). (2020). *Fact sheet: Obesity and overweight*. Recuperado de https://www.who.int/news-room/fact-sheets/detail/obesity-and-overweight

World Medical Association. (2004). *Declartion of Helsinki: Ethical principles for medical research involving human subjects*. Recuperado de http://www.wma.net/e/policy/b3.htm

Wortham, J. M., Lee, J. T., Althomsons, S., Latash, J., Davidson, A., Guerra, K., Murray, K., McGibbon, E., Pichardi, C., Toro, B., Li, L., Paladini, M., Eddy, M. L., Reilly, K. H., McHugh, L., Thomas, D., Tsai, S., Ojo, M., Rolland, S., Bhat, M., Hutchinson, K., ... Reagan-Steiner, S. (2020). Characteristics of persons who died with COVID-19—United States, 12 de fevereiro a 18 de maio de 2020. *Morbidity and Mortality Weekly Report, 69*, 923-929. http://doi.org/10.15585/mmwr.mm6928e1external icon.

Writing Group for the Women's Health Initiative Investigators. (2002). Risks and benefits of estrogen plus progestin in healthy postmenopausal women: Principal results from the Women's Health Initiative randomized controlled trial. *Journal of the American Medical Association, 288*, 321-333.

Wu, J.-R., Moser, D. K., Chung, M. L., & Lennie, T. A. (2008). Objectively measured, but not self-reported, medication adherence independently predicts event-free survival in patients with heart failure. *Journal of Cardiac Failure, 14*, 203-210.

Wu, T., Gao, X., Chen, M., & van Dam, R. M. (2009). Long-term effectiveness of diet-plus-exercise interventions vs. diet-only interventions for weight loss: A meta-analysis. *Obesity Reviews, 10*(3), 313-323.

Wyden, P. (1965). *The overweight society*. New York, NY: Morrow.

X

Xiang, A., Cheng, K., Shen, X., Xu, P., & Liu, S. (2017). The immediate analgesic effect of acupuncture for pain: A systematic review and meta-analysis. *Evidence-Based Complementary and Alternative Medicine*. https://doi.org/10.1155/2017/3837194

Xiao, R., Song, X., Chen, Q., Dai, Y., Xu, R., Qui, C., & Guo, Q. (2017). Effectiveness of psychological interventions on depression in patients after breast cancer surgery: A meta-analysis of randomized controlled trials. *Clinical Breast Cancer, 17*(3), 171-179. https://doi.org/10.1016/j.clbc.2016.11.003

Xin, L., Miller, Y. D., & Brown, W. J. (2007). A qualitative review of the role of qigong in the management of diabetes. *Journal of Alternative and Complementary Medicine, 13*, 427-434.

Xu, G., Liu, B., Sun, Y., Du, Y., Snetselaar, L. G., Hu, F. B., & Bao, W. (2018). Prevalence of diagnosed type 1 and type 2 diabetes among US adults in 2016 and 2017: Population based study. *British Medical Journal, 362*. https://doi.org/10.1136/bmj.k1497

Xu, J., Murphy, S. L., Kochanek, K D., Bastian, B. A. (2016). NCHS (2016). Deaths: Final Data for 2013. *National Vital Statistics Reports, 64*(2), 1-118.

Xu, J., Murphy, S. L., Kochanek, K. D., & Arias, E. (2020). Mortality in the United States, 2018. *NCHS Data Brief*. No. 355. Recuperado de https://www.cdc.gov/nchs/data/databriefs/db355-h.pdf

Xu, S., Wang, L., Cooper, E., Zhang, M., Manheimer, E., Berman, B., Shen, X., & Lao, L. (2013). Adverse events of acupuncture: A systematic review of case reports. *Evidence-based Complementary and Alternative Medicine, 2013*, 1-15. https://doi.org/10.1155/2013/581203

Xue, C. C. L., Zhang, A. L., Greenwood, K. M., Lin, V., & Story, D. F. (2010). Traditional Chinese medicine: An update on clinical evidence. *Journal of Alternative and Complementary Medicine, 16*(3), 301-312.

Xue, C. C. L., Zhang, A. L., Lin, V., Da Costa, C., & Story, D. F. (2007). Complementary and alternative medicine use in Australia: A national population-based survey. *Journal of Alternative and Complementary Medicine, 13*, 643-650.

Xutian, S., Zhange, J., & Louise, W. (2009). New exploration and understanding of traditional Chinese medicine. *American Journal of Chinese Medicine, 37*(3), 411-426.

Y

Yager, J. (2008). Binge eating disorder: The search for better treatments. *American Journal of Psychiatry, 165*, 4-6.

Yamashita, H., & Tsukayama, H. (2008). Safety of acupuncture practice in Japan: Patient reactions, therapist negligence and error reduction strategies. *Evidence-Based Complementary and Alternative Medicine (eCAM), 5*(4), 391-398.

Yan, L. L., Liu, K., Daviglus, M. L., Colangelo, L. A., Kiefe, C. I., Sidney, S., Matthews, K. A., & Greenland, P. (2006). Education, 15-year risk factor progression, and coronary artery calcium in young adulthood and early middle age. *Journal of the American Medical Association, 295*, 1793-1800. https://doi.org/10.1001/jama.295.15.1793

Yan, L. L., Liu, K., Matthews, K. A., Daviglus, M. L., Freguson, T. F., & Kiefe, C. I. (2003). Psychosocial factors and risk of hypertension. *Journal of the American Medical Association, 290*, 2138-2148.

Yang, Z., & Levey, A. (2015). Gender differences: A lifetime analysis of the economic burden of Alzheimer's disease. *Women's Health Issues, 25*(5), 436-440.

Yang, Y., Verkuilen, J., Rosengren, K. S., Mariani, R. A., Reed, M., Grubisich, S. A., & Woods, J.A. (2007). Effects of a taiji and qigong intervention on the antibody response to influenza vaccine in older adults. *American Journal of Chinese Medicine, 35*, 597-607. https://doi.org/10.1142/S0192415X07005090

Yano, E., Wang, Z.-M., Wang, X.-R., Wang, M.-Z., & Lan, Y.-J. (2001). Cancer mortality among workers exposed to amphibole-free chrysotile, asbestos. *American Journal of Epidemiology, 154*, 538-543.

Yao, Y., Suo, T., Andersson, R., Cao, Y., Wang, C., Lu, J., & Chui, E. (2017). Dietary fibre for the prevention of recurrent colorectal adenomas and carcinomas. *Cochrane Database of Systematic Reviews, 1*, Art. No.: CD003430. https://doi.org/10.1002/14651858.CD003430.pub2

Ye, X., Gross, C. R., Schommer, J., Cline, R., & St. Peter, W. L. (2007). Association between copayment and adherence to statin treatment initiated after coronary heart disease hospitalization: A longitudinal, retrospective, cohort study. *Clinical Therapeutics, 29*, 2748-2757.

Yebyo, H. G., Aschmann, H. E., Kufmann, M., & Puhan, M. A. (2019). Comparative effectiveness and safety of statins as a class and of specific statins for primary prevention of cardiovascular disease: A systematic review, meta-analysis, and network meta-analysis of randomized trials with 94,238 participants. *American Heart Journal, 210*, 18-28. https://doi.org/10.1016/j.ahj.2018.12.007

Yin, P., Gao, N., Wu, J., Litscher, G., & Xu, S. (2014). Adverse events of massage therapy in pain-related conditions: A systematic review. *Evidence-based Complementary and Alternative Medicine (eCAM), 2014*, 1-11.

Ylvén, R., Björck-Åkesson, E., & Granlund, M. (2006). Literature review of positive functioning in families with children with a disability. *Journal of Policy and Practice in Intellectual Disabilities, 3*, 253-270.

Yong, H.-H., Borland, R., Hyland, A., & Siahpush, M. (2008). How does a failed quit attempt among regular smokers affect their cigarette consumption? Findings from the International Tobacco Control Four-Country Survey (ITC-4). *Nicotine and Tobacco Research, 10*, 897-905.

Yoshino, A., Okamoto, Y., Onoda, K., Yoshimura, S., Kunisato, Y., Demoto, Y., Okada, G., & Yamawaki, S. (2010). Sadness enhances the experience of pain via neural activation of the anterior cingulate cortex and amygdala: An fMRI study. *NeuroImage, 50*, 1194-1201. https://doi.org/10.1016/j.neuroimage.2009.11.079

Young, K. A., Gobrogge, K. L., & Wang, Z. (2011). The role of mesocorticolimbic dopamine in regulating interactions between drugs of abuse and social behavior. *Neuroscience and Biobehavioral Reviews, 35*(3), 498-515.

Young, L. R., & Nestle, M. (2007). Portion sizes and obesity: Responses of fast-food companies. *Journal of Public Health Policy, 28*(2), 238-248.

Yu, Z., Nissinen, A., Vartiainen, E., Song, G., Guo, Z., Zheng, G., Tuomilehto, J. & Tian, H (2000). Associations between socioeconomic status and cardiovascular risk factors in an urban population in China. *Bulletin of the World Health Organization, 78*, 1296-1305.

Yuhas, N., McGowan, B., Fontaine, T., Czech, J., & Gambrell-Jones, J. (2006). Psychosocial interventions for disruptive symptoms of dementia. *Journal of Psychosocial Nursing and Mental Health Services, 44*, 34-42.

Yusuf, S., Hawken, S., Ôunpuu, S., Bautista, L., Franzosi, M. G., Commerford, P., Lang, C. C., Rumboldt, Z., Onen, C. L., Lisheng, L., Tanomsup, S., Wangai, P., Jr., Razak, F., Sharma, A. M., Anan, S. S., & INTERHEART Study Investigators. (2005). Obesity and the risk of myocardial infarction in 2700 participants from 52 countries: A case-control study. *Lancet, 366*, 1640-1649. https://doi.org/10.1016/S0140-6736(05)67663-5

Yusuf, S., Hawken, S., Ôunpuu, S., Dans, T., Avezum, A., Lanas, F., Dans, T., Avezum, A., Lanas, F., McQueen, M., Budaj, A., Pais, P. Varigos, J., Lisheng, L., & INTERHEART Study Investigators. (2004). Effect of potentially modifiable risk factors associated with myocardial infarction in 52 countries (the INTERHEART study): Case-control study. *Lancet, 364*, 937-952. https://doi.org/10.1016/S0140-6736(04)17018-9

Z

Zaarcadoolas, C., Pleasant, A., & Greer, D. S. (2005). Understanding health literacy: An expanded model. *Health Promotion International, 20*, 195-203.

Zack, M., Poulos, C. X., Aramakis, V. B., Khamba, B. K., & MacLeod, C. M. (2007). Effects of drink-stress sequence and gender on alcohol stress response dampening in high and low anxiety sensitive drinkers. *Alcoholism: Clinical and Experimental Research, 31*, 411-422.

Zainal, N. Z., Booth, S., & Huppert, F. A. (2013). The efficacy of mindfulness-based stress reduction on mental health of breast cancer patients: a meta-analysis. *Psycho-Oncology, 22*(7), 1457-1465.

Zautra, A. J. (2003). *Emotions, stress, and health*. New York, NY: Oxford University Press.

Zeeck, A., Herpertiz-Dahlmann, B., Frederich, H.-C., Brockmeyer, T., Resmark, B., Hagenah, U., Ehrlich, S., Cuntz, U., Zipfel, S., & Hartmann, A. (2018). Psychotherapeutic treatment for anorexia nervosa: A systematic review and network meta-analysis. *Frontiers in Psychiatry*. https://doi.org/10.3389/fpsyt.2018.00158

Zehnacker, C. H., & Bemis-Dougherty, A. (2007). Effect of weighted exercises on bone mineral density in post-menopausal women: A systematic review. *Journal of Geriatric Physical Therapy, 30*, 79-88.

Zelenko, M., Lock, J., Kraemer, H. C., & Steiner, H. (2000). Perinatal complications and child abuse in a poverty sample. *Child Abuse and Neglect, 24*, 939-950.

Zhan, C., & Miller, M. R. (2003). Excess length of stay, charges, and mortality attributable to medical injuries during hospitalization. *Journal of the American Medical Association, 290*, 1868-1874.

Zhang, B., Ferrence, R., Cohen, J., Bondy, S., Ashley, M. J., Rehm, J., Jain, M., Rohan, T., & Miller, A. (2005). Smoking cessation and lung cancer mortality in a cohort of middle-aged Canadian women. *Annals of Epidemiology, 15*, 302-309. https://doi.org/10.1016/j.annepidem.2004.08.013

Zhang, S., Bantum, E. O., Owen, J., Baken, S., & Elhadad, N. (2017). Online cancer communities as informatics intervention for social support: Conceptualization, characterization, and impact. *Journal of the American Medical Informatics Association, 24*(2), 451-459. https://doi.org/10.1093/jamia/ocw093

Zhang, Y., Leach, M. J., Hall, H., Sundberg, T., Ward, L., Sibbritt, D., & Adams, J. (2015, março 11). Differences between Male and Female Consumers of Complementary and Alternative Medicine in a National US Population: A Secondary Analysis of 2012 NIHS Data. *Evidence-based Complementary and Alternative Medicine, 2015*, 1-10. https://doi.org/10.1155/2015/413173

Zheng, S., Kim, C., Lal, S., Meier, P., Sibbritt, D., & Zaslawski, C. (2017). The effects of twelve weeks of tai chi practice on anxiety in stressed but healthy people compared to exercise and wait-list groups—A randomized controlled trial. *Journal of Clinical Psychology*. https://doi.org/10.1002/jclp.22482

Zhong, I., Cao, S., Gong, C. Fei, F., & Wang, M. (2016). Electronic cigarettes use and intention to cigarette smoking among never-smoking adolescents and young adults: A meta-analysis. *International Journal of Environmental Research and Public Health, 13*(5), 465. Recuperado de https://doi.org/10.3390/ijerph13050465

Zhou, E. S., Penedo, F. J., Lewis, J. E., Rasheed, M., Traeger, L., Lechner, S., Soloway, M., Kava, B. R., & Antoni, M. H. (2010). Perceived stress mediates the effects of social support on health-related quality of life among men treated for localized prostate cancer. *Journal of Psychosomatic Research, 69*, 587-590. https://doi.org/10.1016/j.jpsychores.2010.04.019

Zhu, J., Su, X., Li, G., Chen, J., Tang, B., & Yang, Y. (2014). The incidence of acute myocardial infarction in relation to overweight and obesity: A meta-analysis. *Archives of Medical Science, 10*(5), 855-862.

Zijlstra, G. A., Rixt, H., Jolanda, C. M., van Rossum, E., van Eijk, J. T., Yardley, L., & Kempen, G. I. (2007). Interventions to reduce fear of falling in community-living older people: A systematic review. *Journal of American Geriatrics Society, 55*, 603-615. https://doi.org/10.1111/j.1532-5415.2007.01148.x

Zilcha-Mano, S., Wang, Z., Peterson, B. S., Wall, M. M., Chen, Y., Wager, T. D., Brown, P. J., Roose, S. P., & Rutherford, B. R. (2019). Neural mechanisms of expectancy-based placebo effects in antidepressant clinical trials. *Journal of Psychiatric Research, 116*, 19-25. https://doi.org/10.1016/j.jpsychires.2019.05.023

Zimmerman, T., Heinrichs, N., & Baucom, D. H. (2007). "Does one size fit all?" Moderators in psychosocial interventions for breast cancer patients: A meta-analysis. *Annals of Behavioral Medicine, 34*, 225-239.

Zinberg, N. E. (1984). *Drug, set, and setting: The basis for controlled intoxicant use*. New Haven, CT: Yale University Press.

Zolnierek, K. B., & DiMatteo, M. R. (2009). Physician communication and patient adherence: A meta-analysis. *Medical Care, 47*, 826-834.

Zoogman, S., Goldberg, S. B., Vousoura, E., Diamond, M. C., & Miller, L. (2019). Effect of yoga-based interventions for anxiety symptoms: A meta-analysis of randomized controlled trials. *Spirituality in Clinical Practice, 6*(4), 256-278. https://doi.org/10.1037/scp0000202

Zorrilla, E. P., Luborsky, L., McKay, J. R., Rosenthal, R., Houldin, A., Tax, A., McCorkle, R., Seligman, D. A., & Schmidt, K. (2001). The relationship of depression and stressors to immunological assays: A meta-analytic review. *Brain, Behavior and Immunity, 15*, 199-226. https://doi.org/10.1006/brbi.2000.0597

Zubin, J., & Spring, B. (1977). Vulnerability: A new view of schizophrenia. *Journal of Abnormal Psychology, 86*, 103-127.

Zuger, A. (2009, Sept 14). One injury, 10 countries: A journey in health care. *New York Times*. Recuperado de https://www.nytimes.com/2009/09/15/health/15book.html

Zupancic, M. L., & Mahajan, A. (2011). Leptin as a neuroactive agent. *Psychosomatic Medicine, 73*(5), 407-414.

Zvolensky, M. J., Jenkins, E. F., Johnson, K. A., & Goodwin, R. D. (2011). Personality disorders and cigarette smoking among adults in the United States. *Journal of Psychiatric Research, 45*(6), 835-841.

Zyazema, N. Z. (1984). Toward better patient drug compliance and comprehension: A challenge to medical and pharmaceutical services in Zimbabwe. *Social Science and Medicine, 18*, 551-554.

Zywiak, W. H., Stout, R. L., Longabaugh, R., Dyck, I., Connors, G. J., & Maisto, S. A. (2006). Relapse-onset factors in Project MATCH: The relapse questionnaire. *Journal of Substance Abuse Treatment, 315*, 341-345.

ÍNDICE ONOMÁSTICO

A
Aaronson, N. K., 243
Aarts, H., 331
Abate, D., 330
Abate, K. H., 377
Abay, S. M., 377
Abba, K., 76
Abbafati, C., 377
Abbara, A., 120
Abbasi, A., 332, 333
Abbasi, N., 377
Abbastabar, H., 377
Abbey, A., 301
Abbott, R. B., 178, 181
Abdela, J., 377
Abdelalim, A., 377
Abdollahpour, I., 377
Abdulkader, R. S., 377
Abebe, M., 377
Abebe, Z., 377
Abi-Saleh, B., 193, 204
Abil, O. Z., 377
Abiona, T. C., 260
Abnet, C. C., 228
Abohashem, S., 208
Aboyans, V., 377
Abraham, C., 75
Abraham, I., 186
Abrahamowicz, M., 288
Abrahamsson, H., 40, 43, 44, 47
Abrams, K. R., 252
Abrams, M., 120, 130, 131, 392
Abrams, P., 43
Abrham, A. R., 377
Abu-Raddad, L. J., 377
Abu-Rmeileh, N. M. E., 377
Abubakar, I., 83
Aburad, L., 338
Ackard, D. M., 366, 367
Ackerman, M. D., 388
Ackloo, E., 77
Ackroff, L., 331
Acree, M., 101, 261
Adam, E. K., 126
Adam, F., 252, 329
Adam, V., 174
Adams, B., 102
Adams, C., 280
Adams, J., 174
Adams, S. M., 299
Adams, T. B., 390
Adamsen, L., 359, 365
Adamson, J., 42
Addou, E., 205
Addy, C. L., 367
Ader, R., 117
Ader, R., 12
Aderman, D., 262
Adès, J., 341
Adler, N. E., 8, 122

Adler, N., 49
Adrian, J., 246
Advokat, C. D., 312, [SEP]313, 317
Advokat, C., 152, 153, 154
Afari, N., 347
Affleck, G., 100, 128, 306
Afonso, A. M., 229, 231
Agardh, E., 250
Agari, I., 129
Agboola, S., 286
Ager, J., 300
Agid, O., 20
Agras, W. S., 343
Agrawal, A., 98
Aharonovich, E. A., 92
Ahmed, S. H., 316
Aiken, L. S., 16, 65
Ainsworth, B. E., 367, 372
Aitken, J. F., 243
Ajzen, I., 64
Akal, S., 379
Akechi, T., 263
Al-Delaimy, W. K., 281
Alaejos, M. S., 229, 231
Alarcon, F., 147
Alavanja, M., 226
Albanes, D., 25, 27, 358
Alberga, A. S., 40, 42
Albert, C. M., 368
Aldana, S. G., 215
Alderson, D., 92
Aldridge, A. A., 236
Aldridge, R. W., 83
Alexander, F., 10, 12
Alfaddagh, A., 205
Alfaro, A., 179
Alfredsson, L., 123
Alger, B. E., 313
Allan, R., 212, 214
Allegrante, J. P., 50
Allen, H., 48
Allen, K., 100, 208
Allison, J. D., 363, 366
Almahmeed, W. A., 208
Almeida, D. M., 94
Alonso, S. A., 287
Aloufi, A. D., 328
Alper, C. M., 127
Alper, J., 127
Altman, D. G., 28
Altman, M., 337
Alvarez Linera, J., 146
Amante, D. J., 46
Amantea, D., 146
Amanzio, M., 21
Amato, M. S., 285
Amato, P. R., 92
Ambroz, C., 151
Amelang, M., 234
Amentano, D. S., 61

Ames. D., 282
Amiano, P., 359, 365
Amico, R., 261
Amini, H., 237
Amireault, S., 371
Amsterdam, J. D., 20
Amuta, A. O., 45, 46
Ana, M., 309
Anand, S., 203
Andel, R., 247
Andersen, B. L., 237, 358
Andersen, C., 359, 365
Andersen, J., 92
Andersen, L. B., 358
Anderson, G. L., 25
Anderson, J. L., 204
Anderson, J. W., 335
Anderson, K. E., 293
Anderson, K. O., 148
Anderson, M., 29, 31
Anderson, N. B., 383
Anderson, P., 293
Anderssen, S. A., 358
Andersson, B.-A., 280
Andersson, K., 61
Andersson, K., 62
Andersson, R., 28
Andrasik, F., 103, 123
Andreas, M. I., 317
Andreassen, O. A., 317
Andreasson, S., 302
Andrew, M., 105
Andrews, J. A., 74
Andrykowski, M. A., 237
Aneshensel, C. S., 248, 263
Angeles, M., 309
Anisman, H., 129
Annesi, J. J., 361, 365
Ansary-Moghaddam, A., 250
Anstey, K. J., 61
Antall, G. F., 178,
Anthony, D. C., 46
Anthony, J. C., 121
Antonak, R. F., 99, 243
Antoni, M. H., 62, 104-105, 120, 235-237, 261
Apkarian, A. V., 138, 147
Apolone, G., 148
Appel, L. J., 238, 335, 337
Applebaum, A. J., 60
Aramakis, V. B., 306
Aranaga, N., 147
Aranda, M. P., 102
Arbisi, P. A., 150
Arch, M., 305
Ard, J. D., 335
Ardanaz, E., 359, 365
Ardern, C. I., 338
Armeli, S., 306
Armes, J., 243

455

Armitage, C. J., 65, 69, 70, 71, 74
Armor, D. J., 310
Armour, B. S., 31
Armstrong, B., 24
Armstrong, K., 175
Armstrong, L., 39, 41, 42, 43, 47
Arnaiz, J. A., 28
Arnett, 58
Arnold, R., 242, 243
Arntz, A., 140
Aro, A. R., 234
Aronson, M. D., 50
Arroll, A., 50
Arsand, E., 388
Arving, C., 243
Ashton, W., 206
Aspden, P., 51
Aspinwall, L. G., 100
Assaf, A. R., 25
Assanand, S., 331
Assendelft, W. J. J., 155
Astell-Burt, T., 334
Astin, J. A., 155, 156, 175
Atchison, R., 315, 391
Athar, H., 378, 379
Atkinson, N. L., 45
Atwood, L. D., 330
Aubin, H.-J., 310
Aulet, S., 147
Aune, D., 28
Austad, C. S., 307
Austin, B. P., 363, 366
Averbuch, M., 143
Avis, N., 277
Avison, M. J., 332
Avivi, Y. E., 208
Avrahami, B., 312
Awad, G. H., 260
Awata, S., 246
Axt, J. R., 149
Ayas, N. T., 392
Ayers, S. L., 175, 177
Aygül, R., 123
Azari, R., 49, 50, 332, 333
Azzara, S., 103

B
Babb, S., 272, 384
Babiloni et al. (2019), 146
Bachen, E. A., 121
Bachman, J. G., 275, 297, 311, 329
Back, S. E., 105
Bäckman, L., 245
Badiani, A., 317
Badimon, L., 300, 302
Badr, H., 243
Baer, H. A., 174
Baer, H. J., 301
Baer, R. A., 108
Bages, N., 389
Bagetta, G., 146
Bahrke, M. S., 361
Baicker, K., 48
Bailey, B. N., 300
Bailey, J. A., 93
Bailey, S. C., 379
Bailis, D. S., 44
Baillie, A. J., 208, 214
Baime, M. J., 173
Bakalov, V., 153

Baken, S., 236
Baker, F., 67
Balaam, M., 307
Balabanis, M. H., 66
Balbin, E., 62
Baler, R., 305
Balfour, J., 207
Baliki, M. N., 147
Baliunas, D., 302
Balkrishnan, R., 57
Ball, G. D., 334, 337
Ballantyne, C. M., 302
Baltes, P. B., 262
Banaji, M. R., 306
Banasiak, N. C., 127
Bandayrel, K., 334, 337
Bandini, L. G., 329
Bandura, A., 64, 156
Bangsberg, D. R., 57, 58
Banister, C. E., 233
Bánóczy, J., 280
Bantum, E. O., 236, 372
Bao, W., 249
Bär, K.-J., 299
Barber, J., 172
Barber, T. X., 172
Bardi, S. S., 341
Bardia, A., 230
Barefoot, J. C., 207, 208
Bareham, D. W., 281
Barengo, N. C., 354, 364
Barger, S. D., 105, 106
Barish, E. E., 329
Barlow, J. H., 243
Barnes, P. J., 253
Barnett, A. I., 303, 304, 305
Barnett, B. S., 313
Barnett, L. W., 286, 310, 317
Barnett, R. C., 95
Barnett, R., 95
Barr, R. G., 302
Barrett, S. P., 277
Barron, F., 63
Barry, M., 281
Barth, J., 285
Barth, K. R., 42
Barton-Donovan, K., 123
Barton, D. A., 214
Bartter, T., 313
Barzi, F., 250
Basow, S. A., 341
Bassford, T., 25
Bastian, L. A., 387
Bates, D. W., 50
Batty, 8
Baucom, D. H., 237
Bauld, L., 286
Baum, A., 15, 17, 118, 120
Bauma, M., 241
Bauman, A., 369, 372
Baumann, L. J., 43
Baumann, P., 300
Baumeister, R. F., 138
Baumeister, S. E., 306
Baumgarden, J., 172
Baxter, L., 391
Bayon, V., 330
Beach, M. C., 56
Beacham, G., 255
Beals-Erickson, S., 174

Beals, J., 63
Beatty, L., 243
Becerra, L. S., 174
Beck, A. T., 151, 155
Becker, A. E., 334, 343, 345
Becker, C. B., 344
Becker, J., 317
Becker, M. H., 64
Beecher, H. K., 140
Beetz, A., 100
Beilin, L., 211
Beinart, N., 248
Bekke-Hansen, S., 208
Belar, C. D., 10, 15, 17
Bell, J. D., 326
Bell, R. A., 49, 50
Bell, R., 236
Bell, S., 346
Bellanger, R. A., 184
Bellini, E., 336
Belloc, N., 29, 391
Bemis-Dougherty, A., 359, 365
Ben-Arye, E., 186
Ben-Shlomo, Y., 42
Bena, J., 322
Benaim, C., 150
Benard, V. C., 255
Benatti, F. B., 338
Bendapudi, N. M., 50
Bendinelli, B., 359, 365
Bendle, S., 58
Benedetti, F., 21, 22
Bengtsson, J., 93
Benight, C. C., 105
Benjamin, E. J., 208
Benner, J. S., 62
Bennett, G. G., 126
Bennett, I. M., 379
Bennett, J., 49
Bennett, K., 263
Bennett, M. E., 309
Bennett, P., 97
Bensing, J., 276, 243, 244
Bentley, B., 61
Bento, A. I. (et al. 2020), 45
Bentur, Y., 312
Benyamini, Y., 41
Berendsen, M., 244
Beresford, S. A., 25
Berger, R. S., 157
Bergman, B. G., 308
Bergman, P., 372
Bergmann, M. M., 391
Bergmann, M., 332, 333
Bergmark, K. H., 307
Berk, M., 142
Berkman, L. F., 29, 98, 391
Berkman, N. D., 214
Berman, J. D., 162
Bermudez, O. I., 329
Bernards, S., 307
Berne, R. M., 197
Bernstein, L., 232
Bernstein, M., 48
Berry, L. L., 50
Bertakis, K. D., 332
Bertram, L., 245
Berwick, D. M., 51, 51
Bessesen, D. H., 331
Best, S, R., 130

ÍNDICE ONOMÁSTICO **457**

Betsch, C., 46
Beversdorf, D. Q., 119
Bhat, V. M., 31
Bhatt, S. P., 212
Bhattacharyya, M. R., 63
Bianchini, K. J., 161
Bickel-Swenson, D., 243
Bierut, L J., 301
Bigal, M. E., 146-147
Bigatti, S., 150
Bilbo, S. D., 120
Bird, S. T., 259
Birdee, G., 174
Birmingham, W., 122, 208
Biron, C., 44
Birtan, M., 147
Bish, C.L., 248
Bisson, J., 105
Biswas, A., 355
Björck-Åkesson, E., 244
Bjørge, T., 332, 333
Bjorner, J. B., 123
Black, D. S., 120
Black, E., 251
Black, L. I., 164, 174, 184
Black, P. H., 127
Blackburn, E. H., 122
Blackett, K., N., 145, 208
Blackmore, E. R., 129
Blair, S. N., 354, 364
Blair, S., 403
Blalock, J. E., 118
Blanch-Hartigan, D., 50
Blanchard, C. M., 67
Blanchard, E. B., 103, 123, 180
Blanchard, J., 50, 63
Blascovich, J., 100, 203
Bleich, S. N., 56
Blodgett Salafia, E. H., 343
Bloedon, L. T., 258, 364
Blomberg, B. B., 104
Blomberg, B., 105, 120
Blomqvist, J., 308
Bloodgood, B., 232
Bloom, J. R., 237
Bloom, J., 28
Bloomfield, K., 297
Bloor, M., 44
Blount, R. L., 51
Bluher, M., 330
Blum, C. M., 104, 155
Blundell, J. E., 324, 329, 331
Blyth, F. M., 142, 146
Boardman, J. D., 275
Boddy, K., 176
Bode, C., 298
Bode, J. C., 298
Bodenhamer-Davis, E., 306
Bodenheimer, T., 383, 384, 385, 386
Bodenmann, G., 87
Bodhi, B., 170
Boeing, H., 332, 333, 391
Boersma, K., 142, 147
Boersma, L. J., 243
Boerwinkle, E., 302
Boey, K. W., 215
Boffetta, P., 31, 226
Bogart, L. M., 70
Bogg, T., 62
Bogl, L. H., 326

Bohuizen, H. C., 386
Boice, J. D., Jr., 229
Boisvert, J. A., 341
Boldt, E., 179
Bolger, N., 244
Bombak, A., 338
Bonacchi, K., 331
Bond, F. W., 105
Bond, R., 108
Bonenfant, S., 123
Bonevski, B., 63
Bonevski, D., 93
Bonica, J. J., 141
Bonilla, K., 251
Booth, A., 88
Booth, R. J., 104, 237
Booth, S., 108
Boots, L. M. M., 248
Border, R., 129
Boren, S. A., 252
Borga, M., 326
Borgwardt, S., 312
Borod, J. C., 106, 107
Borrell, L. N., 381
Borritz, M., 123
Borroto-Ponce, R., 389
Bos, V., 207
Bosch-Capblanch, S., 76
Bosetti, C., 62
Bosettum, C., 232
Bosworth, H. B., 207, 387
Bottcher, Y., 330
Botticello, A. L., 248
Bottonari, K. A., 62
Bottos, S., 123
Botvin, G. J., 317
Boudreaux, E. D., 50
Bouillon, K., 123
Bouldin, E. D., 248
Bowe, S., 174
Bowen, D., 25
Bowen, K., 122
Bower, C., 390, 300
Bower, J. E., 106, 107
Bowers, S. L., 119
Bowie, J. V., 380
Bowles, H. R., 372
Boyd, C. J., 382
Boyd, D. B., 186, 230
Boylan, L. S., 49
Boysen, G., 357, 364
Braamse, A, M. J., 243
Brace, M. J., 244
Brack, N., 307
Bradbury, T. N., 87
Bradford, D. E., 306
Bradford, D., 306
Bradshaw, 7
Brady, K. T., 105
Brady, R., 248
Braet, C., 345
Brage, S., 207
Brahim, J. S., 142
Braiker, H. B., 309
Braithwaite, A. W., 122
Brammer, L., 45, 62
Branch, L. G., 286, 310, 317
Brand, R. J., 29, 208
Brandberg, Y., 243
Brantley, P. J., 41, 98, 99, 335, 337

Bray, G. A., 329
Braymiller, J. L., 390
Breibart, W., 156, 157
Breitbart, W., 156, 157
Bremer, T, 318
Brenn, T., 232
Brennan, P. L., 302
Brennan, P., 31
Brenner, D. R., 332
Brenner, H., 368
Brensinger, C. M., 56
Bresin, K., 306
Breslow, L., 28, 391
Breslow, R. A., 302
Breuer, B., 153
Breuer, J., 106
Brewster, L. G., 379
Brichard, S., 268, 276, 281, 287
Brick, C., 67
Bricker, J. B., 276
Brickwood, K. J., 371
Brilliant, L., 45, 62
Brinn, M. P., 283
Briones, T. L., 113
Brissette, I., 101
Britton, A., 282
Broadbent, E., 104
Brock, J., 335
Brockmeyer, T., 342
Brody, M. L., 346
Broecker, M., 141
Bromberger, J. T., 94
Brondel, L., 331
Bronstein, J., 313
Broocks, A., 361
Brooks, V. L., 206
Broom, D. H., 98
Broom, J., 335
Brouwer, W. B., 386
Brown, A. D., 363
Brown, B. P., 307
Brown, B., 172
Brown, D. R., 379
Brown, F. L., 107, 328, 339
Brown, I., 74
Brown, J. L., 142
Brown, P. A., 172
Brownell, C., 309
Brownell, K. D., 331
Brownson, R. C., 371
Bruch, H., 340
Bruehl, S., 142
Brummett, B. H., 208
Brun, J., 44
Brunner, R. L., 25
Bruns, D., 387
Brust, J. C. M., 313
Bryan, A., 16, 69
Bryant, J., 63
Bryant, R., 105
Brzyski, R., 25
Buchanan, C. M., 104
Buchanan, L. R., 370
Buchert, S., 313
Buchner, D., 232
Buchwald, H., 251
Budaj, A., 125, 201, 203, 205
Buetow, S., 50
Buffart, L. M., 243
Buffington, A. L. H., 138, 147

Buijsse, B., 359, 365
Bujarski, S., 309
Bull, F. C., 370, 372
Bulow, C., 147
Bunde, J., 130, 208
Burckhardt, C. S., 150
Burg, M. M., 208
Burgess, D. J., 42
Burgess, S., 300
Burke, A., 174
Burke, B. L., 76, 309
Burke, J. D., 390
Burke, J., 63
Burns, R., 83
Burr, H., 123
Burrows, M., 359
Burschka, J. M., 183, 184
Burt, R., 25
Burton, J., 379
Buse, D. C., 146
Busenbark, D., 312
Bush, J. W., 377
Busse, J. W., 334, 337
Bussey-Smith, K. L., 255
Bussone, G., 123
Bustamante, M. X., 383
Buttorff, C., 241
Bylund, C. L., 47
Byrne, C. M., 130
Byron, A. T., 48

C
Caan, B., 25
Cabana, M. D., 255
Cacioppo, J. T., 152, 207
Caddell, J. M., 92
Cahill, J., 25
Cahill, K., 76, 284
Cahill, S. P., 105
Cain, A., 62, 70
Cairney, J., 61
Cale, L., 371
Caleb Alexander, G., 60, 62
Calhoun, J. B., 93
Calhoun, L. G., 264
Califf, R. M., 208
Calipel, S., 180
Callaway, E., 256
Camacho, T. C., 392
Cambois, E., 378
Camelley, K. B., 264
Cameron, E. R., 75
Cameron, J., 318
Cameron, L. D., 41, 43, 125, 237
Cameron, L., 43
Cameron, O., 12
Cameron, R., 104
Camhi, J., 112
Cami, J., 310
Campbell, I. G., 358, 364
Campbell, J. C., 146
Campbell, J. M., 307
Campbell, W. W., 359
Campbell, W., 310
Cancian, F. M., 248
Cannon, M. F., 91
Cannon, W., 86
Cao, S., 302
Cao, Y., 28
Capewell, S., 287, 391

Caplan, R. D., 93
Capone, J. C., 307
Capuron, L., 120
Caputi, T. L., 283, 317
Carbone, S., 357
Cardi, V., 341, 342
Carey, T., 142, 149
Carlisle, M., 122
Carlson, C. R., 123
Carlson, L. E., 108, 182, 183
Carmen, B., 309
Carmody, J., 108, 176, 178
Carney, A., 306
Caro, J., 147
Carpenter, C. J., 65
Carpenter, C., 328
Carr, D., 262
Carr, H., 372
Carr, J. L., 389, 390
Carrière, K., 347
Carrillo, J. E., 48
Carrillo, V. A., 48
Carrion, V. G., 91
Carroll, M. D., 335, 360
Carter-Harris, L., 42
Carter, A., 303, 342
Carton, M., 31
Caruso, M., 151
Carver, C. S., 100, 101, 104, 105, 120
Casey, D., 147
Caspi, A., 122, 207
Casselbrant, M. L., 123
Cassidy, E. L., 157
Castellini, G., 342
Castelnuovo, G., 335
Castillo, D., 58
Castor, M. L., 380
Castro, C. M., 50
Castro, Y., 312
Catalan, V. S., 226
Cattivelli, R., 335
Caudwell, P., 324, 329
Cavanagh, K., 108
Cavanaugh, K., 379
Cavazos-Rehg, P., 301
Cawthon, R. M., 122
Celentano, D. D., 258
Celestine, M. J., 379
Cenee, S., 31
Centola, D., 73
Cepeda, M. S., 20
Chaddock, L., 363
Chadi, N., 313, 317
Chajes, V., 332, 333
Chakrabarty, S., 147
Chakraborty, R., 329
Chamberlin, C. L., 379
Chambers, L., 50
Chambers, S. K., 243
Champagne, C. M., 335
Chan, A.-W., 28
Chan, D. S., 28
Chan, M., 112
Chandrabose, M., 372
Chandrashekara, S., 119
Chang, A. B., 312, 378, 379
Chang, A. Y., 281
Chang, E. C., 121
Chang, L., 312
Chang, M. H., 378, 379

Chang, S. H., 336
Chaplin, W., 50
Chapman, C. R., 136
Chapman, D. P., 330
Chapman, E., 147
Chapman, R. H., 62
Charlee, C., 50
Charron-Prochownick, D., 67
Chassin, L., 299
Chastain, L. G., 304
Chastek, B., 60, 61
Chatterji, S., 62, 378
Chatters, L. M., 102
Chaturvedi, A. K., 233
Cheater, F., 41
Chen, E., 65, 94, 127
Chen, H. Y., 183, 184
Chen, I., 142,
Chen, J. T., 391
Chen, J., 149, 379, 391
Chen, K. Y., 326, 329
Chen, M., 335, 336, 354, 364
Chen, P., 276
Chen, Q., 237
Chen, W. W., 391
Cheng, B. M. T., 212
Cheng, T. Y. L., 215
Cheng, Y., 357, 364
Cheng, Z. H., 340
Cherkin, D. C., 179-180, 181
Cherkin, D., 179, 180, 181
Chesterman, J., 286
Chi, I., 243
Chia, L. R., 63
Chialvo, D. R., 147
Chiaramonte, G. R., 41
Chida, T., 254
Chida, Y., 118, 261 62, 118, 123, 124, 125, 209, 251, 261
Chiesa, A., 173
Chikritzhs, T., 302
Chin, S. L., 206
Chin, S. N. M., 334
Chipperfield, J. G., 44
Chiva-Blanch, G., 300, 302
Chlebowski, R. T., 25
Chochinov, H. M., 263
Choiniere, M., 142
Cholakians, E., 301
Choo, E. K., 41
Chooi, Y. C., 328
Chou, F., 257
Chou, P. S., 308
Chou, R., 147
Chow, C. K., 207
Chow, G., 186
Christakis, N. A., 73
Christenfeld, N., 93
Christensen, B., 309
Christian, L. M., 119, 301
Christie, J. D., 56
Chu, L., 302
Chu, M., 130
Chui, E., 28
Chung, T., 305
Chupp, G. L., 127, 253
Church, T. R., 61
Church, T., 354, 364
Chyu, L., 174
Cibulka, N. J., 257

Ciechanowski, P., 62
Ciesla, J. A., 129
Cifani, C., 305
Cintron, A., 142
Claassens, L., 141
Clapp-Channing, N. E., 207
Clare, L., 248
Clark-Grill, M., 176
Clark, A. D., 387
Clark, A. E., 287
Clark, J. M., 56
Clark, K. M., 331
Clark, N. M., 255
Clark, P. A., 260
Clarke, E., 147
Clarke, T. C., 162-164, 166, 169, 174, 184, 185
Clausen, M., 313
Clavel-Chapelon, G., 332, 333
Claxton, A. J., 60
Cleary, M., 367
Cleeland, C. S., 148
Cleland, J. A., 142
Clements, K., 97
Clever, S. L., 50
Cline, R., 62
Clouse, R. E., 251
Clow, A., 93
Cobb, S., 38, 44
Cochran, J. E., 359
Coe, C. L., 119
Coelho, J., 331
Coen, P. K., 359
Coffman, J. M., 255
Cofino, J. C., 313
Cofta-Gunn, L., 390
Cofta-Woerpel, L. M., 390
Cofta-Woerpel, L., 388
Cohen, L. L., 51
Cohen, M. V., 193, 204
Cohen, N., 117
Cohen, S., 10, 41, 62, 94, 97, 101, 119, 121, 124
Cohn, L., 127, 253
Colangelo, L. A., 207
Colcombe, S. J., 363, 366
Colditz, G. A., 238, 257, 265, 286, 302, 336, 358
Cole, J. C., 183, 184, 312
Cole, J. W., 31
Cole, S. W., 124
Colella, T. J., 208
Coles, S. L., 330
Colilla, S. A., 282
Collins, E. M., 62
Collins, M. A., 302
Collins, R. L., 260
Colloca, L., 21
Colner, W., 390
Colpani, V., 356
Comaty, J. E., 152, 153, 154
Combs, D., 138
Comninos, A. N., 120
Conger, J., 306
Conley, S. B., 335
Conn, V. S., 359
Connelly, M., 359
Conner, M., 63, 67
Connors, G. J., 317
Conterno, L., 147

Conway, C., 101
Cook, B. J., 367
Cooke, M. E., 390
Cooley-Quille, M., 380
Coon, D. W., 248
Cooney, G. M., 361
Coons, H. L., 388
Cooper, B., 354
Cooper, K. L., 174
Cooper, L. A., 56
Cooper, M. W., 25
Cooper, N. J., 252
Cooper, V., 44
Corasaniti, M. T., 146
Cordingley, J., 308
Corey, P. N., 51
Corle, D., 25
Cornford, C. S., 47
Cornford, H. M., 47
Corrigan, J. M., 51
Corso, P., 371
Cortina, L. M., 130
Corton, E. S., 130
Costa, L. C. M., 150
Costa, N. M., 91
Costa, P. T., 62, 387
Costello, T. J., 388
Coster, G., 50
Counts, M., 49
Coupal, L., 288
Couper, J. W., 235
Courneya, K. S., 67, 243, 359
Courtemanche, C., 287
Courtney, A. U., 254
Coussons-Read, M. E., 119
Couturier, J., 343
Covington, E. C., 140
Cox, B. J., 141
Coyne, J. C., 97, 128, 237
Crabbe, J. C., 304
Craciun, C., 71
Craig, B. A., 359
Craig, C. L., 372
Craig, K. D., 140
Craig, R. G., 248
Cramer, H., 108
Cramer, J. A., 61, 252
Cramer, J., 60
Cramer, S., 389
Creamer, M. R., 272, 279, 284
Crepaz, N., 105, 106, 120, 261
Crerand, C. E., 335
Crimmins, E. M., 7, 382
Crisp, A., 341
Crispo, A., 30
Critchley, J. A., 200, 287
Croft, P., 142, 146
Croghan, I. T., 31
Croghan, T. W., 55, 61
Crombez, G., 142, 147
Crosby, R., 343
Cross, J. T., Jr., 147
Crowell, T. L., 259
Cruess, D. G., 129
Crum, A. J., 50
Cuan-Baltazar, J. Y., 47
Cuesta, A., 61
Cummings, D. E., 329, 330
Cunningham, J. A., 308
Cunningham, T. J., 234, 207, 258

Cuntz, U., 343
Curtin, J. H., 306
Curtin, J. J., 306
Cust, A. E., 358
Cutler, D. M., 378
Cutrona, C. E., 129
Cykert, S., 142, 149
Czerniecki, J. M., 148

D

D'Agostino, R. B. Sr., 208, 330
D'Amico, D., 123
D'Arcy, Y., 153
D'Este, C., 61
da Silva Oliveira, M. S., 338
Dafoe, W. A., 208
Dagenais, S., 147
Dai, Y., 237
Dal Maso, L., 62, 232
Dalal, H. M., 215
Dalcin, A., 335
Dale, L. P., 372
Daley, A., 361
Daly, J., 61
Damasceno, A., 206
Damiano, S. R., 328, 339
Damjanovic, A. K., 119
Dammeyer, J., 234
Damschroder, L. J., 242
Danaei, G., 227, 303
Danese, A., 122
Dannecker, E. A., 142
Dans, A. L., 206
Dansinger, M. L., 215
Dantzer, R., 128
Dar, T., 208
Darby, S., 31
Dare, C., 343
Darvishi, N., 301
Dasanayke, A. P., 248
Datta, S. D., 233
Datta, S., 233
Daumann, J., 312
David, D., 335
Davidson, K. W., 213
Davidson, K., 210
Davidson, T. L., 331
Daviglus, M. L., 207
Davis, A. K., 310
Davis, B., 328
Davis, C. L., 363, 366
Davis, C., 367
Davis, J., 248
Davis, K. D., 138
Davis, T. C., 379
Daws, L. C., 332
Dawson, D. A., 308, 310
Day, N., 236, 302, 392
Daza, P., 390
De Andrés, J., 154
De Benedittis, G., 173, 180
de Bloom, J., 95
De Bourdeaudhuij, I., 372
de Brouwer, S. J. M., 127
de Gonzalez, A. B., 250
de Leeuw, R., 123
De Lew, N., 379
De Marzo, A. M., 226
de Morais Sato, P., 338
de Ridder, D., 276, 243, 244

de Sanctis, A., 330
de Vries, S., 93
de Vugt, M. E., 248
de Weerth, C., 95
de Wit, G. A., 386
Deandrea, S., 148
Deatrick, J. A., 244
Decullier, E., 28
DeFulio, A., 68
Dekker, J., 243
Delalfosse, P., 31
Delaney-Black, V., 300
Delaney, H. D., 310
Deleemans, J., 210, 213
DeLeo, J. A., 143
DeLongis, A., 97
Delvaux, T., 259
Dembroski, T. M., 209
Demming, B., 306
Demoncada, A. C., 243
Demoto, Y., 145
Dempsey, A., 233
Denham, M., 93
Deniz, O., 123
Dennis, B., 225
Dennis, J. M., 92
Dennis, L. K., 232
Denollet, J., 210
Depp, C., 248
Derogatis, L. R., 151
DeRue, D. S., 95
deRuiter, W. K., 61
Des Jarlais, D. C., 318
Desai, K., 174
Desai, M., 142
DeSilva, M., 312
Desimone, M. F., 103
Detillion, C. E., 98
Dettmer, A. M., 93
Devakumar, D., 83
DevPaul, B., 313
DeVries, A. C., 98
DeWall, C. N., 138
Dewaraja, R., 91, 130
Dewey, D., 123
Dhabhar, F. S., 120, 122, 129
Dhanani, N. M., 179
Dhar, A. K., 214
Dhillo, W. S., 120
Di Bonaventure, M. V., 305
Diamond, M., 146
Diamond, P., 58
Diaz, E., 130
Diaz, L. E., 103
Dibben, G. O., 215
Dick, D. M., 390
Dickerson, F., 280
Dickerson, S. S., 100, 120
DiClemente, C. C., 69, 70, 280
Diener, H-C., 206
Dietz, P. M., 280
DiFranza, J., 276
DiIorio, C., 261
Dilkes-Frayne, E., 303
Dillard, J., 147, 186
Dillingham, T. R., 148
DiMatteo, M. R., 49, 50, 55, 58, 60, 61, 62, 75, 76, 77
Dimsdale, J. E., 47
Dingwall, G., 301

DiNicola, D. D., 50, 75, 76
Dion, D., 142
Dionne, R. A., 142
Direito, A., 371
Distefan, J. M., 276
Dittmann, M., 251
Dixon, J. B., 330
Dixon, L., 280
Dobbins, M., 284
Dobkin, P. L., 61
Dobos, G., 108
Dobson, R., 229, 371
Dodd, S., 142
Dogra, N., 243
Dolder, P. C., 312
Doll, R., 24
Dollard, K. M., 102
Domingue, B. W., 275
Donaghy, M. E., 361
Donaldson, M., 51
Donelan, K., 47
Donohue, K. F., 306
Donovan, J., 42
Dorenlot, P., 129
Dorer, D. J., 341, 343
Dornbusch, S., 47
Dorr, N., 209
dos Santos Silva, I., 26
Dosemeci, M., 358
Doswell, W. M., 67
Doty, H. E., 42
Dougall, A. L., 120
Douketis, J. D., 337
Dovidio, J. F., 63
Dowell, D., 157
Downer, B., 302
Doyle, W. J., 10, 41, 124
Dragano, N., 123
Drake, C. G., 226
Dreisbach, J., 312
Driskell, J. E., 104, 105
Drotar, D., 61
Duan, S., 334
Duangdao, K. M., 101
Dube, C. E., 46
Duka, T. K., 301
Duke, A., 277
Dunbar-Jacob, J., 63
Dunkel-Schetter, C., 128
Dunn, A. L., 361
Dunn, E. M., 44
Dunton, G. F., 57
Dupuis, G., 142
Dusseldrop, E., 215
Dutra, L., 317
Duval, S., 359
Dyck, I., 317
Dye, C., 174
Dyson, M., 119

E

Eagon, C. J., 336
Eaker, D. E., 208
Eakin, E. G., 371, 372
Easdon, C. M., 305
Easterbrook, P. J., 28
Ebbert, J. O., 31
Ebert, L., 92
Ebrahim, S., 75, 207
Ebrecht, M., 119

Eccleston, C., 182, 388
Eckenrode, J., 47
Eckhardt, C. I., 301
Ecoiffier, M., 149
Edache, I. Y., 40, 42
Eddy, K. T., 342, 343
Edenberg, H. J., 304
Edmonds, G. W., 62
Edwards, G., 293, 304, 305
Edwards, L. M., 237
Edwards, R., 276
Edwards, W. T., 148
Egbert, N., 391
Ege, M. J., 254
Egger, M., 357, 364
Eggert, J., 300
Egnatuk, C. M., 21
Ehde, D. M., 148
Ehlert, U., 105
Ehrlich, G. E., 164
Ehrlich, S., 343
Eisenbach, Z., 207
Eisenberg, D., 20
Eisenberg, M. E., 336, 341
Eisenberger, N. I., 118, 137
Eisenmann, J. C., 358
Eissenberg, T., 390
Eke, P. I., 234, 207
Ekelund, U., 207
Elaijami, T. K., 205
Elgharib, N., 193, 204
Elias, J. A., 127, 253
Elkins, J. S., 387
Ell, K., 243
Ellard, D. R., 243
Eller, N. H., 96
Elliott, C. H., 52
Elliott, R. A., 254, 255
Ellis, A., 181, 248
Ellis, B. M., 51
Ellis, D. A., 61, 63
Ellis, L., 245, 248
Ellison, L., 147
Emanuel, A. S., 61, 67
Emanuel, E. J., 386
Emanuel, L., 263
Emms, S., 207
Empana, J.-P., 208
Endresen, G. K. M., 147
Endresen, I. M., 93
Eng, P. C., 120
Engberg, J., 66
Engel, J., 329
Engelfriet, P. M., 386
Engelgau, M. M., 205
Engh, J. A., 317
Engstrom, L.-M. T., 142
Engstrom, M., 318
Ensel, W. M., 361
Enstrom, J. E., 282
Epel, E. S., 122
Epel, E., 12, 122
Ephraim, P. L., 148
Epker, J., 142
Epstein, A. M., 379
Epstein, L. H., 330
Erbas, B., 330
Erdmann, J., 201
Ereshefsky, L., 58
Erlinger, T. P., 335

Ernst, T., 312
Ernster, V. L., 280
Ernsting, A., 71
Erro, J., 179, 180, 181
Ertekin-Taner, N., 245
Esposito, C., 244
Estevez, E., 147
Ettner, S. L., 94
Evans-Polce, R. J., 382
Evans, B., 248
Evans, D., 44
Evans, G. W., 93
Evans, K., 248
Evans, P. C., 339
Evans, P., 337
Evans, S., 379
Everett, M. D., 360
Everitt, M., 307
Everson, S. A., 126
Eves, F. F., 371
Ezzo, J., 183

F
Fabrazzo, M., 343
Faden, R. R., 285
Faerden, A., 317
Faes, S., 74
Faeslis, C., 142, 149
Fagerstrom, K. O., 277
Fahey, T., 75
Fairbank, J. A., 92
Fairburn, C. G., 342
Fairhurst, M., 138
Fairlie, A. M., 307
Faith, M. S., 331
Falagas, M. E., 62
Falissard, B., 330
Fallahi, C. R., 307
Falzon, L., 61
Fan, T.-P., 164
Fant, R. V., 277
Farhadi, M., 301
Faris, P., 108
Farley, J. J., 61
Farran, C. J., 248
Farrar, W. B., 237
Farre, M., 310
Farrell, S. P., 127
Farstad, S. M., 343, 346
Faulkner, G., 371
Fava, J. L., 337
Favier, I., 147
Federman, A., 379
Feenstra, T. L., 386
Feinglos, M. N., 251
Feist, G. J., 33
Feist, J., 33
Feldman, P. J., 41
Feldman, R. S., 93, 94
Feldt, K., 150
Felson, R. B., 301
Feng, F., 183, 184
Ferguson, J., 285, 286
Ferguson, R. J., 243
Fernandez-Berrocal, P., 107
Fernandez, A., 386
Fernandez, E., 97
Fernandez, M. I., 61
Fernandez, M. S., 305

Fernandez, S., 56, 62
Ferrando, L., 130
Ferrari, M. D., 147
Ferri, M., 308
Ferris, T. G., 383, 385, 386
Feuerstein, M., 243
Fichtenberg, C. M., 285
Fichter, M., 299
Fidler, J. A., 276
Field, R. W., 226
Field, T., 168
Fife-Schaw, C., 251
Fife, T., 313
Fifield, J., 128
Filippidis, F. T., 334
Fillingam, (2018), 142
Fillingim, R. B., 142, 143
Fillmore, M. T., 305
Fine, L. J., 205
Finkelstein, A., 48
Finlayson, G., 324, 329, 331
Finniss, D. G., 21, 22
Firenzuoli, F., 174
Fischer, S., 343
Fish, J. N., 382
Fisher, J. P., 69
Fisher, W. A., 69
Fitzgerald, T. E., 100
Fjorback, L. O., 176
Flaxman, P. E., 105
Flay, B. R., 283
Flegal, K. M., 332, 333
Fleming, A., 331
Fleming, N. I., 122
Fleshner, M., 118
Flinn, M. V, 88
Flinois, A., 147
Flor, H., 149
Flores, G., 50
Flower, K., 57
Flynn, B. S., 210
Flynn, D. D., 313
Flynn, M. G., 359
Flynn, M., 182, 183
Foa, E. B., 105
Fogel, J., 244
Folkman, S., 90, 101, 102, 97, 101, 102, 243, 262
Foltz, V., 174
Fonseca, V., 58
Fontan, G., 49
Fontana, L., 332, 333
Foo, M.-D., 93
Foran, H., 301
Forastiere, F., 31
Forbes, G. B., 354
Fordiani, J. M., 62
Fordyce, W. E., 21, 151, 155
Forey, B. A., 282
Forhan, M., 40, 42
Forlenza, J. J., 118, 119
Foroud, T., 304
Forquera, R. A., 379
Fort, D., 379
Fortier, M. S., 372
Fortmann, A., 251
Foster, B. D., 258, 364
Foster, N. E., 179
Fothergill, E., 322, 326, 329, 338

Fouladi, R. T., 390
Foulon, C., 341
Fournier, J. C., 20
Fournier, M., 243
Fowler, J. H., 73
Fox, C. S., 329, 330
Fragaszy, E. B., 83
Franceschi, S., 232
Franceschi, S., 62
Franco, O. H., 343, 357
Frank, A. P., 333
Frank, E., 124, 186
Frank, G. K. W., 339, 340
Franklin, G., 252
Franklin, V. L., 252
Franko, D. L., 341, 342, 343
Franks, H. M., 102
Franks, P. W., 207
Fransson, E. I., 123
Franzini, L., 381
Fraser, G. E., 387
Fratiglioni, L., 245
Frattaroli, J., 106
Frederich, H.-C., 343
Fredrickson, B. L., 101
Freedman, D. H., 174, 175, 186
Freedman, L. S., 229
Freeman, A. M., 215
Freeman, P., 90
Freire, G. L. M., 367
Freitag, F., 146
French, S. A., 277
Freud, S., 106
Frey, K. A., 50
Frey, M., 61, 63
Frick, P. A., 66
Fried, L. P., 207
Friedenreich, C. M., 232, 358, 359
Friederich, H.-C., 343
Friedlander, E., 22
Friedländer, L., 343
Friedlander, Y., 207
Friedman, B., 41
Friedman, M., 193, 208
Friedmann, E., 100
Friedrich, W., 93
Friedson, E., 47
Friend, R., 41
Fries, J. F., 386
Frisina, P. G., 106, 107
Fritsch, T., 281
Froberg, K., 358
Fromme, H., 281
Frone, M. R., 306
Fry, C. L., 304
Fryar, C. D., 328, 334, 360
Fu, F., 243
Fuchs, P. N., 142, 146
Fuchs, V. R., 386
Fuertes, J. N., 49
Fujino, Y., 8
Fulkerson, J. A., 277
Fulmer, E. B., 276
Fumal, A., 147, 155
Fung, T. T., 212
Funk, K., 335, 337
Furberg, A. S., 232, 365
Furedi, J., 343
Furlan, A. D., 179

Furnham, A., 174, 175
Furze, G., 44

G
Gaab, J., 105
Gaard, M., 232
Gable, S. L., 138
Gabriel, R., 130
Gaesser, G. A., 338
Gagliese, L., 150
Gagnon, C. M., 142
Gal, R., 371
Galdas, P. M., 41
Galea, S., 130
Gallagher, B., 171
Gallagher, J. R., 318
Gallagher, K. M., 62, 67
Gallagher, M. W., 235
Galland, L., 49
Gallegos-Macias, A. R., 62
Galli, A., 332
Gallo, L. C., 41, 94, 251
Gallo, L., 251
Galloway, G. P., 57
Gamble, C., 28
Gambrill, S., 255
Gan, T. J., 153
Gan, X., 237
Gandhi, T. K., 49
Gannotta, R., 189
Gans, J. A., 61, 62, 75, 76
Gao, X., 335, 336, 354, 364
Gapstur, S. M., 232
Garavello, W., 231
Garber, J., 142
Garber, M. C., 56
Garcia-Camba, E., 130
Garcia-Pedroza, F., 147
Garcia-Sepulcre, M. F., 61
García, J., 156, 157
Garcia, K., 71
Gardner, K. A., 166
Garg, A. X., 77
Garner, D. M., 328, 341
Garner, P., 76
Garofalo, R., 100, 258
Garrido, J., 147
Garrison, M. E. B., 97
Garssen, B., 234
Gass, M., 25
Gatchel, R. J., 141, 146, 151
Gatzounis, R., 155
Gazmararian, J. A., 379
Geary, D. C., 88
Geha, P. Y., 147
Geisser, M. E., 151
Geisser, M. S., 61
Gelernter, J., 121
Gelhaar, T., 102
Gellad, W. F., 62
Geller, P. A., 107
Gemmell, L., 285
Genao, I., 142, 149
Gentilin, S., 105
Gentzke, A. S., 281
George, S. M., 232
George, S., 301
Georges, J., 248
Germann, J., 87
Gerteis, J., 9

Gervais, R., 352
Geurts, S., 94
Geuskens, G. A., 123
Geyer, M. A., 313
Ghali, W. A., 207
Ghamri, R. A., 285
Ghersi, D., 28
Gianaros, P. J., 87
Gibbons, C., 324, 329
Gibbons, F. X., 74
Gibney, A., 39
Gidycz, C. A., 390
Gielissen, M. F. J., 243
Giese-Davis, J., 129
Giggins, O., 172, 182
Gilbert, M. T. P., 256
Gilbert, T. C., 49
Gilbody, S., 207
Gillies, C. L., 252
Gillies, C., 378
Gilpin, E. A., 276
Ginley, M. K., 307
Ginsberg, J., 45
Giordani, P. J., 55
Girona, E., 61
Glahn, D. C., 58
Glancy, D., 104
Glantz, S. A., 281
Glaser, R., 119
Glasper, E. R., 98
Glassman, A. H., 214
Glasziou, P., 75
Glavin, P., 95
Glodzik-Sobanska, L., 248
Glombiewski, J. A., 156, 157
Gloss, D., 313
Glynn, L. M., 93
Glynn, R. J., 302
Gnys, M., 66
Godfrey, J. R., 212
Goffaux, P., 138
Gold, D. R., 127
Goldberg, J., 254
Goldberg, M., 123
Goldberg, R., 280
Goldman-Mellor, S., 122
Goldman, R., 249
Goldring, M. B., 147
Goldring, S. R., 147
Goldschmidt, A. B., 345
Goldsmith, C., 300
Goldstein, A., 138
Goldstein, M. S., 174
Goldston, K., 208, 214
Gomez-Estefan, C., 379
Gomez, L. F., 372
Gomez, S. L., 236
Gomuzzie, A. G., 357
Gonder-Frederick, L. A., 251
Gondoli, D. M., 343
Gong, F., 205
Gong, Q., 288
Gonzaga, G., 88
González-Cuevas, G., 311
Gonzalez, J. S., 62
Gonzalez, R., 129
Gonzalez, V., 229, 231
Goode, A. D., 371, 372
Goodin, S., 44
Goodpaster, B. H., 333

Goodwin, D. G., 298
Goodwin, R. D., 141, 281, 298
Goossens, M. E. J. B., 142, 147
Gordon, J. R., 306, 372
Gori, L., 184
Gorin, A. A., 337
Gorwood, P., 341
Gottfredson, 8
Gottheil, E., 237
Gøtzsche, P. C., 20
Gould, E., 379
Gould, H. M., 208
Gouzoulis-Mayfrank, E., 312
Goyal, M., 170, 176
Grafton, K. V., 150
Graham, A. L., 285
Graham, J. E., 119, 232, 285, 301
Graham, K., 343, 307
Graig, E., 93
Granger, D. A., 88
Granlund, M., 244
Grant, B. F., 308
Grant, J. A., 177
Grant, J., 382
Graubard, B. I., 332, 333
Graves, J. V., 331
Gray-Donald, K., 288
Gray, R., 300
Graziano, W. G., 107
Grazzi, L., 123
Greaves, F. E. C., 51
Green, D. J., 336
Greendale, G. A., 88
Greene, M. C., 309
Greenhouse, J. B., 62, 101
Greenland, S., 26
Greenley, R. N., 387
Greenlund, K. J., 208, 248
Greenwald, P., 27
Greenwood, B. N., 361
Greenwood, D. C., 28
Greer, D. S., 391
Gregory, J. W., 250
Greven, S., 125
Grieco, M. P., 336
Griffin, J. A., 307
Griffing, S., 130
Grigsby, J., 312
Grigsby, P., 312
Grilo, C. M., 345
Gritz, E. R., 390
Grizzle, A. J., 288
Groenewald, C., 174, 175
Groenewegen, P. P., 93
Grogan, S., 339
Grøholt, B., 301
Grönberg, H., 226
Gronseth, G., 313
Groot, C., 245
Gross, C. P., 251, 276
Gross, C. R., 62
Gross, M. M., 305
Gross, R., 56
Grossman, D., 232
Grossman, L. M., 306
Grossman, P., 176, 178
Grover, S. A., 288
Gruber, J., 48
Grucza, R. A., 301
Gruen, R., 97

Gruenewald, T. L., 87
Grum, C. M., 255
Grundy, P., 385
Grundy, S. M., 204, 207
Grzywacz, J. G., 8, 94
Gu, J., 108
Gualano, B., 338
Guallar, E., 302
Guck, T. P., 129, 214
Guelfi, J. D., 341
Guevara, J. P., 255
Guida, F., 31
Guillén, J. E., 57
Guillot, J., 66
Gull, W. W., 340
Gullion, C. M., 335, 337
Günes, C., 123
Gunn, H., 122
Guo, J., 326, 329
Guo, Q., 237
Guo, X., 183
Guo, Z., 207
Gupta, S., 75
Guralnik, J. M., 207
Gurung, R. A. R., 87
Gustafson, E. M., 127
Gustafson, M. L., 49
Gustavsson, P., 226
Güthlin, D., 125
Guy, G. P., 153
Guyatt, G., 334, 337
Gwaltney, C. J., 66
Gwaltney, J. M., Jr., 10, 41, 124
Gyllenhammer, L., 106, 107

H
Ha, M., 227
Haahtela, T., 254
Haak, T., 178
Haan, J., 147
Haan, M. N., 247
Haas, D. C., 180
Haas, J. S., 62
Haberer, J. E., 57, 58
Hackl-Herrwerth, A., 309, 310
Haden, S. C., 130
Haenle, M. M., 302
Hafdahl, A. R., 359
Hagan, C. C., 58
Hagedoorn, M., 236
Hagenah, U., 343
Hagger, M. S., 44
Haggerty, R. J., 47
Haghtalab, T., 301
Hagimoto, A., 285
Hagströmer, M., 369
Haig, A. J., 151
Hail, L., 344
Hailey, S., 237
Haimanot, R. T., 146
Halberstadt, A. L., 313
Haldeman, S., 147
Haley, W., 378
Halkjaer, H., 332, 333
Hall, C. B., 245
Hall, H., 174
Hall, J. A., 50
Hall, K. D., 326, 329
Hall, M. A., 47
Hall, W., 303

Hallgren, K. A., 309
Halm, E., 44, 60
Halpern, P., 312
Halpin, H. A., 255
Ham, L. S., 307
Hame, M., 123
Hamel, L. M., 371, 372
Hamer, M., 123, 125, 358, 361, 366
Han, L., 334
Handlin, A., 100
Hanewinkel, R., 276
Hanley, M. A., 148
Hanlon, C. A., 138
Hann, K. E., 156, 157
Hannigan, J. H., 300
Hansen, B. L., 41, 42
Hansen, C. J., 357, 364
Hansen, D., 337
Hansen, K. B., 93
Hansen, K. E., 233
Hansen, K., 237
Hansen, L., 362
Hansmann, S., 242
Hanson-Turton, T., 49
Hanus, C., 331
Hanvik, L. J., 150
Harakeh, Z., 276, 277, 278
Harder, B., 254
Harding, M. C., 221
Harding, T. M., 221
Hargreaves, D., 331
Hargreaves, M., 42
Harman, J. E., 237
Harnack, L. J., 326
Harper, C., 312
Harrigan, R. C., 25
Harriger, J., 328
Harrington, A., 163
Harrington, H. L., 122
Harrington, H., 207
Harrington, J., 75
Harris, J., 371
Harris, M. I., 41
Harris, P. E., 174
Harris, T. R., 343
Harrison, B. J., 128
Harsha, D. W., 337
Harter, J. K., 41, 95
Hartman, T. J., 25, 27
Hartmann, A., 343
Hartvigsen, G., 388
Hartwell, E., 309
Hartz, A., 61, 333
Hartzell, E., 343
Harvey, N. C., 326
Harvie, D. S., 141
Hasin, D. S., 92
Haskard, K. B., 60
Hasselbach, P., 234
Hat-zenbuehler, M. L., 92
Hatchard, T., 182, 183
Hausenblas, H. A., 366
Hausenblaus, H., 366
Hausenloy, D. J., 406, 415
Hawkley, L. C., 130, 207
Hay, P. J., 342, 343
Hay, P., 341
Hayes-Bautista, D. E., 379, 381
Hayes-Bautista, M., 379, 381
Hayes, S., 147

Haynes, R. B., 50, 56, 58, 61, 75, 77
Haynes, R. B., 75
He, D., 171
HealthGrades, 61, 387
Healy, K. E., 174
Heard-Costa, N. L., 330
Hearn, W. L., 313
Heath, G. W., 371
Heather, N., 310, 318
Heaton, J. A., 307
Heber, D., 25
Hebert, E., 66
Heckbert, S. R., 62
Heckman, B. W., 286
Heckman, C., 237
Heijmans, M., 242
Heikkilä, K., 123
Heim, C. M., 130
Heimer, R., 258
Heinith, F., 337
Heiss, G., 25
Heitmann, B. L., 330
Helakorpi, S., 207
Held, C., 207
Helder, L., 105
Helgeson, V. S., 102, 212, 236, 243
Helweg-Larsen, M., 228
Hembree, E. A., 105
Hendriks, H. F. J., 302
Heneghan, C. J., 75
Henley, J., 223
Henley, S. J., 281
Henningfield, J. E., 277
Hennings, S., 207
Henriksen, J. E., 330
Henriksen, L., 276
Herbst, A., 359, 365
Herd, N., 286
Herman, C. P., 331, 338
Herman, P., 339
Hermann, C. P., 42
Hermus, A. R. M. M., 336
Hernán, M. A., 280
Hernán, M., 26
Hernandez, A., 379
Herpertiz-Dahlmann, B., 343
Herrara, V. M., 93
Herring, M. P., 361
Herrmann, S., 62
Herzog, D. B., 341, 342, 343
Herzog, T., 70, 71
Hession, M., 335
Hester, R. K., 310
Hettige, S., 307
Hewitt, R. G., 62
Hextall, J., 119
Heyman, G. M., 308
Heymsfield, S. B., 326
Hickcox, M., 66
Hickman, M., 300
Hiemann, T., 357, 370
Higgins, J. P., 68, 76
Hilbert, A., 346
Hiler, M. M., 390
Hilgard, E. R., 172
Hilgard, J. R., 172
Hill, A. G., 155
Hill, J. O., 354, 364
Hill, M. D., 377
Hill, P. L., 62

Hiller-Sturmhöfel, S., 310
Hime, G. W., 313
Himmelstein, D. U., 48, 381, 383, 386
Hind, K., 359
Hingson, R., 389
Hirchman, L. A., 147
Hirsh, A. T., 142
Hlatky, M. A., 208
Ho, E., 391
Hochbaum, G., 63
Hodgins, D., 308
Hoey, L. M., 236
Hoeymans, N., 8
Hoffman, B. M., 105
Hoffman, K. M., 149
Hoffmann, K., 332, 333
Hofmann, S. G., 10
Hofstetter, C. R., 281
Hogan, B. E., 209
Hogan, E. M., 342
Hogan, N. S., 243, 263
Hogan, T. P., 45
Hogg, R. C., 275
Hohmann-Marriott, B., 92
Holahan, C. J., 301
Holahan, C. K., 301
Holden, C., 312
Holder, J. S., 357, 364
Hollander, D., 66
Holley, A. L., 142
Holley, H., 105, 120
Hollis, J. F., 335, 337
Holman, E. A., 92, 102
Holmes, T. H., 92, 97, 121, 376
Holsti, L., 151
Holt-Lunstad, J., 30, 98, 208
Holt, L. J., 307
Holtzman, D., 260
Hölzel, B. K., 173
Honkoop, P. C., 123
Hood, C. J., 104, 155
Hooftman, W. E., 123
Hoogenveen, R. T., 386
Hoogeveen, R. C., 302
Hooker, K., 100
Hooper, M. W., 83
Hoorn, S. V., 207
Hootman, J. M., 147
Hoover, R., 358, 367
Hopkins, D. H., 370
Hopkins, M., 324
Hopkins,M., 329
Hopman, M. T. E., 336
Hopper, J. L., 330
Horan, J. J., 105
Horgen, K. B., 331
Horne, R., 44, 60, 62
Hornik, R., 371
Horowitz, S., 182
Horwitz, R., 288
Houdeyer, K., 341
Houtman, I. L., 123
Houts, P. S., 380
Houts, R. M., 122
Howard, L., 326, 329
Howard, M. O., 311
Howe, G. W., 93
Howe, L. C., 50
Howze, E. H., 371
Hróbjartsson, A., 20

Hromi, A., 306
Hsiao, A.-F., 174, 186
Hsu et al., (2013), 137
Hsu, C., 180
Hsu, D. T., 137
Hsu, P., 379
Hsu, R. T., 252
Hu, A. W., 102
Hu, B., 208
Hu, F. B., 249, 251, 302, 332, 333, 359
Hu, P., 88
Hu, X., 146
Huang, B., 276
Huang, B., 66
Huang, J.-Q., 153
Huang, R.-C., 211
Huang, Z.-G., 183
Hucklebridge, F., 93
Hudson, J. I., 341, 343, 345
Huebner, R. B., 94, 310
Hufford, D. J., 162
Hughes, J. R., 286
Hughes, J. W., 108
Hughes, J., 138, 277, 286
Hughes, T. L., 382
Huibregtse, K. M. S., 275
Huizinga, M. M., 56
Hulbert-Williams, N., 237
Hulme, C., 247
Humphreys, K., 308, 386
Hunt, D., 286
Hunt, R. H., 153
Hunt, W. A., 286, 310, 317
Hunter, A., 63
Hunter, D., 236
Huntley, J. D., 247
Huppert, F. A., 108
Hurewitz, A., 106, 107
Hurley, J., 130
Hurley, S. F., 288
Hursting, S. D., 359
Hurt, R. D., 31
Hurwitz, J. T., 288
Hutchinson, A. B., 260
Huth, M. M., 178
Huxley, R. R., 205
Huxley, R., 250
Huy, N., 119
Hyde, J. S., 95
Hyland, N., 62

I
Iadarola, M. J., 150
Iagnocco, A., 154
Iannotti, R. J., 66
Iber, F., 25
Iceta, S., 339
Ickovics, J. R., 262
Iglesias, S. L., 103,104
Ijadunola, K. T., 260
Ijadunola, M. Y., 260
Ilgen, D. R., 95
Ilies, R., 95
Imes, R. S., 47
Imhof, A., 302
Infante-Castaneda, C. B., 42
Ingargiola, M. J., 336
Ingersoll, K. S., 60
Ingraham, B. A., 232
Iniguez, D., 379

Innes, K. E., 182, 183, 185
Inoue, S., 347
Intille, S. S., 57
Ioannidis, J. P. A,232
Ioannidis, J. S., 28
Ionan, A. C., 129
Iqbal, R., 206
Iribarren, C., 206, 209
Irnich, D., 179
Ironson, G., 62, 66, 104
Irvin, J. E., 390
Irving, H., 302
Irwin, D. E., 43
Irwin, M. R., 40, 118-120, 183, 184, 392
Isaacs, W. B., 226
Iskandar, S. B., 193, 204
Islam, S., 207, 254
Isler, C. M., 382
Ismail, K., 62
Iso, H., 206
Israel, S., 122
Ito, T., 129
Ivers, H., 44
Iwamoto, D. K., 297

J
Jacka, F. N., 142
Jackson, G. F., 313
Jackson, G., 215
Jackson, J. J., 62
Jackson, J., 248
Jackson, K. M., 297
Jacobs, G. D., 103, 153
Jacobs, W., 45, 46, 47
Jacobsen, P. B., 243
Jacobson, E., 154
Jager, R. D., 280
Jagger, C., 378
Jahnke, R., 183, 184
Jakicic, J. M., 354, 364
James, P., 69
Jämsää, T., 359, 365
Janicki-Deverts, D., 123
Janicki, D. L., 125
Janicki, D., 102
Janisse, J., 300
Jansen, J. P., 334, 337
Jansen, S., 248
Janssen, R. S., 260
Jarbol, D. E., 41, 42
Jay, S. M., 52
Jayawant, S. S., 57
Jayes, L., 382
Jeffery, R. W., 326, 338
Jeifetz, M., 103
Jelinski, S. F., 207
Jemal, A., 222
Jenkins, C. D., 208
Jenkins, E. F., 281
Jenkins, S., 39
Jenks, R. A., 277
Jensen, M. D., 149
Jensen, M. K., 332, 333
Jensen, M. P., 141, 148, 150, 180, 182
Jeon, C. Y., 359
Jeon, K. C., 45, 46
Jerone, G. J., 337
Jha, A. P., 173
Jiang, T., 331
Jick, H., 302

ÍNDICE ONOMÁSTICO

Jin, L., 50
Jockel, K.-H., 31
Joensuu, M., 123
Johansen, C., 234
John, M., 62
John, U., 287, 392
Johnsen, N. F., 359, 365
Johnson, A. M., 83
Johnson, A., 77
Johnson, E., 179, 180, 181
Johnson, K. A., 281
Johnson, K. C., 25
Johnson, M. I.,
Johnson, S. B., 219
Johnston, B. C., 334, 337
Johnston, J. H., 104, 105
Johnston, L. D., 8, 275, 297, 315
Johnston, L., 52
Jolanda, C. M., 360
Jolliffe, C. D., 157
Jonas, W. B., 21, 22
Jones, A. M., 358, 464
Jones, B. Q., 208
Jones, D. L., 379
Jones, D., 28
Jones, P. J. H., 358
Jones, W. R., 341
Jordan, B. K., 92
Jorge, R., 246
Jorgensen, R. B., 215, 278
Jorgensen, R. S., 209
Jorgensen, T., 209
Jose, P., 307
Joseph, L., 211, 288
Josephs, R. A., 306
Joshi, A., 313
Joshi, M., 313
Jou, J., 184, 185
Jouven, X., 208
Judge, K., 286
Judge, P. G., 93
Juliano, L. M., 316
Julien, R. M., 152, 153, 154
Jump, R. L., 142
Juneau, M., 152
Juster, R. P., 87

K
Ka'opua, L. S. I., 63
Kääb, S., 125
Kabat-Zinn, J., 107, 156, 159, 170
Kabat, G. C., 282
Kadowaki, T., 127
Kaell, A., 107
Kahende, J. W., 281
Kahn, E. B., 371
Kahn, H. A., 355
Kahn, J., 179, 180, 181
Kahokeher, A., 104
Kaholokula, J. K., 60, 63
Kalichman, S. C., 258, 259
Kalichman, S., 108
Kalishman, N., 62
Kalsekar, A., 58
Kalter, J., 243
Kamarck, T. W., 125
Kamarck, T., 83
Kambouropoulos, N., 306
Kamer, A. R., 245
Kamiya, J., 172

Kampert, J. B., 361, 365
Kampman, E., 28
Kanaan, M., 207
Kaniasty, K., 130
Kann, L., 274, 275, 281, 248, 297, 336, 343
Kann, L., 343
Kanner, A. D., 97, 128
Kantarci, K., 245
Kanter, D., 334
Kanters, S., 334, 337
Kantor, L. W., 310
Kaplan, B. H., 47
Kaplan, B. J., 186, 189
Kaplan, B., 244
Kaplan, R. M., 315, 377
Kaplan, R., 388
Kaprio, J., 326
Kapsokefalou, M., 390
Kaptchuk, T. J., 20, 174
Kaptchuk, T., 22
Karageorghis, C., 366
Karam, E., 297
Karavidas, M. K., 182, 183
Kardia, S. L. R., 275
Karimi, L., 206
Kark, J. D., 207
Karl, A., 149
Karlamangla, A. S., 203, 207
Karlsson, C., 365
Karlsson, M., 365
Karoly, P., 150, 155, 157
Karon, J. M., 271
Karp, A., 247
Karp, I., 276
Kartashov, A. I., 328
Karter, A. J., 49
Kashy, D., 237
Kasim, R., 317
Kasl, S. V., 38, 44
Kasza, K. A., 285
Katikireddi, S. V., 83
Kato, M., 127
Katon, W. J., 62
Katsiaras, A., 333
Kattari, S. K., 383
Katz, J., 150
Katz, M. H., 258
Katz, M., 245
Katzmarzyk, P. T., 232, 357
Katzper, M., 143
Kaufman, E., 62
Kaufman, M., 62, 258
Kaufmann, P. G., 205, 214
Kaul, S., 335
Kauschinger, E., 379
Kava, B. R., 236
Kavan, M. G., 129, 214
Kavanagh, P., 75
Kavanah, A., 372
Kavookjian, J., 359, 365
Kavousi, M., 357
Kawachi, I., 207, 378
Kawamura, N., 91, 130
Kaya, M. D., 123
Kaye, W. H., 339
Kaye, W., 340, 343
Kazinets, G., 285
Kazmi, K., 207
Keane, T. M., 60
Keddie, A. M., 381

Keefe, F. J., 140, 147, 151
Keel, P. K., 340, 341, 343
Keith, V., 174
Keller, A., 179, 181
Keller, M. C., 129
Keller, M., 305, 330
Kelley, E., 51
Kelley, F. J., 379
Kelley, G. A., 358
Kelley, J. M., 22
Kelley, K. S., 358
Kelley, K. W., 118
Kelly-Hayes, M., 208
Kelly, J. A., 259
Kelly, J. F., 308
Keltai, M., 203, 206
Keltner, B., 379
Kemeny, M. E., 84, 86, 100, 120, 121, 122
Kemp, B., 102
Kempen, G. I. J. M., 242, 248
Kempen, G. I., 242, 360
Kemppainen, L. M., 178
Kemppainen, T. T., 178
Kendler, K. S., 129, 390
Kendrick, D., 280
Kendzor, D. E., 272
Kennedy, B., 357, 364
Kent, S., 61
Keogh, E., 105
Keppell, M., 52
Kerke, H., 357, 364
Kerlikowske, K., 280
Kerlikowske, R. G., 153
Kerns, J. C., 326, 329
Kerns, R. D., 16, 105, 150
Kerse, N., 50
Kertesz, L., 28, 30
Keshaviah, A., 341
Keskitalo-Vuokko, K., 275
Kesmodel, U., 300
Kessler, R. C., 129, 244, 341, 345
Ketcham, A. S., 100
Ketcham, J. D, 56
Keune, P. M., 183, 184
Keuroghlian, A. S., 129
Keyes, K. M., 92
Keys, A., 324, 340
Keys, M., 243
Khamba, B. K., 306
Khan, C. M., 235
Khan, N. A., 251
Kharbanda, R., 207
Khaw, K.-T., 204, 392
Khazeni, N, 142
Khera, R., 350
Khoo, B., 120
Khoo, E. J., 281
Khoo, E. L., 156, 157
Khoramdad, M., 206
Khoury, B., 347
Kickbusch, I., 391
Kiecolt-Glaser, J. K., 98, 99, 119, 120, 248, 301
Kikendall, J. W., 25
Kilpatrick, M., 66
Kim, D., 207
Kimball, C. P., 12
Kimber, M., 343
Kimmel, S. E., 56
Kind, S., 142

King, C. D., 142
King, C. R., 390
King, D., 313
King, K., 207
King, N., 331
Kipman, A., 341
Kirchner, T. R., 301
Kirkeeide, R., 207
Kirouac, M., 309
Kirschbaum, C., 96
Kirtley, L.-G., 119
Kissane, D., 237
Kit, B. K., 332, 333
Kivimaki, M., 123
Kivipelto, M., 245
Kivlinghan, K. T., 88
Kiwanuka, J., 57, 58
Kiyohara, C., 280
Klatsky, A. L., 301, 302
Kleber, H. D., 310
Klein-Hessling, J., 103, 104
Klein, L. C., 87, 88
Klein, P. J., 172
Klein, W. M., 58
Klimas, N. G., 62
Klimas, N., 105
Kloberdanz, K., 112
Kloda, L. A., 142
Klonoff, E. A., 94
Klotz, J. B., 226
Klotz, U., 154
Kluger, R., 271, 272
Klump, K. L., 340, 341, 343
Knafl, K. A., 244
Knez, A., 125
Knight, S. J., 263
Knippenberg, R. J. M., 248
Knott, C., 302
Knuth, N. D., 326, 329
Knutson, K. L., 330
Knuttgen, H. G., 308
Knuttsson, M., 123
Ko, N.-Y., 259
Kobayashi, K., 174
Kobayashi, M., 263
Koçak, N., 123
Koch, D. S., 306
Kochanek, K. D., 9, 200, 311
Koenig, W., 302
Koeppe, R. A., 21
Kofman, O., 128
Kogan, N. M., 312
Kohn, L. T., 51
Köhnke, M. D., 304
Kokkotou, E., 22
Kolata, G., 322
Kolodziej, M. E., 209
Komaroff, A., 20
Kompier, M., 95
Koopmans, G. T., 41
Kop, W. J., 125, 205
Koperdak, M., 343
Kopnisky, K. L., 124
Kopp, Z., 43
Koppel, B. S., 313
Kordonouri, O., 359
Koring, M., 71
Korkeila, M., 326
Korous, K. M., 126

Korpelainen, R., 359, 365
Koskenvuo, A., 123
Koski-Jannes, A., 308
Kosok, A., 310
Koss, M. P., 93
Kottow, M. H., 22
Koulis, T., 276
Kovacs, R., 330
Koval, J. J., 278
Kowal, J., 372
Kowalczykowski, M., 22
Kozlenko, N., 378
Kozlowski, L. T., 284
Kraemer, H. C., 237
Kraemer, H. C., 248
Kramer, C. K., 100
Krantz, D. S., 207, 388
Krarup, L.-H., 357, 364
Kratzer, W., 302
Kraus, L., 306
Kravitz, R. L., 49, 50
Krebs, D. E., 359
Krebs, P., 243
Kresevic, D., 178, 181
Krewski, D., 226
Kreyenbuhl, J., 280
Krieger, N., 381
Krikorian, R., 243
Krisanaprakornkit, T., 176, 178
Krisanaprakornkit, W., 176, 178
Krishna, S., 252
Krishnan-Sarin, S., 310
Krishnan, A., 243
Krishnan, M., 307
Kristeller, J. L., 347
Krompinger, J., 173
Kronenfeld, J. J., 174, 175, 177
Kronenfeld, J., 174
Kröner-Herwig, B., 180, 182
Kronish, I. M., 214
Kronish, I., 61
Krueger, A. B., 41
Krueger, E. A., 382
Krupat, E., 49, 50
Krysta, J. H., 309
Kübler-Ross, E., 262-263
Küchenhoff, H., 125
Kuendig, H., 307
Kuhajda, M. C., 156, 157
Kuhn, P., 183, 184
Kuhnel, J., 95
Kuk, J. L., 338
Kulka, R. A., 92
Kulkarni, U., 335
Kumar, M., 379
Kumar, R., 57, 67
Kunisato, Y., 145
Kunst, A. E., 207, 274, 382
Kuntsche, S., 297
Kunz, C., 309
Kupper, S., 104
Kupperman, J., 67
Kurinczuk, J. J., 300
Kurland, H., 171
Kurth, R., 149
Kurz, J., 142, 149
Kyngäs, H., 62
Kypri, K., 297
Kyu, H. H., 377

Kyvik, K. O., 330

L

La Vecchia, C., 232
Laaksonen, M., 207
Laatikainen, T., 207
Laboy, A. F., 331
Lac, A., 307
Lacey, J. H., 346
Lachman, M. E., 95
Laferriere, D., 335, 337
Lahelma, E., 330
Lai, D. T. C., 76
Lallukka, T., 330
Lam, Y. W. F., 58
Lambert, P. C., 252
Lambert, S., 243
Lamers, L. M., 41
Landrine, H., 94
Lane, G., 248
Lane, J. D., 251
Lang, A. R., 306
Lang, F. R., 262
Lang, U. E., 312
Langer, E. J., 51, 99, 339
Lannutti, P. J., 306
Lanza, E., 25
Lanza, S. T., 390
Lapane, K. L., 45
López-Moreno, J. A., 311
Largo-Wight, E., 391
Larsen, P. V., 41, 42
Laskowski, B., 119
Lasser, K. E., 381, 383, 386
Lasser, N. L., 25
Last, J. M., 26
Lau, A. S., 102
Lauche, R., 108
Lauque, D., 149
Laurenceau, J.-P., 208
Laurent, M. R., 47
Lauritzen, T., 309
Lavallee, L. F., 107
Laveda, R., 61
LaVeist, T. A., 380
Laverty, A. A., 334
Lavin, R., 142
Lavizzo, E. A., 130
Lawson, S. A., 379
Lawton, R. J., 67
Layton, J. B., 30, 98
Lazarou, J., 51
Lazarus, R. S., 90, 91, 97, 128
Le Parc, J.-M., 147
Le Roux, P., 387
Leach, M. J., 202, 174
Leachman, S. A., 232
Leahey, T. M., 57, 67
Leake, H., 44
Leanza, Y., 50, 121
Leape, L. L., 51
Leary, M. R., 138
Leas, E. C., 281
Leatherdale, S. T., 61
Leavy, J. E., 370
Lechner, S. C., 104
Leddy, J. J., 331
Lee, C. M., 307
Lee, D. R., 305

Lee, G. L., 243
Lee, H. H., 381
Lee, H. S., 318
Lee, L., 276
Lee, M. S., 187
Lee, P. N., 282
Lee, P. R., 305
Lee, P., 305
Lee, S., 243
Lee, T. H., 383, 385, 386
Lee, W. J., 358
Leeks, K. D., 370
Leeuw, M., 142, 147
Lefevre, H., 372
Leger, D., 330
Lehman, D. R., 331
Leibowitz, K. A., 50
Leineweber, C., 207
Leinhard, O. D., 326
Leinsalu, M., 382
Leistner, D., 125
Lemaitre, R., 208
Lemberg, R., 341
Lembo, A. J., 22
Lemer, C., 51
Lennon, L., 207
Lenz, C., 312
Leonardi, M., 123
Leonido-Yee, M., 312
Lepore, S. J., 106, 107
Leppäluoto, J., 359, 365
Lepper, H. S., 55, 61
Lerner, J. E., 42, 43
Leserman, J., 62
Lestideau, O. T., 107
Letourneau, E. G., 226
Leucht, S., 309, 310
Levenson, R. W., 101, 306
Levenson, R. W., 306
Levenstein, S., 12
Leventhal, E. A., 41, 43
Leventhal, H., 277
Leventhal, H., 41, 43, 44, 47, 60
Levi, F., 232
Levi, L., 121
Levy, D., 30, 330
Levy, S., 313
Lewer, D., 83
Lewis, B. P., 87
Lewis, C. E., 208
Lewis, C. S., 130
Lewis, D. C., 310
Lewis, O., 93
Lewis, S. J., 300
Lewith, G., 179
Li-Korotky, H. S., 123
Li, C., 391
Li, J. M., 50
Li, L., 174
Li, W., 208
Li, Y., 302
Liang, S., 174
Liang, W., 302
Liao, Y., 57
Lichtenstein, B., 260
Lichter, E. L., 93
Lieberman, M. D., 106, 138
Liechti, M. E., 312
Lien, L. F., 337
Light, K. C., 122

Lillie-Blanton, M., 379
Lim, A. C., 309
Lin, E. H. B., 62
Lin, J., 122
Lin, M., 130
Lin, Y., 44
Lincoln, K. D., 102
Lind, O., 61
Lindahl, M., 357, 364
Linde, K., 179, 181
Lindstrom, H. A., 247
Linseisen, J., 332, 333
Linton, S. J., 142, 147
Lints-Martindale, A. C., 151
Lippi, G., 368
Lippke, S., 66, 70, 72
Lipsey, T. L., 130
Lipton, R. B., 146, 147, 280
Liria, A. F., 130
Litz, B. T., 105
Liu, B., 249
Liu, F., 302
Liu, K. S., 66
Liu, Y., 234, 207
Livermore, M. M., 95
Livingston, J. A., 301
Livingstone-Banks, J., 286
Livneh, H., 243
Lloyd-Williams, M., 243
Lloyd, C. E., 62
Lobo, A., 302
Locher, J. L., 331
Locke, J., 343
Loeser, J. D., 21
Lofgren, I. E., 390
Logan, D. E., 142
Lohaus, A., 103, 104
Loken, B., 371
Long, H., 302
Longabaugh, R., 317
Lopez-Jaramillo, P., 206
Lopez, C., 105
Lores Arnais, M. R., 103
Loria, C. M., 335, 337
Lott, S. M., 99
Lotufo, P. A.,
Louie, J. Y., 102
Loukissa, D. A., 248
Loukola, A., 275
Low, C. A., 106, 107
Lowes, L., 250
Lowman, C., 307
Lu, H., 234, 207
Lu, J., 28
Lu, Q., 107
Lu, Z., 302
Luben, R., 236, 392
Lubin, J. H., 226
Luborsky, L., 129
Lucas, A. E. M., 387
Luce, D., 31
Luders, E., 173
Ludman, E., 62
Lund, E., 232
Lundahl, B. W., 309
Lundahl, B., 76
Luo, X., 147
Lurie, N., 50, 63
Lüscher, J., 286
Lustig, A. P., 244

Lustman, P. J., 251
Luszczynska, A., 66
Lutfey, K. E., 56
Lyles, C. R., 49
Lyne, P., 250
Lyon, J. L., 226
Lytle, B. L., 207
Lyvers, M., 301
Lyytikäinen, P., 330

M

Ma-Kellams, C., 263
MacCallum, R. C., 248
Maccarrone, M., 305
MacCluer, J. W., 357
MacCoon, D., 201
MacDonald, G., 137
MacDonald, T. K., 307
MacDougall, J. M., 209
Macedo, A., 20
Macera, C. A., 367
Macfarlane, D. J., 372
Machan, J., 337
Macias-Islas, M., 147
Macias, S. R., 62
Macie, C., 337
Maciejewski, P. K., 263
MacKellar, D. A., 260
Mackenbach, J. P., 207
Mackenbach, J. P., 382
MacKenzie, E. J., 148
Macko, R., 232
MacLeod, A. K., 101
MacLeod, C. M., 306
MacPherson, H., 179-181
Macrodimitris, S. D., 252
Madden, V. J., 141
Maddison, R., 371
Maddox, T. M., 379
Madill, A., 244
Madry, L., 130
Maessen, M. F. H., 336
Mafi, J. N., 153
Magee, M., 331
Magill, M., 309
Magura, S., 309
Mah, J., 61
Mahajan, A., 339
Mahar, M., 386
Mahon, M. J., 44
Maier, S. F., 117, 118, 120
Main, C. J., 155
Mainous, A. G. III, 50
Maisto, S. A., 309, 317
Maizels, M., 179
Maizes, V., 288
Major, B., 94
Makary, M., 51, 185
Malaguti, A., 74
Malarcher, A. M., 31
Malecka-Tendera, E., 250
Malhotra, M. R., 392
Malila, N., 25, 27, 60
Mallal, S., 71, 62
Malow, R. M., 105, 120
Manchikanti, K. N., 153
Manchikanti, L., 153
Mancini, A. D., 299
Mandel, J. S., 61
Manheimer, E., 179, 181

Manimala, M. R., 51
Mann, D. M., 44, 60, 61
Mann, K., 310
Mann, T. L., 75
Manna, A., 173
Mannan, H. R., 288
Manne, S. L., 237
Manni, L., 178
Manning, W. G., 41
Manolikos, C., 61
Manolio, T. A., 206
Manor, O., 207
Mansell, C., 61
Manske, S., 284
Manson, S. M., 63
Mantell, J. E., 266
Mantero-Atienza, E., 313
Mantzari, E., 67, 68, 76
Manuck, S. B., 121
Manzoni, G. M., 335
Mao, J. J., 174
Marcos, G., 302
Marcus, D. A., 146
Margolis, R. D., 317
Maria, A. J., 309
Marine, C., 149
Mariotto, A. B., 148
Mark, D. B., 207, 208
Markovitz, J. H., 208
Marlatt, G. A., 306, 309, 310, 372
Marmar, C. R., 130
Marques, L., 341
Marquié, L., 149
Marsee, M. A., 91
Marshall, J., 103
Marsland, A. L., 101, 121, 123
Marteau, T. M., 68, 76
Martelin, T., 207, 381
Martikainen, P., 381
Martin, A. A., 331
Martin, C. S., 305
Martin, M., 367
Martin, P. D., 41, 43, 98, 99
Martin, P. R., 156, 157, 180, 182
Martin, R., 41, 43, 47, 53, 98, 99
Martin, T. M., 208
Martin, V. T., 142
Martindale, D., 185
Martinez, F. D., 254
Martinez, O. P., 71, 62
Martins, I. J., 245
Martins, R. K., 76
Martins, T., 42
Martinsen, E. W., 361
Martire, L. M., 243
Mash, D. C., 313
Masiero, M., 58
Maslov, P. Z., 369
Mason, J. W., 89
Mason, M. J., 276
Mason, P., 144
Mason, R. A., 302
Masse, L. C., 359
Masten, C. L., 138
Masters, K. S., 387
Matarazzo, J. D., 12, 15
Mathers, M. I., 378
Mathur, R., 83
Matiello, A., 359, 365
Matsudo, S., 372

Matsumoto, I., 312
Matsuoka, H., 246
Matthews, K. A., 125
Matud, M. P., 102
Maurer, D., 331
Mausbach, B. T., 248
Maxwell, C. J., 207
Maxwell, M., 237
May, A. M., 371
Mayeaux, R., 245
Mayer, J., 389
Mayfield, D., 301
Maynard, L. M., 328
Mayo-Smith, M. F., 299
Mayo, R., 63
Mazas, C., 390
Maziak, W., 281, 295
McAfee, T., 285
McAteer, J., 75
McCabe, S. E., 382
McCalla, J. R., 388
McCallie, M. S., 104, 155
McCallion, E., 310
McCarl, L. A., 62
McCeney, K. T., 207
McClure, J. B., 388
McColl, K. E. L., 226
McCorkle, R., 129
McCracken, L. M., 156
McCrae, R. R., 62
McCulloch, M., 302
McCullough, M. E., 104
McCullough, M. L., 233
McCully, S. N., 45, 62, 67
McDaniel, S. H., 387
McDonough, M., 307
McDowell, J. E., 363, 366
McEachan, R. R. C., 67
McEvedy, S. M., 335
McEwen, A., 277
McEwen, B. S., 86, 87, 88, 89, 129
McFarlin, B. K., 359
McGee, D. L., 332, 333
McGovern, F., 277
McGregor, A., 41
McGregor, B. A., 237
McGregor, B., 105, 120
McGuire, B. E., 151
McGuire, L., 120, 248
McGuire, L.C., 248
McHugh, M. D., 342
McIntosh, C. N., 478
McIntosh, D. N., 92
McKay, D., 387
McKay, J. R., 129, 310
McKechnie, R., 263
McKee, S. A., 286
McKenzie, J., 122
McKeown, M. J., 138
McKinnon, E., 71, 62
McKnight-Eily, L. R., 330
McLean, G., 372
McLellan, A. T., 311
McNallan, S. M., 31
McNally, R. J., 130
McNeil, D. W., 76
McPherson-Baker, S., 62
McPhillips, T., 61, 62, 75, 76
McQuaid, E. L., 61
McQueen, M. J., 206

McTiernan, A., 232
McVey, D., 69
McWilliams, J. M., 48
McWilliams, L. A., 141
Meadows-Oliver, M., 127
Mechanic, D., 42
Mechoulam, R., 312
Medoff, D. R., 280
Mehler, P. S., 343
Mehta, P., 371
Meichenbaum, D., 104
Meints, S. M., 142
Melamed, B. G., 244
Melamed, B., 388
Melander, A., 61
Melville, J., 310
Melzack, R., 135, 136, 140, 143-144, 145, 148-149, 150-152
Memon, M. A., 179
Mensah, G. A., 205, 379
Menvielle, G., 31, 382
Mercado, A. M., 119
Mercken, L., 276
Merletti, F., 31
Mermelstein, R., 97
Merritt, M. M., 209
Michie, S., 67, 75, 214
Miczek, K. A., 305
Midtgaard, J., 359, 365
Miech, R. A., 275, 297, 311, 329
Milat, A. J., 371, 372
Miles, L., 358
Miligi, L., 226
Miller, D. B., 97
Miller, E. N., 312
Miller, F. G., 22
Miller, G. E., 56, 89, 309
Miller, M. M., 142
Miller, M. R., 51
Miller, M., 280
Miller, V. A., 61
Miller, W. R., 22, 120, 310
Milling, L. S., 156, 157, 173
Mills, E. G., 120
Mills, E. J., 334, 337
Milne, B. J., 207
Milsom, I., 43
Miltenberger, R., 343
Mimiaga, M. J., 62
Mingote, C., 130
Miniño, A.M., 8
Miotto, A., 309
Mislowack, A., 49
Mitchell, M. S., 68
Mitchell, M., 52
Mittring, N., 186
Miyazaki, T., 130
Mizrahi, R., 246
Moak, Z. B., 98
Mobbs, D., 58
Mochly-Rosen, D., 302
Mock, J., 175
Moeller, T., 359, 365
Moen, P., 95
Moerman, D., 21, 22
Moffet, H. H., 49
Mohapatra, S., 302
Mohebbi, M. H., 45, 62
Moher, D., 28
Mohr, C., 306

Moldovan, A. R., 335
Molinari, E., 335
Molinie, F., 31
Molitor, D., 28
Molla, M. T., 378, 379
Molloy, G. J., 62, 63
Moltz, K., 61, 63
Monahan, J. L., 306
Mondo, C., 206
Mongan, J. J., 385, 387, 386
Monninkhof, E. M., 371
Monninkhof, E., 359, 365
Monroe, S. M., 96, 109, 128
Montanari, M., 148
Monteleone, A. M., 343
Montgomery, G. H., 180, 182
Montplaisir, J., 330
Monzillo, P., 147
Moonesinghe, R., 378, 379
Moons, K. G. M., 332, 333
Moore, J., 256
Moore, L. A., 63
Moore, L. J., 90
Moore, L. L., 212
Moore, S., 306
Moorman, J. E., 267
Moos, B. S., 302
Moos, R. H., 242, 302, 386
Moreland, R. L., 301
Moreno, G., 311
Morgan, M., 237
Morgan, N., 173
Morgan, W. P., 361, 366, 367
Morillo, L. E., 147
Morimoto, H. K., 119
Morley, S., 155
Morrell, J. S., 390
Morris, J. C., 246
Morris, J. N., 355
Morris, L. J., 61
Morris, R., 207
Moser, D. K., 61
Moskovich, J., 312
Moskowitz, J. T., 257
Mosley, P. E., 341
Motivala, S. J., 392
Mottet, L., 382
Mouren, M. C., 341
Moussavi, S., 62
Muckelbauer, R., 359, 365
Muecke, M., 259
Mueller, C. W., 63
Mueller, G., 312, 313
Muhajarine, N., 372
Mukamal, K. J., 302
Muldoon, A. L., 100
Müller-Riemenschneider, F., 357, 370
Muller, C. P., 317
Mulvaney, C., 280
Munoz-Perez, M. J., 47
Muñoz, R. F., 105
Muntner, P., 61
Murase, N., 372
Murphy, J. K, 126
Murphy, M. H., 212, 354, 357, 364, 369
Murray, E., 47
Murray, H. B., 341
Murray, J. A., 243, 244, 262,263
Murray, J., 300
Murtaugh, M. A., 231

Murthy, P., 300
Mussolino, M. E., 205
Must, A., 329
Muthen, B. O., 297
Mutti, S., 278
Myers, J., 357
Myers, M. G., 281
Myers, T. C., 343
Myers, V., 337
Myung, S.-K., 285

N
Naar-King, S., 61, 63
Naglieri, J. A., 363, 366
Nahin, R. L., 142, 146, 166-169, 185
Naimi, T., 302
Naji, F., 334, 337
Nakai, Y., 226
Nambi, V., 302
Nansera, D., 57, 58
Napadow, V., 178
Naparstek, B., 178, 181
Napoles, A. M., 83
Napoli, A. M., 41
Narula, J., 369
Nash, D. B., 49
Nash, J. M., 387
Nassar, N., 300
Nassiri, M., 97
Nast, I., 97
Natale-Pereira, A., 48
Nausheen, B., 236
Navarro, M., 311
Naylor, R. T., 103
Neal, R. D., 237
Nebeling, B., 313
Neff, R., 302
Negri, E., 232
Nehl, E., 67
Nelson, H. D., 280
Nelson, L. D., 328
Nelson, R. J., 120
Nelson, W. G., 226
Nemeroff, C. J., 43
Nerurkar, A., 175, 185
Nes, L. S., 102
Nestle, M., 329
Nestoriuc, Y., 180, 182
Nettles, C. D., 119
Netz, Y., 361, 365
Neubert, J. K., 142
Neumark-Sztainer, D. R., 336, 339
Neupert, S. D., 94
Neville, L. M., 371, 372
Newcomb, C. W., 56
Newhouse, J. P., 48
Newlin, D. B., 306
Newman, J., 306
Newman, S. P, 75
Newton-John, T. R., 155
Newton, R. U., 243
Newton, T. L., 99, 119
Ng-Mak, D. S., 93, 94
Ng, B. H. P., 177, 178
Ng, J. Y. Y., 215
Nguyen, L. T., 174
Nicassio, P. M., 16
Nicholas, A. S., 335
Nickel, T., 125
Nicoll, R. A., 313

Nied, R. J., 360
Nielsen-Bohlman, L. T., 379
Nielsen, G., 228
Nielsen, P. J., 359
Nielsen, T. S., 93
Niemann, L., 176, 178
Nierenberg, B., 379
Nieva, G., 286
Nikendei, C., 342
Niknejad, B., 156, 157
Nikolajsen, L., 143
Nilsson, J. L. G., 61
Niswender, K. D., 332
Nitzschke, K., 371
Nivison, M. E., 93
Noble, D. J., 51
Noble, L. M., 75
Nocon, M., 357, 370
Noel, N. E., 307
Noel, P. H., 243
Norat, T., 28
Nordström, A., 365
Nordström, P., 365
Norman, P., 44, 74
Norris, F. H., 130
Northrup, T. F., 282
Nostlinger, C., 259
Nothlings, U., 359, 365
Nouwen, A., 62
Novack, D. H., 12
Novak, M. A., 93
Novelli, M., 335
Novins, D. K., 63
Novotni, A., 93
Numminen, P., 358
Nunes, S. O. V., 119
Nunez-Smith, M., 276
Nunez, L., 147
Nussbeck, F. W., 87
Nusselder, W., 378
Nyberg, F., 31, 123
Nyquist, F., 365

O
O'Brien, C. P., 310
O'Brien, C. W., 236
O'Brien, J., 371
O'Brien, L. T., 94
O'Brien, P. E., 330
O'Carroll, R. E., 62, 69
O'Cleirigh, C., 62
O'Connell, E., 389
O'Connor, D. B., 100
O'Connor, D. W., 247
O'Connor, D., 281
O'Connor, J. C., 128, 129
O'Connor, R. J., 271, 281
O'Donnell, M. J., 206
O'Donovan, G., 358
O'Hanlan, K. A., 382
O'Hara, B., 371, 372
O'Hare, P., 318
O'Hea, E. L., 50
O'Leary, C. M., 300
O'Leary, K., 300
O'Loughlin, J., 276
O'Malley, P. M., 275, 297, 311, 329
O'Malley, S., 309
O'Neal, K. K., 283, 317
O'Rorke, J., 142, 149

Obot, I., 307
Obrocki, J., 313
Ockene, I., 252
Odu, O. O., 260
Oei, T. P., 307
Oettingen, G., 306
Ogden, C. L., 328, 335, 360
Ogden, J., 69, 72
Ogedegbe, G., 50, 56, 61, 62
Ogeil, R. P., 307
Ogilvie, R. P., 330
Oguma, Y., 357, 364
Oh, D., 108
Oh, K., 201
Oh, Y.-M., 127
Ohmoto, M., 275
Ohno, Y., 280
Oja, P., 369
Okada, G., 145
Okamoto, Y., 145
Okorodudu, A. O., 313
Okuda, M., 126
Okun, M. L., 119
Olander, E. K., 371
Olendzki, B., 252
Olesen, J., 146
Oliker, S. J., 248
Olivardia, R., 341
Oliver, M. N., 149
Olmstead, M. C., 307
Olsen, P., 125
Olsen, R., 61
Olshefsky, A. M., 380
Olsson, K. L., 286
Olver, I. N., 235
Ondeck, D. M., 142
Onoda, K., 145
Oosenbrug, E., 215
Operario, D., 8
Orav, E. J., 49
Orbell, S., 74
Orchowski, L. M., 390
Orford, J., 307
Orhan, A., 123
Orlando, M., 260, 297
Ormel, J., 242
Ornish, D., 215
Orpana, H., 332, 333
Orsini, N., 357
Orth-Gomér, K., 95, 207
Ortner, C. N. M., 307
Osborn, C. Y., 379
Osborn, J. W., 211
Osborn, R. L., 243
Osborne, M. T., 208
Oschmann, P., 183, 184
Ostengen, G., 388
Ostergaard, J. N., 359, 365
Otto, A. D., 354, 364
Ouimette, P., 107
Overvad, K., 332, 333, 359, 365
Owen, J., 236
Owens, D. K., 147
Oxman, M. N., 183, 184
Oy, U. H., 183, 184
Øystein, K., 8
Ozanne, S. E., 330
Ozemek, C., 357
Ozer, E. J., 94, 130
Ozga, M., 237

P

Paasche-Orlow, M. K., 379
Pabst, A., 306
Pace, T. W. W., 130
Pacher, P., 312
Paffenbarger, R. S., Jr., 356, 357, 364
Pagan, J. A., 48, 49, 174
Page, A. S., 358
Page, J. B., 379
Paget-Bailly, S., 31
Pagoto, S. L., 45
Pais, P., 145, 236, 206
Pakalniskiene, V., 93
Pala, V., 359, 365
Palermo, T. M., 142
Palermo, T., 174
Palmer, C. S., 174
Palmer, J. A., 142
Palmer, R. H. C., 167
Palmer, S. C., 237
Palombaro, K. M., 359
Panda, M., 142
Panda, M., 149
Pandit, A. U., 379
Pang, R., 186
Panos, G., 62
Panwar, S., 302
Papacosta, O., 207
Papadaki, A., 390
Papadopoulos, A., 31
Papas, R. K., 10, 12, 105
Papies, E. K., 331
Paradis, G., 276
Parchman, M. L., 243
Parekh, P., 251
Parish, J. T., 50
Park, A. N., 379
Park, A., 297
Park, C. L., 244
Park, C., 202
Park, J., 142
Parker, C. S., 56
Parker, M. M., 49
Parker, R. M., 379
Parks, C. G., 142
Parrott, D. J., 301
Parschau, L., 71
Parsons, G. A., 207
Parsons, L., 312
Pascoe, E. A., 94, 101
Pascoe, M. C., 335
Passin, W. F., 105, 120
Patel, H., 312
Patel, K. D., 108
Patel, K., 205
Patel, R. S., 45
Patel, S. R., 330, 392
Patel, V., 62
Pathak, N., 83
Paton, S. M., 66
Patra, J., 302
Patrick, C. J., 306
Patrick, M. E., 275, 297, 311, 329
Patrick, T. E., 67
Patterson, D. R., 180, 182
Paul, L., 49
Pauly, M. V., 48, 49
Paun, O., 248
Pautassi, R. M., 305
Pavare, J., 42

Pavlik, V. N., 2471
Pavlin, D. J., 155, 157
Pawaskar, M., 58
Paxton, R. J., 361, 365
Payne, D., 156, 157
Payne, D., 182, 183
Paynter, J., 276
Pearlson, G. D., 307
Pearson, B. L., 93
Pearson, M. R., 309
Peay, E. R., 42
Peay, M. Y., 42
Pedersen, A. F., 144
Pedersen, A., 357, 364
Pederson, L. L., 317
Peele, S., 306, 318
Peerdeman, K. J., 142
Pegram, S. E., 301
Peila, R., 245
Peleg, K., 312
Pelletier, K. R., 176
Pence, L. B., 141
Penedo, F. J., 62, 104
Penedo, F., 105
Peng, Y. B., 146
Penley, J. A., 101
Pennebaker, J. W., 105, 106
Penninx, B. W, 122
Penrod, J. R., 202
Pentz, M., 57
Penza-Clyve, S. M., 61
Penzien, D. B., 180
Pepper, J., 322
Pereira, M. A., 375
Perera, R., 75
Peres, M. F. P., 154
Peretti-Watel, P., 227
Perez-Stable, E. J., 83
Perez-Zepeda, M. F., 47
Perez, E., 61
Perez, H. R., 48
Perez, I., 338
Perilla, J. L, 130
Perkins-Porras, L., 62
Perkins, S. N., 359
Permutt, M. A., 249
Perram, S. W., 180, 181
Perraud, S., 248
Perry, G. S., 330
Perry, K., 44
Perry, N. W., Jr., 15
Pert, C. B., 138
Pescatello, L. S., 232
Peterlin, B. L., 332, 333
Peters, M. L., 142, 146
Petersen, G. L., 21
Petersen, K., 313
Petersen, S. R., 318
Petersen, S., 243
Peterson, P. M., 391
Petit, D., 330
Petrie, K. J., 44
Petrilla, A. A., 62
Petry, N. M., 312
Petticrew, M., 236
Pettman, E., 167
Petukhova, M., 130
Peyrot, M., 62
Pezzin, L. E., 148
Phelan, S., 42

Philis-Tsimkas, A., 251
Phillipa, R. S., 50
Phillips, D. P., 93
Phillips, F., 166
Phillips, J. G., 307
Phillips, K. M., 120
Phillips, K., 104, 120
Phillips, M. M., 26
Pho, L., 232
Phylactou, B. P., 120
Piazza-Gardner, A. K., 300
Picavet, H. S. J., 142
Pickup, J. C., 251
Pierce, C., 60
Pierce, J. P., 276
Pierce, J., 301
Piercy, K. L., 232
Pietiläinen, K. H., 326
Pietinen, P., 25, 27
Pietrabissa, G., 335
Piette, J. D., 60, 62
Pike, J. L., 183, 184
Pillemer, S., 248
Pillitteri, J. L., 325
Pimlott-Kubiak, S., 130
Pina, A. A., 91
Pineau, N., 331
Piñeiro, B., 277
Pinel, J. P. J., 331
Pinto, A. J., 338
Pischon, T., 332, 333
Pitman, R. K., 208
Pitts, A., 104
Plascencia, N., 147
Plasqui, G., 359
Plasse, A., 125
Platz, E. A., 226
Pleasant, A., 391
Pleis, J., 45
Pliatsika, P. A., 62
Plunk, A. D., 301
Podolski, C.-L., 61, 63
Pogosova, N.,
Pohl, T., 125
Polder, J. J., 386
Pole, N., 130
Polich, J. M., 309
Polivy, J., 331, 339
Pollack, L., 47
Pollack, M., 60, 61
Polley, B. A., 335
Pomeranz, B. H., 51
Pomerleau, O. F., 275
Ponieman, D., 4, 60
Pool, G. J., 142
Poole, H., 151
Poorolajal, J., 301
Pope, C., 312
Pope, S. K., 245
Popescu, D., 93
Popham, R. E., 295
Popkin, B., 328, 349
Poppe, A. C. M., 338
Porta, M., 26
Poss, J. E., 72
Possemato, K., 107
Pouchot, J., 147
Pouletty, P., 299
Poulin, M., 92
Poulos, C. X., 306

Poulsen, L. C., 330
Pouwer, F., 62
Powell, C., 138
Powell, K. E., 45, 46, 367, 373
Pratala, R., 207
Presley-Cantrell, L. R., 330
Pressman, S. D., 62, 101
Prevost, A. T., 120
Price-Haywood, E. G., 379
Price, D. D., 21, 142, 145
Price, D., 142
Price, M., 56
Prictor, M., 76
Primm, B. J., 130
Prince, M., 280, 248
Prochasha, J. J., 320
Prochaska, J. O., 69, 70
Pryor, D. B., 208
Pucci, M., 305
Puorro, M., 301
Pustejovsky, J. E., 244
Puterman, E., 121, 122
Puthumana, J., 232

Q
Qaseem, A., 147
Qi, L., 334
Qin, Y., 76
Qiu, C., 245
Quadflieg, N., 299
Quartana, P. J., 236
Queen, B., 274
Queffelec, L., 147
Quetglas, B., 302
Qui, C., 237
Quinn, D., 203
Quinn, J. F., 305
Quinn, J. R., 40,
Quintana, P. J. E., 282
Quirk, J., 43
Quisenberry, A. J., 289
Quist, M., 359, 365
Qureshi, A. A., 256
Qureshi, M. M., 232

R
Rabarison, K. M., 248
Rabbitts, J., 174
Rabin, B. S., 10, 124
Rabin, B., 124
Rabin, C., 44
Rabinowitz, Y. G., 248
Racine, M., 143
Radfar, A., 208
Radhakrishnan, R., 313
Radoi, L., 31
Ragan, D. T., 276
Ragan, J., 107
Raggi, A., 123
Raghunathan, T., 208
Ragland, K., 57, 58
Rahim-Williams, B., 142
Rahkonen, O., 207, 330
Rainville, P., 173
Rainwater, D. L., 357
Rajab, M. W., 371
Ralston-Wilson, J., 174
Rama, S. M., 105, 120, 298
Ramesh, M. N., 119
Rami, B., 252

Ramos, N., 107
Ramsay, S., 207
Ramsey, L. T., 371
Ramsey, R. R., 255
Ranavaya, M., 151
Ranchor, A. V., 242
Ranganathan, M., 313
Ranke, A. H., 123
Rao-Melacini, P., 206
Rao, S. R., 302
Raposio, E., 336
Raskin, S. A., 307
Rasmussen, H. N., 62, 101
Ratanawongsa, N., 49
Raufaste, E., 149
Raum, E., 368
Rawl, S. M., 40, 42
Ray, L. A., 309, 310
Rayburn, W. L., 50
Raynor, H. A., 331, 337
Rayworth, B. B., 341, 343
Rea, T., 208
Read, J. P., 307
Reader, D. M., 250
Reas, D. L., 287, 346
Reed, G. M., 12
Reed, G. W., 252
Reed, M. L., 146
Reeder, D. M., 93
Reeves, M. M., 371, 372
Regalado, F., 379
Regehr, C., 104
Regoeczi, W. C., 94
Rehfeld, R., 288
Rehkopf, D. H., 381
Rehm, J., 300, 302
Reiche, E. M. V., 119
Reid, C. M., 153
Reid, J., 306
Reif, J., 28
Reilly, R. A., 390
Reilly, T., 261
Reitz, C., 245
Reitzel, L. R., 388
Relton, C., 174
Renard, E., 251
Reno, R. R., 63
Rentz, C., 243
Resmark, B., 343
Reynolds, K. A., 102, 243
Reynolds, K. D., 63
Reynolds, S. L., 378
Rhee, Y., 153
Rhew, I. C., 307
Rhodes, P., 293
Rhodes, R. E., 67
Riazi, A., 148
Ribble, J. C., 381
Ribeiro-Dasilva, M. C., 142
Riboli, E., 332, 333
Ricceri, F., 359, 365
Rich, C. L., 389
Richardson, K. M., 105
Richardson, V. E., 363
Richert, J., 71
Richman, J. A., 92, 94
Richman, L. S., 101
Rico, C., 379
Riddoch, C. J., 358
Rigaud, D., 331

Riley, J. L. III., 142, 142
Riley, K. E., 108
Ringdal, G. I., 237
Ringen, P. A., 317
Ringström, G., 40, 43, 44, 47
Rise, J., 69
Rissanen, A., 332
Ritchie, K., 330
Ritenbaugh, C., 25
Ritter, A., 318
Ritterband, L. M., 251
Rivers, P., 174
Rivis, A., 69
Rixt, H., 360
Robbins, L. B., 371, 372
Roberts, B. A., 247
Roberts, B. W., 62
Roberts, J. W., 62
Roberts, S. O., 360
Roberts, W. O., 367
Robertson, S. P., 122
Robine, J.-M., 378
Robins, L. N., 318
Robinson-Whelen, S., 119, 248 119, 248
Robinson, C. S., 310
Robinson, J. P., 359
Robinson, L. R., 148
Robinson, L., 248
Robinson, M. E., 142
Robinson, R. G., 246
Roble, O. J., 338
Robledo-Vega, C., 47
Röder, C. H., 207
Rodriguez, A., 379
Rodriguez, C., 147
Rodriguez, D., 389
Rodriquez, L., 237
Roe, S., 317
Roelofs, J., 155, 157, 180, 182
Roemer, A., 302
Rogers, C. J., 359, 365
Rogers, R. D., 301
Rohde, K., 330
Roll, S., 357, 370
Rolland, C., 335
Rollins, S. Z., 97
Rollman, G. B., 142
Rollnick, S., 309
Román-Rodríguez, M., 254
Romano, J. M, 141
Romero, A. J., 94
Romeyke, T., 174
Romo, L., 341
Romu, T., 326
Ronan, D. W., 102
Ronan, G. F., 102
Ronzi, S., 207
Room, R., 300
Rooney, K., 330
Roos, C. R., 309
Roos, E., 207
Roozen, S., 300
Rorth, M., 359, 365
Rosario, M., 93, 94
Rose, J. P., 142
Rose, S., 307, 313
Rosen, A. B., 378
Rosen, C. S., 58
Rosenberg, E., 50, 141, 142, 149
Rosenberg, H., 310

Rosenberg, M., 370
Rosenberg, N. L., 312
Rosenberg, Y., 205
Rosenblatt, D. A. N., 28
Rosenblatt, K. A., 247
Rosenblum, N., 237
Rosengren, A., 125, 208
Rosenkranz, M., 173
Rosenman, R. H., 208
Rosenstock, I. M., 63
Rosenthal, R., 129
Roskam, J.-A. R., 382
Rosland, A., 251
Rosner, B., 302
Rösner, S., 309-310
Rosnick, C. B., 245
Ross, K. M., 156, 337
Ross, M. J., 157
Ross, R. K., 232
Rossen, R. D., 255
Rosser, B. A., 388
Rossi, A., 335
Rossow, I., 301
Roter, D. L., 50
Roth, M., 174
Roth, R. S., 151
Rothenbacher, D., 368
Rothman, A. J., 58
Rothman, A., 387
Rothman, R. L., 379
Rothstein, H. R., 105
Rotskoff, L., 303
Rotter, J. B., 99
Roullon, F., 341
Rourke, K. M., 92
Routsong, T. R., 47
Rowan, J. S., 142
Rozanski, A., 212
Rozensky, R. H., 10, 12
Rozin, P., 331
Rozsa, S., 343
Ruan, W. J., 308
Rubak, S., 309
Rubenstein, S. M., 180, 181
Rubenstein, S., 328
Rudd, R. E., 379
Rudd, R. R., 379
Ruder, T., 241
Rudolph, K. L., 123
Ruitenberg, A., 246
Ruiz, J. M., 207
Ruppar, T. M., 359
Rushing, O., 379
Russell-Mayhew, S., 40, 42
Russell, M. A., 390
Russo, J. E., 62
Russo, R., 146
Rutherford, B. R., 20
Rutledge, P. C., 297
Rutledge, T., 208
Rutten, G., 252
Rutter, P. D., 51
Ruzek, J. I., 105
Ryan, C. J., 41, 42

S
Saab, P. G., 388
Sääkslahti, A., 358
Saartok, T., 142
Sabado, M. D., 286

Sabatini, F., 338
Sabee, C. M., 47
Sabia, S., 280
Sabiston, C. M., 371
Sachdev, P., 340
Sackett, D. L., 50
Sackner-Bernstein, J., 335
Sadowska, A., 248
Saez, J., 61
Safran, D. G., 62
Safren, S. A., 62
Sage, R. E., 130
Saghafi, E. M., 244
Sahota, N., 77
Saint-Jean, G., 379
Saito, Y., 382
Sales, E., 104, 105
Sallis, J. F., 372
Salomon, J. A., 478
Salsman, J. M., 244
Salzinger, S., 93, 94
Samha, F. F., 56
Samitz, G., 357, 364
Sampson, A., 285
Samuel-Hodge, C., 335, 337
Samuelson, M., 182, 183
Sanabria-Ferrand, P.-A., 389
Sanboek, A., 309
Sanchez del Rio, M., 146
Sánchez-Johnsen, L. A. P., 278
Sanchez, M. N., 22
Sanchez, M., 389
Sanchez, O. A., 358
Sancier, K. M., 171, 177, 178
Sanderman, R., 242
Sanders, S. H., 141
Sanders, S., 248
Sandford, J., 77
Sandler, D. P., 142, 226
Sands, D. Z., 50
Sanford, A. A., 47
Sanzone, M., 343
Saperstein, S. L., 45
Saphire-Bernstein, S., 88
Sapolsky, R. M., 3, 207, 208
Sardinha, L. B., 358
Sargent-Cox, K., 61
Sargent, J. D., 276
Sarkar, D. K., 305
Sarvanan, Y., 119
Sato, H., 145, 208
Sattin, R. W., 360
Saunders, T., 104, 105
Saunders, W. B., 208
Savage, E., 252
Savetsky-German, J., 359
Sayette, M. A., 301
Saz, P., 302
Scagliusi, F. B., 338
Scarapincchia, T. M. F., 371
Scarborough, P., 380
Scarpa, A., 130
Scarscelli, D., 305
Scavron, J., 252
Schaap, M. M., 382
Schaefer, C., 97, 128
Schaefer, E. J., 215
Schaefer, J. A., 242
Schaffrath-Rosario, A., 31
Schare, M. L., 306

Schatzkin, A., 25
Schedlowski, M., 122
Scheier, M. F., 62, 101
Schell, L. M., 93
Schenck-Gustafsson, K., 95, 207
Schenker, S., 335
Scherrer, S., 105
Schieman, S., 95
Schillinger, D., 49
Schinkothe, D., 248
Schlatter, M., 237
Schlenger, W. E., 92
Schlenk, E. A., 63
Schmaltz, H. N., 207
Schmaus, A., 31
Schmidt-Kassow, M., 363
Schmidt, F., 359, 263
Schmidt, J. E., 123
Schmidt, K., 129
Schmidt, L. A., 243
Schmidt, S., 176, 178
Schmidt, U., 313, 343
Schmitz, K. H., 359
Schneider, E. C., 379
Schneider, M. J., 176
Schneider, R., 172
Schneiderman, N., 214
Schnittker, J., 95
Schnohr, P., 357, 364
Schoenbaum, M., 277
Schoenen, J., 147
Schoenthaler, A., 50, 56, 61
Scholz, U., 66, 72
Schommer, J., 62
Schork, N. J., 121
Schousboe, K., 330
Schreurs, K., 75, 243
Schroeder, D. R., 31
Schroeder, K. E. E., 121
Schroeder, K., 75
Schroevers, M., 236
Schuckit, M. A., 317
Schulenberg, J. E., 275, 297, 311, 329
Schull, W. J., 329
Schulman, A., 369
Schulsinger, F., 329
Schulz, K. F., 28
Schulz, R., 244, 262
Schulze, M. B., 332, 333
Schulze, O., 313
Schutte, K. K., 302
Schüz, B., 67, 71, 72
Schüz, N., 71
Schwab, K. O., 359
Schwartz, B. S., 147
Schwartz, G. E., 13
Schwartz, J. E., 207
Schwartz, J. S., 62
Schwartz, M. W., 329, 330
Schwartz, R., 379
Schwarzer, R., 66, 68, 69, 71
Schwarzinger, M., 300
Schwegler, A. F., 142
Schwind, K. M., 95
Sclafani, A., 331
Scolari, R., 380
Scott-Sheldon, L. A., 261
Scott, D. J., 21
Scott, J. A., 390
Sebre, S., 93

Seegers, V., 330
Segall, A., 44
Segerstrom, S. C., 102, 119, 120, 121, 122
Seifert, T., 328
Seligman, D. A., 129
Selkoe, D. J., 245
Seller, R., 50, 121
Selmes, M., 248
Selye, H., 88
Seoane, L., 379
Seow, D., 246
Sepa, A., 127, 251
Sephton, S. E., 129
Sepulveda, M.-J., 385
Serpa, L., 62
Sevincer, A. T., 306
Shai, I., 245
Shalev, I., 122
Shannon, S., 176, 186, 189
Shapiro, B. L., 306
Shapiro, D., 177, 344
Shapiro, J. R., 178, 344
Sharpe, L., 156, 157
Sheehy, R., 105
Sheeran, P., 69, 72, 74
Sheese, B. E., 107
Sheffield, J., 97
Shekelle, P., 147
Shemilt, I., 68, 76
Shen, B.-J., 208
Shen, X., 130
Shepherd, J., 294, 304
Sheps, D. S., 125
Sher, K. J., 297, 306
Sher, L., 210
Shere-Wolfe, K. D., 186
Sherman, D. K., 75, 102
Sherman, K. J., 180
Shernoff, M., 258
Sherry, D. D., 258
Sherwood, L., 136, 138, 139
Shi, L., 58
Shi, S., 154
Shiffman, S., 66
Shifren, K., 100
Shimabukuro, J., 246
Shimizu, M., 100
Shimomura, E. T., 313
Shinnick, P., 171
Shmueli, A., 174
Shoenberg, J. B., 226
Shrira, I., 93
Sichere, P., 147
Siegel, M., 282, 283
Siegel, R. L., 224
Siegel, R., 221, 223
Siegel, S., 52, 105
Siegler, B., 249
Siegler, I. C., 207, 208, 387
Siegman, A. W.., 209
Siegman, A., 209
Siemieniuk, R. A., 334, 337
Sigmon, S. T., 102
Silberstein, S. D., 123
Sillero, M., 61
Silva, M. A. V. D., 74
Silveira, H., 361, 365
Silver, R. C., 92, 102
Silverman, K., 68
Simon, D., 147

Simon, G., 208
Simonato, L., 31
Simoni, J. M., 66
Simons, M., 371
Simonsick, E. M., 207
Simpson, S. H., 55
Simrén, M., 40, 43, 44, 47
Sin, N. L., 62
Singer, B. H., 207
Singer, J. P., 22
Singletary, K. W., 232
Sinniah, D., 281
Siscovick, D. S., 206
Siscovick, D., 208
Sithole, F., 372
Siu, W. O., 313
Sjöström, M., 369, 372
Skinner, B. F., 68
Skinner, T. C., 251, 252
Skipper, B., 62
Skoner, D. P., 10, 41, 124
Skrulis, M. C., 326, 329
Slaughter, V., 339
Slavich, G. M., 120
Sliwa, K., 207, 208
Slomkowski, C., 275
Slugg, R. M., 136
Sluik, D., 359
Small, B. J., 244
Smedslund, G., 237
Smeele, I. J., 387
Smeenk, F. W. J. M., 387
Smeets, R. J., 157
Smetana, G. W., 123, 146, 147
Smiles, R. V., 379
Smith, C. F., 42
Smith, D. A., 125, 220
Smith, D. P., 7
Smith, L. A., 125, 220
Smith, P. H., 285
Smith, P. J., 177, 178, 363, 366
Smith, T. B., 30, 97
Smith, T. W., 122, 207
Smolinski, M. S., 45, 62
Smyser, M. S., 379
Smyth, D., 389
Smyth, J. M., 106, 107
Smyth, J., 343
Snetselaar, L. G., 25, 249
Sniehotta, F. F., 72
Snow, J. C., 58
Snow, V., 147
Snyder, C. R., 102
Snyder, S. H., 138
Sobel, B. E., 204
Sobell, L. C., 309
Sobell, M. B., 309
Soellner, R., 248
Soendergaard, J., 41, 42
Soffer, D., 312
Sokol, R. J., 300
Sola-Vera, J., 61
Soler, R. E., 370
Sonderegger, L., 105
Song, F., 285
Song, G., 207
Song, M.-Y., 186
Song, X., 237
Song, Z., 93
Sonnentag, S., 95

Sont, W. N., 226
Sorensen, T. I. A., 329
Sorensen, T. I., 286, 330
Sorkin, J. D., 31
Sorlie, P. D., 205
Soroui, J. S., 379
Sorum, P., 149
Soto-Vega, E., 47
Sotoodehnia, N., 208
Sours, J. A.
Southern, D., 207
Soyka, M., 309, 310
Spaan, P., 261
Spagrud, L. J., 151
Sparling, P. B., 67
Speca, M., 108
Speck, O., 312
Speck, R. M., 359
Spiegel, D., 129, 237
Spierings, E. L. H., 123
Spijkerman, A. M. W., 359, 365
Spilsbury, K., 44
Spindle, T. R., 390
Spritzler, F., 335
Sprugevica, I., 93
Spruijt-Metz, D., 57, 337
Squier, C., 280
Squillace, M., 103
Sri Vengadesh, G., 153
Srisurapanont, M., 309, 310
St. Peter, W. L., 62
Stacey, P. S., 300
Staehelin Jensen, T.,
Staessen, J. A., 196,197
Staff, J., 301
Stamatakis, E., 358
Stambul, H. B., 309
Stamler, J., 206
Stampfer, M. J., 205
Stampfer, M., 302
Standridge, J. B., 299
Stanley, F., 300
Stanner, S. A., 207
Stanton, A. L., 102, 106, 107, 243
Starkstein, S. E., 246
Stason, W., 302
Staton, L. J., 142, 149
Stayner, L., 282
Stead, L. F., 285
Steck, D. J, 226
Stecker, R., 93
Steele, C. M., 306
Steffen, K. J., 343
Steffens, D. C., 387
Stegger, J., 332, 333
Steifel, M. C., 378
Stein, M. B., 121
Stein, M. P., 357
Steinbeck, G., 125
Steinbrook, R., 259
Steiner, M., 312
Steinhausen, H.-C., 343
Stelfox, H. T., 49
Stensel, D., 358
Stepanski, E., 388
Steptoe, A., 41, 62, 63, 123, 125, 241, 411, 416, 389
Stetter, F., 104
Stevens, V. J., 335, 337
Stewart-Williams, S., 21

Stewart, J. C., 125
Stewart, L. K., 359
Stewart, S. T., 378
Stewart, W. F., 146, 147
Stice, E., 278, 287
Stillman, T. F., 138
Stinson, F. S., 308
Stirbu, I., 382
Stockings, E., 317
Stockwell, T., 301
Stojanovich, L., 127
Stojek, M., 343
Stoll, C. R., 336
Stolwijk, J. A., 226
Stone, A. A., 41, 95, 106, 107, 143
Stone, A. L., 141
Stone, E. J., 371
Storr, C. L., 121
Stout, R. L., 317, 309, 363
Stover, K., 147
Stövring, H., 41, 42
Strachan, E., 124
Strasser, A. A., 277
Straus, M. A., 390
Straus, R., 208
Strauss, C., 108
Strazdins, L., 98
Streltzer, J., 142
Streppel, M. T., 281
Striegel-Moore, R. H., 346
Striegel, R. H., 345
Strike, P. C., 62, 63
Strine, T. W., 254
Stroebe, W., 331
Strong, C. A., 140
Strong, D. R., 281
Stuart, J., 307
Stuart, R., 335
Stults-Kolehmainen, M. A., 62
Stunkard, A. J., 346
Stürmer, T., 234
Stussman, B. J., 167
Stwart, R., 335
Su, D., 174
Suarez, E. C., 209
Subramanian, S. V., 207, 381
Sufka, K. J., 145
Sugden, K., 122
Sullivan-Halley, J., 232
Sullivan-Mort, G., 335
Sullivan, L. M., 208
Suls, J., 47, 130, 208, 387
Sun, S., 93, 130
Sun, T., 42
Sun, Y., 249
Sunday, S. R., 334
Sundblad, G. M. B., 142
Surwit, R. S., 251
Susser, M., 31
Sutcliffe, S., 226
Sutton, A. J., 252
Sutton, J., 61
Sutton, S., 69
Suurmeijer, T. P. B. M., 242
Svane, B., 207
Svansdottir, H. B., 247
Svendsen, R. P., 41, 42
Svensson, C., 61
Svetkey, L. P., 335, 337
Sweegers, M. G., 243

Sweeney, C. T., 277
Swinburn, B. A.,
Syed-Mohammed, H., 301
Syme, S. L., 29, 98
Sypeck, M. F., 328
Syrjala, K. L., 148
Szapary, P. O., 358, 364
Szatmari, P., 343
Szekely, C. A., 246

T
Tabri, N., 242
Tacker, D. H., 313
Tada, Y., 248
Taeymans, J., 337
Tafari, I., 379
Tahilani, K., 341, 343
Takagi, K., 102
Takahashi, Y., 62
Takenaka, K., 129
Takeuchi, Y., 147
Takkouche, B., 124
Talala, K., 207
Talamini, R., 232
Talbert, E., 359
Talbot, M., 22
Tamres, L. K., 102
Tan, T., 120
Tandon, A., 62, 478
Tang, J. L., 76
Tang, S. S. K., 62
Tangrea, J. A., 25, 27
Tanis, J., 382
Tanofsky-Kraff, M., 344, 345
Tapper, E. B., 299
Tarbell, S., 15
Tardon, A., 359
Taris, T., 95
Tarneud, C., 31
Tashman, L. S., 97
Tatara, N., 388
Tate, D. F., 337
Taualii, M. M., 379
Taubman, S., 48
Tawakol, A., 208
Tax, A., 129
Taylor-Piliae, R. E., 171-172, 178, 183, 184
Taylor, A., 119, 150, 411, 416
Taylor, C. A., 248
Taylor, C. B., 208
Taylor, L. K., 91
Taylor, N. J., 67
Taylor, R. J., 100
Taylor, S. E., 87, 88, 94, 102
Teasdale, T. W., 329
Tedeschi, R. G., 264
Temple, J. L., 331
Tenent, B., 232
Tennen, H., 243, 306, 307
Teo, I., 243
Teo, K. K., 205, 206
Teo, K., 208
Testa, M., 301
Teucher, B., 359, 359, 365
Thabane, L., 337
Thalau, F., 357, 370
Thalji, L., 92
Thebarge, R. W., 123
Theis, K. A., 147
Theodoratou, E., 232

Theodore, B. R., 142
Theorell, T., 123, 207
Thielke, S., 383, 388
Thijssen, D. H. T., 336
Thomas, J. J., 341
Thomas, J., 104
Thomas, K. J., 174
Thomas, M., 106
Thompson-Brenner, H., 341, 343
Thompson, A., 383, 388
Thompson, L. W., 248
Thompson, O. M., 61
Thompson, P. A., 28
Thorlund, K., 334, 337
Thorn, B. E., 141
Thun, M. J., 279
Thuné-Boyle, I. C. V., 235
Thune, I., 232, 365
Thurston, B. M., 120
Tian, H., 207
Tian, T., 302
Tice, D. M., 152, 138
Tiebout, J., 105, 106
Tilburt, J. C., 20, 22
Timko, A. C., 341
Timmerman, K. L., 359
Tindle, H. A., 101
Tionneland, A., 332, 333
Tjönneland, A., 359, 365
Todaro, J. F., 208
Todd, J. E., 380
Todd, M., 306
Tolfrey, K., 358
Tollefson, D., 309
Tomaka, J., 101
Tomar, S. L., 241
Tomfohr, L. M., 208
Tomich, P. L., 102, 243
Tomita, T., 129
Tomporowski, P. D., 363, 366
Toneatto, T., 308
Tong, F., 243
Tonigan, J. S., 309, 310
Torstveit, M. K., 341
Tortorella, A., 343
Touchette, E., 330
Tousignant-Laflamme, Y., 142
Tovian, S. M., 383, 387
Travis, T., 301
Trawalter, S., 149
Treede, R.-D., 138
Treiber, F. A., 126
Trembley, R. E., 330
Tremont, G., 248
Treur, T., 343
Trevino, K., 244
Trichopoulos, D., 332, 333
Trichopoulou, A., 332, 333
Trinh, K.,179
Trock, B., 27
Trockel, M., 208
Troiano, R. P., 232
Troxel, W. M., 94
Truelsen, T., 357, 364
Trulsen, T., 206
Truman, B. I., 378, 379
Trupp, R., 61
Tsai, A. G., 337
Tsai, J., 391
Tsao, J. C. I., 178, 181

Tsiotra, P. C., 127
Tsoi, D. T., 280
Tucker, J. A., 26, 310, 311
Tucker, J. S., 297
Tucker, O. N., 336
Tumino, Rl., 359, 365
Turchina, T., 93
Turk, D. C., 138, 140, 141, 144, 146, 149, 150, 153, 154, 156
Turner, J. A., 21
Turner, J., 243
Turpin, G., 75, 97
Turpin, R. S., 75
Twisk, J., 62
Twyman, L., 63

U
Ubel, P. A., 242
Ucea, F., 61
Uchino, B. N., 122
Udaltsova, A., 302
Udaltsova, N., 302
Ukert, B., 287
Ukoumunne, O. C., 40, 42
Ulian, M. D., 338
Ullman, D., 186
Ulrich, C., 94
Umstattd, M. R., 307
Unger-Saldaña, K., 42
Unger, T., 197, 203
Unsain, R. F., 338
Upchurch, D. M., 174, 382
Updegraff, J. A., 45, 62, 67, 75, 87, 92, 102, 262
Urbane, U. N., 42
Urizar, G. G., 105
Usai, S., 123
Usdan, S. L., 307
Ustün, B., 62, 378
Uy, M. A., 93

V
Vadiveloo, M., 331
Vainionpää, A., 359, 365
Valimaki, I., 358
Valkonen, T., 381
Vall, E., 344
Valtorta, N. K., 207
van Baal, P. H. M., 386
van Cauter, E., 330
Van Cauwenberg, J., 372
Van Cleave, J., 241
van Dam, R. M., 335, 336, 354, 364
van de Rijt, A., 73
Van der Does, A. J., 180, 182
van der Graaf, K., 307
van der Schouw, Y. T., 332, 333
van der Windt, D., 142, 146
van Dillen, S. M. E., 93
van Dongen, E. V., 363
van Eijk, J. T., 360
Van Ells, J., 331
van Furth, E. F., 364
van Hanswijck de Jonge, P., 364
van Kleef, M., 154
Van Laarhoven, A. I., 142
van Lindert, H., 8
van Luenen, S., 261
van Oppen, P., 122
van Overmeeren, E. J., 371

Van Oyen, H., 378
van Reekum, R., 246
van Rossum, E., 360
van Ryn, M., 42, 63
van Schayck, C. P., 387
Van Tilburg, M. A. L., 251
Van Wymelbeke, V., 331
van Zundert, J., 154
Vandeberg, J. L., 357
Varady, K. A., 358
Varallo, G., 335
Varela, J. E., 336
Vargas, A. J., 28
Vargas, S., 105, 120
Variyam, J. N., 380
Varstala, V., 358, 359
Vartanian, L. R., 331
Vartiainen, E., 200
Vaskinn, A., 317
Vaux-Bjerke, A., 232
Vazile-Tamsen, C., 301
Vazquez, N., 61
Vecchi, S., 309, 310
Vedhara, K., 118, 261
Veehof, M. M., 157
Vega-Perez, E., 147
Vega, E., 147
Veldtman, G. R., 43
Velicer, W. F., 69
Veliz, P. T., 382
Velligan, D. I., 58
Vemuri, P., 245
Venegas, A., 309
Venn, A., 282
Venzke, J. W., 142
Verdes, E., 62
Verdonck de Leeuw, I. M., 243
Verhagen, A. P., 180, 182
Verheggen, R. J. H. M., 336
Verhey, F. R. J., 248
Verhoeven, J. E., 122
Verkaik, R., 247
Vermeire, E., 58
Verplanken, B., 74
Vertosick, E. A., 179
Vessoni, A., 338
Veugelers, P., 372
Vickers, A. J., 179
Vickers, T. J., 47
Victor, T. W., 146
Vieira, A. R., 28
Vieira, R., 28
Viikari, J., 358
Villalba, D., 307
Vincenti, H. K., 182, 183, 185
Vine, S. J., 90
Viner, R. M., 297
Virtamo, J., 25, 27
Virtanen, M., 25, 27, 60
Visscher, P. M., 330
Visser, M., 331
Vissers, D., 337
Vitaro, F., 330
Vitória, P. D., 276
Vivolo-Kantor, A. M., 153
Vogel, M. E., 387
Vogels, E. A., 29, 31
Vogt, F., 68, 76
Volbekiene, V., 372
Volcik, K. A., 302

Völker, C., 125
Volkow, N. D., 304, 305, 312
Vollebergh, W. A. M., 276
Vollmer, W. M., 335, 337
Volpato, S., 207
von Baeyer, C. L., 151
Von Elm, E., 28
von Hertzen, L. C., 254
Von Korff, M., 21, 62, 153
von Strauss, E., 245
von Zglinicki, T., 122
Vrtue, S. M., 237
Vu, K. N., 302

W
Waber, R. L., 21
Wadden, T. A., 335, 337
Wade, D., 343, 344
Wade, T. D., 344
Wager, T. D., 21
Wagner, D. T., 95
Wagner, G. G., 362
Wagner, H. S., 130
Wahlberg, A., 176
Wainer, R. B., 12
Waite-Jones, J. M., 244
Wakefield, M., 371
Walach, H., 22, 176, 178
Walash, A. M., 182, 183
Walcher, T., 302
Wald, H. S., 46
Waldrep, E., 105
Waldrop-Valverde, D., 379
Waldstein, S. R., 12
Walen, H. R., 95
Walker, A. R. P., 287, 329
Walker, B. F., 329
Walker, L. S., 142
Walker, P., 58
Wall, P. D., 143, 144, 145, 148, 152
Wall, P., 140, 141, 142
Waller, G., 364
Wallston, K. A., 379
Waltenbaugh, A. W., 274, 278
Walter, M., 312326, 329
Walter, P. J., 326, 329
Walters, S. T., 309
Wamala, S. P., 95
Wang, B., 61, 63
Wang, C.-W., 40, 181
Wang, C., 28, 40, 42, 177, 178, 181
Wang, D. D., 229
Wang, F., 50
Wang, H.-W., 207
Wang, H.-X., 207
Wang, H., 21
Wang, J., 275
Wang, K., 42
Wang, M., 58
Wang, S.-W., 102
Wang, X., 208
Wang, Y., 207
Wannamethee, S. G., 207
Ward, K.D., 208
Ward, L., 174
Wardle, J., 315
Wardle, J., 42, 389
Warner, R., 366
Warton, M., 49
Watanabe, T., 127

Waterman, P. D., 381
Watkins, L. R., 138
Watson, G., 371
Watson, R. R., 205
Watts, S. E., 91
Waye, K. P., 93
Wayne, P. M., 359
Webb, O. J., 67, 371
Webster, G. D., 138
Wechsler, H., 389
Wedow, R., 275
Weech-Maldonado, R., 42
Weems, C. F., 91
Wegener, S. T., 148
Wegner, R., 301
Wei, G. W., 205
Wei, Y., 68, 76
Weidner, G., 231, 383
Weil, A. T., 288
Weil, C. M., 127
Weil, J. M., 381
Weinberg, B. M., 67
Weiner, A. S. B., 313
Weiner, H., 127
Weiner, M. F., 246
Weingart, S. N., 50
Weingert, H. B., 226
Weinick, R. M., 379
Weinman, J., 44, 119
Weinstein, N., 58, 211, 227, 277
Weir, H. K., 227
Weiss, A., 62
Weiss, D. S., 130
Weiss, D., 105
Weiss, J. W., 277, 283
Weiss, S. M., 13
Weissfeld, J., 25
Weitz, R., 47, 48, 49, 50, 384, 385
Wellman, R., 179, 180, 181
Wells, J. C. K., 330
Wells, R. E., 174, 177
Welty, F. K., 205
Wen, M., 378
Wendel-Vos, G. C., 357, 364
Wener, R. E., 94
Weng, N. P., 119
Wenzel, S. E., 253
West, S. G., 63
West, S. L., 283, 317
Westert, G. P., 8
Westerterp, K. R., 326, 359
Weston, S. A., 31
Wetli, C., 313
Wetter, D. W., 388, 390
Wetter, D. W., 388, 404
Wheaton, A. G., 330
Whincup, P., 207
Whitaker, K. L., 42
White, C. M., 61
White, D. P., 392
White, R. O., 379
White, S., 315, 379, 391
White, V. M., 277
White, W. L., 309
Whitehead, J., 40, 42
Whitfield, D. L., 258
Whitfield, K. E., 383, 393
Whitlock, E., 25
Whittaker, R., 371
Whittington, C., 75

Whooley, M., 208
Wichman, H.-E., 31
Wichstrom, L., 301
Wider, B., 176
Wiebe, J. S., 101
Wiesener, S., 174
Wilbert-Lampen, U., 125
Wilbur, J., 371, 372
Wilcox, H. B., 226
Wilding, S., 67
Wiley, J. A., 392
Wilke, F., 313
Wilkin, H. A., 380
Willaism, S. A., 60, 61
Wille-Bille, A., 305
Willey, J. Z., 362
Williams, A. C. de C., 140
Williams, A. D., 371
Williams, A. K., 142
Williams, D. M., 336
Williams, K. D., 138
Williams, L. J., 142
Williams, L., 105
Williams, M. T., 205
Williams, P. G., 387
Williams, P. T., 403, 414
Williams, R. B., 208
Williams, R., 207
Williams, S. L., 60
Williamson, D. A., 342
Williamson, D. F., 337
Williamson, P. R., 28
Willoughby, D., 63
Wills-Karp, M., 127
Wills, T. A., 98
Wilsnack, R. W., 343
Wilsnack, S. C., 343
Wilson-Arias, E., 248
Wilson, A. C., 142
Wilson, A. D., 310
Wilson, B., 149
Wilson, C., 50
Wilson, M. R., 90
Wilson, P. W. F., 330
Wilson, V., 379
Wilz, G., 248
Wimberly, S. R., 235
Wimo, A., 246
Windsor, J. A., 104
Wing, R. R., 67, 335, 337
Wingard, D. L., 28
Winkley, K., 62
Winstanley, K., 42
Winter, J. E., 346, 347, 352
Winter, M., 389
Winterling, J., 235
Wise, A., 335
Wise, E. A., 142
Wise, R. A., 305
Wise, T., 58
Wiseman, C. V., 334
Witkiewitz, K., 309, 311
Witt, A. A., 108
Witt, C. M., 179, 181
Wittchen, H. U., 130
Woerner, J., 301
Wohlheiter, K., 280
Wolf, E., 276
Wolf, F. M., 255
Wolf, M. S., 379

Wolfgang, M. E., 301
Wolin, K. Y., 358
Wolitski, R. J., 105
Wolitski, R. J., 120
Wonderlich, S. A., 343
Wong, M. D., 174
Wood, J., 142, 149
Wood, M. D., 307
Wood, P. D., 355, 364
Wood, R., 307
Woodcock, J., 357
Woodhouse, A., 148, 149
Woods, E., 179
Woodward, C. K., 63
Woodward, H. I., 51
Woodward, M., 250
Woodward, M., 61
Woody, P. D., 52
Wooldridge, T., 341
Woolhandler, S., 381, 383, 386
Woolrich, R. A., 342
Worrall-Carter, L., 61
Wozniak, M. A., 31
Wright, B., 48
Wright, K., 390
Wu, A. Q., 130
Wu, A. W., 51
Wu, P., 334, 337
Wu, T., 335, 336, 354, 364
Wurm, M., 208
Wyatt, H. R., 354, 364
Wyden, P., 334

X
Xavier, D., 206
Xiang, A., 179
Xiao, J., 363, 366
Xiao, R., 237
Xin, L., 183
Xu, G., 249
Xu, J., 195, 226, 279, 297, 300
Xu, R., 237
Xu, S., 151
Xu, Y., 61
Xue, C. C. L., 168, 174
Xue, L., 232
Xutian, S., 162, 163

Y
Yabroff, K. R., 148
Yager, J., 346
Yager, S., 118
Yamakawa, Y., 274
Yamamoto-Mitani, N., 248
Yamashita, H., 185
Yamawaki, S., 145
Yan, L. L., 207
Yan, Y., 358
Yanasak, N. E., 363, 366
Yang, C., 302
Yang, H.-C. Y., 235, 358

Yang, J., 130
Yang, Y., 119, 183
Yano, E., 226
Yao, X., 77
Yao, Y., 28
Yardley, I. E., 51
Yardley, L., 67, 360
Yaroch, A. L., 61, 215
Ye, X., 62
Yebyo, H. G., 204, 212
Yeh, G., 174
Yelin, E. H., 255
Yellon, D. M., 358, 364
Yijn, Y.M., 331
Yin, P., 185
Yin, S., 379
Yki-Jarvinen, H., 326
Ylvén, R., 244
Yoels, W. C., 331
Yokum, S., 344
Yong, H.-H., 286
Yoon, P. W., 378, 379
Yoshimura, S., 145
Yoshino, A., 145
You, D., 334
Young, B., 62
Young, G., 50
Young, K. A., 311
Young, L. R., 329
Youssof, S., 313
Ysoff, K., 206
Yu, B., 130
Yu, Y., 95
Yu, Z., 207
Yuan, N. P., 93
Yuhas, N., 247
Yusuf, S., 125, 201, 203, 205, 206, 217

Z
Zaarcadoolas, C., 391
Zachariae, R., 124
Zacher, M., 275
Zacho, M., 359, 365
Zack, J. A., 124
Zack, M., 306
Zagorski, B. M., 129
Zagummy, M. J., 274, 278
Zainal, N. Z., 108
Zakhari, S., 302
Zambon, P., 232
Zanjani, F., 302
Zapert, K., 47
Zarkadoulia, E. A., 62
Zaslavsky, A. M., 130, 379
Zautra, A. J., 11
Zeeck, A., 342
Zehnacker, C. H., 359, 365
Zeichner, A., 301
Zelenko, M., 7
Zell, B. L., 378
Zeltzer, L. K., 178, 181

Zeng, F., 334
Zerwic, J. J., 41, 42
Zettler, I., 234
Zha, W., 389
Zhan, C., 51
Zhang, B., 288
Zhang, F., 130
Zhang, G., 389
Zhang, H., 206
Zhang, Q. L., 210
Zhang, S., 236, 372
Zhang, Y., 174
Zhao, G., 391
Zhao, H., 243
Zhao, J., 302
Zhen, C., 56
Zhen, W., 336
Zheng, G., 207
Zheng, S., 177
Zhong, I., 281
Zhou, B., 183, 184, 236
Zhou, E. S., 236
Zhu, J., 332, 333
Ziegelmann, J. P., 66, 72
Ziegelmann, J., 72
Ziegler, H., 368
Zielinski, J. M., 226
Ziginskas, D., 237
Zijlstra, G. A., 360
Zikmund-Fisher, B. J., 242
Zilcha-Mano, S., 21
Zimmerman, E., 209
Zimmerman, R. S., 43
Zimmerman, T., 237
Zinberg, N. E., 299
Zipfel, S., 343
Zipursky, R. B., 20
Zive, M. M., 380
Zivian, M. T., 328
Zolnierek, K. B., 49
Zoogman, S., 176, 178
Zoorob, R., 129, 147
Zorrilla, E. P., 129
Zou, Y., 119
Zubaid, M., 125, 207, 208
Zubieta, J.-K., 22, 138
Zubin, J., 121
Zubrick, S. R., 280
Zuccolo, L., 300
Zucker, N., 251
Zucker, R., 151
Zuckerman, A., 244
Zuger, A., 163
Zuniga, M., 380
Zupancic, M. L., 339
Zvolensky, M. J., 281
Zwahlen, M., 357, 364
Zweben, J. E., 317
Zyazema, N. Z., 63
Zylstra, R. G., 299
Zywiak, W. H., 317

ÍNDICE REMISSIVO

A
A-beta, fibras, 135, 136, 144
Abordagem do fator de risco
   risco absoluto, 30
   risco relativo, 30
Abordagem do processo de ação em saúde
   fase motivacional, 70
   fase volitiva, 71
Abuso de álcool
   bebendo com controle e, 310
   bebida e, 296
   cirrose hepática, 299
   consumo pesado, 296-297, 299, 300, 303, 315
   miopia alcoólica, 306-307
   modelo de aprendizagem social e, 307-308
   modelo de doença para o alcoolismo, 305
   modelos morais e médicos para a embriaguez, 303
   mudando o problema de beber, 308-311, 319
   recaídas e, 310-311, 319
   síndrome de dependência de álcool, 304
   teorias cognitivo-fisiológicas e, 306-307
   tolerância e dependência de, 298
Abuso de drogas
   classificação de drogas da FDA, 312
   cocaína e, 313, 317
   efeito no cérebro, 311, 312
   estratégias de prevenção para, 317-318
   recaídas em, 317, 319
   tolerância, dependência, vício e, 298-299
   tratando, 317-318
   uso indevido e abuso de drogas, 315-315
Acetilcolina, 83
Acidente vascular encefálico (AVE)
   comum, 195
   definição, 195
   efeitos de, 195
   hemorrágico, 195
   inflamação e, 195
   pressão alta e, 196
Ácido cianídrico, 271
Acroleína, 271
Açúcar sanguíneo, 249, 250-252
Acupressão, 163-164, 165, 185
Acupuntura
   controlar a dor com, 163, 175, 178
   definição, 163
   limitações de, 184
   reduzindo o estresse com, 176-177
A-delta, fibras, 135, 136, 139, 144
Adesão
   barreiras, 58-59
   características do tratamento
      complexidade, 60
      efeitos colaterais, 60
Adolescentes
   asma em, 253-255
   benefícios da atividade física para, 358, 359, 367, 368
   diabetes em, 359
   estresse experimentado por, 130
   fumar entre, 274, 276-278, 281, 282
   publicidade do tabaco para, 276
   sensibilidade à dor por sexo, 143
   sobrepeso/obesidade entre, 358
   uso de álcool por, 297
   uso de drogas por, 317
   uso de tabaco sem fumaça por, 282-283
Adrenalina, 85
Aferentes primários, 135
Aflatoxina, 229
Afro-americanos
   desigualdades em saúde para, 378
   efeito da discriminação sobre, 126
   percepção da dor por, 142
   uso de álcool por, 296-297
Aglomeração, 94
Agorafobia, 129
Aids (síndrome da imunodeficiência adquirida), 116
   sarcoma de Kaposi e, 232
   sintomas de, 257-258
   taxas de incidência e mortalidade de, 256-257
   transmissão do HIV, 258-259
AINEs (anti-inflamatórios não esteroides), 153
Alcatrão, 271
Álcool desidrogenase, 298
Álcool, 230-231
   benefícios do, 301-303
   efeito da cafeína com, 316
   efeitos do, 298-299, 319
   expectativa e efeitos do, 305
   história do consumo, 293-295
   modelo de aprendizagem social de uso, 307-308
   modelos morais e médicos para a embriaguez, 303
   moderando a ingestão de, 391-392
   motivos para beber, 303-304, 319
   perfil do mundo real, 294
   potencial para danos cerebrais com, 312
   prevalência de consumo, 296-297
   riscos diretos do, 299-301
   riscos indiretos de, 300-301
   sistema cardiovascular e, 302
   sugestões de leitura, 319
   tendências de consumo em, 293-395, 318
   teorias cognitivo-fisiológicas de uso, 306-307
   verifique seus riscos à saúde, 294
Alcoólicos Anônimos (AA), 308-309, 319
Aldeído desidrogenase, 298
Aldeídos, 271
Alergias, 117
Alimentos funcionais, 166
Alto teor de fibra, 27
Amenorreia, 300
American Medical Association, 167
Amígdalas, 106
Amputação, 148
Analgesia
   hipnose para, 172
   medicamentos prescritos para, 142
Anestesia, 336
Aneurismas, 195
Anfetaminas, 313
Angina *pectoris*, 194, 199, 216
Ano saudável, 377
Ansiedade estado, 361
Ansiedade traço, 361
Ansiedade
   DCV e, 208-209
   redução da, do exercício, 361
Anticorpos, 115
Antígenos, 115
Ânus, 323

Apoio social, 98-99
   abuso de drogas e, 318
   fatores de risco de DCV e, 192
   necessidade dos estudantes universitários de, 391
   parar de fumar e, 287
Armadilhas de dor, 155
Artérias
   efeito da pressão alta sobre, 196
   efeito do tabagismo sobre, 279
   função da coronária, 193-194
   obstrução das, 194, 197, 207 216
   papel do sistema cardiovascular, 193-194
Arteríolas, 192
Artrite reumatoide
   definição, 127
   técnicas de relaxamento e, 154
Artrite
   dor de, 127-128
   técnicas de relaxamento para, 154
Ásio-americanos
   disparidades de saúde para, 381, 382
   uso de álcool por, 296
Asma, 127, 254-255, 261
   doença, 254-255
   estresse e, 127
   gatilhos para, 254
   gerenciando, 254-255
Aspirina, 153, 154
Assistência médica
   aumento de HMOs, 385
   buscando atendimento médico, 37-45
   desafios para o envelhecimento da população, 375-382
   reduzir as desigualdades em saúde, 378-379, 378-381
   sugestões de leitura, 393
Atenção plena, 154, 156
Aterosclerose, 193, 194, 195, 196
Atitude
   opiniões sobre peso e alimentação, 342
Atkins, dieta, 166
Autoeficácia
   manutenção do exercício e, 371-372
Autorrelatos
   medindo a dor com, 150-151
Avaliação primária, 90
Avaliação secundária, 90
AVE, 194-196
Ayurveda, 164, 168

B
Baço, 113
Barbitúricos, 313
Bebendo com controle, 310
Beber pesado, 296-298, 299, 303, 315
Benignas ou malignas, 220
Biofeedback térmico, 172
Biofeedback, 172, 173
   doença de Raynaud e, 182
   eficácia de, 182
   tipos de, 172
Bronquíolos, 268, 270
Bronquite, 269, 270
Bulimia
   definição, 342-344
   tratamento, 344
Bypass coronário, 194-196

C

Calorias
  exercício e quantidade queimada, 355
Cancelamento, 243
Câncer colorretal, 25, 223
Câncer de cólon, 28
Câncer de estômago, 223
Câncer de mama, 223
Câncer de próstata, 221
Câncer de pulmão, 254
  tabagismo passivo e, 282
Câncer
  apoio social para pacientes com, 236
  atividade física e proteção contra, 358-359, 365
  benigno ou maligno, tumor, 220
  comportamento sexual, 232
  crescimento maligno, 220
  definição, 219
  diagnóstico, 235-236
  dor crônica e, 148, 153
  estilo de vida sedentário e, 232
  fatores comportamentais, 219, 226-227
  fatores de risco psicossocial em, 222-223
  fatores psicológicos, 234
  intervenções psicológicas, 237
  metástase, 220
  neoplásicas, células, 220
  perguntas, 238
  sugestões de leitura, 238
  tabagismo passivo e, 282, 290-291
  taxas de incidência, 221, 223
  teoria da vigilância imunológica e, 112-113
  tumores e, 219
  uso de álcool e riscos para o, 300
  variação na taxa de mortalidade, 220-223
Capilares, 192
Carcinomas, 220
Cardiologia comportamental, 212
Cardiologistas, 208
Casamento, 119
Catarse, 106
Catecolaminas, 85
Cefaleia em salvas, 147
Células B, 112, 114, 115, 120
Células das ilhotas, 249
Células *natural killer* (NK), 112
Células NK (*natural killer*), 112
Células plasmáticas, 115
Células T, 112, 113, 114, 115, 116, 119, 120
Cérebro
  bloqueio da dor com endorfinas, 138
  córtex somatossensorial, 136
  efeito da pressão alta sobre, 196-199
  efeitos de drogas em, 311
  reduzindo a dor com opiáceos, 138, 152
  resposta à dor emocional e física, 138
  teoria do controle do portão da dor e, 143-145
  uso de álcool e efeitos sobre, 298
Charutos, 271, 281
Chocolate, 249
Cigarros eletrônicos, 281-282
Cirrose, 299
Cirurgia artroscópica do joelho, 19
Citocinas pró-inflamatórias, 118
Citocinas, 118, 120, 125, 129, 130
Cocaína, 313, 317
Coeficiente de correlação, 24
Colecistocinina (CCK), 324
Colesterol
  exercício e níveis de, 358-359, 364
  HDL, 203, 211-212, 358-359
  LDL, 203, 211-212, 358-359
Colon Blow, 23
Comer demais
  experimental, fome, 324-325
  obesidade e, 326-334
Comer
  atitudes sobre, 299
  estudos sobre a fome experimental, 324-325
  experimento sobre comer demais, 325-326
  fatores para manter o peso, 384–385
  hormônios envolvidos no apetite e na saciedade, 324
  restrição alimentar para perda de peso, abordagens, 334
Comportamento de doente
  características dos sintomas, 42-43
  conceituação de doença, 43-44
  diferenças de gênero, 41
  estigma, 42
  fator pessoal, 39-41
  fatores socioeconômicos, étnicos e culturais, 41-42
  idade, 41
Comportamento de papel de doente, 38, 44-45
Comportamento de saúde
  teorias do *continuum*
    crítica, 69
    modelo de crenças em saúde, 64-65
    teoria comportamental, 68
    teoria da autoeficácia, 65-66
    teoria do comportamento planejado, 66-68
  teorias dos estágios
    abordagem do processo de ação em saúde, 70-71
    crítica, 71-72
    modelo transteórico, 69-70
Comportamento sexual, 232-233
  beber e sexo desprotegido, 307
  infecção pelo HIV e contato heterossexual, 259
  transmissão homossexual do HIV, 258
Comportamento
  campanhas antitabagismo para mudar, 283
  estresse e indulgência, 130
  observando a dor, 140-141
  parar de fumar, 205, 214
  raiva e Tipo A, 209-210
  redução do colesterol sérico, 212
  redução da hipertensão, 211-212
  relativo a doença, 130
comportamentos saudáveis, 64-72
Compulsão alimentar, 326-329
  características de, 321
  comparado com outros transtornos alimentares, 323-324, 325-326
  hipoglicemia e, 343
  recomendações de saúde para, 334
  tratamentos para, 335-339
Comunicação verbal, 49
Conselho de Educação Quiroprático, 167
Contatos sociais, 98
Controlando o estresse
  atenção plena, 107-108
  revelação emocional, 105-107
  terapia cognitiva comportamental, 104-105
  treino de relaxamento, 103-104
Controle pessoal, 99
Convivendo com o câncer
  suporte social, 224
  tratamentos médicos, 233-234
Coração
  angina *pectoris*, 194, 199, 214
  doença coronariana e, 194
  funcionamento das artérias coronárias, 193-194
  ilustrado, 195
  miocárdio, 193
  prevenção dos primeiros ataques cardíacos, 211-214
Cornos dorsais, 136, 144
Córtex adrenal, 84
Córtex somatossensorial, 136, 139
Cortisol, 84
  estresse e liberação de, 120, 127
  liberando, 120
Crack, 313
Crianças
  campanhas antitabagismo para, 283
  estresse experimentado por, 127
  exercício e, 358
  prevenção do uso de drogas para, 317-318
  tabagismo passivo e, 282, 290
Crime
  consumo de álcool e, 301
  incidentes que afetam estudantes universitários, 389
Cuidados médicos
  consulta, profissional
    características pessoais dos, 50
    comunicação verbal, 49-50
    interação médico-paciente, 49
  hospitalização
    crianças e, 51-52
    papel do paciente hospitalar, 50-52
  acesso limitado a, 47-48
Cuidados pessoais, 254
Cultivando estilos de vida mais saudáveis
  adoção de bons comportamentos de saúde, 391-392
  aumentando o tempo de vida saudável, 377-378, 381
  aumento da educação em saúde, 391
  conhecendo o efeito das próprias escolhas, 390
  entendendo seus riscos, 388-391
  moderação e, 391
  o papel da psicologia da saúde, 391, 392
  reduzindo as desigualdades em saúde, 378-382
Custos de saúde
  controle de, 383-386
  expectativa de vida e, 377-378, 378-381
  padrões de renda e saúde, 381-382
  para onde vai o dinheiro, 384-386
  sugestões de leitura, 393

D

DARE, projeto, 283
DCC (doença cardíaca coronariana), 194, 356
Deficiência imunológica, 116
definição, 56
  fatores ambientais
    apoio social, 62-63
    crenças e normas culturais, 63
    fatores econômicos, 62
  fatores pessoais
    conscienciosidade, 62
    fatores emocionais, 62
    gênero, 61
    idade, 61
    padrões de personalidade, 61-62
  gravidade da doença, 60
  interação de fatores, 63-64
  melhorando a adesão, 74-77
  melhorar a adesão à atividade física, 369-372
  métodos de medição, 56-58
  não adesão, 58
Delirium tremens, 299
Densidade populacional, 94
Dependência, 152
  barbitúrico e tranquilizante, 313
  drogas psicoativas, tabela sobre, 314
  exercício, 416, 417
  medicamento, 152-154, 298
  opiáceos e, 152
  síndrome de dependência de álcool, 304
  tolerância, retirada e, 298
  uso indevido e abuso de drogas álcool e, 315-317
Depressão
  DCV e, 208
  definição, 359-360
  doença de Alzheimer e, 246
  efeito do exercício sobre, 359-360

ligado ao estresse, 128-129, 130, 131
resposta ao infarto do miocárdio, 214
Desafios futuros em saúde, 375-393
    adaptação às necessidades de mudança, 386-387
    aumentando o tempo de vida saudável, 377-378, 387
    controlar os custos crescentes, 383-387
    importância da prevenção, 386
    melhorar a expectativa de saúde, 377-378
    perspectivas para a psicologia da saúde, 383, 387-388
    progresso em psicologia da saúde, 383
    reduzindo as desigualdades em saúde, 378-382
Desigualdades em saúde
    definição, 378
    educacionais e socioeconômica, 381-382
    LGBT, 382
    racial e étnica, 379-381
    redução, 378-382
Diabetes gestacional, 250
Diabetes *mellitus*
    ajustes de estilo de vida para, 250
    controlando com exercícios, 359, 365
    crianças e adolescentes com, 244
    efeitos benéficos do álcool sobre, 301-303
    estresse e, 127, 250-251
    tipos de, 249
    vivendo com, 246-245
Diafragma, 268
Dieta de Uganda, 23-24
Dieta lactovegetariana, 166
Dieta macrobiótica, 166
Dieta Pritikin, 166
Dieta vegetariana, 166
Dieta
    abordagens para perder peso, 334-339
    perda de peso com exercício *vs*, 330, 354
    programas de mudança de comportamento e, 335
    sugestões de leitura, 348-349
Dieta
    adicionando suplementos alimentares à, 192-193
    aflatoxina, 229
    cancerígeno, 229
    efeitos sobre o câncer, 231
    melhorando a saúde com, 166
    reabilitação cardíaca, 194
    visão da medicina chinesa sobre, 162-163
Discriminação
    DCV entre afro-americanos e, 203
    reatividade devido a, 126
Disparidades de saúde de lésbicas, gays, bissexuais e transgêneros (LGBT), 382
Disposição comportamental, 72-74
Dissulfiram, 310
Doença arterial coronariana, 194
Doença cardíaca coronariana (DCC), 194
    exercício e, 355-357, 367
    infarto do miocárdio, 194
Doença crônica, 4
    asma e, 253-255
    convivendo com Alzheimer, 244-249
    crianças e, 244
    diabetes e, 249-250
    enfrentando a morte e, 262
    expectativa de saúde e, 377
    gestão futura da, 386-387
    HIV e Aids, 260-261
    impacto da, 258-259
    mortes, 5
    perfil do mundo real, 242
    tabagismo e, 279
Doença de Alzheimer
    ajudando os pacientes com, 246-247
    componente genético, 245
    convivendo com, 244-248

fatores de risco e prevenção para, 246
impacto na família, 243-244
Doença e morte
    doenças crônicas, 6
    etnia, renda e doença, 7-8
    idade, 6-7
    mudanças na expectativa de vida, 8
    padrões, 6
Doença infecciosa
    e estresse, 123-125
Doença periodontal, 280
Doença
    distúrbios do sistema imunológico e, 116-117
Doença
    modelo de diátese-estresse de, 121
    morte e 6-10
    papel do estresse na, 121-131
Doenças autoimunes, 117
Doenças crônicas do trato respiratório inferior, 269-270, 279
Doenças pulmonares obstrutivas crônicas (DPOC), 253
Dopamina, 311
Dor aguda, 140, 145, 149
Dor crônica recorrente
    artrite, 147, 149
    câncer, 148, 149
    definição, 140, 145
    dor de cabeça como, 146-147, 149
    dor do membro fantasma, 148-149
    dor lombar, 147
    fibromialgia, 147
    hipnose para, 157
    síndromes e, 146, 156
    técnicas de relaxamento para, 154-155
Dor do membro fantasma, 148-149
Dor lombar
    crônica, 147
    técnicas de relaxamento para, 154, 158
    terapias alternativas para, 181-182
Dor pré-crônica, 140, 145
Dor
    aguda, crônica e pré-crônica, 140, 145, 149
    artrite, 147-149, 158
    avaliação da, 149-150
    câncer, 148
    cérebro e, 136, 137-138
    cirurgia para gestão da, 154
    dor de cabeça, 146-147, 158
    experiência individual da, 140-143
    fatores psicológicos e físicos na, 140
    fibromialgia, 147
    gênero e percepção da, 142
    gerenciando a, 152-154
    imagens guiadas para gerenciamento da, 170, 177, 181
    insensibilidade congênita à, 133
    lombar, 147
    medição da, 149-150, 158-159
    medidas fisiológicas, 151-152
    medula espinhal e, 136
    modulação da, 138-139
    neurotransmissores e, 138
    percepções culturais da, 142
    reduzindo a, com opiáceos, 135
    significado da, 139-143, 158
    síndromes da dor, 139-140, 146, 146-149, 158
    sistema somatossensorial e, 134-136
    teoria da especificidade da, 143
    teoria da neuromatriz da, 145
    teoria do controle do portão da, 143-145
    teorias da, 143-145
    visões sobre a, 140
Dores de cabeça tensionais, 155, 180
Dores de cabeça
    eficácia das técnicas de relaxamento para, 154
    estresse e, 121-122

terapias alternativas para, 177-179
tipos de dor crônica, 146, 149
DPOC (doença pulmonar e obstrutiva crônica), 269
Drogas ilegais/ilícitas
    riscos de, 312-318
Drogas psicoativas, 316
    características de, 314
    efeito no cérebro, 312
Drogas
    analgésico, 152-153, 158
    anfetaminas, 313
    anti-inflamatórios não esteroides (AINE), 163
    aspirina, 153, 158
    barbitúricos, 313
    classificação da FDA de, 312
    cocaína, 313
    esteroides anabolizantes, 313, 315
    estimulantes, 313, 316
    inibidores de Cox-2, 154
    legais e ilegais, perigosas, 312
    maconha, 313
    opiáceos, 152, 313
    paracetamol, 153, 154
    perfil do mundo real, 394
    prevenção e controle do uso de, 317-318
    psicoativo, 312, 313, 316
    resposta do cérebro a, 311, 312
    sedativos, 312
    sugestões de leitura, 319
    tolerância a, 152, 298
    tornando-se mais saudável, 315
    tranquilizantes, 313
    tratamento para abuso de, 317-318
    uso indevido e abuso de, 315-316
DSM-5 (APA), 316, 340

E
Ecstasy, 312, 313
Educação em saúde, 381-382, 383, 387, 391
Educação
    consumo de álcool e, 297
    desigualdades em saúde e, 378
    perfil para fumantes, 272, 273
    riscos de DCV e nível de, 207
    sucesso em parar de fumar e, 284-286
Efeito de amortecimento da resposta ao estresse, 306
Efeito nocebo, 21
Efeito placebo
    drogas antidepressivas, 21
    pílulas de açúcar, 20
    projeto cego-simples, 23
    projeto duplo-cego, 23
Efeito sinérgico, 227
Efeito SRD (*stress response dampening* / amortecimento da resposta ao estresse), 306
Eficácia do tratamento
    da terapia cognitivo-comportamental, 156-157
EMG (eletromiografia), 151, 172
Emoção
    consumo de álcool e agressividade, 306
    decorrente do impacto de doenças crônicas, 241
    resposta do cérebro à dor emocional, 137
Endorfina, 138,
Energia de cura, 168
Enfisema, 269
Enfrentamento focado na emoção, 101
Enfrentamento focado no problema, 101
Enfrentando o estresse
    apoio social, 98-99
    controle pessoal, 99
    enfrentamento focado na emoção, 101
    enfrentamento focado no problema, 101
    otimismo, 100-101
Ensaios controlados e randomizados testando tratamentos alternativos com, 176-178
Entrevista motivacional, 75

Envelhecimento
    Alzheimer e, 246
    cuidados de saúde para a população envelhecida, 385, 388
    dor lombar e, 147
    funcionamento cognitivo, 362
Enxaqueca, 146
Escala de Reajuste Social (SRRS - *Social Readjustament Rating Scale*), 97
Escalas de classificação
    avaliação da dor, 150
    Escala de Avaliação de Reajuste Social, 121
    Escala Visual Analógica (EVA), 150
Esôfago, 322
Esteroides anabolizantes, 313, 315
Esteroides, 313-315
Estilo de vida sedentário, 232, 372
    asma e, 254
    controle de peso e, 354-355
    depressão e, 360
Estilo de vida
    cultivar um estilo de vida saudável, 391-392
    efeitos pessoais, 391
    estresse relacionado a, 130
    perfil do mundo real de pessoas mais saudáveis, 376
    viés otimista e mudança, 211
Estimulação elétrica nervosa transcutânea, 154
Estimulantes, 313, 315
Estratégia de redução de danos, 318
Estresse
    artrite reumatoide e, 127
    asma e, 127
    cefaleias e, 123
    cuidado e, 244
    DCV e, 125, 131
    depressão, 128
    diabetes *mellitus* e, 127, 249
    doenças infecciosas e, 123-124
    dor lombar e, 147
    durante partidas esportivas, 125
    e transtornos psicológicos, 129-130
    efeito do exercício sobre, 361, 363
    efeito no estilo de vida, 130
    estudantes universitários e, 390
    função imunológica diminuída sob, 120
    hipertensão e, 125
    ligação entre, e doença, 121-130
    miopia alcoólica e, 306-307
    modelo de diátese-estresse, 121
    papel potencial do estresse, 123, 130
    reatividade sob, 126
    transtorno de estresse pós-traumático, 129
    transtornos de ansiedade e, 129, 141
    úlceras e, 126-127
    visão de Selye e, 121
Estresses psicossociais, DCV e, 207-208
Estudos correlacionais, 24
Estupro, 389
Etanol, 298
Etnia
    benefícios da atividade física ao risco de DCV, 356
    discriminação e, 112
    expectativa de vida e, 377-378, 377-381
    perfis de fumantes por, 272, 277
    reduzir as disparidades de saúde para todos os grupos, 377-381
    uso de álcool por, 296
Euro-americanos
    percepção da dor por, 142
    reatividade devido à discriminação, 126
    uso de álcool por, 296
EVA (Escala Visual Analógica), 150
Eventos da vida
    dificuldade em relacionar o estresse com, 121
Exercício aeróbico, 353
Exercício anaeróbico, 353
Exercício isocinético, 352

Exercício isométrico, 351
Exercício isotônico, 351, 353
Exercícios obrigatórios (dependência de exercícios), 366
Exercícios/atividades físicas
    aumento dos benefícios para adolescentes, 358
    benefícios em, 358-354
    benefícios psicológicos em, 359-364
    controle de peso e, 354-355
    controle do diabetes com, 359
    dependência vício e, 366, 368
    diminuindo a depressão com, 360, 361
    estresse e, 361-362
    gênero e efeitos cardiovasculares com, 357
    idade e benefícios, 359
    lesões por, 367, 368, 369
    melhor funcionamento cognitivo, 362-363
    morte durante, 367
    morte súbita durante, 368
    níveis de colesterol e, 358
    obrigatório, 366
    perigos em, 366-368
    prevenção da perda de densidade óssea com, 359
    prevenção do ganho de peso como ex-fumante e, 278, 287
    recomendações para, 351
    redução da ansiedade com, 361
    riscos para a saúde pessoal e, 351
    saúde cardiovascular e, 355-357
    tai chi, 171, 172
    taxas de doenças coronárias e, 355
    tipos de, 351, 352-353
    visão da medicina tradicional chinesa sobre, 162-164
Expectativa de saúde
    definição de, 375, 377
    expectativa de vida e, 378
    por nação, 379
Expectativa de vida
    custos crescentes, 383-388
    expectativa de saúde e, 377-378
    mortalidade infantil, 8
    nos Estados Unidos, 377
    vacinação, 8
Exposição à luz ultravioleta, 232

F
Fagocitose, 113, 120
Família(s)
    ajudando o paciente com Alzheimer, 246-247
    impacto da doença crônica, 243-244
    luto pela morte de membro da, 263-264
    problema do beber, 308-311
Faringe, 300, 323
FAT (fumaça ambiental do tabaco), 282, 283, 290
Fator de risco
    Alzheimer, 246
    câncer de pulmão, 30-32
    compreensão pessoal, 388-392
    determinando causa, 30-32
    morte durante o exercício, 367
Fatores ambientais
Fatores comportamentais
    álcool, 230
    comportamentos sexuais, 232-233
    dieta, 228-230
    estilo de vida sedentário, 232
    exposição à luz ultravioleta, 232
    tabagismo, 227-228
Fatores de risco para câncer, 226, 299-301
    fatores de risco ambientais, 226, 279
    riscos ambientais, 226
    riscos inerentes, 224-225
Fatores de risco para DCV
    condições fisiológicas, 203-204
    fatores psicossociais, 207-209
    fumo e, 205-206, 279

inerentes, 201-202
inflamação e, 204-205
metabolismo da glicose e, 204
mudar o estilo de vida para diminuir os, 191, 200-201
obesidade, 200
peso e dieta, 206-207
reduzindo riscos de doenças, 194, 211-215
Fatores de risco para DCV; Acidente vascular encefálico (AVE)
    assistir a partidas de esportes, 125
    aterosclerose, 194, 195-196, 302
    benefícios do exercício e, 355-357, 364
    chocolate e, 205
    condições fisiológicas e, 203-204
    constituição do sistema cardiovascular, 193-199, 216
    correr riscos com, 366, 368
    declínio das taxas de mortalidade e, 199
    definição, 191
    doença arterial coronariana, 194-196
    doença cardíaca coronariana, 194, 356
    estilo de vida e, 201-203
    estresse, ansiedade e depressão e, 208-210
    fatores de estresse e, 125
    fatores de risco para, 201-210
    fatores psicossociais, 207-210, 212
    fumo e, 205-206, 211
    hipertensão, 196-199
    infarto do miocárdio, 194
    inflamação e, 204-205
    metabolismo da glicose e, 203-204
    obesidade e, 206, 207, 210
    perfil do mundo real, 193
    peso e dieta e, 206-207
    pressão arterial e, 196-198
    prevenção dos primeiros ataques cardíacos, 211-214
    raiva como, 209-210
    reabilitação de cardíacos, 214-215
    reatividade sob estresse, 123, 126
    redução do colesterol sérico, 212
    reduzindo riscos de, 211-216
    reduzir a hipertensão, 211-212
    sugestões de leitura, 217
    tabagismo passivo e, 282
    taxas de mudança e, 199-200
Fatores pessoais
    compreender os riscos para a saúde pessoal, 388-391
    efeitos do estilo de vida na saúde, 130, 391
    experiência de dor do indivíduo, 143-145
    vulnerabilidade a doenças relacionadas ao estresse, 121
Fatores psicológicos
    atividade física e, 359-363
    na dor, 140
Fenda sináptica, 82
Ferramentas de pesquisa
    papel da psicometria
        confiabilidade, 33
        validade, 33
    papel da teoria, 33-34
Fezes, 323
Fibras C, 135, 136, 144
Fibromialgia, 143, 147, 149, 156, 157, 158, 178
Fígado
    cirrose de, 299
Fisiologia
    do diabetes, 249-250
    efeito do álcool sobre a, 298-299, 306-307
    efeito do estresse sobre a, 120-121
    exercício e, 353-354
    medicina mente-corpo, 173
    medidas fisiológicas da dor, 151-152
    o efeito do fumo nos pulmões, 282
    sistema imunológico, 111-121
Flexibilidade, 354
fMRI (ressonância magnética funcional), 138

Fontes de estresse
  eventos cataclísmicos, 91-92
  aborrecimentos diários
    ambiente físico, 93-94
    ambiente psicossocial, 94-95
  eventos da vida, 92-93
Food and Drug Administration (FDA), 28, 165, 284,309
Força e resistência muscular, 353
Formaldeído, 271
Fumaça ambiental do tabaco (FAT), 282, 283, 290
  fumante passivo, 279, 282, 290
  tabagismo e câncer, 279
  vulnerabilidade a doenças relacionadas ao estresse, 121
Fumante(s)
  a atração da publicidade, 276-277
  controle de peso como motivador, 277, 290
  dependência de nicotina, 277
  jovens como, 274, 276, 286
  parar de fumar, 284-285
  perfil de, 272-274, 290
  por que as pessoas começam a fumar, 274-275
  predisposição genética de, 275, 278
  pressão social sobre, 276
  prevenção de recaídas por, 286
  recomendações de saúde para, 288
  reforço para, 277
  quem consegue deixar de ser, 285-286
  taxas de consumo de cigarro por, 272-273
  viés otimista de, 277-278
Fumar cachimbo, 281
Fumar cigarro
  consequências para a saúde, 278-279, 283
  história do, 271-272, 273
  publicidade e, 276-277
  taxas de consumo, 273
Fumar, parar de, 284-285
  benefícios para a saúde ao, 287, 288-289
  ganho de peso e, 287
  prevenindo recaídas, 286
  quem consegue, 285-286
Fumo passivo e, 282
Funcionamento cognitivo, melhor, 362-363

G
Ganho de peso, dieta e
  parar de fumar e, 287, 287-289
Gatilho de controle central, 144
Gênero
  consumo de álcool e, 297
  efeitos cardiovasculares do exercício e, 357
  estresses relacionados ao trabalho e, 125
  percepção da dor e, 142-143
  perfil de fumantes por, 272, 277
  reatividade cardiovascular e, 209
  taxas de infecção pelo HIV por, 258
  uso da terapia MCA por, 174
Gerenciando a dor, 152-158
  acupuntura para, 163, 176
  cirurgia para, 154, 156
  drogas para, 152-154
  hipnose para, 172-173
  imagens guiadas para, 170
  técnicas comportamentais para, 154-156
  terapia cognitivo-comportamental para, 156-157
  visão global, 152
Glândulas salivares, 321
Glândulas suprarrenais, 84
Glucagon, 249
Gordura abdominal, 326
Gordura corporal
  condicionamento físico e, 356
  efeitos dos esteroides anabolizantes em, 313
Granulócitos, 113
Gravidez
  efeito do álcool no feto, 300
  riscos para mulheres fumantes, 280
Grelina, 324

H
HDL (lipoproteína de alta densidade), 203, 211-212, 358-359, 358
Healthy People 2030
  desigualdade em saúde, 378
  indicadores de saúde, 377
  metas, 376
  objetivos de, 375
Heroína, 286, 312
Hipertensão essencial, 196
Hipertensão
  definição, 125, 203
  faixas de pressão arterial para os estágios de, 198
  reatividade cardiovascular e, 209
  redução, 203-205
  risco de DCV e, 197
Hipnose
  controlar a dor com, 172-173, 180
  eficácia de, 180
Hipófise, 84
Hipotálamo, 324
Hipótese da higiene para asma, 254
Hispano-americanos
  desigualdades em saúde para, 378-382
  percepção da dor e, 142
  uso de álcool por, 296
  vulnerabilidade ao TEPT, 91
HIV (vírus da imunodeficiência humana), 116-117
  drogas injetáveis como fator de risco em, 258-259
  epidemias de Aids e, 256
  medidas de proteção contra, 259-260
  o papel do psicólogo na gestão, 259-262
  papel do estresse no, 123, 124
  sintomas de, 257-258
  taxas de incidência e mortalidade por, 256-257
  tese para, 259, 260
  transmissão de, 258-259
HMOs (*health maintenance organizations* / organizações de manutenção da saúde), 385
Homens
  benefícios cardiovasculares com atividades físicas para, 358
  casamento e apoio social para, 119
  consumo de álcool por, 296-298
  estresse e DCV, 125
  estresse relacionado ao trabalho para, 125
  fatores de risco para fumantes, 279
  fumo, 272-274
  morte por Aids, 233
  percepção da dor por, 142-143
  taxas de infecção pelo HIV para, 232, 233
  taxas de mortalidade por DCV para, 199
  uso da terapia MCA por, 173-174
Homeopatia, 164, 184
Hormônio adrenocorticotrófico (ACTH)
  liberação hipofisária de, 120
  mecanismos de estresse e, 120
Hormônios
  efeito do estresse, 125, 127

I
Idade
  benefícios do exercício e, 360
  uso de álcool e, 296
Imagem corporal
  mulheres em idade universitária com, 278
Imaginação guiada, 170, 181, 187
IMD (Inventário Multidimensional da Dor), 150
Imunidade humoral, 115
Imunidade, 113, 114, 115
Indução, 172-173
Infarto do miocárdio
  definição, 194
  depressão depois, 214-215
Inflamação, 113
  função da, 113-114
  ilustrado, 113
  riscos de câncer e doenças crônicas, 204, 206
Informações médicas, fontes não médicas
  a internet e, 45, 46-47
  rede de referência leiga, 47
Inibidores de Cox-2, 154
Inoculação da dor, programa, 156
Insensibilidade congênita (à dor), 133
Insulina, 249, 325
Intenções de implementação, 74
Interação médico-paciente, 49-50
INTERHEART Study, 125
Interleucinas, 118
Internet, 45, 46-47, 243, 248, 258
Interneurônios, 135
Intestino delgado, 323
Inventário de Depressão de Beck, 151
Isolamento social, 98
Isquemia, 194

L
Lacuna intenção-comportamento
  disposição comportamental, 72, 74
  intenções de implementação, 74
Lâminas, 136
Lázaro, Visão de
  avaliação primária, 90
  avaliação secundária, 90
  enfrentamento, 90
  fatores psicológicos, 90
  reavaliação, 90
LDL (lipoproteína de baixa densidade), 204, 206, 358
Leptina, 324
Lesões
  compreender o risco pessoal de, 388-391
  por atividade física, 367, 373
Leucemias, 220
Leucócitos, 112
LGBT (lésbicas, gays, bissexuais e transgêneros), 382
Linfa, 112
Linfócitos de memória, 115
Linfócitos, 112
Linfoma não Hodgkin, 225
Linfomas, 220
Linfonodos, 112
Lipoproteína de alta densidade (HDL), 358
Lipoproteína de baixa densidade (LDL), 203, 211-212, 358-359
Lipoproteínas, 203
Luto, 263-264

M
Maconha, 312, 313
Macrófagos, 113
Manual Diagnóstico e Estatístico de Transtornos Mentais (*DSM-5*) (APA), 316, 340
Manutenção do peso
  fatores que promovem o comer demais, 338
  importância da saúde e, 391-392
  ingestão de calorias e, 335
  mantendo a perda de peso, 336-337
Mascar tabaco, 282
Massagem, 167-168
  aiurvédica, 164
  tui na, 164, 165, 168
Matéria Médica, 164
Medição de estresse
  escalas de eventos de vida, 97
  escalas dos aborrecimentos do dia a dia, 97
  medidas fisiológicas, 97-98
Medição
  da dor, 149-152, 158-159

Medicina alternativa, 162
Medicina complementar e alternativa (MCA), 162
  biofeedback, 172
  cura energética, 168
  dieta e, 165-167
  eficácia de tratamentos alternativos, 175-176
  hipnose, [tratamento hipnótico] 172-173, 181
  homeopatia, 184
  imaginação guiada, 168
  massagem, 167-168
  medicina aiurvédica, 163-165
  medicina integrativa, 161, 185-186
  medicina mente-corpo, 169-173
  medicina tradicional chinesa, 162-163
  meditação e ioga, 169-170
  motivos para procurar, 175
  naturopatia, 184
  perfil do mundo real, 163
  pessoas que usam, 143-175
  práticas e produtos para, 165
  qi gong, 171-172, 173
  sistemas de, 162-165
  suplementos alimentares, 184
  tai chi, 171-172
  tratamento quiroprático, 167
  tratamentos alternativos para ansiedade, estresse e depressão com, 176-177, 178
Medicina complementar, 161
Medicina comportamental, 13, 17
Medicina integrativa, 161, 185-186
Medicina mente-corpo, 169-173
  biofeedback, 172, 173
  definição, 169, 173
  hipnose, 172-173, 183
  meditação e ioga, 169-170
  qi gong, 171-172, 173
  tai chi, 171-172, 173, 181
  visão global, 169
Medicina psicossomática, 12
Medicina tradicional chinesa (MTC), 162-163
Meditação da atenção plena, 170, 173
Meditação transcendental, 169, 173
Meditação
  reduzir a ansiedade, o estresse e a depressão com, 176-177
  tipos de, 169-170
Medula adrenal, 84
Medula espinhal, 136, 139, 143-144
Medula, 138
Meridianos, 162
Mesmerismo, 172
Métodos de pesquisa
  em epidemiologia
    autosseleção, 27
    ensaio clínico, 28
    ensaios controlados e randomizados, 27-28
    Estudo do Condado de Alameda, 28-29
    estudos de caso-controle, 27
    estudos prospectivos, 27
    estudos retrospectivos, 27
    fator de risco, 26
    incidência, 26
    metanálise, 28
    métodos observacionais, 27
    prevalência, 26
  em psicologia
    estudos correlacionais, 24
    estudos longitudinais, 24-25
    estudos transversais, 24-25
    grupo de controle, 25
    grupo experimental, 25
    projeto *ex post facto*, 25-26
    variável dependente, 25
    variável independente, 25
Mielina, 135
Miopia alcoólica, 306-307
MMPI (Minnesota Multifasic Personality Inventory), 150, 152

Modelo biopsicossocial, 4, 10
Modelo de crenças em saúde, 64-65
Modelo de diátese-estresse, 121, 253
Modelo de doença do alcoolismo, 304
Moderação, 391
  ingestão, 307
Morfina, 312
Mortalidade
  acidentes automobilísticos e, 389
  álcool e taxa de, 300-301
  exercício e, 352, 367
  parar de fumar e reduzir a taxa de, 287
  suicídio e, 390
  taxas de HIV e Aids de, 232-233
  taxas de mortalidade por DCV, 199-200
Morte
  acidentes de automóvel, 389
  Aids, 256
  durante o exercício, 367-368
  luto, 263-264
  suicídio, 390
  taxa de câncer, 221-223
  taxas decrescentes de DCV, 200
Mudança comportamental
  controlar a dor com, 154, 157-158
  definição, 154
Mulheres
  consumo de álcool por, 295, 298
  efeitos cardiovasculares do exercício para, 357
  estresse relacionado ao trabalho para, 125-126
  fatores de estresse e DCV, 125
  fatores de risco de DCV inerentes para, 201
  fatores de risco para fumantes, 278
  fumo por, 271
  morte por Aids, 232, 233
  percepção da dor de, 142
  taxas de mortalidade por DCV, 200
  uso da terapia CAM por, 174

N
Naltrexona, 306, 311
Narcóticos Anônimos (NA), 317
NASPE (National Association for Sport and Physical Education), 360
National Center for Health Statistics [NCHS], 6
Nativos americanos
  disparidades de saúde para, 379-381
  uso de álcool por, 296
Naturopatia, 164, 165, 184
Nervos, 136
Neuromatriz, 148
Neurônios aferentes, 134-135
Neurônios eferentes, 134-136
Neurônios, 81
  aferente e eferente, 134-135
Neuropeptídeo Y, 324
Neurotransmissores, 82
  dopamina, 311
  efeitos de drogas em, 274
  percepção da dor e, 138-139
Nicotina
  efeitos fisiológicos de, 277
  vício em, 277-278
Noradrenalina, 83
Nurse's Health Study (Estudo de Saúde dos Enfermeiros), 357

O
Obesidade
  adolescentes e, 328
  aumento da, 328
  definição, 326-328
  estudos sobre, 329
  exercício e controle de peso, 355-357, 364-365
  gordura corporal e, 326

  IMC como medida de, 326-327, 332
  moda e peso, 328
  modelo de incentivo positivo à, 330-332
  modelo set point, 329
  privação de sono e, 330
  riscos de DCV e, 206
  riscos para a saúde e, 332-333
  tendência genética à, 329-330
OMS (Organização Mundial da Saúde), 200, 274, 279
Oncologistas, 234
Opiáceos, redução da dor com, 135
Organização Mundial da Saúde (OMS)/World Health Organization (WHO), 200, 274, 279
Organizações de manutenção da saúde (HMOs), 385
Ornish, dieta, 166, 167, 215
Osteoartrite
  dor e, 147
  terapias alternativas para, 181
Osteoporose, 359, 364-365
Otimismo, 100-101, 235, 236, 251
Óxido nítrico, 271

P
Pacientes
  ajudando o, Alzheimer, 246
  ajustando-se à doença terminal, 262-263
  efeito da doença crônica, 242-243
  reabilitação de DCV, 214-215
Papel do moribundo, 263
Papel do paciente hospitalar, 50-52
Papilomavírus humano (HPV), 233
Paracetamol, 153
Pele
  receptores de dor em, 135, 139
Peptídeo 1 semelhante ao glucagon, 324
Peptídeo relacionado a Agouti, 324
Peptídeo YY, 324
Perda de densidade óssea, 359, 373
Perda de memória, 245, 246
Perda de peso
  adolescentes e, 342
  alimentos, 334
  cirurgias para, 336
  desencadeando anorexia nervosa, 339
  exercício e, 335-336, 353-354
  mantendo a, 336-338
  métodos drásticos para, 336
  métodos para perda de peso, 336
  mudança de comportamento para a, 335
Periaquedutal, substância cinzenta, 138
Peristaltismo, 332
Personalidades propensas à dor, 141
Peso
  apetite e saciedade, 324
  comer em excesso, 326
  controlando com o fumo, 287-289
  excessos experimentais, 325
  exercício e controle de, 354-355, 364
  fatores na manutenção do, 323-324
  importância de se manter saudável, 369-372
  inanição, 324-325
  obesidade e riscos de doenças cardiovasculares, 206-207
  obesidade, 326-334
  transtornos alimentares, 339
Pesquisa em saúde
  perguntas, 17
  psiconeuroimunologia e, 117-120
PET (tomografia por emissão de pósitrons), 138
Placas ateromatosas, 193
Placebo
  definição, 19
  efeito nocebo, 21
  expectativa, 23
  projeto duplo-cego, 23
  testando o modelo de doença do alcoolismo com, 305

Pobreza
　fumar e, 272
Predisposição genética
　Alzheimer e, 245-246
　fumar e, 275
　problema com a bebida nas famílias, 299-302
Preservativos, 258-260
Pressão arterial, 196-198
　consequências da, 229
　estressores elevando, 125, 126
　intervalos de, 197, 198
Pressão diastólica, 196
Pressão sistólica, 196
Pressão social
　fumar e, 276
　modelo de aprendizagem social sobre beber, 307
Pressão urbana, 93
Prevenção primária, 387
Prevenção secundária, 387
Prevenção
　abuso de drogas, 316-317
　câncer, 358-359, 373
　DCV, 211-214
　doença de Alzheimer, 246
　ganho de peso para ex-fumantes, 287
　perda de densidade óssea, 359, 373
　primária e secundária, 387
　recaídas para fumantes, 284, 286
Produto Interno Bruto (PIB), 8
Profissionais
　lidar com pacientes com doenças crônicas, 242-243
Programa Life Skills Training, 317
Proibição, 295
Projeto DARE, 283
Projeto duplo-cego, 23
Projeto *ex post facto*, 25-26
Projeto simples-cego, 23
Psicologia da saúde
　aplicando pessoalmente, 388-392
　aumento dos custos com saúde, cuidados médicos, 8
　contribuindo para a Health People 2030, desafios, 375, 393
　controle de diabetes com, 251-252
　cultivar um estilo de vida saudável com, 391-392
　doença e morte, 6-10
　doenças crônicas, 4
　expectativa de vida, 3
　futuro da, 387, 393
　modelo biopsicossocial de saúde, 4
　mudando de campo, 3
　pandemia da Covid-19, 4
　progresso em, 383
　psicólogos clínicos da saúde, 15
　resultados relacionados à saúde e à doença, 16
　trabalho em, 14, 18
Psicólogos
　ajudando pessoas com HIV, 260-262
　intervenções no tabagismo por, 284
Psiconeuroimunologia (PNI), 117-120
　efeito do estresse na fisiologia, 120-121
　história de, 117-118
　pesquisa em, 118-120
　relacionando o comportamento com a doença, 130
　visão global, 117
Psicoterapia, tratamento do alcoolismo com, 309

Q
Qi gong médico, 171
Qi gong, 164, 171
Qi, 163, 164
Questionário de Dor McGill (QDM), 150
Questionários de dor, 150
Quimioterapia, 235

R
Radiação, 235
Raiva reprimida, 209-210
Raiva
　característica, 208
　comportamento Tipo A e, 209, 210
　doenças cardiovasculares (DCV) e, 209
　hostilidade e, 209
　reatividade cardiovascular (RCV), 209
　reprimida, 209-210
Rapé, 271
Raynaud, doença de, 182
RCV (reatividade cardiovascular), 209
Reabilitação cardíaca, 194
Reatividade cardiovascular (RCV), 209
　e raiva, 209-210
Reavaliação, 90
Recaídas
　abuso de drogas, 317
　dissuasão do fumo, 283-284
　problemas da recaída, 310-311, 319
Recomendações de saúde
　adotar bons comportamentos de saúde, 391-392
　álcool e, 315
　drogas e, 315
　fumar e, 288
Recuperação
　alcoólicos anônimos e, 309
　métodos para tratamento do alcoolismo e, 309-310
　tratamentos psicoterápicos em, 309
　tratamentos químicos para, 309-310
Rede de referência leiga, 47
Rede social, 98
Reforçadores positivos, 155
Reforço negativo, 277
Relação dose-resposta, 31-32
Relaxamento muscular progressivo, 154
Religião, 297
Remissão espontânea, 308
Renda
　acesso a cuidados de saúde e, 381-382
　correlacionando padrões de saúde e, 381-382
　normas de cuidados de saúde e, 382
Resposta adrenocortical, 84
Resposta adrenomedular, 85
Ressonância magnética funcional (fMRI), 138
Reto, 323
Riscos inerentes, câncer
　fundo, 225
　história familiar e genética, 225
　idade avançada, 225
Ruminação, 149, 209

S
Sacos alveolares, 270
Sais biliares, 323
Sarcoma de Kaposi, 232
Sarcomas, 220
Saúde internacional
　doença cardiovascular, 201
　riscos de DCV por gênero e país, 202-203
Saúde
　desenvolvimento da psicologia da saúde, 13
　modelo biomédico, 10
　modelo biopsicossocial, 10
　patógeno, 110
　relevância da psicologia, 12-14
　saúde realizada por várias culturas, 12
Sedativos, 312
Seguro
　aumento nos custos de saúde para, 384-385
　despesas de saúde *per capita*, 385
Selênio, 230
Selye, visão de
　avaliação da, 89
　crítica à, 89
　estágio de exaustão, 89
　estágio de resistência, 88
　síndrome da adaptação geral (SAG), 88-89
Serotonina, 313
Shiatsu, massagem, 168
Síndrome alcoólica fetal (SAF), 300, 316
Síndrome da imunodeficiência adquirida (Aids), 116
Síndrome de dependência de álcool, 304
Síndrome de Korsakoff, 299, 302
Síndrome metabólica, 204
Síndrome
　alcoólica fetal, 300
　dependência de álcool, de, 304
　Korsakoff, de, 299, 302
　metabólica, 333
Síndromes de dor, 146, 158
　artrite, 147-149
　dor de cabeça, 146-147
　membro fantasma, 148-149
　relacionado ao câncer, 148
　tratamentos alternativos para, 182-185
Sistema cardiovascular, 191-199
　acidente vascular encefálico (AVE), 194-196
　atividade física e saúde de, 355-357, 372
　doença arterial coronariana, 194-196
　efeito do álcool sobre, 299
　funcionamento das artérias coronárias, 193
　riscos do exercício com DCV, 366
　visão global, 191-192, 193, 372, 424
Sistema digestório, 321-323
　ânus, 323
　corpo humano, 321
　esôfago, 322
　faringe, 321
　fezes, 323
　glândulas salivares, 321
　peristaltismo, 322
　reto, 323
　sais biliares, 329
　suco gástrico, 322
　sucos pancreáticos, 322
　vesícula biliar, 323
Sistema endócrino
　fatores psicológicos e sociais que afetam, 117
Sistema imunológico, 111-117
　células B e T, 112, 114, 115, 120
　depressão e função imunológica, 128-129
　distúrbios do, 116-117
　enfraquecido pelo estresse, 119-120
　estresse e função do, 118-120
　fatores psicológicos e sociais que afetam o, 117
　função do, 113-116
　interações com o sistema nervoso, 117
　órgãos do, 112-113
　respostas imunes primárias e secundárias, 115-116
　respostas específicas do, 114
　respostas inespecíficas do, 113, 116
　visão global, 111
Sistema linfático, 112
Sistema nervoso autônomo (SNA), 82
Sistema nervoso central (SNC), 82
Sistema nervoso parassimpático, 82
Sistema nervoso periférico (SNP)
　acetilcolina, 83
　autônomo, 82
　impulsos neurais e, 134
　noradrenalina, 83
　parassimpático, 82
　simpático, 82
　somático, 82
Sistema nervoso simpático, 82
Sistema nervoso somático, 82
Sistema nervoso
　central, 117
　efeitos do estresse sobre, 120
　registrando a dor, 133, 158

resposta ao estresse
    alostase, 86
    hipotalâmico-hipofisário-adrenal (HPA), 86
    percepção, 86
    sistema nervoso periférico
    sistema neuroendócrino
Sistema neuroendócrino
    glândula suprarrenal, 84-84, 86
    hipófise, 84
    hormônios, 83-84
Sistema respiratório
    doenças respiratórias crônicas inferiores, 267-268, 279
    funcionamento de, 268-270
    ilustrado, 269
    tabagismo e, 268-271, 332
    uso de álcool e, 300
Sistema somatossensorial, 134-136
Smartphones, 388
SNC (sistema nervoso central), 117
Sono
    melhora do, 359
    quantidades recomendadas de, 392
SRRS (Social Readjusting Rating Scale / Escala de Reajuste Social), 97
Substância cinzenta periaquedural, 136, 138, 144
Suco gástrico, 322
Sucos pancreáticos, 322
Suicídio
    consumo de álcool e tentativas, 301
    entendendo os riscos de, 390
Suplementos dietéticos
    e produtos naturais, 165
    medicina complementar e alternativa (MCA), uso de, 165-167
    reduzindo os riscos de DCV, 191
Sympton Checklist-90, 151

T
Tabaco sem fumaça, 282, 290
Tabaco
    consequências do cigarro para a saúde, 278-281, 283
    consumo de cigarros por pessoa, 273
    fumante passivo, 282, 283
    fumar charuto e cachimbo, 281, 283
    história do uso, 271-272
    sem fumaça, 282-283, 283
Tabagismo
    abstendo-se do, 391, 392
    benefícios para a saúde ao parar de fumar, 287-289
    charuto e cachimbo, 281, 290
    componentes perigosos, 270-271
    consequências do, 278-281, 283
    controle de peso e, 277, 287
    DCV e, 204, 211, 279
    dependência de nicotina e, 277
    dissuasão, 283
    efeito no sistema respiratório, 270-271, 290
    escolha, 273-274, 290

genética e, 275, 278
história do uso do tabaco e, 271-272
mortes por câncer relacionadas ao, 280
mortes por, 267
motivos para começar a fumar, 274-275
outros efeitos do, para a saúde, 270
parar de fumar, 284-285
passivo, 282, 290
perfil de fumantes e não fumantes, 272-274, 290
perfil do mundo real, 268
pressão social e, 276
prevenção de recaídas, 286
publicidade e, 276-277
reforço positivo, 277
risco, 227
risco percebido, 227-228
taxas entre os jovens, 274, 276, 286
viés otimista e, 277-278
Tai chi, 171, 172, 177, 183
    eficácia do, 171
Tálamo, 136
Telômeros, 122-123
Temperança, 295
Teoria comportamental
    contratos de contingência, 68
    punição, 68
    reforço negativo, 68
    reforço positivo, 68
Teoria da autoeficácia
    autoeficácia, 65
    determinismo recíproco, 65
    expectativas de resultado, 66
Teoria da especificidade da dor, 143
Teoria da neuromatriz, 145
Teoria de estágio, 263
Teoria do controle do portão da dor, 143-145
Teorias cognitivo-fisiológicas do uso de álcool, 306-307
Terapia antiviral altamente ativa (HAART), 259
Terapia cognitiva, 155, 156, 157
Terapia cognitivo-comportamental (TCC), 104-405
    eficácia de, 156
Terapia da dignidade, 263
Terapia de aceitação e compromisso (TAC), 152
Terapia de aversão, 310
Terapia de reposição de nicotina, 284
Terapia MCA e, 173-174
Testes psicológicos para dor, 150-151
Timo, 112
Timosina, 112
Tolerância
    definição, 298
    medicamento, 152
    tabela de drogas psicoativas, 314
    tranquilizantes e, 313
Tranquilizantes, 313
Transmissão heterossexual do HIV, 259
Transtorno de estresse pós-traumático (TEPT), 91
    ligado ao estresse, 129

Transtornos alimentares, 324-325
    abuso de drogas, 316-317
    câncer, 358-359, 373
    DCV, 211-214
    doença de Alzheimer, 246
    ganho de peso para ex-fumantes, 287
    perda de densidade óssea, 359, 373
    primária e secundária, 387
    recaídas para fumantes, 284, 286
Transtornos de ansiedade, 129-130
Transtornos psicológicos e estresse, 128-130, 131
Tratamento quiroprático, 167, 168, 185
Tratamentos
    abuso de drogas, 317
    mudando o problema de beber, 308-309, 319
Treino de relaxamento, 103-104, 154-155
    tratamento da dor com, 103
Triglicerídeos, 204
Tui na, massagem, 164, 165, 168
Tumores
    comportamento Tipo A, 208, 210

U
Úlceras, 126

V
Vacinação, 116, 124
Veias, 192
Vênulas, 193
Verifique Seus Riscos à Saúde, 268
    álcool, 294
    condicionamento físico e, 353-354
    exercício, 352
    fumar, 268
Vesícula biliar, 323
Vícios
    álcool e drogas, 298-299
    definição, 298
    exercício, 366-368
    fumar, 277-277
    programas de 12 passos para, 309
Viés otimista
    fumar e, 277-278
    mudanças no estilo de vida e, 211
Violação de abstinência, efeito de, 286, 372
Violência no namoro, 390
Violência
    incidentes entre jovens, 389-391
VLDL (lipoproteína de muito baixa densidade), 204

W
West Haven-Yale Multidimensional Pain Inventory (WHYMPI) 150

Y
Yang, 163
Yin, 163
Yoga, 169-171

Z
Zona, Dieta da, 166